Recommended by Teachers
Trusted by Toppers

All in One

हिंदी ऐच्छिक

कक्षा 12

EVERYTHING YOU NEED TO SCORE

सभी खंडों–अपठित बोध, अभिव्यक्ति एवं माध्यम व पाठ्यपुस्तक की अध्ययन सामग्री

वस्तुनिष्ठ प्रश्नों का कवरेज

NCERT, बोर्ड परीक्षा व अन्य महत्त्वपूर्ण प्रश्न

प्रतिदर्श प्रश्न–पत्र

CBSE परीक्षा 2026

Recommended by **Teachers**
Trusted by **Toppers**

All in One

हिंदी ऐच्छिक
कक्षा 12

EVERYTHING YOU NEED TO SCORE

सभी खंडों–अपठित बोध, अभिव्यक्ति एवं माध्यम व पाठ्यपुस्तक की अध्ययन सामग्री

वस्तुनिष्ठ प्रश्नों का कवरेज

NCERT, बोर्ड परीक्षा व अन्य महत्त्वपूर्ण प्रश्न

प्रतिदर्श प्रश्न-पत्र

CBSE परीक्षा 2026

लेखिका
बनानी विश्वास

arihant
SUCCESS AND NOTHING LESS

अरिहन्त प्रकाशन

(स्कूल डिवीज़न सीरीज़)

卐 रजि. कार्यालय

'रामछाया' 4577/15, अग्रवाल रोड, दरिया गंज, नई दिल्ली-110002
फोन: 011-47630600, 43518550; फैक्स: 011-23280316

मुख्य कार्यालय

कालिन्दी, टी०पी० नगर, मेरठ (यूपी)-250002 फोन: 0121-7156203, 7156204

卐 शाखा कार्यालय

आगरा, अहमदाबाद, बरेली, बंगलुरु, चेन्नई, दिल्ली, गुवाहाटी, हैदराबाद,
जयपुर, झाँसी, कोलकाता, लखनऊ, नागपुर तथा पुणे

卐 PO No : TXT-XX-XXXXXXX-X-XX

Published by Arihant Publications (India) Ltd.

'अरिहन्त' की पुस्तकों के बारे में अधिक जानकारी के लिए हमारी वेबसाइट
www.arihantbooks.com पर लॉग इन करें या info@arihantbooks.com पर सम्पर्क करें।

Follow us on

卐 मूल्य ₹ 450.00

प्रोडक्शन टीम

पब्लिशिंग मैनेजर	*कवर डिज़ाइनर*	*इनर डिज़ाइनर*
महेन्द्र सिंह रावत, केशव मोहन	सलमान	अंकित त्यागी
प्रोजेक्ट हैड	*पेज लेआउट*	*प्रूफ रीडर*
मोहित महरोल	रवि सागर, दिवाकर गौड़	दीपक, शिवानी

Index *cum* Study Planner

अंतरा भाग-2 : गद्य भाग

अंतराल भाग-2 : पूरक पाठ्यपुस्तक

Studied | Revised | Exam ready

नवीनतम पाठ्यक्रम

हिंदी (ऐच्छिक) (कोड सं. 002) कक्षा-12वीं (वर्ष 2025-26)

- प्रश्न-पत्र तीन खंडों-खंड-क, ख और ग में होगा।
- खंड-क में अपठित बोध पर आधारित प्रश्न पूछे जाएँगे। सभी प्रश्नों के उत्तर देने होंगे।
- खंड-ख में अभिव्यक्ति और माध्यम पुस्तक के आधार पर प्रश्न पूछे जाएँगे। प्रश्नों में आंतरिक विकल्प दिए जाएँगे।
- खंड-ग में अंतरा भाग-2 एवं अंतराल भाग-2 पाठ्य पुस्तकों के आधार पर प्रश्न पूछे जाएँगे। प्रश्नों में आंतरिक विकल्प दिए जाएँगे।

निर्धारित समय-3 घंटे | **वार्षिक बोर्ड परीक्षा हेतु भार विभाजन** | **भारांक-80**

	खंड-क (अपठित बोध)	**18**
1.	01 अपठित गद्यांश (लगभग 250 शब्दों का) पर आधारित बोध, चिंतन, विश्लेषण पर बहुविकल्पीय प्रश्न, अतिलघूत्तरात्मक प्रश्न, लघूत्तरात्मक प्रश्न पूछे जाएँगे। (बहुविकल्पीय प्रश्न 01 अंक x 3 प्रश्न = 3 अंक, अतिलघूत्तरात्मक प्रश्न 01 अंक x 1 प्रश्न = 1 अंक, लघूत्तरात्मक प्रश्न 02 अंक x 3 प्रश्न = 6 अंक)	10
2.	01 अपठित पद्यांश (लगभग 100 शब्दों का) पर आधारित बोध, सराहना, सौंदर्य, चिंतन, विश्लेषण आदि पर बहुविकल्पीय प्रश्न, अतिलघूत्तरात्मक प्रश्न, लघूत्तरात्मक प्रश्न पूछे जाएँगे। (बहुविकल्पीय प्रश्न 01 अंक x 3 प्रश्न = 3 अंक, अतिलघूत्तरात्मक प्रश्न 01 अंक x 1 प्रश्न = 1 अंक, लघूत्तरात्मक प्रश्न 02 अंक x 2 प्रश्न = 4 अंक)	08
	खंड-ख (अभिव्यक्ति और माध्यम पुस्तक के आधार पर)	**22**
3.	इकाई एक – जनसंचार माध्यम और लेखन (पाठ 3, 4 और 5) पर आधारित (लगभग 30-40 शब्दों में) अतिलघूत्तरात्मक प्रश्न एवं लघूत्तरात्मक प्रश्न पूछे जाएँगे। (1 अंक × 01 प्रश्न, 2 अंक × 02 प्रश्न)	05
4.	पाठ 3, 4 और 5 पर आधारित दो लघुउत्तरीय प्रश्न (03 अंक × 02 प्रश्न) (लगभग 60 शब्दों में)	06
5.	दिए गए तीन नए और अप्रत्याशित विषयों में से किसी एक विषय पर लगभग 100 शब्दों में रचनात्मक लेखन (05 अंक × 01 प्रश्न)	05
6.	पाठ 6, 7 और 8 पर आधारित तीन प्रश्नों में से किन्हीं दो प्रश्नों के उत्तर (03 अंक × 02 प्रश्न) (लगभग 60 शब्दों में)	06
	खंड-ग (अंतरा भाग-2 एवं अंतराल भाग-2 पाठ्यपुस्तकों के आधार पर)	**40**
7.	पठित काव्यांश पर 05 बहुविकल्पीय प्रश्न 1 सभी 5 प्रश्नों के उत्तर देने होंगे। (1 अंक × 5 प्रश्न)	05
8.	काव्य खंड पर आधारित 03 प्रश्नों में से किन्हीं 02 प्रश्नों के उत्तर (लगभग 40 शब्दों में) (02 अंक × 02 प्रश्न)	04
9.	किसी 01 काव्यांश की सप्रसंग व्याख्या (विकल्प सहित) (दीर्घ उत्तरीय प्रश्न) (06 अंक × 01 प्रश्न) (लगभग 100 शब्दों में)	06
10.	पठित गद्यांश पर 05 बहुविकल्पीय प्रश्न। सभी 5 प्रश्नों के उत्तर देने होंगे। (1 अंक × 5 प्रश्न)	05

11.	गद्य खंड पर आधारित 03 प्रश्नों में से किन्हीं 02 प्रश्नों के उत्तर (लगभग 40 शब्दों में) (02 अंक × 02 प्रश्न)	04
12.	01 गद्यांश की सप्रसंग व्याख्या (विकल्प सहित) (दीर्घ उत्तरीय प्रश्न) (06 अंक × 01 प्रश्न) (लगभग 100 शब्दों में)	06
13.	अंतराल के पठित पाठों पर 03 प्रश्नों में से किन्हीं 02 प्रश्नों के उत्तर (लगभग 100 शब्दों में) (05 अंक × 02 अंक)	10
14.	**श्रवण तथा वाचन**	10
	परियोजना कार्य	10
	कुल अंक	**100**

निर्धारित पुस्तकें

1. **अंतरा भाग–2** एन.सी.ई.आर.टी. नई दिल्ली द्वारा प्रकाशित नवीनतम संस्करण
2. **अंतराल भाग–2** एन.सी.ई.आर.टी. नई दिल्ली द्वारा प्रकाशित नवीनतम संस्करण
3. **अभिव्यक्ति और माध्यम** एन.सी.ई.आर.टी. नई दिल्ली द्वारा प्रकाशित नवीनतम संस्करण

नोट : निम्नलिखित पाठों से प्रश्न नहीं पूछे जाएँगे।

पाठ्यपुस्तक – अंतरा भाग 2

1. सूर्यकांत त्रिपाठी निराला – गीत गाने दो मुझे (घटाया गया पाठ का अंश और उससे संबंधित प्रश्न अभ्यास)
2. विष्णु खरे – एक कम, सत्य (पूरा पाठ)
3. केशवदास – रामचंद्रिका (पूरा पाठ)
4. घनानंद – सवैया (घटाया गया पाठ का अंश और उससे संबंधित प्रश्न अभ्यास)
5. ब्रजमोहन व्यास – कच्चा चिट्ठा (पूरा पाठ)
6. रामविलास शर्मा – यथास्मै रोचते विश्वम (पूरा पाठ)

पूरक पाठ्यपुस्तक – अंतराल भाग 2

1. संजीव – आरोहण

01

अध्याय

खंड क : अपठित बोध

अपठित गद्यांश

अपठित गद्यांश का अर्थ

अपठित का सामान्य अर्थ है–'बिना पढ़ा हुआ' अर्थात् जो नियमित अध्ययन के लिए निर्धारित पाठ्यपुस्तक का हिस्सा न हो। इस प्रकार 'अपठित गद्यांश' वह रचना-अंश होता है, जिसे गद्य के रूप में हमने पहले न पढ़ा हो।

▼ प्रश्न प्रारूप

गद्यांश की संख्या 1

शब्द-सीमा 250

- बहुविकल्पीय प्रश्न
- अतिलघु उत्तरीय प्रश्न
- लघु उत्तरीय प्रश्न

कुल अंक 10

अपठित गद्यांश को हल करने के चरणबद्ध तरीके

- सर्वप्रथम दिए गए अपठित गद्यांश को दो-तीन बार ध्यानपूर्वक पढ़कर उसके मूलभाव को भली-भाँति समझना चाहिए।
- गद्यांश में दी गई महत्त्वपूर्ण सूचनाओं को रेखांकित करते रहना चाहिए। इससे प्रश्नों को हल करने में आसानी होती है।
- भाषिक संरचना एवं व्याकरण संबंधी प्रश्नों के लिए गद्यांश में दिए गए कठिन शब्दों, मुहावरों आदि को रेखांकित करना चाहिए।
- शीर्षक संबंधी प्रश्न पर विशेष ध्यान देना चाहिए तथा पूरे गद्यांश को पढ़ने व समझने के पश्चात् ही उसका उत्तर तर्क सहित लिखना चाहिए। अन्य प्रश्नों को भी ध्यानपूर्वक पढ़ने व समझने के पश्चात् ही उसका उत्तर लिखना प्रारंभ करना चाहिए।

अपठित गद्यांश के प्रश्नों को हल करते समय ध्यान रखने योग्य बातें

- गद्यांश के भावार्थ (मूल भाव) को उचित प्रकार समझना चाहिए तथा प्रश्नों के उत्तर गद्यांश में ही ढूँढने चाहिए।
- गद्यांश में सूचनाओं के माध्यम से किसी बात का वर्णन किया जाता है, उन सूचनाओं पर विशेष ध्यान देना चाहिए।
- शीर्षक के चयन के दौरान इस बात पर ध्यान दिया जाना चाहिए कि वह गद्यांश के मूल भाव को प्रकट करता हो।
- शीर्षक का चयन करते समय प्रथम या अंतिम पंक्ति पर विशेष ध्यान देना चाहिए, लेकिन उसी के आधार पर अंतिम निष्कर्ष नहीं निकाल लेना चाहिए।
- लेखक के विचार को ध्यान में रखकर ही अपने उत्तरों का चयन करना चाहिए।
- प्रत्येक प्रश्न का उत्तर गद्यांश के अनुरूप ही होना चाहिए। गद्यांश के बाहर के मिलते-जुलते भावों का प्रयोग नहीं करना चाहिए।

सैंपल गद्यांश

यहाँ कुछ उदाहरण दिए जा रहे हैं। विद्यार्थी इन उदाहरणों की मदद से अपठित गद्यांशों को सही प्रकार से हल करना सीख सकते हैं। निम्नलिखित गद्यांशों को पढ़कर इन पर पूछे गए प्रश्नों के उत्तर दीजिए

गद्यांश 1

जंगल मूल रूप से पेड़-पौधों की विभिन्न प्रजातियों से आच्छादित भूमि का एक टुकड़ा है। प्रकृति की ये खूबसूरत रचनाएँ विभिन्न प्रजाति के जीव-जंतुओं के लिए घर का काम करती हैं। वन पारिस्थितिक तंत्र का एक महत्त्वपूर्ण हिस्सा हैं। दुर्भाग्य से शीतलता और हरियाली के प्रतीक माने जाने वाले ये जंगल पूरे विश्व में इन दिनों धधक रहे हैं। ऐसा नहीं है कि दावानल की घटनाएँ पहले नहीं होती थीं, लेकिन वर्तमान में ये समस्या विकराल रूप में सामने आने लगी है। इसकी कुछ खास वजह हैं।

पहली वजह, जलवायु परिवर्तन के कारण 'ड्राई पीरियड' अर्थात् सूखे की अवधि बढ़ गई है। तापमान बढ़ रहा है, जिसके कारण नमी कम हो रही है। नतीजतन जंगलों में सूखी पत्तियाँ या टहनियाँ आसानी से दहक उठती हैं। दूसरी वजह है कि 1000 मीटर की ऊँचाई से ऊपर हरे पेड़ों की व्यावसायिक रूप से कटाई प्रतिबंधित कर दी गई। इसका नुकसान यह हुआ कि चीड़ के पेड़ों की संख्या असीमित हो गई। चीड़ वास्तव में ऐसा पेड़ है, जो आग बढ़ाने में सहायक माना जाता है। मार्च-अप्रैल से चीड़ की पत्तियाँ सूखकर नीचे गिरने लगती हैं और तापमान में वृद्धि होने पर आग के फैलाव का एक बड़ा कारण बनती हैं।

तीसरी वजह है, जंगलों से लोगों का रिश्ता खत्म हो रहा है। पहले लोगों का अपने आस-पास के जंगलों से करीबी रिश्ता होता था। वे वनोपज से अपना गुजारा करते थे, इसके बदले में जंगलों का प्रबंधन किया करते थे, लेकिन अब लोगों ने स्वयं को इससे अलग कर लिया। इसके कारण वन बढ़ते हुए गाँवों तक पहुँच गए, जो दावानल की चौथी वजह है। अब अव्वल तो पहाड़ी गाँवों में लोग रहते नहीं और जो रहते हैं, उनके घरों में ईंधन संबंधी, ऊर्जा संबंधी सुविधाएँ बढ़ने से जंगलों पर उनकी निर्भरता कम होने लगी है। नतीजतन वे वनों को नियंत्रित करने में खास रुचि नहीं रखते।

इस समस्या के समाधान के लिए मजबूत इच्छाशक्ति के साथ सामूहिक रूप से सही दिशा में कदम उठाना होगा। **CBSE 2025**

बहुविकल्पीय प्रश्न

(क) जंगलों को शीतलता और हरियाली का प्रतीक क्यों माना जाता है?
(i) पेड़-पौधों की हरियाली मन को शांति पहुँचाती है
(ii) पेड़-पौधे धरती के तापमान को नियंत्रित रखते हैं
(iii) पेड़-पौधों की हरियाली तन-मन को ठंडक पहुँचाती है
(iv) पेड़-पौधों की हरियाली वातावरण को सुंदरता प्रदान करती है

(ख) सूखे की अवधि बढ़ने से क्या अभिप्राय है? इस प्रश्न के उत्तर में दिए गए कथनों में से कौन-सा/से कथन सत्य हैं?
1. लंबे समय तक वर्षा का न होना
2. पेड़-पौधों पर फल-फूलों का न होना
3. लंबी अवधि तक तापमान का गरम बने रहना।
4. हवा में नमी की मात्रा का कम होना।

कूट
(i) केवल 1 (ii) केवल 3
(iii) 1 और 4 दोनों (iv) 2 और 3 दोनों

(ग) निम्नलिखित कथन तथा परिणाम को ध्यानपूर्वक पढ़िए। उसके बाद दिए गए विकल्प में से कोई एक सही विकल्प चुनकर लिखिए।
कथन जलवायु परिवर्तन के कारण धरती का तापमान बढ़ रहा है।
परिणाम वातावरण में नमी कम हो रही है और दावानल की घटनाएँ बढ़ रही हैं।
(i) कथन सही है, किंतु परिणाम गलत है।
(ii) कथन तथा परिणाम दोनों गलत हैं।
(iii) परिणाम सही है, किंतु कथन गलत है।
(iv) कथन तथा परिणाम दोनों सही हैं।

अतिलघूत्तरात्मक प्रश्न

(घ) 'वनोपज' से क्या अभिप्राय है? उदाहरण सहित लिखिए।

लघूत्तरात्मक प्रश्न

(ङ) जंगल की आग अब रिहायशी इलाकों तक क्यों पहुँचने लगी है?
(च) मनुष्य का जंगलों से रिश्ता खत्म होने के क्या दुष्परिणाम सामने आ रहे हैं?
(छ) बढ़ते तापमान का जंगलों की आग से क्या संबंध है?

उत्तर

(क) (ii) पेड़-पौधे धरती के तापमान को नियंत्रित रखते हैं
(ख) (iii) 1 और 4 दोनों
(ग) (iv) कथन तथा परिणाम दोनों सही हैं।
(घ) 'वनोपज' दो शब्दों से मिलकर बना है— वन+उपज। यहाँ 'वनोपज' से अभिप्राय उन उत्पादों से है, जो जंगलों से प्राप्त होते हैं और मनुष्यों के लिए उपयोगी होते हैं; जैसे—लकड़ी, गोंद, शहद, जड़ी-बूटियाँ, बाँस, फल आदि।
(ङ) जंगल की आग अब रिहायशी इलाकों तक इसलिए पहुँचने लगी है, क्योंकि पहाड़ी गाँवों में जनसंख्या घटने से जंगलों का विस्तार गाँवों तक हो गया है। लोग जंगलों से कट गए हैं और उनका प्रबंधन नहीं कर रहे। पहले वनोपज पर निर्भरता के कारण वे जंगलों की देखभाल करते थे, लेकिन अब लोगों ने खुद को इससे अलग कर लिया।
(च) मनुष्य का जंगलों से रिश्ता खत्म होने के कई दुष्परिणाम सामने आ रहे हैं। जंगलों का प्रबंधन कमजोर होने से दावानल की घटनाएँ बढ़ रही हैं। पहले लोग वनोपज पर निर्भर थे और जंगलों की देखभाल करते थे, लेकिन अब जंगल अनियंत्रित रूप से फैल रहे हैं।
(छ) बढ़ते तापमान और जंगलों की आग का अत्यधिक गहरा संबंध है। तापमान बढ़ने से हवा में नमी कम हो जाती है, जिससे सूखी पत्तियाँ और टहनियाँ आसानी से आग पकड़ लेती हैं। लंबे सूखे की अवधि के कारण जंगल अधिक शुष्क हो जाते हैं, जिससे दावानल तेजी से फैलती है और उसे नियंत्रित करना मुश्किल हो जाता है।

गद्यांश 2

वर्ष 2023 को 'अंतर्राष्ट्रीय मोटा अनाज वर्ष' घोषित किया गया है। इस प्रस्ताव का सत्तर से अधिक देशों ने समर्थन किया है। इसका उद्देश्य पोषक अनाज के टिकाऊ उत्पादन और गुणवत्ता में सुधार के साथ इसके उपभोग के लिए लोगों को प्रेरित करना है। राष्ट्रीय स्तर पर अब किसी को संदेह नहीं रह गया है कि मोटे अनाज का उत्पादन, खपत, प्रसंस्करण, निर्यात और इसमें प्रौद्योगिकी का इस्तेमाल बढ़ना तय है। मोटे अनाज केवल भविष्य ही नहीं है, मोटे अनाज का समृद्ध इतिहास भी रहा है। मोटे अनाज में मुख्य तौर पर ज्वार, बाजरा, महुआ, जौ, कोदो, साँवा, बाजरा, कुटकी, कांगनी जैसे अन्न शामिल हैं। इन्हें श्री अन्न या कदन्न भी कहते हैं। श्री अन्न भारत और दुनिया के लोगों द्वारा खेती और उपभोग किए जाने वाले सबसे शुरुआती अनाजों में से एक है।

वैश्विक स्तर पर जलवायु परिवर्तन से अनाजों के उत्पादन पर असर दिखने लगा है। भविष्य में अति विषम जलवायु का अनुमान लगाया जा रहा है। कदन्न फसलें ऐसी जलवायु में अच्छी साबित हो सकती हैं। कृषि वैज्ञानिकों ने भी मोटे अनाज के महत्त्व को समझा है। अनेक मोटे अनाज की खेती कम पानी और विषम जलवायु में भी संभव है। जलवायु और जमीन के हिसाब से मोटे या पोषक अनाजों की खेती को बढ़ावा देने का कार्य युद्ध स्तर पर जारी है। ये अनाज किसानों के लिए ज्यादा कारगर हो सकते हैं, क्योंकि मोटे अनाज के उत्पादन में लागत कम आती है। ये फसलें मिट्टी की कमियों के प्रति भी कम संवेदनशील हैं तथा इन्हें कम जलोढ़ या लोमी मिट्टी में भी उगाया जा सकता है। इन्हें जल, उर्वरक और कीटनाशकों की भी न्यूनतम जरूरत पड़ती है। मोटे अनाज की खेती कार्बन फुट प्रिंट को भी कम करने में मदद करती है।

मोटे अनाज के सेवन से स्वास्थ्य सुदृढ़ हो सकता है। ये अनाज अपने उच्च प्रोटीन, फाइबर, विटामिन और लौह तत्त्व जैसे खनिजों के कारण गेहूँ और चावल की तुलना में कम खर्चीले और पौष्टिक रूप से बेहतर होते हैं। मोटापा और मधुमेह जैसी स्वास्थ्य चुनौतियों से निपटने में मदद करते हैं, इसलिए इन्हें 'सुपर फूड' भी कहा जाता है।

CBSE 2024 (Modified)

बहुविकल्पीय प्रश्न

(क) मोटे अनाज को 'भविष्य का भोजन' क्यों कहा गया है?
- (i) भविष्य में केवल इन्हीं की खेती संभव होने के कारण
- (ii) तेजी से बदलती जलवायु परिस्थितियों में भी इनकी खेती संभव होने के कारण
- (iii) कम लागत में अधिक पैदावार होने के कारण
- (iv) विश्व को खाद्य सुरक्षा प्रदान करने की क्षमता के कारण

(ख) **कथन** (A) कदन्न की फसल को कम जलोढ़ या लोमी मिट्टी में भी उगाया जा सकता है।

कारण (R) इन्हें जल, उर्वरक और कीटनाशकों की न्यूनतम जरूरत पड़ती है।

कूट
- (i) कथन (A) और कारण (R) दोनों सही हैं तथा कारण (R), कथन (A) की सही व्याख्या करता है।
- (ii) कथन (A) और कारण (R) दोनों सही हैं, परंतु कारण (R), कथन (A) की सही व्याख्या नहीं करता है।
- (iii) कथन (A) सही है, किंतु कारण (R) गलत है।
- (iv) कथन (A) गलत है, किंतु कारण (R) सही है।

(ग) गद्यांश के आधार पर निम्नलिखित कथनों में से सही कथनों पर विचार कीजिए।
1. मोटे अनाज के सेवन से स्वास्थ्य सुदृढ़ होगा।
2. मोटा अनाज कृषि क्षेत्र को मजबूत करेगा।
3. बदलती जलवायु परिस्थितियों में केवल बाजरा अनाज ही उगाया जा सकेगा।

कूट
- (i) केवल 1
- (ii) केवल 3
- (iii) 1 और 2 दोनों
- (iv) 2 और 3

अतिलघूत्तरात्मक प्रश्न

(घ) 'अंतर्राष्ट्रीय मोटा अनाज वर्ष' कब घोषित किया गया?

लघूत्तरात्मक प्रश्न

(ङ) जलवायु परिवर्तन की चुनौती में मोटे अनाज का महत्त्व बताइए।

(च) मोटे अनाज को 'सुपर फूड' क्यों कहा जाता है?

(छ) मोटे अनाज किसानों के लिए ज्यादा कारगर कैसे हो सकते हैं?

उत्तर

(क) (ii) तेजी से बदलती जलवायु परिस्थितियों में भी इनकी खेती संभव होने के कारण।

(ख) (i) कथन (A) और कारण (R) दोनों सही हैं तथा कारण (R), कथन (A) की सही व्याख्या करता है।

(ग) (iii) 1 और 2

(घ) वर्ष 2023 को 'अंतर्राष्ट्रीय मोटा अनाज वर्ष' घोषित किया गया है।

(ङ) जलवायु परिवर्तन के कारण कृषि पर नकारात्मक प्रभाव पड़ रहा है। मोटे अनाज विषम परिस्थितियों में भी उगाए जा सकते हैं और इनके लिए कम जल और संसाधनों की आवश्यकता होती है। ये भविष्य में खाद्य सुरक्षा प्रदान करने में सहायक हो सकते हैं।

(च) मोटे अनाज प्रोटीन, फाइबर, विटामिन और खनिजों से भरपूर होते हैं। यह गेहूँ और चावल की तुलना में सस्ते और पौष्टिक होते हैं। इनके सेवन से मोटापा और मधुमेह जैसी समस्याओं से निपटा जा सकता है, इसलिए इन्हें 'सुपर फूड' कहा जाता है।

(छ) मोटे अनाज किसानों के लिए ज्यादा कारगर हो सकते हैं, क्योंकि मोटे अनाज के उत्पादन में लागत कम आती है। ये फसलें मिट्टी की कमियों के प्रति भी कम संवेदनशील हैं तथा इन्हें कम जलोढ़ या लोमी मिट्टी में भी उगाया जा सकता है। इन्हें जल, उर्वरक और कीटनाशकों की भी न्यूनतम जरूरत पड़ती है।

परीक्षा अभ्यास

निम्नलिखित गद्यांशों को ध्यानपूर्वक पढ़कर पूछे गए बहुविकल्पीय प्रश्न, अतिलघु उत्तरीय प्रश्न व लघु उत्तरीय प्रश्नों का उत्तर दीजिए।

गद्यांश 1

हम जानते हैं, अस्पताल दुर्घटना रोकने के लिए नहीं बनाए जाते, वहाँ पीड़ितों का उपचार किया जाता है। दुर्घटना तो केवल हमारी सतर्कता और सावधानी से रोकी जा सकती है, लेकिन आहत मन और मन के विकारों का इलाज इससे होने वाली दुर्घटनाओं से पहले ही किया जा सकता है। ऐसे अद्भुत चिकित्सा स्थलों को नाम दिया गया है-प्रार्थना-गृह, इबादत गाह, पूजास्थल। इन सबका एक ही चिकित्सक है-ईश्वर।

सदियों से हम ईश्वर से अंध आस्थाओं और मिथकों के सहारे जुड़े हुए हैं। वह तो पवित्र, सरल और दिव्य भाव से प्रेम करने वालों के करीब खुद ही आ जाता है। अग्नि से गर्माहट, बर्फ से ठंडक, गुलाब से सुगंध, वृक्ष से छाँव, चाँदनी से शीतलता और धूप से ताप बिना माँगे, बस समीप जाने से ही मिल जाती है। वैसे ही यहाँ का चिकित्सक बिना स्पर्श किए, बिना कुछ पूछे, बिना कुछ शुल्क लिए हमारी दुविधाओं को समझ लेता है और अपनी अलौकिक औषधियों से उनका शमन भी कर देता है। बस हमारी ओर से चाहिए उसे पूर्ण समर्पण और हमारी नजदीकियाँ।

सकारात्मक ऊर्जा प्राप्त करने की इच्छा से ही ईश्वर के पास जाना चाहिए, भौतिक कामनाओं की पूर्ति के लिए नहीं। प्रह्लाद ने भगवान से माँगा-हे प्रभु, मैं यह माँगता हूँ कि मेरी माँगने की इच्छा ही खत्म हो जाए।

कहने को तो जीवन एक छोटा-सा शब्द है। पर यह इतना जटिल है कि कोई भी इसका सही अर्थ नहीं समझ सका है। ईश्वर ने हमारे जीवन की आवश्यकता के अनुसार हमें बिना किसी स्वार्थ के सभी चीजों से परिपूर्ण किया है। इसलिए हमारा भी कर्त्तव्य बनता है कि ईश्वर को उनकी उदारता के लिए याद करें, परंतु हम ईश्वर को तभी याद करते हैं, जब उनसे कुछ माँगना होता है, या कोई शिकायत करनी होती है। चारों तरफ से थक-हारकर हम जब असहाय हो जाते हैं, तभी ईश्वर से प्रार्थना करते हैं। प्रार्थना भी कहाँ? प्रार्थना के नाम से अपनी समस्याओं से निस्तार पाने के लिए भिक्षा माँगते हैं। वास्तव में, हम अपनी महत्त्वाकांक्षाओं की मृगतृष्णा में पागल होकर अनदेखे, अनजाने मार्गों पर सुख और शांति की तलाश में भटकते रहते हैं।

शाश्वत सुख और परम शांति तो ईश्वर को प्राप्त करने से ही मिलती है। अपने तन-मन और अंतरात्मा को एकाग्र करके शुद्ध मन और वाणी से ईश्वर को अपने अस्तित्व के लिए धन्यवाद देना है। जो मिला है उसके लिए ईश्वर का आभार प्रकट करना है। ईश्वर से संवाद करने का सबसे सरल तरीका है अपने को मानवता के प्रति समर्पित कर देना। यही प्रार्थना है, पूजा है। यदि ऐसा नहीं हो रहा है तो प्रार्थना करने का कोई औचित्य नहीं है।

CBSE 2023 (Modified)

बहुविकल्पीय प्रश्न

(क) गद्यांश में दुर्घटनाओं का मूल कारण माना गया है
(i) असावधानी (ii) मानसिक विकार
(iii) दूसरों का हठ (iv) अहंकार

(ख) गद्यांश में आए 'मिथक' शब्द का भाव है
(i) झूठी बातें (ii) अंध विश्वास
(iii) कल्पित/मौखिक कथन (iv) रीति-रिवाज

(ग) ईश्वर का सान्निध्य प्राप्त करने के लिए क्या उपाय है?
(i) पूजा स्थल में उपस्थिति
(ii) दैनिक आरती
(iii) पूर्ण समर्पण
(iv) धन-दौलत

अतिलघूत्तरात्मक प्रश्न

(घ) गद्यांश के अनुसार, ईश्वर के पास जाने का उद्देश्य क्या होना चाहिए?

लघूत्तरात्मक प्रश्न

(ङ) गद्यांश के अनुसार, प्रार्थना का वास्तविक अर्थ क्या है?

(च) गद्यांश के अनुसार, ईश्वर को किस प्रकार प्राप्त किया जा सकता है?

(छ) गद्यांश के अनुसार, ईश्वर से प्रार्थना में हमारी त्रुटि क्या है?

गद्यांश 2

भाषा अपने समाज का प्रतिबिंब होती है, यदि वह संरक्षित नहीं रहेगी तो प्रतिबिंब की कल्पना नहीं की जा सकती। आज न जाने कितनी बोलियाँ आम लोगों की जुबान और व्यवहार से दूर जाती दिख रही हैं। बोलियों की एक गूढ़ बात यह है कि इनमें पारंपरिक ज्ञान का विशाल भंडार छिपा रहता है, किंतु इस ख़ासियत से बेपरवाह दुनिया में प्रचलित हजार भाषाओं में से लगभग 300 को लुप्तप्राय माना जाता है। जनजातीय भाषाएँ वहाँ की वनस्पतियों, जीवों और औषधीय पौधों के बारे में ज्ञान का खजाना है। आमतौर पर यह ज्ञान पीढ़ी-दर-पीढ़ी हस्तांतरित होता है। ऐसे में, भाषाओं का विलुप्त होना गंभीर समस्या है। पृथ्वी की मौजूदा भाषायी विविधता का करीब आधा हिस्सा खतरे में है।

किसी भी देश या समाज की मूलभाषा के विलुप्त होने के कई कारण हैं-जैसे-प्राकृतिक या मानवीय कारणों से लोगों का एक स्थान से दूसरे

स्थान पर पलायन करना, आधुनिक शिक्षा प्रणाली, अंग्रेज़ी का बढ़ता वर्चस्व और तकनीक का बढ़ता प्रसार। भाषा किसी भी सभ्यता व संस्कृति तथा उसके रहन-सहन को पहचान देती है। ईसाइयों और यहूदियों के धर्म ग्रंथों की मूल भाषा हिब्रू, जैन और बौद्ध धर्म की भाषा प्राकृत और पाली सहित अनेक भाषाओं का अस्तित्व खो गया है। इसलिए यदि सही अर्थों में किसी संस्कृति की प्रगाढ़ता को समझना है, तो उसकी भाषा को समझना होगा, संरक्षित करना होगा। लोकतंत्र के समुचित विकास के लिए भी विभिन्न भाषाओं का समृद्ध होना बहुत जरूरी है, क्योंकि इनके माध्यम से देश के एक कोने से दूसरे कोने की समस्या को समझकर उसका समाधान किया जा सकता है। स्थानीय भाषाओं का संरक्षण कर ही समाज का समावेशी विकास हो पाता है।

भारतीय भाषाओं का केंद्रीय संस्थान खतरे में पड़ी देश की भाषाओं और बोलियों के संरक्षण के उपाय में जुट गया है। ये सब वे भाषाएँ हैं, जिन्हें दस हजार से भी कम लोग बोलते हैं। जल-जंगल-जमीन के लिए जाग्रत समाज भी अब समझने लगा है कि अपनी संस्कृति को बचाने के लिए इन तीनों की सुरक्षा के अलावा भी बहुत कुछ करने की आवश्यकता है। वे समझ गए हैं कि जब किसी भाषा का पतन होता है, तो उसमें बसी ज्ञान-प्रणाली भी पूरी तरह समाप्त हो जाती है।

CBSE 2024 (Modified)

बहुविकल्पीय प्रश्न

(क) प्रस्तुत गद्यांश का वर्ण्य विषय है

(i) विश्व की प्राचीन भाषाएँ और बोलियाँ
(ii) आम जुबान से दूर होती मातृ-भाषा
(iii) विदेशी भाषा के प्रति बढ़ता मोह
(iv) विलुप्त होती बोलियाँ और भाषाएँ

(ख) बोलियों के विषय में निम्नलिखित में से क्या सत्य है?

(i) इन्हें सीखना सिखाना सरल होता है।
(ii) ये पारंपरिक ज्ञान का भंडार होती हैं।
(iii) पीढ़ी-दर-पीढ़ी इनका स्वरूप बदलता है।
(iv) भाषा का प्रारंभिक रूप है।

(ग) गद्यांश के संदर्भ में निम्नलिखित कथनों को पढ़कर सही विकल्प का चयन कर लिखिए

1. मूल भाषा को समझे बिना संस्कृति की प्रगाढ़ता को नहीं समझा जा सकता।
2. लोकतंत्र के समुचित विकास के लिए भाषायी विविधता आवश्यक नहीं है।
3. समावेशी विकास के लिए भाषायी विविधता का संरक्षण आवश्यक है।

कूट

(i) केवल 1 (ii) केवल 3
(iii) 1 और 3 (iv) 2 और 3

अतिलघूत्तरात्मक प्रश्न

(घ) गद्यांश के अनुसार, जनजातीय भाषाएँ क्या हैं?

लघूत्तरात्मक प्रश्न

(ङ) गद्यांश के अनुसार बोलियों के विलुप्त होने का क्या प्रभाव पड़ता है?

(च) भाषाओं का विलुप्त होना गंभीर समस्या क्यों है? स्पष्ट कीजिए।

(छ) भाषाओं के संरक्षण के लिए कौन-कौन से प्रयास किए जा रहे हैं?

गद्यांश 3

कोई अपने दुर्भाग्य को कोस रहा है, कोई अपनी पारिवारिक दीनता को दोषी बता रहा है, कोई सहारे के अभाव को अपनी असफलता का आधार मान रहा है—बहुत से असफल व्यक्ति इसी तरह अनेक कारणों को अपनी असफलता का आधार मानते हैं, विभिन्न कारणों की कल्पना कर हाथ-पर-हाथ धरे बैठे रहते हैं। वे अपने जीवन में कुछ कर नहीं पाते। वे समाज के लिए, संसार के लिए कुछ नहीं कर पाते।

ऐसे मनुष्यों को जीवन में कोई राह नहीं मिलती, कोई चारा नहीं दिखता। वे दूसरों से अपेक्षा करते हैं कि कोई उन्हें किसी लक्ष्य प्राप्ति का मार्ग दिखाए, सफलता की सीढ़ी बताए, जिससे वे उस पर आसानी से चढ़ सकें। किंतु, ऐसे लोगों को यह भली-भाँति जानना चाहिए कि जहाँ चाह है, वहीं राह है। हमारी इच्छाशक्ति स्वयं हमारे लिए मार्ग बना देती है। अच्छे कार्य में धन की उतनी आवश्यकता नहीं होती, जितनी इच्छाशक्ति की होती है। 'एमर्सन' ने ठीक ही कहा है कि इतिहास, पुराण सभी साक्षी हैं कि मनुष्य के दृढ़ संकल्प के आगे देव-दानव सभी पराजित होते रहे हैं। दृढ़ इच्छाशक्ति ने भगवान तक को घंटों कच्चे धागे से बाँधकर नचाया है। हाँ, इतना ध्यान रखना होगा कि हमारी चाह बरसाती बादल का एक टुकड़ा न हो, जिसे हवा का एक झोंका जिधर चाहे उड़ाकर ले जाए। यदि हमारी इच्छाशक्ति क्षुद्र और दुर्बल होगी, तो हमारी मानसिक शक्तियों का कार्य भी वैसा ही होगा। स्वामी विवेकानंद का दिव्य वचन है कि पवित्र और दृढ़ इच्छा सर्वशक्तिमान है।

अत: यह नीति ठीक है कि हमारी चाह ही रास्ता बना जाती है। अंधकार से आच्छन्न मानव ने कभी इच्छा व्यक्त की थी कि प्रकाश हो और प्रकाश हो गया। मनुष्य की इस चाह, इस लगन, इस उत्कट इच्छा-चमत्कार की अनगिनत कहानियाँ हैं।

जब आततायी रावण श्रीरामवल्लभा सीता को हरकर लंका ले गया, तब राम को पता चला कि मार्ग में समुद्र व्यवधान बनकर खड़ा है। राम के अंतर्मन में सीता प्राप्ति की चाह ने सागर पर सेतु-निर्माण किया। चाणक्य के पास आखिर था क्या? किंतु, नंद साम्राज्य के विनाश के उत्कट संकल्प ने उनके लिए मार्ग-निर्माण कर दिया था। हमारे आदर्श नेताजी सुभाषचंद्र बोस के पास क्या साधन था? किंतु, अंग्रेज़ों को भगा देने की दृढ़ चाह ने उनसे इतनी बड़ी 'आज़ाद हिंद फ़ौज' की स्थापना करा दी थी। पं. मदनमोहन मालवीय के पास कौन-सा कुबेर कोष था? किंतु, उन्होंने बनारस हिंदू विश्वविद्यालय की स्थापना की, उनकी इस लगन ने सारे विघ्नों को काटकर मार्ग बना दिया।

बहुविकल्पीय प्रश्न

(क) अधिकांश असफल व्यक्ति कुछ विशेष क्यों नहीं कर पाते हैं?
(i) दूसरों को दोषी ठहराने के कारण
(ii) दूसरों से ईर्ष्या-द्वेष के कारण
(iii) स्वयं को महान समझने के कारण
(iv) ईश्वर को मानने के कारण

(ख) असफल व्यक्ति दोषी मानते हैं
(i) पारिवारिक दीनता को
(ii) दुर्भाग्य को
(iii) धन प्राप्त करने को
(iv) (i) और (ii) दोनों

(ग) **कथन** (A) मानसिक शक्तियों का क्षीण होना निर्भर है।
कारण (R) हमारी इच्छाशक्ति क्षुद्र और दुर्बल होगी, तो मानसिक शक्ति भी वैसी होगी।
(i) कथन (A) और कारण (R) दोनों सही हैं तथा कारण (R) कथन (A) की सही व्याख्या करता है।
(ii) कथन (A) तथा कारण (R) दोनों सही हैं, किंतु कारण (R), कथन (A) की सही व्याख्या नहीं करता है।
(iii) कथन (A) सही है, लेकिन कारण (R) गलत है।
(iv) कथन (A) गलत है, लेकिन कारण (R) सही है।

अतिलघूत्तरात्मक प्रश्न

(घ) असफल व्यक्ति दूसरों से क्या अपेक्षा रखता है?

लघूत्तरात्मक प्रश्न

(ङ) एमर्सन ने दृढ़ इच्छाशक्ति के बारे में क्या कहा है?
(च) किन मनुष्यों को जीवन में कोई राह नहीं मिलती?
(छ) गद्यांश में बरसाती बादल के टुकड़े से क्या तात्पर्य है?

गद्यांश 4

वृद्धावस्था की समस्या मशीनीकृत विश्व की उपज है, जो हमारे देश तक ही सीमित नहीं है। यह बहुत से विकसित देशों का भी सिरदर्द है। पहले अधिकांश लोग 45-50 वर्ष की उम्र में वृद्ध हो जाते थे। किंतु अब वृद्धावस्था लगभग सेवा निवृत्ति या साठ वर्षों के बाद ही मानी जाती है। आधुनिक युग में वृद्धावस्था काफी देर से आती है तथा आयु का प्रभाव भी धीरे-धीरे उजागर होता है। औद्योगीकरण एवं पश्चिमी सभ्यता के कारण, संयुक्त परिवार के टूटने के परिणामस्वरूप तथा हमारे सिद्धांतों में परिवर्तन के कारण वृद्ध व्यक्ति कई गंभीर समस्याओं से जूझते हैं एवं उनका जीवन वास्तव में, कष्टकर हो जाता है।

वृद्धावस्था में वृद्ध व्यक्ति अपने बच्चों से शारीरिक, नैतिक, वित्तीय एवं भावनात्मक सहारे की जरूरत महसूस करते हैं और बच्चे अपने भविष्य को सँवारने की समस्याओं एवं पारिवारिक जीवन में इतने उलझे होते हैं कि वे अपने माता-पिता की जरूरतों पर ध्यान देने तथा उनकी भावना को संतुष्ट करने में अयोग्य होते हैं। वृद्ध व्यक्तियों को परिवार एवं समाज पर बोझ एवं थोपे गए सदस्य की भावना से ग्रसित होकर लोग उनकी उपेक्षा करते हैं। बच्चे, पौत्र-पौत्रियाँ और घरेलू नौकर तक उनकी ओर ध्यान नहीं देते एवं हर बात पर उनका तिरस्कार करते हैं। वृद्ध व्यक्तियों के प्रति उनका रवैया अवमानननापूर्ण एवं अपमानजनक होता है। जब ऐसी बातें होती हैं, तो वृद्ध व्यक्ति निराशा के अथाह सागर में डूब जाते हैं। इस निराशा से वे शारीरिक एवं मानसिक तनाव में रहते हैं।

वृद्ध व्यक्ति भी विचित्र स्वभाव द्वारा अपनी प्रतिक्रिया व्यक्त करते हैं तथा युवा लोगों से लंबे तर्क करके स्वयं को मूर्ख बनाते हैं, क्योंकि उनके तर्क कोई सुनना नहीं चाहता। वे सही हो सकते हैं, किंतु उनकी उम्र सही नहीं होती। उनके अच्छे कार्य भी पसंद नहीं किए जाते। यहाँ तक कि जब वे युवाओं पर अपने प्यार की वर्षा करते हैं, तो उन्हें ऊँची आवाज में बोलकर अपमानित किया जाता है।

वृद्धावस्था की समस्याओं के समाधान काफी आसान एवं हमारी पहुँच के अंदर हैं। यह समस्या आधुनिक समय की उपज है, इसका समाधान वृद्धों के लिए अलग आवास बनाना नहीं है, बल्कि उनका ध्यान रखना, प्यार एवं स्नेह देना है।

हमें यह ध्यान रखना चाहिए कि हम भी एक दिन वृद्ध होंगे और यदि हमारे बच्चे भी हमारे साथ ऐसा व्यवहार करेंगे, तो हम भी प्रसन्न एवं खुश नहीं रह सकेंगे। इसलिए अपनी प्रवृत्ति में सकारात्मक परिवर्तन ही एकमात्र समाधान है। तभी हम इस समस्या को समाप्त करने में सक्षम होंगे।

बहुविकल्पीय प्रश्न

(क) वृद्धावस्था की समस्या किस जीवन-शैली की देन है?
(i) पौराणिक (ii) रूढ़िवादी
(iii) मशीनीकृत (iv) सामाजिक

(ख) अपना भविष्य सुधारने की समस्याओं एवं पारिवारिक जीवन में उलझे रहने का क्या परिणाम होता है?
(i) माता-पिता की जरूरत पर ध्यान न दे पाना
(ii) अपने जीवन के स्वर्णिम क्षणों को नष्ट कर देना
(iii) जीवन के वास्तविक आनंद से परिचित न होना
(iv) निराशा एवं हताश जीवन-शैली

(ग) **कथन** (A) वृद्ध व्यक्ति निराशा के अथाह सागर में डूब जाते हैं।
कारण (R) वृद्धि व्यक्तियों से अवमानननापूर्ण एवं अपमानजनक व्यवहार किया जाता है।
(i) कथन (A) और कारण (R) दोनों सही हैं तथा कारण (R) कथन (A) की सही व्याख्या करता है।
(ii) कथन (A) तथा कारण (R) दोनों सही हैं, किंतु कारण (R), कथन (A) की सही व्याख्या नहीं करता है।
(iii) कथन (A) सही है, लेकिन कारण (R) गलत
(iv) कथन (A) गलत है, लेकिन कारण (R) सही है।

अतिलघूत्तरात्मक प्रश्न

(घ) वृद्ध व्यक्तियों के प्रति किनका रवैया अपमानजनक होता है?

लघूत्तरात्मक प्रश्न

(ङ) वृद्ध व्यक्ति युवा लोगों से लंबे तर्क करके स्वयं को मूर्ख बनाते हैं क्यों?

(च) वृद्धावस्था की समस्या का समाधान कैसे किया जा सकता है?

(छ) वृद्ध व्यक्ति किस कारण अनेक गंभीर समस्याओं से जूझते हैं?

गद्यांश 5

मानव की प्रकृति प्रदत्त विभूतियों में एक बड़ी ही मोहक विभूति है हास्य-विनोद। जीवन में यदि हास्य-विनोद न हो तो ज़िंदगी केवल कराहों का सिलसिला, आहों का जलजला, दर्द की दास्तान बन कर रह जाए। हास्य लाख दु:खों की एक दवा है, स्वास्थ्य का एक अनोखा मंत्र है। चिंताओं के पुलिंदे को थोड़ी देर के लिए अलग करने में हास्य और विनोद बड़े ही सहायक हैं। कविता केवल हृदय का उद्‌गार है, विनोद रोम-रोम का उद्‌गार है। विनोद एक प्रकार की पुष्टई है, जिससे शरीर और मस्तिष्क को नई शक्ति मिलती है, ग्रस्त-त्रस्त शिराओं में मकरध्वज की ऊष्मा आ जाती है। संतों का कथन है कि यदि दु:ख में सुख की अनुभूति चाहते हो तो हँसमुख बनो।

विधाता से हास्य और विनोद का बहुमूल्य वरदान पाने वाला मनुष्य बड़ा ही भाग्यशाली है। फोटोग्राफर फोटो खींचने के समय चाहता है कि आप एक क्षण के लिए मुस्कुराएँ, किंतु विधाता-फोटोग्राफर तो चाहता है कि आप जीवन भर मुस्कुराते रहें। जिस मुख पर हास्य की दुग्ध धवल चाँदनी छिटकनी चाहिए उसे क्या अधिकार है कि वह अपनी अयस्कान्तीय आकृति को अवसाद की काली रेखाओं से अमावस की काली रात बना डाले?

हँसमुख व्यक्ति वह फव्वारा है, जिसके शीतल छींटे मन को प्रफुल्लित करते रहते हैं। वैयक्तिक जीवन की सफलता के अनेक रहस्यों में एक रहस्य हँसमुख आकृति का होना भी है। हँसमुख व्यक्ति को देखकर यह धारणा बनती है कि उसके मन में कोई गाँठ नहीं, कोई उलझन नहीं है। एक विक्रेता की मोहक मुस्कान वह काम कर जाती है, जो किसी जेबकतरे की कैंची नहीं कर पाती। एक सहज प्रसन्न शिक्षक की कक्षा में कभी उदासी की घटा नहीं छाती।

दीर्घायु होने का सर्वोत्तम साधन है-हँसमुख स्वभाव। हँसमुख आकृति मानो ऐसा आईना है, जिसमें परमात्मा की प्रसन्नता हर क्षण दिखाई पड़ती रहती है। मानसोपचारशास्त्री तो हास्य-विनोद के द्वारा अनेक रोगों की चिकित्सा भी किया करते हैं।

भाषा और भाषण का भूषण है-विनोद। भाषण में हास्य-विनोद का पुट रखने वाले व्यक्ति से लोग सर्वाधिक प्रभावित होते हैं। हास्य-विनोद केवल उदासी ही नहीं मिटाता, वरन् इससे शत्रु भी मित्र बन जाते हैं। महान साहित्यकारों ने अपने गहन-गंभीर साहित्य में हास्य-विनोद की अवधारणा कर उसके आकर्षण को बहुगुणित कर दिया है। महान नाटककारों ने अपने नाटकों में विदूषक का प्रयोग इसी उद्देश्य से किया है, किंतु यह ध्यान रखना चाहिए कि हास्य मर्यादित रहे ताकि दूसरों की नींद हराम न हो जाए। **CBSE 2023 (Modified)**

बहुविकल्पीय प्रश्न

(क) हास्य-विनोद जीवन की मोहक विभूति क्यों है?
- (i) दु:ख दर्द को बढ़ाने के कारण
- (ii) चिंता, व्यथा, उच्छ्‌वास को समाप्त करने के कारण
- (iii) दु:खों की दवा होने के कारण
- (iv) पृथ्वी पर होने वाले भूकंप के कारण

(ख) गद्यांश में आए 'पुष्टई' शब्द का आशय है
- (i) बाँहों में होने वाली पीड़ा
- (ii) पैरों में बढ़ने वाला मोटापा
- (iii) शरीर और बुद्धि को मिलने वाला बल
- (iv) शरीर और मस्तिष्क को दुखाने वाली चिंता

(ग) फव्वारे का क्या गुण है?
- (i) उसके शीतल जल की छींटों से मन प्रफुल्लि होता है।
- (ii) उसके शीतल जल की छींटों से मन व्याकुल हो उठता है।
- (iii) उसके गर्म जल की छींटों से आँखें चौंधिया जाती हैं।
- (iv) उसके शीतल जल प्रपात से शरीर रोमांचित हो जाता है।

अतिलघूत्तरात्मक प्रश्न

(घ) नाटकों में विदूषक का प्रयोग क्यों किया जाता है?

लघूत्तरात्मक प्रश्न

(ङ) गद्यांश के अनुसार, हँसमुख व्यक्ति का क्या महत्त्व है?

(च) गद्यांश में फोटोग्राफर और विधाता की तुलना कैसे की गई है?

(छ) हास्य-विनोद को मर्यादित क्यों रखना चाहिए?

गद्यांश 6

जिस प्रकार हमारे शरीर के लिए भोजन आवश्यक है, उसी प्रकार हमारे मस्तिष्क को भी भोजन की आवश्यकता होती है। मस्तिष्क का सर्वोत्तम भोजन पुस्तकें हैं। इनका अपना ही आनंद है, जो किसी अन्य वस्तु से नहीं मिल सकता। अध्ययन करते समय हम जीवन की चिंताओं और दु:खों को भूल जाते हैं।

अध्ययन कई प्रकार का होता है। पहला प्रकार, हल्का-फुल्का अध्ययन अर्थात् समाचार-पत्रों, पत्र-पत्रिकाओं आदि की पढ़ाई करना होता है, जिनसे वर्तमान की घटनाओं के विषय में विस्तृत ज्ञान प्राप्त होता है। इनके द्वारा हमें विश्व के प्रत्येक भाग की घटनाओं और क्रियाकलापों के विषय में सब कुछ पता चलता रहता है।

आज के युग में हम इस प्रकार के हल्के-फुल्के अध्ययन से अलग नहीं रह सकते। बिना समाचार-पत्रों के हम कुएँ के मेंढक के समान हो जाएँगे। इसलिए ऐसे अध्ययन को, जो आनंदमय है और शिक्षाप्रद भी, अनदेखा नहीं किया जा सकता। इसके बाद यात्रा और साहसिक कार्यों से संबद्ध पुस्तकें आती हैं। सामान्यतया व्यक्ति दैनिक जीवन की कठोर वास्तविकताओं से दूर भागना चाहता है, किंतु साहसिक कार्य करने की भावना मानव के रक्त में होती है।

यात्रा और साहसिक कार्यों का वर्णन करने वाली पुस्तकें हमारे मन में भी साहस और निर्भीकता की भावना पैदा करती हैं। खाली समय को आनंद से बिताने का सबसे अच्छा साधन है, उपन्यास। शाम के समय अथवा गाड़ी में यात्रा करते समय उपन्यास पढ़ने से बेहतर कोई मनोरंजन नहीं है। कुछ समय के लिए पाठक अपने व्यक्तित्व और सत्ता को ही भूल जाता है। वह उपन्यास के किसी चरित्र के साथ एकाकार हो जाता है।

इससे उसे अपार सुख मिलता है। इनके अतिरिक्त गंभीर अध्ययन की पुस्तकें होती हैं। जिनमें साहित्य, इतिहास, दर्शन आदि की पुस्तकें भी आती हैं, जो सभी काल में पढ़ी जाने योग्य कृतियाँ होती हैं। ऐसी पुस्तकें गंभीर और विचारशील व्यक्तियों के लिए होती हैं। साहित्य का विद्यार्थी सभी युगों के सर्वोत्कृष्ट विद्वानों के संपर्क में आता है और अपने चिंतन के लिए उपयोगी आहार प्राप्त करता है। वे उसे जीवन के आध्यात्मिक मूल्यों की पूरी जानकारी देते हैं। इस प्रकार वह अपने जीवन को श्रेष्ठ और महान् बना सकता है। उसका दृष्टिकोण व्यापक हो जाता है और मानव के प्रति उसकी सहानुभूति बढ़ जाती है।

बेकन ने कहा था कि "कुछ पुस्तकों का केवल स्वाद चखना चाहिए, कुछ को निगल जाना चाहिए और कुछ को अच्छी प्रकार से चबाकर पचा लेना चाहिए।" किसी पुस्तक को पाठ्य-पुस्तक के रूप में पढ़ने से अनिवार्यता की भावना आ जाती है।

यह अनिवार्यता उपयोगी हो सकती है, परंतु उससे रुचि का हनन हो जाता है। पुस्तकों का वास्तविक प्रेमी तो हर समय इनकी संगति में आनंद का अनुभव करता है। पढ़ने की आदत मनुष्य के सभ्य होने का चिह्न है। यह मनोरंजन का अच्छा साधन है और खाली समय को व्यतीत करने का सबसे अच्छा उपाय है। पुस्तकों का खज़ाना किसी भी राजा के खज़ाने से बड़ा होता है। पुस्तकें कला, साहित्य, विज्ञान और ज्ञानरूपी सोने की खानें हैं।

बहुविकल्पीय प्रश्न

(क) साहित्य, इतिहास, दर्शन आदि से संबंधित पुस्तकें किस श्रेणी में आती हैं?

(i) सामान्य (ii) गंभीर
(iii) साहसिक (iv) मनोरंजन

(ख) मनुष्य के सभ्य होने का चिह्न किसे माना गया है?

(i) आदर सहित बात करना
(ii) पढ़ने की आदत
(iii) सभी को समान समझना
(iv) खाली समय व्यतीत करना

(ग) प्रस्तुत गद्यांश का सर्वाधिक उपयुक्त शीर्षक क्या होगा?

(i) पुस्तकों का महत्त्व
(ii) यात्रा का महत्त्व
(iii) पाश्चात्य विचारकों का महत्त्व
(iv) समाचार-पत्रों का महत्त्व

अतिलघूत्तरात्मक प्रश्न

(घ) व्यक्ति के मन में साहस और निर्भीकता की भावना कौन-सी पुस्तकें पढ़कर पैदा होती है?

लघूत्तरात्मक प्रश्न

(ङ) खाली समय को आनंद से बिताने का सबसे अच्छा साधन क्या है?

(च) पुस्तकों के बारे में बेकन के क्या विचार थे?

(छ) मस्तिष्क का सर्वोत्तम भोजन क्या है?

गद्यांश 7

संसार का इतिहास राजाओं, शासकों की उच्च महत्त्वाकांक्षाओं से भरा पड़ा है। भूमि और धन-संपत्ति पर आधिपत्य जमाने की लिप्सा के कारण उन्होंने तबाही मचाई। इन मानवता-विरोधी अपराधों से उनकी आत्मा पर कोई प्रभाव नहीं पड़ा। उनकी उच्च महत्त्वाकांक्षा के कारण नैतिकता के सभी नियम धरे के धरे रह गए। ईश्वर से विद्रोह करने वाले शैतान से लेकर, विश्वविजय का सपना देखने वाले बीसवीं शताब्दी के तानाशाहों तक, एक तरफ तो अत्याचार और यातना की कहानी मिलती है और दूसरी तरफ दु:ख और पीड़ा की।

बाइबिल इस ओर इंगित करती है कि किस प्रकार ल्यूसिफर की महत्त्वाकांक्षा के कारण फरिश्तों में अनबन हो गई। महत्त्वाकांक्षा व्यक्ति को झूठा और बेईमान बना देती है। उसके मुँह में राम और बगल में छुरी होती है। वह मित्रता के सभी बंधनों को तोड़कर केवल निजी स्वार्थ से लिप्त रहता है।

महाभारत दुर्योधन की महत्त्वाकांक्षा का ही परिणाम था, जिसके कारण संपूर्ण कुल का विनाश हो गया था। प्रारंभ से ही उसने राजा बनने और शासन करने की महत्त्वाकांक्षा पाल रखी थी। इसी के लिए उसने अपने चचेरे भाइयों, पांडवों को मारने के षड्यंत्र रचे। उसने उन्हें जिंदा जलाने का प्रयास किया और जब वे इससे बच निकले तो जुए में चालाकी से हराकर वनवास भेज दिया।

वनवास की शर्त पूरी होने पर भी उसने पांडवों को उनका राज्य नहीं लौटाया। अंतत: महाभारत का युद्ध हुआ, जिससे संपूर्ण देश शताब्दियों तक कमजोर और निर्बल बना रहा। 5,000 वर्ष बीतने के बाद भी भारत उस गौरव और महिमा को प्राप्त करने में असमर्थ रहा है। इस प्रकार उच्च महत्त्वाकांक्षा देशों का विनाश करती है और शांति को नष्ट कर सकती है।

सिकंदर में भी विश्व-विजय की महत्त्वाकांक्षा थी। उसने अपना अभियान मैक्डोनिया से प्रारंभ किया जो ट्राय, पर्सिया और भारतभूमि तक फैला। एच. जी. वेल्स ने अपनी पुस्तक में पर्सिया साम्राज्य की राजधानी पेरिसपोलिज को हथियाने के लिए सिकंदर द्वारा किए गए अमानवीय अत्याचारों का वर्णन किया है। उसने अपने सैनिकों को पर्सिया और पड़ोसी नगरों को तहस-नहस करने तथा सभी वयस्कों की बलि चढ़ाने का आदेश दिया।

भारतभूमि में भी उसका व्यवहार इससे अच्छा नहीं था, यद्यपि पोरस के साहस ने इस देश को विनाश से बचा लिया। जब सिकंदर मरा तो वह साम्राज्य जो उसने दूसरों से छीना था, वह छिन्न-भिन्न हो गया। चारों ओर अव्यवस्था और अराजकता फैल गई। शेष कहानी निर्मम तानाशाही और अस्तव्यस्तता की है। हर स्थान पर प्रांतीय शासकों ने अपने छोटे-छोटे राज्य बना लिए। चारों ओर बेईमानी और अपराध का साम्राज्य हो गया और इन शांतिपूर्ण स्थानों पर जीवन नारकीय हो गया, इसीलिए कहा गया है कि महत्त्वाकांक्षा का दूसरा नाम अराजकता है।

(क) संसार में तबाही मचने का क्या कारण रहा है?
- (i) युद्ध नीति
- (ii) अनैतिकता
- (iii) आधिपत्य जमाने की लिप्सा
- (iv) बंधनों की अधिकता

(ख) सिकंदर का राज्य छिन्न-भिन्न होने का क्या परिणाम हुआ?
- (*i*) देश में शांति की स्थापना
- (ii) अव्यवस्था और अराजकता फैल गई
- (iii) तानाशाही की स्थापना
- (iv) जीवन सहज हो गया

(ग) **कथन** (A) संसार का इतिहास शासकों की उच्च महत्त्वाकांक्षा से भरा है।

कारण (R) महत्त्वाकांक्षा के कारण व्यक्ति के चरित्र में चोरी व डकैती आदि बुराइयाँ आ जाती हैं।
- (i) कथन (A) और कारण (R) दोनों सही हैं तथा कारण (R) कथन (A) की सही व्याख्या करता है।
- (ii) कथन (A) तथा कारण (R) दोनों सही हैं, किंतु कारण (R), कथन (A) की सही व्याख्या नहीं करता है।
- (iii) कथन (A) सही है, लेकिन कारण (R) गलत है।
- (iv) कथन (A) गलत है, लेकिन कारण (R) सही है।

अतिलघूत्तरात्मक प्रश्न

(घ) पड़ोसी नगरों को नष्ट करने और सभी वयस्कों की बलि चढ़ाने का आदेश किसके द्वारा दिया गया?

लघूत्तरात्मक प्रश्न

(ङ) महाभारत किसकी महत्त्वाकांक्षाओं का परिणाम था और क्यों?

(च) मानवता विरोधी अपराधों से किसकी आत्मा पर कोई प्रभाव नहीं पड़ता?

(छ) महत्त्वाकांक्षा व्यक्ति को क्या बना देती है?

गद्यांश 8

विश्व की आबादी बढ़ने के साथ ही कृषि योग्य भूमि की कमी एक बड़ी समस्या बनकर उभरी है। ऐसे में लोगों को कृषि के संदर्भ में अधिक रचनात्मकता और कुशलता अर्जित करने की आवश्यकता है। इसके तहत कम भूमि के उपयोग से ही फसल की उपज और उत्पादकता को बढ़ाने पर विशेष जोर देना होगा। कृषि सुधार के कई बड़े प्रयासों के बावजूद यह क्षेत्र आज भी अनेक समस्याओं से जूझ रहा है। इस संदर्भ में जलवायु परिवर्तन और खाद्य असुरक्षा जैसी समस्याओं के बीच कृत्रिम बुद्धिमत्ता (ए.आई.) उत्पादकता को बढ़ाने में सहायक हो सकती है। कृत्रिम बुद्धिमत्ता किसी कंप्यूटर या मशीन द्वारा मानव मस्तिष्क के सामर्थ्य की नकल करने की क्षमता है।

भारत में मृदा के प्रकार, जलवायु और स्थलाकृति विविधता के कारण यहाँ से प्राप्त डेटा कृषि के लिए अत्याधुनिक ए.आई. उपकरण तथा अन्य कृषि समाधान विकसित करने में सहायक सिद्ध होगा। कृषि के विभिन्न घटकों में प्रतिदिन सैकड़ों और हजारों प्रकार के डेटा (जैसे मृदा, उर्वरकों की प्रभाविकता आदि) उपलब्ध होते हैं। ए.आई. की मदद से किसान मौसम, तापमान, पानी के उपयोग या अपने खेत की मिट्टी का विश्लेषण कर, समस्याओं को पहचानकर बेहतर निर्णय ले सकेंगे। ए.आई. सेंसर खरपतवारों की पहचान कर सकते हैं और फिर उनकी पहचान के आधार पर उपयुक्त खरपतवारनाशक का चुनाव कर सटीक मात्रा में खरपतवारनाशक का छिड़काव कर सकते हैं। जिससे कृषि क्षेत्र में स्वास्थ्य के लिए हानिकारक विषाक्त पदार्थों के अनावश्यक प्रयोग को सीमित करने में सहायता मिलती है।

कृषि आय में गिरावट के कारण इस क्षेत्र को श्रमिकों द्वारा बहुत कम प्राथमिकता दी जाती है। श्रमिकों की इस कमी को दूर करने में ए.आई. कृषि बॉट्स एक उपयुक्त समाधान हो सकते हैं। किसानों द्वारा कृषि से जुड़े परामर्श के लिए ए.आई. की सहायता ली जा रही है।

हाल ही में कृषि क्षेत्र में हुए बड़े सुधारों के परिणामस्वरूप भविष्य में कृषि क्षेत्र में प्रौद्योगिकी के प्रसार की भी संभावनाएँ हैं। इन प्रयासों के माध्यम से कृषि में ए.आई. को अपनाए जाने की पहलों को बढ़ावा मिलेगा। **CBSE 2024 (Modified)**

बहुविकल्पीय प्रश्न

(क) इस गद्यांश का वर्ण्य विषय है
- (i) कृषि क्षेत्र में बढ़ती संभावनाएँ
- (ii) कृषि क्षेत्र से जुड़ी समस्याएँ
- (iii) कृत्रिम बुद्धिमत्ता : एक वरदान
- (iv) कृषि क्षेत्र और कृत्रिम बौद्धिकता

(ख) गद्यांश के आधार पर विश्व की बढ़ती आबादी चिंता का विषय क्यों है?
- (i) कृषि योग्य भूमि की कमी के कारण
- (ii) प्राकृतिक संसाधनों के दोहन के कारण
- (iii) पर्यावरण को क्षति पहुँचने के कारण
- (iv) प्राकृतिक संसाधनों की कमी के कारण

(ग) गद्यांश के संदर्भ में निम्नलिखित कथनों में से सही कथनों पर विचार कीजिए

1. कृषि क्षेत्र में कृत्रिम बुद्धिमत्ता का प्रयोग कर उत्पादकता को बढ़ाया जा सकता है।
2. खरपतवार मानव स्वास्थ्य के लिए हानिकारक है।
3. कृषि उत्पादकता को बढ़ाने के लिए रासायनिक उर्वरकों का प्रयोग हानिकारक है।

उपर्युक्त कथनों में से कौन-सा/से कथन सही है/हैं?

(i) केवल 1 (ii) केवल 2
(iii) 1 और 2 (iv) 1 और 3

अतिलघूत्तरात्मक प्रश्न

(घ) कृषि क्षेत्र में श्रमिकों की कमी को दूर करने का क्या उपाय है?

लघूत्तरात्मक प्रश्न

(ङ) कृषि क्षेत्र में ए.आई. के उपयोग से क्या लाभ हैं?

(च) खरपतवार नियंत्रण में ए.आई. कैसे सहायक है?

(छ) कृषि क्षेत्र में कृत्रिम बुद्धिमत्ता के उपयोग से पर्यावरण को कैसे लाभ होता है?

गद्यांश 9

दुर्बलों की शक्ति जब एकाकार हो उठती है, तब वह अपराजेय बन जाती है। तिनकों की परस्पर आबद्ध कर बनाई गई रस्सी से हाथी को बाँध लिया जाता है। वस्तुतः एकता की शक्ति महान प्राकृतिक एवं दैवी वरदान स्वरूप है। यही कारण है कि साधारणत: कोई भी जीव-जंतु अकेले नहीं रहना चाहता। मनुष्य को इसीलिए सामाजिक प्राणी कहा जाता है। जंगलों और गुफाओं में रहने वाला आदिम मानव भी अकेला नहीं रहता था। भोजन और सुरक्षा की खोज में उसे भी दल बनाकर ही रहना पड़ता था। आज भी जीवन के प्रत्येक क्षेत्र में उसे सहयोगियों की आवश्यकता रहती है और यही आवश्यकता उसे अन्य लोगों के साथ हिल-मिलकर रहना सिखाती है। वह अच्छी तरह जानता है और अनुभव करता है कि 'अकेला चना भाड़ नहीं फोड़ सकता।' इसी अनुभव एवं आवश्यकता के कारण एकता की भावना का विकास हुआ और हो रहा है। अनेक लोगों का एकमत होकर किसी एक उद्देश्य की प्राप्ति के परस्पर एकमत होकर चेष्टा करना एकता का प्रमुख लक्षण है। प्रत्येक जाति, समाज अथवा राष्ट्र के जीवन में एकता महत्त्वपूर्ण स्थान रखती है।

एकता की शक्ति अपराजेय है। वह जिसे प्राप्त हो गई वही अपराजेय बन गया। वह एक ऐसा केंद्रीय तत्त्व है, जो विभिन्न इकाइयों के बीच दूरी समाप्त कर उनमें संगठन, समन्वय, शक्ति और साहस का संचार करती है। इसके बल पर तुच्छ से तुच्छ प्राणी भी बड़े-बड़े कार्य पूरे कर डालता है। साधारण से तिनके को जब अन्य तिनकों का बल मिल जाता है, तब वह एक मस्त मतवाले हाथी को भी अचल कर देता है। जल की अनेकानेक बूँदे जब मिल जाती हैं, तब महासागर का निर्माण कर डालती हैं। छोटी-छोटी चींटियों के दल विषधर भुजंगों को भी चाट जाते हैं। मानव शरीर तो स्वयं एकता का श्रेष्ठ दृष्टांत है।

वह समाज नष्ट हो जाता है, जिसके सदस्य आपस में एक नहीं होते। वह राष्ट्र उन्नतिशील नहीं होता, जिसके नागरिक मात्र स्वार्थपूर्ति में लगे रहते हैं और जिनकी सामूहिक शक्ति का विकास नहीं होता। समाज में उन परिवारों की दुर्दशा आए दिन देखने को मिलती है, जिसके सदस्य पारस्परिक फूट के कारण पारिवारिक बँटवारा करके अलग-अलग परिवार बसाने लगते हैं। 'हम तभी खड़े हैं जब तक हम संगठित हैं, जहाँ असंगठित हुए वहीं हम गिरे। जहाँ एकता नहीं विनाश निश्चित है।'

एकता की स्थापना उतनी सहज बात नहीं। यह वहीं स्थापित हो सकती है जहाँ त्याग, क्षमा, सहयोग और सहानुभूति की भावनाएँ होती हैं। अहंकार और स्वार्थ एकता के शत्रु हैं। मनुष्य स्वभाव से भूलें करता है। यदि उन भूलों को क्षमा न किया जाए तो आपसी कटुता, भय और शत्रुता का वातावरण बनता है। ऐसे वातावरण में एकता कभी नहीं फलती-फूलती। यदि हम पारस्परिक स्नेह भावना का विकास करें और एक-दूसरे के सुख-दुःख में सहभागी बनें तो एकता की भावना का विकास निश्चय ही होगा। **CBSE 2023 (Modified)**

बहुविकल्पीय प्रश्न

(क) मनुष्य को सामाजिक प्राणी क्यों कहा जाता है?

(i) सामाजिक इकाई का अंग होने के कारण
(ii) समाज में उसके हितों की रक्षा के कारण
(iii) समूह में रहने की इच्छा के कारण
(iv) समाज में रहकर उसके व्यक्तित्व विकास के कारण

(ख) मनुष्य को सहयोगियों की आवश्यकता क्यों पड़ी?

(i) कार्य को सुगमतापूर्वक करने के लिए
(ii) जंगलों और गुफाओं के भय से बचने के लिए
(iii) समाज की संरचना के लिए
(iv) भोजन और सुरक्षा के लिए

(ग) **कथन** (A) : एकता की स्थापना सहज बात नहीं है।
कारण (R) : एकता के लिए अहंकार और स्वार्थ को छोड़ त्याग और क्षमा को धारण करना पड़ता है।

(i) कथन (A) तथा कारण (R) दोनों सही हैं तथा कारण (R) कथन (A) की सही व्याख्या करता है।
(ii) कथन (A) तथा कारण (R) दोनों सही हैं, किंतु कारण (R), कथन (A) की सही व्याख्या नहीं करता है।
(iii) कथन (A) सही है, लेकिन कारण (R) गलत है।
(iv) कथन (A) गलत है, लेकिन कारण (R) सही है।

अतिलघूत्तरात्मक प्रश्न

(घ) अहंकार और स्वार्थ एकता के लिए क्यों हानिकारक हैं?

लघूत्तरात्मक प्रश्न

(ङ) एकता की आवश्यकता समाज और राष्ट्र के लिए क्यों है?

(च) एकता के अभाव में क्या परिणाम होते हैं?

(छ) एकता की स्थापना के लिए कौन-कौन सी बाधाएँ हैं?

गद्यांश 10

तत्त्ववेत्ता शिक्षाविदों के अनुसार विद्या दो प्रकार की होती है। प्रथम वह, जो हमें जीवन-यापन के लिए अर्जन करना सिखाती है और द्वितीय वह, जो हमें जीना सिखलाती है। इनमें से एक का भी अभाव जीवन को निरर्थक बना देता है। बिना कमाए जीवन-निर्वाह संभव नहीं। कोई भी नहीं चाहेगा कि वह माता-पिता, परिवार के किसी सदस्य, जाति या समाज पर परावलंबी हो। ऐसी विद्या से विहीन व्यक्ति का जीवन दूभर हो जाता है, वह दूसरों के लिए भार बन जाता है। साथ ही, दूसरी

विद्या के बिना सार्थक जीवन नहीं जिया जा सकता। बहुत अर्जित कर लेने वाले व्यक्ति का जीवन यदि सुचारु रूप से नहीं चल रहा है, उसमें यदि वह जीवंत-शक्ति नहीं है, जो उसके अपने जीवन को तो सत्पथ पर अग्रसर करती ही है, साथ ही वह अपने समाज, जाति एवं राष्ट्र के लिए भी मार्गदर्शन करती है, तो उसका जीवन भी मानव-जीवन का अभिधान नहीं पा सकता। वह भारवाही गर्दभ बन जाता है या पूँछ-सींग-विहीन पशु कहा जाता है।

वर्तमान भारत में पहली विद्या का प्राय: अभाव दिखाई देता है, परंतु दूसरी विद्या का रूप भी विकृत ही है, क्योंकि न तो स्कूल-कॉलेजों से शिक्षा प्राप्त करके निकला छात्र जीविकार्जन के योग्य बन पाता है और न ही वह उन संस्कारों से युक्त हो पाता है, जिनसे व्यक्ति 'कु' से 'सु' बनता है, सुशिक्षित, सुसभ्य और सुसंस्कृत कहलाने का अधिकारी होता है।

वर्तमान शिक्षा-पद्धति के अंतर्गत हम जो विद्या प्राप्त कर रहे हैं, उसकी विशेषताओं को सर्वथा नकारा भी नहीं जा सकता। यह शिक्षा कुछ सीमा तक हमारे दृष्टिकोण को विकसित भी करती है, हमारी मनीषा को प्रबुद्ध बनाती है तथा भावनाओं को चेतन करती है, किंतु कला, शिल्प, प्रौद्योगिकी आदि की शिक्षा नाममात्र की होने के फलस्वरूप इस देश के स्नातक के लिए जीविकोपार्जन टेढ़ी खीर बन जाता है और बृहस्पति बना युवक नौकरी की तलाश में अर्जियाँ लिखने में ही अपने जीवन का बहुमूल्य समय बर्बाद कर लेता है। जीवन के सर्वांगीण विकास को ध्यान में रखते हुए यदि शिक्षा के क्रमिक सोपानों पर विचार किया जाए, तो भारतीय विद्यार्थी को सर्वप्रथम इस प्रकार की शिक्षा दी जानी चाहिए जो आवश्यक हो, दूसरी जो उपयोगी हो और तीसरी जो हमारे जीवन को परिष्कृत एवं अलंकृत करती हो। ये तीनों सीढ़ियाँ एक के बाद एक आती हैं, इनमें व्यतिक्रम नहीं होना चाहिए। इस क्रम में व्याघात आ जाने से मानव-जीवन का चारु प्रासाद खड़ा करना असंभव है। यह तो भवन की छत बनाकर नींव बनाने के सदृश है। वर्तमान भारत में शिक्षा की अवस्था देखकर ऐसा प्रतीत होता है कि प्राचीन भारतीय दार्शनिकों ने 'अन्न' से 'आनंद' की ओर बढ़ने को जो 'विद्या का सार' कहा था, वह सर्वथा समीचीन ही था।

बहुविकल्पीय प्रश्न

(क) गद्यांश के अनुसार जीवन-यापन के लिए अर्जन करना कौन सिखाता है?
  (i) परिवार (ii) प्रथम प्रकार की विद्या
  (iii) द्वितीय प्रकार की विद्या (iv) समाज

(ख) 'कु' से 'सु' बनाने में क्या आशय सन्निहित है?
  (i) दुर्लभ से सुलभ बनाना
  (ii) दुर्गम से सुगम बनाना
  (iii) दुष्कर से सुकर बनाना
  (iv) दुर्जन से सुजन बनाना

(ग) प्रस्तुत गद्यांश किस विषय-वस्तु पर आधारित है?
  (i) जीने की कला पर
  (ii) वर्तमान भारतीय शिक्षा पर
  (iii) मानव जीवन की सार्थकता पर
  (iv) शिक्षा के सोपान पर

अतिलघूत्तरात्मक प्रश्न

(घ) देश के स्नातक के लिए टेढ़ी खीर क्या बन जाता है?

लघूत्तरात्मक प्रश्न

(ङ) भारतीय विद्यार्थी को कैसी शिक्षा दी जानी चाहिए?

(च) वर्तमान भारत में शिक्षा की अवस्था देखकर कैसा प्रतीत होता है?

(छ) गद्यांश के अनुसार, व्यक्ति पूँछ-सींग-विहीन पशु कब कहा जाता है?

गद्यांश 11

सत्य! कितना भोला-भाला, कितना सीधा-सादा, जो कुछ अपनी आँखों से देखा, बखान कर दिया, जो कुछ जाना बिना नमक-मिर्च लगाए बोल दिया। यही तो सत्य है न! इतना सरल। सत्य सृष्टि का प्रतिबिंब है, ज्ञान की प्रतिलिपि है, आत्मा की वाणी है। सत्यवादिता के लिए केवल निष्कपट मन चाहिए। एक झूठ के लिए हज़ारों झूठ बोलने पड़ते हैं, झूठ की लंबी श्रृंखला मन में बैठानी पड़ती है और कहीं तारतम्य न बैठा, पोल खुली तो अविश्वास का आघात सहना पड़ता है। अवमानना का कड़ुआ घूँट पीना पड़ता है। हाँ, सत्य बोलने और करने में भी किसी का अकारण अहित करने का उद्देश्य नहीं होना चाहिए।

संसार में जितने महान व्यक्ति हुए हैं, सबने सत्य का सहारा लिया है-सत्य की उपासना की है। 'चंद्र टरै सूरज टरै, टरै जगत व्यवहार' के उद्घोषक राजा हरिश्चंद्र की सत्यनिष्ठा जगद्विख्यात है। यह ठीक है कि उन्हें सत्य के मार्ग पर चलने में अनेक कठिनाइयों के दलदल में फँसना पड़ा, लेकिन उनकी कीर्ति आज चाँद की चाँदनी और सूरज की रोशनी से कम प्रकाशपूर्ण नहीं है। राजा दशरथ ने सत्यवचन निर्वाह के लिए अपना प्राणोत्सर्ग तक किया। महात्मा गाँधी ने सत्य की शक्ति से ही विदेशी शासन की जड़ काट दी। उनका कथन है-सत्य एक विशाल वृक्ष है, उसकी ज्यों- ज्यों सेवा की जाती है, त्यों-त्यों उसमें अनेक फल आते हुए नजर आते हैं। उनका अंत नहीं होता। वस्तुत:, सत्यभाषण और सत्यपालन के अमित फल होते हैं। सत्य बोलने का अभ्यास बचपन से ही डालना चाहिए।

झूठ बोलने वालों से लोगों का विश्वास उठ जाता है। उनकी उपेक्षा सर्वत्र होती है। उनकी उन्नति के द्वार बंद हो जाते हैं। कभी-कभी तो उन्हें अपनी बेशकीमती ज़िंदगी से भी हाथ धोना पड़ता है।

सत्य की महिमा अपार है। सत्य महन्न और परम शक्तिशाली है। संस्कृत की सूक्तियाँ हैं-सत्यमेव जयते नानृतम्-नहि सत्यात्परो धर्म:'-सत्य की ही विजय होती है, असत्य की नहीं-तथा सत्य से बढ़कर कोई धर्म नहीं है।' सत्य की एक चिनगारी से असत्य के फूस का अंबार एक क्षण में भस्मसात् हो जाता है। **CBSE 2024 (Modified)**

बहुविकल्पीय प्रश्न

(क) सत्यपालन की दीर्घकालीन प्रक्रिया से अमित फल प्राप्त होते हैं। अत:
  (i) जन्म से ही सत्य बोलने का अभ्यास करना चाहिए।
  (ii) युवावस्था में सत्य बोलने का अभ्यास करना चाहिए।
  (iii) बचपन से ही सत्य बोलने का अभ्यास करना चाहिए।
  (iv) प्रौढ़ावस्था से ही सत्य बोलने का अभ्यास करना चाहिए।

(ख) गद्यांश में दशरथ, हरिश्चंद्र और महात्मा गाँधी का उदाहरण दिया गया है.
(i) सत्य का परिचय देने के लिए।
(ii) झूठ के दुष्परिणाम बताने के लिए।
(iii) सत्य की महिमा बताने के लिए।
(iv) सत्य के मार्ग का अनुसरण करने के लिए।

(ग) **कथन** (A) झूठ बोलने वाले की उन्नति के सभी द्वार बंद हो जाते हैं।
कारण (R) लोगों का उन पर से विश्वास उठने के कारण सर्वत्र उनकी उपेक्षा होती है।
(i) कथन A तथा कारण R दोनों सही हैं तथा कारण R, कथन A की सही व्याख्या करता है।
(ii) कथन A तथा कारण R दोनों सही हैं, किन्तु कारण R, कथन A की सही व्याख्या नहीं करता है।
(iii) कथन A सही है, किंतु कारण R गलत है।
(iv) कथन A गलत है, किंतु कारण R सही है।

अतिलघूत्तरात्मक प्रश्न

(घ) सत्य क्या है?

लघूत्तरात्मक प्रश्न

(ङ) सत्य बोलने का अभ्यास बचपन से क्यों करना चाहिए?
(च) सत्य की शक्ति को कैसे परिभाषित किया गया है?
(छ) झूठ बोलने वाले व्यक्ति को समाज में क्या समस्याएँ होती हैं?

गद्यांश 12

संस्कृति और सभ्यता ये दो शब्द हैं और इनके अर्थ भी अलग-अलग हैं। सभ्यता मनुष्य का वह गुण है, जिससे वह अपनी बाहरी तरक्की करता है। संस्कृति वह गुण है, जिससे वह अपनी भीतरी उन्नति करता है और करुणा, प्रेम एवं परोपकार सीखता है।

आज रेलगाड़ी, मोटर और हवाई जहाज, लंबी-चौड़ी सड़कें और बड़े-बड़े मकान, अच्छा भोजन और अच्छी पोशाक ये सभी सभ्यता की पहचान हैं और जिस देश में इनकी जितनी ही अधिकता है, उस देश को हम उतना ही सभ्य मानते हैं, लेकिन संस्कृति इन सबसे कहीं बारीक चीज है। वह मोटर नहीं, मोटर बनाने की कला है, मकान नहीं, मकान बनाने की रुचि है।
संस्कृति धन नहीं, गुण है। संस्कृति ठाठ-बाट नहीं, विनय और विनम्रता है। एक कहावत है कि सभ्यता वह चीज है, जो हमारे पास है, लेकिन संस्कृति वह गुण है जो हममें छिपा हुआ है। हमारे पास घर होता है, कपड़े होते हैं, मगर ये सारी चीजें हमारी सभ्यता के सबूत हैं, जबकि संस्कृति इतने मोटे तौर पर दिखलाई नहीं देती, वह बहुत ही सूक्ष्म और महीन चीज है और वह हमारी हर पसंद, हर आदत में छिपी रहती है। मकान बनाना सभ्यता का काम है, लेकिन हम मकान का कौन-सा नक्शा पसंद करते हैं यह हमारी संस्कृति बतलाती है। आदमी के भीतर काम, क्रोध, लोभ, मद, मोह और मत्सर ये छह: विकार प्रकृति के दिए हुए हैं, परंतु अगर ये विकार बेरोक-टोक छोड़ दिए जाएँ तो आदमी इतना गिर जाए कि उसमें और जानवर में कोई भेद नहीं रह जाएगा। इसलिए आदमी इन विकारों पर रोक लगाता है। इन दुर्गुणों पर जो आदमी जितना ज्यादा काबू कर पाता है, उसकी संस्कृति भी उतनी ही ऊँची समझी जाती है। संस्कृति का स्वभाव है कि वह आदान-प्रदान से बढ़ती है। जब दो देशों या जातियो के लोग आपस में मिलते हैं, तब उन दोनों की संस्कृतियाँ एक-दूसरे को प्रभावित करती हैं। इसलिए संस्कृति की दृष्टि से वह जाति या वह देश बहुत ही धनी समझा जाता है, जिसने ज्यादा-से-ज्यादा देशों या जातियों की संस्कृतियों से लाभ उठाकर अपनी संस्कृति का विकास किया हो।

बहुविकल्पीय प्रश्न

(क) गद्यांश में 'सभ्यता को बाहरी तरक्की' बताया गया है, क्योंकि यह
(i) इच्छापूर्ति में सक्षम है
(ii) भौतिक साधनों की द्योतक है
(iii) संस्कृति से भिन्न पहचान लिए है।
(iv) करुणा, प्रेम एवं परोपकार सिखाती है।

(ख) सभ्यता और संस्कृति का मूलभूत अंतर क्रमशः है
(i) रेलगाड़ी, विनय
(ii) प्रत्यक्ष, अप्रत्यक्ष
(iii) बाहरी तरक्की, भीतरी द्वंद्व
(iv) रिवाज, सीख

(ग) ''मकान के लिए नक्शा पसंद करना हमारी संस्कृति का परिचायक है।'' ऐसा इसलिए कहा गया है, क्योंकि-
(i) घर हमारी सभ्यता की पहचान है।
(ii) अन्य लोगों से जोड़ने का माध्यम है।
(iii) नक्शे के बिना मकान बनाना कठिन है।
(iv) हमारी सोच-समझ को उजागर करता है।

अतिलघूत्तरात्मक प्रश्न

(घ) संस्कृति का स्वभाव कैसा है?

लघूत्तरात्मक प्रश्न

(ङ) सभ्यता और संस्कृति में क्या अंतर है?
(च) संस्कृति का क्या महत्त्व है?
(छ) संस्कृति का विकास किन तरीकों से होता है?

गद्यांश 13

अपने बढ़ते उत्पादन को खपाने के लिए हर शक्तिशाली देश अपना प्रभाव क्षेत्र बढ़ा रहा है और आपसी प्रतिद्वंद्विता इतनी बढ़ गई है कि सभी ने मारणास्त्रों का विशाल भंडार बना रखा है। विज्ञान और तकनीकों के विकास से अनुभवों की अनेक संहारकारी किस्मों का आविष्कार हुआ है। एक बार जहाँ मनुष्य की बुद्धि ने धरती को मानव-शून्य बनाने के लिए भयंकर मारक अस्त्र तैयार कर दिए हैं, वहीं

दूसरी ओर इस भावी मानव विनाश की आशंका से उसका एक समझदार समुदाय आतंकित हो गया है कि न जाने किस दिन संसार इस विनाशलीला का शिकार हो जाए।

यह विशेष रूप से ध्यान देने की बात है कि सिर्फ मनुष्य ही है, जो अपने भविष्य के बारे में चिंतित है। यह सभी जानते हैं कि आधुनिक विज्ञान और तकनीक ने मनुष्य को बहुत कुछ दिया है। उसी की कृपा से संसार के मनुष्य एक दूसरे के निकट आए हैं। अनेक पुराने संस्कार जो गलतफहमी पैदा करते थे नष्ट होते जा रहे हैं। मनुष्य को निरोग, दीर्घजीवी और सुसंस्कृत बनाने के अनगिनत साधन बढ़े हैं, फिर भी मनुष्य चिंतित हैं। जो अंधाधुंध प्रकृति के मूल्यवान भंडारों की लूट मचाकर आराम और संपन्नता प्राप्त कर रहे हैं, वे बहुत परेशान नहीं हैं। वे यथास्थिति बनाए रखना चाहते हैं और यदि संभव हो तो अपनी व्यक्तिगत, परिवारगत और जातिगत संपन्नता अधिक-से-अधिक बढ़ा लेने के लिए परिश्रम भी कर रहे हैं। ऐसे सुखी लोग 'मनुष्य का भविष्य' जैसी बातों के कारण परेशान नहीं हैं, पर जो लोग अधिक संवेदनशील हैं और मनुष्य जाति को महानाश की ओर बढ़ते देखकर विचलित हो उठते हैं, वे ही परेशान हैं।

बहुविकल्पीय प्रश्न

(क) विकसित देश आप किसे मानते हैं?
- (i) जो आधुनिक तकनीक का पूर्ण उपयोग करते हैं
- (ii) जो उत्पादन क्षमता बढ़ाने का स्वप्न देखते हैं
- (iii) जो आधुनिकता में विश्वास रखते हैं
- (iv) जो आधुनिक तरीकों की जानकारी रखते हैं

(ख) वनस्पतियों के अस्तित्व पर संकट आने का क्या कारण है?
- (i) विषाक्त गैस
- (ii) अत्यधिक स्वच्छता
- (iii) खेती के उपकरण
- (iv) उत्पादन की क्षमता का बढ़ना

(ग) **कथन** (A) भावी महाविनाश की आशंका से मानव समुदाय आतंकित है।

कारण (R) मनुष्य ने अपने बौद्धिक बल से अनेक मारक अस्त्र तैयार कर लिए हैं।

कूट
- (i) कथन (A) तथा कारण (R) दोनों सही हैं तथा कारण (R) कथन (A) की सही व्याख्या करता है।
- (ii) कथन (A) और कारण (R) दोनों सही हैं, किंतु कारण (R), कथन (A) की सही व्याख्या नहीं करता है।
- (iii) कथन (A) सही है, लेकिन कारण (R) गलत है।
- (iv) कथन (A) गलत है, लेकिन कारण (R) सही है।

अतिलघूत्तरात्मक प्रश्न

(घ) अंधाधुंध प्राकृतिक संसाधनों के दोहन का क्या परिणाम है?

लघूत्तरात्मक प्रश्न

(ङ) भावी मानव विनाश की आशंका क्यों बढ़ रही है?

(च) विकसित देश पर्यावरण के प्रति लापरवाह क्यों हैं?

(छ) संवेदनशील लोग मनुष्य जाति के भविष्य को लेकर विचलित क्यों है?

गद्यांश 14

विचार, धर्म, मूल्य सब एक ही सीध के शब्द हैं। इनकी मौलिक रचना में नैतिकता सर्वोपरि है। यह और बात है कि कई बार यह विरोधाभास उभरता है कि विचार और धर्म की मौजूदा समझ और व्यवहार में नैतिकता का पक्ष गौण है।

दिलचस्प यह है कि नैतिकता, मनुष्यता से जुड़ा विषय है, इसलिए सभ्यता और संस्कृति के विकास में भी नैतिकता को स्वाभाविक अहमियत मिली है। पर जब से मनुष्य के विकास के समस्त रास्तों और अवधारणाओं के साथ आधुनिकता का आग्रह जुड़ा है, नैतिक व्यवहारों पर बात कम होती है।

यह समस्या विचार और बुद्धि के नए मेल से सामने आई है, जबकि विचार का स्वाभाविक उत्स और उसके निर्माण की प्रक्रिया हृदय से जुड़ी है। बुद्धि का हस्तक्षेप साहित्य पर हावी हुआ है। यही कारण है कि वहाँ भी नैतिकता को तिलांजलि देकर कई तरह की बात आज कहीं और लिखी जा रही है।

नैतिकता की आवश्यकता और मौजूदा जीवन-मूल्य में उसकी कमज़ोर पड़ती स्थिति चिंताजनक है। आचार्य तुलसी ने इस चिंता की तरफ खासतौर पर ध्यान दिलाया है। वे इस संदर्भ में अपनी बात काफी सरल तरीके से रखते हैं। इस तरह की बात को कहने के लिए तीखे तर्क की शरण में न जाना पड़े, वे इसका पूरा ध्यान रखते हैं। इस चर्चा का आरंभ वे यह कहकर करते हैं कि नैतिकता एक शाश्वत मूल्य है। इसकी अपेक्षा हर युग में रहती है।

सतयुग में ऋषि-मुनि होते थे। ये धर्म और नैतिकता की चर्चा किया करते थे। उस समय भी धर्म के उपदेशक थे। जिस युग में धर्म और नीति के पाँव लड़खड़ाने लगे हों, सांप्रदायिकता, धार्मिक असहिष्णुता, जातिवाद छुआछूत, बेरोजगारी, कालाबाजारी आदि बीमारियाँ सिर उठाए खड़ी हों, उस समय तो नैतिकता की आवाज उठाना और इसकी जरूरत को रेखांकित करना और अधिक जरूरी हो गया है। आज सब कुछ है-ट्रेन हैं, प्लेन हैं, कारखाने हैं, स्कूल हैं, भोगोपभोग की तमाम उपलब्धियाँ बेकार हो रही हैं। सब कुछ हैं, पर जब तक आदमी सही अर्थ में आदमी नहीं है, तब तक कुछ भी नहीं है। तुलसी की एक बात को अपने एक रेडियो साक्षात्कार में महादेवी वर्मा ने भी सुंदर तरीके से कहा है।

सामान्य तौर पर देखें-समझें तो देश आजाद हुआ और उसके साथ ही देश में अनेक समस्याओं का भी जन्म हुआ। जिनका समाधान जरूरी है। इसके लिए हमें प्रयास करना होगा। कई बार मन में आता है कि कितना प्रयास करें? हम तो कब से कोशिश कर रहे हैं, लेकिन लोग हैं कि समझते ही नहीं।

ऐसे में सूर्य को देखें। सूर्य से मत पूछो कि आज तक उसने कितना अंधकार मिटाया? उसका काम अंधकार मिटाने का है। रात को फिर अंधकार घिर आता है इसकी वह चिंता नहीं करता, अगली सुबह फिर अपना दायित्व निभाने आ जाता है।

बहुविकल्पीय प्रश्न

(क) विचार, धर्म और मूल्य की मौलिक रचना में सबसे ऊपर क्या है?
(i) विचार (ii) धर्म
(iii) मूल्य (iv) नैतिकता

(ख) आचार्य तुलसी नैतिकता से संबंधित अपनी बात प्रभावी ढंग से कहने के लिए क्या करते हैं?
(i) उपदेश देते हैं।
(ii) व्याख्यान देते हैं।
(iii) कथा सुनाते हैं।
(iv) कथा-प्रसंगों से जोड़ते हैं।

(ग) लेखक ने सूर्य का उदाहरण क्यों दिया?
(i) प्रकाश को समाने के लिए
(ii) अपना दायित्व निभाने के लिए
(iii) अंधकार मिटाने के लिए
(iv) चिंतामुक्त रहने के लिए

अतिलघूत्तरात्मक प्रश्न

(घ) आचार्य तुलसी नैतिकता की जरूरत पर क्यों बल देते हैं?

लघूत्तरात्मक प्रश्न

(ङ) नैतिकता का मनुष्यता से क्या संबंध है?
(च) प्रस्तुत कहानी से लेखक क्या समझाना चाहते हैं?
(छ) आधुनिकता के चलते नैतिकता पर क्या प्रभाव पड़ा है?

गद्यांश 15

विज्ञान आज के मानव-जीवन का अविभाज्य एवं घनिष्ठ अंग बन गया है। मानव-जीवन का कोई भी क्षेत्र विज्ञान के अश्रुतपूर्व आविष्कारों से अछूता नहीं रहा। इसी से आधुनिक युग विज्ञान का युग कहलाता है। आज विज्ञान ने पुरुष और नारी, साहित्यकार और राजनीतिज्ञ, उद्योगपति और कृषक, पूँजीपति और श्रमिक, चिकित्सक और सैनिक, अभियन्ता और शिक्षक तथा धर्मज्ञ और तत्त्वज्ञ सभी को और सभी क्षेत्रों में किसी-न-किसी रूप में अपने अप्रतिम प्रदेय से अनुगृहीत किया है। आज समूचा परिवेश विज्ञानमय हो गया है। विज्ञान के चरण गृहिणी के रसोईघर से लेकर बड़ी-बड़ी प्राचीरों वाले भवनों और अट्टालिकाओं में ही दृष्टिगत नहीं होते, प्रत्युत वे स्थल और जल की सीमाओं को लाँघकर अंतरिक्ष में भी गतिशील हैं।

वस्तुत: विज्ञान अद्यतन मानव की सबसे बड़ी शक्ति बन गया है। इसके बल से मनुष्य प्रकृति और प्राणिजगत् का शिरोमणि बन सका है। विज्ञान के अनुग्रह से वह सभी प्रकार की सुविधाओं और संपदाओं का स्वामित्व प्राप्त कर चुका है। अब वह ऋत-ऋतुओं के प्रकोप से भयाक्रांत एवं संत्रस्त नहीं है।

विद्युत ने उसे आलोकित किया है, उष्णता और शीतलता दी है, बटन दबाकर किसी भी कार्य को संपन्न करने की ताकत भी दी है। मनोरंजन के विविध साधन उसे सुलभ हैं। यातायात एवं संचार के साधनों के विकास से समय और स्थान की दूरियाँ बहुत कम हो गई हैं और समूचा विश्व एक परिवार-सा लगने लगा है। कृषि और उद्योग के क्षेत्र में उत्पादन की तीव्र वृद्धि होने के कारण आज दुनिया पहले से अधिक धन-धान्य से संपन्न है। शिक्षा और चिकित्सा के क्षेत्र में विज्ञान की देन अभिनंदनीय है। विज्ञान के सहयोग से मनुष्य धरती और समुद्र के अनेक रहस्य हस्तामलक करके अब अंतरिक्ष लोक में प्रवेश कर चुका है। सर्वोपरि, विज्ञान ने मनुष्य को बौद्धिक विकास प्रदान किया है और वैज्ञानिक चिंतन-पद्धति दी है। वैज्ञानिक चिंतन-पद्धति से मनुष्य अंधविश्वासों और रूढ़ि-परंपराओं से मुक्त होकर स्वस्थ एवं संतुलित ढंग से सोच-विचार कर सकता है और यथार्थ एवं सम्यक् जीवन जी सकता है। इससे मनुष्य के मन को युगों के अंधविश्वासों, भ्रमपूर्ण और दकियानूसी विचारों, भय और अज्ञानता से मुक्ति मिली है। विज्ञान की यह देन स्तुत्य है। मानव को चाहिए कि वह विज्ञान की इस समग्र देन को रचनात्मक कार्यों में सुनियोजित करें।

बहुविकल्पीय प्रश्न

(क) आज विज्ञान को मनुष्य के जीवन का अभिन्न अंग क्यों माना जा सकता है?
(i) विज्ञान के आविष्कार अभूतपूर्व हैं
(ii) विज्ञान ने सभी क्षेत्रों में मानव को प्रभावित किया है
(iii) विज्ञान ने आर्थिक उन्नति प्रदान की है
(iv) आधुनिक युग विज्ञान का युग है

(ख) वैज्ञानिक चिंतन पद्धति के प्रभाव से व्यक्ति का जीवन कैसा हो सकता है?
1. यर्थाथ 2. बनावटी 3. सम्यक्
4. दकियानूसी विचारों, भय और अज्ञानता से मुक्ति

कूट
(i) केवल 1 (ii) केवल 2
(iii) 1, 3 और 4 (iv) केवल 3

(ग) **कथन** (A) समूचा विश्व एक परिवार के समान लगता है।
कारण (R) यातायात एवं संचार के साधनों के विकास से समय और स्थान की दूरियाँ बहुत कम हो गई हैं।
(i) कथन (A) और कारण (R) दोनों सही हैं तथा कारण (R) कथन (A) की सही व्याख्या करता है।
(ii) कथन (A) तथा कारण (R) दोनों सही हैं, किंतु कारण (R), कथन (A) की सही व्याख्या नहीं करता है।
(iii) कथन (A) सही है, लेकिन कारण (R) गलत है।
(iv) कथन (A) गलत है, लेकिन कारण (R) सही है।

अतिलघूत्तरात्मक प्रश्न

(घ) मानव से विज्ञान की देन को किन कार्यों में नियोजित करने की अपेक्षा है?

लघूत्तरात्मक प्रश्न

(ङ) विज्ञान के सहयोग से मनुष्य ने कहाँ प्रवेश कर लिया है?
(च) शिक्षा और चिकित्सा के क्षेत्र में विज्ञान का क्या योगदान है?
(छ) वैज्ञानिक चिंतन-पद्धति से मनुष्य को किससे मुक्ति मिली है?

उत्तर

गद्यांश 1

(क) (i) असावधानी।

(ख) (ii) अंध विश्वास

(ग) (iii) पूर्ण समर्पण

(घ) गद्यांश के अनुसार, ईश्वर के पास जाने का उद्देश्य सकारात्मक ऊर्जा प्राप्त करना होना चाहिए।

(ङ) गद्यांश के अनुसार प्रार्थना का वास्तविक अर्थ है– ईश्वर को उनके उपकारों के लिए धन्यवाद देना और मानवता के प्रति समर्पण की भावना रखना। यह केवल समस्याओं का समाधान पाने या इच्छाओं की पूर्ति के लिए नहीं है। प्रार्थना में शुद्ध मन, वाणी और पूर्ण समर्पण से ईश्वर का सान्निध्य प्राप्त करना ही मुख्य उद्देश्य होना चाहिए। मानवता की सेवा और ईश्वर का आभार प्रकट करना सच्ची प्रार्थना है।

(च) ईश्वर को प्राप्त करने के लिए हमें पूर्ण समर्पण और शुद्ध मन से उनकी ओर जाना चाहिए। उनकी उपासना में निस्वार्थ भाव रखना आवश्यक है। अंध विश्वास या मिथकों के बजाय, सकारात्मक ऊर्जा और दिव्यता की अनुभूति के लिए ईश्वर के करीब जाना चाहिए। प्रार्थना में ईश्वर का आभार व्यक्त करना और उनकी कृपा को स्वीकार करना महत्त्वपूर्ण है।

(छ) ईश्वर से प्रार्थना में हमारी त्रुटि यह है कि हम प्रार्थना को केवल माँगने और शिकायत का माध्यम बना देते हैं। हम ईश्वर को उनके उपकारों के लिए धन्यवाद देने या उनकी कृपा के लिए कृतज्ञता प्रकट करने में असमर्थ रहते हैं। प्रार्थना का सच्चा उद्देश्य मानवता के प्रति समर्पण और ईश्वर का सान्निध्य प्राप्त करना होना चाहिए।

गद्यांश 2

(क) (iv) विलुप्त होती बोलियाँ और भाषाएँ।

(ख) (ii) ये पारंपरिक ज्ञान का भंडार होती हैं।

(ग) (iii) 1 और 3

(घ) गद्यांश के अनुसार, जनजातीय भाषाएँ वनस्पतियों, जीवों और औषधीय पौधों के बारे में पारंपरिक ज्ञान का खजाना है।

(ङ) बोलियों के विलुप्त होने से पारंपरिक ज्ञान और सांस्कृतिक धरोहर समाप्त हो जाती है। यह वनस्पतियों, जीवों और औषधीय पौधों से संबंधित ज्ञान का खजाना खोने के समान है। साथ ही भाषाओं में छिपी ज्ञान-प्रणालियाँ भी खत्म हो जाती हैं, जो स्थानीय विकास और समावेशी समाज निर्माण में मददगार होती हैं।

(च) भाषाओं का विलुप्त होना गंभीर समस्या है, क्योंकि यह केवल शब्दों का खोना नहीं, बल्कि उसमें निहित पारंपरिक ज्ञान, सांस्कृतिक धरोहर और सामाजिक पहचान का भी अंत है। जनजातीय भाषाओं में वनस्पतियों, जीवों और औषधीय पौधों का ज्ञान संरक्षित रहता है, जो पीढ़ी-दर-पीढ़ी हस्तांतरित होता है। इनके विलुप्त होने से यह अनमोल ज्ञान समाप्त हो जाता है।

(छ) भाषाओं के संरक्षण के लिए अनेक प्रयास किए जा रहे हैं। भारतीय भाषाओं का केंद्रीय संस्थान उन भाषाओं और बोलियों को संरक्षित करने के उपायों में जुटा है, जिन्हें दस हजार से कम लोग बोलते हैं। समाज भी भाषाओं की सांस्कृतिक महत्ता को समझते हुए इनके संरक्षण के लिए जागरूक हो रहा है। भाषायी विविधता को बचाने के लिए क्षेत्रीय और स्थानीय स्तर पर पहल की जा रही है। आधुनिक तकनीक और शिक्षा के माध्यम से भी भाषाओं को जीवित रखने के प्रयास किए जा रहे हैं।

गद्यांश 3

(क) (i) दूसरों को दोषी ठहराने के कारण

(ख) (iv) (i) और (ii) दोनों

(ग) (i) कथन (A) और कारण (R) दोनों सही हैं तथा कारण (R) कथन (A) की सही व्याख्या करता है।

(घ) असफल व्यक्ति दूसरों से लक्ष्य प्राप्ति का मार्ग दिखाने की अपेक्षा रखता है।

(ङ) एमर्सन ने दृढ़ इच्छाशक्ति के बारे में कहा है कि इतिहास, पुराण सभी साक्षी हैं कि मनुष्य के दृढ़ संकल्प के आगे देव-दानव सभी पराजित होते रहे हैं। दृढ़ इच्छाशक्ति ने भगवान तक को घंटों कच्चे धागे से बाँधकर नचाया है।

(च) जो मनुष्य अपने दुर्भाग्य को कोसता है, पारिवारिक दीनता को दोषी बताता है, बहुत-से असफल व्यक्ति इसी तरह अनेक कारणों को अपनी असफलता का आधार मानते हैं, विभिन्न कारणों की कल्पना कर हाथ-पर-हाथ धरे बैठे रहते हैं। वे अपने जीवन में और इस समाज व संसार के लिए कुछ नहीं कर पाते हैं, ऐसे मनुष्यों को जीवन में कोई राह नहीं मिलती।

(छ) गद्यांश में बरसाती बादल के टुकड़े से तात्पर्य है– क्षणिक अर्थात् हमारी चाह बरसाती बादल के टुकड़े की तरह क्षणिक नहीं होनी चाहिए, जिसे हवा का झोंका जिधर चाहे उड़ाकर ले जाए, बल्कि इतनी प्रबल और दृढ़ होनी चाहिए, जिसे कोई भी कठिनाई या संकट अपने पथ से विचलित न कर सके।

गद्यांश 4

(क) (iii) मशीनीकृत

(ख) (i) माता-पिता की जरूरत पर ध्यान न दे पाना

(ग) (i) कथन (A) और कारण (R) दोनों सही हैं तथा कारण (R) कथन (A) की सही व्याख्या करता है।

(घ) वृद्ध व्यक्तियों के प्रति बच्चे, पौत्र-पौत्रियाँ और घरेलू नौकर का रवैया अपमानजनक होता है।

(ङ) वृद्ध व्यक्ति युवा लोगों से लंबे तर्क करके स्वयं को मूर्ख बनाते हैं, क्योंकि उनके तर्क कोई सुनना नहीं चाहता। वे सही हो सकते हैं, किंतु उनकी उम्र सही नहीं होती। उनके अच्छे कार्य भी पसंद नहीं किए जाते। यहाँ तक कि जब वे युवाओं पर अपने प्यार की वर्षा करते हैं, तो उन्हें ऊँची आवाज में बोलकर अपमानित किया जाता है।

(च) वृद्धावस्था की समस्या आधुनिक समय की उपज है, इसका समाधान वृद्धों के लिए अलग आवास बनाना नहीं है, बल्कि उनका ध्यान रखना, प्यार एवं स्नेह देना है। हमें यह ध्यान रखना चाहिए कि हम भी एक दिन वृद्ध होंगे और यदि हमारे बच्चे भी हमारे साथ ऐसा व्यवहार करेंगे, तो हम भी प्रसन्न एवं खुश नहीं रह सकेंगे।

इसलिए अपनी प्रवृत्ति में सकारात्मक परिवर्तन ही एकमात्र समाधान है तभी इस समस्या को समाप्त किया जा सकता है।

(छ) वृद्ध व्यक्ति औद्योगिकरण एवं पश्चिमी सभ्यता के कारण, संयुक्त परिवार के टूटने के परिणामस्वरूप तथा हमारे सिद्धांतों में परिवर्तन के कारण अनेक गंभीर समस्याओं से जूझते हैं एवं उनका जीवन बहुत कष्टकर हो जाता है।

गद्यांश 5

(क) (ii) चिंता, व्यथा, उच्छ्वास को समाप्त करने के कारण

(ख) (iii) शरीर और बुद्धि को मिलने वाला बल

(ग) (i) उसके शीतल जल की छींटों से मन प्रफुल्लित होता है।

(घ) नाटकों में विदूषक का प्रयोग हास्य उत्पन्न कर नाटक को रोचक और आकर्षक बनाने के लिए किया जाता है।

(ङ) गद्यांश के अनुसार हँसमुख व्यक्ति फव्वारे के समान होता है, जिसकी शीतल छींटें मन को प्रफुल्लित करती हैं। हँसमुख व्यक्तित्व में कोई उलझन या गाँठ नहीं होती। यह व्यक्ति दूसरों को प्रसन्नता देता है और जीवन में सफलता पाने का एक रहस्य भी है। हँसमुख स्वभाव दीर्घायु और मानसिक शांति का आधार है।

(च) फोटोग्राफर चाहता है कि व्यक्ति कुछ समय के लिए मुस्कुराए, जबकि विधाता चाहता है कि मनुष्य जीवन भर मुस्कुराता रहे। फोटोग्राफर क्षणिक खुशी को कैद करता है, जबकि विधाता जीवन की स्थायी प्रसन्नता की कामना करता है।

(छ) हास्य-विनोद मर्यादित होना चाहिए, ताकि यह दूसरों की भावनाओं को ठेस न पहुँचाए। मर्यादा का उल्लंघन करने से हास्य दूसरों के लिए परेशानी का कारण बन सकता है। स्वस्थ हास्य ही व्यक्ति को प्रसन्न और समाज को सौहार्दपूर्ण बनाए रखता है।

गद्यांश 6

(क) (ii) गंभीर (ख) (ii) पढ़ने की आदत

(ग) (i) पुस्तकों का महत्त्व

(घ) व्यक्ति के मन में साहस और निर्भीकता की भावना साहसिक पुस्तकें पढ़कर पैदा होती है।

(ङ) खाली समय को आनंद से बिताने का सबसे अच्छा साधन है– उपन्यास। शाम के समय अथवा गाड़ी में यात्रा करते समय उपन्यास पढ़ने से बेहतर कोई मनोरंजन नहीं है। कुछ समय के लिए पाठक अपने व्यक्तित्व और सत्ता को ही भूल जाता है। वह उपन्यास के किसी चरित्र के साथ एकाकार हो जाता है। इससे उसे अपार सुख मिलता है।

(च) पुस्तकों के बारे में बेकन के विचार थे कि "कुछ पुस्तकों का केवल स्वाद चखना चाहिए, कुछ को निगल जाना चाहिए और कुछ को अच्छी तरह चबाकर पचा लेना चाहिए।"

(छ) मस्तिष्क का सर्वोत्तम भोजन पुस्तकें हैं। इनका अपना ही आनंद है, जो किसी अन्य वस्तु से नहीं मिल सकता। अध्ययन करते समय हम जीवन की चिंताओं और दुःखों को भूल जाते हैं और उच्च मनोदशा में पहुँच जाते हैं।

गद्यांश 7

(क) (iii) आधिपत्य जमाने की लिप्सा

(ख) (ii) अव्यवस्था और अराजकता फैल गई

(ग) (iii) कथन (A) सही है, लेकिन कारण (R) गलत है।

(घ) पड़ोसी नगरों को नष्ट करने और सभी वयस्कों की बलि चढ़ाने का आदेश सिकंदर के द्वारा दिया गया।

(ङ) महाभारत दुर्योधन की महत्त्वाकांक्षा का परिणाम था, क्योंकि दुर्योधन ने प्रारंभ से ही राजा बनने और शासन करने की महत्त्वाकांक्षा पाल रखी थी, इसके लिए उसने अपने चचेरे भाइयों, पांडवों को मारने के षड्यंत्र रचे। उसने उन्हें जिंदा जलाने का प्रयास किया और जुए में चालाकी से हराकर वनवास भेज दिया। वनवास की शर्त पूरी होने पर भी उसने पांडवों को राज्य नहीं लौटाया, तो अंततः महाभारत युद्ध हुआ।

(च) मानवता विरोधी अपराधों से ईश्वर को मानने वाले राजाओं की और तानाशाहों की आत्मा पर कोई प्रभाव नहीं पड़ता, क्योंकि अपनी उच्च महत्त्वाकांक्षाओं को पूरा करने के लिए इन्होंने चारों ओर तबाही मचाई है, एक तरफ तो इनकी अत्याचार और यातना की कहानी मिलती है और दूसरी ओर दुःख और पीड़ा की।

(छ) महत्त्वाकांक्षा व्यक्ति को झूठा और बेईमान बना देती है, उसके मुँह में राम और बगल में छुरी होती है। वह मित्रता के सभी बंधनों को तोड़कर केवल निजी स्वार्थ में लिप्त रहता है।

गद्यांश 8

(क) (iv) कृषि क्षेत्र और कृत्रिम बौद्धिकता

(ख) (i) कृषि योग्य भूमि की कमी के कारण

(ग) (iv) 1 और 3

(घ) कृषि क्षेत्र में श्रमिकों की कमी को दूर करने के लिए ए.आई. आधारित कृषि बॉट्स उपयोगी हो सकते हैं।

(ङ) कृषि क्षेत्र में ए.आई. के उपयोग से मृदा, उर्वरकों और मौसम का विश्लेषण कर उत्पादकता बढ़ाई जा सकती है। यह खरपतवारों की पहचान कर उपयुक्त खरपतवारनाशक के चयन में मदद करता है और विषाक्त पदार्थों के अनावश्यक प्रयोग को कम करता है। श्रमिकों की कमी को पूरा करने के लिए ए.आई. कृषि बॉट्स का उपयोग किया जा सकता है। इसके अतिरिक्त, किसानों को परामर्श प्रदान कर यह उनकी समस्याओं का समाधान भी करता है।

(च) ए.आई. सेंसर खरपतवार की पहचान कर उनकी सही मात्रा में नियंत्रण के लिए उपयुक्त खरपतवारनाशक का चयन करते हैं। यह विधि हानिकारक विषाक्त पदार्थों के अनावश्यक प्रयोग को कम करती है, जिससे पर्यावरण को भी नुकसान नहीं होता। ए.आई. के उपयोग से फसलों को खरपतवार से बचाकर उनकी गुणवत्ता और उत्पादकता को बढ़ाया जा सकता है।

(छ) ए.आई. खरपतवारों की पहचान कर उपयुक्त मात्रा में खरपतवारनाशक का छिड़काव सुनिश्चित करता है, जिससे विषाक्त पदार्थों का अनावश्यक प्रयोग कम होता है। यह मृदा की गुणवत्ता और पानी के कुशल उपयोग को भी बढ़ावा देता है। इससे पर्यावरण को क्षति पहुँचाए बिना फसलों की उत्पादकता बढ़ाई जा सकती है, जिससे टिकाऊ खेती को बढ़ावा मिलता है।

गद्यांश 9

(क) (iii) समूह में रहने की इच्छा के कारण

(ख) (iv) भोजन और सुरक्षा के लिए।

(ग) (i) कथन (A) तथा कारण (R) दोनों सही हैं तथा कारण (R) कथन (A) की सही व्याख्या करता है।

(घ) अहंकार और स्वार्थ आपसी कटुता और शत्रुता पैदा करते हैं, जिससे एकता का विकास नहीं हो पाता।

(ङ) समाज और राष्ट्र की प्रगति और स्थिरता के लिए एकता अनिवार्य है। यह संगठन, समन्वय और सामूहिक शक्ति का आधार है। असंगठित समाज या राष्ट्र आंतरिक कलह के कारण कमजोर हो जाते हैं और बाहरी आक्रमणों का सामना नहीं कर पाते। एकता के बल पर ही किसी समाज या राष्ट्र में आर्थिक, सामाजिक और सांस्कृतिक विकास संभव हो पाता है।

(च) एकता के अभाव में समाज या परिवार में फूट, संघर्ष और अव्यवस्था उत्पन्न हो जाती है। इसका परिणाम समाज की प्रगति रुकने और राष्ट्र की अस्थिरता के रूप में होता है। परिवार टूट जाते हैं, सामाजिक ताना-बाना बिखर जाता है और व्यक्तिगत स्वार्थों के कारण सहयोग की भावना समाप्त हो जाती है।

(छ) एकता की स्थापना में अहंकार, स्वार्थ, कटुता और क्षमा न करने की प्रवृत्ति सबसे बड़ी बाधाएँ हैं। ये नकारात्मक भावनाएँ पारस्परिक सहयोग और स्नेह को समाप्त कर देती हैं। इसके अतिरिक्त, परस्पर शत्रुता और गलतफहमियाँ भी एकता को पनपने नहीं देतीं।

गद्यांश 10

(क) (ii) प्रथम प्रकार की विद्या

(ख) (iv) दुर्जन से सुजन बनाना

(ग) (iv) शिक्षा के सोपान पर

(घ) देश के स्नातक के लिए जीविकोपार्जन टेढ़ी खीर बन जाता है अर्थात् वर्तमान समय में स्नातकों के लिए रोजगार पाना अत्यधिक कठिन होता जा रहा है।

(ङ) भारतीय विद्यार्थी को सर्वप्रथम इस प्रकार की शिक्षा दी जानी चाहिए, जो आवश्यक हो, दूसरी जो उपयोगी हो और तीसरी जो हमारे जीवन को परिष्कृत और अलंकृत करती हो। ये तीनों सीढ़ियाँ एक के बाद एक आती हैं, इनमें व्यतिक्रम नहीं होना चाहिए।

(च) वर्तमान भारत में शिक्षा की अवस्था देखकर ऐसा प्रतीत होता है कि प्राचीन भारतीय दार्शनिकों ने 'अन्न से आनंद' की ओर बढ़ने को जो 'विद्या का सार' कहा था, वह सर्वथा समीचीन ही था।

(छ) व्यक्ति का जीवन यदि बहुत अर्जित कर लेने के पश्चात् भी सुचारु रूप से नहीं चल रहा है, उसमें यदि वह जीवंत-शक्ति नहीं है, जो उसके अपने जीवन को तो सत्पथ पर अग्रसर करती ही है और साथ ही वह अपने समाज, जाति एवं राष्ट्र के लिए भी मार्गदर्शन करती है, तो उसका जीवन भी मानव-जीवन का अभिधान नहीं पा सकता। वह भारवाही गर्दभ बन जाता है या पूँछ-सींग-विहीन पशु कहा जाता है।

गद्यांश 11

(क) (iii) बचपन से ही सत्य बोलने का अभ्यास करना चाहिए।

(ख) (iii) सत्य की महिमा बताने के लिए।

(ग) (i) कथन A तथा कारण R दोनों सही हैं तथा कारण R कथन A की सही व्याख्या करता है।

(घ) सत्य सृष्टि का प्रतिबिम्ब, ज्ञान की प्रतिलिपि और आत्मा की वाणी है। यह सरल और निष्कपट है।

(ङ) सत्य बोलने का अभ्यास बचपन से करने से यह जीवन का अभिन्न हिस्सा बन जाता है। इससे व्यक्ति में ईमानदारी, विश्वास और नैतिकता का विकास होता है। यह जीवन में सफलता और सम्मान प्राप्त करने का आधार बनता है। सत्यपालन की आदत भविष्य में कठिन परिस्थितियों में भी व्यक्ति को दृढ़ बनाए रखती है, इसलिए सत्य बोलने का अभ्यास बचपन से ही करना चाहिए।

(च) सत्य को महान और परम शक्तिशाली बताया गया है। यह सृष्टि का प्रतिबिंब है और समाज व राष्ट्र के लिए आवश्यक है। सत्य की एक चिनगारी असत्य के बड़े-से-बड़े ढाँचे को नष्ट कर सकती है। सत्य का पालन जीवन में स्थायित्व और उन्नति लाता है।

(छ) झूठ बोलने वाले व्यक्ति को समाज में अनेक समस्याएँ होती हैं; जैसे–झूठ बोलने वाले व्यक्ति से लोगों का विश्वास उठ जाता है। उनकी उपेक्षा होती है और उन्हें सामाजिक अपमान का सामना करना पड़ता है। उनकी उन्नति के सभी मार्ग बंद हो जाते हैं और कभी-कभी उन्हें गंभीर परिणाम भी झेलने पड़ते हैं।

गद्यांश 12

(क) (ii) भौतिक साधनों की द्योतक है।

(ख) (ii) प्रत्यक्ष, अप्रत्यक्ष।

(ग) (iv) हमारी सोच-समझ को उजागर करता है।

(घ) संस्कृति का स्वभाव है कि वह आदान-प्रदान से बढ़ती है।

(ङ) सभ्यता बाहरी उन्नति और भौतिक साधनों की पहचान है; जैसे—मकान, सड़कें, वाहन आदि। यह मनुष्य की बाहरी तरक्की को दर्शाती है। इसके विपरीत, संस्कृति भीतरी गुणों की पहचान है; जैसे—करुणा, प्रेम, परोपकार और नैतिकता। सभ्यता प्रत्यक्ष रूप से दिखती है, जबकि संस्कृति सूक्ष्म और अप्रत्यक्ष होती है, जो हमारी आदतों, सोच और पसंद में झलकती है। संस्कृति सभ्यता का आधार बनती है और उसके निर्माण में महत्त्वपूर्ण भूमिका निभाती है।

(च) संस्कृति मनुष्य के आंतरिक विकास और नैतिक गुणों का प्रतीक है। यह विनम्रता, करुणा, प्रेम और परोपकार जैसे गुण सिखाती है। यह जीवन में अनुशासन और समृद्ध सोच को बढ़ावा देती है। संस्कृति मानव जीवन को अर्थपूर्ण और उन्नत बनाती है। साथ ही, यह समाज के व्यक्तित्व और नैतिक मूल्यों को उभारने में मदद करती है। संस्कृति का विकास व्यक्ति और समाज दोनों के लिए अत्यंत महत्त्वपूर्ण है।

(छ) संस्कृति का विकास आदान-प्रदान और संपर्क से होता है। जब विभिन्न जातियाँ और देश एक-दूसरे के संपर्क में आते हैं, तो उनकी परंपराएँ और मान्यताएँ एक-दूसरे को प्रभावित करती हैं। यह प्रक्रिया संस्कृति को समृद्ध और विस्तारित करती है। इसके अतिरिक्त, व्यक्ति अपनी सोच, अनुभव और व्यवहार के माध्यम से संस्कृति के विकास में योगदान करता है। नैतिक मूल्यों और परंपराओं को अपनाना और उन्हें आने वाली पीढ़ियों तक पहुँचाना भी संस्कृति के विकास का एक महत्त्वपूर्ण पहलू है।

गद्यांश 13

(क) (i) जो आधुनिक तकनीक का पूर्ण उपयोग करते हैं।

(ख) (i) विषाक्त गैस

(ग) (i)कथन (A) तथा कारण (R) दोनों सही हैं तथा कारण (R) कथन (A) की सही व्याख्या करता है।

(घ) प्रकृति के मूल्यवान भंडार समाप्त हो रहे हैं और पर्यावरण असंतुलन बढ़ रहा है।

(ङ) भावी मानव विनाश की आशंका आधुनिक विज्ञान और तकनीक से बने विनाशकारी मारक अस्त्रों के कारण बढ़ रही है। शक्तिशाली देश अपने उत्पादन को बढ़ाने और प्रभाव क्षेत्र स्थापित करने के लिए एक-दूसरे से होड़ कर रहे हैं। इसके परिणामस्वरूप प्राकृतिक संसाधनों का अँधाधुँध दोहन हो रहा है, जिससे पर्यावरणीय संतुलन बिगड़ रहा है। मानव बुद्धि ने इन अस्त्रों को बनाकर संहार की ओर कदम बढ़ा दिया है, जिससे संवेदनशील समुदाय चिंतित हैं।

(च) विकसित देश अपने आर्थिक और औद्योगिक लाभ को प्राथमिकता देते हैं। वे प्राकृतिक संसाधनों का अँधाधुँध उपयोग कर अपनी उत्पादन क्षमता को बढ़ा रहे हैं। यह लापरवाही इसलिए है, क्योंकि वे पर्यावरण पर इसके प्रतिकूल प्रभावों को नजरअंदाज करते हुए अपनी संपन्नता बनाए रखना चाहते हैं। उनके लिए व्यक्तिगत और जातिगत सुख-संपत्ति अधिक महत्त्वपूर्ण है, जबकि पर्यावरण संरक्षण की उपेक्षा कर रहे हैं।

(छ) संवेदनशील लोग मानव जाति के भविष्य को लेकर इसलिए विचलित हैं, क्योंकि वे देख रहे हैं कि मानव अपनी बुद्धि का उपयोग विनाशकारी हथियार बनाने और प्राकृतिक संसाधनों को समाप्त करने में कर रहा है। इस दिशा में उठाए गए कदम न केवल पर्यावरण को नुकसान पहुँचा रहे हैं, बल्कि पूरी मानवता को नष्ट करने की ओर ले जा सकते हैं। यह स्थिति उनके लिए अत्यधिक चिंता का विषय है।

गद्यांश 14

(क) (iv) नैतिकता **(ख)** (iv) कथा-प्रसंगों से जोड़ते हैं।

(ग) (ii) अपना दायित्व निभाने के लिए

(घ) आचार्य तुलसी नैतिकता की जरूरत पर बल देते हैं, क्योंकि आधुनिक युग में नैतिकता का ह्रास हो रहा है।

(ङ) नैतिकता का मनुष्यता से गहरा संबंध है, क्योंकि नैतिकता मनुष्य को सभ्यता और संस्कृति में ऊँचाई प्रदान करती है। यह मनुष्यता को उत्कृष्ट और समाजोपयोगी बनाती है। नैतिकता का अभाव व्यक्ति को केवल भौतिक सुख-सुविधाओं तक सीमित कर देता है। नैतिकता मनुष्य को सही अर्थों में आदमी बनाती है।

(च) प्रस्तुत कहानी के माध्यम से लेखक यह समझाना चाहते हैं कि केवल भौतिक संपन्नता पर्याप्त नहीं है। यदि व्यक्ति में 'आदमी' होने के गुण; जैसे करुणा, दया और सहृदयता नहीं हैं, तो उसकी संपत्ति बेकार है। नैतिकता और मानवता के बिना धन का कोई महत्त्व नहीं है।

(छ) आधुनिकता के चलते नैतिकता कमजोर होती जा रही है। भौतिक सुख-सुविधाओं की अंधी दौड़ में नैतिक मूल्यों को अनदेखा किया जा रहा है। विज्ञान और तकनीक के विकास ने नैतिकता की जगह भौतिकता को प्राथमिकता दी है, जिससे समाज में असंतुलन और स्वार्थ की भावना बढ़ी है।

गद्यांश 15

(क) (ii) विज्ञान ने सभी क्षेत्रों में मानव को प्रभावित किया है

(ख) (iii) 1, 3 और 4

(ग) (i) कथन (A) और कारण (R) दोनों सही हैं तथा कारण (R) कथन (A) की सही व्याख्या करता है।

(घ) मानव से विज्ञान की देन को रचनात्मक कार्यों में नियोजित करने की अपेक्षा है।

(ङ) विज्ञान के सहयोग से मनुष्य धरती और समुद्र के अनेक रहस्य जानकर अब अंतरिक्ष लोक में प्रवेश कर चुका है और नए-नए आविष्कार कर रहा है।

(च) शिक्षा और चिकित्सा के क्षेत्र में विज्ञान की देन अभिनंदनीय है। चिकित्सा के क्षेत्र में विज्ञान के द्वारा वैज्ञानिक उपकरणों, यंत्रों, औषधियों के आविष्कार से रोगों की पहचान, निराकरण तथा बीमारियों का उन्मूलन आदि संभव हो सका है। शिक्षा के क्षेत्र में भी नई-नई तकनीकों द्वारा छात्रों को शिक्षा प्रदान की जा रही है।

(छ) वैज्ञानिक चिंतन-पद्धति से मनुष्य अंधविश्वासों और रूढ़ि-परंपराओं से मुक्त होकर स्वस्थ एवं संतुलित ढंग से सोच-विचार कर सकता है और यथार्थ एवं सम्यक् जीवन जी सकता है। इससे मनुष्य के मन को युगों के अंधविश्वासों, भ्रमपूर्ण और दकियानूसी विचारों, भय और अज्ञानता से मुक्ति मिली है।

स्व-मूल्यांकन

निम्नलिखित गद्यांशों को ध्यानपूर्वक पढ़कर पूछे गए बहुविकल्पीय, अतिलघु व लघु उत्तरीय प्रश्नों के उत्तर दीजिए।

गद्यांश 1

परिश्रम 'कल्पवृक्ष' है। जीवन की कोई भी अभिलाषा परिश्रम रूपी कल्पवृक्ष से पूर्ण हो सकती है। परिश्रम जीवन का आधार है, उज्ज्वल भविष्य का जनक और सफलता की कुंजी है। सृष्टि के आदि से अद्यतन काल तक विकसित सभ्यता और सर्वत्र उन्नति परिश्रम का परिणाम है। आज से लगभग पचास साल पहले कौन कल्पना कर सकता था कि मनुष्य एक दिन चाँद पर कदम रखेगा या अंतरिक्ष में विचरण करेगा पर निरंतर श्रम की बदौलत मनुष्य ने उन कल्पनाओं एवं संभावनाओं को साकार कर दिखाया है। मात्र हाथ पर हाथ धरकर बैठे रहने से कदापि संभव नहीं होता।

किसी देश, राष्ट्र अथवा जाति को उस देश के भौतिक संसाधन तब तक समृद्ध नहीं बना सकते जब तक कि वहाँ के निवासी उन संसाधनों का दोहन करने के लिए अथक परिश्रम नहीं करते। किसी भू-भाग की मिट्‌टी कितनी भी उपजाऊ क्यों न हो, जब तक विधिवत परिश्रमपूर्वक उसमें जुताई, बुआई, सिंचाई, निराई-गुड़ाई नहीं होगी, अच्छी फसल प्राप्त नहीं हो सकती। किसी किसान को कृषि संबंधी अत्याधुनिक कितनी ही सुविधाएँ उपलब्ध करा दीजिए, यदि उसे उपयोग में लाने के लिए समुचित श्रम नहीं होगा, उत्पादन क्षमता में वृद्धि संभव नहीं है। परिश्रम से रेगिस्तान भी अन्न उगलने लगते हैं। हमारे देश की स्वतंत्रता के पश्चात् हमारी प्रगति की द्रुतगति भी हमारे श्रम का ही फल है। भाखड़ा नांगल विशाल बाँध हो या थुंबा या श्री हरिकोटा के रॉकेट प्रक्षेपण केंद्र, हरित क्रांति की सफलता हो या कोविड-19 की रोकथाम के लिए टीका तैयार करना, प्रत्येक सफलता हमारे श्रम का परिणाम है तथा प्रमाण भी है। जीवन में सुख की अभिलाषा सभी को रहती है। बिना श्रम किए भौतिक साधनों को जुटाकर जो सुख प्राप्त करने के फेर में है, वह अंधकार में है। उसे वास्तविक और स्थायी शांति नहीं मिलती। गाँधीजी तो कहते थे कि जो बिना श्रम किए भोजन ग्रहण करता है, वह चोरी का अन्न खाता है। ऐसी सफलता मन को शांति देने के बजाय उसे व्यथित करेगी। परिश्रम से दूर रहकर और सुखमय जीवन व्यतीत करने वाले विद्यार्थी को ज्ञान कैसे प्राप्त होगा? हवाई किले तो सहज ही बन जाते हैं, लेकिन वे हवा के हल्के झोंके से ढह जाते हैं। मन में मधुर कल्पनाओं के सँजोने मात्र से किसी कार्य की सिद्धि नहीं होती। कार्य सिद्धि के लिए उद्यम और सतत् उद्यम आवश्यक है। तुलसीदास ने सत्य ही कहा है- सकल पदारथ हैं जग माहीं करमहीन नर पावत नाहीं।। अर्थात् इस दुनिया में सारी चीजें हासिल की जा सकती हैं, लेकिन वे कर्महीन व्यक्ति को कभी नहीं मिलती हैं।

अगर आप भविष्य में सफलता की फसल काटना चाहते हैं, तो आपको उसके लिए बीज आज ही बोने होंगे ...... आज बीज नहीं बोएँगे, तो भविष्य में फसल काटने की उम्मीद कैसे कर सकते हैं? पूरा संसार कर्म और फल के सिद्धांत पर चलता है, इसलिए कर्म की तरफ आगे बढ़ना होगा।

यदि सही मायनों में सफल होना चाहते हैं, तो कर्म में जुट जाएँ और तब तक जुटे रहें जब तक कि सफल न हो जाएँ। अपना एक-एक मिनट अपने लक्ष्य को समर्पित कर दें। काम में जुटने से आपको हर वस्तु मिलेगी जो आप पाना चाहते हैं। सफलता, सम्मान, धन, सुख या जो भी आप चाहते हों......।

बहुविकल्पीय प्रश्न

(क) गाँधीजी के अनुसार, बिना श्रम किए भोजन ग्रहण करना किसके समान है?
- (i) चोरी का अन्न खाना
- (ii) व्यर्थ परिश्रम करना।
- (iii) भाग्य पर निर्भर रहना
- (iii) दूसरों पर निर्भर रहना।

(ख) परिश्रम का क्या परिणाम हो सकता है?
- (i) असंभव कार्य भी संभव हो जाता है।
- (ii) मनुष्य केवल कल्पना कर सकता है।
- (iii) परिश्रम से कुछ भी हासिल नहीं होता।
- (iv) सभी संसाधन व्यर्थ हो जाते हैं।

(ग) गद्यांश के अनुसार, 'सफलता की फसल' काटने के लिए क्या करना आवश्यक है?
- (i) भौतिक सुखों का उपयोग करना।
- (ii) परिश्रम के बीज बोना।
- (iii) आराम करना।
- (iv) भाग्य पर विश्वास करना।

अतिलघूत्तरात्मक प्रश्न

(घ) गद्यांश में परिश्रम को क्या कहा गया है?

लघूत्तरात्मक प्रश्न

(ङ) गद्यांश के अनुसार परिश्रम का महत्त्व क्या है?

(च) परिश्रम के बिना भौतिक संसाधन क्यों व्यर्थ हैं?

(छ) गाँधीजी का श्रम के प्रति दृष्टिकोण क्या था?

गद्यांश 2

इंसान अपनी स्मृति की आधारशिला पर टिका होता है। उसकी स्मृतियाँ उसकी अस्मिता हैं और ये स्मृतियाँ ही उसके वर्तमान को अतीत से जोड़ती हैं। हम शायद कलम कहाँ रखी है यह भूल जाएँ, पर यह नहीं भूलते कि उर्दू क्लास के मौलवी साहब पान कैसे चबाते थे। लेकिन स्मृतियाँ कई बार हमारे दिमाग पर बोझ भी बन जाती हैं, फिर उन्हें दिमाग के कवाड़ से ढूँढना कठिन होता है। लेकिन कोई छोटी बात, कोई गंध, कोई स्पर्श झट से आपको पुरानी स्मृति से जोड़ देते हैं।

संस्मरण वर्तमान में अतीत के बारे में लिखे जाते हैं। अतीत और वर्तमान के बीच वाचक के साथ काफी कुछ घटित हो चुका होता है। संवेदना, भाषा, परिप्रेक्ष्य, अभिव्यक्ति, जीवन की प्राथमिकता, संबंध, दृष्टि आदि ऐसे बदल चुके होते हैं कि अतीत बिल्कुल उल्टा भी दिख सकता है। इमली तोड़ने के लिए आप बचपन में पेड़ पर चढ़े, गिरे, हाथ तुड़वा बैठे। तकलीफ हुई ऊपर से पिता ने पीटा, माँ ने कोसा। आज उसी घटना को याद कर हँसी आ सकती है। इमली की डाल कमजोर होती है, यह बच्चे को कहाँ पता? बेवकूफी और उत्साह के मारे हाथ तुड़वा बैठे पर तब वह हरकत बेवकूफी कहाँ लगी थी।

आजकल हिंदी साहित्य में संस्मरणों की बहार है। संस्मरण की बहार यहीं नहीं है। अमेरिका में लेखन-विधा के गुरु हैं विलियम जिंसर। वे लेखन का मैनुअल लिखते हैं— जीवनी कैसे लिखें, आत्मकथा कैसे लिखें आदि।

उन्होंने संस्मरणों के धुँआधार प्रकाशन पर टिप्पणी की, यह संस्मरण का युग है। बीसवीं सदी के अंत के पहले कभी भी अमेरिकी धरती पर व्यक्तिगत आख्यान की ऐसी जबरदस्त फसल कभी नहीं हुई थी। हर किसी के पास कहने के लिए एक कथा है और हर कोई कथा कह रहा है। संस्मरणों की बाढ़ से अमेरिकी इतने दुखी हुए कि संस्मरणों की पैरोडी तक लिखी जाने लगी। शुक्र मनाइए कि हिंदी में मामला यहाँ तक नहीं पहुँचा है।

संस्मरण क्यों लिखे जाते हैं? क्या संस्मरण नहीं लिखे तो लेखक के पेट में मरोड़ होगा? या उबकाई आ जाएगी? वह कौन-सी दुर्निवार इच्छा है, जो संस्मरण लिखवाती है? हिंदी में संस्मरण यदाकदा लिखे जाते थे। आलोचना भी उसे एक अमहत्त्वपूर्ण विधा मानकर चलती थी, लिहाजा, संस्मरणों की अनदेखी होती थी। जहाँ तक मेरा अनुमान है कि विश्वनाथ त्रिपाठी द्वारा नामवर सिंह पर लिखे संस्मरण 'हक जो अदा न हुआ' ने ऐसा धूम मचाया कि एकदम से इस विधा की क्षमता का पुनर्प्रकटीकरण हुआ और संस्मरण की ओर कई रचनाकार मुड़े। काशीनाथ सिंह का इस तरफ सबसे पहले मुड़ना संगत ही माना जाना चाहिए।

बहुविकल्पीय प्रश्न

(क) गद्यांश के अनुसार इंसान की स्मृतियाँ उसकी क्या हैं?
(i) उसकी अस्मिता (ii) उसकी कल्पना
(iii) उसका अतीत (iv) उसकी इच्छाएँ

(ख) मनुष्य की यादें उसके लिए क्यों आवश्यक हैं?
(i) यादें हमें बताती हैं क्या गलत और क्या सही है?
(ii) बिना यादों के मानव सभ्यता का विकास संभव नहीं है?
(iii) यदि हम चीजों को भली-भाँति याद रखते हैं, तो परीक्षा में असफल होने का डर नहीं रहता है।
(iv) यादें होने से हम जीवन के वो महत्त्वपूर्ण सबक सीखते हैं। जिनका हम भविष्य में उपयोग कर जीवन सुधार सकते हैं।

(ग) विश्वनाथ त्रिपाठी ने किसके बारे में संस्मरण लिखा था?
(i) काशीनाथ सिंह के (ii) नामवर सिंह के
(iii) विलियम जिंसर के (iv) तुलसीदास के

अतिलघूत्तरात्मक प्रश्न

(घ) विश्वनाथ त्रिपाठी ने 'हक जो अदा न हुआ' में किस पर संस्मरण लिखा है?

लघूत्तरात्मक प्रश्न

(ङ) गद्यांश में संस्मरणों के महत्त्व को किस प्रकार व्यक्त किया गया है?

(च) विलियम जिंसर ने संस्मरणों के प्रकाशन पर क्या टिप्पणी की?

(छ) विश्वनाथ त्रिपाठी के द्वारा लिखे गए संस्मरण 'हक जो अदा न हुआ' का साहित्य में क्या प्रभाव पड़ा?

गद्यांश 3

पड़ोस सामाजिक जीवन के ताने-बाने का महत्त्वपूर्ण आधार है। दरअसल पड़ोस हमारी सामाजिक सुरक्षा के लिए जितना स्वाभाविक है, सामाजिक जीवन की समस्त आनंदपूर्ण गतिविधियों के लिए वह उतना ही आवश्यक भी है। यह सच है कि पड़ोसी का चुनाव हमारे हाथ में नहीं होता, इसलिए पड़ोसी के साथ कुछ-न-कुछ सामंजस्य तो बिठाना ही पड़ता है। हमारा पड़ोसी अमीर हो या गरीब, उसके साथ संबंध रखना सदैव हमारे हित में ही होता है। पड़ोसी से परहेज करना अथवा उससे कटे-कटे रहने में अपनी ही हानि है, क्योंकि किसी भी आकस्मिक आपदा अथवा आवश्यकता के समय अपने रिश्तेदारों अथवा परिवार वालों को बुलाने में समय लगता है। यदि मोबाइल की सुविधा भी है, तो भी कोई निश्चय नहीं कि उनसे सहायता मिल ही जाएगी। ऐसे में पड़ोसी ही सबसे विश्वस्त सहायक हो सकता है। पड़ोसी चाहे कैसा भी हो, उससे अच्छे संबंध रखने ही चाहिए, जो अपने पड़ोसी से प्यार नहीं रखता, उससे सहानुभूति नहीं रख सकता; उसके साथ सुख-दुःख का आदान-प्रदान नहीं कर सकता तथा उसके शोक और आनंद के क्षणों में शामिल नहीं हो सकता, वह अपने समाज अथवा देश के साथ भावनात्मक रूप से जुड़ ही कैसे जाएगा। विश्व बंधुत्व की बात भी तभी मायने रखती है, जब हम अपने पड़ोसी से निभाना सीखें।

प्रायः जब भी पड़ोसी से खट-पट होती है, तो इसलिए कि हम पड़ोसी के व्यक्तिगत अथवा पारिवारिक जीवन में आवश्यकता से अधिक हस्तक्षेप करने लगते हैं। हम भूल जाते हैं कि किसी को भी अपने व्यक्तिगत जीवन में किसी की रोक-टोक या हस्तक्षेप अच्छा नहीं लगता। पड़ोसी के साथ कभी-कभी तब ये विरोध पैदा हो जाते हैं, जब हम उससे आवश्यकता से अधिक अपेक्षा करने लगते हैं। बात नमक के लेन-देन से आरंभ होती है और हम स्कूटर या कार माँगने तक पहुँच जाते हैं। पड़ोसियों से निबाह करने के लिए सबसे महत्त्वपूर्ण यह है कि बच्चों को नियंत्रण में रखें। आमतौर से बच्चों में जाने-अनजाने छोटी-छोटी बातों पर झगड़े होते हैं और बात बड़ों के बीच सिर फोड़ने तक पहुँच जाती है।

बहुविकल्पीय प्रश्न

(क) पड़ोसी से खट-पट का मुख्य कारण क्या है?
(i) आपसी प्रेम
(ii) हस्तक्षेप और आवश्यकता से अधिक अपेक्षा
(iii) नमक का लेन-देन
(iv) सामाजिक दूरी

(ख) प्रस्तुत गद्यांश में पड़ोसी से खट-पट रोकने के लिए क्या उपाय सुझाए गए हैं?
(i) बड़ों से बहस करना
(ii) बच्चों को नियंत्रण में रखना
(iii) उनकी आलोचना करना
(iv) उनसे दूरी बनाना

(ग) पड़ोस का सबसे महत्त्वपूर्ण पक्ष क्या है?
(i) आर्थिक सहायता (ii) सामाजिक सुरक्षा
(iii) प्रतिस्पर्धा (iv) व्यक्तिगत हस्तक्षेप

अतिलघूत्तरात्मक प्रश्न

(घ) पड़ोसी से अच्छे संबंध क्यों रखने चाहिए?

लघूत्तरात्मक प्रश्न

(ङ) पड़ोस का सामाजिक जीवन में क्या महत्त्व है?
(च) पड़ोसी के संबंधों में कड़वाहट न आने देने के लिए क्या सावधानियाँ बरतनी चाहिए?
(छ) पड़ोसी के साथ कब विरोध पैदा हो जाता है?

गद्यांश 4

राष्ट्रीय भावना के अभ्युदय एवं विकास के लिए भाषा भी एक प्रमुख तत्त्व है। मानव-समुदाय अपनी संवेदनाओं, भावनाओं एवं विचारों की अभिव्यक्ति हेतु भाषा का साधन अपरिहार्यत: अपनाता है, इसके अतिरिक्त उसके पास कोई अन्य विकल्प नहीं है। दिव्य-ईश्वरीय आनंदानुभूति के संबंध में भले ही कबीर ने 'गूँगे केरी शर्करा' उक्ति का प्रयोग किया था, पर इससे उनका लक्ष्य शब्द-रूप भाषा के महत्त्व को नकारना नहीं था। प्रत्युत उन्होंने भाषा को 'बहता नीर' कहकर भाषा की गरिमा प्रतिपादित की थी। विद्वानों की मान्यता है कि भाषा तत्त्व राष्ट्रहित के लिए आवश्यक है। जिस प्रकार किसी एक राष्ट्र के भूभाग की भौगोलिक विविधताएँ तथा उसके पर्वत, सागर, सरिताओं आदि की बाधाएँ उस राष्ट्र के निवासियों के परस्पर मिलने-जुलने में अवरोधक सिद्ध हो सकती हैं, उसी प्रकार भाषागत विभिन्नता से भी उनके पारस्परिक संबंधों में निर्बाधता नहीं रह पाती। आधुनिक विज्ञान-युग में यातायात एवं संचार के साधनों की प्रगति से भौगोलिक बाधाएँ अब पहले की तरह बाधित नहीं करतीं। इसी प्रकार यदि राष्ट्र की एक संपर्क भाषा का विकास हो जाए, तो पारस्परिक संबंधों के गतिरोध बहुत सीमा तक समाप्त हो सकते हैं।

मानव-समुदाय को एक जीवित-जाग्रत एवं जीवंत शरीर की संज्ञा दी जा सकती है और उसका अपना एक निश्चित व्यक्तित्व होता है। भाषा अभिव्यक्ति के माध्यम से इस व्यक्तित्व को साकार करती है, उसके अमूर्त मानसिक वैचारिक स्वरूप को मूर्त एवं बिंबात्मक रूप प्रदान करती है। मनुष्यों के विविध समुदाय हैं, उनकी विविध भावनाएँ हैं, विचारधाराएँ हैं, संकल्प एवं आदर्श हैं, उन्हें भाषा ही अभिव्यक्त करने में सक्षम होती है। साहित्य, शस्त्र, गीत-संगीत आदि में मानव-समुदाय अपने आदर्शों, संकल्पनाओं, अवधारणाओं एवं विशिष्टताओं को वाणी देता है, पर क्या भाषा के अभाव में काव्य, साहित्य, संगीत आदि का अस्तित्व संभव है? वस्तुत: ज्ञानराशि एवं भावराशि का अपार संचित कोश जिसे साहित्य का अभिधान दिया जाता है, शब्द रूप ही तो है। अत: इस संबंध में वैमत्स की किंचित् गुंजाइश नहीं है कि भाषा ही एक ऐसा साधन है, जिससे मनुष्य एक-दूसरे के निकट आ सकते हैं, उनमें परस्पर घनिष्ठता स्थापित हो सकती है। यही कारण है कि एक भाषा बोलने एवं समझने वाले लोग परस्पर एकानुभूति रखते हैं, उनके विचारों में ऐक्य रहता है। अत: राष्ट्रीय भावना के विकास के लिए भाषा तत्त्व परम आवश्यक है।

बहुविकल्पीय प्रश्न

(क) गद्यांश के अनुसार, भाव एवं विचार-विनिमय का सक्षम साधन किसे माना गया है?
(i) काव्य एवं साहित्य को
(ii) ललित कलाओं को
(iii) शब्द रूपी भाषा को
(iv) प्रतीक एवं संकेत को

(ख) राष्ट्रीय भावना के विकास के लिए भाषा तत्त्व को आवश्यक क्यों माना है, क्योंकि
1. वह ज्ञानराशि का अपार भंडार है।
2. वह शब्द रूप है और उसमें साहित्य सर्जना सम्भव है।
3. वह मानव समुदाय की विचाराभिव्यक्ति का साधन है।
4. वह मानव समुदाय में एकानुभूति और विचार का साधन है।

कूट
(i) 1 और 2
(ii) केवल 4
(iii) केवल 3
(iv) 2 और 3

(ग) प्रस्तुत गद्यांश किस विषय-वस्तु पर आधारित है?
(i) भाषा बहता नीर
(ii) साहित्य भाषा
(iii) राष्ट्रीयता और भाषा तत्त्व
(iv) राष्ट्र का विकास

अतिलघूत्तरात्मक प्रश्न

(घ) मनुष्य के पास अपने भावों, विचारों और आदर्शों आदि को सुरक्षित रखने का सशक्त माध्यम क्या है?

लघूत्तरात्मक प्रश्न

(ङ) देश के हित के लिए सम्पर्क भाषा क्यों आवश्यक है?
(च) कबीर ने भाषा को किस प्रकार गरिमा प्रदान की?
(छ) मनुष्य को परस्पर जोड़ने का कार्य कौन करता है?

गद्यांश 5

हर समाज की एक मातृभाषा होती है। उसका अपना विशिष्ट साहित्य होता है। उस भाषा के साहित्य का अध्ययन करके हम उस भाषा-भाषी समाज के बारे में, उसकी सभ्यता और संस्कृति के बारे में ज्ञान प्राप्त कर सकते हैं। विदेशी भाषा का अध्ययन करना बुरी बात नहीं है। इससे हमारी संवेदना व्यापक होती है, हमारे ज्ञान का विस्तार होता है, हमारे मानवीय दृष्टिकोण में व्यापकता आती है और विचारों में उदारता का समावेश होता है। इस दृष्टिकोण से यदि हम सोचें तो कई मायनों में विदेशी भाषा का ज्ञान प्राप्त करना केवल अच्छा ही नहीं वरन् आज की परिस्थितियों में अनिवार्य भी है। अंतर्राष्ट्रीय संबंधों की स्थापना में विदेशी भाषा का ज्ञान बहुत व्यापक सिद्ध होता है। हम जिसे अपना बनाना चाहते हैं, उसकी भाषा का ज्ञान हमारे पास है, तो हम उससे सुगमता से संबंध स्थापित कर सकते हैं। किंतु इसका अर्थ यह नहीं है कि विदेशी भाषा का ज्ञान प्राप्त करने के मोह में हम अपनी ही भाषा की उपेक्षा कर दें। भाषा किसी जाति की सभ्यता और संस्कृति की वाहक होती है।

यदि हमारे पास अपनी भाषा का ज्ञान नहीं होगा तो हम अपनी पहचान खो देंगे। अपनी भाषा या मातृभाषा में हमारा हृदय बोलता है। हमारा राष्ट्र-हृदय उसमें धड़कता है, इसलिए विदेशी भाषा की अपेक्षा मातृभाषा का महत्त्व अधिक होता है। एक स्वाभिमानी स्वतंत्र राष्ट्र अपनी भाषा के स्थान पर किसी विदेशी भाषा को शिक्षा या राज-काज की भाषा के रूप में ग्रहण करना किसी दृष्टिकोण से उचित नहीं कहा जा सकता। जब तक कोई राष्ट्र अपनी भाषा को नहीं अपनाता तब तक वह स्वावलंबी नहीं बन सकता, विकास नहीं कर सकता। उसकी सारी शक्ति अनुवाद और अनुकरण में ही समाप्त हो जाती है। उसकी मौलिक प्रतिभा कुण्ठित हो जाती है। प्रशासक और जनता के बीच एक गहरी खाई बन जाती है, जिसे पाटने के लिए दलाल बीच में आकर अपना स्वार्थ सिद्ध करने में लग जाते हैं। इसलिए कोई विदेशी भाषा चाहे कितनी ही समृद्ध क्यों न हो, उसका चाहे कितना ही व्यापक क्षेत्र क्यों न हो, पर अपनी मातृभाषा के सामने उसका कोई सार्थक महत्त्व नहीं हो सकता। मातृभाषा चिंतन और मनन की भाषा होती है, परंपरा का वह जीवंत प्रतिबिंब है। संपूर्ण समाज उसी के माध्यम से स्वयं को व्यक्त करता है।

बहुविकल्पीय प्रश्न

(क) किसी विशेष भाषा-भाषी समाज, उसकी सभ्यता और संस्कृति के विषय में जानकारी कैसे प्राप्त की जा सकती है?
(i) उस समाज में प्रचलित भाषा को अपनाकर
(ii) उस भाषा-भाषी समाज के साथ विशेष संपर्क स्थापित कर
(iii) उस भाषा-भाषी समाज के साहित्य का अध्ययन कर
(iv) मानवीय दृष्टिकोण में व्यापकता लाकर

(ख) हम जिसे अपना बनाना चाहते हैं, उससे सुगमता से संबंध किसके माध्यम से स्थापित कर सकते हैं?
(i) उसकी सराहना करके
(ii) उसकी भाषा का ज्ञान प्राप्त करके
(iii) उसे अनेक प्रकार के उपहार देकर
(iv) उसकी नकल करके

(ग) गद्यांश के अनुसार, निम्न में से किस स्थिति में प्रशासक और जनता के बीच गहरी खाई बन जाती है?
(i) विदेशी भाषा को प्रशासकीय भाषा के रूप में अपनाने से
(ii) मातृभाषा को विदेशी भाषा की अपेक्षा अधिक महत्त्व देने से
(iii) विदेशी भाषा के मूल्य को कम आँकने से
(iv) कुशल एवं दक्ष दलाल का अभाव होने से

अतिलघूत्तरात्मक प्रश्न

(घ) संपूर्ण समाज की अभिव्यक्ति का माध्यम किसे माना गया है?

लघूत्तरात्मक प्रश्न

(ङ) मनुष्य स्वावलंबी कब बन सकता है?

(च) गद्यांश में ऐसा क्यों कहा गया है कि विदेशी भाषा का अध्ययन बुरी बात नहीं है?

(छ) विदेशी भाषा का ज्ञान कब उपयोगी सिद्ध होता है?

गद्यांश 6

आजकल सबसे बड़ी समस्या पाश्चात्यीकरण को आधुनिकीकरण की प्रक्रिया समझने संबंधी भूल है। समाजशास्त्रीय दृष्टिकोण से पाश्चात्यीकरण एवं आधुनिकीकरण की प्रक्रियाएँ सिद्धांततः भिन्न हैं, लेकिन व्यावहारिक रूप में कुछ भिन्नता होने के बावजूद उनमें काफ़ी समानता है। सरल शब्दों में कहें, तो भारत में आधुनिकीकरण की प्रक्रिया पश्चिमीकरण की प्रक्रिया द्वारा ही प्रारंभ होती है।

पश्चिमीकरण की प्रक्रिया में जहाँ पश्चिमी संस्कृति का अनुकरण किया जाता है, जिसमें आधुनिक मूल्यों के साथ-साथ कुछ रूढ़िवादी परंपराएँ भी शामिल रहती हैं, जबकि आधुनिकीकरण की प्रक्रिया एक मूल्य भारित अवधारणा है अर्थात् आधुनिक मूल्यों का अनुकरण करना एवं उनके अनुरूप व्यवहार करना आधुनिकीकरण है। इस तरह पश्चिमीकरण की प्रक्रिया के अंतर्गत आँखें मूँदकर पाश्चात्य देशों की संस्कृति का अनुकरण करना ही आधुनिकीकरण नहीं है। यही कारण है कि पश्चिमीकरण के अंतर्गत मौजूद आधुनिक मूल्यों का अनुकरण करना तो तार्किक एवं उपयुक्त लगता है, लेकिन पाश्चात्य संस्कृति के अन्य तत्त्वों का अंधानुकरण अनुचित। पाश्चात्य संस्कृति का अनुकरण करने की होड़ में हम अपनी भाषा, संस्कृति, वेशभूषा, कला, रहन-सहन, साहित्य आदि सभी को भूल गए हैं। आधुनिकता की इस दौड़ में हमने आर्थिक के साथ-साथ सांस्कृतिक क्षेत्र में भी अत्यंत प्रगति की है।

शिक्षा का प्रसार, संचार साधनों का विकास, भौतिकवादी संस्कृति का प्रचार आदि कारकों ने रूढ़िग्रस्त परंपरागत भारतीय आदर्शों में अनेक सकारात्मक परिवर्तन किए हैं। रूढ़िग्रस्त, आडंबरपूर्ण एवं अतार्किक धर्म के प्रति लोगों का लगाव कम होता जा रहा है। अधिकांश लोग अब भाग्य की अपेक्षा कर्म पर विश्वास करने लगे हैं। आधुनिकता आज समय की माँग है।

बहुविकल्पीय प्रश्न

(क) प्रस्तुत गद्यांश किस विषयवस्तु पर आधारित है?
(i) आधुनिकता का महत्त्व
(ii) पश्चिमीकरण का प्रभाव
(iii) भारत में आधुनिकता और पश्चिमीकरण का प्रभाव
(iv) पाश्चात्य संस्कृति की विशेषता

(ख) पाश्चात्यीकरण एवं आधुनिकीकरण की प्रक्रिया सिद्धांतत: किस दृष्टिकोण से भिन्न मानी गई है?
(i) सामाजिक दृष्टिकोण (ii) राजनीतिक दृष्टिकोण
(iii) समाजशास्त्रीय दृष्टिकोण (iv) धार्मिक दृष्टिकोण

(ग) **कथन** (A) आधुनिक मूल्यों का अनुकरण करना आधुनिकीकरण है।
कारण (R) पाश्चात्य संस्कृति का अनुकरण करने की होड़ में हम सब कुछ भूल गए हैं।
(i) कथन (A) और कारण (R) दोनों सही हैं तथा कारण (R) कथन (A) की सही व्याख्या करता है।
(ii) कथन (A) तथा कारण (R) दोनों सही हैं, किंतु कारण (R), कथन (A) की सही व्याख्या नहीं करता है।
(iii) कथन (A) सही है, लेकिन कारण (R) गलत है।
(iv) कथन (A) गलत है, लेकिन कारण (R) सही है।

अतिलघूत्तरात्मक प्रश्न

(घ) आधुनिकता के कारण लोगों का लगाव किस ओर बढ़ा है?

लघूत्तरात्मक प्रश्न

(ङ) पाश्चात्य संस्कृति का अनुकरण करने के क्या परिणाम सामने आए हैं?
(च) पश्चिमीकरण की प्रक्रिया में क्या शामिल रहता है?
(छ) पश्चिमीकरण के अंतर्गत क्या करना तार्किक एवं उपयुक्त लगता है?

गद्यांश 7

महात्मा गाँधी उस महान व्यक्ति का नाम है, जो हिंसा को अहिंसा से, घृणा को प्रेम से और अविश्वास को विश्वास से जीतने में यकीन रखते थे। आज गाँधीजी तो नहीं हैं, लेकिन उनके विचार एवं क्रियात्मक योगदान 21वीं शताब्दी में भी उतने ही प्रासंगिक हैं, जितने पहले थे। महात्मा गाँधी ने जनभावना को महत्त्व देकर और परंपरागत राष्ट्रवाद को परिष्कृत कर 21वीं सदी के लिए एक आदर्श प्रस्तुत किया। विभिन्न समुदायों के बीच समन्वय स्थापित करने के लिए उन्होंने विविध प्रकार के रचनात्मक कार्यक्रम प्रस्तुत किए। गाँधीजी की विचारधारा परंपरागत राष्ट्रीयता से ऊपर थी। उनका राष्ट्रधर्म वैश्विक था। वे भारतीय संस्कृति से प्रभावित होते हुए भी वेदों में अभिव्यक्त संपूर्ण पृथ्वी के वंदन में विश्वास करते थे—'माता भूमि: पुत्रोऽहं पृथिव्या:।' गांधीजी ने राष्ट्रवाद को भारतीय चिंतन के अनुरूप वैश्विक बनाकर संकटग्रस्त विश्व को एक नई दिशा प्रदान की।

गाँधीवाद के अंतर्गत सर्वधर्म समभाव की नीति की प्रासंगिकता आज स्पष्ट है। सर्वधर्म समभाव का विचार आज एक सामाजिक एवं सांस्कृतिक अनिवार्यता बन चुका है। धर्म तो व्यक्तिगत आस्था का विषय है। उसे सामाजिक स्तर पर लाने के लिए 'सर्वधर्म समभाव' तक आना ही होगा। धार्मिक कट्टरता आज हमें आण्विक आतंकवाद की दहलीज़ पर पहुँचा चुकी है। ऐसी विषम परिस्थिति में ही स्वामी विवेकानंद ने 'विश्व धर्म' एवं गुरुदेव रवींद्रनाथ ने 'मानव धर्म' की संकल्पना की थी। यदि विज्ञान सार्वभौमिक हो सकता है, तो धर्म भी सार्वभौमिक होना चाहिए, क्योंकि किसी भी धर्म को श्रेष्ठ समझने का अर्थ है, दूसरे धर्म को हीन नहीं समझना। गाँधीजी ने इस तथ्य को समझाते हुए धर्म को वैश्विक एवं सार्वभौमिक बनाने की कोशिश की। आज के उत्तर-आधुनिक समाज में भी संकुचित सांप्रदायिक विचारधारा एवं अंध कट्टरतावाद को कैसे स्वीकार किया जा सकता है?

धर्म को सिर्फ़ नैतिकता का पर्याय मानना चाहिए। आज के वैश्विक संकट का एक प्रमुख कारण सिद्धांतविहीन राजनीति है। मैकियावेली की नीति से असहमत होते हुए गाँधीवाद के अंतर्गत राजनीति में साधन शुद्धि का समावेश कर राजनीति को एक नया आयाम प्रदान किया गया। गाँधीजी ने अन्याय का प्रतिकार करने के लिए शस्त्र के स्थान पर नि:शस्त्र वीरता को प्रदर्शित किया। अहिंसक प्रतिकार को सामूहिक रूप प्रदान कर उसे अत्यधिक शक्तिशाली हथियार बना दिया। आज सभी लोकतांत्रिक समाजों में इस शक्तिशाली हथियार का सर्वाधिक उपयोग होता है।

बहुविकल्पीय प्रश्न

(क) महात्मा गाँधी ने 21वीं सदी के लिए एक आदर्श प्रस्तुत किया
1. जनभावना को महत्त्व देकर
2. परंपरागत राष्ट्रवाद को परिष्कृत कर
3. अपने विचारों को प्रस्तुत कर
4. राजनीति में समावेश कर

कूट
(i) केवल 1 (ii) 1 और 2
(iii) केवल 2 (iv) केवल 4

(ख) धर्म को सामाजिक स्तर पर लाने के लिए क्या करना होगा?
(i) सर्वधर्म समभाव को अपनाना
(ii) व्यक्तिगत आधार को अपनाना
(iii) सांस्कृतिक महत्त्व को अपनाना
(iv) राष्ट्रवाद को अपनाना

(ग) गाँधीजी ने अन्याय का प्रतिकार करने के लिए शस्त्र के स्थान पर किसको प्रदर्शित किया?
(i) धर्म को (ii) समुदाय को
(iii) नि:शस्त्र वीरता को (iv) हिंसा को

अतिलघूत्तरात्मक प्रश्न

(घ) गाँधीजी का राष्ट्र धर्म कैसा था?

लघूत्तरात्मक प्रश्न

(ङ) धार्मिक कट्टरता की समाप्ति के लिए रवींद्रनाथ टैगोर ने किसकी संकल्पना की?

(च) विभिन्न समुदायों के बीच समन्वय स्थापित करने के लिए गाँधीजी ने क्या किया?

(छ) गद्यांश के अनुसार, गाँधीजी ने राष्ट्रवाद को भारतीय चिंतन के अनुरूप वैश्विक बनाकर क्या कार्य किया?

गद्यांश 8

भारतीय संस्कृति की सबसे बड़ी विशेषता रही है—'अनेकता में एकता।' यद्यपि ऊपरी तौर पर भारत के विभिन्न प्रदेशों में पर्याप्त भिन्नता दिखाई देती है, तथापि अपने आचार-विचारों की एकता के कारण यहाँ सदा सामासिक संस्कृति का रूप देखने को मिलता है। यही कारण है कि विभिन्नताओं के होते हुए भी भारत सदियों से एक भौगोलिक, राजनीतिक एवं सांस्कृतिक इकाई के रूप में विश्व में अपना स्थान बनाए हुए है। इसलिए भारत में अनेकता में एकता के सदैव दर्शन होते हैं। भारतीय संस्कृति में आध्यात्मिकता और भौतिकता दोनों का ही मिश्रण रहा है।

अत: इसकी प्राचीनता, इसकी गतिशीलता, इसका लचीलापन, इसकी ग्रहणशीलता, इसका सामाजिक स्वरूप और अनेकता के भीतर मौजूद एकता ही इसकी प्रमुख विशेषता है। इस विशेषता के कारण ही भारतीय संस्कृति विश्व में अपना एक विशिष्ट स्थान रखती है। भारतीय संस्कृति का इतिहास बहुत प्राचीन है। वास्तव में, संस्कृति का निर्माण एक लंबी परंपरा के बाद होता है। संस्कृति वस्तुत: विचार और आचरण के वे नियम और मूल्य हैं, जिन्हें कोई समाज अपने अतीत से प्राप्त करता है। इसलिए कहा जा सकता है कि इसे हम अपने अतीत से विरासत के रूप में प्राप्त करते हैं। दूसरे शब्दों में कहें तो संस्कृति एक विशिष्ट जीवन-शैली का नाम है। यह एक सामाजिक विरासत है, जो परंपरा से चली आती रही है। प्राय: सभ्यता और संस्कृति को एक ही मान लिया जाता है, परंतु इसमें भेद है। सभ्यता में मनुष्य के जीवन का भौतिक पक्ष प्रधान होता है अर्थात् सभ्यता का अनुमान सुख-सुविधाओं से लगाया जा सकता है। इसके विपरीत संस्कृति में आचार और विचार पक्ष की प्रधानता होती है। इस प्रकार, 'सभ्यता' को शरीर माना जा सकता है तथा 'संस्कृति' को आत्मा, इसलिए इन दोनों को अलग-अलग करके नहीं देखा जा सकता। वास्तव में, दोनों एक-दूसरे के पूरक हैं।

बहुविकल्पीय प्रश्न

(क) गद्यांश में सामाजिक विरासत किसे कहा गया है?
(i) संस्कृति को (ii) भौतिक पक्ष को
(iii) विचार को (iv) आचरण को

(ख) **कथन** (A) भारतीय संस्कृति विश्व में अपना विशिष्ट स्थान रखती है।
कारण (R) भारत में अनेकता में एकता के सदैव दर्शन होते हैं।
(i) कथन (A) और कारण (R) दोनों सही हैं तथा कारण (R) कथन (A) की सही व्याख्या करता है।
(ii) कथन (A) तथा कारण (R) दोनों सही हैं, किंतु कारण (R), कथन (A) की सही व्याख्या नहीं करता है।
(iii) कथन (A) सही है, लेकिन कारण (R) गलत है।
(iv) कथन (A) गलत है, लेकिन कारण (R) सही है।

(ग) सभ्यता का अनुमान किससे लगाया जा सकता है?
(i) भीतरी उन्नति से (ii) सुख-सुविधाओं से
(iii) परोपकारिता से (iv) व्यावहारिकता से

अतिलघूत्तरात्मक प्रश्न

(घ) आचार और विचार पक्ष की प्रधानता किसमें होती है?

लघूत्तरात्मक प्रश्न

(ङ) भारतीय संस्कृति में किसका मिश्रण रहा है?

(च) भारत में सामाजिक संस्कृति का रूप दिखाई पड़ने का क्या कारण है?

(छ) भारतीय संस्कृति की सबसे बड़ी विशेषता किसे माना गया है?

02

अध्याय

अपठित पद्यांश

अपठित पद्यांश का अर्थ

कविता (काव्य) का वह अंश, जिसका पहले कभी अध्ययन नहीं किया गया हो, अपठित पद्यांश कहलाता है। अपठित पद्यांश का उद्देश्य काव्य-पंक्तियों में प्रयुक्त शब्दों के अर्थ जानना, भाव समझना, विश्लेषण करना, काव्य सौंदर्य को समझना, भाषा शैली को पहचानना आदि में विद्यार्थियों की क्षमता को परखना होता है। अपठित पद्यांश के अंतर्गत विद्यार्थियों को काव्य-पंक्तियों के भावार्थ (मूल भाव) व केंद्रीय भाव को समझकर उसका सावधानीपूर्वक, गंभीरता व गहनता से अध्ययन करना अत्यंत आवश्यक है।

▼ प्रश्न प्रारूप

पद्यांश की संख्या 1

शब्द-सीमा 100

- बहुविकल्पीय प्रश्न
- अतिलघु उत्तरीय प्रश्न
- लघु उत्तरीय प्रश्न

कुल अंक 8

अपठित पद्यांश को हल करने के चरणबद्ध तरीके

- सर्वप्रथम दिए गए अपठित पद्यांश को दो-तीन बार ध्यानपूर्वक पढ़कर उसके मूलभाव को आत्मसात् (समझना) करना चाहिए।
- पद्यांश में दिए गए **महत्त्वपूर्ण संदर्भों** को रेखांकित करते रहना चाहिए। इससे प्रश्नों को हल करने में आसानी होती है।
- भाषिक संरचना एवं व्याकरण सम्बन्धी प्रश्नों के लिए काव्यांश में दिए गए कठिन शब्दों को रेखांकित करना चाहिए।
- पद्यांश में प्रयुक्त अलंकार, रस, छंद आदि भाषिका बिंदुओं को गंभीरता से हल करना चाहिए।

अपठित काव्यांश को हल करते समय ध्यान रखने योग्य बातें

- कवि के विचारों को ध्यान में रखकर ही सर्वाधिक उचित विकल्प का चुनाव अपने उत्तर के रूप में करना चाहिए।
- सही उत्तर के विकल्प का चुनाव करते समय एकाग्र होना चाहिए तथा प्रश्न की प्रकृति पूरी तरह स्पष्ट होने पर ही विकल्प का चयन करना चाहिए।
- सभी प्रश्नों को ध्यानपूर्वक पढ़ने व समझने के पश्चात् ही उसके उत्तर का चुनाव करना चाहिए।
- काव्यांश पर आधारित कथन व **कथन/कारण** वाले बहुविकल्पीय प्रश्नों को हल करने हेतु सर्वप्रथम उनके केन्द्र बिन्दु व मुख्य उद्देश्य को समझना चाहिए। इसके पश्चात् ही सही विकल्प का चयन करना चाहिए।
- अंत में एक बार सभी प्रश्नों के उत्तर को ध्यानपूर्वक पढ़कर जाँच लेना चाहिए।

सैंपल पद्यांश

यहाँ कुछ उदाहरण दिए जा रहे हैं। विद्यार्थी इन उदाहरणों की मदद से अपठित पद्यांशों को सही प्रकार से हल करना सीख सकते हैं। निम्नलिखित पद्यांशों को पढ़कर इन पर पूछे गए प्रश्नों के उत्तर दीजिए

पद्यांश 1

कल थे कुछ हम बन गए आज अनजाने हैं,
सब द्वार बंद, टूटे संबंध पुराने हैं
हम सोच रहे यह कैसा नया समाज बना
जब अपने ही घर में हुए हम बिराने हैं।
है आधी रात अर्ध जग पड़ा अँधेरे में,
सुख की दुनिया सोती, रंगों के घेरे में,
पर दुःख का इन्सानी दीपक जलकर कहता
अब ज्यादा देर नहीं है, नए सवेरे में।
हम जीवन की मिट्टी में मिले सितारे हैं
हम राख नहीं हैं राख ढके अंगारे हैं
जो अग्नि छिपा रखी है हमने यत्नों से

CBSE 2025

बहुविकल्पीय प्रश्न

(क) 'है आधी रात अर्ध जग पड़ा अँधेरे में' पंक्ति के संदर्भ में लिखिए कि अँधेरे में जगने वाला 'आधा जग' कौन है?
(i) स्त्री वर्ग
(ii) युवा वर्ग
(iii) शोषित वर्ग
(iv) कृषक वर्ग

(ख) 'मिट्टी में मिले सितारे' से क्या अभिप्राय है?
(i) सितारों का मिट्टी में मिल जाना
(ii) धूल-मिट्टी में लिपटे अनमोल हीरे
(iii) गरीबी में पले-बढ़े क्रांतिवीर
(iv) मिट्टी में पलने-बढ़ने वाले बच्चे

(ग) निम्नलिखित कथन तथा कारण को ध्यानपूर्वक पढ़िए। उसके बाद दिए गए विकल्प में से कोई एक सही विकल्प चुनकर लिखिए।
कथन सुविधाभोगी संपन्न वर्ग अपने महलों में सुखी जीवन व्यतीत कर रहा है।
कारण आधा संसार अर्ध रात्रि में भी जागकर उनकी रक्षा कर रहा है।
(i) कथन गलत है, किंतु कारण सही है।
(ii) कथन तथा कारण दोनों गलत हैं।
(iii) कथन सही है, किंतु कारण, कथन की सही व्याख्या नहीं है।
(iv) कथन सही है और कारण, कथन की सही व्याख्या करता है।

अतिलघूत्तरात्मक प्रश्न

(घ) 'हम सोच रहे .... हम बिराने हैं, पंक्ति क्या संकेत करती है?

लघूत्तरात्मक प्रश्न

(ङ) 'हम राख नहीं हैं राख ढके अंगारे हैं'—पंक्ति का क्या आशय है?
(च) 'हर बार धरा पर हमने प्रलय उतारे हैं'—पंक्ति के संदर्भ में शोषित वर्ग के सामर्थ्य का उल्लेख कीजिए।

उत्तर

(क) (iii) शोषित वर्ग
(ख) (iii) गरीबी में पले-बड़े क्रांतिवीर
(ग) (iii) कथन सही है, किंतु कारण, कथन की सही व्याख्या नहीं है।
(घ) 'हम सोच रहे.........हम बिराने हैं' पंक्ति इस बात का संकेत करती है कि समाज में आत्मीयता और आपसी मेलजोल समाप्त हो गया है। पहले जो लोग एक-दूसरे से जुड़े थे, वे अब अनजान बन गए हैं। यह पंक्ति सामाजिक विघटन, रिश्तों की दूरियों और परायापन की भावना को दर्शाती है।
(ङ) 'हम राख नहीं हैं राख ढके अंगारे हैं' पंक्ति का आशय यह है कि शोषित वर्ग भले ही दबा हुआ प्रतीत हो, लेकिन उसमें विद्रोह और क्रांति की अग्नि छिपी हुई है। वे किसी भी समय अन्याय के विरुद्ध खड़े हो सकते हैं और शोषण की व्यवस्था को समाप्त कर सकते हैं।
(च) इस पंक्ति में शोषित वर्ग की असीम शक्ति को दर्शाया गया है। शोषित वर्ग में इतनी शक्ति है कि जब भी उन पर अत्यधिक अत्याचार बढ़ा, उन्होंने विद्रोह किया और पुरानी शोषणकारी व्यवस्था को उखाड़ फेंका। इतिहास इस बात का साक्षी है कि जब-जब अन्याय बढ़ा है, तब-तब जनता ने क्रांति कर नई व्यवस्था स्थापित की है।

पद्यांश 2

रात यों कहने लगा मुझसे गगन का चाँद
आदमी भी क्या अनोखा जीव है!
उलझनें अपनी बनाकर आप ही फँसता,
और फिर बेचैन हो जगता, न सोता है।

जानता है तू कि मैं कितना पुराना हूँ?
मैं चुका हूँ देख मनु को जनमते-मरते
और लाखों बार तुझ से पागलों को भी
चाँदनी में बैठ स्वप्नों पर सही करते।

आदमी का स्वप्न? है वह बुलबुला जल का
आज उठता और कल फिर फूट जाता है
किंतु, फिर भी धन्य, ठहरा आदमी ही तो?
बुलबुलों से खेलता, कविता बनाता है।

मैं न बोला किंतु मेरी रागिनी बोली,
देख फिर से, चाँद! मुझको जानता है तू?
स्वप्न मेरे बुलबुले हैं? है यही पानी?
आग को भी क्या नहीं पहचानता है तू?

मैं न वह जो स्वप्न पर केवल सही करते,
आग में उसको गला लोहा बनाता हूँ।
और उस पर नींव रखता हूँ नए घर की,
इस तरह दीवार फौलादी उठाता हूँ।

मनु नहीं, मनु पुत्र है यह सामने,
जिसकी कल्पना की जीभ में भी धार होती है,
बाण ही होते विचारों के नहीं केवल,
स्वप्न के भी हाथ में तलवार होती है।

स्वर्ग के सम्राट को जाकर खबर कर दे,
रोज ही आकाश चढ़ते जा रहे हैं वे,
रोकिये, जैसे बने इन स्वप्नवालों को,
स्वर्ग की ही ओर बढ़ते आ रहे हैं वे।

CBSE 2024 (Modified)

बहुविकल्पीय प्रश्न

(क) चाँद को किस बात का अहंकार है?
(i) अपने सौंदर्य का
(ii) आदिमानव को देखने का
(iii) सृष्टि में प्राचीनतम होने का
(iv) कवि को कविता लिखते देखने का

(ख) चाँद के अनुसार मनुष्य का स्वप्न किसके समान है?
(i) पानी के
(ii) आग के
(iii) बुलबुले के
(iv) लोहे के

(ग) निम्नलिखित कथनों में से सही कथनों पर विचार कीजिए।
1. मनुष्य के स्वप्न बुलबुले की तरह अस्थिर होते हैं।
2. चाँद का दृष्टिकोण आधुनिक मानव की शक्ति को कम करके आंकता है।
3. आधुनिक मानव स्वप्नों को साकार करने में कुशल है।

कूट
(i) केवल 1
(ii) 1 और 2
(iii) 2 और 3
(iv) 1, 2 और 3

अतिलघूत्तरात्मक प्रश्न

(घ) कवि ने आधुनिक मानव की कल्पना की तुलना किससे की है?

लघूत्तरात्मक प्रश्न

(ङ) चाँद को मानव के स्वप्न बुलबुले क्यों लगते हैं?

(च) 'रोज ही आकाश चढ़ते आ रहे हैं वे' पंक्ति का आशय स्पष्ट कीजिए।

उत्तर

(क) (iii) सृष्टि में प्राचीनतम होने का
(ख) (iii) बुलबुले के
(ग) (iv) 1, 2 और 3
(घ) कवि ने आधुनिक मानव की कल्पना की तुलना धारदार जीभ और तलवार से की है।
(ङ) चाँद को मानव के स्वप्न बुलबुले इसलिए लगते हैं, क्योंकि वह उन्हें क्षणिक और अस्थिर मानता है। चाँद ने आदिमानव से लेकर आधुनिक मानव तक के स्वप्नों को देखा है, जो आते हैं और जल्दी ही टूट जाते हैं। चाँद के अनुसार, स्वप्नों में स्थायित्व और गहराई का अभाव है। हालाँकि, चाँद यह भी स्वीकार करता है कि मानव अपने स्वप्नों से खेलता है और उन्हें अपनी रचनात्मकता से सजीव करता है।
(च) 'रोज ही आकाश चढ़ते आ रहे वे' पंक्ति का आशय है कि आधुनिक मानव नए-नए कीर्तिमान स्थापित कर रहा है और प्रगति की नई ऊँचाइयाँ छू रहा है। यह उसकी अदम्य इच्छा शक्ति और रचनात्मकता का प्रतीक है, जिससे वह असंभव को भी संभव बना रहा है। मानव अपने स्वप्नों और विचारों को मूर्त रूप देकर निरंतर आगे बढ़ रहा है।

परीक्षा अभ्यास

निम्नलिखित पद्यांशों को ध्यानपूर्वक पढ़कर पूछे गए बहुविकल्पीय, अतिलघु व लघु उत्तरीय प्रश्नों के उत्तर दीजिए।

पद्यांश 1

क्या तुमने कभी सुनी है
सपनों में चमकती कुल्हाड़ियों के भय से
पेड़ों की चीत्कार
कुल्हाड़ियों के वार सहते
किसी पेड़ की हिलती टहनियों में
दिखाई पड़े हैं तुम्हें
बचाव के लिए पुकारते हजारों हजार हाथ?
क्या होती है तुम्हारे भीतर धमस
कटकर गिरता है जब कोई पेड़ धरती पर?
सुना है कभी
रात के सन्नाटे में अँधेरे से मुँह ढाँप
किस कदर रोती हैं नदियाँ?
इस घाट अपने कपड़े और मवेशी धोते
सोचा है कभी कि उस घाट
पी रहा होगा कोई प्यासा पानी
या कोई स्त्री चढ़ा रही होगी किसी देवता को अर्घ्य?
कभी महसूस किया कि किस कदर दहलता है
मौन समाधि लिए बैठे पहाड़ का सीना
विस्फोट से टूटकर जब छिटकता दूर तक कोई पत्थर?
सुनाई पड़ी है कभी भरी दुपहरिया में
हथौड़ों की चोट से टूटकर बिखरते पत्थरों की चीख?
खून की उल्टियाँ करते
देखा है कभी हवा को अपने घर के पिछवाड़े?
थोड़ा सा वक्त चुराकर बतियाया है कभी
कभी शिकायत न करने वाली
गुमसुम बूढ़ी पृथ्वी से उसका दुख?
अगर नहीं तो क्षमा करना
मुझे तुम्हारे आदमी होने पर संदेह है।

CBSE 2023 (Modified)

बहुविकल्पीय प्रश्न

(क) काव्यांश में 'पेड़ों की चीत्कार' शब्द का अर्थ है
(i) पेड़ों का टूटकर गिर जाना
(ii) पेड़ों का चीखना-चिल्लाना
(iii) पेड़ों का कुल्हाड़ियों के डर से चीखना
(iv) पेड़ों का आपस में टकराना

(ख) काव्यांश में 'पेड़ की हिलती टहनियाँ' प्रतीक हैं
(i) हवा से हिलती शाखाएँ
(ii) रक्षा के लिए पुकारते उसके हजारों हाथ
(iii) आपस में टकराती टहनियाँ
(iv) आँधी में टूटती टहनियाँ

(ग) पद्यांश के आधार पर निम्नलिखित में से कौन-सा/से कथन सही है/हैं?
1. मनुष्य प्रकृति की दुर्दशा के लिए जिम्मेदार है।
2. प्रदूषण के कारण पृथ्वी दुःखी और गुमसुम हो गई है।
3. पहाड़ की मौन समाधि मनुष्य की क्रियाशीलता का परिणाम है।

कूट
(i) केवल 1
(ii) केवल 2
(iii) 1 और 2
(iv) 1, 2 और 3

अतिलघूत्तरात्मक प्रश्न

(घ) पेड़ों की कटाई से कौन-सी समस्या उत्पन्न होती है?

लघूत्तरात्मक प्रश्न

(ङ) पेड़ों की चीत्कार से कवि का क्या तात्पर्य है?

(च) 'अँधेरे से मुँह ढाँप किस कदर रोती हैं नदियाँ?' पंक्ति का आशय स्पष्ट कीजिए।

पद्यांश 2

पृथ्वी की छाती फाड़, कौन यह अन्न उगा लाता बाहर?
दिन का रवि, निशि की शीत कौन लेता अपनी सिर-आँखों पर?
कंकड़-पत्थर से लड़-लड़कर, खुरपी से और कुदाली से,
ऊसर बंजर को उर्वर कर, चलता है चाल निराली ले

मज़दूर भुजाएँ वे तेरी, मज़दूर शक्ति तेरी महान;
घूमा करता तू महादेव! सिर पर लेकर आसमान।
पाताल फोड़कर, महाभीष्म! भूतल पर लाता जलधारा;
प्यासी भूखी दुनिया को तू देता जीवन संबल सारा।

खेती से लाता है कपास, धुन-धुन, बुनकर अंबार परम;
इस नग्न विश्व को पहनाता तू नित्य नवीन वस्त्र अनुपम।
नंगी घूमा करती दुनिया, मिलता न अन्न, भूखों मरती,
मज़दूर भुजाएँ जो तेरी मिट्टी से नहीं युद्ध करती।

तू छिपा राज्य-उत्थानों में, तू छिपा कीर्ति के गानों में;
मज़दूर भुजाएँ तेरी ही दुर्गों के शृंग-उठानों में।
तू छिपा नवल निर्माणों में, गीतों और पुराणों में;
युग का यह चक्र चला करता तेरी पद-गति की तानों में।

तू ब्रह्मा-विष्णु रहा सदैव
तू है महेश प्रलयंकर फिर।
हो तेरा तांडव संभु! आज
हो ध्वंस, सृजन मंगलकर फिर।

CBSE 2024 (Modified)

बहुविकल्पीय प्रश्न

(क) 'पृथ्वी की छाती फाड़' से क्या अभिप्राय है?
(i) धरती को नरम बनाकर
(ii) धरती को चीर कर
(iii) धरती पर हल चलाकर
(iv) धरती को सींचकर

(ख) किसान खुरपी और कुदाली से क्या करता है?
(i) खेतों में बीज बोता है
(ii) खेतों में क्यारियाँ बनाता है
(iii) धरती से घास-तिनके हटाता है
(iv) बंजर धरती को उपजाऊ बनाता है

(ग) पद्यांश के आधार पर निम्नलिखित कथनों में से सही कथनों पर विचार कीजिए।
1. किसान की भुजाएँ सृजन और निर्माण का प्रतीक हैं।
2. किसान धरती को उपजाऊ बनाते हैं।
3. किसान ही समाज की भूख और प्यास मिटाता है।

कूट
(i) केवल 1
(ii) केवल 2
(iii) 1 और 2
(iv) 1, 2 और 3

अतिलघूत्तरात्मक प्रश्न

(घ) किसान के श्रम से क्या संभव हुआ है?

लघूत्तरात्मक प्रश्न

(ङ) कवि ने 'किसान' को महादेव क्यों कहा है?

(च) 'दिन का रवि, निशि की शीत' से कवि का क्या तात्पर्य है?

पद्यांश 3

कूड़े के ढेर से
कुछ चुनते हुए बच्चे को देख
एक चित्रकार ने
करुणामय चित्र बना डाला।
कवि ने
एक मार्मिक रचना रच डाली।
एक कहानीकार ने
'उसी बच्चे' पर
कालजयी
कहानी कही।
जनता ने
प्रदर्शनी में चित्र,
मंच पर कविता,
और
पत्रिका में छपी
कहानी को खूब सराहा।
पर उस बच्चे ने चित्र,
कविता और कहानी से क्या
पाया?
वो अब भी लगा है......
वहीं कूड़े के ढेर में कुछ खोजने में।
उसे कुछ मिला, नहीं!!!

बहुविकल्पीय प्रश्न

(क) प्रस्तुत पद्यांश का केंद्रीय विषय क्या है?
(i) जनता की रुचि-अरुचि
(ii) बाल श्रम में व्यतीत बचपन
(iii) साहित्य की उत्कृष्ट रचना
(iv) प्रदर्शन की महत्ता

(ख) अंत में बच्चे की स्थिति में क्या परिवर्तन आया?
(i) बच्चे को काम से छुटकारा मिल गया
(ii) बच्चे के काम की सराहना हुई
(iii) बच्चे का भविष्य सुधर गया
(iv) बच्चे की स्थिति में कोई परिवर्तन नहीं आया

(ग) कूड़े के ढेर से बच्चे को क्या प्राप्त हुआ?
(i) मूल्यवान वस्तु
(ii) बासी रोटी
(iii) खिलौने
(iv) कुछ नहीं

अतिलघूत्तरात्मक प्रश्न

(घ) बच्चे की दशा को देखकर कवि ने किस प्रकार की रचना की?

लघूत्तरात्मक प्रश्न

(ङ) चित्रकार, कहानीकार तथा कवि के कार्य पर जनता ने क्या प्रतिक्रिया व्यक्त की?

(च) प्रस्तुत पद्यांश में किस बच्चे की बात कही गई है?

पद्यांश 4

झपटता बाज़	डाल पर उलटा लटक
फन उठाए साँप	फल कुतरता तोता
दो पैर पर खड़ी	या इन सब की जगह
काँटों से नन्हीं पत्तियाँ खाती	आदमी होता।
बकरी,	जब भी भूख से लड़ने
दबे पाँव झाड़ियों में चलता	कोई खड़ा हो जाता
चीता;	सुंदर दीखने लगता है।

बहुविकल्पीय प्रश्न

(क) पद्यांश में पशु-पक्षियों की चर्चा किस संदर्भ में की गई है?
(i) भूख से लड़ने के संदर्भ में
(ii) शिकार करने के संदर्भ में
(iii) प्राकृतिक सौंदर्य के संदर्भ में
(iv) मनुष्य से आगे बढ़ने के संदर्भ में

(ख) पद्यांश में दबे पाँव झाड़ियों से चलता हुआ कौन आता है?
(i) तोता (ii) बकरी (iii) चीता (iv) बाज़

(ग) कवि भूख से लड़ने को किसके प्रतीक के रूप में देखता है?
(i) प्राकृतिक गतिविधियों के रूप में
(ii) संघर्ष व दृढ़ता के रूप में
(iii) हिंसक जानवरों के प्रतीक के रूप में
(iv) उपरोक्त सभी

अतिलघूत्तरात्मक प्रश्न

(घ) प्रस्तुत पद्यांश में बकरी ने पत्तियों का भोजन कहाँ से प्राप्त किया?

लघूत्तरात्मक प्रश्न

(ङ) बाज तथा साँप में कवि को कौन-सा सौंदर्य नजर आता है?

(च) कवि ने वर्तमान समय की किस समस्या को चित्रित किया है?

पद्यांश 5

जी हाँ हुजूर, मैं गीत बेचता हूँ,
मैं तरह-तरह के गीत बेचता हूँ,
मैं किस्म-किस्म के गीत बेचता हूँ,
जी, माल देखिए, दाम बताऊँगा,
बेकाम नहीं हैं, काम बताऊँगा,
कुछ गीत लिखे हैं मस्ती में मैंने,
कुछ गीत लिखे हैं पस्ती में मैंने,
यह गीत सख्त दर्द भुलाएगा,
यह गीत पिया को पास बुलाएगा,
जी, पहले कुछ शर्म लगी मुझको!
पर बाद-बाद में अक्ल जगी मुझको;
जी, लोगों ने तो बेच दिए ईमान,
जी, आप न हों सुनकर ज़्यादा हैरान।

बहुविकल्पीय प्रश्न

(क) प्रस्तुत पद्यांश में कवि किस समस्या से व्यथित है?
(i) काव्य-विषय की समस्या से
(ii) विषय-वस्तु के चुनाव की समस्या से
(iii) बाजारवाद की समस्या से
(iv) गीत बेचने की समस्या से

(ख) 'लोगों ने तो बेच दिए अपने ईमान' पंक्ति संकेत करती है
1. उपभोक्तावादी समाज 2. वस्तुवादी समाज
3. पतनोन्मुखी समाज 4. पूँजीवादी समाज

कूट
(i) केवल 1 (ii) 2 और 4
(iii) 1 और 3 (iv) 1, 2 और 3

(ग) कवि ने अपने गीतों की क्या विशेषता बताई है?
(i) मस्ती भरे गीत
(ii) दर्द भुलाने वाले गीत
(iii) पिया को पास बुलाने वाले गीत
(iv) उपरोक्त सभी

अतिलघूत्तरात्मक प्रश्न

(घ) प्रस्तुत पद्यांश में कवि ने किसकी दुर्दशा को अभिव्यक्त किया है?

लघूत्तरात्मक प्रश्न

(ङ) प्रस्तुत पद्यांश में कवि ने समाज की स्थिति पर व्यंग्य करते हुए क्या कहा है?

(च) प्रस्तुत पद्यांश का मूल भाव क्या है?

पद्यांश 6

देख आया चंद्रगहना।
देखता हूँ दृश्य अब मैं
मेड़ पर इस खेत की बैठा अकेला
एक बीते के बराबर यह हरा ठिगना चना,
बाँधे मुरेठा शीश पर छोटे गुलाबी फूल का
सजकर खड़ा है।
पास ही मिलकर उगी है बीच में अलसी हठीली
देह की पतली, कमर की है लचीली
नील फूले फूल को सिर पर चढ़ाकर
कह रही है जो छुए यह दूँ हृदय का दान उसको।
और सरसों की न पूछो-हो गई सबसे सयानी,
हाथ पीले कर लिए हैं, ब्याह-मंडप में पधारी;
फाग गाता मास फागुन आ गया है आज जैसे।
देखता हूँ मैं, स्वयंवर हो रहा है,
प्रकृति का अनुराग अंचल हिल रहा है
इस विजन में, दूर व्यापारिक नगर से

प्रेम की प्रिय भूमि उपजाऊ अधिक है।
और पैरों के तले है एक पोखर,
उठ रहीं इसमें लहरियाँ,
नील तल में तो उगी है घास भूरी, ले रही वह भी लहरियाँ
एक चाँदी का बड़ा-सा गोल खंभा आँख को है चकमकाता
हैं कई पत्थर किनारे पी रहे चुपचाप पानी,
प्यास जाने कब बुझेगी, चुप खड़ा बगुला डुबाए टाँग जल में,
देखते ही मीन चंचल ध्यान-निद्रा त्यागता है
चट दबाकर चोंच में नीचे गले के डालता है।
एक काले माथ वाली चतुर चिड़िया
श्वेत पंखों के झपाटे मार फौरन
टूट पड़ती है भरे जल के हृदय पर
एक उजली चटुल मछली चोंच पीली में दबाकर
दूर उड़ती है गगन में।
मन होता है-उड़ जाऊँ मैं पर फैलाए, सारस के संग
जहाँ जुगुल जोड़ी रहती है
हरे खेत में,
सच्ची प्रेम-कहानी सुन लूँ
चुप्पे-चुप्पे। **CBSE 2023 (Modified)**

बहुविकल्पीय प्रश्न

(क) काव्यांश में किन दृश्यों का वर्णन किया गया है?
(i) गाँव के जलाशय और झरनों का
(ii) गाँव में उगने वाली फसलों का
(iii) विभिन्न सामाजिक रीति-रिवाजों का
(iv) गाँव के प्राकृतिक दृश्यों का

(ख) कविता में अलसी को हठीली क्यों कहा है?
(i) वह दूसरे पौधों से हठ करके उलझती रहती है
(ii) उसके सिर पर की डोडियाँ उसे सीधी कर देती हैं
(iii) पतली और लचीली होने के कारण तन कर सीधी हो जाती है
(iv) वह बराबर हिलती रहने के कारण हठीली लगती है।

(ग) गद्यांश के अनुसार, चने और अलसी के वर्णन से कवि ने क्या व्यक्त किया है?
1. चना और अलसी प्रकृति के सौंदर्य का प्रतीक हैं।
2. चना और अलसी की विशेषताएँ मनुष्य के गुणों से जुड़ी हुई हैं।
3. प्रकृति का हर दृश्य कवि को आकर्षित करता है।

कूट
(i) केवल 1
(ii) केवल 3
(iii) 1 और 2
(iv) 1, 2 और 3

अतिलघूत्तरात्मक प्रश्न

(घ) कवि ने प्रेम की सच्ची कहानी किससे सुनने की इच्छा व्यक्त की है?

लघूत्तरात्मक प्रश्न

(ङ) कविता में सरसों को 'सबसे सयानी' क्यों कहा गया है?
(च) अलसी का हठीला स्वरूप कवि को क्यों आकर्षित करता है?

पद्यांश 7

चलते चलो, चलते चलो
सूरज के संग-संग चलते चलो, चलते चलो!
तम के जो बंदी
सूरज ने मुक्त किए
किरनों से गगन पोंछ
धरती को रँग दिए,
सूरज को विजय मिली, ऋतुओं की रात हुई
कह दो इन तारों से चंदा के संग-संग चलते चलो!

रत्नमयी वसुधा पर
चलने को चरण दिए
बैठी उस क्षितिज पार
लक्ष्मी श्रृंगार किए
आज तुम्हें मुक्ति मिली, कौन तुम्हें दास कहे
स्वामी तुम ऋतुओं के, संवत् के संग-संग चलते चलो!

नदियों ने चलकर ही
सागर का रूप लिया
मेघों ने चलकर ही
धरती को गर्भ दिया
रुकने का मरण नाम, पीछे सब प्रस्तर है।
आगे है देवयान, युग के ही संग-संग चलते चलो!
मानव जिस ओर गया
नगर बसे, तीर्थ बने
तुमसे है कौन बड़ा
गगन-सिंधु मित्र बने
भूमा का भोगो सुख, नदियों का सोम पियो
त्यागो सब जीर्ण वसन, नूतन के संग-संग चलते चलो!
CBSE 2024 (Modified)

बहुविकल्पीय प्रश्न

(क) 'तम के बंदी' किन्हें कहा गया है?
(i) पृथ्वी के जीव-जंतुओं को
(ii) आकाश के चाँद-तारों को
(iii) रात्रि में विचरण करने वाले जंतुओं को
(iv) आकाश में पाए जाने वाले नक्षत्रों को

(ख) 'किरणों से गगन पोंछने' का अभिप्राय है
(i) सूर्य की किरणों द्वारा आकाश की कालिमा को दूर करना
(ii) चाँद-तारों की उपस्थिति को हटाना
(iii) रात्रि की भयावहता को दूर हटाना
(iv) सूर्य द्वारा अपना स्वर्णिम प्रकाश आकाश में फैला कालिमा को दूर करना

(ग) कवि ने चलते चलो का संदेश किसे दिया है?
 (i) सागर से मिलने जाने वाली नदियों को
 (ii) चंद्रमा के साथ-साथ चलने वाले तारों को
 (iii) जीवन रूपी मार्ग पर बढ़ने वाले यात्री को
 (iv) आकाश का कोना-कोना नापने वाले मेघों को

अतिलघूत्तरात्मक प्रश्न

(घ) 'जीर्ण वसन' का आशय क्या है?

लघूत्तरात्मक प्रश्न

(ङ) 'मेघों ने धरती को गर्भ दिया' का क्या अभिप्राय है?

(च) कवि ने 'नूतन के संग-संग' चलने की प्रेरणा क्यों दी है?

पद्यांश 8

मानो, जनता है फूल जिसे अहसास नहीं,
जब चाहो तभी उतार सजा लो दोनों में;
अथवा कोई दुधमुँही जिसे बहलाने के
जंतर-मंतर सीमित हों चार खिलौनों में।
लेकिन होता भूडोल, बवंडर उठते हैं,
जनता जब कोपाकुल हो भृकुटि चढ़ाती है;
दो राह समय के रथ का घर्घर-नाद सुनो,
सिंहासन खाली करो कि जनता आती है।
हुँकारों से महलों की नींव उखड़ जाती,
साँसों के बल से ताज हवा में उड़ता है,
जनता की रोके राह, समय में ताव कहाँ?
वह जिधर चाहती, काल उधर ही मुड़ता है।
अब्दों, शताब्दियों, सहस्राब्द का अंधकार
बीता; गवाक्ष अंबर के दहके जाते हैं;
यह और नहीं कोई, जनता के स्वप्न अजय
चीरते तिमिर का वक्ष उमड़ते जाते हैं।

बहुविकल्पीय प्रश्न

(क) जनता के हुंकारों से महलों की नींव उखड़ने का क्या अभिप्राय है?
 (i) अत्याचार सहन करना
 (ii) शोषकों के घर तोड़ना
 (iii) अशांति फैलाना
 (iv) सत्ता छिनना

(ख) **कथन** (A) शताब्दियों से फैला अंधकार दूर हो रहा है।
कारण (R) जनता द्वारा अपना अधिकार प्रयोग किया जा रहा है।
 (i) कथन (A) तथा कारण (R) दोनों सही हैं तथा कारण (R), कथन (A) की सही व्याख्या करता है।
 (ii) कथन (A) तथा कारण (R) दोनों सही हैं, किंतु कारण (R), कथन (A) की सही व्याख्या नहीं करता है।
 (iii) कथन (A) सही है, किंतु कारण (R) गलत है।
 (iv) कथन (A) गलत है, किंतु कारण (R) सही है।

(ग) 'जंतर-मंतर सीमित हो चार खिलौनों में'—पंक्ति में निहित मूलभाव क्या है?
 (i) वायदे मात्र करके जनता को बहलाना
 (ii) बच्चों को खिलौने बाँटना
 (iii) भारतीय जनता बच्चों के समान कमज़ोर है
 (iv) खिलौने रूपी सुंदर बातों द्वारा शासक वर्ग को आकर्षित करना

अतिलघूत्तरात्मक प्रश्न

(घ) जनता का मार्ग रोकने की हिम्मत किसमें नहीं है?

लघूत्तरात्मक प्रश्न

(ङ) जनता की तुलना फूलों से क्यों की गई है?

(च) जनता के क्रोध का क्या परिणाम होता है?

पद्यांश 9

निज भाषा उन्नति अहै, सब उन्नति को मूल।
बिनु निज भाषा ज्ञान के, मिटै न हिय को सूल।।
पढ़े संस्कृत जतन करि, पंडित भे विख्यात।
पै निज भाषा ज्ञान बिन, कहि न सकत इक बात।।
अंग्रेज़ी पढ़ कै जदपि, सब गुन होत प्रबीन।
पै निज भाषा ज्ञान बिन रहत हीन के हीन।।
एक भाषा इक जीव मति सब घर के लोग।
तबै बनत है सबन सों, मिटत मूढ़ता सोग।।
और एक अति लाभ यह यामें प्रगट लखात।
निज भाषा में कीजिए, जो विद्या की बात।।

बहुविकल्पीय प्रश्न

(क) मूर्खता और शोक का शमन करने की विशिष्टता से युक्त कौन होता है?
 (i) ज्ञानी जन
 (ii) अज्ञानी जन
 (iii) अपनी भाषा
 (iv) अंग्रेज़ी भाषा

(ख) कवि द्वारा निज भाषा में विद्या की बात को महत्त्व देने का क्या कारण हो सकता है?
 (i) अन्य भाषा का बहिष्कार करना
 (ii) अपनी भाषा में संप्रेषण की सुगमता अधिक होती है
 (iii) अपनी भाषा को विश्व की सर्वश्रेष्ठ भाषा सिद्ध करना
 (iv) कठिन विषय अन्य भाषा में जल्दी समझ आता है

(ग) निम्नलिखित कथनों पर विचार कीजिए।
 1. मातृभाषा के ज्ञान के बिना मनुष्य अज्ञानी रहता है
 2. मातृभाषा के ज्ञान से व्यक्ति की उन्नति संभव नहीं है
 3. मातृभाषा के ज्ञान से शीघ्र विद्या प्राप्त हो जाती है

 कूट
 (i) केवल 1 (ii) केवल 2
 (iii) 1 और 3 (iv) 3 और 2

अतिलघूत्तरात्मक प्रश्न

(घ) संस्कृत पढ़ने वालों को कवि ने क्या माना है?

लघूत्तरात्मक प्रश्न

(ङ) कवि ने अपनी भाषा की उन्नति के लिए क्या कहा है?

(च) अंग्रेज़ी पढ़ कै जदपि, सब गुण होत प्रवीन का तात्पर्य है।

पद्यांश 10

लहरों के संग खेलता,
एक चमकीला धूप का टुकड़ा।
खुश होकर एक चंचल मन,
जैसे आईने में देखता हो मुखड़ा।

कभी लहरों के आगे भागता,
कभी लहरों के पीछे दौड़ता।
कभी करता जल को आलिंगन,
जैसे अपनी हो पूरी धरा और गगन।

प्रातःकाल जलधारा भी कुछ यूं मचल जाती,
धूप के नर्म, गोरे चितवन को देख कर।
कभी साँस रोके एकटक देखती,
कभी हिलोरें भरती, कभी गुदगदाती हँस कर
श्वेत कमल सी उजली धूप की काया,
प्रेम और मान पाकर खूब सारा।
तप कर अंग-अंग फूले न समाता,
प्रेयसी जो है उसकी जलधारा।

किंतु, साँझ होते ही धूप के टुकड़े को,
घर वापसी की मजबूरी बड़ी अखरती।
बुझे मन से करके वायदा फिर आने को,
चल देता हौले-से पीली-नारंगी छटा बिखेरता।

चूँ-चूँ चहचहाती खगों के मधुर स्वरों में
कहीं खो जाती तब कसक जलधारा की।
प्रतीक्षा करती फिर शांत भाव से वियोग में,
ओढ़कर आशा भरी मुस्कान, एक नई सुबह की।

CBSE 2023 (Modified)

बहुविकल्पीय प्रश्न

(क) प्रात:काल होते ही जलधारा क्यों मचलने लगती है?
- (i) चारों ओर फैले प्रकाश को देखकर
- (ii) धूप के टुकड़े की छवि देखकर
- (iii) चारों ओर पक्षियों का कलरव सुनकर
- (iv) प्रकृति का शांत वातावरण अनुभूत कर

(ख) धूप के टुकड़े का अंग-अंग फूला क्यों नहीं समा रहा?
- (i) प्रेयसी की प्रसन्नता अनुभव कर
- (ii) प्रेयसी का सान्निध्य पाकर
- (iii) प्रेयसी का प्रेम और मान पाकर
- (iv) प्रेयसी का मान-सम्मान पाकर

(ग) गद्यांश के आधार पर निम्नलिखित में से कौन-सा कथन सही है?
1. धूप का टुकड़ा जलधारा के साथ खेलता है।
2. धूप का टुकड़ा जलधारा से बिछड़ने के बाद उदास हो जाता है।
3. जलधारा धूप के टुकड़े से अलग होकर उसकी प्रतीक्षा करती है।

कूट
- (i) केवल 1 (ii) 2 और 3
- (iii) केवल 3 (iv) 1, 2 और 3

अतिलघूत्तरात्मक प्रश्न

(घ) कवि ने धूप के टुकड़े को किसके समान बताया है?

लघूत्तरात्मक प्रश्न

(ङ) 'साँझ होते ही धूप की उदासी' का क्या कारण है?

(च) कवि ने धूप और जलधारा के संबंध को कैसे व्यक्त किया है?

पद्यांश 11

मैं हूँ उनके साथ खड़ी
जो सीधी रखते अपनी रीढ़।
कभी नहीं जो तज सकते हैं
अपना न्यायोचित अधिकार
कभी नहीं जो सह सकते हैं
शीश नवाकर अत्याचार
एक अकेले हों या उनके
साथ खड़ी हो भारी भीड़
मैं हूँ उनके साथ खड़ी
जो सीधी रखते अपनी रीढ़।
निर्भय हो घोषित करते
जो अपने उद्गार-विचार
जिनकी जिह्वा पर होता है
उनके अंतर का अंगार
नहीं जिन्हें चुप कर सकती है
आततायियों की शमशीर
मैं हूँ उनके साथ खड़ी,
जो सीधी रखते अपनी रीढ़।

बहुविकल्पीय प्रश्न

(क) अत्याचार सहन न करने वालों के प्रति कवि की क्या प्रतिक्रिया होती है?
- (i) वह उनके साथ खड़ी होती है
- (ii) वह उनके विरुद्ध खड़ी होती है
- (iii) वह उनसे सीधे मुँह बात नहीं करती है
- (iv) वह उन पर विश्वास नहीं करती है

(ख) सीधी रीढ़ रखने से कवि का क्या अभिप्राय है?
- (i) सीधा खड़ा होना (ii) सीधी बात कहना
- (iii) अभिमानी होना (iv) आत्मनिर्भर होना

(ग) पद्यांश के अनुसार कवि किसके साथ में खड़ी है?
- (i) परिस्थितियों से समझौता करने वालों के साथ
- (ii) स्वप्न जगत में खोए व्यक्तियों के साथ
- (iii) अन्याय और अत्याचार करने वालों के साथ
- (iv) सत्य एवं न्याय पथ पर अडिग रहने वालों के साथ

अतिलघूत्तरात्मक प्रश्न

(घ) आततायियों की शमशीर से क्या तात्पर्य है?

लघूत्तरात्मक प्रश्न

(ङ) कवि के अनुसार, अपने विचारों को किस प्रकार अभिव्यक्त करना चाहिए?

(च) कवि के अनुसार, स्वावलंबी लोग कैसे होते हैं?

पद्यांश 12

संशय–
–इस भाव को मिटा दो,
रोशनी जल उठेगी
तुममें निर्भय।
पीठ पर रखा छुरा
लगेगा प्रोत्साहन का स्पर्श
और तुम बिजली की तरह
आगे बढ़ जाओगे अक्षय।
उस आँख में देखो अपनी आँख
लौ तेज़ होगी बनेगी एक दृष्टिलय
उस हाथ में रख दो अपना हाथ
सेतु निर्मित होगा मिटेगा
प्रलय।
विपत्ति में तुम अकेले नहीं हो,
असंख्य सोते कुलबुलाते हैं
चट्टानों में
मिलकर एक धारा बनने को,
इसे पहचानो
राह निकलेगी निश्चय।

CBSE 2024 (Modified)

बहुविकल्पीय प्रश्न

(क) पद्यांश का मुख्य भाव क्या है?
(i) संशय की स्थिति में आगे की राह नहीं मिलेगी।
(ii) संशय रहित होने पर ही आगे बढ़ने की राह निकलेगी।
(iii) संदेह की स्थिति में विनाश की ओर कदम बढ़ेंगे।
(iv) पौरुष का आश्रय कभी निरर्थक नहीं जाएगा।

(ख) संदेह की स्थिति नहीं रहने पर
(i) व्यक्ति भयाक्रांत रहता है
(ii) उसके सामने चतुर्दिक अंधकार होता है
(iii) प्रकाश की किरणें जल उठती हैं
(iv) व्यक्ति दुःखी रहता है

(ग) पद्यांश के आधार पर निम्नलिखित में से कौन-सा कथन सही है?
1. संदेह से व्यक्ति को आगे बढ़ने में कठिनाई होती है।
2. आत्मविश्वास से व्यक्ति की राह स्पष्ट होती है।
3. संशय से व्यक्ति को प्रेरणा मिलती है।

कूट
(i) केवल 1 (ii) 1 और 2
(iii) 2 और 3 (iv) केवल 3

अतिलघूत्तरात्मक प्रश्न

(घ) कवि ने 'अक्षय' किसे कहा है?

लघूत्तरात्मक प्रश्न

(ङ) कवि ने 'राह निकलेगी निश्चय' पंक्ति में किस बात पर बल दिया है?

(च) 'तुम अकेले नहीं हो' पंक्ति का संदेश क्या है?

पद्यांश 13

निर्मम कुम्हार की थापी से
कितने रूपों में कुटी-पिटी,
हर बार बिखेरी गई, किंतु
मिट्टी फिर भी तो नहीं मिटी
आशा में निश्छल पल जाए, छलना में पड़ कर छल जाए
सूरज दमके तो तप जाए, रजनी ठुमकी तो ढल जाए,
यों तो बच्चों की गुड़िया-सी, भोली मिट्टी की हस्ती क्या
आँधी आए तो उड़ जाए, पानी बरसे तो गल जाए।
फसलें उगतीं, फसलें कटती लेकिन धरती चिर उर्वर है।
सौ बार बने सौ बार मिटे लेकिन धरती अविनश्वर है।
मिट्टी गल जाती पर उसका विश्वास अमर हो जाता है।
रो दे तो पतझर आ जाए, हँस दे तो मधुऋतु छा जाए
झूमे तो नंदन झूम उठे, थिरके तो तांडव शरमाए
यों मदिरालय के प्याले सी मिट्टी की मोहक मस्ती क्या
अधरों को छूकर सकुचाए, ठोकर लग जाए छहराए।
उनचास मेघ, उनचास पवन, अंबर अवनि कर देते सम
वर्षा थमती, आँधी रुकती, मिट्टी हँसती रहती हरदम,
कोयल उड़ जाती पर उसका निश्वास अमर हो जाता है
मिट्टी गल जाती पर उसका विश्वास अमर हो जाता है।
मिट्टी की महिमा मिटने में
मिट मिट हर बार सँवरती है
मिट्टी मिट्टी पर मिटती है।
मिट्टी मिट्टी को रचती है।

बहुविकल्पीय प्रश्न

(क) कुम्हार को कठोर कहने से कवि कुम्हार की किस प्रवृत्ति को उजागर करता है?
(i) अत्याचारी (ii) दृढ़संकल्पी
(iii) क्रोधी (iv) स्वेच्छाचारी

(ख) मिट्टी के गल जाने पर भी उसका विश्वास अमर व अटूट रहता है, क्योंकि मिट्टी है
(i) चिरवाई
(ii) अधीश्वर
(iii) अविनीता
(iv) चिरस्थायी

(ग) ऋतुओं के अनुसार मिट्टी का रोना, हँसना, झूमना विश्लेषित करता है कि
(i) मनुष्य की भाँति भावुक प्रवृत्ति की है
(ii) सब के अनुकूल स्वयं को ढाल लेती है
(iii) प्रकृति में समयानुसार परिवर्तन होता है
(iv) रूप-रंग की भिन्नता भौगोलिक भिन्नता है

अतिलघूत्तरात्मक प्रश्न

(घ) कुम्हार की थापी से मिट्टी का क्या होता है?

लघूत्तरात्मक प्रश्न

(ङ) कवि ने मिट्टी के विश्वास के बारे में क्या कहा है?

(च) कवि ने मिट्टी की महिमा को किस प्रकार प्रस्तुत किया है?

पद्यांश 14

अब मैं सूरज को नहीं डूबने दूँगा।
देखो मैंने कंधे चौड़े कर लिए हैं।
मुट्ठियाँ मजबूत कर ली हैं
और ढलान पर एड़ियाँ जमाकर
खड़ा होना मैंने सीख लिया है।
घबराओ मत
मैं क्षितिज पर जा रहा हूँ।
सूरज ठीक जब पहाड़ी से
लुढ़कने लगेगा
मैं कंधे अड़ा दूँगा
देखना वह वहीं ठहरा होगा।
अब मैं सूरज को नहीं डूबने दूँगा।
मैंने सुना है उसके रथ में तुम हो
तुम्हें मैं उतार लाना चाहता हूँ
तुम जो स्वाधीनता की प्रतिमा हो
तुम जो साहस की मूर्ति हो
तुम जो धरती का सुख हो
तुम जो कालातीत प्यार हो
तुम जो मेरी धमनी का प्रवाह हो
तुम जो मेरी चेतना का विस्तार हो
तुम्हें मैं उस रथ से उतार लाना चाहता हूँ
रथ के घोड़े
आग उगलते रहें
अब पहिए टस से मस नहीं होंगे
मैंने अपने कंधे चौड़े कर लिए हैं।
सूरज जाएगा भी तो कहाँ
उसे यहीं रहना होगा
यहीं हमारी साँसों में
हमारी रगों में
हमारे संकल्पों में
हमारे रतजगों में
तुम उदास मत होओ
अब मैं किसी भी सूरज को
नहीं डूबने दूँगा।

बहुविकल्पीय प्रश्न

(क) इन पंक्तियों में कवि का निश्चय प्रकट होता है कि वह
- (i) पहाड़ी क्षेत्र में जाकर रहेगा
- (ii) अपने लक्ष्य को पाकर रहेगा
- (iii) प्रकृति के उपादानों से प्रेरित है
- (iv) जीवन की उहापोह में उलझा है

(ख) सूरज द्वारा लोगों के जीवन में सुख, समृद्धि एवं प्रकाश का आगमन होता है। यह कथन दर्शाता है कि सूरज है-
- (i) चित्रात्मक
- (ii) प्रतीकात्मक
- (iii) प्रयोगात्मक
- (iv) वर्णनात्मक

(ग) **कथन** (A) तुम जो साहस की मूर्ति हो, तुम जो धरती का सुख हो।
कारण (R) कवि स्वयं को साहस की मूर्ति मानता है, जो धरती के जीवों के लिए सुखद परिस्थितियाँ उत्पन्न कर सकता है।
- (i) कथन (A) तथा कारण (R) दोनों सही हैं तथा कारण (R), कथन (A) की सही व्याख्या करता है।
- (ii) कथन (A) तथा कारण (R) दोनों सही हैं, किंतु कारण (R), कथन (A) की सही व्याख्या नहीं करता है।
- (iii) कथन (A) सही है, किंतु कारण (R) गलत है।
- (iv) कथन (A) गलत है, किंतु कारण (R) सही है।

अतिलघूत्तरात्मक प्रश्न

(घ) कविता का मुख्य संदेश क्या है?

लघूत्तरात्मक प्रश्न

(ङ) कविता में सूरज के डूबने से क्या आशय है? स्पष्ट कीजिए।

(च) 'घबराओ मत, मैं क्षितिज पर जा रहा हूँ' पंक्ति का क्या भाव है?

पद्यांश 15

दिवसावसान का समय
मेघमय आसमान से उतर रही है।
वह संध्या-सुंदरी परी-सी
तिमिरांचल में चंचलता का नहीं कहीं आभास
मधुर मधुर हैं दोनों उसके अधर
किंतु जरा गंभीर नहीं है उसमें हास-विलास
हँसता है तो केवल तारा एक
गुँथा हुआ उन घुँघराले काले-काले बालों से
हृदय राज्य की रानी का वह करता है अभिषेक।
अलसता की सी लता
किंतु कोमलता की वह कली
सखी नीरवता के कंधे पर डाले बाँह
छाँह सी अंबर-पथ से चली।
नहीं बजती उसके हाथ में कोई वीणा,
नहीं होता कोई अनुराग-राग-आलाप
नूपुरों में भी रुन-झुन रुन-झुन नहीं,
सिर्फ एक अव्यक्त शब्द सा चुप-चुप-चुप
है गूँज रहा सब कहीं
व्योम मंडल में, जगतीतल में

बहुविकल्पीय प्रश्न

(क) प्रस्तुत काव्यांश की विषय-वस्तु आधारित है
- (i) संध्या समय पर
- (ii) जीवन की कोमलता पर
- (iii) नायिका के आचार पर
- (iv) शाम के सन्नाटे पर

(ख) "मेघमय आसमान से उतर रही है वह संध्या-सुंदरी" पंक्ति में प्रमुख अलंकार है
- (i) अनुप्रास
- (ii) उत्प्रेक्षा
- (iii) मानवीकरण
- (iv) उपमा

(ग) **कथन** (A) संध्या-सुंदरी का चरित्र कोमलता और नीरवता का प्रतीक है।
कारण (R) संध्या-सुंदरी बिना किसी शोर-शराबे के चुपचाप आकाश से पृथ्वी की ओर उतरती है।
(i) कथन (A) तथा कारण (R) दोनों सही हैं तथा कारण (R), कथन (A) की सही व्याख्या करता है।
(ii) कथन (A) तथा कारण (R) दोनों सही हैं, किंतु कारण (R), कथन (A) की सही व्याख्या नहीं करता है।
(iii) कथन (A) सही है, किंतु कारण (R) गलत है।
(iv) कथन (A) गलत है, किंतु कारण (R) सही है।

अतिलघूत्तरात्मक प्रश्न

(घ) कवि ने आलस्य की लताओं से किसकी तुलना की है?

लघूत्तरात्मक प्रश्न

(ङ) 'संध्या' आकाश मार्ग से किस प्रकार पृथ्वी पर आ रही है?

(च) यदि संध्या-सुंदरी को स्वतंत्रता आंदोलन के परिप्रेक्ष्य में देखा जाए, तो आप संध्या को किस रूप में समझेंगे?

उत्तर

पद्यांश 1

(क) (iii) पेड़ों का कुल्हाड़ियों के डर से चीखना।

(ख) (ii) रक्षा के लिए पुकारते उसके हजारों हाथ।

(ग) (iv) 1, 2 और 3

(घ) पेड़ों की कटाई से पर्यावरण संतुलन बिगड़ता है।

(ङ) 'पेड़ों की चीत्कार' प्रकृति की पीड़ा को व्यक्त करती है। जब पेड़ कुल्हाड़ियों के वार सहते हैं, तो उनकी हिलती टहनियाँ रक्षा के लिए पुकारते हाथों जैसी लगती हैं।
यह चीत्कार मनुष्य की संवेदनहीनता का प्रतीक है, जो अपने लाभ के लिए पेड़ों को काटकर प्रकृति को नष्ट करता है। कवि ने इस चीत्कार के माध्यम से मानव को पर्यावरण संरक्षण का संदेश दिया है।

(च) इस पंक्ति में नदियों के जल प्रदूषण का वर्णन है। कवि ने नदियों को मानवीय रूप देते हुए कहा है कि वे चुपचाप अपने प्रदूषण पर दुःखी होकर रोती हैं। उनका यह रोना मनुष्य द्वारा उनके स्वच्छ जल को गंदगी और अपशिष्ट से दूषित करने का परिणाम है। यह पंक्ति प्रकृति की पीड़ा और मानव की असंवेदनशीलता को दर्शाती है।

पद्यांश 2

(क) (iii) धरती पर हल चलाकर

(ख) (iv) बंजर धरती को उपजाऊ बनाता है

(ग) (iv) 1, 2 और 3

(घ) किसान के श्रम से नई रचनाएँ, दुर्ग निर्माण और समाज का विकास संभव हुआ है।

(ङ) कवि ने किसान को महादेव इसलिए कहा है, क्योंकि वह कठिन-से-कठिन कार्य करके धरती पर सृजन करता है। जैसे महादेव अपनी शक्ति से विनाश और निर्माण करते हैं, वैसे ही मजदूर भी धरती की कठोरता को तोड़कर जीवनदायी अन्न और जल का प्रबंध करता है। वह समाज के लिए नई रचनाएँ और संरचनाएँ करता है, जिससे समाज को विकास और स्थिरता मिलती है।

(च) 'दिन का रवि, निशि की शीत' से कवि ने किसान की सहनशक्ति का वर्णन किया है। वे दिन में तपते हुए सूर्य की गर्मी और रात की कड़ाके की ठंड सहन करते हुए भी अपने कार्य में जुटे रहते हैं। यह उनकी दृढ़ता और मेहनत का प्रतीक है। उनकी तपस्या से ही धरती पर अन्न, जल और वस्त्र का प्रबंध होता है।

पद्यांश 3

(क) (ii) बाल श्रम में व्यतीत बचपन

(ख) (iv) बच्चे की स्थिति में कोई परिवर्तन नहीं आया

(ग) (iv) कुछ नहीं

(घ) बच्चे की दशा को देखकर कवि ने मार्मिक रचना की।

(ङ) जनता ने प्रदर्शनी में चित्र को, मंच पर कविता को और पत्रिका में छपी कहानी को खूब सराहा, परंतु उस बच्चों के लिए कुछ न किया।

(च) प्रस्तुत पद्यांश में कुछ पाने की आशा से कूड़े के ढेर से कुछ चुनते बच्चे की बात कही गई है, जो बेसहारा अपनी भूख को शांत करने के लिए अपने बचपन को भी भुला चुके हैं।

पद्यांश 4

(क) (i) भूख से लड़ने के संदर्भ में

(ख) (iii) चीता

(ग) (ii) संघर्ष व दृढ़ता के रूप में

(घ) प्रस्तुत पद्यांश में बकरी ने पत्तियों का भोजन काँटों से प्राप्त किया।

(ङ) बाज तथा साँप में कवि को जुझारु प्रवृत्ति का वास्तविक एवं गरिमापूर्ण सौंदर्य नजर आता है। झपटते बाज और फन उठाए साँप को भूख से लड़ते देखकर कवि को अच्छा लगता है।

(च) कवि ने वर्तमान समय की भूख की समस्या को चित्रित किया है। भूख को मिटाने के लिए जानवर, पशु-पक्षी और मनुष्य आपस में संघर्ष करते रहते हैं।

पद्यांश 5

(क) (iii) बाज़ारवाद की समस्या से

(ख) (iv) 1, 2 और 3

(ग) (iv) उपरोक्त सभी

(घ) प्रस्तुत पद्यांश में कवि ने कला और कलाकार की दुर्दशा को अभिव्यक्त किया है।

(ङ) प्रस्तुत पद्यांश में कवि ने समाज की स्थिति पर व्यंग्य करते हुए कहा है कि लोगों ने अर्थ की लालसा में अपना धैर्य और ईमान तक बिक्री के लिए बाजार में रख दिया है। वह तो अपना ईमान बचाने के लिए केवल अपने गीत बेच रहा है।

(च) प्रस्तुत पद्यांश में कवि कहना चाहते हैं कि व्यावसायिकता के कारण आज का कवि अपने गीत बेचने के लिए मजबूर है वह ग्राहक की इच्छा के अनुसार गीत लिखने के लिए अभिशप्त है।

पद्यांश 6

(क) (iv) गाँव के प्राकृतिक दृश्यों का

(ख) (iii) पतली और लचीली होने के कारण तन कर सीधी हो जाती है।

(ग) (iii) 1, 2 और 3

(घ) कवि ने प्रेम की सच्ची कहानी सारस की जुगल जोड़ी से सुनने की इच्छा व्यक्त की।

(ङ) कविता में सरसों को 'सबसे सयानी' इसलिए कहा है, क्योंकि वह पीले फूलों से लदी हुई है और उसे ऐसा प्रतीत होता है, जैसे उसने विवाह के लिए हाथ पीले कर लिए हैं। सरसों का यह वर्णन ग्रामीण संस्कृति और प्रकृति के सौंदर्य को मानवीकरण के माध्यम से प्रस्तुत करता है, जो दर्शाता है कि यह फागुन के महीने में परिपक्व हो चुकी है।

(च) अलसी को कवि ने हठीली कहा है, क्योंकि वह पतली और लचीली होने के बावजूद अपनी जगह पर सीधे खड़े रहने की कोशिश करती है। उसका यह स्वभाव कवि को दृढ़ता और आत्मविश्वास का प्रतीक लगता है। नीले फूलों से सजी यह अलसी अपनी सुंदरता और साहस के साथ किसी को भी प्रभावित करने में सक्षम है।

पद्यांश 7

(क) (i) पृथ्वी के जीव-जंतुओं को

(ख) (i) सूर्य की किरणों द्वारा आकाश की कालिमा को दूर करना

(ग) (iii) जीवन रूपी मार्ग पर बढ़ने वाले यात्री को

(घ) 'जीर्ण वसन' का आशय पुराने और रूढ़िवादी विचार या रीति-रिवाज से है।

(ङ) 'मेघों ने धरती को गर्भ दिया' का अभिप्राय है कि मेघों ने अपनी वर्षा से धरती को जीवन प्रदान किया। वर्षा के कारण पृथ्वी पर हरियाली आती है, फसलें उगती हैं और सभी जीव-जंतुओं के लिए जल की पूर्ति होती है। यह प्रकृति की अद्‌भुत क्रियाशीलता और मेघों की जीवनदायिनी भूमिका को दर्शाता है।

(च) कवि ने 'नूतन के संग-संग' चलने की प्रेरणा इसलिए दी है, ताकि लोग पुराने और रूढ़िवादी विचारों को त्यागकर नए विचारों, नवाचार और प्रगति को अपनाएँ। जीवन में विकास और परिवर्तन को स्वीकार करना आवश्यक है। नूतनता से समाज और व्यक्तियों में सकारात्मक बदलाव आता है, जिससे जीवन अधिक सार्थक और सफल बनता है।

पद्यांश 8

(क) (iv) सत्ता छिनना

(ख) (i) कथन (A) तथा कारण (R) दोनों सही हैं तथा कारण (R), कथन (A) की सही व्याख्या करता है।

(ग) (i) वायदे मात्र करके जनता को बहलाना

(घ) जनता का मार्ग रोकने की हिम्मत समय में नहीं है।

(ङ) जनता की तुलना फूलों से इसलिए की गई है, क्योंकि फूल की तरह जनता को कभी सिर-आँखों पर बिठाया जाता है तो कभी नीचे गिरा दिया जाता है।

(च) जनता के क्रोध का परिणाम यह होता है कि जनता में क्रान्ति भड़कने लगती है और वह सत्ता को बदल देती है।

पद्यांश 9

(क) (iii) अपनी भाषा

(ख) (ii) अपनी भाषा में संप्रेषण की सुगमता अधिक होती है

(ग) (iii) 1 और 3

(घ) संस्कृत पढ़ने वालों को कवि ने वाणी विहीन पंडित माना है।

(ङ) कवि ने कहा है कि सब प्रकार की उन्नति का आधार अपनी भाषा (हिंदी) की उन्नति करना है। अपनी भाषा के ज्ञान के बिना हृदय का दुःख दूर नहीं हो सकता है।

(च) अंग्रेज़ी पढ़ कै जदपि, सब गुण होत प्रवीन का तात्पर्य है अंग्रेज़ी भाषा के माध्यम से आधुनिक ज्ञान-विज्ञान की बातें सीखी जा सकती हैं, लेकिन जब तक हमें अपनी मातृभाषा का ज्ञान नहीं होगा हम छोटे ही रहेंगे। हम कभी उन्नति नहीं कर सकते।

पद्यांश 10

(क) (ii) धूप के टुकड़े की छवि देखकर

(ख) (iii) प्रेयसी का प्रेम और मान पाकर

(ग) (iv) 1, 2 और 3

(घ) कवि ने धूप के टुकड़े को चंचल प्रेमी के समान बताया है।

(ङ) पूरे दिन अपनी प्रेयसी के साथ समय बिताने के पश्चात् साँझ होते ही, धूप को अपने घर लौटना पड़ता है। यह वियोग उसे गहरे दुःख से भर देता है। यह उसकी विवशता को दर्शाता है, क्योंकि वह अपने प्रिय के साथ और अधिक समय नहीं बिता सकता।

(च) कवि ने धूप को प्रेमी और जलधारा को प्रेयसी के रूप में चित्रित किया है। धूप का टुकड़ा अपनी चंचलता में लहरों के साथ खेलता है, जबकि जलधारा प्रेम और मान से उसे स्वीकार करती है। धूप और जलधारा के बीच का यह रिश्ता प्रकृति के सौंदर्य और कोमलता को व्यक्त करता है। साँझ होते ही उनका वियोग होता है, परंतु जलधारा एक नई सुबह के पुनर्मिलन की प्रतीक्षा करती है।

पद्यांश 11

(क) (i) वह उनके साथ खड़ी होती है

(ख) (ii) सीधी बात कहना

(ग) (iv) सत्य एवं न्याय पथ पर अडिग रहने वालों के साथ

(घ) 'आततायियों की शमशीर' से तात्पर्य आतंकवादियों की विचारधारा से है।

(ङ) कवि के अनुसार, अपने विचारों को निर्भय होकर अभिव्यक्त करना चाहिए। अत्याचारों को सिर झुकाकर नहीं सहना चाहिए। यदि हृदय में कोई क्रोधपूर्ण बात है, तो सबके सामने कह देनी चाहिए।

(च) कवि के अनुसार स्वावलंबी लोग अपने कंधों से बढ़कर पर्वत से टक्कर लेते हैं अर्थात् अपनी शक्ति से अधिक कार्य करके दिखाते हैं। वे मार्ग की बाधाओं को गिनते नहीं, उन्हें कोई भी लोहे की जंजीर से बाँधकर नहीं रख सकता। कोई भी शक्ति उन्हें गुलाम नहीं बना सकती।

पद्यांश 12

(क) (ii) संशय रहित होने पर ही आगे बढ़ने की राह निकलेगी।

(ख) (iii) प्रकाश की किरणें जल उठती हैं।

(ग) (ii) 1 और 2

(घ) कवि ने 'अक्षय' उसे कहा है, जो बिना किसी संदेह के निरंतर आगे बढ़ता है।

(ङ) कवि ने 'राह निकलेगी निश्चय' पंक्ति में यह बताया है कि जब व्यक्ति संदेह से मुक्त हो जाता है और आत्मविश्वास से भरा होता है, तो उसे जीवन में आने वाली हर कठिनाई को पार करने का रास्ता मिल जाता है। यह राह निश्चित होती है और वह हमेशा सफलता की ओर बढ़ता है।

(च) 'तुम अकेले नहीं हो' पंक्ति का संदेश यह है कि जब व्यक्ति आत्मविश्वास से भरा होता है, तो वह अकेला नहीं होता। उसे अनगिनत शक्तियाँ और ऊर्जा मिलती हैं, जो उसे कठिनाइयों से उबरने में मदद करती हैं। इसलिए व्यक्ति को कभी भी अकेला महसूस नहीं करना चाहिए, क्योंकि उसके साथ असीमित शक्तियाँ होती हैं।

पद्यांश 13

(क) (ii) दृढ़संकल्पी

(ख) (iv) चिरस्थायी

(ग) (ii) सब के अनुकूल स्वयं ढाल लेती है।

(घ) कुम्हार की थापी से मिट्टी अनेक रूपों में ढलती है, लेकिन वह कभी समाप्त नहीं होती।

(ङ) कविता में कवि ने यह कहा है कि मिट्टी बार-बार गलकर भी टूटने के बावजूद उसका विश्वास कभी समाप्त नहीं होता। यह मिट्टी का चिरस्थायी और अविनश्वर गुण है। वह अनेक बार रूप बदलकर फिर से सृजनात्मकता का प्रतीक बनती है, जो हमें जीवन में आत्मविश्वास और स्थिरता बनाए रखने की प्रेरणा देती है।

(च) कवि ने मिट्टी की महिमा को स्थायित्व और परिवर्तनशीलता के रूप में प्रस्तुत किया है। वह यह बताते हैं कि मिट्टी नष्ट होने के बाद भी चिरस्थायी रहती है और हर बार एक नई ताकत और रूप में पुनर्निर्मित होती है। इस तरह, कवि ने मिट्टी के अविनश्वर विश्वास और रचनात्मकता को प्रमुखता से दिखाया है।

पद्यांश 14

(क) (ii) अपने लक्ष्य को पाकर रहेगा।

(ख) (ii) प्रतीकात्मक

(ग) (i) कथन (A) तथा कारण (R) दोनों सही हैं तथा कारण (R),कथन (A) की सही व्याख्या करता है।

(घ) कविता का मुख्य संदेश उद्देश्य प्राप्ति के लिए दृढ़ संकल्पित रहना है।

(ङ) कविता में सूरज का डूबना हार, असफलता या जीवन की कठिनाइयों का प्रतीक है। कवि यह संकल्प लेते हैं कि वह सूरज को नहीं डूबने देंगे अर्थात् वह अपने जीवन में किसी भी परिस्थिति से हार नहीं मानेंगे और अपने लक्ष्य को प्राप्त करने के लिए निरंतर संघर्ष करते रहेंगे।

(च) 'घबराओ मत, मैं क्षितिज पर जा रहा हूँ।' पंक्ति का भाव है कि कवि अपने लक्ष्य को प्राप्त करने के लिए पूरी तरह से सचेत और सावधान है। यहाँ कवि ने यह संदेश दिया है कि वह किसी भी प्रकार की कठिनाई या विघ्न से घबराने वाला नहीं है। वह अपने उद्देश्य की ओर बढ़ते हुए प्रत्येक चुनौती का सामना करने के लिए तैयार है।

पद्यांश 15

(क) (i) संध्या समय पर

(ख) (iii) मानवीकरण

(ग) (i) कथन (A) तथा कारण (R) दोनों सही हैं तथा कारण (R) कथन (A) की सही व्याख्या करता है।

(घ) कवि ने आलस्य की लताओं से संध्या की तुलना की है।

(ङ) 'संध्या' आकाश मार्ग से चुपचाप, शांति और कोमलता के साथ पृथ्वी पर उतर रही है। उसके आने में कोई शोर-शराबा या चंचलता नहीं है, बल्कि उसका आगमन नीरवता और गंभीरता से भरा हुआ है। वह अपने साथ अलसता और शीतलता का अहसास लेकर आती है, मानो नीरवता को अपनी सखी बनाकर धीरे-धीरे अंबर पथ से चलती हुई पृथ्वी को अपने आगोश में ले रही हो।

(च) यदि संध्या सुंदरी को स्वतंत्रता आंदोलन के परिप्रेक्ष्य में देखा जाए, तो उसे भारतमाता के रूप में समझा जा सकता है। संध्या की कोमलता, शांति और गहराई स्वतंत्रता संग्राम के दौरान भारत की आंतरिक शक्ति, सहनशीलता और त्याग को प्रकट करती है। जैसे संध्या आकाश से धीरे-धीरे पृथ्वी पर उतरती है, वैसे ही भारतमाता भी अपने आंदोलनकारी वीरों और साहसी क्रांतिकारियों के माध्यम से स्वतंत्रता की ओर कदम बढ़ाती है।

स्व-मूल्यांकन

निम्नलिखित पद्यांशों को ध्यानपूर्वक पढ़कर पूछे गए बहुविकल्पीय, अतिलघु व लघु उत्तरीय प्रश्नों के उत्तर दीजिए।

पद्यांश 1

जीवन की आपाधापी में कब वक़्त मिला
कुछ देर कहीं पर बैठ कभी यह सोच सकूँ
जो किया, कहा, माना उसमें क्या बुरा भला।
जिस दिन मेरी चेतना जगी मैंने देखा
मैं खड़ा हुआ हूँ इस दुनिया के मेले में,
हर एक यहाँ पर एक भुलाने में भूला
हर एक लगा है अपनी अपनी दे-ले में
कुछ देर रहा हक्का-बक्का, भौचक्का-सा,
आ गया कहाँ, क्या करूँ यहाँ, जाऊँ किस जगह?
फिर एक तरफ़ से आया ही तो धक्का सा
मैंने भी बहना शुरू किया उस रेले में,
क्या बाहर की ठेला-पेली ही कुछ कम थी,
जो भीतर भी भावों का ऊहापोह मचा,
जो किया, उसी को करने की मजबूरी थी,
जो कहा, वही मन के अंदर से उबल चला,
जीवन की आपाधापी में कब वक़्त मिला
कुछ देर कहीं पर बैठ कभी यह सोच सकूँ
जो किया, कहा, माना उसमें क्या बुरा भला।

बहुविकल्पीय प्रश्न

(क) कवि को दुनिया का रूप किसके समान लगा?
(i) स्वर्ग के समान (ii) नरक के समान
(iii) मेले के समान (iv) बाज़ार के समान

(ख) 'जो किया, उसी को करने की मजबूरी थी' पंक्ति से क्या भाव प्रकट हो रहा है?
(i) कवि प्रसन्न होकर क्रिया-कलाप कर रहा है
(ii) कवि की अपनी मजबूरी स्पष्ट हो रही है
(iii) कवि सहज भाव से परिस्थितियों को स्वीकार नहीं करता
(iv) कवि अकारण ही चिंतित हो जाता है

(ग) कवि क्या देखकर अचंभित हो गया?
(i) मानवीय गतिविधियों को (ii) आर्थिक लेन-देन को
(iii) भीड़ को (iv) ये सभी

अतिलघूत्तरात्मक प्रश्न

(घ) कवि के हृदय में किस प्रकार का द्वंद्व चल रहा था?

लघूत्तरात्मक प्रश्न

(ङ) चेतना जागने पर कवि की क्या स्थिति हुई?

(च) पद्यांश के अनुसार कवि को किसके लिए समय नहीं मिला?

पद्यांश 2

यह हार एक विराम है, जीवन महासंग्राम है,
तिल-तिल मिटूँगा पर दया की भीख मैं लूँगा नहीं।
वरदान मागूँगा नहीं।
क्या हार में क्या जीत में, किंचित नहीं भयभीत मैं,
संघर्ष पथ पर जो मिले वह भी सही, यह भी सही।
वरदान मागूँगा नहीं।
लघुता न मेरी अब छुओ,
तुम हो महान्, बने रहो,
अपने हृदय की वेदना मैं व्यर्थ त्यागूँगा नहीं।
वरदान मागूँगा नहीं।
चाहे हृदय को ताप दो,
चाहे मुझे अभिशाप दो,
कुछ भी करो कर्त्तव्य-पथ से किंतु भागूँगा नहीं।
वरदान मागूँगा नहीं।

बहुविकल्पीय प्रश्न

(क) पद्यांश में कवि ने हार किसे माना है?
(i) त्याग को (ii) विराम को
(iii) वरदान को (iv) अभिशाप को

(ख) प्रस्तुत पद्यांश में कवि ने क्या न त्यागने की बात की है?
(i) कर्त्तव्य मार्ग (ii) हृदयगत वेदना
(iii) वरदान (iv) संघर्ष पथ

(ग) 'वरदान मागूँगा नहीं' पंक्ति के माध्यम से कवि के व्यक्तित्व की किस विशेषता का पता चलता है?
(i) अहंकारी (ii) कायर
(iii) दयावान (iv) आत्मविश्वासी व स्वाभिमानी

अतिलघूत्तरात्मक प्रश्न

(घ) तिल-तिल मिटते हुए भी कवि क्या स्वीकार न करने की बात कह रहा है।

लघूत्तरात्मक प्रश्न

(ङ) कवि ने हार और जीत के माध्यम से क्या बताने का प्रयास किया है?

(च) कर्त्तव्य की राह पर चलते हुए कवि क्या संकल्प धारण करता है?

पद्यांश 3

है शौक यही अरमान यही,
हम कुछ करके दिखलाएँगे।
मरने वाली दुनिया में हम,
अमरों में नाम लिखाएँगे।
जो लोग गरीब भिखारी हैं,
जिन पर न किसी की छाया है।
हम उनको गले लगाएँगे।
हम उनको सुखी बनाएँगे।
जो लोग अँधेरे घर में हैं,
अपनी ही नहीं नज़र में हैं।
हम उनके कोने-कोने में,
उद्यम का दीप जलाएँगे।
जो लोग हारकर बैठे हैं,
उम्मीद मार कर बैठे हैं।
हम उनके बुझे दिमागों में
फिर से उत्साह जगाएँगे।
रोको मत आगे बढ़ने दो
आज़ादी के दीवाने हैं।
हम मातृभूमि की सेवा में,
अपना सर्वस्व लगाएँगे।
हम उन वीरों के बच्चे हैं,
जो धुन के पक्के सच्चे थे।
हम उनका मान बढ़ाएँगे,
हम जग में नाम कमाएँगे।।

बहुविकल्पीय प्रश्न

(क) कवि किन लोगों के लिए उद्यम का दीप जलाना चाहता है?
(i) जो अज्ञानतावश स्वयं को ही भुला बैठे हैं
(ii) जिन लोगों के घर में प्रकाश की व्यवस्था नहीं है
(iii) जो लोग अंधकारवश स्वयं को नहीं देख पा रहे हैं
(iv) जो आजादी के दीवाने हैं

(ख) कवि किन लोगों में पुन: उत्साह जगाना चाहता है?
1. जो लोग हार मानकर बैठ गए हैं
2. जो लोग जीवन में सम्पन्न हैं
3. जो लोग अपना उत्साह और आशा खो चुके हैं
4. जो लोग गरीब हैं

कूट
(i) केवल 1 (ii) केवल 2
(iii) 1 और 3 (iv) 1 और 2

(ग) पद्यांश में 'हम' शब्द किस अर्थ में प्रयुक्त हुआ है?
(i) देशवासियों के लिए
(ii) कवि वर्ग के लिए
(iii) बच्चों के लिए
(iv) समाज सेवकों के लिए

अतिलघूत्तरात्मक प्रश्न

(घ) कवि मातृभूमि की सेवा किस प्रकार करना चाहता है?

लघूत्तरात्मक प्रश्न

(ङ) कवि की अभिलाषा क्या है?

(च) प्रस्तुत पद्यांश में किन लोगों को सुखी करने का संकल्प लिया गया है?

पद्यांश 4

तुम्हारी यह दंतुरित मुसकान
मृतक में भी डाल देगी जान
धूलि-धूसर तुम्हारे ये गात
छोड़कर तालाब मेरी झोंपड़ी में खिल रहे जलजात
परस पाकर तुम्हारा ही प्राण,
पिघलकर जल बन गया होगा कठिन पाषाण
छू गया तुमसे कि झरने लग पड़े शेफालिका के फूल
बाँस था कि बबूल?
तुम मुझे पाए नहीं पहचान?
देखते ही रहोगे अनिमेष !
थक गए हो?
आँख लूँ मैं फेर?
क्या हुआ यदि हो सके परिचित न पहली बार?
यदि तुम्हारी माँ न माध्यम बनी होती आज
मैं न सकता देख
मैं न पाता जान
तुम्हारी यह दंतुरित मुसकान।

बहुविकल्पीय प्रश्न

(क) दंतुरित मुस्कान की क्या विशेषता होती है?
(i) निश्छलता और मासूमियत
(ii) मस्ती का भाव
(iii) किसी के लिए कोई दुर्भावना नहीं
(iv) उपरोक्त सभी

(ख) शिशु कवि को कैसे देख रहा था?
(i) पलकों को लगातार झपकाकर
(ii) संकोचयुक्त नेत्रों से
(iii) थके हुए नेत्रों से
(iv) बिना पलक झपकाए

(ग) कवि के अनुसार, कठोर पत्थर जल में किस प्रकार परिवर्तित हो गया होगा?
(i) शिशु के आगमन से (ii) शिशु के हँसने से
(iii) शिशु के स्पर्श से (iv) शिशु की दंतुरित मुसकान से

अतिलघूत्तरात्मक प्रश्न

(घ) यदि शिशु कवि को देखकर नहीं मुस्कुराता तो कवि को क्या प्राप्त नहीं होता?

लघूत्तरात्मक प्रश्न

(ङ) कवि के अनुसार मृतक में जान डाल देने की शक्ति किसमें है?

(च) शिशु के धूल से सने तन को देखकर कवि को कैसा लगता है?

पद्यांश 5

कोयल सुना रही है तराने वसंत को,
भँवरे भी आ गए हैं रिझाने वसंत को।
बुलबुल चमन में देखकर तुरंत आ गया,
वसंत आ गया अहा ! वसंत आ गया।।
सोलह सिंगार करके खड़ी है वधू-धरा,
लेकर सुरंग हार खड़ी है वसुंधरा।
सौंदर्य गर्विता वधू का कंत आ गया।
ज्यों भूमिजा के पास उनके राम आ गए,
वृषभानुजा के पास ज्यों कि श्याम आ गए
शकुंतला के पास ज्यों दुष्यंत आ गया,
वसंत आ गया अहा ! वसंत आ गया।।
सर-सर हवा पुकारती वसंत आ गया,
तितली उतारें आरती वसंत आ गया।
सरसों के सर सिहर उठे वसंत आ गया,
चिड़ियों के घर सँवर उठे वसंत आ गया।
नदियों ने छलछला कहा, वसंत आ गया।
झरनों नें गीत गा कहा, वसंत आ गया।
गुलशन में देख-देख गुल अनंत आ गया,
वसंत आ गया अहा ! वसंत आ गया।

बहुविकल्पीय प्रश्न

(क) प्रस्तुत पद्यांश का केंद्रीय भाव क्या है?
(i) बसंत का चित्रण
(ii) प्रकृति का चित्रण
(iii) बसंत के आने पर प्रकृति का मोहक चित्रण
(iv) इतिहास का चित्रण

(ख) बसंत के आगमन पर उल्लासित हो रहा है
1. पशु-पक्षी 2. मानव
3. वनस्पति 4. नदियाँ
कूट
(i) 1, 2 और 3 (ii) 2 और 3
(iii) 4 और 1 (iv) ये सभी

(ग) **कथन** (A) गुलशन में देख-देख गुलअनन्त आ गया।
कारण (R) अनगिनत फूल बसन्त को देखने के साथ-साथ एक-दूसरे को देख-देखकर भी खिल उठे हैं।
(i) कथन (A) तथा कारण (R) दोनों सही हैं तथा कारण (R), कथन (A) की सही व्याख्या करता है।
(ii) कथन (A) तथा कारण (R) दोनों सही हैं, किंतु कारण (R), कथन (A) की सही व्याख्या नहीं करता है।
(iii) कथन (A) सही है, किंतु कारण (R) गलत है।
(iv) कथन (A) गलत है, किंतु कारण (R) सही है।

अतिलघूत्तरात्मक प्रश्न

(घ) बसंत को रिझाने के लिए कौन आ गया है?

लघूत्तरात्मक प्रश्न

(ङ) बसंत के आने पर दुल्हन रूपी धरती कैसे खड़ी है?
(च) बसंत आने पर भँवरे और कोयल क्या करते हैं?

पद्यांश 6

पूर्व चलने के, बटोही, बाट की पहचान कर ले।
पुस्तकों में है नहीं छापी गई इसकी कहानी,
हाल इसका ज्ञात होता है न औरों की ज़बानी,
अनगिनत राही गए इस राह से, उनका पता क्या,
पर गए कुछ लोग इस पर, छोड़ पैरों की निशानी,
यह निशानी मूक होकर भी बहुत कुछ बोलती है,
खोल इसका अर्थ, पंथी, पंथ का अनुमान कर ले;
पूर्व चलने के, बटोही, बाट की पहचान कर ले।
यह बुरा है या कि अच्छा, व्यर्थ दिन इस पर बिताना,
जब असंभव छोड़ यह पथ दूसरे पर पग बढ़ाना,
तू इसे अच्छा समझ, यात्रा सरल इससे बनेगी,
सोच मत केवल तुझे ही यह पड़ा मन में बिठाना,
हर सफल पंथी यही विश्वास ले इस पर बढ़ा है,
तू इसी पर आज अपने चित्त का अवधान कर ले;
पूर्व चलने के, बटोही, बाट की पहचान कर ले।
देखते सब हैं इन्हें अपनी उमर, अपने समय में,
और तू कर यत्न भी तो मिल नहीं सकती सफलता,
ये उदय होते हुए, लिए कुछ ध्येय नयनों के निलय,
किंतु जग के पथ पर यदि स्वप्न दो तो सत्य दो सौ,
स्वप्न पर ही मुग्ध मत हो, सत्य का भी ज्ञान कर ले;
पूर्व चलने के, बटोही, बाट की पहचान कर ले।

बहुविकल्पीय प्रश्न

(क) प्रस्तुत पद्यांश में कवि ने किससे आग्रह किया है?
(i) समाज के पूँजीपति वर्ग से
(ii) जीवन पथ पर आगे बढ़ने वाले लोगों से
(iii) जीवन से दुःखी होकर एकांतवास करने वाले लोगों से
(iv) समाज के निम्न वर्ग के लोगों से

(ख) प्रस्तुत पद्यांश में कवि ने स्वप्न के विषय में क्या कहा है?
(i) स्वप्न पर मुग्ध न होकर सत्य को जानना चाहिए
(ii) स्वप्न ही व्यक्ति को आगे बढ़ाना सिखाते हैं
(iii) स्वप्न सुंदर तथा सजीली होते हैं
(iv) स्वप्न सत्य कर्म की ओर प्रवृत्त करते हैं

(ग) **कथन** (A) यह निशानी मूक होकर भी बहुत कुछ बोलती है।
कारण (R) कर्महीनता की निशानी मूक होने पर भी सब कुछ बता देती है।
(i) कथन (A) तथा कारण (R) दोनों सही हैं तथा कारण (R), कथन (A) की सही व्याख्या करता है।
(ii) कथन (A) तथा कारण (R) दोनों सही हैं, किंतु कारण (R), कथन (A) की सही व्याख्या नहीं करता है।
(iii) कथन (A) सही है, किंतु कारण (R) गलत है।
(iv) कथन (A) गलत है, किंतु कारण (R) सही है।

अतिलघूत्तरात्मक प्रश्न

(घ) कवि ने पुस्तकों में क्या नहीं छपे होने की बात की है?

लघूत्तरात्मक प्रश्न

(ङ) पथ की पहचान शीर्षक कविता में किसे और क्या पहचानने की बात कही गई है?

(च) पूर्व चलने के बटोही बाट की पहचान कर ले इसका अर्थ क्या है?

पद्यांश 7

तुम मांसहीन, तुम रक्तहीन
हे अस्थिशेष! तुम अस्थिहीन,
तुम शुद्ध-बुद्ध आत्मा केवल
हे चिर पुराण! हे चिर नवीन!
तुम पूर्ण इकाई जीवन की,
जिसमें असार भव-शून्य लीन,
आधार अमर, होगी जिस पर
भावी की संस्कृति समासीन।
तुम मांस, तुम्हीं हो रक्त अस्थि—
निर्मित जिनसे नवयुग का तन,
तुम धन्य! तुम्हारा निःस्वार्थ-त्याग
है विश्व भोग का वर साधन,
इस भस्म काम तन की रज से
जग पूर्ण-काम नव जग-जीवन
बीनेगा सत्य-अहिंसा के
ताने-बानों से मानवपन!

बहुविकल्पीय प्रश्न

(क) मानवपन से कवि का क्या तात्पर्य है?
(i) मानव होने का दिखावा करना
(ii) मानव का उदात्त रूप जिसमें एक-दूसरे को सम्मान दिया जाता है
(iii) मानव की तरह व्यवहार न करना
(iv) मानव के लिए बनावटीपन को समाप्त कना

(ख) 'भावी की संस्कृति समासीन' का क्या आशय है?
(i) भविष्य में राष्ट्र की प्रगति की आधारशिला से
(ii) भविष्य में संस्कृति के मतभेद न होने से
(iii) भविष्य और संस्कृति को लेकर संशय से
(iv) भविष्य में राष्ट्र और संस्कृति की अभिन्नता से

(ग) कवि ने भविष्य की मानव-संस्कृति से किसके आदर्शों पर खड़े होने की कामना की है?
(i) पुरातन आदर्शों पर
(ii) हिंसावादी आदर्शों पर
(iii) गाँधीजी के आदर्शों पर
(iv) राजा राममोहन राय के आदर्शों पर

अतिलघूत्तरात्मक प्रश्न

(घ) कौन हड्डियों का ढाँचा मात्र प्रतीत होते हैं?

लघूत्तरात्मक प्रश्न

(ङ) गाँधीजी को कवि ने चिर पुराण तथा चिर नवीन क्यों कहा है?

(च) सत्य और अहिंसा ने किस प्रकार जग जीवन का सृजन किया?

पद्यांश 8

प्राइवेट बस का ड्राइवर है तो क्या हुआ,
सात साल की बच्ची का पिता भी तो है।
सामने गियर के ऊपर
हुक से लटका रखी हैं
काँच की चार गुलाबी चूड़ियाँ
बस की रफ़्तार के मुताबिक
हिलती रहती हैं।
झुक कर मैंने पूछ लिया
खा गया मानो झटका
अधेड़ उम्र का मुच्छड़ रोबीला चेहरा
आहिस्ते से बोला हाँ साहब
लाख कहता हूँ नहीं मानती है मुनिया।
टाँगे हुए है कई दिनों से
अपनी अमानत
यहाँ अब्बा की नज़रों के सामने
मैं भी सोचता हूँ
क्या बिगाड़ती हैं चूड़ियाँ
किस जुर्म पे हटा दूँ इनको यहाँ से

बहुविकल्पीय प्रश्न

(क) प्रस्तुत पद्यांश में कवि ने किसकी चर्चा की है?
(i) बस ड्राइवर की (ii) एक पिता की
(iii) (i) और (ii) दोनों (iv) समाज के स्वरूप की

(ख) 'बच्ची का पिता भी तो है'—पंक्तियों में निहित भाव क्या है?
(i) बच्ची के प्रति असंवेदनशील भावना
(ii) बच्ची के विवाह के उत्तरदायित्व की भावना
(iii) बच्ची के प्रति आत्मीयता और स्नेह की भावना
(iv) बच्ची के प्रति जिम्मेदारी की भावना

(ग) कवि के पूछने पर ड्राइवर इसलिए झटका खा गया, क्योंकि
(i) उसे अचानक अपनी बेटी की याद आ गई
(ii) वह पूर्ण तत्परता के साथ गाड़ी चला रहा था
(iii) उसे कवि द्वारा किसी प्रश्न के पूछे जाने की उम्मीद न थी
(iv) वह किसी महत्त्वपूर्ण विषय में सोच रहा था

अतिलघूत्तरात्मक प्रश्न

(घ) कवि ने ड्राइवर से क्या प्रश्न किया था?

लघूत्तरात्मक प्रश्न

(ङ) बस में लटकी चूड़ियाँ किसके प्रेम की सूचक हैं?

(च) बस ड्राइवर के चेहरे और उसकी आवाज में निहित विरोधाभास स्पष्ट कीजिए।

01

अध्याय

खंड ख : अभिव्यक्ति और माध्यम

विभिन्न माध्यमों के लिए लेखन

विभिन्न जनसंचार माध्यमों के लिए लेखन के भिन्न-भिन्न तरीके हैं। आज लेखन का विभिन्न क्षेत्रों में प्रयोग किया जा रहा है, जिनकी लेखन शैलियों में विभिन्नताएँ हैं; जैसे-पत्र-पत्रिका, सिनेमा, रेडियो, संचार, साहित्य आदि के लिए।

▼ **अभ्यास के लिए**

- पाठ्यपुस्तक के प्रश्नोत्तर
- बहुविकल्पीय प्रश्न
- अतिलघु उत्तरीय प्रश्न
- लघु उत्तरीय प्रश्न

प्रमुख जनसंचार माध्यम

जनमानस द्वारा प्रयोग में लाए जाने वाले जनसंचार के विभिन्न माध्यम हैं; जैसे—मुद्रित (प्रिंट), रेडियो, टेलीविजन एवं इंटरनेट। मुद्रित अर्थात् समाचार पत्र-पत्रिकाएँ पढ़ने के लिए, रेडियो सुनने के लिए, टेलीविजन देखने और सुनने के लिए महत्त्वपूर्ण है तथा इंटरनेट से पढ़ने, सुनने और देखने तीनों की आवश्यकताओं की पूर्ति होती है।

जनसंचार के मुद्रित माध्यमों की खूबियाँ (विशेषताएँ)

मुद्रित माध्यमों की निम्नलिखित खूबियाँ (विशेषताएँ) हैं

- मुद्रित माध्यम में लिखे हुए शब्दों में स्थायित्व गुण होता है।
- मुद्रित शब्दों को हम एक बार नहीं, बल्कि अनेक बार पढ़ सकते हैं।
- अपनी रुचि और समझ के अनुसार मुद्रित रूप की सामग्री से परिचित हो सकते हैं।
- मुद्रित विषयों का समयानुरूप का अध्ययन, चिंतन-मनन व विश्लेषण किया जा सकता है।
- जटिल शब्दों के लिए शब्दकोश का भी प्रयोग कर सकते हैं।
- इसके अतिरिक्त विषय, खबर आदि को अपनी रुचि के अनुसार पहले या बाद में पढ़ा जा सकता है।
- किसी भी मुद्रित सामग्री को लंबे समय तक सुरक्षित रखा जा सकता है।
- मुद्रित माध्यम लिखित भाषा का विस्तार है।

जनसंचार के मुद्रित माध्यमों की खामियाँ (कमियाँ)

जनसंचार के मुद्रित माध्यमों में कुछ खामियाँ (कमियाँ) भी हैं, जो निम्नलिखित हैं

- निरक्षरों अथवा अशिक्षित लोगों के लिए यह माध्यम अनुपयोगी है।
- मुद्रित माध्यम में पाठकों के भाषा-ज्ञान के साथ उनके शैक्षिक ज्ञान और योग्यता का भी ध्यान रखना पड़ता है।
- मुद्रित माध्यम में रेडियो व टेलीविजन की तरह तुरंत घटनाओं को संचालित नहीं किया जा सकता, अपितु ये एक निश्चित अवधि में ही प्रकाशित होते हैं।
- समाचार-पत्र 24 घंटे में एक बार, साप्ताहिक पत्रिका सप्ताह में एक बार प्रकाशित होते हैं। अखबार या पत्रिका में समाचार या रिपोर्ट को प्रकाशित करने के लिए एक निश्चित समय सीमा होती है, जो डेडलाइन कहलाती है।
- मुद्रित माध्यम में जगह (स्पेस) का पूरा ध्यान रखा जाता है। विषय व मुद्दे महत्त्व तथा जगह की उपलब्धता के अनुसार प्रकाशित किए जाते हैं।
- मुद्रित माध्यम में गलती व अशुद्धि का विशेष ध्यान रखा जाता है, क्योंकि उसे सुधारने के लिए पत्र-पत्रिका के अगले अंक का इंतजार करना पड़ता है।

मुद्रित (प्रिंट) माध्यम

जनसंचार के आधुनिक माध्यमों में मुद्रित (प्रिंट) माध्यम सबसे प्राचीन माध्यम है, जिसके अंतर्गत समाचार पत्र-पत्रिकाएँ, पुस्तकें आदि आती हैं। मुद्रण का प्रारंभ चीन में हुआ, तत्पश्चात् जर्मनी के गुटेनबर्ग ने छापाखाना की खोज की। भारत में 1556 ई. में गोवा में पहला छापाखाना खुला। इसका प्रयोग मिशनरियों ने धर्म प्रचार की पुस्तकें छापने के लिए किया था। आज मुद्रण कंप्यूटर की सहायता से होता है।

मुद्रित माध्यमों में लेखन के लिए ध्यान रखने योग्य बातें

मुद्रित माध्यमों में लेखन के लिए निम्नलिखित बातों का ध्यान रखना पड़ता है

- लेखन में भाषा, व्याकरण, शैली, वर्तनी का ध्यान तथा प्रचलित भाषा का प्रयोग करना चाहिए।
- समय-सीमा और आवंटित स्थान के अनुशासन का पालन अवश्य करना चाहिए।
- लेखन व प्रकाशन के बीच गलतियों और अशुद्धियों का शोधन करना अनिवार्य होता है।
- लेखन में सहज प्रवाह के लिए तारतम्यता बनाए रखनी चाहिए।

रेडियो

रेडियो जनसंचार का श्रव्य माध्यम है, जिसमें ध्वनि, शब्द और स्वर ही प्रमुख हैं। रेडियो मुख्य रूप से एक रेखीय (लीनियर) माध्यम है। रेडियो के श्रोता को अपनी सुविधानुसार व इच्छानुसार सुनने की सुविधा नहीं होती है। श्रोताओं को रेडियो पर प्रसारित किए जा रहे बुलेटिन के प्रसारण के समय की प्रतीक्षा करनी पड़ती है और शुरू से अंत तक उसे सुनना पड़ता है। रेडियो समाचार में गूढ़ शब्द आने पर उसका अर्थ शब्दकोश से ढूँढने की सुविधा नहीं होती है।

रेडियो समाचार की संरचना

रेडियो समाचार की संरचना समाचार-पत्रों तथा टीवी की तरह उल्टा पिरामिड शैली पर आधारित होती है, जिसमें अखबार की तरह पीछे लौटकर सुनने की सुविधा नहीं होती। लगभग 90% समाचार या स्टोरीज इस शैली में लिखी जाती हैं।

उल्टा पिरामिड शैली में समाचार-पत्र के सबसे महत्त्वपूर्ण तथ्य को सबसे पहले लिखा जाता है। उसके बाद घटते हुए महत्त्व क्रम में दूसरे तथ्यों या सूचनाओं को बताया जाता है अर्थात् कहानी की तरह क्लाइमैक्स अंत में नहीं वरन् खबर के प्रारंभ में आ जाता है। इस शैली के अंतर्गत समाचारों को तीन भागों में विभाजित किया जाता है

1. **इंट्रो** यह समाचार का मुख्य भाग होता है।
2. **बॉडी** घटते हुए क्रम में खबर को विस्तार से लिखा जाता है। ब्यौरा प्रस्तुत किया जाता है।
3. **समापन** अधिक महत्त्वपूर्ण न होने पर अथवा स्पेस न होने पर इसे काटकर छोटा भी किया जा सकता है।

रेडियो समाचार लेखन की बुनियादी बातें

समाचार लेखन की बुनियादी बातें निम्नलिखित हैं

- साफ-सुथरी टाइप की हुई कॉपी, ट्रिपल स्पेस में टाइप करते हुए दोनों ओर हाशिए छोड़ें।
- एक पंक्ति में 12-13 शब्दों से अधिक न हों।
- पंक्ति के अंत में विभाजित शब्द का प्रयोग न करें।
- समाचार कॉपी में जटिल एवं संक्षिप्त आकार का प्रयोग न करें।
- लंबे अंकों तथा दिनांक को शब्दों में लिखें।
- निम्नलिखित, क्रमांक, अधोहस्ताक्षरी, किंतु, लेकिन, उपर्युक्त, पूर्वक जैसे शब्दों का प्रयोग नहीं करना चाहिए।
- वर्तनी पर विशेष ध्यान दें।
- आम बोलचाल की भाषा का प्रयोग करें।

टेलीविजन

टेलीविजन जनसंचार का दृश्य-श्रव्य माध्यम है। यह रेडियो की तरह एक रेखीय माध्यम है। टेलीविजन में शब्दों व ध्वनियों की अपेक्षा दृश्यों का अधिक महत्त्व होता है। इसमें दृश्य शब्दों के अनुरूप उनके सहयोगी के रूप में चलते हैं। इसमें कम-से-कम शब्दों में अधिक-से- अधिक खबर बताने की शैली का प्रयोग किया जाता है। अत: टेलीविजन में समाचार लेखन की प्रमुख शर्त दृश्य के साथ लेखन है। टेलीविजन पर खबर दो तरह से पेश की जाती है। इसके शुरुआती हिस्से में मुख्य खबर होती है, जिसे बिना दृश्य के न्यूज रीडर या एंकर पढ़ता है। दूसरा हिस्सा वह होता है, जहाँ परदे पर एंकर के स्थान पर खबर से संबंधित दृश्य दिखाए जाते हैं। इसलिए टेलीविजन पर खबरें दो हिस्सों में विभाजित होती हैं।

टी.वी. (टेलीविजन) खबरों के प्रमुख चरण

प्रिंट अथवा रेडियो की तरह टेलीविजन चैनल का समाचार देने का मूल आधार सूचना देना है। टेलीविजन में यह सूचनाएँ इन चरणों से होकर गुजरती हैं

1. फ्लैश बैक (ब्रेकिंग न्यूज)
2. ड्राई एंकर
3. फोन-इन
4. एंकर विजुअल
5. एंकर बाइट
6. लाइव
7. एंकर पैकेज

टी.वी. के लिए खबर लिखते समय ध्यान देने योग्य बातें

टी.वी. के लिए खबर लिखते समय निम्नलिखित बातों का ध्यान रखना पड़ता है

- टी.वी. के लिए खबर लिखते समय विजुअल और वॉयस ओनर दोनों तरह की आवाजों का ध्यान रखा जाता है।
- अधिकतर टी.वी. की खबर बाइट्स के आस-पास ही बुनी जाती है, इसलिए यह कार्य सावधानीपूर्वक किया जाना चाहिए।
- किसी खबर का वॉयस ओवर लिखते समय उसमें शॉट्स के मुताबिक ध्वनियों के लिए गुंजाइश छोड़ देनी चाहिए।
- ध्वनियों के साथ-साथ दृश्यों के अंतराल का भी खबरों में ध्यान रखा जाना चाहिए।
- खबरों को लिखते समय भाषा का भी विशेष ध्यान रखा जाना चाहिए।
- छोटे-छोटे वाक्यों व सुगठित संपादन का प्रयोग करना चाहिए

रेडियो और टेलीविजन समाचार की भाषा-शैली

- भाषा के स्तर व गरिमा को बनाए रखते हुए सरल भाषा का प्रयोग करना चाहिए।
- सभी वर्ग तथा स्तर के लोग समझ सकें, इसका ध्यान रखना चाहिए।
- वाक्य छोटे तथा सरल हों एवं वाक्यों में तारतम्यता हो।
- जटिल शब्दों, सामाजिक शब्दों तथा मुहावरों के अनावश्यक प्रयोग से बचना चाहिए।
- जटिल और उच्चारण में कठिन शब्द, संक्षिप्त अंक आदि नहीं लिखने चाहिए, जिन्हें पढ़ने में कठिनाई हो।

इंटरनेट माध्यम

आज की नई पीढ़ी समाचार को इंटरनेट पर देखना व पढ़ना पसंद करती है। इसे इंटरनेट पत्रकारिता, ऑनलाइन पत्रकारिता, साइबर या वेब पत्रकारिता कुछ भी कहा जा सकता है। इसके द्वारा जहाँ हम सूचना, मनोरंजन, ज्ञान तथा निजी व सार्वजनिक संवादों का आदान-प्रदान कर सकते हैं, वहीं यह अश्लीलता, दुष्प्रचार व गंदगी फैलाने का माध्यम भी बना हुआ है। इंटरनेट का प्रयोग समाचारों के संप्रेषण, संकलन तथा सत्यापन एवं पुष्टिकरण में भी किया जा रहा है। टेलीप्रिंटर के समय में जहाँ 1 मिनट में केवल 80 शब्द एक स्थान से दूसरे स्थान पर भेजे जा सकते थे, वहीं आज एक सेकंड में लगभग 70,000 शब्द भेजे जा सकते हैं।

इंटरनेट पत्रकारिता व उसका इतिहास

इंटरनेट पर समाचार-पत्र का प्रकाशन या खबर का आदान-प्रदान ही वास्तव में, इंटरनेट पत्रकारिता है। इंटरनेट पर यदि हम किसी भी रूप में समाचारों, लेखों, चर्चा-परिचर्चा, बहसों, फीचर, झलकियों के माध्यम से अपने समय की धड़कनों को अनुभव कर दर्ज करने का कार्य करते हैं, तो वही इंटरनेट पत्रकारिता है।

इसी पत्रकारिता को वेब पत्रकारिता भी कहा जाता है। वर्तमान समय में विश्व स्तर पर इंटरनेट पत्रकारिता का तीसरा दौर चल रहा है, जबकि भारत में दूसरा दौर माना जाता है।

पहला दौर वर्ष 1982 से 1992 तक तथा दूसरा दौर वर्ष 1993 से 2001 तक था। वर्तमान में इंटरनेट पत्रकारिता का तीसरा दौर माना जाता है, जो वर्ष 2002 में प्रारंभ हुआ था।

वास्तव में, इंटरनेट पत्रकारिता की शुरुआत वर्ष 1983 से 2002 के बीच हुई। नई वेब भाषा एच. टी. एम.एल. इंटरनेट ईमेल, इंटरनेट एक्सप्लोरर और नेटस्केप ब्राउजर आए। न्यूयॉर्क टाइम्स, वाशिंगटन पोस्ट, सीएनएन, बीबीसी सहित तमाम बड़े घरानों ने इंटरनेट संस्करण निकाले। न्यू मीडिया के नाम पर डॉटकॉम कंपनियों का विस्तार हुआ।

भारत में इंटरनेट पत्रकारिता

भारत के लिए इंटरनेट पत्रकारिता का प्रथम दौर वर्ष 1993 से प्रारंभ माना जाता है और दूसरा दौर वर्ष 2003 से माना जाता है।

भारत में यथार्थ रूप से 'रीडिफ डॉटकॉम', 'इंडिया इंफोलाइन' तथा 'सिफी' जैसी कुछ साइटें वेब पत्रकारिता का कार्य कर रही हैं। 'रीडिफ' को भारत की पहली साइट कहा जा सकता है, जो गंभीरता के साथ इंटरनेट पत्रकारिता कर रही है। वेबसाइट पर विशुद्ध पत्रकारिता करने का श्रेय 'तहलका डॉटकॉम' को जाता है।

हिंदी नेट संसार

हिंदी में नेट पत्रकारिता वेब दुनिया के साथ प्रारंभ हुई। इंदौर में नई दुनिया समूह से प्रारंभ हुआ यह पोर्टल हिंदी का संपूर्ण पोर्टल है। जागरण, अमर उजाला, नई दुनिया, हिंदुस्तान, भास्कर, राजस्थान पत्रिका, नवभारत टाइम्स, प्रभात खबर एवं राष्ट्रीय सहारा के वेब संस्करण प्रारंभ हुए। 'प्रभासाक्षी' नाम से प्रारंभ हुआ अखबार प्रिंट रूप में न होकर केवल इंटरनेट पर उपलब्ध है।

आज पत्रकारिता के अनुसार श्रेष्ठ साइट बीबीसी है। हिंदी वेब जगत में आज अनेक साहित्यिक पत्रिकाएँ चल रही हैं। कुल मिलाकर हिंदी की वेब पत्रकारिता अभी अपने शैशवकाल में ही है। सबसे बड़ी समस्या हिंदी के फॉण्ट की है। अभी हमारे पास हिंदी का कोई की-बोर्ड नहीं है। जब तक हिंदी में की-बोर्ड का मानकीकरण नहीं हो जाता, तब तक इस समस्या को दूर नहीं किया जा सकता।

पाठ्यपुस्तक (अभिव्यक्ति और माध्यम) के प्रश्नोत्तर

1. नीचे दिए गए प्रश्नों के उत्तर के लिए चार-चार विकल्प दिए गए हैं। सटीक विकल्प पर (✔) का निशान लगाइए

(क) इंटरनेट पत्रकारिता आजकल बहुत लोकप्रिय है, क्योंकि

(i) इससे दृश्य एवं प्रिंट दोनों माध्यमों का लाभ मिलता है

(ii) इससे खबरें बहुत तीव्र गति से पहुँचाई जाती हैं

(iii) इससे खबरों की पुष्टि तत्काल होती है

(iv) इससे न केवल खबरों का संप्रेषण, पुष्टि, सत्यापन ही होता है, बल्कि खबरों के बैकग्राउंडर तैयार करने में तत्काल सहायता मिलती है

उत्तर इससे न केवल खबरों का संप्रेषण, पुष्टि, सत्यापन ही होता है, बल्कि खबरों के बैकग्राउंडर तैयार करने में तत्काल सहायता मिलती है।

(ख) टी.वी. पर प्रसारित खबरों में सबसे महत्त्वपूर्ण है

(i) विजुअल **(ii) नेट**

(iii) बाइट **(iv) ये सभी**

उत्तर ये सभी

(ग) रेडियो समाचार की भाषा ऐसी हो

(i) जिसमें आम बोलचाल के शब्दों का प्रयोग हो

(ii) जो समाचारवाचक आसानी से पढ़ सके

(iii) जिसमें आम बोलचाल की भाषा के साथ-साथ सटीक मुहावरों का प्रयोग हो

(iv) जिसमें सामासिक और तत्सम शब्दों की बहुलता हो

उत्तर जो समाचारवाचक आसानी से पढ़ सके

2. विभिन्न जनसंचार माध्यमों- प्रिंट, रेडियो, टीलीविजन, इंटरनेट से जुड़ी पाँच-पाँच खूबियों और खामियों को लिखते हुए एक तालिका तैयार करें।

उत्तर

माध्यम		खूबियाँ (विशेषताएँ)		खामियाँ (कमियाँ)
प्रिंट	1.	छपाई के कारण शब्दों में स्थायित्व रहता है।	1.	निरक्षरों के लिए अनुपयोगी होता है।
	2.	रुचि एवं इच्छानुसार समय मिलने पर पढ़ सकते हैं।	2.	घटना की तात्कालिक जानकारी नहीं मिलती।
	3.	संदर्भ की तरह प्रयोग किया जाता है।	3.	स्पेस का ध्यान रखना होता है।
	4.	पढ़ते समय सोचने-समझने के लिए अपनी सुविधानुसार आजादी होती है।	4.	छपी हुई त्रुटियों का निराकरण नहीं हो पाता।
	5.	इसकी भाषा अनुशासनपूर्ण होती है।	5.	लेखक पाठक के शैक्षिक ज्ञान के अंतर्गत ही लिख सकता है।
रेडियो	1.	कहीं भी सुना जा सकता है।	1.	समाचारों पर विचार करते हुए रुक-रुककर नहीं सुना जा सकता।
	2.	शब्दों का माध्यम है।	2.	एक रेखीय माध्यम है।
	3.	उल्टा पिरामिड शैली में समाचार लिखा जाता है।	3.	समाचार के समय का इंतजार करना पड़ता है।
	4.	साक्षर-निरक्षर सभी के लिए समान रूप से उपयोगी है।	4.	कम आकर्षक है।
	5.	रेडियो श्रोताओं से संचालित माध्यम माना जाता है।	5.	श्रोताओं को बाँधकर रखना प्रसारणकर्ताओं के लिए कठिन होता है।
टेलीविजन	1.	देखने एवं सुनने का माध्यम है।	1.	घटनाओं को बढ़ा-चढ़ाकर दिखाता है।
	2.	सजीव प्रसारण है।	2.	विज्ञापनों की अधिकता होती है।
	3.	ब्रेकिंग न्यूज की व्यवस्था होती है।	3.	निष्पक्षता संदिग्ध होती है।
	4.	आकर्षक माध्यम है।	4.	अत्यधिक बाजारोन्मुख होता है।
	5.	कम-से-कम शब्दों में अधिकतम खबरें पहुँचाने में समर्थ है।	5.	मानक एवं शिष्ट भाषा का अभाव होता है।
इंटरनेट	1.	हर समय समाचार एवं सूचनाएँ उपलब्ध कराता है।	1.	अश्लीलता फैलाने वाला है।
	2.	अत्यंत तीव्र गति वाला माध्यम है।	2.	दुष्प्रचार का साधन है।
	3.	ज्ञान एवं मनोरंजन का अद्भुत खजाना है।	3.	महँगा साधन है।
	4.	समूचा अखबार इंटरनेट पर उपस्थित रहता है।	4.	भ्रामक खबरों की भरमार है।
	5.	साहित्यिक पत्रकारिता हेतु उचित मंच है।	5.	हिंदी के मानक फॉण्ट का अभाव होता है।

3. इंटरनेट पत्रकारिता सूचनाओं को तत्काल उपलब्ध कराता है, परंतु इसके साथ ही उसके कुछ दुष्परिणाम भी हैं। उदाहरण सहित स्पष्ट कीजिए।

उत्तर जिस तरह से हर विषय के पक्ष और विपक्ष होते हैं, उसी प्रकार इंटरनेट के भी दो पक्ष हैं। इंटरनेट पत्रकारिता से हमें सूचनाएँ तत्काल उपलब्ध हो जाती हैं, परंतु इसके साथ ही उसके कुछ दुष्परिणाम भी हैं। इंटरनेट जहाँ

सूचनाओं के आदान-प्रदान का बेहतरीन औजार है, वहीं वह अश्लीलता, दुष्प्रचार और गंदगी फैलाने का भी ज़रिया है। इसके साथ ही यह अत्यंत महँगा साधन भी है।

4. श्रोताओं या पाठकों को बाँधकर रखने की दृष्टि से प्रिंट माध्यम, रेडियो और टी.वी. में से सबसे सशक्त माध्यम कौन है? पक्ष-विपक्ष में तर्क दें।

उत्तर श्रोताओं या पाठकों को बाँधकर रखने की दृष्टि से प्रिंट माध्यम, रेडियो और टी.वी. में से सबसे सशक्त माध्यम है– टी.वी.।

पक्ष में तर्क

- टी.वी. पर समाचार सुनाई देने के साथ-साथ दिखाई भी देते हैं, जिससे सजीवता आती है और यह दर्शकों को बाँधे रखता है।
- यह साक्षर-निरक्षर दोनों ही तरह के दर्शकों के लिए उपयोगी होते हैं।
- कम समय में अधिक व विभिन्न जगहों के समाचार दिखाए जा सकते हैं।
- समाचारों को अलग-अलग तरह से रुचिकर बनाकर दिखाया जाता है।

विपक्ष में तर्क

- गरीब व्यक्ति टी.वी. नहीं खरीद सकता।
- दूर-दराज के स्थानों पर अभी इसकी पहुँच नहीं है।
- समाचार सुनने के लिए समाचार के प्रसारण का इंतजार करना पड़ता है।
- किसी समाचार पर सोच-विचार के लिए नहीं रुक सकते।

5. नीचे दिए गए चित्रों को ध्यान से देखें और इनके आधार पर टी. वी. के लिए तीन अर्थपूर्ण संक्षिप्त स्क्रिप्ट लिखें।

उत्तर (i) यह स्थान फुर्सत के दो पल बिताने लायक है। यह प्राकृतिक सौंदर्य एवं शांति से भरपूर है। पहाड़ की ऊँची-ऊँची चोटियाँ मानो आसमान को छू लेना चाहती हैं। आसमान नीले दर्पण जैसा है। नीचे विस्तृत झील में व्यक्ति को एक बड़ी-सी नाव चलाने का आनंद उठाते हुए देखा जा सकता है। खिले कमल से झील का सौंदर्य बढ़ गया है, पर मनुष्य ने लिफाफे, खाली डिब्बे जैसे अपशिष्ट पदार्थ झील में फेंककर इसके सौंदर्य पर धब्बा लगाने में कसर नहीं छोड़ी है।

(ii) गर्मी आई नहीं कि जल संकट बढ़ा और पानी की कमी का रोना शुरू। हम यह क्यों नहीं सोचते कि पानी की बर्बादी में भी तो मनुष्य का ही हाथ है। लोग नलों को खुला छोड़ देते हैं और बहते पानी को रोकने में कोई रुचि नहीं लेते। बहते नलों को बंद करना अपनी शान में कमी समझते हैं।

पानी की इस बर्बादी को रोका जाना चाहिए। यह बर्बाद होता पानी किसी को जीवन दे सकता है। बढ़ते जल संकट को कम करने के लिए सरकार के साथ-साथ लोगों को भी आगे आना होगा और मिल-जुलकर जल संकट का हल खोजते हुए उस पर अमल करना होगा।

(iii) आज के बच्चे कल के नागरिक हैं। इन्हीं पर देश का भविष्य टिका है। पर इन बच्चों का क्या दोष, जिनकी कमर बस्ते के बोझ से टूटी जा रही है। बस्ते का वजन उनके वजन से भारी हो गया है। कमर सीधी करके चलना भी कठिन हो गया है। आज बच्चों की शिक्षा और उनके बस्ते का बोझ कम करने के लिए समय-समय पर सेमीनार आयोजित किए जाते हैं, पर स्थिति वही ढाक के तीन पात वाली ही है।

प्रतियोगिता का समय होने की बात कहकर पुस्तकों की संख्या बढ़ा दी जाती है। बच्चों के लिए उनका यह निर्णय कितना भारी पड़ता है, इसकी चिंता किसी को नहीं है। पता नहीं हमारे देश के शिक्षाविदों को बच्चों के स्वास्थ्य का ध्यान कब आएगा?

अभ्यास प्रश्न

बहुविकल्पीय प्रश्न

1. इनमें से कौन-सा जनसंचार माध्यम निरक्षर के लिए उपयोगी नहीं है?

(क) इंटरनेट (ख) समाचार-पत्र
(ग) पत्र-पत्रिकाएँ (घ) ये सभी

उत्तर (घ) ये सभी

2. सर्वाधिक महँगा जनसंचार माध्यम कौन-सा है?

(क) रेडियो (ख) इंटरनेट
(ग) टेलीविजन (घ) समाचार-पत्र

उत्तर (ख) इंटरनेट

3. श्रव्य जनसंचार माध्यम कौन-सा है?

(क) समाचार-पत्र (ख) रेडियो
(ग) इंटरनेट (घ) टेलीविजन

उत्तर (ख) रेडियो

4. मुद्रण का आरंभ किस देश में हुआ?

(क) भारत (ख) जापान
(ग) चीन (घ) इंग्लैंड

उत्तर (ग) चीन

5. वर्तमान छापेखाने का आविष्कार किसने किया?

(क) गुटेनबर्ग ने (ख) एडीसन ने
(ग) माइकल ने (घ) जॉन बेयर्ड ने

उत्तर (क) गुटेनबर्ग ने

6. भारत में पहला छापाखाना कहाँ लगाया गया?

(क) कानपुर में (ख) लखनऊ में
(ग) मेरठ में (घ) गोवा में

उत्तर (घ) गोवा में

7. भारत में पहला छापा खाना कब लगा?

(क) 1555 ई. मे (ख) 1556 ई. मे
(ग) 1557 ई. में (घ) 1560 ई. में

उत्तर (ख) 1556 ई. में

8. इंटरनेट पत्रकारिता की बढ़ती लोकप्रियता का कारण इनमें से कौन-सा नहीं है? CBSE Term II 2022

अथवा

इंटरनेट पत्रकारिता के अधिक लोकप्रिय होने का कारण नहीं है CBSE 2023

(क) दृश्य और प्रिंट माध्यम की खूबियाँ एक साथ होने के कारण
(ख) खबरों की तीव्रता के कारण
(ग) संचार का आधुनिक साधन होने के कारण
(घ) युवाओं की रुचि के कारण

उत्तर (ख) खबरों की तीव्रता के कारण

9. कथन (A) **इंटरनेट पत्रकारिता आजकल बहुत लोकप्रिय है।**
कारण (R) **दृश्य एवं प्रिंट दोनों माध्यमों का लाभ मिलता है।**

(क) कथन (A) और कारण (R) दोनों सही हैं तथा कारण (R), कथन (A) की सही व्याख्या करता है।
(ख) कथन (A) और कारण (R) दोनों सही हैं, परंतु कारण (R), कथन (A) की सही व्याख्या नहीं करता है।
(ग) कथन (A) सही है, किंतु कारण (R) गलत है।
(घ) कथन (A) गलत है, किंतु कारण (R) सही है।

उत्तर (क) कथन (A) और कारण (R) दोनों सही हैं तथा कारण (R), कथन (A) की सही व्याख्या करता है।

10. ड्राई एंकर वह होता है, जो CBSE SQP 2022-23

(क) समाचार-पत्र तक सूचना भिजवाता है।
(ख) फ्लैशबैक न्यूज़ के लिए लेखन करता है।
(ग) पहले प्रसारित न्यूज़ का पुन: प्रसारण करता है।
(घ) चित्रों के बिना खबर के बारे में दर्शकों को सीधे-सीधे बताता है।

उत्तर (घ) चित्रों के बिना खबर के बारे में दर्शकों को सीधे-सीधे बताता है।

अतिलघु उत्तरीय प्रश्न

1. जनसंचार के आधुनिक माध्यमों में सबसे पुराना माध्यम कौन-सा है?

उत्तर जनसंचार के आधुनिक माध्यमों में सबसे पुराना माध्यम प्रिंट है।

2. एंकर रिपोर्टर से फोन पर बात करके सूचनाएँ दर्शकों तक पहुँचाती हैं, उस प्रक्रिया को क्या कहते हैं?

उत्तर एंकर रिपोर्टर से फोन पर बात करके सूचनाएँ दर्शकों तक पहुँचाती हैं, उस प्रक्रिया को फोन-इन कहते हैं।

3. क्रिकेट मैच का प्रसारण कैसा होता है?

उत्तर क्रिकेट मैच का प्रसारण लाइव (सीधा प्रसारण) होता है।

4. आधुनिक युग में इंटरनेट पत्रकारिता का कौन-सा दौर चल रहा है?

उत्तर आधुनिक युग में इंटरनेट पत्रकारिता का तृतीय दौर चल रहा है।

5. मिशनरियों द्वारा किस उद्देश्य से भारत में पहला छापाखाना खोला गया था? CBSE Term I 2021

उत्तर मिशनरियों द्वारा धर्म प्रचार की पुस्तकें छापने के लिए भारत में पहला छापाखाना खोला गया था।

6. हिंदी में नेट पत्रकारिता की शुरुआत किससे मानी जाती है?

उत्तर हिंदी में नेट पत्रकारिता की शुरुआत वेब दुनिया से मानी जाती है।

7. संचार का सबसे पुराना और लोकप्रिय माध्यम होने पर भी समाचार-पत्रों की तुलना में टी.वी की लोकप्रियता का कारण लिखिए। CBSE 2025

उत्तर टीवी की लोकप्रियता समाचार-पत्रों की तुलना में अधिक होने का कारण इसकी दृश्य-श्रव्य प्रस्तुति है। टीवी पर खबरें तुरंत और रोचक तरीके से प्रस्तुत की जाती हैं, जिससे लोग उन्हें आसानी से समझ पाते हैं। साथ ही अनपढ़ लोग भी टीवी के माध्यम से समाचार देख और सुन सकते हैं, जबकि समाचार-पत्र पढ़ने के लिए साक्षरता आवश्यक होती है।

लघु उत्तरीय प्रश्न

1. जनसंचार का कौन-सा आधुनिक माध्यम सबसे पुराना है? इसकी शुरुआत कैसे हुई?

उत्तर जनसंचार के आधुनिक माध्यमों में सबसे पुराना माध्यम प्रिंट अर्थात् मुद्रण माध्यम है। इसकी शुरुआत चीन से हुई थी, परंतु आधुनिक छापेखाने का आविष्कार जर्मनी के गुटेनबर्ग ने किया था। यूरोप में पुनर्जागरण 'रेनेसाँ' की शुरुआत में छापेखाने की एक महत्त्वपूर्ण भूमिका थी। भारत में पहला छापा खाना 1556 ई. में गोवा में खुला। इसे मिशनरियों ने धर्म प्रचार की पुस्तकें छापने के लिए खोला था।

2. मुद्रित माध्यमों की विशेषताएँ लिखिए।

उत्तर मुद्रित माध्यमों के अंतर्गत अखबार, पत्रिकाएँ आदि आते हैं। इनका हमारे दैनिक जीवन में काफी महत्त्व है। इनकी महत्त्वपूर्ण विशेषताएँ निम्नलिखित हैं

(i) मुद्रित माध्यमों में स्थायित्व होता है।
(ii) आप इन्हें अपनी इच्छानुसार पढ़ सकते हैं।
(iii) आप इन्हें लंबे समय तक प्रयोग में ला सकते हैं।
(iv) यह माध्यम लिखित भाषा का विस्तार है।
(v) यह चिंतन, विचार और विश्लेषण का माध्यम है।

3. रेडियो समाचार की संरचना कैसी होती है?

उत्तर रेडियो और अखबारों के समाचार लेखन में भिन्नता होती है। इनकी प्रकृति अलग-अलग होती है। रेडियो समाचार की संरचना टीवी व अखबारों की तरह ही उल्टा (इंवर्टेड) पिरामिड शैली में होती है।

इस शैली में समाचार के महत्त्वपूर्ण तथ्य को सबसे पहले लिखते हैं तथा बाद में घटते हुए क्रम में अन्य तथ्यों या सूचनाओं को लिखा व बताया जाता है। इस शैली में किसी घटना, विचार या समस्या का वर्णन समयानुसार न करके सबसे महत्त्वपूर्ण तथ्य/सूचना से शुरू होता है। अतः इस शैली में क्लाइमेक्स अंत में नहीं, बल्कि आरंभ में ही आ जाता है। उल्टा पिरामिड शैली में कोई निष्कर्ष नहीं होता।

4. टीवी खबरों के विभिन्न चरणों के बारे में समझाइए।

उत्तर टीवी, प्रिंट, रेडियो आदि माध्यमों पर खबर देने का मूल आधार सबसे पहले सूचना देना होता है। टीवी द्वारा भी ये सूचनाएँ विभिन्न चरणों द्वारा दर्शकों तक पहुँचती हैं। ये चरण निम्नलिखित हैं

(i) **फ़्लैशबैक या ब्रेकिंग न्यूज़** इसमें कम-से-कम शब्दों में केवल सूचना के रूप में कोई बड़ी खबर तुरंत दर्शकों तक पहुँचाई जाती है।

(ii) **ड्राई एंकर** इसके अंतर्गत एंकर खबर के बारे में दर्शकों को सीधे-सीधे बताता है कि कहाँ, क्या, कब और कैसे हुआ।

(iii) **फोन-इन** इसमें रिपोर्टर घटनास्थल पर उपस्थित होता है और वहाँ से एंकर रिपोर्टर से फोन पर बात करके ज्यादा-से-ज्यादा जानकारियाँ दर्शकों को बताता है।

(iv) **एंकर-विजुअल** जब घटना के दृश्य या विजुअल मिल जाते हैं, तब उन दृश्यों के आधार पर खबर लिखी जाती है, जो एंकर पढ़ता है।

(v) **एंकर-बाइट** बाइट अर्थात् कथन का टेलीविज़न पत्रकारिता में बड़ा महत्त्व है। टीवी में किसी भी खबर की पुष्टि करने के लिए उससे संबंधित बाइट दिखाई जाती है।

(vi) **लाइव** किसी खबर का घटनास्थल से सीधा प्रसारण लाइव कहलाता है। सभी टीवी चैनल वाले ज्यादातर बड़ी खबरों या घटना को दर्शकों तक तत्काल सीधा पहुँचाने का प्रयास करते हैं।

(vii) **एंकर-पैकेज** पैकेज किसी भी खबर को संपूर्णता के साथ प्रस्तुत करने का एक माध्यम है। इसमें संबंधित घटना के दृश्य, इससे जुड़े लोगों की बाइट, ग्राफिक द्वारा जरूरी सूचनाएँ आदि होती हैं।

5. रेडियो और टेलीविजन समाचार की भाषा-शैली कैसी होनी चाहिए?

उत्तर रेडियो और टेलीविजन समाचार की भाषा-शैली ऐसी होनी चाहिए, जो सभी को आसानी से समझ में आ सके। इनमें भाषा का स्तर निम्नलिखित रूप में होना चाहिए

(i) भाषा के स्तर पर गरिमा को बनाए रखते हुए सरल भाषा का प्रयोग करें।

(ii) भाषा सभी वर्गों के लोगों की समझ में आनी चाहिए।

(iii) छोटे वाक्य तथा सरल वाक्य हों, साथ ही उनमें तारतम्यता और कर्णप्रियता हो।

(iv) निम्नलिखित, उपरोक्त, अधोहस्ताक्षरित और क्रमांक आदि जटिल शब्दों के प्रयोग से बचना चाहिए।

(v) गैर-जरूरी विशेषणों, सामासिक और तत्सम शब्दों, अतिरंजित उपमाओं आदि से बचना चाहिए।

6. इंटरनेट पत्रकारिता से आप क्या समझते हैं? भारत में इंटरनेट पत्रकारिता की क्या स्थिति है?

उत्तर इंटरनेट पर समाचार-पत्र का प्रकाशन अथवा खबरों का आदान-प्रदान ही वास्तव में, इंटरनेट पत्रकारिता है। इंटरनेट पर हम किसी भी रूप में समाचारों, लेखों, चर्चा-परिचर्चा के साथ वाद-विवादों, फीचर आदि का कार्य कर सकते हैं, इसे ही इंटरनेट पत्रकारिता कहते हैं। इसी पत्रकारिता को वेब पत्रकारिता भी कहा जाता है।

भारत में इंटरनेट पत्रकारिता का अभी दूसरा दौर चल रहा है, जबकि विश्व स्तर पर इंटरनेट पत्रकारिता का तीसरा दौर चल रहा है। भारत के लिए प्रथम दौर वर्ष 1993 से प्रारंभ माना जाता है। दूसरा दौर वर्ष 2003 से प्रारंभ हुआ है।

भारत में यथार्थ रूप से 'रीडिफ डॉटकॉम', 'इंडिया इंफोलाइन' तथा 'सिफी' जैसी कुछ साइटें वेब पत्रकारिता का कार्य कर रही हैं। रीडिफ को भारत की पहली साइट कहा जा सकता है, जो गंभीरता के साथ इंटरनेट पत्रकारिता कर रही है। वेबसाइट पर विशुद्ध पत्रकारिता करने का श्रेय तहलका डॉटकॉम को जाता है।

7. रेडियो के संदर्भ में श्रव्य माध्यमों की दो सीमाएँ बताएँ? किसी एक सीमा से पार पाने का उपाय भी बताएँ। **CBSE SQP 2020**

उत्तर रेडियो संचार का एक तरफा माध्यम है। इसलिए, संदेशों के संबंध में कोई प्रतिक्रिया प्राप्त नहीं की जा सकती है। चूँकि श्रोता का ध्यान केवल ध्वनि पर होता है, इसलिए रेडियों के माध्यम से संचारित संदेश केवल उन लोगों तक पहुँच सकते हैं जो ध्यानपूर्वक और बुद्धिमानी से सुनते हैं। रेडियो से संदेश प्राप्त करने के लिए बहुत चौकस रहना पड़ता है अन्यथा सन्देश का कुछ एक हिस्सा ही याद रहता है। रेडियो में टेलीविजन द्वारा प्रदान की गई चित्रात्मक गुणवत्ता का अभाव है। प्रतिक्रिया तन्त्र की कमी को निम्नलिखित तरीके से दूर किया जा सकता है

- नेटवर्किंग में रेडियो के उपयोग को मजबूत करने के लिए संस्थागत और सामुदायिक स्तर पर श्रोता मंच स्थापित किए जा सकते हैं जो लोगों की विभिन्न कार्यक्रमों पर प्रतिक्रियाएँ लेकर श्रोताओं पर अनुसंधान के लिए डाटा प्रदान कर सकते हैं और प्रोग्रामिंग को और अधिक सार्थक बना सकते हैं।
- प्रतिक्रियाओं का विश्लेषण करने और क्षेत्र-आधारित विकास कार्यक्रमों के उत्पादन में सहायता करने के लिए विशेषज्ञों को रेडियो स्टेशनों से संलग्न किया जा सकता है।

8. तकनीकी प्रगति के बावजूद हिंदी की वेब पत्रकारिता अपने शैशवकाल में ही क्यों है ? इसकी प्रगति के लिए क्या आवश्यक है? **CBSE 2024**

उत्तर तकनीकी प्रगति के बावजूद हिंदी वेब पत्रकारिता अपने शैशवकाल में इस कारण है कि इस क्षेत्र में कई समस्याएँ हैं। सबसे प्रमुख समस्या हिंदी के फॉन्ट की है। डायनमिक फॉन्ट्स की अनुपलब्धता के कारण अधिकांश हिंदी साइटें सामान्य रूप से नहीं खुल पाती हैं। हिंदी के लिए एक मानकीकृत की-बोर्ड का अभाव भी एक बड़ी चुनौती है। इन समस्याओं को सुलझाने के लिए आवश्यक है कि हिंदी वेब पत्रकारिता में फॉन्ट्स का मानकीकरण हो और एक सरल एवं व्यापक रूप से स्वीकार्य 'की-बोर्ड' विकसित किया जाए। यूनिकोड फॉन्ट्स का उपयोग बढ़ाने और सभी साइट्स को नियमित रूप से अपडेट करने की दिशा में भी कदम उठाने होंगे। इसके अतिरिक्त, हिंदी पत्रकारिता में अधिक निवेश और तकनीकी सुधारों की भी आवश्यकता है, ताकि इसे अंतर्राष्ट्रीय स्तर पर अधिक प्रतिस्पर्धी और सुलभ बनाया जा सके

9. नई पीढ़ी के लिए इंटरनेट एक आदत –सी बनती जा रही है, क्यों ? **CBSE 2024**

उत्तर इंटरनेट नई पीढ़ी के लिए एक आदत-सी बनती जा रही है, क्योंकि यह तेज़, सुलभ और हर समय अपडेट रहने का माध्यम है। इंटरनेट के माध्यम से लोग किसी भी समय, किसी भी स्थान से नवीनतम जानकारी प्राप्त कर सकते हैं। इसके माध्यम से हर घंटे में ताज़ा खबरें और नई जानकारियाँ मिलती हैं, जिससे लोग नियमित रूप से स्वयं को अपडेट करने की आदत डाल रहे हैं। इसके अतिरिक्त, डिजिटल सामग्री का

आसानी से उपलब्ध होना और स्मार्टफ़ोन के माध्यम से 24/7 इंटरनेट का उपयोग करने की सुविधा ने इसे नई पीढ़ी के लिए एक अनिवार्य हिस्सा बना दिया है।

मनोरंजन, शिक्षा और कामकाज से जुड़ी हर जानकारी की उपलब्धता ने इसे दिनचर्या का अहम हिस्सा बना दिया है, जिससे लोग इसके बिना स्वयं को अधूरा महसूस करने लगे हैं।

10. इलेक्ट्रॉनिक माध्यमों की तुलना में मुद्रित माध्यमों की सीमाओं का उल्लेख कीजिए। **CBSE 2024**

उत्तर इलेक्ट्रॉनिक माध्यमों की तुलना में मुद्रित माध्यमों की कुछ सीमाएँ निम्नलिखित हैं

- **समय और उपलब्धता** प्रिंट माध्यम चौबीसों घंटे उपलब्ध नहीं रहता है। समाचार पत्र और पत्रिकाएँ निर्धारित समय पर ही प्रकाशित होते हैं, जबकि इलेक्ट्रॉनिक माध्यम जैसे टेलीविजन, इंटरनेट और रेडियो चौबीसों घंटे सूचना उपलब्ध कराते हैं।
- **गति** प्रिंट माध्यम की सूचना प्रसार की गति इलेक्ट्रॉनिक माध्यम से धीमी होती है। प्रिण्ट माध्यम में समाचारों को प्रकाशित करने में समय लगता है, जबकि इलेक्ट्रॉनिक माध्यम तुरंत समाचार साझा कर सकता है।
- **लागत** प्रिंट माध्यम की लागत अधिक होती है, क्योंकि इसके लिए कागज, छपाई और वितरण की आवश्यकता होती है। इसके विपरीत, इलेक्ट्रॉनिक माध्यम अपेक्षाकृत सस्ता होता है और इसके लिए बड़े पैमाने पर भौतिक संसाधनों की जरूरत नहीं होती।
- **सीमित पहुँच** प्रिंट माध्यम की पहुँच सीमित होती है और यह केवल विशेष क्षेत्र या देश तक ही सीमित रह सकता है। इसके विपरीत, इलेक्ट्रॉनिक माध्यम की पहुँच वैश्विक होती है और इंटरनेट के माध्यम से दुनिया भर में सूचना प्रसारित की जा सकती है।

इस प्रकार, प्रिंट माध्यम सूचना के प्रसार में सीमित है, जबकि इलेक्ट्रॉनिक माध्यम अधिक व्यापक और तेज़ी से जानकारी देने में सक्षम है।

11. रेडियो के लिए समाचार कॉपी तैयार करते हुए किन बुनियादी बातों का ध्यान रखना चाहिए? किन्हीं दो का वर्णन कीजिए। **CBSE SQP 2024**

उत्तर रेडियो के लिए समाचार कॉपी लिखते समय सरल, तारतम्यपूर्ण भाषा, छोटे वाक्य और जटिल शब्दों के सीमित प्रयोग का ध्यान रखना चाहिए। दो प्रमुख बुनियादी बातों का वर्णन निम्नलिखित है

1. **साफ़-सुथरी और टाइप्ड कॉपी** समाचार कॉपी स्पष्ट, टाइप्ड और त्रुटिरहित होनी चाहिए, ताकि वाचक को पढ़ने में कोई दिक्कत न हो। इसमें लाइन स्पेसिंग, शब्दों की सुसंगत संख्या और शब्द विभाजन का ध्यान रखना आवश्यक है।
2. **डेडलाइन और संदर्भ** समाचार में समय का संदर्भ साफ होना चाहिए, जैसे आज, कल, इस सप्ताह ताकि श्रोता के लिए संदर्भ स्पष्ट रहे। इसके साथ ही, संक्षिप्ताक्षर लोकप्रिय और समझने योग्य होने चाहिए और आवश्यकता हो तो पूर्ण रूप का भी उपयोग किया जाए।

स्व-मूल्यांकन

बहुविकल्पीय प्रश्न

1. भारत में पहला छापाखाना कहाँ खुला?

(क) मुंबई में (ख) कलकत्ता (कोलकाता) में

(ग) गोवा में (घ) पुदुचेरी में

उत्तर (ग) गोवा में

2. किसी खबर का घटना स्थल से सीधा प्रसारण क्या कहलाता है?

(क) बाइट (ख) लाइव

(ग) फ़ोन इन (घ) एंकर पैकेज

उत्तर (ख) लाइव

3. मुद्रण का आरंभ किस देश में हुआ?

(क) भारत में (ख) जापान में

(ग) चीन में (घ) इंग्लैंड में

उत्तर (ग) चीन में

4. क्रिकेट मैच का प्रसारण कैसा है?

(क) एंकर पैकेज (ख) एंकर बाइट

(ग) लाइव (सीधा प्रसारण) (घ) फोन इन

उत्तर (ग) लाइव (सीधा प्रसारण)

5. दृश्यों के साथ खबर लिखने की बुनियादी शर्त किस माध्यम में है?

(क) समाचार-पत्र में (ख) टेलीविजन में

(ग) रेडियो में (घ) इण्टरनेट में

उत्तर (ख) टेलीविजन में

अतिलघु उत्तरीय प्रश्न

6. डेडलाइन क्या है?

7. फ्लैश या ब्रेकिंग न्यूज किसे कहा जाता है?

लघु उत्तरीय प्रश्न

8. इंटरनेट पत्रकारिता क्या है? इसके सदुपयोगों पर प्रकाश डालिए।

9. रेडियो पर प्रसारण के लिए तैयार की जाने वाली समाचार कॉपी की विशेषताएँ लिखिए।

10. टेलीविजन की सीमाओं का वर्णन कीजिए।

11. जनसंचार के आधुनिक माध्यम कौन-से हैं? किन्हीं दो को बताइए।

02

अध्याय

पत्रकारीय लेखन के विभिन्न रूप और लेखन प्रक्रिया

पत्रकारीय लेखन का अर्थ

समाचार माध्यमों में काम करने वाले पत्रकार अपने पाठकों तथा श्रोताओं तक सूचनाएँ पहुँचाने के लिए लेखन के विभिन्न रूपों का प्रयोग करते हैं, इसे ही पत्रकारीय लेखन कहते हैं। पत्रकारिता या पत्रकारीय लेखन के अंतर्गत संपादकीय, समाचार, आलेख रिपोर्ट, फीचर, स्तंभ तथा कार्टून आदि आते हैं।

▼ अभ्यास के लिए

- पाठ्यपुस्तक के प्रश्नोत्तर
- बहुविकल्पीय प्रश्न
- अतिलघु उत्तरीय प्रश्न
- लघु उत्तरीय प्रश्न

पत्रकारीय लेखन का प्रमुख उद्देश्य सूचना देना, शिक्षित करना तथा मनोरंजन आदि करना है। इसके कई प्रकार हैं; जैसे—खोजपरक पत्रकारिता, वॉचडॉग पत्रकारिता और एडवोकेसी पत्रकारिता आदि। पत्रकारीय लेखन का संबंध समसामयिक विषयों, विचारों व घटनाओं से है। पत्रकार को लिखते समय यह ध्यान रखना चाहिए कि वह सामान्य जनता के लिए लिख रहा है, इसलिए उसकी भाषा सरल व रोचक होनी चाहिए।

पत्रकार तीन प्रकार के होते हैं

(i) **पूर्णकालिक पत्रकार** किसी समाचार-पत्र या संगठन के नियमित वेतनभोगी कर्मचारी।

(ii) **अंशकालिक पत्रकार** (स्ट्रिंगर) निश्चित मानदेय पर कार्य करने वाले पत्रकार।

(iii) **फ्रीलांसर या स्वतंत्र पत्रकार** ये किसी संस्था से जुड़े नहीं होते। जब ये लिखते हैं, तो इनका लेख कोई भी छाप सकता है और बदले में एक निश्चित राशि इन्हें भेज दी जाती है।

अच्छे लेखन के लिए ध्यान रखने योग्य बातें

- वाक्य की संरचना जटिल न हो। छोटे-छोटे वाक्यों का प्रयोग किया जाना चाहिए।
- आम बोलचाल के शब्दों व भाषा का प्रयोग करना चाहिए। गैर-जरूरी शब्दों के प्रयोग से बचना चाहिए।
- अच्छा लेख लिखने के लिए प्रसिद्ध लेखकों की रचनाओं का ध्यानपूर्वक अध्ययन करना चाहिए।
- लेखन में विविधता लाने के लिए लोकोक्तियों और मुहावरों का प्रयोग आवश्यकतानुसार करना चाहिए।

- लेखन में अशुद्धियों पर विशेष ध्यान दिया जाना चाहिए।
- लेखन में दूसरों को प्रभावित करने की अपेक्षा अपनी भावनाओं, तथ्यों व विचारों को व्यक्त किया जाना चाहिए।
- अच्छे लेखन के लिए लेखक को दुनिया व आस-पास घटित घटनाओं, विषयों आदि की जानकारी होनी चाहिए।
- विषय से संबंधित तथ्य जुटाने व संबंधित विषय पर गहन विचार करने का धैर्य होना चाहिए।

समाचार लेखन

समाचार लेखन पत्रकारीय लेखन का सबसे प्रमुख व प्रचलित रूप है। विशेषकर अखबारों में समाचार पूर्णकालिक व अंशकालिक पत्रकार लिखते हैं, जिन्हें संवाददाता या रिपोर्टर भी कहा जाता है।

समाचार लेखन की शैली

समाचार अथवा ख़बरें एक विशेष शैली में लिखी जाती हैं, जिसके अंतर्गत सबसे महत्त्वपूर्ण तथ्यों, सूचनाओं एवं जानकारी को सबसे पहले अर्थात् प्रारंभ के अनुच्छेद में लिखा जाता है। इस प्रकार, प्रथम पैराग्राफ में दी जा रही जानकारी को **इंट्रो** या **मुखड़ा** कहा जाता है।

इंट्रो में समाचार के संबंध में क्या, कहाँ, कब और कौन चार प्रश्नों के उत्तर देना आवश्यक होता है। उसके बाद दूसरे पैराग्राफ में कम महत्त्वपूर्ण जानकारी, सूचना या तथ्यों को बताया जाता है, इसे **बॉडी** या **समाचार का कलेवर** कहा जाता है। समाचार का समापन करते समय यह ध्यान रखना चाहिए कि न केवल उस समाचार के प्रमुख तथ्य आ गए हैं, बल्कि समाचार के मुखड़े और समापन के बीच एक तारतम्यता भी होनी चाहिए। समाचार में तथ्यों तथा उसके विभिन्न पहलुओं को इस तरह से पेश करना चाहिए कि उससे पाठक को किसी निर्णय या निष्कर्ष पर पहुँचने में मदद मिले। समाचार लेखन में **समापन** का होना अनिवार्य नहीं होता।

यदि समापन को हटा दिया जाए तो समाचार को इससे पहले ही समाप्त किया जा सकता है। बॉडी तथा समापन में अन्य दो प्रश्न कैसे और क्यों का उत्तर दिया जाता है। इसे **उल्टा पिरामिड शैली** इसलिए कहा जाता है, क्योंकि समाचार लेखन की इस शैली के अंतर्गत 'क्लाइमेक्स' कथा या कहानी लेखन शैली के विपरीत अर्थात् प्रारंभ में आता है। कथा एवं कहानी लेखन की शैली **सीधा पिरामिड** कहलाती है एवं समाचार लेखन की शैली को उल्टा पिरामिड शैली कहा जाता है।

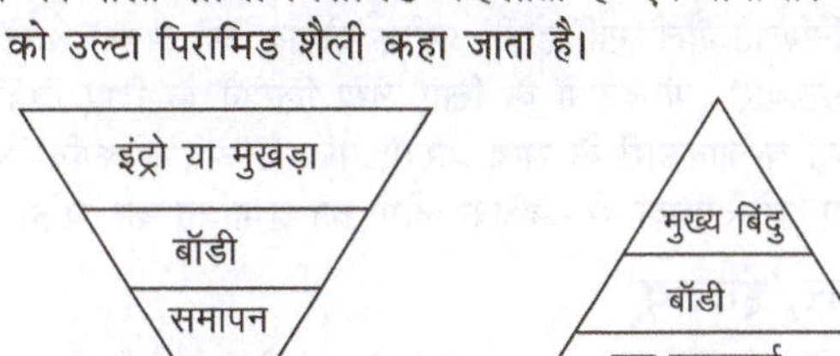

उल्टा पिरामिड में समाचार का ढाँचा — सीधा पिरामिड कथात्मक लेखन

उल्टा पिरामिड की शैली का प्रयोग 19वीं सदी के मध्य से ही प्रारंभ हो गया था, किंतु इसका विकास अमेरिका के गृहयुद्ध के दौरान हुआ, तब संवाददाताओं को अपने समाचार टेलीग्राफ संदेशों के माध्यम से भेजना पड़ता था। इस प्रकार, सेवाएँ महँगी, अनियमित व दुर्लभ थीं। इसलिए संवाददाताओं को किसी खबर को विस्तार से न देकर संक्षेप में देनी होती थी, इसी कारण उल्टा पिरामिड शैली का विकास हुआ और आगे चलकर यह समाचार लेखन की मानक (स्टैंडर्ड) शैली बन गई।

समाचार लेखन और छः ककार

किसी भी समाचार के छः आधारभूत सवाल होते हैं, जिन्हें हिंदी में **छः ककार** कहा जाता है तथा अंग्रेजी में पाँच (5) डब्ल्यू (W) एवं एक एच (H) कहा जाता है। किसी भी समाचार में इन छः ककारों का होना सामान्यतया आवश्यक माना जाता है। *ये ककार निम्न हैं*

(i) क्या (What) अर्थात् क्या घटित हुआ?
(ii) कब (When) अर्थात् घटना कब घटी?
(iii) कहाँ (Where) अर्थात् घटना किस स्थान पर घटी अर्थात् किस स्थान से संबंधित है?
(iv) कौन (Who) अर्थात् घटना किससे संबंधित है?
(v) क्यों (Why) अर्थात् घटना क्यों घटी?
(vi) कैसे (How) अर्थात् घटना कैसे घटित हुई?

समाचार के इंट्रो या मुखड़े में प्रारंभ में सामान्यतया तीन या चार ककारों—क्या, कौन, कब और कहाँ? को आधार बनाकर खबर को लिखा जाता है। इसके पश्चात् समाचार की बॉडी और समापन में अन्य दो ककारों—कैसे और क्यों का उत्तर दिया जाता है। इन छः ककारों के ही आधार पर समाचार तैयार किया जाता है।

समाचार लेखन के इन छः ककारों में पहले चार ककार सूचनात्मक और तथ्यों पर आधारित होते हैं तथा अन्य दो ककार विवरणात्मक, व्याख्यात्मक और विश्लेषणात्मक पहलू पर आधारित होते हैं।

अखबार में प्रकाशित समाचार-पत्र का उदाहरण

अंबाला में हड़ताल के दौरान बवाल, यूनियन नेता की मौत

देशभर में ट्रेड यूनियनों की 20 जनवरी, 20XX को दो दिनों की हड़ताल के पहले दिन बुधवार को अंबाला में बवाल हो गया। इसकी वजह से रोडवेज़ कर्मचारी और ट्रेड यूनियन के एक नेता की मौत हो गई।

हड़ताल की वजह से सुबह से रोडवेज़ की बसें सड़कों से गायब हैं, जिससे लोगों को परेशानी का सामना करना पड़ रहा है। इसे देखते हुए अंबाला के डीसीपी (अर्बन) अशोक कुमार भारी पुलिस बल और बलदेव नगर के एसएचओ पवन कुमार के साथ रोडवेज़ की वर्कशॉप में कर्मचारियों को बसें चलाने के लिए राज़ी करने के लिए पहुँचे। बातचीत के दौरान एसएचओ पवन कुमार कर्मचारियों से उलझ पड़े। एसएचओ के रवैये से हड़ताली रोडवेज़ कर्मचारी आक्रोश में आ गए और उन्होंने डीसीपी व एसएचओ की गाड़ियों को पलट दिया तथा दोनों की गाड़ियों को क्षतिग्रस्त भी कर दिया। वर्कशॉप में बवाल के दौरान भारी अफरातफरी के बीच एआईटीयूसी के ट्रेजरर नरेंद्र सिंह बस की चपेट में आ गए और उनकी मौत हो गई। बवाल और बढ़ने की आशंका से पुलिस बिना कोई कार्यवाही किए रोडवेज वर्कशॉप से लौट आई। रोडवेज़ की वर्कशॉप पर भारी पुलिस बल तैनात कर दिया गया है।

रोडवेज़ यूनियन ने नरेंद्र सिंह के परिवार के लिए ₹ 20 लाख मुआवजे की माँग की है। यूनियन के अध्यक्ष हरिनारायण शर्मा ने कहा कि 2 घंटे के भीतर नरेंद्र के परिवार के किसी एक सदस्य को सरकारी नौकरी देने और

उनकी मौत के लिए ज़िम्मेदार अधिकारियों के खिलाफ़ एफआईआर दर्ज नहीं की गई, तो कर्मचारी अंबाला-दिल्ली हाइवे जाम कर देंगे।

(समाचार-उद्धरण 'नवभारत टाइम्स' से साभार...)

उपर्युक्त समाचार के प्रारंभ अर्थात् इंट्रो (मुखड़े) में चार ककारों— क्या, कौन, कब और कहाँ के विषय में जानकारी दी गई है। उसके बाद अन्य दो ककारों को उद्घाटित किया गया है। अत: समाचार इसी शैली में ही लिखे जाते हैं। समाचार लिखते समय एक अन्य बात ध्यान रखनी चाहिए कि समाचार में सूचना के स्रोत अर्थात् जिससे जिसकी जानकारी मिली है, उसे भी अवश्य लिखा जाना चाहिए।

विशेष रिपोर्ट कैसे लिखें?

सामान्य समाचारों से अलग वे विशेष समाचार, जो गहरी छानबीन, विश्लेषण और व्याख्या के आधार पर प्रकाशित किए जाते हैं, विशेष रिपोर्ट कहलाते हैं। ऐसी रिपोर्टों को लिखने के लिए किसी घटना, समस्या या मुद्दे की गहरी छानबीन की जाती है तथा उससे संबंधित महत्त्वपूर्ण तथ्यों को इकट्ठा किया जाता है। तथ्यों के विश्लेषण के द्वारा उसके परिणाम, प्रभाव और कारणों को स्पष्ट किया जाता है।

विशेष रिपोर्ट के प्रकार

विशेष रिपोर्ट के निम्न प्रकार हैं

1. **खोजी रिपोर्ट** इस प्रकार की रिपोर्ट में रिपोर्टर मौलिक शोध और छानबीन करके सूचनाओं व तथ्यों को सभी के समक्ष लाता है, जो सार्वजनिक तौर पर पहले से उपलब्ध नहीं थीं। इस प्रकार की रिपोर्ट का प्रयोग भ्रष्टाचार, अनियमितताओं और गड़बड़ियों को सामने लाने के लिए किया जाता है।
2. **इन-डेप्थ रिपोर्ट** इस प्रकार की रिपोर्ट में सार्वजनिक रूप में उपलब्ध तथ्यों, आँकड़ों व सूचनाओं की छानबीन करके उस घटना, समस्या, या मुद्दे से जुड़े प्रमुख पहलुओं को उजागर किया जाता है।
3. **विश्लेषणात्मक रिपोर्ट** इस प्रकार की रिपोर्ट में किसी घटना या समस्या से जुड़े हुए तथ्यों के विश्लेषण एवं व्याख्या पर जोर दिया जाता है।
4. **विवरणात्मक रिपोर्ट** इस प्रकार की रिपोर्ट में घटना अथवा समस्या के विस्तृत एवं सूक्ष्म विवरण सामने लाने का प्रयास किया जाता है।

सामान्यतया विशेष रिपोर्ट की शैली समाचार-लेखन की उल्टा पिरामिड शैली की ही तरह होती है, किंतु कई बार इन्हें फीचर शैली में भी लिखा जाता है। विशेष रिपोर्ट की भाषा सरल, सहज व आम बोलचाल की होनी चाहिए।

विचारपरक लेखन-लेख, टिप्पणियाँ और संपादकीय

अखबारों में समाचार और फीचर के अतिरिक्त विचारपरक सामग्री का भी प्रकाशन होता है। कई अखबारों की पहचान उनके वैचारिक रुझान से होती है। एक तरह से अखबारों में प्रकाशित होने वाले विचारपूर्ण लेखन से उस अखबार की छवि बनती है। अखबारों में संपादकीय पृष्ठ पर प्रकाशित होने वाले संपादकीय अग्रलेख, लेख और टिप्पणियाँ इसी विचारपरक पत्रकारीय लेखन की श्रेणी में आते हैं।

संपादकीय लेखन

संपादक द्वारा किसी प्रमुख घटना या समस्या पर लिखे गए विचारात्मक लेख, जिसे संबंधित समाचार-पत्र की सलाह भी कहा जाता है, को संपादकीय कहते हैं। संपादकीय किसी एक व्यक्ति का विचार या राय न होकर समग्र पत्र-समूह की राय होता है, इसलिए संपादकीय में संपादक अथवा लेखक का नाम नहीं लिखा जाता।

स्तंभ लेखन

कुछ महत्त्वपूर्ण लेखक अपने विचारों के लिए जाने जाते हैं। इससे उन लेखकों की लेखन-शैली भी विकसित हो जाती है। लेखकों की लोकप्रियता को व उनकी लेखन-शैली को देखते हुए समाचार-पत्र में उन्हें स्तंभ लिखने के लिए कहा जाता है, जिसमें उन्हें विषय का चुनाव करने की स्वतंत्रता होती है। कुछ लेखकों के स्तंभ इतने अधिक लोकप्रिय होते हैं कि उन्हें उनके स्तंभ द्वारा ही पहचाना जाता है। स्तंभ लेखन में लेखक के स्वयं के विचार प्रमुख होते हैं अपने विचारों को ही लेखक प्रस्तुत करता है परंतु स्तंभ लेखन लिखते समय लेखक तथ्यों को भी ध्यान में रखता है।

संपादक के नाम पत्र

संपादकीय पृष्ठ पर संपादक के नाम पत्र प्रकाशित किए जाते हैं। इसके अंतर्गत पाठक अपने विचारों, समस्याओं, भिन्न-भिन्न मुद्दों आदि को व्यक्त करते हैं। इसके द्वारा नए लेखकों को स्तंभ लिखने का अवसर भी प्राप्त हो जाता है। अत: पाठकों द्वारा संपादक के नाम लिखा गया पत्र जनमत को प्रतिबिंबित करता है।

लेख

समाचार-पत्र में अनेक पत्रकारों एवं विशेषज्ञों के लेख प्रस्तुत किए जाते हैं। लेख लिखते समय प्रस्तुत किए गए विषय पर विस्तार से चर्चा की जाती है। लेख में प्रारंभ, मध्य व अंत को ध्यान में रखकर लेखक अपने विचारों को प्रस्तुत करता है।

लेख फ़ीचर आदि से भिन्न होता है। लेख लिखने में लेखक के विचारों को प्रमुखता देने के साथ तथ्यों को ध्यान में रखना आवश्यक होता है।

लेखक लेख द्वारा अपने विचार प्रस्तुत करते हुए सूचनाओं एवं तथ्यों का विश्लेषण करके तर्क के आधार पर अपनी राय देता है। स्पष्टत: लेख की कोई एक निश्चित शैली नहीं होती। प्रत्येक लेखक की अपनी शैली होती है, किंतु अखबारों, पत्रिकाओं के लिए लेख लिखने के लिए विषय पर अच्छी पकड़ व जानकारी के साथ प्रारंभ, मध्य व अंत आकर्षक रूप में होना चाहिए, जो अधिक-से-अधिक लोगों को प्रभावित कर सके।

साक्षात्कार/इंटरव्यू

साक्षात्कार में पत्रकार द्वारा अन्य व्यक्ति से उसकी भावनाएँ, विचार, राय आदि जानने के लिए सवाल पूछे जाते हैं। एक सफल साक्षात्कार वह होता है, जिसमें पत्रकार उन सभी प्रश्नों के उत्तर प्राप्त कर सके, जिन्हें पाठक/दर्शक/श्रोता जानना चाहते हैं। साक्षात्कार लेने के लिए पत्रकार को उस व्यक्ति के संदर्भ में सभी जानकारियाँ पहले से ज्ञात होनी चाहिए। साक्षात्कार लेने के लिए यह स्पष्ट होना चाहिए कि आप उस व्यक्ति से किन प्रश्नों के उत्तर जानना चाहते हैं? साक्षात्कार लेते समय महत्त्वपूर्ण सूचना एवं जानकारी को साक्षात्कार के समय नोट करते रहना चाहिए।

पाठ्यपुस्तक (अभिव्यक्ति और माध्यम) के प्रश्नोत्तर

1. किसे क्या कहते हैं?

(क) सबसे महत्त्वपूर्ण तथ्य या सूचना को सबसे ऊपर रखना और उसके बाद घटते हुए महत्त्वक्रम में सूचनाएँ देना ....

(ख) समाचार के अंतर्गत किसी घटना का नवीनतम और महत्त्वपूर्ण पहलू ....

(ग) किसी समाचार के अंतर्गत उसका विस्तार, पृष्ठभूमि, विवरण आदि देना ....

(घ) किसी घटना, समस्या या मुद्दे की गहन छानबीन और विश्लेषण .....

(ङ) वह लेख, जिसमें किसी मुद्दे के प्रति समाचार-पत्र को अपनी राय प्रकट होती है ....

उत्तर (क) उल्टा पिरामिड

(ख) रेखांकन एव कार्टोग्राफ

(ग) विशेष रिपोर्ट

(घ) आलेख एवं स्तंभ

(ङ) संपादकीय

2. नीचे दिए गए समाचार के अंश को ध्यानपूर्वक पढ़िए

शांति का संदेश लेकर आए फ़ज़लुर्रहमान

पाकिस्तान में विपक्ष के नेता मौलाना फ़ज़लुर्रहमान ने अपनी भारत-यात्रा के दौरान कहा कि वे शांति व भाईचारे का संदेश लेकर आए हैं। यहाँ दारूलउलूम पहुँचने पर पत्रकार सम्मेलन को संबोधित करते हुए उन्होंने कहा कि दोनों देशों के संबंधो में निरंतर सुधार हो रहा है। प्रधानमंत्री मनमोहन सिंह से गत सप्ताह नई दिल्ली में हुई वार्ता के संदर्भ में एक प्रश्न के उत्तर में उन्होंने कहा कि पाकिस्तानी सरकार ने कश्मीर समस्या के समाधान के लिए 9 प्रस्ताव दिए हैं।

प्रधानमंत्री मनमोहन सिंह ने उन पर विचार करने का आश्वासन दिया है। कश्मीर समस्या के संबंध में मौलाना साहब ने आशावादी रवैया अपनाते हुए कहा कि 50 वर्षों की इतनी बड़ी जटिल समस्या का एक-दो वार्ता में हल होना संभव नहीं है। लेकिन इस समस्या का समाधान अवश्य निकलेगा। प्रधानमंत्री के प्रस्तावित पाकिस्तान दौरे की बाबत उनका कहना था कि निकट भविष्य में यह संभव है और हम लोग उनका ऐतिहासिक स्वागत करेंगे। उन्होंने कहा कि दोनों देशों के रिश्ते बहुत मज़बूत हुए हैं और प्रथम बार सीमाएँ खुली हैं, व्यापार बढ़ा है तथा बसों का आवागमन आरंभ हुआ है।

(क) दिए गए समाचार में से ककार ढूँढकर लिखिए।

(ख) उपर्युक्त उदाहरण के आधार पर निम्नलिखित बिंदुओं को स्पष्ट कीजिए

• इंट्रो • बॉडी • समापन

(ग) उपर्युक्त उदाहरण का गौर से अवलोकन कीजिए और बताइए कि ये कौन-सी पिरामिड शैली में है और क्यों?

उत्तर

(क) **क्या** शांति का संदेश।

कौन फ़ज़लुर्रहमान, पाकिस्तान के विपक्षी नेता।

कब दारूलउलूम पहुँचने पर, भारत और पाक के मध्य होने वाली वार्ता के अवसर पर।

कहाँ भारत यात्रा पर आए।

कैसे वार्ता द्वारा दोनों देशों में निकटता लाना और समस्या का हल खोजना।

क्यों कश्मीर समस्या का हल चाहने के उद्देश्य से

(ख) **इंट्रो** पाकिस्तान में विपक्ष के नेता मौलाना फ़ज़लुर्रहमान ने अपनी भारत यात्रा के दौरान कहा कि वे शांति व भाईचारे का संदेश लेकर भारत आए हैं।

बॉडी फ़ज़लुर्रहमान द्वारा दारूलउलूम पहुँचने पर तत्कालीन भारतीय प्रधानमंत्री मनमोहन सिंह के साथ हुई बातचीत को पत्रकारों से बताने का अंश।

समापन भारतीय प्रधानमंत्री को आमंत्रण तथा दोनों देशों के रिश्तों में आई मजबूती संबंधी कथन।

(ग) यह समाचार उल्टा पिरामिड शैली में है, क्योंकि इसमें इंट्रो पहले, बॉडी मध्य में और समापन सबसे अंत में है।

3. एक दिन के किन्हीं तीन समाचार-पत्रों को पढ़िए और दिए गए बिंदुओं के संदर्भ में उनका तुलनात्मक अध्ययन कीजिए।

(क) सूचनाओं का केंद्र/मुख्य आकर्षण

(ख) समाचार का पृष्ठ एवं स्थान

(ग) समाचार की प्रस्तुति

(घ) समाचार की भाषा-शैली

उत्तर

	हिंदुस्तान	नवभारत टाइम्स	पंजाब केसरी
(क)	सूचनाएँ आकर्षक एवं विस्तृत हैं।	सूचनाएँ आकर्षक एवं जिज्ञासापूर्ण हैं।	सूचनाएँ सामान्यतया ठीक हैं।
(ख)	समाचार प्रारंभ के सात-आठ पृष्ठों पर होते हैं।	समाचार पहले, दूसरे, तीसरे और चौथे पृष्ठों पर अधिक हैं।	पहले तीन-चार पृष्ठों पर समाचार हैं।
(ग)	समाचार प्रस्तुति का ढंग रोचक, आकर्षक एवं प्रभावशाली है।	समाचार प्रस्तुति का ढंग आकर्षक एवं प्रभावी है।	समाचार प्रस्तुति का ढंग साधारण है।
(घ)	समाचार की भाषा सरल, सहज तथा स्तरीय है।	भाषा सरल, सुबोध एवं स्तरीय है।	भाषा अच्छी है।

4. अपने विद्यालय और मोहल्ले के आस-पास की समस्याओं पर नज़र डालें। जैसे-पानी की कमी, बिजली की कटौती, खराब सड़कें, सफाई की दुर्व्यवस्था। इनमें से किन्हीं दो विषयों पर रिपोर्ट तैयार करें और अपने शहर के अखबार में भेजें

उत्तर **पानी की कमी**

मार्च का महीना बीता नहीं कि पानी की किल्लत शुरू हो गई। तालाब और पोखर सूखने लगे और नलों में भी पानी आना कम हो गया। पानी की कमी और ऊपर से बढ़ती गर्मी, दोनों मिलकर जीना कितना कठिन बना देती हैं, पर परेशानियों का नाम ही तो जीवन है। शहरी क्षेत्रों में यह समस्या और भी विकराल रूप ले लेती है।

अनधिकृत कॉलोनियों में पानी के टैंकर समय पर न आना, सप्ताह में एक-दो बार आने पर युद्ध जैसी स्थिति उत्पन्न होना आम बात हो जाती है। पानी के टैंकर की राह देखते हुए रात बिताना सामान्यतः कोई नई बात नहीं है। चुनावी वादे करने वाले नेता अब दर्शन नहीं देते और शिकायत लेकर जाने पर पल्ला झाड़ने की कोशिश करते नज़र आते हैं। वे कभी जल बोर्ड को दोष देते हैं तो कभी पिछली सरकार को। आखिर यह समस्या लोगों का पीछा कब छोड़ेगी?

सफाई की दुर्व्यवस्था

सफाई का नाम लेते ही जगह-जगह पड़े कूड़े के ढेर, गंदे पानी से भरी नालियाँ, कूड़ेदान के बाहर तक सड़क पर बिखरा कूड़ा और उनमें मुँह मारते जानवरों का दृश्य साकार हो उठता है। कुछ ऐसा दृश्य उत्तरी दिल्ली की पुनर्वास कॉलोनियों में देखा जा सकता हैं। यूँ तो उत्तरी दिल्ली नगर निगम साफ़-सफाई के बड़े-बड़े दावे करता है, पर हल्की-सी बारिश होते ही उसके दावों की पोल खुल जाती है। वर्षा होते ही सड़कों पर पानी का भरना, उनमें कूड़ा-करकट तैरना लोगों को नाक बंद करके जाने के लिए मज़बूर करता है।

ऐसा गंदगीपूर्ण दृश्य देखकर इसे देश की राजधानी का हिस्सा कहने में संकोच होने लगता है। नगर निगम के अध्यक्ष और अधिकारी सफाई-कार्यों का बजट कहीं और खर्च करके तथा सफाई के लिए किए गए कार्यों के झूठे आँकड़े प्रस्तुत करके जनता को धोखा देने का प्रयास करते हैं। उनके इस कृत्य से दिल्ली की आधी से अधिक आबादी साफ हवा-पानी के लिए तरसने को मज़बूर है।

5. किसी क्षेत्र-विशेष से जुड़े व्यक्ति से साक्षात्कार करने के लिए प्रश्न-सूची तैयार कीजिए; जैसे-

- संगीत/नृत्य
- चित्रकला
- शिक्षा
- अभिनय
- साहित्य
- खेल

उत्तर अभिनय की दुनिया में पैर जमा चुके अभिनेता से साक्षात्कार के लिए तैयार की गई प्रश्न-सूची निम्न प्रकार है

(i) आपको अभिनय की दुनिया में आने के लिए प्रेरणा कहाँ से मिली?

(ii) आपको इस क्षेत्र में पैर जमाने के लिए क्या-क्या करना पड़ा?

(iii) आपके अभिनय के क्षेत्र में आने पर आपके माता-पिता की क्या प्रतिक्रिया रही?

(iv) अब तक आपने किन-किन फिल्मों में अपनी प्रतिभा का जौहर दिखाया है?

(v) अभिनय के क्षेत्र में आज आप खुद को कहाँ पाते हैं?

(vi) प्रसिद्धि के शिखर पर पहुँचकर कुछ लोग पैसों के लालच में विज्ञापनों के माध्यम से गलत संदेश देकर अपनी छवि का दुरुपयोग करते हैं। उनके इस कृत्य को आप किस रूप में देखते हैं?

(vii) अभिनय के क्षेत्र में नवागंतुकों की मदद आप कैसे करते हैं?

(viii) अच्छे अभिनय के बाद भी जब आपको सरकार द्वारा पुरस्कृत नहीं किया जाता तब आप कैसा महसूस करते हैं?

(ix) आपकी आने वाली फिल्में कौन-कौन सी हैं? वे आपकी पिछली फिल्मों से किस तरह अलग हैं?

(x) अभिनय की दुनिया में आपने धन तो खूब कमाया पर इससे आपको कितनी संतुष्टि मिली?

(xi) यदि आप अभिनेता न होते तो क्या करना पसंद करते?

नोट अन्य शीर्षकों से संबंधित प्रश्न-सूची छात्र स्वयं तैयार करें।

6. आप अखबार के मुखपृष्ठ पर कौन-से छः समाचार शीर्षक/सुर्खियाँ (हेडलाइन) देखना चाहेंगे? उन्हें लिखिए।

उत्तर अखबार के मुखपृष्ठ पर मैं निम्नलिखित छः समाचार शीर्षक/सुर्खियाँ (हेडलाइन) देखना चाहूँगा

(i) अपने देश की सर्वाधिक महत्त्वपूर्ण एवं चर्चित खबर का शीर्षक।

(ii) महत्त्वपूर्ण विश्वस्तरीय खबर का शीर्षक।

(iii) अपने राज्य की राजधानी संबंधी मुख्य खबर।

(iv) दिल्ली में आयोजित खेलकूद, सांस्कृतिक कार्यक्रम की जानकारी संबंधी शीर्षक।

(v) किनारे बने बॉक्स में मुख्य समाचारों की झलकियाँ।

(vi) मौसम-संबंधी पूर्वानुमान, तापमान, शेयर बाजार भाव आदि की तालिका।

अभ्यास प्रश्न

बहुविकल्पीय प्रश्न

1. पत्रकारीय लेखन के समय क्या ध्यान रखना अत्यंत आवश्यक है?
(क) सूचनाओं की सार्थकता (ख) समाचार की संवेदनशीलता
(ग) सूचनाओं की तथ्यात्मकता (घ) ये सभी

उत्तर (घ) ये सभी

2. पत्रकार कितने प्रकार के होते हैं?
(क) दो (ख) चार (ग) पाँच (घ) तीन

उत्तर (घ) तीन

3. समाचार संगठन में काम करने वाले नियमित वेतनभोगी पत्रकार को क्या कहते हैं?
(क) फ्रीलांसर (ख) पूर्णकालिक
(ग) अंशकालिक (घ) अल्पकालिक

उत्तर (ख) पूर्णकालिक

4. भुगतान के आधार पर अलग-अलग समाचार-पत्रों में लिखने वाले पत्रकार को क्या कहते हैं?

अथवा भुगतान के आधार पर अलग-अलग अखबारों के लिए लिखने वाला होता है **CBSE 2023**

(क) फ्रीलांसर (ख) अल्पकालिक पत्रकार
(ग) अंशकालिक पत्रकार (घ) संपादक

उत्तर (क) फ्रीलांसर

5. इनमें समाचार-पत्र की आवाज किसे माना जाता है?
(क) फीचर (ख) संपादक के नाम पत्र
(ग) संपादकीय (घ) स्तंभ लेखन

उत्तर (ग) संपादकीय

6. तथ्यों, सूचनाओं तथा आँकड़ों की गहरी छानबीन करने वाली रिपोर्ट को क्या कहते हैं?
(क) विवेचनात्मक रिपोर्ट (ख) विश्लेषणात्मक रिपोर्ट
(ग) खोजी रिपोर्ट (घ) इन-डेप्थ रिपोर्ट

उत्तर (घ) इन-डेप्थ रिपोर्ट

7. निम्न में से किस पृष्ठ पर संपादक के नाम पत्र प्रकाशित किए जाते हैं?
(क) सामाजिक (ख) संबोधन
(ग) शैक्षिक (घ) संपादकीय

उत्तर (घ) संपादकीय

8. निम्न में से किसके अंतर्गत लेखक को विषय के चुनाव की स्वतंत्रता प्रदान की जाती है?
(क) लेख (ख) स्तंभ लेखन
(ग) साक्षात्कार (घ) विशेष लेखन

उत्तर (ख) स्तंभ लेखन

9. राजप्पा नायडू ने एक प्रतिष्ठित समाचार-पत्र के दफ्तर में अपना आवेदन दिया। प्रक्रिया पूर्ण होने के पश्चात् उन्हें अलग डेस्क पर काम करने के लिए कहा गया। यह दर्शाता है कि वह है **CBSE SQP 2022-23**
(क) ब्लॉगर (ख) साक्षात्कारकर्ता
(ग) उपसंपादक (घ) फ्रीलांसर

उत्तर (ग) उपसंपादक

10. एंकर बाइट कौन देता है? **CBSE SQP 2022-23**
(क) न्यूज रीडर (ख) एंकर
(ग) अपराधी (घ) प्रत्यक्षदर्शी

उत्तर (घ) प्रत्यक्षदर्शी

11. उल्टा पिरामिड शैली में लिखे जाने वाले लेख को क्या कहते हैं? **CBSE Term II 2022**
(क) समाचार (ख) आलेख
(ग) लेख (घ) फीचर

उत्तर (क) समाचार

12. 'टी. राजीव के खेल संबंधी समाचार पर प्रश्न खड़ा करना उचित नहीं है।' इस कथन से पता चलता है कि ये एक **CBSE Term II 2022**
(क) संवाददाता हैं
(ख) फ्रीलांसर हैं
(ग) विशेष संवाददाता है
(घ) उपसंपादक हैं

उत्तर (ग) विशेष संवाददाता है

13. दिए गए कथनों में से अंशकालिक पत्रकार के लिए सही कथन का चयन कीजिए। **CBSE SQP 2022-23**
(क) कम समय में उल्टा पिरामिड शैली में समाचार लिखने की कला में सिद्धहस्त है।
(ख) स्टिंगर किसी समाचार संगठन के लिए एक निश्चित मानदेय पर काम करने वाला पत्रकार है।
(ग) अंशकालिक पत्रकार किसी समाचार संगठन में काम करने वाला नियमित वेतनभोगी पत्रकार है।
(घ) लोकतांत्रिक समाज में पहरेदार की भूमिका निभाता है, भ्रष्टाचार के विरोध के लिए कार्य करता है।

उत्तर (ख) स्टिंगर किसी समाचार संगठन के लिए एक निश्चित मानदेय पर काम करने वाला पत्रकार है।

14. एक अच्छे व सफल साक्षात्कार के लिए क्या आवश्यक है? निम्नलिखित कथनों पर विचार कीजिए। **CBSE Term II 2022**
1. जिस व्यक्ति का साक्षात्कार करने जा रहे हैं, उसके बारे में पर्याप्त जानकारी हो।
2. उसमें ज्ञान के साथ-साथ संवेदनशीलता, कूटनीति, धैर्य व साहस भी हो।

3. साक्षात्कार में संपादक के नाम पत्र प्रकाशित किए जाते हैं।

कूट

(क) केवल 1 (ख) 1 और 2

(ग) केवल 3 (घ) 2 और 3

उत्तर (ख) 1 और 2

अतिलघु उत्तरीय प्रश्न

1. संपादन के तत्त्वों में 'वस्तुपरकता' को स्पष्ट कीजिए।

उत्तर वस्तुपरकता का अर्थ है—सत्यता। वस्तुपरकता को इस दृष्टि से देखा जाता है कि कोई व्यक्ति किसी तथ्य को किस प्रकार से देखता है।

2. स्तंभ लेखन क्या होता है? समझाइए।

उत्तर कुछ महत्त्वपूर्ण लेखक अपने विचारों को अख़बार के स्तंभ में प्रस्तुत करते हैं। स्तंभ लेखन के अंतर्गत लेखक को अपने विषय का चुनाव करने की स्वतंत्रता होती है।

3. खोजी पत्रकारिता से आप क्या समझते हैं?

उत्तर खोजी पत्रकारिता के द्वारा भ्रष्टाचार, गड़बड़ियों आदि की गहराई से छानबीन करके ऐसे तथ्यों और सूचनाओं को सामने लाने का प्रयास किया जाता है जिन्हें छुपाने का प्रयास किया जा रहा होता है।

4. 'डेड लाइन' का क्या आशय है?

***अथवा* पत्रकारिता की भाषा में 'डेड लाइन' से आप क्या समझते हैं?** **CBSE 2025**

उत्तर कोई भी समाचार-पत्र जिस अवधि के बाद छपता है, वह अवधि ही किसी समाचार के लिए डेड लाइन होती है। प्रायः समाचार-पत्र 24 घंटे बाद छपते हैं। अतः पिछले 24 घंटों की ख़बरे ही छपने योग्य होती हैं। उससे पूर्व की सूचनाएँ बेकार हो जाती हैं। अतः समाचार-पत्रों के लिए 24 घंटे की अवधि डेड लाइन होती है।

5. विशेष रिपोर्ट कैसे लिखी जाती है?

उत्तर विशेष रिपोर्ट विशेष क्षेत्र से जुड़ी घटनाओं से संबंधित होती है। उस क्षेत्र विशेष के संवाददाता द्वारा तथ्यों एवं सूचनाओं का बारीकी से विश्लेषण करके रिपोर्ट को तैयार किया जाता है।

6. अंशकालिक पत्रकार किसे कहते हैं?

उत्तर अंशकालिक पत्रकार समाचार संगठन के लिए एक निश्चित मानदेय के आधार पर काम करते हैं। चूँकि ये पूर्णकालिक पत्रकार नहीं होते। अतः ये एक से अधिक पत्रों के लिए भी काम करते हैं।

लघु उत्तरीय प्रश्न

1. पत्रकारीय लेखन से आप क्या समझते हैं? पत्रकार कितने प्रकार के होते हैं?

***अथवा* पत्रकार कितने प्रकार के होते हैं और फ्रीलांसर पत्रकार किसे कहते हैं?**

उत्तर अखबार या अन्य समाचार माध्यमों में कार्य करने वाले पत्रकार अपने पाठकों, दर्शकों तथा श्रोताओं तक सूचनाएँ पहुँचाने के लिए लेखन के विभिन्न रूपों का प्रयोग करते हैं, इसे ही पत्रकारीय लेखन कहते हैं।

पत्रकारीय लेखन करने वाले पत्रकार तीन प्रकार के होते हैं

(i) **पूर्णकालिक पत्रकार** यह किसी समाचार संगठन में कार्य करने वाला नियमित वेतनभोगी कर्मचारी होता है।

(ii) **अंशकालिक पत्रकार** इसे 'स्ट्रिंगर' भी कहते हैं। यह किसी समाचार संगठन के लिए एक निश्चित मानदेय पर कार्य करता है।

(iii) **फ्रीलांसर पत्रकार** इस पत्रकार का संबंध किसी भी विशेष अखबार से नहीं होता। यह भुगतान के आधार पर अलग-अलग अखबारों के लिए कार्य करता है।

2. विशेष रिपोर्ट कैसी होती है? ये कितने प्रकार की होती हैं?

***अथवा* विशेष रिपोर्ट किसे कहते हैं? इसे किस शैली में लिखा जाता है और इसकी भाषा कैसी होनी चाहिए?** **CBSE Term II 2022**

***अथवा* विशेष रिपोर्ट का आशय स्पष्ट करते हुए खोजी रिपोर्ट और इन-डेप्थ रिपोर्ट में अन्तर स्पष्ट कीजिए।** **CBSE Term II 2022**

उत्तर अखबारों और पत्रिकाओं में किसी घटना, समस्या या मुद्दे की गहरी छानबीन, विश्लेषण और व्याख्या की जाती है, इसे ही विशेष रिपोर्ट कहा जाता है।

विशेष रिपोर्ट निम्नलिखित प्रकार की होती हैं

(i) **खोजी (इन्वेस्टिगेटिव) रिपोर्ट** इस रिपोर्ट में रिपोर्टर मौलिक शोध और छानबीन के माध्यम से ऐसी सूचनाएँ या तथ्य सामने लाता है, जो सार्वजनिक तौर पर पहले से उपलब्ध नहीं थीं। खोजी रिपोर्ट का प्रयोग प्रायः भ्रष्टाचार, अनियमितताओं और गड़बड़ियों को उजागर करने के लिए किया जाता है।

(ii) **इन-डेप्थ रिपोर्ट** इस रिपोर्ट में सार्वजनिक तौर पर उपलब्ध तथ्यों, सूचनाओं और आँकड़ों की गहरी छानबीन की जाती है तथा उसके आधार पर किसी घटना, समस्या, मुद्दों से जुड़े महत्त्वपूर्ण पहलुओं को सामने लाया जाता है।

(iii) **विश्लेषणात्मक रिपोर्ट** इस रिपोर्ट में किसी घटना या समस्या से तथ्यों का विश्लेषण या व्याख्या की जाती है।

(iv) **विवरणात्मक रिपोर्ट** इस रिपोर्ट में किसी घटना या समस्या के विवरण को सूक्ष्म या विस्तृत रूप से प्रस्तुत करने का प्रयास किया जाता है।

3. विचारपरक लेखन कैसे होता है? किन्हीं दो विचापरक लेखन के बारे में बताइए।

***अथवा* स्तंभ लेखन क्या है? स्पष्ट कीजिए।** **CBSE SQP Term II 2022**

उत्तर अखबारों में समाचार और फीचर के अलावा विचारपरक सामग्री का भी प्रकाशन होता है। कई अखबारों की पहचान उनके वैचारिक रुझान से होती है। एक तरह से अखबारों में प्रकाशित होने वाले विचारपूर्ण लेखन से उस अखबार की छवि बनती है। अखबारों में संपादकीय पृष्ठ पर प्रकाशित होने वाले संपादकीय अग्रलेख, लेख और टिप्पणियाँ इसी विचारपरक पत्रकारीय लेखन की श्रेणी में आते हैं।

संपादकीय लेखन संपादक द्वारा किसी प्रमुख घटना या समस्या पर लिखे गए विचारात्मक लेख को, जिसे संबंधित समाचार-पत्र की राय भी कहा जाता है, संपादकीय कहते हैं। संपादकीय किसी एक व्यक्ति का विचार या राय न होकर समग्र पत्र-समूह की राय होता है, इसलिए संपादकीय में संपादक अथवा लेखक का नाम नहीं लिखा जाता।

स्तंभ लेखन कुछ महत्त्वपूर्ण लेखक अपने विचारों के लिए जाने जाते हैं। इससे उन लेखकों की लेखन-शैली भी विकसित हो जाती है। लेखकों की लोकप्रियता को व उनकी लेखन-शैली को देखते हुए समाचार-पत्र में उन्हें स्तंभ लिखने के लिए कहा जाता है जिसमें उन्हें विषय का चुनाव करने की स्वतंत्रता होती है।

कुछ लेखकों के स्तंभ इतने अधिक लोकप्रिय होते हैं कि उन्हें उनके स्तंभ द्वारा ही पहचाना जाता है। स्तंभ लेखन में लेखक के स्वयं के विचार प्रमुख होते हैं अपने विचारों को ही लेखक प्रस्तुत करता है परंतु स्तंभ लेखन लिखते समय लेखक तथ्यों को भी ध्यान में रखता है।

4. 'संपादक के नाम पत्र' के लिए सभी अखबारों में स्थायी स्तंभ क्यों होता है? **CBSE Term II 2022**

उत्तर 'संपादक के नाम पत्र' के लिए सभी अखबारों में स्थायी स्तंभ इसलिए होता है, क्योंकि यह पाठकों को अपनी राय, विचार और जन समस्याओं को साझा करने का मंच प्रदान करता है। इस स्तंभ के माध्यम से पाठक समाज में हो रही घटनाओं पर अपने दृष्टिकोण प्रस्तुत करते हैं, जो जनमत को उजागर करने में सहायक होता है।

यह अखबार और पाठकों के बीच संवाद का सेतु बनाता है, जिससे अखबार को अपनी सामग्री को पाठकों के नजरिए से समझने में मदद मिलती है। साथ ही, नए लेखकों के लिए यह लेखन कौशल को निखारने का अवसर भी देता है।

5. क्या पत्रकारीय लेखन को जल्दी में लिखा गया साहित्य माना जा सकता है? स्पष्ट कीजिए। **CBSE 2025**

उत्तर पत्रकारीय लेखन को जल्दी में लिखा गया साहित्य कहा जा सकता है, लेकिन यह साहित्यिक लेखन से भिन्न होता है। इसका आधार कल्पना नहीं, बल्कि तथ्य होते हैं।

इसमें तात्कालिक घटनाओं, समाज की ज़रूरतों और पाठकों की रुचियों का ध्यान रखा जाता है, जबकि साहित्यिक लेखन में लेखक को कल्पना की स्वतंत्रता होती है। अतः पत्रकारीय लेखन साहित्य का एक रूप होते हुए भी उसका उद्देश्य सूचना देना, जागरूकता फैलाना होता है न कि कल्पनात्मक सृजन करना।

6. पत्रकारीय लेखन का सबसे जाना-पहचाना रूप समाचार लेखन है। समाचार को कैसे लिखा जाता है? **CBSE SQP Term II 2022**

उत्तर पत्रकारीय लेखन का सबसे जाना-पहचाना रूप समाचार लेखन है। सामान्यतः पूर्णकालिक और अंशकालिक पत्रकार, जिन्हें संवाददाता या रिपोर्टर भी कहा जाता है, समाचार लिखते हैं। ये समाचार दूरदर्शन, अखबार आदि में प्रकाशित होते हैं। अखबारों में प्रकाशित अधिकांश समाचार एक विशिष्ट शैली में लिखे जाते हैं।

इस शैली को समाचार लेखन की उल्टा पिरामिड शैली कहा जाता है। इसमें किसी भी घटना, समस्या या विचार के सबसे महत्त्वपूर्ण तथ्य, सूचना या जानकारी को सबसे पहले पैराग्राफ में लिखा जाता है। उसके बाद कम महत्त्वपूर्ण सूचना या तथ्य की जानकारी दी जाती है।

7. किसी अख़बार के लिए संपादकीय लेखन का क्या महत्त्व होता है ? स्पष्ट कीजिए। **CBSE 2023**

उत्तर किसी अख़बार के लिए संपादकीय लेखन अत्यंत महत्त्वपूर्ण होता है, क्योंकि यह अख़बार की आधिकारिक राय प्रस्तुत करता है। संपादकीय लेख पाठकों को किसी घटना, मुद्दे या समस्या पर गहराई से सोचने के लिए प्रेरित करता है और समाज में जागरूकता बढ़ाता है। यह पाठकों को वस्तुनिष्ठ जानकारी प्रदान करने के साथ ही उन्हें समझने में सहायता करता है कि अख़बार का उस विषय पर क्या दृष्टिकोण है। साथ ही, संपादकीय लेखन अख़बार की विश्वसनीयता और सामाजिक उत्तरदायित्व को भी दर्शाता है।

8. पत्रकारीय लेखन के किस रूप को पाठकों का अपना स्तंभ कहा जा सकता है और क्यों ? **CBSE 2024**

उत्तर पत्रकारीय लेखन के 'संपादक के नाम पत्र' को पाठकों का अपना स्तंभ कहा जा सकता है, क्योंकि यह एक ऐसा मंच है, जहाँ पाठक अपनी राय, विचार और जन समस्याओं को खुलकर व्यक्त कर सकते हैं। यह स्तम्भ जनमत को प्रतिबिंबित करता है और पाठकों को सार्वजनिक मुद्दों पर अपने विचार साझा करने का अवसर प्रदान करता है। इसके माध्यम से पाठक सामाजिक समस्याओं को उठाने के साथ-साथ अपने लेखन कौशल को भी निखार सकते हैं, जिससे नए लेखकों के लिए यह लेखन की शुरुआत का अच्छा अवसर बनता है।

9. समाचार लेखन से क्या अभिप्राय है? समाचार लेखन के प्रकारों पर विचार कीजिए।

अथवा

समाचार-लेखन की शैली को स्पष्ट कीजिए। **CBSE 2023**

उत्तर 'समाचार लेखन' समाचारों को लिखकर प्रस्तुत करने का ढंग है। समाचार लेखन एक विशिष्ट कला है। समाचार सूचनात्मक एवं तथ्यात्मक होते हैं। चूँकि इनका सीधा संबंध जनमत से है, इसलिए इनकी प्रस्तुति का ढंग अत्यंत महत्त्वपूर्ण है।

समाचार लेखन के प्रकार

समाचार सामान्यतः दो प्रकार से लिखा जाता है

1. विलोम स्तूपी पद्धति 2. उर्ध्वस्तूपी पद्धति

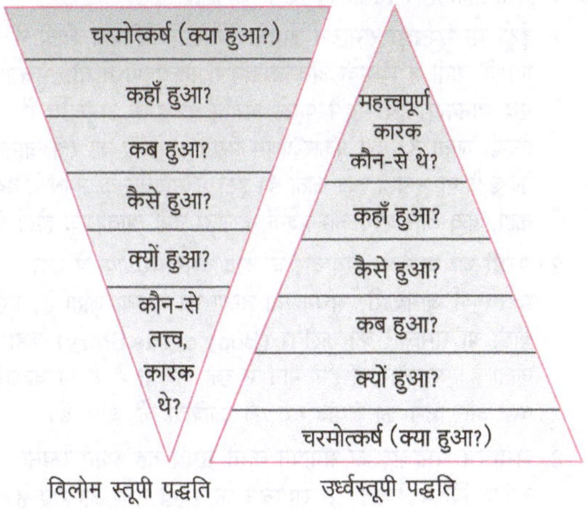

विलोम स्तूपी पद्धति उर्ध्वस्तूपी पद्धति

1. **विलोम स्तूपी पद्धति** (उल्टा पिरामिड शैली) इस पद्धति में समाचार लिखते हुए उसका चरमोत्कर्ष प्रारंभ में दिया जाता है तथा घटनाक्रम की व्याख्या करते हुए अंत किया जाता है।
2. **उर्ध्वस्तूपी पद्धति** प्रायः समाचार विलोमस्तूपी पद्धति के अनुसार ही लिखे जाते हैं, क्योंकि उर्ध्वस्तूपी पद्धति में कम महत्त्वपूर्ण से सर्वाधिक महत्त्वपूर्ण के क्रम में तथ्यों का संकेत किया जाता है। चूँकि पाठक घटना के बारे में शीघ्र सूचना प्राप्त करना चाहता है, इसलिए वह पूरे ब्यौरे को पढ़ने में रुचि नहीं लेता।

10. समाचार की उल्टा पिरामिड शैली किसे कहते हैं? उल्टा पिरामिड शैली में समाचार लेखन की प्रक्रिया पर प्रकाश डालिए।

अथवा

उल्टा पिरामिड शैली से क्या अभिप्राय है? CBSE SQP 2020

अथवा

उल्टा पिरामिड शैली के समाचार-लेखन की मानक शैली बनने के दो कारण लिखिए। CBSE Term II 2022

अथवा

उल्टा पिरामिड शैली का परिचय देते हुए इसकी विशेषताएँ बताइए। CBSE 2023

अथवा

समाचार लेखन की उल्टा पिरामिड शैली क्या है? इसे समाचार लेखन की सर्वाधिक लोकप्रिय शैली क्यों मानते हैं? CBSE 2024

उत्तर **समाचार की उल्टा पिरामिड शैली से अभिप्राय**

किसी समाचार को लिखने या कहने का वह तरीका जिसमें उस घटना, विचार, समस्या के सबसे अहम तथ्यों या पहलुओं को सबसे पहले बताया जाता है और उसके बाद घटते हुए महत्व क्रम में अन्य तथ्यों या सूचनाओं को लिखा या बताया जाता है। इस शैली में किसी घटना क्रम का ब्यौरा कालानुक्रम के बजाय सबसे महत्वपूर्ण तथ्य या सूचना से शुरू होता है।

उल्टा पिरामिड शैली में समाचार लेखन की प्रक्रिया समाचार लेखन की उल्टा पिरामिड शैली के अंतर्गत लिखे गए समाचारों को सुविधा की दृष्टि से तीन भागों में विभाजित किया जाता है।

1. **इंट्रो या मुखड़ा** समाचार अथवा खबरें एक विशेष शैली में लिखी जाती हैं जिसके अंतर्गत सबसे महत्वपूर्ण तथ्यों, सूचनाओं एवं जानकारी को सबसे पहले अर्थात् प्रारंभ के अनुच्छेद में लिखा जाता है। इस प्रकार प्रथम पैराग्राफ में दी जा रही जानकारी को इंट्रो या मुखड़ा कहा जाता है। इंट्रो में समाचार के संबंध में क्या, कहाँ, कब और कौन चार प्रश्नों के उत्तर देना आवश्यक होता है।
2. **बॉडी या कलेवर** समाचार के बाद दूसरे पैराग्राफ में कम महत्त्वपूर्ण जानकारी, सूचना या तथ्यों को बताया जाता है, इसे बॉडी या समाचार का कलेवर (Body of the Story) कहा जाता है। समाचार के इस भाग में छह ककारों में से दो ककारों क्यों और कैसे का जवाब देने की कोशिश की जाती है।
3. **समापन** समाचार का समापन करते समय यह ध्यान रखना चाहिए कि न केवल उस समाचार के प्रमुख तथ्य आ गए हैं, बल्कि समाचार के मुखड़े और समापन के बीच एक तारतम्यता भी होनी चाहिए। समाचार में तथ्यों तथा उसके विभिन्न पहलुओं को इस तरह से पेश करना चाहिए कि उससे पाठक को किसी निर्णय या निष्कर्ष पर पहुँचने में मदद मिले।

उलटा पिरामिड शैली समाचार लेखन की सबसे लोकप्रिय शैली है, क्योंकि यह पाठकों को मुख्य जानकारी तुरंत प्रदान करती है। इसमें सबसे महत्वपूर्ण तथ्य लेख के पहले पैराग्राफ में दिए जाते हैं, जिससे पाठक तुरंत समझ जाते हैं कि समाचार का मूल विषय क्या है? यह शैली संपादकों के लिए भी उपयोगी है, क्योंकि कम महत्त्वपूर्ण हिस्सों को आसानी से काटा जा सकता है।

डिजिटल युग में, जब पाठकों का ध्यान सीमित समय के लिए होता है, यह शैली प्रभावी साबित होती है। सरलता, तटस्थता और समय की बचत के कारण यह शैली समाचार लेखन की बुनियादी और सबसे उपयोगी विधा मानी जाती है। यह शैली पाठकों और संपादकों दोनों के लिए सुविधाजनक होने के कारण समाचार लेखन की बुनियादी और सर्वाधिक प्रभावी शैली है।

11. अच्छे समाचार लेखकों में किन गुणों का होना आवश्यक है? स्पष्ट कीजिए। CBSE 2023

उत्तर अच्छे समाचार लेखकों में निम्नलिखित गुणों का होना आवश्यक है

- **सटीकता और तथ्यपरकता** लेखक को जानकारी सत्यापित करके और सटीकता से प्रस्तुत करनी चाहिए।
- **सरल और स्पष्ट भाषा** छोटे, सरल वाक्य और आम बोलचाल की भाषा का प्रयोग किया जाना चाहिए।
- **निष्पक्षता और तटस्थता** लेखक को बिना पूर्वाग्रह के लेखन करना चाहिए।
- **समयबद्धता** समाचार को ताजगी के साथ समय पर प्रस्तुत करना चाहिए।
- **शोध और जानकारी जुटाने की क्षमता** सही और प्रामाणिक जानकारी जुटाने का कौशल होना चाहिए।
- **संक्षिप्तता और प्रभावशीलता** संक्षेप में मुख्य तथ्यों को प्रस्तुत करना चाहिए।
- **समाज और घटनाओं पर गहरी दृष्टि** लेखक को समाज और घटनाओं पर जागरूक होना चाहिए।
- **उल्टा पिरामिड शैली का ज्ञान** लेखक को महत्त्वपूर्ण जानकारी पहले और कम महत्त्वपूर्ण जानकारी बाद में प्रस्तुत करनी चाहिए।
- **संपादन कौशल** अशुद्धियों को सुधारने और अनावश्यक बातें हटाने में निपुणता होनी चाहिए।
- **रचनात्मकता और विविधता** लेखन में विविधता और रोचकता लाने के लिए मुहावरों और लोकोक्तियों का प्रयोग करें।

12. समाचार-पत्रों में विविधता के साथ कलेवर की व्यापकता के कारणों का उल्लेख कीजिए। CBSE 2023

उत्तर समाचार-पत्रों में विविधता और कलेवर की व्यापकता के कई कारण हैं। सबसे प्रमुख कारण पाठकों की रुचियों और आवश्यकताओं की विविधता है, जिसके अनुसार समाचार-पत्रों को विभिन्न प्रकार की सामग्री; जैसे– राजनीति, खेल, मनोरंजन, व्यापार, विज्ञान और संस्कृति आदि में विभाजित किया जाता है। इसके अतिरिक्त, समाचार-पत्र केवल सूचनाएँ। देने तक सीमित नहीं रहते; वे सामाजिक जागरूकता बढ़ाने, शिक्षा देने, जनमत बनाने और पाठकों का मनोरंजन करने का कार्य भी करते हैं। विभिन्न माध्यमों जैसे प्रिण्ट, डिजिटल, रेडियो और टीवी के बीच प्रतिस्पर्धा भी समाचार-पत्रों को अपने कलेवर (body of the story) को विस्तृत और रोचक बनाने के लिए प्रेरित करती है, ताकि अधिक-से-अधिक पाठकों का ध्यान आकर्षित किया जा सके।

स्व-मूल्यांकन

बहुविकल्पीय प्रश्न

1. इनमें से किस पत्रकार का संबंध किसी विशेष अखबार से नहीं होता?
(क) फ्रीलांसर पत्रकार (ख) पूर्णकालिक पत्रकार
(ग) अंशकालिक पत्रकार (घ) ये सभी

उत्तर (क) फ्रीलांसर पत्रकार

2. समाचार लेखन में प्रथम पैराग्राफ में दी जा रही जानकारी को क्या कहते हैं?
(क) मुखड़ा (ख) बॉडी (ग) समापन (घ) इनमें से कोई नहीं

उत्तर (क) मुखड़ा

3. इनमें से किस रिपोर्ट में रिपोर्टर मौलिक शोध या छानबीन के द्वारा सार्वजनिक तौर पर पहले से न उपलब्ध सूचनाओं व तथ्यों को सामने लाता है?
(क) इन-डेप्थ रिपोर्ट (ख) विवरणात्मक रिपोर्ट
(ग) खोजी रिपोर्ट (घ) विश्लेषणात्मक रिपोर्ट

उत्तर (ग) खोजी रिपोर्ट

4. संपादकीय पृष्ठ पर निम्न में से कौन अपने विचारों, समस्याओं, सामाजिक-नैतिक मुद्दों आदि को व्यक्त करते हैं?
(क) संवाददाता (ख) संपादक (ग) पत्रकार (घ) पाठक

उत्तर (घ) पाठक

5. निम्न में से किसके अंतर्गत विशेष क्षेत्र से जुड़ी घटनाओं, समस्याओं का सूक्ष्म विश्लेषण करके उसे पाठकों के समक्ष प्रस्तुत किया जाता है?
(क) विशेषीकृत रिपोर्टिंग (ख) साक्षात्कार (ग) लेख (घ) स्तंभ लेखन

उत्तर (क) विशेषीकृत रिपोर्टिंग

अतिलघु उत्तरीय प्रश्न

6. समाचार कैसे लिखा जाता है?

7. खोजी रिपोर्ट का प्रयोग कहाँ किया जाता है?

लघु उत्तरीय प्रश्न

8. 'स्तंभ लेखन' किस प्रकार के लेखन का एक रूप है? यह कैसे लिखा जाता है?

9. संपादकीय लेखन के बारे में बताइए।

10. उल्टा पिरामिड शैली के प्रयोग की शुरुआत और इसका विस्तार कब हुआ?

03

अध्याय

फीचर व आलेख लेखन

फीचर व आलेख का अर्थ

फीचर अखबार या पत्रिका में छपे किसी विशेष लेख को फीचर कहा जाता है।
आलेख आकलन और विवेचन करके लिखे गए तथ्यात्मक लेख को आलेख कहते हैं।

अभ्यास के लिए

- बहुविकल्पीय प्रश्न
- अतिलघु उत्तरीय प्रश्न
- लघु उत्तरीय प्रश्न

फीचर लेखन

फीचर एक सुव्यवस्थित, सृजनात्मक और आत्मनिष्ठ लेखन है। फीचर का उद्देश्य मुख्य रूप से पाठकों को सूचना देना, शिक्षित करना तथा उनका मनोरंजन करना होता है। समाचार में रिपोर्टर को अपने विचारों को डालने की स्तवंत्रता नहीं होती, परंतु फीचर में लेखक को अपनी राय, दृष्टिकोण और भावनाओं को जाहिर करने का अवसर होता है। समाचार उल्टा पिरामिड शैली में लिखे जाते हैं, जबकि फ़ीचर लेखन की कोई सुनिश्चित शैली नहीं होती। प्राय: फ़ीचर, समाचार रिपोर्ट से बड़े होते हैं। पत्र-पत्रिकाओं में प्राय: 250 से 2000 शब्दों तक के फीचर छपते हैं।

एक अच्छे फीचर में ग्राफिक्स, फोटो, रेखांकन का होना आवश्यक है। फीचर का विषय आम विषयों से लेकर गंभीर विषयों तक कुछ भी हो सकता है। फीचर विषय व मुद्दे के अनुसार उसे प्रस्तुत करते हुए दिया जाता है।

फीचर कैसे लिखें?

फीचर लिखते समय निम्नलिखित बातों को ध्यान में रखना आवश्यक हैं

- फीचर की सजीवता हेतु उसमें प्रस्तुत विषय से जुड़े लोगों की मौजूदगी अनिवार्य है।
- फीचर के कथ्यों को पात्रों के माध्यम से बताना चाहिए।
- कहानी बताने का अंदाज ऐसा होना चाहिए कि पाठक ऐसा अनुभव करे कि वे स्वयं देख व सुन रहे हैं।
- फीचर मनोरंजक होने के साथ ही सूचनात्मक भी होने चाहिए।
- फीचर को नीरस शोध रिपोर्ट की भाँति नहीं लिखा जाना चाहिए।

- फीचर सामान्यतया तथ्यों, घटनाओं व सूचनाओं पर आधारित कथात्मक विवरण व विश्लेषण होता है, इसलिए इसकी कोई न कोई थीम होनी चाहिए, उसी के इर्द-गिर्द तथ्य, विचार, सूचनाएँ लिखी जानी चाहिए।

फीचर के प्रकार

फीचर के कुछ अन्य प्रकार निम्नलिखित हैं

(i) खोजपरक फीचर
(ii) साक्षात्कार फीचर
(iii) जीवन-शैली फीचर
(iv) यात्रा फीचर
(v) व्यक्तिचित्र फीचर
(vi) समाचार बैकग्राउंडर
(vii) रूपात्मक फीचर
(viii) विशेष रुचि के फीचर आदि।

फीचर लेखन की प्रक्रिया

फीचर लेखन की कोई निश्चित शैली न होने के कारण फीचर को कहीं से भी शुरू किया जा सकता है। प्रत्येक फीचर में प्रारंभ, मध्य व अंत होता है। फीचर का प्रारंभ आकर्षक और उत्सुकता उत्पन्न करने वाला होना चाहिए। प्रभावी प्रारंभ से पूरा फीचर पठनीय बन सकता है।

फीचर के मध्य भाग में प्रस्तुत विषय से संबंधित आकर्षक व दिलचस्प बातों का वर्णन किया जाना चाहिए तथा फीचर के अंत में विषय से संबंधित योजनाओं, चुनौतियों व उस समस्या या घटना के निवारण हेतु उपाय आदि उद्धृत किए जा सकते हैं।

इस प्रकार, फीचर का प्रारंभ, मध्य और अंत एक संभावित ढाँचा हो सकता है। ध्यान रखें फीचर लिखने के दौरान प्रत्येक पैराग्राफ (अनुच्छेद) को पहले के पैराग्राफ से सहज तरीके से जोड़ा हो, जिससे फीचर की प्रारंभ से अंत से प्रवाह व गति बनी रहे।

फीचर लेखन के गुण

एक श्रेष्ठ फीचर लेखन के निम्नलिखित गुण होते हैं

(i) विश्वसनीयता (ii) सरसता एवं सहजता
(iii) प्रचलित शब्दावली का प्रयोग (iv) रोचकता एवं संक्षिप्तता
(v) प्रासंगिकता

फीचर लेखन के उद्देश्य

(i) इसका प्रमुख उद्देश्य ज्ञानवर्द्धन करना है। यह पाठकों को किसी विषय की गहनता से परिचित कराता है।
(ii) पाठकों को सोचने-समझने के लिए प्रेरित करता है।
(iii) पाठकों का ज्ञानवर्द्धन करने के साथ-साथ उनका मनोवैज्ञानिक स्तर पर मनोरंजन भी करता है।

फीचर लेखन से संबंधित महत्त्वपूर्ण बिंदु

फीचर लेखन संबंधी मुख्य बिंदु निम्नलिखित हैं

- फीचर को किसी बैठक या सभा के कार्यवाही विवरण की तरह नहीं लिखना चाहिए।
- फीचर को सजीव बनाने के लिए उसमें विषय से जुड़े लोगों की उपस्थिति अनिवार्य है।
- फीचर में शामिल तथ्यों को **अभिव्यक्त** करने का ढंग ऐसा हो कि पाठक को लगने लगे कि वह उन्हें देख एवं सुन रहा है।
- फीचर कोई शोध रिपोर्ट नहीं है, अतः उसे **सूचनात्मक** के साथ **मनोरंजक** भी होना चाहिए।
- फीचर की कोई न कोई थीम होनी चाहिए। उस थीम में इर्द-गिर्द सभी प्रासंगिक सूचनाएँ, तथ्य और विचार गुंथें होने चाहिए।
- फीचर **कथात्मक** विवरण एवं **विश्लेषण** होता है, लेकिन इसे किसी बैठक की कार्यवाही या विवरण की तरह नहीं लिखा जाना चाहिए।
- फीचर का कोई-न-कोई **उद्देश्य** होना चाहिए और उस उद्देश्य के इर्द-गिर्द ही सभी प्रासंगिक सूचनाएँ, तथ्य एवं विचार गुंथे होने चाहिए।
- फीचर लेखन का कोई निश्चित ढाँचा या फॉर्मूला नहीं होता। इसलिए इसे कहीं से भी प्रारंभ किया जा सकता है।
- फीचर में शुरू से लेकर अंत तक **प्रवाह** एवं **गति** बनी रहनी चाहिए।
- अतः प्रत्येक अनुच्छेद अपने पूर्व के अनुच्छेद से सहज रूप से संबंधित होना चाहिए।

समाचार एवं फीचर

समाचार तथ्यात्मक रिपोर्ट मात्र होता है, जबकि फीचर तथ्यों का ललित भाषा एवं वैयक्तिक शैली में भावनात्मक प्रस्तुति है। समाचार में छः ककारों (क्या, कब, कहाँ, कौन, क्यों एवं कैसे) का होना आवश्यक है, जबकि फीचर में इन ककारों की उपस्थिति अनिवार्य नहीं है। इसके अतिरिक्त, समाचार संक्षिप्त होता है, जबकि फीचर का आकार लेखक की अपनी शैलीगत विशिष्टताओं के साथ अधिक विस्तृत होता है।

लेख एवं फीचर

इन दोनों की लेखन शैली, समाचार लेखन से पूर्णतया भिन्न होती है। पृष्ठभूमि के संदर्भ एवं अध्ययन से एक लेख की रचना की जा सकती है, मगर फीचर की नहीं। फीचर लेखन के लिए अवलोकन, कल्पनाशीलता, अनुभूतियों एवं भावनाओं की आवश्यकता होती है। फीचर लेखन अपेक्षाकृत अधिक कलात्मक एवं कठिन कार्य है।

फीचर लेखन के उदाहरण

1. 'आंतरिक समस्याओं से जूझता हमारा देश' विषय पर एक फीचर लिखिए।

उत्तर **आंतरिक समस्याओं से जूझता हमारा देश**

वर्तमान समय में हमारा देश अनेक आंतरिक समस्याओं से जूझ रहा है। जिसके अन्तर्गत भ्रष्टाचार की समस्या इस समय भीषण रूप धारण कर चुकी है। पिछले अनेक वर्षों से हमारे स्वनामधन्य नेता बड़े-बड़े घोटाले करने में व्यस्त हैं। 2 जी स्पेक्ट्रम का पौने दो लाख करोड़ रुपये का घोटाला हुआ, राष्ट्रमंडल खेलों का 70 हज़ार करोड़ रुपये का घोटाला हुआ। कुछ समय पूर्व कर्नाटक में येदियुरप्पा ने भी काफ़ी बड़ा घोटाला किया था, जिसके कारण उसे मुख्यमंत्री पद से त्यागपत्र देना पड़ा था।

वस्तुतः भ्रष्टाचार केवल नेताओं तक सीमित नहीं है, बल्कि सरकारी कार्यालयों के अधिकांश अधिकारी एवं कर्मचारी भ्रष्ट हैं। न्याय-व्यवस्था में भी भ्रष्टाचार की जड़ें फैल चुकी हैं। भारत की दूसरी आंतरिक समस्या बढ़ती हुई महँगाई है।

महँगाई की मार से आम आदमी त्रस्त है। निर्धन वर्ग के बच्चों को दूध तक उपलब्ध नहीं हो पाता। निर्धनता और ऋणग्रस्तता के कारण महाराष्ट्र और आंध्र प्रदेश में प्रतिवर्ष हज़ारों किसान आत्महत्या कर लेते हैं। इसके अतिरिक्त नक्सलवाद तथा आतंकवाद की समस्या भी अत्यंत भीषण रूप धारण कर चुकी है। नक्सलवाद के कारण भारत के अनेक राज्यों की जनता पीड़ित है। हमेशा कोई-न-कोई आतंकवादी घटना भी होती रहती है, जिससे सामान्य व्यक्ति स्वयं को असुरक्षित अनुभव करता है। इसके अतिरिक्त बेकारी की समस्या भी देश के युवावर्ग को व्यथित करती है। न्याय के क्षेत्र में विलंबित न्याय की समस्या भी हमारे देश के करोड़ों लोगों को परेशान करती है। इस प्रकार हमारा देश अनेक आंतरिक समस्याओं से जूझ रहा है।

2. विद्यालय स्वच्छता अभियान विषय पर एक फीचर तैयार कीजिए। **Delhi 2019**

उत्तर **विद्यालय स्वच्छता अभियान**

विद्यालय में साफ-सफाई का बहुत महत्त्व होता है, क्योंकि यह विद्यार्थी के लिए दूसरे घर और एक मंदिर के समान होता है, जहाँ विद्या की देवी माँ सरस्वती का वास होता है। स्वच्छता को लेकर हमें सदैव सजग रहना चाहिए। स्वच्छता को बढ़ाने के लिए हमारे देश के प्रधानमंत्री श्री नरेंद्र मोदी ने स्वच्छ भारत अभियान भी चलाया है। स्वच्छ भारत अभियान से अब सभी विद्यालयों को भी जोड़ा गया है। यदि विद्यालय में ही स्वच्छता नहीं होगी तो प्रतिदिन कोई-न-कोई विद्यार्थी बीमार रहेगा, जिससे उसकी पढ़ाई में बाधा आएगी। विद्यालयों की सफाई बहुत ही गंभीर विषय है। शिक्षकों को विद्यार्थियों को साफ-सफाई के महत्त्व के बारे में बताना चाहिए और साफ-सफाई के बारे में कई प्रतियोगिताएँ आयोजित करवानी चाहिए।

विद्यालयों में प्रतिवर्ष रंगाई और पुताई का कम होना चाहिए, जिससे स्कूल साफ-सुथरा दिखाई दे। स्कूलों में बालक-बलिकाओं के लिए अलग-अलग शौचालय की व्यवस्था होनी चाहिए और प्रत्येक शौचालय की नियमित रूप से साफ-सफाई होनी चाहिए। विद्यालय में समय-समय पर पानी के पाइपों और टंकियों की सफाई होनी चाहिए।

विद्यालय के वातावरण को स्वच्छ और सुंदर बनाने के लिए पेड़-पौधे और फूलों के बगीचे लगाने चाहिए, जिससे विद्यालय का वातावरण सुगंधित और प्रदूषण रहित होगा और विद्यार्थियों का स्वास्थ्य भी स्वस्थ रहेगा। विद्यार्थियों को भी स्कूल को स्वच्छ रखने में सहयोग करना चाहिए। उन्हें कचरा यहाँ-वहाँ नहीं फैलाना चाहिए। कूड़ा हमेशा कूड़ेदान में ही डालना चाहिए। विद्यार्थियों को सफाई का विशेष ध्यान रखना चाहिए। साफ-सुथरी वेशभूषा पहननी चाहिए, जिससे वे कम-से-कम बीमार पड़ें और रोज स्कूल जा पाएँ।

3. अपनी बस्ती के निकट लगने वाले साप्ताहिक बाज़ार को विषय बनाकर एक फीचर तैयार कीजिए। **Delhi 2019**

उत्तर **अपनी बस्ती के निकट लगने वाले साप्ताहिक बाजार**

साप्ताहिक बाज़ार से तात्पर्य सप्ताह में एक बार लगने वाले बाज़ार से है। साग-सब्जी पैदा करने वाले किसानों और उसे खरीदने वाले आम ग्राहकों के लिए साप्ताहिक बाज़ार फायदे का सौदा बन गए हैं। इस नए उपक्रम से किसान खुश हैं कि उसे नकद पैसे मिल रहे हैं और वह कृषि उपज मंडियों के चँगुल से आजाद हो गए हैं, वहीं खरीदार भी संतुष्ट हैं कि उन्हें हर सप्ताह ताजी सब्जियाँ उचित भाव में खाने को मिल रही हैं। हमारी बस्ती के निकट सोमवार को साप्ताहिक बाज़ार लगता है।

बाज़ार के कारण वहाँ जाम लग जाता हैं जिससे लोगों को आवागमन में परेशानी होती है। कई बार तो स्थिति इतनी भयानक हो जाती है कि पुलिस कर्मचारियों को आकर जाम खुलवाना पड़ता है। सोमवार को लगने वाले बाज़ार के चलते सड़क पर पैदल चलने की भी जगह नहीं रहती। हमारी बस्ती के नागरिकों का कहना है कि साप्ताहिक बाज़ार के दौरान अतिरिक्त यातायात कर्मियों की नियुक्ति होनी चाहिए और सड़क पर रखे वाहनों पर कार्यवाही होनी चाहिए। ऐसे साप्ताहिक बाज़ार वास्तव में उन लोगों के लिए वरदान हैं, जो बहुत दूर क्षेत्र में रहते हैं। इन दिनों वे उचित मूल्य पर अपने सभी आवश्यक वस्तुओं को खरीद सकते हैं।

4. 'खेल के क्षेत्र में उभरता भारत' विषय पर एक फीचर तैयार कीजिए। **All India 2019**

उत्तर **खेल के क्षेत्र में उभरता भारत**

वर्तमान समय में खेलों को किसी व्यक्ति के सम्पूर्ण व्यक्तित्व विकास के लिए आवश्यक माना जाता है। अन्तर्राष्ट्रीय स्तर पर खेल में छाप छोड़ना, देश की प्रतिष्ठा तो बनाता ही है, साथ ही खेल को भी गौरवांवित करता है।

वर्तमान में खेलों में कई बदलाव आ रहे हैं जो समय की माँग के अनुरूप हैं। यह बदलाव राष्ट्रीय एवं अंतर्राष्ट्रीय दोनों ही स्तर पर हो रहे हैं, इसलिए सरकार ने खेलों के विकास के लिए कई कल्याणकारी तथा उत्कृष्ट योजनाओं एवं कार्यक्रमों की शुरुआत की है। इन योजनाओं का उद्देश्य भारत के युवाओं को खेल के लिए प्रोत्साहित एवं आकर्षित करना है। आज हमारे देश ने खेल के क्षेत्र में अपनी महत्त्वपूर्ण भूमिका बना ली है।

आज हमें अपनी विजय पर भरोसा ही नहीं होता। कभी-कभी हम स्वयं अपने प्रदर्शन पर आश्चर्यचकित रह जाते हैं। यह सच है कि पिछले कुछ वर्षों में हमारे देश में अंतर्राष्ट्रीय स्तर की योग्यता रखने वाले खिलाड़ियों ने सफलता हासिल की है।

उन्हीं के कारण हमारा देश खेल के क्षेत्र में उभरता हुआ दिखाई देता है। हमारे देश में खेल के क्षेत्र की उपलब्धियाँ अत्यंत क्षीण हैं, लेकिन यह भी सत्य है कि हमारे देश में प्रतिभा की भी कमी नहीं है। यदि स्वस्थ वातावरण तैयार किया जाए और चयन उचित प्रक्रिया द्वारा किया जाए, तो हम इस क्षेत्र में बहुत प्रगति कर सकते हैं।

आलेख लेखन

आलेख गद्य-लेखन की एक विधा है। आलेख वैचारिक गद्य-रचना को कहते हैं, जिसमें किसी विषय विशेष पर विचारों की शृंखलाबद्ध, तर्कपूर्ण एवं विश्लेषणात्मक प्रस्तुति की जाती है। आलेख में किसी वस्तु विचार, घटना अथवा स्थिति की समीक्षा एवं उसका विवेचन किया जाता है।

आलेख लिखने हेतु ध्यान रखने योग्य बातें

- आलेख लिखने वाले व्यक्ति का संबंधित विषय पर सम्यक् चिंतन होना चाहिए।
- आलेख से जुड़े तथ्यों एवं आँकड़ों आदि का उल्लेख पूर्ण-स्पष्टता के साथ करना चाहिए।
- आलेख लिखने हेतु एक वैचारिक एवं तकनीकी कुशलतायुक्त भाषा का प्रयोग करना चाहिए।
- आलेख की भाषा सहज, सरल एवं रोचक होनी चाहिए।
- आलेख के प्रस्तुतीकरण में भ्रामक एवं संदिग्ध जानकारियों का उल्लेख नहीं करना चाहिए।
- आलेख का आमुख (प्रस्तावना) वाला अंश तथा समाप्ति वाला अंश रोचक एवं निष्कर्षपरक होना चाहिए।

आलेखों के उदाहरण

1. 'बदल रही है सरकारी विद्यालयों की छवि' विषय पर एक आलेख तैयार कीजिए। **Delhi 2019**

उत्तर **बदल रही है सरकारी विद्यालयों की छवि**

शिक्षा ही व्यक्ति का सर्वांगीण विकास करती है और शिक्षा ग्रहण करने के लिए हमें विद्यालयों की आवश्यकता पड़ती है। विद्यालय दो प्रकार के हैं- सरकारी विद्यालय और निजी विद्यालय। जहाँ पहले सरकारी विद्यालय की अपेक्षा निजी विद्यालयों का अधिक प्रभाव था, वहीं आज सरकारी विद्यालय भी समाज में अपना विशेष स्थान बना चुके हैं, क्योंकि आज सरकारी विद्यालयों की छवि बदल गई है। सरकारी विद्यालयों में सुधार के लिए जो नवाचार अपनाएँ हैं, उनके कारण सरकारी विद्यालयों में विद्यार्थियों का नामांकन तेजी से बढ़ा है।

सरकारी विद्यालयों ने अपनी छवि को बदलने के लिए विद्यालयों में आधारभूत सुविधाओं का विकास करने के साथ ही गुणवत्तापूर्ण शिक्षा को सुनिश्चित भी किया है।

परिणाम यह हुआ कि कई लाख नए विद्यार्थियों का सरकारी विद्यालयों में नामांकन हुआ। इन विद्यालयों में पर्याप्त संख्या में शिक्षक, आधारभूत सुविधाएँ; जैसे- कक्षा-कक्ष, छात्र-छात्राओं के लिए अलग-अलग शौचालय, प्रयोगशाला, कम्प्यूटर, इंटरनेट आदि सभी सुविधाएँ उपलब्ध हैं। सरकारी स्कूलों की स्थिति अब बदल रही है। इसका श्रेय पूरे एजुकेशन सिस्टम को जाता है।

2. 'बच्चों में दृष्टि-दोष की समस्या' विषय पर एक आलेख तैयार कीजिए। **All India 2019**

उत्तर **बच्चों में दृष्टि दोष की समस्या**

वर्तमान समय में बच्चों में दृष्टि दोष की समस्या बढ़ती जा रही है। परिवार में हर बच्चे को यह समस्या है।

आजकल स्कूल से आते ही बच्चे टीवी में कार्टून देखने के लिए कई-कई घंटों तक बैठे रहते हैं। बच्चे बाहर निकलकर खेलना नहीं चाहते अर्थात् बाहर का खेल खेलना नहीं चाहते। विडियो गेम व मोबाइल में लगे रहते हैं। इन सब के कारण टीवी व मोबाइल से निकलने वाली अल्ट्रावाइलेट किरणें सीधे आँखों को प्रभावित करती हैं। बच्चे अगर अच्छे से पौष्टिक तत्त्व, भरपूर भोजन का सेवन न करें तो भी आँखों से संबंधित बीमारियाँ होती हैं। बच्चों में दृष्टि दोष की समस्या के लिए माता-पिता को ज्यादा ध्यान देने की आवश्यकता है। बच्चों की आँखें नाजुक होती हैं इसलिए उन्हें खास देखभाल की जरूरत होती है। बच्चे बार-बार आँखों पर हाथ लगाते हैं, जिसकी वजह से आँखों में संक्रमण की आंशका बढ़ जाती है। कभी-कभी यह संक्रमण बच्चों की आँखों के लिए काफी नुकसानदेह हो जाता है, इसलिए इसका तुरन्त उपचार आवश्यक है।

3. आपने अपने सहपाठियों के साथ कुछ गाँवों की प्राथमिक पाठशालाओं को देखा। शिक्षा का अधिकार कानून के रहते हुए भी उन विद्यालयों में उसका अनुपालन कितना हो पा रहा है और उसकी सीमाएँ क्या हैं—इस विषय पर एक आलेख लिखिए।

उत्तर **शिक्षा का अधिकार**

भारत के कुछ गाँवों में प्राथमिक पाठशालाओं की स्थिति अत्यंत शोचनीय है। वहाँ विद्यार्थियों के बैठने की उचित व्यवस्था नहीं है किसी कमरे में दरी बिछी है तो किसी कमरे में वह भी नहीं है। कक्षा में श्यामपट्ट की व्यवस्था नहीं है, बिजली एवं पीने के पानी की भी कोई व्यवस्था नहीं है। विद्यालय में अध्यापकों की संख्या कम है। कुछ अध्यापक छुट्टी पर हैं तथा कुछ अध्यापक जो विद्यालय में उपस्थित हैं, वे अपना कार्य एवं ज़िम्मेदारी उचित प्रकार से नहीं निभा रहे हैं।

भारत में 'शिक्षा का अधिकार' कानून है जिसका उद्देश्य 6 से 14 वर्ष आयु तक के सभी बच्चों को मुफ्त एवं अनिवार्य, गुणवत्तायुक्त शिक्षा को सुनिश्चित करना है। शिक्षा का अधिकार कानून के उपरांत भी गाँव में विद्यार्थियों को इसका लाभ नहीं मिल पा रहा है, जिसका सर्वप्रथम कारण है कि गाँव से विद्यालय अधिक दूरी पर हैं जहाँ पर विद्यार्थियों एवं अध्यापकों को कई कि.मी. तक पैदल चलना पड़ता है।

साथ ही विद्यालयों की स्थिति को देखते हुए व विद्यालय में सुविधाओं के अभाव के कारण माता-पिता अपने बच्चों को विद्यालय भेजना उचित नहीं समझते। शिक्षा का अधिकार कानून के रहते हुए गाँवों की प्राथमिक पाठशालाओं में उसका अनुपालन न होने के कारण इसकी उपयोगिता पर प्रश्नचिह्न लग गया है। किसी भी देश का भविष्य शिक्षित नागरिकों पर निर्भर करता है। अतः शिक्षा का अधिकार कानून का उचित रूप से पालन किया जाना चाहिए।

4. 'कहाँ नहीं है भ्रष्टाचार।' विषय पर एक आलेख लिखिए।

उत्तर **कहाँ नहीं है भ्रष्टाचार**

भ्रष्टाचार से तात्पर्य, व्यक्ति द्वारा किए जाने वाले ऐसे अनुचित कार्य से है, जिसे वह अपने पद का लाभ उठाते हुए आर्थिक या अन्य लाभों को प्राप्त करने के लिए स्वार्थपूर्ण ढंग से करता है। आज हमारे देश में धर्म, शिक्षा, राजनीति, प्रशासन, कला, मनोरंजन, खेल-कूद इत्यादि सभी क्षेत्रों में भ्रष्टाचार ने अपने पाँव फैला दिए हैं। रिश्वत लेना-देना, खाद्य-पदार्थों में मिलावट, मुनाफाखोरी, अनैतिक ढंग से धन-संग्रह, कानूनों की अवहेलना करके अपना उल्लू सीधा करना आदि भ्रष्टाचार के ऐसे रूप हैं, जो भारत ही नहीं, अपितु दुनियाभर में व्याप्त हैं। धन की लालसा ने आज आर्थिक क्षेत्र में कालाबाजारी, मुनाफाखोरी, रिश्वतखोरी आदि को बढ़ावा दिया है। इसके अतिरिक्त गरीबी, बेरोज़गारी, महँगाई, लालफीताशाही, अशिक्षा, सरकारी कार्यों का विस्तृत क्षेत्र, अत्यधिक प्रतिस्पर्धा आदि कारणों से भ्रष्टाचार में वृद्धि हुई है।

भ्रष्टाचार जहाँ लोगों के नैतिक व चारित्रिक पतन का कारण है वहीं दूसरी ओर इसके कारण देश को आर्थिक क्षति भी उठानी पड़ती है। भ्रष्टाचार के फलस्वरूप ही अधिकारी और व्यापारी वर्ग के पास काला धन अत्यधिक मात्रा में इकट्ठा हो गया है। आज यदि देश का प्रत्येक युवा अपना कर्त्तव्य समझकर भ्रष्टाचार का विरोध करने लगे तो देश से भ्रष्टाचार रूपी दानव का अंत हो जाएगा।

अभ्यास प्रश्न

बहुविकल्पीय प्रश्न

1. फ़ीचर का प्रमुख उद्देश्य क्या है?
(क) मनोरंजन करना (ख) औपचारिकता
(ग) ज्ञानवर्द्धन करना (घ) सार्थकता

उत्तर (ग) ज्ञानवर्द्धन करना

2. आलेख का आमुख तथा समाप्ति का अंश कैसा होना चाहिए?
(क) सारगर्भित (ख) निष्कर्षपरक
(ग) आकर्षक (घ) चिंतनपरक

उत्तर (ख) निष्कर्षपरक

3. फ़ीचर क्या है?
(क) राजनीतिक विषय पर प्रधान लेख
(ख) सांस्कृतिक विषय पर प्रधान लेख
(ग) किसी विशेष विषय पर प्रधान लेख
(घ) आर्थिक विषय पर प्रधान लेख

उत्तर (ग) किसी विशेष विषय पर प्रधान लेख

4. निम्नलिखित में से कौन-सा फ़ीचर लेखन का प्रकार नहीं है?
(क) सामाजिक सांस्कृतिक फ़ीचर (ख) घटनापरक फ़ीचर
(ग) मनोवैज्ञानिक फ़ीचर (घ) साहित्यिक फ़ीचर

उत्तर (ग) मनोवैज्ञानिक फ़ीचर

5. फ़ीचर लेखन में सत्य एवं तथ्य के साथ किसका समावेश होता है?
(क) कल्पना
(ख) रचनात्मकता
(ग) शीर्षक
(घ) प्रासंगिकता

उत्तर (ख) रचनात्मकता

6. आलेख लेखन की भाषा कैसी होनी चाहिए?
(क) सरल (ख) सुगम
(ग) प्रभावी (घ) ये सभी

उत्तर (घ) ये सभी

7. निम्नलिखित में से कौन फीचर लेखन का चरण नहीं है?
(क) शीर्षक (ख) चरमोत्कर्ष (ग) आमुख (घ) समापन

उत्तर (ख) चरमोत्कर्ष

8. निम्नलिखित में से कौन-सा तत्त्व फ़ीचर लेखन का तत्त्व है?
(क) परिवेश (ख) छंद (ग) कल्पना (घ) बिंब

उत्तर (ग) कल्पना

9. लेखक के वैचारिक रुझान के अन्तर्गत लिखे जाने वाले कॉलम को कहते हैं **CBSE Term II 2022**
(क) संपादकीय लेखन (ख) फीचर लेखन
(ग) आलेख लेखन (घ) स्तंभ लेखन

उत्तर (ख) फीचर लेखन

10. निम्नलिखित कथनों पर विचार कीजिए।
1. फीचर लेखन का प्रमुख उद्देश्य ज्ञानवर्द्धन करना है।
2. फीचर लेखन मनोवैज्ञानिक स्तर पर मनोरंजन करता है।
3. फीचर में ककारो की उपस्थिति अनिवार्य है **CBSE Term II 2022**

कूट
(क) केवल 1 (ख) 1 और 2
(ग) केवल 3 (घ) 1 और 3

उत्तर (ख) 1 और 2

अतिलघु उत्तरीय प्रश्न

1. ऐसा सुव्यवस्थित, सृजनात्मक और आत्मनिष्ट लेखन, जिसके माध्यम से सूचनाओं के साथ-साथ मनोरंजन पर भी ध्यान दिया जाता है, उसे क्या कहते हैं? **NCERT**

अथवा फीचर किसे कहते हैं? **CBSE 2023, Delhi 2019**

उत्तर ऐसा सुव्यवस्थित, सृजनात्मक और आत्मनिष्ट लेखन, जिसके माध्यम से सूचनाओं के साथ-साथ मनोरंजन पर भी ध्यान दिया जाता है, उसे फीचर कहते हैं।

2. **अच्छे फीचर की किन्हीं तीन विशेषताओं का उल्लेख कीजिए।** **CBSE SQP 2022**

अथवा **अच्छे फीचर लेखन की विशेषताओं पर प्रकाश डालिए।** **CBSE SQP 2024**

उत्तर फीचर की तीन विशेषताएँ निम्नलिखित हैं

1. फीचर समाचार की तरह पाठकों को तात्कालिक घटनाक्रम से अवगत नहीं कराता।
2. फीचर में लेखक के पास अपनी राय या दृष्टिकोण और भावनाएँ जाहिर करने का अवसर होता है।
3. फीचर लेखन कथात्मक शैली में किया जाता है तथा इसका प्रमुख उद्देश्य ज्ञानवर्द्धन करना है।

3. **फीचर लेखन के गुण बताइए।**

उत्तर एक श्रेष्ठ फीचर लेखन के निम्नलिखित गुण होते हैं

(*i*) विश्वसनीयता
(*ii*) सरसता एवं सहजता
(*iii*) प्रचलित शब्दावली का प्रयोग
(*iv*) रोचकता एवं संक्षिप्तता
(*v*) प्रासंगिकता

4. **फीचर व लेख में भेद कीजिए।**

उत्तर इन दोनों की लेखन शैली, समाचार लेखन से पूर्णतया भिन्न होती है। पृष्ठभूमि के संदर्भ एवं अध्ययन से एक लेख की रचना की जा सकती है, लेकिन फीचर की नहीं। फीचर लेखन के लिए अवलोकन, कल्पनाशीलता, अनुभूतियों एवं भावनाओं की आवश्यकता होती है। फीचर लेखन अपेक्षाकृत अधिक कलात्मक एवं कठिन कार्य है।

लघु उत्तरीय प्रश्न

1. **फीचर और समाचार में क्या अंतर है? अपने शब्दों में समझाइए।** **CBSE 2023**

पत्रकारीय लेखन का ही एक रूप होते हुए फीचर लेखन समाचार से भिन्न किस प्रकार है? **CBSE 2024**

उत्तर **फीचर और समाचार में अंतर**

फीचर	समाचार
फीचर का उद्देश्य पाठकों का मनोरंजन, शिक्षित करना और गहराई से जानकारी प्रदान करना है।	समाचार का उद्देश्य तात्कालिक घटनाओं की तथ्यात्मक और संक्षिप्त जानकारी देना है।
यह कथात्मक और रचनात्मक शैली में लिखा जाता है, जो रोचकता पर जोर देता है।	यह उल्टा पिरामिड शैली में लिखा जाता है, इसमें सबसे महत्त्वपूर्ण तथ्य पहले आते हैं।
लेखक अपनी राय, अनुभव और भावनाएँ व्यक्त कर सकता है।	लेखक की राय और भावनाएँ शामिल नहीं होतीं, यह पूरी तरह वस्तुनिष्ठ होता है।
इसकी भाषा आकर्षक, रचनात्मक और भावनात्मक होती है।	इसकी भाष सरल, सपाट और औपचारिक होती है।
यह जीवनशैली, यात्रा, प्रेरक कहानियाँ और व्यापक विषयों पर आधारित होता है।	यह तात्कालिक घटनाओं, दुर्घटनाओं और सामाजिक मुद्दों पर आधारित होता है।
यह अधिक विस्तृत और शब्द सीमा में लचीला होता है। (लगभग 250-2000 शब्दों तक)	यह संक्षिप्त और सीमित शब्दों में लिखा जाता है।

2. **फीचर लेखन की प्रचलित शैली कौन-सी है? फीचर की विशेषताओं का उल्लेख कीजिए।** **CBSE 2023**

उत्तर फीचर लेखन का कोई एक तय ढाँचा या फार्मूला नहीं होता है। फीचर लेखन की शैली काफी हद तक कथात्मक शैली की तरह है। यह किसी कहानी की तरह विस्तार और रोचकता के साथ लिखा जाता है। यह कहानी की तरह घटनाओं या विषय का वर्णन करता है। शैली रोचक, सरल और प्रभावी होनी चाहिए ताकि पाठकों का ध्यान खींचा जा सके।

फीचर की विशेषताएँ निम्नलिखित हैं

1. फीचर समाचार की तरह पाठकों को तात्कालिक घटनाक्रम से अवगत नहीं कराता।
2. फीचर में लेखक के पास अपनी राय या दृष्टिकोण और भावनाएँ जाहिर करने का अवसर होता है।
3. फीचर लेखन कथात्मक शैली में किया जाता है।
4. फीचर को सजीव बनाने के लिए उसमें विषय से जुड़े लोगों की उपस्थिति अनिवार्य है।
5. फीचर कोई शोध रिपोर्ट नहीं है। अतः यह सूचनात्मक के साथ मनोरंजक भी होता है।
6. फीचर कथात्मक विवरण एवं विश्लेषण होता है, लेकिन इसे किसी बैठक की कार्यवाही या विवरण की तरह नहीं लिख सकते हैं।

3. **फीचर को किसी बैठक या सभा के कार्यवाही विवरण की तरह क्यों नहीं लिखा जाना चाहिए?** **CBSE 2024**

उत्तर फीचर को बैठक या सभा के कार्यवाही विवरण की तरह नहीं लिखा जाना चाहिए, क्योंकि कार्यवाही विवरण औपचारिक, तथ्यात्मक और नीरस होते हैं, जबकि फीचर का उद्देश्य पाठकों को रोचकता, सजीवता और भावनात्मक जुड़ाव के साथ जानकारी प्रदान करना है। फीचर लेखन में रचनात्मकता और कथात्मक शैली का प्रयोग होता है, जो इसे पठनीय और मनोरंजक बनाती है। अगर फीचर को कार्यवाही विवरण की तरह लिखा जाए, तो यह अपनी रोचकता और पाठकों पर प्रभाव छोड़ने की क्षमता खो देगा।

4. **फीचर लेखन का निश्चित ढाँचा या फॉर्मूला नहीं होता, फिर भी एक सजीव, रोचक फीचर कैसे लिखा जा सकता है?** **CBSE 2025**

उत्तर फीचर लेखन का कोई निश्चित ढाँचा या फॉर्मूला नहीं होता, फिर भी उसे रोचक और सजीव बनाने के लिए प्रारंभ, मध्य और अंत को सहज रूप से जोड़ना आवश्यक है। प्रारंभ आकर्षक और उत्सुकता उत्पन्न करने वाला होना चाहिए।

विषय से जुड़े पात्रों के अनुभवों, संवादों और रोचक घटनाओं को इस प्रकार प्रस्तुत करना चाहिए कि पाठक स्वयं को उस माहौल में महसूस करे। प्रवाह बनाए रखने के लिए पैराग्राफ छोटे होने चाहिए और एक पैराग्राफ में एक ही पहलू पर ध्यान देना चाहिए। इस प्रकार, रोचक शैली और कथात्मक प्रस्तुति से प्रभावी फीचर लिखा जा सकता है।

5. **'गाँवों में फैलता फ़ैशन' विषय पर एक आलेख लिखिए।**

उत्तर **गाँवों में फैलता फैशन**

किसी भी समाज में कोई भी नया फ़ैशन सामान्यतया महानगरों से प्रारंभ होता है। उस फ़ैशन का जैसे-जैसे प्रचलन बढ़ता जाता है, लोगों का

ध्यान उसकी ओर आकर्षित होता जाता है। सबसे अलग दिखने की आकांक्षा या इच्छा ही लोगों को नए-नए फ़ैशन अपनाने के लिए बाध्य करती है। महानगरों में उत्पन्न फ़ैशन भी शीघ्र ही विभिन्न गाँवों तक पहुँच जाता है। उन्हें अपनाने की होड़ शहरी लोगों की तरह ग्रामीण लोगों में भी मच जाती है।

विज्ञापन के माध्यम से लोगों को यह संदेश जाता है कि आधुनिक फ़ैशन के बिना उन्हें आधुनिक एवं सभ्य नहीं समझा जाएगा। अतः स्वयं को सुंदर, आकर्षक एवं आधुनिक बनाने के लिए गाँव वाले भी शहरी लोगों की तरह फ़ैशन के दीवाने बन जाते हैं।

यही कारण है कि आधुनिक पहनावे एवं तौर-तरीकों के बीच पारंपरिक पहनावे एवं तौर-तरीके गायब होते जा रहे हैं। घाघरा, पगड़ी, धोती जैसी पोशाक लुप्त होती जा रही हैं। आधुनिक समय मीडिया की अत्यधिक सक्रियता के कारण गाँव एवं शहर में कोई अंतर नहीं रहने देता। गाँव भी शहरी संस्कृति को ज़ोर-शोर से अपनाने के लिए व्याकुल रहने लगे हैं। शहर में विकसित कोई भी फ़ैशन कुछ ही दिनों में ग्रामीण समाज में भी प्रचलित हो जाता है, लेकिन यह बदलाव सार्थक है या नहीं इसका उत्तर तो समय ही देगा, लेकिन इतना अवश्य है कि पारंपरिक वेशभूषा को बनाए रखने की ज़िम्मेदारी काफ़ी हद तक गाँवों की है, अतः इसका ध्यान अवश्य रखा जाना चाहिए।

6. 'हताशा में आशा की किरण, युवा' विषय पर एक आलेख लिखिए।

उत्तर **हताशा में आशा की किरण, युवा**

वर्तमान समाज अन्याय, असमानता, ईर्ष्या, जातिभेद, वर्गभेद, वर्णभेद, सांप्रदायिकता, भ्रष्टाचार, नारी के विरुद्ध हिंसा आदि कई बुराइयों से ग्रस्त है। चारों ओर अव्यवस्था एवं अराजकता का माहौल व्याप्त है। समाज में शिक्षा एवं रोज़गार संबंधी इतनी विषम समस्याएँ मौजूद हैं कि चारों तरफ़ निराशा का वातावरण दिखाई देता है। लोग अपने जीवन एवं भविष्य को लेकर आशंकित हैं। समाज में भ्रष्टाचार, अशिक्षा, निर्धनता, असमानता, शोषण, सांप्रदायिकता आदि अनेक ऐसी चुनौतियाँ उपस्थित हैं, जिनका सक्षम तरीके से मुकाबला किए बिना एक स्वस्थ नव-समाज की रचना संभव नहीं है।

इस नव-निर्माण की ज़िम्मेदारी सिर्फ़ युवा वर्ग ही उठा सकता है। सामाजिक मूल्यों को बनाए रखना तथा समाज में सकारात्मक दृष्टिकोण उत्पन्न करना युवा वर्ग द्वारा ही संभव है। शिक्षित युवा वर्ग ही संकीर्ण मानसिकता से ऊपर उठकर समाज को एक ऐसी दिशा प्रदान कर सकता है, जो सभी वर्गों के लोगों के लिए राहत पहुँचाने वाली हो। समाज के नव-निर्माण के कार्य में साहस एवं त्याग की आवश्यकता होगी, पग-पग पर भूलें होने की आशंका मौजूद रहेगी, अतः युवा वर्ग को साहसी, त्याग के लिए तैयार, विवेकी, धैर्यवान् एवं दूरद्रष्टा होना पड़ेगा। यदि अपने लक्ष्य पर अपनी नज़रें जमाकर युवा वर्ग ने अपने समुचित कर्त्तव्यों को निभाया, तो दुनिया की कोई भी शक्ति समाज के नव-निर्माण को नहीं रोक सकती। वर्तमान समय में व्याप्त हताशा के माहौल में वही एकमात्र आशा की किरण है।

7. 'श्रम से ही राष्ट्रीय कल्याण' पर एक आलेख लिखिए।

उत्तर **श्रम से ही राष्ट्रीय कल्याण**

श्रम के अभाव में किसी भी राष्ट्र की उन्नति असंभव है। भारतवर्ष विश्व के देशों में एक महत्त्वपूर्ण स्थान रखता है। इसका एक मुख्य कारण यहाँ के निवासियों का परिश्रमी होना है। भारत के नगरों में आज जगह-जगह फ्लाईओवर, अच्छी सड़कें, विशाल भवन आदि दिखाई देते हैं। यह सब मानवीय श्रम का ही परिणाम है।

किसान खेती करने में अत्यधिक श्रम करते हैं, तभी देश की जनता को भोजन प्राप्त होता है। किसान यदि श्रम करना छोड़ दें तो हमारे देश का अस्तित्व ही शेष नहीं रहेगा। इसी प्रकार मज़दूर अपने श्रम द्वारा बड़ी-बड़ी संरचनाओं का निर्माण करते हैं। बिना श्रम के औद्योगिक उत्पादन संभव नहीं है। वस्तुतः प्रत्येक व्यक्ति को मानसिक एवं शारीरिक श्रम करना ही पड़ता है, तभी राष्ट्र के निवासी सुविधापूर्ण ढंग से जीवनयापन कर सकते हैं।

जिस राष्ट्र के नागरिक श्रम से जी चुराते हों, वह राष्ट्र उन्नति के पथ पर अग्रसर नहीं हो सकता। वस्तुतः किसानों, मज़दूरों के श्रम से ही राष्ट्र का अस्तित्व बना रहता है। साथ ही, अध्यापक, सरकारी कर्मचारी अथवा अधिकारी आदि भी पर्याप्त परिश्रम करते हैं, तभी राष्ट्र का कल्याण संभव हो पाता है।

8. 'प्रांतीयता का फैलता हुआ विष' विषय पर एक आलेख लिखिए।

उत्तर **प्रांतीयता का फैलता विष**

हमारे देश में पिछले कुछ वर्षों से प्रांतीयता का विष-वृक्ष तेज़ी से फैलता ही जा रहा है। असम, कश्मीर, महाराष्ट्र आदि में यह विष बहुत अधिक फैल चुका है। कश्मीर में भारत के अन्य प्रांतों के लोगों को 'हिंदुस्तानी' कहा जाता है। महाराष्ट्र में बिहार तथा उत्तर प्रदेश के लोगों को 'भैया' कहा जाता है। असम में अन्य प्रांतों के लोगों को सम्मान की दृष्टि से नहीं देखा जाता। कुछ वर्ष पूर्व तक पंजाब में भी अन्य राज्यों के लोगों को घृणा की दृष्टि से देखा जाता था।

महाराष्ट्र में 'मराठी मानुष' का बोलबाला है। वहाँ शिवसेना तथा एमएनएस जैसे प्रांतीय राजनीतिक दल कभी गैर-मराठियों को मराठी सीखने के लिए विवश करते हैं, तो कभी नौकरियों में केवल मराठी लोगों को विशेष अवसर देने के लिए आंदोलन करते हैं।

कुछ समय पूर्व बंगलुरु में कार्यरत उत्तर-पूर्वी राज्यों के लोगों को धमकी भरे एसएमएस भेजकर उन्हें अपने-अपने गृहराज्य जाने के लिए विवश किया गया।

उस समय दिल्ली जैसे धर्म-निरपेक्ष प्रदेश में भी उत्तर-पूर्वी राज्यों से आए लोगों में भय व्याप्त हो गया था। वस्तुतः भारत में किसी भी प्रांत के व्यक्ति को कहीं भी रहने का अधिकार है परंतु अनेक नेता अथवा राजनीतिक दल अपने राजनीतिक स्वार्थों तथा आकांक्षाओं को पूरा करने के लिए प्रांतीयता का विष फैलाते हैं। ऐसे लोगों और राजनीतिक दलों पर कठोर कार्यवाही होनी चाहिए।

9. 'बड़े शहरों के जीवन की चुनौतियाँ' विषय पर आलेख लिखिए।

उत्तर **बड़े शहरों के जीवन की चुनौतियाँ**

वर्तमान समय में बड़े शहरों में निवास करना आसान नहीं है। सबसे पहले तो इन शहरों में आवास की समस्या सामने आती है। यहाँ रहने के लिए साधारण घर भी बीस-पच्चीस लाख रुपये से कम में नहीं मिलता। रहने के लिए यदि 'फ्लोर' लेना हो तो कम-से-कम एक करोड़ रुपये की आवश्यकता पड़ती है। बड़े शहरों में शिक्षा तथा चिकित्सा सुविधाएँ अत्यंत महँगी हैं। पब्लिक स्कूलों में एक बच्चे को पढ़ाने के लिए छह-सात हज़ार रुपये प्रति महीने खर्च होते हैं। सरकारी अस्पतालों में रोगियों की भीड़ लगी रहती है।

निजी चिकित्सालयों में चिकित्सा के लिए हज़ारों रुपये प्रतिदिन व्यय करने पड़ते हैं। वस्तुतः निम्न मध्यवर्ग तथा निर्धन वर्ग के लोगों के लिए बड़े शहरों में रहना अत्यंत कठिन है। शहरों में अराजक तत्त्वों की भी भरमार होती है।

नित्य ही बलात्कार, लूटपाट आदि घटनाएँ होती रहती हैं। महिलाओं के लिए सुरक्षा का माहौल नहीं है। शहरों में यातायात की समस्या भी विकराल रूप धारण कर चुकी है। वाहनों की संख्या इतनी अधिक है कि ट्रैफिक जाम की समस्या का समाधान संभव ही नहीं है। शहरों में दिखावा या आडंबर बहुत बढ़ चुका है। यहाँ अधिकांश व्यक्ति अधिकाधिक धन कमाने के लिए उचित-अनुचित सभी रास्तों को अपनाते हैं। वस्तुतः बड़े शहरों में जीवन बहुत अधिक चुनौतीपूर्ण हो चुका है।

10. 'लड़कियों की घटती जनसंख्या' विषय पर एक आलेख लिखिए।

उत्तर **लड़कियों की घटती जनसंख्या**

भारत में लड़कियों का अनुपात निरंतर घटता ही जा रहा है। दक्षिण भारत की अपेक्षा उत्तर भारत तथा पश्चिमी भारत में यह समस्या प्रबल रूप में दृष्टिगत होती है। हरियाणा, राजस्थान, दिल्ली, गुजरात, महाराष्ट्र, पंजाब, बिहार, उत्तर प्रदेश तथा मध्य प्रदेश में यह समस्या भयावह रूप धारण कर चुकी है।

हरियाणा में 1000 लड़कों के अनुपात में 877 लड़कियाँ हैं। ऐसी ही स्थिति उपर्युक्त सभी राज्यों की है। दक्षिण भारतीय राज्यों, जैसे केरल, कर्नाटक आदि में लड़के- लड़कियों के अनुपात में अधिक अंतर नहीं है। दहेज प्रथा के कारण अनेक निर्धन माता-पिता कन्या भ्रूण हत्या का घृणित कृत्य कर बैठते हैं। गुजरात में पहले दूध-पीती प्रथा थी। इस प्रथा के अनुसार लड़की को पैदा होते ही दूध में डुबोकर मार दिया जाता था।

पिछले अनेक वर्षों से हज़ारों डॉक्टर कन्या भ्रूण हत्या के जघन्य कार्य द्वारा लाखों रुपए कमा रहे हैं। कन्या भ्रूण हत्या करना अपराध है, दिल्ली, गुजरात और महाराष्ट्र में कुछ समय पूर्व अनेक डॉक्टरों को इस अपराध के लिए जेल भेजा गया परंतु जब कानून बनाने वाले ही कानून का उल्लंघन करते हैं तो चिकित्सक पाप की सरिता में स्नान क्यों न करें? कई राज्यों में लाखों युवकों को कन्या न मिलने के कारण अविवाहित रहना पड़ता है। इस कारण बलात्कार की घटनाओं में भी वृद्धि हुई है।

अभिनेता आमिर खान ने 'सत्यमेव जयते' में कन्या भ्रूण हत्या पर कार्यक्रम प्रदर्शित कर सामाजिक चेतना जागृत की थी, परंतु अब भी लाखों निर्दोष कन्याओं की हत्या हो रही है। वास्तव में, कन्या भ्रूण हत्या के दोषी को कड़ी सज़ा मिलनी चाहिए तथा दहेज प्रथा पर पूर्ण प्रतिबंध लगना चाहिए, तभी इस विकराल समस्या को नियंत्रित किया जा सकता है।

11. 'युवाओं में बढ़ती नशे की प्रवृत्ति' विषय पर एक आलेख लिखिए।

उत्तर **युवाओं में बढ़ती नशे की प्रवृत्ति**

जीवन विधाता का वरदान है, परंतु युवा पीढ़ी इस वरदान को अभिशाप बनाने की ओर अग्रसर है। आज की युवा पीढ़ी सही दिशा-निर्देश के अभाव में तेज़ी से नशे की प्रवृत्ति का शिकार होती जा रही है। युवा अपने कर्म से विमुख हो नशे के गर्त में डूब कर अपना जीवन व्यर्थ में गँवा रहे हैं। शिक्षा के मंदिरों में भी नशे का व्यापार चरम पर चलता है। नशे के व्यापारी कमज़ोर मानसिकता वाले युवाओं को अपने जाल में फँसाने का कार्य स्कूल, कॉलेजों आदि में भली प्रकार से कर लेते हैं।

जो एक बार नशे की लत का शिकार हो गया, वह आसानी से छूट नहीं पाता। तनाव, असमंजसता, अकेलेपन, घुटन आदि के चलते युवा पीढ़ी नशे का शिकार बनती जा रही है। बीड़ी, सिगरेट, शराब आदि तो नशे के पुराने साधन हो गए हैं, आज की पीढ़ी तो चरस, स्मैक, ब्राउन शूगर, हिरोईन, अफीम आदि के नशे का शिकार हो रही है। आज आवश्यकता इस बात की है कि युवा वर्ग अपनी शक्ति और दायित्व दोनों को समझे। स्वस्थ वातावरण में रहे, अच्छी पुस्तकें पढ़े, काम में व्यस्त रहे और मौत के व्यापारियों को चिह्नित कर उन्हें सजा दिलवाए। युवा कंधों पर देश की ज़िम्मेदारी टिकी होती है। यदि ये कंधे ही कमज़ोर हो गए तो देश की प्रगति लड़खड़ा जाएगी। युवा वर्ग को अपनी भूमिका समझनी होगी, तथा माता-पिता को भी देखना चाहिए कि उनके द्वारा दी गई सुविधा का बच्चे किस प्रकार उपयोग कर रहे हैं, तब ही इस घातक बीमारी से मुक्ति मिल सकती है।

12. 'किसानों की समस्याओं की अनदेखी' पर एक आलेख लिखिए।

उत्तर **किसानों की समस्याओं की अनदेखी**

भारत एक कृषि-प्रधान देश है। यहाँ की अर्थव्यवस्था मुख्य रूप से कृषि पर आधारित है, इसलिए सरकार को चाहिए कि वह किसानों के हित के प्रति अधिक जागरूक हो, परंतु स्थिति इसके विपरीत है। सबकी भूख मिटाने वाला किसान आज स्वयं भूखा है, पीड़ित है। सरकारी नीतियाँ नित्य उसके कष्टों की वृद्धि का कारण बनती जा रही हैं। आज़ादी के 69 वर्षों के बाद भी भारतीय किसान आत्महत्या के रास्ते को अपनाने के लिए विवश है। उससे उसकी ज़मीन छीनी जा रही है, घर से बेघर किया जा रहा है। वह सिर से लेकर पाँव तक कर्ज़ में डूबा हुआ है। उसकी फसलों का मूल्य आसमान छू रहा है, परंतु वह अन्न के दाने-दाने को तरसता है। बिचौलिए उसे श्रम से उगाई गई फसलों को कम कीमत में बेचने के लिए विवश कर देते हैं। जैसे ही फसल बिकी, उनके दाम आसमान छूने लगते हैं। लूट-खसोट का यह मायावी चक्र रचने वाले लोग सरकारी मशीनरी के साथ मिलीभगत करके किसान की हालत को बद से बदतर बना देने में कोई संकोच नहीं करते हैं।

सरकार किसानों के इस उत्पीड़न को देख-सुन कर भी अनदेखा करती रहती है। भ्रष्टाचार और स्वार्थ की राजनीति के चलते किसानों के हितों में कटौती होती जाती है। 'अपना हाथ जगन्नाथ' बनकर किसानों को अपने उत्थान का स्वयं प्रयास करना होगा। उन्हें एकजुट होकर खड़ा होना होगा, संगठन बनाने होंगे, पंचायतें करनी पड़ेंगी और सबको मिलकर सरकार पर दबाव बनाना पड़ेगा, जिससे उन्हें आसान किश्तों पर ऋण मिल सके, फसलों की उचित कीमत मिल सके तथा उनकी कृषि-भूमि भू-माफियाओं के चँगुल से मुक्त रह सके। सरकार को भी किसानों की समस्याओं की अनदेखी न कर उनकी समस्या का उचित समाधान करना चाहिए।

13. 'बाल श्रमिकों की समस्या' विषय पर एक आलेख लिखिए।

उत्तर **बाल श्रमिकों की समस्या**

कहा जाता है कि बच्चे देश का भविष्य होते हैं। जब यही भविष्य कच्ची उम्र में सड़कों पर काम करता नज़र आए तो आँखें शर्म से झुकने लगती हैं। भारत-सरकार द्वारा 'बाल श्रम' को अपराध घोषित किया गया है। इस संबंध में यह कानूनी प्रावधान है कि चौदह वर्ष से कम आयु के बालक को कोई नियोक्ता अपने संस्थान या उद्योग में कार्य करने हेतु नियुक्त नहीं कर सकता, परंतु यह दुर्भाग्य है कि कानून-नियम की धज्जियाँ उड़ाते हुए नियोक्ता बालकों को अनेक प्रकार के क्रियाकलापों में संलग्न करके उनसे कार्य करवा रहे हैं, तो दूसरी ओर भूख और गरीबी से बिलखता बचपन काम करने को मजबूर है। पेट पालने के लिए उसे मजबूरी में श्रमिक बनना पड़ता है।

बाल श्रमिक का बचपन उससे छिन जाता है, सपने मर जाते हैं, जीवन बोझ बन जाता है। भूख के आगे कानून बेबस रह जाता है। सरकार के पास न तो कोई ऐसा खज़ाना है, न कोई ऐसी योजना, जो बाल श्रमिकों को घर बैठाकर उनके पेट भरने की व्यवस्था कर सके, उन्हें शिक्षित कर सके। अनाथ या अशक्त माता-पिता की संतानें जीविका हेतु काम करने के लिए मजबूर हैं। उनसे आजीविका कैसे छीनें? ऐसे अनेक अनुत्तरित प्रश्न हमें झकझोरते हैं, परंतु कोई ठोस हल नहीं मिलता।

14. 'गाँवों से शहरों की ओर बढ़ रहा पलायन' विषय पर एक आलेख लिखिए।

उत्तर **गाँवों से शहरों की ओर बढ़ रहा पलायन**

वर्तमान में गाँवों से शहरों की ओर पलायन की प्रवृत्ति बढ़ती जा रही है। कभी रोज़गार की तलाश, कभी चकाचौंध और ग्लैमर के प्रति झुकाव, तो कभी अहम की संतुष्टि के लिए भी गाँव के लोग शहरों की ओर पलायन कर रहे हैं। महानगरों की ओर पलायन करना एक स्वाभाविक प्रवृत्ति है। प्रत्येक व्यक्ति उन्नत कहलाना चाहता है। महानगरों में उन्नति पाने के अवसरों की कोई कमी नहीं है। स्वयं को बड़े महानगर से जुड़ा देखना स्टेटस सिंबल समझा जाता है।

महानगरों में पढ़ाई, नौकरी, व्यवसाय, विकास और मनोरंजन के अनेक साधन एवं अवसर हैं, जिनका लाभ उठाकर व्यक्ति न केवल आर्थिक उन्नति कर सकता है वरन् व्यक्तित्व का विकास भी कर सकता है। इसीलिए अवसर मिलते ही गाँवों, कस्बों या छोटे नगरों से लोग महानगर की ओर बढ़ चलते हैं और महानगर के सागर में विलीन हो जाते हैं।

यहाँ अनेक प्रकार के कष्ट सहकर रहने में भी उन्हें कोई परेशानी नहीं होती। महानगरों की साफ़ चौड़ी सड़कें, चमक-दमक भरे बाज़ार, मॉल, यातायात आदि उन्हें रोमांचित करते हैं। इनकी तुलना में गाँव-कस्बे आदि फीके और पिछड़े दिखाई देते हैं। इस पलायन की प्रवृत्ति ने महानगरों की समस्याओं में वृद्धि की है।

वहाँ भीड़ बहुत बढ़ गई है। भोजन, पानी, बिजली, यातायात आदि संसाधन कम पड़ने लगे हैं या उनकी कमी होने लगी है। सरकार को चाहिए कि छोटे शहरों में भी रोज़गार के अवसरों और शैक्षिक संस्थानों में बढ़ोतरी के प्रयास करे। वहाँ मनोरंजन और विकास के साधनों को भी बढ़ाया जाना चाहिए, जिससे महानगरों की ओर होता पलायन किसी हद तक नियंत्रित किया जा सकता है।

15. 'नई फ़िल्म, दर्शक नदारद' विषय पर आलेख लिखिए।

उत्तर **नई फिल्म, दर्शक नदारद**

फ़िल्म मनोरंजन का अच्छा माध्यम है। मूक फ़िल्मों से शुरू हुआ फ़िल्म-निर्माण का सफर आज बड़े पैमाने पर फ़िल्म-उद्योग के रूप में स्थापित हो चुका है।

वर्ष-भर में अनेक फ़िल्में बनती हैं। एक अनुमान के अनुसार, भारत में प्रतिवर्ष लगभग 800 फ़िल्में बनती हैं, जो विश्व में सर्वाधिक है। कुछ फ़िल्में दर्शकों तथा समाज की कसौटी पर खरी उतरती है, तो कुछ बॉक्स ऑफिस पर बिना खाता खोले फ्लॉप हो जाती हैं।

फ़िल्मों के बनने-चलने से अनेक लोगों का भविष्य दाँव पर लगा रहता है। फ़िल्म-निर्माण में काफ़ी धन खर्च होता है। कई बार बहुत पैसा खर्च करने पर भी फ़िल्म दर्शकों की पसंद पर खरी नहीं उतरती। ऐसी ही एक फ़िल्म है 'हमशकल्स', जिसमें महँगे हीरो-हीरोइन, सैट्स और आधुनिकतम तकनीक प्रयुक्त की गई परंतु फिर भी अपने कमज़ोर कथानक और लचर निर्देशन के चलते फ़िल्म दर्शकों को नहीं लुभा पाई। फ़िल्म की सफलता के निर्णायक दर्शक होते हैं। दर्शकों ने ही इस फ़िल्म को नकार दिया। फ़िल्म कब थियेटर्स में लगी और उतर गई, पता ही नहीं चला।

16. 'विज्ञापनों की लुभावनी दुनिया' पर एक आलेख लिखिए।

उत्तर **विज्ञापनों की लुभावनी दुनिया**

आज विज्ञापनों का बोलबाला है। हर बिजनेसमैन अपने उत्पाद को विज्ञापनों के लुभावने आवरण में पैक कर ऊँचे दामों पर बेचने की कला में माहिर हो चला है। जिधर देखो विभिन्न उत्पादों का प्रचार-प्रसार करते रंग-बिरंगे विज्ञापन दिखाई पड़ते हैं। अख़बार, टी.वी., रेडियो, पत्रिकाएँ, दीवारें, गलियाँ, बाज़ार सब विज्ञापनों से भरे पड़े हैं।

विज्ञापनों को नित्य आकर्षक बनाने के लिए होड़ लगी रहती है। बड़े-बड़े कलाकार भी अच्छे धन और प्रचार के लालच में घरेलू प्रयोग की वस्तुओं के विज्ञापन करते दिखाई पड़ते हैं। गोरा बनाने वाली क्रीमों, बाल घने, लंबे और मज़बूत करने के लिए शैम्पू, बर्तन-कपड़े जल्दी धोने-चमकाने के लिए विभिन्न सर्फ-साबुन आदि के अनेक विज्ञापन हैं और उन्हें इतना लुभावना बनाकर प्रस्तुत किया जाता है कि ग्राहक असमंजस में पड़ जाता है कि क्या खरीदे और क्या न खरीदे? परंतु जब वह विज्ञापनों में दिखाए गए उत्पाद को खरीद कर लाता है, तो कई बार परिणाम उसकी अपेक्षा के नितांत विपरीत होता है। दर्शकों और उपभोक्ताओं को सावधान रहने की आवश्यकता है। वे इन लुभावने विज्ञापनों के मायाजाल में न फँसें। जिन वस्तुओं को वह पहले से प्रयोग करते आए हैं, उनकी क्वालिटी के विषय में परेशान न हों। स्वयं भी और अपने परिवार को भी इस भ्रमजाल से बाहर निकालें।

17. 'सेना में महिलाओं की बढ़ती रुचि' विषय पर एक फीचर तैयार कीजिए। **All India 2019**

उत्तर **सेना में महिलाओं की बढ़ती रुचि**

भारतीय सेना में महिलाओं की भागीदारी को लेकर लम्बे समय से चर्चा चल रही है। महिलाओं की कम संख्या और महत्त्वपूर्ण ऑपरेशन में उनकी नगण्य भूमिका को लेकर चर्चा होती रही है। भारत में महिलाओं ने 1990 के दशक में आर्मी में जाना शुरू किया। अब अन्य देशों की भाँति ही भारत में भी महिलाओं की सेना में रुचि बढ़ रही है। वर्तमान समय में महिलाएँ अधिक संख्या में सेना में भर्ती हो रही हैं।

आज सारा देश नारी शक्ति को नवयोद्धाओं के नए रूप में देखकर आह्लादित हो रहा है। आज महिलाएँ शिक्षा, इंजीनियरिंग, ऑर्डिनेंस, इन्टेलीजेंस और एयर ट्रैफिक सिग्नल जैसी स्ट्रीम में भी सेवाएँ दे रही हैं। आज अपने साहसिक व रोमांचक कारनामों के लिए भी कई महिला अफसर प्रसिद्ध हैं। पहले सेना के कुछ नियमों के कारण महिलाओं को फ्रंटलाइन में नियुक्त नहीं किया जाता था, किन्तु आज महिलाएँ सभी क्षेत्रों में अपनी भागीदारी निभा रही हैं। आज महिलाएँ बी. एस.एफ, नेवी और एन.एसज़ी में कमांडर के पद को चुन रही हैं। आज वो फाइटर प्लेन से दुश्मनों के बंकरों को नष्ट करने की योग्यता रखती हैं। वो दिन दूर नहीं जब स्नाइपर सेल में भी महिलाएँ तैनात होंगी।

18. आपके द्वारा देखे हुए किसी भी पर्यटन स्थल की प्राकृतिक सुषमा पर एक फीचर लिखिए।

उत्तर **पर्यटन स्थल की प्राकृतिक सुषमा**

भारत में मसूरी, शिमला, नैनीताल, कश्मीर, कन्याकुमारी, माउंट आबू, कुल्लू-मनाली आदि पर्यटन स्थल हैं। इन पर्यटन स्थलों पर जाकर व इन स्थलों की प्राकृतिक शोभा को देखकर पर्यटकों को अत्यंत आनंद प्राप्त होता है। कुछ समय पूर्व मुझे नैनीताल जाने का अवसर प्राप्त हुआ। 'नैनीताल नगर' जो नैनीताल ज़िले के अंतर्गत आता है एक मुख्य आकर्षण का केंद्र है। यह तीनों ओर से घने-घने वृक्षों की छाया, ऊँचे-ऊँचे पहाड़ों व समुद्रतल से 1937 मीटर ऊँचाई पर स्थित है।

नैनीताल के इस ताल में संपूर्ण पर्वतमाला और वृक्षों की छाया स्पष्ट दिखाई देती है। आकाश में छाए हुए बादलों का प्रतिबिंब इस तालाब में इतना सुंदर दिखाई पड़ता है कि इस प्रतिबिंब को देखने के लिए सैकड़ों किलोमीटर दूर से प्रकृति प्रेमी आते हैं। साथ ही नैनी झील भी अत्यंत आकर्षक है। कहा जाता है कि यहाँ डुबकी लगाने से मानसरोवर नदी में डुबकी लगाने जैसा पुण्य प्राप्त होता है।

नैनीताल पर्यटकों, सैलानियों का अत्यंत प्रिय नगर है। दूर-दूर तक फैले पहाड़ हृदय को प्रफुल्लित करते हैं। इन ऊँचे-ऊँचे पहाड़ों को देखकर पर्यटक मुग्ध हो जाते हैं। नैनीताल की सात चोटियाँ नैनीताल की शोभा बढ़ाने में विशेष महत्त्व रखती हैं। स्पष्टतः नैनीताल का अप्रतिम सौंदर्य अत्यंत मनोहारी है।

19. 'भोजन पर सबका अधिकार' विषय पर एक फीचर लिखिए।

उत्तर **भोजन पर सबका अधिकार**

भारत विकसित देश के रूप में विश्व के अग्रणी देशों की श्रेणी में शामिल होने की अपेक्षा कर रहा है, लेकिन क्या विश्व के अग्रणी देशों में लोगों की एक बड़ी तादाद भूखे पेट सोने के लिए विवश होती है? भारतीय कृषि एवं विकास से संबंधित आँकड़े तो यही बयान करते हैं कि आज भी देश के बड़े हिस्से को भरपेट खाना नसीब नहीं हो पाता इसीलिए इस समस्या का हल निकालने हेतु राष्ट्रीय खाद्य सुरक्षा अभियान की शुरुआत की गई और अंततः 'खाद्य सुरक्षा अधिनियम' पारित किया गया, ताकि भारत का कोई भी व्यक्ति भूखा न रह सके।

मनुष्य को ज़िंदा रहने का अधिकार तो मिलना ही चाहिए और ज़िंदा रहने के लिए भोजन अति आवश्यक है, इससे किसी को मतभेद नहीं हो सकता। जीवन की बुनियादी सुविधाएँ रोटी, कपड़ा एवं मकान हैं, तो इन बुनियादी सुविधाओं की पूर्ति करने की ज़िम्मेदारी किसकी है? हमारी सभ्य लोकतांत्रिक शासन-प्रणाली में सरकार को एक जनकल्याणकारी संस्था माना गया है। सरकार का कर्त्तव्य है कि वह जनसामान्य के कल्याण के लिए, उनकी मूलभूत आवश्यकताओं की पूर्ति के लिए कार्य करे। अतः यह सरकार की और अंततः समाज की ज़िम्मेदारी बनती है कि वह समाज के सभी लोगों की भोजन संबंधी आवश्यकता की पूर्ति करे। जीवित रहने के लिए हवा, पानी के साथ ही भोजन अत्यावश्यक है, जिसकी पूर्ति करना सरकार एवं समाज का कर्त्तव्य है।

20. 'चुनाव-पूर्व सर्वेक्षण' विषय पर एक फीचर लिखिए।

उत्तर **चुनाव पूर्व सर्वेक्षण**

चुनाव लोकतांत्रिक प्रणाली में एक महत्त्वपूर्ण भूमिका निभाते हैं। चुनाव के माध्यम से ही जनता अपने प्रतिनिधियों का चयन करती है, जो आगे चलकर शासन प्रणाली को सँभालते हैं। आजकल लोग चुनाव के समय राजनीतिक दलों एवं नेताओं की वास्तविकता जानने के लिए बहुत व्याकुल रहते हैं। ऐसे में मीडिया चुनाव-पूर्व सर्वेक्षण करवाकर लोगों की इस मानसिकता का व्यावसायिक लाभ भी उठाती है और एक जागरुक एवं सतर्क मीडिया की भूमिका भी निभाती है।

बुद्धिजीवियों का एक वर्ग कहता है कि ऐसे सर्वेक्षण करके राजनीतिक दल जनता के बीच अपनी विश्वसनीयता बरकरार नहीं रख पाते। जनता स्वयं इस दुविधा में पड़ जाती है कि किसके जीतने की संभावना सर्वाधिक है और वह अपना महत्त्वपूर्ण मत किसे दे? इसी कारण सामान्य मतदाता अपने मत का सही उपयोग नहीं कर पाता। बुद्धिजीवियों का दूसरा वर्ग मानता है कि भारत की जनता को मतदान का लगभग 68 वर्षों का अनुभव है। अतः ऐसे सर्वेक्षणों से वह प्रभावित नहीं होती और न ही वह अपने मत का दुरुपयोग करती है।

भारतीय मतदाता सामान्यतया मत देने में बिचौलियों की मदद लेता है, उनसे जानकारी प्राप्त करता है, लेकिन अपने यथार्थ विचार को ज़ाहिर नहीं होने देता। चुनाव से पूर्व उसके निर्णय का पता लगा पाना अत्यंत मुश्किल है।

हाल ही में, एक स्टिंग ऑपरेशन में चुनाव-पूर्व सर्वेक्षणों में पाई गई गड़बड़ियों को देखते हुए इन पर रोक लगाने के लिए चुनाव आयोग ने कानून में संशोधन करने की सिफारिश की है। इसके अतिरिक्त, चुनाव आयोग ने दिल्ली पुलिस से इस मामले की जाँच कराने की भी माँग की है।

21. 'त्योहारों के नाम पर अपव्यय' विषय पर एक फीचर लिखिए।

उत्तर **त्योहारों के नाम पर अपव्यय**

हमारा देश त्योहारों का देश माना जाता है। त्योहार हमारे जीवन के अच्छे पहलुओं का सुखद स्मरण कराते हैं। यही कारण है कि हम इन त्योहारों को उत्सवी वातावरण में पूरी धूमधाम से मनाते हैं। वस्तुतः हमारा जीवन ऐसे सांसारिक चक्र में बँधा है, जिसमें उतार-चढ़ाव आते रहते हैं। सुखद एवं दुःखद क्षणों का अनुभव हमारे लिए अनिवार्य है। लेकिन इन्हीं सच्चाइयों के बीच से हम कुछ क्षणों को अपनी इच्छानुसार व्यतीत करने के लिए चुराना चाहते हैं, इसी को हमने त्योहार का नाम दे दिया है।

त्योहार एक प्रकार से हमारे एवं हमारे पूर्वजों के बीच संपर्क सूत्र का काम भी करते हैं। ये पूर्व एवं वर्तमान पीढ़ी को एक-दूसरे से जोड़ने वाली महत्त्वपूर्ण कड़ियाँ हैं, इसीलिए त्योहारों में परंपराओं एवं रीति-रिवाजों का इतना अधिक महत्त्व होता है।

विगत कुछ वर्षों से त्योहारों की पवित्रता एवं उनके वास्तविक उद्देश्यों पर आँच आई है। इनका आयोजन आडंबरपूर्ण हो गया है। सादगी एवं गरिमा का स्थान भड़कीले दिखावे ने ले लिया है। इनके बहाने लोग

अपने पैसे एवं रुतबे का भद्दा प्रदर्शन करने लगे हैं। इनके माध्यम से लोग अपने संबंधियों एवं पड़ोसियों को नीचा दिखाने की कोशिश करने लगे हैं, चाहे इसके लिए कितना ही पैसा क्यों न खर्च करना पड़े। इन त्योहारों में अमीर-गरीब का अंतर मुखर होकर सामने आ जाता है।

ऐसा लगता है मानो त्योहार तो संपन्न एवं विपन्न लोगों के बीच विभाजक रेखा खींचने के लिए ही आयोजित किए जा रहे हैं। इससे एक अप्रिय एवं कटु प्रतिद्वंद्विता का जन्म होता है, जो समाज एवं इसके सभी सदस्यों के लिए अत्यधिक हानिकारक है। दिखावटी प्रवृत्ति के कारण लोग कर्ज़ लेकर इन त्योहारों पर अपव्यय करते हैं। इस प्रकार के आडंबरपूर्ण आयोजनों से जहाँ राष्ट्रीय बचत में कमी आती है, वहीं महँगाई में भी वृद्धि होती है।

वास्तव में, हमें विभिन्न त्योहारों को सच्ची भावना एवं गरिमा के साथ बिना किसी आडंबर के मनाना चाहिए। धन की उपलब्धता उसके अपव्यय के लिए नहीं है। त्योहार का असली आनंद तो उन्हें सादगीपूर्ण, सच्ची भावना के साथ मनाने तथा आपसी भाईचारा बनाए रखने में ही है।

22. 'बढ़ती जनसंख्या-दर, घटती सुविधाएँ' विषय पर फीचर लिखिए।

उत्तर **बढ़ती जनसंख्या-दर, घटती सुविधाएँ**

जनसंख्या वृद्धि हमारे देश के आर्थिक विकास के समक्ष सबसे बड़ी चुनौती तो है ही, साथ ही बढ़ती जनसंख्या के अनुपात में आवश्यक सुविधाओं में वृद्धि नहीं हो पाती है, जिसके कारण सीमित संसाधनों पर ही आवश्यकता से अधिक दबाव पड़ता है। जनसंख्या वृद्धि- दर के अनुपात में रोज़गार के अवसर सृजित नहीं हो पाते हैं, जिसके फलस्वरूप बेरोज़गारी एवं गरीबी में वृद्धि होती है, जो आगे अनेक सामाजिक समस्याओं एवं बुराइयों की जड़ बनती है। जनसंख्या के अनुपात में सुविधाओं में वृद्धि नहीं होने का ही परिणाम है कि सीमित संसाधनों का बँटवारा हमें आवश्यकता से काफ़ी अधिक लोगों के साथ करना पड़ता है, जो उत्तरोत्तर हमारे आर्थिक विकास को और धीमा करता जाता है। सुप्रसिद्ध विचारक गार्नर का कहना है, "किसी भी राज्य के लिए जनसंख्या उससे अधिक नहीं होनी चाहिए, जितनी साधन-संपन्नता राज्य के पास है।"

कृषि ही नहीं, जीवन के लगभग सभी क्षेत्र जनसंख्या वृद्धि के कारण दुष्प्रभावित हैं। परिवहन का मामला हो या औद्योगिक क्षेत्र का, जल-संसाधन हो या भूमि संसाधन, वन संपत्ति हो या सार्वजनिक संपत्ति हर क्षेत्र पर जनसंख्या वृद्धि का नकारात्मक प्रभाव पड़ता है। संसाधनों में वृद्धि एक सीमा के बाद नहीं की जा सकती, लेकिन जनसंख्या वृद्धि की सीमा निर्धारित नहीं है। इसका नतीजा सड़कों पर जाम, ट्रेनों में बैठने के लिए मारपीट, स्वच्छ पेय जल की भारी किल्लत, खाद्यान्न के अभाव में भुखमरी, सभी के लिए शिक्षा का अभाव, खेलकूद के साधनों का अभाव, दैनिक आवश्यकताओं की वस्तुओं में अत्यधिक मूल्यवृद्धि, स्वच्छ वायु का अभाव आदि के रूप में सामने आता है। जनसंख्या में अत्यधिक वृद्धि के कारण सुविधाएँ घटती जाती हैं क्योंकि उनका बँटवारा अधिक लोगों के बीच होने लगता है और संसाधनों या सुविधाओं को एक सीमा के बाद बढ़ाना संभव नहीं है।

23. 'भ्रष्टाचार का दानव' विषय पर एक फीचर लिखिए।

उत्तर **भ्रष्टाचार का दानव**

भ्रष्टाचार से तात्पर्य भ्रष्ट व्यवहार या अनैतिक व्यवहार से है। यह अत्यंत दुर्भाग्यपूर्ण है कि आज भारतवर्ष भ्रष्टाचार का गढ़ बन गया है। सामाजिक जीवन का कोई भी ऐसा क्षेत्र नहीं रह गया है, जिसमें ईमानदारी का वर्चस्व हो। किसी विद्यालय में प्रवेश पाने का मुद्दा हो या नौकरी मिलने का, कोई घरेलू कार्य कराना हो या कार्यालयी कार्य, भ्रष्टाचार सभी जगह व्याप्त है।

सरकारी कार्यालयों में तो चक्का तभी घूमता है, जब उसमें घूस का पेट्रोल डाला जाता है। परिवहन विभाग का मामला हो या पुलिस विभाग का सभी जगह भ्रष्टाचार व्याप्त है। गाड़ी चलाए बिना ही ड्राइविंग लाइसेंस ले लीजिए, लेकिन एक निश्चित कीमत चुकाकर। पुलिस विभाग में व्याप्त भ्रष्टाचार के तो कहने ही क्या! जब अपराधी निकल जाता है, तब पुलिस हवा में डंडे चलाती आती है और बेकसूरों को पकड़कर ले जाती है, ताकि कागज़ी कार्रवाई की जा सके।

इस देश का सबसे बड़ा भ्रष्टाचारी है—राजनेता, जिसने देश को दलालों का बाज़ार बनाकर रख दिया है। भारत में भ्रष्टाचार इसलिए पनपता है, क्योंकि यहाँ के नेता स्वयं भ्रष्ट हैं।

यही कारण है कि वह भ्रष्ट लोगों के विरुद्ध कोई कार्यवाही नहीं करता, कड़ी कार्यवाही तो दूर की बात है। भारतीय प्रेस या मीडिया अभी भी पूरी तरह निःस्वार्थी एवं सतर्क नहीं है। भ्रष्टाचार के दानव को तभी समाप्त किया जा सकता है, जब कोई सशक्त राजनीतिक दल अपनी दृढ़ इच्छा शक्ति दिखाए। इसके अतिरिक्त, भारत के शिक्षक, साहित्यकार, पत्रकार, कृषक, मज़दूर, कलाकार आदि सभी एकजुट होकर देश के नवयुवकों में सच्चे आचरण संबंधी संस्कार उत्पन्न करें तथा भ्रष्टाचार के विरुद्ध सशक्त संघर्ष छेड़ें।

24. 'छात्र असंतोष' विषय पर एक फीचर लिखिए।

उत्तर **छात्र-असंतोष**

छात्र असंतोष का आशय है— विद्यार्थियों का वर्तमान शिक्षा एवं शिक्षा प्रणाली से असंतुष्ट होना। विद्यार्थियों की यह असंतुष्टि किसी पाठ्यक्रम को लेकर हो सकती है, शिक्षण प्रक्रिया को लेकर हो सकती है अथवा परीक्षा के मापदंड को लेकर भी हो सकती है। आज निजी शिक्षण संस्थानों की स्थिति यह है कि वहाँ संपन्न परिवारों के बच्चे अधिक शुल्क देकर मनपसंद पाठ्यक्रम आदि पाने में सफल हो जाते हैं, किंतु निर्धन परिवार के विद्यार्थियों के पास कोई विकल्प नहीं होता।

इस स्थिति से उनके भीतर शिक्षा के प्रति असंतोष की भावना उत्पन्न हो जाती है। यह असंतोष की भावना धीरे-धीरे एक बड़े विद्यार्थी वर्ग को अपनी गिरफ़्त में ले लेती है। शिक्षा के निजीकरण के कारण उच्च शिक्षा प्रदान करने वाले शिक्षण संस्थानों में विद्यार्थियों का अत्यधिक शोषण होता है। विद्यार्थियों के सामने भविष्य में रोज़गार प्राप्त करने की समस्या खड़ी रहती है।

कुछ स्वार्थी राजनीतिक दल विद्यार्थियों को अपने साथ मिलाकर अपना उल्लू सीधा करने में जुटे रहते हैं, इसलिए वे शिक्षण संस्थानों में राजनीति को बढ़ावा देते हैं। बेरोज़गारी का डर, पारंपरिक शिक्षा का वर्तमान समय के अनुरूप न होना, व्यावसायिक शिक्षा प्रदान करने वाली स्तरीय शिक्षण संस्थाओं को राजनीति का केंद्र बनाया जाना, शिक्षकों एवं कर्मचारियों का अपने कर्तव्यों से विमुख होना इत्यादि भारत में छात्र-असंतोष के कारण हैं।

वास्तव में, छात्र-असंतोष को देश की शिक्षा व्यवस्था में सुधार करके इसे वर्तमान समय के अनुरूप करके दूर किया जा सकता है। साथ ही राजनीति को शिक्षा से दूर रखना होगा और यह देखना होगा कि किसी भी कारणवश विद्यार्थियों का भविष्य अंधकारमय न बने।

25. **'सांप्रदायिकता का ज़हर' विषय पर एक फीचर लिखिए।**

उत्तर **सांप्रदायिकता का जहर**

वर्तमान समय में देश में सांप्रदायिक सद्भावना की अत्यंत आवश्यकता है। देश में स्वतंत्रता से पूर्व ही सांप्रदायिक दंगों ने भयावह रूप धारण कर लिया था। उस समय अनेक हिंदुओं एवं मुसलमानों को मौत के घाट उतार दिया गया था। देश आज़ाद तो हुआ परंतु दो टुकड़ों में बँट गया। हमारे शासकों ने भारत को धर्मनिरपेक्ष राष्ट्र की संज्ञा दी। पाकिस्तान बनने के बावजूद करोड़ों बार सांप्रदायिक दंगे हुए। इन दंगों में लाखों निरीह लोगों को जान से हाथ धोना पड़ा।

2002 में गुजरात के गोधरा में ट्रेन के दरवाजे बंद कर पेट्रोल से आग लगाकर लगभग 250 लोगों को ज़िंदा जला दिया गया। इसके पश्चात् गुजरात में सांप्रदायिक दंगों की आग फैल गई और हज़ारों लोगों को जान से हाथ धोना पड़ा। सांप्रदायिक दंगा करने वाले कुछ लोगों को आजीवन कारावास की सज़ा दी जा चुकी है।

वास्तव में, सरकार किसी भी मूल्य पर अपना शासन बनाए रखना चाहती है। अतः वह अल्पसंख्यकों के हितों की रक्षा के नाम पर कभी मुसलमानों के लिए आरक्षण की बात करती है और कभी ईसाई अल्पसंख्यकों को संतुष्ट करती है।

यदि सरकार सत्ता की लिप्सा में अंधी न हो तो देश में तत्काल सांप्रदायिक सद्भावना स्थापित हो सकती है। सांप्रदायिकता का संबंध जितना धर्म से जुड़ता है, उससे अधिक राजनीति से जुड़ता है। स्वार्थी राजनीतिक तत्त्वों द्वारा अपने हितों की पूर्ति के लिए जनसामान्य के बीच धार्मिक उन्माद पैदा किया जाता है और फिर भड़की सांप्रदायिकता की आग पर वे अपनी रोटियाँ सेंकते हैं। जब तक राजनीतिक इच्छाशक्ति सुदृढ़ नहीं होगी, तब तक सांप्रदायिकता का दानव हर समाज को लीलता रहेगा।

26. **'धनोपार्जन के मूल्यहीन तरीके' विषय पर एक फीचर लिखिए।**

उत्तर **धनोपार्जन के मूल्यहीन तरीके**

संसार में धनोपार्जन के अनेक मूल्यहीन तरीके प्रचलित हैं। अपहरण करना, किसी की हत्या की सुपारी लेना, रक्त बेचना, शरीर के महत्त्वपूर्ण अंग-किडनी आदि बेचना, ठगी करना आदि धनोपार्जन के ऐसे ही कुछ मूल्यहीन तरीके हैं। अनेक स्त्रियाँ गर्भवती होने का ढोंग कर लोगों से भीख माँगती हैं। कुछ लोग जागरण के नाम पर चंदा एकत्रित करते हैं और लोगों को मूर्ख बनाते हैं।

कई लोग जेब काटते हैं। इसके अतिरिक्त कुछ लोग दुकानों तथा मकानों में चोरी करते हैं। कुछ लोग सोने के नाम पर पीतल बेचकर या सामान्य चमकीले पत्थर को नागमणि कहकर बेचते हैं।

ऐसे लोग अन्य लोगों को धोखा देकर लाखों रुपये अर्जित कर लेते हैं। तथाकथित निर्मल बाबा, संत रामपाल, आसाराम आदि की तरह कुछ लोग धार्मिकता का ढोंग कर करोड़ों रुपए कमाते हैं। कुछ लोग धार्मिक प्रवचन देकर लोगों से लाखों रुपए ऐंठते हैं।

कुछ निर्धन लोग अपना रक्त बेचकर धन प्राप्त करते हैं तो कुछ लोग अंधे होने का ढोंग कर भीख माँगकर हज़ारों रुपए प्रति मास अर्जित करते हैं। इस प्रकार हमारे समाज में अनेक लोग मूल्यहीन तरीकों से धन अर्जित करते हैं। समाज को सबसे अधिक खतरा तो उन सफ़ेदपोश लोगों से है, जो अपने ईमान को गिरवी रखकर देश व समाज को लूटकर धनोपार्जन कर रहे हैं।

27. **'आवश्यक सुविधाओं से वंचित भारत के गाँव' विषय पर एक फीचर लिखिए।**

उत्तर **आवश्यक सुविधाओं से वंचित भारत के गाँव**

भारतवर्ष को गाँवों का देश कहा जाता है, परंतु भारत के अधिकांश गाँवों में आवश्यक सुविधाएँ न के बराबर हैं। स्वतंत्रता से पूर्व तो गाँवों की दशा अत्यंत शोचनीय थी, परंतु स्वतंत्रता के पश्चात् भारत सरकार की ओर से गाँवों की उन्नति एवं विकास के लिए अनेक आवश्यक कदम उठाए गए। परिणामस्वरूप वर्तमान समय में गाँवों में स्कूली शिक्षा की स्थिति में तो सुधार हुआ है, परंतु उच्चशिक्षा हेतु विद्यार्थियों को शहर का ही रुख करना पड़ता है। चिकित्सा के नाम पर आज भी भारतीय गाँवों में कोई समुचित प्रबंध नहीं है। सर्वत्र चिकित्सा सुविधाओं का अभाव ही दिखाई पड़ता है। छत्तीसगढ़ तथा झारखंड जैसे राज्यों के गाँवों में तो कई बार रोगियों को चिकित्सा हेतु 20-25 किमी की दूरी तय करनी पड़ती है। ऐसे में कई रोगियों को समय से प्राथमिक चिकित्सा नहीं मिल पाती, जिस कारण उन्हें अपने प्राणों से हाथ धोना पड़ता है। इसके अतिरिक्त गाँवों में योग्य एवं अनुभवी डॉक्टरों का भी नितांत अभाव है।

आजकल के डॉक्टर पिछड़े हुए गाँवों के स्थान पर अत्याधुनिक सुविधाओं वाले शहरी अस्पतालों को ही प्राथमिकता देते हैं। स्थिति का फायदा उठाकर नीम-हकीम तथा झोलाछाप डॉक्टर भोले-भाले ग्रामीणों को खुलकर लूटते हैं। अधिकांश गाँवों में बिजली की सुविधा तो है, परंतु उन्हें इस सुविधा का लाभ दिन में केवल 3 से 4 घंटे तक ही मिल पाता है। हरियाणा, पंजाब आदि कुछ संपन्न राज्यों को छोड़ दिया जाए तो आज भी भारतीय गाँवों में पक्की सड़कों का अभाव स्पष्ट रूप से दिखाई देता है। सड़कों के नाम पर कच्ची धूल भरी पगडंडियाँ ही आवागमन का एकमात्र साधन हैं। बरसात के समय में तो कीचड़ तथा गड्ढों से भरे इन रास्तों से गुज़रना अत्यंत कष्टकर एवं असुरक्षित होता है।

इन सभी समस्याओं को देखते हुए हम कह सकते हैं कि भारतीय गाँव आज भी बुनियादी सुविधाओं से वंचित हैं।

28. **'प्रकृति के रख-रखाव के प्रति उदासीन आधुनिक मानव' विषय पर एक फीचर लिखिए।**

उत्तर **प्रकृति के रख-रखाव के प्रति उदासीन आधुनिक मानव**

आधुनिक मानव विकास के नाम पर प्राकृतिक संसाधनों का विनाश कर रहा है। हमारी नदियों और वन संपदा की दशा शोचनीय हो चुकी है। कारखानों का दूषित जल नदियों में छोड़ा जाता है। दिल्ली में यमुना नदी ने तो गंदे नाले का रूप धारण कर लिया है। गंगा नदी की दशा भी कुछ अच्छी नहीं है। कानपुर, इलाहाबाद, वाराणसी (बनारस), कोलकाता में गंगा नदी अत्यंत प्रदूषित है।

वास्तविकता तो यह है कि इन नदियों का जल अब स्नान करने योग्य भी नहीं है। प्रशासन नदियों के रख-रखाव के लिए करोड़ों रुपये व्यय करता है, परंतु इस धन का अधिकांश भाग नेताओं और अधिकारियों की जेबों में चला जाता है। पहाड़ों पर अधिक-से-अधिक संख्या में भवन बनने लगे हैं। गंगोत्री जैसे स्थान में सैकड़ों होटल खुल चुके हैं। वनों की अंधाधुंध कटाई होती है। इससे मौसम में भारी बदलाव आ चुका है। मानव समाज प्रकृति के रख रखाव की ओर अपेक्षित ध्यान नहीं दे रहा है। इसके परिणामस्वरूप प्रदूषण बढ़ता जा रहा है तथा लोगों में असाध्य रोगों की वृद्धि हो रही है।

स्व-मूल्यांकन

बहुविकल्पीय प्रश्न

1. फीचर किस प्रकार का लेखन है

(क) आत्मनिष्ठ (ख) विवरणात्मक

(ग) वर्णनात्मक (घ) कथात्मक

उत्तर (क) आत्मनिष्ठ

2. फीचर किसके मेल से अच्छा और रोचक बनता है?

(क) फोटो के (ख) रेखांकन के

(ग) ग्राफिक्स के (घ) ये सभी

उत्तर (घ) ये सभी

3. निम्नलिखित में से कौन-सा फीचर लेखन का प्रकार नहीं है?

(क) सामाजिक सांस्कृतिक फीचर (ख) घटनापरक फीचर

(ग) मनोवैज्ञानिक फीचर (घ) साहित्यिक फीचर

उत्तर (ग) मनोवैज्ञानिक फीचर

4. फीचर लेखन का क्या उद्देश्य होता है?

(क) पाठकों को सूचित करना (ख) पाठकों का मनोरंजन करना

(ग) पाठकों को शिक्षित करना (घ) ये सभी

उत्तर (घ) ये सभी

5. फीचर लेखन की शैली निम्नलिखित में से किस शैली के निकट है?

(क) काव्यात्मक (ख) कथात्मक

(ग) वक्तव्यात्मक (घ) रूपात्मक

उत्तर (ख) कथात्मक

अतिलघु उत्तरीय प्रश्न

6. फीचर को परिभाषित कीजिए।

7. फीचर और समाचार में मुख्य अन्तर बताइए।

8. फीचर की भाषा की क्या विशेषता होती है?

लघु उत्तरीय प्रश्न

9. अपने विद्यालय तथा मुहल्ले के आस-पास की समस्याओं पर एक अख़बार के लिए फीचर तैयार कीजिए।

10. बंगाली भाषा के कवि रवींद्रनाथ ठाकुर के जीवन पर आधारित व्यक्तिपरक फीचर तैयार कीजिए।

11. भारत में वन्य जीव संरक्षण के उपायों पर आधारित एक फीचर लिखिए।

12. मोबाइल फोन के तीव्र विस्तार तथा उसके दुष्प्रभाव पर एक फीचर लिखिए।

13. 'राजनीतिक दल और अपराध' विषय पर एक फीचर लिखिए।

14. 'खान-पान और रहन-सहन की बदलती शैली' पर एक आलेख लिखिए।

15. लोकतंत्र की रक्षा कैसे की जा सकती है? इस महत्त्वपूर्ण बिंदु पर एक आलेख तैयार कीजिए।

04

अध्याय

विशेष लेखन–स्वरूप और प्रकार

विशेष लेखन का अर्थ

समाचार–पत्र सामान्य समाचारों के अतिरिक्त साहित्य, विज्ञान, खेल आदि की भी पर्याप्त जानकारी देते हैं। इसी कार्य के अंतर्गत जब किसी विशेष विषय पर सामान्य लेखन से हटकर लेखन किया जाए, तो उसे विशेष लेखन कहते हैं।

अभ्यास के लिए

- पाठ्यपुस्तक के प्रश्नोत्तर
- बहुविकल्पीय प्रश्न
- अतिलघु उत्तरीय प्रश्न
- लघु उत्तरीय प्रश्न

समाचार पत्र-पत्रिकाओं, रेडियो और टीवी में विशेष लेखन के लिए अलग **डेस्क** होता है। उस विशेष डेस्क पर काम करने वाले पत्रकारों का समूह भी अलग होता है, जिनसे यह अपेक्षा की जाती है कि संबंधित विषय या क्षेत्र में उसकी विशेषज्ञता होगी।

संवाददाताओं के बीच काम का विभाजन आमतौर पर उनकी रुचि और ज्ञान को ध्यान में रखते हुए किया जाता है। मीडिया की भाषा में इसे **बीट** कहते हैं। एक संवाददाता की बीट यदि अपराध है, तो इसका अर्थ है कि वह आपराधिक घटनाओं की रिपोर्टिंग के लिए जिम्मेदार होगा। विशेष लेखन केवल बीट रिपोर्टिंग नहीं है। यह बीट रिपोर्टिंग से आगे एक तरह की **विशेषीकृत** रिपोर्टिंग है, जिसमें न केवल उस विषय की गहन जानकारी होनी चाहिए, बल्कि उसकी रिपोर्टिंग से संबंधित भाषा और शैली पर भी आपका पूरा अधिकार होना चाहिए।

विशेष लेखन के अंतर्गत रिपोर्टिंग के अतिरिक्त विशेष विषय पर फ़ीचर, टिप्पणी, साक्षात्कार, लेख, समीक्षा और स्तंभ भी आते हैं। पत्र-पत्रिकाओं के विशेष लेख लिखने वाले सामान्यत: पेशेवर पत्रकार न होकर विषय विशेषज्ञ होते हैं; जैसे—खेल के लिए हर्षा भोगले, जसदेव सिंह और नरोत्तम पुरी आदि प्रसिद्ध हैं।

बीट रिपोर्टिंग और विशेषीकृत रिपोर्टिंग में अंतर

	बीट रिपोर्टिंग	विशेषीकृत रिपोर्टिंग
1.	बीट रिपोर्टिंग के लिए संवाददाता में उस क्षेत्र की जानकारी होना पर्याप्त है, उसे सामान्य तौर पर खबरें ही लिखनी होती हैं।	विशेषीकृत रिपोर्टिंग के लिए संवाददाता को सामान्य खबरों से आगे बढ़कर उस क्षेत्र से जुड़ी सूचनाओं का गहन विश्लेषण कर पाठकों के लिए उसका अर्थ स्पष्ट करना होता है।
2.	बीट कवर करने वाले रिपोर्टर को संवाददाता कहते हैं।	विशेषीकृत रिपोर्टिंग करने वाले रिपोर्टर को विशेष संवाददाता कहते हैं।

विशेष लेखन की भाषा और शैली

1. विशेष लेखन की भाषा सरल और समझ में आने वाली होनी चाहिए।
2. विशेष लेखन में प्रत्येक क्षेत्र की विशेष तकनीकी शब्दावलियों का प्रयोग किया जाता है; जैसे—
   (i) कारोबार और व्यापार में तेजड़िए, सोना उछला, चाँदी लुढ़की आदि।
   (ii) पर्यावरण संबंधी लेख में आर्द्रता, टॅक्सेस कचरा, ग्लोबल वार्मिंग आदि।
3. विशेष लेखन की कोई निश्चित शैली नहीं होती। विषयानुसार उल्टा पिरामिड या फ़ीचर शैली का प्रयोग हो सकता है।
4. पत्रकार चाहे कोई भी शैली अपनाए, लेकिन उसे यह ध्यान में रखना होता है कि विशेष विषय में लिखा गया आलेख सामान्य से अलग होना चाहिए।

विशेष लेखन के क्षेत्र

विशेष लेखन के कई क्षेत्र हैं

- अर्थ व्यापार
- खेल
- फिल्म मनोरंजन
- विज्ञान प्रौद्योगिकी
- शिक्षा
- कृषि
- विदेश
- पर्यावरण
- रक्षा
- कानून
- स्वास्थ्य
- अपराध आदि।

कैसे हासिल करें विशेषज्ञता?

व्यावसायिक रूप से प्रशिक्षित न होने के बाद भी उस विषय में जानकारी और अनुभव के आधार पर अपनी समझ को इस हद तक विकसित करना कि सूचनाओं की सहजता से व्याख्या कर पाठकों को उसका उचित अर्थ समझा सकें, इसे विशेषज्ञता का एक महत्त्वपूर्ण गुण माना जाता है। विशेषज्ञता प्राप्त करने के लिए स्वयं को अपडेट रखना चाहिए; जैसे—

- पुस्तकें पढ़ना
- शब्दकोश, इनसाइक्लोपीडिया आदि का सहारा लेना
- सरकारी, गैर-सरकारी संगठनों से संपर्क रखना
- निरंतर रुचि और सक्रियता आवश्यक है।

कुछ वर्षों में सबसे अधिक महत्त्वपूर्ण रूप से उभरने वाली पत्रकारिता आर्थिक पत्रकारिता है, क्योंकि देश की राजनीति और अर्थव्यवस्था के बीच संबंध बढ़ा है। आर्थिक मामलों की पत्रकारिता सामान्य पत्रकारिता की तुलना में काफी जटिल होती है, क्योकि आम लोगों को इसकी शब्दावली का अर्थ नहीं पता होता।

आर्थिक पत्रकार के समक्ष सबसे बड़ी चुनौती होती है कि वह किस प्रकार सामान्य पाठक और जानकार पाठक दोनों को भली-भाँति संतुष्ट कर पाता है। किसी भी लेखन को विशिष्टता प्रदान करने के लिए महत्त्व रखने वाली बात यह है कि हमारी बात पाठक व श्रोता तक पहुँच रही है या नहीं तथा तथ्यों और तर्कों में तालमेल है या नहीं।

पाठ्यपुस्तक (अभिव्यक्ति और माध्यम) के प्रश्नोत्तर

1. विज्ञान के क्षेत्र में काम कर रही भारत की पाँच संस्थाओं के नाम लिखें।

उत्तर विज्ञान के क्षेत्र में काम कर रही भारत की पाँच संस्थाएँ निम्नलिखित हैं

(i) साहा नाभिकीय भौतिक संस्थान, कोलकाता।
(ii) भौतिक अनुसंधानशाला, अहमदाबाद।
(iii) गणित एवं विज्ञान संस्थान, चेन्नई।
(iv) अंतरिक्ष भौतिकी प्रयोगशाला, तिरुअनंतपुरम।
(v) मेहता अनुसंधान संस्थान, इलाहाबाद।

2. पर्यावरण पर छपने वाली किन्हीं तीन पत्रिकाओं के नाम लिखें।

उत्तर पर्यावरण पर छपने वाली तीन पत्रिकाएँ निम्नलिखित हैं

(i) पर्यावरण एवं प्रदूषण।
(ii) हमारा जीवन।
(iii) पर्यावरण बचाओ।

3. व्यावसायिक शिक्षा के दस विभिन्न पाठ्यक्रमों के नाम लिखें और उनका ब्यौरा एकत्र करें।

उत्तर व्यावसायिक शिक्षा के दस पाठ्यक्रमों के नाम हैं

(i) जीवन बीमा संबंधी पाठ्यक्रम
(ii) शिक्षण प्रशिक्षण पाठ्यक्रम
(iii) बैंकिंग पाठ्यक्रम
(iv) टंकण एवं आशुलिपि पाठ्यक्रम
(v) होटल मैनेजमेंट पाठ्यक्रम
(vi) फूड टेक्नोलॉजी पाठ्यक्रम
(vii) पुस्तक छपाई पाठ्यक्रम
(viii) बुक बाइंडिग पाठ्यक्रम
(ix) टूरिज्म प्रबंधन पाठ्यक्रम
(x) मोटर मैकेनिक पाठ्यक्रम

4. निम्न में से किसी एक विषय पर अपने शब्दों में आलेख लिखें

(क) सानिया मिर्जा के खेल के तकनीकी पहलू
(ख) शिक्षा को मौलिक अधिकार बनाए जाने के परिणाम
(ग) सर्राफ में आई तेजी
(घ) फिल्मों में हिंसा
(ङ) पल्स पोलियो अभियान-सफलता या असफलता
(च) कटते जंगल
(छ) ग्रहों पर जीवन की खोज

उत्तर

(च) **कटते जंगल** वर्तमान में जनसंख्या वृद्धि के कारण जंगल तीव्र गति से कट रहे हैं। लोगों के आवास योग्य मकानों के लिए, ईंधन, इमारती लकड़ी, फर्नीचर, उद्योग-धँधों की जरूरतों के लिए वनों को काटा जा रहा है। उद्योगों की स्थापना तथा सड़कों के निर्माण में वनों की भूमि का विदोहन तीव्र गति से हुआ है। मकानों के लिए पत्थर, लकड़ी आदि की पूर्ति के लिए वन उजाड़े गए हैं। इन सभी कारणों से आज कटते जंगल

पर्यावरण के लिए एक भारी समस्या बन गए हैं। कटते जंगलों की सुरक्षा के लिए सरकार द्वारा अनेक कानूनी उपाय किए जा सकते हैं। सामाजिक संगठन चिपको आंदोलन की तरह अपने-अपने क्षेत्र में आंदोलन चलाकर जन-जागरण के द्वारा वनों के विनाश को रोक सकते हैं। सरकार इस संबंध में कठोर दंड-व्यवस्था प्रारंभ करे और वृक्षारोपण को प्राथमिकता देकर पर्यावरण की स्वच्छता पर पूरा ध्यान दे। इस प्रकार के अन्य उपाय करने से धरती को वृक्षावलियों से हरा-भरा रखा जा सकता है।

नोट प्रश्न में दिए गए अन्य शीर्षकों पर लेख छात्र स्वयं लिखें।

अभ्यास प्रश्न

बहुविकल्पीय प्रश्न

1. विशेष लेखन कहलाता है

(क) सामान्य लेखन से हटकर किसी विशेष विषय पर किया गया लेखन
(ख) किसी विषय पर लिखा गया रचनात्मक लेखन
(ग) किसी विषय पर किया गया क्रियात्मक लेखन
(घ) किसी भी विषय पर किया गया गतिशील लेखन

उत्तर (क) सामान्य लेखन से हटकर किसी विशेष विषय पर किया गया लेखन

2. संवाददाताओं की रुचि और ज्ञान को ध्यान में रखकर उनके काम के विभाजन को क्या कहते हैं?

(क) सीट (ख) नीट (ग) बीट (घ) रपीट

उत्तर (ग) बीट

3. विशेष लेखन के कितने क्षेत्र हैं?

(क) एक (ख) तीन
(ग) चार (घ) अनेक

उत्तर (घ) अनेक

4. विशेष लेखन के लिए किस प्रकार की भाषा-शैली अपेक्षित है?

(क) साहित्यिक भाषा
(ख) सहज, सरल तथा बोधगम्य भाषा
(ग) व्यावहारिक व परिष्कृत भाषा
(घ) हिंदी-उर्दू मिश्रित भाषा

उत्तर (ख) सहज, सरल तथा बोधगम्य भाषा

5. इनमें से विशेष लेखन का कौन-सा क्षेत्र नहीं है?

(क) सिनेमा (ख) मनोरंजन
(ग) स्वास्थ्य (घ) समाचार

उत्तर (घ) समाचार

6. कारोबार और व्यापार से संबंधित खबर का संबंध किससे है?

(क) खेल क्षेत्र से (ख) कृषि क्षेत्र से
(ग) आर्थिक क्षेत्र से (घ) राजनीतिक क्षेत्र से

उत्तर (ग) आर्थिक क्षेत्र से

7. इनमें से कौन-सा शब्द क्रिकेट जगत का नहीं है?

(क) हिट-विकेट (ख) रन-आउट
(ग) बोल्ड (घ) तेजड़िए

उत्तर (घ) तेजड़िए

8. इनमें से कौन-सा शब्द आर्थिक क्षेत्र से संबंधित नहीं है?

(क) बिकवाली (ख) मंदड़िए
(ग) तेजड़िए (घ) विकेट

उत्तर (घ) विकेट

9. भारत में कौन-सा खेल लोकप्रिय है?

(क) क्रिकेट (ख) फुटबॉल
(ग) खो-खो (घ) टेनिस

उत्तर (क) क्रिकेट

10. निम्न में से कौन-सा विशेष लेखन का क्षेत्र नहीं है?

(क) अर्थ-व्यापार (ख) आम व साधारण व्यक्ति
(ग) खेल (घ) फिल्म-मनोरंजन

उत्तर (ख) आम व साधारण व्यक्ति

11. आजकल पत्रकारिता में किसकी माँग है?

(क) जैक ऑफ़ ऑल ट्रेड्स
(ख) मास्टर ऑफ़ नन
(ग) मास्टर ऑफ वन
(घ) उपरोक्त में से कोई नहीं

उत्तर (ग) मास्टर ऑफ वन

12. समाचार-पत्रों में खेल के कितने पृष्ठ होते हैं?

(क) एक या दो (ख) दो या तीन
(ग) तीन या चार (घ) चार या पाँच

उत्तर (क) एक या दो

13. बच्चों की रचनात्मकता तब आकार लेती है, जब उन्हें

(क) कविता लिखवाएँ (ख) कविता सुनाएँ
(ग) परिवेश से जोड़ें (घ) तुकबंदी कराएँ

उत्तर (क) कविता लिखवाएँ

14. कथन (A) आर्थिक मामलों की पत्रकारिता सामान्य पत्रकारिता की तुलना में काफी जटिल है।

कारण (R) आम लोगों को इसकी शब्दावली का अर्थ पता नहीं होता। **CBSE Term II 2022**

(क) कथन (A) और कारण (R) दोनों सही हैं तथा कारण (R), कथन (A) की सही व्याख्या करता है।
(ख) कथन (A) और कारण (R) दोनों सही हैं, परंतु कारण (R), कथन (A) की सही व्याख्या नहीं करता है।
(ग) कथन (A) सही है, किंतु कारण (R) गलत है।
(घ) कथन (A) गलत है, किंतु कारण (R) सही है।

उत्तर (क) कथन (A) और कारण (R) दोनों सही हैं तथा कारण (R), कथन (A) की सही व्याख्या करता है।

15. विशेष लेखन की शब्दावली के उचित मिलान को दर्शाने वाले विकल्प का चयन कीजिए। **CBSE SQP 2022**

	सूची-अ		सूची-ब
A.	पर्यावरण	1.	रौंदा
B.	व्यापार	2.	सेंसेक्स
C.	खेल	3.	आर्द्रता
D.	शेयर बाजार	4.	तेजड़िए

कूट

	A	B	C	D
(क)	2	3	1	4
(ख)	3	4	1	2
(ग)	1	3	2	4
(घ)	4	2	1	3

उत्तर (ख) 3 4 1 2

अतिलघु उत्तरीय प्रश्न

1. बीट कवर करने वाला रिपोर्टर क्या कहलाता है?

उत्तर बीट कवर करने वाला रिपोर्टर संवाददाता कहलाता है।

2. वस्तुतः विशेष लेखन की शैली कैसी होती है?

उत्तर वस्तुतः विशेष लेखन की कोई निश्चित शैली नहीं होती है।

3. विशेष संवाददाता किसे कहते हैं?

उत्तर विशेष संवाददाता जिन रिपोर्टरों द्वारा विशेषीकृत रिपोर्टिंग की जाती है, उन्हें विशेष संवाददाता कहते हैं।

4. फ्रीलांस पत्रकार किसे कहते हैं?

उत्तर फ्रीलांस पत्रकार एक निश्चित भुगतान लेकर अलग-अलग समाचार पत्र-पत्रिकाओं के लिए समाचार लेखन करने वाले पत्रकारों को फ्रीलांस पत्रकार कहते हैं।

5. विशेषीकृत पत्रकारिता को संक्षेप में बताइए।

उत्तर विशेषीकृत पत्रकारिता वह पत्रकारिता, जो किसी घटना की तह में जाकर उसका अर्थ स्पष्ट करे और पाठकों को उसका महत्त्व बताए, विशेषीकृत पत्रकारिता कहलाती है।

6. आर्थिक मामलों के पत्रकार के सामने सबसे बड़ी चुनौती किसे माना जाता है? **CBSE 2025**

उत्तर आर्थिक मामलों के पत्रकार के सामने सबसे बड़ी चुनौती सामान्य लोगों के लिए जटिल आर्थिक शब्दावली और अवधारणाओं को सरल और समझने योग्य बनाना होता है। इसके साथ ही उन्हें उन पाठकों की जरूरतों को भी ध्यान में रखना पड़ता है, जो अर्थव्यवस्था और व्यापार से जुड़े विशेषज्ञ होते हैं। इसलिए पत्रकार को संतुलित लेखन करना पड़ता है, ताकि वह दोनों वर्गों की अपेक्षाओं को पूरा कर सके।

लघु उत्तरीय प्रश्न

1. विशेष लेखन की भाषा-शैली सामान्य लेखन से अलग कैसे है? उदाहरण सहित स्पष्ट कीजिए। **CBSE 2025**

उत्तर विशेष लेखन की भाषा और शैली कई मामलों में सामान्य लेखन से अलग होती है। प्रत्येक क्षेत्र की अपनी विशेष तकनीकी शब्दावली होती है, जिसका प्रयोग विशेष लेखन में किया जाता है। इसके अतिरिक्त इसमें जटिल विषयों को सरल भाषा में प्रस्तुत करने पर ज़ोर दिया जाता है, ताकि सामान्य पाठकों को समझने में कठिनाई न हो। विशेष लेखन की कोई निश्चित शैली नहीं होती। यह विषयानुसार बदलती है; जैसे—समाचार रिपोर्टिंग में उल्टा पिरामिड शैली, फीचर में कथात्मक शैली और विश्लेषणात्मक लेखन में विस्तृत व्याख्या शैली होती है।

2. पत्रकारिता में 'बीट' शब्द का क्या अर्थ है? बीट रिपोर्टर की रिपोर्ट कब विश्वसनीय मानी जाती है?

अथवा

मीडिया जगत की भाषा में 'बीट' से क्या अभिप्राय है? उदाहरण सहित स्पष्ट कीजिए। **CBSE Term II 2022**

उत्तर समाचार कई प्रकार के होते हैं; जैसे— राजनीति, अपराध, खेल, आर्थिक, फिल्म तथा कृषि संबंधी समाचार आदि। संवाददाताओं के बीच काम का बँटवारा उनके ज्ञान एवं रुचि के आधार पर किया जाता है। मीडिया की भाषा में इसे ही 'बीट' कहते हैं। बीट रिपोर्टर को अपने बीट (क्षेत्र) की प्रत्येक छोटी-बड़ी जानकारी एकत्र करके कई स्रोतों द्वारा उसकी पुष्टि करके विशेषज्ञता प्राप्त करनी चाहिए। तब ही उसकी खबर विश्वसनीय मानी जाती है।

3. विशेष लेखन क्यों किया जाता है? आज विशेष लेखन के कौन-कौन से क्षेत्र महत्त्वपूर्ण हैं?

उत्तर विशेष लेखन इसलिए किया जाता है, क्योंकि

(i) इससे समाचार-पत्रों में विविधता आती है और उनका कलेवर बढ़ता है।
(ii) पाठकों की व्यापक रुचियों को ध्यान में रखते हुए उनकी जिज्ञासा शांत करते हुए मनोरंजन करने हेतु विशेष लेखन किया जाता है।

विशेष लेखन के कुछ महत्त्वपूर्ण क्षेत्र निम्नलिखित हैं
अर्थ व्यापार, खेल, विज्ञान-प्रौद्योगिकी, कृषि, विदेश, रक्षा, पर्यावरण, शिक्षा, स्वास्थ्य, फिल्म-मनोरंजन, अपराध, सामाजिक मुद्दे, कानून आदि।

4. विशेष लेखन की विशेषज्ञता से आप क्या समझते हैं?

उत्तर विशेष लेखन की विशेषज्ञता का तात्पर्य यह नहीं है कि आप उसके उस अर्थ में विशेषज्ञ हैं, जिस अर्थ में एक प्रोफेशनल अर्थशास्त्री आर्थिक मामलों का विशेषज्ञ होता है या कोई वरिष्ठ सैनिक अधिकारी या सैन्य

विज्ञान में डोक्टरेट रक्षा मामलों का विशेषज्ञ होता है। लेकिन पत्रकारिता में विशेषज्ञता का अर्थ थोड़ा अलग होता है। विशेषज्ञता से यहाँ तात्पर्य एक तरह की पत्रकारीय विशेषज्ञता से है। पत्रकारीय विशेषज्ञता का अर्थ है कि व्यावसायिक रूप से प्रशिक्षित न होने के बावजूद उस विषय में जानकारी तथा अनुभव के आधार पर अपनी समझ को इतना विकसित करना कि उस विषय या क्षेत्र में घटने वाली घटनाओं और मुद्दों की आप सहजता व सरलता से इस तरह व्याख्या कर सकें, जिससे वह पाठकों की समझ में आ जाए।

5. विशेष लेखन से क्या तात्पर्य है? विशेष लेखन में किन बातों पर ध्यान देने की जरूरत होती है? **CBSE 2023**

उत्तर विशेष लेखन का तात्पर्य सामान्य लेखन से अलग, किसी खास विषय पर गहन जानकारी और विशेषज्ञता के साथ लेखन करना है। इसमें खेल, फिल्म, साहित्य, विज्ञान, व्यापार और शिक्षा जैसे विशिष्ट विषय शामिल होते हैं। विशेष लेखन के लिए समाचार पत्रों में अलग डेस्क होता है, जहाँ विशेषज्ञता रखने वाले पत्रकार काम करते हैं। विशेष लेखन में निम्नलिखित बातों पर विशेष ध्यान देने की आवश्यकता होती है

1. **विषय में विशेषज्ञता** विशेष लेखन के लिए जिस विषय पर लेख लिखना है, उस पर गहन जानकारी और विशेषज्ञता होना आवश्यक है, ताकि लेख सटीक और प्रामाणिक हो।
2. **तकनीकी शब्दावली का सही प्रयोग** प्रत्येक क्षेत्र की अपनी विशिष्ट तकनीकी शब्दावली होती है, जैसे-व्यापार में 'तेजड़िए', 'बिकवाली' और पर्यावरण में 'आर्द्रता', 'ग्लोबल वार्मिंग' जैसे शब्दों का प्रयोग। इन शब्दों का सही प्रयोग और इनके अर्थ को सरल तरीके से प्रस्तुत करना महत्त्वपूर्ण है।
3. **भाषा और शैली का चयन** विषय के अनुसार लेखन की शैली तय की जानी चाहिए। इसमें उल्टा पिरामिड शैली (महत्त्वपूर्ण जानकारी पहले) या फीचर शैली (कथात्मक) का प्रयोग हो सकता है, ताकि लेख रोचक और समझने में आसान हो।
4. **पाठकों के लिए संप्रेषणीयता** विशेष लेखन की भाषा सरल और सहज होनी चाहिए, ताकि जटिल विषयों को भी आम पाठक आसानी से समझ सकें।
5. **तारतम्यता** विशेष लेखन में जानकारी तारतम्य और स्पष्टता के साथ प्रस्तुत होनी चाहिए, जिससे पाठक को आसानी से पूरी बात समझ में आए और वे किसी निष्कर्ष पर पहुँच सकें।
6. **संदर्भ और डेटा का उपयोग** विशेष लेखन को विश्वसनीय बनाने के लिए विषय से जुड़े सटीक आँकड़ों, घटनाओं और संदर्भों का उपयोग करना आवश्यक है।

6. बीट रिपोर्टिंग और विशेषीकृत रिपोर्टिंग में क्या अंतर है? **CBSE SQP 2024**

उत्तर इस प्रश्न के उत्तर के लिए पृष्ठ संख्या 75 देखें।

स्व-मूल्यांकन

बहुविकल्पीय प्रश्न

1. निम्न में से कौन-सा शब्द पर्यावरण और मौसम से जुड़ी खबरों से संबंधित है?

(क) आर्द्रता (ख) निवेश (ग) निर्यात (घ) एथलेटिक्स

उत्तर (क) आर्द्रता

2. निम्न में से कौन-सा विशेष लेखन का क्षेत्र नहीं है?

(क) अर्थ व्यापार (ख) किसी बैंक में की गई चोरी

(ग) रक्षा (घ) शिक्षा

उत्तर (ख) किसी बैंक में की गई चोरी

3. खेल पत्रकारिता में विशेषज्ञता अर्जित करने के लिए एक पत्रकार किस बात को अनदेखा कर सकता है?

(क) उच्च स्तरीय जानकारी और समझदारी

(ख) पत्रकार का संबंधित खेल में स्वयं प्रशिक्षित होना

(ग) खेल की तकनीक और विभिन्न विषयों का विस्तृत विश्लेषण

(घ) उल्टा पिरामिड शैली में प्रारंभ होकर घटनानुक्रम शैली में अग्रसर होना।

उत्तर (घ) उल्टा पिरामिड शैली में प्रारंभ होकर घटनानुक्रम शैली में अग्रसर होना।

4. विशेष लेखन को विशिष्टता प्रदान करने वाली अनावश्यक बात पहचानिए।

(क) पढ़ने, देखने और सुनने वालों को समाचार समझ में आने चाहिए

(ख) समाचार लिखने के पूर्व सभी विषयों में प्रवीण होना चाहिए

(ग) वक्ता/लेखक की विचाराभिव्यक्ति में स्पष्टता होनी चाहिए

(घ) तथ्यों और तर्कों में सामंजस्यता होनी चाहिए

उत्तर (ख) समाचार लिखने के पूर्व सभी विषयों में प्रवीण होना चाहिए

5. आजकल पत्रकारिता में किसकी माँग है?

(क) जैक ऑफ़ ऑल ट्रेड्स (ख) मास्टर ऑफ़ नन

(ग) मास्टर ऑफ वन (घ) इनमें से कोई नहीं

उत्तर (ग) मास्टर ऑफ वन

अतिलघु उत्तरीय प्रश्न

5. विशेष लेखन क्या है?

6. बीट से क्या आशय है?

लघु उत्तरीय प्रश्न

7. वर्तमान में विशेष लेखन के महत्त्वपूर्ण क्षेत्र कौन-से हैं?

8. आर्थिक पत्रकारिता का महत्त्व बढ़ने का कारण स्पष्ट कीजिए।

9. कारोबार और व्यापार जगत से जुड़ी खबरें किस शैली में लिखी जाती हैं?

10. विशेष लेखन का दायरा कैसा है? किसी विषय में विशेषज्ञता विकसित करने के लिए कौन-कौन सी बातें याद रखनी चाहिए?

05

अध्याय

कविता/कहानी/नाटक की रचना

कविता कविता साहित्य की वह विधा है, जिसमें किसी कहानी या मनोगत भाव को कलात्मक रूप से किसी भाषा के द्वारा अभिव्यक्त किया जाता है।

कहानी किसी घटना, पात्र या समस्या की क्रमबद्ध जानकारी जिसमें परिवेश हो, द्वंद्वात्मकता हो, कथा का क्रमिक विकास हो, चरम उत्कर्ष का बिंदु हो, उसे कहानी कहा जाता है।

नाटक नाटक साहित्य की वह सर्वोत्तम विधा है, जिसे पढ़ने, सुनने के साथ देखा भी जा सकता है।

▼ **अभ्यास के लिए**

- बहुविकल्पीय प्रश्न
- लघु उत्तरीय प्रश्न

कविता

कविता का शाब्दिक अर्थ है—**काव्यात्मक रचना** या **कवि की कृति**, जो छंदों की शृंखलाओं में विधिवत् बाँधी जाती है।

कविता का जन्म भारत में कविता का इतिहास और कविता का दर्शन बहुत पुराना है। इसका प्रारंभ भरतमुनि से समझा जा सकता है। पारंपरिक लोरियों, मांगलिक गीतों, श्रमिकों द्वारा गुनगुनाए लोकगीतों और तुकबंदी में कविता के स्वर मुखरित होते हैं। वाचिक परंपरा से जन्मी कविता आज लिखित रूप में मौजूद है। कविता के मूल में संवेदना है। यह संवेदना संपूर्ण सृष्टि से जुड़ने और उसे अपना बना लेने का बोध है।

कविता लेखन कविता को लिखना ही कविता लेखन है। कविता लेखन के संबंध में दो मत मिलते हैं, जिसमें एक का मानना है कि अन्य कलाओं की तरह कविता लेखन की कला को प्रशिक्षण द्वारा नहीं सिखाया जा सकता, क्योंकि इसका संबंध मानवीय संवेदनाओं से है, जबकि दूसरा मत यह है कि अन्य कलाओं की भाँति प्रशिक्षण के द्वारा कविता को भी सरल बनाया जा सकता है।

कविता लेखन के तत्त्व या उपकरण

कविता लेखन के आवश्यक तत्त्व या उपकरण निम्नलिखित हैं

1. **शब्द** कविता लेखन का पहला तत्त्व या उपकरण 'शब्द' है। शब्दों से मेलजोल कविता की पहली शर्त है। अंग्रेज़ी भाषा के कवि डब्ल्यू. एच. ऑर्डेन ने कहा कि 'प्ले विद द वर्ड्स' यानी कविता लेखन से पहले शब्दों से खेलना सीखें। उनके अर्थ की परतों को खोलें, क्योंकि शब्द ही भावनाओं और संवेदनाओं को आकार देते हैं। शब्दों से जुड़ना ही कविता की दुनिया में प्रवेश करना है।

2. **चित्र-भाषा या बिंब** बिंब कविता को इंद्रियों से पकड़ने में सहायक होते हैं। कविता लिखते समय बाह्य संवेदनाएँ मन के स्तर पर बिंब के रूप में बदल जाती हैं। सुमित्रानंदन पंत जैसे कवि ने चित्र-भाषा की आवश्यकता पर बल दिया है, क्योंकि बिंब या चित्र का प्रभाव मन पर अधिक पड़ता है। कविता की रचना करते समय शुरुआत में दृश्य और श्रव्य बिंब की संभावना तलाश करनी चाहिए।
3. **छंद** (आंतरिक लय) छंद कविता का अनिवार्य तत्त्व है। छंद के अनुशासन की जानकारी के बिना आंतरिक लय का निर्वाह असंभव है। अतः कविता लिखने से पूर्व छंद की बुनियादी जानकारी होना अत्यंत आवश्यक है।
4. **परिवेश और संदर्भ** कविता के उपर्युक्त सभी तत्त्व परिवेश और संदर्भ से परिचालित होते हैं। कविता की भाषा संरचना, बिंब, छंद सब परिवेश के इर्द-गिर्द घूमते हैं।
5. **भाव** परिवेश के साथ-साथ कविता के सभी तत्त्व भाव से भी परिचालित होते हैं। कवि की वैयक्तिक सोच, दृष्टि और दुनिया का नज़रिया कविता की भाव संपदा बनती है।

कविता लेखन के लिए आवश्यक प्रमुख घटक

कविता लिखने के लिए आवश्यक घटकों का ज्ञान होना चाहिए, जो निम्नलिखित हैं

1. **भाषा** कविता किसी-न-किसी भाषा में लिखी जाती है। अतः कविता लिखने के लिए भाषा का सम्यक् ज्ञान होना आवश्यक है।
2. **शब्द विन्यास** भाषा शब्दों से बनती है। शब्दों का एक विन्यास है, जिसे वाक्य कहा जाता है। अतः कविता लिखने के लिए शब्दों के विन्यास का ध्यान रखना चाहिए।
3. **काव्य शैलियों का ज्ञान** वाक्य गठन की विशिष्ट प्रणाली को शैली कहा जाता है। कविता लेखन करते समय विभिन्न काव्य शैलियों का ज्ञान होना भी जरूरी है।
4. **कम शब्दों में अपनी बात कहने की क्षमता** कविता लिखते समय कम-से-कम शब्दों में अपनी बात कहने की क्षमता होनी चाहिए।
5. **समय विशेष की प्रचलित प्रवृत्तियों की जानकारी** कविता समय विशेष की उपज होती है। उसका स्वरूप समय के साथ-साथ बदलता रहता है। अतः कविता लेखन के लिए आवश्यक है कि किसी समय विशेष की प्रचलित प्रवृत्तियों की उचित जानकारी होनी चाहिए।
6. **नवीन दृष्टिकोण** कविता लेखन के लिए नवीन दृष्टिकोण का होना अत्यंत आवश्यक है। इसके बिना कविता लेखन संभव ही नहीं है।
7. **प्रस्तुतीकरण की कला** कविता केवल लिखनी ही नहीं आनी चाहिए, बल्कि उसे प्रस्तुत करने की कला भी होनी चाहिए। प्रस्तुतीकरण की कला को प्रतिभा कहा जाता है। प्रतिभा को किसी नियम के सिद्धांत से उत्पन्न नहीं किया जा सकता, परंतु परिश्रम और अभ्यास से विकसित किया जा सकता है।
8. **छंद की बुनियादी जानकारी** कविता छंद और छंद मुक्त दोनों में होती है। अतः छंदोबद्ध कविता या छंदमुक्त कविता दोनों के लिए ही छंद का बुनियादी ज्ञान होना आवश्यक है।

इस प्रकार, कविता लेखन के ये घटक कविता लिखना भले ही न सिखाएँ, परंतु कविता की सराहना एवं कविता विषयक ज्ञान देने में सहायक हैं। शब्दों के साथ खेलना और उनकी तह तक जाने की प्रवृत्ति विद्यार्थी की रचनात्मक शक्ति और ऊर्जा को बाहर तक लाने में अद्‌भुत भूमिका निभा सकती है।

कहानी

कहानी का इतिहास कहानी का इतिहास उतना ही पुराना है, जितना मानव का इतिहास, क्योंकि कहानी मानव स्वभाव और प्रकृति का हिस्सा है। धीरे-धीरे कहानी कहने की आदिम कला का विकास होने लगा। आरंभ में कथावाचक कहानी सुनाते थे, जिनका विषय किसी घटना का वर्णन, युद्ध, प्रेम और प्रतिशोध आदि हुआ करता था। सच्ची घटनाओं पर कहानी सुनाते-सुनाते उनमें कल्पना का समावेश होने लगा। कथावाचक सुनने वालों की आवश्यकतानुसार अपनी कल्पना के माध्यम से नायक के गुणों का वर्णन करने लगा।

मौखिक कहानी की परंपरा मौखिक कहानी की परंपरा बहुत पुरानी है। प्राचीनकाल में मौखिक कहानियों की लोकप्रियता इसलिए थी, क्योंकि यह संचार का बड़ा माध्यम था। इस कारण धर्म-प्रचारकों ने भी अपने सिद्धांत और विचार लोगों तक पहुँचाने के लिए कहानी का सहारा लिया था। शिक्षा देने के लिए भी कहानी विधा का प्रयोग किया गया; जैसे—'पंचतंत्र' की कहानियाँ लिखी गईं, जो विश्व प्रसिद्ध हैं।

कहानी के तत्त्व

कहानी के प्रमुख तत्त्व निम्नलिखित हैं

1. **कथानक** कथानक कहानी का केंद्रीय बिंदु होता है, जिसमें प्रारंभ से अंत तक कहानी की सभी घटनाओं और पात्रों का उल्लेख होता है। सरल शब्दों में, कहानी की रचना को कथानक कहा जाता है। प्रत्येक कहानी के लिए कथावस्तु का होना अनिवार्य है, क्योंकि इसके अभाव में किसी कहानी की रचना की कल्पना भी नहीं की जा सकती। कथानक को कहानी का प्रारंभिक नक्शा भी माना जा सकता है। कहानी का कथानक कहानीकार के मन में किसी घटना, जानकारी, अनुभव या कल्पना के कारण आता है।

   कहानीकार एक कल्पना का विकास करते हुए परिवेश, पात्र और समस्या को आकार देता है। इस प्रकार वह एक ऐसा काल्पनिक ढाँचा (बनावट) तैयार करता है, जो कोरी कल्पना न होकर संभावित हो तथा लेखक के उद्‌देश्य से मिलती हो।
2. **द्वंद्व** कहानी में द्वंद्व के तत्त्व का होना आवश्यक है। द्वंद्व कथानक को आगे बढ़ाता है तथा कहानी में रोचकता बनाए रखता है। द्वंद्व दो विरोधी तत्त्वों का टकराव या किसी की खोज में आने वाली बाधाओं या अंतर्द्वंद्व के कारण उत्पन्न होता है। कहानी की यह शर्त है कि वह नाटकीय आकार से अपने उद्‌देश्य को पूर्ण करते हुए समाप्त हो जाए, यह द्वंद्व के कारण ही पूर्ण होती है। कहानीकार अपने कथानक में द्वंद्व के बिंदुओं की जितनी स्पष्ट झलक रखेगा कहानी भी उतनी ही सफलता से आगे बढ़ेगी।
3. **देशकाल और वातावरण** प्रत्येक घटना, पात्र, समस्या का अपना देशकाल और वातावरण होता है। कहानी में वास्तविकता का पुट लाने के लिए देशकाल और वातावरण का प्रयोग किया जाता है। कहानी को प्रामाणिक और रोचक बनाने के लिए इनका प्रयोग अत्यंत आवश्यक है।

4. **पात्र एवं चरित्र-चित्रण** कहानी का संचालन उसके पात्रों के द्वारा ही होता है। पात्रों के गुण-दोष को उनका चरित्र-चित्रण कहा जाता है। प्रत्येक पात्र का अपना स्वरूप, स्वभाव और उद्देश्य होता है। पात्रों का अध्ययन करना कहानी की एक बहुत महत्त्वपूर्ण और बुनियादी शर्त है। कहानीकार के सामने पात्रों का स्वरूप जितना स्पष्ट होगा उतनी ही आसानी उसे पात्रों का चरित्र-चित्रण करने और उसके संवाद लिखने में होगी। पात्रों का चरित्र-चित्रण करने के लिए पात्रों के गुणों का वर्णन कहानीकार द्वारा तथा दूसरे पात्रों के संवाद के माध्यम से किया जा सकता है।
5. **संवाद** कहानी के पात्रों के द्वारा किए गए उनके विचारों की अभिव्यक्ति को संवाद या कथोपकथन कहते हैं। कहानी में संवाद का विशेष महत्त्व होता है। संवाद ही कहानी तथा पात्र को स्थापित एवं विकसित करके कहानी को गति देकर आगे बढ़ाते हैं। जो घटना या प्रतिक्रिया कहानीकार होती हुई नहीं दिखा सकता, उन्हें वह संवादों के माध्यम से सामने लाता है।
6. **चरमोत्कर्ष** (क्लाइमेक्स) जब कहानी पढ़ते-पढ़ते पाठक कौतूहल (जिज्ञासा) की पराकाष्ठा (चरम सीमा) पर पहुँच जाए, तब उसे कहानी का चरमोत्कर्ष या चरम स्थिति कहते हैं। कथानक के अनुसार कहानी चरमोत्कर्ष की ओर बढ़ती है। कहानी का चरमोत्कर्ष पाठक को स्वयं सोचने और लेखकीय पक्षधर की ओर आने के लिए प्रेरित करता है। पाठक को यह भी लगे कि उसे स्वतंत्रता दी गई है और उसने जो निष्कर्ष निकाले हैं वह उसके अपने हैं।
7. **भाषा-शैली** कहानीकार के द्वारा कहानी के प्रस्तुतीकरण के ढंग (रूप) को उसकी भाषा-शैली कहा जाता है। कहानी की भाषा ऐसी होनी चाहिए, जो पाठक को अपनी ओर आकर्षित करे। अत: कहानी की भाषा सरल, सहज तथा प्रवाहमयी होनी चाहिए।
8. **उद्देश्य** प्रत्येक कहानी किसी-न-किसी उद्देश्य को लेकर लिखी जाती है। कहानी की रचना बिना किसी उद्देश्य के नहीं हो सकती। अत: उद्देश्य कहानी का एक अनिवार्य तत्त्व है।

कहानी लेखन हेतु ध्यान रखने योग्य बातें

- कहानी लिखने की कला सीखने का सबसे अच्छा और सीधा तरीका यह है कि अच्छी कहानियाँ पढ़ी जाएँ और उनका विश्लेषण किया जाए।
- कहानी का आरंभ आकर्षक होना चाहिए, ताकि पाठक का मन उसमें लग जाए।
- कहानी में विभिन्न घटनाओं और प्रसंगों को संतुलित विस्तार देना चाहिए। किसी प्रसंग को न अत्यंत संक्षिप्त लिखें और न ही अनावश्यक रूप से विस्तृत (बढ़ाएँ) करें।
- कहानी की भाषा सरल, स्वाभाविक तथा प्रवाहमयी होनी चाहिए। उसमें क्लिष्ट शब्द तथा लंबे वाक्य नहीं होने चाहिए।
- संवाद पात्रों के स्वभाव एवं पृष्ठभूमि के अनुकूल होने चाहिए।
- कहानी के संवाद छोटे, स्वाभाविक और उद्देश्य के प्रति सीधे लक्षित होने चाहिए।
- कहानी का शीर्षक उपयुक्त तथा आकर्षक होना चाहिए।
- कहानी का अंत सहज ढंग से होना चाहिए।
- कहानी के चरमोत्कर्ष का चित्रण बहुत ध्यानपूर्वक करना चाहिए, क्योंकि भावों या पात्रों के अतिरिक्त अभिव्यक्ति चरमोत्कर्ष के प्रभाव को कम कर सकती है।

नाटक

नाटक शब्द की उत्पत्ति 'नट' धातु से मानी जाती है। 'नट्' शब्द का अर्थ अभिनय है, जो अभिनेता से जुड़ा हुआ है। इसे **रूपक** भी कहा जाता है। भारतीय परंपरा में नाटक को दृश्यकाव्य की संज्ञा दी गई है।

नाटक और अन्य विधाओं में अंतर

साहित्य की अन्य विधाएँ अपने लिखित रूप में ही निश्चित और अंतिम रूप को प्राप्त कर लेती हैं, किंतु नाटक लिखित रूप में एक आयामी होता है। मंचन के पश्चात् ही उसमें संपूर्णता आती है। अत: साहित्य की अन्य विधाएँ पढ़ने या सुनने तक की यात्रा तय करती हैं, परंतु नाटक पढ़ने, सुनने के साथ-साथ देखने के तत्त्व को भी अपने में समेटे हुए हैं।

नाटक के अंग

नाटक के मुख्य अंग निम्नलिखित हैं

1. **समय का बंधन** नाटक का प्रथम अंग समय का बंधन है। समय का यह बंधन नाटक की रचना पर अपना पूरा प्रभाव डालता है, इसलिए शुरुआत से लेकर अंत तक एक निश्चित समय सीमा के भीतर पूरा होना होता है।

   नाटक का विषय भूतकाल हो या भविष्यकाल इन दोनों ही स्थितियों में वर्तमान काल में संयोजित होता है। यही कारण है कि नाटक के मंच निर्देश हमेशा वर्तमान काल में लिखे जाते हैं, चाहे काल कोई भी हो उसे एक समय में, एक स्थान विशेष पर वर्तमान काल में ही घटित होना होता है।

   समय को लेकर एक और तथ्य यह है कि साहित्य की अन्य विधाओं, जैसे—कहानी, उपन्यास, कविता को हम कभी भी पढ़ते तथा सुनते हुए बीच में रोक सकते हैं और कुछ समय बाद फिर वहीं से पढ़ना या सुनना शुरू कर सकते हैं, परंतु नाटक के साथ ऐसा संभव नहीं है।
2. **शब्द** नाटक का दूसरा महत्त्वपूर्ण अंग शब्द है। नाटक में शब्द अपनी एक नई, निजी और अलग अस्मिता ग्रहण करता है। शब्द को **नाटक का शरीर** कहा गया है।

नाटक के तत्त्व

नाटक के प्रमुख तत्त्व निम्नलिखित हैं

1. **कथ्य या कथानक** नाटक के लिए उसका कथ्य जरूरी होता है। नाटक में किसी कहानी के रूप को किसी शिल्प या संरचना के अंदर उसे पिरोना होता है।

   इसके लिए नाटककार को शिल्प या संरचना की पूरी समझ जानकारी व अनुभव होना चाहिए। इसके लिए पहले घटनाओं, स्थितियों या दृश्यों का चुनाव कर उन्हें क्रम में रखें, ताकि कथा का विकास शून्य से शिखर की ओर हो।

2. **संवाद** नाटक का सबसे महत्त्वपूर्ण और सशक्त माध्यम उसका संवाद है। संवाद ही वह तत्त्व है जो एक सशक्त नाटक को अन्य कमजोर नाटकों से अलग करता है। संवाद जितना सहज और स्वाभाविक होगा उतना ही दर्शक के मर्म को छुएगा।

3. **भाषा** भाषा नाटक का प्राणतत्त्व है। एक अच्छा नाटककार अत्यंत संक्षिप्त तथा सांकेतिक भाषा का प्रयोग करता है। नाटक वर्णित न होकर क्रियात्मक अधिक होना चाहिए। एक अच्छा नाटक वही होता है, जो लिखे गए शब्दों से ज्यादा वह ध्वनित (प्रकट) करे, जो लिखा नहीं गया है।

4. **चरित्र** नाटक को सशक्त बनाने में चरित्र का विशेष योगदान होता है। अत: नाटक लिखते समय यह अत्यंत आवश्यक है कि नाटक के पात्र व उनके चरित्र सपाट और सतही न होकर क्रियाओं-प्रतिक्रियाओं को व्यक्त करने वाले हों।

5. **रंगमंचीयता** नाटक का सबसे प्रभावशाली तत्त्व रंगमंचीयता है। नाटक रंगमंच के लिए ही लिखे जाते हैं। वही नाटक सफल माना जाता है, जिसका मंचन किया जा सके। रंगमंच नाटक की वास्तविक कसौटी होता है।

नाटक में स्वीकार एवं अस्वीकार की अवधारणा

नाटक एक जीवंत माध्यम है। नाटक में कोई भी दो चरित्र जब आपस में मिलते हैं, तो विचारों के आदान-प्रदान में टकराहट होना स्वाभाविक है। यही कारण है कि रंगमंच प्रतिरोध का सबसे सशक्त माध्यम है। वह कभी भी यथास्थिति को स्वीकार नहीं करता। इस कारण उसमें अस्वीकार की स्थिति भी बराबर बनी रहती है, जिस नाटक में असंतुष्टि, छटपटाहट, प्रतिरोध और अस्वीकार जैसे नकारात्मक तत्त्वों की जितनी ज्यादा उपस्थिति होगी, वह उतना ही सशक्त नाटक साबित होगा।।

पाठ्यपुस्तक (अभिव्यक्ति और माध्यम) के प्रश्नोत्तर

1. आपने अनेक कविताएँ पढ़ी होंगी। उनमें से आपको कौन-सी कविता सबसे अच्छी लगी? लिखिए। यह भी बताइए कि आपको वह कविता क्यों अच्छी लगी?

उत्तर छात्र स्वयं करें।

2. आपके जीवन में अनेक ऐसी घटनाएँ घटी होंगी, जिन्होंने आपके मन को छुआ होगा। उस अनुभूति को कविता के रूप में लिखने का प्रयास कीजिए।

उत्तर छात्र स्वयं करें।

3. शब्दों का खेल, परिवेश के अनुसार शब्द-चयन, लय, तुक, वाक्य संरचना, यति-गति, बिंब, संक्षिप्तता के साथ-साथ विभिन्न अर्थ स्तर आदि से कविता बनती है। दी गई कविता में इनकी पहचान कर अपने शब्दों में लिखें

एक-जनता का
दु:ख एक।
हवा में उड़ती पताकाएँ
अनेक।

दैन्य दानव। क्रूर स्थिति।
कंगाल बुद्धि; मजूर घर भर।
एक जनता का-अमरवर;
एकता का स्वर।
अन्यथा स्वातंत्र्य इति।

शमशेर बहादुर सिंह

उत्तर कविता शब्दों के खेल से शुरू होती है और इसकी रचना करने के लिए एक व्यवस्था तक जाती है। शब्दों का यही खेल एक ऐसी दुनिया में ले जाता है, जहाँ रिद्म, लय और एक व्यवस्था है।

इस प्रश्न में दी गई कविता 'एक जनता का स्वातंत्र्य इति' में शब्दों का यही खेल इसे रिद्म और लय देते हुए एक व्यवस्था तक लाया है। 'एक जनता', 'स्थिति-इति', 'घर भर', 'अमरवर', 'स्वर' शब्दों के प्रयोग से कविता में लयबद्धता आ गई है। 'हवा में उड़ती पताकाएँ' परिवेश निर्मित कर रही हैं। इस कविता में कवि ने बाह्य संवेदनाओं को मन के स्तर पर बिंबित करते हुए क्रूर स्थिति को दैन्य दानव के रूप में चित्रित किया है। कविता देखने में संक्षिप्त है, पर यह अपने में व्यापक अर्थ समेटे हुए है।

4. "नाटक की कहानी बेशक भूतकाल या भविष्यकाल से संबद्ध हो, तब भी उसे वर्तमान काल में ही घटित होना पड़ता है"- इस धारणा के पीछे क्या कारण हो सकते हैं?

उत्तर नाटक को दृश्य काव्य माना जाता है। इसे दर्शकों के सम्मुख प्रस्तुत किया जाता है। प्रत्येक नाटक का एक निश्चित समय-सीमा में समाप्त होना भी आवश्यक है। साहित्य की अन्य विधाओं; जैसे- कहानी, उपन्यास, कविता, निबंध को पढ़ने के लिए हम अपनी सुविधा के अनुसार समय निकाल सकते हैं।

एक ही कहानी को कई दिनों में थोड़ा-थोड़ा पढ़कर समाप्त कर सकते हैं, परंतु नाटक तो दर्शकों को एक निश्चित समय-सीमा में एक ही स्थान पर देखना होता है। नाटककार अपने नाटक का कथ्य भूतकाल से ले अथवा भविष्यकाल से उसे उस नाटक को वर्तमान काल में ही संयोजित करना होता है।

कैसा भी नाटक हो उसे एक विशेष समय में, एक विशेष स्थान पर और वर्तमान काल में ही घटित होना होता है, कोई भी पौराणिक अथवा ऐतिहासिक कथानक भी नाटक के रूप में हमारे सम्मुख, हमारी आँखों के सामने वर्तमान में ही घटित होता है, इसलिए नाटक के मंच-निर्देश वर्तमान काल में ही लिखे जाते हैं। इन्हीं कारणों से नाटक की कहानी बेशक भूतकाल या भविष्यकाल से संबद्ध हो उसे वर्तमान काल में ही घटित होना पड़ता है।

5. "संवाद चाहे कितने भी तत्सम और क्लिष्ट भाषा में क्यों न लिखे गए हों। स्थिति और परिवेश की माँग के अनुसार यदि वे स्वाभाविक जान पड़ते हैं, तो उनके दर्शक तक संप्रेषित होने में कोई मुश्किल नहीं है" क्या आप इससे सहमत हैं? पक्ष या विपक्ष में तर्क दीजिए।

उत्तर हम इस कथन से सहमत हैं कि "संवाद चाहे कितने भी तत्सम और क्लिष्ट भाषा में क्यों न लिखे गए हों, स्थिति और परिवेश की माँग के अनुसार यदि वे स्वाभाविक जान पड़ते हैं, तो उनके दर्शक तक संप्रेषित होने में कोई मुश्किल नहीं होती।" इसका प्रमुख कारण यह है कि दर्शक नाटक देख रहा है।

वह मानसिक रूप से उस युग के परिवेश में पहुँच जाता है, जिससे संबंधित वह नाटक है। पौराणिक कथानकों पर आधारित नाटकों में तत्सम प्रधान शब्दावली को भी वह अभिनेताओं के अभिनय, हाव-भाव, संवाद बोलने के ढंग से समझ जाता है। 'रामायण' और 'महाभारत' के नाटकों में पिताश्री, भ्राताश्री, माताश्री आदि शब्दों का प्रयोग बच्चे-बच्चे को स्मरण हो गया था।

इसी प्रकार से जयशंकर प्रसाद, मोहन राकेश, धर्मवीर भारती, सुरेंद्र वर्मा आदि के नाटकों में प्रयुक्त शब्दावली भी परिवेश के कारण सहज रूप से हृदयंगम हो जाती है।

6. समाचार-पत्र के किसी कहानीनुमा समाचार से नाटक की रचना करें।

उत्तर **राँची दिनांक 24 मार्च** पैसों की तंगी के कारण रमेश ने अपनी पुत्री अलका का विवाह रोक दिया था लेकिन उसके मित्र सुरेश ने उसकी बेटी के विवाह का सारा भार अपने ऊपर लेकर उसका विवाह निश्चित तिथि पर कराया। आज के युग में मित्रता की ऐसी मिसाल कम ही दिखाई देती है। सुरेश की इस पहल पर मोहल्ले वालों ने भी रमेश की सहायता की।

इस समाचार का नाट्य रूपांतरण निम्नलिखित होगा
(स्थान घर का बरामदा। रमेश सिर पकड़कर बैठा है। उसकी पत्नी पूनम और पुत्री अलका भी उदास बैठे हैं।)

पूनम – (रमेश को समझाते हुए) कोई बात नहीं, धंधे में नफा-नुकसान होता रहता है। अभी कुछ दिन की मोहलत माँग लेते हैं। लड़के वाले मान ही जाएँगे।

रमेश– (रुंधे स्वर में) अब कुछ नहीं हो सकता। अब तो यह विवाह रोकना ही होगा। (तभी वहाँ दौड़ता हुआ सुरेश आता है।)

सुरेश – अरे! रमेश! मैं यह क्या सुन रहा हूँ? अलका का विवाह नहीं होगा।

रमेश – (मंद स्वर में) क्या करूँ-व्यापार में घाटा हो गया है। सब कुछ समाप्त हो गया।

सुरेश – (आवेश में) क्या मैं मर गया हूँ? अलका मेरी भी तो बेटी है। मैं करूँगा उसका विवाह।

पूनम – इसे कहते हैं मित्र। दिल में कसक उठी तो आया भागा-भागा। (उसी समय वहाँ मोहल्ले के कुछ लोग आ जाते हैं।)

एक बुजुर्ग – रमेश घबराओ मत अलका हम सबकी बेटी है। हम सब मिलकर इसका विवाह करेंगे। क्यों भाइयों? (सब समवेत स्वर में हाँ करेंगे कहते हैं और परदा गिरता है।)

7. (क) अध्यापक और शिष्य के बीच गृह कार्य को लेकर पाँच-पाँच संवाद लिखिए।

(ख) एक घरेलू महिला एवं रिक्शा चालक को ध्यान में रखते हुए पाँच-पाँच संवाद लिखिए।

उत्तर (क) अध्यापक – रमेश, तुमने गृह-कार्य किया है?
शिष्य – नहीं, मास्टर जी।
अध्यापक – क्यों नहीं किया?
शिष्य – मैं किसी कारण से नहीं कर पाया।
अध्यापक – किस कारण से नहीं कर पाए?
शिष्य – कल हमारे घर कुछ अतिथि आ गए थे।
अध्यापक – तुम झूठ तो नहीं बोल रहे हो?
शिष्य – नहीं, मास्टर जी।
अध्यापक – कल गृह-कार्य ज़रूर करके लाना।
शिष्य – जी, मास्टर जी। ज़रूर करके आऊँगा।

(ख) घरेलू महिला – रिक्शा! ओ रिक्शावाले!
रिक्शाचालक – हाँ! मेम साहब।
घरेलू महिला – अशोका कॉलोनी चलोगे?
रिक्शाचालक – हाँ, चलूँगा।
घरेलू महिला – कितने पैसे लोगे?
रिक्शाचालक – जी, बीस रुपये।
घरेलू महिला – बीस रुपये तो ज़्यादा हैं?
रिक्शाचालक – क्या करें मेम साहब, महँगाई बहुत है।
घरेलू महिला – ठीक है, ठीक है। पंद्रह रुपये ले लेना।
रिक्शाचालक – चलो, मेम साहब, पंद्रह ही दे देना।

8. चरित्र-चित्रण के कई तरीके होते हैं। 'ईदगाह' कहानी में किन-किन तरीकों का इस्तेमाल किया गया है? इस कहानी में आपको सबसे प्रभावी चरित्र किसका लगा और कहानीकार ने उसके चरित्र-चित्रण में किन तरीकों का उपयोग किया है?

उत्तर कहानी में किसी भी पात्र का चरित्र चित्रण उसके क्रिया-कलापों, संवादों तथा अन्य व्यक्तियों द्वारा उससे संबंधित बोले गए संवादों से होता है। लेखक स्वयं भी किसी पात्र की चारित्रिक विशेषताओं को उजागर करने के लिए कुछ संकेत दे देता है। 'ईदगाह' कहानी में लेखक ने पात्रों के चरित्र-चित्रण के लिए इन सभी तरीकों का प्रयोग किया है। 'ईदगाह' कहानी का पात्र 'हामिद' हमें सबसे अधिक प्रभावित करता है। लेखक ने हामिद का परिचय देते हुए लिखा है– वह चार-पाँच साल का गरीब सूरत का दुबला-पतला लड़का है। जिसका बाप गत वर्ष हैज़े की भेंट हो गया और माँ न जाने क्यों पीली होती होती एक दिन मर गई। लेखक ने संवादों के माध्यम से भी हामिद के चरित्र को स्वर प्रदान किया है। हामिद का मेले से चिमटा खरीदना उसके मन में अपनी दादी के प्रति संवेदनाओं को व्यक्त करता है। उसे रोटी पकाते समय दादी के हाथ के जलने की चिंता रहती थी, इसलिए उसने चिमटा खरीदा।

हामिद का मिठाई और मिट्टी के खिलौनों पर पैसे बर्बाद न करना उसकी समझदारी को व्यक्त करता है। इस प्रकार 'ईदगाह' कहानी में लेखक ने स्वयं, संवादों के माध्यम से तथा अन्य बच्चों के वार्तालापों से हामिद का चरित्र-चित्रण किया है।

9. संवाद कहानी में कई महत्त्वपूर्ण भूमिकाएँ निभाता है। महत्त्व के हिसाब से क्रमवार संवाद की भूमिका का उल्लेख कीजिए।

उत्तर कहानी में संवादों का महत्त्वपूर्ण स्थान होता है। संवाद कहानी को गति प्रदान करते हैं। कहानी में चित्रित पात्रों का चरित्र-चित्रण संवादों के माध्यम से होता है। जो घटना अथवा प्रतिक्रिया कहानीकार होती हुई नहीं दिखा

सकता, उसे संवादों के द्वारा प्रस्तुत किया जा सकता है। संवादों से पात्रों के बौद्धिक, आर्थिक, सामाजिक, धार्मिक स्तरों का ज्ञान भी हो जाता है। उदाहरण के लिए, 'ईदगाह' कहानी मुस्लिम परिवेश को व्यक्त करती है इसलिए इसके संवादों में उर्दू के शब्दों की अधिकता है। अधिकतर संवाद बच्चों के हैं, इसलिए बच्चों की कल्पनाओं को भी पूरी तरह से उभारा गया है; जैसे- जिन्नात को मिलने वाले रुपयों के बारे में मोहसिन और हामिद का यह वार्तालाप निम्न प्रकार है

- मोहसिन ने कहा–जिन्नात को रुपयों की क्या कमी? जिस खजाने में चाहें, चले जाएँ।"
- हामिद ने फिर पूछा–"जिन्नात बहुत बड़े-बड़े होते हैं।"
- मोहसिन–"एक-एक का सिर आसमान के बराबर होता है।"

इस वार्तालाप से बच्चों के भोलेपन, कौतूहल आदि चारित्रिक गुणों का भी पता चलता है। संवाद पात्रों के स्तर के अनुरूप, सरल, सहज, स्वाभाविक, संक्षिप्त तथा अवसरानुकूल होने चाहिए। अनावश्यक रूप से लंबे संवाद कथानक में गतिरोध उत्पन्न कर देते हैं।

10. नीचे दिए गए चित्रों के आधार पर चार छोटी-छोटी कहानियाँ लिखिए। (चित्र के लिए NCERT पृष्ठ संख्या 126 देखें)

उत्तर छात्र स्वयं करें

11. एक कहानी में कई कहानियाँ छिपी होती हैं। किसी कहानी को किसी खास मोड़ पर रोककर नई स्थिति में कहानी को नया मोड़ दिया जा सकता है। नीचे दी गई परिस्थिति पर कहानी लिखने का प्रयास करें

"सिद्धेश्वरी ने देखा कि उसका बड़ा बेटा रामचंद्र धीरे-धीरे घर की तरफ़ आ रहा है। रामचंद्र माँ को बताता है कि उसे अच्छी नौकरी मिल गई।" आगे की कहानी आप लिखिए।

उत्तर छात्र स्वयं करें।

अभ्यास प्रश्न

बहुविकल्पीय प्रश्न

1. नाटक का सबसे प्रभावशाली तत्त्व कौन-सा है?

(क) चरित्र (ख) प्रकाश योजना
(ग) कथ्य (घ) रंगमंचीयता

उत्तर (घ) रंगमंचीयता

2. कविता लेखन का आवश्यक उपकरण कौन-सा है?

(क) शब्द (ख) बिम्ब
(ग) छंद (घ) ये सभी

उत्तर (घ) ये सभी

3. कहानी का केंद्रीय बिंदु किसे कहा जाता है?

(क) द्वंद्व को (ख) संवाद को
(ग) कथानक को (घ) देशकाल एवं वातावरण को

उत्तर (ग) कथानक को

4. नाटक का प्राणतत्त्व किसे कहा जाता है?

(क) चरित्र को (ख) रंगमंचीयता को
(ग) भाषा को (घ) संवाद को

उत्तर (ग) भाषा को

5. नाटक लेखन का दूसरा महत्त्वपूर्ण तत्त्व किसे माना जाता है?

(क) विम्ब (ख) छंद (ग) शब्द (घ) भाषा

उत्तर (ग) शब्द

6. कहानी में वास्तविकता का पुट लाने के लिए निम्नलिखित में से किसका प्रयोग किया जाता है?

(क) पात्र (ख) द्वंद्व
(ग) देशकाल एवं वातावरण (घ) चरमोत्कर्ष

उत्तर (ग) देशकाल एवं वातावरण

7. निम्नलिखित में से किसके अभाव में कहानी की रचना नहीं की जा सकती है?

(क) पात्र (ख) भाषा
(ग) कथानक (घ) उद्देश्य

उत्तर (ग) कथानक

8. नाटक के अंगों को किसके अनुसार बाँटने की जरूरत होती है?

(क) पात्र (ख) भाषा
(ग) कथ्य (घ) समय

उत्तर (घ) समय

9. कहानी का प्रारंभिक नक्शा किसे माना जा सकता है?

(क) कथानक को (ख) उद्देश्य को
(ग) चरम-सीमा को (घ) घटना विशेष को

उत्तर (क) कथानक को

10. कहानी के पात्रों द्वारा अपने विचारों को अभिव्यक्त करने को क्या कहा जाता है?

(क) विश्लेषण (ख) उद्देश्य
(ग) कथोपकथन (घ) भाषा-शैली

उत्तर (ग) कथोपकथन

11. नाटक की वास्तविक कसौटी किसे माना जाता है?

(क) रंगमंचीयता को
(ख) पात्र को
(ग) संवाद को
(घ) कथ्य को

उत्तर (क) रंगमंचीयता को

12. निम्नलिखित कथनों पर विचार कीजिए। **CBSE Term II 2022**

1. **कविता लेखन का पहला तत्त्व या उपकरण शब्द है।**
2. **बिंब कविता को इंद्रियों से पकड़ने में सहायक है।**
3. **दृष्टि और दुनिया का नजरिया कविता की छंद संपदा बनती है।**

कूट

(क) केवल 1
(ख) 1 और 2
(ग) केवल 3
(घ) 1 और 3

उत्तर (ख) 1 और 2

लघु उत्तरीय प्रश्न

1. कविता किस प्रकार बनी? कविता लेखन के संबंध में दो मत क्या हैं? स्पष्ट कीजिए।

उत्तर पारंपरिक लोरियों, मांगलिक गीतों, श्रमिकों द्वारा गुनगुनाए लोकगीतों और तुकबंदी में कविता के स्वर मुखरित होते हैं। अतः इनके द्वारा कविता बनी। वाचिक परंपरा से जन्मी कविता आज लिखित रूप में मौजूद है। कविता लेखन के संबंध में दो मत मिलते हैं, जिसमें एक का मानना है कि अन्य कलाओं की तरह कविता लेखन की कला को प्रशिक्षण द्वारा नहीं सिखाया जा सकता, क्योंकि इसका संबंध मानवीय संवेदनाओं से है, जबकि दूसरा मत है कि अन्य कलाओं की भाँति प्रशिक्षण के द्वारा कविता को भी सरल बनाया जा सकता है।

2. कविता लेखन में शब्दों के महत्त्व पर प्रकाश डालिए।

उत्तर कविता लेखन में शब्दों का अत्यंत महत्त्व है। कविता लेखन का पहला तत्त्व या उपकरण 'शब्द' है। शब्दों से मेलजोल कविता की पहली शर्त है। अंग्रेजी भाषा के कवि डब्ल्यू. एच. ऑर्डेन ने कहा कि 'प्ले विद द वर्ड्स' यानी कविता लेखन से पहले शब्दों से खेलना सीखें। उनके अर्थ की परतों को खोलें, क्योंकि शब्द ही भावनाओं और संवेदनाओं को आकार देते हैं। शब्दों से जुड़ना ही कविता की दुनिया में प्रवेश करना है।

3. कविता लेखन के संदर्भ में छंद से क्या अभिप्राय है? कविता रचना में इसका महत्त्व स्पष्ट कीजिए। **CBSE 2025**

उत्तर कविता लेखन में छंद से अभिप्राय कविता की आंतरिक लय से है, जो शब्दों, मात्राओं और तुकबंदियों के माध्यम से प्रवाह उत्पन्न करता है। यह कविता को गद्य से अलग कर उसे काव्यात्मक सौंदर्य प्रदान करता है। छंद कविता में संगीतात्मकता लाकर उसे सहज और प्रभावी बनाता है। इससे कविता स्मरणीय और भावपूर्ण होती है, जिससे पाठक उसे अधिक गहराई से ग्रहण कर पाता है। छंद कविता की अभिव्यक्ति को प्रभावशाली बनाकर उसके भावों को सरलता से संप्रेषित करने में सहायक होता है।

4. कविता लेखन के आवश्यक प्रमुख तीन घटकों का वर्णन कीजिए।

उत्तर कविता लिखने के लिए आवश्यक घटकों का ज्ञान होना चाहिए, जो निम्नलिखित हैं

1. **भाषा** कविता किसी-न-किसी भाषा में लिखी जाती है। अतः कविता लिखने के लिए भाषा का सम्यक् ज्ञान होना आवश्यक है।
2. **शब्द विन्यास** भाषा शब्दों से बनती है। शब्दों का एक विन्यास है, जिसे वाक्य कहा जाता है। अतः कविता लिखने के लिए शब्दों के विन्यास का ध्यान रखना चाहिए।
3. **काव्य शैलियों का ज्ञान** वाक्य गठन की विशिष्ट प्रणाली को शैली कहा जाता है। कविता लेखन करते समय विभिन्न काव्य शैलियों का ज्ञान होना भी आवश्यक है।

5. कविता लेखन हेतु परिवेश और भाव क्यों आवश्यक होते हैं?

उत्तर कविता लेखन हेतु परिवेश और भाव आवश्यक होते हैं, क्योंकि कविता के सभी तत्त्व परिवेश और संदर्भ से परिचालित होते हैं। कविता की भाषा संरचना, बिंब, छंद सब परिवेश के इर्द-गिर्द घूमते हैं।

परिवेश के साथ-साथ कविता के सभी तत्त्व भाव से भी परिचालित होते हैं। कवि की वैयक्तिक सोच, दृष्टि और दुनिया का नजरिया कविता की भाव संपदा बनती है।

6. कविता लेखन के लिए किन बातों का ज्ञान होना आवश्यक है?

उत्तर कविता लेखन के लिए निम्नलिखित बातों का ज्ञान होना आवश्यक है

1. **कम शब्दों में अपनी बात कहने की क्षमता** कविता लिखते समय कम-से-कम शब्दों में अपनी बात कहते की क्षमता होनी चाहिए।
2. **समय विशेष की प्रचलित प्रवृत्तियों की जानकारी** कविता समय विशेष की उपज होती है, उसका स्वरूप समय के साथ-साथ बदलता रहता है। अतः कविता लेखन के लिए आवश्यक है कि किसी समय विशेष की प्रचलित प्रवृत्तियों की ठीक-ठाक (उचित) जानकारी होनी चाहिए।
3. **नवीन दृष्टिकोण** कविता लेखन के लिए नवीन दृष्टिकोण का होना अत्यंत आवश्यक है। इसके बिना कविता लेखन संभव ही नहीं है।

7. कविता रचना में किन तत्त्वों का होना आवश्यक माना जाता है? संक्षेप में समझाकर लिखिए। **CBSE 2023**

उत्तर कविता रचना में कई घटकों का महत्त्व होता है, जिनमें प्रमुख हैं भाषा, शब्द चयन, बिंब, छंद, भाव और परिवेश। भाषा कविता को अभिव्यक्ति का माध्यम देती है, जबकि शब्द चयन कविता को सुंदर और प्रभावशाली बनाता है। बिंब कविता को चित्रात्मक रूप देकर पाठक के मन में छवि उत्पन्न करते हैं। छंद कविता में लय और प्रवाह बनाए रखते हैं, जिससे कविता का संगीतात्मक पहलू उभरता है। भाव और परिवेश कविता को गहराई प्रदान करते हैं और पाठकों के हृदय में संवेदनाओं का संचार करते हैं।

8. कविता के महत्त्वपूर्ण घटक कौन-कौन से हैं? किन्हीं दो का संक्षिप्त वर्णन कीजिए। **CBSE 2023**

उत्तर कविता के महत्त्वपूर्ण घटक निम्नलिखित हैं

- भाषा
- शब्द विन्यास
- काव्य शैलियों का ज्ञान
- कम शब्दों में अपनी बात कहने की क्षमता
- समय विशेष की प्रचलित प्रवृत्तियों की जानकारी
- नवीन दृष्टिकोण
- प्रस्तुतीकरण की कला

दो घटकों का संक्षिप्त वर्णन

- **भाषा** कविता किसी-न-किसी भाषा में लिखी जाती है। भाषा का सम्यक् ज्ञान कविता लेखन के लिए आवश्यक है, क्योंकि भाव और

विचार भाषा के माध्यम से ही व्यक्त किए जाते हैं। कविता में भाषा जितनी समृद्ध होगी, उसका प्रभाव उतना ही गहरा होगा।

- **कम शब्दों में अपनी बात कहने की क्षमता** कविता की सुंदरता और प्रभाव उसके संक्षिप्त और सारगर्भित प्रस्तुतिकरण में होती है। कम शब्दों में अपनी बात को स्पष्ट और गहराई से कहना कविता की प्रभावशीलता को बढ़ाता है।

9. अच्छी कविता में कौन-कौन से गुण होते हैं? अपने शब्दों में लिखिए।
CBSE 2023

उत्तर पारंपरिक लोरियों, माँगलिक गीतों, श्रमिकों द्वारा गुनगुनाए लोकगीतों और तुकबंदी में कविता के स्वर मुखरित होते हैं। अच्छी कविता के गुण निम्नलिखित हैं

- **शब्द चयन** कविता में शब्दों का प्रभावशाली और सटीक चयन होना चाहिए, ताकि वह भावनाओं को गहराई से व्यक्त कर सके और पाठक के मन को छू सके।
- **बिंब का प्रयोग** बिंबों के माध्यम से कवि अपने विचारों और भावनाओं को सजीव और स्पष्ट रूप में प्रस्तुत करता है, जिससे कविता अधिक आकर्षक और प्रभावशाली बनती है।
- **आंतरिक लय और छंद** कविता में लयबद्धता और छंद का प्रयोग सुंदरता और प्रवाह बनाए रखने के लिए आवश्यक है। यह कविता को संगीतात्मक और सुखद बनाता है।
- **भावनाओं की गहराई** अच्छी कविता में गहरी संवेदनाएँ होती हैं, जो पाठकों को आत्मसात कर लेती है और उनसे जुड़ाव महसूस कराती है।
- **कम शब्दों में अपनी बात** कम शब्दों में गहरी और प्रभावशाली बात कहना।
- **परिवेश और दृष्टिकोण** कवि का विशेष नजरिया और परिवेश का समावेश कविता को जीवंत बनाता है, जिससे पाठक उसके विचारों में खो जाता है और अधिक जुड़ाव महसूस करता है।

10. 'शब्दों से जुड़ना कविता की दुनिया में प्रवेश करना है।' सिद्ध कीजिए।
CBSE 2024

उत्तर 'शब्दों से जुड़ना कविता की दुनिया में प्रवेश करना है।' यह कथन इस तथ्य को स्पष्ट करता है कि कविता लेखन का आधार शब्द है। शब्दों के माध्यम से ही कवि अपनी भावनाओं, संवेदनाओं और विचारों को व्यक्त करता है। जब कवि शब्दों के साथ मेलजोल बढ़ाता है, उनके गहरे अर्थों को समझता है और उनके बीच संबंध स्थापित करता है, तो वह कविता की दुनिया में प्रवेश करता है। अंग्रेजी कवि डब्ल्यू. एच. ऑर्डेन के अनुसार, शब्दों के साथ खेलना और उनके भीतर छिपे अर्थों को समझना कविता लेखन का मूल है। जैसे खेल के माध्यम से अपरिचित सहपाठी मित्र बन जाते हैं, वैसे ही शब्दों से जुड़ने पर उनकी गहराई और रचनात्मकता प्रकट होती है। शब्दों की परतों को खोलने और उनकी शक्ति को पहचानने से कविता के अनजाने संसार में प्रवेश संभव होता है।

11. कहानी का अर्थ स्पष्ट करते हुए इसके इतिहास पर प्रकाश डालिए।

उत्तर **कहानी का अर्थ** किसी घटना, पात्र या समस्या का क्रमबद्ध ब्यौरा जिसमें परिवेश हो, द्वंद्वात्मकता हो, कथा का क्रमिक विकास हो, चरम उत्कर्ष का बिंदु हो, उसे कहानी कहा जाता है।

कहानी का इतिहास कहानी का इतिहास उतना ही पुराना है जितना मानव इतिहास, क्योंकि कहानी मानव स्वभाव और प्रकृति का हिस्सा है। धीरे-धीरे कहानी कहने की आदिम कला का विकास होने लगा। आरंभ में कथावाचक कहानी सुनाते थे, जिनका विषय किसी घटना, युद्ध, प्रेम और प्रतिशोध आदि हुआ करता था। सच्ची घटनाओं पर कहानी सुनाते-सुनाते उनमें कल्पना का समावेश होने लगा। कथावाचक सुनने वालों की आवश्यकतानुसार अपनी कल्पना के माध्यम से नायक के गुणों का बखान करने लगा।

12. प्राचीनकाल में मौखिक कहानियाँ क्यों लोकप्रिय हुई थीं?

अथवा

प्राचीनकाल में मौखिक कहानियों की लोकप्रियता के क्या कारण थे? दो कारण लिखिए।
CBSE Term II 2022

अथवा

प्राचीनकाल में मौखिक कहानियों की लोकप्रियता क्यों थी? अपने शब्दों में लिखिए।
CBSE Term II 2022

उत्तर मौखिक कहानी की परंपरा बहुत पुरानी है। प्राचीनकाल में मौखिक कहानियों की लोकप्रियता इसलिए थी, क्योंकि यह संचार का बड़ा माध्यम थी। इस कारण धर्म प्रचारकों ने भी अपने सिद्धांत और विचार लोगों तक पहुँचाने के लिए कहानी का सहारा लिया था। शिक्षा देने के लिए भी कहानी विधा का प्रयोग किया गया, जैसे— 'पंचतंत्र की कहानियाँ लिखी गईं, जो विश्व प्रसिद्ध हैं।'

13. 'कहानी का केंद्र बिंदु कथानक होता है'– इस कथन के आलोक में कहानी के कथानक पर प्रकाश डालिए।

अथवा

कहानी का कथानक क्या होता है? उदाहरण सहित स्पष्ट कीजिए।
CBSE SQP Term II 2022

अथवा

कथानक कहानी का एक प्रारंभिक नक्शा क्यों/कैसे होता है?
CBSE 2023, CBSE Term II 2022

उत्तर कथानक कहानी का केंद्रीय बिंदु होता है जिसमें प्रारंभ से अंत तक कहानी की सभी घटनाओं और पात्रों का उल्लेख होता है। सरल शब्दों में कहानी के ढाँचे को कथानक कहा जाता है। प्रत्येक कहानी के लिए कथावस्तु का होना अनिवार्य है, क्योंकि इसके अभाव में किसी कहानी की रचना की कल्पना भी नहीं की जा सकती। कथानक को कहानी का प्रारंभिक नक्शा भी माना जा सकता है। कहानी कथानक कहानीकार के मन में किसी घटना, जानकारी, अनुभव या कल्पना के कारण आता है। कहानीकार कल्पना का विकास करते हुए एक परिवेश, पात्र और समस्या को आकार देता है। इस प्रकार वह एक ऐसा काल्पनिक ढाँचा तैयार करता है, जो कोरी कल्पना न होकर संभावित हो तथा लेखक के उद्देश्य से मेल खाती हो।

14. कहानी के कथानक में 'द्वंद्व' का क्या महत्त्व है? स्पष्ट कीजिए।
CBSE Term II 2022

अथवा

'द्वंद्व' से आप क्या समझते हैं? कथानक के बुनियादी तत्त्वों में 'द्वंद्व' का महत्त्व बहुत अधिक क्यों होता है? उदाहरण सहित समझाइए।
CBSE Term II 2022

अथवा

कहानी के संदर्भ में लिखिए कि द्वंद्व से क्या अभिप्राय है? यह कहानी का महत्त्वपूर्ण तत्त्व क्यों है?
CBSE 2024

उत्तर कहानी में द्वंद्व के तत्त्व का होना आवश्यक है। द्वंद्व कथानक को आगे बढ़ाता है तथा कहानी में रोचकता बनाए रखता है। द्वंद्व दो विरोधी तत्त्वों का टकराव या किसी की खोज में आने वाली बाधाओं अंतर्द्वंद्व के कारण पैदा होता है। कहानी की यह शर्त है कि वह नाटकीय ढंग से अपने उद्देश्य को पूर्ण करते हुए समाप्त हो जाए, यह द्वंद्व के कारण ही पूर्ण होता है। कहानीकार अपने कथानक में द्वंद्व के बिंदुओं को जितना स्पष्ट रखेगा कहानी भी उतनी ही सफलता से आगे बढ़ेगी। अतः स्पष्ट है कि कहानी में द्वंद्व का अत्यधिक महत्त्व है।

15. 'पात्रों का अध्ययन कहानी की एक बहुत महत्त्वपूर्ण और बुनियादी शर्त है।' स्पष्ट कीजिए।

अथवा

कहानी के पात्रों का चरित्र-चित्रण कथानक की आवश्यकता के अनुसार प्रभावशाली ढंग से कैसे प्रस्तुत किया जाता है? किन्हीं दो तरीकों का वर्णन उदाहरण सहित दीजिए। **CBSE Term II 2022**

अथवा

कहानी में पात्रों के चरित्र-चित्रण का क्या स्थान होता है? **CBSE SQP Term II 2022**

उत्तर कहानी का संचालन उसके पात्रों के द्वारा ही होता है। पात्रों के गुण-दोष को उनका चरित्र-चित्रण कहा जाता है। प्रत्येक पात्र का अपना स्वरूप, स्वभाव और उद्देश्य होता है। पात्रों का अध्ययन कहानी की एक बहुत महत्त्वपूर्ण और बुनियादी शर्त है। कहानीकार के सामने पात्रों का स्वरूप जितना स्पष्ट होगा उतनी ही आसानी उसे पात्रों का चरित्र-चित्रण करने और उसके संवाद लिखने में होगी। पात्रों का चरित्र-चित्रण कहानीकार द्वारा पात्रों के गुणों का बखान तथा दूसरे पात्रों के संवाद के माध्यम से किया जा सकता है।

16. 'संवाद पात्रों के चरित्र को स्थापित करने के साथ कहानी को गति देकर आगे बढ़ाते हैं'– इस कथन के आलोक में संवाद के महत्त्व पर प्रकाश डालिए।

अथवा

कहानी में संवादों की भूमिका स्पष्ट कीजिए। **CBSE 2024**

उत्तर कहानी के पात्रों के द्वारा किए गए उनके विचारों की अभिव्यक्ति को संवाद या कथोपकथन कहते हैं। कहानी में संवाद का विशेष महत्त्व होता है। संवाद ही कहानी तथा पात्र को स्थापित एवं विकसित करते हैं साथ ही कहानी को गति देकर आगे बढ़ाते हैं। जो घटना या प्रतिक्रिया कहानीकार घटित होते हुए नहीं दिखा सकता, उन्हें वह संवादों के माध्यम से सामने लाता है। इस प्रकार कहानी में संवादों का अत्यंत महत्त्व है।

17. 'किसी भी कहानी में संवाद महत्त्वपूर्ण भूमिका निभाते हैं।' पात्रों के संवाद लिखते समय कहानीकार को कौन-सी सावधानियाँ रखनी चाहिए?

उत्तर कहानी के पात्रों के द्वारा किए गए उनके विचारों की अभिव्यक्ति को संवाद या कथोपकथन कहते हैं। कहानी में संवाद का विशेष महत्त्व होता है। संवाद ही कहानी तथा पात्र को स्थापित एवं विकसित करके कहानी को गति देकर आगे बढ़ाते हैं, जो घटना या प्रतिक्रिया कहानीकार घटित होती नहीं दिखा सकता उन्हें वह संवादों के माध्यम से सामने लाता है।

पात्रों के संवाद लिखते समय कहानीकार को निम्नलिखित सावधानियाँ रखनी चाहिए

- संवाद लेखन की भाषा सरल तथा संक्षिप्त, लेकिन कलात्मक होनी चाहिए।
- संवाद विषय तथा पात्रों के अनुकूल होने चाहिए।
- संवाद लेखन में विराम चिह्नों का यथासंभव उचित प्रयोग किया जाना चाहिए।
- संवाद प्रायः प्रश्नोत्तर शैली में होता है, लेकिन कभी-कभी आदेशात्मक शैली में भी होता है।
- प्रश्नोत्तर शैली के संवाद में जिस काल में प्रश्न होता है, उसी काल में उत्तर दिया जाता है।
- आदेशात्मक शैली में दिए जाने वाले उत्तर प्रायः भूतकाल अथवा वर्तमान काल में होते हैं।

18. चरमोत्कर्ष से क्या अभिप्राय है? कहानी में चरमोत्कर्ष का चित्रण अत्यंत सावधानीपूर्वक क्यों करना चाहिए?

उत्तर जब कहानी पढ़ते-पढ़ते पाठक कौतूहल (जिज्ञासा) की पराकाष्ठा पर पहुँच जाए, तब उसे कहानी का चरमोत्कर्ष या चरम स्थिति कहते हैं। कथानक के अनुसार कहानी चरमोत्कर्ष (क्लाइमेक्स) की ओर बढ़ती है। कहानी का चरम उत्कर्ष पाठक को स्वयं सोचने और लेखकीय पक्षधर की ओर आने के लिए प्रेरित करने वाला होना चाहिए। पाठक को यह भी लगना चाहिए कि उसे स्वतंत्रता दी गई है और उसने, जो निष्कर्ष निकाले हैं वह उसके अपने हैं। कहानीकार को कहानी के चरमोत्कर्ष का चित्रण अत्यंत सावधानीपूर्वक करना चाहिए, क्योंकि भावों या पात्रों के अतिरिक्त अभिव्यक्ति चरम उत्कर्ष के प्रभाव को कम कर सकती है।

19. कहानी लिखते समय किन बातों का ध्यान रखना चाहिए? स्पष्ट कीजिए।

उत्तर कहानी लिखते समय निम्नलिखित बातों का ध्यान रखना चाहिए

- कहानी का आरंभ आकर्षक होना चाहिए ताकि पाठक का मन उसमें रम जाए।
- कहानी में विभिन्न घटनाओं और प्रसंगों को संतुलित विस्तार देना चाहिए। किसी प्रसंग को न अत्यंत संक्षिप्त लिखें और न ही अनावश्यक रूप से विस्तृत करें।
- कहानी की भाषा सरल, स्वाभाविक तथा प्रवाहमयी होनी चाहिए। उसमें क्लिष्ट शब्द तथा लंबे वाक्य नहीं होने चाहिए।

20. कहानी के कथानक में पात्रों के चरित्र चित्रण के लिए किन तरीकों को अपनाया जाता है? **CBSE 2023**

उत्तर कहानी के कथानक में पात्रों के चरित्र चित्रण के लिए कहानीकार कई तरीकों का उपयोग करता है। पहला तरीका है पात्रों के बाहरी गुणों; जैसे- रूप-रंग और वेशभूषा का वर्णन, जिससे पाठक को पात्र की एक छवि मिलती है। दूसरा तरीका है पात्रों के संवादों के माध्यम से उनके स्वभाव और विचारों को उभारना। पात्रों के बीच बातचीत से उनका मनोविज्ञान, दृष्टिकोण और व्यक्तित्व स्पष्ट होता है। तीसरा तरीका है पात्रों की गतिविधियाँ और निर्णय, जो उनके गुणों और मूल्यों को प्रदर्शित करते हैं इन तीनों तरीकों का संतुलित उपयोग कर पात्रों का चरित्र चित्रण किया जाता है, जिससे कहानी में यथार्थता आती है और पाठक पात्रों से जुड़ाव महसूस करते हैं।

21. कहानी के संदर्भ में कथानक का अर्थ स्पष्ट करते हुए कहानी में कल्पना तत्त्व के महत्त्व को स्पष्ट कीजिए। **CBSE 2023**

उत्तर कहानी का कथानक वह ढाँचा है, जिसमें सभी घटनाएँ, पात्र और स्थितियाँ एक क्रम में बुनी जाती हैं। कथानक में आरंभ से लेकर अंत तक कहानी का प्रवाह रहता है। कल्पना तत्त्व कथानक में विशेष महत्त्व रखता है, क्योंकि इसके बिना कहानी में रोचकता और नवीनता नहीं आ पाती। कल्पना कहानीकार को अपनी संवेदनाओं और कल्पनाशीलता को एकसाथ प्रस्तुत करने का अवसर देती है, जिससे कथानक में नयापन और रहस्य बना रहता है। कल्पना के माध्यम से कहानी वास्तविकता और संभाव्यता के बीच एक सजीव पुल बनाती है, जो पाठक के मन में गहराई तक प्रभाव छोड़ता है।

22. कहानी हमारे जीवन का अविभाज्य हिस्सा कैसे है? समझाकर लिखिए। **CBSE 2023**

अथवा **कहानी का हमारे जीवन से क्या सम्बन्ध है? वर्णन करें।** **CBSE 2025**

उत्तर कहानी हमारे जीवन का अविभाज्य हिस्सा इसलिए है, क्योंकि यह हमारे अनुभवों, संवेदनाओं और भावनाओं का प्रतिबिंब होती है। कहानियाँ जीवन की घटनाओं, संघर्षों, रिश्तों और समाज के विविध पहलुओं को एक भावनात्मक रूप में प्रस्तुत करती हैं। कहानियाँ सुनने और पढ़ने की परंपरा हमें सामाजिक, सांस्कृतिक और नैतिक ज्ञान भी प्रदान करती है। छोटी-छोटी कहानियाँ रोजमर्रा के जीवन में हमें समझ और प्रेरणा देती हैं। वे हमें आनंदित करने के साथ-साथ जीवन के महत्त्वपूर्ण संदेश भी देती हैं, इसलिए कहानियाँ हमारे जीवन से जुड़ी हुई हैं।

23. कहानी में किन तत्त्वों का महत्त्व होता है? **CBSE 2024**

उत्तर कहानी के प्रमुख तत्त्व है कथानक, जो घटनाओं का क्रमबद्ध ढाँचा होता है। पात्र और उनका चरित्र चित्रण, जो कहानी को जीवन देते हैं; द्वंद्व जो कहानी में संघर्ष और गति उत्पन्न करता है; संवाद, जो पात्रों के विचारों और भावनाओं को अभिव्यक्त करते हैं; देशकाल और वातावरण, जो कहानी में वास्तविकता और यथार्थता लाते हैं; चरमोत्कर्ष, जो कहानी की ऊँचाई होती है और पाठक में रोमांच उत्पन्न करती है और भाषा-शैली, जो कहानी की प्रभावशीलता बढ़ाती है। इन तत्त्वों से कहानी का संपूर्ण विकास होता है और वह पाठकों को प्रभावी रूप से प्रभावित करती हैं।

24. नाटक से आप क्या समझते हैं? नाटक साहित्य की अन्य विधाओं से किस प्रकार भिन्न है? स्पष्ट कीजिए।

उत्तर नाटक साहित्य की वह सर्वोत्तम विधा है जिसे पढ़ने, सुनने के साथ देखा भी जा सकता है। नाटक शब्द की उत्पत्ति 'नट्' धातु से मानी जाती है। 'नट्' शब्द का अर्थ अभिनय है, जो अभिनेता से जुड़ा हुआ है। इसे रूपक भी कहा जाता है। भारतीय परंपरा में नाटक को काव्य की संज्ञा दी गई है।

नाटक और अन्य विधाओं में अंतर

साहित्य की अन्य विधाएँ अपने लिखित रूप में ही निश्चित और अंतिम रूप को प्राप्त कर लेती हैं, किंतु नाटक लिखित रूप में एक आयामी होता है। मंचन के पश्चात् ही उसमें संपूर्णता आती है। अतः साहित्य की अन्य विधाएँ पढ़ने या सुनने तक की यात्रा तय करती हैं, परंतु नाटक पढ़ने, सुनने के साथ-साथ देखने के तत्त्व को भी अपने में समेटे हुए है।

25. नाटक लेखन में समय के बंधन का क्या महत्त्व है? समझाइए।

अथवा

नाटक के मंच निर्देश हमेशा वर्तमान काल में ही संयोजित क्यों होते हैं? **CBSE 2023**

अथवा

नाटक को 'दृश्य काव्य' की संज्ञा क्यों दी गई है? नाटक के मंच निर्देश हमेशा वर्तमान काल में ही क्यों लिए जाते हैं? **CBSE Term II 2022**

उत्तर नाटक को दृश्य काव्य की संज्ञा दी जाती है, क्योंकि इसमें काव्यात्मक भाषाओं, संवादों के माध्यम से भवनाओं और विचारों को दृश्य रूप में मंच पर प्रस्तुत किया जाता है। नाटक का प्रथम अंग समय का बंधन है। समय का यह बंधन नाटक की रचना पर अपना पूरा असर डालता है, इसलिए शुरुआत से लेकर अंतर तक एक निश्चित समय सीमा के भीतर पूरा होना होता है। नाटक का विषय भूतकाल हो या भविष्य काल इन दोनों ही स्थितियों में वर्तमान काल में संयोजित होता है। यही कारण है कि नाटक के मंच निर्देश हमेशा वर्तमान काल में लिखे जाते हैं। चाहे काल कोई भी हो उसे एक समय में, एक स्थान विशेष पर वर्तमान काल में ही घटित होना होता है।

समय को लेकर एक और तथ्य यह है कि साहित्य की अन्य विधाओं, जैसे— कहानी, उपन्यास, कविता को हम कभी भी पढ़ते तथा सुनते हुए बीच में रोक सकते हैं और कुछ समय बाद फिर वहीं से पढ़ना या सुनना शुरू कर सकते हैं, परंतु नाटक के साथ ऐसे संभव नहीं है।

26. नाटक लेखन में किन तत्त्वों का होना अनिवार्य है? किन्हीं तीन पर विचार कीजिए।

अथवा

नाटक के प्रमुख तीन तत्त्वों का परिचय दीजिए। **CBSE 2023**

उत्तर नाटक लेखन में निम्नलिखित तत्त्वों का होना अनिवार्य है

कथ्य या कथानक नाटक के लिए उसका कथ्य जरूरी होता है। नाटक में किसी कहानी के रूप को शिल्प या संरचना के भीतर उसे पिरोना होता है। इसके लिए नाटककार को शिल्प या संरचना की पूरी समझ, जानकारी व अनुभव होना चाहिए। इसके लिए पहले घटनाओं, स्थितियों या दृश्यों का चुनाव कर उन्हें क्रम में रखें ताकि कथा का विकास शून्य से शिखर की ओर हो।

संवाद नाटक का सबसे महत्त्वपूर्ण और सशक्त माध्यम उसके संवाद हैं। संवाद ही वह तत्त्व है, जो एक सशक्त नाटक को अन्य कमजोर नाटकों से अलग करता है। संवाद जितने सहज और स्वाभाविक होंगे उतना ही दर्शक के मर्म को छुएँगे।

भाषा भाषा नाटक का प्राणतत्त्व है। एक अच्छा नाटककार अत्यंत संक्षिप्त तथा सांकेतिक भाषा का प्रयोग करता है। नाटक वर्णित न होकर क्रियात्मक अधिक होना चाहिए। एक अच्छा नाटक वही होता है, जो लिखे गए शब्दों से ज्यादा वह ध्वनित करे जो लिखा नहीं गया है।

27. 'नाटक स्वयं में एक जीवंत माध्यम है।' इस कथन के आलोक में नाटक में स्वीकार और अस्वीकार की अवधारणा पर प्रकाश डालिए।

अथवा

नाटक को एक जीवंत माध्यम क्यों कहा गया है? कारण सहित स्पष्ट कीजिए। **CBSE Term II 2022**

अथवा

नाटक में स्वीकार और अस्वीकार की अवधारणा से क्या तात्पर्य है? **CBSE 2024**

उत्तर नाटक एक जीवंत माध्यम है। नाटक में कोई भी दो चरित्र जब आपस में मिलते हैं, तो विचारों के आदान-प्रदान में टकराहट होना स्वाभाविक है। यही कारण है कि रंगमंच प्रतिरोध का सबसे सशक्त माध्यम है।

वह कभी भी यथास्थिति को स्वीकार नहीं करता, इस कारण उसमें अस्वीकार की स्थिति भी बराबर बनी रहती है, जिस नाटक में असंतुष्टि, छटपटाहट, प्रतिरोध और अस्वीकार जैसे नकारात्मक तत्त्वों की जितनी ज्यादा उपस्थिति होगी वह नाटक उतना ही सशक्त साबित होगा।

28. कहानी और नाटक में क्या समानताएँ होती हैं? **CBSE SQP 2020**

उत्तर कहानी और नाटक में समानताएँ निम्न हैं

मानक तत्त्व साहित्य के अधिकांश रूपों की तरह, नाटक और कथाएँ कथानक, परिस्थितियाँ और द्वन्द्व जैसे तत्त्वों को साझा करते हैं। कहानी में परिस्थिति को कभी-कभी स्पष्ट रूप से प्रकट किया जाता है, लेकिन अकसर एक समय में इसके एक अंश का ही पता चलता है, जैसे कि चरित्र का उल्लेख, समय या स्थान का मौसम। नाटक में, परिस्थितियाँ पाठकों के लिए मंच निर्देशन करने के लिए बताई जाती है और दर्शकों को यह पृष्ठभूमि और वेशभूषा के साथ-साथ बोली जाने वाले संवादों से ज्ञात होती है।

नाटकीय रूपान्तर नाटक और कथा दोनों ही चरित्र और कथानक को प्रकट करने के लिए नाटकीयता का उपयोग करते हैं। कहानियों में नाटक के सामान संवाद और एक्शन होते हैं।चरित्र निर्माणकहानी और नाटक दोनों में पात्रों के चरित्र का न्यूनतम वर्णन और स्पष्टीकरण होता है। पात्र अपने संवादों से अपना चरित्र निर्माण करते हैं।

प्रकटीकरण और व्याख्याकथाओं और नाटकों दोनों में, स्पष्टीकरण, पृष्ठभूमि और प्रेरणा आदि को खोजने और तय करने की जिम्मेदारी दर्शक या पाठक की होती है, क्योंकि यह सब कुछ स्पष्ट रूप से नहीं बाताया गया होता है। प्रत्येक दर्शक या पाठक खुद के लिए कहानी/नाटक की व्याख्या करता है और एक ही नाटक को देखने या एक ही कहानी को पढ़ने वाले किसी अन्य व्यक्ति की तुलना में उसके अनुभव अलग हो सकते हैं।

29. "नाटक अपनी निजी विशिष्टताओं के कारण अन्य विधाओं से बिल्कुल अलग हो जाता है" कथन का आशय स्पष्ट कीजिए। **CBSE 2023**

उत्तर नाटक अपने स्वरूप और प्रस्तुति के कारण अन्य साहित्यिक विधाओं से अलग है। कहानी या उपन्यास केवल पढ़ने या सुनने तक सीमित होते हैं, जबकि नाटक को देखा, सुना और अनुभव किया जा सकता है। साहित्य की अन्य विधाएँ अपने लिखित रूप में ही निश्चित और अंतिम रूप को प्राप्त कर लेती है, किंतु नाटक लिखित रूप में एक आयामी होता है। नाटक में संवादों, चरित्रों और रंगमंचीयता का संयोजन होता है, जो उसे जीवंत बनाता है। नाटक का संपूर्ण अनुभव तभी आता है, जब उसका मंचन किया जाता है। इस दृश्य-श्रव्य विशेषता के कारण नाटक साहित्य की अन्य विधाओं से भिन्न और विशिष्ट हो जाता है।

30. "स्थिति तथा परिवेश की माँग के अनुसार क्लिष्ट भाषा में भी लिखे गए संवाद दर्शकों तक आसानी से संप्रेषित हो जाते हैं।" उदाहरण सहित इसकी पुष्टि कीजिए। **CBSE 2025**

उत्तर यदि संवाद स्थिति और परिवेश के अनुरूप हों, तो क्लिष्ट भाषा होने पर भी दर्शकों तक प्रभावी रूप से संप्रेषित हो जाते हैं। उदाहरणस्वरूप, जयशंकर प्रसाद के नाटक 'स्कन्दगुप्त' में 'अधिकार सुख कितना मादक और सारहीन है' जैसे गूढ़ संवाद पात्र की मनोदशा को स्पष्ट रूप से दर्शाते हैं। इसी प्रकार 'अंधायुग' में धर्मवीर भारती के संवाद प्रतीकात्मक और गूढ़ होते हुए भी प्रभावी बन पड़े हैं। उचित मंचन, भाव-भंगिमा और संदर्भ के कारण कठिन भाषा भी दर्शकों के लिए सहज ग्रहणीय हो जाती है।

स्व-मूल्यांकन

बहुविकल्पीय प्रश्न

1. कविता लेखन के लिए निम्न में से क्या आवश्यक है?

(क) परिवेश (ख) भाव

(ग) 'क' और 'ख' दोनों (घ) चरमोत्कर्ष

उत्तर (ग) 'क' और 'ख' दोनों

2. निम्नलिखित में से कौन-सा तत्त्व एक सशक्त नाटक को अन्य कमजोर नाटकों से अलग करता है?

(क) कथ्य (ख) पात्र

(ग) मंचीयता (घ) संवाद

उत्तर (घ) संवाद

3. जब कहानी पढ़ते-पढ़ते पाठक कौतूहल की पराकाष्ठा पर पहुँच जाए, उसे क्या कहते हैं?

(क) निष्कर्ष (ख) चरमोत्कर्ष

(ग) द्वंद्व (घ) कथ्य

उत्तर (ख) चरमोत्कर्ष

4. नाटक का शरीर किसे कहा गया है?

(क) शैली को (ख) शब्द को

(ग) रंगमंच को (घ) कथानक को

उत्तर (ख) शब्द को

5. नाटक की वास्तविक कसौटी किसे माना जाता है?

(क) रंगमंचीयता को (ख) पात्र को

(ग) संवाद को (घ) कथ्य को

उत्तर (क) रंगमंचीयता को

लघु उत्तरीय प्रश्न

6. कविता लेखन से आप क्या समझते हैं? कविता लेखन को अन्य कलाओं की तरह सिखाया क्यों नहीं जा सकता?

7. कविता लेखन का पहला उपकरण किसे माना गया तथा क्यों? स्पष्ट कीजिए।

8. कविता लेखन में प्रस्तुतीकरण की कला के महत्त्व पर प्रकाश डालिए।

9. कहानी को रोचक और प्रामाणिक बनाने में देशकाल और वातावरण का चित्रण अपनी महत्त्वपूर्ण भूमिका कैसे निभाता है? स्पष्ट कीजिए।

10. कहानी लेखन हेतु किस प्रकार की भाषा-शैली का प्रयोग किया जाना चाहिए?

11. नाटक और साहित्य की अन्य विधाओं में क्या अंतर है? स्पष्ट कीजिए।

12. "नाटक की कहानी भले ही भूतकाल या भविष्यकाल से संबंधित हों, परंतु उसे वर्तमान में घटित होना पड़ता है।" कैसे? स्पष्ट कीजिए।

13 "नाटक के संवाद एवं भाषा-शैली उसके प्राणतत्त्व हैं" कैसे? स्पष्ट कीजिए।

06

अध्याय

नए और अप्रत्याशित विषयों पर लेखन

नए और अप्रत्याशित विषयों पर लेखन का अर्थ

कम-से-कम समय में अपने विचारों को संकलित कर उन्हें सुंदर एवं सुव्यवस्थित ढंग से अभिव्यक्त करना 'नए और अप्रत्याशित विषयों पर लेखन' कहलाता है। अप्रत्याशित लेखन के विषयों की संख्या असीमित है। इसके अंतर्गत किसी भी विषय पर लेखन हेतु विषय दिया जा सकता है; जैसे-बहुत आवश्यक है शिक्षा, दीवार घड़ी, धारावाहिकों में स्त्री, मेरा प्रिय टाइमपास आदि।

▼ अभ्यास के लिए

- पाठ्यपुस्तक के प्रश्नोत्तर
- बहुविकल्पीय प्रश्न
- लघु उत्तरीय प्रश्न

नए और अप्रत्याशित विषयों पर लेखन का उद्देश्य भाषा के माध्यम से दिए गए विषय पर विचार करने और उस विचार को व्याकरणिक शुद्धता के साथ सुगठित रूप में अभिव्यक्त करना है।

जो लोग आत्मनिर्भर होकर लिखित रूप में अभिव्यक्ति का अभ्यास नहीं करते, उन्हें अप्रत्याशित विषयों पर लिखना एक चुनौती के समान लगता है। रटने की बुरी आदत हमें अभ्यास का अवसर नहीं देती और हम दूसरों द्वारा तैयार की गई सामग्री को ज्यों-का-त्यों प्रस्तुत कर देते हैं। यह निर्भरता हमारे मौलिक अभ्यास को बाधित करती है और हमारी लिखित अभिव्यक्ति की क्षमता को विकसित नहीं होने देती। अतः आवश्यक है कि हमें निबंध के परंपरागत विषयों को छोड़कर नए प्रकार के विषयों पर लिखने का अभ्यास करना चाहिए।

नए एवं अप्रत्याशित विषयों पर लेखन हेतु ध्यान रखने योग्य बातें

- किसी भी विषय पर लिखने से पूर्व सबसे पहले दो-तीन मिनट सोचकर यह विचार कर लेना चाहिए कि किन विचारों (बिंदुओं) को हम विस्तार से दे सकते हैं।
- इसके पश्चात् विषय की शुरुआत को आकर्षक बनाने पर विचार करना चाहिए।
- शुरुआत आकर्षक होने के साथ-साथ निर्वाह योग्य भी होनी चाहिए।
- लिखते समय बात एक सिलसिलेवार ढंग से आगे बढ़े, इसलिए उसमें सुसंबद्धता का गुण होना अनिवार्य है।
- सुसंबद्धता के साथ-साथ विवरण का सुसंगत होना भी आवश्यक है। सुसंगत होना एक अच्छे लेखन की विशेषता है।
- लिखते समय हमारी दो बातें आपस में एक-दूसरे का खंडन करती हुई नहीं होनी चाहिए।
- सामान्य निबंधों या आलेखों में जहाँ 'मैं' शैली का प्रयोग वर्जित होता है, वहीं अप्रत्याशित लेखन में 'मैं' शैली का प्रयोग किया जा सकता है।

उदाहरण के लिए

1. जीवन में सदाचार का महत्त्व विषय पर एक रचनात्मक लेख लिखिए। **CBSE 2024**

उत्तर 'सदाचार' शब्द का अर्थ है– अच्छा आचरण। सदाचार का हमारे जीवन में विशेष महत्त्व है। यह हमारे जीवन को सही दिशा व गति प्रदान करता है, जो व्यक्ति को उसके जीवन में बहुत आगे तक ले जाने में सहायक होता है। सदाचारी व्यक्ति जीवन में कभी निराश नहीं होता। वह हमेशा अपने हित के बारे में न सोचकर समाज के कल्याण के विषय में सोचता है। लोक कल्याण की भावना उसमें सर्वोपरि होती है, इसमें वे समर्पण भाव रखते हैं। सदाचारी व्यक्ति जीवन में हमेशा दूसरों की मदद करते हैं। वह क्रोध, ईर्ष्या जैसी भावना से दूर रहते हैं तथा कभी भी किसी की बुराई में समय व्यतीत नहीं करते हैं। वे किसी काम को छोटा नहीं समझते और हमेशा सभी को आगे बढ़ने की शिक्षा देते हैं। वे हमेशा सकारात्मक होते हैं और उनके संपर्क में रहकर हमारा भी दृष्टिकोण बदल जाता है। यद्यपि सदाचारी व्यक्ति आसानी से नहीं मिलते, इसके लिए बहुत प्रयास करना पड़ता है।

पाठ्यपुस्तक (अभिव्यक्ति और माध्यम) के प्रश्नोत्तर

1. अधूरे वाक्यों को अपने शब्दों में पूरा कीजिए

(i) **हम नया सोचने-लिखने का प्रयास नहीं करते, क्योंकि......**

(ii) **लिखित अभिव्यक्ति की क्षमता का विकास नहीं होता क्योंकि......**

(iii) **हमें विचार प्रवाह को थोड़ा नियंत्रित रखना पड़ता है, क्योंकि.....**

(iv) **लेखन के लिए पहले उसकी रूपरेखा स्पष्ट होनी चाहिए, क्योंकि ......**

(v) **लेखन में 'मैं' शैली का प्रयोग होता है, क्योंकि...**

उत्तर

(i) हम नया सोचने-लिखने का प्रयास नहीं करते, क्योंकि हमें आत्मनिर्भर होकर लिखित रूप में स्वयं को अभिव्यक्ति करने का अभ्यास नहीं है।

(ii) लिखित अभिव्यक्ति की क्षमता का विकास नहीं होता, क्योंकि हम कुछ नया सोचने-लिखने का प्रयास करने के स्थान पर किसी विषय पर पहले से उपलब्ध सामग्री पर निर्भर हो जाते हैं।

(iii) हमें विचार प्रवाह को थोड़ा नियंत्रित रखना पड़ता है, क्योंकि विचारों को नियंत्रित करने से ही हम जिस विषय पर लिखने जा रहे हैं, उसका विवेचन उचित रूप से कर सकेंगे।

(iv) लेखन के लिए पहले उसकी रूपरेखा स्पष्ट होनी चाहिए, क्योंकि जब तक यह स्पष्ट नहीं होगा कि हमें क्या और कैसे लिखना है तब तक हम अपने विषय को सुसंबंध और सुसंगत रूप से प्रस्तुत नहीं कर सकते।

(v) लेख में 'मैं' शैली का प्रयोग होता है, क्योंकि लेख में व्यक्त विचार लेखक के अपने होते हैं और लेख पर लेखक के अपने व्यक्तित्व की छाप होती है।

2. निम्नलिखित विषयों पर 200 से 300 शब्दों में लेख लिखिए

- **झरोखे से बाहर**
- **सावन की पहली झड़ी**
- **इम्तिहान के दिन**
- **दीया और तूफ़ान**
- **मेरे मोहल्ले का चौराहा**
- **मेरा प्रिय टाइम पास**
- **एक कामकाजी औरत की शाम**

उत्तर **झरोखे से बाहर**

झरोखा है-भीतर से बाहर की ओर झाँकने का माध्यम और बाहर से भीतर देखने का रास्ता। हमारी आँखें भी तो झरोखा ही हैं-मन-मस्तिष्क को संसार से और संसार को मन-मस्तिष्क से जोड़ने का। मन रूपी झरोखे से किसी भक्त को संसार के कण-कण में बसने वाले ईश्वर के दर्शन होते हैं तो मन रूपी झरोखे से ही किसी डाकू-लुटेरे को किसी धनी-सेठ की धन-संपत्ति दिखाई देती है, जिसे लूटने के प्रयत्न में वह हत्या जैसा जघन्य कार्य करने में तनिक नहीं झिझकता।

झरोखा स्वयं कितना छोटा-सा होता है, पर उसके पार बसने वाला संसार कितना व्यापक है, जिसे देख तन-मन की भूख जाग जाती है और कभी-कभी शांत भी हो जाती है। किसी पर्वतीय स्थल पर किसी घर के झरोखे से गगनचुंबी पर्वतमालाएँ, ऊँचे-ऊँचे पेड़, गहरी-हरी घाटियाँ, डरावनी खाइयाँ यदि पर्यटकों को अपनी ओर खींचती हैं तो दूर-दूर तक घास चरती भेड़-बकरियाँ, बाँसुरी बजाते चरवाहे, पीठ पर लंबे टोकरे बाँधकर इधर-उधर जाते सुंदर पहाड़ी युवक-युवतियाँ मन को मोह लेते हैं। राजस्थानी महलों के झरोखों से दूर-दूर फैले रेत के टीले कुछ अलग ही रंग दिखाते हैं।

गाँवों में झोंपड़ों के झरोखों के बाहर यदि हरे-भरे खेत लहलहाते दिखाई देते हैं तो कूड़े के ऊँचे-ऊँचे ढेर भी नाक पर हाथ रखने को मजबूर कर देते हैं। झरोखे कमरों को हवा ही नहीं देते, बल्कि भीतर से ही बाहर के दर्शन करा देते हैं। सजी-सँवरी दुल्हन झरोखे के पीछे छिप कर यदि अपने होने वाले पति की एक झलक पाने को उतावली रहती है तो कोई विरहिणी अपना नजर बिछाए झरोखे पर ही आठों पहर टिकी रहती है। माँ अपने बेटे के आगमन का इंतजार झरोखे पर टिककर करती हैं। झरोखे तो तरह-तरह के होते हैं पर झरोखों के पीछे बैठ प्रतीक्षारत आँखों में सदा एक ही भाव होता है-कुछ देखने का, कुछ पाने का। युद्ध भूमि में मोर्चे पर डटा जवान भी तो खाई के झरोखे से बाहर छिप-छिपकर झाँकता है-अपने शत्रु को गोली से उड़ा देने के लिए। झरोखे तो छोटे-बड़े कई होते हैं, पर उनके बाहर के दृश्य तो बहुत बड़े होते हैं, जो कभी-कभी आत्मा तक को झकझोर देते हैं।

सावन की पहली झड़ी

पिछले कई दिनों से हवा में घुटन-सी बढ़ गई थी। बाहर तपता सूर्य और सब तरफ हवा में नमी की अधिकता जीवन दूभर बना रही थी। बार-बार मन में भाव उठता कि हे भगवान, कुछ तो दया करो। न दिन में चैन और न रात को आँखों में नींद-बस गर्मी ही गर्मी, पसीना ही पसीना। रात को बिस्तर पर करवटें लेते-लेते पता नहीं कब आँख लग गई। सुबह आँखें खुलीं तो अहसास हुआ कि खिड़कियों से ठंडी हवा भीतर आ रही है। उठकर खिड़की से बाहर झाँका तो मन खुशी से झूम उठा। आकाश तो काले बादलों से भरा हुआ था। आकाश में कहीं नीले रंग की झलक नहीं।

सूर्य देवता बादलों के पीछे पता नहीं कहाँ छिपे हुए थे। पक्षी पेड़ों पर बादलों के स्वागत में चहचहा रहे थे। मुहल्ले से सारे लोग अपने-अपने घरों से बाहर निकल मौसम के बदलते रंग को देख रहे थे। उमड़ते-उमड़ते मस्त हाथियों से काले-कजरारे बादल मन में मस्ती भर रहे थे। अचानक बादलों में तेज बिजली कौंधी जोर से बादल गरजे और मोटी-मोटी कुछ बूँदें टपकीं कुछ लोग इधर-उधर भागे ताकि अपने-अपने घरों में बाहर पड़ा सामान भीतर रख लें। पल भर में ही बारिश का तेज़ सर्राटा आया और फिर लगातार तेज़ बारिश शुरू हो गई। महीनों से प्यासी धरती की प्यास बुझ गई।

पेड़-पौधों के पत्ते नहा गए। उनका धूल-धूसरित चेहरा धुल गया और हरी-भरी दमक फिर से लौट आई। छोटे-छोटे बच्चे बारिश में नहा रहे थे, खेल रहे थे, एक-दूसरे पर पानी उछाल रहे थे। कुछ ही देर में सड़कें-गलियाँ छोटे-छोटे नालों की तरह पानी भर-भरकर बहने लगी थीं। कल रात तक दहकने वाला दिन आज खुशनुमा हो गया था। तीन-चार घंटे बाद बारिश की गति कुछ कम हुई और फिर पाँच-दस मिनट के लिए बारिश रुक गई। लोग बाहर निकलें, पर इससे पहले फिर से बारिश शुरू हो गई-कभी धीमी तो कभी तेज़।

सुबह से शाम हो गई है पर बादलों का अँधेरा उतना ही है जितना सुबह था। रिमझिम बारिश आ रही है। घरों की छतों से पानी पनालों से बह रहा है। मेरी दादी अभी कह रही थी कि आज शनिवार को बारिश की झड़ी लगी है। यह तो अगले शनिवार तक ऐसे ही रहेगी भगवान करे ऐसा ही हो। धरती की प्यास बुझ जाए और हमारे खेत लहलहा उठें।

इम्तिहान के दिन

बड़े-बड़े भी काँपते हैं इम्तिहान के नाम से। इम्तिहान छोटों का हो या बड़ों का, पर यह डराता सभी को है। पिछले वर्ष जब दसवीं की बोर्ड परीक्षा हमें देनी थी तब सारा वर्ष स्कूल में हमें बोर्ड परीक्षा नाम से डराया गया था और घर में भी इसी नाम से धमकाया जाता था। मन ही मन हम इसके नाम से भी डरा करते थे कि पता नहीं इस बार इम्तिहान में क्या होगा? सारा वर्ष अच्छी तरह पढ़ाई की थी, बार-बार टैस्ट दे-दे कर तैयारी की थी पर इम्तिहान के नाम से भी डर लगता था।

जिस दिन इम्तिहान का दिन था, उससे पहली रात मुझे तो बिल्कुल नींद नहीं आई। पहला पेपर हिंदी का था और इस विषय पर मेरी अच्छी पकड़ थी पर 'इम्तिहान' का भूत सिर पर इस प्रकार सवार था कि नीचे उतरने का नाम ही नहीं ले रहा था। सुबह स्कूल जाने के लिए तैयार हुआ। स्कूल बस में सवार हुआ तो हर रोज़ हो-हल्ला करने वाले साथियों के हाथों में पकड़ी पुस्तकें और उनकी झुकी हुई आँखों ने मुझे और अधिक डराया। सबके चेहरों पर खौफ-सा छाया था।

खिलखिलाने वाले चेहरे आज सहमे हुए थे। मैंने भी मन ही मन अपने पाठों को दोहराना चाहा पर मुझे तो कुछ याद ही नहीं। सब कुछ भूलता-सा प्रतीत हो रहा था। मैंने भी अपनी पुस्तक खोली। पुस्तक देखते ही ऐसा लगा कि मुझे तो यह आती है। खैर, स्कूल पहुँचकर अपनी जगह पर बैठे। प्रश्न-पत्र मिला, आसान लगा। ठीक समय पर पूरा पत्र हो गया। जब बाहर निकले तो सभी प्रसन्न थे, पर साथ ही चिंता आरंभ हो गई अगले पेपर की। अगला पेपर गणित का था। चाहे दो छुट्टियाँ थीं, पर ऐसा लगता था कि ये तो बहुत कम हैं। वह पेपर भी बीता पर चिंता समाप्त नहीं हुई।

पंद्रह दिन में सभी पेपर ख़त्म हुए पर ये सारे दिन बहुत व्यस्त रहने वाले थे। इन दिनों न तो भूख लगती थी और न खेलने की इच्छा होती थी। इन दिनों न तो मैं अपने किसी मित्र के घर गया और न ही मेरे किसी मित्र को मेरी सुध आई। इम्तिहान के दिन बड़े तनाव भरे थे।

दीया और तूफ़ान

मिट्टी का बना हुआ एक नन्हा-सा दीया भी जलता है तो रात्रि अंधकार से लड़ता हुआ उसे दूर भगा देता है। अपने आस-पास हल्का-सा उजाला फैला देता है। जिस अंधकार में हाथ को हाथ नहीं सूझता उसे भी मंद प्रकाश फैलाकर काम करने योग्य रास्ता दिखा देता है।

हवा का हल्का-सा झोंका जब दीये की लौ को कँपा देता है तब ऐसा लगता है कि इसके बुझते ही अंधकार फिर छा जाएगा और फिर हमें उजाला कैसे मिलेगा? दीया चाहे छोटा-सा होता है, पर वह अकेला अंधकार के संसार का सामना कर सकता है, तो हम इंसान जीवन की राह में आने वाली कठिनाइयों का भी उसी की तरह मुकाबला क्यों नहीं कर सकते? यदि वह तूफ़ान का सामना करके अपनी टिमटिमाती लौ से प्रकाश फैला सकता है तो हम भी हर कठिनाई में कर्मठ बनकर संकटों के घेरों से निकल सकते हैं।

महाराणा प्रताप ने सब कुछ खोकर अपना लक्ष्य प्राप्त करने की ठानी थी। हमारे पूर्व प्रधानमंत्री लालबहादुर शास्त्री ने नन्हें-से दीये के समान जीवन की कठोरता का सामना किया था और विश्व के सबसे बड़े गणतंत्र भारत के प्रधानमंत्री का पद प्राप्त कर लिया था। हमारे राष्ट्रपति कलाम ने अपना जीवन टिमटिमाते दीये के समान आरंभ किया था, पर आज वही दीया हमारे देश को मिसाइलें प्रदान करने वाला प्रचंड अग्निपुंज है। उन्होंने देश को जो शक्ति प्रदान की है, वह स्तुत्य है। समुद्र में एक छोटी-सी नौका ऊँची-तूफानी लहरों से टकराती हुई अपना रास्ता बना लेती है और अपनी मंज़िल पा लेती है।

एक छोटा-सा प्रवासी पक्षी साइबेरिया से उड़कर हज़ारों-लाखों मील दूर पहुँच सकता है तो हम इंसान भी कठिन से कठिन मंज़िल प्राप्त कर सकते हैं। अकेले अभिमन्यु ने चक्रव्यूह में घिरकर कौरवों जैसे महारथियों का डटकर सामना किया था। कभी-कभी तूफान अपने प्रचंड वेग से दीये की लौ को बुझा देता है पर जब तक दीया जगमगाता है तब तक तो अपना प्रकाश फैलाता है और अपने अस्तित्व को प्रकट करता है। मिटना तो सभी को है एक दिन। वह कठिनाइयों से डरकर छिपा रहे या डटकर उनका मुकाबला करे। श्रेष्ठ मनुष्य वही है जो दीये के समान जगमगाता हुआ तूफानों की परवाह न करे और अपनी रोशनी से संसार को उजाला प्रदान करता रहे।

मेरे मोहल्ले का चौराहा

मोहल्ले की सारी गतिविधियों का केंद्र मेरे घर के पास का चौराहा है। नगर की चार प्रमुख सड़कें इस आर-पार से गुज़रती हैं, इसलिए इस पर हर समय हलचल बनी रहती है। पूर्व से पश्चिम की ओर जाने वाली सड़क रेलवे स्टेशन की ओर से आती है और मुख्य बाज़ार की तरफ़ जाती है, जिसके आगे औद्योगिक क्षेत्र हैं।

रेलवे स्टेशन से आने वाले यात्री और मालगाड़ियों से उतरा सामान ट्रकों में भर इसी से गुज़रकर अपने-अपने गंतव्य पर पहुँचता है। उत्तर से दक्षिण की तरफ जाने वाली सड़क मॉडल टाउन और बस स्टैंड से गुज़रती है। इस पर दो सिनेमा हॉल तथा अनेक व्यापारिक प्रतिष्ठान बने हैं, जहाँ लोगों का आना-जाना लगा रहता है। चौराहे पर फलों की रेहड़ियाँ, कुछ सब्जी बेचने वाले, खोमचे वाले तो सारा दिन जमे ही रहते हैं। चूँकि चौराहे के आसपास घनी बस्ती है, इसलिए लोगों की भीड़ कुछ न कुछ खरीदने के लिए यहाँ आती ही रहती है। सुबह-सवेरे स्कूल जाने वाले बच्चों से भरी

रिक्शा और बसें जब गुज़रती हैं तो भीड़ कुछ अधिक बढ़ जाती है। कुछ रिक्शों में तो नन्हें-नन्हें बच्चे गला फाड़कर चीखते-चिल्लाते सब का ध्यान अपनी ओर खींचते हैं। वे स्कूल नहीं जाना चाहते पर जाने के लिए विवश कर रिक्शा में बिठाए जाते हैं। चौराहे पर लगभग हर समय कुछ आवारा मजनू छाप भी मँडराते रहते हैं, जिन्हें ताक-झाँक करते हुए पता नहीं क्या मिलता है। मैंने कई बार पुलिस के द्वारा उनकी वहाँ की जाने वाली पिटाई भी देखी है पर इसका उन पर कोई विशेष प्रभाव नहीं होता। वे तो चिकने घड़े हैं। कुछ तो दिन भर नीम के पेड़ के नीचे घास पर बैठ ताश खेलते रहते हैं। मेरे मोहल्ले का चौराहा नगर में इतना प्रसिद्ध है कि मोहल्ले और आस-पास की कॉलोनियों की पहचान इसी से है।

मेरा प्रिय टाइमपास

आज के आपाधापी से भरे युग में किसके पास फ़ालतू समय है पर फिर भी हम लोग मशीनी मानव तो नहीं हैं। कभी-कभी अपने लिए निर्धारित काम धंधों के अतिरिक्त हम कुछ और भी करना चाहते हैं। इससे मन सुकून प्राप्त करता है और लगातार काम करने से उत्पन्न बोरियत दूर होती है। हर व्यक्ति की पसंद अलग होती है, इसलिए उनका टाइमपास का तरीका अलग होता है। किसी का टाइमपास सोना है तो किसी का टीवी देखना, तो किसी का सिनेमा देखना तो किसी का उपन्यास पढ़ना, किसी का इधर-उधर घूमना तो किसी का खेती-बाड़ी करना। मेरा प्रिय टाइमपास विंडो-शॉपिंग है।

जब कभी काम करते-करते मैं ऊब जाता हूँ और मन कोई काम नहीं करना चाहता तब मैं तैयार होकर घर से बाहर बाजार की ओर निकल जाता है-विंडो-शापिंग के लिए। जिस नगर में मैं रहता हूँ वह काफी बड़ा है। बड़े-बड़े बाजार, शॉपिंग मॉल्स और डिपार्टमेंटल स्टोर की संख्या काफी बड़ी है दुकानों की शो-विंडोज सुंदर ढंग से सजे-सँवरे सामान से ग्राहकों को लुभाने के लिए भरे रहते हैं। नए-नए उत्पाद, सुंदर कपड़े, इलेक्ट्रॉनिक नया सामान, तरह-तरह के खिलौने, सजावटी सामान आदि इनमें भरे रहते हैं।

मैं इन सजी-सँवरी दुकानों की शो-विंडोज को ध्यान से देखता हूँ, मन ही मन खुश होता हूँ, उनकी सुंदरता और उपयोगिता की सराहना करता हूँ। जिस वस्तु को मैं खरीदने की इच्छा करता हूँ उसके दाम का टैग देखता हूँ और मन में सोच लेता हूँ कि मैं इसे तब खरीद लूँगा, जब मेरे पास अतिरिक्त पैसे होंगे। ऐसा करने से मेरी जानकारी बढ़ती है। नए-नए उत्पादों से संबंधित ज्ञान बढ़ता है और मन नए सामान को लेने की तैयारी करता है और इसलिए मस्तिष्क और अधिक परिश्रम करने के लिए तैयार होता है। टाइमपास की मेरी यह विधि उपयोगी है, सार्थक है, परिश्रम करने की प्रेरणा देती है, ज्ञान बढ़ाती है और किसी का कोई नुकसान नहीं करती।

एक कामकाजी औरत की शाम

हमारे देश में मध्यवर्गीय परिवारों के लिए अति आवश्यक हो चुका है कि घर-परिवार को ठीक प्रकार से चलाने के लिए पति-पत्नी दोनों धन कमाने के लिए काम करें और इसीलिए समाज में कामकाजी औरतों की संख्या निरंतर बढ़ती जा रही है। कामकाजी औरत की जिंदगी पुरुषों की अपेक्षा कठिन है। वह घर-बाहर एकसाथ सँभालती है। उसकी शाम तभी आरंभ हो जाती है जब वह अपने कार्यस्थल से छुट्टी के बाद बाहर निकलती है वह घर पहुँचने से पहले ही रास्ते में आने वाली रेहड़ी या बाजार से फल-सब्जियाँ खरीदती है, छोटा-मोटा किरयाने का सामान लेती है और लदी-फदी घर पहुँचती है। तब तक पति और बच्चे भी घर पहुँच चुके होते हैं। दिनभर की थकी-हारी औरत कुछ आराम करना चाहती है पर उससे पहले चाय तैयार करती है। यदि वह औरत संयुक्त परिवार में रहती है तो कुछ और तैयार करने की फ़रमाइशें भी उसे पूरी करनी पड़ती है। चाय पीते-पीते वह बच्चों से, बड़ों से बातचीत करती है। यदि उस समय कोई घर में मिलने-जुलने वाला आ जाता है तो सारी शाम आगंतुकों की सेवा में बीत जाती है, लेकिन यदि ऐसा नहीं हआ तो भी उसे फिर से बाज़ार या कहीं और जाना पड़ता है ताकि घर के लोगों की फ़रमाइशों को पूरा कर सके। लौटकर बच्चों को होमवर्क करने में सहायता देती है और फिर रात के खाने की तैयारी में लग जाती है।

कभी-कभी उसे आस-पड़ोस के घरों में भी औपचारिकतावश जाना पड़ता है। कामकाजी औरत तो चक्कर घिन्नी की तरह हर पल चक्कर ही काटती रहती है। उसकी शाम अधिकतर दूसरों की फ़रमाइशों को पूरा करने में बीत जाती है। वह हर पल चाहती है कि उसे भी घर में रहने वाली औरतों के समान कोई शाम अपने लिए मिले, पर प्रायः ऐसा हो नहीं पाता, क्योंकि कामकाजी औरत का जीवन तो घड़ी की सुइयों से बँधा होता है।

3. घर से स्कूल तक के सफ़र में आज आपने क्या-क्या देखा और अनुभव किया? लिखें और अपने लेख को एक अच्छा-सा शीर्षक भी दें।

उत्तर **संवेदनाओं की मौत**

मैं घर से अपने विद्यालय जाने के लिए निकली। आज मैं अकेली ही जा रही थी, क्योंकि मेरी सखी नीलम को ज्वर आ गया था। मेरा विद्यालय मेरे घर से लगभग तीन किमी दूर है। रास्ते में बस स्टैंड भी पड़ता है। वहाँ से निकली तो बसों का आना-जाना जारी था। मैं बचते-बचाते निकल ही रही थी कि मेरे सामने ही एक बस से टकराकर एक व्यक्ति बीच सड़क पर गिर गया। मैं किनारे पर खड़ी होकर देख रही थी कि उस गिरे हुए व्यक्ति को उठाने कोई नहीं आ रहा। मैं साहस करके आगे जा ही रही थी कि एक बुजुर्ग ने मुझे रोककर कहा, 'बेटी! कहाँ जा रही हो?' वह तो मर गया लगता है। हाथ लगाओगी तो पुलिस के चक्कर में पड़ जाओगी। मैं घबरा कर पीछे हट गई और सोचते-सोचते विद्यालय पहुँच गई कि हमें क्या हो गया है, जो हम किसी के प्रति हमदर्दी भी नहीं दिखा सकते, किसी की सहायता भी नहीं कर सकते?

4. अपने आस-पास की किसी ऐसी चीज़ पर एक लेख लिखें, जो आपको किसी वजह से वर्णनीय प्रतीत होती हो। वह कोई चाय की दुकान हो सकती है, कोई सैलून हो सकता है, कोई खोमचे वाला हो सकता है या किसी खास दिन पर लगने वाला हॉट-बाज़ार हो सकता है। विषय का सही अंदाज़ा देने वाला शीर्षक अवश्य दें।

उत्तर **पानी के नाम पर बिकता ज़हर**

जेठ की तपती दोपहरी। पसीना, उमस और चिपचिपाहट ने लोगों को व्याकुल कर दिया था। गला प्यास से सूखता है तो मन सड़क के किनारे खड़ी 'रेफ्रिजरेटर कोल्ड वाटर' की रेहड़ी की ओर चलने को कहता है। प्यास की तलब में पैसे दिए और पानी पिया। पर कभी सोचा नहीं कि इन रेहड़ी की टंकियों की क्या दशा है? क्या इन्हें कभी साफ़ भी किया जाता है? क्या इनमें वास्तव में रेफ्रिजेरेटर कोल्ड वॉटर है या पानी में बर्फ डाली हुई है? कहीं हम पैसे देकर पानी के नाम पर ज़हर तो नहीं पी रहे? इन कोल्ड वाटर बेचने वालों के वाटर की जाँच स्वास्थ्य विभाग का कार्य है, परंतु वे तो तब तक नहीं जागते हैं जब तक इनके दूषित पानी पीने से सैंकड़ों व्यक्ति दस्त, हैजे के शिकार नहीं हो जाते। आशा है इन गर्मियों में स्वास्थ्य विभाग पानी के नाम पर ज़हर बेचने वाली इन कोल्ड वाटर की रेहड़ियों की जाँच करेगा।

अभ्यास प्रश्न

बहुविकल्पीय प्रश्न

1. अप्रत्याशित विषय पर लिखने से पहले विद्यार्थी को क्या करना चाहिए?

(क) विषय के बारे में सोच-विचार
(ख) बिना सोच-विचार के लिखना
(ग) शिक्षक की सहायता लेना
(घ) माता-पिता की सहायता लेना

उत्तर (क) विषय के बारे में सोच-विचार

2. रटने की बुरी आदत हमें अवसर नहीं देती है

(क) लिखने का (ख) पढ़ने का
(ग) अभ्यास का (घ) ये सभी

उत्तर (ग) अभ्यास का

3. कम-से-कम समय में अपने विचारों को सुंदर एवं सुघड़ ढंग से अभिव्यक्त करना कहलाता है

(क) नए विषयों पर लेखन
(ख) अप्रत्याशित विषयों पर लेखन
(ग) नए और अप्रत्याशित विषयों पर लेखन
(घ) उपर्युक्त में से कोई नहीं

उत्तर (ग) नए और अप्रत्याशित विषयों पर लेखन

4. अप्रत्याशित लेखन के विषयों में सम्मिलित किया जाता है

(क) शिक्षा को (ख) दीवार घड़ी को
(ग) मेरा प्रिय टाइमपास को (घ) ये सभी

उत्तर (घ) ये सभी

5. मैं शैली का प्रयोग किसमें किया जाता है?

(क) प्रत्याशित लेखन में
(ख) अप्रत्याशित लेखन में
(ग) 'क' और 'ख' दोनों
(घ) उपर्युक्त में से कोई नहीं

उत्तर (ख) अप्रत्याशित लेखन में

6. अप्रत्याशित विषयों के लेखन किस रूप में हो सकते हैं?

(क) निबंध (ख) संस्मरण
(ग) यात्रा-वृत्तांत (घ) ये सभी

उत्तर (घ) ये सभी

7. अप्रत्याशित विषयों पर लेख के लिए किस प्रकार के विषय आते हैं?

(क) सामने की दीवार
(ख) दीवार पर टँगी घड़ी
(ग) दीवार में बाहर की ओर खुलाता झरोखा
(घ) उपर्युक्त सभी

उत्तर (घ) उपर्युक्त सभी

8. निम्नलिखित कथनों पर विचार कीजिए। **CBSE Term II 2022**

1. स्वच्छता अभियान महात्मा गाँधी द्वारा चलाया गया।
2. रटने की बुरी आदत हमें अभ्यास का अवसर नहीं देती।
3. अप्रत्याशित लेखन के विषयों की संख्या सीमित है।

कूट

(क) केवल 1 (ख) 1 और 2
(ग) केवल 2 (घ) 1 और 3

उत्तर (ग) केवल 2

लघु उत्तरीय प्रश्न

1. ओलंपिक खेलों में भारत का प्रदर्शन पर एक रचनात्मक लेख लिखिए। **CBSE 2025**

उत्तर

ओलंपिक खेलों में भारत का प्रदर्शन

ओलंपिक खेल विश्व स्तर पर आयोजित सबसे प्रतिष्ठित खेल प्रतियोगिता है, जिसमें विभिन्न देशों के खिलाड़ी भाग लेते हैं। भारत ने वर्ष 1920 में पहली बार ओलंपिक में आधिकारिक रूप से भाग लिया। जहाँ प्रारंभ में भारतीय हॉकी टीम का दबदबा रहा और भारत ने 8 स्वर्ण पदक जीतकर इस खेल में अपना वर्चस्व स्थापित किया, वहाँ अब अन्य खेलों में भी भारतीय खिलाड़ी अपनी छाप छोड़ रहे हैं।

हालाँकि अन्य खेलों में भारत का प्रदर्शन संतोषजनक नहीं रहा, लेकिन हाल के वर्षों में सुधार हुआ है। वर्ष 2008 में अभिनव बिंद्रा ने स्वर्ण पदक जीतकर इतिहास रचा। नीरज चोपड़ा, पी.वी. सिंधु, मीराबाई चानू और अन्य खिलाड़ियों ने भी पदक जीतकर भारत का मान बढ़ाया। सरकार द्वारा खेलों को बढ़ावा देने और खिलाड़ियों को सुविधाएँ उपलब्ध कराने से भारत का ओलंपिक प्रदर्शन लगातार बेहतर हो रहा है।

2. 'साप्ताहिक बाजार में जब मैंने एक बच्चे को रोते देखा' पर एक रचनात्मक लेख लिखिए। **CBSE 2025**

उत्तर

साप्ताहिक बाज़ार में जब मैंने एक बच्चे को रोते देखा

साप्ताहिक बाज़ार की चहल-पहल में हर तरफ भीड़ और शोरगुल था। दुकानदार ऊँची आवाज में ग्राहकों को बुला रहे थे, खरीदार सामान की कीमत पर मोलभाव कर रहे थे। मैं भी फल और सब्जियाँ खरीदने में व्यस्त था कि अचानक एक बच्चे के रोने की आवाज़ सुनाई दी।

मैंने देखा कि एक छोटा बच्चा अपनी जगह पर खड़ा जोर-जोर से रो रहा था। उसकी आँखों में डर और घबराहट थी। शायद वह अपने माता-पिता से बिछड़ गया था। मैं तुरंत उसके पास गया और उसे सांत्वना दी। आस-पास के लोगों से पूछने पर पता चला कि कोई भी उसे नहीं पहचानता। मैंने पास खड़े एक दुकानदार से माइक पर घोषणा करने को कहा। कुछ ही मिनटों में एक घबराई हुई महिला दौड़ती हुई आई और बच्चे को गले से लगा लिया। यह देखकर मेरे मन को असीम संतोष मिला। इस घटना ने मुझे सिखाया कि भीड़-भाड़ वाली जगहों पर बच्चों का विशेष ध्यान रखना चाहिए।

3. मुझे कक्षा का मॉनिटर बनना क्यों पसंद है! पर एक रचनात्मक लेख लिखिए **CBSE 2025**

उत्तर **मुझे कक्षा का मॉनिटर बनना क्यों पसंद है!**

मुझे कक्षा का मॉनिटर बनना बहुत पसंद है, क्योंकि यह एक जिम्मेदारी भरा और सम्मानजनक कार्य है। मॉनिटर बनने से मुझे नेतृत्व करने और अपनी कक्षा के अनुशासन को बनाए रखने का अवसर मिलता है। मॉनिटर होने के नाते मैं शिक्षकों की सहायता करने के साथ ही कक्षा में शांति बनाए रखने में भी सहायता कर सकता हूँ।

यह भूमिका न केवल मेरी नेतृत्व क्षमता को विकसित करती है, बल्कि मुझे आत्मनिर्भर और ज़िम्मेदार बनाती है। जब शिक्षक मुझे किसी कार्य की जिम्मेदारी सौंपते हैं, तो मुझे गर्व महसूस होता है कि वे मुझ पर भरोसा करते हैं।

इसके अतिरिक्त मॉनिटर बनने से मुझे अपने सहपाठियों की सहायता करने और कक्षा में एक अच्छा वातावरण बनाए रखने का अवसर मिलता है। हालाँकि यह काम चुनौतीपूर्ण भी होता है, क्योंकि सभी को साथ लेकर चलना आसान नहीं होता। फिर भी मुझे यह भूमिका पसंद है, क्योंकि इससे मुझे नई चीजें सीखने और अपने व्यक्तित्व को निखारने का अवसर मिलता है।

4. अपना अनुशासन स्वयं इस वाक्य को आधार बनाकर लगभग 100 या 120 शब्दों में एक रचनात्मक लेख लिखिए।

उत्तर **अपना अनुशासन स्वयं**

अनुशासन शब्द का अर्थ है-'शासन के पीछे चलना' अर्थात् सामाजिक, राजनीतिक तथा धार्मिक सभी प्रकार के आदेशों और नियमों का पालन करना। 'शासन' शब्द में दंड की भावना छिपी हुई है, क्योंकि नियमों का निर्माण लोक-कल्याण के लिए होता है। चाहे वे किसी भी प्रकार के नियम हों, उनका शासन करना उन सभी व्यक्तियों के लिए अनिवार्य होता है, जिनके लिए वह नियम बनाए गए हैं।

व्यावहारिक जीवन में अनुशासन का होना नितांत आवश्यक है। अनुशासन के बिना व्यावहारिक जीवन ठीक प्रकार से नहीं चल सकता है। यदि हम घर के नियमों का उल्लंघन करेंगे, बाजार में बाजार के नियमों का उल्लंघन करेंगे, विद्यालय में विद्यालय के नियमों का उल्लंघन करेंगे, तो सभी हमारे व्यवहार से असंतुष्ट हो जाएँगे। हमें अशिष्ट और असभ्य समझ लिया जाएगा। हमें पग-पग पर अपमान सहना पड़ेगा। अतः हमारे व्यवहार से अनुशासन का गहरा संबंध है।

यह किसी ने सही कहा है कि अनुशासन सफलता की कुँजी है-अनुशासन मनुष्य के विकास के लिए बहुत आवश्यक है। यदि मनुष्य अनुशासन में जीवन-यापन करता है, तो वह स्वयं के लिए सुखद और उज्ज्वल भविष्य की राह निर्धारित करता है।

मनुष्य द्वारा नियमों में रहकर नियमित रूप से अपने कार्य को करना अनुशासन कहलाता है। यदि किसी के अंदर अनुशासनहीनता होती है, तो वह स्वयं के लिए कठिनाइयों की खाई खोद डालता है। विद्यार्थी हमारे देश का मुख्य आधार स्तंभ है। यदि इनमें अनुशासन की कमी होगी, तो हम सोच सकते हैं कि देश का भविष्य कैसा होगा।

5. धरती का बढ़ता तापमान इस वाक्य को आधार बनाकर लगभग 100 या 120 शब्दों में एक रचनात्मक लेख लिखिए।

उत्तर **धरती का तापमान**

धरती का तापमान दिन-प्रतिदिन बढ़ता जा रहा है। इससे न केवल मनुष्य, बल्कि पृथ्वी पर रहने वाला प्रत्येक प्राणी त्रस्त है। 'ग्लोबल वार्मिंग' शब्द का अर्थ है 'संपूर्ण पृथ्वी के तापमान में वृद्धि होना।' हमारी पृथ्वी पर वायुमंडल की एक परत है, जो विभिन्न गैसों से मिलकर बनी है, जिसे ओजोन परत कहते हैं। ये ओजोन परत सूर्य से आने वाली पराबैंगनी तथा अन्य हानिकारक किरणों को पृथ्वी पर आने से रोकती है। मानवीय क्रियाओं द्वारा ओजोन परत में छिद्र हो जाने के कारण सूर्य की हानिकारक किरणें पृथ्वी के वातावरण में प्रवेश कर रही है।

परिणामस्वरूप पृथ्वी के तापमान में निरन्तर वृद्धि हो रही है। ग्लोबल वार्मिंग के कारण कई समुद्री तथा पृथ्वी पर रहने वाले जीव-जंतुओं की प्रजातियों के अस्तित्व पर खतरा छाया हुआ है, साथ ही मनुष्यों को भी स्वास्थ्य संबंधी समस्याओं का सामना करना पड़ रहा है। यदि समय रहते ग्लोबल वार्मिंग को रोकने के उपाय नहीं किए गए, तो हमारी पृथ्वी जीवन के योग्य नहीं रह जाएगी। इसे रोकने के लिए हमें प्रदूषण को कम करना होगा। साथ ही कार्बन डाई-ऑक्साइड सहित अन्य गैसों के उत्सर्जन में कमी तथा वृक्षारोपण को बढ़ावा देना होगा, जिससे प्रकृति में पर्यावरण संबंधी संतुलन बना रहे।

6. फुटबॉल का एक मैच इस वाक्य को आधार बनाकर लगभग 100 या 120 शब्दों में एक रचनात्मक लेख लिखिए। **CBSE 2023**

उत्तर **फुटबॉल का एक मैच**

फुटबॉल भारत के प्रसिद्ध खेलों में से एक है। यह भारत में ही नहीं बल्कि विश्वभर में प्रसिद्ध है। कुछ दिन पहले मैंने राजस्थान विश्वविद्यालय और दिल्ली विश्वविद्यालय के बीच एक फुटबॉल मैच देखा था। यह मैच जयपुर के एस.एम.एस. स्टेडियम में खेला गया था। मैच का आरंभ शाम 4 बजे हुआ था। सभी खिलाड़ी मैदान में थे। एक बड़ी भीड़ मैच शुरू होने की प्रतीक्षा कर रही थी।

राजस्थान विश्वविद्यालय के खिलाड़ी लाल कमीज और काली पतलून में थे तथा दिल्ली विश्वविद्यालय के खिलाड़ी हरी कमीज ओर पीली पेंट में थे। मैच के निर्णायक ने लंबी सीटी बजाई, निर्णायक की सीटी की आवाज सुनने के बाद दोनों कप्तान उसके पास आए और गेंद के बारे में निश्चय करने लगें। उसके बाद खेल आरंभ हुआ। मैच बड़ी रोचकता से देखा जा रहा था। राजस्थान विश्वविद्यालय का दल बहुत मजबूत था। वे बड़े रोचक और आक्रामकता के साथ खेल रहे थे, लेकिन दिल्ली विश्वविद्यालय के गोल कीपर ने अनेक खतरनाक गेंदे बचाई, दिल्ली विश्वविद्यालय के कुछ खिलाड़ी बड़ी आक्रामकता के साथ खेल रहे थे, लेकिन शेष खिलाड़ियों में जोश दिखाई नहीं दे रहा था। दिल्ली विश्वविद्यालय ने एक गोल कर दिया। खेल और रोमांचक हो गया सब खिलाड़ी जोश में थे। राजस्थान विश्वविद्यालय के खिलाड़ी अधिक मेहनत कर रहे थें, क्योंकि उन्हें गोल करना था। राजस्थान विश्वविद्यालय को अंत में पेनल्टी किक मिली। यह उनके पास अन्तिम मौका था। अंत में राजस्थान विश्वविद्यालय ने गोल कर दिया और सब खिलाड़ी प्रसन्न थे, अब स्कोर 1-1 था। मैच को ड्रॉ घोषित कर दिया गया। वास्तव में यह एक रोमांचक मैच था।

7. कमरे में रखे टेलीविजन को देखकर बचपन की यादें ताजा हो जाती हैं। आपके द्वारा टेलीविजन पर देखे गए प्रथम धारावाहिक का वर्णन करते हुए एक लेख तैयार कीजिए।

उत्तर **टेलीविजन**

ठीक मेरे सामने एक टेबल पर टेलीविजन रखा हुआ है। टेबल पर रखे हुए टेलीविजन को देखते ही मेरे बचपन की यादें ताजा हो गईं, जब इसी टेलीविजन पर रामायण, महाभारत, चन्द्रकान्ता, जंगल बुक, शक्तिमान आदि धारावाहिक आते थे। इस टेलीविजन से कई स्मृतियाँ एक साथ जुड़ी हुई हैं। मुझे याद आ रहा है मैंने जो सबसे पहला धारावाहिक टेलीविजन पर देखा था वह था- 'शक्तिमान।'

बच्चों में बहुत लोकप्रिय इस धारावाहिक का जब प्रसारण होता था, तो बाहर सड़कों पर शायद ही कोई बच्चा खेलता हुआ नज़र आता था। सभी बच्चे अपने-अपने घरों में बैठकर 'शक्तिमान' धारावाहिक को देखते थे। इसकी लोकप्रियता अपने चरम पर थी। इस धारावाहिक में किरदारों द्वारा बोले गए संवाद बच्चे-बच्चे की जुबान पर चढ़ गए थे; जैसे-अंधेरा कायम रहे, गंगाधर ही शक्तिमान है आदि। हालाँकि मुख्य पात्र द्वारा दिखाए गए स्टंट की कॉपी करने में उस समय में बहुत से बच्चों की जान तक चली गई थी।

धारावाहिक की शुरुआत में यह घोषणा होती थी कि "इस धारावाहिक के सभी पात्र एवं घटनाएँ काल्पनिक हैं इनका वास्तविक जीवन से कोई संबंध नहीं है।

सभी स्टंट प्रशिक्षक की निगरानी में होते हैं। अतः बच्चे इसे घर पर न दोहराएँ।" इस चेतावनी के पश्चात् बच्चे इसे दोहराते हुए काल के ग्रास बन गए थे। ये सारी पंक्तियाँ टेलीविजन को देखते ही अनायास जेहन (मन) में कौंध जाती हैं।

8. 'पिंजरे में जीवन' विषय पर लगभग 120 शब्दों में रचनात्मक लेख लिखिए। **CBSE 2024**

उत्तर **पिंजरे में जीवन**

'पिंजरे में जीवन' एक ऐसी स्थिति है, जो आज़ादी के अभाव का प्रतीक है। यह न केवल पंछियों और जानवरों के लिए, बल्कि हर उस प्राणी के लिए कष्टदायक है, जो स्वतंत्रता का महत्त्व समझता है। पिंजरे में बंद पंछी का जीवन एक दर्द भरी कहानी कहता है। उसका हर दिन एक सीमित दायरे में उड़ान भरने की कोशिश में बीतता है। उसकी दुनिया एक छोटे से पिंजरे में सिमट जाती है, जहाँ न तो खुला आकाश होता है और न ही ताजी हवा में उड़ान का सुख।

पिंजरे का जीवन केवल शारीरिक बंधन नहीं, बल्कि मानसिक और भावनात्मक बंधन भी है। चाहे यह पिंजरा किसी पक्षी का हो या किसी इंसान का, यह उसकी आत्मा को बाँधकर रखता है। स्वतंत्रता हर जीव का अधिकार है और किसी को भी इस अधिकार से वंचित करना अन्यायपूर्ण है।

पिंजरे में जीवन बिताने वाले जीव हमें यह सिखाते हैं कि खुली हवा में उड़ने और अपनी मर्जी से जीवन जीने का सुख अनमोल है और हमें प्रत्येक जीव की स्वतंत्रता का सम्मान करना चाहिए। प्रत्येक जीव को अपने तरीके से जीवन जीने का अधिकार होना चाहिए, क्योंकि खुला आकाश और स्वतंत्रता ही जीवन का असली सौंदर्य है।

9. "पुस्तकालय ज्ञान का सागर है।" इस वाक्य के आधार पर अपने क्षेत्र या विद्यालय के पुस्तकालय का वर्णन करते हुए लगभग 100 या 120 शब्दों में एक लेख लिखिए।

उत्तर **विद्यालय का पुस्तकालय**

पुस्तकालय दो शब्दों 'पुस्तक' और 'आलय' से मिलकर बना है। इसका अर्थ है-पुस्तकों का घर। चूँकि पुस्तकों से हमें ज्ञान प्राप्त होता है, इसलिए पुस्तकालय को 'ज्ञान का सागर' कहा जा सकता है। जिस प्रकार सागर में छोटी-बड़ी सभी नदियों का जल समाहित होता है, उसी प्रकार पुस्तकालय में विद्यार्थियों के लिए उपयोगी सभी प्रकार की पुस्तकें संग्रहित होती हैं।

मैं जब विद्यालय में पढ़ता था तो मेरे विद्यालय में एक उच्च कोटि का पुस्तकालय था। वहाँ प्राचीन एवं नवीन पुस्तकों का अच्छा संग्रह था। वहाँ साहित्य और भाषा, विज्ञान, संस्कृति, इतिहास, भूगोल, समाजशास्त्र, सामान्य ज्ञान आदि विभिन्न विषयों से संबंधित पुस्तकें एकत्रित थीं।

मेरे विद्यालय के सभी विद्यार्थी अनिवार्य रूप से पुस्तकालय के सदस्य हुआ करते थे। वे वहाँ से अपनी मनपसंद पुस्तकें पढ़ सकते थे या पढ़ने के लिए घर भी ले जा सकते थे। पुस्तकालय में पुस्तकों के अतिरिक्त पत्र-पत्रिकाएँ एवं दैनिक समाचार पत्र भी आते थे। पुस्तकालय में पाठकों के बैठने के लिए मेज एवं कुर्सियाँ लगी हुई थीं। पढ़ते समय सभी शांति बनाए रखते ताकि दूसरों को पढ़ने में किसी प्रकार का व्यवधान न हो। मुझे अपने विद्यालय के पुस्तकालय से बड़ा लगाव था। कोर्स की किताबों के अतिरिक्त मैं वहाँ साहित्य की पुस्तकों का घंटों अध्ययन करता था।

अपने विद्यालय के पुस्तकालय के कारण ही मैं आज भी साहित्य के प्रति गहरी रुचि रखता हूँ। किसी भी साहित्य से संबंधित पुस्तक को पढ़ने के लिए मैं आज भी आतुर रहता हूँ। इस आदत से मुझे अपने निजी जीवन में अनेक लाभ हुए हैं।

10. आपके अनुसार गरीबी क्या है? भारत में गरीबी का दंश झेल रहे लोगों को किन-किन कठिनाइयों का सामना करना पड़ता है? इस विषय पर अपने विचार व्यक्त करते हुए लगभग 100 या 120 शब्दों में एक लेख लिखिए।

उत्तर **गरीबी का दंश**

गरीबी वह मानवीय परिस्थिति है, जो मानव जीवन में निराशा, दुःख और दर्द को लाती है। गरीबी का दंश झेल रहे मनुष्य के पास पैसे की कमी होती है और जीवन को उचित तरीके से जीने के लिए आवश्यक चीज़ों की पूर्ति करने में वह असमर्थ होता है।

गरीबी एक बच्चे को विद्यालय में प्रवेश लेने में असमर्थ बनाती है और वह एक दुःखी परिवार में अपना बचपन बिताने या जीने के लिए विवश होता है। गरीबी आदि के कारण दो वक्त की रोटी, बच्चों के लिए किताबें आदि नहीं जुटा पाने और बच्चों का सही तरीके से पालन-पोषण नहीं कर पाने के लिए उत्तरदायी अभिभावक दुःखी होते हैं। हम गरीबी को अनेक प्रकार से परिभाषित कर सकते हैं। भारत में गरीबों को देखना बहुत सामान्य बात है, क्योंकि अधिकतर लोग अपने जीवन की मूलभूत आवश्यकताओं को भी पूरा नहीं कर सकते हैं। यहाँ पर जनसंख्या का एक विशाल भाग निरक्षर, भूखे, बिना कपड़ों तथा बिना घर के जीने को विवश है। भारतीय अर्थव्यवस्था के कमजोर होने का यही मुख्य कारण है। निर्धनता के कारण लगभग भारत में आधी जनसंख्या दर्द भरा जीवन जी रही है।

गरीबी एक स्थिति उत्पन्न करती है जिसमें लोग पर्याप्त आय प्राप्त करने में असफल हो जाते हैं, इसलिए वे आवश्यक चीज़ों को नहीं खरीद पाते हैं। ये लोग जीने के न्यूनतम स्तर को भी बनाए रखने में विफल हो जाते हैं। भारत में कम आय वर्ग समूह के लोग उच्च आय वर्ग समूह के लोगों से बहुत अधिक गरीब होते हैं। भारत में गरीबी के मुख्य कारण अशिक्षा, भ्रष्टाचार, बढ़ती जनसंख्या, कमजोर कृषि, अमीरी और गरीबी के बीच बढ़ती खाई आदि हैं।

11. वर्तमान समय में सोशल मीडिया सूचना का सबसे बड़ा साधन है। आपके अनुसार सूचना प्राप्ति में यह कैसे सहायक है? इससे वरदान व अभिशाप मानने के क्या कारण हो सकते हैं? बताइए।

उत्तर **सोशल मीडिया का जाल**

आज हम उस समय या युग में हैं, जहाँ सूचना केवल एक बटन दबाने पर मिल जाती है। इसके कारण हम अपने चारों ओर की जानकारी से अवगत हो जाते हैं। सोशल मीडिया वह स्थान है, जहाँ हमें किसी भी चीज़ के बारे में जानने, पढ़ने, समझने और बोलने का अवसर मिलता है। सोशल मीडिया उन बड़े तत्त्वों में से एक है, जिसके साथ हम जाल रूपी संरचना से जुड़े हुए हैं और जिसे हम अनदेखा नहीं कर सकते हैं।

सोशल मीडिया वेबसाइटों, अनुप्रयोगों और अन्य प्लेटफार्मों का संग्रह है, जो हमें जानकारियों का आदान-प्रदान करने तथा हमें सोशल नेटवर्किंग में भाग लेने में सहायता करता है। सोशल मीडिया ब्लॉगिंग और चित्रों को साझा करने तक ही सीमित नहीं है, बल्कि यह हमें सुदृढ़ उपकरण भी प्रदान करती है। ऐसा इसलिए है, क्योंकि सोशल मीडिया का प्रभाव बहुत अधिक है। यह दूर तक पहुँच रहा है और किसी की छवि को बना या बिगाड़ भी सकती है।

सोशल मीडिया आज विवाद का विषय बनी हुई है। कुछ लोग इसे वरदान समझते हैं, तो वहीं कुछ लोग ऐसे भी हैं, जो इसे एक अभिशाप मानते हैं। लोग अधिकतर यह अनुभव करते हैं कि सोशल मीडिया ने तेज गति के साथ मानवीय अंतःक्रियाओं को नष्ट कर, आधुनिक मानव संबंधों में परिवर्तन कर दिया है, लेकिन कुछ लोग इसे वरदान मानते हैं, क्योंकि इसके कारण वे स्वयं को दुनिया के हर कोने से जुड़ा हुआ अनुभव करते हैं और जिसके द्वारा वे दूर बसे अपने प्रियजनों से बात कर सकते हैं तथा जागरूकता फैला सकते हैं, साथ ही सुरक्षा हेतु चेतावनियाँ भी भेज सकते हैं।

ऐसा बहुत कुछ है, जो सोशल मीडिया के माध्यम से किया जा सकता है, सोशल मीडिया की उपस्थिति ने हमारे जीवन को सुविधाजनक, आसान और बहुत तेज बना दिया है।

12. "स्वच्छता आज की अनिवार्य आवश्यकता है।" इस विषय पर अपने विचार व्यक्त करते हुए बताइए कि स्वच्छता की आदत में कुशल होने का सबसे सही समय क्या हो सकता है?

उत्तर **स्वच्छता : एक अनिवार्य कदम**

स्वच्छता प्रत्येक व्यक्ति का प्राथमिक उत्तरदायित्व होना चाहिए। सभी को यह समझना चाहिए कि खाने और पानी की भाँति ही स्वच्छता भी बहुत आवश्यक है, बल्कि हमें स्वच्छता को खाने और पानी से भी अधिक प्राथमिकता देनी चाहिए। हम केवल तभी स्वस्थ रह सकते हैं जब हम सफाई और स्वास्थ्यकर तरीके अपनाएँगे। बचपन सभी के जीवन का सबसे अच्छा समय होता है, जिस दौरान हम स्वच्छता की आदत में कुशल हो सकते हैं; जैसे- रोज नहाना, स्वच्छ कपड़े पहनना, अपने आस-पास साफ-सफाई का विशेष ध्यान रखना, स्वच्छ भोजन करना आदि अभिभावक की नियमित निगरानी और सतर्कता में होना चाहिए, ताकि बचपन से ही अच्छी आदतों का विकास बच्चों में हो सके।

स्कूल और कॉलेजों में स्वच्छता के विभिन्न प्रकारों के विषय पर विद्यार्थियों को बहुत सारे होमवर्क दिए जाते हैं। आज के समय में ये बहुत ही महत्वपूर्ण विषय है, क्योंकि एक बहुत बड़ी जनसंख्या स्वच्छता के अभाव में बीमारी के कारण प्रतिदिन मृत्यु को प्राप्त हो रही है। इसलिए जीवन में स्वच्छता के महत्त्व और आवश्यकता के बारे में जागरूक होना बहुत आवश्यक है। जीवन को बचाने और स्वस्थ जीवन जीने के लिए हम सभी को मिलकर स्वच्छता की ओर कदम बढ़ाने की आवश्यकता है। हमारे प्रधानमंत्री 'नरेंद्र मोदी' ने एक अभियान चलाया, जिसे 'स्वच्छ भारत' कहा गया। भारतीय नागरिक के रूप में हम सभी को इस अभियान के उद्देश्य और लक्ष्य को पूरा करने में सक्रिय रूप से भाग लेना चाहिए।

13. "पुस्तकें मनुष्य की सबसे अच्छी मित्र होती हैं" इस कथन को आधार बनाकर अपने द्वारा पढ़ी गई, किसी प्रिय पुस्तक का वर्णन करते हुए बताइए कि उस पुस्तक से आपको क्या प्रेरणा मिलती है?

उत्तर **रामचरितमानस**

पुस्तकें मनुष्य की सबसे अच्छी मित्र होती हैं। वे हमें सही मार्ग दिखाती हैं और हमें चरित्रवान बनने में सहायता करती हैं। मैंने बहुत-सी पुस्तकें पढ़ी हैं, लेकिन रामचरितमानस मेरी प्रिय पुस्तक है। यह गोस्वामी तुलसीदास जी द्वारा रचित है। इसमें मुख्य पात्र दशरथ पुत्र श्रीराम हैं, जिन्हें लोग भगवान् का अवतार मानते हैं। इस पुस्तक में श्रीराम के पूर्ण जीवन की व्याख्या की गई है। उनके बचपन से लेकर वनवास जाने तक और रावण का वध कर अयोध्या लौट आने तक सभी बातों का संपूर्ण वर्णन किया गया है।

यह पुस्तक बुराई पर अच्छाई की जीत को दर्शाती है और साथ ही हमें श्रीराम की भाँति आदर्श जीवन व्यतीत करने की प्रेरणा देती है। यह हमें प्यार से मिलकर रहने और एक-दूसरे की खुशी के लिए त्याग भावना रखना सिखाती है। एक ओर राम ने भरत के लिए वनवास लिया, वहीं दूसरी ओर भरत ने राम का दास बनकर राजकाज को सँभाला था। हनुमान जी के भक्तिभाव की बात ही निराली है। मुझे 'रामचरितमानस' को पढ़कर अत्यंत शांति मिलती है और इसलिए मैं इसे रोज पढ़ता हूँ। इसमें मनुष्य के जीवन से जुड़ी सभी समस्याओं का समाधान मिलता है और इसमें प्रयोग हुए दोहे और चौपाई इसके सौंदर्य को बढ़ाते हैं।

14. कन्या भ्रूण हत्या से आप क्या समझते हैं? इसके अत्यंत तीव्र गति से बढ़ने के कारणों पर प्रकाश डालते हुए उचित समाधान सुझाइए।

उत्तर **कन्या भ्रूण हत्या**

अल्ट्रासाउंड स्कैन जैसी लिंग परीक्षण जाँच से माँ के गर्भ से लड़की के भ्रूण को समाप्त करने के लिए गर्भपात की प्रक्रिया को कन्या भ्रूण हत्या कहते हैं। भ्रूण का कोई भी लिंग परीक्षण भारत में गैर-कानूनी है। यह उन अभिभावकों के लिए शर्म की बात है, जो केवल बालक शिशु ही चाहते हैं

साथ ही उनके लिए भी जो चिकित्सक गर्भपात कराने में सहायता करते हैं। कन्या भ्रूण हत्या भारत में शताब्दियों से चली आ रही है, विशेष रूप से उन परिवारों में जो केवल पुत्र ही चाहते हैं। उसके पीछे विभिन्न धार्मिक, सामाजिक, आर्थिक और भावनात्मक कारण भी हैं। सामान्यतः माता-पिता बालिका शिशु नहीं चाहते हैं, क्योंकि उन्हें लड़की की शादी में दहेज के रूप में एक बड़ी कीमत चुकानी होती है।

ऐसी मान्यता है कि लड़कियाँ हमेशा उपभोक्ता होती हैं और लड़के उत्पादक होते हैं। अभिभावक समझते हैं कि लड़का उनके लिए जीवन भर कमाएगा और उनका ध्यान रखेगा, जबकि लड़की की शादी होगी और वह दूसरे घर चली जाएगी। ऐसा मिथक है कि भविष्य में पुत्र ही परिवार का नाम आगे बढ़ाएगा, जबकि लड़कियाँ पति के घर के नाम को आगे बढ़ाती हैं।

कन्या भ्रूण हत्या को रोकने के लिए सरकार द्वारा अनेक कानून बनाए गए हैं। इसके पश्चात् भी वर्तमान समय में कन्या भ्रूण हत्या भारतीय समाज में प्रचलित है। इसे समाप्त करने के लिए सरकार को कठोर कदम उठाने की आवश्यकता है।

15. 'दहेज प्रथा एक सामाजिक समस्या है', इस विषय को आधार बनाकर एक लेख लिखिए।

उत्तर **दहेज प्रथा**

दहेज प्रथा एक सामाजिक समस्या है, जिसमें दुल्हन के माता-पिता को शादी के समय एक शर्त के रूप में दूल्हे के परिवार को बड़ी मात्रा में नकद आभूषण और अन्य उपहार देने पड़ते हैं। भारत में जिस कारण से इस प्रणाली को शुरू किया गया था वह यह थी कि कुछ दशक पहले तक लड़की को माता-पिता की संपत्ति और अन्य अचल संपत्तियों पर कोई अधिकार प्राप्त नहीं था और उन्हें इसके बदले नकदी, आभूषण और अन्य सामान जैसी संपत्ति दे दी जाती थी। धीरे-धीरे यह प्रथा बुरी सामाजिक प्रथा में बदल गई।

माता-पिता दहेज के रूप में अपनी बेटी को धन और संपत्ति देने लगे, ताकि वह नए स्थान पर परेशानी अनुभव न करे। दुर्भाग्य से, अधिकतर मामलों में दूल्हे का सारा परिवार उस पर अधिकार कर लेता है। इसके अतिरिक्त पहले यह दुल्हन के माता-पिता का स्वैच्छिक निर्णय होता था। इन दिनों यह उनके लिए एक मजबूरी बन गया है।

दुल्हन पर पर्याप्त दहेज नहीं लाने के लिए शारीरिक और भावनात्मक रूप से अत्याचार के कई मामले उजागर हुए हैं। कई मामलों में दुल्हन अपने ससुराल वालों की माँग को पूरा करने के लिए अपने परिवार से कहती है, जबकि कुछ महिलाएँ अपने जीवन को समाप्त करने का विकल्प चुनती हैं। वर्तमान समय में भारत सरकार को इस बुरी प्रथा को रोकने के लिए सख्त कार्रवाई करनी चाहिए।

16. 'सबका विकास, सबका विश्वास' विषय पर लगभग 120 शब्दों में रचनात्मक लेख लिखिए। **CBSE 2023**

उत्तर **सबका विकास, सबका विश्वास**

'सबका विकास, सबका विश्वास' एक ऐसा विचार है, जो समावेशी विकास और समानता की दिशा में हमें प्रेरित करता है। यह वाक्य न केवल आर्थिक प्रगति बल्कि समाज के हर वर्ग के उत्थान का प्रतीक है। इसका उद्देश्य यह सुनिश्चित करना है कि विकास का लाभ समाज के प्रत्येक व्यक्ति को मिले, चाहे वह किसी भी जाति, धर्म, या क्षेत्र से हो। जब प्रत्येक व्यक्ति को अपनी जरूरतों के हिसाब से शिक्षा, स्वास्थ्य, रोजगार और सुरक्षा मिलती है, तो समाज में विश्वास और एकता का वातावरण बनता है। यह विचार न केवल नीतिगत स्तर पर बल्कि समाज के प्रत्येक व्यक्ति के लिए महत्त्वपूर्ण है। इससे हमारे देश में आर्थिक असमानता घटाने में मदद मिलती है और लोग अपने भविष्य के प्रति अधिक आश्वस्त महसूस करते हैं। यदि समाज में भेदभाव और असमानता होगी तो असंतोष बढ़ेगा और विकास की गति धीमी हो जाएगी।

सबका विकास केवल आर्थिक वृद्धि तक ही सीमित नहीं है, बल्कि इसमें शिक्षा, स्वास्थ्य और सुरक्षा भी सम्मिलित हैं। इसी सोच के माध्यम से सरकार लोगों के प्रति अपनी जिम्मेदारी निभाने का संकल्प लेती है, ताकि समाज में सद्भाव और एकता बनी रहे। 'सबका विकास, सबका विश्वास' वाक्य का वास्तविक अर्थ तभी सिद्ध होगा जब हम सभी इसके पीछे की भावना को समझें और एक दूसरे के विकास और कल्याण में योगदान दें। ऐसे प्रयास से एक समृद्ध, सशक्त और सुसंगठित समाज का निर्माण होगा।

17. 'पुस्तकें पढ़ने की खत्म होती आदत' विषय पर लगभग 120 शब्दों में रचनात्मक लेख लिखिए। **CBSE 2023**

उत्तर **पुस्तकें पढ़ने की खत्म होती आदत**

आज के तकनीकी युग में 'पुस्तकें पढ़ने की खत्म होती आदत' एक गंभीर और चिंताजनक विषय बन गया है। डिजिटल उपकरणों और सोशल मीडिया ने लोगों के समय और ध्यान को अपनी ओर खींच लिया है, जिससे किताबों से जुड़ाव कम होता जा रहा है। ज्ञान प्राप्त करने और मनोरंजन के अन्य साधनों के बढ़ने से पुस्तकें पढ़ने की आदत धीरे-धीरे समाप्त हो रही है।

पुस्तकें न केवल जानकारी और ज्ञान का स्रोत होती हैं, बल्कि यह एक ऐसी खिड़की भी हैं, जो हमें एक नई दुनिया से रूबरू कराती हैं। पुस्तकें पढ़ने से हमारी एकाग्रता, कल्पनाशक्ति और विचारशीलता का विकास होता है। यह आदत हमें नई विचारधाराओं से जोड़ती है, हमें सोचने की गहराई देती है और हमारे भीतर संवेदनशीलता तथा सहनशीलता का विकास करती है। दुर्भाग्य से, आज की युवा पीढ़ी ई-बुक्स, ऑडियोबुक्स और सोशल मीडिया पोस्ट के संक्षिप्त ज्ञान तक सीमित होती जा रही है, जिससे किताबों की गहनता और उनके द्वारा मिलने वाला आत्मिक सुख पीछे छूटता जा रहा है।

अतः यह आवश्यक है कि हम पुस्तकें पढ़ने की आदत को पुनर्जीवित करें और इसे एक महत्त्वपूर्ण गतिविधि के रूप में अपनाएँ। पुस्तकों से मिलने वाला आनंद और ज्ञान आने वाली पीढ़ियों के लिए एक स्थायी धरोहर है, जिसे सहेज कर रखना हमारी जिम्मेदारी है।

18. 'हास्य कलाकार के साथ' विषय पर लगभग 120 शब्दों में रचनात्मक लेख लिखिए। **CBSE 2023**

उत्तर **हास्य कलाकार के साथ**

कुछ दिनों पहले मुझे एक प्रसिद्ध हास्य कलाकार से मिलने का अवसर मिला और यह अनुभव अनमोल था। उनकी बातों में ऐसी मिठास और सरलता थी कि एक पल को लगा ही नहीं कि वे इतने बड़े कलाकार हैं। जैसे ही उन्होंने मुझे देखा, एक हल्की मुस्कान उनके चेहरे पर आई और उन्होंने तुरंत हँसी-ठिठोली शुरू कर दी। उनके चेहरे पर वह सहजता और आँखों में चमक थी, जो केवल सच्चे कलाकारों में ही देखी जा सकती है।

इस दौरान उन्होंने मुझे बताया कि हास्य केवल लोगों को हँसाना नहीं, बल्कि उनके दुःखों को हल्का करना है। उन्होंने यह भी साझा किया कि

एक हास्य कलाकार के लिए यह जरूरी है कि वह लोगों के दिल को समझे, तभी वह उनके चेहरे पर सच्ची मुस्कान ला सकता है। उनकी बातों से यह समझ आया कि हर चुटकुले के पीछे उनकी गहरी सोच और जीवन के प्रति सकारात्मक दृष्टिकोण छिपा होता है। उनसे मिलकर मुझे महसूस हुआ कि एक हास्य कलाकार की असली ताकत उसकी सादगी, सहजता और दूसरों को खुशी देने की अद्भुत कला में है। यह भेंट न केवल आनंदमयी थी, बल्कि जीवन के प्रति मेरा दृष्टिकोण भी बदल गई।

19. 'प्राकृतिक सुंदरता का वातावरण' विषय पर लगभग 120 शब्दों में रचनात्मक लेख लिखिए। **CBSE 2023**

उत्तर **प्राकृतिक सुंदरता का वातावरण**

प्राकृतिक सुंदरता का वातावरण हमारे मन और आत्मा को शांति और आनंद से भर देता है। हरियाली से आच्छादित पहाड़, कलकल बहती नदियाँ, नीला आसमान और रंग-बिरंगे फूलों की महक हमें प्रकृति की गोद में ले जाती है, जहाँ हर एक दृश्य मानो जीवन का गीत गा रहा हो। जब सुबह की पहली किरण पेड़ों और घास पर पड़ती है, तो ओस की बूँदें मोतियों की तरह चमकती हैं और प्रकृति अपनी सबसे सुंदर छटा बिखेरती है। पक्षियों का मधुर संगीत, ठंडी हवा का स्पर्श और दूर-दूर तक फैला हुआ हरा-भरा दृश्य हमें शांति और संतोष का एहसास कराता है।

प्राकृतिक वातावरण न केवल हमारे मस्तिष्क को तरोताजा करता है, बल्कि जीवन की समस्याओं से भी थोड़ी देर के लिए दूर ले जाता है। इसका सौंदर्य हमें सिखाता है कि सरलता में भी अद्वितीय सुंदरता छिपी होती है। प्रकृति की इस अद्भुत सुंदरता की सराहना करके हम स्वयं को इससे जोड़ सकते हैं और इसमें संतुलन बनाए रखने का संकल्प ले सकते हैं, ताकि आने वाली पीढ़ियाँ भी इसका आनंद उठा सकें।

20. 'वर्षा का बदलता चक्र' विषय पर लगभग 120 शब्दों में रचनात्मक लेख लिखिए। **CBSE 2023**

उत्तर **वर्षा का बदलता चक्र**

'वर्षा का बदलता चक्र' आज के समय में एक गंभीर चिंता का विषय बन गया है। पर्यावरण में हो रहे बदलावों और ग्लोबल वार्मिंग के कारण वर्षा के मौसम का समय, तीव्रता और मात्रा लगातार प्रभावित हो रहे हैं। जहाँ एक ओर कुछ क्षेत्रों में असामान्य भारी वर्षा होती है, जिससे बाढ़ और जलभराव जैसी समस्याएँ उत्पन्न होती हैं, वहीं दूसरी ओर कई इलाके सूखे की मार झेलते हैं। वर्षा का यह असामान्य चक्र न केवल खेती और कृषि को प्रभावित कर रहा है, बल्कि जल स्रोतों पर भी इसका विपरीत प्रभाव पड़ रहा है।

खेती के लिए समय पर होने वाली वर्षा अत्यंत महत्त्वपूर्ण होती है, लेकिन इसके असंतुलित होने से किसान भीषण नुकसान झेल रहे हैं। प्राकृतिक संतुलन बनाए रखने के लिए हमें पर्यावरण की सुरक्षा पर ध्यान देना होगा। अधिक पेड़ लगाने, जल संरक्षण और प्रदूषण को नियंत्रित करने जैसे प्रयास वर्षा के चक्र को संतुलित करने में मददगार साबित हो सकते हैं। यदि हमने समय रहते कदम नहीं उठाए, तो भविष्य में वर्षा का यह बदलता चक्र हमारी जीवनशैली और पर्यावरण पर गंभीर संकट ला सकता है।

21. 'हमारे सामाजिक त्योहार' विषय पर लगभग 120 शब्दों में रचनात्मक लेख लिखिए। **CBSE 2023**

उत्तर **हमारे सामाजिक त्योहार**

'हमारे सामाजिक त्योहार' भारतीय संस्कृति और परंपराओं की धरोहर हैं, जो हमें एकता, प्रेम और भाईचारे का संदेश देते हैं। भारत जैसे विविधता से भरे देश में हर धर्म, संस्कृति और क्षेत्र के अपने-अपने त्योहार हैं, जो हमें आपसी मेल जोल और एकजुटता के सूत्र में बाँधते हैं। चाहे होली की रंगों से भरी खुशियाँ हों, दीपावली का प्रकाश पर्व, ईद का मिठास भरा अपनापन हो या फिर क्रिसमस का उल्लास, हर त्योहार अपने साथ एक विशेष संदेश लेकर आता है। इन त्योहारों में लोग मिलकर खुशियाँ मनाते हैं, पारंपरिक व्यंजनों का आनंद लेते हैं और अपने परिवार व दोस्तों के साथ समय बिताते हैं। त्योहारों के अवसर पर एक-दूसरे से मिलने-जुलने, उपहारों का आदान-प्रदान करने और समाज में मेल जोल बढ़ाने का अवसर मिलता है।

सामाजिक त्योहार न केवल आनंद का माध्यम हैं, बल्कि ये हमारी संस्कृति और परंपराओं को भी अगली पीढ़ी तक पहुँचाते हैं। त्योहार हमारे जीवन में सकारात्मक ऊर्जा और उमंग का संचार करते हैं। वे न केवल हमारे सामाजिक संबंधों को मजबूत करते हैं, बल्कि भाईचारे, प्रेम और सहिष्णुता की भावना भी बढ़ाते हैं। ये त्योहार हमें याद दिलाते हैं कि हम सभी एक ही समाज के अभिन्न अंग हैं और हमें मिलकर आगे बढ़ना है। इस प्रकार, हमारे सामाजिक त्योहार भारतीय संस्कृति की सुंदरता और विविधता का जीवंत चित्रण करते हैं।

22. 'युद्ध ही अंतिम विकल्प नहीं' विषय पर लगभग 120 शब्दों में रचनात्मक लेख लिखिए। **CBSE 2024**

उत्तर **युद्ध ही अंतिम विकल्प नहीं**

युद्ध ही अंतिम विकल्प नहीं एक ऐसा संदेश है, जो शांति, समझ और संवाद की महत्ता को दर्शाता है। इतिहास साक्षी है कि युद्ध ने कभी भी स्थायी समाधान नहीं दिया, बल्कि विनाश, पीड़ा और असंख्य प्राणों की हानि का कारण बना। युद्ध से केवल आर्थिक और सामाजिक नुकसान ही नहीं होता, बल्कि यह मानवता की नींव को भी हिलाकर रख देता है। आज की दुनिया में, जहाँ विज्ञान और प्रौद्योगिकी ने बहुत तरक्की कर ली है, हमें समस्याओं के समाधान के लिए शांति और संवाद के विकल्पों की तलाश करनी चाहिए।

अंतर्राष्ट्रीय संबंधों में संघर्ष को हल करने के लिए कूटनीति, संवाद और आपसी समझ का मार्ग हमेशा खुला रहता है। जब राष्ट्र एक-दूसरे से संवाद और समझ के माध्यम से समस्याओं का हल ढूँढते हैं, तो न केवल शांति की स्थापना होती है, बल्कि विकास और समृद्धि का मार्ग भी प्रशस्त होता है। युद्ध पर होने वाले खर्च को यदि शिक्षा, स्वास्थ्य और विकास कार्यों में लगाया जाए, तो समाज का व्यापक विकास हो सकता है। हम युद्ध के अतिरिक्त शांति वार्ता, संधियों और आपसी सहयोग के माध्यम से वैश्विक समस्याओं का समाधान कर सकते हैं। इसलिए हर देश को अपनी शक्ति विनाश की बजाय विकास की ओर लगानी चाहिए। शांति और सहयोग ही एकमात्र स्थायी समाधान है और हमें इस विचार को अपनाना चाहिए और उज्ज्वल भविष्य की ओर बढ़ना चाहिए।

23. 'डिजिटल क्रांति की ओर बढ़ता भारत' विषय पर लगभग 120 शब्दों में रचनात्मक लेख लिखिए। **CBSE 2024**

उत्तर **डिजिटल क्रांति की ओर बढ़ता भारत**

'डिजिटल क्रांति की ओर बढ़ता भारत' एक नया और आत्मनिर्भर भारत का प्रतीक है। डिजिटल इंडिया अभियान के तहत देश में तकनीकी उन्नति और डिजिटलीकरण की दिशा में तेजी से काम हो रहा है। इंटरनेट की उपलब्धता और स्मार्टफोन के बढ़ते उपयोग ने भारत को वैश्विक डिजिटल मानचित्र पर मजबूत स्थान दिलाया है। इससे न केवल सूचना तक हर व्यक्ति की पहुँच आसान हुई है, बल्कि शिक्षा, स्वास्थ्य और बैंकिंग जैसी सेवाएँ भी अब ग्रामीण इलाकों तक आसानी से पहुँच रही हैं। डिजिटल भुगतान, ऑनलाइन शिक्षा और सरकारी सेवाओं में डिजिटल सुविधा ने समाज के प्रत्येक वर्ग को सशक्त बनाया है।

कोरोना महामारी के दौरान डिजिटल साधनों ने काम, शिक्षा और व्यापार को निर्बाध बनाए रखा, जिससे इसका महत्त्व और भी बढ़ गया। डिजिटल क्रांति से छोटे व्यापारियों, किसानों और उद्यमियों को भी नए अवसर मिले हैं।

इस क्रांति के साथ, भारत का प्रत्येक नागरिक डिजिटल साक्षरता की ओर बढ़ रहा है, जो न केवल देश की आर्थिक प्रगति को गति देगा, बल्कि इसे वैश्विक मंच पर और मजबूत बनाएगा। डिजिटल इंडिया का यह सपना एक उन्नत और आत्मनिर्भर भारत की दिशा में महत्त्वपूर्ण कदम है।

24. 'बाजारों का बदलता स्वरूप' विषय पर लगभग 120 शब्दों में रचनात्मक लेख लिखिए। **CBSE 2024**

उत्तर **बाजारों का बदलता स्वरूप**

आज के समय में बाजारों का स्वरूप तेजी से बदल रहा है। जहाँ पहले लोग अपनी जरूरत के सामानों के लिए स्थानीय बाजारों का रुख करते थे, वहीं अब ऑनलाइन शॉपिंग और ई-कॉमर्स ने खरीदारी को घर बैठे ही संभव बना दिया है। डिजिटल क्रांति और इंटरनेट की उपलब्धता ने खरीदारी के तरीकों को पूरी तरह बदल दिया है। अब लोग एक क्लिक पर वस्त्र, खाद्य सामग्री, इलेक्ट्रॉनिक्स और यहाँ तक कि घर के सजावटी सामान भी खरीद सकते हैं। इसके अतिरिक्त, बाजारों का पारंपरिक रूप भी अब बदल रहा है।

बड़े-बड़े शॉपिंग मॉल्स, रिटेल स्टोर्स और सुपरमार्केट्स ने छोटे बाजारों का स्थान लेना शुरू कर दिया है। यहाँ उपभोक्ताओं को एक ही छत के नीचे सभी सुविधाएँ उपलब्ध कराई जाती हैं, जिससे खरीदारी का अनुभव सरल और आरामदायक बन गया है।

इस बदलते स्वरूप के कारण व्यापारियों को भी अपने तरीके बदलने पड़े हैं। अब प्रत्येक व्यापारी ऑनलाइन उपस्थिति बनाना चाहता है, जिससे वह अधिक-से-अधिक ग्राहकों तक पहुँच सके। बाजारों का यह बदलता स्वरूप न केवल आधुनिक जीवनशैली को दर्शाता है, बल्कि उपभोक्ताओं को नई-नई सुविधाएँ और विकल्प भी प्रदान करता है, जिससे खरीदारी का अनुभव बेहतर और सुविधाजनक हो गया है।

25. 'सुख बाँटने से बढ़ता है' विषय पर लगभग 120 शब्दों में रचनात्मक लेख लिखिए। **CBSE 2024**

उत्तर **सुख बाँटने से बढ़ता है**

'सुख बाँटने से बढ़ता है' यह कथन जीवन का एक गहरा और सच्चा सार प्रस्तुत करती है। जब हम अपनी खुशियाँ और सुखद अनुभव दूसरों के साथ बाँटते हैं, तो यह एक सकारात्मक ऊर्जा का संचार करता है, जो न केवल हमें बल्कि हमारे आसपास के लोगों को भी प्रसन्नता प्रदान करता है।

सुख बाँटने का अर्थ केवल धन या भौतिक वस्तुओं का बाँटना नहीं है; यह एक मुस्कान, स्नेह, समर्थन या समय देने से भी हो सकता है। जब हम किसी जरूरतमंद की मदद करते हैं या किसी के साथ खुशियाँ साझा करते हैं, तो हमारा मन और भी आनंदित हो उठता है। यह हमें आंतरिक संतोष प्रदान करता है और हमारे रिश्ते मजबूत होते हैं। बाँटी हुई खुशी कई गुना होकर वापस आती है और जीवन को अधिक अर्थपूर्ण बना देती है। दूसरों के चेहरे पर मुस्कान देखकर हमें अपने सुख का अहसास होता है और यही सुख हमें जीवन के असली अर्थ से परिचित कराता है।

सुख बाँटना एक ऐसा निवेश है, जो लौटकर हमें ही अधिक खुशी और संतोष देता है। इस छोटे-से प्रयास में वह शक्ति है, जो न केवल हमारे जीवन को बल्कि समाज को भी आनंदमय बना सकती है। इसीलिए, सुख का असली अर्थ तभी पूरा होता है, जब हम इसे दूसरों के साथ साझा करते हैं, क्योंकि सच में, सुख बाँटने से ही बढ़ता है।

26. 'किताबी कीड़ा' विषय पर लगभग 120 शब्दों में रचनात्मक लेख लिखिए। **CBSE 2024**

उत्तर **किताबी कीड़ा**

'किताबी कीड़ा' एक ऐसा शब्द है, जिसका प्रयोग अकसर उन लोगों के लिए किया जाता है, जो किताबों के प्रति अत्यधिक लगाव रखते हैं और हर समय पढ़ने में लीन रहते हैं। ऐसे लोग किताबों की दुनिया में इतना मग्न हो जाते हैं कि उनके लिए बाहर की दुनिया का महत्त्व कम हो जाता है। वे हमेशा नई किताबें पढ़ने और नए विचारों को जानने की जिज्ञासा में रहते है। किताबी कीड़ों का जीवन एक अनोखे अनुभवों से भरा होता है। वे कभी कहानियों में खो जाते हैं, तो कभी विज्ञान, कला या दर्शन की गहराइयों में उतर जाते हैं। उनके पास ज्ञान का खजाना होता है और वे अपनी कल्पना की उड़ान से दुनियाभर की सैर कर लेते हैं। ऐसे लोग दूसरों के लिए ज्ञान का एक स्रोत होते हैं और समाज में हमेशा कुछ नया सोचने और समझने में योगदान करते हैं।

हालाँकि, कुछ लोग इसे एक मजाकिया या व्यंग्यपूर्ण रूप में इस्तेमाल करते हैं, लेकिन सच तो यह है कि किताबी कीड़े का जीवन ज्ञान, सृजनशीलता और आत्मिक संतोष से भरा होता है। उनकी किताबों से दोस्ती उन्हें एक ऐसी दुनिया में ले जाती है, जहाँ विचारों का असीमित आकाश है। हालाँकि, किताबों में डूबे रहने के कारण कभी-कभी वे वास्तविक दुनिया से थोड़ा दूर हो जाते हैं, पर उनके पास एक ऐसा खजाना होता है, जिसे वे जीवन भर संजोकर रखते हैं।

स्व-मूल्यांकन

बहुविकल्पीय प्रश्न

1. 'मैं' शैली का प्रयोग किया जाता है
(क) प्रत्याशित लेखन में (ख) अप्रत्याशित लेखन में
(ग) 'क' और 'ख' दोनों (घ) उपरोक्त में से कोई नहीं

उत्तर (ख) अप्रत्याशित लेखन में

2. निबंध के परंपरागत विषयों को छोड़कर लिखने का अभ्यास करना चाहिए
(क) नए विषयों पर (ख) पुराने विषयों पर
(ग) 'क' और 'ख' दोनों (घ) इनमें से कोई नहीं

उत्तर (क) नए विषयों पर

3. अप्रत्याशित विषय पर लिखने से पहले विद्यार्थी को क्या करना चाहिए?
(क) विषय के बारे में सोच-विचार (ख) बिना सोच-विचार के लिखना
(ग) शिक्षक की सहायता लेना (घ) माता-पिता की सहायता लेना

उत्तर (क) विषय के बारे में सोच-विचार

4. अप्रत्याशित विषयों पर लिखने से क्या लाभ होगा?
(क) पुराने विचारों का ज्ञान होगा (ख) नए विचारों का ज्ञान होगा
(ग) नए विषय के बारे में पता चलेगा (घ) अभियक्ति कौशल में उन्नति होगी

उत्तर (घ) अभियक्ति कौशल में उन्नति होगी

लघु उत्तरीय प्रश्न

5. मेरा प्रिय टाइम पास विषय पर लेख लिखिए, जिसमें क्यों तथा कैसे पर भी विचार किया गया हो।

6. अपने क्षेत्र में लगने वाले प्रमुख बाज़ार का वर्णन करते हुए एक लेख लिखिए।

7. 'परीक्षा के दिन' विषय पर अपने परीक्षा के दिनों का वर्णन करते हुए लेख लिखिए।

8. मेले में ऐसी वस्तु या दृश्य जिसने आपको आकर्षित किया हो, विषय पर एक लेख लिखिए।

9. आप पिकनिक मनाने गए। घर से पिकनिक तक में आपने क्या-क्या देखा और अनुभव किया? लिखें और अपने लेख को एक अच्छा-सा शीर्षक भी दें।

10. अंतर्राष्ट्रीय जगत में भारत का बढ़ता कद विषय पर एक लेख लिखिए।

01

खंड ग : पाठ्यपुस्तक व पूरक पाठ्यपुस्तक

अंतरा भाग-2 : पद्य भाग

अध्याय

कवि-परिचय

जयशंकर प्रसाद का जन्म 1889 ई. में काशी में हुआ था। उन्होंने केवल आठवीं कक्षा तक औपचारिक शिक्षा प्राप्त की, पर स्वाध्याय द्वारा संस्कृत, पालि, उर्दू और अंग्रेज़ी भाषाओं के साथ इतिहास, दर्शन, धर्मशास्त्र और पुरातत्त्व का गहन अध्ययन किया। वे सौम्य, शांत और गंभीर स्वभाव के थे और परनिंदा व आत्मस्तुति से दूर रहते थे। उनके साहित्य में राष्ट्रीय जागरण और भारतीय संस्कृति का गौरव स्पष्ट दिखाई देता है। उनकी प्रमुख रचनाओं में अजातशत्रु, स्कंदगुप्त, चंद्रगुप्त, राजश्री, ध्रुवस्वामिनी (नाटक), कंकाल, तितली, इरावती (अपूर्ण उपन्यास), आँधी, इंद्रजाल, छाया, प्रतिध्वनि और आकाशदीप (कहानी संग्रह), काव्य और कला तथा अन्य निबंध (निबंध-संग्रह), झरना, आँसू, लहर, कामायनी, कानन कुसुम और प्रेमपथिक (कविताएँ) शामिल हैं। वर्ष 1937 में उनका देहावसान हो गया।

▼ **अध्ययन के लिए**
- कविता की रूपरेखा
- काव्यांशों की व्याख्या

▼ **अभ्यास के लिए**
- पाठ्यपुस्तक के प्रश्नोत्तर
- काव्यांश पर आधारित बहुविकल्पीय प्रश्न
- विषय-वस्तु पर आधारित प्रश्नोत्तर

(क) देवसेना का गीत
(ख) कार्नेलिया का गीत

(जयशंकर प्रसाद)

कविता की रूपरेखा

देवसेना का गीत

'देवसेना का गीत' कविता जयशंकर प्रसाद के नाटक 'स्कंदगुप्त' से ली गई है। देवसेना, मालवा के शासक बंधुवर्मा की बहन है। हूणों से युद्ध करते हुए बंधुवर्मा अपने बाँधवों के साथ वीरगति को प्राप्त हो जाते हैं और केवल देवसेना बच जाती है। देवसेना भाई के स्वप्नों को पूरा करने के लिए राष्ट्रसेवा का प्रण लेती है। देवसेना युवावस्था में स्कंदगुप्त से गोपनीय प्रेम करती थी।

इस गीत में देवसेना अपने जीवन के वेदनामय क्षणों को याद करती है। जीवन की इस संध्या-बेला (वृद्धावस्था) में अपने यौवन के क्रियाकलापों को भ्रमवश किए गए कर्मों की श्रेणी में रख देती है और उस समय की गई अपनी नादानियों पर पछताती है तथा अपनी वेदना को आँसुओं में व्यक्त करती है।

देवसेना को लगता है कि उसके आसपास हर कोई उसे प्यासी नजरों से देख रहा है और वह स्वयं को इनसे बचाने की कोशिश करती है। देवसेना के जीवनरथ पर प्रलय स्वयं सवार है और वह अपने जीवन की तेज़ी से बढ़ती दुर्बलताओं और हारने की निश्चितता के बावजूद प्रलय का सामना करती है।

कार्नेलिया का गीत

'कार्नेलिया का गीत' जयशंकर प्रसाद के नाटक 'चंद्रगुप्त' से लिया गया है। सिकंदर के सेनापति सिल्यूकस की पुत्री कार्नेलिया भारत की संस्कृति, सभ्यता, परंपरा तथा इस देश की प्राकृतिक सुषमा से प्रभावित होकर सिंधु नदी के शांत और मनोहर तटों पर विचरण करती हुई भारत के प्राकृतिक सौंदर्य का गुणगान करती है। इस गीत में कार्नेलिया ने देश-विषयक सुंदर मनोभावों की अभिव्यक्ति की है।

वाले सुंदर पक्षी वातावरण को मंगलमय प्रवृत्तियों से भर देते हैं। वे पक्षी हवा की सुगंध और महक से दिशा-ज्ञान करते हुए अपने नीड़ की ओर जाते हैं। कार्नेलिया यह देखती है कि भारत के लोग करुणा और दया को एक-दूसरे के ऊपर बरसाते रहते हैं। उषा देवी मानवता के सुख के लिए प्रात:काल अमृत-कलश लेकर सबको अमरता का दान देती है। इस कविता में कवि ने कार्नेलिया के माध्यम से हमारे देश की गौरवगाथा तथा प्राकृतिक सौंदर्य को भारतवर्ष की विशिष्टता और पहचान के रूप में प्रस्तुत किया है।

काव्यांशों की व्याख्या

निम्नलिखित काव्यांशों की सप्रसंग व्याख्या कीजिए

देवसेना का गीत

काव्यांश 1

आह! वेदना मिली विदाई!
मैंने भ्रमवश जीवन संचित
मधुकरियों की भीख लुटाई।
छलछल थे संध्या के श्रमकण
आँसू-से गिरते थे प्रतिक्षण।
मेरी यात्रा पर लेती थी
नीरवता अनंत अँगड़ाई।

शब्दार्थ

वेदना - दु:ख/कष्ट/पीड़ा; **विदाई**- विदा होते समय मिलने वाली वस्तु; **संचित** - एकत्रित; **मधुकरियों** - भ्रमरियों/भिक्षा/रोटी; **श्रमकण** - पसीना/ परिश्रम की बूँदें; **नीरवता** - खामोशी/शांति; **अनंत** - अंतहीन/न रुकने वाली।

संदर्भ प्रस्तुत काव्यांश पाठ्यपुस्तक 'अंतरा भाग-2' के 'देवसेना का गीत' शीर्षक पाठ से उद्धृत है। इसके रचयिता जयशंकर प्रसाद हैं। यह कविता कवि की नाट्य-रचना 'स्कंदगुप्त' के पाँचवें अंक के छठे दृश्य का एक अंश है।

प्रसंग प्रस्तुत काव्यांश में देवसेना जीवन के अंतिम क्षणों में अपने जीवन की संध्याबेला में अपने यौवन काल में लिए गए निर्णय पर पछताती है। देवसेना ने अंत में स्कंदगुप्त के प्रणय प्रस्ताव को ठुकराकर राष्ट्र-सेवा को चुना, यही विडंबना उसे जीवन के अंतिम क्षणों में गहन वेदना में डाल देती है।

व्याख्या प्रस्तुत काव्यांश में देवसेना कहती है कि जीवन की इस संध्याबेला में उसे अपने हिस्से में केवल वेदना और दु:ख ही मिले हैं, लेकिन अब वह इस वेदना से विदाई लेती है। वह स्कंदगुप्त के प्रेम में यह सोचती थी कि स्कंदगुप्त से विवाह करने के बाद उसका जीवन केवल खुशियों से भरा होगा, परंतु आज उसे ये अभिलाषाएँ केवल भ्रम मात्र लगती हैं। उसने अपने जीवन में भ्रमवश बिना सोचे-समझे उन खुशियों की भीख लुटा दी है, जिन्हें वह भ्रमरियों की तरह सँजोए हुए थी।

देवसेना ने इस भ्रम के कारण उत्पन्न सुखद भविष्य की इच्छाओं को राष्ट्र सेवा में लुटा दिया है। वह जीवन के भावी सुख, आशा और आकांक्षा सबसे विदा लेती है तथा अब उसके जीवन में केवल दु:ख और निराशा ही शेष बचे है। देवसेना अपने जीवन के संघर्षों से अब थक चुकी है। देवसेना अपने परिश्रम और संघर्ष की संध्या के श्रमकणों से तुलना करती है। यह श्रमकण उसकी मेहनत और प्रयासों का प्रतीक है, जो उसके जीवन की संध्याबेला में आँसू बनकर उसकी आँखों से गिरते रहते हैं। अंत में देवसेना कहती है कि संघर्षों की यात्रा में अब केवल अनंत नीरवता अर्थात् खालीपन ही बचा है। देवसेना स्वयं को निराश, थकी हुई और बिलकुल अकेला अनुभव कर रही है।

काव्य-शैली

(*i*) प्रस्तुत काव्यांश में देवसेना की वेदना तथा व्यथित जीवनानुभूतियों में स्वयं कवि प्रसाद जीवंत हो उठते हैं।
(*ii*) प्रस्तुत काव्यांश में जीवन की संध्याबेला में दु:खी देवसेना की व्यथित मनोदशा का मार्मिक चित्रण है।
(*iii*) प्रस्तुत काव्यांश में छायावादी शैली का प्रयोग हुआ है।
(*iv*) प्रस्तुत काव्यांश में वियोग पक्ष की अभिव्यंजना है अतः इसमें वियोग शृंगार रस है।
(*v*) 'मधुकरियों की भीख', 'अनंत अँगड़ाई' में अनुप्रास तथा 'आँसू-से गिरते थे' में उपमा अलंकार तथा 'छलछल' में पुनरुक्तिप्रकाश अलंकार है। इसके अतिरिक्त प्रस्तुत काव्यांश में मानवीकरण अलंकार का प्रयोग भी हुआ है।

काव्यांश 2

श्रमित स्वप्न की मधुमाया में,
गहन-विपिन की तरु-छाया में,
पथिक उनींदी श्रुति में किसने-
यह विहाग की तान उठाई।
लगी सतृष्ण दीठ थी सबकी,
रही बचाए फिरती कबकी।
मेरी आशा आह! बावली,
तूने खो दी सकल कमाई।

शब्दार्थ

श्रमित - परिश्रम करके थका हुआ; **मधुमाया** — मधुर मोह; **गहन** - सघन/घन; **विपिन** - वन/जंगल; **तरु** - वृक्ष; **पथिक** - यात्री; **उनींदी** - नींद से बोझिल/ऊँघती हुई; **श्रुति** - सुनने की प्रक्रिया; **विहाग** - अर्द्धरात्रि में गाया जाने वाला एक गीत; **सतृष्ण** - तृष्णायुक्त/प्यासी; **दीठ** - दृष्टि/निगाह; **बावली** - चंचल/बेवकूफ/मूर्ख; **सकल** - सारी।

संदर्भ पूर्ववत्।

प्रसंग इस काव्यांश में देवसेना अपने देश की सेवा के लिए अपने जीवन को समर्पित कर चुकी है, लेकिन जब स्कंदगुप्त उससे प्रणय निवेदन करता है, तो वह उसके इस प्रस्ताव से विचलित हो जाती है और अपने मन में उठने वाली आशाओं की निंदा करती है।

व्याख्या प्रस्तुत काव्यांश में देवसेना कहती है कि उसने अपने जीवन को राष्ट्र सेवा श्रम से युक्त सपनों में डुबो दिया है। यहाँ 'मधुमाया' का अर्थ उस सुखमय भ्रम से है, जिसमें देवसेना अपने कर्त्तव्यों को निभाते हुए संतोष और सुख की अनुभूति कर रही थी। जब वह देश सेवा के लिए समर्पित थी और स्कंदगुप्त के प्रेम को पीछे छोड़ चुकी थी, तब पुनः स्कंदगुप्त का प्रणय निवेदन देवसेना के लिए उसी प्रकार कष्टकारी है, जैसे घने जंगल में थककर सोए हुए यात्री को आधी रात में विहाग राग गाकर जगा दिया जाता है।

देवसेना कहती है कि जब वह स्कंदगुप्त से प्रेम करती थी, उस समय लोगों की तृष्णा से युक्त दृष्टि से स्वयं को बचाकर रहती थी अर्थात् वह स्कंदगुप्त के प्रति अपने प्रेम को लोगों के समक्ष प्रकट नहीं होने देती। परंतु अब जब स्कंदगुप्त ने फिर से उसे प्रणय का प्रस्ताव दिया है, तो देवसेना के मन में एक बार फिर आशा और आकांक्षाएँ जागृत होती हैं। वह अपनी इस जागी हुई आशा को 'बावली' कहकर संबोधित करती है, क्योंकि देवसेना ने देश सेवा और आत्मत्याग के द्वारा जो भी कमाई की थी, जीवन के अंतिम क्षणों में स्कंदगुप्त के प्रणय निवेदन पर अपनी आसक्ति दिखाकर उसने सारी कमाई खो दी है अर्थात् देवसेना को यह महसूस होता है कि उसकी जीवनभर की कमाई, जो उसने आत्मत्याग और देश सेवा से अर्जित की थी, अब स्कंदगुप्त के प्रणय निवेदन पर आसक्त होकर व्यर्थ चली गई है। वह स्वयं को दोषी मानती है कि उसके दिल में फिर से प्रेम जागने के कारण उसकी कड़ी मेहनत और कर्मों का महत्त्व कम हो गया है।

काव्य-शैली

(i) प्रस्तुत काव्यांश में देवसेना ने अपने अंतः मन की वेदना को अभिव्यक्त किया है।

(ii) 'विहाग-राग' एक ऐसी रागिनी है, जो आधी रात में गाई जाती है। इस राग में 'विरह' की प्रधानता होती है।

(iii) प्रस्तुत काव्यांश में कवि ने 'श्रमित स्वप्न' के माध्यम से परिश्रम के बाद थके पथिक की आँखों में नींद की अवस्था में देखे सपनों की ओर संकेत किया है।

(iv) प्रस्तुत काव्यांश में तत्सम शब्दावली का प्रयोग है।

(v) प्रस्तुत काव्यांश की भाषा संस्कृतनिष्ठ है।

(vi) प्रस्तुत काव्यांश में छायावादी प्रभाव है।

(vii) प्रस्तुत काव्यांश में वियोग श्रृंगार रस की प्रमुखता है।

(viii) प्रस्तुत काव्यांश में अंतिम पंक्तियों में मानवीकरण अलंकार है।

काव्यांश 3

चढ़कर मेरे जीवन-रथ पर
प्रलय चल रहा अपने पथ पर।
मैंने निज दुर्बल पद-बल पर,
उससे हारी-होड़ लगाई।
लौटा लो यह अपनी थाती
मेरी करुणा हा-हा खाती
विश्व! न सँभलेगी यह मुझसे
इससे मन की लाज गँवाई।

शब्दार्थ

प्रलय - संघर्ष/विनाश; **हारी-होड़ लगाई** - हारकर भी प्रतिस्पर्द्धा की; **थाती** - परंपरा/अमानत/धरोहर; **लाज** - लज्जा।

संदर्भ पूर्ववत्।

प्रसंग प्रस्तुत काव्यांश में देवसेना अपने जीवन की विषम परिस्थितियों को प्रलय के समान बताती है और उनके सामने स्वयं को हारा और असहाय महसूस करती है।

व्याख्या प्रस्तुत पंक्तियों में देवसेना अपनी व्यथा को अभिव्यक्त करती हुई कहती है कि उसके जीवन रूपी रथ पर विनाश की प्रक्रिया शुरू हो गई है। अब वेदना को झेलना उसकी नियति बन गई है, क्योंकि प्रलय का पथ निश्चित है तथा प्रलय तो अपने पथ पर आगे ही बढ़ता जाता है, रुकता नहीं है।

देवसेना इन परिस्थितियों का सामना करते-करते थक चुकी हूँ। जीवन के संघर्षों ने उसे दुर्बल कर दिया है, फिर भी देवसेना ने दुर्बल पैरों के बल पर उन प्रलय रूपी परिस्थितियों से ऐसी प्रतिस्पर्धा की है, जिसमें वह कई बार हारी है, किंतु उसने हारकर भी उन विषम परिस्थितियों से शर्त लगाई है अर्थात् उसने पराजय को स्वीकार न करते हुए भी जीवन के संघर्षों का सामना किया।

देवसेना कहती है कि उसके हृदय में स्कंदगुप्त का प्रेम धरोहर के रूप में सुरक्षित है, जिसे उसने वर्षों से सँभालकर रखा है। स्कंदगुप्त की उस प्रेम रूपी धरोहर को सँभाले रखना अब देवसेना के लिए संभव नहीं है, इसलिए वह उसे लौटाना चाहती है।

देवसेना कहती है कि हे विश्व! तुम अपनी इस प्रेम रूपी धरोहर को वापस ले लो। उसकी करुणापूर्ण स्थिति ही उस पर करुणा कर रही है। देवसेना अब राष्ट्र-सेवा के लिए स्वयं को समर्पित कर चुकी है और अपनी कर्त्तव्यनिष्ठा का पालन करना चाहती है, अतः वह अब इस प्रेम रूपी धरोहर को नहीं सँभाल सकती। अब उससे यह वेदना नहीं सही जा रही, इसके लिए वह मन से लज्जित महसूस करने लगी है तथा उसके मन की लज्जा विलीन हो चुकी है।

काव्य-शैली

(i) प्रस्तुत काव्यांश में छायावादी दुःखवाद का सजीव अंकन है।

(ii) प्रस्तुत काव्यांश में तत्सम शब्दयुक्त खड़ीबोली का प्रयोग है।

(iii) थाती (धरोहर) वह स्नेह है, जो देवसेना के हृदय में सदैव बना रहा, अब प्रस्ताव को न मानने के बाद उसे लौटाना ही अच्छा है।

(iv) प्रस्तुत काव्यांश में जीवन की सांध्यबेला (अंत) में व्यथित हृदय देवसेना की मनोव्यथा का सुंदर एवं मार्मिक चित्रण है।

(v) प्रस्तुत काव्यांश में वियोग श्रृंगार रस है।

(vi) काव्यांश विदाई गीत है, जिसमें संगीतात्मकता का गुण है।

(vii) 'जीवन-रथ' में रूपक, 'हारी-होड़' में अनुप्रास तथा 'हा-हा खाती' में पुनरुक्तिप्रकाश अलंकार है।

(viii) 'होड़ लगाना', 'हा-हा खाना,' 'लाज गँवाना' मुहावरों का सुंदर प्रयोग है।

कार्नेलिया का गीत

काव्यांश 1

अरुण यह मधुमय देश हमारा!
जहाँ पहुँच अनजान क्षितिज को मिलता एक सहारा।
सरस तामरस गर्भ विभा पर-नाच रही तरुशिखा मनोहर।
छिटका जीवन हरियाली पर-मंगल कुंकुम सारा!
लघु सुरधनु से पंख पसारे-शीतल मलय समीर सहारे।
उड़ते खग जिस ओर मुँह किए-समझ नीड़ निज प्यारा।

CBSE 2023, CBSE SQP 2022

शब्दार्थ

अरुण - प्रातःकालीन सूर्य की लालिमा युक्त/उषाकालीन सूर्य; **मधुमय** - प्रेमयुक्त/रसमय; **क्षितिज** - धरती और आकाश के मिलने का काल्पनिक स्थान; **तामरस** - ताँबे जैसा रंग; **गर्भ विभा** - अंतर की कांति (चमक); **तरुशिखा** - पेड़ों की फुनगी/पेड़ों का ऊपरी भाग; **कुंकुम** - सिंदूर; **सुरधनु** - इंद्रधनुष; **पसारे** - फैलाए; **मलय समीर** - मलय गिरि से आने वाली सुगंधित हवा; **नीड़** - घोंसला।

संदर्भ प्रस्तुत काव्यांश पाठ्यपुस्तक 'अंतरा भाग-2' में संकलित 'कार्नेलिया का गीत' से लिया गया है, जिसके रचयिता कवि जयशंकर प्रसाद हैं। यह गीत इनके 'चंद्रगुप्त' नामक नाटक के द्वितीय अंक का अंश है।

प्रसंग प्रस्तुत काव्यांश में सिकंदर के सेनापति सिल्यूकस की पुत्री कार्नेलिया भारत की संस्कृति से प्रभावित होकर भारत की विशिष्टता और प्राकृतिक सौंदर्य का गुणगान करती है। कार्नेलिया को भारत देश से अत्यधिक लगाव हो जाता है।

व्याख्या प्रस्तुत काव्यांश में कार्नेलिया भारत-भूमि के प्रति अपने असीम लगाव को प्रकट करते हुए कहती है कि यह हमारा भारत देश प्रातःकालीन सूर्य की लालिमा से युक्त रसमय देश है अर्थात् यह भारत देश सूर्योदय की पहली किरण की भाँति मधुर तथा स्नेह-युक्त स्पर्श देने वाला है। कार्नेलिया को लगता है कि भारत वह भूमि है, जहाँ आकर अनजान क्षितिज को भी सहारा मिल जाता है तथा भारत का वातावरण किसी को भी बरबस आकर्षित करने वाला है।रसयुक्त कमल की कांति तथा वृक्षों की फुनगी पर छिटकी लाली प्रकृति को मंगल भावनाओं से भरने का कार्य करती है। सूर्य की किरणों तथा कमल की शोभा के बीच ऐसा वातावरण निर्मित होता है, मानो हरी-भरी धरती पर मांगलिक कार्यवश केसरिया लेप लगा दिया गया हो। प्रातःकाल की सुगंधित मलय पर्वत से आने वाली हवा वातावरण को और मनोहारी बना रही है। आकाश में इंद्रधनुषी पंखों को फैलाए पक्षी इस प्रकृति को अधिक मोहक बनाने में सक्षम हैं। वह यहाँ की शीतल मलय समीर के साथ उड़ते हैं और इसे ही अपना घोंसला मान लेते हैं। उनको यह देश अपना घर लगता है।

काव्य-शैली

(i) यह छायावादी गीत है, जिसमें भारत के अतुलित प्राकृतिक सौंदर्य तथा महानता का वर्णन है।
(ii) प्रस्तुत काव्यांश में संस्कृतनिष्ठ परिष्कृत भाषा का प्रयोग है।
(iii) प्रस्तुत काव्यांश में प्रतीकों के माध्यम से बात कही गई है और प्रकृति का सूक्ष्म चित्रण किया गया है।
(iv) प्रस्तुत काव्यांश में शांत रस के द्वारा राष्ट्रीयता के भावों को उभारा गया है।
(v) 'उड़ते खग' का अभिधारक अर्थ पक्षी है, लाक्षणिक एवं व्यंजनामय अर्थ संसार के सभी मनुष्य हैं।
(vi) प्रस्तुत काव्यांश में गीतात्मक तथा प्रतीक शैली है।
(vii) प्रस्तुत काव्यांश में 'समीर सहारे' में अनुप्रास अलंकार है।

काव्यांश 2

बरसाती आँखों के बादल-बनते जहाँ भरे करुणा जल।
लहरें टकराती अनंत की-पाकर जहाँ किनारा।
हेमकुंभ ले उषा सवेरे-भरती ढुलकाती सुख मेरे।
मदिर ऊँघते रहते जब-जगकर रजनी भर तारा।

CBSE 2023, CBSE SQP 2022

शब्दार्थ

अनंत - अंतहीन (सागर); **हेमकुंभ** - सोने का घड़ा; **मदिर** - मस्ती के साथ/मस्त करने वाली, मादक; **रजनी** - रात्रि।

संदर्भ पूर्ववत।

प्रसंग प्रस्तुत काव्यांश में कार्नेलिया ने भारतीयों के मानवीय मूल्यों तथा स्वभावगत विशेषताओं का वर्णन किया है तथा उषा देवी की परिकल्पना से भारतीयों को दिए गए प्रकृति प्रदत्त सुखों का वर्णन किया है।

व्याख्या प्रस्तुत काव्यांश में कार्नेलिया भारत के निवासियों के मानवीय मूल्यों से प्रभावित होकर कहती है कि जैसे बादल पेड़-पौधों पर जल बरसाकर उन्हें जीवन देते हैं, वैसे ही भारतवासी अपनी आँखों से करुणा रूपी जल बरसाकर और सहानुभूति दिखाकर दूसरों की पीड़ा को दूर करने का प्रयास करते हैं। कार्नेलिया इस देश की गरिमा से इतनी प्रभावित है कि उसे अनंत (अंतहीन) सागर की लहरों का किनारा, उनका आश्रय स्थल इस देश में ही दिखाई पड़ता है। सागर की अनंत लहरें अपने किनारे को पाकर अपने आपको इस देश में ही विराम दे देती हैं। प्रातःकाल में उषा देवी सूर्य रूपी स्वर्ण-कलश लेकर सुख की बूँदें इस धरती पर टपकाती हैं, जो इस देश के निवासियों को अमरत्व प्रदान करती हैं। जब आकाश में स्थित तारे नक्षत्रगण रातभर जागने के कारण ऊँघते रहते हैं, तब उषा अपनी अमृतमयी सूर्य की किरणों से संसार का कल्याण करने निकल जाती हैं। इस कविता में कवि ने कार्नेलिया के माध्यम से भारत के प्रति गहरी प्रेम भावना और आदर प्रकट किया है।

काव्य-शैली

(i) प्रस्तुत काव्यांश में भारतीयों के मानवीय मूल्यपरक गुणों का वर्णन किया गया है।
(ii) काव्यांश में सरल, सहज व प्रवाहमयी भाषा का प्रयोग हुआ है।
(iii) प्रस्तुत काव्यांश देश-प्रेम की भावना प्रगाढ़ करने में समर्थ है।
(iv) जयशंकर प्रसाद ने प्रस्तुत काव्यांश में राष्ट्रीयता का भाव संप्रेषित किया है।
(v) प्रस्तुत काव्यांश संगीतात्मकता से परिपूर्ण है।
(vi) प्रस्तुत काव्यांश में छायावादी शैली का प्रयोग हुआ है।
(vii) 'हेमकुंभ' में रूपक अलंकार, 'जब जगकर' में अनुप्रास अलंकार तथा 'सुख उड़ेलती उषा' और 'नींद की खुमारी में डूबे तारों' में मानवीकरण अलंकार है।

पाठ्यपुस्तक (अंतरा भाग-2) के प्रश्नोत्तर

देवसेना का गीत

1. "मैंने भ्रमवश जीवन संचित, मधुकरियों की भीख लुटाई" पंक्ति का भाव स्पष्ट कीजिए।

अथवा **देवसेना को ऐसा क्यों लगता है कि उसने भ्रमवश जीवन की संचित मधुकरियों को लुटा दिया?** **CBSE Diksha**

उत्तर "मैंने भ्रमवश जीवन संचित, मधुकरियों की भीख लुटाई" पंक्ति में कवि देवसेना के माध्यम से यह कहता है कि उसने अपने जीवन की आकांक्षाओं और सुखद भविष्य की आशाओं को भ्रमवश व्यर्थ में लुटा दिया। 'मधुकरियों की भीख' उन इच्छाओं और आकांक्षाओं का प्रतीक है, जिन्हें वह अपने यौवन में सँजोए हुए थी और 'भीख लुटाई' से अभिप्राय है कि उसने अपनी उन इच्छाओं को त्याग दिया। अब जीवन के अंतिम क्षणों में उसे यह महसूस होता है कि उसने जीवनभर जिन आशाओं का पीछा किया, वे भ्रम मात्र थीं। राष्ट्र-सेवा के लिए उसने अपने व्यक्तिगत सुख और प्रेम को छोड़ दिया, परंतु अंत में उसे केवल पीड़ा और निराशा ही मिली।

2. कवि ने आशा को 'बावली' क्यों कहा है?

उत्तर कवि ने आशा की चंचलता के कारण आशा को 'बावली' कहा है, क्योंकि आशा व्यक्ति को मन में दबी हुई भावनाओं और सपनों के भ्रम में डाल देती है, जिससे वह वास्तविकता और जीवन के लक्ष्य से भ्रमित हो जाती हैं। देवसेना ने अपने पूरे जीवन को राष्ट्र सेवा के लिए समर्पित कर दिया था। जब वह अपने व्यक्तिगत सुख और स्कंदगुप्त के प्रेम को भूलकर राष्ट्र-सेवा करने लगी, तब जीवन के अंतिम क्षणों में स्कंदगुप्त ने उससे प्रणय निवेदन किया, तो उसके मन में दबे हुए प्रेम की भावना और आकांक्षाएँ फिर से जाग उठीं। इस आशा ने उसे अस्थिर कर दिया, जो उसके त्याग और समर्पण पर भारी पड़ने लगी, इससे उसे ऐसा लगने लगा कि इस 'बावली' आशा के कारण उसके जीवनभर के त्याग और संघर्ष की कमाई व्यर्थ हो गई है।

3. "मैंने निज दुर्बल ········ होड़ लगाई।" पंक्तियों में 'दुर्बल पद-बल' और 'हारी-होड़' में निहित व्यंजना स्पष्ट कीजिए।

उत्तर 'दुर्बल पद बल' और 'हारी होड़' में निहित व्यंजना देवसेना के चरित्र और उसकी स्थिति को व्यक्त करती है।

दुर्बल पद बल देवसेना अपनी सीमित शक्ति और कमजोर स्थिति को पहचानती है। वह जानती है कि वह शारीरिक और मानसिक रूप से कमजोर है। इसके बावजूद उसने जीवन की चुनौतियों का साहसपूर्वक सामना किया।

हारी-होड़ इस पंक्ति में 'होड़' का अर्थ है– प्रतिस्पर्द्धा और 'हारी' का अर्थ है– हार जाना। देवसेना कहती है कि उसने प्रेम और जीवन के संघर्षों के साथ प्रतिस्पर्द्धा की, लेकिन इस प्रतिस्पर्द्धा में वह हार गई। बावजूद इसके, उसने हार मानकर पीछे हटने के बजाय चुनौतियों का सामना किया। उसने प्रेम में पराजय स्वीकार की, लेकिन फिर भी पूरी लगन से राष्ट्र के प्रति अपने कर्त्तव्यों का पालन किया। यह उसकी समर्पण और त्याग की भावना को दर्शाता है।

4. काव्य-सौंदर्य स्पष्ट कीजिए

(क) श्रमित स्वप्न की मधुमाया.........तान उठाई।

(ख) लौटा लो.........लाज गँवाई।

उत्तर (क) देवसेना अपने जीवन में व्यतीत मधुर क्षणों को स्मरण करती है। मधुर स्मृतियाँ हल्की नींद में साकार हो रही हैं और उसकी आसक्ति ज्यों-की-त्यों बनी हुई है। अतीत के क्षणों की स्मृति भी उसके लिए दुःखद बन गई है।

श्रमित स्वप्न के माध्यम से अथक परिश्रम के बाद आँखों में साकार होने वाले दृश्यों को ध्वनित करने का प्रयास किया गया है।

भाषा देशज शब्द है। दृष्टि के लिए प्रयुक्त होने वाली क्षेत्रीय (देशज) भाषा का महत्त्वपूर्ण प्रयोग।

अलंकार अनुप्रास अलंकार का प्रयोग।

रस शृंगार रस के वियोग पक्ष का मार्मिक चित्रण।

गुण माधुर्य तथा गेयता विद्यमान छायावादी दुःखवाद का चित्रण।

(ख) प्रस्तुत पंक्तियों में देवसेना के हृदय की समस्त वेदना मुखरित हो उठी है। नारी की आंतरिक भाव-चेतना प्रकाशित हुई है।

भाषा तत्सम प्रधान तथा लाक्षणिक।

रस शृंगार के वियोग पक्ष का मार्मिक चित्रण।

गुण माधुर्य तथा संगीतात्मकता।

अलंकार पुनरुक्तिप्रकाश अलंकार 'हा-हा'।

छायावादी दुःखवाद का सजीव अंकन।

गेयता का गुण विद्यमान।

5. 'देवसेना का गीत' कविता में देवसेना की निराशा के कारणों पर प्रकाश डालिए।

उत्तर देवसेना की हार और निराशा के प्रमुख कारण उसके जीवन में प्रेम की असफलता, परिवार से बिछोह तथा विषम परिस्थितियों में संघर्ष करना रहा है। स्कंदगुप्त से वह गोपनीय प्रेम करती थी, परंतु वह विजया को चाहता था, जिससे वह आहत हुई। इसके अतिरिक्त उसके परिवार में सभी बंधु-बाँधवों को वीरगति प्राप्त हुई केवल देवसेना ही बची और अपने भाई के स्वप्नों को पूरा करने के लिए उसने राष्ट्र सेवा का भार अपने कंधों पर लिया। वह जीवन की कठिनाइयों और विपरीत परिस्थितियों से जूझती रही, लेकिन उन पर पूरी तरह विजय प्राप्त नहीं कर सकी। देवसेना ने अपनी कमजोरियों के बावजूद जीवन की विषमताओं से सामना करने की पूरी कोशिश की, परंतु इन परिस्थितियों ने उसे मानसिक और शारीरिक रूप से थका दिया, जिससे वह हार मानने लगी और गहरी निराशा में डूब गई।

कार्नेलिया का गीत

1. 'कार्नेलिया का गीत' में व्यक्त प्रकृति चित्रों को अपने शब्दों में लिखिए। **All India 2019**

अथवा **'कार्नेलिया का गीत' कविता में वर्णित भारत के प्राकृतिक सौंदर्य को अपने शब्दों में लिखिए।** **CBSE SQP Term II 2021**

उत्तर 'कार्नेलिया का गीत' में भारत की संस्कृति तथा प्राकृतिक सुषमा की विशेषताओं की ओर संकेत किया गया है। भारत की प्राकृतिक सुंदरता संसार में अद्वितीय है। यह शस्य श्यामल धरती मनुष्य को ही नहीं, अपितु पशु-पक्षियों को भी प्यारी है। सूर्योदय के समय पक्षियों के कलरव, क्षितिज का इंद्रधनुषी रंगों से भर जाना तथा उषा का प्राणियों में अमृत-रस का दान दुनिया को इस ओर आकर्षित करता है।

पक्षी इस ओर उड़ते हुए इसलिए आते हैं कि यहाँ उनके लिए सुरक्षित स्थान है। यहाँ अहिंसा को धर्म माना जाता है। यहाँ के लोग दयालु हैं। वे अज्ञानी को ज्ञान देते हैं। अनजान लोगों को यहाँ पनाह मिलती है। जयशंकर प्रसाद ने इस कविता में भारतीय संस्कृति के गौरव को स्थापित किया है तथा इसे दुनिया के सामने उदाहरण के रूप में रखा है।

2. 'उड़ते खग' और 'बरसाती आँखों के बादल' में क्या विशेष अर्थ व्यंजित है?

उत्तर 'उड़ते खग' से कवि का अभिप्राय है कि पक्षी धरती पर उतरने के लिए जगह की तलाश में भारत-भूमि तक आते हैं, क्योंकि यहाँ उन्हें सुरक्षा तथा स्नेह मिलने की संभावना है। पक्षी का निर्द्वंद्व विचरण इससे स्पष्ट होता है। 'बरसाती आँखों के बादल' से कवि यह बताता है कि जिस प्रकार बरसाती बादल धरती के ताप को अपने जल से शीतल कर देते हैं, वैसे ही भारतीयों की करुणा दुनिया के दुःख को समाप्त करती है। भारतीय हमेशा सुख, शांति तथा सहयोग के लिए प्रस्तुत रहते हैं।

3. काव्य-सौंदर्य स्पष्ट कीजिए

हेमकुंभ ले उषा सवेरे-भरती ढुलकाती सुख मेरे
मदिर ऊँघते रहते जब-जगकर रजनी भर तारा।

उत्तर प्रस्तुत पंक्तियों में कवि ने भारतवर्ष में प्रभातकालीन सौंदर्य का चित्रात्मक वर्णन किया है। कवि ने उषाकाल को एक स्त्री का रूप प्रदान किया है, जो सूर्य उदित होने की बेला में अपने स्वर्णिम कलश से पृथ्वी पर समस्त सुखों को उड़ेल देती है, जबकि तारे सारी रात जागने के कारण ऊँघ रहे होते हैं।

भाषा तत्सम प्रधान, लाक्षणिक प्रयोग तथा प्रतीकात्मकता

अलंकार रूपक अलंकार — 'हेमकुंभ ले उषा'
अनुप्रास अलंकार — 'जब-जग'
मानवीकरण अलंकार — 'मदिर.........तारा'।

गुण माधुर्य, संगीतात्मकता

राष्ट्रीयता का भाव संप्रेषित, प्रकृति के माध्यम से भारतीय संस्कृति की आध्यात्मिक प्रवृत्तियों का वर्णन है।

4. "जहाँ पहुँच अनजान क्षितिज को मिलता एक सहारा" पंक्ति का आशय स्पष्ट कीजिए।

अथवा **'कार्नेलिया का गीत' कविता में आई पंक्ति 'जहाँ पहुँच अनजान क्षितिज को मिलता एक सहारा' का आशय स्पष्ट कीजिए।** **CBSE 2023**

उत्तर "जहाँ पहुँच अनजान क्षितिज को मिलता एक सहारा" पंक्ति का आशय भारत भूमि की उदारता, सहिष्णुता और अपनत्व की भावना को दर्शाना है। कवि जयशंकर प्रसाद इस पंक्ति के माध्यम से यह कहना चाहते हैं कि भारत ऐसा देश है, जहाँ कोई भी व्यक्ति, चाहे वह कहीं से भी आया हो, यहाँ आकर अपने जीवन में एक नई दिशा, आश्रय और शांति प्राप्त कर सकता है। इस देश की संस्कृति, प्रकृति और यहाँ की मानवीय भावनाएँ इतनी गहन और उदात्त हैं कि यह भूमि हर किसी को सहारा देने में सक्षम है। 'अनजान क्षितिज' से तात्पर्य उन अज्ञात और अनिश्चित मार्गों से है, जिनका अंत स्पष्ट नहीं होता अर्थात् चाहे कोई भी व्यक्ति कितना भी अज्ञात या दूरस्थ हो, यहाँ आकर शांति, सुरक्षा और सांत्वना पाता है।

5. कविता में व्यक्त प्रकृति-चित्रों को अपने शब्दों में लिखिए।

उत्तर 'कार्नेलिया का गीत' कविता में भारत की प्रकृति को आकर्षक रूप में वर्णित किया गया है। भारत की भूमि हरियाली से आवृत्त है। इसका सौंदर्य विश्व में अनूठा है। बहती नदियाँ, पर्वत शृंखलाएँ, शीतल मंद बयार, पक्षियों का कलरव तथा वृक्षों की लंबी पंक्तियाँ भारत की प्राकृतिक सुषमा का मनोहारी चित्र प्रस्तुत करते हैं। सूर्योदय से पूर्व निवासियों का जागकर अपनी दिनचर्या में लगना तथा दुनिया को आध्यात्मिक शांति का संदेश देना यहाँ की विशेषता है।

जब पूरी दुनिया रात्रिकालीन निद्रा में मग्न होती है, उस समय भारत के आकाश पर सूर्य की लालिमा छा जाती है और उषा अपने अमृत-कलश से लोगों को अमरता के रस का पान कराती है। सूर्य की किरणें जीवन का संचार करती हैं। भारत की प्राकृतिक सुषमा को कवि जयशंकर प्रसाद कमल के फूल, इंद्रधनुषी रंगों के पंखों वाले उड़ते पक्षी, वसंत ऋतु और वर्षा की करुणामयी बूँदों से रूपाकार देते हैं। कवि प्रसाद ने भारत के प्राकृतिक सौंदर्य के वर्णन द्वारा देश के प्रति भावात्मक चेतना को स्पष्ट करने की चेष्टा की है।

योग्यता विस्तार

1. भोर के दृश्य को देखकर अपने अनुभव काव्यात्मक शैली में लिखिए।

उत्तर छात्र स्वयं करें।

2. जयशंकर प्रसाद की काव्य-रचना 'आँसू' पढ़िए।

उत्तर छात्र स्वयं पढ़ें।

3. जयशंकर प्रसाद की कविता 'हमारा प्यारा भारतवर्ष' तथा रामधारी सिंह 'दिनकर' की कविता 'हिमालय के प्रति' का कक्षा में वाचन कीजिए।

उत्तर **हमारा प्यारा भारतवर्ष**

हिमालय के आँगन में उसे प्रथम किरणों का दे उपहार,
उषा ने हँस अभिनंदन किया और पहनाया हीरक हार।
जगे हम, लगे जगाने विश्व लोक में फैला फिर आलोक
व्योम, तम-पुंज तब नष्ट, अखिल संसृति हो उठी अशोक
विमल वाणी ने वीणा ली कमल कोमल कर में सप्रीत
सप्त स्वर सप्त सिंधु में उठे, छिड़ा तब मधुर साम संगीत।
बचाकर बीज रूप से सृष्टि, नाव पर झेल प्रलय का शीत,
अरुण केतन लेकर निज हाथ, वरुण पथ में हम बढ़े अभीत।

हिमालय के प्रति

मेरे नगपति मेरे विशाल।
तू मौन त्याग, कर सिंहनाद,
रे तपी! आज तप का न काल।
कितनी मणियाँ लुट गईं? मिटा
कितना मेरे वैभव अशेष!
तू ध्यान मग्न ही रहा, इधर
वीर हुआ प्यारा स्वदेश।

अभ्यास प्रश्न

काव्यांश पर आधारित बहुविकल्पीय प्रश्न

देवसेना का गीत

1. आह! वेदना मिली विदाई!
मैंने भ्रमवश जीवन संचित
मधुकरियों की भीख लुटाई।
छलछल थे संध्या के श्रमकण
आँसू-से गिरते थे प्रतिक्षण।
मेरी यात्रा पर लेती थी
नीरवता अनंत अँगड़ाई।

(क) 'आह! वेदना मिली विदाई!' पंक्ति के माध्यम से देवसेना ने अपने मन की/के ……… को अभिव्यक्त किया है।

(i) खुशी (ii) आनंद
(iii) करुणा (iv) वेदना

(ख) देवसेना की जीवनरूपी यात्रा के अंतिम समय में उसके साथ कौन था?

(i) बंधुवर्मा (ii) नीरवता
(iii) स्कंदगुप्त (iv) प्रणय

(ग) जीवन-संध्या में देवसेना की आँखों में कौन-से भाव दिखाई पड़ते हैं?

(i) पीड़ा के (ii) संतुष्टि के
(iii) प्रेम के (iv) भ्रम के

(घ) देवसेना ने जीवन की संचित पूँजी को किसके समान गँवा दिया?

(i) मधुकरियों के (ii) धन के
(iii) दान के (iv) भँवरों के

(ङ) **कथन** (A) देवसेना की वेदना उसके जीवन के अंतिम क्षणों तक साथ रहेगी।
कारण (R) देवसेना ने स्कंदगुप्त के प्रणय निवेदन को ठुकरा दिया।

दक्षता आधारित प्रश्न

कूट

(i) कथन (A) और कारण (R) दोनों सही हैं तथा कारण (R), कथन (A) की सही व्याख्या करता है।
(ii) कथन (A) और कारण (R) दोनों सही हैं, परंतु कारण (R), कथन (A) की सही व्याख्या नहीं करता है।
(iii) कथन (A) सही है, किंतु कारण (R) गलत है।
(iv) कथन (A) गलत है, किंतु कारण (R) सही है।

उत्तर

(क) (iv) वेदना
(ख) (ii) नीरवता
(ग) (i) पीड़ा के
(घ) (i) मधुकरियों के
(ङ) (i) कथन (A) और कारण (R) दोनों सही हैं तथा कारण (R), कथन (A) की सही व्याख्या करता है।

2. श्रमित स्वप्न की मधुमाया में,
गहन-विपिन की तरु-छाया में,
पथिक उनींदी श्रुति में किसने-
यह विहाग की तान उठाई।
लगी सतृष्ण दीठ थी सबकी,
रही बचाए फिरती कबकी।
मेरी आशा आह! बावली,
तूने खो दी सकल कमाई।

(क) प्रस्तुत काव्यांश में 'बावली' किसे कहा गया है?

(i) देवसेना को (ii) प्रणय भावना को
(iii) विजय को (iv) आशा को

(ख) निम्नलिखित में से किसने देवसेना के जीवन में विहाग की तान उठाई थी?

(i) पक्षियों ने (ii) कोयल विशेष ने
(iii) स्कंदगुप्त ने (iv) यौवनावस्था ने

(ग) देवसेना ने यहाँ स्वयं को किस रूप में अभिव्यक्त किया है?

(i) पथिक के रूप में (ii) संघर्षवादी नारी के रूप में
(iii) प्रेमिका के रूप में (iv) ये सभी

(घ) निम्नलिखित कथनों में से सही कथनों पर विचार कीजिए।

कथन 1 इस काव्यांश में देवसेना की व्यथित मनोदशा को बताया है।
कथन 2 इस काव्यांश में जीवन की संध्याकालीन बेला में स्कंदगुप्त की व्यथित मनोदशा को दिखाया है।
कथन 3 देवसेना का जीवन अंतहीन खामोशी से व्यथित नहीं है।

दक्षता आधारित प्रश्न

कूट

(i) केवल 1
(ii) 1 और 2
(iii) 1 और 3
(iv) केवल 2

(ङ) 'तूने खो दी सकल कमाई' में देवसेना किसे खोने की बात कर रही है?

(i) आत्मत्याग व देशसेवा से अर्जित पूँजी को
(ii) अपने राज्य के राजकोष को
(iii) अपनी जीवनभर की कमाई को
(iv) उपरोक्त में से कोई नहीं

उत्तर

(क) (iv) आशा को
(ख) (iii) स्कंदगुप्त ने
(ग) (i) पथिक के रूप में
(घ) (i) केवल 1
(ङ) (i) आत्मत्याग व देशसेवा से अर्जित पूँजी को

3. **चढ़कर मेरे जीवन-रथ पर**
प्रलय चल रहा अपने पथ पर।
मैंने निज दुर्बल पद-बल पर,
उससे हारी-होड़ लगाई।
लौटा लो यह अपनी थाती
मेरी करुणा हा-हा खाती
विश्व! न सँभलेगी यह मुझसे
इससे मन की लाज गँवाई।

(क) देवसेना के जीवन रूपी रथ पर .... सवार होकर चल रहा है।
(i) प्रेम (ii) स्कंदगुप्त
(iii) प्रलय (iv) इनमें से कोई नहीं

(ख) 'उससे हारी-होड़ लगाई' पंक्ति में किससे हारने की बात की गई है?
(i) विपरीत परिस्थितियों से (ii) पारिवारिक प्रतिस्पर्द्धा से
(iii) सत्य के ज्ञान से (iv) ये सभी

(ग) देवसेना की करुणा क्या कर रही है?
(i) प्रसन्न नृत्य (ii) हाहाकार
(iii) अफसोस (iv) आत्मग्लानि

(घ) देवसेना किस धरोहर को लौटाने की बात कहती है?
(i) स्कंदगुप्त का प्रेम (ii) राष्ट्र के प्रति सेवा भाव
(iii) (i) और (ii) दोनों (iv) जीवन रूपी रथ

(ङ) कथन (A) देवसेना के मन में ग्लानि उत्पन्न होती है।
कारण (R) देवसेना राष्ट्र-सेवा एवं प्रणय भाव को सँभाल नहीं पाई।
कूट
(i) कथन (A) और कारण (R) दोनों सही हैं तथा कारण (R), कथन (A) की सही व्याख्या करता है।
(ii) कथन (A) और कारण (R) दोनों सही हैं, परंतु कारण (R), कथन (A) की सही व्याख्या नहीं करता है।
(iii) कथन (A) सही है, किंतु कारण (R) गलत है।
(iv) कथन (A) गलत है, किंतु कारण (R) सही है।

उत्तर

(क) (iii) प्रलय
(ख) (i) विपरीत परिस्थितियों से
(ग) (ii) हाहाकार
(घ) (i) स्कंदगुप्त का प्रेम
(ङ) (i) कथन (A) और कारण (R) दोनों सही हैं तथा कारण (R), कथन (A) की सही व्याख्या करता है।

कार्नेलिया का गीत

1. अरुण यह मधुमय देश हमारा!
जहाँ पहुँच अनजान क्षितिज को मिलता एक सहारा।
सरस तामरस गर्भ विभा पर-नाच रही तरुशिखा मनोहर।
छिटका जीवन हरियाली पर-मंगल कुंकुम सारा!
लघु सुरधनु से पंख पसारे-शीतल मलय समीर सहारे।
उड़ते खग जिस ओर मुँह किए-समझ नीड़ निज प्यारा।
CBSE 2024

(क) ''जहाँ पहुँच अनजान क्षितिज'' पंक्ति में 'क्षितिज' शब्द का अर्थ है
(i) जहाँ आकाश का अंत होता है
(ii) जहाँ धरती और आकाश मिलते हुए नजर आते हैं
(iii) जहाँ आकाश रुक जाता है
(iv) जहाँ आकाश और धरती नृत्य करते हैं

(ख) कविता में कवि ने किसका वर्णन किया है?
(i) पेड़ों की शिखा पर नाचती सूर्य की किरणों का
(ii) भोर के नभ की सुंदरता और विशिष्टता का
(iii) पंख फैलाकर घर की ओर उड़ने वाले पक्षियों का
(iv) भारत के प्राकृतिक सौंदर्य और महिमा का

(ग) ''छिटका जीवन हरियाली पर-मंगल कुंकुम सारा'' का भाव है
(i) वृक्षों की हरियाली पर लाली छाई है
(ii) चारों तरफ कुंकुम फैला है
(iii) सूरज ने भारतवासियों के जीवन को समृद्ध और खुशहाल बना दिया
(iv) सूरज की लाल किरणें फैल रही हैं

(घ) 'अनजान क्षितिज को मिलता एक सहारा' का आशय क्या है?
(i) भारत में सबको अपना समझा जाता है
(ii) भारत में पक्षी भी सहारा पाते हैं
(iii) भारत में अनजान लोगों की भी सहायता की जाती है
(iv) भारत में कोई अनजान नहीं रहता

(ङ) 'मलय समीर सहारे' का अर्थ है
(i) दक्षिण दिशा से आने वाली सुगंधित हवा
(ii) चंदनवृक्षों का स्पर्श करने वाली हवा
(iii) दक्षिण दिशा में उड़ने वाला खगदल
(iv) पूर्व दिशा की ठंडी हवा

उत्तर

(क) (ii) जहाँ धरती और आकाश मिलते हुए नजर आते हैं
(ख) (iv) भारत के प्राकृतिक सौंदर्य और महिमा का
(ग) (i) वृक्षों की हरियाली पर लाली छाई है
(घ) (iii) भारत में अनजान लोगों की भी सहायता की जाती है
(ङ) (i) दक्षिण दिशा से आने वाली सुगंधित हवा

2. **बरसाती आँखों के बादल-बनते जहाँ भरे करुणा जल।**
लहरें टकराती अनंत की-पाकर जहाँ किनारा।
हेमकुंभ ले उषा सवेरे-भरती ढुलकाती सुख मेरे।
मदिर ऊँघते रहते जब-जगकर रजनी भर तारा।

(क) प्रस्तुत काव्यांश की पहली पंक्ति में किसकी विशेषताओं का वर्णन किया गया है?
(i) भारत देश की (ii) भारतवासियों के स्वभाव की
(iii) प्रकृति की (iv) कार्नेलिया की

(ख) प्रातःकाल में उषा देवी सूर्य रूपी कलश से धरती पर .... टपकाती हैं।
(i) जल की बूँदें
(ii) सूर्य की तप्त किरणें
(iii) लहरों का पानी
(iv) सुख की बूँदें

(ग) तारों के ऊँघने का क्या कारण है?
(i) चाँद की समीपता
(ii) सुबह जल्दी उठना
(iii) रातभर टिमटिमाना
(iv) एक स्थान से दूसरे स्थान पर घूमना

(घ) अनंत सागर की लहरों को कहाँ आकर किनारा मिलता है?
(i) भारत देश में (ii) सूखे तालाब में
(iii) अथाह सागर की लहरों में (iv) सागर की गहराई में

(ङ) कवि ने भारत की विशेषता के विषय में क्या सत्य बताया है? सही उत्तर की पहचान कीजिए।
1. भारतीयों के मानवीय मूल्यपरक गुणों का वर्णन किया गया है।
2. भारत की प्राकृतिक सुषमा का मनोहर वर्णन किया गया है।
3. भारत में हिंसा को धर्म माना जाता है। **दक्षता आधारित प्रश्न**

कूट
(i) केवल 1 (ii) 1 और 2
(iii) केवल 3 (iv) 1 और 3

उत्तर
(क) (ii) भारतवासियों के स्वभाव की
(ख) (iv) सुख की बूँदें
(ग) (iii) रातभर टिमटिमाना
(घ) (i) भारत देश में
(ङ) (ii) 1 और 2

विषय-वस्तु पर आधारित प्रश्नोत्तर

देवसेना का गीत

1. 'देवसेना का गीत' कविता का प्रतिपाद्य लिखिए।

उत्तर जयशंकर प्रसाद ने 'देवसेना का गीत' कविता में मनुष्य एवं प्रकृति के माध्यम से मन की पीड़ा को व्यक्त किया है। इस कविता में देवसेना अपने जीवन के उन क्षणों को याद करती है, जिन्होंने उसे वेदना और पीड़ा दी है। नायिका देवसेना ने राष्ट्र-सेवा को प्रमुख रखते हुए स्कंदगुप्त के प्रणय निवेदन को ठुकराकर अपने जीवन में पीड़ा को प्रश्रय दिया है। अपने यौवन में वह अपने आपको सबकी प्यासी नज़रों से बचाती रही। जीवन की संध्याबेला में प्रलय उसका साथी बन गया है तथा अनंत खामोशी देवसेना का साथ दे रही है। नारी-मन के अंतर्द्वंद्वों का वर्णन ही इस कविता का प्रतिपाद्य है।

2. 'देवसेना का गीत' कविता के आधार पर देवसेना की वेदना पर प्रकाश डालिए।

उत्तर देवसेना अपने जीवन में नितांत अकेली थी। उसके भाई-बाँधवों की मृत्यु ने उससे उसके सभी सहारे छीन लिए थे। वह स्कंदगुप्त से गोपनीय प्रेम करती थी, किंतु किसी कारणवश स्कंदगुप्त से बिछोह (अलगाव) हो जाने के बाद उसने बाद में किए गए उसके प्रणय निवेदन को ठुकरा दिया।

इस निर्णय से उसे आजीवन वेदना को भोगना पड़ा। उसके जीवन में कोई हलचल नहीं थी। खामोशी ही उसका साथ दे रही थी। उसकी आँखों से पश्चाताप भी आँसू के रूप में निकल रहा था। जीवन के अंतिम पड़ाव पर अपनी वेदना और पीड़ा से देवसेना पराजित हो गई तथा उसमें निहित संघर्ष की शक्ति भी अब शेष नहीं बची थी। उसकी स्थिति अत्यंत करुणाजनक थी। देवसेना को ऐसा लगता था मानो यह वेदना इस संसार से जाने के समय विदाई की भेंट के रूप में उसके साथ ही जाएगी।

3. क्या यह कविता यह कहना चाहती है कि आशा रखना एक पागलपन है? 'देवसेना का गीत' के आधार पर टिप्पणी कीजिए। **CBSE Diksha**

उत्तर कविता यह नहीं कहती कि आशा रखना पागलपन है, बल्कि यह दर्शाती है कि आशा का अति विश्वास निराशा का कारण बन सकता है। देवसेना की दृष्टि से यह स्पष्ट होता है कि उसने अपने जीवन में केवल सुख-साधनों की चाह रखी थी, जो अब एक भ्रम बन गई है। उसके लिए 'बावली' शब्द उस आशा की निरर्थकता को दर्शाता है, जिसे वह अपने यौवन के सुख से जोड़ती है।

यह उसकी दुविधा को उजागर करता है कि कैसे व्यक्तिगत इच्छाएँ और आत्मत्याग एक-दूसरे के विरोध में खड़े हो सकते हैं। आशा जब उसके कर्त्तव्यों के विरुद्ध जाती है, तब वह निराशा का कारण बनती है, लेकिन इसे पागलपन नहीं माना जा सकता।

4. 'यह विहाग की तान' से देवसेना को क्या आपत्ति है? **CBSE Diksha**

उत्तर 'यह विहाग की तान' से देवसेना को यह आपत्ति है कि स्कंदगुप्त के प्रणय निवेदन ने उसके संतोष और समर्पण को भंग कर दिया था। जब देवसेना अपने कर्त्तव्यों को निभाते हुए संतोष और सुख की अनुभूति कर रही थी और स्कंदगुप्त के प्रेम को पीछे छोड़ चुकी थी, तब स्कंदगुप्त का प्रणय निवेदन देवसेना के लिए उसी प्रकार कष्टकारी होता है, जैसे घने जंगल में थककर सोए हुए यात्री को आधी रात में विहाग राग गाकर जगा दिया जाता है। इस प्रकार, स्कंदगुप्त का प्रणय प्रस्ताव उसे उसकी संकल्पना और प्रयासों से दूर ले जाता है, जिससे वह आत्मग्लानि का अनुभव करती है। इससे फिर से वह अपने को निराशा में पाती है।

5. 'देवसेना का गीत' कविता से हमें क्या सीख मिलती है? **CBSE 2023**

उत्तर जयशंकर प्रसाद की कविता 'देवसेना का गीत' हमें साहस, त्याग और आत्मबोध करने की प्रेरणा देती है। यह कविता दर्शाती है कि जीवन में चाहे कितनी भी विपत्तियाँ और भ्रम क्यों न हों, अंततः हमें अपनी वास्तविकता को स्वीकार कर साहसपूर्वक आगे बढ़ना चाहिए। देवसेना का संघर्ष यह सिखाता है कि प्रेम और मोह में पड़कर अपने मूल्यों और आदर्शों को नहीं खोना चाहिए। कविता हमें अपने आत्मसम्मान को बनाए रखते हुए सामाजिक सीमाओं से परे जाकर अपने लक्ष्यों के प्रति समर्पित रहने की प्रेरणा देती है।

कार्नेलिया का गीत

1. कार्नेलिया कौन है? भारतवर्ष के प्राकृतिक सौंदर्य का उसके मन पर क्या असर पड़ा?

उत्तर कार्नेलिया जयशंकर प्रसाद के नाटक 'चंद्रगुप्त' की पात्र है। यह ग्रीक आक्रांता सिल्यूकस की पुत्री थी, जिसका विवाह चंद्रगुप्त के साथ हुआ था। भारतवर्ष को अपनाकर वह एक सच्ची भारतीय नारी बन गई थी, जिसे इस देश की प्राकृतिक सुषमा से बहुत प्यार था। प्रकृति के प्रातःकालीन नैसर्गिक सौंदर्य को देखकर वह अत्यधिक अभिभूत हो गई तथा प्रसन्नता से उत्फुल्ल स्वर में गा उठी।

2. कार्नेलिया ने भारत में ऐसा क्या देखा कि उसके मुँह से फूट पड़ा–'अरुण यह मधुमय देश हमारा'?

उत्तर कार्नेलिया विदेशी होते हुए भी भारतवर्ष को उसके प्राकृतिक सौंदर्य, मानवीय मूल्यों एवं आध्यात्मिक दर्शनों के कारण प्यार करती थी तथा उससे प्रभावित थी।

उसे सूर्य की रक्तिम किरणों से वृक्ष की ऊँची शाखाओं के पल्लव सुखद हवा में नृत्य करते हुए-से दिखाई पड़े। उषा रानी हेमकुंभ लिए अपना प्यार लोगों के प्रति प्रदर्शित करती हुई दिखाई पड़ीं। मलय की सुगंध के सहारे कतारबद्ध पक्षी अपने घोंसले की ओर आते दिखाई पड़े। इन आकर्षक एवं आनंददायक वस्तुओं से उसका मन इतना प्रभावित एवं आनंदित हुआ कि उसके मुँह से फूट पड़ा— 'अरुण यह मधुमय देश हमारा'।

3. 'कार्नेलिया का गीत' कविता का प्रतिपाद्य लिखिए। **CBSE 2023**

उत्तर 'कार्नेलिया का गीत' कविता जयशंकर प्रसाद द्वारा लिखित 'चंद्रगुप्त' नाटक से उद्धृत है। इस कविता में चंद्रगुप्त मौर्य की नवविवाहिता पत्नी भारत के प्राकृतिक सौंदर्य पर मोहित हो गई थी। वह भारत की प्रशंसा में गीत गाने लगी। उसे भारत देश मधुमय लगता है, जहाँ का प्राकृतिक सौंदर्य अनुपम है।

यहाँ प्रकृति को देवी माना जाता है। पक्षी मलय-सुगंध से आकर्षित हो स्वतः अपने आश्रय स्थल पर पहुँच जाते हैं। जयशंकर प्रसाद ने भारत के हर पक्ष का वर्णन अपनी इस कविता में किया है तथा अपने देश को गरिमापूर्ण बताया है। यहाँ के लोगों के मानवीय मूल्य, दार्शनिक विचार, संस्कृति आदि को इस कविता का प्रतिपाद्य बनाया गया है।

4. 'कार्नेलिया का गीत' कविता के आधार पर भारत की प्रमुख प्राकृतिक और सांस्कृतिक विशेषताओं पर प्रकाश डालिए।

अथवा **'कार्नेलिया का गीत' के आधार पर भारत की सांस्कृतिक विशेषताओं पर टिप्पणी कीजिए।** **CBSE SQP 2024**

उत्तर 'कार्नेलिया का गीत' कविता जयशंकर प्रसाद के 'चंद्रगुप्त' नाटक का एक अंश है। इस कविता में कवि ने भारत की प्राकृतिक और सांस्कृतिक विशेषताओं का उल्लेख करते हुए इस देश के गौरव को विश्व के सामने प्रस्तुत किया है। हमारे देश के सौंदर्य एवं संस्कृति के महत्त्व का पता विदेशियों को अति प्राचीनकाल से है। वे यहाँ की धरती का दर्शन करने तथा सभ्यता और संस्कृति का पाठ पढ़ने एवं उनका अनुकरण करने के लिए तत्पर रहते हैं।

यह देश प्राकृतिक सौंदर्य से रसमय है। यहाँ क्षितिज और धरती एक-दूसरे से मिलते हैं। धरती क्षितिज को सहारा देती हुई-सी प्रतीत होती है, क्योंकि यहाँ की संस्कृति भी सबको आश्रय देती है, उन्हें अपने अंदर आत्मसात् कर लेती है। सूर्य की किरणों की लालिमा से वृक्ष की कोंपलें मंद-मंद नृत्य करती हैं।

5. अनजान लोगों को शरण प्रदान करना हमारी महान संस्कृति का गुण रहा है। इस कथ्य पर अपने विचार व्यक्त कीजिए। **CBSE Diksha**

उत्तर हमारा इतिहास आरम्भ से ही ऐसे उदाहरणों से भरा हुआ है, जहाँ भारत ने हर व्यक्ति को बड़े प्रेम से अपनाया, चाहे वे पारसी थे या मुगल या फिर यहूदी। अनेक धर्मों व संस्कृतियों के लोग भारत में आए और फिर यहीं बस गए। भारत की संस्कृति में उनकी संस्कृति, बोली, रहन-सहन आदि का विन्यास भी हुआ और समावेश भी।

आज भारत की भूमि अनेक ऐसे उदाहरणों से आपूरित है, जहाँ विदेशियों ने भारत में शरण ली और फिर इसे ही अपना मानकर अंगीकार कर लिया। अब न केवल वे भारत को अपना चुके हैं, बल्कि इस भाँति यहाँ की सभ्यता और संस्कृति में रच-बस चुके हैं कि अब यह लगता ही नहीं कि उनके पूर्वज कहीं और से यहाँ आए थे। यह भारत की संस्कृति की विशालता और अपनापन ही है, कि हर कोई इसे अपना मानकर धन्य अनुभव करता है।

6. 'अरुण यह मधुमय देश हमारा' पंक्तियों में 'मधुमय' से क्या तात्पर्य है? स्पष्ट कीजिए। **CBSE Diksha**

उत्तर प्रस्तुत कविता 'कार्नेलिया का गीत' में कवि जयशंकर प्रसाद ने भारत की प्राकृतिक सुषमा और संस्कृति की विशालता का वर्णन किया है। 'मधुमय' का शाब्दिक अर्थ मिठास से भरा हुआ होता है। भारत में भी मधुरता के गुण समाए हुए हैं। यहाँ के लोगों के मधुर स्वभाव और यहाँ की संस्कृति के माधुर्य से आपूर्ण गुणों का वर्णन करते हुए कवि ने अभिव्यक्त किया है कि यहाँ के लोग दया और करुणा की भावना से ओतप्रोत हैं। भारत का प्राकृतिक सौंदर्य अपने मंगलकारी स्वरूप से मनुष्यों के जीवन को सुखों से आपूरित कर देता है। यहाँ सूर्य अपनी किरणों से सब पर मंगल वृष्टि करता है। यह देश धन-धान्य से समृद्ध, प्राकृतिक सुषमा से संपन्न, विशाल और विकसित स्थली है, जहाँ सबको आश्रय और सम्मान मिलता है। इन्हीं सब गुणों के कारण भारत को मधुमय कहा गया है।

7. ''छिटका जीवन हरियाली पर- मंगल कुंकुम सारा'' पंक्तियों में निहित प्राकृतिक सुषमा का वर्णन कीजिए। **CBSE Diksha**

उत्तर ''छिटका जीवन हरियाली पर-मंगल कुंकुम सारा'' पंक्ति में कवि ने सुबह की सुनहरी किरणों के माध्यम से प्रकृति की अद्‌भुत सुषमा को चित्रित किया है। सुबह सूर्य की अरुणिम किरणें पेड़ों की पत्तियों में से छन-छन कर धरती पर उतरती हैं। ऐसे में धरती पर छाई हरियाली पर जब सूर्य की यह अरुणिम किरणें पड़ती हैं, तो ऐसा प्रतीत होता है मानो किसी ने पूरी धरती पर मंगलकारी कुंकुम बिखरा दिया हो। रसयुक्त कमल और वृक्षों की फुनगी पर छिटकी लाली वातावरण को मंगलमय बनाती है।

यह दृश्य मनोहारी और उत्सवमय है, जो धरती की जीवंतता और सौंदर्य को उजागर करता है। प्रकृति में प्रेम और शांति का एक अद्‌भुत समन्वय नज़र आता है। कवि ने सुबह की सूर्य की किरणों के सौंदर्य को अत्यंत भावनात्मक रूप से प्रस्तुत किया है।

स्व-मूल्यांकन

काव्यांश पर आधारित बहुविकल्पीय प्रश्न

निम्नलिखित काव्यांश को ध्यानपूर्वक पढ़कर पूछे गए बहुविकल्पीय प्रश्नों के लिए सर्वाधिक उपयुक्त विकल्प का चुनाव कीजिए।

1. **श्रमित स्वप्न की मधुमाया में,**
गहन-विपिन की तरु-छाया में,
पथिक उनींदी श्रुति में किसने-
यह विहाग की तान उठाई।
लगी तृष्णा दीठ थी सबकी,
रही बचाए फिरती कबकी।
मेरी आशा आह! बावली,
तूने खो दी सकल कमाई।

(क) देवसेना को किस बात का आभास होता है?
(i) उसने अपने प्रेम को खो दिया है
(ii) उसने अपने जीवन की सकल कमाई खो दी है
(iii) उसने अपने कर्त्तव्य को पूरा कर लिया है
(iv) उसे समाज ने स्वीकार कर लिया है

(ख) देवसेना का चरित्र किस गुण का प्रतीक है?
(i) आत्मसंघर्ष और कर्त्तव्यनिष्ठा
(ii) प्रेम और समर्पण
(iii) शांति और त्याग
(iv) क्रोध और अस्थिरता

(ग) 'विहाग की तान उठाई' का तात्पर्य किससे है?
(i) सुखद संगीत
(ii) प्रेम का प्रस्ताव
(iii) कर्त्तव्य के प्रति जागरूकता
(iv) शांति में विघ्न डालना

(घ) **कथन** (A) देवसेना ने 'सकल कमाई खो दी' ऐसा महसूस किया।
कारण (R) स्कंदगुप्त के प्रणय निवेदन ने देवसेना के मन में पुन: आशाओं को जागृत कर दिया।
कूट
(i) कथन (A) और कारण (R) दोनों सही हैं तथा कारण (R), कथन (A) की सही व्याख्या करता है।
(ii) कथन (A) और कारण (R) दोनों सही हैं, परंतु कारण (R), कथन (A) की सही व्याख्या नहीं करता है।
(iii) कथन (A) सही है, किंतु कारण (R) गलत है।
(iv) कथन (A) गलत है, किंतु कारण (R) सही है।

(ङ) 'मधुमाया' शब्द का क्या अर्थ है?
(i) भ्रमपूर्ण पीड़ा (ii) सुखमय भ्रम
(iii) कठिन कार्य (iv) प्रेम का अंत

उत्तर

(क) (ii) उसने अपने जीवन की सकल कमाई खो दी है
(ख) (i) आत्मसंघर्ष और कर्त्तव्यनिष्ठा
(ग) (iv) शांति में विघ्न डालना
(घ) (i) कथन (A) और कारण (R) दोनों सही हैं तथा कारण (R), कथन (A) की सही व्याख्या करता है।
(ङ) (ii) सुखमय भ्रम

काव्यांश की व्याख्या

2. **निम्नलिखित में से किसी एक काव्यांश की सप्रसंग व्याख्या कीजिए।**

चढ़कर मेरे जीवन-रथ पर,
प्रलय चल रहा अपने पथ पर।
मैंने निज दुर्बल पद-बल पर,
उससे हारी-होड़ लगाई।
लौटा लो यह अपनी थाती,
मेरी करुणा हा-हा खाती।
विश्व! न सँभलेगा यह मुझसे,
इससे मन की लाज गँवाई।

अथवा

अरुण यह मधुमय देश हमारा!
जहाँ पहुँच अनजान क्षितिज को मिलता एक सहारा।
सरस तामरस गर्भ विभा पर-नाच रही तरुशिखा मनोहर।
छिटका जीवन हरियाली पर-मंगल कुंकुम सारा!
लघु सुरधनु से पंख पसारे-शीतल मलय समीर सहारे।
उड़ते खग जिस ओर मुँह किए-समझ नीड़ निज प्यारा।

विषय-वस्तु पर आधारित प्रश्न

1. देवसेना 'विहाग राग' के उल्लेख से क्या अभिव्यक्त करना चाहती है?
2. देवसेना के अनुसार, उसने जीवनभर की कमाई क्यों खो दी?
3. 'हेमकुंभ ले उषा सवेरे' पंक्ति का क्या तात्पर्य है?
4. कवि ने भारत के प्रति कार्नेलिया की प्रेम भावना को किस रूप में व्यक्त किया है?
5. 'कार्नेलिया का गीत' कविता में कवि ने प्रात:कालीन मलय समीर का वर्णन कैसे किया है?

02

अध्याय

कवि-परिचय

सूर्यकांत त्रिपाठी 'निराला' का जन्म 1898 ई. में बंगाल के मेदिनीपुर जिले के महिषादल गाँव में हुआ था। उनका पितृग्राम उत्तर प्रदेश का गढ़कोला (उन्नाव) है। उनकी प्रारंभिक शिक्षा नौवीं कक्षा तक ही हुई। पत्नी की प्रेरणा से निराला जी की साहित्य और संगीत में रुचि जागृत हुई। निराला जी छायावाद और हिंदी की स्वच्छंदतावादी कविता के प्रमुख आधार स्तंभ थे। वे मुक्त छंद के प्रवर्तक भी माने जाते हैं। 'जूही की कली' कविता से उन्हें प्रसिद्धि मिली। निराला की प्रमुख कृतियाँ परिमल, गीतिका, अनामिका, तुलसीदास, कुकुरमुत्ता, अणिमा, नए पत्ते, बेला, अर्चना, आराधना, गीतगुंज, सरोज स्मृति आदि हैं तथा इसके अतिरिक्त उन्होंने कई कहानियाँ और उपन्यास भी लिखे। वर्ष 1961 में उनका स्वर्गवास हो गया।

▼ अध्ययन के लिए

- कविता की रूपरेखा
- काव्यांशों की व्याख्या

▼ अभ्यास के लिए

- पाठ्यपुस्तक के प्रश्नोत्तर
- काव्यांश पर आधारित बहुविकल्पीय प्रश्न
- विषय-वस्तु पर आधारित प्रश्नोत्तर

सरोज स्मृति

(सूर्यकांत त्रिपाठी 'निराला')

कविता की रूपरेखा

सूर्यकांत त्रिपाठी 'निराला' द्वारा रचित 'सरोज स्मृति' उनकी दिवंगत पुत्री सरोज पर केंद्रित एक शोकगीत है। यह कविता बेटी की असमय मृत्यु से गहरे दु:ख में डूबे एक पिता का हृदयविदारक विलाप है। कविता के आरंभ में कवि सरोज के विवाह के समय को याद करते हैं, जहाँ सरोज पर मंगल कलश का पवित्र जल डाला जा रहा था।

विवाह के दौरान वधू रूप में सजी बेटी में कवि को अपनी पत्नी की छवि दिखाई दी। अपनी पुत्री को देखकर पिता को कभी शकुंतला की याद आती है, तो कभी अपनी स्वर्गीय पत्नी की। माँ के न होने पर भी सरोज को नानी एवं मामा-मामी का असीम प्यार मिला। सरोज की असमय मृत्यु ने कवि को गहरे दु:ख में डाल दिया।

प्रस्तुत कविता में केवल एक पिता का दु:ख ही नहीं, बल्कि एक भाग्यहीन व्यक्ति का संघर्ष भी उभरकर सामने आता है, जिसमें कवि अपनी सामाजिक स्थिति, जीवन की विडंबनाएँ और अपनी पुत्री के लिए अधिक कुछ न कर पाने की अकर्मण्यता का अनुभव करता है। अंत में कवि अपनी पुत्री के प्रति श्रद्धा और समर्पण के भाव से शांति और मोक्ष की कामना करते हुए तर्पण करता है और उसे अपने सारे सद्कर्म अर्पित करता है।

काव्यांशों की व्याख्या

निम्नलिखित काव्यांशों की सप्रसंग व्याख्या कीजिए

काव्यांश 1

देखा विवाह आमूल नवल,
तुझ पर शुभ पड़ा कलश का जल।
देखती मुझे तू हँसी मंद,
होंठों में बिजली फँसी स्पंद
उर में भर झूली छवि सुंदर
प्रिय की अशब्द शृंगार-मुखर
तू खुली एक-उच्छ्वास-संग,
विश्वास-स्तब्ध बँध अंग-अंग
नत नयनों से आलोक उतर
काँपा अधरों पर थर-थर-थर।

शब्दार्थ

आमूल — जड़, पूरी तरह से; **नवल** — नया; **शुभ** — पवित्र; **कलश** — घड़ा; **बिजली फँसी** — मुस्कान फूट पड़ी; **स्पंद** — कंपन/धड़कन; **उर** —हृदय; **छवि** — छाया; **अशब्द** — मौन; **मुखर** — प्रकट; **उच्छ्वास** — लंबी साँस, आह भरना; **स्तब्ध** — स्थिर; **नत** — झुका हुआ; **आलोक** — प्रकाश; **अधर** — होंठ।

संदर्भ प्रस्तुत काव्यांश पाठ्यपुस्तक 'अंतरा भाग-2' के 'सरोज स्मृति' नामक पाठ से उद्धृत है। 'सरोज स्मृति' कविता के कवि सूर्यकांत त्रिपाठी 'निराला' हैं। यह अंश निराला के काव्य-संग्रह 'अनामिका' तथा उनके 'राग-विराग' नामक एक अन्य काव्य-संग्रह में संकलित है।

प्रसंग प्रस्तुत काव्यांश एक शोकगीत है, जिसे निराला जी ने अपनी दिवंगता पुत्री 'सरोज' की याद में लिखा है। उपर्युक्त काव्यांश में कवि ने अपनी पुत्री के विवाह का वर्णन किया है।

व्याख्या प्रस्तुत काव्यांश में कवि निराला पुत्री के विवाह को पूरी तरह से नया बताते हुए कहते हैं कि विवाह के अवसर पर उनकी पुत्री के ऊपर मंगल कलश के पवित्र जल को डाला जा रहा था। उस समय उनकी पुत्री उन्हें देखकर मंद-मंद हँस रही थी। ऐसा लग रहा था मानो वह अपने पिता से कुछ कहना चाहती थी, जिससे उसके होंठों में बिजली के समान कंपन उत्पन्न हो रहा था। उसके हृदय में उसके प्रियतम की सुंदर छवि बसी हुई थी, जिसे शब्दों से व्यक्त नहीं किया जा सकता था। वह उसके शृंगार के माध्यम से व्यक्त हो रहा था। कवि आगे कहते हैं कि उनकी पुत्री ने आह भरी, जो उसके विवाहोपरांत पराए बन जाने की भावना को प्रकट कर रही थी। विवाह की वेदी (धार्मिक कार्य के लिए तैयार की हुई ऊँची भूमि) पर वह बिल्कुल स्थिर थी, उसके प्रत्येक अंग बँधे से लग रहे थे। विवाह के उन क्षणों में लज्जावश उसकी यह स्थिति स्वाभाविक थी। उसकी आँखें नीचे की ओर झुकी हुई थीं, जिससे उसके सौंदर्य का प्रकाश फैल रहा था। उसके होंठ कंपित थे, ऐसा लग रहा था मानो वह कुछ कहना चाह रही थी।

काव्य-शैली

(*i*) प्रस्तुत काव्यांश में कवि ने अपनी पुत्री के विवाह के शृंगार का संयम और मर्यादापूर्वक वर्णन किया है।
(*ii*) प्रस्तुत काव्यांश की भाषा तत्सम शब्दावली युक्त खड़ीबोली है।
(*iii*) काव्यांश की रचना मुक्त छंद में की गई है।
(*iv*) प्रस्तुत काव्यांश में 'थर-थर-थर', 'अंग-अंग' में पुनरुक्तिप्रकाश अलंकार तथा 'नत नयनों' में अनुप्रास अलंकार है।
(*v*) प्रस्तुत काव्यांश में लक्षणा शब्द शक्ति का प्रयोग हुआ है।
(*vi*) प्रस्तुत काव्यांश में छायावादी शैली का प्रयोग हुआ है।

काव्यांश 2

देखा मैंने, वह मूर्ति-धीति
मेरे वसंत की प्रथम-गीति–
शृंगार, रहा जो निराकार,
रस कविता में उच्छ्वसित-धार
गाया स्वर्गीया-प्रिया-संग–
भरता प्राणों में राग-रंग,
रति-रूप प्राप्त कर रहा वही,
आकाश बदल कर बना मही।
हो गया ब्याह, आत्मीय स्वजन,
कोई थे नहीं, न आमंत्रण
था भेजा गया, विवाह-राग
भर रहा न घर निशि-दिवस जाग;
प्रिय मौन एक संगीत भरा
नव जीवन के स्वर पर उतरा।

शब्दार्थ

मूर्ति-धीति — धैर्य की मूर्ति; **वसंत** — यौवन; **गीति** — गीत; **निराकार** — आकार रहित; **उच्छ्वसित-धार** — उमड़ती हुई धारा जैसी; **राग-रंग** — आनंद का रंग; **रति-रूप** — कामदेव की पत्नी जैसा रूप/अत्यंत सुंदर; **मही** — पृथ्वी; **आत्मीय स्वजन** — सगे-संबंधी/रिश्तेदार; **विवाह-राग** — विवाह के अवसर पर गाए जाने वाले गीत; **निशि-दिवस** — रात-दिन।

संदर्भ पूर्ववत्।

प्रसंग प्रस्तुत काव्यांश में निराला जी पुत्री सरोज के आडंबर विहीन विवाह के समय मन में उत्पन्न भावनाओं का वर्णन कर रहे हैं, जिसमें उन्हें अपनी वधू रूप में सजी पुत्री में अपनी स्वर्गीया पत्नी की छवि दिखाई देती है।

व्याख्या प्रस्तुत काव्यांश में कवि कहते हैं कि सरोज के विवाह के समय वधू रूप में सज्जित पुत्री में उन्हें अपनी पत्नी की छवि दिखाई पड़ती है। कवि को ऐसा प्रतीत होता है, जैसे उनकी पत्नी का निराकार (अदृश्य) रूप अब उनकी पुत्री में साकार हो गया है। पुत्री में पत्नी की छवि उन्हें वसंत की प्रथम गीत लगी। कवि के अनुसार, उनकी पत्नी के साथ गाया गया शृंगार गीत, जो कभी उनकी आत्मा को आनंदित करता था, अब उनकी पुत्री के शृंगार रूप में पुनः प्रकट हो रहा है।

कवि को ऐसा लग रहा था मानो रति के समान सुंदर दिख रही पुत्री उनकी पत्नी की ही प्रतिच्छाया हो। वास्तव में, कवि निराला जिस सौंदर्य (रति रूप) का दर्शन सरोज में कर रहे थे, वह उनकी स्वर्गीया पत्नी की ही छवि थी, जो उनके (पत्नी के) निराकार स्वरूप को साकार कर रही थी। उनकी पत्नी का वह अत्यंत सुंदर रूप मानो आकाश (निराकार) अर्थात् स्वर्गलोक से पुत्री के रूप में पृथ्वी (साकार) पर उतर आया था।

कवि कहते हैं कि पुत्री का विवाह संपन्न हो गया है। उन्होंने विवाह के समय किसी सगे-संबंधी को आमंत्रित नहीं किया। विवाह समारोह अत्यंत सादगी के साथ संपन्न हुआ। घर में दिन-रात गाए जाने वाले विवाह के गीत भी नहीं गाए गए। रात में होने वाला जागरण भी नहीं हुआ, न ही कोई शोर-शराबा ही हुआ, जिससे घर में सर्वत्र मौन व्याप्त था। उस सन्नाटे में ही ऐसे संगीत के स्वर भरे हुए थे, जो नवयुगल के नवजीवन में प्रवेश के समय वांछित थे अर्थात् उनके नए जीवन की शुरुआत का संकेत कर रहे थे।

काव्य-शैली

(i) प्रस्तुत काव्यांश में कवि ने सरोज के प्रति स्नेह को व्यक्त करने के साथ ही उसके सौंदर्य का मनोहारी चित्रण भी किया है।

(ii) प्रस्तुत काव्यांश में श्रृंगार रस का प्रयोग किया गया है।

(iii) प्रस्तुत काव्यांश में 'प्रिय मौन एक संगीत भरा' में विरोधाभास अलंकार है। 'मौन' तथा 'संगीत' परस्पर विरोधाभासी हैं तथा 'राग-रंग' व 'रति-रूप' में अनुप्रास अलंकार है।

(iv) प्रस्तुत काव्यांश में माधुर्य गुण व 'निशि-दिवस' में सामासिक शब्द का प्रयोग हुआ है।

काव्यांश 3

माँ की कुल शिक्षा मैंने दी,
पुष्प-सेज तेरी स्वयं रची,
सोचा मन में, "वह शकुंतला,
पर पाठ अन्य यह, अन्य कला।"
कुछ दिन रह गृह तू फिर समोद,
बैठी नानी की स्नेह-गोद।
मामा-मामी का रहा प्यार,
भर जलद धरा को ज्यों अपार;
वे ही सुख-दुःख में रहे न्यस्त,
तेरे हित सदा समस्त, व्यस्त;
वह लता वहीं की, जहाँ कली
तू खिली, स्नेह से हिली, पली,
अंत भी उसी गोद में शरण
ली, मूँदे दृग वर महामरण!

CBSE 2024

शब्दार्थ

कुल शिक्षा — घर-परिवार में मर्यादित व्यवहार करने की सीख; **पुष्प-सेज** — फूलों की शय्या/नवयुगल का बिस्तर; **शकुंतला** — कालिदास के नाटक 'अभिज्ञानशाकुंतलम्' की नायिका; **गृह** — घर; **समोद** — प्रसन्नतापूर्वक/हर्ष सहित; **जलद** — बादल; **न्यस्त** — निहित/लगा रहना; **हित** — भलाई; **मूँदे** — बंद किए; **दृग** — आँख; **वर** — ग्रहण किया; **महामरण** — असामयिक मृत्यु।

संदर्भ पूर्ववत्।

प्रसंग प्रस्तुत काव्यांश में कवि ने अपनी पुत्री सरोज के विवाह के बाद की स्थिति तथा उसकी असामयिक मृत्यु की पीड़ाजनक स्थिति को चित्रित किया है।

व्याख्या प्रस्तुत काव्यांश में कवि अपनी पुत्री सरोज को संबोधित करके कहते हैं कि उसे विवाह के बाद माँ के द्वारा दी जाने वाली घर-परिवार में मर्यादित व्यवहार करने की सीख, माँ के न रहने पर उन्होंने स्वयं दी है। कवि ने पुत्री के लिए पुष्प-सेज भी स्वयं तैयार की। कवि अपनी पुत्री सरोज की तुलना शकुंतला (कालिदास द्वारा रचित अभिज्ञानशाकुंतलम् की नायिका 'शकुंतला' ऋषि विश्वामित्र तथा स्वर्ग की अप्सरा मेनका की पुत्री थी, जिसे मेनका ने जन्म देते ही त्याग दिया था और स्वर्गलोक लौट गई थी। कण्व ऋषि ने पुत्री के रूप में उसका लालन-पालन किया) से करते हैं, लेकिन फिर वह इस बात को स्वीकार करते हैं कि 'वह पाठ' अर्थात् शकुंतला का माता से दूर कण्व ऋषि के आश्रम में रहना तथा 'अन्य कला' अर्थात् सरोज की माँ की मृत्यु के बाद उसके लिए उनकी पुष्प-सेज की तैयारी में अंतर है। शकुंतला की माँ ने शकुंतला को कण्व ऋषि के आश्रम में छोड़ा था, किंतु सरोज की माँ की मृत्यु हुई थी। माता के न रहने पर सरोज का पालन-पोषण उसकी नानी ने किया था। वह उनके स्नेहमयी आँचल में पली-बढ़ी थी। ननिहाल में उसे अपने मामा-मामी का भी प्यार मिला था।

जिस प्रकार बादल धरती को अपने अपार जल से तृप्त कर देता है, उसी प्रकार नानी, मामा और मामी के प्यार ने सरोज के जीवन में माता के अभाव को पूरा कर दिया था। वे ही सदा उसके सुख-दुःख की चिंता में लगे रहते थे। वे सब उसकी भलाई करने में व्यस्त रहते थे। 'वह लता' अर्थात् सरोज की माँ का संबंध जिनसे था उसकी 'कली' सरोज भी उन्हीं के संग रहकर खिली एवं उनके स्नेह से और प्यार में पली थी। उसको उन्होंने बहुत प्यार से पाला था, जहाँ सरोज ने नवजीवन पाया, अपने बचपन और युवावस्था के सुखद क्षणों को बिताया। मृत्यु के दुःखद क्षण में भी वह उनके ही साथ थी। उनकी गोद में ही उसने जीवन से विदा ली तथा अपनी आँखें बंद कर असामयिक मृत्यु को चुना। कवि उसकी असामयिक मृत्यु से दुःखी है। मृत्यु रूपी त्रासदी ने कवि के अंतर्मन को पीड़ित कर दिया है।

काव्य-शैली

(i) प्रस्तुत काव्यांश में कवि ने अपनी पुत्री के विवाह और उसकी असामयिक मृत्यु का मार्मिक चित्रण किया है।

(ii) भाषा सरल व तत्सम शब्दावली से युक्त है।

(iii) प्रस्तुत काव्यांश में वात्सल्य एवं करुण रस की प्रमुखता है।

(iv) प्रस्तुत काव्यांश में 'सदा समस्त' में अनुप्रास अलंकार, 'पुष्प-सेज' में रूपक अलंकार, 'भर जलद धरा का ज्यों अपार' में उत्प्रेक्षा अलंकार तथा 'मामा-मामी......ज्यों अपार' में उपमा अलंकार है।

(v) प्रस्तुत काव्यांश में मुक्तक छंद है तथा 'सुख-दुःख' सामासिक शब्द का सुंदर प्रयोग है।

काव्यांश 4

मुझ भाग्यहीन की तू संबल
युग वर्ष बाद जब हुई विकल,
दुःख ही जीवन की कथा रही
क्या कहूँ आज, जो नहीं कही!
हो इसी कर्म पर वज्रपात

यदि धर्म, रहे नत सदा माथ
इस पथ पर, मेरे कार्य सकल
हों भ्रष्ट शीत के-से शतदल!
कन्ये, गत कर्मों का अर्पण
कर, करता मैं तेरा तर्पण!

CBSE 2024, Delhi 2019, All India 2019

शब्दार्थ

संबल — सहारा; **युग** — युगल/दो; **विकल** — बेचैन/व्याकुल; **वज्रपात** — बिजली गिरना/भारी विपत्ति/समाप्ति; **नत** — झुका हुआ; **माथ** — मस्तक; **पथ** — राह/मार्ग; **सकल** — सभी; **भ्रष्ट** — नष्ट; **शीत** — ठंड का मौसम; **शतदल** — कमल; **अर्पण** — समर्पण/भेंट; **तर्पण** — पितरों की शांति के लिए जल का दान।

संदर्भ पूर्ववत्।

प्रसंग प्रस्तुत काव्यांश में कवि निराला जी अपनी दिवंगत पुत्री को याद करके बहुत व्याकुल और दुःखी हो जाते हैं। कवि स्वयं को भाग्यहीन बताते हुए अपनी पुत्री को भावपूर्ण श्रद्धांजलि देते हैं।

व्याख्या प्रस्तुत काव्यांश में कवि स्वयं को भाग्यहीन बताते हुए कहते हैं कि पत्नी की मृत्यु के बाद भाग्यहीन पिता के लिए पुत्री ही जीवन का एकमात्र सहारा थी, किंतु उसकी मृत्यु ने कवि को झँझोड़ दिया है। पुत्री की मृत्यु के दो वर्ष बाद उसकी याद में कवि की व्याकुलता और अधिक बढ़ गई है। कवि कहते हैं कि उनके जीवन की कथा दुःखमयी रही है। पुत्री की मृत्यु के बाद उनके जीवन में जो रिक्तता आई है, वह भाषा के माध्यम से व्यक्त नहीं कर सकते हैं। कवि की व्याकुलता इतनी बढ़ गई है कि वह अपनी मृत पुत्री को संबोधित करते हुए कह रहे हैं कि वे अपने उस दुःख को बताना चाहते हैं, जो आज तक अपने जीवन में किसी से नहीं कहा। इस प्रकार, कवि स्वयं को कर्म तथा अकर्म से दूर ले जाना चाहते हैं। कवि कहते हैं कि यदि धर्म उनके साथ रहे, तो सारी विपत्तियों को सिर झुकाकर स्वीकार करेंगे। धर्म मार्ग पर चलते हुए उसके सारे कर्मों के फल शीत की अधिकता के कारण नष्ट हुए कमल के दलों के समान भले ही नष्ट हो जाएँ, वह अपने धर्म मार्ग को नहीं छोड़ेंगे। कवि अपनी पुत्री की आत्मा की शांति की कामना से उसके लिए किए गए तर्पण में अपने सद्कर्मों को अर्पित करते हैं।

काव्य-शैली

(*i*) प्रस्तुत काव्यांश में पुत्री की असमय मृत्यु होने के कारण कवि ने स्वयं को भाग्यहीन बताया है।
(*ii*) प्रस्तुत काव्यांश में खड़ीबोली का प्रयोग हुआ है।
(*iii*) काव्यांश कारुणिक भावों से ओत-प्रोत है।
(*iv*) प्रस्तुत काव्यांश में कवि के संपूर्ण जीवन की वेदना की अभिव्यक्ति हुई है।
(*v*) प्रस्तुत काव्यांश में कवि का दैन्य-भाव असीम पीड़ा के रूप में उभरकर सामने आया है।
(*vi*) प्रस्तुत काव्यांश में करुण रस एवं वात्सल्य रस का मिश्रण है।
(*vii*) प्रस्तुत काव्यांश में 'हों भ्रष्ट शीत के-से शतदल' में उपमा अलंकार है।
(*viii*) प्रस्तुत काव्यांश में 'कर, करता' में अनुप्रास अलंकार है।
(*ix*) प्रस्तुत काव्यांश में माधुर्य गुण है।
(*x*) प्रस्तुत काव्यांश में स्मृति बिंब का प्रयोग किया गया है।

पाठ्यपुस्तक (अंतरा भाग-2) के प्रश्नोत्तर

1. सरोज के नव-वधू रूप का वर्णन अपने शब्दों में कीजिए।

उत्तर प्रस्तुत कविता में कवि सरोज के नव-वधू रूप का वर्णन इस प्रकार करते हैं कि सरोज का विवाह पूर्णतया नए विधि-विधान से संपन्न हो गया। सर्वप्रथम जब मंगल कलश के पावन जल से उसका अभिषेक किया गया, तब वह अपने पिता को मंद-मंद मुस्कान के साथ देख रही थी। उसके होंठों पर बिजली जैसी स्पंदन के समान हँसी की लहर फैल गई थी। उसकी हँसी ऐसी लग रही थी मानो बादलों के बीच बिजली चमक रही हो।

उसके हृदय में अपने प्रिय की सुंदर छवि प्रतिबिंबित हो रही थी। उसके चेहरे पर भावी दांपत्य को लेकर सुख का भाव मुखरित हो रहा था। लज्जावश उसकी आँखें झुकी हुई थीं तथा उसके होंठों पर कंपन हो रहा था। नव-वधू के रूप में सरोज रति के समान सुंदर लग रही थी। कवि को उसमें अपनी दिवंगता पत्नी का रूप दिखाई पड़ रहा था।

2. कवि को अपनी स्वर्गीय पत्नी की याद क्यों आई?

उत्तर कवि को अपनी स्वर्गीय पत्नी की याद आई, क्योंकि संतान के विवाह के अवसर पर यदि माँ-बाप में किसी एक का अभाव है, तो उनका स्मरण आना स्वाभाविक बात है। कवि निराला ने अपनी पुत्री सरोज को माता-पिता दोनों का प्यार दिया। अपनी पुत्री के विवाह-आयोजन पर अपनी पत्नी की याद आना स्वाभाविक था। पुत्री को वधू रूप में देखकर उन्हें अपने यौवन की प्रथम गीति याद आ गई, जिसे उन्होंने अपनी प्रिय के साथ गाया था।

सरोज में उन्हें अपनी पत्नी की ही प्रतिमूर्ति दिखाई पड़ती है और उसके रूप में स्वर्गीया पत्नी का रूप-सौंदर्य धरती पर उतरा हुआ मालूम पड़ता है। कवि निराला अपनी पुत्री के विवाह के समय पिता-माता दोनों के दायित्वों को पूरा करते हुए भी अपनी पत्नी को याद कर रहे थे। कवि ने पत्नी के न रहने पर स्वयं पुत्री को कुल-शिक्षा प्रदान की तथा उसके लिए पुष्प-सेज भी निर्मित की। आमतौर पर पुत्री के लिए ये कार्य उसकी माता ही करती है पिता नहीं, इसलिए इन व्यावहारिक अवसरों पर उन्हें अपनी स्वर्गीय पत्नी की याद आई।

3. 'आकाश बदल कर बना मही' में 'आकाश' और 'मही' शब्द किनकी ओर संकेत करते हैं?

उत्तर 'आकाश' का रूप निराकार है तथा 'मही' साकार रूप में है। 'आकाश' शब्द से कवि निराला अपनी दिवंगता पत्नी के निराकार रूप तथा 'मही' शब्द से पुत्री सरोज के साकार रूप की ओर संकेत कर रहे हैं।

कवि निराला अपनी स्वर्गीय पत्नी की छवि नव-वधू के रूप में सज्जित सरोज में देखते हैं। एक निराकार है तथा दूसरा साकार। स्वर्गीया पत्नी आकाश की तरह निराकार है, तो पुत्री धरती की तरह साकार। निराला अपनी पुत्री सरोज के विवाह के समय उसके सौंदर्य में अपनी पत्नी के विवाह के समय की छवि को देखते हैं।

इस छवि के प्रतिबिंब में निराला को निराकार के साकार होने की प्रवृत्ति का रूप सामने दिखता है। उन्हें लगता है जैसे आकाश ने स्वयं धरती का रूप

ग्रहण कर लिया है। जहाँ 'आकाश' उनकी पत्नी और 'मही' उनकी पुत्री के प्रतीक हैं। कवि निराला को आकाश के समान निराकार पत्नी का रूप बदलकर साकार पृथ्वी के समान पुत्री सरोज में साकार होता हुआ दिखाई दिया।

4. सरोज का विवाह अन्य विवाहों से किस प्रकार भिन्न था?

उत्तर कविता के अनुसार, सरोज का विवाह अन्य विवाहों से भिन्न था, क्योंकि सरोज का विवाह पूर्णतया आडंबर विहीन तरीके से हुआ था। 'निराला' की आर्थिक स्थिति ठीक न होने के कारण यह विवाह अत्यंत सादगी से हुआ था। सामान्य विवाह आयोजनों में उल्लास का माहौल रहता है। विवाह से कई दिन पूर्व नाते-रिश्तेदार पहुँचने लगते हैं। विवाह के गीत गूँज उठते हैं। शहनाइयाँ बजती हैं। बारात आती है तथा विवाह में लोगों की आवाज़ाही बढ़ जाती है, किंतु सरोज के विवाह में ऐसा कुछ नहीं हुआ था।

सरोज के विवाह में किसी सगे-संबंधी को आमंत्रित नहीं किया गया था न ही गीत संगीत गाए गए थे, न ही जागरण हुआ था और न ही कोई शोर-शराबा था। कवि निराला ने माता-पिता दोनों के द्वारा की जाने वाली सभी वैवाहिक रस्मों को स्वयं निभाया। चारों ओर से सन्नाटे के बीच विवाह बड़ी सादगी तथा शांति के साथ संपन्न हुआ।

पिता निराला ने विवाह के बाद माता द्वारा पुत्री को दी जाने वाली कुल-शिक्षा स्वयं दी तथा पुत्री के लिए पुष्प-सेज भी पिता ने ही तैयार की। वास्तव में, यह विवाह तत्कालीन समाज में हो रहे अन्य विवाहों से भिन्न था।

5. 'वह लता वहीं की, जहाँ कली तू खिली' पंक्ति के द्वारा किस प्रसंग को उद्घाटित किया गया है?

उत्तर कविता के अनुसार, सरोज की माता की मृत्यु के बाद कवि की अल्पायु पुत्री का लालन-पालन ननिहाल में हुआ। सरोज ने वहीं अपनी आँखें खोलीं और वहीं की मिट्टी में पलकर बड़ी हुई। कवि निराला काव्य रचना संसार में प्रवृत्त रहने तथा हिंदी के विस्तार के लिए भ्रमणशील रहे। इस अवस्था में पुत्री का लालन-पालन उनके लिए संभव नहीं था। ऐसी स्थिति में सरोज अपनी नानी की गोद में बड़ी हुई। विवाह के समय वह अवश्य कुछ दिनों के लिए अपने पिता के घर गई, किंतु विवाह के बाद पुनः ननिहाल चली गई, जहाँ उसने अंतिम साँस ली। कवि ने सरोज की माता को 'लता' तथा सरोज को 'कली' कहा। वह कली सरोज वहीं पर खिली, जहाँ की लता उसकी माँ थी।

6. 'मुझ भाग्यहीन की तू संबल' निराला की यह पंक्ति क्या 'बेटी बचाओ-बेटी पढ़ाओ' जैसे आंदोलन की माँग करती है?

उत्तर छात्र स्वयं करें।

7. निम्नलिखित पंक्तियों का अर्थ स्पष्ट कीजिए

(क) नत नयनों से आलोक उतर

(ख) श्रृंगार, रहा जो निराकार

(ग) पर पाठ अन्य यह, अन्य कला

(घ) यदि धर्म, रहे नत सदा माथ

उत्तर

(क) विवाह के समय नव-वधू के रूप में सुसज्जित सरोज सुंदर तथा आकर्षक प्रतीत हो रही थी। लज्जा के कारण उसके झुके हुए नेत्रों से भी एक दिव्य प्रकाश आलोकित हो रहा था। ऐसा लगता था मानो दांपत्य जीवन की भावी सुखद कल्पनाओं की ज्योति उसके नेत्रों में जगमगा रही हो।

(ख) कवि सरोज के दुल्हन रूप में अपनी पत्नी के उस निराकर श्रृंगार का दर्शन करते हैं, जो आकार हीन होकर भी उनके काव्य में काव्य रस की उमड़ती हुई धारा के समान प्रकट हो रही थी। यहाँ कवि अपनी पुत्री को देखकर अपने यौवन काल के दिनों में पत्नी के साथ बिताए गए क्षणों का स्मरण करता है।

(ग) कवि सरोज की विदाई के समय उसे शिक्षा देते हुए सोचता है कि वह भी इस समय सरोज को उसी प्रकार शिक्षा दे रहा है, जैसे कण्व ऋषि ने शकुंतला की विदाई के अवसर पर दी थी, परंतु उसे स्मरण हो आता है कि उसके द्वारा दी जाने वाली शिक्षा कण्व ऋषि से भिन्न है, क्योंकि उसकी पुत्री सरोज की स्थिति शकुंतला से भिन्न है, इसलिए उसने सरोज को उस समय की परिस्थितियों के अनुकूल ही शिक्षा दी।

(घ) निराला जी ने अपनी पुत्री सरोज का तर्पण स्वयं किया था। वह अपनी पुत्री के तर्पण के लिए सब प्रकार की विपत्तियाँ सहन करने के लिए उत्सुक हैं। वे कहते हैं कि वे सरोज के प्रति अपने पितृ धर्म का निर्वाह करते हुए उसका तर्पण अवश्य करेंगे। चाहे उनके सभी कर्मों पर बिजली गिर जाए, तब भी उसे सिर झुकाकर स्वीकार करेंगे।

योग्यता विस्तार

1. निराला के जीवन से संबंधित जानकारी प्राप्त करने के लिए रामविलास शर्मा का 'महाकवि निराला' पढ़िए।

उत्तर छात्र स्वयं करें।

2. अपने बचपन की स्मृतियों को आधार बनाकर एक छोटी-सी कविता लिखने का प्रयास कीजिए।

उत्तर छात्र स्वयं करें।

3. 'सरोज स्मृति' कविता पूरी पढ़कर आम आदमी के जीवन-संघर्षों पर चर्चा कीजिए।

अथवा **'सरोज स्मृति' कविता जितनी निराला की निजी अनुभूति है, उतनी ही सामाजिक भी है। स्पष्ट कीजिए।** **CBSE 2023**

उत्तर 'सरोज स्मृति' कविता जितनी निराला की निजी अनुभूति है, उतनी ही सामाजिक भी है, क्योंकि यह कविता एक आम आदमी के जीवन की व्यथा है। एक आम आदमी, जो अपनी मेहनत एवं ईमानदारी के साथ जीवन जीना चाहता है, का जीवन सरल नहीं है। उसमें अनेक संघर्ष, कठिनाइयाँ और कँटीले रास्ते हैं, जो आजीवन मनुष्य के हृदय को स्मृतियों के रूप में बाँधते रहते हैं।

आम व्यक्ति का जीवन कष्टों से इतना परिपूर्ण है कि वह अपनी पत्नी का इलाज करा सकने में अक्षम है। चिकित्सा के अभाव में अनेक निर्धन स्त्रियाँ बच्चों को जन्म देते समय ही मृत्यु को प्राप्त हो जाती हैं। उचित दवा का अभाव, डॉक्टर को दिखाने की असमर्थता और अपने नवजात शिशु की देखभाल न कर सकने की लाचारी एक आम व्यक्ति के जीवन-संघर्ष की कहानी है। आम आदमी अपने जीवन की इन्हीं विषमताओं, अभावों और पीड़ाओं के साथ जीवन जीने को विवश है। आम आदमी आर्थिक संकटों से घिरा होता है तथा अपने स्वजनों की देखभाल अच्छी तरह नहीं कर पाता है तथा वह वैवाहिक उत्सवों पर भी सादगी अपनाने के लिए विवश होता है।

अभ्यास प्रश्न

काव्यांश पर आधारित बहुविकल्पीय प्रश्न

1. **भर जलद धरा को ज्यों अपार;**
वे ही सुख-दुःख में रहे न्यस्त,
तेरे हित सदा समस्त, व्यस्त;
वह लता वहीं की, जहाँ कली
तू खिली, स्नेह से हिली, पली,
अंत भी उसी गोद में शरण
ली, मूँदे दृग वर महामरण!
मुझ भाग्यहीन की तू संबल
युग वर्ष बाद जब हुई विकल,
दुःख ही जीवन की कथा रही
क्या कहूँ आज, जो नहीं कही!
हो इसी कर्म पर वज्रपात
यदि धर्म, रहे नत सदा माथ।

CBSE SQP 2022

(क) 'भर जलद धरा को ज्यों अपार' पंक्ति द्वारा प्रतिपादित किया गया है

(i) वैमनस्य (ii) अनुभव
(iii) स्नेह (iv) प्रकाश

(ख) कवि स्वयं को भाग्यहीन कहकर क्या सिद्ध करना चाहते हैं?

(i) मनचाही प्रसिद्धि न मिलना
(ii) सरोज की आर्थिक दशा
(iii) सरोज ही एकमात्र सहारा
(iv) पारिवारिक सदस्यों से बिछोह

(ग) निम्नलिखित कथनों पर विचार कर सही उत्तर का चयन कीजिए।

दक्षता आधारित प्रश्न

1. कवि सरोज को शकुंतला के समान मानते थे।
2. पुत्री सरोज की मृत्यु असमय हो गई थी।
3. सरोज की मृत्यु अपनी ससुराल में हुई थी।

कूट

(i) केवल 1 (ii) 2 और 3
(iii) केवल 2 (iv) 1 और 3

(घ) 'हो इसी कर्म पर वज्रपात' के माध्यम से कवि कहना चाहते हैं कि वह

(i) कष्टदायक जीवन के बाद धार्मिक बन रहे हैं
(ii) मस्तक पर वज्रपात सहने का साहस कर रहे हैं
(iii) समस्त जीवन दुःख में ही व्यतीत करते रहे हैं
(iv) प्रतिकूलताओं के आगे आत्मसमर्पण कर रहे हैं

(ङ) 'दुःख ही जीवन की कथा रही' के माध्यम से प्रकट हो रही है

(i) शैशवावस्था (ii) वृद्धावस्था
(iii) वियोगावस्था (iv) विश्लेषणावस्था

उत्तर

(क) (iii) स्नेह
(ख) (iv) पारिवारिक सदस्यों से बिछोह
(ग) (iii) केवल 2
(घ) (iv) प्रतिकूलताओं के आगे आत्मसमर्पण कर रहे हैं
(ङ) (iii) वियोगावस्था

2. **देखा मैंने, वह मूर्ति-धीति**
मेरे वसंत की प्रथम-गीति-
श्रृंगार, रहा जो निराकार,
रस कविता में उच्छ्वसित-धार
गाया स्वर्गीया-प्रिया-संग-
भरता प्राणों में राग-रंग,
रति-रूप प्राप्त कर रहा वही,
आकाश बदल कर बना मही।
हो गया ब्याह, आत्मीय स्वजन,
कोई थे नहीं, न आमंत्रण
था भेजा गया, विवाह-राग
भर रहा न घर निशि-दिवस जाग;
प्रिय मौन एक संगीत भरा
नव जीवन के स्वर पर उतरा।

(क) नव-वधू सरोज में कवि को किसकी प्रतिमूर्ति दिखाई पड़ रही थी?

(i) आकाशीय देवी की (ii) नवविवाहित वधू की
(iii) स्वर्गीया पत्नी की (iv) बड़ी पुत्री की

(ख) 'आकाश बदल कर बना मही' पंक्ति में 'मही' शब्द किस ओर संकेत कर रहा है?

(i) पुत्री सरोज के साकार रूप की ओर
(ii) पत्नी के निराकार रूप की ओर
(iii) पृथ्वी के दयालु भाव की ओर
(iv) आकाश के निर्मम रूप की ओर

(ग) कथन (A) कवि ने पुत्री के विवाह को अत्यंत साधारण ढंग से संपन्न किया।

कारण (R) कवि के अनुसार, विवाह के समय बाहरी राग-रंग की आवश्यकता नहीं थी।

दक्षता आधारित प्रश्न

(i) कथन (A) और कारण (R) दोनों सही हैं तथा कारण (R), कथन (A) की सही व्याख्या करता है।
(ii) कथन (A) और कारण (R) दोनों सही हैं, परंतु कारण (R), कथन (A) की सही व्याख्या नहीं करता है।
(iii) कथन (A) सही है, किंतु कारण (R) गलत है।
(iv) कथन (A) गलत है, किंतु कारण (R) सही है।

(घ) प्रस्तुत काव्यांश में प्रयुक्त 'आकाश' शब्द किसका प्रतीक है?
(i) कवि की पुत्री का (ii) कवि की बहन का
(iii) कवि की माँ का (iv) कवि की पत्नी का

(ङ) कवि को वसंत की प्रथम गीति की तरह ………… दिखाई पड़ रही थी।
(i) विधवा पुत्री (ii) पुत्री के वधू रूप में पत्नी की छवि
(iii) दिवंगत माँ (iv) घर की सुख-शांति

उत्तर

(क) (iii) स्वर्गीया पत्नी की
(ख) (i) पुत्री सरोज के साकार रूप की ओर
(ग) (i) कथन (A) और कारण (R) दोनों सही हैं तथा कारण (R), कथन (A) की सही व्याख्या करता है।
(घ) (iv) कवि की पत्नी का
(ङ) (ii) पुत्री के वधू रूप में पत्नी की छवि

3. **माँ की कुल शिक्षा मैंने दी,
पुष्प-सेज तेरी स्वयं रची,
सोचा मन में, "वह शकुंतला,
पर पाठ अन्य यह, अन्य कला।"
कुछ दिन रह गृह तू फिर समोद,
बैठी नानी की स्नेह-गोद।
मामा-मामी का रहा प्यार,
भर जलद धरा को ज्यों अपार;
वे ही सुख-दुःख में रहे न्यस्त,
तेरे हित सदा समस्त, व्यस्त;
वह लता वहीं की, जहाँ कली
तू खिली, स्नेह से हिली, पली,
अंत भी उसी गोद में शरण
ली, मूँदे दृग वर महामरण!**

(क) माँ की मृत्योपरांत सरोज का जीवन ………. स्नेहमयी गोद में बीता।
(i) पिता की (ii) नानी की
(iii) दादी की (iv) चाची की

(ख) 'वह लता वहीं की' पंक्ति में 'लता' प्रतीक है
(i) स्वयं सरोज का (ii) सरोज की नानी का
(iii) सरोज की मामी का (iv) सरोज की माँ का

(ग) कवि की पुत्री सरोज ने अपने जीवन की अंतिम साँस किसकी गोद में ली?
(i) माँ की (ii) नानी की
(iii) मामा की (iv) पिता की

(घ) विवाहोपरांत दी जाने वाली मर्यादित व्यवहार की शिक्षा पुत्री सरोज को किसने दी?
(i) कवि ने (ii) मामा-मामी ने
(iii) दादी ने (iv) माँ ने

(ङ) **कथन** (A) कवि ने सरोज को शकुंतला से भिन्न बताया है।
कारण (R) शकुंतला को उसकी माँ स्वयं अपनी इच्छा से छोड़कर गई थी, परंतु सरोज की माँ की आकस्मिक मृत्यु हो गई थी।

दक्षता आधारित प्रश्न

(i) कथन (A) और कारण (R) दोनों सही हैं तथा कारण (R), कथन (A) की सही व्याख्या करता है।
(ii) कथन (A) और कारण (R) दोनों सही हैं, परंतु कारण (R), कथन (A) की सही व्याख्या नहीं करता है।
(iii) कथन (A) सही है, किंतु कारण (R) गलत है।
(iv) कथन (A) गलत है, किंतु कारण (R) सही है।

(च) काव्यांश के अनुसार, कवि के अंतर्मन को किसने पीड़ित कर दिया है?
(i) पुत्री की असामयिक मृत्यु ने
(ii) पत्नी की असामयिक मृत्यु ने
(iii) पुत्री से बिछोह ने
(iv) पत्नी से बिछोह ने

उत्तर

(क) (ii) नानी की
(ख) (iv) सरोज की माँ का
(ग) (ii) नानी की
(घ) (i) कवि ने
(ङ) (i) कथन (A) और कारण (R) दोनों सही हैं तथा कारण (R), कथन (A) की सही व्याख्या करता है।
(च) (i) पुत्री की असामयिक मृत्यु ने

4. **मुझ भाग्यहीन की तू संबल
युग वर्ष बाद जब हुई विकल,
दुःख ही जीवन की कथा रही
क्या कहूँ आज, जो नहीं कही!
हो इसी कर्म पर वज्रपात
यदि धर्म, रहे नत सदा माथ
इस पथ पर, मेरे कार्य सकल
हों भ्रष्ट शीत के-से शतदल!
कन्ये, गत कर्मों का अर्पण
कर, करता मैं तेरा तर्पण!** **CBSE 2023**

(क) 'सरोज स्मृति' कविता के केंद्र में है
(i) स्वयं कवि (ii) शकुंतला
(iii) पुत्री सरोज (iv) कवि की पत्नी

(ख) 'दुःख ही जीवन की कथा रही' पंक्ति का आशय है
(i) मैं दुःख की कविताएँ लिखता रहा
(ii) मेरा सारा जीवन दुःखों में ही बीता है
(iii) मेरी कविता का नाम दुःख है
(iv) मेरी कथा का संबंध दुःखों से है

(ग) काव्यांश में आए 'संबल' शब्द का अर्थ है
(i) कंबल (ii) सहारा
(iii) सहायक (iv) रक्षक

(घ) कवि ने अपनी पुत्री का तर्पण किस प्रकार किया था?
(i) अपनी पत्नी की मधुर स्मृति को बार-बार मन में लाकर
(ii) विगत समय के समस्त अपने सत्कर्मों को पुत्री को अर्पित करते हुए
(iii) वस्त्राभूषण सहित पुत्री का श्राद्ध करते हुए
(iv) पुत्री के शोक में शोकगीत लिखकर समर्पित करते हुए

(ङ) निम्नलिखित कथनों पर विचार कर सही उत्तर का चयन कीजिए
1. यह काव्यांश बेटी के दिवंगत होने पर पिता का विलाप है।
2. बेटी के रूप-रंग में पत्नी का रूप-रंग दिखाई देता था।
3. काव्यांश में निराला का जीवन-संघर्ष प्रकट हुआ है।

कूट
(i) केवल 1
(ii) केवल 2
(iii) 1 और 3
(iv) 2 और 3

उत्तर
(क) (iii) पुत्री सरोज
(ख) (ii) मेरा सारा जीवन दुःखों में ही बीता है
(ग) (ii) सहारा
(घ) (ii) विगत समय के समस्त अपने सत्कर्मों को पुत्री को अर्पित करते हुए
(ङ) (iii) 1 और 3

विषय-वस्तु पर आधारित प्रश्नोत्तर

1. 'सरोज स्मृति' कविता में कवि ने शकुंतला की विदाई का प्रसंग देकर क्या संकेत किया है और क्यों?

उत्तर 'सरोज स्मृति' कविता में शकुंतला की विदाई का प्रसंग देकर कवि यह संकेत करना चाहता है कि शकुंतला की विदाई भी सरोज की विदाई की तरह उसकी माता की अनुपस्थिति में हुई थी। सरोज को जैसे उसके पिता ने विदा किया था, उसी प्रकार विवाह के बाद शकुंतला की विदाई भी उसकी माता के न रहने पर उसका पालन करने वाले कण्व, जो उसके पिता के समान थे, ने की थी।

2. सूर्यकांत त्रिपाठी 'निराला' की कविता 'सरोज स्मृति' की मूल संवेदना को स्पष्ट कीजिए।

***अथवा* 'सरोज स्मृति' कविता का मूलभाव बताइए।**

***अथवा* 'सरोज स्मृति' कविता का प्रतिपाद्य लिखिए।** **CBSE 2023**

उत्तर प्रस्तुत कविता 'सरोज स्मृति' में कवि निराला ने अपनी पुत्री की असामयिक मृत्यु से उत्पन्न पीड़ा एवं एक पिता के हृदय का विलाप व्यक्त किया है। कवि निराला को पुत्री के विवाह के क्षणों की स्मृतियों में कभी शकुंतला, तो कभी उनकी पत्नी याद आती है। आर्थिक कष्टों से घिरे होने के कारण वे अपनी पुत्री का विवाह पारंपरिक रीति-रिवाजों को तोड़कर दहेज एवं आडंबर के बिना अत्यंत सादगीपूर्ण ढंग से करते हैं। वे अपने ससुराल वालों के प्रति भी अपना आभार प्रकट करते हैं, क्योंकि उन्होंने उनकी मातृविहीन पुत्री का लालन-पालन अत्यंत स्नेह एवं प्रेम से किया था।

अंत में वे अपने सभी सद्कर्मों के फल को अपनी दिवंगता पुत्री को अर्पित करते हैं और श्रद्धा भाव से तर्पण करते हैं।

3. 'सरोज स्मृति' कविता में कवि के आत्मकथन 'दुःख ही जीवन की कथा रही' की वेदना को स्पष्ट कीजिए।

***अथवा* 'दुःख ही जीवन की कथा रही', 'क्या कहूँ आज, जो नहीं कही' के आलोक में कवि के हृदय की पीड़ा का वर्णन कीजिए।**

***अथवा* 'दुःख ही जीवन की कथा रही' पंक्ति का भाव कविता के संदर्भ में स्पष्ट कीजिए।** **CBSE Diksha**

***अथवा* 'सरोज स्मृति' कविता से उद्धृत 'दुःख ही जीवन की कथा रही, क्या कहूँ आज, जो नहीं कही!' पंक्ति के संदर्भ में कवि के हृदय की पीड़ा का वर्णन कीजिए।** **CBSE 2024**

उत्तर 'सरोज स्मृति' कविता वास्तव में कवि निराला के शोक-संतप्त हृदय का मार्मिक उद्गार है। उनकी जीवन-कथा दुःखमय रही थी। बाल्यावस्था से लेकर युवावस्था तक उनका जीवन आर्थिक संकट एवं उनके नितांत अपने परिजनों की हो रही लगातार मृत्यु के कारण हुए बिछोह के कष्टों से भरा हुआ था। कवि निराला इन सब कारणों से अपने को भाग्यहीन मानते हैं। उनके जीवन का एकमात्र सहारा उनकी पुत्री सरोज की मृत्यु ने उन्हें पूर्णरूपेण एकाकी कर दिया। वे अपनी दुःख-कथा को किसी से कह भी नहीं पाए थे, क्योंकि दुःखों की शृंखलाओं ने उनके मन को आहत कर दिया था। कवि निराला का हृदय विशाल एवं उदार है। वे अपनी पुत्री सरोज की मृत्यु का कारण अपने कर्मों को ही ठहराते हैं। वे धर्म के पथ पर चलते हुए जीवन के कष्टों को स्वीकार करके आगे बढ़ना चाहते हैं तथा अपने सद्कर्मों के फल से अपनी पुत्री का तर्पण करना चाहते हैं।

4. स्पष्ट कीजिए कि 'सरोज स्मृति' कविता एक शोकगीत है।

***अथवा* 'सरोज स्मृति' कविता की उन विशेषताओं पर गौर कीजिए, जो उसे मर्मस्पर्शी रचना बना देती हैं।**

उत्तर 'सरोज स्मृति' कवि निराला के शोक-संतप्त हृदय की मार्मिक एवं हृदयस्पर्शी रचना है। यह पाठकों के मन में करुणा भाव उत्पन्न करती है। विधाता ने कवि निराला के आत्मीय स्वजनों को मृत्यु के माध्यम से छीनकर उनके जीवन को अत्यंत मार्मिक बना दिया है। शोकाकुल कवि की लेखनी इस शोकगीत की रचना करने पर बाध्य हो गई। बिछोह की व्यथा ने कवि की पीड़ा को असहनीय बना दिया।

पत्नी एवं अन्य स्वजनों की मृत्यु से व्यथित कवि निराला अपनी पुत्री सरोज को अपने जीवन का एकमात्र सहारा मानकर अपना जीवन व्यतीत कर रहे थे, किंतु उनके अंतिम सहारे को भी क्रूर विधाता ने उनसे छीन लिया। उनके शोक की सीमा न रही तथा वे शोक-सागर में डूब गए।

5. 'अभिज्ञानशाकुंतलम्' की शकुंतला और सरोज के विवाह में क्या अंतर है?

उत्तर 'अभिज्ञानशकुंतलम्' की नायिका शकुंतला ने अपने पालित पिता कण्व की अनुपस्थिति में दुष्यंत के साथ गंधर्व विवाह किया था। सरोज का विवाह उसके पिता ने सुयोग्य वर खोजकर पारंपरिक पद्धतियों से किया था।

शकुंतला के विवाह में वर-वधू के अतिरिक्त वन प्राकृतिक अंग साक्षी थे। सरोज के विवाह में उसके पिता उपस्थित थे एवं उसका विवाह उसके घर में हुआ था।

6. शकुंतला व सरोज की माँ उन दोनों के विवाह के समय उपस्थित क्यों नहीं थीं?

उत्तर शकुंतला विश्वामित्र एवं मेनका की पुत्री थी। मेनका शकुंतला को जन्म देने के बाद उसे कण्व ऋषि के आश्रम के पास छोड़कर देवलोक चली गई थी। वह देवलोक की अप्सरा थी। कण्व ऋषि ने पुत्री के समान उसका लालन-पालन किया। सरोज की माँ सरोज के बचपन में ही स्वर्गवासी हो गई थी। सरोज का पालन-पोषण उसकी नानी ने किया था। अतः उन दोनों की माताओं का उनके विवाह के समय उपस्थित होना संभव नहीं था।

7. 'सरोज स्मृति' में 'निराला' अपने समस्त कर्मों के फल से क्या करना चाहते हैं और क्यों? **Delhi 2018**

उत्तर 'निराला' अपने समस्त कर्मों के फल से अपनी पुत्री सरोज का तर्पण करना चाहते हैं। लोग श्राद्ध के अवसर पर विभिन्न वस्तुओं को दान में देते हैं, लेकिन निराला के पास इस अवसर पर तर्पण के समय देने के लिए भी कुछ नहीं है। अतः वे अपने संचित कर्मों से बेटी का तर्पण करते हैं, क्योंकि वे मानते हैं कि इन सद्कर्मों ने जीते जी पुत्री का भला नहीं किया, लेकिन शायद उसकी आत्मा की शांति में ये कर्म अपना योगदान दे सकें।

8. 'कन्ये, गत कर्मों का अर्पण कर, करता मैं तेरा तर्पण' कथन के पीछे छिपी वेदना और विवशता पर अपने विचार व्यक्त कीजिए।

उत्तर प्रस्तुत कथन कवि निराला की वेदना और विवशता का परिचायक है। उनकी पुत्री की असामयिक मृत्यु हो गई थी। कवि निराला के मन में यह भावना उठती है कि उन्होंने अपनी पुत्री के लिए कुछ नहीं किया। वे कह रहे हैं कि वे अपने विगत कर्मों के अर्पण द्वारा उसका तर्पण कर रहे हैं।

उनके कहने का तात्पर्य यह है कि लोग श्राद्ध के अवसर पर विभिन्न वस्तुओं को दान में देते हैं, लेकिन उनके पास इस अवसर पर तर्पण के समय देने के लिए भी कुछ नहीं है। अतः वे अपने संचित कर्मों से बेटी का तर्पण करते हैं। इस कथन के पीछे कवि की विवशता और पीड़ा व्यक्त हुई है।

9. पुत्री के विवाह के अवसर पर कवि को शकुंतला की याद क्यों आती है? **CBSE Diksha**

अथवा **'सरोज स्मृति' कविता के आधार पर लिखिए कि सरोज के विवाह पर कवि को 'शकुंतला' का स्मरण क्यों हो आया?** **CBSE 2024**

उत्तर पुत्री सरोज के विवाह के अवसर पर कवि निराला को शकुंतला की याद इसलिए आती है, क्योंकि शकुंतला भी अपनी माँ से बिछड़कर कण्व ऋषि के आश्रम में पली-बढ़ी थी। उसी प्रकार सरोज भी अपनी माँ की मृत्यु के बाद नानी के स्नेह में पली थी और ऋषि कण्व की तरह कवि ने भी अपनी पुत्री का लालन-पालन करके उसका विवाह करके उसे विदा किया था।

हालाँकि कवि यह भी स्वीकार करते हैं कि सरोज की जीवन परिस्थितियाँ अलग थीं, क्योंकि शकुंतला की माँ मेनका ने उसे जन्म देते ही त्याग दिया था, जबकि सरोज की माँ ने उसे त्यागा नहीं था, उसकी मृत्यु हो गई थी। यहाँ घटनाओं की समानता के कारण कवि को शकुंतला का स्मरण हो आया।

10. "सरोज-स्मृति कविता एक भाग्यहीन पिता के पुत्री के प्रति कुछ न कर पाने की व्यथा है।" इस कथन की पुष्टि कीजिए। **CBSE 2025**

उत्तर 'सरोज-स्मृति' कविता में कवि निराला अपनी पुत्री सरोज की असामयिक मृत्यु पर गहरी वेदना व्यक्त करते हैं। वे उसे जीवन का संबल मानते थे, परंतु उसके लिए कुछ न कर पाने की व्यथा उन्हें भीतर तक तोड़ देती है। वे इसे अपने कर्मों का फल मानते हुए धर्म के प्रति नतमस्तक रहते हैं।

स्व-मूल्यांकन

काव्यांश पर आधारित बहुविकल्पीय प्रश्न

निम्नलिखित काव्यांश को ध्यानपूर्वक पढ़कर पूछे गए बहुविकल्पीय प्रश्नों के लिए सर्वाधिक उपयुक्त विकल्प का चुनाव कीजिए।

1. देखा विवाह आमूल नवल,
तुझ पर शुभ पड़ा कलश का जल।
देखती मुझे तू हँसी मंद,
होंठों में बिजली फँसी स्पंद
उर में भर झूली छवि सुंदर
प्रिय की अशब्द शृंगार-मुखर
तू खुली एक-उच्छ्वास-संग,
विश्वास स्तब्ध बँध अंग-अंग
नत नयनों से आलोक उतर
काँपा अधरों पर थर-थर-थर।

(क) 'शुभ पड़ा कलश का जल' से क्या तात्पर्य है?
(i) सामान्य जल (ii) विवाह का पवित्र जल
(iii) गंगा जल (iv) पूजा का जल

(ख) पुत्री 'सरोज' के हृदय में किसकी छवि बसी हुई थी?
(i) पिता की (ii) माता की
(iii) प्रियतम की (iv) परिवार की

(ग) पुत्री के होंठ क्यों कंपित हो रहे थे?
(i) ठंड के कारण (ii) लज्जा के कारण
(iii) कुछ कहने की इच्छा से (iv) थकान के कारण

(घ) निम्नलिखित कथनों में से सही कथनों पर विचार कीजिए।
1. विवाह के समय पुत्री का प्रत्येक अंग बँधा हुआ-सा प्रतीत हो रहा था।
2. विवाह के समय पुत्री अपने पिता के प्रति क्रोधित थी।
3. पिता के अनुसार पुत्री की लज्जावश स्थिति स्वाभाविक थी।

कूट
(i) 1 और 2 (ii) 1 और 3
(iii) 2 और 3 (iv) 1, 2 और 3

(ङ) विवाह के समय पुत्री ने आह क्यों भरी?
(i) दर्द के कारण (ii) प्रसन्नता के कारण
(iii) पराया हो जाने के कारण
(iv) डर के कारण

उत्तर

(क) (ii) विवाह का पवित्र जल
(ख) (iii) प्रियतम की
(ग) (iii) कुछ कहने की इच्छा से
(घ) (ii) 1 और 3
(ङ) (iii) पराया हो जाने के कारण

काव्यांश की व्याख्या

2. निम्नलिखित में से किसी एक काव्यांश की सप्रसंग व्याख्या कीजिए।

हो गया ब्याह, आत्मीय स्वजन,
कोई थे नहीं, न आमंत्रण
था भेजा गया, विवाह-राग
भर रहा न घर निशि-दिवस जाग;
प्रिय मौन एक संगीत भरा
नव जीवन के स्वर पर उतरा।

अथवा

भर जलद धरा को ज्यों अपार;
वे ही सुख-दु:ख में रहे न्यस्त,
तेरे हित सदा समस्त, व्यस्त;
वह लता वहीं की, जहाँ कली
तू खिली, स्नेह से हिली, पली,
अंत भी उसी गोद में शरण
ली, मूँद दृग वर महामरण!

विषय-वस्तु पर आधारित प्रश्न

1. कवि के अनुसार सरोज के विवाह समारोह में क्या विशेष बात थी?
2. सरोज का पालन-पोषण किसके द्वारा किया गया तथा सरोज के जीवन में ननिहाल का क्या महत्त्व था? अपने विचार स्पष्ट कीजिए।
3. कवि ने सरोज की तुलना लता की कली से कैसे की?
4. कवि ने सरोज को अपनी पत्नी का 'साकार स्वरूप' क्यों कहा?
5. विवाह के समय सरोज के व्यक्तित्व में कवि को कौन-कौन से गुण दिखाई दिए?

03

अध्याय

कवि-परिचय

सच्चिदानंद हीरानंद वात्स्यायन 'अज्ञेय' का जन्म वर्ष 1911 में उत्तर प्रदेश के कुशीनगर में हुआ था। इनकी प्रारंभिक शिक्षा अंग्रेज़ी और संस्कृत में हुई, जबकि हिंदी इन्होंने बाद में सीखी। अज्ञेय प्रकृति-प्रेम और मानव-मन के अंतर्द्वंद्वों के कवि थे। अज्ञेय ने कविता, कहानी, उपन्यास, यात्रा वृत्तांत, निबंध, आलोचना आदि अनेक साहित्यिक विधाओं में लेखन कार्य किया है। शेखर एक जीवनी, नदी के द्वीप, अपने-अपने अजनबी (उपन्यास), ये तेरे प्रतिरूप (कहानी संग्रह) आदि इनकी प्रमुख रचनाएँ हैं। इन्हें साहित्य अकादमी पुरस्कार, भारत भारती सम्मान और भारतीय ज्ञानपीठ जैसे प्रतिष्ठित पुरस्कारों से सम्मानित किया गया। वर्ष 1987 में इनका निधन हो गया।

▼ अध्ययन के लिए
- कविता की रूपरेखा
- काव्यांशों की व्याख्या

▼ अभ्यास के लिए
- पाठ्यपुस्तक के प्रश्नोत्तर
- काव्यांश पर आधारित बहुविकल्पीय प्रश्न
- विषय-वस्तु पर आधारित प्रश्नोत्तर

(क) यह दीप अकेला
(ख) मैंने देखा, एक बूँद

(सच्चिदानंद हीरानंद वात्स्यायन 'अज्ञेय')

कविता की रूपरेखा

यह दीप अकेला

'यह दीप अकेला' एक प्रतीकात्मक रचना है, जिसके रचयिता अज्ञेय हैं। इस कविता में कवि ने दीप के माध्यम से व्यक्ति और समाज के संबंध को अभिव्यक्त किया है। कविता के अनुसार दीप अकेला होते हुए भी स्नेह और गर्व से भरा है। वह अकेला रहकर भी अद्वितीय है, लेकिन उसका प्रभाव तभी बढ़ता है, जब वह समाज से जुड़ता है। दीप के माध्यम से मनुष्य का व्यक्तित्व मधु, गोरस और अंकुर के रूप में प्रस्तुत किया गया है, जो अंतर्निहित शक्ति से समाज का विकास कर सकता है। कवि मानते हैं कि व्यक्ति का अस्तित्व और विशिष्टता तब सार्थक होती है, जब वह समाज का अंग बने। आत्मविश्वास और उदारता से भरा व्यक्ति समाज में अवगुणों पर विजय पाता है। इस कविता के माध्यम से अज्ञेय ने व्यक्तिगत सत्ता को सामाजिक सत्ता के साथ जोड़ने पर बल दिया है।

मैंने देखा, एक बूँद

'मैंने देखा, एक बूँद' अज्ञेय की प्रतीकात्मक कविता है, जिसमें कवि ने समुद्र से अलग बूँद की क्षणभंगुरता को चित्रित किया है। यहाँ बूँद 'जीवात्मा' का तथा समुद्र 'परमात्मा' का प्रतीक है। बूँद क्षणभंगुर (पल में नष्ट होने वाला) है, उसका अस्तित्व समुद्र से है, लेकिन फिर भी बूँद का महत्त्व कम नहीं है। सायंकालीन सूर्य की किरणों से प्रतिबिंबित बूँद अपने क्षणिक अस्तित्व को प्राप्त करने के बाद सागर में लीन हो जाती है। वास्तव में, विशाल समुद्र में समाहित हो जाने से बूँद का अस्तित्व समाप्त नहीं हो जाता है, बल्कि बूँद से समुद्र की विराटता कायम होती है। मानव जीवन बूँद की तरह ही क्षणभंगुर है। जैसे बूँद सूर्य के प्रकाश से रंगीन हो पुनः सागर में विलीन हो जाती है, उसी प्रकार आत्मा भी परमात्मा के प्रकाश से प्रकाशित हो पुनः विराट (ब्रह्म) में विलीन हो जाती है।

काव्यांशों की व्याख्या

निम्नलिखित काव्यांशों की सप्रसंग व्याख्या कीजिए

यह दीप अकेला

काव्यांश 1

यह दीप, अकेला, स्नेह भरा
है गर्व भरा मदमाता, पर इसको भी पंक्ति को दे दो।
यह जन है–गाता गीत जिन्हें फिर और कौन गाएगा?
पनडुब्बा–ये मोती सच्चे फिर कौन कृती लाएगा?
यह समिधा–ऐसी आग हठीला बिरला सुलगाएगा।
यह अद्वितीय–यह मेरा–यह मैं स्वयं विसर्जित–
यह दीप, अकेला, स्नेह भरा
है गर्व भरा मदमाता, पर इसको भी पंक्ति को दे दो।

शब्दार्थ

दीप — दीपक (प्रतीक है मनुष्य का); **स्नेह** — प्रेम/तेल; **मदमाता** — मस्ती से भरा हुआ; **पंक्ति** — कतार (प्रतीक है समाज या समष्टि की); **जन** — व्यक्ति; **पनडुब्बा** — गोताखोर/एक जलपक्षी, जो पानी में डूब-डूबकर मछलियाँ पकड़ता है; **कृती** — भाग्यवान/कुशल; **समिधा** — यज्ञ में प्रयुक्त होने वाली लकड़ी, यज्ञ की सामग्री; **बिरला** — बहुतों में एक; **विसर्जित** — त्यागा हुआ।

संदर्भ प्रस्तुत काव्यांश पाठ्यपुस्तक 'अंतरा भाग-2' की 'यह दीप अकेला' नामक कविता से उद्धृत है। इस काव्यांश के रचयिता प्रयोगवादी विचारधारा के प्रमुख कवि सच्चिदानंद हीरानंद वात्स्यायन 'अज्ञेय' हैं। यह कविता कवि के काव्य-संग्रह 'बावरा अहेरी' में संकलित है।

प्रसंग प्रस्तुत काव्यांश में कवि 'अज्ञेय' ने दीप को सृजनशील व्यक्ति व पंक्ति को समाज के प्रतीक के रूप में दर्शाया है तथा सृजनशील व्यक्ति, जो स्नेह और गर्व से पूर्ण है, को समाज से जोड़ने की बात कही है।

व्याख्या प्रस्तुत काव्यांश में कवि कहते हैं कि यह दीप रूपी व्यक्ति अकेला है। इसमें पर्याप्त स्नेह है अर्थात् तेल रूपी ऊर्जा से पूरी तरह से भरा हुआ है। इसमें अपनी पूर्ति का गर्व है तथा यह मदयुक्त है। इसे दीपों की पंक्ति में मिला दो। कवि कहना चाहता है कि दीप (व्यक्ति) सब कुछ है, सर्वशक्तिमान है, सर्वगुण संपन्न है, किंतु यदि वह अकेला है, तो न तो समाज को उसका लाभ मिलेगा और न ही उसकी शक्ति का समुचित उपयोग होगा। कवि आगे कहते हैं कि इस व्यक्ति के पास ऐसे गीत हैं, जिन्हें कोई और नहीं गा सकता। यह ऐसा गोताखोर है, जो सागर से सच्चे मोती ला सकता है, जो किसी और के लिए संभव नहीं है। इस जैसा कुशल व्यक्ति समाज कहाँ से लाएगा? यह तो यज्ञ की वह सामग्री है, जिससे अग्नि प्रज्वलित होती है। इसके अभाव में समाज रूपी यज्ञ में सामग्री कौन बनेगा? यह अद्वितीय है, यह समाज का है, इसको अपने अहं को त्यागना होगा। अतः इस स्नेह भरे मदमाते अकेले दीप को पंक्ति को दे दो। कवि कहना चाहते हैं कि व्यक्ति चाहे कितना भी अद्वितीय हो, उसे अपने पूर्णतया के गर्व से बाहर आकर अपने अहंकार को त्यागकर समाज का हिस्सा बनना चाहिए, क्योंकि सृजनशील व्यक्ति की क्षमता और व्यक्ति तभी सार्थक है, जब वह समाज से जुड़कर अपने गुणों का उपयोग समाज हित में करता है। अकेले रहकर व्यक्ति की क्षमता व शक्ति सीमित हो जाती है, जबकि समाज से जुड़ने पर वह सामाजिक रूप से अधिक प्रभावशाली और महत्त्वपूर्ण बन जाता है।

काव्य-शैली

(i) प्रस्तुत काव्यांश में कवि ने व्यक्ति की महत्ता को स्वीकार करते हुए उसे समाज में रहने के लिए प्रेरित किया है जिसमें 'दीप' व्यक्ति तथा 'पंक्ति' समाज का प्रतीक है। इन प्रतीकों के माध्यम से उन्होंने व्यक्ति और समाज के पारस्परिक संबंधों को अभिव्यक्त किया है।
(ii) व्यक्ति की सृजनशील प्रतिभा को 'गीतकार', 'गोताखोर' तथा 'समिधा' के प्रतीकों के माध्यम से अभिव्यक्त किया गया है।
(iii) प्रस्तुत काव्यांश में साहित्यिक खड़ीबोली हिंदी में तत्सम शब्दों का सुंदर प्रयोग किया गया है।
(iv) काव्यांश में 'गाता गीत', 'कौन कृती', 'दे दो' में अनुप्रास अलंकार तथा 'स्नेह' में तेल और प्रेम दो अर्थ होने से श्लेष अलंकार है।
(v) प्रस्तुत काव्यांश में प्रयोगवादी मुक्तक शैली का प्रयोग किया गया है।
(vi) प्रस्तुत काव्यांश में तुकांत शैली में छंदमुक्त रचना है।

काव्यांश 2

यह मधु है–स्वयं काल की मौना का युग-संचय,
यह गोरस–जीवन-कामधेनु का अमृत-पूत पय,
यह अंकुर-फोड़ धरा को रवि को तकता निर्भय,
यह प्रकृत, स्वयंभू, ब्रह्म, अयुतः इसको भी शक्ति को दे दो।
यह दीप, अकेला, स्नेह भरा
है गर्व भरा मदमाता, पर इसको भी पंक्ति को दे दो।

शब्दार्थ

मधु — शहद; **काल** — समय; **मौना** — टोकरा/पिटारा; **गोरस** — दूध तथा दूध से निर्मित पदार्थ (दही); **कामधेनु** — इच्छा पूर्ति करने वाली देवताओं की गाय; **अमृत-पूत पय** — देवपुत्र पय अर्थात् अमृत, अमृत तुल्य पवित्र दूध; **तकता** —ध्यान से देखता; **निर्भय** — निडर/भयरहित; **प्रकृत** — प्रकृति से उत्पन्न/प्रकृति के अनुरूप स्वाभाविक; **स्वयंभू** — ब्रह्म/स्वयं पैदा हुआ; **ब्रह्म** — परब्रह्म/मूल सत्ता/ईश्वर; **अयुत**; — दस हज़ार की संख्या/पृथक् असंबद्ध।

संदर्भ पूर्ववत्।

प्रसंग प्रस्तुत काव्यांश में कवि अज्ञेय जी व्यक्तिवाद की महत्ता को स्वीकार करते हुए भी समाज के निर्माण में एक व्यक्ति के विशिष्ट योगदान को अपने शब्दों में व्यक्त कर रहे हैं।

व्याख्या प्रस्तुत काव्यांश में कवि ने दीप के प्रतीकात्मक माध्यम से व्यक्ति को 'मधु', 'गोरस', 'अंकुरित बीज' तथा 'ब्रह्म' आदि के प्रतीकों से जोड़कर समाज में व्यक्ति की महत्ता को प्रतिपादित किया गया है। कवि के अनुसार, मनुष्य का व्यक्तित्व मधु (शहद) के समान है, जो काफी समय तक संचित

करने के पश्चात् ही सामने आता है, जिसका संचय मधुरता के टोकरे या पिटारे में किया जाता है। मनुष्य का यह व्यक्तित्व कामधेनु के अमृतरूपी पवित्र दूध के समान है। जिस प्रकार कामधेनु का दूध पावनता एवं शक्ति प्रदान करता है, ठीक उसी प्रकार मनुष्य अपने व्यक्तित्व के शक्तिवर्द्धक गुणों से समाज का हित करता है। मनुष्य का यह व्यक्तित्व अंकुर की तरह समस्त बाधाओं को तोड़कर बाहर आने की क्षमता रखता है। यह मनुष्य प्रकृति से ही उत्पन्न है। मनुष्य पृथ्वी की छाती को चीरकर उसमें निहित संपदा को अर्जित करते हुए सूर्य की ओर देखता है।

व्यक्ति प्रकृति से उत्पन्न स्वयंभू, ब्रह्म के समान है तथा अन्य जीवों से पृथक् है। उसकी सत्ता सबसे अलग है। जैसे ब्रह्म की उत्पत्ति स्वयं हुई तथा उन्होंने अपनी शक्ति से सृष्टि के सृजन के लिए रचनात्मक कार्य किए, वैसे ही व्यक्ति को समष्टि अर्थात् समाज की शक्ति की आवश्यकता है, भले ही उसमें शक्ति निहित है, वह विशिष्ट है, किंतु उसकी शक्ति को क्रियान्वित करने के लिए उसे समाज रूपी शक्ति के साथ जोड़ना आवश्यक है।

कवि का मानना है कि व्यष्टि का निर्माण मधु, दूध तथा अंकुर के समान स्वयं होता है। जैसे इनकी अंतर्निहित शक्ति के कारण ही इनका अस्तित्व है, वैसे ही व्यष्टि (व्यक्ति) में असीम शक्ति निहित है, किंतु उसकी शक्ति की सार्थकता केवल समष्टि के साथ है। व्यष्टि अपने आपमें विशिष्ट है, किंतु उसकी विशिष्टता तभी सार्थक है, जब वह समष्टि का एक विशेष अंग बने।

काव्य-शैली

(*i*) प्रस्तुत काव्यांश के अनुसार व्यक्ति की विशिष्टता का महत्त्व समष्टि में है। व्यक्तिगत सृजनशीलता का महत्त्व समाज में ही मिलता है।

(*ii*) कवि ने अद्वैतवादी दर्शन को काव्यात्मक अभिव्यक्ति प्रदान की है।

(*iii*) प्रस्तुत काव्यांश में सहज, सरल व खड़ीबोली में तत्सम शब्दों का प्रयोग हुआ है, जिसमें लक्षणा शब्द शक्ति का प्रयोग हुआ है।

(*iv*) प्रस्तुत काव्यांश में मानव की तुलना प्रकृत, स्वयंभू, ब्रह्म से की गई है तथा उसे अपार शक्तिशाली बताया गया है।

(*v*) प्रस्तुत काव्यांश में 'जीवन-कामधेनु', 'अमृत-पूत' में रूपक अलंकार, 'दे दो' में अनुप्रास अलंकार तथा 'स्नेह' के दो अर्थ हैं— तेल और प्रेम होने के कारण श्लेष अलंकार है।

(*vi*) प्रस्तुत काव्यांश में तुकांत शैली में छंदयुक्त रचना है।

काव्यांश 3

यह वह विश्वास, नहीं जो अपनी लघुता में भी काँपा,
वह पीड़ा, जिस की गहराई को स्वयं उसी ने नापा;
कुत्सा, अपमान, अवज्ञा के धुँधुआते कडुवे तम में
यह सदा-द्रवित, चिर-जागरूक, अनुरक्त-नेत्र,
उल्लंब-बाहु, यह चिर-अखंड अपनापा।
जिज्ञासु, प्रबुद्ध, सदा श्रद्धामय इसको भक्ति को दे दो–
यह दीप, अकेला, स्नेह भरा
है गर्व भरा मदमाता, पर इसको भी पंक्ति को दे दो।

शब्दार्थ

लघुता — अभाव/कमज़ोरी/थोड़ा; **कुत्सा** — निंदा/घृणा; **अवज्ञा** — तिरस्कार/अवहेलना; **कडुवे तम** — विपरीत परिस्थितियों में; **द्रवित** — उदार; **चिर-जागरूक** — सदैव सचेत; **अनुरक्त-नेत्र** — करुणामय/ममतामय नेत्र; **उल्लंब-बाहु** — उठी हुई बाँहों वाला; **अखंड** — संपूर्ण व्यवधान रहित; **अपनापा** — अपनापन; **जिज्ञासु** — जानने की इच्छा रखने वाला।

संदर्भ पूर्ववत्।

प्रसंग प्रस्तुत काव्यांश में कवि अज्ञेय ने दीप के माध्यम से कहा है कि दीप (सृजनशील व्यक्ति) को समाज का एक महत्त्वपूर्ण अंग बनने के लिए विभिन्न परिस्थितियों से गुजरना पड़ता है और दीप विपरीत परिस्थितियों में भी अपना धैर्य तथा मौलिकता को बनाए रखता है।

व्याख्या प्रस्तुत काव्यांश में कवि कहते हैं कि मनुष्य में आत्मविश्वास भरा होता है, जिसके कारण वह कमज़ोरी (अपनी लघुता या कमी) के समय भी अपने गंतव्य से नहीं डगमगाता है अर्थात् अपने आत्मविश्वास को नहीं खोता है। अपने एकाकीपन की पीड़ा को भी वह स्वयं झेलता है। समाज में यदि उसकी निंदा होती है या अपमान, तिरस्कार आदि होता है, तो इन सबसे उत्पन्न विषम स्थिति में अपनी पीड़ा को अपने हृदय की गहराइयों में छिपाते हुए, अपने उदार स्वभाव से सदा सचेत रहते हुए, अपनी आँखों में स्नेह लिए, अपनी भुजाओं को उठाए हुए, पूरे अपनेपन के साथ दूसरों को गले लगाने के लिए तैयार रहता है।

वह (व्यक्ति) जिज्ञासु है, बौद्धिक है तथा सबके प्रति श्रद्धालु है। उसके मन में दूसरों के प्रति प्रेम, उदारता, ममता और करुणा है, जिससे उसके विशाल और स्वच्छ हृदय का पता चलता है। उसमें अपने पावन हृदय से ईश्वर की भक्ति में डूबने का सामर्थ्य है। कवि कह रहे हैं कि इसे भक्ति को दे दो अर्थात् व्यक्ति और समाज (व्यष्टि और समष्टि) सर्वव्याप्त ईश्वर के ही अंग हैं। समाज का हित करना, उसमें समाहित हो जाना ईश्वर की भक्ति के समान ही है। इसे समाज की वृद्ध आध्यात्मिक शक्ति और भक्ति के साथ जोड़ दें, ताकि इसकी आस्था समाज के काम आ सके।

काव्य-शैली

(*i*) प्रस्तुत काव्यांश में 'दीप' तथा 'पंक्ति' क्रमशः व्यष्टि तथा समष्टि के प्रतीक हैं।

(*ii*) प्रस्तुत काव्यांश में कवि ने मनुष्य की गुरुता (महत्ता) को महत्त्व दिया है।

(*iii*) मानव को उदात्त गुणों का समूह बताया गया है।

(*iv*) काव्यांश की भाषा तत्सम शब्दावली युक्त है, जिसमें खड़ीबोली के शब्दों का प्रयोग हुआ है।

(*v*) पंक्ति समष्टि (समाज) का तथा एकाकी दीप व्यक्ति का प्रतीक है। अतः भाषा में प्रतीकात्मकता है।

(*vi*) प्रस्तुत काव्यांश में 'दे दो' तथा 'अपमान', 'अवज्ञा' में अनुप्रास अलंकार है।

(*vii*) प्रस्तुत काव्यांश की रचना छंदमुक्त तुकांत शैली में की गई है।

मैंने देखा, एक बूँद

काव्यांश 1

मैंने देखा
एक बूँद सहसा
उछली सागर के झाग से;
रँग गई क्षणभर
ढलते सूरज की आग से।
मुझ को दीख गया:
सूने विराट के सम्मुख
हर आलोक-छुआ अपनापन
है उन्मोचन
नश्वरता के दाग से!

शब्दार्थ

आग — चमक/प्रकाश; **दीख गया** — दिखाई पड़ा; **सूने** — सुनसान; **विराट** — बहुत बड़ा/ब्रह्म; **उन्मोचन** — मुक्ति; **नश्वरता** — नाशशीलता/ नाशवान।

संदर्भ प्रस्तुत काव्यांश पाठ्यपुस्तक 'अंतरा भाग-2' के 'मैंने देखा, एक बूँद' कविता से उद्धृत है। यह कविता प्रयोगवाद तथा नई कविता आंदोलन को नई दिशा देने वाले कवि अज्ञेय की 'अरी ओ करुणा प्रभामय' काव्य-संग्रह से ली गई है।

प्रसंग प्रस्तुत काव्यांश में अज्ञेय ने क्षण के महत्त्व तथा क्षणभंगुर विश्व की चेतना को एक छोटी सी कविता में स्पष्ट किया है। कवि ने बूँद के माध्यम से लघु के विराट में विलीन होने की प्रक्रिया को अपने शब्दों से अभिव्यक्त किया है।

व्याख्या प्रस्तुत काव्यांश के अनुसार, कवि ने सागर की लहरों के झाग से उछलती हुई एक बूँद को देखा। वह ढलते हुए सूरज की चमक से क्षणभर में ही रँगकर कुछ क्षणों के लिए सूर्य के आलोक के स्पर्श से स्वर्णिम हो गई। इस दृश्य को देखकर कवि को एक दार्शनिक तत्त्व का ज्ञान हुआ कि विराट के सम्मुख बूँद का समुद्र से अलग दिखना नश्वरता के दाग से मुक्त हो जाने का बोध कराता है। बूँद सागर में मिलकर अपना अस्तित्व खो देती है तथा सागर से अलग होकर अपने अस्तित्व को धारण करती है। बूँद का सागर में मिलना ही उसकी मुक्ति है। कवि ने 'बूँद' और 'सागर' के माध्यम से आत्मा और ब्रह्म के स्वरूप को बताया है। जैसे बूँद का अपनापन सागर से होता है, वैसे ही आत्मा का अपनापन ब्रह्म से होता है। कुछ दिनों के लिए वह इस नश्वर संसार में शरीर धारण करके आती है। पुनः ज्ञान (ब्रह्म) के आलोक में अपनी आत्मा को प्रकाशित करने से उसी विराट (ब्रह्म) में एकाकार हो जाती है, जिससे उसे सांसारिक बंधनों एवं इस नश्वर संसार से मुक्ति मिल जाती है, क्योंकि इस संसार के परे शून्य में स्थित ब्रह्म से उसका अपनापन हो जाता है।

काव्य-शैली

(*i*) प्रस्तुत काव्यांश में प्रतीकों के माध्यम से कवि ने लघु तथा विराट, मनुष्य तथा ईश्वर के संबंध के विषय में बताया है।

(*ii*) प्रस्तुत काव्यांश में नए उपमानों का प्रयोग किया गया है; जैसे—ढलते सूरज की आग।

(*iii*) प्रस्तुत काव्यांश में तत्सम शब्दावली युक्त खड़ीबोली का प्रयोग हुआ है।

(*iv*) प्रस्तुत काव्यांश में कवि के दार्शनिक विचार और आत्मानुभूति की अभिव्यक्ति हुई है।

(*v*) प्रस्तुत काव्यांश में कवि आत्मबोध द्वारा जीवन की सत्यता का दर्शन करने का पक्ष ले रहा है।

(*vi*) प्रस्तुत काव्यांश की भाषा प्रतीकात्मक है। 'बूँद' क्षणभंगुर जीवन का तथा 'समुद्र' विराट (ब्रह्म) का प्रतीक है।

पाठ्यपुस्तक (अंतरा भाग-2) के प्रश्नोत्तर

यह दीप अकेला

1. 'दीप अकेला' के प्रतीकार्थ को स्पष्ट करते हुए यह बताइए कि कवि ने स्नेह भरा, गर्व भरा एवं मदमाता क्यों कहा है?

उत्तर अज्ञेय की कविता 'यह दीप अकेला' में 'दीप' व्यक्ति की नितांत व्यक्तिगत अस्मिता और क्षमता का प्रतीक है। कवि मानते हैं कि व्यक्ति अपनी सीमाओं के बावजूद आत्मविश्वास और मानवता के गुणों से भरा रहता है। यह स्नेह भरा है, क्योंकि उसमें प्रेम और कोमलता है। गर्व भरा है, क्योंकि वह अपनी विशिष्टता और ऊर्जा पर विश्वास करता है। मदमाता है, क्योंकि वह अपनी क्षमताओं के प्रति आशावादी और आत्ममुग्ध है। हालाँकि, कवि यह भी कहते हैं कि व्यक्ति की यह विशिष्टता तभी सार्थक है, जब वह समाज का हिस्सा बनकर उसकी सेवा करे।

2. 'यह दीप अकेला है, पर इसको भी पंक्ति को दे दो' के आधार पर व्यष्टि का समष्टि में विलय क्यों और कैसे संभव है?

उत्तर 'यह दीप अकेला' कविता में 'यह दीप अकेला है, पर इसको भी पंक्ति को दे दो' पंक्ति के माध्यम से कवि अज्ञेय ने व्यष्टि (व्यक्ति) और समष्टि (समाज) के बीच गहरे संबंध को बताया है। दीप यहाँ एक ऐसे अद्वितीय व्यक्ति का प्रतीक है, जो अपने गुणों और क्षमताओं से परिपूर्ण है, परंतु अकेला होने के कारण वह अपनी क्षमता व शक्तियों का सही उपयोग नहीं कर पाता है। कवि कहते हैं कि व्यक्ति, चाहे कितना ही गुणी और सक्षम क्यों न हो, उसकी वास्तविक पूर्णता तभी संभव है, जब वह समाज (समष्टि) से जुड़ता है।

अतः व्यष्टि का समष्टि में विलय इसलिए आवश्यक है, क्योंकि समाज के साथ मिलकर व्यक्ति अपनी क्षमताओं का सर्वोत्तम उपयोग कर सकता है। यह विलय व्यक्तिगत सीमाओं को समाप्त करके एक बड़ी शक्ति का निर्माण करता है तथा व्यक्ति का अपना महत्त्व तब ही सार्थक होता है, जब वह समाज की बेहतरी में योगदान देकर अपनी पूर्णता को प्राप्त करता है।

3. 'गीत' और 'मोती' की सार्थकता किससे जुड़ी है?

***अथवा* 'यह दीप अकेला' कविता के आधार पर गीत और मोती की सार्थकता स्पष्ट कीजिए।** **CBSE 2023**

उत्तर कवि अज्ञेय ने 'गीत' और 'मोती' को व्यक्ति की विशिष्टता और गहन अनुभूतियों के प्रतीक के रूप में प्रस्तुत किया है। 'गीत' व्यक्ति की रचनात्मक अभिव्यक्ति और अद्वितीयता का प्रतिनिधित्व करता है, जबकि 'मोती' उसकी साधना और गहन आत्मिक अनुभवों का प्रतीक है। यदि गायक गीत को भावानुकूल न गाए, तो गीत की सार्थकता नहीं रह जाती। उसी प्रकार गोताखोर मोती लाने समुद्र के गर्त में जाता है। जब तक गोताखोर मोती को समुद्रतल पर नहीं लाता, तब तक उसकी कीमत का पता नहीं चलता। समुद्र के गर्त में पड़ा मोती अर्थहीन है। इन दोनों की सार्थकता तब ही पूरी होती है, जब व्यक्ति अपने इन गुणों को समाज के साथ साझा करता है। समाज ही इन गुणों की वास्तविक महत्ता को

पहचानता है और उन्हें मूल्य प्रदान करता है। अतः 'गीत' और 'मोती' की सार्थकता समाज से है, क्योंकि समाज ही उसके वास्तविक मूल्य का आकलन कर सकता है।

4. 'यह अद्वितीय-यह मेरा-यह मैं स्वयं विसर्जित' पंक्ति के आधार पर व्यष्टि के समष्टि में विसर्जन की उपयोगिता बताइए।

उत्तर कवि व्यष्टि का महत्त्व समष्टि के साथ विलय में मानता है। वह मानता है कि जब तक व्यष्टि अहंकार-शून्य होकर समष्टि में समाहित होने की चेतना से युक्त नहीं होगी, तब तक व्यष्टि एवं समष्टि को संपूर्णता के साथ परिभाषित करना संभव नहीं है। व्यक्ति समाज की शक्ति है और समाज में ही व्यक्ति की अस्मिता को महत्त्व मिल सकता है। कवि 'दीप' अर्थात् व्यष्टि को अद्वितीय मानता है। वह दीप (व्यक्ति) को पंक्ति (समाज) में शामिल कर उसे सार्थकता देना चाहता है। कवि इसी कारण 'यह अद्वितीय-यह मेरा-यह मैं स्वयं विसर्जित' कहकर व्यक्ति के जीवन की सार्थकता को समाज में दर्शाता है।

5. 'यह मधु है ········ तकता निर्भय' पंक्तियों के आधार पर बताइए कि 'मधु', 'गोरस' और 'अंकुर' की क्या विशेषता है?

उत्तर मधुमक्खियाँ मधु का संचय बूँद-बूँद कर करती हैं और इस प्रक्रिया में उनका बहुत समय लग जाता है, परंतु मधुमक्खियाँ अपना यह संचयन शांत भाव से करती चली जाती हैं। उसी प्रकार से कवि के गीतों में निहित माधुर्य उसके चुपचाप किए जा रहे प्रयासों का संचित फल है। जिस प्रकार कामधेनु गाय सदैव पवित्र जीवनदायी दूध देती है, उसी प्रकार से व्यक्ति भी समाज को अपने पावन शक्तिवर्द्धक गुणों से जीवनदायिनी दूध के समान शक्ति प्रदान करता है। जिस प्रकार अंकुर निर्भयतापूर्वक पृथ्वी को फोड़कर सूर्य का दर्शन करते हैं, उसी प्रकार व्यक्ति भी अज्ञान के अँधेरे से निकलकर अपने ज्ञान से समाज का हित करते हैं। 'मधु,' 'गोरस' और 'अंकुर' का निर्माण स्वयंभू व ब्रह्म के समान स्वयं हुआ है। मधु में माधुर्य है, गोरस में पावनता तथा शक्तिवर्द्धक गुण है। अंकुर वृक्ष में परिणत होकर मानवता का हित करता है।

6. भाव-सौंदर्य स्पष्ट कीजिए

(क) 'यह प्रकृत, स्वयंभू, ·············· शक्ति को दे दो।'
(ख) 'यह सदा-द्रवित, चिर-जागरूक, ········ चिर-अखंड अपनापा।'
(ग) 'जिज्ञासु, प्रबुद्ध, सदा श्रद्धामय इसको भक्ति को दे दो।'

अथवा **'यह प्रकृत, स्वयंभू, ब्रह्म, अयुतः इसको भी शक्ति को दे दो' पंक्तियों का भाव स्पष्ट कीजिए।** **CBSE Diksha**

उत्तर

(क) प्रस्तुत पंक्ति में कवि ने व्यक्ति को प्राकृत, स्वयंभू, ब्रह्म के समान तथा अन्य जीवों से पृथक् बताया है। उसकी सत्ता सबसे अलग है। जैसे ब्रह्म की उत्पत्ति स्वयं हुई तथा उन्होंने अपनी शक्ति से सृष्टि के सृजन के लिए रचनात्मक कार्य किए, वैसे ही व्यक्ति को समष्टि अर्थात् समाज की शक्ति की आवश्यकता है, भले ही उसमें शक्ति निहित है। वह विशिष्ट है, किंतु उसकी शक्ति को क्रियान्वित करने के लिए उसे समाज रूपी शक्ति के साथ जोड़ना आवश्यक है। अतः इस पंक्ति का मुख्य संदेश यह है कि व्यक्ति की शक्ति, उसकी सृजनात्मकता और उसकी प्रतिभा तभी पूर्ण और प्रभावी होती है, जब वह समाज के साथ मिलकर कार्य करता है।

(ख) प्रस्तुत पंक्ति में कवि ने कहा है कि जिस प्रकार दीपक परपीड़ा (दूसरे की पीड़ा) को दूर करने के लिए स्वयं अग्नि को धारण कर अंधकार को दूर करने का प्रयास करता है, वह सदैव सावधान, जागरूक तथा सबके प्रति स्नेह भाव से परिपूर्ण रहता है और भुजाएँ उठाकर सबको गले लगाने के लिए तत्पर रहता है, उसी प्रकार व्यक्ति भी समस्त कष्टों को स्वयं सहते हुए सबको अपनाने के लिए तैयार रहता है, क्योंकि मानव सरल व कोमल स्वभाव वाला है।

(ग) प्रस्तुत पंक्ति में कवि ने कहा है कि यह दीपक सदैव ज्ञान प्राप्त करने की इच्छा से भरा हुआ, ज्ञानवान तथा श्रद्धालु रहा है। अतः इसे समाज कल्याण के हितार्थ समर्पित कर दो। इसी प्रकार से व्यक्ति सामाजिक समस्याओं के प्रति जिज्ञासु, सदैव जागरूक और समर्पित होता है। वह अपने गुणों को समाज हित के लिए समर्पित करता है।

7. 'यह दीप अकेला' एक प्रयोगवादी कविता है। इस कविता के आधार पर 'लघु मानव' के अस्तित्व और महत्त्व पर प्रकाश डालिए।

उत्तर 'प्रयोगवाद' कविता में बौद्धिकता को महत्त्व देता है। यहाँ प्रतीकों के माध्यम से शब्द और सत्य के अंतःसंबंधों को दर्शाने का प्रयास हुआ है। 'यह दीप अकेला' कविता में प्रकृति के एक महत्त्वपूर्ण आयाम के माध्यम से व्यष्टि (व्यक्ति) तथा समष्टि (समाज) के संबंध को दर्शाया गया है। 'यह दीप अकेला' कविता में 'लघु मानव' के अस्तित्व को सामने लाया गया है। वह आत्मविश्वास से प्रदीप्त मानव है, जो अपनी लघुता के बीच अपनी विशिष्टताओं के कारण सबको प्रभावित करता है। वह अमरता का पुंज है। संघर्षों से हार नहीं मानने की क्षमता रखने वाला मनुष्य है। कवि ने 'दीप' के माध्यम से 'लघु मानव' का चित्रण किया है, किंतु वह मानता है कि इस 'लघु मानव' अर्थात् 'आम आदमी' का अस्तित्व समाज के साथ ही सार्थक होता है।

मैंने देखा, एक बूँद

1. 'सागर' और 'बूँद' से कवि का क्या आशय है?

अथवा **'सागर' और 'बूँद' शब्द की प्रतीकात्मकता स्पष्ट करते हुए लिखिए कि 'मैंने देखा, एक बूँद' कविता में किसके महत्त्व को व्याख्यायित किया गया है?** **CBSE 2024**

उत्तर 'सागर' विराट (ब्रह्म) का प्रतीक है तथा 'बूँद' जीव का प्रतीक है। सागर का अस्तित्व बूँद के समन्वय से संभव है। बूँद की सार्थकता भी सागर के साथ जुड़े होने के कारण ही है। बूँद क्षणभंगुरता का बोध कराती है। सागर से अलग बूँद की क्षणभंगुरता सूर्य की सायंकालीन लालिमा में दिख जाती है, किंतु क्षणभर में ही बूँद सागर में समाहित होकर अमरता को प्राप्त कर लेती है। 'सागर' विराट (ब्रह्म) का एवं 'बूँद' आत्मा का प्रतीक है। जैसे बूँद सागर में मिलकर अमरत्व को प्राप्त करती है, उसी प्रकार आत्मा भी परमात्मा (विराट) से मिलकर अमरत्व को प्राप्त करती है।

2. 'रंग गई क्षणभर, ढलते सूरज की आग से' पंक्ति के आधार पर बूँद के क्षणभर रँगने की सार्थकता बताइए।

अथवा **'मैंने देखा, एक बूँद' कविता के आधार पर बूँद के क्षणभर रँगने की सार्थकता स्पष्ट कीजिए।** **CBSE 2024**

उत्तर जीव, विराट (ब्रह्म) की सत्ता की एक इकाई है, उसी प्रकार बूँद अनंत सागर का अंश है। सायंकालीन लालिमा युक्त सूर्य की किरणें सागर की लहरों में उछली एक बूँद को अपने रंग से रँग देती है। यह लालिमा युक्त स्वर्णिम बूँद उछलकर अपना अस्तित्व दिखाते हुए क्षणभर में सागर में विलीन हो जाती है। यह उस जीव की भाँति है, जो आध्यात्मिकता के रंग में रँगने के बाद विराट (ब्रह्म) की सत्ता में लीन हो जाता है। आध्यात्मिकता के रंग से रँगे जीव का अस्तित्व ब्रह्म में है, उसी प्रकार सूर्य की स्वर्णिम लालिमा से रंगी बूँद का अस्तित्व भी विराट सागर में ही है।

3. 'सूने विराट के सम्मुख ······ दाग से!' पंक्तियों का भावार्थ स्पष्ट कीजिए।

उत्तर इन पंक्तियों में कवि ने आत्मा और ब्रह्म के शाश्वत संबंध को बूँद और सागर के माध्यम से व्यक्त किया है। 'सूने विराट' ब्रह्म या अनंत को दर्शाता है, जो शून्य की तरह असीम और स्थायी है। 'बूँद' आत्मा का प्रतीक है। जैसे बूँद का अस्तित्व सागर से है और वह अंततः उसी में विलीन हो जाती है, वैसे ही आत्मा का असली संबंध परमात्मा (ब्रह्म) से है। आत्मा कुछ समय के लिए इस नश्वर संसार में शरीर धारण करके आती है और अपने कर्मों और अनुभवों के माध्यम से ज्ञान प्राप्त करती है। यह ज्ञान आत्मा को प्रकाशित करता है, जिससे वह अपने मूल स्वरूप को पहचानकर फिर से उस विराट ब्रह्म में एकाकार हो जाती है।

4. 'क्षण के महत्त्व' को उजागर करते हुए कविता का मूल भाव लिखिए।

अथवा 'मैंने देखा, एक बूँद' कविता के संदर्भ में क्षण के महत्त्व को उजागर करते हुए कविता का मूल भाव लिखिए। **CBSE SQP 2024**

उत्तर 'मैंने देखा, एक बूँद' कविता के अनुसार, जीवन में क्षण का विशेष महत्त्व है। क्षणभर के लिए सागर की लहरों से उछली बूँद सूर्य की सायंकालीन लालिमा से रँग जाती है। बूँद के समान मनुष्य का अस्तित्व भी क्षणभंगुर है। वह विराट से एकाकार होकर अपनी अमरता को नवीन रूप में परिभाषित करता है। कवि सागर से अलग बूँद की क्षणभंगुरता को स्पष्ट करता है। यह क्षणभंगुरता बूँद की है, समुद्र की नहीं। जीवन क्षणभंगुर है, किंतु वह तेज के ज्ञान से आलोकित हो तभी क्षण का महत्त्व होता है। क्षणभर में ज्ञान के प्रकाश से आलोकित जीव नश्वर संसार से मुक्त हो जाता है, यही कविता का मूल भाव है।

योग्यता विस्तार

1. अज्ञेय की कविताएँ 'नदी के द्वीप' व 'हरी घास पर क्षणभर' पढ़िए और कक्षा की भित्ति चित्रिका पर लगाइए।

उत्तर छात्र स्वयं करें।

2. 'मानव और समाज' विषय पर परिचर्चा कीजिए।

उत्तर छात्र स्वयं करें।

3. भारतीय दर्शन में 'सागर' और 'बूँद' का संदर्भ जानिए।

उत्तर भारतीय दर्शन के अनुसार 'सागर' विराट (ब्रह्म) का प्रतीक है और 'बूँद' आत्मा का। जैसे बूँद का जन्म सागर से होता है और अंत में वह सागर से मिल जाती है, उसी प्रकार आत्मा भी परमात्मा का अंश रूप है। जीवन के अंत में इसे वहीं जाकर मिलना है। आत्मा के परमात्मा से मिलने की स्थिति को 'मोक्ष' कहते हैं। भारतीय दर्शन में 'सागर' और 'बूँद' का यही संदर्भ है।

अभ्यास प्रश्न

काव्यांश पर आधारित बहुविकल्पीय प्रश्न

यह दीप अकेला

1. यह दीप, अकेला, स्नेह भरा
है गर्व भरा मदमाता, पर इसको भी पंक्ति को दे दो।
यह जन है–गाता गीत जिन्हें फिर और कौन गाएगा?
पनडुब्बा–ये मोती सच्चे फिर कौन कृती लाएगा?
यह समिधा–ऐसी आग हठीला बिरला सुलगाएगा।
यह अद्वितीय–यह मेरा–यह मैं स्वयं विसर्जित–
यह दीप, अकेला, स्नेह भरा
है गर्व भरा मदमाता, पर इसको भी पंक्ति को दे दो।
यह मधु है-स्वयं काल की मौना का युग-संचय,
यह गोरस-जीवन-कामधेनु का अमृत-पूत पय,
यह अंकुर-फोड़ धरा को रवि को तकता निर्भय,
यह प्रकृत, स्वयंभू, ब्रह्म, अयुतः इसको भी शक्ति को दे दो। **CBSE 2023**

(क) 'दीप' किसका प्रतीक है?
(i) व्यक्ति (ii) समाज
(iii) प्रकाश (iv) परिवार

(ख) 'पंक्ति' किसका प्रतीक है?
(i) कतार (ii) समष्टि
(iii) व्यष्टि (iv) अहंकार

(ग) पनडुब्बा से आप क्या समझते हैं?
(i) पानी में चलने वाली नाव (ii) पानी पर तैरने वाले पक्षी
(iii) गोताखोर (iv) बड़ी मछली

(घ) 'दीप का पंक्ति में विलय' का भाव है
(i) दीप की सत्ता का सार्वभौमीकरण
(ii) दीप के अहंकार के मद को दूर करना
(iii) दीप को पंक्ति में स्थान देना
(iv) दीप के एकाकीपन को दूर करना

(ङ) निम्नलिखित कथनों में से सही कथनों पर विचार कीजिए
1. दीप जीवन रूपी कामधेनु द्वारा प्रदत्त अमृत-तुल्य पवित्र दूध के समान नहीं है।
2. दीप कठिन-से-कठिन परिस्थितियों पर विजय पाकर आगे बढ़ने की क्षमता रखता है।
3. समाज दीप की प्रशंसा में सुंदर-सुंदर गीतों की रचना करता है।

कूट
(i) केवल 1 (ii) केवल 2
(iii) 1 और 2 (iv) 1 और 3

उत्तर

(क) (i) व्यक्ति (ख) (ii) समष्टि
(ग) (iii) गोताखोर (घ) (iv) दीप के एकाकीपन को दूर करना
(ङ) (ii) केवल 2

2. **यह मधु है–स्वयं काल की मौना का युग–संचय,**
यह गोरस–जीवन–कामधेनु का अमृत–पूत पय,
यह अंकुर–फोड़ धरा को रवि को तकता निर्भय,
यह प्रकृत, स्वयंभू, ब्रह्म, अयुतः इसको भी शक्ति को दे दो।
यह दीप, अकेला, स्नेह भरा
है गर्व भरा मदमाता, पर इसको भी पंक्ति को दे दो।

(क) पद्यांश के अनुसार, मनुष्य किसके समान है?
(i) शब्द तथा गोरस (दूध) (ii) अंकुरित बीज
(iii) स्वयंभू व ब्रह्म (iv) ये सभी

(ख) 'यह अंकुर–फोड़ धरा को रवि को तकता निर्भय' पंक्ति से कवि का क्या आशय है?
(i) यह (व्यक्ति) समस्त बाधाओं से पार पाने की क्षमता रखता है
(ii) यह (व्यक्ति) पृथ्वी को तोड़–फोड़ सकता है
(iii) यह (व्यक्ति) सूर्य से आँख मिला सकता है
(iv) यह (व्यक्ति) अपने योगदान से समाज को प्रफुल्लित कर सकता है

(ग) काव्यांश के अनुसार, व्यक्ति को किसकी आवश्यकता है?
(i) व्यष्टि की (ii) समष्टि की
(iii) सृष्टि की (iv) दृष्टि की

(घ) प्रस्तुत काव्यांश से कवि में किस भावना के निहित होने का बोध हो रहा है?
(i) अव्यक्तिवाद (ii) समाजवाद
(iii) ब्रह्मवाद (iv) अद्वैतवाद

(ङ) कथन (A) मनुष्य के व्यक्तित्व की तुलना कामधेनु के दूध से की गई है।
कारण (R) मनुष्य की शक्ति भी कामधेनु के दुग्ध के समान समाज के लिए कल्याणकारी होती है।
(i) कथन (A) और कारण (R) दोनों सही हैं तथा कारण (R), कथन (A) की सही व्याख्या करता है।
(ii) कथन (A) और कारण (R) दोनों सही हैं, परंतु कारण (R), कथन (A) की सही व्याख्या नहीं करता है।
(iii) कथन (A) सही है, किंतु कारण (R) गलत है।
(iv) कथन (A) गलत है, किंतु कारण (R) सही है।

उत्तर

(क) (iv) ये सभी
(ख) (i) यह (व्यक्ति) समस्त बाधाओं से पार पाने की क्षमता रखता है
(ग) (ii) समष्टि की
(घ) (ii) समाजवाद
(ङ) (i) कथन (A) और कारण (R) दोनों सही हैं तथा कारण (R), कथन (A) की सही व्याख्या करता है।

मैंने देखा, एक बूँद

1. **मैंने देखा**
एक बूँद सहसा
उछली सागर के झाग से;
रँग गई क्षणभर
ढलते सूरज की आग से।
मुझ को दीख गया:
सूने विराट के सम्मुख
हर आलोक–छुआ अपनापन
है उन्मोचन
नश्वरता के दाग से! **CBSE 2023**

(क) प्रस्तुत काव्यांश में कवि ने व्याख्यायित किया है
(i) बूँद के माध्यम से जीवन की अमरता को
(ii) बूँद के माध्यम से सागर की नश्वरता को
(iii) बूँद के माध्यम से जीवन की क्षणभंगुरता को
(iv) बूँद के माध्यम से सागर की क्षणभंगुरता को

(ख) कविता में प्रयुक्त 'बूँद' शब्द किसका प्रतीक है?
(i) संसार का (ii) जीवन का
(iii) पानी का (iv) ईश्वर का

(ग) कविता में प्रयुक्त 'सागर' शब्द किसका प्रतीकार्थ है?
(i) समुद्र का (ii) अथाह जल का
(iii) प्रकृति का (iv) संसार का

(घ) प्रस्तुत कविता में कवि ने किसकी महत्ता प्रतिपादित की है?
(i) क्षण की (ii) जल की
(iii) बूँद की (iv) प्रकृति की

(ङ) 'सूने विराट के सम्मुख' पंक्ति में 'विराट' शब्द से किसकी ओर संकेत है?
(i) प्रकृति (ii) ब्रह्म
(iii) समुद्र (iv) संसार

उत्तर

(क) (iii) बूँद के माध्यम से जीवन की क्षणभंगुरता को
(ख) (ii) जीवन का
(ग) (iv) संसार का
(घ) (i) क्षण की
(ङ) (ii) ब्रह्म

विषय-वस्तु पर आधारित प्रश्नोत्तर

यह दीप अकेला

1. **'यह दीप अकेला' कविता के आधार पर कवि के व्यष्टि और समष्टि के विचारों का उल्लेख कीजिए।**

उत्तर 'यह दीप अकेला' कविता में अज्ञेय ने व्यक्ति (व्यष्टि) और समाज (समष्टि) के बीच गहरे संबंध को उजागर किया है। कवि ने 'दीप' को व्यक्ति का प्रतीक और 'पंक्ति' को समाज का प्रतीक बताया है। उनके विचार में व्यष्टि और समष्टि दोनों ही एक-दूसरे के पूरक हैं और एक-दूसरे के बिना अधूरे हैं। व्यक्ति अपने स्वतंत्रता, विशिष्टता और सामर्थ्य के कारण महत्त्वपूर्ण है, लेकिन उसकी असली सार्थकता तब है जब वह समाज के साथ अपने गुणों को साझा करता है। इस प्रकार समाज का विकास और अस्तित्व व्यक्तियों के योगदान से ही संभव है। इस कविता में अज्ञेय ने यह संदेश दिया है कि व्यष्टि और समष्टि के बीच संतुलन आवश्यक है। यही संतुलन व्यक्ति और समाज दोनों को सार्थक बनाता है।

2. 'यह दीप अकेला' कविता का मूल भाव लिखिए।
***अथवा* 'यह दीप अकेला' कविता का केंद्रीय भाव स्पष्ट कीजिए।** **CBSE Diksha**

उत्तर अज्ञेय की कविता 'यह दीप अकेला' का मूल भाव यह है कि व्यक्ति स्वयं में शक्तिशाली और अद्वितीय होता है, परंतु उसकी शक्ति का वास्तविक मूल्य तभी होता है, जब वह समाज का अंग बनता है। कवि के अनुसार, वह दीप (व्यक्ति), जो स्नेह और प्रेम से भरा है, अपने गर्व के कारण अकेला रहता है। इस दीप को यदि पंक्ति (समाज) में सम्मिलित कर दिया जाए, तो उसकी सार्थकता और महत्त्व और बढ़ जाएगा। व्यक्ति का अकेला होना उसकी सामर्थ्य को सीमित कर देता है।

उसकी प्रतिभा, गुण, और उपलब्धियाँ समाज में जुड़कर ही सार्थक होते हैं अर्थात् दीप भले ही अकेले में अपने गुणों और क्षमताओं से भरा हुआ है, लेकिन उसकी क्षमता और शक्ति का सही उपयोग तब ही संभव होता है, जब वह समाज से जुड़ता है। अतः व्यक्ति को अपने अहं को त्यागकर समाज के साथ जुड़कर कार्य करना चाहिए, ताकि उसकी शक्ति और क्षमता का सही उपयोग हो सके और समाज और राष्ट्र को मजबूत बना सके।

3. 'समिधा' से क्या अभिप्राय है?

उत्तर 'समिधा' हवन के समय हवनकुंड में डाली जाने वाली सामग्री और लकड़ी को कहते हैं। यह लकड़ी प्रज्वलित होकर अग्नि के रूप में हवन सामग्री को देवताओं तक पहुँचाती है। संस्कृत शब्द 'समिथ' एवं 'समिध' का अर्थ अग्नि है। 'समिध' संस्कृत में यज्ञ के समय यज्ञकुंड में डाली जाने वाली लकड़ी को कहते हैं। संभवतः समिध ही बोलचाल की भाषा में समिधा बन गया है।

4. 'प्रकृत', 'स्वयंभू', 'ब्रह्म' आदि किसके विशेषण हैं और इनको लघु मानव के लिए क्यों प्रयुक्त किया गया है?

उत्तर 'प्रकृत', 'स्वयंभू', 'ब्रह्म' आदि परमसत्ता के विशेषण हैं। ब्रह्म से पूर्व 'परम' विशेषण लगाने से आदि शक्ति, ईश्वर, सृष्टि निर्माता का ज्ञान होता है। प्रयोगवादी कवि प्राचीन प्रतीक, उपमान एवं आदर्शों को न मानते हुए, नए प्रतीक व उपमानों की रचना करते हैं। दीप लघु मानव का प्रतीक है तथा लघु मानव को प्रकृत, स्वयंभू, ब्रह्म आदि के समान शक्तिमान माना गया है, इसलिए ये शब्द लघु मानव के लिए प्रयुक्त किए गए हैं।

5. 'यह वह विश्वास .... नापा' पंक्ति का अर्थ स्पष्ट कीजिए।

उत्तर दीप अर्थात् मानव में आत्मविश्वास और दृढ़ता भरी होती है। समष्टि एवं विराट के सामने उसका अस्तित्व छोटा है, लघु है, किंतु वह अपनी लघुता से विचलित नहीं होता है, वह दृढ़तापूर्वक अपनी अस्मिता को बनाए रखता है। अपनी लघुता के कारण यदि उसे कोई पीड़ा होती है, तो भी वह अपनी अस्मिता को बनाए रखने के लिए आने वाली पीड़ा को स्वयं झेलता है या उसे दूर करने की कोशिश करता है।

6. कवि ने व्यक्ति और समाज की समन्वयता को स्पष्ट करने के लिए अनेक विलक्षण एवं उत्तर-प्रतिभाशाली व्यक्तित्वों के उदाहरण प्रस्तुत किए हैं। ऐसे कोई दो उदाहरण दीजिए, जिनकी महत्ता एवं प्रतिभा कवि के अनुसार समाज को उत्तम बनाती है। **CBSE Diksha**

उत्तर कवि अज्ञेय ने अनेक विलक्षण प्रतिभाओं के उदाहरण दिए हैं, जो व्यक्तित्व की सार्थकता और समाज के प्रति दायित्व को उजागर करते हैं। कवि के अनुसार, एक गीतकार का गीत तभी सार्थक होता है, जब उसे गाया जाए। बिना प्रस्तुति के वह केवल कागज पर लिखा रह जाता है और उसकी कोई पहचान नहीं बनती। उसी प्रकार गोताखोर है, जो समुद्र में जाकर सच्चे मोती लाने में सक्षम है, लेकिन जब तक वह इन्हें समुद्र से बाहर नहीं लाता, तब तक उनकी कोई पहचान नहीं होती। मोती भले कितने ही मूल्यवान क्यों न हों, समुद्र के तल में निरर्थक रहते हैं।

इन दोनों उदाहरणों के माध्यम से कवि यह स्पष्ट करते हैं कि व्यक्ति की प्रतिभा और योगदान तभी सार्थक बनते हैं, जब वे समाज के हित में कार्य करते हैं। इसलिए समाज के लिए योगदान देना और अपनी क्षमताओं का उपयोग करना आवश्यक है, ताकि वह अपनी पूर्णता को प्राप्त कर सके।

7. 'यह दीप अकेला' कविता में व्यक्त व्यक्ति और समाज के संबंधों की व्याख्या समझाइए। **CBSE Diksha**

उत्तर 'यह दीप अकेला' कविता व्यक्ति और समाज के संबंधों को महत्त्व देती है। कवि व्यक्ति और समाज के संबंधों पर विचार करते हुए कहते हैं कि व्यक्ति चाहे कितने भी गुण और क्षमताओं से परिपूर्ण क्यों न हो, वह पूर्णता तभी प्राप्त कर सकता है, जब वह समाज से जुड़ता है। कवि ने दीप के माध्यम से यह बताया है कि अकेले दीप (व्यक्ति) का महत्त्व कम है, परंतु जब वह पंक्ति (समाज) में सम्मिलित होता है, तो उसकी सार्थकता बढ़ जाती है। इस प्रकार, समाज में समाहित होकर ही व्यक्ति अपनी शक्ति और क्षमताओं का सही उपयोग कर सकता है। व्यक्ति अपने अहंकार का त्याग करके समाज का अंग बन सकता है और समाज को सशक्त और समृद्ध बना सकता है।

मैंने देखा, एक बूँद

8. क्षणभर के आलोक ने बूँद को किस तरह विशेष बना दिया? 'मैंने देखा, एक बूँद' कविता के आधार पर स्पष्ट कीजिए।

उत्तर कविता 'मैंने देखा, एक बूँद' में कवि ने बूँद की क्षणभंगुरता को गहराई से व्याख्यायित किया है। सागर की लहरों के झाग से उछली हुई बूँद जब सूर्य के प्रकाश से आलोकित हुई, तो वह क्षणभर के लिए लालिमा और स्वर्णिम आभा से चमक उठी। इस आलोक ने बूँद को विशेष बना दिया और उसे एक अनोखी पहचान दी। यह क्षणिक प्रकाश ही बूँद के जीवन की पूर्णता और उसकी विशिष्टता का प्रतीक बन गया। सूर्य के आलोक में रँगने से बूँद को मानो अपनी सार्थकता और मुक्ति का अनुभव हुआ। यह प्रसंग जीवन और ब्रह्म के संबंध का प्रतीक है, जिसमें क्षणभर का अनुभव भी जीवन को पूर्णता प्रदान कर सकता है।

9. 'मैंने देखा, एक बूँद' कविता में कवि अज्ञेय ने किस सत्यता के दर्शन किए और कैसे?

उत्तर 'मैंने देखा, एक बूँद' कविता में कवि अज्ञेय ने एक बूँद को सागर की लहरों के झाग से उछलते हुए तथा उसे सूर्य के प्रकाश से रँगीन होते हुए देखा। कवि को बूँद के उस स्वर्णिम अस्तित्व से उसके जीवन की चरम सार्थकता दिखाई पड़ी।

कवि ने अपने आत्मज्ञान से 'बूँद' को सागर में विलीन होते देखकर मोक्ष की भावना के सत्य को देखा। इस दृश्य से कवि ने यह अनुभव किया कि जैसे एक बूँद अपनी नश्वरता से मुक्त होकर सागर में विलीन होकर अपनी पूर्णता और शाश्वतता को प्राप्त कर लेती है, वैसे ही आत्मा भी संसार की नश्वरता से ऊपर उठकर ब्रह्म के प्रकाश में प्रकाशित होती है और उसी में विलीन होकर मोक्ष प्राप्त करती है।

10. 'मैंने देखा, एक बूँद' कविता का प्रतिपाद्य स्पष्ट कीजिए।

CBSE SQP 2023, 22

उत्तर 'मैंने देखा, एक बूँद' अज्ञेय की एक दार्शनिक कविता है। उन्होंने 'बूँद' को व्यष्टि एवं 'सागर' को समष्टि का प्रतीक माना है। उनके अनुसार, समष्टि से अलग रहने में व्यष्टि का हित नहीं है। जीवात्मा की सभी बुराइयाँ एवं दुर्गुण विराट के संपर्क से दूर हो जाते हैं। वह अमरत्व को पा लेती है। समुद्र की एक बूँद ढलते सूर्य के आलोक से रँगीन होकर स्वर्णिम सी लगने लगती है, उसी प्रकार जीवात्मा जब परमात्मा में लीन हो जाती है, तब उसमें एक नवीन आलोक प्रकाशित होने लगता है एवं वह परमात्मा में लीन होकर नश्वरता के दाग से मुक्त हो जाती है। कवि ने कविता के माध्यम से मुक्ति का संदेश दिया है।

11. अज्ञेय प्रकृति सौंदर्य के कुशल चितेरे हैं। कविता में वर्णित प्राकृतिक सुषमा व जीवन की सार्थकता का वर्णन अपने शब्दों में कीजिए।

उत्तर 'मैंने देखा, एक बूँद' कविता के माध्यम से कवि ने ढलते सूर्य की किरणों से बूँद को मिली निजता और पहचान का सुंदर चित्रण किया है। बूँद का क्षणिक और अलौकिक रूप सौंदर्य का वर्णन कवि ने बड़े भावपूर्ण ढंग से किया है, साथ ही कवि ने जीवन की नश्वरता और क्षणभंगुरता की दार्शनिक अभिव्यक्ति भी की है।

बूँद का क्षणिक रूप से उछलकर सागर में मिलना हमें जीवन की नश्वरता का एहसास कराता है। ढलते सूर्य की रोशनी में बूँद का रंग बदलना जीवन के क्षणभंगुर आनंद का प्रतीक है। इस चित्रण के माध्यम से कवि हमें प्रेरित करते हैं कि हम इस नश्वर और क्षणभंगुर जीवन में अपने प्रयासों से कैसे सार्थकता के शाश्वत रंग भर सकते हैं अर्थात् कवि कहना चाहते हैं कि भले ही जीवन क्षणिक हो, हम इसे अपने कार्यों और प्रयासों से अमर बना सकते हैं।

12. बूँद का सागर के झाग से उछलना किस बात का प्रतीक है?

उत्तर बूँद का सागर के झाग से उछलना जीवन में क्षणिक उपलब्धियों और आत्म-साक्षात्कार का प्रतीक है। यह दर्शाता है कि व्यक्ति अपने जीवन में भले ही क्षणिक और नश्वर हो, फिर भी वह अपनी पहचान और सार्थकता की खोज कर सकता है।

बूँद का क्षणिक रूप से सूर्य की किरणों से रँगीन होना इस बात का प्रतीक है कि जीवन में किए गए सार्थक प्रयास, चाहे क्षणिक ही क्यों न हों, हमारे अस्तित्व को एक अनमोल और विशिष्ट पहचान दे सकते हैं अर्थात् मनुष्य अपने छोटे-से जीवन में भी यदि सार्थक प्रयास करता है, तो वह अपने अस्तित्व को एक विशेष अर्थ दे सकता है। बूँद का यह उछलना न केवल जीवन के अस्थायी आनंद को दर्शाता है, बल्कि यह नश्वरता के दाग से मुक्ति पाने के प्रयास का भी संकेत है।

13. क्या सागर से अलग बूँद का कोई अस्तित्व है? यदि हाँ, तो कैसे? 'मैंने देखा, एक बूँद' कविता में निहित कवि की इस दार्शनिकता का अर्थ बताइए।

उत्तर 'मैंने देखा, एक बूँद' प्रतीकात्मक कविता है, जहाँ 'सागर' परमात्मा का और 'बूँद' आत्मा का प्रतीक है। प्रस्तुत कविता के माध्यम से अज्ञेय यह संदेश देते हैं कि यद्यपि सागर से अलग बूँद का कोई अस्तित्व नहीं, लेकिन फिर भी वह पल भर के लिए ही सही अपने प्रयासों से अपनी अमरता प्राप्त कर लेती है।

उसी भाँति मनुष्य भी अपने प्रयासों और लगन से अपने समाज में अपने निजी अस्तित्व को बना सकता है तथा दूसरों के लिए आदर्श व मिसाल बनकर उभर सकता है।

कवि ने जीवन की क्षणभंगुरता का दर्शन देकर यह विचारधारा अभिव्यक्त की है कि जब बूँद सागर से अलग होकर सूर्य की रोशनी में चमकती है, तो वह अपनी आत्मीयता का अनुभव करके अपने अस्तित्व को क्षणिक रूप से सार्थक बनाती है। इसी तरह मनुष्य अपनी क्षणिक उपलब्धियों और योगदान से अपने जीवन को अर्थपूर्ण बना सकता है। कवि कहते हैं कि भले ही हमारी भौतिक उपस्थिति क्षणिक हो, हम जीवन को सार्थक बनाकर ब्रह्म के साथ एकाकार हो सकते हैं।

14. कवि अज्ञेय ने बूँद के माध्यम से नश्वरता से उन्मोचन की व्याख्या कैसे की है?

उत्तर कवि अज्ञेय ने बूँद के माध्यम से नश्वरता से उन्मोचन की व्याख्या एक दार्शनिक दृष्टिकोण से की है। कवि अज्ञेय जीवन की क्षणभंगुरता का गहन सत्य व्यक्त करते हुए यह संदेश देते हैं कि प्रत्येक व्यक्ति के सार्थक प्रयास न केवल उसके समाज और देश को उन्नत करने में सहायक होते हैं, बल्कि वे दूसरों के लिए प्रेरणास्रोत भी बन सकते हैं।

इस प्रकार, व्यक्ति अपने कार्यों के माध्यम से युगों-युगों तक दिशा-निर्देश देने वाले पदचिह्न छोड़ सकता है। कविता में बूँद का एक क्षण के लिए ढलते सूर्य की किरणों में रंग जाना कवि के लिए शाश्वत स्मृति बन जाता है। इसी प्रकार, मनुष्य भी अपने महान कार्यों के द्वारा अमरता प्राप्त कर सकता है, जिससे उसकी पहचान और योगदान हमेशा जीवित रहते हैं। इस दृष्टिकोण से अज्ञेय जीवन की क्षणिक खुशियों और उपलब्धियों को महत्त्वपूर्ण मानते हैं, जो नश्वरता के बोध से उन्मुक्ति का मार्ग प्रशस्त करती हैं।

स्व-मूल्यांकन

काव्यांश पर आधारित बहुविकल्पीय प्रश्न

निम्नलिखित काव्यांश को ध्यानपूर्वक पढ़कर पूछे गए बहुविकल्पीय प्रश्नों के लिए सवाधिक उपयुक्त विकल्प का चुनाव कीजिए।

1. यह मधु है—स्वयं काल की मौना का युग-संचय,
यह गोरस—जीवन-कामधेनु का अमृत-पूत पय,
यह अंकुर-फोड़ धरा को रवि को तकता निर्भय,
यह प्रकृत, स्वयंभू, ब्रह्म, अयुतः इसको भी शक्ति को दे दो।
यह दीप, अकेला, स्नेह भरा
है गर्व भरा मदमाता, पर इसको भी पंक्ति को दे दो।

(क) कवि ने मनुष्य के व्यक्तित्व की तुलना किससे की है?
(i) दीपक (ii) मधु
(iii) गोरस (iv) ये सभी

(ख) कवि द्वारा मनुष्य के व्यक्तित्व को किसके समान शक्तिवर्द्धक बताया गया है?
(i) सूर्य की किरण (ii) कामधेनु के दूध
(iii) प्रकृति की छाया (iv) ब्रह्म की ऊर्जा

(ग) मनुष्य की शक्ति किसके साथ जुड़ने पर सार्थक होती है?
(i) प्रकृति (ii) समष्टि (iii) स्वयंभू (iv) ब्रह्म

(घ) **कथन** (A) कवि ने मनुष्य के व्यक्तित्व की तुलना मधु से की है।
कारण (R) मधु व्यक्ति के भीतर संचित मधुरता और मूल्यवान गुणों का प्रतीक है।
कूट
(i) कथन (A) और कारण (R) दोनों सही हैं तथा कारण (R), कथन (A) की सही व्याख्या करता है।
(ii) कथन (A) और कारण (R) दोनों सही हैं, परंतु कारण (R), कथन (A) की सही व्याख्या नहीं करता है।
(iii) कथन (A) सही है, किंतु कारण (R) गलत है।
(iv) कथन (A) गलत है, किंतु कारण (R) सही है।

(ङ) 'पृथ्वी की छाती को फाड़कर' पंक्ति से कवि का क्या अभिप्राय है?
(i) प्रकृति का विनाश करना
(ii) शक्ति का दुरुपयोग करना
(iii) संघर्ष और उपलब्धि को पाना
(iv) समर्पण और संतोष की भावना

उत्तर
(क) (iv) ये सभी
(ख) (ii) कामधेनु के दूध
(ग) (ii) समष्टि
(घ) (i) कथन (A) और कारण (R) दोनों सही हैं तथा कारण (R), कथन (A) की सही व्याख्या करता है।
(ङ) (iii) संघर्ष और उपलब्धि को पाना

काव्यांश की व्याख्या

2. निम्नलिखित में से किसी एक काव्यांश की सप्रसंग व्याख्या कीजिए।

यह वह विश्वास, नहीं जो अपनी लघुता में भी काँपा,
वह पीड़ा, जिस की गहराई को स्वयं उसी ने नापा;
कुत्सा, अपमान, अवज्ञा के धुँधुआते कडुवे तम में
यह सदा-द्रवित, चिर-जागरूक, अनुरक्त-नेत्र,
उल्लंब-बाहु, यह चिर-अखंड अपनापा।
जिज्ञासु, प्रबुद्ध, सदा श्रद्धामय इसको भक्ति को दे दो—
यह दीप, अकेला, स्नेह भरा
है गर्व भरा मदमाता, पर इसको भी पंक्ति को दे दो।

अथवा

मैंने देखा
एक बूँद सहसा
उछली सागर के झाग से;
रँग गई क्षणभर
ढलते सूरज की आग से।
मुझ को दीख गया:
सूने विराट के सम्मुख
हर आलोक-छुआ अपनापन
है उन्मोचन
नश्वरता के दाग से!

विषय-वस्तु पर आधारित प्रश्न

1. कवि के अनुसार विषम परिस्थितियों में व्यक्ति क्या करता है? 'यह दीप अकेला' कविता के आधार पर स्पष्ट कीजिए।
2. 'अपमान, अवज्ञा के धुँधुआते कडुवे तम में' पंक्ति से क्या तात्पर्य है? स्पष्ट कीजिए।
3. कवि ने 'गोरस' का प्रयोग किस संदर्भ में और क्यों किया है?
4. बूँद और सागर के माध्यम से कवि ने किस दार्शनिक तत्त्व को व्यक्त किया है?
5. 'मैंने देखा, एक बूँद' कविता में कवि के अनुसार नश्वरता के दाग से मुक्ति का क्या अर्थ है?
6. बूँद और सागर के माध्यम से कवि ने आत्मा और ब्रह्म के किस संबंध को स्पष्ट किया है?

04

अध्याय

कवि-परिचय

केदारनाथ सिंह का जन्म 7 जुलाई, 1934 को उत्तर प्रदेश के बलिया जिले के चकिया गाँव में हुआ था। इनकी प्रारंभिक शिक्षा गाँव में ही हुई। इन्होंने काशी हिंदू विश्वविद्यालय से हिंदी में स्नातकोत्तर उपाधि ग्रहण की। इन्होंने बनारस विश्वविद्यालय से वर्ष 1956 में एम.ए. तथा वर्ष 1964 में पी. एच. डी. की। इन्होंने वाराणसी, गोरखपुर और पडरौना के कई स्नातक-स्नातकोत्तर विद्यालयों में अध्यापन कार्य किया। वर्ष 1999 में ये जवाहरलाल नेहरू विश्वविद्यालय, नई दिल्ली में प्रोफेसर और अध्यक्ष पद से सेवानिवृत्त हुए। उन्हें 'अकाल में सारस' के लिए साहित्य अकादमी पुरस्कार समेत कई अन्य पुरस्कारों से सम्मानित किया गया। उनकी प्रमुख कृतियों में 'अभी बिल्कुल अभी', 'यहाँ से देखो', 'ज़मीन पक रही है', 'अकाल में सारस', उत्तर कबीर तथा अन्य कविताएँ आदि सम्मिलित हैं। वर्ष 2018 में इनका निधन हो गया।

▼ अध्ययन के लिए
- कविता की रूपरेखा
- काव्यांशों की व्याख्या

▼ अभ्यास के लिए
- पाठ्यपुस्तक के प्रश्नोत्तर
- काव्यांश पर आधारित बहुविकल्पीय प्रश्न
- विषय-वस्तु पर आधारित प्रश्नोत्तर

(क) बनारस
(ख) दिशा

(केदारनाथ सिंह)

कविता की रूपरेखा

बनारस

'बनारस' कविता के रचनाकार प्रसिद्ध कवि केदारनाथ सिंह हैं। 'बनारस' कविता में कवि कहते हैं कि यहाँ वसंत का आगमन अचानक से होता है, जिससे लहरतारा और मडुवाडीह के बीच पूरे नगर में धूल के बवंडर से हलचल प्रारंभ हो जाती है। बनारस में वसंत के आने से भिखारियों में उम्मीद का संचार होता है। बनारस की धरती और गंगा की लहरों में मोक्ष प्रदान करने की शक्ति है। यहाँ के घाटों पर प्रतिदिन अनगिनत शव निरंतर कंधों पर लाए जाते है, जिससे बनारस गतिशील रहता है। बनारस में स्थिरता और गतिशीलता का अनोखा संगम है। शाम के समय गंगा आरती की रोशनी और दीपों के प्रतिबिंब से यह शहर आधा रोशनी में नहाया हुआ और आधा जल में प्रतीत होता है। कवि बनारस को आध्यात्मिकता और भौतिकता के अद्भुत समन्वय के रूप में चित्रित करता है। यह शहर बिना किसी सहारे के आस्था और परंपराओं पर टिका हुआ है।

दिशा

'दिशा' कविता बाल मनोविज्ञान से संबंधित है। प्रस्तुत कविता में कवि किसी पतंग उड़ाते बच्चे से हिमालय की दिशा के बारे में पूछता है। बच्चा अपनी बाल सुलभता से बताता है कि उसकी पतंग जिस दिशा की ओर उड़ रही है, हिमालय उसी ओर है। कवि को इस बात से आश्चर्य होता है और उसे लगता है कि मनुष्य अपने यथार्थ को अपने लक्ष्य से जोड़कर देखता है। बच्चे का यथार्थ उसका अपना है, जो संसार के यथार्थ से अलग है। कवि ने बच्चे के भोलेपन से एक वृहद् दर्शन के बारे में जाना है। 'दिशा' कविता छोटी है, किंतु इसका भाव विस्तृत है। कविता की भाषा सहज है।

काव्यांशों की व्याख्या

निम्नलिखित काव्यांशों की सप्रसंग व्याख्या कीजिए

बनारस

काव्यांश 1

इस शहर में वसंत
अचानक आता है
और जब आता है तो मैंने देखा है
लहरतारा या मडुवाडीह की तरफ़ से
उठता है धूल का एक बवंडर
और इस महान् पुराने शहर की जीभ
किरकिराने लगती है
जो है वह सुगबुगाता है
जो नहीं है वह फेंकने लगता है पचखियाँ
आदमी दशाश्वमेध पर जाता है
और पाता है घाट का आखिरी पत्थर
कुछ और मुलायम हो गया है
सीढ़ियों पर बैठे बंदरों की आँखों में
एक अजीब-सी नमी है
और एक अजीब-सी चमक से भर उठा है
भिखारियों के कटोरों का निचाट खालीपन। **CBSE SQP 2024**

शब्दार्थ

लहरतारा या मडुवाडीह — बनारस के मोहल्लों के नाम; **बवंडर** — अंधड़/धूल भरी आँधी; **सुगबुगाता** — जागरण/जागने की प्रक्रिया; **पचखियाँ** — अंकुरण; **निचाट** — बिल्कुल/एकदम।

संदर्भ प्रस्तुत काव्यांश पाठ्यपुस्तक 'अंतरा भाग-2' में संकलित 'बनारस' शीर्षक कविता से उद्धृत है। यह कविता समकालीन कविता के प्रसिद्ध कवि केदारनाथ सिंह द्वारा रचित है।

प्रसंग प्रस्तुत काव्यांश में कवि ने बनारस शहर में वसंत के आगमन तथा बनारस के सामाजिक और सांस्कृतिक परिवेश का सजीव चित्रण किया है।

व्याख्या प्रस्तुत काव्यांश में कवि बनारस की आध्यात्मिक तथा लौकिक स्थिति का चित्रण करते हुए कहते हैं कि यहाँ वसंत का आगमन अचानक होता है। यह लहरतारा या मडुवाडीह (मोहल्ले) की तरफ से धूल के बवंडर के रूप में आकर इस प्राचीन तथा महान नगर को अपने आगोश में ले लेता है अर्थात् यह धूल भरी आँधी पुराने महान शहर के हर हिस्से को प्रभावित करती है और धूल की किरकिराहट हर किसी की जीभ को महसूस होने लगती है। लहरतारा तथा मडुवाडीह दो भिन्न ध्रुवांत हैं। लहरतारा कबीर के जन्म की कथा से जुड़ा है, तो मडुवाडीह में लोकोमोटिव इंजन का कारखाना खुला, जो आधुनिकता का प्रतीक है। इसके अतिरिक्त यह योग (वेश्याओं की बस्तियाँ) का केंद्र भी है।

इन दो प्रकार की प्रवृत्तियों के बीच बनारस की संस्कृति का उद्भव हुआ है जो भौतिकता और अध्यात्म का अनोखा संगम है। कवि कहते हैं कि वसंत के आगमन के साथ ही शहर में हलचल और सुगबुगाहट (जागृति) शुरू हो गई है। पूरे वातावरण में वसंत के कारण परिवर्तन दिखने लगता है। सब में जीवन का अंकुर-सा फूटने लगता है। दशाश्वमेध घाट पर जब व्यक्ति जाता है, तो उसे वहाँ के निष्ठुर अंतिम पत्थर में भी वसंत की कोमलता का आभास हो जाता है। घाट की सीढ़ियों पर बैठे बंदरों की आँखों में नमी वसंत का अनुभव कराती है। घाट पर बैठे भिखारियों में भी वसंत आशा का संचार कर देता है, उसके खाली कटोरों के भरने की उम्मीद से लगता है, जैसे कटोरों में वसंत रूपी मुद्रा (धन) उतर आई हो।

काव्य-शैली

(*i*) प्रस्तुत काव्यांश में बनारस के जीवन का स्वाभाविक वर्णन किया गया है। इसमें वसंत के आगमन पर कवि प्रकृति का नहीं, बल्कि बनारस का वर्णन कर रहा है।

(*ii*) दशाश्वमेध घाट बनारस के महत्त्वपूर्ण घाटों में से एक है।

(*iii*) बनारस को पहले शिव नगरी 'काशी' के नाम से जाना जाता था।

(*iv*) प्रस्तुत काव्यांश की भाषा सहज तथा आम बोलचाल की भाषा है तथा इसमें देशज शब्दों का प्रयोग हुआ है।

(*v*) प्रस्तुत काव्यांश में 'किरकिराना', 'सुगबुगाहट', 'पचखियाँ' शब्दों के प्रयोग से काव्य की संवेदना को स्पष्टता दी गई है।

(*vi*) 'अचानक आता', 'भिखारियों के कटोरों का निचाट खालीपन' में अनुप्रास अलंकार तथा 'पत्थर कुछ और मुलायम हो गया है' में विरोधाभास अलंकार है। 'एक अजीब-सी नमी' में उपमा अलंकार है।

(*vii*) भाषा में प्रतीकात्मकता एवं चित्रमयता है।

काव्यांश 2

तुमने कभी देखा है
खाली कटोरों में वसंत का उतरना।
यह शहर इसी तरह खुलता है
इसी तरह भरता
और खाली होता है यह शहर
इसी तरह रोज़-रोज़ एक अनंत शव
ले जाते हैं कंधे
अँधेरी गली से
चमकती हुई गंगा की तरफ़
इस शहर में धूल
धीरे-धीरे उड़ती है
धीरे-धीरे चलते हैं लोग
धीरे-धीरे बजते हैं घंटे
शाम धीरे-धीरे होती है।

शब्दार्थ

अनंत — असीम/अंतहीन; **शव** — मृत शरीर; **तरफ** —ओर; **घंटे** — मंदिर में बजने वाली घंटियाँ।

संदर्भ पूर्ववत्।

प्रसंग प्रस्तुत काव्यांश में कवि ने बनारस शहर में वसंत के आगमन के साथ दैनिक जीवन में होने वाली गतिविधियों का चित्रात्मक वर्णन किया है।

व्याख्या प्रस्तुत काव्यांश में कवि पाठक से पूछता है कि क्या कभी आपने 'खाली कटोरों में वसंत का उतरना' देखा है। बनारस में वसंत के आने पर लोगों का आना-जाना बढ़ जाता है, जिससे घाट के भिखारियों की भी यह आशा होती है कि उनके खाली कटोरे भी वसंत में दान-दक्षिणा से भर जाएँगे। यहाँ भिखारियों के लिए वसंत की तुलना पैसों से की गई है। कवि कहते हैं कि यह शहर इसी तरह खुलता है अर्थात् दिन के प्रारंभ होते ही धीरे-धीरे भीड़ इकट्ठी हो जाती है और जैसे-जैसे दिन ढलता जाता है, शहर धीरे-धीरे फिर से खाली हो जाता है।

बनारस की धरती में एवं गंगा की लहरों में मोक्ष प्रदायिनी शक्ति है। यहाँ के घाटों पर अनंत शव प्रतिदिन लोगों के द्वारा कंधों पर उठाकर लाए जाते हैं। अँधेरी गलियों से चमकती हुई गंगा की ओर कंधों पर उठाकर ले जाते हुए इन शवों को देखकर ऐसा लगता है, मानो इन मृत शरीर की आत्माओं को सांसारिकता की अँधेरी गलियों के अँधेरेपन से, गंगा की चमकती हुई रोशनी से या उसकी लहरों से मुक्ति मिलने वाली है। शव लाने और जलाने की यह प्रक्रिया निरंतर चलती रहती है, जिससे बनारस गतिशील रहता है। बनारस अपनी एक स्वाभाविक गति से चलता है। यह शहर मंद-मंद गतिशील है। धूल का उड़ना, लोगों का चलना, घंटों का बजना तथा शाम का होना सब धीरे-धीरे होता है। बनारस की यह गति उस शहर की संवेदना के साथ कदम-से-कदम मिलाने की प्रक्रिया का एक अंग है।

काव्य-शैली

(i) प्रस्तुत काव्यांश में कवि ने बनारस शहर के लोगों के जीवन तथा जीवन की गतिशीलता का रोचक वर्णन किया है।

(ii) प्रस्तुत काव्यांश में 'शांत-रस' एवं चित्रात्मक भाषा का प्रयोग हुआ है।

(iii) 'धीरे-धीरे' तथा 'रोज़-रोज़' में पुनरुक्तिप्रकाश अलंकार है। 'कटोरों में वसंत का उतरना' में मानवीकरण अलंकार है।

(iv) 'धीरे-धीरे' की आवृत्ति से स्वभाव की अपरिवर्तनशीलता का वर्णन किया गया है।

(v) प्रस्तुत काव्यांश में मुक्त छंद का प्रयोग किया गया है।

काव्यांश 3

यह धीरे-धीरे होना
धीरे-धीरे होने की सामूहिक लय
दृढ़ता से बाँधे है समूचे शहर को
इस तरह कि कुछ भी गिरता नहीं है
कि हिलता नहीं है कुछ भी
कि जो चीज़ जहाँ थी
वहीं पर रखी है
कि गंगा वहीं है
कि वहीं पर बँधी है नाव
कि वहीं पर रखी है तुलसीदास की खड़ाऊँ
सैकड़ों बरस से। **CBSE 2025**

शब्दार्थ

सामूहिक —समूह का/झुंड का; **लय** — एकरसता; **दृढ़ता** — मज़बूती से; **समूचा** — सारा।

संदर्भ पूर्ववत्।

प्रसंग प्रस्तुत काव्यांश में कवि कह रहे हैं कि बनारस में हर काम धीरे-धीरे होता है अर्थात् धीरे-धीरे कार्य करना बनारस की जीवन-शैली है, जिससे यह शहर सबको आपस में दृढ़ता से बाँधे हुए है। कवि शहर के ऐतिहासिक महत्त्व को प्रकट कर रहे हैं।

व्याख्या प्रस्तुत काव्यांश में कवि कहता है कि बनारस में जो कुछ भी होता है, वह धीरे-धीरे अनवरत रूप से चलता हुआ सा प्रतीत होता है अर्थात् इस शहर में कहीं भी उतावलेपन की प्रवृत्ति नहीं है। धीरे-धीरे घटित होती हुई विभिन्न गतिविधियाँ सामूहिक लय से समूचे शहर को दृढ़ता से बाँधे रखती हैं। बनारस की इस सामूहिक एकरसता के कारण ही संपूर्ण शहर सुव्यवस्थित रहता है। सभी वस्तुएँ अपनी स्वाभाविक पूर्व स्थिति में ही रहती हैं। अनवरत रूप से गतिशील नगर (बनारस) में गंगा वहीं है, नाव जो गंगा में लंगर डाले थी वहीं है एवं प्रसिद्ध कवि तुलसीदास की खड़ाऊँ भी यथास्थान विद्यमान हैं। यह शहर गतिशीलता के बीच भी स्थिरता से अपने अस्तित्व को बनाए हुआ है। आधुनिकता को अपनाने के बाद भी इस शहर ने अपनी प्राचीन सभ्यता एवं संस्कृति को छोड़ा नहीं है।

काव्य-शैली

(i) प्रस्तुत काव्यांश में बनारस की संस्कृति के बारे में बताया गया है।

(ii) कविता में सहज तथा सामान्य बोलचाल की भाषा में कवि ने बनारस के जीवन को दार्शनिकता के साथ चित्रित किया है।

(iii) काव्यांश में मिश्रित शब्दावली युक्त खड़ीबोली का प्रयोग हुआ है।

(iv) बनारस के धीमी गति से चलने वाले जीवन को बनारस की विशिष्टता एवं बनारसीपन कहा गया है।

(v) प्रस्तुत काव्यांश में 'समूचे शहर' में अनुप्रास तथा 'धीरे-धीरे' में पुनरुक्तिप्रकाश अलंकार है तथा अतुकांत शैली में छंदबद्ध रचना है।

काव्यांश 4

कभी सई-साँझ
बिना किसी सूचना के
घुस जाओ इस शहर में
कभी आरती के आलोक में
इसे अचानक देखो
अद्भुत है इसकी बनावट
यह आधा जल में है
आधा मंत्र में
आधा फूल में है
आधा शव में
आधा नींद में है
आधा शंख में
अगर ध्यान से देखो
तो यह आधा है
और आधा नहीं है।

शब्दार्थ

सई-साँझ — ढलती शाम/शाम की शुरुआत; **आलोक** — प्रकाश।

संदर्भ पूर्ववत्।

प्रसंग प्रस्तुत काव्यांश में बनारस की शाम का मनोहर दृश्य प्रस्तुत किया गया है। शहर में स्थित गंगा नदी के घाटों पर सायंकालीन भव्य आरती और उसकी सुंदरता का वर्णन किया गया है।

व्याख्या प्रस्तुत काव्यांश में बनारस की शाम का वर्णन करते हुए कवि कहते हैं कि कभी शाम के प्रारंभ में बिना किसी को सूचित किए अचानक बनारस में प्रवेश करते ही मंदिरों में गंगा के घाटों पर आरती का आलोक आपको आश्चर्य से भर देता है। आरती के आलोक में इस शहर को देखने से इसकी बनावट की विलक्षणता दिखाई पड़ती है। आरती के दीपकों की रोशनी में नहाया शहर अपनी संपूर्ण चेतना को प्रदर्शित करता है। दीपक गंगा के जल में प्रतिबिंबित होते हैं, तो उनके प्रतिबिंबों से पूरित गंगा के जल को देखकर ऐसा लगता है मानो आधा शहर जल में हो।

मंदिरों में मंत्रों की प्रतिध्वनियों से गुंजित शहर को देखकर लगता है मानो आधा शहर मंत्र में हो। देवताओं को अर्पित किए गए फूल तथा शवों को सज्जित किए गए फूलों की अधिकता को देखकर लोगों को ऐसा लगता है मानो आधा शहर फूलों में ही विभक्त है।

शाम के समय में भी शवों को जलाए जाने के कारण या उनको घाट तक ले जाते हुए उनके दिखाई पड़ने के कारण आधा शहर शवों से भरा हुआ सा लगता है। शाम के समय कहीं थके-हुए लोग सोने की तैयारी में लगे होते हैं या सो जाते हैं, उन्हें देखकर ऐसा लगता है मानो इस शहर का आधा भाग नींद में है। मंदिरों में या घरों में शाम के समय प्रतिध्वनित शंखों की ध्वनियों से ऐसा लगता है मानो आधा शहर शंख की ध्वनियों से पवित्र हो गया हो। बनारस शहर के लोगों की भौतिकता और आध्यात्मिकता को देखकर ऐसा लगता है मानो यह शहर अपनी दो भिन्न एवं विपरीत प्रवृत्तियों के फलस्वरूप आधा है या आधा है ही नहीं। ध्यान से देखने पर यह शहर आधा कार्यरत रहता है और आधा अपनी दुनिया में मस्त रहता है।

काव्य-शैली

(*i*) प्रस्तुत काव्यांश में बनारस के गंगा घाटों पर संध्याकालीन आरती के भव्य दृश्य तथा सामाजिक प्रवृत्तियों को दृश्य-बिंब के सहारे प्रस्तुत किया गया है।

(*ii*) प्रस्तुत काव्यांश में बनारस शहर की विशेषता बताई गई है।

(*iii*) प्रस्तुत काव्यांश में 'बिना किसी सूचना के' एवं 'इसे अचानक देखो' से कवि के कहने का आशय यह है कि यहाँ जो भी होता है वह जीवन की स्वाभाविक प्रक्रिया है। यहाँ कोई औपचारिकता या बनावट नहीं है।

(*iv*) प्रस्तुत काव्यांश में 'आधा' शब्द के प्रयोग से कवि का यह अभिप्राय है कि हर काम में उपस्थिति बहुत बड़ी होती है।

(*v*) प्रस्तुत काव्यांश में कवि ने बनारस की सायंकालीन आरती के अद्भुत सौंदर्य का वर्णन किया है।

(*vi*) प्रस्तुत काव्यांश में सायंकालीन आरती के वर्णन में चित्रात्मकता है।

(*vii*) प्रस्तुत काव्यांश में 'सई-साँझ' में अनुप्रास अलंकार है।

काव्यांश 5

जो है वह खड़ा है
बिना किसी स्तंभ के
जो नहीं है उसे थामे हैं
राख और रोशनी के ऊँचे-ऊँचे स्तंभ
आग के स्तंभ
और पानी के स्तंभ
धुएँ के
खुशबू के
आदमी के उठे हुए हाथों के स्तंभ
किसी अलक्षित सूर्य को
देता हुआ अर्घ्य
शताब्दियों से इसी तरह
गंगा के जल में
अपनी एक टाँग पर खड़ा है यह शहर
अपनी दूसरी टाँग से
बिलकुल बेखबर!

CBSE 2023, Delhi 2019

शब्दार्थ

स्तंभ — खंभा; **थामे** — पकड़े हुए; **अलक्षित** — अज्ञात/न दिखने वाला; **अर्घ्य** — पुष्प चंदन एवं अक्षत् से मिश्रित जल/पूजा के उपचारों में से एक।

संदर्भ पूर्ववत्

प्रसंग प्रस्तुत काव्यांश में कवि ने बनारस तथा बनारस के लोगों की भौतिक स्थिति एवं आध्यात्मिकता का वर्णन किया है।

व्याख्या प्रस्तुत काव्यांश में कवि बनारस की विशेषताओं के बारे में बताते हुए कहते हैं कि यह शहर बिना किसी के सहारे खड़ा है, जो अपनी विरासत को थामे हुए है। इस शहर में जो भी आता है, अपनी आस्था एवं निष्ठा से बँधा हुआ आता है। उसकी आस्था ही उसका संबल बनती है। इस शहर में परंपराओं का निर्वाह होता दिखता है। यहाँ कई तरह के दृश्य दिख जाते हैं। कहीं तो चिताग्नि से उठती लपटें हैं तो कहीं शांत चिता की राख है। कहीं हवन का सुगंधित धुआँ वातावरण को सुगंधित करता है तो कहीं रोशनी के ऊँचे-ऊँचे स्तंभ, दहकती आग की लपटें तथा प्रार्थना के लिए उठे हुए हाथ इस शहर को सँभाले हुए हैं। ये उठे हुए हाथ किसी अज्ञात सूर्य को जल का अर्घ्य देते हुए दिखाई देते हैं अर्थात् बनारस में गंगा के घाट पर आरती के समय उठने वाली ज्योति की लौ और धुएँ तथा भक्तों एवं श्रद्धालुओं के उठे हुए हाथ, जो अदृश्य सूर्य को अर्घ्य दे रहे होते हैं, स्तंभ से प्रतीत होते हैं, जो गंगा के पवित्र जल में स्तंभ के समान दिखाई देते हैं। शताब्दियों से गंगा के जल में एक पैर पर खड़े होकर जल-दान करने वाले श्रद्धालु की दूसरी टाँग जैसे उसकी गतिविधियों से बेखबर रहती है, ठीक उसी प्रकार शहर का एक हिस्सा दूसरे से असंपृक्त अपने आपमें लीन रहता है। वस्तुतः कोई शहर केवल श्रद्धा या भौतिकता में लीन रहकर नहीं बच सकता। बनारस श्रद्धा और भौतिकता, प्राचीनता और नवीनता का सुंदर समन्वय है।

काव्य-शैली

(*i*) प्रस्तुत काव्यांश में बनारस शहर की दार्शनिक व्याख्या की गई है तथा मानवीकरण के द्वारा बनारस शहर के समर्पण भाव को व्यक्त किया गया है।

(*ii*) काव्यांश में खड़ीबोली में सशक्त अभिव्यक्ति की गई है।

(*iii*) प्रस्तुत काव्यांश में कवि ने बनारस शहर के मिथकीय स्वरूप का वर्णन किया है।

(*iv*) प्रस्तुत काव्यांश की भाषा सरल, सहज एवं प्रवाहमयी है।

(v) प्रस्तुत काव्यांश में विवरणात्मक शैली एवं अतुकांत, छंदमुक्त रचना है।

(vi) प्रस्तुत काव्यांश में 'ऊँचे-ऊँचे' में पुनरुक्तिप्रकाश, 'खड़ा है बिना किसी स्तंभ के' में विरोधाभास एवं 'बिलकुल बेखबर' में अनुप्रास अलंकार है।

दिशा

काव्यांश 1

हिमालय किधर है?
मैंने उस बच्चे से पूछा जो स्कूल के बाहर
पतंग उड़ा रहा था
उधर-उधर-उसने कहा
जिधर उसकी पतंग भागी जा रही थी
मैं स्वीकार करूँ
मैंने पहली बार जाना
हिमालय किधर है!

शब्दार्थ

हिमालय — भारत के उत्तर में स्थित पर्वत शृंखला; **स्वीकार**— मानना।

संदर्भ प्रस्तुत कविता पाठ्यपुस्तक 'अंतरा भाग-2' में संकलित केदारनाथ सिंह द्वारा रचित 'दिशा' कविता से उद्धृत है।

प्रसंग प्रस्तुत कविता में विद्यालय के बाहर पतंग उड़ाते हुए बच्चे से दिशा के संबंध में पूछे गए कवि के प्रश्न एवं उसके उत्तर का वर्णन है।

व्याख्या प्रस्तुत कविता में कवि स्कूल के बाहर पतंग उड़ाते हुए बच्चे से 'हिमालय' की दिशा के विषय में पूछता है, लेकिन बच्चे को हिमालय या उसकी दिशा का ज्ञान नहीं था। वह पतंग उड़ाने में लीन था तथा उसका ध्यान पतंग के उड़ने की दिशा एवं आसमान की ऊँचाइयों की ओर था। अपने ध्यान में लीन बच्चा अपने भोलेपन के साथ पतंग के उड़ने की दिशा की ओर संकेत करता हुआ कवि के प्रश्न का उत्तर देता है उधर-उधर अर्थात् बच्चा हिमालय की दिशा पतंग के उड़ने की दिशा को मानता है।

बच्चे के इस स्वाभाविक उत्तर ने कवि को यथार्थ के विस्तार की प्रक्रिया को समझा दिया। प्रत्येक व्यक्ति का यथार्थ पृथक्-पृथक् होता है। बच्चे का यथार्थ उसके बाल-मनोविज्ञान के माध्यम से संचालित है। कवि बच्चे के इस उत्तर को स्वीकार कर लेते हैं।

कवि कहते हैं कि हिमालय की निश्चित की गई दिशा से बिल्कुल भिन्न दिशा का ज्ञान कवि को पहली बार बच्चे के द्वारा हुआ। कवि यह बताना चाहते हैं कि बच्चे के लिए हिमालय की दिशा से महत्त्वपूर्ण उसकी उड़ती हुई पतंग थी।

उसके सामने हिमालय की दिशा का कोई महत्त्व नहीं था। बच्चे यथार्थ को अपने ढंग से देखते हैं अर्थात् प्रत्येक व्यक्ति की अपनी सोच है और उत्तर उसकी सोच से निकलता है।

काव्य-शैली

(i) प्रस्तुत कविता में कवि ने बाल-मनोविज्ञान का सुंदर वर्णन किया है।

(ii) कविता में बचपन के भावों की अभिव्यक्ति हुई है।

(iii) प्रस्तुत कविता में शांत रस एवं प्रसाद गुण है।

(iv) प्रस्तुत कविता की भाषा सहज, सरल एवं गद्यात्मक है।

(v) काव्यांश अतुकांत छंदमुक्त रचना है।

(vi) प्रश्नोत्तर शैली में लिखी गई कविता विचारोत्तेजक है।

(vii) प्रस्तुत कविता में 'उधर-उधर' में पुनरुक्तिप्रकाश, 'उधर-उसने' में अनुप्रास एवं 'पतंग भागी जा रही थी' में मानवीकरण अलंकार है।

पाठ्यपुस्तक (अंतरा भाग-2) के प्रश्नोत्तर

बनारस

1. बनारस में वसंत के आगमन और उसके व्यापक प्रभाव पर कविता के आधार पर टिप्पणी लिखिए।

अथवा **बनारस में वसंत का आगमन कैसे होता है तथा उसका प्रभाव इस शहर पर क्या होता है?**

अथवा **कवि ने वसंत आने का बनारस पर क्या प्रभाव बताया है?**

अथवा **कविता के आधार पर बनारस में वसंत के आगमन और उसके प्रभाव का चित्रण अपने शब्दों में कीजिए।**

अथवा **'बनारस' कविता के आधार पर वसंतागमन पर बनारस शहर की गतिविधियों का उल्लेख कीजिए।** **CBSE 2024**

उत्तर बनारस में वसंत का आगमन अचानक होता है। लहरतारा या मडुवाडीह की ओर से धूल भरी आँधियों के साथ इस शहर में वसंत का आगमन होता है तथा शहर में लोग सुगबुगाने लगते हैं अर्थात् लोगों में जागृति सी आ जाती है। सभी में जीवन का अंकुर-सा फूटने लगता है। दशाश्वमेध घाट का आखिरी पत्थर और अधिक मुलायम हो जाता है। शहर में लोगों की आवाजाही बढ़ने से घाट की सीढ़ियों पर बैठे बंदरों की आँखों में एक अजीब-सी नमी आ जाती है, जो वसंत के आगमन के कारण है। भिखारियों के कटोरों में वसंत के आते ही दान-दक्षिणा प्राप्त करने की आशा का भाव जाग जाता है। इस प्रकार वसंत का आगमन बनारस की गतिविधियों में नई उमंग लाता है।

2. 'खाली कटोरों में वसंत का उतरना' से क्या आशय है?

अथवा **'खाली कटोरों में वसंत का उतरना' से आप क्या समझते हैं?** **CBSE Diksha**

अथवा **'बनारस' कविता में 'खाली कटोरों में वसंत का उतरना' क्यों कहा गया है? आशय स्पष्ट कीजिए।** **CBSE 2023**

उत्तर ठंड की कठोरता के बीच आध्यात्मिक नगरी बनारस में लोगों का आना-जाना कम ही होता है। वसंत के आगमन के साथ धार्मिक लोग शहर में आने लगते हैं। लोगों की आवाजाही बढ़ने से भिखारियों की आँखें चमक उठती हैं। उनके अंदर आशा की ज्योति जलने लगती है। उनकी दानी प्रवृत्ति के लोगों से कुछ मिलने की आशा प्रबल हो जाती है। भिखारियों के कटोरे सिक्कों से भरने लगते हैं तथा उनका जीवन निर्वाह सरल हो जाता है। कवि इसे 'खाली कटोरों में वसंत का उतरना' मानता है।

3. बनारस की पूर्णता तथा रिक्तता को कवि ने किस प्रकार दिखाया है?

अथवा **'बनारस' कविता में बनारस की पूर्णता और रिक्तता को कवि ने कैसे सजीव किया है?** **All India 2019**

उत्तर बनारस शहर जीवन के शाश्वत नियम की प्रक्रिया को दर्शाता है। यहाँ प्रतिदिन लोगों का आना-जाना लगा रहता है। कुछ लोग धार्मिक लगाव के कारण आते हैं तथा शिव की नगरी में गंगा-स्नान का पुण्य पाना चाहते हैं, तो कुछ मोक्ष प्रदायिनी काशी में अंतिम यात्रा पवित्र करने की आशा से आते हैं। शहर में आध्यात्मिकता तथा भौतिकता का सुंदर समन्वय मिलता है। लोगों का आना और बनारस का हर परिस्थिति में खुशी और उल्लास से भरा रहना उसकी पूर्णता को दर्शाता है। वहीं दूसरी ओर, बनारस में लोग शवों के अंतिम संस्कार के लिए आते हैं और अंतिम संस्कार के बाद बची राख को गंगा में विसर्जित कर देते हैं, तब चारों तरफ़ एक रिक्तता का अनुभव होता है। इस प्रकार, बनारस में पूर्णता तथा रिक्तता दोनों के दर्शन होते हैं।

4. बनारस में धीरे-धीरे क्या-क्या होता है? 'धीरे-धीरे' से कवि इस शहर के बारे में क्या कहना चाहता है?

उत्तर बनारस में धीरे-धीरे धूल उड़ती है। बनारस के लोग धीरे-धीरे गतिविधियाँ करते हैं। बनारस के मंदिरों के घंटे धीरे-धीरे बजते हैं। बनारस में शाम भी धीरे-धीरे होती है। इस प्रकार बनारस में सभी कार्य धीमी गति से होते हैं। यहाँ के लोग सभी कार्य सहज रूप एवं आराम से करते हैं। उन्हें किसी भी काम में ज़ल्दबाज़ी अथवा हड़बड़ी नहीं होती है। कवि के अनुसार अपनी धीमी गति से सभी कार्य करने के कारण बनारस एक ऐसा शहर कहा जा सकता है, जहाँ सभी कार्य अपनी एक विशेष रौ (लय) में होते हैं।

5. धीरे-धीरे होने की सामूहिक लय में क्या-क्या बँधा है?

उत्तर कवि के अनुसार, बनारस में प्रत्येक कार्य धीरे-धीरे और सामूहिक लय में संपन्न होते हैं। यह लय पूरे शहर को दृढ़ता से बाँधे हुए है, जिससे यहाँ की प्राचीन वस्तुएँ और परंपराएँ आज भी उसी रूप में विद्यमान हैं। गंगा की धारा, घाटों पर बँधी नावें और तुलसीदास की खड़ाऊँ सैकड़ों वर्षों से अपनी जगह स्थिर हैं। इस शहर में स्थिरता और गतिशीलता का अनोखा संगम है, जो इसकी सांस्कृतिक धरोहर को बनाए रखने में सहायक है अर्थात् आधुनिकता के बीच भी बनारस ने अपनी प्राचीनता को नहीं छोड़ा है।

6. 'सई-साँझ' में घुसने पर बनारस की किन-किन विशेषताओं का पता चलता है?

उत्तर संध्या के समय बनारस में प्रवेश करते ही अनोखे दृश्य सामने आते हैं। गंगा के घाटों पर आरती, दीपों की जगमगाहट तथा मंदिरों में घंटों की आवाज़ के बीच शंखध्वनि एवं मंत्रोच्चारण से इस प्राचीन शहर का वातावरण आकर्षक हो जाता है।

दीपों की रोशनी के बीच आधा शहर जल में तथा आधा जल से बाहर दिखता है। आधा शहर नींद में तो आधा शहर शंख ध्वनियों में खोया हुआ होता है। आधा शहर मंदिरों के फूलों में तथा आधा शवों के फूलों में दिखता है। इस प्रकार, बनारस की शाम आध्यात्मिकता तथा सांसारिकता जैसी दो भिन्न विशेषताओं से संचालित होती है। बनारस शहर की बनावट अद्‌भुत है, जो अपनी प्राचीन परंपराओं और सांस्कृतिक धरोहर को जीवंत रूप में प्रस्तुत करता है।

7. बनारस शहर के लिए जो मानवीय क्रियाएँ इस कविता में आई हैं, उनके व्यंजनार्थ को स्पष्ट कीजिए।

उत्तर कवि ने 'बनारस' कविता में बनारस शहर की प्रवृत्तियों का मानवीकरण किया है। वसंत के आगमन के साथ शहर की सुगबुगाहट मनुष्य के जगने की प्रवृत्ति को दर्शाती है। पुराने शहर की जीभ का किरकिराना तथा दशाश्वमेध घाट के आखिरी पत्थर का कुछ और मुलायम हो जाना, शहर की प्रवृत्तियों को मानवीय क्रियाओं में स्पष्ट करने का प्रयास है।

कवि ने एक टाँग पर खड़े होकर अर्घ्य देते व्यक्ति की तरह शहर की प्रवृत्तियों को सामने लाकर बनारस की जीवन-शैली को स्पष्ट करने का सुंदर प्रयोग किया है।

8. शिल्प-सौंदर्य स्पष्ट कीजिए

(क) 'यह धीरे-धीरे होना .... समूचे शहर को'

(ख) 'अगर ध्यान से देखो .... और आधा नहीं है'

(ग) 'अपनी एक टाँग पर .... बेखबर'

उत्तर (क)
- प्रस्तुत काव्यांश में कवि ने सहज तथा सामान्य बोलचाल की भाषा में बनारस के जीवन को दार्शनिकता के साथ अभिव्यक्त किया है।
- काव्यांश की भाषा तत्सम तथा देशज शब्दों से युक्त सरल, भावपूर्ण तथा प्रवाहमयता का गुण भाषा में सर्वत्र दिख जाता है।
- प्रस्तुत काव्यांश में 'धीरे-धीरे' में पुनरुक्तिप्रकाश अलंकार है।
- प्रस्तुत काव्यांश में प्रसाद गुण का प्रयोग हुआ है।
- काव्यांश में मिश्रित शब्दावली युक्त खड़ीबोली का प्रयोग हुआ है।

(ख)
- प्रस्तुत काव्यांश में दार्शनिक भावों की अभिव्यक्ति हुई है।
- प्रस्तुत काव्यांश में सहज, सरल तथा आम बोलचाल की व्यावहारिक शब्दावली का प्रयोग हुआ है।
- प्रस्तुत काव्यांश में मुक्त छंद व प्रसाद गुण का प्रयोग हुआ है।
- बनारस की आध्यात्मिकता की ओर संकेत किया गया है।
- काव्यांश में मिश्रित शब्दावली युक्त खड़ीबोली का प्रयोग हुआ है।

(ग)
- प्रस्तुत काव्यांश के अनुसार बनारस आध्यात्मिकता और भौतिकता, प्राचीनता और नवीनता का सुंदर समन्वय है।
- काव्यांश की भाषा वैविध्यपूर्ण, बेखबर उर्दू शब्द, सहज, सरल आम बोलचाल की भाषा है।
- प्रस्तुत काव्यांश में 'बिलकुल बेखबर' में अनुप्रास अलंकार तथा 'एक टाँग से बेखबर' में मानवीकरण अलंकार का प्रयोग हुआ है।
- कवि ने सूक्ष्म तथा गंभीर अर्थ प्रकट करने वाली चेतना को दिशा दी है।
- प्रस्तुत काव्यांश में प्रसाद गुण व मुक्त छंद का प्रयोग हुआ है।
- काव्यांश में मिश्रित शब्दावली युक्त खड़ीबोली का प्रयोग हुआ है।

दिशा

1. बच्चे का उधर-उधर कहना क्या प्रकट करता है?

उत्तर 'दिशा' कविता में कवि ने बच्चे की मनोवैज्ञानिकता को चित्रित किया है। प्रत्येक मनुष्य का अलग यथार्थ-बोध होता है। कवि एक छोटे-से बालक का यथार्थ-बोध जानने के बाद इस रहस्य को जानने में सफल होता है कि सबका यथार्थ अलग-अलग है। कवि पतंग उड़ाते बच्चे से प्रश्न करता है कि हिमालय किधर है? बच्चे का बाल सुलभ उत्तर है—उधर-उधर। उधर-उधर यानी पतंग की उड़ान की दिशा में है। बच्चा केवल अपनी पतंग की ऊँचाई में मग्न है और उसे सारा यथार्थ वहीं सिमटा नज़र आता है। कवि ने एक बच्चे के यथार्थ को इस कविता के माध्यम से बखूबी उभारा है।

2. 'मैं स्वीकार करूँ मैंने पहली बार जाना हिमालय किधर है' प्रस्तुत पंक्तियों का भाव स्पष्ट कीजिए।

उत्तर कवि बच्चे से 'हिमालय किधर है' का उत्तर प्राप्त करता है। बच्चे का उत्तर उसका यथार्थ है। कवि मानता है कि उस बच्चे का अपना यथार्थ-बोध है, उसने किसी के यथार्थ-बोध को नहीं अपनाया। उसकी पतंग काफ़ी ऊँचाई पर अपनी उड़ान में है। हिमालय भी ऊँचाई का प्रतीक है। यह दुनिया की ऊँची पर्वत शृंखला है। कवि बच्चे का यथार्थ हिमालय की ऊँचाई के रूप में परिभाषित करता है। वह कवि को 'उधर-उधर' उत्तर देता है।

कवि बच्चे के यथार्थ-बोध को मान्यता देता हुआ स्वीकार कर लेता है कि बच्चे के मस्तिष्क में हिमालय का वास्तविक चित्र यथार्थपरक और उसके बाल-मनोविज्ञान के अनुरूप है। कवि इसी कारण 'हिमालय किधर है' पर बच्चे के उत्तर 'उधर-उधर' से संतुष्ट है।

योग्यता विस्तार

1. आप बनारस के बारे में क्या जानते हैं? लिखिए।

उत्तर छात्र कविता को पढ़कर व अन्य स्रोतों द्वारा बनारस शहर की विशेषताएँ जानने का प्रयास करें।

2. बनारस के चित्र इकट्ठे कीजिए।

उत्तर छात्र स्वयं करें।

3. बनारस शहर की विशेषताएँ जानिए।

उत्तर प्रथम प्रश्न का उत्तर पढ़ें।

अभ्यास प्रश्न

काव्यांश पर आधारित बहुविकल्पीय प्रश्न

बनारस

1. इस शहर में वसंत
अचानक आता है
और जब आता है तो मैंने देखा है
लहरतारा या मडुवाडीह की तरफ़ से
उठता है धूल का एक बवंडर
और इस महान् पुराने शहर की जीभ
किरकिराने लगती है
जो है वह सुगबुगाता है
जो नहीं है वह फेंकने लगता है पचखियाँ
आदमी दशाश्वमेध पर जाता है
और पाता है घाट का आखिरी पत्थर
कुछ और मुलायम हो गया है
सीढ़ियों पर बैठे बंदरों की आँखों में
एक अजीब-सी नमी है
और एक अजीब-सी चमक से भर उठा है
भिखारियों के कटोरों का निचाट खालीपन। **CBSE 2024**

(क) काव्यांश में बनारस शहर के किस परिवेश का चित्रण हुआ है?
(i) आध्यात्मिक व सामाजिक
(ii) आध्यात्मिक व सांस्कृतिक
(iii) सामाजिक व दार्शनिक
(iv) दार्शनिक व आधुनिक

(ख) 'दशाश्वमेध घाट का आखिरी पत्थर कुछ और मुलायम हो गया है' पंक्ति का भाव है
(i) पाषाण हृदय व्यक्ति के व्यवहार में भी सहजता आ गई है
(ii) लोगों के आने-जाने से पत्थर चिकना हो गया है
(iii) गंगा-जल के बार-बार स्पर्श से पत्थर की कठोरता कम हो गई है
(iv) लोगों के पैरों के स्पर्श से पत्थर कुछ मुलायम हो गया है

(ग) 'जो है वह सुगबुगाता है' पंक्ति के संदर्भ में 'सुगबुगाना' का आशय है
(i) तीव्र गति से आग का भड़कना
(ii) भीतर-ही-भीतर क्रोध में जलना
(iii) धीमी गति से आग का जलना
(iv) चेतना का संचार होना

(घ) घाट पर बैठे किनकी आँखों में अजीब सी नमी है?
(i) बंदरों की (ii) भिखारियों की
(iii) स्नानार्थियों की (iv) पुजारियों की

(ङ) 'कटोरों का खालीपन' किस चमक से भर उठता है?
(i) वसंत के आगमन से (ii) श्रद्धालुओं के आगमन से
(iii) भिक्षा मिलने की उम्मीद से (iv) पूजा-पाठ की सामग्री से

उत्तर

(क) (i) आध्यात्मिक व सामाजिक
(ख) (ii) लोगों के आने-जाने से पत्थर चिकना हो गया है
(ग) (iv) चेतना का संचार होना
(घ) (i) बंदरों की
(ङ) (iii) भिक्षा मिलने की उम्मीद से

2. **यह धीरे-धीरे होना**
धीरे-धीरे होने की सामूहिक लय
दृढ़ता से बाँधे है समूचे शहर को
इस तरह कि कुछ भी गिरता नहीं है
कि हिलता नहीं है कुछ भी
कि जो चीज़ जहाँ थी
वहीं पर रखी है
कि गंगा वहीं है
कि वहीं पर बँधी है नाव
कि वहीं पर रखी है तुलसीदास की खड़ाऊँ
सैकड़ों बरस से।

(क) बनारस में प्रत्येक कार्य एवं गतिविधियों का 'धीरे-धीरे' होना किसका बोधक है?
(i) लोगों की अकर्मण्यता का
(ii) सुस्त जीवन-शैली का
(iii) बनारस की सामूहिकता का
(iv) उबाऊ गतिविधियों का

(ख) 'जो चीज जहाँ थी, वहीं पर रखी है'
उपर्युक्त पंक्ति के आधार पर दिए गए कथनों में से सही कथन पर विचार कीजिए। दक्षता आधारित प्रश्न
1. बनारस में अभी भी प्राचीन परंपराएँ विद्यमान हैं।
2. आधुनिक सभ्यता के रंग में पूर्णतः नहीं डूबा है।
3. संस्कृति व ऐतिहासिक विरासत पूर्ववत् है।

कूट
(i) 2 और 3 (ii) 1 और 3
(iii) केवल 2 (iv) 1, 2 और 3

(ग) बनारस शहर में किसकी खड़ाऊँ अभी भी अपने स्थान पर विद्यमान हैं?
(i) रविदास की (ii) तुलसीदास की
(iii) कालिदास की (iv) सूरदास की

(घ) धीरे-धीरे घटित होने वाली गतिविधियाँ सामूहिक रूप से शहर को किस प्रकार बाँधे रखने का कार्य करती हैं?
(i) मजबूती से (ii) हल्के से
(iii) आराम से (iv) धीमे से

(ङ) नाव कहाँ बँधी है?
(i) गंगा किनारे
(ii) घर के पास
(iii) घाट पर
(iv) शहर के बीचों-बीच

उत्तर

(क) (iii) बनारस की सामूहिकता का
(ख) (iv) 1, 2 और 3
(ग) (ii) तुलसीदास की
(घ) (i) मजबूती से
(ङ) (i) गंगा किनारे

3. **कभी सई-साँझ**
बिना किसी सूचना के
घुस जाओ इस शहर में
कभी आरती के आलोक में
इसे अचानक देखो
अद्भुत है इसकी बनावट
यह आधा जल में है
आधा मंत्र में
आधा फूल में है
आधा शव में
आधा नींद में है
आधा शंख में
अगर ध्यान से देखो
तो यह आधा है
और आधा नहीं है।

(क) प्रस्तुत काव्यांश में किस समय का दृश्य पाठकों के समक्ष उपस्थित किया गया है?
(i) प्रातःकाल का (ii) शाम का
(iii) दिन का (iv) रात का

(ख) कथन (A) बनारस की बनावट अद्भुत है।
कारण (R) आरती की रोशनी तथा गंगा में दीपों के प्रतिबिंब से शहर अद्वितीय लगता है।

कूट
(i) कथन (A) और कारण (R) दोनों सही हैं तथा कारण (R), कथन (A) की सही व्याख्या करता है।
(ii) कथन (A) और कारण (R) दोनों सही हैं, परंतु कारण (R), कथन (A) की सही व्याख्या नहीं करता है।
(iii) कथन (A) सही है, किंतु कारण (R) गलत है।
(iv) कथन (A) गलत है, किंतु कारण (R) सही है।

(ग) बनारस शहर 'आधा मंत्र में' कब दिखाई पड़ता है?
(i) मंत्रोच्चारण के समय (ii) ध्यानमग्न होने पर
(iii) गंगा घाट से आते समय (iv) शवों को गंगा ले जाते समय

(घ) प्रस्तुत काव्यांश में किस आरती के विषय में उल्लेख किया गया है?
(i) गंगा घाट पर सायंकालीन आरती
(ii) हनुमान मंदिर की आरती
(iii) प्रातःकालीन दुर्गा पूजा की आरती
(iv) उपरोक्त में से कोई नहीं

(ङ) काव्यांश में प्रयुक्त 'आधा' शब्द का क्या अभिप्राय है?
(i) अधिकांश लोगों की प्रत्येक गतिविधि में उपस्थित होना
(ii) व्यस्त कार्यशैली के कारण कम लोगों का प्रत्येक गतिविधि में उपस्थित होना
(iii) ज्यादा आवाजाही न होना
(iv) भीड़भाड़ कम होना

उत्तर

(क) (ii) शाम का
(ख) (i) कथन (A) और कारण (R) दोनों सही हैं तथा कारण (R), कथन (A) की सही व्याख्या करता है।
(ग) (i) मंत्रोच्चारण के समय
(घ) (i) गंगा घाट पर सायंकालीन आरती
(ङ) (i) अधिकांश लोगों की प्रत्येक गतिविधि में उपस्थित होना

4. तुमने कभी देखा है
खाली कटोरों में वसंत का उतरना।
यह शहर इसी तरह खुलता है
इसी तरह भरता
और खाली होता है यह शहर
इसी तरह रोज़-रोज़ एक अनंत शव
ले जाते हैं कंधे
अँधेरी गली से
चमकती हुई गंगा की तरफ़ **CBSE 2024**

(क) 'खाली कटोरों में वसंत का उतरना' से अभिप्राय है
(i) शहर में वसंत का आगमन होना
(ii) खाली कटोरों का पैसों से भर जाना
(iii) जीवन में प्रसन्नता का छा जाना
(iv) वसंत में पेड़ों का फूलों से लद जाना

(ख) 'यह शहर इसी तरह खुलता है' पंक्ति का आशय है
(i) हर दिन की शुरुआत उल्लास के साथ होती है
(ii) बनारस शहर की दिनचर्या निश्चित है
(iii) हर दिन की शुरुआत पूजा-अर्चना से होती है
(iv) इस शहर में दुकानें खुलने का एक निश्चित समय है

(ग) 'इसी तरह भरता और खाली होता है यह शहर' पंक्ति में 'भरने और खाली' होने से अभिप्राय है
(i) शहर की पूर्णता और रिक्तता से
(ii) कटोरों के भरने और खाली होने से
(iii) तीर्थयात्रियों के आवागमन से
(iv) सैलानियों के घूमने-फिरने से

(घ) 'चमकती हुई गंगा' प्रतीकार्थ है
(i) झिलमिल करती गंगा का
(ii) चाँदी-सी चमकती गंगा का
(iii) जीवनदायिनी गंगा का
(iv) मोक्षदायिनी गंगा का

(ङ) 'अँधेरी गली' से अभिप्राय है
(i) अंधकारयुक्त रास्ता
(ii) सुनसान रास्ता
(iii) मृत्युरूपी अंधकार
(iv) जीवनरूपी अंधकार

उत्तर

(क) (ii) खाली कटोरों का पैसों से भर जाना
(ख) (ii) बनारस शहर की दिनचर्या निश्चित है
(ग) (i) शहर की पूर्णता और रिक्तता से
(घ) (iv) मोक्षदायिनी गंगा का
(ङ) (iii) मृत्युरूपी अंधकार

दिशा

1. हिमालय किधर है?
मैंने उस बच्चे से पूछा जो स्कूल के बाहर
पतंग उड़ा रहा था
उधर-उधर-उसने कहा
जिधर उसकी पतंग भागी जा रही थी
मैं स्वीकार करूँ
मैंने पहली बार जाना
हिमालय किधर है! **CBSE 2024**

(क) काव्यांश में किस तथ्य का चित्रण किया गया है?
(i) हिमालय की दिशा का
(ii) पतंग उड़ाने की कला का
(iii) चारों दिशाओं का
(iv) बाल मनोविज्ञान का

(ख) बालक द्वारा हिमालय को किस दिशा में स्थित बताया गया?
(i) जिस तरफ पतंग भागी जा रही है
(ii) बच्चे जिस तरफ भाग रहे हैं
(iii) मनमानी दिशा में
(iv) सब दिशाओं में

(ग) 'उधर-उधर-उसने कहा' वाक्यांश में अलंकार है
(i) यमक
(ii) अनुप्रास
(iii) उपमा
(iv) श्लेष

(घ) 'मैंने पहली बार जाना हिमालय किधर है' पंक्ति के माध्यम से कवि क्या कहना चाहता है?
(i) हर व्यक्ति का अपना दृष्टिकोण होता है
(ii) यह तथ्य मुझे पहले मालूम न था
(iii) प्रत्येक व्यक्ति का अपना-अपना यथार्थ होता है
(iv) बच्चों के ज्ञान का आभास हुआ

(ङ) काव्यांश की पंक्तियाँ संकेत करती हैं
(i) कवि की अज्ञानता
(ii) बच्चों की निश्छलता
(iii) हिमालय के प्रति प्रेम
(iv) पतंग की तीव्र उड़ान

उत्तर

(क) (iv) बाल मनोविज्ञान का
(ख) (i) जिस तरफ पतंग भागी जा रही है
(ग) (ii) अनुप्रास
(घ) (iii) प्रत्येक व्यक्ति का अपना-अपना यथार्थ होता है
(ङ) (ii) बच्चों की निश्छलता

विषय-वस्तु पर आधारित प्रश्नोत्तर

बनारस

1. वसंत कब आता है? विस्तार से समझाइए।

उत्तर भारत की छः ऋतुओं में से प्रथम ऋतु का नाम वसंत है। चैत्र व वैशाख मास में वसंत ऋतु का आगमन होता है। वसंत ऋतु के पहले से ही वसंत का आगमन हो जाता है। चैत्र मास के चालीस दिन पूर्व वसंत पंचमी के त्योहार के दिन से वसंत का आगमन माना जाता है। केदारनाथ सिंह की 'बनारस' कविता के अनुसार लहरतारा एवं मडुवाडीह की ओर उड़ी धूल की आँधियों के साथ बनारस में वसंत का आगमन होता है।

2. 'कभी सई-साँझ
बिना किसी सूचना के
घुस जाओ इस शहर में'
के द्वारा कवि मुख्य रूप से क्या कहना चाहता है?

उत्तर कवि बनारस शहर का वर्णन करने के क्रम में यह कह रहे हैं कि अचानक बिना किसी सूचना के उस शहर में जाने से उस शहर के दैनिक कार्य तथा गतिविधियाँ देखने को मिलेंगी। बनारस शहर की उत्सव जैसी गतिविधियाँ उस शहर की दैनिक गतिविधियाँ हैं तथा उसमें कोई परिवर्तन घटित नहीं होता है। बिना किसी सूचना के शाम के समय शहर में प्रवेश करने पर यह शहर अत्यंत आकर्षक दिखता है एवं इसकी गतिविधियाँ अपनी स्वाभाविक गति से चलती रहती हैं।

3. 'बनारस' कविता का प्रतिपाद्य विषय बताइए।

उत्तर 'बनारस' कविता में कवि ने यहाँ के सांस्कृतिक जीवन का वर्णन किया है। इस शहर के साथ मोक्ष की अवधारणा जुड़ी हुई है। गंगा में बँधी हुई नाव, एक ओर मंदिरों में तथा घाटों पर जलने वाले दीप तथा दूसरी ओर कभी न बुझने वाली चितागि्न से एवं हवन इत्यादि से आने वाले धुएँ को ही कवि ने बनारस कहा है। यहाँ हर काम अपनी लय में होता है। यह बनारस का चरित्र है। बनारस आस्था, श्रद्धा, भक्ति, विरक्ति, विश्वास और आश्चर्य का मिला-जुला रूप है। काशी की अति प्राचीन संस्कृति उसकी आध्यात्मिक भव्यता तथा बनारस की आधुनिकता 'बनारस' कविता में मौजूद है। कवि ने अपनी कविता में इस शहर की दार्शनिक व्याख्या की है।

4. 'बनारस' कविता से उद्धृत पंक्ति कि 'गंगा वही है कि वहीं पर बँधी है नाव' का आशय स्पष्ट कीजिए। **CBSE 2024**

उत्तर 'गंगा वहीं है कि वहीं पर बँधी है नाव' पंक्ति का आशय है कि बनारस में जो कुछ भी होता है, वह धीरे-धीरे अनवरत रूप से चलता हुआ-सा प्रतीत होता है। 'धीरे-धीरे' घटित होती हुई विभिन्न गतिविधियाँ सामूहिक लय से पूरे शहर को दृढ़ता से बाँधे रखती है। यहाँ प्राचीनकाल से यथास्थिति बनी हुई है। सभी वस्तुएँ अपनी स्वाभाविक पूर्व स्थिति में ही रहती हैं अर्थात् बनारस शहर ने आधुनिकता के बीच भी अपनी प्राचीनता को नहीं छोड़ा है। बनारस शहर में गतिशीलता और स्थिरता का अनोखा संगम है, जिसने इस शहर की सांस्कृतिक धरोहर को बनाए रखा है।

5. बनारस शहर अपनी दूसरी टाँग से बेखबर एक टाँग पर क्यों खड़ा है?

उत्तर बनारस शहर एक टाँग पर खड़ा है, क्योंकि यह आध्यात्मिक और सांस्कृतिक परंपराओं में इतनी गहनता से लीन है कि आधुनिकता और बाहरी परिवर्तनों से बेखबर रहता है। गंगा और काशी विश्वनाथ मंदिर के प्रति लोगों की अटूट आस्था इस शहर को स्थिर बनाए रखती है। शहर का जीवन प्राचीन रीति-रिवाजों और मान्यताओं से संचालित होता है, जो सदियों से बिना किसी बदलाव के चलते आ रहे हैं। बनारस एक धार्मिक शहर है। यहाँ लोग अपनी आस्था, श्रद्धा और भक्ति के कारण आते हैं। यह शहर एक अदृश्य शक्ति के प्रति अपनी भावनाओं को समर्पित करता हुआ वर्षों से उपस्थित है।

दिशा

6. इस काव्यांश का काव्य सौंदर्य लिखिए।

हिमालय किधर है?	**जिधर उसकी पतंग भागी**
मैंने उस बच्चे से पूछा जो	**जा रही थी**
स्कूल के बाहर	**मैं स्वीकार करूँ**
पतंग उड़ा रहा था	**मैंने पहली बार जाना**
उधर-उधर-उसने कहा	**हिमालय किधर है!**

अथवा **'दिशा' कविता के शिल्प विधान पर विचार व्यक्त कीजिए।** **CBSE Diksha**

उत्तर बच्चे के बाल-मनोविज्ञान के अनुसार, कवि ने बच्चे के अनुमान से दिए गए उत्तर को भी उसका यथार्थ मानकर उसे स्वीकार कर लिया। प्रस्तुत काव्यांश यह संदेश देता है कि प्रत्येक व्यक्ति को अपनी सोच सही लगती है। बालक का ध्यान अपनी पतंग की ओर केंद्रित था। इसलिए कवि के द्वारा पूछी गई हिमालय की दिशा भी उसने उधर ही बताई।

- प्रस्तुत काव्यांश में बाल-मनोविज्ञान का चित्रण है।
- काव्यांश की भाषा सहज और सरल है।
- इसमें मिश्रित शब्दावली युक्त खड़ीबोली है।
- कविता में मुक्त छंद तथा प्रश्नोत्तर शैली का प्रयोग हुआ है।
- 'उधर-उधर' में पुनरुक्तिप्रकाश अलंकार तथा 'पतंग भागी जा रही थी' में मानवीकरण अलंकार है।
- कविता में चित्रात्मक भाषा का प्रयोग हुआ है।

7. प्रत्येक व्यक्ति का अपना-अपना यथार्थ होता है, कैसे? 'दिशा' कविता के आधार पर लिखिए। **CBSE Diksha**

उत्तर 'दिशा' कविता में कवि ने यथार्थ को परिभाषित किया है। कवि जब बच्चों से हिमालय किधर है? पूछते हैं तो अपनी पतंग की दिशा की ओर बताते हुए बच्चे कहते हैं कि उधर। इससे स्पष्ट होता है कि बड़ों के लिए भले ही हिमालय उत्तर की ओर हो, लेकिन बच्चों के लिए हिमालय उसकी पतंग की ओर है। बच्चों के इस उत्तर से स्पष्ट होता है कि परिस्थितियों के अनुसार यथार्थ बदल जाता है। इसलिए प्रत्येक व्यक्ति का अपना-अपना यथार्थ होता है।

8. 'दिशा' कविता में बच्चों की निश्छलता का भावपूर्ण चित्रण हुआ है, कैसे?

उत्तर कवि पतंग उड़ाते बच्चों से हिमालय की दिशा के बारे में पूछते हैं। बच्चे अपनी निश्छलता में कवि के प्रश्नों की गंभीरता को नहीं समझते। पतंग की ओर देखते हुए उत्तर देते हैं। जिस दिशा में पतंग उड़ रही है, उसी ओर हिमालय के होने की बात कहते हैं। बच्चे दुनिया की हर चीज को अपनी नजर से देखते हैं। उनकी अपनी दुनिया होती है।

9. 'दिशा' कविता का प्रतिपाद्य अपने शब्दों में लिखिए। **CBSE Diksha**

उत्तर 'दिशा' कविता बाल-मनोविज्ञान से जुड़ी कविता है। इस कविता में बच्चों की निश्छलता, सरलता का स्वाभाविक चित्रण किया गया है। इस कविता में कवि ने बच्चों के माध्यम से यथार्थ के स्वरूप पर विचार किया है। आधुनिक युग में समय और परिस्थितियों के अनुसार मनुष्य का यथार्थ बदल जाता है। यथार्थ सत्य नहीं होता। प्रत्येक मनुष्य का अपना यथार्थ होता है। जिस प्रकार लेखक के लिए हिमालय की दिशा जानना यथार्थ है, वैसे ही बच्चों के लिए उसकी पतंग यथार्थ है। पतंग उड़ाने के क्रम में उसके लिए कोई भी प्रश्न पतंग से ज्यादा महत्त्वपूर्ण नहीं है। सभी मनुष्यों का अपना-अपना यथार्थ है और सभी उसी के साथ रहना चाहते हैं।

स्व-मूल्यांकन

काव्यांश पर आधारित बहुविकल्पीय प्रश्न

निम्नलिखित काव्यांश को ध्यानपूर्वक पढ़कर पूछे गए बहुविकल्पीय प्रश्नों के लिए सवाधिक उपयुक्त विकल्प का चुनाव कीजिए।

1. तुमने कभी देखा है
खाली कटोरों में वसंत का उतरना।
यह शहर इसी तरह खुलता है
इसी तरह भरता
और खाली होता है यह शहर
इसी तरह रोज़-रोज़ एक अनंत शव
ले जाते हैं कंधे
अँधेरी गली से
चमकती हुई गंगा की तरफ़
इस शहर में धूल
धीरे-धीरे उड़ती है
धीरे-धीरे चलते हैं लोग
धीरे-धीरे बजते हैं घंटे
शाम धीरे-धीरे होती है।

(क) बनारस में किसके आने पर लोगों का आना-जाना बढ़ जाता है?
(i) वसंत ऋतु (ii) शीतलहर
(iii) मानसून (iv) गंगा स्नान

(ख) 'कटोरों का खालीपन' किससे भरता है?
(i) श्रद्धालुओं के आने से (ii) दान-दक्षिणा से
(iii) वसंत के आगमन से (iv) सामाजिक सहानुभूति से

(ग) 'अनंत शव ले जाते हैं कंधे' का आशय है
(i) बनारस के घाटों पर नियमित मृत्यु संस्कार
(ii) गंगा के किनारे भीड़ का इकट्ठा होना
(iii) धार्मिक अनुष्ठानों का आयोजन
(iv) आत्मा का शुद्धिकरण

(घ) निम्नलिखित कथनों में से सही कथनों पर विचार कीजिए
1. बनारस में वसंत ऋतु के आगमन से घाटों पर भिखारियों के कटोरे भर जाते हैं।
2. बनारस में शवों को कंधों पर उठाकर गंगा की तरफ ले जाते हैं।
3. बनारस शहर की गति अत्यधिक तीव्र है।

कूट
(i) 1 और 2 (ii) केवल 3
(iii) 1, 2 और 3 (iv) केवल 2

(ङ) काव्यांश के अनुसार, बनारस शहर की विशेषता क्या है?
(i) आधुनिक जीवन-शैली का प्रतीक
(ii) तेज और उन्नत जीवन की गति
(iii) परंपरा, आध्यात्मिकता और शांत लय का मेल
(iv) तकनीकी और औद्योगिक विकास

उत्तर
(क) (i) वसंत ऋतु
(ख) (ii) दान-दक्षिणा से
(ग) (i) बनारस के घाटों पर नियमित मृत्यु संस्कार
(घ) (i) 1 और 2
(ङ) (iii) परंपरा, आध्यात्मिकता और शांत लय का मेल

काव्यांश की व्याख्या

2. निम्नलिखित में से किसी एक काव्यांश की सप्रसंग व्याख्या कीजिए।
हिमालय किधर है?
मैंने उस बच्चे से पूछा जो स्कूल के बाहर
पतंग उड़ा रहा था
उधर-उधर-उसने कहा
जिधर उसकी पतंग भागी जा रही थी
मैं स्वीकार करूँ
मैंने पहली बार जाना
हिमालय किधर है!

अथवा

तुमने कभी देखा है
खाली कटोरों में वसंत का उतरना।
यह शहर इसी तरह खुलता है
इसी तरह भरता
और खाली होता है यह शहर
इसी तरह रोज़-रोज़ एक अनंत शव
ले जाते हैं कंधे
अँधेरी गली से
चमकती हुई गंगा की तरफ़

विषय-वस्तु पर आधारित प्रश्न

1. 'यह शहर इसी तरह खुलता है' पंक्ति से क्या अभिप्राय है?
2. 'बनारस' कविता में कवि ने 'लहरतारा या मडुवाडीह' का उल्लेख क्यों किया है?
3. 'जो है वह सुगबुगाता है' से कवि का क्या तात्पर्य है?
4. बच्चे के यथार्थ के अनुसार, हिमालय की दिशा क्या थी?
5. जब कवि ने बच्चे का उत्तर सुना तो उन्हें किस बात का एहसास हुआ?

05
अध्याय

कवि-परिचय

रघुवीर सहाय का जन्म वर्ष 1929 में लखनऊ, उत्तर प्रदेश में हुआ था। उन्होंने लखनऊ से ही अपनी शिक्षा पूरी की और वर्ष 1951 में अंग्रेज़ी साहित्य में एम.ए. किया। पेशे से वे पत्रकार थे और विभिन्न पत्र-पत्रिकाओं से जुड़े रहे। वे आकाशवाणी, हैदराबाद से प्रकाशित पत्रिका 'कल्पना' और 'दिनमान' के सहायक संपादक भी रहे। उनकी कविताएँ जनजीवन के अनुभवों पर आधारित होती हैं, जिनमें सामाजिक संदर्भों का गहरा निरीक्षण और मानवीय पीड़ा की अभिव्यक्ति होती है। उनकी प्रमुख रचनाएँ 'सीढ़ियों पर धूप में', 'आत्महत्या के विरुद्ध', 'हँसो हँसो जल्दी हँसो' और 'लोग भूल गए हैं' हैं। 'लोग भूल गए हैं' काव्य संग्रह पर उन्हें साहित्य अकादमी पुरस्कार मिला था। वर्ष 1990 में उनका देहांत हो गया।

▼ अध्ययन के लिए

- कविता की रूपरेखा
- काव्यांशों की व्याख्या

▼ अभ्यास के लिए

- पाठ्यपुस्तक के प्रश्नोत्तर
- काव्यांश पर आधारित बहुविकल्पीय प्रश्न
- विषय-वस्तु पर आधारित प्रश्नोत्तर

(क) वसंत आया
(ख) तोड़ो

(रघुवीर सहाय)

कविता की रूपरेखा

वसंत आया

'वसंत आया' कविता में कवि वसंत ऋतु के आगमन और आधुनिक शहरी जीवन में उससे जुड़े संवेदनहीनता पर व्यंग्य करते हैं। कवि कहते हैं कि जिस प्रकार उनकी बहन मधुर स्वर में उन्हें 'दा' कहकर पुकारती है, उसी प्रकार अशोक वृक्ष पर बैठी चिड़िया के मधुर स्वर में कुहकने की आवाज़ से उन्हें वसंत के आने का आभास हुआ। सूखे पत्तों का चरमराना, प्रातःकालीन ठंडी हवा का खिलना संकेत देते हैं कि वसंत आ चुका है, परंतु आधुनिक जीवन में मनुष्य कैलेंडर और दफ्तर की छुट्टियों से ही त्योहारों और मौसमों का ज्ञान प्राप्त करता है। कवि वसंत के प्राकृतिक सौंदर्य को याद करते हैं, जिसमें ढाक के जंगल, आम्रवन और कोयल की कूक शामिल होती है। वे अनुभव करते हैं कि आज के व्यस्त और भागदौड़ भरे जीवन में प्रकृति के इन अद्भुत परिवर्तनों से हम दूर हो गए हैं और वसंत का वास्तविक आनंद केवल किताबों और कैलेंडर तक सीमित रह गया है।

तोड़ो

रघुवीर सहाय द्वारा रचित 'तोड़ो' कविता उद्बोधनपरक है। इसमें कवि सृजन हेतु भूमि को तैयार करने के लिए चट्टानें, ऊसर और बंजर को तोड़ने का आह्वान करते हैं। धरती का खेत में बदलना सृजन की आरंभिक एवं अत्यंत महत्त्वपूर्ण प्रक्रिया है। तोड़ने से कवि का अभिप्राय विध्वंस से नहीं अपितु सृजन से है। कविता का बाह्य रूप सरल है, किंतु प्रकृति से मन की तुलना करते हुए कवि ने इसको नया आयाम दे दिया है। यह बंजर यदि प्रकृति में है, तो मानव मन में भी है। कवि मानव मन में व्याप्त ऊब तथा खीज को भी तोड़ने की बात करता है अर्थात् उसे भी उर्वर बनाने की बात करता है। मन के भीतर की ऊब सृजन में बाधा उत्पन्न करती है। कवि सृजन करना चाहते हैं, इसलिए वे ऊब को दूर करने की बात करके कविता में मन के बारे में प्रश्न उठाकर आगे बढ़ जाते हैं। इससे कविता का अर्थ-विस्तार हुआ है। वे मन की संवेदना को उर्वर बनाने की बात करते हैं।

काव्यांशों की व्याख्या

निम्नलिखित काव्यांशों की सप्रसंग व्याख्या कीजिए

वसंत आया

काव्यांश 1

जैसे बहन 'दा' कहती है
ऐसे किसी बँगले के किसी तरु (अशोक) पर कोई चिड़िया
कुऊकी
चलती सड़क के किनारे लाल बजरी पर चुरमुराए पाँव तले
ऊँचे तरुवर से गिरे
बड़े-बड़े पियराए पत्ते
कोई छः बजे सुबह जैसे गरम पानी से नहाई हो
खिली हुई हवा आई, फिरकी-सी आई, चली गई।
ऐसे, फुटपाथ पर चलते-चलते-चलते।
कल मैंने जाना कि वसंत आया।

CBSE 2023, All India 2019, Delhi 2019, 18

शब्दार्थ

तरु – वृक्ष; **कुऊकी** – चिड़िया की स्वाभाविक आवाज़/कुहुकना का तद्भव रूप; **चुरमुराए** – चरमराने की आवाज़/चर-मर की ध्वनि; **तरुवर** – सुंदर पेड़/छायादार वृक्ष; **पियराए** – पीले हो गए/पीले पड़ चुके; **फिरकी** – लकड़ी/प्लास्टिक का खिलौना, जो ज़मीन पर गोल-गोल घूमता है।

संदर्भ प्रस्तुत काव्यांश पाठ्यपुस्तक 'अंतरा भाग-2' के 'वसंत आया' शीर्षक कविता से उद्धृत है। इस कविता के रचयिता कवि रघुवीर सहाय हैं।

प्रसंग प्रस्तुत काव्यांश में कवि कह रहे हैं कि उन्हें वसंत के आने की सूचना प्रकृति के विभिन्न अंगों में हो रहे परिवर्तनों से मिलती है। इस कविता में कवि ने आधुनिक मानव के प्रकृति से टूटे हुए रिश्तों एवं उससे अपने स्वाभाविक संबंधों को भुला दिए जाने की बात कही है।

व्याख्या प्रस्तुत काव्यांश में कवि कह रहा है कि जैसे उनकी छोटी बहन कोयल के समान मधुर स्वर में उन्हें 'दा' (बड़े भाई) कहकर पुकारती है, ठीक उसी प्रकार किसी बंगले के अशोक के वृक्ष पर कोई कोयल के मधुर स्वर में कुहुकने की आवाज सुनाई दी। लाल बजरी वाली सड़क पर चलते हुए किसी ऊँचे छायादार तथा फल वाले वृक्ष से पीले पड़ चुके, बड़े-बड़े गिरे हुए पत्ते कवि के पाँव के नीचे दबकर चर-मर की आवाज़ करने लगे, जिससे कवि को यह पता चला कि वसंत का आगमन हो गया है।
प्रातःकालीन सुबह छः बजे वसंत की हवा में ऐसी ताज़गी भरी हुई थी, मानो जैसे वह अभी गर्म पानी से नहाकर आई हो। सुबह की ठंडी हवा के कुछ गर्म हो जाने से कवि को यह संदेश मिला कि शिशिर के शीत के स्थान पर वसंत का सुहाना मौसम आ गया है। स्वच्छ एवं खिली हुई हवा की तुलना कवि ने लकड़ी या प्लास्टिक के ज़मीन पर गोल-गोल घूमने वाले खिलौने 'फिरकी' से की है अर्थात् हवा फिरकी की तरह घूमती हुई आई और चली गई। प्रकृति में घटित विभिन्न घटनाओं से हुए प्राकृतिक परिवर्तनों ने कवि को वसंत के आगमन की सूचना दी। कवि आगे कहते हैं कि ऐसे ही कल फुटपाथ पर चलते-चलते उन्हें यह पता चला कि वसंत ऋतु का आगमन हो गया है अर्थात् कवि कह रहा है कि प्रकृति हमें अपने नित्य कर्मों से अपने विषय में संदेश देती है। मनुष्य पर्व, उत्सव के आयोजन से या वृक्षों, पक्षियों तथा हवा के माध्यम से वसंत के आगमन की सूचना पाते हैं, परंतु इस आधुनिक समय की भाग-दौड़ भरी ज़िंदगी में कवि का हृदय ही इन परिवर्तनों को जान पाता है, जबकि एक साधारण आदमी इन परिवर्तनों के प्रति संवेदनहीन बन गया है।

काव्य-शैली

(i) प्रस्तुत काव्यांश में कवि ने वसंत के आगमन की सुबह का वर्णन किया है।
(ii) प्रस्तुत काव्यांश में कवि ने मनुष्य की व्यस्त दिनचर्या के कारण उसकी प्रकृति से बढ़ती दूरी पर व्यंग्य किया है।
(iii) प्रस्तुत काव्यांश में 'सुबह' तथा 'हवा' का मानवीकरण किया गया है।
(iv) प्रस्तुत काव्यांश में कवि ने तद्भव व तत्सम शब्दों से युक्त सहज तथा सरल शब्दों का प्रयोग किया है।
(v) काव्यांश तुकांत रहित छंद-मुक्त रचना है तथा इसमें व्यंजना शब्द शक्ति का प्रयोग किया गया है।
(vi) प्रस्तुत काव्यांश में व्यंजनात्मक शैली का प्रयोग हुआ है।
(vii) प्रस्तुत काव्यांश में प्रसाद गुण का प्रयोग हुआ है।
(viii) प्रस्तुत काव्यांश में 'बड़े-बड़े', 'चलते-चलते' में पुनरुक्तिप्रकाश अलंकार व 'फिरकी-सी' में उपमा अलंकार है।

काव्यांश 2

और यह कैलेंडर से मालूम था
अमुक दिन अमुक वार मदनमहीने को होवेगी पंचमी
दफ़्तर में छुट्टी थी-यह था प्रमाण
और कविताएँ पढ़ते रहने से यह पता था
कि दहर-दहर दहकेंगे कहीं ढाक के जंगल
आम बौर आवेंगे
रंग-रस-गंध से लदे-फँदे दूर के विदेश के
वे नंदन-वन होवेंगे यशस्वी
मधुमस्त पिक भौंरे आदि अपना-अपना कृतित्व
अभ्यास करके दिखावेंगे
यही नहीं जाना था कि आज के नगण्य दिन जानूँगा
जैसे मैंने जाना, कि वसंत आया।

शब्दार्थ

अमुक – इस; **मदनमहीने** – वसंत का महीना; **प्रमाण** – सबूत; **दहर-दहर** – धधक-धधककर; **दहकना** – लपट के साथ जलना; **ढाक** – पलाश; **लदे-फँदे** – भार से आक्रांत; **नंदन-वन** – आनंददायी वन (इंद्र का उद्यान); **मधुमस्त** – पुष्पों का रस पीकर मस्त; **पिक** – कोयल; **कृतित्व** – कार्य; **नगण्य** – जो गिनती के योग्य न हो/तुच्छ।

संदर्भ पूर्ववत्।

प्रसंग प्रस्तुत काव्यांश में कवि ने आधुनिक तथा भौतिकतावादी जीवन जीने वाले मनुष्य की प्रकृति से दूरी के कारण उसकी बढ़ती असंवेदना को स्पष्ट किया है।

व्याख्या प्रस्तुत काव्यांश में कवि मनुष्य की आधुनिकता तथा भौतिकतावादी प्रवृत्ति पर व्यंग्य करते हुए कहते हैं कि आधुनिक समय के मनुष्य को वसंत पंचमी का आना कैलेंडर से मालूम पड़ता है।

महानगरों की व्यस्त जिंदगी और जीवनयापन के उपायों से जूझता मनुष्य कैलेंडर से ही जान पाता है कि अमुक (इस) दिन वसंत पंचमी का त्योहार है। दफ़्तर में होने वाली छुट्टी इस तथ्य का सत्यापन करती है कि वसंत वास्तव में आ गया है। प्रकृति से दूर, ऊँची-ऊँची अट्टालिकाओं वाले महानगर में कवि को कविताएँ पढ़ते रहने से यह ज्ञात था कि वसंत माह में कहीं ढाक के फूलों से भरे जंगल धधक-धधककर जलते से लग रहे होंगे और आम्रवनों में आम के वृक्षों पर बौर आ गए होंगे।

वसंत के आने पर उद्यानों में मन को आनंदित करने वाले विभिन्न प्रकार के फूल खिल जाएँगे, जिसमें प्रकृति रंग, रस और गंध से भर जाएगी। फूलों का रस पीकर भँवरेव कोयल मस्त होकर अपने-अपने कार्यों का प्रदर्शन करेंगे अर्थात् मस्ती में झूमते हुए गाएँगे। दफ़्तर की छुट्टी से वसंत पंचमी का आगमन जानकर वह हताश हो जाता है कि जीवन की भागदौड़ में वह प्राकृतिक सौंदर्य न जाने कहाँ छूट गया है। यह तो एक साधारण-सा दिन है, जिसमें उत्सव जैसा कुछ भी नहीं रहा है।

काव्य-शैली

(i) प्रस्तुत काव्यांश में कवि ने आधुनिक मनुष्य की व्यस्त एवं कृत्रिम जीवन शैली पर व्यंग्य करते हुए वसंत ऋतु के समय के प्राकृतिक सौंदर्य का वर्णन किया है।

(ii) वसंत के साथ कवि ने हेमंत ऋतु का भी वर्णन किया है।

(iii) प्रस्तुत काव्यांश में प्रसाद गुण तथा मुक्त छंद का प्रयोग हुआ है।

(iv) काव्यांश में खड़ीबोली के शब्दों के साथ क्षेत्रीय (देशज) शब्दों का भी प्रयोग किया गया है।

(v) प्रस्तुत काव्यांश में 'दहर-दहर' व 'अपना-अपना' में पुनरुक्तिप्रकाश अलंकार, 'मदनमहीने' व 'दहर दहकेंगे' में अनुप्रास अलंकार तथा 'पिक भौंरे' में मानवीकरण अलंकार है।

(vi) प्रस्तुत काव्यांश में व्यंजनात्मक शैली का प्रयोग हुआ है।

तोड़ो

काव्यांश 1

तोड़ो तोड़ो तोड़ो
ये पत्थर ये चट्टानें
ये झूठे बंधन टूटें
तो धरती को हम जानें
सुनते हैं मिट्टी में रस है जिससे उगती दूब है
अपने मन के मैदानों पर व्यापी कैसी ऊब है
आधे-आधे गाने।

शब्दार्थ

दूब – घास; **व्यापी** – व्याप्त; **ऊब** – नीरसता।

संदर्भ प्रस्तुत काव्यांश पाठ्यपुस्तक 'अंतरा भाग-2' के 'तोड़ो' कविता शीर्षक से उद्धृत है। इस कविता के कवि रघुवीर सहाय हैं। ये नई कविता में समाजवादी विचारों से प्रभावित हैं।

प्रसंग प्रस्तुत काव्यांश में कवि धरती तथा मानव-मन की प्रवृत्ति की तुलना करते हुए दोनों में परिवर्तन की प्रक्रिया का वर्णन कर रहे हैं।

व्याख्या प्रस्तुत काव्यांश में कवि कह रहे हैं कि जिस प्रकार नीरस और कठोर चट्टानों को तोड़ने से भूमि समतल हो जाती है तथा मिट्टी के रस से दूब उग जाती है अर्थात् बंजर भूमि उपजाऊ बन जाती है। उसी प्रकार सामाजिक रूढ़ियों एवं झूठे बंधनों रूपी चट्टानों को तोड़ने से मनुष्य अपने मन रूपी मैदान पर व्याप्त नीरसता से मुक्त हो सकता है।

ये सामाजिक रूढ़ियाँ एवं बंधन उसे घुटन भरा संकुचित जीवन जीने के लिए मज़बूर करते हैं। इन रूढ़ियों एवं परंपराओं से व्याप्त मनुष्य नीरस होकर जीवन के वास्तविक सुखों से दूर कठोर चट्टानों के समान हो जाता है। उसके जीवन में कोई रस नहीं रह जाता।

अपने मन में व्याप्त ऊब के कारण मनुष्य के सृजन व निर्माण करने के इच्छा के गीत में पूर्णता नहीं होती, वे आधे-आधे से लगते हैं। अतः यदि मनुष्य सामाजिक बंधनों को तोड़कर मन की नीरसता को दूर कर लेता है तो वह सरस रूपी जीवन को पा लेता है।

काव्य-शैली

(i) प्रस्तुत काव्यांश में कवि ने नवनिर्माण को प्रेरणा एवं समाज में व्याप्त कुरीतियों एवं रूढ़ियों को नष्ट करने के लिए कहा है।

(ii) प्रस्तुत काव्यांश में कवि ने धरती की सरसता के वर्णन से मन की नीरसता को दूर करने के लिए प्रेरित किया है।

(iii) कवि ने चट्टान, धरती एवं दूब को प्रतीक के रूप में प्रयोग किया है। 'चट्टान' सामाजिक बंधनों, 'धरती' मानव मन एवं 'दूब' सरसता से उत्पन्न उमंग का प्रतीक है।

(iv) काव्यांश की भाषा सीधी है तथा मिश्रित शब्दावली युक्त खड़ीबोली में सहज अभिव्यक्ति हुई है।

(v) 'तोड़ो तोड़ो तोड़ो' और 'आधे आधे' में पुनरुक्तिप्रकाश अलंकार है।

(vi) प्रस्तुत काव्यांश अतुकांत छंदमुक्त रचना है।

काव्यांश 2

तोड़ो तोड़ो तोड़ो
ये ऊसर-बंजर तोड़ो
ये चरती परती तोड़ो
सब खेत बनाकर छोड़ो
मिट्टी में रस होगा ही जब वह पोसेगी बीज को
हम इसको क्या कर डालें
इस अपने मन की खीज को?
गोड़ो गोड़ो गोड़ो।

शब्दार्थ

ऊसर-बंजर – अनुपजाऊ भूमि; **चरती परती** – पशुओं के चरागाह के लिए छोड़ी गई ज़मीन जिस पर खेती नहीं होती; **पोसेगी** – पुष्ट करेगी; **खीज** – झुँझलाहट; **गोड़ो** – खोदो/लगाओ।

संदर्भ पूर्ववत्।

प्रसंग प्रस्तुत काव्यांश में कवि मानव मन की संवेदनहीनता एवं शुष्कता को समाप्त करने एवं नव-निर्माण की बात करते हुए मनुष्य को उसकी दुर्बलताओं से दूर करना चाहता है।

व्याख्या प्रस्तुत काव्यांश में कवि ऊसर-बंजर एवं चरती परती ज़मीन को तोड़कर या हल चलाकर उसे खेत बनाने के लिए कह रहे हैं। खेत बनने पर बंजर भूमि की उर्वरा शक्ति लौट आती है, जिससे उसका रस बीज को अंकुरित करता है, उसे पुष्ट करता है एवं उसका पोषण करता है।

रस से कवि का अभिप्राय धरती की उर्वरा शक्ति से है। जिस प्रकार खेती योग्य भूमि में वृक्ष लगाने के लिए बीज डाले जाते हैं तथा भूमि उसे अपने रस से पोषती है, वैसे ही मन की खीज को दूर करने के लिए उसे सरस बनाने के लिए कवि ने समाज में व्याप्त गलत रीति-रिवाज़ों, अंधविश्वासों, परंपराओं एवं झूठे बंधनों को दूर करने के लिए कहा है। आशा, आत्मविश्वास, ज्ञान, पारस्परिक सहयोग आदि सद्गुणों के पौधों को अपने मन रूपी खेत में लगाकर मानव सकारात्मक ऊर्जा पाकर अपनी खीज को मिटा सकता है और अपने जीवन में उन्नति करके सुखी हो सकता है। अतः मनुष्य को अपने मन के खीज को दूर करने के लिए मेहनत करके उन्नति के मार्ग पर बढ़ना चाहिए।

काव्य-शैली

(i) प्रस्तुत काव्यांश में कवि ने सकारात्मक ऊर्जा पाने के लिए प्रेरित किया है तथा मनुष्य के परिवर्तन के लिए सामाजिक कुरीतियों, रूढ़ियों एवं झूठे बंधनों को दूर करने के लिए कहा है।

(ii) काव्यांश में देशज शब्दों से युक्त खड़ीबोली का प्रयोग किया गया है।

(iii) ऊसर, बंजर आदि सामाजिक रूढ़ियों एवं झूठे बंधनों के प्रतीक हैं। अतः भाषा में प्रतीकात्मकता है।

(iv) प्रस्तुत काव्यांश में गोड़ो गोड़ो गोड़ो में पुनरुक्तिप्रकाश अलंकार है।

(v) प्रस्तुत काव्यांश में लक्षणा और व्यंजना शब्द शक्ति का प्रयोग हुआ है।

पाठ्यपुस्तक (अंतरा भाग-2) के प्रश्नोत्तर

वसंत आया

1. वसंत के आगमन की सूचना कवि को कैसे मिली?

***अथवा* कवि को वसंत के आने का एहसास किस प्रकार होता है?** **CBSE Diksha**

***अथवा* 'वसंत आया' कविता में कवि को वसंत के आगमन का अनुभव कैसे हुआ?** **CBSE 2024**

उत्तर प्रस्तुत कविता 'वसंत आया' में कवि मानते हैं कि चिड़िया के चहचहाने, चलते हुए सड़क के किनारे गिरे पियराए (पीले) पत्तों की चरमराहट तथा प्रातःकालीन छः बजे फुटपाथ पर टहलते समय हल्की गर्म हवा जब गोल-गोल घूमती हुई शरीर को स्पर्श करती है, तो वसंत के आगमन की सूचना मिलती है, किंतु आधुनिक जीवन-शैली की व्यस्तता के कारण उसे प्रकृति के इस बदलते रूप का जैसे पता ही नहीं चलता। ऐसी स्थिति में मनुष्य का प्रकृति से संबंध टूटता जा रहा है। कवि मानता है कि कैलेंडर से उसे वसंत के आगमन की सूचना मिलती है। यह जीवन की भाग-दौड़ और मशीनीकरण जीवन का परिणाम है।

2. 'कोई छः बजे सुबह .... फिरकी-सी आई, चली गई' पंक्ति में निहित भाव स्पष्ट कीजिए।

उत्तर 'कोई छः बजे सुबह .... फिरकी-सी आई, चली गई' पंक्ति के माध्यम से कवि स्पष्ट करना चाहते हैं कि वसंत ऋतु के आने पर प्रातःकाल की हवा ताजगी से भरी हुई थी, जैसे हवा अभी-अभी गर्म पानी से नहाकर आई हो अर्थात् हवा में हल्की-हल्की गर्मी महसूस हो रही थी, जो फिरकी की तरह घूमती हुई आई और चली गई। प्रस्तुत पंक्तियों में कवि वसंत के आगमन से मौसम में हुए परिवर्तन को बता रहे हैं। वसंत के आने पर हवा में हल्की-सी गर्माहट आ जाती है तथा हवा तेज व घूमती हुई गति से चलती है।

3. अलंकार बताइए

(क) बड़े-बड़े पियराए पत्ते

(ख) कोई छः बजे सुबह जैसे गरम पानी से नहाई हो

(ग) खिली हुई हवा आई, फिरकी-सी आई, चली गई

(घ) कि दहर-दहर दहकेंगे कहीं ढाक के जंगल

उत्तर (क) पुनरुक्तिप्रकाश और अनुप्रास अलंकार।
(ख) उत्प्रेक्षा और मानवीकरण अलंकार।
(ग) मानवीकरण और उपमा अलंकार।
(घ) पुनरुक्तिप्रकाश और अनुप्रास अलंकार।

4. किन पंक्तियों से यह ज्ञात होता है कि आज मनुष्य प्रकृति के नैसर्गिक सौंदर्य की अनुभूति से वंचित है? स्पष्ट कीजिए।

उत्तर आज का मनुष्य अतिव्यस्तता का जीवन जी रहा है। वह महानगरों में निवास करता है, जहाँ न तो पेड़ों के झुरमुट हैं और न आसपास वन ही रह गए हैं। कंकरीट के जंगल के समान ऊँची-ऊँची अट्टालिकाओं से घिरा और जीवनयापन की भागदौड़ में लगा मानव ऋतु परिवर्तन के साथ प्रकृति में होने वाले परिवर्तनों को देख-समझ ही नहीं पाता। भौतिकतावादी जीवन जीने वाला मनुष्य प्रकृति के नैसर्गिक सौंदर्य की अनुभूति से दूर होता चला जा रहा है। आज मनुष्य प्रकृति के नैसर्गिक सौंदर्य की अनुभूति से वंचित है। यह कविता की निम्न पंक्तियों से ज्ञात होता है

"और कविताएँ पढ़ते रहने से यह पता था
कि दहर-दहर दहकेंगे कहीं ढाक के जंगल
आम बौर आवेंगे
रंग-रस-गंध से लदे-फँदे दूर के विदेश के
वे नंदन-वन होवेंगे यशस्वी

मधुमस्त पिक भौंरे आदि अपना-अपना कृतित्व
अभ्यास करके दिखावेंगे
यही नहीं जाना था कि आज के नगण्य दिन जानूँगा
जैसे मैंने जाना, कि वसंत आया।''

5. 'प्रकृति मनुष्य की सहचरी है' इस विषय पर विचार व्यक्त करते हुए आज के संदर्भ में इस कथन की वास्तविकता पर प्रकाश डालिए।

उत्तर प्रकृति सदैव से मनुष्य की सहचरी रही है। वह न केवल मनुष्य के भरण-पोषण का साधन है, बल्कि जीवन के हर पहलू में मनुष्य का साथ निभाती है। ऋतुओं का बदलाव, पौधों का फूलना-फलना और पर्यावरण का संतुलन मानव के लिए वरदान है। प्राचीनकाल से प्रकृति मनुष्य की संरक्षक रही है।

प्रकृति ने मनुष्य को भोजन, आश्रय और जीवन जीने के लिए आवश्यक संसाधन प्रदान किए हैं। प्रकृति के सभी कार्य नियम के अनुसार होते हैं। आधुनिक समय में मनुष्य अपनी व्यस्तता और भोगवादी जीवन-शैली के कारण प्रकृति से दूर हो गया है।

महानगरों की भागदौड़, ऊँची इमारतों और कृत्रिम साधनों ने उसे प्रकृति से अलग कर दिया है। वह अब ऋतु परिवर्तन और त्योहारों का अनुभव प्रकृति के माध्यम से नहीं, बल्कि कैलेंडर और छुट्टियों से करता है। प्रकृति के प्रति यह संवेदनहीनता न केवल उसके मानसिक स्वास्थ्य पर, बल्कि पर्यावरण पर भी नकारात्मक प्रभाव डाल रही है। प्रकृति के प्रति प्रेम ही मानवता का वास्तविक धन है।

6. 'वसंत आया' कविता की मूल संवेदना स्पष्ट कीजिए।
अथवा 'वसंत आया' कविता में कवि की चिंता क्या है? उसका प्रतिपाद्य लिखिए।
अथवा 'वसंत आया' कविता का प्रतिपाद्य अपने शब्दों में लिखिए। **CBSE Diksha**

उत्तर 'वसंत आया' कविता में कवि ने आधुनिक भोगवादी जीवन-शैली पर व्यंग्य करते हुए चिंता व्यक्त की है कि जीवन की व्यस्तता और धनोपार्जन की अंधी दौड़ ने मनुष्य को प्रकृति से दूर कर दिया है। अपने आस-पास हो रहे प्रकृति के परिवर्तनों से वह अनजान होता जा रहा है। त्योहारों का आना उसे मौसम के बदलाव से नहीं, बल्कि कैलेंडर की तारीख या दफ्तर की छुट्टी से पता चलता है। यह व्यस्तता मनुष्य को यंत्र मानव (रोबोट) के रूप में ढालती जा रही है और उसकी संवेदनाएँ धीरे-धीरे समाप्त होती जा रही हैं।

तोड़ो

1. 'पत्थर' और 'चट्टान' शब्द किसके प्रतीक हैं?

उत्तर कवि ने 'पत्थर' और 'चट्टान' शब्दों का प्रयोग उन बाधाओं के लिए किया है, जो सृजन के मार्ग में बाधक बन जाते हैं। इन्हें नष्ट करके तथा तोड़कर ही नव-निर्माण किया जा सकता है। खेत से पत्थर, कंकड़ आदि निकालने पर ही खेत उपजाऊ बनता है। इसी प्रकार से साहित्यकार रूढ़ियों के बंधनों से मुक्त होकर ही श्रेष्ठ साहित्य की रचना कर सकता है। आम आदमी रूढ़ियों के बंधनों से मुक्त होकर जीवन के सच्चे आनंद को पा सकता है।

2. भाव-सौंदर्य स्पष्ट कीजिए
''मिट्टी में रस होगा ही जब वह पोसेगी बीज को
हम इसको क्या कर डालें इस अपने मन की खीज को?
गोड़ो गोड़ो गोड़ो''

उत्तर प्रस्तुत पंक्तियों में कवि कहते हैं कि जिस प्रकार मिट्टी को अच्छी प्रकार से जोतने से उसमें रस (उर्वरा शक्ति) आ जाता है और वह बीज के अंकुरित होने में सहायक हो जाती है, उसी प्रकार जब हम अपने मन में व्याप्त खीज को नष्ट कर देंगे तो निर्मल मन में श्रेष्ठ सृजन हो सकेगा। इसलिए व्यर्थ को काट-छाँटकर नष्ट कर देने से ही नव-निर्माण की प्रक्रिया प्रारंभ हो सकती है।

3. कविता का आरंभ 'तोड़ो तोड़ो तोड़ो' से हुआ है और अंत 'गोड़ो गोड़ो गोड़ो' से। विचार कीजिए कि कवि ने ऐसा क्यों किया?

उत्तर कवि रघुवीर सहाय जनता के कवि हैं। वह नव-निर्माण की आकांक्षा से प्रेरित हैं। 'तोड़ना' विध्वंस का प्रतीक है तथा 'गोड़ना' नव-निर्माण की प्रक्रिया का वाहक है। विध्वंस सृजन के लिए ज़रूरी है। बिना पुरातन के ध्वंस के नवीन का सृजन असंभव है। पुरातन प्रवृत्तियों को तोड़ना सहज नहीं है।

कवि इन प्रवृत्तियों के ध्वंस की कठिनाई से भिज्ञ (जिसे जानकारी हो) है। कवि जानता है कि बिना बार-बार प्रहार के पुरातन प्रवृत्तियों का ध्वंस संभव नहीं है। बार-बार प्रहार की प्रक्रिया को दर्शाने के लिए कवि ने 'तोड़ो तोड़ो तोड़ो' से कविता का आरंभ किया है। सृजन की प्रक्रिया को स्पष्ट करने के लिए 'गोड़ो गोड़ो गोड़ो' की आवृत्ति हुई है।

4. ''ये झूठे बंधन टूटें
तो धरती को हम जानें''
यहाँ पर झूठे बंधनों और धरती को जानने से क्या अभिप्राय है?

उत्तर जब तक मनुष्य मन की संकीर्णता, अंधविश्वास तथा रूढ़ियों के बंधन में जकड़ा रहेगा, तब तक वह जीवन में आगे बढ़ने की प्रेरणा ग्रहण नहीं कर सकता। मन की सरसता तथा जीवन की सहजता के लिए बंधनों से मुक्ति अनिवार्य है। कवि इन बंधनों से मुक्ति के बाद ही मानवता के विकास और उन्नयन को संभव मानता है, ठीक उसी प्रकार धरती पर रस ऊपर आने की प्रक्रिया में बाधक पत्थरों तथा चट्टानों को हटाने के बाद उसके इस तत्त्व जल को ऊपर लाया जा सकता है।

कवि उपरोक्त झूठे बंधनों को मानव मन के विकास के लिए बाधक प्रवृत्ति मानता है। पत्थर तथा चट्टान भी धरती के रस के सतह तक आने में बाधक तत्त्व हैं।

5. 'आधे-आधे गाने' के माध्यम से कवि क्या कहना चाहता है?

उत्तर किसी कार्य में सफलता एकाग्रता तथा दृढ़ता से संभव है। जब तक किसी कार्य को पूरे मन से नहीं किया जाता, तब तक विकास तथा विस्तार संभव नहीं है। मन में खीज तथा ऊब असहज प्रवृत्तियाँ हैं।

जब मन एकाग्र नहीं होगा, उसकी भावनाएँ तरंगित नहीं हो सकतीं। हृदय के अंदर एक अधूरेपन का भाव संगृहीत होगा। इस अधूरेपन में संवेदना की पूर्णता संभव नहीं है। अंधविश्वास, रूढ़ियों और परंपराओं में जकड़े मानव की उपलब्धि आधी-अधूरी होती है। इसी भाव को व्यक्त करने के लिए 'आधे-आधे गाने' का प्रयोग किया गया है।

योग्यता-विस्तार

1. वसंत ऋतु पर किन्हीं दो कवियों की कविताएँ खोजिए और इस कविता से उनका मिलान कीजिए।

उत्तर छात्र स्वयं करें।

2. भारत में ऋतुओं का चक्र बताइए और उनके लक्षण लिखिए।

उत्तर भारत में छः ऋतुएँ होती हैं। इनका समय दो-दो मास का है। ऋतु-चक्र वसंत से प्रारंभ होता है। पूरा ऋतु-चक्र इस प्रकार है

मास	ऋतु	लक्षण
चैत्र व वैशाख	वसंत	सुहावना मौसम, खिलती वनस्पति
ज्येष्ठ व आषाढ़	ग्रीष्म	भयंकर गर्मी
श्रावण व भाद्रपद	वर्षा	आकाश में बादल, वर्षा व हरियाली
आश्विन व कार्तिक	शरद	न गर्मी न सर्दी, सुखद स्थिति
अग्रहायण व पौष	हेमंत	भयंकर शीत
माघ व फाल्गुन	शिशिर	माघ में शीत, फाल्गुन में हल्की-सी गर्मी।

3. मिट्टी और बीज से संबंधित और भी कविताएँ हैं; जैसे-सुमित्रानंदन पंत की 'बीज'। अन्य कवियों की ऐसी कविताओं का संकलन कीजिए और भित्ति पत्रिका में उनका उपयोग कीजिए।

उत्तर छात्र स्वयं करें।

अभ्यास प्रश्न

काव्यांश पर आधारित बहुविकल्पीय प्रश्न

वसंत आया

1. जैसे बहन 'दा' कहती है
ऐसे किसी बँगले के किसी तरु (अशोक) पर कोई चिड़िया कुऊकी
चलती सड़क के किनारे लाल बजरी पर चुरमुराए पाँव तले
ऊँचे तरुवर से गिरे
बड़े-बड़े पियराए पत्ते
कोई छः बजे सुबह जैसे गरम पानी से नहाई हो
खिली हुई हवा आई, फिरकी-सी आई, चली गई।
ऐसे, फुटपाथ पर चलते-चलते-चलते।
कल मैंने जाना कि वसंत आया।

(क) प्रस्तुत काव्यांश में किसका वर्णन किया गया है?
(i) पतझड़ ऋतु के आने का (ii) ग्रीष्म ऋतु के आगमन का
(iii) शीत ऋतु के जाने का (iv) वसंत ऋतु के आने का

(ख) वसंत आगमन पर स्वच्छ एवं खुली हवा की तुलना कवि ने किससे की है?
(i) फिरकी नामक खिलौने से (ii) मानवीय मन से
(iii) मन की निर्मलता से (iv) बिखरे पत्तों से

(ग) प्रातःकाल छः बजे कौन गर्म पानी से नहाया हुआ प्रतीत हो रहा था?
(i) हवा (ii) कवि
(iii) सड़क (iv) पेड़-पौधे

(घ) निम्नलिखित कथनों में से गलत कथन को छाँटिए
कथन 1 चिड़िया के कुहुकने, हल्की गर्म हवा तथा पेड़ों से गिरे पीले पत्तों की आवाज से वसंत के आगमन की सूचना मिलती है।
कथन 2 वसंत में ठंडी हवा धीरे-धीरे चल रही थी।
कथन 3 वसंत की हवा फिरकी-सी घूमती हुई आई और चली गई।

दक्षता आधारित प्रश्न

कूट
(i) 1 और 3 (ii) केवल 1
(iii) केवल 2 (iv) इनमें से कोई नहीं

(ङ) कवि की छोटी बहन उन्हें क्या कहकर पुकारती है?
(i) दादा (ii) भैया (iii) दा (iv) बड़ा भाई

उत्तर

(क) (iv) वसंत ऋतु के आने का
(ख) (i) फिरकी नामक खिलौने से
(ग) (i) हवा
(घ) (iii) केवल 2
(ङ) (iii) दा

2. और यह कैलेंडर से मालूम था
अमुक दिन अमुक वार मदनमहीने को होवेगी पंचमी
दफ़्तर में छुट्टी थी-यह था प्रमाण
और कविताएँ पढ़ते रहने से यह पता था
कि दहर-दहर दहकेंगे कहीं ढाक के जंगल
आम बौर आवेंगे
रंग-रस-गंध से लदे-फँदे दूर के विदेश के
वे नंदन-वन होवेंगे यशस्वी
मधुमस्त पिक भौंरे आदि अपना-अपना कृतित्व
अभ्यास करके दिखावेंगे
यही नहीं जाना था कि आज के नगण्य दिन जानूँगा
जैसे मैंने जाना, कि वसंत आया।

(क) वर्तमान युग में वसंत आगमन का पता कैसे चलता है?
(i) प्राकृतिक गतिविधियों से (ii) पड़ोसियों से
(iii) कैलेंडर से (iv) ग्रामीण लोगों से

(ख) दफ्तर से छुट्टी मिलना किस बात का प्रमाण था?
(i) श्रेष्ठ कार्य प्रदर्शन का (ii) अच्छे कार्यालय का
(iii) वर्षा ऋतु के आने का (iv) वसंत पंचमी का

(ग) प्रस्तुत काव्यांश के माध्यम से कवि ने अप्रत्यक्ष रूप से किस पर व्यंग्य किया है?
(i) मनुष्य की अकर्मण्यता
(ii) आधुनिक व्यस्त एवं संवेदनशून्य जीवन-शैली
(iii) शहर की ओर पलायन
(iv) ग्रामीण क्षेत्रों एवं लोगों से जुड़ाव

(घ) वसंत ऋतु में होने वाले परिवर्तनों के विषय में कवि को कैसे पता था?
(i) कविताएँ पढ़ते रहने से
(ii) ग्राम्य जीवन से जुड़े होने के कारण
(iii) कैलेंडर से
(iv) अपनी कृतियों से

(ङ) कवि ने दिन को नगण्य कहा है, क्योंकि
1. उसके लिए वह बहुत साधारण दिन था।
2. उस दिन में उत्सव या आनंद मनाने जैसा कुछ नहीं था।
3. उस दिन कवि बहुत प्रसन्न था। **दक्षता आधारित प्रश्न**

कूट
(i) केवल 1 (ii) 1 और 2
(iii) केवल 3 (iv) 2 और 3

उत्तर
(क) (iii) कैलेंडर से
(ख) (iv) वसंत पंचमी का
(ग) (ii) आधुनिक व्यस्त एवं संवेदनशून्य जीवन-शैली
(घ) (i) कविताएँ पढ़ते रहने से
(ङ) (ii) 1 और 2

तोड़ो

1. तोड़ो तोड़ो तोड़ो
ये पत्थर ये चट्टानें
ये झूठे बंधन टूटें
तो धरती को हम जानें
सुनते हैं मिट्टी में रस है जिससे उगती दूब है
अपने मन के मैदानों पर व्यापी कैसी ऊब है
आधे-आधे गाने। **CBSE Term I 2021, Modified**

(क) 'सुनते हैं मिट्टी में रस है' यहाँ 'मिट्टी में रस' से कवि का क्या अभिप्राय है?
(i) हृदय में रचनात्मकता (ii) मिट्टी में नमी
(iii) धरती में उर्वरता (iv) मनुष्य में भाव

(ख) कवि के अनुसार सृजन में सबसे बड़ी बाधा है
(i) मन की नीरसता (ii) मन की बेचैनी
(iii) मन की कठोरता (iv) मन की छुअन

(ग) कवि किसे तोड़ने का आह्वान कर रहा है?
(i) पत्थर (ii) चट्टान
(iii) झूठे बंधन (iv) मन की ऊब

(घ) **कथन** (A) कवि ने मन की खीज को दूर करने पर बल दिया है।
कारण (R) मन सरस बनता है। **दक्षता आधारित प्रश्न**

कूट
(i) कथन (A) और कारण (R) दोनों सही हैं तथा कारण (R), कथन (A) की सही व्याख्या करता है।
(ii) कथन (A) और कारण (R) दोनों सही हैं, परंतु कारण (R), कथन (A) की सही व्याख्या नहीं करता है।
(iii) कथन (A) सही है, किंतु कारण (R) गलत है।
(iv) कथन (A) गलत है, किंतु कारण (R) सही है।

(ङ) प्रस्तुत काव्यांश में कवि ने प्रकृति की तुलना किससे की है?
(i) मन से (ii) पत्थर से
(iii) दूब से (iv) बंजर भूमि से

उत्तर
(क) (iii) धरती में उर्वरता
(ख) (i) मन की नीरसता
(ग) (iii) झूठे बंधन
(घ) (i) कथन (A) और कारण (R) दोनों सही हैं तथा कारण (R), कथन (A) की सही व्याख्या करता है।
(ङ) (i) मन से

2. ये ऊसर-बंजर तोड़ो
ये चरती परती तोड़ो
सब खेत बनाकर छोड़ो
मिट्टी में रस होगा ही जब वह पोसेगी बीज को
हम इसको क्या कर डालें इस अपने मन की खीज को?
गोड़ो गोड़ो गोड़ो।

(क) 'गोड़ो' शब्द की आवृत्ति क्यों की गई है?
(i) कविता को आलंकारिक बनाने के लिए
(ii) सृजन की प्रक्रिया को स्पष्ट करने के लिए
(iii) विध्वंस की प्रक्रिया को स्पष्ट करने के लिए
(iv) पांडित्य प्रदर्शन के लिए

(ख) मिट्टी में रस होने पर ही वह किसे पोसेगी?
(i) खनिज को (ii) बीज को
(iii) मन को (iv) पानी को

(ग) कवि के अनुसार, मन की खीज को नष्ट करने से क्या होगा?
(i) नवीन व श्रेष्ठ सृजन
(ii) संबंधों में प्रगाढ़ता
(iii) मन की निर्मलता
(iv) मानव मन का पोषण

(घ) कवि किस प्रकार की भूमि को तोड़ने की बात कर रहा है?
(i) उपजाऊ भूमि को
(ii) रस से पोषित भूमि को
(iii) हरियाली युक्त भूमि को
(iv) ऊसर-बंजर व चरती परती भूमि को

(ङ) प्रस्तुत काव्यांश में कवि पाठकों को क्या करने के लिए प्रेरित कर रहा है?
(i) हल चलाने के लिए (ii) सृजन कार्य करने के लिए
(iii) खेती करने के लिए (iv) बंजर धरती तोड़ने के लिए

उत्तर
(क) (ii) सृजन की प्रक्रिया को स्पष्ट करने के लिए
(ख) (ii) बीज को
(ग) (i) नवीन व श्रेष्ठ सृजन
(घ) (iv) ऊसर-बंजर व चरती परती भूमि को
(ङ) (ii) सृजन कार्य करने के लिए

3. तोड़ो तोड़ो तोड़ो
ये ऊसर-बंजर तोड़ो
ये चरती परती तोड़ो
सब खेत बनाकर छोड़ो
मिट्टी में रस होगा ही जब वह पोसेगी बीज को
हम इसको क्या कर डालें
इस अपने मन की खीज को?
गोड़ो गोड़ो गोड़ो। **CBSE 2024**

(क) काव्यांश में 'चरती परती' शब्द का क्या अर्थ है?
(i) उपजाऊ जमीन
(ii) ऊसर जमीन
(iii) चरागाह के लिए छोड़ी गई जमीन
(iv) मकान बनाने वाली जमीन

(ख) काव्यांश में मिट्टी के रस का क्या गुण बताया गया है?
(i) अनाज के बीज को निगल जाना
(ii) बीज को सहारा देना
(iii) बीज को गला देना
(iv) बीज का पोषण करना

(ग) 'मन की खीज' से कवि का क्या आशय है?
(i) मन की ईर्ष्या (ii) मन की झुँझलाहट
(iii) मन का अहंकार (iv) मन का आलस्य

(घ) मन की खीज हटाकर कवि क्या करना चाहता है?
(i) सृजन कार्य (ii) गीत गायन
(iii) प्रायश्चित (iv) तीर्थाटन

(ङ) खेतों की गुड़ाई करने पर क्या होगा?
(i) हल चलाना आसान हो जाएगा
(ii) बीज बोना आसान हो जाएगा
(iii) खेतों की उर्वरा शक्ति बढ़ जाएगी
(iv) खेतों की सिंचाई करना आसान हो जाएगा

उत्तर
(क) (iii) चरागाह के लिए छोड़ी गई जमीन
(ख) (iv) बीज का पोषण करना
(ग) (ii) मन की झुँझलाहट
(घ) (i) सृजन कार्य
(ङ) (iii) खेतों की उर्वरा शक्ति बढ़ जाएगी

विषय-वस्तु पर आधारित प्रश्नोत्तर

वसंत आया

1. 'वसंत आया' कविता की 'रंग-रस......दिखावेंगे' पंक्तियों में कवि क्या कहना चाहता है?

उत्तर 'वसंत आया' कविता की 'रंग-रस .... दिखावेंगे' पंक्तियों के माध्यम से कवि ने वसंत ऋतु के आगमन से प्रकृति में आने वाले बदलावों का वर्णन किया है। कवि के अनुसार वसंत ऋतु के आगमन पर उद्यानों में विभिन्न प्रकार के फूलों एवं फलों के रंग-रस एवं गंध से कोयल और भौंरे आकर्षित होंगे तथा भौंरे उन फूलों का रस पीकर मस्त होकर अपने-अपने कार्य करेंगे अर्थात् कोयल पंचम स्वर में रागिनी छेड़ेगी तथा भौंरे गुँजार करेंगे, जिससे नंदन वन (आनंदमय वन) यशस्वी होंगे।

2. कवि ने अभी तक क्या नहीं जाना था? 'वसंत आया' कविता के आधार पर स्पष्ट कीजिए।

उत्तर कवि ने अभी तक यह नहीं जाना था कि वसंत का आगमन केवल कैलेंडर और दफ्तर की छुट्टी से सूचित होने वाला एक साधारण दिन बन जाएगा। हालाँकि कवि ने कविताओं में वसंत के आने पर होने वाले प्राकृतिक संकेतों; जैसे– ढाक के फूलों का खिलना, आम के बौर का आना और रंग-रस-गंध से लदे नंदन-वनों की छवि को जाना था, लेकिन अब कवि यह महसूस कर रहे हैं कि वसंत के आगमन का अनुभव अब केवल औपचारिक रूप से कैलेंडर की तारीख और दफ्तर की छुट्टी तक ही सीमित रह गया है। कवि आधुनिक जीवन की व्यस्तता और मनुष्य की संवेदनहीनता पर कटाक्ष करते हुए इस परिवर्तन को व्यक्त करता है।

3. वसंत ऋतु के आगमन का कैलेंडर से पता लगना, वर्तमान युग की किस विडंबना की ओर संकेत कर रहा है? 'वसंत आया' कविता के संदर्भ में लिखिए। **CBSE 2025**

उत्तर 'वसंत आया' कविता में वसंत ऋतु के आगमन का कैलेंडर से पता लगना आधुनिक युग की विडंबना को दर्शाता है, जहाँ मनुष्य प्रकृति से कट चुका है। भागदौड़ भरी जिंदगी में लोग ऋतु परिवर्तन को अपने अनुभव से नहीं, बल्कि कैलेंडर और दफ्तर की छुट्टियों से जानने लगे हैं। यह दर्शाता है कि आधुनिक जीवनशैली ने हमें संवेदनहीन बना दिया है।

4. 'वसंत आया' शीर्षक कविता के आधार पर प्रतिपादित कीजिए कि कवि ने मनुष्य की आधुनिक जीवन-शैली पर व्यंग्य किया है।

उत्तर 'वसंत आया' शीर्षक कविता में कवि ने मनुष्य की आधुनिक जीवन-शैली पर व्यंग्य किया है। सभ्यता एवं संस्कृति के विकास के साथ-साथ मनुष्य का प्रकृति से संबंध टूटता गया। शहरीकरण की प्रक्रिया, जनसंख्या के बढ़ते दबाव के कारण वनों का क्षय, आधुनिक भौतिकवादी विचारधारा, वैज्ञानिक यंत्रों से प्रदत्त कृत्रिम दैनिकचर्या, चारदीवारियों में सिमटती हुई मानवीय ज़िंदगी ने उसकी प्रकृति एवं प्राकृतिक परिवर्तनों से वसंत की सूचना पाने की संवेदना को खत्म कर दिया है।

कैलेंडर की तारीख से एवं कार्यालयों में वसंत के आगमन के कारण हुए अवकाश से लोगों को पता चलता है कि वसंत आ गया। यह वास्तव में एक विडंबना है और यही आधुनिक जीवन-शैली पर एक व्यंग्य है।

5. कविता पढ़ते रहने से कवि को वसंत के बारे में किस प्रकार की जानकारी थी? **CBSE Diksha**

उत्तर कविता पढ़ते रहने से कवि को वसंत के आगमन से संबंधित कई प्राकृतिक संकेतों की जानकारी थी। कवि जानता था कि वसंत के आते ही ढाक (पलाश) के जंगल लाल-लाल फूलों-से जलते हुए प्रतीत होंगे, आम के पेड़ों पर बौर आ जाएँगे और दूर-दूर के वनों में रंग-रस-गंध से लदे फूल-फल महकेंगे। साथ ही वसंत में फूलों का रस पीकर भौंरे, कोयल आदि दूसरे पक्षी मस्त होकर मधुर तान छेड़ते हैं। इन सबका वर्णन कवि ने कविताओं के माध्यम से जाना था।

6. आप कैसे कह सकते हैं कि आज मनुष्य का प्रकृति से रिश्ता टूट गया है? **CBSE Diksha**

उत्तर आधुनिक युग में मनुष्य का जीवन मशीनी हो गया है। भौतिक संसाधनों को जुटाने में व्यस्त रहने के कारण हम अपने आस-पास होने वाले परिवर्तन को नहीं देख पाते। मनुष्य प्रकृति का ही एक अंग है, लेकिन आज के समय में वह अपने अंगों से अनजान है। वसंत ऋतु के आगमन की सूचना कैलेंडर से प्राप्त होती है।

दफ्तर में होने वाली छुट्टी से वसंत पंचमी की जानकारी मिलती है। ऋतुओं में परिवर्तन एक स्वाभाविक प्रक्रिया होती है, जिसे एहसास के द्वारा जाना जाता है। आज हम प्रकृति में होने वाले परिवर्तन को अनुभव से नहीं जान पाते। प्रकृति जिस प्रकार हमारे जीवन से जुड़ी थी, आज उसका अभाव दिखता है। इसलिए हम कह सकते हैं कि आज प्रकृति से मनुष्य का रिश्ता टूट गया है।

7. 'वसंत आया' कविता के आधार पर वसंत ऋतु की प्राकृतिक सुंदरता का वर्णन कीजिए। **CBSE 2024**

उत्तर 'वसंत आया' कविता में कवि ने वसंत ऋतु की प्राकृतिक सुंदरता का सजीव चित्रण किया है। वसंत के आगमन से प्रकृति में परिवर्तन स्पष्ट दिखाई देता है। कवि को कोयल की कूक, पेड़ों से गिरे सूखे पत्तों की चरमराहट और ताजगी भरी स्वच्छ गर्म हवा से वसंत के आगमन का आभास होता है।

वसंत ऋतु के आने पर वनों में पलाश के वृक्ष लाल-लाल फूलों से लद जाते हैं। पलाश के वृक्ष लाल फूलों से लदे ऐसे दिखाई देते हैं, मानो जंगल में अग्नि की लपटें धधक रही हों। आम के वृक्ष बौर के भार से झुक जाते हैं और बागों में खिले रंग-बिरंगे फूल अपनी सुगंध से वातावरण को महकाते हैं।

इन फूलों का रस पीकर भँवरे और कोयल मस्त होकर गाते हैं। कवि को यह सब देखकर लगता है कि प्रकृति एक उत्सव मना रही है। वसंत केवल ऋतु नहीं, बल्कि आनंद, सौंदर्य और नवजीवन का प्रतीक है, जो मनुष्य के हृदय को स्फूर्ति, उत्साह और ताजगी से भर देता है।

तोड़ो

8. कवि ने मानव मन की क्या दशा बताई है? 'तोड़ो' कविता के आधार पर बताइए।

उत्तर कवि ने धरती एवं मानव मन की दशा को एकसमान बताया है। चट्टान धरती की सरसता में बाधक होती है तथा खीज एवं ऊब मानव मन की सरसता में बाधक हैं। 'चट्टान' धरती को एवं 'खीज' तथा 'ऊब' मानव मन को नकारात्मकता प्रदान करते हैं। कवि ने मानव मन की दशा नकारात्मक बताई है। मानव मन में नीरसता एवं झुँझलाहट भरी हुई है।

9. कवि मनुष्य को क्या करने को कहता है? 'तोड़ो' कविता के आधार पर बताइए।

उत्तर 'तोड़ो' कविता के माध्यम से कवि मनुष्य को प्रेरित करते हुए यह संदेश देता है कि जिस प्रकार कठोर और बंजर चट्टानों को तोड़ने से भूमि समतल और उपजाऊ बनती है, उसी प्रकार मनुष्य को भी अपने जीवन में व्याप्त सामाजिक रूढ़ियों, झूठे बंधनों और गलत परंपराओं को तोड़ना चाहिए। ये रूढ़ियाँ और बंधन मनुष्य के मन को संकुचित और नीरस बना देते हैं, जिससे उसका जीवन ऊसर भूमि की तरह बंजर हो जाता है। इन बाधाओं को समाप्त करके ही मनुष्य अपने मन की खीज और ऊब से मुक्त हो सकता है।

10. मिट्टी के रस से क्या अभिप्राय है? 'तोड़ो' कविता के आधार पर बताइए।

उत्तर मिट्टी के रस से अभिप्राय मिट्टी की उर्वरा शक्ति और जीवनदायिनी क्षमता से है। यह शक्ति बीजों को अंकुरित करने, उन्हें पुष्ट करने और पोषण प्रदान करने में सहायक होती है। यदि मिट्टी में यह रस न हो,तो वह बंजर या ऊसर बन जाती है, जिसमें कोई फसल नहीं उगाई जा सकती।

कवि के अनुसार, इसी तरह मनुष्य के जीवन में सकारात्मकता और उत्साह का होना आवश्यक है, क्योंकि बिना रस के मनुष्य का जीवन भी नीरस और ऊसर हो जाता है। जैसे खेती योग्य भूमि में बीज डाले जाते हैं और वह भूमि उन्हें अपने रस से पोषित करती है, वैसे ही मनुष्य के मन में यदि आशा, आत्मविश्वास और ज्ञान के बीज डाले जाएँ, तो वह मनुष्य अपनी खीज और निराशा को दूर करके स्वयं को सृजनशील बना सकता है।

11. 'ये झूठे बंधन टूटें' मनुष्य के संदर्भ में कवि ने किन बंधनों का वर्णन किया है?

उत्तर कवि ने 'तोड़ो' कविता में मनुष्य के झूठे बंधनों का उल्लेख करते हुए उन सामाजिक रूढ़ियों, गलत रीति-रिवाजों, परंपराओं और अंधविश्वासों की आलोचना की है, जो मनुष्य को मानसिक और भावनात्मक रूप से बंधन में जकड़कर निष्क्रिय और नीरस बना देते हैं। ये बंधन मनुष्य के मन में ऊब और खीज उत्पन्न करते हैं, जो उसकी रचनात्मकता और कार्यकुशलता को बाधित करते हैं। कवि कहता है कि इन बंधनों को तोड़कर ही मनुष्य सृजनशील बन सकता है।

12. कवि किसे तोड़ने की बात करते हैं और क्यों? CBSE Diksha

उत्तर कवि समाज में प्रचलित पुरानी परंपराओं, रीति-रिवाजों और धर्म तथा जाति के बंधनों को तोड़ने की बात करते हैं, क्योंकि ये मान्यताएँ मनुष्य के विकास में बाधा उत्पन्न करती हैं। समाज को आगे बढ़ाने और बेहतर बनाने के लिए इन बंधनों का त्याग करना आवश्यक है। कवि प्रेरित करते हैं कि जब तक इन अवरोधों को नहीं तोड़ा जाएगा, तब तक कुछ नया और रचनात्मक नहीं हो सकता। समाज का विकास तभी संभव है, जब लोग इन पुरानी सीमाओं से मुक्त होकर नए विचारों को अपनाएँ।

13. कवि मन की खीज की गोड़ाई करने के लिए क्यों कहते हैं? CBSE Diksha

उत्तर कवि मन की खीज की गोड़ाई करने के लिए इसलिए कहते हैं, क्योंकि सृजन के लिए मन का हल्का और स्वच्छ होना आवश्यक है। मन में जब तक कुढ़न और झुंझलाहट बनी रहती है, तब तक सृजनात्मकता संभव नहीं हो सकती। जैसे खेत की मिट्टी को उपजाऊ बनाने के लिए उसे गोड़कर तैयार किया जाता है, वैसे ही मन की मिट्टी को भी बार-बार गोड़कर उसे हल्का करना होगा। जब मन की खीज और बोझ हटेगा, तभी रचनात्मकता और सृजनशीलता का विकास हो सकेगा, इसलिए कवि मन की खीज को गोड़कर दूर फेंकने के लिए कहते हैं।

14. 'तोड़ो' कविता में धरती और मन की भूमि में क्या समानताएँ कवि ने देखी हैं? स्पष्ट कीजिए। CBSE 2023

उत्तर 'तोड़ो' कविता में कवि ने धरती और मन की भूमि में गहरी समानता देखी है। कवि के अनुसार यदि बंजर प्रकृति में है, तो मानव मन में भी है। जैसे बंजर और ऊसर धरती कठोर परतों के कारण अनुपजाऊ हो जाती है, वैसे ही मन सामाजिक रूढ़ियों, अंधविश्वासों और झूठे बंधनों के कारण नीरस और निष्क्रिय हो जाता है।

अतः कवि मानता है कि जिस प्रकार बंजर और ऊसर भूमि को तोड़कर उसकी उर्वरा शक्ति लौटाई जा सकती है, उसी प्रकार मनुष्य के मन की ऊब और खीज को तोड़कर उसे भी सृजन योग्य बनाया जा सकता है।

बंजर भूमि को जब समतल मैदान बनाकर उसमें बीज डाले जाते हैं, तो धरती अपनी उर्वरा शक्ति से उन्हें अंकुरित करती है और उनका पोषण करती है।

इसी प्रकार जब मन की ऊब और खीज को दूर करके मन में आशा, आत्मविश्वास और सकारात्मक विचारों के बीज डाले जाते हैं, तो वह सृजन की ओर प्रेरित होता है।

15. 'तोड़ो' कविता का कवि मन में व्याप्त ऊब और खीज को तोड़ने की बात क्यों कहता है? CBSE 2024

उत्तर 'तोड़ो' कविता में कवि मन में व्याप्त ऊब और खीज को तोड़ने की बात इसलिए कहता है, क्योंकि ये नकारात्मक भावनाएँ मनुष्य की सृजनात्मकता और उन्नति में बाधा उत्पन्न करती हैं। कवि के अनुसार, जैसे ऊसर और बंजर भूमि को तोड़कर उसे उपजाऊ बनाया जा सकता है, वैसे ही मन की नीरसता को समाप्त कर उसमें आशा, आत्मविश्वास और सृजनशीलता भरी जा सकती है।

कवि मानता है कि मनुष्य का जीवन तब तक पूर्ण नहीं हो सकता, जब तक वह सामाजिक रूढ़ियों, अंधविश्वासों और झूठे बंधनों जैसे नकारात्मक भावनाओं को दूर नहीं करता। सृजन की प्रक्रिया के लिए सकारात्मकता आवश्यक है, इसलिए कवि मन को उर्वर बनाने के लिए मन में व्याप्त ऊब और खीज को तोड़ने का आह्वान करता है।

स्व-मूल्यांकन

काव्यांश पर आधारित बहुविकल्पीय प्रश्न

निम्नलिखित काव्यांश को ध्यानपूर्वक पढ़कर पूछे गए बहुविकल्पीय प्रश्नों के लिए सर्वाधिक उपयुक्त विकल्प का चुनाव कीजिए।

1. और यह कैलेंडर से मालूम था
अमुक दिन अमुक वार मदनमहीने को होवेगी पंचमी
दफ़्तर में छुट्टी थी-यह था प्रमाण
और कविताएँ पढ़ते रहने से यह पता था
कि दहर-दहर दहकेंगे कहीं ढाक के जंगल
आम बौर आवेंगे
रंग-रस-गंध से लदे-फँदे दूर के विदेश के
वे नंदन-वन होवेंगे यशस्वी
मधुमस्त पिक भौंरे आदि अपना-अपना कृतित्व
अभ्यास करके दिखावेंगे
यही नहीं जाना था कि आज के नगण्य दिन जानूँगा
जैसे मैंने जाना, कि वसंत आया।

(क) कवि को किससे ज्ञात हुआ कि वसंत में ढाक के जंगल दहकेंगे?
(i) प्राकृतिक संकेतों से (ii) कविताएँ पढ़ने से
(iii) वन के दृश्य देखने से (iv) आम की महक से

(ख) कवि के अनुसार कौन 'अपना-अपना कृतित्व' दिखाएँगे?
(i) कोयल और भौंरे (ii) ढाक के जंगल
(iii) आम के पेड़ (iv) पर्वतीय वन

(ग) काव्यांश में 'मधुमस्त पिक' से क्या तात्पर्य है?
(i) मधुर गायन करने वाले भौंरे
(ii) मस्ती में झूमती हुई कोयल
(iii) फल खाकर उड़ते पक्षी
(iv) फूलों पर मँडराती तितलियाँ

(घ) **कथन** (A) कवि को वसंत पंचमी का ज्ञान कैलेंडर और दफ्तर की छुट्टी से हुआ।
कारण (R) आधुनिक जीवन की व्यस्तता ने मनुष्य को प्रकृति से दूर कर दिया है।
कूट
(i) कथन (A) और कारण (R) दोनों सही हैं तथा कारण (R), कथन (A) की सही व्याख्या करता है।
(ii) कथन (A) और कारण (R) दोनों सही हैं, परंतु कारण (R), कथन (A) की सही व्याख्या नहीं करता है।
(iii) कथन (A) सही है, किंतु कारण (R) गलत है।
(iv) कथन (A) गलत है, किंतु कारण (R) सही है।

(ङ) कवि ने वसंत पंचमी के दिन को 'नगण्य दिन' क्यों कहा है?
(i) क्योंकि यह साधारण दिन जैसा प्रतीत हुआ
(ii) क्योंकि इसमें कोई उत्सव नहीं हुआ
(iii) क्योंकि वह दफ्तर गया
(iv) क्योंकि मौसम खराब था

उत्तर
(क) (ii) कविताएँ पढ़ने से
(ख) (i) कोयल और भौंरे
(ग) (ii) मस्ती में झूमती हुई कोयल
(घ) (i) कथन (A) और कारण (R) दोनों सही हैं तथा कारण (R), कथन (A) की सही व्याख्या करता है।
(ङ) (i) क्योंकि यह साधारण दिन जैसा प्रतीत हुआ

काव्यांश की व्याख्या

2. निम्नलिखित में से किसी एक काव्यांश की सप्रसंग व्याख्या कीजिए।
तोड़ो तोड़ो तोड़ो
ये ऊसर-बंजर तोड़ो
ये चरती परती तोड़ो
सब खेत बनाकर छोड़ो
मिट्टी में रस होगा ही जब वह पोसेगी बीज को
हम इसको क्या कर डालें
इस अपने मन की खीज को?
गोड़ो गोड़ो गोड़ो।

अथवा

जैसे बहन 'दा' कहती है
ऐसे किसी बँगले के किसी तरु (अशोक) पर कोई चिड़िया कुऊकी
चलती सड़क के किनारे लाल बजरी पर चुरमुराए पाँव तले
ऊँचे तरुवर से गिरे
बड़े-बड़े पियराए पत्ते
कोई छः बजे सुबह जैसे गरम पानी से नहाई हो
खिली हुई हवा आई, फिरकी-सी आई, चली गई।

विषय-वस्तु पर आधारित प्रश्न

1. कवि ने कैलेंडर और दफ़्तर की छुट्टी को 'वसंत पंचमी' के साथ क्यों जोड़ा है?
2. कविता में 'ढाक के जंगल दहकेंगे' से क्या तात्पर्य है?
3. 'तोड़ो' कविता का मुख्य उद्देश्य क्या है?

06

अध्याय

कवि-परिचय

तुलसीदास का जन्म 1532 ई. में बाँदा जिले के राजापुर गाँव में हुआ था, हालाँकि उनके जन्म स्थान को लेकर विद्वानों में मतभेद हैं। कुछ विद्वान इनका जन्म स्थान सोरों (जिला एटा) भी मानते हैं। इनका बचपन कठिनाइयों में बीता और ये भिक्षाटन द्वारा जीवनयापन को विवश हुए। गुरु नरहरिदास की कृपा से उन्हें रामभक्ति का मार्ग मिला। विवाह के बाद वे गृह त्यागकर काशी, अयोध्या, चित्रकूट आदि तीर्थों का भ्रमण करते रहे। 1574 ई. में उन्होंने रामचरितमानस की रचना प्रारंभ की। उनकी प्रमुख रचनाएँ रामचरितमानस, कवितावली, गीतावली, कृष्ण गीतावली, दोहावली और विनयपत्रिका हैं। उनकी भाषा पर अवधी और ब्रजभाषा का असाधारण अधिकार था। 1623 ई. में काशी में प्रभु श्रीराम के इस अनन्य भक्त का देहावसान हो गया।

▼ **अध्ययन के लिए**
- कविता की रूपरेखा
- काव्यांशों की व्याख्या

▼ **अभ्यास के लिए**
- पाठ्यपुस्तक के प्रश्नोत्तर
- काव्यांश पर आधारित बहुविकल्पीय प्रश्न
- विषय-वस्तु पर आधारित प्रश्नोत्तर

(क) भरत-राम का प्रेम
(ख) पद

(गोस्वामी तुलसीदास)

कविता की रूपरेखा

भरत-राम का प्रेम

'भरत-राम का प्रेम' पद 'रामचरितमानस' के 'अयोध्याकांड' से लिया गया है। इन पदों में 'चौपाई' तथा 'दोहा' छंद का सुंदर प्रयोग हुआ है। इन छंदों में कवि ने राम के वनवास जाने पर भरत की मनोदशा का मार्मिक वर्णन किया है। भरत शोकग्रस्त हैं। वे अत्यधिक भावुक हैं। उन्हें अपने भाई राम का वियोग अत्यंत दु:खी करता है। इसका दोष वे विधाता को, अपनी माता को और अपने भाग्य को देते हैं। वे अपने बड़े भाई की महानता को जानते हैं। भरत जानते हैं कि विधाता को उन दोनों का प्रेम-भाव अच्छा नहीं लगा, इसलिए माता के रूप में उन्होंने इस प्रेम-भाव में बाधा उत्पन्न करने की कोशिश की। राम के वन जाने से अयोध्या की जनता, उनकी माताएँ, वहाँ के पशु-पक्षी सभी शोकमग्न हैं। ऐसी स्थिति में भरत भी दु:ख का अनुभव कर रहे हैं। वे अपने को सबसे अधिक दुर्भाग्यशाली मानते हैं। भरत, राम को वन से वापस लाने का प्रयास करते हैं।

पद

'पद' शीर्षक के अंतर्गत 'गीतावली' के दो पद खंड लिए गए हैं। प्रस्तुत पद में राम के वनगमन के पश्चात् माँ कौशल्या के हृदय की विरह-वेदना का वर्णन किया गया है। वे राम की वस्तुओं को देखकर उन्हें याद करती हैं। राम की उपस्थिति में जैसे वे सुबह उन्हें जगाने जाती थीं, वैसे ही उनके वनवास में जाने पर भी जगाने जाती हैं एवं कहती हैं कि द्वार पर इनके छोटे भाई उन्हें बुला रहे हैं। वियोग से दु:खी तथा पुत्र के प्रेम से विह्वल माँ यह भूल जाती हैं कि उनका पुत्र राजमहल में नहीं है, वनवास चला गया है। दूसरे पद में माता कौशल्या, राम के वन जाने से उनके वियोग में दु:खी उनके घोड़ों की स्थिति को देखकर दु:खी हैं। उन घोड़ों के दु:ख को देखकर वे राम को पथिक द्वारा संदेश के माध्यम से पुन: अयोध्या आने का निवेदन करती हैं।

काव्यांशों की व्याख्या

निम्नलिखित काव्यांशों की सप्रसंग व्याख्या कीजिए

भरत-राम का प्रेम

काव्यांश 1

पुलकि सरीर सभाँ भए ठाढ़े। नीरज नयन नेह जल बाढ़े।।
कहब मोर मुनिनाथ निबाहा। एहि तें अधिक कहौं मैं काहा।।
मैं जानउँ निज नाथ सुभाऊ। अपराधिहु पर कोह न काऊ।।
मो पर कृपा सनेहु बिसेखी। खेलत खुनिस न कबहूँ देखी।।
सिसुपन तें परिहरेउँ न संगू। कबहुँ न कीन्ह मोर मन भंगू।।
मैं प्रभु कृपा रीति जियँ जोही। हारेहुँ खेल जितावहिं मोंही।।
महूँ सनेह सकोच बस सनमुख कही न बैन।
दरसन तृपित न आजु लगि पेम पिआसे नैन।। **Delhi 2019**

शब्दार्थ

पुलकि—प्रसन्न होकर; **ठाढ़े**—खड़े होना; **नीरज**—कमल; **नेह**—स्नेह/प्रेम; **बाढ़े**—बहने लगा/बाढ़ आना; **कहब**—कहना; **मोर**—मेरा; **निबाहा**—निर्वाह किया; **एहि**—इससे; **कहौं मैं काहा**—मैं क्या कहूँ; **जानउँ**—जानता हूँ; **निज**—अपना; **सुभाऊ**—स्वभाव; **कोह**—क्रोध; **सनेहु**—स्नेह/प्रेम; **बिसेखी**—विशेष रूप से; **खुनिस**—गुस्सा; **सिसुपन**—बचपन; **परिहरेउँ**—त्यागना; **संगू**—साथ; **भंगू**—तोड़ा/भंग किया; **रीति**—विधि/तरीका; **जियँ**—हृदय; **जोही**—ध्यानपूर्वक देखना; **जितावहिं**—जिता देते हैं; **महूँ**—मैंने भी; **सनमुख**—सामने; **बैन**—बाणी/जुबान; **तृपित**—संतुष्ट; **पिआसे**—प्यासे।

संदर्भ प्रस्तुत काव्यांश पाठ्यपुस्तक 'अंतरा भाग-2' के 'भरत-राम का प्रेम' शीर्षक पद से संकलित है। यह पद तुलसीदास द्वारा रचित ग्रंथ 'रामचरितमानस' के 'अयोध्याकांड' से उद्धृत है।

प्रसंग प्रस्तुत काव्यांश में राम के वनगमन के बाद भरत की मानसिक दशा का वर्णन किया गया है। भरत अपनी वेदना और राम के प्रति अपने अनन्य प्रेम के भाव को प्रकट कर रहे हैं।

व्याख्या प्रस्तुत काव्यांश में कवि कह रहे हैं कि भरत, राम के वनगमन से व्याकुल हैं। वे चित्रकूट की सभा में राम को वापस अयोध्या चलने का निवेदन करने के लिए खड़े हो जाते हैं। भरत का शरीर राम के प्रति प्रेम और भक्ति से पुलकित (प्रसन्न) हो जाता है और उनकी कमलरूपी आँखों में स्नेहयुक्त जल की बाढ़-सी आ जाती है। भरत कहते हैं कि जो कुछ मुझे कहना था, वह पहले ही मेरे मुनिनाथ (गुरु वशिष्ठ) ने कह दिया है। अतः मैं इससे अधिक और क्या कह सकता हूँ? मैं अपने भाई के स्वभाव को अच्छी तरह जानता हूँ। वे अपराध करने वाले पर भी क्रोध नहीं करते। मेरे ऊपर हमेशा उनकी कृपा बनी रही तथा मुझ पर उनका विशेष स्नेह ही रहा है। बचपन में खेलते समय मैंने उन्हें कभी भी गुस्सा होते नहीं देखा। उन्होंने कभी भी मुझे अपने से अलग नहीं किया तथा कभी मेरे मन को दुःख नहीं दिया। ये खेल में जीतने के बाद भी हारने का स्वाँग (नाटक) करते हुए मुझे खेल में जिता देते थे। मैं अपने प्रभु श्रीराम की आदर्श परंपरा को जानता हूँ। भरत कहते हैं कि मैं अपने बड़े भाई श्रीराम का अत्यधिक सम्मान करता हूँ, पर प्रेम और संकोचवश कभी सामने नहीं कह सका। प्रेम के प्यासे मेरे नेत्र आज तक प्रभु के दर्शन से तृप्त नहीं हुए हैं अर्थात् ये आज भी प्यासे हैं।

काव्य-शैली

(i) प्रस्तुत काव्यांश में राम के प्रति भरत की श्रद्धा एवं अनन्य प्रेम का वर्णन किया गया है।
(ii) राम-भरत का प्रेम आज की सामाजिक परिस्थितियों में अपेक्षित है।
(iii) प्रस्तुत काव्यांश की भाषा अवधी है तथा एक से तीन तक चौपाई छंद है। अंतिम पद दोहा है।
(iv) प्रस्तुत काव्यांश में भक्ति तथा शांत रस के साथ माधुर्य गुण के साथ लयात्मकता भी है।
(v) प्रस्तुत काव्यांश प्रबंधात्मक शैली में रचित है। 'नीरज नयन' तथा 'नेह जल' में रूपक अलंकार तथा 'नीरज नयन नेह', 'मोर मुनिनाथ', 'निज नाथ' व 'खेलत खुनिस न' आदि में अनुप्रास अलंकार है।
(vi) प्रस्तुत काव्यांश में अभिधा शब्द शक्ति का प्रयोग हुआ है।

काव्यांश 2

बिधि न सकेउ सहि मोर दुलारा। नीच बीचु जननी मिस पारा।।
यहउ कहत मोहि आजु न सोभा। अपनी समुझि साधु सुचि को भा।।
मातु मंदि मैं साधु सुचाली। उर अस आनत कोटि कुचाली।।
फरइ कि कोदव बालि सुसाली। मुकता प्रसव कि संबुक काली।।
सपनेहुँ दोसक लेसु न काहू। मोर अभाग उदधि अवगाहू।।
बिनु समुझें निज अघ परिपाकू। जारिउँ जायँ जननि कहि काकू।।
हृदयँ हेरि हारेउँ सब ओरा। एकहि भाँति भलेंहि भल मोरा।।
गुर गोसाईं साहिब सिय रामू। लागत मोहि नीक परिनामू।।
साधु सभाँ गुर प्रभु निकट कहउँ सुथल सति भाउ।
प्रेम प्रपंचु कि झूठ फुर जानहिं मुनि रघुराउ।। **CBSE 2023**

शब्दार्थ

बिधि—ब्रह्मा; **दुलारा**—प्यारा; **मिस**—बहाना, माध्यम; **पारा**—अंतर; **यहउ**— यह; **सुचि**—पवित्र; **को भा**—कौन हुआ; **मंदि**—नीच, दुष्ट; **सुचाली**—पवित्र/शुद्ध; **आनत**—लाते हैं; **कोटि**—करोड़ों; **कुचाली**—षड्यंत्र रचने वाले; **फरइ**—फल देना; **कोदव**—रबी-खरीफ की फसल का एक निम्न कोटि का मोटा अनाज/एक जंगली कंद मूल; **सुसाली**—धान; **मुकता**—मोती; **प्रसव**—जन्म देना; **संबुक**—घोंघी; **लेसु**—तनिक सा; **उदधि**—सागर; **अवगाहू**—अथाह; **अघ**—पाप; **परिपाकू**—कर्मों का फल; **जारिउँ**—जला दिया; **काकू**—जली-कटी कड़वी बातें; **हेरि**—खोजकर; **हारेउँ**—हार गया; **भल**-भलाई; **गोसाईं**—मालिक; **नीक**—सुंदर; **परिनामू**—नतीजा/परिणाम; **सुथल**—पवित्र स्थान; **सति भाउ**—सच्चे भाव से; **प्रपंचु**—छल-कपटपूर्ण बातें; **फुर**—सत्य।

संदर्भ पूर्ववत्।

प्रसंग प्रस्तुत काव्यांश में चित्रकूट की सभा में राम के वनगमन के कारण दुःखी भरत अपनी मनोव्यथा प्रकट कर रहे हैं। इस काव्यांश में भरत, राम के वनगमन को अपने दुर्भाग्य से जोड़ते हैं।

व्याख्या प्रस्तुत काव्यांश में भरत, राम के वन-गमन का कारण अपनी माता के व्यवहार को मानते हुए लज्जित हैं। भरत कहते हैं कि मुझे अपने प्रिय बड़े भाई का स्नेह मिल ही रहा था कि भाग्य ने यह खेल किया, जिसमें मेरी नीच माता का दोष भी है। यह कहते हुए दुःख होता है कि मेरी माता के इस स्वार्थपरक कार्य ने मेरे प्रभु श्रीराम और मेरे बीच यह भेद किया। वैसे मेरा यह कहना भी शोभा नहीं देता कि मैं दोषी नहीं हूँ।

कोई भी अपनी समझ से सज्जन नहीं हो जाता। मनुष्य सज्जन तभी होता है, जब दूसरे उसे वैसा समझते हैं। ऐसा नहीं हो सकता कि मेरी माता नीच है और मैं सदाचारी।

मन में ऐसा भाव लाना ही करोड़ों दुराचारों के समान है। क्या कोदो (एक फसल) के बीज से धान की फसल संभव है? और क्या काली घोंघी के शरीर में मोती का बनना संभव है अर्थात् जिस प्रकार धान की निम्न किस्म कोदो की बाली से उत्तम धान की पैदावार नहीं हो सकती तथा काली घोंघी से मोती उत्पन्न नहीं हो सकता है, उसी प्रकार मेरा जन्म भी नीच माता से कैसे हो सकता है? सपने में भी कोई मुझे निर्दोष नहीं मान सकता। मेरा दुर्भाग्य अथाह सागर की तरह है।

भरत कहते हैं कि मैंने अपने पाप का परिणाम जाने बिना ही माता के प्रति कटु वचन कहे। मैंने अपने हृदय में बहुत खोजा, पर सब ओर से हार गया हूँ, परंतु मुझे मेरी भलाई का कोई साधन नहीं मिला। अब गुरु वशिष्ठ और प्रभु श्रीराम ही मुझे मेरी भलाई का मार्ग बता सकते हैं। मेरे गुरुजी सर्व समर्थ और मेरे स्वामी सीताराम हैं, जिनके द्वारा मुझे अच्छे परिणाम की आशा लग रही है। भरत कहते हैं कि साधुओं की इस सभा में मैं गुरु वशिष्ठ और स्वामी राम के निकट इस पवित्र तीर्थस्थल पर सत्य भाव से कह रहा हूँ। मेरे ये कथन प्रेम हैं या छल-कपट, इसे गुरु वशिष्ठ और श्रीराम ही बताने में समर्थ हैं।

काव्य-शैली

(i) प्रस्तुत काव्यांश में भरत ने अपनी सच्चाई को मर्मस्पर्शी भाषा में व्यक्त किया है तथा इसमें भरत का श्रीराम के प्रति अनन्य प्रेम एवं अपराधग्रस्तता का भाव प्रकट हुआ है।

(ii) 'नीच बीचु जननी मिस पारा' में 'नीच' विशेषण माता कैकेयी के लिए है।

(iii) प्रस्तुत काव्यांश में माधुर्य गुण एवं शांत रस है तथा अवधी भाषा का प्रयोग हुआ है।

(iv) प्रस्तुत काव्यांश में 'सकेउ सहि', 'समुझि साधु सुचि', 'मातु मंदि मैं', 'अस आनत कोटि कुचाली', 'जारिउँ जायँ जननि', 'हृदयँ हेरि हारेऊँ' आदि में अनुप्रास अलंकार का सुंदर प्रयोग है। 'प्रेम प्रपंचु कि झूठ फुर' में संदेह अलंकार है।

(v) 'फरइ कि कोदव......काली' में दृष्टांत अलंकार तथा 'अभाग उदधि' में रूपक अलंकार है।

काव्यांश 3

भूपति मरन पेम पनु राखी। जननी कुमति जगतु सबु साखी।।
देखि न जाहिं बिकल महतारीं। जरहिं दुसह जर पुर नर नारीं।।
महीं सकल अनरथ कर मूला। सो सुनि समुझि सहिउँ सब सूला।।
सुनि बन गवनु कीन्ह रघुनाथा। करि मुनि बेष लखन सिय साथा।।
बिन पानहिन्ह पयादेहि पाएँ। संकरु साखि रहेउँ ऐहि घाएँ।।
बहुरि निहारि निषाद सनेहू। कुलिस कठिन उर भयउ न बेहू।।
अब सबु आँखिन्ह देखउँ आई। जिअत जीव जड़ सबइ सहाई।।
जिन्हहि निरखि मग साँपिनि बीछी। तजहिं बिषम बिषु तापस तीछी।।
तेइ रघुनंदनु लखनु सिय अनहित लागे जाहि।
तासु तनय तजि दुसह दुख दैउ सहावइ काहि।।

शब्दार्थ

भूपति—राजा (दशरथ); **पेम**—प्रेम; **पनु**—प्रण/प्रतिज्ञा; **कुमति**—कुबुद्धि; **साखी**—गवाह/साक्षी; **बिकल**—व्याकुल; **महतारीं**—माताएँ; **दुसह**—जो अत्यंत कठिनाई से सहा जाए; **महीं**—मैं ही; **सकल**—सारे; **मूला**—जड़; **समुझि**—समझकर; **सूला**—काँटे/दर्द; **गवनु**—प्रस्थान करना; **पानहिन्ह**—जूते; **पयादेहि**—पैदल ही; **संकरु**—भगवान शंकर; **घाएँ**—घाव; **बहुरि**—फिर; **निहारि**—देखकर; **निषाद**—केवटराज; **कुलिस**—कठोर/वज्र; **बेहू**—भेदन; **सहाई**—सहेगा; **निरखि**—देखकर; **मग**—मार्ग; **बीछी**—बिच्छू, एक जहरीला जीव; **तजहिं**—त्याग देते हैं; **तापस**—क्रोध; **तीछी**—तीव्र **अनहित**—जो हितकर न लगता हो; **तासु**—उसका; **तनय**—पुत्र; **दैउ**—विधाता; **काहि**—किसे।

संदर्भ पूर्ववत्।

प्रसंग प्रस्तुत काव्यांश में भरत, राम के वनगमन का कारण स्वयं को एवं अपनी माता को मानकर व्यथित हैं। काव्यांश में भरत ने आत्म परिताप के माध्यम से, राम के वनगमन से व्यथित माताओं और अयोध्यावासियों की व्यथा का वर्णन किया है।

व्याख्या प्रस्तुत काव्यांश में भरत, राम से अनुनय करते हुए कहते हैं कि प्रेम के प्रण का निर्वाह करते हुए अयोध्या के राजा दशरथ का मरना तथा माता कैकेयी की कुबुद्धि दोनों का संसार साक्षी है, माताओं की व्याकुलता देखी नहीं जाती। अयोध्या के लोगों में शोक की लहर है। शोक के ताप से वे जल रहे हैं। इन सब अनर्थों का कारण मैं हूँ। यह बात मुझे दुःखी कर रही है। प्रभु श्रीराम, सीता और लक्ष्मण राजसी वेश को त्यागकर वनवासी हो गए, वे नंगे पैर पैदल ही चले गए। इसके साक्षी भगवान शंकर हैं। इस हृदय विदारक समाचार को सुनकर मेरे प्राण क्यों नहीं निकल गए। निषादराज (केवटराज) का प्रेम देखकर भी इस कठोर हृदय में छेद नहीं हुआ। यह सब देखने के लिए ही मैं जीवित हूँ। अब यहाँ आकर मैंने अपनी आँखों से सब देख लिया। इस मूर्ख जड़ जीव के जीते-जी सब सहना पड़ रहा है।

जिन्हें देखकर तो मार्ग में आने वाले साँप और बिच्छू तक अपने भयंकर विष को त्याग देते हैं। भरत कहते हैं कि जिसे श्रीराम, लक्ष्मण और सीता ही शत्रु जान पड़े, उस कैकेयी के पुत्र को छोड़कर भाग्य का असहनीय दुःख और कहाँ जाएगा अर्थात् ऐसे ही दुर्भाग्यशाली को असीम दुःख प्राप्त होता है।

काव्य-शैली

(i) प्रस्तुत काव्यांश में भरत ने अपने मन की सच्चाई को मार्मिक एवं हृदय स्पर्शी शब्दों में व्यक्त किया है तथा इसमें भरत का भ्रातृप्रेम तथा निश्छलता का भाव प्रकट हुआ है।

(ii) प्रस्तुत काव्यांश में श्रीराम, लक्ष्मण एवं सीता के कष्टों को बताया गया है।

(iii) प्रस्तुत काव्यांश में अवधी भाषा में मधुर शब्दावली तथा अभिधा शब्द शक्ति का प्रयोग किया गया है।

(iv) काव्यांश में गेयता एवं स्वर-मैत्री गुण उपस्थित है।

(v) प्रस्तुत काव्यांश में 'कुलिस कठिन', 'जीव जड़,' 'बिषम बिषु', 'तासु तनय तजि' में अनुप्रास अलंकार की छटा दर्शनीय है।

(vi) प्रस्तुत काव्यांश में चौपाई छंद तथा अंतिम दो पंक्तियों में दोहा छंद है।

पद

काव्यांश 1

जननी निरखति बान धनुहियाँ
बार-बार उर नैननि लावति प्रभुजू की ललित पनहियाँ।।
कबहूँ प्रथम ज्यों जाइ जगावति कहि प्रिय बचन सवारे।
"उठहु तात! बलि मातु बदन पर, अनुज सखा सब द्वारे"।।
कबहुँ कहति यों" बड़ी बार भइ जाहु भूप पहँ, भैया।
बंधु बोलि जेंइय जो भावै गई निछावरि मैया"।।
कबहुँ समुझि वनगमन राम को रहि चकि चित्रलिखी-सी।
तुलसीदास वह समय कहे तें लागति प्रीति सिखी-सी।।

CBSE 2023, CBSE Term II 2022

शब्दार्थ

जननी—माता (कौशल्या); **निरखति**—देखती है; **बान**—बाण/तीर; **धनुहियाँ**—बाल धनुष; **उर**—हृदय; **ललित**—सुंदर; **पनहियाँ**—छोटे जूते; **सवारे**—सवेरे; **बलि**—न्योछावर होना; **बदन**—मुख; **अनुज**—छोटा भाई; **बड़ी बार भइ**—बहुत देर हो गई; **भूप**—राजा; **पहँ**—पास; **जेंइय**—भोजन करना; **जो भावै**—जो रुचिकर लगे; **चकि**—चकित होकर; **चित्रलिखी-सी**—चित्र के समान; **प्रीति**—प्रेम; **सिखी-सी**—सीखी गई।

संदर्भ प्रस्तुत काव्यांश तुलसीदास द्वारा रचित 'गीतावली' ग्रंथ से उद्धृत है, जो पाठ्यपुस्तक 'अंतरा भाग-2' में संकलित है। इस ग्रंथ में रामकथा को सूरसागर की तर्ज पर 'पद' शैली में लिखा गया है।

प्रसंग प्रस्तुत काव्यांश में कौशल्या के मन में राम के प्रति उत्पन्न हुए उनके वात्सल्य प्रेम का वर्णन है। राम के वन जाने के बाद दुःखी होती हुई कौशल्या राम को याद करके विविध क्रियाएँ कर रही हैं।

व्याख्या प्रस्तुत काव्यांश में कवि कहते हैं कि राम वन के लिए जा चुके हैं, किंतु माता कौशल्या वात्सल्य वियोग की उस परम स्थिति में पहुँच चुकी हैं, जहाँ उन्हें यह ज्ञात ही नहीं होता कि उनका पुत्र उनके समक्ष नहीं है। माता कौशल्या राम के बाल धनुष तथा बाणों को बार-बार देखती हैं। उनके सुंदर तथा छोटे-छोटे जूतों को बार-बार हृदय तथा आँखों से लगाती हैं। प्रातःकाल माता कौशल्या राम के शयन कक्ष में जाती हैं तथा राम को जगाती हुई कहती हैं "हे पुत्र, उठो! तुम्हारी माँ तुम्हारे बदन (मुख) पर बलिहारी जाती है। तुम्हारे अनुज और सखा द्वार पर खड़े होकर तुम्हारी प्रतीक्षा कर रहे हैं।" कभी वे कहती हैं "हे भैया! राजा दशरथ के पास जाओ, तुम्हें बहुत देर हो गई है। जो मित्र तुम्हें अच्छे लगते हैं, उन्हें तुम अपने पास बुला लो। तुम्हारी ये माता तुम पर न्योछावर जाती है।" दूसरे ही क्षण माता कौशल्या का भ्रम दूर होता है और चित्र की तरह स्थिर हो जाती हैं। कवि कहता है कि हृदय की वेदना के कारण माता कौशल्या का यह वियोग-वर्णन संभव नहीं हो रहा। उनकी व्यग्रता हृदय में पीड़ा उत्पन्न कर रही है।

काव्य-शैली

(i) प्रस्तुत काव्यांश में तुलसीदास ने माता कौशल्या के हृदय की कारुणिक स्थिति का चित्रात्मक वर्णन किया है। काव्यांश में करुण रस एवं वात्सल्य रस की प्रधानता है।

(ii) स्मृतिजन्य राम के बाल-रूप तथा वात्सल्य-रस के विरह पक्ष का वर्णन है।

(iii) प्रस्तुत काव्यांश में संवाद शैली का प्रयोग होने से नाटकीयता का बोध हो रहा है।

(iv) काव्यांश में संगीतात्मकता का गुण विद्यमान है।

(v) काव्यांश में कवि ने अवधी मिश्रित ब्रजभाषा का प्रयोग किया है।

(vi) 'ज्यों जाइ जगावति', 'कबहुँ कहति', 'बड़ी बार', 'बंधु बोलि' आदि में अनुप्रास अलंकार है तथा अंतिम चरण में 'चित्रलिखी-सी', 'प्रीति सिखी-सी' में उपमा अलंकार है। इसके अतिरिक्त 'बार-बार' में पुनरुक्तिप्रकाश अलंकार है।

काव्यांश 2

राघौ! एक बार फिरि आवौ।
ए बर बाजि बिलोकि आपने बहुरो बनहिं सिधावौ।।
जे पय प्याइ पोखि कर-पंकज वार-वार चुचुकारे।
क्यों जीवहिं, मेरे राम लाडिले! ते अब निपट बिसारे।।
भरत सौगुनी सार करत हैं अति प्रिय जानि तिहारे।
तदपि दिनहिं दिन होत झाँवरे मनहुँ कमल हिममारे।।
सुनहु पथिक! जो राम मिलहिं बन कहियो मातु संदेसो।।
तुलसी मोहि और सबहिन तें इन्हको बड़ो अंदेसो।।

CBSE 2023, Delhi 2018

शब्दार्थ

राघौ—राम; **बर**-श्रेष्ठ; **बाजि**—घोड़ा; **बिलोकि**—देखकर; **बहुरो**—पुनः; **सिधावौ**—चले जाना; **पय**—दूध; **पोखि**—सहलाना, प्यार करना; **कर-पंकज**—कमल रूपी हाथ; **चुचुकारे**—बुलाना; **बिसारे**—भूलकर; **सार**—देखभाल; **तिहारे**—तुम्हारे; **तदपि**—फिर भी; **झाँवरे**—कुम्हला या मुरझा जाते हैं; **हिममारे**—तुषार या पाला के मारे हुए; **पथिक**—यात्री; **बन**—वन, जंगल; **सबहिन तें**—सबसे अधिक; **अंदेसो**—चिंता/फिक्र।

संदर्भ पूर्ववत्।

प्रसंग प्रस्तुत काव्यांश में कौशल्या, राम के वात्सल्य विरह में व्याकुल हैं। वह पथिक के द्वारा संदेश भेजने की कोशिश करती हैं एवं पथिक के सामने अपने मनोभावों को प्रकट कर रही हैं।

व्याख्या प्रस्तुत काव्यांश में माता कौशल्या, राम के वन जाने से दुःखी उनके घोड़ों की स्थिति को देखकर कहती हैं कि हे राम! तुम पुनः अयोध्या लौट आओ। एक बार तुम अपने इन सुंदर व प्रिय घोड़ों को आकर देख लो, फिर पुनः वन में लौट जाना। जिन घोड़ों को तुम पानी पिलाते थे, अपने कमल रूपी हाथों से पुचकारते थे, वे घोड़े तुम्हारे विरह से दुःखी हैं। कौशल्या कहती हैं कि हे मेरे लाडले पुत्र राम! तुमने जिन्हें भुला दिया है, वह कैसे जीवित रह सकता है। यद्यपि भरत उन्हें तुम्हारा प्रिय जानकर उन घोड़ों की सेवा सौ गुना अधिक करता है, लेकिन घोड़े दिन-प्रतिदिन दुःख के कारण कमजोर होते जा रहे हैं। इनको देखकर ऐसा लगता है, मानो पाले के कारण कमल मृतप्राय हो गए हों अर्थात् जिस प्रकार पाले के प्रहार से कमल कुम्हला जाते हैं उसी प्रकार ये सुंदर घोड़े तुम्हारे वियोग में कमजोर हो रहे हैं। वन की ओर जाते पथिक को संबोधित करती माता कौशल्या कहती हैं कि हे पथिक! यदि तुम्हें वन में राम कहीं मिल जाएँ, तो उन्हें इस दुःखी माता का संदेश कहना कि मुझे सबसे अधिक राम के इन घोड़ों की चिंता होती है। तुलसीदास कहते हैं कि इस प्रकार कौशल्या माता एक बार राम से मिलना चाहती हैं।

काव्य-शैली

(i) प्रस्तुत काव्यांश में पुत्र के वियोग से दुःखी माता कौशल्या की मार्मिक दशा का वर्णन करते हुए राम के वन जाने से अयोध्या के पशु-पक्षी तक दुःखी हैं। यही बताने के लिए माता कौशल्या उनके प्रिय घोड़ों के माध्यम से उन्हें एक बार आने को कह रही हैं।

(ii) प्रस्तुत काव्यांश में पशुओं में व्याप्त वियोग की यथार्थ दशा को चित्रित कर कवि ने वियोग के दुःख का प्राकृतिक आयामों से विस्तार किया है। काव्यांश में यहाँ तत्सम शब्द का व्याकरणिक प्रयोग हुआ है।

(iii) माधुर्य गुण युक्त पद में करुण रस एवं वात्सल्य रस का बाहुल्य है।

(iv) अवधी मिश्रित ब्रजभाषा में वेदना की सरल, सहज, स्वाभाविक अभिव्यक्ति हुई है।

(v) संवाद शैली का प्रयोग होने से काव्य में नाटकीयता है तथा काव्यांश 'पद' छंद में है।

(vi) 'कर-पंकज' में रूपक 'मनहुँ कमल हिममारे' में उत्प्रेक्षा एवं 'वार-वार' में पुनरुक्तिप्रकाश तथा संपूर्ण पद में अनुप्रास अलंकार है।

पाठ्यपुस्तक (अंतरा भाग-2) के प्रश्नोत्तर

भरत-राम का प्रेम

1. 'हारेहुँ खेल जितावहिं मोंही' भरत के इस कथन का क्या आशय है?

अथवा किस बात से पता लगता है कि राम का भरत पर अगाध प्रेम था? **CBSE Diksha**

उत्तर "हारेहुँ खेल जितावहिं मोंही' कथन के माध्यम से भरत बताना चाहते हैं कि वे प्रभु राम के दयालु स्वभाव से भली-भाँति परिचित हैं। प्रभु राम अपने भाइयों के प्रति वात्सल्य भाव रखते हैं। उन्हें अपने छोटे भाइयों से असीम स्नेह है। भरत के प्रति उनका स्नेह अद्वितीय है।

राम अपने भाइयों के साथ खेलते हुए हमेशा अपने भाइयों का मन रखने का प्रयास करते हैं। वे खेल में जीतने पर भी हारने का नाटक करते हैं। अपने भाइयों के प्रति इस स्नेह के कारण ही छोटे भाइयों में राम के प्रति अत्यधिक श्रद्धा-भाव रहा है। भरत को यह विश्वास है कि राम उनका ध्यान अब भी रखेंगे।

2. 'भरत-राम का प्रेम' कविता में तुलसी ने राम के किस स्वभाव की विशेषताओं का वर्णन किया है?

अथवा 'भरत-राम का प्रेम' प्रसंग के आधार पर राम के चरित्र की दो विशेषताओं का उल्लेख कीजिए। **CBSE 2023**

अथवा 'भरत-राम का प्रेम' कविता में राम के स्वभाव की किन विशेषताओं की ओर संकेत किया गया है? **CBSE 2023**

उत्तर भरत, राम के स्वभाव की विशेषताओं को जानते हैं। वे कहते हैं कि राम अपराध करने वालों पर भी क्रोधित नहीं होते, बल्कि उन्हें सुधरने का अवसर देते हैं। राम खेल में कभी अप्रसन्न नहीं होते थे। भरत का मानना है कि मेरे प्रति उनका कुछ विशेष स्नेह रहा है अर्थात् राम अपने छोटे अनुजों पर विशेष स्नेह दिखाते हैं। बचपन में खेलते समय जीतने पर भी राम हारने का स्वाँग (नाटक) करते थे। वे वास्तव में जीतकर अपने अनुज का मन छोटा नहीं करना चाहते थे। राम ने कभी भी भरत का साथ नहीं छोड़ा। भरत, राम के वन जाने पर दुःखी हैं तथा सभा में यह बता रहे हैं कि मैं राम के दयालु स्वभाव से परिचित हूँ।

3. राम के प्रति अपने श्रद्धा-भाव को भरत किस प्रकार प्रकट करते हैं? स्पष्ट कीजिए।

उत्तर राम के प्रति भरत का श्रद्धा-भाव अद्वितीय है। सभा में रोमांचित भरत के नेत्र अश्रु की धारा से पूरित हैं। भरत भरे नेत्र तथा रुँधे गले से सभा में बैठे लोगों को संबोधित करते हुए कहते हैं कि मैं अपने स्वामी श्रीराम के स्वभाव को जानता हूँ। वे अपराधियों को भी सुधरने का अवसर देते हैं। राम का मेरे प्रति विशेष स्नेह रहा है। बचपन में खेलते समय कभी उन्होंने मेरा साथ नहीं छोड़ा। खेल में जीतने के बाद भी मेरा मन रखने के लिए वे स्वयं को पराजित मान लेते थे। मैंने उनके सामने कभी अपना मुँह नहीं खोला। मेरी उनके प्रति असीम श्रद्धा है। भरत, राम के स्वभाव एवं बड़ा भाई होने के कारण उनके प्रति श्रद्धा का भाव रखते हैं।

4. 'महीं सकल अनरथ कर मूला' पंक्ति द्वारा भरत के विचारों-भावों का स्पष्टीकरण कीजिए।

उत्तर 'महीं सकल अनरथ कर मूला' पंक्ति द्वारा भरत स्वयं को अयोध्या और समस्त परिवार में घटित अनर्थों का मूल कारण मानते हुए कहते हैं कि प्रेम के प्रण का पालन करके महाराज दशरथ का देहांत और माता कैकेयी की कुमति दोनों का साक्षी संसार है। अयोध्या के नर-नारी राम के वियोग में असहनीय ताप से जल रहे हैं और व्याकुल माताओं की दशा देखी नहीं जा रही। मैं ही इन सारे अनर्थों का कारण हूँ, यह सुनकर और समझकर मैंने राम से पृथक् होने का संपूर्ण दुःख सहा है। श्रीराम, लक्ष्मण और सीता बिना पादुका (जूतों) एवं पैदल ही वन चले गए। शंकर जी साक्षी हैं, इस घाव के बाद भी मैं कैसे जीवित हूँ। सीताराम के वन जाने की बात सुनते ही मेरे प्राण क्यों नहीं निकल गए अर्थात् वे कहते हैं कि यह सब सुनकर भी उनके प्राण कैसे नहीं निकले और यह घोर दुःख सहने के बाद भी वे जीवित कैसे हैं।

5. 'फरइ कि कोदव बालि सुसाली। मुकता प्रसव कि संबुक काली' पंक्ति में छिपे भाव और शिल्प सौंदर्य को स्पष्ट कीजिए।

उत्तर प्रस्तुत पंक्ति के माध्यम से कवि यह स्पष्ट करना चाहता है कि जिस प्रकार से कोदो से धान की अच्छी फसल की आशा नहीं की जा सकती और काली घोंघी में मोती जन्म नहीं ले सकता, उसी प्रकार बुरे विचारों वाली स्त्री की संतान भी अच्छी नहीं हो सकती है। इस प्रकार भरत स्वयं को कैकेयी की बुरी संतान बताकर आत्म-परिताप करते हैं।

- भाषा अवधी एवं चौपाई छंद है।
- दृष्टांत अलंकार तथा अनुप्रास अलंकार का प्रयोग किया गया है।
- पंक्ति में संगीतात्मकता तथा गेयता है।

पद

1. गीतावली के पद 'जननी निरखति बान धनुहियाँ के आधार पर राम के वनगमन के पश्चात् माँ कौशल्या की मनः स्थिति का वर्णन कीजिए।

अथवा **राम के वनगमन के बाद माता कौशल्या की मनोदशा का चित्रण तुलसी के पदों के आधार पर कीजिए।**

अथवा **राम के वनगमन के बाद उनकी वस्तुओं को देखकर माँ कौशल्या कैसा अनुभव करती हैं? अपने शब्दों में वर्णन कीजिए।**

अथवा **राम के वनगमन के पश्चात् उनकी माँ कौशल्या की वेदना असह्य थी। तुलसीदास ने किस भाँति कौशल्या की वेदना का चित्रण किया है?** **CBSE Diksha**

उत्तर तुलसीदास माता कौशल्या की वेदना का बड़ा ही मार्मिक चित्रण करते हुए कहते हैं कि राम के वन जाने पर माँ कौशल्या वात्सल्य-वियोग की स्थिति में हैं। माता कौशल्या राम के बचपन के धनुष-बाण तथा जूतों को बार-बार स्पर्श करती हैं।

वह उन्हें अपने हृदय तथा नेत्रों से लगा रही हैं। इन वस्तुओं को देखने तथा स्पर्श करने से माता कौशल्या को ऐसा आभास होता है कि उनके पुत्र राम उनके आस-पास हैं।

माता कौशल्या, राम के शयन कक्ष में आती हैं तथा उन्हें जगाती हुई कहती हैं कि हे पुत्र! जाग जाओ, तुम्हारे छोटे भाई द्वार पर तुम्हारा इंतज़ार कर रहे हैं। माता कौशल्या का विरह अतुलनीय है।

2. 'रहि चकि चित्रलिखी-सी' पंक्ति का मर्म अपने शब्दों में स्पष्ट कीजिए।

अथवा **तुलसीदास के पद में आई पंक्ति 'रहि चकि चित्रलिखी-सी' का भाव स्पष्ट कीजिए।** **CBSE 2023**

अथवा **'रहि चकि चित्रलिखी-सी' पंक्ति के संदर्भ में राम के वियोग में माता कौशल्या की मनः स्थिति का वर्णन कीजिए।** **CBSE 2024**

उत्तर माता कौशल्या, राम के वन जाने के बाद भी यह स्वीकार नहीं कर पातीं कि उनका प्रिय पुत्र राजमहल में नहीं है। वे पूर्व की भाँति उन्हें जगाने के लिए शयन कक्ष में जाती हैं। माता कौशल्या कहती हैं कि हे पुत्र! जागने का समय हो गया है तथा तुम्हारे छोटे भाई द्वार पर तुम्हारी प्रतीक्षा कर रहे हैं। शयन कक्ष से कोई ध्वनि न सुनकर माता कौशल्या का भ्रम टूट जाता है और वह चित्र की भाँति स्थिर हो जाती हैं। उनकी स्थिरता से ऐसा आभास होता है जैसे कोई चित्र दीवार पर टँगा हो। ऐसी स्थिति असीम वेदना तथा वात्सल्य-वियोग के कारण उत्पन्न होती है।

3. गीतावली से संकलित पद 'राघौ! एक बार फिरि आवौ' में निहित करुणा और संदेश को अपने शब्दों में स्पष्ट कीजिए।

अथवा **'राघौ! एक बार फिरि आवौ' के माध्यम से माँ कौशल्या राम से पुनः एक बार अयोध्या आने के लिए क्यों कह रही थीं?** **CBSE Diksha**

उत्तर माता कौशल्या वात्सल्य-वियोग की चरम स्थिति में हैं। वह राम के वनगमन से व्याकुलता का अनुभव कर रही हैं। उनका मन राम के घोड़ों की ओर जाता है। वह वन की ओर जाने वाले पथिक से कहती हैं कि यदि तुम्हें वन में राम मिलें तो उनसे कहना कि उनके प्रिय घोड़े कमजोर होते जा रहे हैं। वैसे तो भरत उन घोड़ों का अत्यधिक ध्यान रखते हैं, किंतु घोड़ों का वियोग पारिवारिक जनों तथा अयोध्यावासियों से भी अधिक तीव्र है। माता कौशल्या राम को उन घोड़ों के लिए पुनः अयोध्या लौट आने को कहती हैं। वे उन घोड़ों के दुःख से व्याकुल हैं। वास्तव में, वे घोड़ों के माध्यम से एक बार फिर राम से मिलना चाहती हैं।

4. (क) उपमा अलंकार के दो उदाहरण छाँटिए।

(ख) उत्प्रेक्षा अलंकार का प्रयोग कहाँ और क्यों किया गया है? उदाहरण सहित उल्लेख कीजिए।

उत्तर (क) **उपमा अलंकार**

- कबहुँ समुझि वनगमन राम को रहि चकि चित्रलिखी-सी।
- तुलसीदास वह समय कहे तें लागति प्रीति सिखी-सी।

(ख) **उत्प्रेक्षा अलंकार** 'तदपि दिनहिं दिन होत झाँवरे मनहुँ कमल हिममारे' में उत्प्रेक्षा अलंकार है, क्योंकि यहाँ घोड़ों के दुर्बल होने में कमल पर पाला गिरने की संभावना व्यक्त की गई है।

5. पठित पदों के आधार पर सिद्ध कीजिए कि तुलसीदास का भाषा पर पूरा अधिकार था।

उत्तर तुलसीदास की भाषा पर अद्वितीय पकड़ को उनके पदों के माध्यम से स्पष्ट किया जा सकता है। उन्होंने भावों की गहराई और सजीव चित्रण के लिए अवधी और ब्रजभाषा का कुशलता से प्रयोग किया। उदाहरणस्वरूप, 'पुलकि सरीर सभाँ भए ठाढ़े, नीरज नयन नेह जल बाढ़े' में उन्होंने न केवल दृश्य का सजीव वर्णन किया है, बल्कि शब्दों के चयन से भावनाओं की तीव्रता को भी स्पष्ट किया है। उनकी भाषा सरल होते हुए भी गहन अर्थ लिए होती है, जिससे पाठक हृदय तक प्रभावित होते हैं, साथ ही उन्होंने संस्कृतनिष्ठ शब्दों का सहज मिश्रण कर अपनी भाषा को एक उच्च स्तर पर पहुँचाया। उनके पदों में अनुप्रास, रूपक और उत्प्रेक्षा जैसे अलंकारों का सहज और प्रभावी प्रयोग मिलता है। उदाहरणस्वरूप, 'जारिउँ जाय जननि कहि काकू' में अनुप्रास, 'कर-पंकज' में रूपक और 'मनहुँ कमल हिममारे' में उत्प्रेक्षा का प्रयोग हुआ है। दोहा-चौपाई छंदों का सुंदर समायोजन करते हुए तुलसीदास ने भावों को गहराई दी है। उनके कुशल भाषा-प्रयोग ने रामचरितमानस को लोकप्रिय और सरल रूप में प्रस्तुत किया है।

योग्यता विस्तार

1. 'महानता लाभलोभ से मुक्ति तथा समर्पण त्याग से हासिल होती है', को केंद्र में रखकर इस कथन की पुष्टि कीजिए।

उत्तर यह कथन सत्य है कि महानता लाभलोभ से मुक्ति तथा समर्पण त्याग से हासिल होती है, क्योंकि जब कैकेयी ने दशरथ जी से अपने पुत्र भरत के लिए राजगद्दी और राम को चौदह वर्ष का वनवास वरदानस्वरूप माँगा

था, तब सभी अयोध्यावासी कैकेयी के साथ-साथ भरत को भी लोभी, स्वार्थी और कैकेयी के षड्यंत्र में सहायक कहकर उनकी भर्त्सना कर रहे थे। जब भरत ने अपने ननिहाल से लौटकर कैकेयी को भला-बुरा कहा और कैकेयी के इस दुष्कृत्य के लिए स्वयं उनका पुत्र होने से भी अस्वीकार कर दिया और अयोध्या के राज-पाट पर श्रीराम का अधिकार कह स्वयं उन्हें लेने वन चले गए और जब श्रीराम ने अयोध्या वापस चलने से मना कर दिया, तब वे राजसी सुविधाओं को त्यागकर नंदीग्राम में ही रहने लगते हैं और तपस्वी का जीवन व्यतीत करते हैं, तब अयोध्यावासी उनको महान् कहकर उनकी प्रशंसा करते हैं। इस प्रकार, महानता उन्हें राज्य के लोभ से मुक्त होने पर तथा समर्पण राजसी सुख-सुविधाओं के त्याग से ही प्राप्त होती है।

2. भरत के त्याग और समर्पण के अन्य प्रसंगों को भी जानिए।

उत्तर
- भरत ने अयोध्या का राजा बनने को अस्वीकार कर दिया।
- भगवान राम की खड़ाऊँ राजगद्दी पर स्थापित करके उनके सेवक बनकर कार्य किया।
- गृहस्थ के स्थान पर ब्रह्मचर्य का पालन किया।
- कैकेयी के दुष्कृत्य से आहत होकर उन्होंने उनका पुत्र होना भी अस्वीकार कर दिया।

3. आज के संदर्भ में राम और भरत जैसा भ्रातृप्रेम क्या संभव है? अपनी राय लिखिए।

उत्तर आज का युग पूरी तरह से भौतिकता पर आधारित है। निजी स्वार्थ, आरामपरस्त जीवन-शैली और सुख-सुविधाओं का मनुष्य इतना अभ्यस्त हो गया है कि आज जीवन-मूल्यों का उसके जीवन में स्थान नहीं रह गया है। त्याग, तपस्या, समर्पण, सहानुभूति आदि गुण लुप्त हो गए हैं।

ऐसे में राम और भरत जैसे भ्रातृप्रेम की कल्पना करना व्यर्थ है, क्योंकि आज संबंधों का अवमूल्यन हो गया है। आज माता और पुत्र, पिता-पुत्र और भाई-भाई जैसे संबंध केवल पुस्तकों की शोभा बढ़ाते हैं, पर व्यावहारिकता के धरातल पर उनमें अब कुछ नहीं बचा है।

सब स्वार्थ के वशीभूत होकर इन रिश्तों का खून कर देने में संकोच नहीं करते। इसलिए मेरी राय में वर्तमान युग में राम और भरत जैसा भ्रातृप्रेम नितांत असंभव और काल्पनिक है।

अभ्यास प्रश्न

काव्यांश पर आधारित बहुविकल्पीय प्रश्न

भरत-राम का प्रेम

1. पुलकि सरीर सभाँ भए ठाढ़े। नीरज नयन नेह जल बाढ़े।।
कहब मोर मुनिनाथ निबाहा। एहि तें अधिक कहौं मैं काहा।।
मैं जानउँ निज नाथ सुभाऊ। अपराधिहु पर कोह न काऊ।।
मो पर कृपा सनेहु बिसेखी। खेलत खुनिस न कबहूँ देखी।।
सिसुपन तें परिहरेउँ न संगू। कबहुँ न कीन्ह मोर मन भंगू।।
मैं प्रभु कृपा रीति जियँ जोही। हारेहुँ खेल जितावहिं मोंही।।
महूँ सनेह सकोच बस सनमुख कही न बैन।
दरसन तृपित न आजु लगि पेम पिआसे नैन।।

(क) किसके नेत्रों से स्नेहमयी अश्रु बह रहे हैं?
(i) सभाजन (ii) राम
(iii) भरत (iv) कैकेयी

(ख) प्रस्तुत काव्यांश में भरत ने राम के स्वभाव की क्या विशेषता बताई है?
(i) बचपन के खेलों में भरत को हराना
(ii) निर्दोष व्यक्ति पर क्रोध न करना
(iii) भरत को अपने साथ न खिलाना
(iv) अपराधी व्यक्ति पर भी क्रोध न करना

(ग) भरत ने श्रीराम के सम्मुख अपने किस भाव को कभी प्रदर्शित नहीं किया?
(i) स्नेह
(ii) भय
(iii) लालसा
(iv) क्रोध

(घ) निम्नलिखित कथनों में से सही कथनों पर विचार कीजिए
1. श्रीराम अपराध करने वाले पर भी क्रोध नहीं करते।
2. भरत श्रीराम का अत्यधिक सम्मान करते हैं।
3. भरत अपनी माता की बात पर विश्वास कर लेते हैं।

दक्षता आधारित प्रश्न

कूट
(i) केवल 1 (ii) 1 और 2
(iii) केवल 3 (iv) 2 और 3

(ङ) 'नीरज नयन नेह जल बाढ़े' पंक्ति में कौन-सा अलंकार है?
(i) उपमा (ii) उत्प्रेक्षा
(iii) रूपक (iv) विरोधाभास

उत्तर

(क) (iii) भरत
(ख) (iv) अपराधी व्यक्ति पर भी क्रोध न करना
(ग) (i) स्नेह
(घ) (ii) 1 और 2
(ङ) (iii) रूपक

2. बिधि न सकेउ सहि मोर दुलारा। नीच बीचु जननी मिस पारा।।
यहउ कहत मोहि आजु न सोभा। अपनी समुझि साधु सुचि को भा।।
मातु मंदि मैं साधु सुचाली। उर अस आनत कोटि कुचाली।।
फरइ कि कोदव बालि सुसाली। मुकता प्रसव कि संबुक काली।।
सपनेहुँ दोसक लेसु न काहू। मोर अभाग उदधि अवगाहू।।
बिनु समुझें निज अघ परिपाकू। जारिउँ जायँ जननि कहि काकू।।

हृदयँ हेरि हारेउँ सब ओरा। एकहि भाँति भलेंहि भल मोरा।।
गुर गोसाईं साहिब सिय रामू। लागत मोहि नीक परिनामू।।

CBSE 2025

(क) भरत अपने और राम के बिछोह का कारण किसे मानते हैं?
(i) कैकेयी को (ii) दशरथ को
(iii) भाग्य को (iv) राजगद्दी को

(ख) काव्यांश में 'करोड़ों दुराचारों' जैसा किसे कहा गया है?
(i) कैकेयी द्वारा राम को वनवास के लिए भेजन
(ii) माँ को दोषी कहना और स्वयं को सदाचारी कहना
(iii) गुरुजनों के बीच सभा में बोलना
(iv) राम के स्थान पर गद्दी पर बैठना

(ग) 'कोदो के पौधे से शालिधान की बाली कैसे आएँगी' इस भाव से मिलती-जुलती कहावत है
(i) कोयले की दलाली में मुँह काला
(ii) दूध का दूध पानी का पानी
(iii) जैसी करनी वैसी भरनी
(iv) बोए पेड़ बबूल के तो आम कहाँ से होय

(घ) राम के लिए वनवास की इच्छा का दोषी काव्यांश में बताया गया है
(i) भरत के दुर्भाग्य की लहर
(ii) कैकेयी का भरत के प्रति प्रेम
(iii) कैकेयी का भरत और राम के प्रेम को न समझना
(iv) राजा दशरथ द्वारा कैकेयी को दिए वरदान

(ङ) इस काव्यांश के मूल भाव को दर्शाने वाला कथन है
(i) राम के स्वभाव की विशेषता व भाई के प्रति प्रेम
(ii) भरत का आत्मपरिताप और राम के प्रति प्रेम
(iii) माता कैकेयी द्वारा किए अपराध के लिए क्षमा याचना
(iv) माता कैकेयी को क्षमा कर अयोध्या लौटने की प्रार्थना

उत्तर

(क) (iii) भाग्य को
(ख) (ii) माँ को दोषी कहना और स्वयं को सदाचारी कहना।
(ग) (iv) बोए पेड़ बबूल के तो आम कहाँ से होय
(घ) (i) भरत के दुर्भाग्य की लहर
(ङ) (ii) भरत का आत्मपरिताप और राम के प्रति प्रेम

3. भूपति मरन पेम पनु राखी। जननी कुमति जगतु सबु साखी।।
देखि न जाहिं बिकल महतारीं। जरहिं दुसह जर पुर नर नारीं।।
महीं सकल अनरथ कर मूला। सो सुनि समुझि सहिउँ सब सूला।।
सुनि बन गवनु कीन्ह रघुनाथा। करि मुनि बेष लखनु सिय साथा।।
बिन पानहिन्ह पयादेहि पाएँ। संकरु साखि रहेउँ ऐहि घाएँ।।
बहुरि निहारि निषाद सनेहू। कुलिस कठिन उर भयउ न बेहू।।
अब सबु आँखिन्ह देखउँ आई। जिअत जीव जड़ सबइ सहाई।।
जिन्हहि निरखि मग साँपिनि बीछी। तजहिं बिषम बिषु तापस तीछी।।
तेइ रघुनंदनु लखनु सिय अनहित लागे जाहि।
तासु तनय तजि दुसह दुख दैउ सहावइ काहि।।

(क) किसे देखकर साँप और बिच्छू तक अपने भयंकर विष को त्याग देते हैं?
(i) कैकेयी (ii) भरत
(iii) राजा दशरथ (iv) राम

(ख) श्रीराम वन कैसे गए थे?
(i) वनवासी वस्त्रों में (ii) राजसी वस्त्रों को त्यागकर
(iii) नंगे पैर (iv) ये सभी

(ग) श्रीराम के वन गमन का साक्षी कौन रहा है?
(i) भगवान विष्णु (ii) भगवान ब्रह्मा
(iii) भगवान शंकर (iv) नारद मुनि

(घ) निम्नलिखित कथनों में से सही कथनों पर विचार कीजिए
कथन 1 भरत अपने पिता दशरथ के देहांत का दोषी स्वयं को मानते हैं।
कथन 2 भरत राम के वनवास जाने का सारा दोष स्वयं पर लेकर सभी कष्टों को सहन करते हैं।
कथन 3 भरत सारे अनर्थों का मूल कारण केवल अपनी माता कौशल्या को मानते हैं।
कूट
(i) केवल 1 (ii) 1 और 3
(iii) 1 और 2 (iv) केवल 3

(ङ) 'तेइ रघुनंदनु लखनु सिय अनहित लागे जाहि' पंक्ति में किसकी ओर संकेत किया गया है?
(i) कैकेयी
(ii) भरत
(iii) विधाता
(iv) अयोध्यावासी

उत्तर

(क) (iv) राम (ख) (iv) ये सभी
(ग) (iii) भगवान शंकर (घ) (iii) 1 और 2
(ङ) (i) कैकेयी

पद

1. जननी निरखति बान धनुहियाँ
बार-बार उर नैननि लावति प्रभुजू की ललित पनहियाँ।।
कबहूँ प्रथम ज्यों जाइ जगावति कहि प्रिय बचन सवारे।
"उठहु तात! बलि मातु बदन पर, अनुज सखा सब द्वारे"।।
कबहुँ कहति यों" बड़ी बार भइ जाहु भूप पहँ, भैया।
बंधु बोलि जेंइय जो भावै गई निछावरि मैया"।।
कबहुँ समुझि वनगमन राम को रहि चकि चित्रलिखी-सी।
तुलसीदास वह समय कहे तें लागति प्रीति सिखी-सी।।

(क) प्रस्तुत पद में किसके भावों की अभिव्यक्ति दी गई है?
(i) माता सुमित्रा
(ii) माता कौशल्या
(iii) पिता दशरथ
(iv) माता कैकेयी

(ख) माता कौशल्या श्रीराम के किन खिलौनों को देखती हैं?
(i) धनुष-बाण (ii) घोड़ा (iii) रथ (iv) तलवार

(ग) भ्रम दूर होने पर कौशल्या माता का चित्र की तरह स्थिर हो जाना क्या अभिव्यक्त करता है?
(i) नाटकीयता (ii) हृदय की प्रसन्नता
(iii) हृदय की अतिरेक विह्वलता (iv) एकाएक भयभीत हो जाना

(घ) निम्नलिखित कथनों में से सही कथन पर विचार कीजिए
कथन 1 कौशल्या माता राम के छोटे-छोटे बाण-धनुष को देखती हैं।
कथन 2 कौशल्या माता राम के विरह से व्याकुल हो जाती हैं।
कथन 3 राम के वनगमन की याद आने पर माता चित्र की भाँति निर्जीव-सी हो जाती हैं।
कूट
(i) केवल 2 (ii) 1 और 2
(iii) 1 और 3 (iv) 1, 2 और 3

(ङ) 'रहि चकि चित्रलिखी-सी' में अलंकार है
(i) उपमा (ii) यमक (iii) संदेह (iv) रूपक

उत्तर
(क) (ii) माता कौशल्या
(ख) (i) धनुष-बाण
(ग) (iii) हृदय की अतिरेक विह्वलता
(घ) (iv) 1, 2 और 3
(ङ) (i) उपमा

2. राघौ! एक बार फिरि आवौ।
ए बर बाजि बिलोकि आपने बहुरो बनहिं सिधावौ।।
जे पय प्याइ पोखि कर-पंकज वार-वार चुचुकारे।
क्यों जीवहिं, मेरे राम लाडिले! ते अब निपट बिसारे।।
भरत सौगुनी सार करत हैं अति प्रिय जानि तिहारे।
तदपि दिनहिं दिन होत झाँवरे मनहुँ कमल हिममारे।।
सुनहु पथिक! जो राम मिलहिं बन कहियो मातु संदेसो।।
तुलसी मोहि और सबहिन तें इन्हको बड़ो अंदेसो।।

(क) राम के घोड़ों की सेवा उनसे सौ गुना अधिक कौन कर रहा है?
(i) अयोध्याजन (ii) सेवक
(iii) भरत (iv) कौशल्या

(ख) माता कौशल्या राम को पुनः किसके लिए वापस आने के लिए कहती हैं?
(i) घोड़ों के लिए (ii) राजमहल के लिए
(iii) भरत के लिए (iv) स्वयं के लिए

(ग) **कथन** (A) घोड़े दिन-प्रतिदिन कमजोर होते जा रहे थे।
कारण (R) श्रीराम वनवास चले गए। दक्षता आधारित प्रश्न
कूट
(i) कथन (A) और कारण (R) दोनों सही हैं तथा कारण (R), कथन (A) की सही व्याख्या करता है।
(ii) कथन (A) और कारण (R) दोनों सही हैं, परंतु कारण (R), कथन (A) की सही व्याख्या नहीं करता है।
(iii) कथन (A) सही है, किंतु कारण (R) गलत है।
(iv) कथन (A) गलत है, किंतु कारण (R) सही है।

(घ) माता कौशल्या किसके सामने अपने मनोभावों को अभिव्यक्त कर रही हैं?
(i) भरत के (ii) पथिक के
(iii) दर्पण के (iv) घोड़े के

(ङ) माता कौशल्या किसके माध्यम से अपने पुत्र-वियोग के दुःख का वर्णन कर रही हैं?
(i) शत्रुघ्न के (ii) भरत के
(iii) घोड़ों के (iv) स्वयं के

उत्तर
(क) (iii) भरत
(ख) (i) घोड़ों के लिए
(ग) (i) कथन (A) और कारण (R) दोनों सही हैं तथा कारण (R), कथन (A) की सही व्याख्या करता है।
(घ) (ii) पथिक के
(ङ) (iii) घोड़ों के

विषय-वस्तु पर आधारित प्रश्नोत्तर

भरत-राम का प्रेम

1. 'भरत-राम का प्रेम' के पहले पद में सभा में बोलते समय भरत की क्या दशा थी?

उत्तर पहले पद में सभा में बोलते समय भरत रोमांचित हो सभा में उठ खड़े हुए। कमल के समान उनके सुंदर नेत्रों से आँसू गिरने लगे। उनका कहना था कि उनके कहने योग्य सारी बातें मुनि वशिष्ठ ने पहले ही कह दी हैं। इससे अधिक कहने में वे असमर्थ हैं। राम की उन पर विशेष कृपा है एवं वे उनसे प्रेम करते हैं। यह वे अच्छी तरह जानते हैं। वे सिर्फ उनके दर्शन के इच्छुक हैं।

2. भरत ने किन-किन को दोष देना निरर्थक माना है?

उत्तर भरत ने सबसे पहले विधाता को दोष दिया है। राम का भरत के प्रति प्रेम विधाता से देखा नहीं गया, इसलिए माता के बहाने उन्होंने उन्हें दुःख दिया। फिर उन्होंने अपनी माता को दोष दिया है, किंतु माता को दोष देना वे दुराचार मानते हैं। इसलिए उन्होंने किसी को भी दोष देना निरर्थक माना तथा अंत में वे अपने दुर्भाग्य को दोष देते हैं।

3. भरत किन-किन दुःखों को देखकर भी जीवित हैं?

उत्तर भरत ने प्रेम की प्रतिज्ञा का निर्वाह करते हुए अपने पिता की मृत्यु देखी। उन्होंने राम, लक्ष्मण एवं सीता को राजसी वेश का त्याग करके मुनियों-सा वेष धारण किए हुए देखा। उन्होंने अपने प्रेम के अतिरिक्त राम के प्रति निषादराज का प्रेम देखा। उन्होंने राम के वियोग में अवध की जनता, अपनी माताओं एवं वहाँ के पशु-पक्षियों के दुःख देखे।

4. भरत और राम के प्रेम को वर्तमान के लिए आप कितना प्रासंगिक मानते हैं?

उत्तर भरत और राम के प्रेम को वर्तमान के लिए प्रासंगिक मानना उचित है। आज रिश्तों की अहमियत समाप्त होती जा रही है तथा रिश्तों में खोखलापन आ गया है। भौतिकता के पीछे भागते मनुष्य वास्तविक सुख के आनंद से वंचित हो गए हैं। भौतिक वस्तुएँ क्षणिक सुख एवं सांसारिक सुख देने में सक्षम हैं, वास्तविक सुख आपसी प्रेम से मिलता है। समाज में यदि भरत और राम के समान भाइयों में प्रेममय व्यवहार हो तो समाज में समस्याएँ एवं बुराइयाँ स्वयं समाप्त हो जाएँगी।

5. **काव्यांश के आधार पर भरत और राम के प्रेम की तीन विशेषताएँ लिखिए।**

अथवा **तुलसीदास के संकलित काव्यांश के आधार पर भरत और राम के प्रेम पर टिप्पणी कीजिए।**

उत्तर छोटे भाई के रूप में राम, भरत को अपना यथोचित स्नेह देते थे। वे भरत के अपराध करने पर भी उन पर क्रोध नहीं करते थे। वे भरत के साथ खेलते समय इनसे कोई गलती होने पर भी वे उनसे क्रोध नहीं करते थे। उन्होंने भरत को कभी अपने से अलग नहीं किया।

भरत के खेल में हारने के बाद भी वे उन्हें जिताते थे, जिससे उनका मन ऊँचा रहे। भरत अपने बड़े भाई का सदा सम्मान करते थे। उन्होंने अपने बड़े भाई के सामने अपना मुँह कभी नहीं खोला था। उनके मन में बड़े भाई के लिए श्रद्धा के भाव थे।

6. **निम्नलिखित पंक्तियों का भाव स्पष्ट कीजिए तथा इसमें निहित काव्य सौंदर्य लिखिए**

पुलकि सरीर सभाँ .... कहौं मैं काहा।।

CBSE 2023, CBSE SQP Term II 2022

उत्तर **पंक्ति का भाव** प्रस्तुत पंक्तियों में भरत अपने भाई श्रीराम के प्रति अपनी अनन्य भक्ति, प्रेम और श्रद्धा को व्यक्त करते हैं। चित्रकूट की सभा में जब भरत राम से अयोध्या लौटने का निवेदन करने के लिए खड़े होते हैं, तब उनका शरीर प्रेम और श्रद्धा से पुलकित हो उठता है। उनके कमल जैसे नेत्रों से नेह (प्रेम) के आँसू बहने लगते हैं।

भरत अत्यंत विनम्रता से कहते हैं कि उनके मन के भाव तो पहले ही गुरु वशिष्ठ जी द्वारा व्यक्त किए जा चुके हैं। वे कहते हैं कि मेरा जो कर्त्तव्य और भाव था, उसे मुनिनाथ (गुरुजी) ने पहले ही व्यक्त कर दिया है। मैं इससे अधिक और कुछ नहीं कह सकता। इन पंक्तियों में भरत की गहन भक्ति, उनकी सरलता और श्रीराम के प्रति अपार प्रेम के साथ-साथ उनके गुरु के प्रति सम्मान भी व्यक्त हुआ है।

काव्य सौंदर्य

(i) भरत का राम के प्रति अनन्य प्रेम प्रकट हुआ है।

(ii) राम-भरत का प्रेम आज की सामाजिक परिस्थितियों में अपेक्षित है।

(iii) प्रस्तुत काव्यांश में भक्ति तथा शांत रस तथा माधुर्य गुण का प्रयोग हुआ है।

(iv) काव्यांश में अंत्यानुप्रास, वृत्यानुप्रास तथा रूपक अलंकार (नीरज नयन तथा नेह जल) का प्रयोग हुआ है।

(v) काव्यांश में संगीतात्मकता तथा गेयता है।

(vi) काव्यांश में साहित्यिक अवधी भाषा (अर्द्ध-तत्सम व तद्भव शब्द युक्त) का प्रयोग हुआ है।

(vii) इसकी चौपाई छंद है।

(viii) प्रस्तुत काव्यांश में अभिधा शब्द शक्ति का प्रयोग किया गया है।

7. **भरत राम के वनगमन के लिए अपनी माता कैकेयी को दोषी न मानकर स्वयं को ही दोष क्यों देते हैं?** **CBSE Diksha**

उत्तर भरत राम के वनगमन के लिए अपनी माता कैकेयी को दोषी न मानकर स्वयं को ही दोष इसलिए देते हैं, क्योंकि वे एक आदर्श पुत्र की भूमिका निभाते हुए माता के प्रति गहरी श्रद्धा और आदर भाव रखते हैं। वे यह मानते हैं कि माता ने जो कुछ किया, वह पुत्र मोह और उनके हित को ध्यान में रखकर ही किया। भरत का कहना है कि माता की कुमति (गलत सोच) के पीछे उनका पुत्र प्रेम था, अतः उन्हें दोषी ठहराना उचित नहीं है।

भरत स्वयं को अयोध्या और समस्त परिवार में घटित अनर्थों का मूल कारण स्वयं को मानते हुए कहते हैं कि प्रेम के प्रण का पालन करके महाराज दशरथ का देहांत और माता कैकेयी की कुमति दोनों का साक्षी संसार है। अयोध्या के नर-नारी राम के वियोग में असहनीय ताप से जल रहे हैं और व्याकुल माताओं की दशा देखी नहीं जा रही। अतः सारे अनर्थों का दोषी वे स्वयं को मानते हैं।

8. **राम के वनवास के लिए भरत अपनी माता को दोष न देकर सारा दोष स्वयं का ही मानते हैं। इससे उनके व्यक्तित्व के किस गुण का पता चलता है?**

CBSE Diksha

उत्तर भरत राम के वनवास का दोष अपनी माता को न देकर स्वयं को ही देते हैं और इसे अपना दुर्भाग्य मानते हैं। इससे न केवल भरत के चरित्र के सकारात्मक पक्ष का उद्बोधन होता है, बल्कि साथ ही इससे पता चलता है कि वे अत्यंत सज्जन प्रवृत्ति तथा विशाल हृदय के हैं। वे माता को कहे अपशब्दों के लिए सबके समक्ष पश्चाताप करते हैं और स्वयं को अपराधी मानते हुए खेद व्यक्त करते हैं, जिससे उनके आदर्श पुत्र होने और संस्कारी होने का भी पता चलता है। भरत अपनी माता कैकेयी को राम के वनवास का दोषी न मानकर स्वयं को ही दोष इसलिए भी देते हैं, क्योंकि वे मानते हैं कि माता ने यह सारा प्रपंच उन्हीं के हितों को सर्वोपरि मानकर किया, जो सर्वथा अनुचित था।

9. **'भरत-राम का प्रेम' में भरत की मनोदशा का क्या कारण था?**

CBSE Diksha

उत्तर भरत की माँ कैकेयी ने पुत्र मोह में आकर राजा दशरथ से भरत के लिए अयोध्या का राज्याभिषेक और राम के लिए चौदह वर्ष का वनवास माँगा था। वचनबद्ध होने के कारण राजा दशरथ को यह स्वीकार करना पड़ा। कैकेयी की इस भयंकर भूल के कारण राम वन के लिए चले गए तथा पिता का इस दुःख में निधन हो गया। कैकेयी ने यह सारा प्रपंच उन्हीं के हितों को सर्वोपरि मानकर किया था, लेकिन प्रजा इसके लिए भरत को ही दोषी मानती थी। भरत भी स्वयं को ही पिता की मृत्यु और सभी के दुःखों का कारण मानते थे। भरत स्वयं इससे अत्यंत दुःखी थे और माता के मन के विकार के लिए स्वयं को ही दोषी मानते हुए राम से क्षमायाचना करना चाहते थे।

पद

10. **राम के जूतों को देखकर कौशल्या पर क्या प्रतिक्रिया होती है?**

अथवा **राम वनगमन के पश्चात् कौशल्या की स्थिति पर टिप्पणी कीजिए।**

CBSE SQP Term II 2022

उत्तर राम के वनवास चले जाने पर कौशल्या उनके वियोग में विह्वल हो जाती हैं। उनके द्वारा प्रयोग की गई सभी वस्तुओं में उन्हें राम की निकटता दिखाई पड़ती है। वे राम की सुंदर जूतियों को देखकर कभी उन्हें आँखों से तो कभी हृदय से लगा लेती हैं। राम की जूतियों को अपने पास पाकर उन्हें उनकी निकटता एवं उनका स्पर्श महसूस होता है। राम के वियोग में वे सुधबुध भुलाकर राम को जगाने पहुँच जाती हैं, परंतु फिर भ्रम टूटने पर वे चित्र के समान जड़ और भाव विहीन हो जाती हैं।

11. रामचरितमानस की रचना किस भाषा और मुख्य रूप से किस छंद में हुई है? रामचरितमानस में कितने कांड हैं? उनके नाम लिखिए।

उत्तर रामचरितमानस की रचना अवधी भाषा (हिंदी की एक बोली) में हुई है। इस ग्रंथ में मुख्य रूप से दोहा एवं चौपाई छंद का प्रयोग किया गया है।

रामचरितमानस में सात कांड हैं, जो निम्नलिखित हैं

(i) बालकांड (ii) अयोध्याकांड (iii) अरण्यकांड
(iv) किष्किंधाकांड (v) सुंदरकांड (vi) लंकाकांड
(vii) उत्तरकांड

12. दोहा तथा चौपाई की परिभाषा देते हुए अपने पठित अंश से उदाहरण दीजिए।

उत्तर **दोहा** दोहा अर्द्धसम मात्रिक छंद है। इसमें चार चरण होते हैं। पहले और तीसरे चरणों में 13-13 व दूसरे तथा चौथे चरणों में 11-11 मात्राएँ होती हैं। उदाहरण—

साधु सभाँ गुर प्रभु निकट कहउँ सुथल सति भाउ।
प्रेम प्रपंचु के झूठ फुर जानहिं मुनि रघुराउ।।

चौपाई चौपाई सम मात्रिक छंद है। इसमें चार चरण होते हैं। प्रत्येक चरण में 16-16 मात्राएँ होती हैं। अंत में गुरु (ऽ) होना चाहिए। उदाहरण—

बिधि न सकेउ सहि मोर दुलारा। नीच बीचु जननी मिस पारा।।
यहउ कहत मोहि आजू न सोभा। अपनी समुझि साधु सुचि को भा।।

13. 'भरत-राम का प्रेम' कविता के आधार पर राम वनगमन के पश्चात् भरत की मानसिक दशा का वर्णन अपने शब्दों में कीजिए। **CBSE Term II 2022**

उत्तर भरत शोकग्रस्त हैं, वे अत्यधिक भावुक हैं। उन्हें अपने भाई राम का वियोग अत्यंत दुःखी करता है। इसका दोष वे विधाता को, अपनी माता को और अपने भाग्य को देते हैं। वे अपने बड़े भाई की महानता को जानते हैं।

भरत जानते हैं कि विधाता को उन दोनों का प्रेम-भाव अच्छा नहीं लगा, इसलिए माता के रूप में उन्होंने इस प्रेम-भाव में बाधा उत्पन्न करने की कोशिश की। राम के वन जाने से अयोध्या की जनता, उनकी माताएँ, वहाँ के पशु-पक्षी सभी शोकमग्न हैं। ऐसी स्थिति में भरत भी दुःख का अनुभव कर रहे हैं। वे अपने को सबसे अधिक दुर्भाग्यशाली मानते हैं। भरत, राम को वन से वापस लाने का प्रयास करते हैं।

14. भरत का आत्म-परिताप उनके चरित्र के किस उज्ज्वल पक्ष की ओर संकेत करता है? **All India 2019**

अथवा **'भरत-राम का प्रेम' शीर्षक काव्यांश के आधार पर स्पष्ट कीजिए कि भरत के परिताप का कारण क्या था और कैसे कहा जा सकता है कि वह परिताप भरत के उज्ज्वल पक्ष को प्रस्तुत करता है?**

अथवा **भरत के आत्म-परिताप से तुलसीदास ने उनके चरित्र की किन विशेषताओं को प्रकट किया है? अपने शब्दों में लिखिए।**

उत्तर भरत, राम के प्रशंसक हैं। वे राम के व्यवहार से उनके प्रति कृतज्ञ हैं। वे राम के वनगमन के लिए स्वयं को दोषी न मानकर अपने दुर्भाग्य को दोषी मानते हैं। भरत, राम के प्रति अगाध श्रद्धा से भरे हुए हैं। उन्हें अयोध्या के राज्य का लेशमात्र भी लोभ नहीं है। कैकेयी तथा मंथरा के षड्यंत्र के सफल होने पर राम को वन जाना पड़ा।

राम का वन जाना भरत के लिए अथाह दुःख का कारण बना है। भरत राज्य सत्ता को त्यागकर पुनः राम को अयोध्या का राजमुकुट देना चाहते हैं। अपने बड़े भाई के स्नेह तथा उनकी विपत्ति को याद कर भरत आँसू बहाते हैं। राम के दर्शन की आकांक्षा भरत के मन में है। अपनी माता के ओछे कर्म पर ग्लानि महसूस करने वाले भरत का आत्म-परिताप उसके चरित्र के उज्ज्वल पक्ष की ओर संकेत करता है।

15. माँ कौशल्या राम को उनके घोड़ों के बारे में क्या संदेश पहुँचाना चाहती हैं? **CBSE Diksha**

अथवा **माँ कौशल्या पथिक से क्या निवेदन करती हैं?** **CBSE Diksha**

उत्तर माँ कौशल्या राम को उनके घोड़ों के बारे में यह संदेश पहुँचाना चाहती हैं कि यद्यपि राम की अनुपस्थिति में उनके भ्राता भरत इनसे बहुत स्नेह करते हैं और इनका बहुत ध्यान रखते हैं, परंतु भरत के इतनी अधिक देखभाल करने पर भी ये घोड़े दिन-प्रतिदिन कमजोर होते जा रहे हैं, मानो कोई कमल हिमपात का मारा हो अर्थात् जिस प्रकार कमल का फूल पाला पड़ने पर मुरझा जाता है, उसी प्रकार ये घोड़े तुम्हारे वियोग में बहुत अधिक कमजोर हो गए हैं। कौशल्या पथिक से कहती हैं कि यदि तुम्हें वन में कहीं राम मिल जाएँ तो उनसे माँ का संदेशा कह देना कि उन्हें राम के इन घोड़ों की चिंता होती है। राम के घोड़े उनके वियोग में दुर्बल होते जा रहे हैं, जो उनसे देखा नहीं जा रहा। राम बस एक बार अयोध्या आकर अपने घोड़ों को प्यार से छू लें, जिससे उनमें जीने की शक्ति लौट आए।

स्व-मूल्यांकन

काव्यांश पर आधारित बहुविकल्पीय प्रश्न

निम्नलिखित काव्यांश को ध्यानपूर्वक पढ़कर पूछे गए बहुविकल्पीय प्रश्नों के लिए सर्वाधिक उपयुक्त विकल्प का चुनाव कीजिए।

1. बिधि न सकेउ सहि मोर दुलारा। नीच बीचु जननी मिस पारा।।
यहउ कहत मोहि आजू न सोभा। अपनी समुझि साधु सुचि को भा।।
मातु मंदि मैं साधु सुचाली। उर अस आनत कोटि कुचाली।।
फरइ कि कोदव बालि सुसाली। मुकता प्रसव कि संबुक काली।।
सपनेहुँ दोसक लेसु न काहू। मोर अभाग उदधि अवगाहू।।
बिनु समुझें निज अघ परिपाकू। जारिउँ जायँ जननि कहि काकू।।
हृदयँ हेरि हारेउँ सब ओरा। एकहि भाँति भलेंहि भल मोरा।।
गुर गोसाईं साहिब सिय रामू। लागत मोहि नीक परिनामू।।
साधु सभाँ गुर प्रभु निकट कहउँ सुथल सति भाउ।
प्रेम प्रपंचु कि झूठ फुर जानहिं मुनि रघुराउ।।

(क) भरत किस कारण लज्जित हैं?
(i) अपने पापों के कारण
(ii) माता के स्वार्थपरक कार्य के कारण
(iii) राम के वनवास के कारण
(iv) सभा में असफलता के कारण

(ख) भरत अपनी भलाई का मार्ग किससे पूछते हैं?
(i) सभा के साधुओं से (ii) गुरु वशिष्ठ और श्रीराम से
(iii) माता कैकेयी से (iv) अपने मन से

(ग) भरत के अनुसार, सज्जन व्यक्ति कौन होता है?
(i) जो स्वयं को सज्जन समझे
(ii) जो केवल माता-पिता का सम्मान करे
(iii) जो सभा में अपनी बात स्पष्ट करे
(iv) जिसे समाज सज्जन मानता है

(घ) निम्नलिखित कथनों में से सही कथनों पर विचार कीजिए
1. भरत ने राम के वनगमन का कारण अपने दुर्भाग्य और माता के स्वार्थपूर्ण कार्य को माना।
2. भरत ने कहा कि उनका दुर्भाग्य समुद्र के समान गहरा है।
3. भरत मानते हैं कि माता के दोष का प्रभाव पुत्र पर भी पड़ता है।

कूट
(i) 1 और 2 (ii) 1 और 3
(iii) 2 और 3 (iv) 1, 2 और 3

(ङ) 'फरइ कि कोदव बालि सुसाली' में किसका संकेत है?
(i) कोदो और धान के उत्पादन का
(ii) भरत की माता के गुणों का
(iii) नीचता और सदाचार के असंभावित संबंध का
(iv) राम के प्रति भरत के प्रेम का

उत्तर

(क) (ii) माता के स्वार्थपरक कार्य के कारण
(ख) (ii) गुरु वशिष्ठ और श्रीराम से
(ग) (iv) जिसे समाज सज्जन मानता है
(घ) (iv) 1, 2 और 3
(ङ) (iii) नीचता और सदाचार के असंभावित संबंध का

काव्यांश की व्याख्या

2. निम्नलिखित में से किसी एक काव्यांश की सप्रसंग व्याख्या कीजिए।
जननी निरखति बान धनुहियाँ
बार-बार उर नैननि लावति प्रभुजू की ललित पनहियाँ।।
कबहूँ प्रथम ज्यों जाइ जगावति कहि प्रिय बचन सवारे।
"उठहु तात! बलि मातु बदन पर, अनुज सखा सब द्वारे"।।
कबहुँ कहति यों" बड़ी बार भइ जाहु भूप पहँ, भैया।
बंधु बोलि जेंइय जो भावै गई निछावरि मैया"।।
कबहुँ समुझि वनगमन राम को रहि चकि चित्रलिखी-सी।
तुलसीदास वह समय कहे तें लागति प्रीति सिखी-सी।।

अथवा

भूपति मरन पेम पनु राखी। जननी कुमति जगतु सबु साखी।।
देखि न जाहिं बिकल महतारीं। जरहिं दुसह जर पुर नर नारीं।।
महीं सकल अनरथ कर मूला। सो सुनि समुझि सहिउँ सब सूला।।
सुनि बन गवनु कीन्ह रघुनाथा। करि मुनि बेष लखन सिय साथा।।
बिन पानहिन्ह पयादेहि पाएँ। संकरु साखि रहेउँ ऐहि घाएँ।।
बहुरि निहारि निषाद सनेहू। कुलिस कठिन उर भयउ न बेहू।।
अब सबु आँखिन्ह देखउँ आई। जिअत जीव जड़ सबइ सहाई।।

विषय-वस्तु पर आधारित प्रश्न

1. भरत ने कोदो और मोती का उदाहरण देकर क्या समझाने का प्रयास किया?
2. भरत के अनुसार, अयोध्या के लोग किस कारण शोक में जल रहे हैं?
3. श्रीराम के प्रति मार्ग के साँप और बिच्छू का विष त्यागने का प्रतीकात्मक अर्थ क्या है?
4. माता कौशल्या राम के धनुष और बाणों को देखकर क्या करती हैं?
5. माता कौशल्या राम के वियोग में घोड़ों की स्थिति की तुलना किससे करती हैं?
6. माता कौशल्या के अनुसार, राम के वन जाने से घोड़े किस प्रकार दु:खी हैं?

07

अध्याय

कवि-परिचय

मलिक मुहम्मद जायसी का जन्म 1492 ई. में उत्तर प्रदेश के अमेठी के पास जायस में हुआ था। जायस के निवासी होने के कारण इन्हें जायसी कहा गया। वे सिद्ध फकीर और सूफी प्रेममार्गी शाखा के प्रमुख कवि माने जाते हैं। उनका प्रसिद्ध काव्य 'पद्मावत' सिंहल की राजकुमारी पद्मावती और चित्तौड़ के राजा रत्नसेन के प्रेम की कथा पर आधारित है, जिसमें लौकिक कथा के माध्यम से अलौकिक सत्ता का आभास मिलता है। यह फारसी मसनवी शैली में रचित है, जिसमें दोहा-चौपाई का प्रयोग हुआ है। उनकी ठेठ अवधी भाषा, लोक जीवन के अनुभव और लोक संस्कृति के प्रभाव ने उनकी रचनाओं को विशेष सौंदर्य प्रदान किया है। पद्मावत, अखरावट और आखिरी कलाम उनकी प्रमुख कृतियाँ हैं, जिनमें 'पद्मावत' सबसे प्रसिद्ध है। 1542 ई. में उनका देहावसान हो गया।

▼ अध्ययन के लिए

- कविता की रूपरेखा
- काव्यांशों की व्याख्या

▼ अभ्यास के लिए

- पाठ्यपुस्तक के प्रश्नोत्तर
- काव्यांश पर आधारित बहुविकल्पीय प्रश्न
- विषय-वस्तु पर आधारित प्रश्नोत्तर

बारहमासा

(मलिक मुहम्मद जायसी)

कविता की रूपरेखा

कवि मलिक मुहम्मद जायसी द्वारा रचित 'बारहमासा' शीर्षक कविता 'पद्मावत' काव्य ग्रंथ का एक अंश है। इसमें कवि ने रानी नागमती के विरह का चित्रण किया है। राजा रत्नसेन पद्मावती को पाने के लिए योगी के वेश में सिंहलद्वीप की यात्रा पर चले जाते हैं। उनके जाने के बाद उनकी रानी नागमती उनके वियोग में व्याकुल है। कवि ने शीत के 'अगहन', 'पूस', 'माघ' और 'फाल्गुन' महीनों में नायिका की विरह-दशा का अद्वितीय वर्णन किया है। प्रथम पद में अगहन मास में प्रेमी के वियोग में नायिका विरह की अग्नि में जल रही है और भँवरे तथा कौओं के सामने अपनी स्थितियों का वर्णन करते हुए नायक को संदेश भेज रही है। द्वितीय पद में पूस मास में विरहिणी के शीत ऋतु में शरीर के काँपने तथा नायक के वियोग से उसके हृदय के काँपने का सुंदर चित्रण किया गया है। नागमती के विरह की तुलना चकई (चकवी) और कोकिला (कोयल) से की गई है।

तृतीय पद में माघ महीने में नागमती के आँसू पाले तथा ओले के समान बरस पड़ते हैं। चतुर्थ पद में फाल्गुन के महीने में नायिका का विरह अधिक तीव्र हो जाता है। होली में खेले जाने वाले चाँचरि खेल तथा फाग से नायिका के हृदय में आनंद का संचार नहीं होता है, बल्कि वह नायक के विरह में और अधिक शोक संतप्त हो जाता है।

काव्यांशों की व्याख्या

निम्नलिखित काव्यांशों की सप्रसंग व्याख्या कीजिए

काव्यांश 1

अगहन देवस घटा निसि बाढ़ी। दूभर दुख सो जाइ किमि काढ़ी।।
अब धनि देवस बिरह भा राती। जरै बिरह ज्यों दीपक बाती।।
काँपा हिया जनावा सीऊ। तौ पै जाइ होइ सँग पीऊ।।
घर-घर चीर रचा सब काहूँ। मोर रूप रँग लै गा नाहू।।
पलटि न बहुरा गा जो बिछोई। अबहूँ फिरै-फिरै रँग सोई।।
सियरि अगिनि बिरहिनि हिय जारा। सुलगि-सुलगि दगधै भै छारा।।
यह दुख दगध न जानै कंतू। जोबन जरम करै भसमंतू।।
पिय सौं कहेहु सँदेसरा, ऐ भँवरा ऐ काग।
सो धनि बिरहें जरि गई, तेहिक धुआँ हम लाग।।

CBSE 2025, 24, CBSE Term II 2022

शब्दार्थ

अगहन—विक्रम संवत का नवाँ महीना मार्गशीर्ष/अग्रहायण होता है; **देवस**—दिवस/दिन; **घटा**—कम हो गया; **निसि**—रात; **बाढ़ी**—बढ़ गया; **दूभर**—असहनीय; **किमि**—कैसे; **काढ़ी**—निकालना; **धनि**—स्त्री; **जरै**—जलना; **हिया**—हृदय; **सीऊ**—सर्दी से लगने वाली कँपकँपी; **पीऊ**—पति/प्रेमी; **चीर**—वस्त्र; **नाहू**—पति (रत्नसेन); **पलटि**—पलटकर; **बहुरा**—वापस आया; **बिछोई**—बिछुड़ना; **फिरै**—वापस आना; **सियरि**—ठंडी; **जारा**—जला दिया; **दगधै**—जलती हुई; **छारा**—राख; **दगध**—जलन (विरह-व्यथा); **कंतू**—प्रिय; **जोबन**—यौवन; **जरम**—जीवन; **भसमंतू**—राख होते जाना; **सँदेसरा**—संदेश; **काग**—कौआ; **धनि**—पत्नी, प्रिया; **तेहिक**—उसी का।

संदर्भ प्रस्तुत काव्यांश पाठ्यपुस्तक 'अंतरा भाग-2' में संकलित 'बारहमासा' शीर्षक कविता से उद्धृत है। यह काव्यांश प्रसिद्ध कवि मलिक मुहम्मद जायसी के महाकाव्य 'पद्मावत' का एक अंश है।

प्रसंग प्रस्तुत काव्यांश में कवि ने अगहन मास में रानी नागमती के विरह का वर्णन किया है, जिसमें नायिका (नागमती) भौंरे एवं कौवे के द्वारा अपने प्रियतम को संदेश भेज रही है।

व्याख्या प्रस्तुत काव्यांश में राजा रत्नसेन के वियोग में नागमती कहती है कि अगहन के इस महीने में दिन छोटा तथा रातें बड़ी हो गई हैं। प्रिय के वियोग में इस दूभर रात को कैसे बिताया जाए? अर्थात् ये बड़ी रातें विरह को और अधिक बढ़ा देती हैं। मैं विरह में उसी प्रकार जल रही हूँ, जिस प्रकार दीपक के साथ बाती जलती है। मेरा हृदय शीत के प्रकोप से काँप रहा है और मेरी यह कँपकँपी प्रिय के संग रहने पर ही कम होगी। घर-घर में स्त्रियाँ नए वस्त्र धारण करके स्वयं को सुसज्जित कर रही हैं, किंतु मेरा रंग-रूप तो मेरे प्रिय के साथ ही चला गया। नागमती आगे कहती है कि मेरे पति मुझे ऐसे छोड़कर गए कि वापस नहीं आए, यदि वह लौटकर वापस आ जाएँ तो मेरा पहले जैसा रूप, सौंदर्य मुझे वापस मिल जाएगा। सर्दी से बचने के लिए अग्नि जलाई जाती है, लेकिन मेरा हृदय तो विरह की अग्नि में जल रहा है और सुलग-सुलग कर राख हो रहा है। नागमती भँवरे तथा काग (कौवे) के माध्यम से संदेश भेजती है कि जाकर मेरे स्वामी से कहना कि एक विरहिणी के जलने से उठे धुएँ ने हमें काला कर दिया है अर्थात् हमारा कालापन नायिका की चिता से उठे धुएँ की कालिख का परिणाम है।

काव्य-शैली

(i) प्रस्तुत काव्यांश 'बारहमासा' में नायिका नागमती के विरह का वर्णन किया गया है, जो रत्नसेन के विरह में रो रही है।
(ii) प्रस्तुत काव्यांश में 'काँपा हिया जनावा सीऊ' में अगहन मास के शीताधिक्य का स्वाभाविक वर्णन किया गया है।
(iii) काव्यांश में ठेठ अवधी भाषा का प्रयोग हुआ है।
(iv) दोहा तथा चौपाई के माध्यम से कड़वक शैली का सुंदर प्रयोग किया गया है।
(v) प्रस्तुत काव्यांश में 'दूभर दुख', 'किमि काढ़ी', 'रूप-रँग' तथा 'धनि देवस' में अनुप्रास अलंकार, 'जरै बिरह.....बाती' में उदाहरण अलंकार, 'घर-घर', 'सुलगि-सुलगि', 'फिरै-फिरै' में पुनरुक्तिप्रकाश, 'ज्यों दीपक बाती' में उत्प्रेक्षा एवं अंतिम दो पंक्तियों में अतिशयोक्ति अलंकार है।
(vi) प्रस्तुत काव्यांश में अभिधा शब्द शक्ति तथा चित्रात्मक शैली का प्रयोग हुआ है।
(vii) काव्यांश में वियोग श्रृंगार रस का प्रयोग हुआ है।

काव्यांश 2

पूस जाड़ थर-थर तन काँपा। सुरुज जड़ाइ लंक दिसि तापा।।
बिरह बाढ़ि भी दारुन सीऊ। कँपि-कँपि मरौं लेहि हरि जीऊ।।
कंत कहाँ हौं लागौं हियरै। पंथ अपार सूझ नहिं नियरें।।
सौर सुपेती आवै जूड़ी। जानहुँ सेज हिवंचल बूढ़ी।।
चकई निसि बिछुरैं दिन मिला। हौं निसि बासर बिरह कोकिला।।
रैनि अकेलि साथ नहिं सखी। कैसें जिऔं बिछोही पँखी।।
बिरह सचान भँवै तन चाँड़ा। जीयत खाइ मुएँ नहिं छाँड़ा।।
रकत ढरा माँसू गरा, हाड़ भए सब संख।
धनि सारस होइ ररि मुई, आई समेटहु पंख।।

शब्दार्थ

जाड़—सर्दी/ठंडक; **सुरुज**—सूरज; **जड़ाइ**—ठंड; **लंक दिसि**—दक्षिण; **तापा**—गर्म होना; **दारुन**—भयंकर; **सीऊ**—सर्दी; **लेहि**—लेगा; **जीऊ**—जान/प्राण; **हियरै**—हृदय से; **नियरें**—नजदीक; **सौर**—रजाई; **सुपेती**—हल्की; **जूड़ी**—कँपकँपी देकर आने वाला बुखार; **जानहुँ**—समझ लो; **सेज**—बिस्तर; **हिवंचल**—बर्फ के अँचल में; **बूढ़ी**—डूबी हुई; **चकई**—चकवी/एक पक्षी का नाम; **निसि**—रात; **बिछुरैं**—अलग हो जाने पर; **बासर**—दिन; **रैनि**—रात; **बिछोही**—बिछड़ी हुई; **पँखी**—मादा पक्षी; **सचान**—बाज पक्षी; **चाँड़ा**—भोजन; **रकत**—रक्त; **ढरा**—बह गया; **गरा**—गल गया; **ररि**—रट-रटकर; **मुई**—मर गई; **समेटहु**—एकत्र करो।

संदर्भ पूर्ववत्।

प्रसंग प्रस्तुत काव्यांश में रानी नागमती अपने प्रेमी राजा रत्नसेन के दूर चले जाने पर पूस माह के दौरान अपने विरह का वर्णन कर रही है।

व्याख्या प्रस्तुत काव्यांश में नागमती कहती है कि नायक रत्नसेन सिंहलद्वीप (लंका) चले गए हैं। पूस मास में ठंड अधिक बढ़ने के कारण मेरा शरीर थर-थर काँपने लगा। अधिक सर्दी के कारण सूर्य भी दक्षिण दिशा में जाकर तापने लगा है तथा मेरे विरह का प्रकोप बढ़ गया है। अब इस शीत का सहना मेरे लिए अत्यंत कष्टदायक है। नायिका (नागमती) कहती है कि मैं ठंड के कारण काँपते हुए मर रही हूँ ऐसा लगता है, जैसे यह शीत मेरे प्राण हर लेगी।

इस स्थिति में न जाने मेरे प्रियतम कहाँ हैं? मैं इस ठंड को दूर करने के लिए उनके हृदय से लगना चाहती हूँ। उन तक पहुँचने का मार्ग अत्यंत दूर है। वे मुझे कहीं निकट दिखाई नहीं दे रहे हैं। रजाई हल्की है, उसे अच्छी तरह से ओढ़ने पर भी ठंड लग रही है। ऐसा लग रहा है मानो मेरा बिस्तर ही हिम के अँचल में डूबा हुआ हो।

नायिका (नागमती) कह रही है कि चकवी पक्षी अपने जोड़े से रात में बिछुड़ जाती है तथा दिन में मिल जाती है। मेरी स्थिति तो चकवी से भी बुरी है। विरह के दुःख से मैं दिन-रात कोयल के समान कूकती रहती हूँ।

रात में मेरे साथ कोई सखी नहीं होती है, जिस कारण मैं अकेले ही रहती हूँ। मैं अपने जोड़े से अलग हुए पक्षी की भाँति किस प्रकार जीवित रह सकती हूँ, क्योंकि विरह रूपी बाज यहाँ घूम रहे हैं, जो मेरे शरीर को हिंसक दृष्टि से देख रहे हैं। ये विरह रूपी बाज मुझे जीवित अवस्था में भी खाना चाहते हैं और मेरे मरने पर भी इसे (शरीर) छोड़ना नहीं चाहते।

विरह की अधिकता के कारण आसुँओं की जगह मेरा खून आँखों से बह रहा है। मांस सब गल गया है। हड्डियाँ सूखकर शंख-सी खोखली बन गई हैं। मैं सारस के बिछुड़े जोड़े के समान अपने प्रिय के वियोग में चीख-चीखकर मरी जा रही हूँ। अब इस मृत सारस रूपी पत्नी के पंख प्रियतम ही आकर समेटेंगे।

काव्य-शैली

(*i*) प्रस्तुत काव्यांश में शीत एवं विरह की पीड़ा के कारण काँपती हुई एवं तिल-तिल कर मरती हुई नागमती का हृदयस्पर्शी चित्रण है।

(*ii*) कवि ने पूस मास का स्वाभाविक चित्रण किया है, जिससे उनके ऋतु ज्ञान का पता चलता है।

(*iii*) प्रस्तुत काव्यांश में विप्रलंभ श्रृंगार का वर्णन है।

(*iv*) काव्यांश में अवधी के ठेठ रूप का प्रयोग किया गया है।

(*v*) 'बिरह बाढ़ि', 'कंत कहाँ', 'सौर सुपेती' व 'बासर-बिरह' में अनुप्रास अलंकार, 'कँपि-कँपि' में पुनरुक्तिप्रकाश, 'जानहुँ सेज हिवंचल बूढ़ी' में उत्प्रेक्षा, 'हौं निसि बासर बिरह कोकिला' तथा 'धनि सारस होइ ररि मुई' में उपमा एवं दोहे में अतिशयोक्ति अलंकार, 'बिरह सचान' में रूपक अलंकार है।

(*vi*) प्रस्तुत काव्यांश दोहा, चौपाई युक्त कड़वक छंद पद्धति में है तथा काव्यांश माधुर्य गुण से परिपूर्ण है।

काव्यांश 3

लागेउ माँह परै अब पाला। बिरहा काल भएउ जड़काला।।
पहल पहल तन रुई जो झाँपै। हहलि हहलि अधिकौ हिय काँपै।।
आई सूर होइ तपु रे नाहाँ। तेहि बिनु जाड़ न छूटै माहाँ।।
एहि मास उपजै रस मूलू। तूं सो भँवर मोर जोबन फूलू।।
नैन चुवहिं जस माँहुट नीरू। तेहि जल अंग लाग सर चीरू।।
टूटहिं बूँद परहिं जस ओला। बिरह पवन होइ मारैं झोला।।
केहिक सिंगार को पहिर पटोरा। गियँ नहिं हार रही होइ डोरा।।
तुम्ह बिनु कंता धनि हरुई, तन तिनुवर भा डोल। तेहि पर बिरह जराइ कै चहे उड़ावा झोल।।

CBSE 2023, All India 2019

शब्दार्थ

माँह—माघ महीना; **पाला**—तुषार/अत्यंत कड़ी ठंडक; **जड़काला**—मौत/मृत्यु; **पहल**—जैसे; **तन**—शरीर का प्रत्येक अंग; **झाँपै**—ढक लेना; **हहलि हहलि**—थरथराना; **सूर**—सूरज; **तपु**—तपना; **नाहाँ**—स्वामी/पति; **एहि**—इसी; **मूलू**—जड़ों में; **भँवर**—भौंरा; **जोबन**—यौवन/जवानी; **फूलू**—पुष्प; **चुवहिं**—बरसते हैं/टपकते हैं; **माँहुट**—महावट अर्थात् जाड़े में होने वाली वर्षा; **नीरू**—जल; **सर**—बाण; **चीरू**—वस्त्र; **बूँद**—बूँदें; **जस**—समान; **झोला**—झकझोरा; **केहिक**—किसके लिए; **पटोरा**—रेशमी वस्त्र; **गियँ**—गर्दन/गला; **हार**—बहुमूल्य आभूषण; **डोरा**—पतला धागा; **हरुई**—हल्की/दुर्बल; **तन**—शरीर; **तिनुवर**—तिनके के समान; **डोल**—हिलता रहता है; **जराइ**—जलाकर; **झोल**—राख।

संदर्भ पूर्ववत्।

प्रसंग प्रस्तुत काव्यांश में जायसी ने विरहिणी नायिका के माघ मास में हो रहे कष्टों का वर्णन किया है।

व्याख्या प्रस्तुत काव्यांश में नागमती कहती है कि माघ महीने के शुरू होते ही पाला पड़ने लगा है और इस विरह काल में यह जाड़े का मौसम मृत्यु के समान लग रहा है। जैसे-जैसे मैंने शीत से बचने के लिए शरीर को रूई से ढका, वैसे-वैसे हृदय की धड़कन तथा शरीर का कंपन घटने की जगह बढ़ने लगा। हे स्वामी! मेरे निकट आकर सूर्य की तरह गर्मी प्रदान करो, क्योंकि अब आपके बिना यह जाड़ा दूर नहीं होगा।

नागमती कहती है कि वैसे भी इसी महीने में मूल रस (श्रृंगार रस) उत्पन्न होता है अर्थात् इस महीने में फूलों से रस उत्पन्न होता है। मेरा हृदय भी फूलों के समान प्रेम की भावनाओं से भरा हुआ है। हे प्रिय! तुम भौंरे के समान मेरे पास आ जाओ, तो मेरा ये यौवन भी फूलों के समान खिल जाएगा। नागमती कहती है कि तुम्हारे वियोग में मेरी आँखों से पानी इस तरह बह रहा है, जैसे बादलों से वर्षा होती है।

आँसुओं की बूँद ओलों के समान मेरे वस्त्रों पर गिर रही है और बाण के जैसे मुझे चुभ रही है। तुम्हारा विरह हवा की तरह मेरे शरीर को और अधिक झकझोर रहा है। जब तुम ही मेरे पास नहीं हो, तो कौन-सा श्रृंगार? कौन-से रेशमी वस्त्र? तथा कहाँ का साज श्रृंगार? मेरे गले में प्रिय की बाँहों का हार न रहने के कारण मैं धागे के समान क्षीण होकर रह गई हूँ अर्थात् पति के विरह के कारण नागमती को हार श्रृंगार भी नहीं भाता है।

नागमती कहती है कि प्रिय! मैं तुम्हारे बिना इतनी सूख गई हूँ कि मेरा शरीर हल्का हो गया है और यह तिनके के समान हिल रहा है। ऐसा लगता है कि विरह की अग्नि मुझे जलाकर राख की तरह उड़ा देना चाहती है अर्थात् तुम्हारे वियोग में मेरे अवशेष भी नहीं मिल पाएँगे।

काव्य-शैली

(*i*) प्रस्तुत काव्यांश में कवि ने नागमती की माघ महीने में विरह-विदग्धता का हृदयस्पर्शी वर्णन किया है।

(*ii*) माघ मास की प्रकृति का स्वाभाविक वर्णन कवि के ऋतु-मास ज्ञान का परिचायक है।

(*iii*) प्रस्तुत काव्यांश में वियोग शृंगार रस का चित्रण किया गया है।

(*iv*) अवधी भाषा के स्वाभाविक प्रयोग के साथ सशक्त भावाभिव्यक्ति हुई है।

(*v*) काव्यांश में कड़वक छंद शैली का प्रयोग है।

(*vi*) काव्यांश में 'पहिर पटोरा', 'तन तिनुवर' में अनुप्रास, 'हहलि हहलि' में पुनरुक्तिप्रकाश, 'बिरहा काल', 'बिरह पवन', 'जोबन फूलू' में रूपक अलंकार, 'टूटहिं बूँद परहिं जस ओला' में उपमा एवं अनेक जगह अतिशयोक्ति अलंकार है।

(*vii*) काव्यांश में माधुर्य गुण है तथा छंद दोहा-चौपाई है।

काव्यांश 4

फागुन पवन झँकोरै बहा। चौगुन सीउ जाइ किमि सहा।।
तन जस पियर पात भा मोरा। बिरह न रहै पवन होइ झोरा।।
तरिवर झरै झरै बन ढाँखा। भइ अनपत्त फूल फर साखा।।
करिन्ह बनाफति कीन्ह हुलासू। मो कहँ भा जग दून उदासू।।
फाग करहि सब चाँचरि जोरी। मोहिं जिय लाइ दीन्हि जसि होरी।।
जौं पै पियहि जरत अस भावा। जरत मरत मोहि रोस न आवा।।
रातिहु देवस इहै मन मोरें। लागौं कंत छार? जेऊँ तोरें।।
यह तन जारौं छार कैं, कहौं कि पवन उड़ाउ।
मकु तेहि मारग होई परौं, कंत धरैं जहँ पाउ।। **CBSE 2023**

शब्दार्थ

झँकोरै—तेज़ पवन का झोंका; **चौगुन**—चार गुना; **पियर**—पीला; **पात**—पत्ता; **झोरा**—झकझोरना; **झरै**—झड़ रहे हैं; **बन**—जंगल; **ढाँखा**—लाल रंग के पुष्प एवं तीन पत्तों वाला वृक्ष; **अनपत्त**—बिना पत्तों के; **फर**—फल; **बनाफति**—वनस्पति; **हुलासू**—उत्साह युक्त; **फाग**—होली का त्योहार; **चाँचरि**—होली के समय खेले जाने वाला चरचरि नामक एक खेल, जिसमें सभी एक-दूसरे पर रंग डालते हैं; **जोरी**—मिल-जुलकर; **जरत**—विरहाग्नि में जलती हुई; **भावा**—अच्छी लगती है; **रोस**—गुस्सा; **रातिहु**—रात; **जेऊँ**—ज्यों/तरह हृदय; **छार**—राख; **मकु**—मानो/कदाचित; **मारग**—रास्ता; **परौं**—गिरना; **पाउ**—चरण।

संदर्भ पूर्ववत्।

प्रसंग प्रस्तुत काव्यांश में जायसी ने विरहिणी नायिका के फागुन मास में हो रहे कष्टों का वर्णन किया है।

व्याख्या प्रस्तुत काव्यांश के अनुसार फागुन के महीने में हवा के झोंकों से ठंड में अत्यधिक वृद्धि होती है। इस समय ठंड को सहना कठिन है। नागमती कहती है कि मेरा शरीर पत्ते के समान पीला पड़ गया है तथा विरह तो जैसे हवा का झोंका बनकर मुझे झकझोर रही है। वन में खड़े पलाश के पत्ते झड़कर गिर रहे हैं तथा शाखाओं में फूल लग गए हैं।

सभी वनस्पतियों में उल्लास का संचार हुआ है, इसके विपरीत मेरा दुःख तो और बढ़ गया है। सब लोग फाग में चाँचरि खेलकर आनंदित हो रहे हैं, किंतु मेरे हृदय में होली की आग जल रही है। यदि मेरे स्वामी मुझे इस अवस्था में देखते तो मुझे अपने जलने पर क्रोध नहीं आता, क्योंकि वे यह तो देख लेते कि मैं उनके विरह में कितनी वेदना सह रही हूँ। नागमती कहती है कि दिन-रात मेरे मन में यही इच्छा है कि अपने स्वामी की सेवा में लगी रहूँ।

मेरी आकांक्षा है कि मैं अपने शरीर को जलाकर भस्म कर दूँ और फिर पवन से कहूँ कि मेरी इस भस्म को उन रास्तों पर उड़ा ले जाए, जिस मार्ग पर मेरे स्वामी कदम रखें और मुझे मेरे प्रिय के दर्शन हो सकें अर्थात् मैं मरने से पहले एक बार अपने पति के चरणों का स्पर्श करना चाहती हूँ।

काव्य-शैली

(*i*) प्रस्तुत काव्यांश में फागुन महीने में नागमती की विरह-व्यथा का मार्मिक वर्णन किया गया है।

(*ii*) नागमती अपने प्रिय रत्नसेन का सामीप्य पाने के लिए आत्म-बलिदान करने के लिए तत्पर है।

(*iii*) प्रस्तुत काव्यांश में वियोग शृंगार रस का प्रयोग किया गया है।

(*iv*) तद्भव शब्दों से युक्त अवधी भाषा का सुंदर प्रयोग किया गया है।

(*v*) काव्य-रचना दोहा-चौपाई युक्त कड़वक छंद शैली में है।

(*vi*) काव्यांश में 'पियर पात', 'फूल फर' व 'पै पियहि' में अनुप्रास अलंकार, 'झरै-झरै' में पुनरुक्तिप्रकाश, 'तन जस पियर पात भा मोरा' में उपमा अलंकार, 'बिरह न रहै पवन' में उत्प्रेक्षा तथा जगह-जगह अतिशयोक्ति अलंकार है।

(*vii*) अभिधा शब्द शक्ति का प्रयोग हुआ है।

पाठ्यपुस्तक (अंतरा भाग-2) के प्रश्नोत्तर

1. अगहन मास की विशेषता बताते हुए विरहिणी (नागमती) की व्यथा-कथा का चित्रण अपने शब्दों में कीजिए। **Delhi 2018**

उत्तर अगहन के महीने में दिन छोटे तथा रातें लंबी होने लगती हैं। इस समय शीत ऋतु अपना प्रकोप दिखाने लगती है। ठंड की अधिकता के कारण लोग गर्म ऊनी कपड़ों तथा रूई से बने ओढ़ने वाले वस्त्रों का उपयोग करना प्रारंभ कर देते हैं। ठंड से बचने के लिए आग जलाई जाती है, जिससे वातावरण गर्म होता है। नागमती अपने प्रिय के विरह में अत्यधिक दुःखी है। उसका दुःख भी ठंड की तरह बढ़ता जा रहा है। उसकी विरह वेदना बाती की तरह उसके शरीर रूपी दीपक को जला रही है। उसका हृदय विरह से उसी प्रकार काँप रहा है, जैसे ठंड से शरीर काँपता है। स्त्रियाँ नवीन वस्त्र धारण कर शृंगार कर रही हैं, जबकि नागमती का रूप-रंग उसके स्वामी के साथ ही चला गया है। उसका हृदय विरह की आग से जलकर राख हो रहा है।

नागमती अपने व्यथा संदेश को भँवरे तथा काग (कौवे) के माध्यम से पति तक भेजती है। वह भँवरे तथा काग से कहती है कि जाकर मेरे स्वामी से कहना कि एक विरहिणी विरह की आग में जल गई है और उसके धुएँ से हमारा शरीर काला हो गया है।

2. 'बारहमासा' के आधार पर नागमती की विरह-व्यथा का चित्रण कीजिए।

अथवा **'जीयत खाइ मुएँ नहिं छाँड़ा' पंक्ति के संदर्भ में नायिका की विरह-दशा का वर्णन अपने शब्दों में कीजिए।**

अथवा **'बारहमासा' पाठ के आधार पर पूस मास में रानी नागमती की विरह वेदना का वर्णन कीजिए।** **CBSE 2023**

उत्तर नागमती अपने स्वामी चित्तौड़ नरेश रत्नसेन के सिंहलद्वीप प्रवास करने के दौरान विरह का अनुभव करती है। उसे लगता है कि पूस की ठंड ने उसके विरह को बढ़ा दिया है। उसका हृदय काँप रहा है। अब उसकी यह कँपकँपी अपने पति को हृदय से लगाने पर ही दूर होगी। सारे वस्त्र, बिस्तर तथा गर्म-ऊनी कपड़े जैसे बर्फ से ढक गए हैं। उसे गर्म कपड़ों में भी विरह की अधिकता के कारण शीत का अनुभव होता है।

नागमती कहती है कि रात को बिछुड़ने के बाद चकई पुनः प्रातःकाल चकवे से मिल जाती है, पर उसका विरह तो दिन-रात बढ़ता ही जा रहा है। वह ऐसी चिड़िया के समान है, जिसका जोड़ा बिछुड़ गया है। इस अकेली चिड़िया पर विरह रूपी बाज की आँखें लगी हैं और वह उसे जीते जी तो छोड़ेगा ही नहीं, बल्कि मरने पर भी नहीं छोड़ेगा। नागमती विरह की स्थिति में स्वयं को चिड़िया तथा विरह को बाज के प्रतीक रूप में रखती है।

3. माघ महीने में विरहिणी को क्या अनुभूति होती है?

उत्तर माघ महीने में अत्यधिक सर्दी पड़ती है और विरहिणी नायिका के लिए यह सर्दी और भी पीड़ादायक हो जाती है। प्रियतम के वियोग में उसके दिन बहुत कठिनाई से कटते हैं। नागमती ने अपने शरीर को रूई से निर्मित कपड़े से ढका, किंतु फिर भी उसका हृदय काँपने लगा। जैसे सूर्य की गर्मी के बिना ठंड नहीं जा सकती, ठीक उसी प्रकार बिना स्वामी के उसकी विरह व्यथा दूर नहीं हो सकती। नागमती कहती है कि इसी महीने में फूलों में रस उत्पन्न होता है, उसी प्रकार मेरा हृदय भी प्रेम की भावनाओं से भरा हुआ है। मेरी आँखों से आँसू वर्षा की तरह बरस रहे हैं। बूँदें ओलों के समान शरीर पर गिरकर बाण की तरह चीर रही हैं। तुम्हारा विरह हवा की तरह मेरे शरीर को और अधिक झकझोर रहा है अर्थात् विरह ठंड को और अधिक बढ़ा रहा है। माघ की ठंडी हवा और ओलों की मार उसके जीवन को और कष्टदायक बना देती है। प्रियतम के वियोग में उसका जीवन रसहीन हो गया है और उसका शरीर दिन-प्रतिदिन कमजोर होता जा रहा है। वह तिनके के समान हल्की हो गई है और विरह की अग्नि में जलकर राख की तरह उड़ने के लिए तैयार है।

4. वृक्षों से पत्तियाँ किस माह में गिरती हैं? इससे विरहिणी का क्या संबंध है?

अथवा **जायसी कृत 'बारहमासा' के आधार पर बताइए कि वृक्षों से पत्तियाँ तथा वनों से ढाँखें किस माह में गिरते हैं? इससे विरहिणी का क्या संबंध है?** **CBSE 2023**

अथवा **फाल्गुन मास में रानी नागमती की विरह वेदना का संक्षिप्त वर्णन 'बारहमासा' के आधार पर कीजिए।** **CBSE 2023**

अथवा **फाल्गुन मास में जायसी की विरहिणी नायिका की वेदना अनुभूति का वर्णन कीजिए।**

अथवा **फागुन मास में नागमती की विरह अवस्था का चित्रण किस प्रकार किया गया है?** **CBSE Diskha**

उत्तर फागुन के महीने में वन के वृक्षों के पत्ते पीले होने लगते हैं और ये हवा के झोंकों से गिरने लगते हैं। विरहिणी नागमती का विरह फागुन में पवन के झोंके से बढ़ गया है। विरहिणी नायिका का शरीर विरह के कारण पीले पत्ते की तरह हो गया है। विरह पवन के झोंके के समान हो गया है, जिससे शरीर का नष्ट होना निश्चित है। वृक्ष एवं वन, जिनके पत्ते गिर चुके हैं, फिर से फूल-फलों से भर गए हैं।

लाल-लाल फूलों से ढके ढाक के वृक्ष सुंदर लग रहे हैं। वातावरण उल्लास से भर गया है। फागुन का यह रूप नागमती की उदासी को और अधिक तीव्र कर रहा है तथा उसका विरह बढ़ता ही जा रहा है। प्रकृति उसके विरह में उद्दीपन का कार्य करती है।

नागमती कहती है कि उसका हृदय फागुन मास में जलाई जाने वाली होली की तरह जल रहा है, किंतु इस स्थिति में भी यदि उसके स्वामी आकर उसे देख लें तो उसे क्रोध नहीं आएगा।

5. निम्नलिखित पंक्तियों की व्याख्या कीजिए

(क) पिय सौं कहेहु सँदेसरा ऐ भँवरा ऐ काग।
सो धनि बिरहें जरि गई तेहिक धुआँ हम लाग।।

(ख) रकत ढरा माँसू गरा, हाड़ भए सब संख।
धनि सारस होइ ररि मुई, आई समेटहु पंख।।

(ग) तुम्ह बिनु कंता धनि हरुई, तन तिनुवर भा डोल।
तेहि पर बिरह जराइ कै चहे उड़ावा झोल।

(घ) यह तन जारौं छार कैं, कहौं कि पवन उड़ाउ।
मकु तेहि मारग होइ परौं, कंत धरैं जहँ पाउ।।

उत्तर

(क) चित्तौड़ के राजा रत्नसेन के सिंहलद्वीप प्रवास के समय रानी नागमती भँवरे तथा काग के माध्यम से अपने विरह का संदेश भेजती है। विरहिणी नागमती भँवरे तथा काग को संबोधित करती है कि हे भँवरे!, हे काग! तुम मेरे प्रियतम के पास जाकर उन्हें यह संदेश देना कि आपकी प्रेयसी आपके वियोग में जल-जल कर भस्म हो गई है और उसका काला धुआँ लगने के कारण ही हमारा यह शरीर काला पड़ गया है अर्थात् हमारा कालापन धुएँ की कालिख का ही परिणाम है।

(ख) नागमती अपने प्रिय रत्नसेन से सारस के अटूट जोड़े की भाँति साथ निभाने की प्रार्थना करती हुई कहती है कि आपके विरह की अधिकता के कारण मेरी आँखों से आँसुओं की जगह रक्त बह रहा है। मेरे शरीर का संपूर्ण मांस गल गया है तथा हड्डियाँ शंख के समान खोखली हो गई हैं। आपकी प्रेयसी सारसी के समान आपका नाम रटते-रटते मृत्यु को प्राप्त हो रही है। आप इतनी कृपा अवश्य करें कि मेरी मृत्यु के उपरांत आकर मेरे पंख समेट लें अर्थात् प्रिय के विरह में मेरे सुंदर शरीर के अस्थि-पंजर को समेट लें।

(ग) नागमती अपनी विरह वेदना का वर्णन करती हुई कहती है कि हे प्रिय! मैं आपके वियोग में इतना सूख गई हूँ कि मेरा शरीर अत्यंत हल्का हो गया है और तिनके के समान हिल रहा है अर्थात् इसमें कंपन हो रहा है। विरह की यह अग्नि मुझे जलाकर राख के समान उड़ा देना चाहती है।

(घ) नागमती विरह के चरमोत्कर्ष को इस दोहे में व्यक्त करती है। वह कहती है कि उसका शरीर होली की आग की तरह जल रहा है। विरह की अग्नि ने उसके शरीर को भस्म बना दिया है। नागमती अपनी अंतिम इच्छा व्यक्त करते हुए कहती है कि मैं चाहती हूँ कि मेरा शरीर भस्म बन जाए तथा पवन उसे उड़ाकर उस मार्ग पर गिरा दे, जिस मार्ग पर मेरे स्वामी के कदम बढ़ें और मुझे मेरे प्रिय के दर्शन हो सकें।

6. प्रथम दो छंदों में से अलंकार छाँटकर लिखिए और उनसे उत्पन्न काव्य-सौंदर्य पर टिप्पणी कीजिए।

उत्तर कवि ने काव्यांश के प्रथम छंद में अनुप्रास, उपमा, विरोधाभास, उत्प्रेक्षा और पुनरुक्तिप्रकाश अलंकारों का प्रयोग किया है। इस काव्य अलंकरण से कविता सुंदर बन गई है।

दीपक और बाती के माध्यम से कवि ने नायिका को वियोग की ज्वाला में उसी प्रकार जलता हुआ दिखाया है, जिस प्रकार दीपक की बाती निरंतर जलती रहती है। 'फिरै-फिरै' में पुनरुक्तिप्रकाश अलंकार है। पहले 'फिरै' में राजा रत्नसेन के वापस आने का तथा दूसरे 'फिरै' में 'शारीरिक सौंदर्य के पुनः लौटने की ओर संकेत है। 'सियरी अगिनि' में विरोधाभास है। प्रेम की अग्नि वह अग्नि है, जो बाहरी लोगों को दिखाई नहीं देती, पर प्रेमीजन विरह की अग्नि में निरंतर जलते रहते हैं।

दूसरे छंद में उत्प्रेक्षा, अनुप्रास, पुनरुक्तिप्रकाश आदि अलंकारों का स्वाभाविक प्रयोग किया गया है। अनुप्रास अलंकारों के प्रयोग से काव्य में निरंतरता व प्रवाहमयता का गुण विद्यमान है। 'घर-घर' और 'कँपि-कँपि' में पुनरुक्तिप्रकाश के प्रयोग से शब्दों पर बल पड़ा है। इससे सर्दी की अधिकता का बोध होता है।

'सौर सुपेती' में अनुप्रास अलंकार है। 'पँखी' में श्लेष अलंकार है, जो प्रिय प्रवाद का बोध कराता है। 'बिरह सचान' में रूपक अलंकार है। वियोग बाज पक्षी के समान है।

योग्यता-विस्तार

1. किसी अन्य कवियों द्वारा रचित विरह की दो कविताएँ चुनकर लिखिए और अपने अध्यापक को दिखाइए।

उत्तर **कवि घनानंद द्वारा रचित कविता**

बहुत दिनान को अवधि आसपास परे,
खरे अरबरनि भरे हैं उठि जान को।
कहि कहि आवन छबीले मनभावन को,
गहि गहि राखति ही दै दै सनमान को।।
झूठी बतियानि की पत्यानि तें उदास ह्वै कै,
अब ना घिरत घन आनँद निदान को।
अधर लगे हैं आनि करि कै पयान प्रान,
चाहत चलन ये सँदेसो लै सुजान को।।

कवि सूरदास द्वारा रचित विरह की कविता

कोउ, माई! बरजै री या चंदहि।
करत है कोप बहुत हम्ह ऊपर कुमुदिनि करत अनंदहि।।
कहाँ कुहू, कहँ रवि अरु तमचुर कहाँ बलाहक कारे।
चलत न चलप, रहत रथ थकि करि, बिरहिन के तन जारे।।
निदंति सैल, उदधि पन्नग को, सापति कमठ कठोरहि।
देति असीस जरा देवी को, राहु केतु किन जोरहि?
ज्यों जलहीन मीन तन तलफत त्योंहि तलफत ब्रजबालहिं।
सूरदास प्रभु बेगि मिलाबहु मोहन मदन-गोपालहिं।

2. 'नागमती वियोग खंड' पूरा पढ़िए और जायसी के बारे में जानकारी प्राप्त कीजिए।

उत्तर छात्र स्वयं करें।

अभ्यास प्रश्न

काव्यांश पर आधारित बहुविकल्पीय प्रश्न

1. अगहन देवस घटा निसि बाढ़ी। दूभर दुख सो जाइ किमि काढ़ी।।
अब धनि देवस बिरह भा राती। जरै बिरह ज्यों दीपक बाती।।
काँपा हिया जनावा सीऊ। तौ पै जाइ होइ सँग पीऊ।।
घर-घर चीर रचा सब काहूँ। मोर रूप रँग लै गा नाहू।।
पलटि न बहुरा गा जो बिछोई। अबहूँ फिरै-फिरै रँग सोई।।
सियरि अगिनि बिरहिनि हिय जारा। सुलगि-सुलगि दगधै भै छारा।।
यह दुख दगध न जानै कंतू। जोबन जरम करै भसमंतू।।
पिय सौं कहेहु सँदेसरा, ऐ भँवरा ऐ काग।
सो धनि बिरहें जरि मुई, तेहिक धुआँ हम लाग।।

(क) प्रस्तुत काव्यांश में किसकी विरह वेदना को अभिव्यक्त किया गया है?
(i) रत्नसेन की (ii) पद्मावती की
(iii) नागमती की (iv) कवि की

(ख) नागमती का खोया हुआ रंग-रूप पुनः कैसे प्राप्त किया जा सकता है?
(i) रत्नसेन के लौट आने पर
(ii) सोलह शृंगार करके
(iii) सखियों से वार्तालाप करके
(iv) साज-सज्जा का ध्यान रखकर

(ग) **कथन** (A) नागमती का हृदय धीरे-धीरे राख हो रहा था।
कारण (R) सूर्य की तेज किरणों से नागमती का शरीर और हृदय जल रहा है। **दक्षता आधारित प्रश्न**
(i) कथन (A) और कारण (R) दोनों सही हैं तथा कारण (R), कथन (A) की सही व्याख्या करता है।
(ii) कथन (A) और कारण (R) दोनों सही हैं, परंतु कारण (R), कथन (A) की सही व्याख्या नहीं करता है।
(iii) कथन (A) सही है, किंतु कारण (R) गलत है।
(iv) कथन (A) गलत है, किंतु कारण (R) सही है।

(घ) नागमती किसके माध्यम से अपने प्रियतम को संदेश भेज रही है?
(i) भँवरों और कौवे
(ii) कौवे और कोयल
(iii) भँवरे और कोयल
(iv) कोयल और चिड़िया

(ङ) अगहन मास के महीने में नागमती ने अपने वियोग की अग्नि की तुलना किससे की है?
(i) चकवा-चकवी का बिछुड़ना
(ii) दीपक के साथ बाती जलना
(iii) भँवरे का फूल पर तड़पना
(iv) उपरोक्त सभी

उत्तर

(क) (iii) नागमती की
(ख) (i) रत्नसेन के लौट आने पर
(ग) (iii) कथन (A) सही है, किंतु कारण (R) गलत है।
(घ) (i) भँवरों और कौवे
(ङ) (ii) दीपक के साथ बाती जलना

2. पूस जाड़ थर-थर तन काँपा। सुरुज जड़ाइ लंक दिसि तापा।।
बिरह बाढ़ि भी दारुन सीऊ। कँपि-कँपि मरौं लेहि हरि जीऊ।।
कंत कहाँ हौं लागौं हियरै। पंथ अपार सूझ नहिं नियरें।।
सौर सुपेती आवै जूड़ी। जानहुँ सेज हिवंचल बूढ़ी।।
चकई निसि बिछुरैं दिन मिला। हौं निसि बासर बिरह कोकिला।।
रैनि अकेलि साथ नहिं सखी। कैसें जिऔं बिछोही पँखी।।
बिरह सचान भँवै तन चाँड़ा। जीयत खाइ मुएँ नहिं छाँड़ा।।
रकत ढरा माँसू गरा, हाड़ भए सब संख।
धनि सारस होइ ररि मुई, आई समेटहु पंख।।

(क) पूस के महीने में नायिका के शरीर पर क्या प्रभाव पड़ा है?
(i) ठंड से सिकुड़ गया है (ii) ज्वरग्रस्त हो गया है
(iii) थर-थर काँप रहा है (iv) कमजोर हो गया है

(ख) पूस मास में नायिका को अपना बिस्तर कैसा प्रतीत हो रहा है?
(i) अत्यंत गर्म (ii) हिम से ढका हुआ
(iii) कोमल (iv) बर्फ के समान कठोर

(ग) **कथन** (A) नायिका की हड्डियाँ शंख जैसी खोखली हो गई हैं।
कारण (R) विरह की पीड़ा नायिका के शरीर को पूरी तरह से तोड़ चुकी है।
(i) कथन (A) और कारण (R) दोनों सही हैं तथा कारण (R), कथन (A) की सही व्याख्या करता है।
(ii) कथन (A) और कारण (R) दोनों सही हैं, परंतु कारण (R), कथन (A) की सही व्याख्या नहीं करता है।
(iii) कथन (A) सही है, किंतु कारण (R) गलत है।
(iv) कथन (A) गलत है, किंतु कारण (R) सही है।

(घ) नागमती के शरीर को हिंसक दृष्टि से कौन देख रहा है?
(i) रत्नसेन का शत्रु
(ii) विरह रूपी बाज
(iii) सारस का जोड़ा
(iv) सखियाँ

(ङ) 'जानहुँ सेज हिवंचल बूढ़ी' पंक्ति में कौन-सा अलंकार है?
(i) विरोधाभास (ii) संदेह
(iii) रूपक (iv) उत्प्रेक्षा

उत्तर

(क) (iii) थर-थर काँप रहा है

(ख) (ii) हिम से ढका हुआ

(ग) (i) कथन (A) और कारण (R) दोनों सही हैं तथा कारण (R), कथन (A) की सही व्याख्या करता है।

(घ) (ii) विरह रूपी बाज

(ङ) (iv) उत्प्रेक्षा

3. **लागेउ माँह परै अब पाला। बिरहा काल भएउ जड़काला।।**
पहल पहल तन रुई जो झाँपै। हहलि हहलि अधिकौ हिय काँपै।।
आई सूर होइ तपु रे नाहाँ। तेहि बिनु जाड़ न छूटै माहाँ।।
एहि मास उपजै रस मूलू। तूं सो भँवर मोर जोबन फूलू।।
नैन चुवहिं जस माँहुट नीरू। तेहि जल अंग लाग सर चीरू।।
टूटहिं बूँद परहिं जस ओला। बिरह पवन होइ मारैं झोला।।
केहिक सिंगार को पहिर पटोरा। गियँ नहिं हार रही होइ डोरा।।
तुम्ह बिनु कंता धनि हरुई, तन तिनुवर भा डोल। तेहि पर बिरह जराइ कै चहे उड़ावा झोल।।

(क) माघ महीने में नागमती के विरह के आँसू किसके समान गिर रहे हैं?
(i) हवा के (ii) पसीने के
(iii) पत्ते के (iv) ओले के

(ख) नागमती के अनुसार, किस महीने में काम भावना अधिक प्रबल होती है?
(i) अगहन (ii) आषाढ़
(iii) माघ (iv) चैत्र

(ग) निम्नलिखित कथनों में से सही कथनों पर विचार कीजिए
1. शीत से बचने के लिए शरीर को रूई से ढका।
2. हृदय की धड़कन तथा शरीर का कंपन घटने की जगह बढ़ने लगा।
3. माघ महीने में काम भावना अत्यधिक क्षीण होती है।

दक्षता आधारित प्रश्न

कूट
(i) केवल 1
(ii) 1 और 2
(iii) केवल 3
(iv) 2 और 3

(घ) नायक के वियोग से नागमती कैसी अवस्था में रहती थी?
(i) वह रेशमी वस्त्र नहीं पहनती थी
(ii) वह आभूषण नहीं पहनती थी
(iii) वह श्रृंगार नहीं करती थी
(iv) उपरोक्त सभी

(ङ) नागमती के आँसू 'माँहुट' की तरह टपक रहे हैं। यहाँ 'माँहुट' शब्द का क्या अर्थ है?
(i) मानसून में होने वाली वर्षा
(ii) गर्मी में बरसने वाली फुहारें
(iii) जाड़े में होने वाली वर्षा
(iv) झरने से बहने वाला जल

उत्तर

(क) (iv) ओले के (ख) (iii) माघ
(ग) (ii) 1 और 2 (घ) (iv) उपरोक्त सभी
(ङ) (iii) जाड़े में होने वाली वर्षा

4. **फागुन पवन झँकोरै बहा। चौगुन सीउ जाइ किमि सहा।।**
तन जस पियर पात भा मोरा। बिरह न रहै पवन होइ झोरा।।
तरिवर झरै झरै बन ढाँखा। भइ अनपत्त फूल फर साखा।।
करिन्ह बनाफति कीन्ह हुलासू। मो कहँ भा जग दून उदासू।।
फाग करहि सब चाँचरि जोरी। मोहिं जिय लाइ दीन्हि जसि होरी।।
जौं पै पियहि जरत अस भावा। जरत मरत मोहि रोस न आवा।।
रातिहु देवस इहै मन मोरें। लागौं कंत छा? जेऊँ तोरें।।
यह तन जारौं छार कैं, कहौं कि पवन उड़ाउ।
मकु तेहि मारग होई परौं, कंत धरैं जहँ पाउ।।

(क) प्रस्तुत काव्यांश में किस लोक पर्व का उल्लेख किया गया है?
(i) तीज (ii) होली
(iii) संक्रांति (iv) बैसाखी

(ख) कथन (A) नागमती की अंतिम इच्छा अपने शरीर की भस्म को स्वामी के मार्ग पर बिछाने की है।
कारण (R) नागमती अपने स्वामी के चरणों में अपने जीवन को सफल मानती है।
(i) कथन (A) और कारण (R) दोनों सही हैं तथा कारण (R), कथन (A) की सही व्याख्या करता है।
(ii) कथन (A) और कारण (R) दोनों सही हैं, परंतु कारण (R), कथन (A) की सही व्याख्या नहीं करता है।
(iii) कथन (A) सही है, किंतु कारण (R) गलत है।
(iv) कथन (A) गलत है, किंतु कारण (R) सही है।

(ग) फाल्गुन मास में नागमती का शरीर कैसा हो गया है?
(i) बर्फ के समान ठंडा (ii) अग्नि के समान गर्म
(iii) वृक्षों के समान प्रफुल्लित (iv) पत्ते के समान पीला

(घ) अंत में नागमती किसके माध्यम से अपने शरीर की राख को स्वामी के चरणों में अर्पण करने का संदेश भेजती है?
(i) पवन (ii) घोड़े
(iii) सखियाँ (iv) सेवक

(ङ) 'तन जस पियर पात भा मोरा' पंक्ति में अलंकार है
(i) रूपक (ii) उपमा
(iii) श्लेष (iv) उत्प्रेक्षा

उत्तर

(क) (ii) होली
(ख) (i) कथन (A) और कारण (R) दोनों सही हैं तथा कारण (R), कथन (A) की सही व्याख्या करता है।
(ग) (iv) पत्ते के समान पीला
(घ) (i) पवन
(ङ) (ii) उपमा

विषय-वस्तु पर आधारित प्रश्नोत्तर

1. 'बारहमासा' पाठ का कथ्य बताइए।

उत्तर 'बारहमासा' मलिक मुहम्मद जायसी के 'पद्मावत' काव्य का अंश है, जिसमें कवि ने नायिका नागमती के विरह का वर्णन किया है। इन पदों में कवि ने शीत ऋतु के अगहन, पूस, माघ एवं फाल्गुन महीनों में नायिका की विरह दशा का वर्णन किया है। प्रथम पद में नायिका नायक के वियोग में विरह की अग्नि में जल रही है एवं भौंरे तथा कौए के द्वारा नायक को संदेश भेज रही है। दूसरे पद में कवि ने नायिका के विरह वर्णन के साथ शीत से उसके शरीर के काँपने तथा विरह से हृदय काँपने का सुंदर वर्णन किया है।

चकवी और चकवा के विरह से नायिका के विरह की तुलना की गई है। नायिका विरह में शंख के समान खोखली हो गई है। तीसरे पद में माघ महीने की शीत के कारण नायिका के काँपने का वर्णन है। वर्षा की बूँदें एवं शीतल पवन नायिका के विरह की पीड़ा को बढ़ा रहे हैं। चौथे पद में फाल्गुन महीने में चलने वाली पवन के झकोरे शीत को चौगुना बढ़ा रहे हैं। फाग के कारण लोगों के मन में उत्साह है, किंतु नायिका विरह-ताप में अधिक संतप्त हो रही है।

2. पूस माह में मौसम कैसा होता है और इस माह में नागमती किस पक्षी के समान हो गई थी?

अथवा कवि ने नागमती की तुलना चकई और कोकिला से क्यों की है? विश्लेषण कीजिए। **CBSE Diksha**

अथवा 'बारहमासा' पाठ के आधार पर पूस मास में रानी नागमती की विरह वेदना का वर्णन कीजिए। **CBSE 2023**

उत्तर पूस माह में अत्यधिक ठंड पड़ती है। सूर्य के दक्षिण दिशा में जाने से शीत का प्रकोप और भी बढ़ जाता है, जिससे शरीर थर-थर काँपने लगता है। इस ठंड में नागमती का विरह भी इतना तीव्र हो गया है कि उसका शरीर काँप-काँपकर मरने जैसा हो गया है। वह कहती है कि उसका बिछौना बर्फ जैसा ठंडा हो गया है।

कवि ने नागमती की विरह अवस्था से उत्पन्न स्थितियों को बताने के लिए चकई और कोकिला से तुलना की है। कवि के अनुसार, नागमती कहती है कि चकई रात के समय अपने चकवे से अलग रहती है और प्रातः होते ही मिलन हो जाता है। कोयल दिन-रात अपने प्रिय को बुलाती रहती है, लेकिन उसका मिलन एक लंबे अंतराल के बाद ही हो पाता है। चकई और कोयल को कम-से-कम इस बात की आशा रहती है कि एक अंतराल पर मिलन निश्चित है, लेकिन मेरी स्थिति तो उन दोनों से भी अधिक बुरी है कि मैं दिन-रात अपने प्रिय के वियोग में तड़पती रहती हूँ, उनका नाम रटती रहती हूँ और उनसे मिलने की कोई आशा नहीं है। इस विरह में मेरा खून सूख रहा है और शरीर का मांस गल रहा है। मैं अपने प्रिय की याद में मरती जा रही हूँ।

3. अंतिम पद में कवि ने किस लोक-त्योहार का वर्णन किया है? नागमती को यह त्योहार रुचिकर क्यों नहीं लग रहा है?

उत्तर अंतिम पद में कवि ने होली के त्योहार का वर्णन किया है। चारों तरफ़ हर्ष एवं उल्लास का वातावरण है। प्रकृति भी सुंदर फूलों एवं फलों से सजी हुई है। नायिका (नागमती) प्रियतम के वियोग से दुःखी है एवं स्वयं उसके हृदय में होली जल रही है। वह यह सोचकर परेशान है कि वह चाँचरि में अपनी जोड़ी किससे बनाए? इसलिए नागमती को यह त्योहार रुचिकर नहीं लग रहा है।

4. होलिका दहन का नायिका पर क्या प्रभाव पड़ता है?

उत्तर नायिका विरह से पीड़ित है। विरह की अग्नि उसके हृदय में होलिका दहन के समान प्रज्वलित है। अपने हृदय में विरह के कारण जलती हुई अग्नि से नायिका के मन में कष्ट है, किंतु वह कह रही है कि यदि उसके स्वामी उसे इस अवस्था में देख लेते तो उसे अपने जलने पर क्रोध नहीं आता, क्योंकि वे यह तो देख लेते कि वह उनके विरह में कितना दुःख झेल रही है या यदि उसके प्रिय को उसका विरह में जलना ही पसंद है तो उसे विरह में जलने पर कोई क्रोध नहीं होगा।

5. नायिका क्या-क्या कामनाएँ करती है?

उत्तर नायिका की यह कामना है कि भौंरे और कौए उसके प्रिय को यह संदेशा दें कि उसके विरह की अग्नि के धुएँ के कारण ही उनका रंग काला हो गया है। उसकी इच्छा है कि रत्नसेन सूर्य के समान उसे ताप प्रदान करें, जिससे उसकी विरह रूपी शीत की शीतलता कम हो। वह चाहती है कि उसके प्रियतम आकर उसके पंखों को समेटें। वह अपने शरीर की राख को उस रास्ते पर बिछाना चाहती है, जिस रास्ते पर उसके प्रियतम के पैर पड़ते हैं, ताकि वह अपने प्रियतम के दर्शन कर सके।

6. बारहमासा से क्या आशय है?

उत्तर विरह वर्णन की एक पद्धति का नाम 'बारहमासा' है, जो वर्ष के बारह महीनों के आधार पर नायक-नायिका या मानव जीवन की विभिन्न भावनाओं, अवस्थाओं और ऋतु परिवर्तन का वर्णन करती है। यह काव्य विधा विशेष रूप से प्राकृतिक जीवन की अनुभूतियों को प्रकट करती है, जिसमें हर महीने की जलवायु, ऋतु और उसमें नायक-नायिका के मनोभावों का चित्रण किया जाता है।

संयोग, शृंगार का वर्णन करते समय कवि ऋतु वर्णन का सहारा लेते हैं। बारहमासा में प्रत्येक महीने के साथ जुड़े हुए भावनात्मक और प्राकृतिक परिवर्तनों को दर्शाया जाता है; जैसे- सर्दी, गर्मी, वर्षा और उनमें नायक-नायिका के विरह, मिलन, प्रेम या अन्य अनुभूतियों का वर्णन।

7. 'बारहमासा' का प्रतिपाद्य स्पष्ट कीजिए। **CBSE 2023**

अथवा 'बारहमासा' कविता की मूल संवेदना क्या है?

उत्तर जायसी द्वारा रचित 'पद्मावत' के 'नागमती वियोग खंड' में विरहिणी नागमती के माध्यम से बारहमासा का प्रभावशाली चित्रण प्रस्तुत किया गया है। इस काव्य का मुख्य प्रतिपाद्य या मूल संवेदना विरह, प्रेम और ईश्वर प्राप्ति की आकांक्षा से जुड़ी हुई है।

काव्य में नागमती चित्तौड़ के राजा रत्नसेन की पत्नी है, जो उसे छोड़कर सिंहलद्वीप की राजकुमारी पद्मावती को प्राप्त करने के लिए चला जाता है। राजा का पद्मावती के प्रति आकर्षण लौकिक प्रेम की प्रतीकात्मक अभिव्यक्ति है, जबकि नागमती विरहिणी पत्नी के रूप में अपनी पीड़ा प्रकट करती है।

इस काव्य में कवि ने लौकिक प्रेम कथा के माध्यम से अलौकिक प्रेम को अभिव्यक्ति दी है, प्रेम द्वारा ईश्वर प्राप्ति पर बल दिया है। यहाँ रत्नसेन 'आत्मा' का प्रतीक है, जो गुरु (हीरामन तोता) ज्ञान द्वारा ईश्वर की प्राप्ति के लिए (पद्मावती) चल देता है, परंतु ईश्वर प्राप्ति का मार्ग बहुत कठिन है। अतः मार्ग में सांसारिक मोह माया (नागमती) रास्ता रोकने का प्रयास करती है। इस काव्य पर फारसी की मसनवी शैली का प्रभाव दिखाई देता है।

8. 'बारहमासा' के पदों में किन-किन ऋतुओं का वर्णन है?

अथवा **भारत में कितनी ऋतुएँ होती हैं? उनके नाम लिखिए।**

उत्तर 'बारहमासा' के चार पदों में क्रमशः प्रथम व द्वितीय पद में अगहन एवं पूस महीनों में हेमंत ऋतु तथा तृतीय एवं चतुर्थ पदों में माघ एवं फाल्गुन महीनों में शिशिर ऋतु का वर्णन है।

9. विक्रम संवत् के सभी महीनों के नाम लिखिए।

उत्तर विक्रम संवत् के सभी महीनों के नाम निम्न हैं

चैत्र (चैत), वैसाख, ज्येष्ठ (जेठ), आषाढ़, श्रावण (सावन), भाद्रपद (भादों), आश्विन (क्वार), कार्तिक (कातिक), मार्गशीर्ष (अग्रहायण या अगहन या असौज), पौष (पूस), माघ (माह), फाल्गुन (फागुन)।

10. विरह वर्णन के क्रम में 'बारहमासा' पाठ के पदों में कवि ने प्रकृति के किन-किन उपादानों का वर्णन किया है?

उत्तर प्रकृति शृंगार वर्णन में उद्दीपन का कार्य करती है। अतः संयोग व वियोग वर्णन करते समय कवि प्रकृति के विभिन्न उपादानों का वर्णन करते हैं। जायसी के इन पदों में प्रकृति का वर्णन मिलता है; यथा—

पहला छंद दिन का घटना रात का बढ़ना, जाड़े की अधिकता, 'भौंरा' एवं 'कौआ' का वर्णन।

दूसरा छंद जाड़े से काँपना, सूर्य का दक्षिणायन होना, 'चकवी', 'कोयल', 'बाज', 'सारस' पक्षियों का उल्लेख।

तीसरा छंद पाले का वर्णन, पवन के झकोरे, माहौट (महावट) का उल्लेख, ओला व भौंरे का उल्लेख।

चौथा छंद फाल्गुन पवन झकोरे का बहना, शीत की अधिकता, पीले पत्ते, वृक्षों के पत्तों का गिरना, ढाकों का पत्रविहीन होना, वनस्पति की प्रसन्नता।

11. जायसी ने वर्षा के लिए 'माँहुट' शब्द का प्रयोग क्यों किया है?

उत्तर 'बारहमासा' के पदों में जायसी ने बोलचाल की भाषा का प्रयोग किया है। बोलचाल की भाषा में कृषक समाज शीतकालीन वर्षा को महावट या माहौट कहते हैं। इसलिए जायसी ने वर्षा के लिए 'माँहुट' शब्द का प्रयोग किया है, क्योंकि उनकी रचना 'बारहमासा' में शीतकाल का वर्णन है।

12. 'बारहमासा' की नायिका 'छार' क्यों बन जाना चाहती है? पवन से वह क्या प्रार्थना करती है और क्यों?

उत्तर होली के उत्सव पर नायिका दुःखी है, उसके हृदय में विरह की अग्नि होली-सी जल रही है। यदि उसके प्रियतम को उसका इस तरह जलकर मरना अच्छा लग रहा है तो वह जलकर मरने में भी क्रोध नहीं करेगी, किंतु रात-दिन उसके मन में यह विचार आता है कि वह जलने के बाद 'छार' बनकर अपने प्रिय के शरीर से लग जाए।

वह पवन से प्रार्थना कर रही है कि वह उसके शरीर की राख को उड़ाकर ले जाए और उस रास्ते पर डाल दे जिस रास्ते पर उसके प्रियतम के पैर पड़ते हों। नागमती की यह इच्छा है कि भले ही जीवित शरीर से वह अपने प्रियतम से मिल न पाए, किंतु अपने शरीर की राख से ही उसके प्रियतम के चरणों का स्पर्श उसे मिल जाए। वह अपने स्वामी के चरणों में ही अपने जीवन को सफल मानती है।

13. आप कैसे कह सकते हैं कि 'बारहमासा' कविता में नागमती के विरह का अतिशयोक्तिपूर्ण वर्णन हुआ है? **CBSE Diksha**

उत्तर 'बारहमासा' कविता में जायसी ने नागमती के विरह का अतिशयोक्तिपूर्ण वर्णन किया है। नागमती के विरह का वर्णन करते हुए जायसी कहते हैं कि विरह की आग में नागमती के जलने से जो धुआँ उठा, उस धुएँ के कारण काग और भौंरा दोनों काले हो गए। जबकि सबको इन दोनों के रंग के बारे में पता है।

इसी तरह ठंड की भयावहता के बारे में बताते हुए सूरज का ठंडा होना तथा बाज पक्षी द्वारा शरीर का भोजन करने तक की बात की गई है। जहाँ ठंड से बचने के लिए लोग रज़ाई ओढ़ते हैं, वहीं नायिका को रज़ाई ओढ़ने पर और अधिक ठंड लग रही है। वियोग में आँखों से आँसू नहीं बादल बरस रहे हैं। विरह के कष्ट से गर्दन धागे की तरह हो गई है। शरीर पत्ते की तरह हो गया है, जिसे हवा कभी भी कहीं भी उड़ाकर ले जा सकती है। 'बारहमासा' कविता में इस तरह के अनेक उदाहरण हैं, जिससे कथन को उचित कहा जा सकता है।

14. नायिका प्रेम के वियोग का वर्णन किसके समक्ष और क्यों करती है? **CBSE Diksha**

उत्तर नायिका प्रेम के वियोग का वर्णन भौंरे और काग के समक्ष करती है। भौंरे और काग को संदेशवाहक के रूप में जाना जाता है। नागमती को ऐसा लगता है कि उसकी विरह-व्यथा को सुनकर वह नायक रत्नसेन के पास जाकर उसकी स्थिति बताएगा।

रत्नसेन जब हमारी स्थितियों को सुनेंगे तो उनके मन में मेरे प्रति सहानुभूति तथा संवेदना उत्पन्न होगी और वे वापस आ जाएँगे। प्रेम और विरह की चरमावस्था को व्यक्त करने के लिए जायसी ने इस प्रकार के प्रयोग किए हैं।

15. 'बारहमासा' कविता जायसी की किस रचना का अंश है? इस कविता में कवि ने नागमती के विरह की उपमा किससे और कैसे की है? **CBSE 2024**

उत्तर 'बारहमासा' कविता मलिक मुहम्मद जायसी की कालजयी रचना 'पद्मावत' का अंश है। इस कविता में कवि ने नागमती के विरह को बारह महीनों की बदलती ऋतुओं और प्रकृति के माध्यम से व्यक्त किया है।

कवि ने नागमती की विरह वेदना को चकवा-चकवी, कोयल आदि पक्षियों के वियोग से जोड़ा है। इन पक्षियों की तरह नागमती भी अपने प्रियतम के वियोग में व्याकुल रहती है। ठंडी रातें और पाले की मार नागमती के वियोग को और तीव्र बना देते हैं।

उसका शरीर धागे के समान क्षीण हो गया है और वह पतझड़ के सूखे पत्तों की तरह हो चुकी है। पति के वियोग में उसकी आँखों से आँसू इस तरह बह रहे हैं, जैसे बादलों से वर्षा हो रही हो। ये आँसू ओस की बूँदों की तरह हैं, जो वस्त्रों को भिगोकर चुभन देते हैं। विरह की अग्नि उसके हृदय को दीपक की बाती की तरह जलाती है और उसका हृदय सुलग-सुलगकर राख हो गया है। नागमती अपने शरीर को जलाकर भस्म करना चाहती है और उस राख को अपने पति के मार्ग में उड़ाकर ले जाना चाहती है, ताकि वह प्रियतम के सान्निध्य में अपने विरह की व्यथा को समाप्त कर सके।

स्व-मूल्यांकन

काव्यांश पर आधारित बहुविकल्पीय प्रश्न

निम्नलिखित काव्यांश को ध्यानपूर्वक पढ़कर पूछे गए बहुविकल्पीय प्रश्नों के लिए सर्वाधिक उपयुक्त विकल्प का चुनाव कीजिए।

1. लागेउ माँह परै अब पाला। बिरहा काल भएउ जड़काला।।
पहल पहल तन रुई जो झाँपै। हहलि हहलि अधिकौ हिय काँपै।।
आई सूर होइ तपु रे नाहाँ। तेहि बिनु जाड़ न छूटै माहाँ।।
एहि मास उपजै रस मूलू। तूं सो भँवर मोर जोबन फूलू।।
नैन चुवहिं जस माँहुट नीरू। तेहि जल अंग लाग सर चीरू।।
टूटहिं बूँद परहिं जस ओला। बिरह पवन होइ मारैं झोला।।
केहिक सिंगार को पहिर पटोरा। गियँ नहिं हार रही होइ डोरा।।
तुम्ह बिनु कंता धनि हरुई, तन तिनुवर भा डोल। तेहि पर बिरह जराइ कै चहे उड़ावा झोल।।

(क) नागमती को विरह काल में जाड़े की ऋतु कैसी लग रही है?
(i) आनंददायक
(ii) शीतल और सुखद
(iii) मृत्यु के समान कठोर
(iv) वसंत ऋतु की तरह सुंदर

(ख) नागमती को आँसू किसके समान चुभ रहे हैं?
(i) काँटे (ii) बाण
(iii) तीर (iv) शूल

(ग) नागमती का हृदय क्यों काँपता है?
(i) शीत ऋतु के कारण
(ii) विरह की पीड़ा के कारण
(iii) शारीरिक दुर्बलता के कारण
(iv) ओलों की बौछार के कारण

(घ) **कथन** (A) नागमती का शरीर तिनके के समान हल्का हो गया है।
कारण (R) नागमती पति के वियोग में मानसिक और शारीरिक रूप से दुर्बल हो गई है।
(i) कथन (A) और कारण (R) दोनों सही हैं तथा कारण (R), कथन (A) की सही व्याख्या करता है।
(ii) कथन (A) और कारण (R) दोनों सही हैं, परंतु कारण (R), कथन (A) की सही व्याख्या नहीं करता है।
(iii) कथन (A) सही है, किंतु कारण (R) गलत है।
(iv) कथन (A) गलत है, किंतु कारण (R) सही है।

(ङ) नागमती को श्रृंगार और रेशमी वस्त्र क्यों नहीं भाते?
(i) उन्हें पहनने का मन नहीं करता
(ii) पति के वियोग में सब व्यर्थ लगता है
(iii) वे बहुत महँगे हैं
(iv) उन्हें पहनने का अवसर नहीं मिलता

उत्तर
(क) (iii) मृत्यु के समान कठोर
(ख) (ii) बाण
(ग) (ii) विरह की पीड़ा के कारण
(घ) (i) कथन (A) और कारण (R) दोनों सही हैं तथा कारण (R), कथन (A) की सही व्याख्या करता है।
(ङ) (ii) पति के वियोग में सब व्यर्थ लगता है

काव्यांश की व्याख्या

2. निम्नलिखित में से किसी एक काव्यांश की सप्रसंग व्याख्या कीजिए।

पूस जाड़ थर-थर तन काँपा। सुरुज जड़ाइ लंक दिसि तापा।।
बिरह बाढ़ि भी दारुन सीऊ। कँपि-कँपि मरौं लेहि हरि जीऊ।।
कंत कहाँ हौं लागौं हियरैं। पंथ अपार सूझ नहिं नियरैं।।
सौर सुपेती आवै जूड़ी। जानहुँ सेज हिवंचल बूढ़ी।।

अथवा

फागुन पवन झँकोरै बहा। चौगुन सीउ जाइ किमि सहा।।
तन जस पियर पात भा मोरा। बिरह न रहै पवन होइ झोरा।।
तरिवर झरै झरै बन ढाँखा। भइ अनपत्त फूल फर साखा।।
करिन्ह बनाफति कीन्ह हुलासू। मो कहँ भा जग दून उदासू।।

विषय-वस्तु पर आधारित प्रश्नोत्तर

1. कवि ने चकवी और नागमती की स्थिति में क्या अंतर बताया है?
2. नागमती का शरीर विरह की अग्नि में कैसे जल रहा है?
3. पूस के महीने में नागमती की स्थिति विरह के कारण कैसी हो जाती है? स्पष्ट कीजिए।
4. नागमती किसके माध्यम से अपने प्रिय को संदेश भेजती है?
5. माघ मास में नागमती की विरह वेदना का संक्षिप्त वर्णन 'बारहमासा' के आधार पर कीजिए।
6. ''केहिक सिंगार को पहिर पटोरा। गियँ नहिं हार रही होइ डोरा।।''
उपर्युक्त पंक्ति के संदर्भ में नायिका की मनोदशा का वर्णन अपने शब्दों में कीजिए।

08

अध्याय

कवि–परिचय

विद्यापति का जन्म 1380 ई. में बिहार के मधुबनी जिले के बिस्पी गाँव में हुआ था। वे मिथिला नरेश राजा शिवसिंह के मित्र, राजकवि और सलाहकार थे। विद्यापति बहुमुखी प्रतिभा के धनी थे और साहित्य, संस्कृति, संगीत, ज्योतिष, दर्शन आदि के प्रकांड पंडित थे। उन्होंने संस्कृत, अवहट्ट और मैथिली में रचनाएँ कीं। विद्यापति आदिकाल और भक्तिकाल के संधि कवि माने जाते हैं। उनकी प्रसिद्ध कृतियों में 'कीर्तिलता', 'कीर्तिपताका' और 'पदावली' शामिल हैं। उनके पदों में भक्ति और श्रृंगार की गहरी अभिव्यक्ति मिलती है, जिनमें राधा–कृष्ण के प्रेम के माध्यम से लौकिक प्रेम के विभिन्न रूपों का चित्रण है। विद्यापति के पद मिथिला की जनभाषा और संस्कृति में रचे–बसे हैं। 1460 ई. में उनका देहांत हो गया।

▼ अध्ययन के लिए
- कविता की रूपरेखा
- काव्यांशों की व्याख्या

▼ अभ्यास के लिए
- पाठ्यपुस्तक के प्रश्नोत्तर
- काव्यांश पर आधारित बहुविकल्पीय प्रश्न
- विषय–वस्तु पर आधारित प्रश्नोत्तर

पद

(विद्यापति)

कविता की रूपरेखा

विद्यापति द्वारा रचित 'पद' शीर्षक कविता के अंतर्गत उनके तीन पद संकलित हैं। पहले पद में विरहिणी अपने प्रियतम से मिलने की तीव्र इच्छा व्यक्त करती है। प्रियतम के गोकुल छोड़कर मधुपुर चले जाने से उसका हृदय अत्यंत पीड़ित है।

दूसरे पद में नायिका अपनी सखी से कहती है कि जन्म–जन्मांतर से अपने प्रियतम का रूप देखने के बावजूद भी उसकी प्यास नहीं बुझी है। उसके मधुर वचनों की ध्वनि उसके कानों में गूँजती रहती है, लेकिन उसका मन अब भी तृप्त नहीं हुआ है।

तीसरे पद में कवि ने विरहिणी प्रियतमा का मार्मिक चित्रण किया है। प्रिय के वियोग में वह इतनी दु:खी है कि उसके नेत्रों से अश्रुधारा रुकने का नाम नहीं लेती। वह बार–बार अपने प्रिय के गुणों का स्मरण करती है।

काव्यांशों की व्याख्या

निम्नलिखित काव्यांशों की सप्रसंग व्याख्या कीजिए

काव्यांश 1

के पतिआ लए जाएत रे मोरा पिअतम पास।
हिए नहि सहए असह दुख रे भेल साओन मास।।
एकसरि भवन पिआ बिनु रे मोहि रहलो न जाए।
सखि अनकर दुख दारुन रे जग के पतिआए।।
मोर मन हरि हर लए गेल रे अपनो मन गेल।
गोकुल तेजि मधुपुर बस रे कन अपजस लेल।।
विद्यापति कवि गाओल रे धनि धरु मन आस।
आओत तोर मन भावन रे एहि कातिक मास।।

CBSE 2024,23

शब्दार्थ

के—कौन; **पतिआ**—पत्र; **लए जाएत**—ले जाएगा; **मोरा**—मेरा; **पिअतम**—प्रियतम/प्रेमी; **हिए**—हृदय; **भेल**—है/हुए; **साओन**—सावन; **एकसरि**—एकाकी/अकेलापन; **भवन**—घर/संसार; **मोहि**—मुझसे; **रहलो न जाए**—रहा नहीं जाता है; **अनकर**—दूसरे का; **दारुन**—कठिन/भयंकर; **पतिआए**—विश्वास करेगा; **हरि**—भगवान; **हर**—हरण करना/छीन लेना; **गेल**—साथ; **तेजि**—त्यागकर; **मधुपुर**—मथुरा; **बस रे**—बस गए; **कन**—कौन; **लेल**—लेगा; **गाओल**—गाएगा; **धनि**—स्त्री, सुंदरी; **धरु**—धारण करो; **आस**—आशा; **आओत**—आएगा; **तोर**—तेरा; **एहि**—इसी।

संदर्भ प्रस्तुत काव्यांश पाठ्यपुस्तक 'अंतरा भाग-2' में संकलित 'पद' शीर्षक कविता से उद्धृत है। यह काव्यांश कवि विद्यापति के पदावली का अंश है।

प्रसंग प्रस्तुत काव्यांश में नायिका की विरह-व्यथा को चित्रित किया गया है। कवि राधा तथा कृष्ण के माध्यम से सामान्य नायक-नायिका के विरह की व्याकुलता का वर्णन कर रहे हैं।

व्याख्या प्रस्तुत काव्यांश में नायिका राधा कृष्ण के गोकुल से मथुरा प्रवास के कारण दुःखी है। वह कहती है कि हे सखी! कौन मेरा संदेश लेकर प्रियतम के पास जाएगा? श्रावण महीने के आगमन से हृदय का दुःख अधिक तीव्र हो गया है। भवन में प्रिय के बिना अर्थात् अकेले रहना संभव नहीं हो रहा। राधा सखियों को संबोधित करती हुई कहती है कि हे सखी! संसार में दूसरों के दुःख को समझने वाला कोई नहीं। श्रीकृष्ण मेरे मन का हरण कर अपने साथ ले गए हैं तथा उनका मन भी वे अपने साथ ही ले गए हैं अर्थात् अब उनका ध्यान मेरी ओर नहीं रहा है। वे गोकुल छोड़कर मथुरा में जाकर बस गए हैं। इस प्रकार, उन्होंने कितना अपयश ले लिया है अर्थात् कृष्ण के गोकुल छोड़ने से उनके प्रेम का अपमान हुआ है। कवि विद्यापति सखी के माध्यम से कहते हैं कि हे सुंदरी! हृदय में आशा का संचार करो। तुम्हारे प्रिय अवश्य ही कार्तिक मास तक आ जाएँगे। वस्तुतः राधा को सांत्वना देने के लिए गोपिकाएँ भी यही कह रही हैं।

काव्य-शैली

(i) प्रस्तुत काव्यांश में कवि ने विरहिणी नायिका राधा की विरह-दशा का सुंदर और स्वाभाविक वर्णन किया है।
(ii) प्रस्तुत काव्यांश में विप्रलंभ श्रृंगार रस तथा करुण रस है।
(iii) प्रस्तुत काव्यांश में माधुर्य गुण एवं प्रसाद गुण का प्रयोग हुआ है।
(iv) प्रस्तुत काव्यांश में मैथिली भाषा का प्रयोग हुआ है।
(v) प्रस्तुत काव्यांश में 'हरि हर', 'मोर मन', 'धनि धरु' में अनुप्रास तथा अन्य में रूपक एवं विरोधाभास अलंकारों का प्रयोग किया गया है।
(vi) प्रस्तुत काव्यांश तुकांत व गेयात्मक है।

काव्यांश 2

सखि हे, कि पुछसि अनुभव मोए।
सेह पिरिति अनुराग बखानिअ तिल-तिल नूतन होए।।
जनम अबधि हम रूप निहारल नयन न तिरपित भेल।।
सेहो मधुर बोल स्रवनहि सूनल स्रुति पथ परस न गेल।।
कत मधु-जामिनि रभस गमाओलि न बूझल कइसन केलि।।
लाख-लाख जुग हिअ-हिअ राखल तइओ हिअ जरनि न गेल।।
कत बिदगध जन रस अनुमोदए अनुभव काहु न पेख।।
विद्यापति कह प्रान जुड़ाइते लाखे न मीलल एक।। **CBSE SQP 2024**

शब्दार्थ

कि पुछसि—क्या पूछती है; **मोए**—मुझसे; **सेह**—वही; **पिरिति**—प्रेम; **अनुराग**—स्नेह/प्रेम; **बखानिअ**—प्रशंसापूर्वक बताना; **तिल-तिल**—पल-पल; **नूतन**—नया/नवीन; **जनम अबधि**—जीवन भर; **निहारल**—देखती रही; **तिरपित**—तृप्त होना/जी भरना; **भेल**—हुई; **मधुर बोल**—मीठे वचन; **स्रवनहि**—कानों से; **सूनल**—सुनकर; **स्रुति पथ**—कानों के रास्ते; **परस**—छूना; **कत**—कितनी; **मधु-जामिनि**—मिलन की रातें; **रभस**—काम क्रीड़ा; **गमाओलि**—व्यर्थ गँवा दी; **न बूझल**—न समझ सकी; **केलि**—रतिक्रीड़ा; **जुग**—युग; **हिअ**—हृदय; **राखल**—रखा; **तइओ**—तो भी; **जरनि न गेल**—जलन नहीं गई; **बिदगध**—कुशल/चतुर; **रस**—सुख; **अनुमोदए**—अनुमोदन किया; **पेख**—किया/देखा; **जुड़ाइते**—तृप्ति के लिए; **लाखे**—लाखों में; **मीलल**—मिला।

संदर्भ पूर्ववत्।

प्रसंग प्रस्तुत काव्यांश में नायिका अपनी सखियों को कृष्ण के प्रति अपने प्रेम के अनुभव को बता रही है।

व्याख्या प्रस्तुत काव्यांश में नायिका अपनी सखियों से कहती है कि हे सखी! मेरे प्रणय-अनुभव के बारे में तुम क्या पूछती हो? मैं उस प्रेम का क्या वर्णन करूँ, जो प्रतिक्षण नया-सा लगता है। कई जन्मों से मैं उनके रूप को निहारती आ रही हूँ, किंतु मैं अब तक तृप्त नहीं हो पाई हूँ। मेरे नेत्र उनका रूप देखकर थकते नहीं हैं। मैं अपने प्रियतम भगवान श्रीकृष्ण की मधुर बोली को सुनती आ रही हूँ, किंतु मेरे कान आज भी तृप्त नहीं हुए हैं।

मैंने अपने प्रिय के साथ वसंत की कई रातें प्रणय-लीला में व्यतीत की हैं, किंतु अब भी मिलन के आनंद की उत्कंठा बनी हुई है। यह आनंद अवर्णनीय है। लाखों वर्षों तक अपने हृदय में प्रिय को रखने के बाद भी हृदय की ज्वाला शांत नहीं हुई है। हे सखी! मुझसे प्रणय-अनुभव क्या पूछती हो? कृष्ण के प्रेम रस का पान न जाने कितने ही रसिकों ने किया है, किंतु कोई प्रेम की पूर्णता को प्राप्त नहीं कर सका है।

विद्यापति कहते हैं कि लाखों में कोई एक भी रसिक ऐसा नहीं मिला, जो कृष्ण-प्रेम की पूर्णता को प्राप्त कर चुका हो। वस्तुतः यह प्रेम शाश्वत है।

काव्य-शैली

(i) प्रस्तुत काव्यांश में नायिका को मिले प्रेम संबंधी अनुभवों के माध्यम से कवि ने प्रेम की विचित्रता, विशिष्टता एवं महत्ता को स्थापित करने के भाव को प्रकट किया है।
(ii) काव्यांश के अनुसार, प्रेम के अनुभव को शब्दों के द्वारा व्यक्त नहीं किया जा सकता है।
(iii) प्रस्तुत काव्यांश में संयोग के सुखद क्षणों का वर्णन अत्यंत सुंदरतापूर्वक किया गया है।
(iv) प्रस्तुत काव्यांश में माधुर्य गुण तथा श्रृंगार रस का प्रयोग हुआ है।
(v) प्रस्तुत काव्यांश में मैथिली भाषा में सफल भावाभिव्यक्ति की गई है।
(vi) प्रस्तुत काव्यांश में 'लाख-लाख', 'तिल-तिल' में पुनरुक्तिप्रकाश, 'स्रवनहि सूनल स्रुति', 'अनुमोदए अनुभव' में अनुप्रास, 'हिअ-हिअ' में यमक, 'सेहो मधुर......गेल' में विशेषोक्ति, 'लाख-लाख जुग.....गेल' में विरोधाभास तथा 'सखि .... मोय', 'कह प्रान .... एक' पद में अतिशयोक्ति अलंकार है।
(vii) काव्यांश में छंद-पद तथा गेयता है।

काव्यांश 3

कुसुमित कानन हेरि कमलमुखि,
मूदि रहए दु नयान।
कोकिल-कलरव, मधुकर-धुनि सुनि,
कर देइ झाँपइ कान।।
माधब, सुन-सुन बचन हमारा।
तुअ गुन सुंदरि अति भेल दूबरि-
गुनि-गुनि प्रेम तोहारा।।
धरनी धरि धनि कत बेरि बइसइ,
पुनि तहि उठइ न पारा।
कातर दिठि करि, चौदिस हेरि-हेरि
नयन गरए जल-धारा।।
तोहर बिरह दिन छन-छन तनु छिन-
चौदसि-चाँद-समान।
भनइ विद्यापति सिबसिंह नर-पति
लखिमादेइ-रमान।। **CBSE 2023**

शब्दार्थ

कुसुमित—प्रफुल्लित/फूलों से भरा हुआ; **कानन**—जंगल; **हेरि**—निहारकर; **कमलमुखि**—कमल के समान मुख वाली; **नयान**—नयन; **कोकिल-कलरव**—कोयल की कर्णप्रिय आवाज; **मधुकर**—भौंरा; **कर**—हाथ; **झाँपइ कान**—कान बंद कर लेती है; **माधब**—कृष्ण; **तुअ**—तुम्हारा; **भेल**—हो गई; **दूबरि**—दुर्बल; **गुनि-गुनि**—सोच-सोचकर; **धरनी**—धरती; **धरि**—पकड़कर; **बइसइ**— बैठ जाती है; **तहि**—उससे; **उठइ न पारा**—उठ नहीं सकती; **कातर**—व्याकुल/बेचैन; **दिठि**—दृष्टि/निगाह; **चौदिस**—चारों ओर; **गरए**—गिरना; **तनु**—शरीर; **छिन**—दुर्बल; **चौदसि**—चतुर्दशी; **भनइ**—कहते हैं; **सिबसिंह**—शिवसिंह; **नर-पति**—राजा; **लखिमादेइ**—लखिमा देवी।

संदर्भ पूर्ववत्।

प्रसंग प्रस्तुत काव्यांश में कवि ने नायिका की विरह से उत्पन्न दुःखद स्थिति का वर्णन किया है।

व्याख्या प्रस्तुत काव्यांश में कवि नायिका राधा की विरहावस्था का वर्णन करते हुए कहता है कि नायिका विरह के आवेग को सहन नहीं कर पा रही है। वह कमल के समान मुख वाली राधा पुष्पों से लदे बाग को देखकर अपनी आँखें बंद कर लेती है। कोयल की मधुर वाणी, भँवरों के कलरव को सुनकर वह अपने दोनों कान बंद कर लेती है, क्योंकि ये सब उसके हृदय के कष्ट को और अधिक बढ़ा रहे हैं।

कवि कृष्ण को संबोधित करता हुआ कहता है कि हे कृष्ण! तुम मेरी बात सुनो। वह सुंदरी राधा तुम्हारे गुणों तथा प्रेम को याद कर करके अत्यधिक दुर्बल हो गई है।

राधा के दैन्य भाव का चित्रण करते हुए कवि आगे कहता है कि राधा इतनी दुर्बल हो गई है कि वह पृथ्वी को पकड़कर बड़ी कठिनाई से बैठती है और प्रयास करने पर भी दुर्बलता के कारण उठ नहीं पाती। वह असहाय तथा दीन-दृष्टि से चारों ओर देख रही है। उसकी आँखों से आँसुओं का बहना बंद नहीं होता है।

कृष्ण के विरह में नायिका पूर्णिमा के पूर्ण चंद्र से घटते-घटते चतुर्दशी का लुप्तप्राय चाँद होती जा रही है। कवि विद्यापति यह पद रानी लखिमा देवी तथा अपने आश्रयदाता राजा शिवसिंह को समर्पित करते हुए कहते हैं कि नरपति शिवसिंह अपनी रानी लखिमा देवी के साथ रमण करते हैं।

काव्य-शैली

(*i*) प्रस्तुत काव्यांश में विरह-व्यथा से व्यथित राधा की दयनीय दशा का चित्रण किया गया है।
(*ii*) विरह की अधिकता के कारण राधा दुबली एवं कमजोर हो गई है।
(*iii*) प्रस्तुत काव्यांश में नायिका प्रोषितपतिका (प्रिय के परदेश चले जाने पर दुःखी स्त्री) है।
(*iv*) प्रस्तुत काव्यांश में मैथिली भाषा का प्रयोग हुआ है तथा पद में गेयात्मकता है।
(*v*) काव्यांश में वियोग श्रृंगार रस का वर्णन है।
(*vi*) प्रस्तुत काव्यांश में 'कुसुमित कानन', 'कोकिल कलरव', 'धरनी धरि धनि' में अनुप्रास, 'गुनि-गुनि', 'सुन-सुन', छन-छन', 'हेरि-हेरि' में पुनरुक्तिप्रकाश, 'कमलमुखी' में रूपक, 'चौदसि चाँद समान' में उपमा तथा 'गुन सुंदरि' में परिकर अलंकार है तथा पूरे पद में अतिशयोक्ति अलंकार है।
(*vii*) प्रस्तुत काव्यांश में छंद पद तथा माधुर्य गुण है।

पाठ्यपुस्तक (अंतरा भाग-2) के प्रश्नोत्तर

1. प्रियतमा के दुःख के क्या कारण हैं?

उत्तर यहाँ प्रियतमा की संज्ञा राधा को दी गई है। वह प्रिय (श्रीकृष्ण) के मथुरा प्रवास से दुःखी है। नायिका राधा अपने प्रिय कृष्ण के पास अपना संदेश भेजना चाहती है, किंतु प्रियतम के पास उसका संदेश ले जाने वाला कोई नहीं है। उसके विरह की वेदना को सावन का महीना और अधिक बढ़ा रहा है। अपने प्रिय के बिना वह भवन में अकेले रह गई है। अपने प्रिय के वियोग के कारण नायिका राधा दुःखी है। कवि मानता है कि नायिका के दुःख को पुष्पों से लदे वन तथा कोयल की कूक अधिक बढ़ा रहे हैं। वह पुष्पों से लदे वन को देखना नहीं चाहती। अतः आँखें बंद कर लेती है। कोयल की कूक तथा भँवरों का गुनगुनाना उसकी पीड़ा को और अधिक बढ़ा देते हैं। नायिका की विरह वेदना को प्रकृति के विविध उपादान बढ़ाते ही हैं। विशेष रूप से नायिका के दुःख का कारण उसकी विरह वेदना है।

2. 'जनम अबधि हम रूप निहारल नयन न तिरपित भेल' काव्य पंक्ति के आधार पर विद्यापति की नायिका की मनोदशा का वर्णन अपने शब्दों में कीजिए।

अथवा **कवि 'नयन न तिरपित भेल' के माध्यम से विरहिणी नायिका की किस मनोदशा को व्यक्त करना चाहता है?**

अथवा **विद्यापति ने अपने 'पद' में 'नयन न तिरपित भेल' के माध्यम से नायिका की किस मनोदशा का वर्णन किया है? स्पष्ट कीजिए।** **CBSE 2023**

उत्तर कवि कहते हैं कि नायिका कृष्ण के विरह में व्याकुल है। उसकी सखियाँ उससे प्रणय-अनुभव के बारे में पूछती हैं। नायिका सखियों से कहती है कि तुम मेरे प्रणय अनुभव के बारे में क्या पूछती हो! मेरा प्रेम तो नित्य नूतन रूप ग्रहण करता है। मैं अपने प्रिय के रूप को कई जन्मों से देख रही हूँ, परंतु आज तक आँखें तृप्त नहीं हुई हैं अर्थात् इन आँखों में प्रिय के रूप को बारंबार निहारने की इच्छा बनी ही रहती है। नायिका कहती हैं कि उसके प्रिय (कृष्ण) का रूप प्रतिक्षण परिवर्तित होता रहता है। परिवर्तित होते ये रूप इतने मोहक हैं कि नायिका प्रत्येक रूप को अपने हृदय में बसाना चाहती है, किंतु वह इससे भी तृप्त नहीं हो पाती। नायिका को लगता है कि उसकी आँखें आज भी अपने प्रिय का दर्शन करना चाहती हैं। कवि विद्यापति ने 'नयन न तिरपित भेल' के माध्यम से विरह शृंगार को व्यक्त करने में सफलता पाई है।

3. नायिका के प्राण तृप्त न हो पाने का कारण अपने शब्दों में लिखिए।

अथवा **नायिका अपने प्रियतम के दर्शन करके भी तृप्त क्यों नहीं हो पाती?** **CBSE Diksha**

उत्तर नायिका अपने प्रियतम के दर्शन करके भी तृप्त नहीं हो पाती, क्योंकि उनके प्रेम का स्वरूप ऐसा है कि हर बार प्रियतम का रूप, स्वर और अनुभव नया होता जाता है। जितना वह उनके रूप-सौंदर्य को निहारती है, उतना ही वह और अधिक आकर्षक और नवीन प्रतीत होता है। सच्चे प्रेम में संतोष या तृप्ति की कोई सीमा नहीं होती, क्योंकि वह एक अनुभव की प्रक्रिया है, जिसका अंत नहीं है। हर दर्शन के साथ उसका प्रेम और सौंदर्य की अनुभूति और अधिक प्रबल हो जाते हैं, जिससे उसकी प्यास बढ़ती ही जाती है। नायिका कहती है कि जन्मभर उनके रूप को देखती रही, फिर भी आँखें तृप्त नहीं हुईं। इसी प्रकार प्रेम में तृप्ति असंभव है, क्योंकि वह निरंतर बढ़ता रहता है।

4. 'सेह पिरिति अनुराग बखानिअ तिल-तिल नूतन होए' से लेखक का क्या आशय है?

अथवा **विद्यापति द्वारा रचित पद 'सखि हे, कि पुछसि अनुभव मोए' के आधार पर लिखिए कि नायिका प्रेम के अनुभव का वर्णन अपनी सखी के सामने क्यों नहीं कर पाती?** **CBSE 2023**

उत्तर नायिका की सखियाँ, नायिका से प्रेम में प्राप्त अनुभव के बारे में जानना चाहती हैं। नायिका अपनी सखियों को संबोधित करती हुई कहती है कि हे सखियों! तुम मेरे प्रणय अनुभव के बारे में क्या पूछती हो? यह प्रेम तथा अनुराग तो वर्णन से परे है। यह प्रेम नित्य-प्रति नवीन रूप ग्रहण कर रहा है। इस प्रेम का वर्णन करना कठिन है।

क्षण-प्रतिक्षण बदलते इस प्रेम के कारण नायिका की आँखें अपने प्रिय के दर्शन से अब तक तृप्त नहीं हुई हैं। नायिका मानती है कि कई जन्मों से मैं अपने प्रिय श्रीकृष्ण के रूप को निहारती आ रही हूँ, लेकिन अब तक आँखों की प्यास बुझी नहीं है। इसका कारण कृष्ण के रूप तथा सौंदर्य में नित्य होने वाला परिवर्तन है। कवि स्पष्ट करना चाहता है कि राधा और कृष्ण का प्रेम सांसारिक प्रेम नहीं, बल्कि आध्यात्मिक प्रेम है। सांसारिक प्रेम का संबंध केवल एक जन्म का होता है, जबकि आध्यात्मिक प्रेम का विस्तार कई जन्मों में होता है। ऐसा प्रेम हमेशा नूतन तथा चिरस्थायी होता है।

5. कोयल और भौंरों के कलरव का नायिका पर क्या प्रभाव पड़ता है?

अथवा **विद्यापति की नायिका पर कोयल और भौंरे का प्रभाव किस प्रकार पड़ता है?** **CBSE SQP Term II 2022**

उत्तर कोयल और भौंरों के कलरव का नायिका (राधा) पर अत्यंत गहन और मर्मस्पर्शी प्रभाव पड़ता है। पहले ये मधुर ध्वनियाँ प्रिय के मिलन के समय में उसे आनंद और सुख देती थीं, लेकिन अब कृष्ण के मथुरा चले जाने पर विरह की स्थिति में ये सब पीड़ा और कष्ट का कारण बन गई हैं। कोयल की कूक और भौंरों का कलरव उसे कृष्ण के साथ बिताए हुए प्रेममय पलों की स्मृति कराते हैं, जिससे उसका दुःख और भी गहरा हो जाता है। प्रकृति के ये सुंदर दृश्य एवं ध्वनियाँ, जो पहले प्रेम के आनंद का प्रतीक थे, अब उसके हृदय में दुःख और खालीपन उत्पन्न करके उसकी पीड़ा को और बढ़ा देते हैं। नायिका इन ध्वनियों से बचने के लिए अपने हाथों से कान बंद कर लेती है। नायिका अब किसी भी ऐसी चीज को सहन नहीं कर पा रही है, जो उसे प्रियतम की याद दिलाए और उसके विरह को और भी असहनीय बनाए।

6. कातर दृष्टि से चारों तरफ़ प्रियतम को ढूँढने की मनोदशा को कवि ने किन शब्दों में व्यक्त किया है?

उत्तर नायिका राधा अपने प्रिय श्रीकृष्ण के मथुरा चले जाने के कारण विरह-वेदना से पीड़ित है। वह विरह-ताप में जल रही है। वह अपने प्रियतम को चारों ओर कातर दृष्टि से ढूँढने का प्रयास करती है। विरह की अधिकता के कारण नायिका अत्यंत कमजोर हो गई है। अपने प्रिय कृष्ण के गुण तथा सौंदर्य का वर्णन करते हुए उसकी आँखों से आँसुओं की धारा

बह रही है। प्रिय को खोजने हेतु राधा अपनी दुर्बलता के कारण चल नहीं पाती। वह थोड़ी दूर चल कर जमीन पर बैठ जाती है। कृष्ण पक्ष की चौदहवीं के चाँद की तरह क्षीण होती जाती राधा कातर दृष्टि से इधर-उधर देखती है। विरह की अवस्था में उसकी स्थिति अत्यंत दयनीय हो गई है कवि, राधा की शारीरिक तथा मानसिक अवस्था को व्यक्त कर विरह की प्रवृत्तियों को सामने लाता है। प्रेम में विरह के कारण नायिका को बहुत दुःख उठाना पड़ रहा है।

7. निम्नलिखित शब्दों के तत्सम रूप लिखिए

तिरपित, छन, बिदगध, निहारल, पिरिति, साओन, अपजस, छिन, तोहारा, कातिक।

उत्तर तृप्त, क्षण, विदग्ध, निहार, प्रीति, श्रावण, अपयश, क्षीण, तुम्हारा, कार्तिक।

8. निम्नलिखित का आशय स्पष्ट कीजिए।

(क) एकसरि भवन पिआ बिनु रे मोहि रहलो न जाए।
सखि अनकर दुख दारुन रे जग के पतिआए।।

(ख) जनम अबधि हम रूप निहारल नयन न तिरपित भेल।
सेहो मधुर बोल स्रवनहि सूनल स्रुति पथ परस न गेल।।

(ग) कुसुमित कानन हेरि कमलमुखि, मूदि रहए दु नयान।
कोकिल-कलरव, मधुकर-धुनि सुनि, कर देइ झाँपइ कान।।

उत्तर

(क) नायिका कहती है कि प्रिय के बिना मुझसे अब इस भवन में अकेले रहा नहीं जाता। हे सखी! इस संसार में इस दुःख की पीड़ा को कौन अनुभूत कर सकता है? मेरी विरह की पीड़ा का अनुमान मेरे सिवा कोई भी करने में समर्थ नहीं है अर्थात् मैं अकेली ही इस विरह की असहनीय पीड़ा को सहन कर रही हूँ। संसार में कोई भी दूसरों के दुःख पर विश्वास नहीं करता है।

(ख) प्रस्तुत पद में नायिका अपने प्रियतम को जन्म-जन्मांतर से देखने के बाद भी तृप्त न होने की व्यथा अपनी सहेली से कहती है कि हे सखी! मैं जन्म-जन्मांतर से अपने प्रिय के सुंदर स्वरूप को निहारती रही, फिर भी उनके दर्शनों से मेरे नेत्र तृप्त नहीं हुए। उनकी प्रेममय मधुर वाणी को मैं निरंतर सुनती रही, परंतु मेरे कानों की संतुष्टि नहीं हुई अर्थात् नायिका अपने प्रिय के साथ रहने की अभिलाषी है।

(ग) कवि इस काव्यांश में नायिका की विरहावस्था को चित्रित करते हुए कहते हैं कि कमलमुखी नायिका विरह के आवेग को सहन नहीं कर पा रही है। राधा पुष्पों के बाग को देखकर अपनी आँखें बंद कर लेती है। पुष्पित बाग उसके दुःख को और बढ़ा देते हैं। कोयल की वाणी, भँवरों के गुंजन से उसका हृदय बेचैन और व्याकुल हो जाता है। वह अपने कान बंद कर लेती है अर्थात् नायिका प्रेम में विरहाकुल है तथा प्रिय के बिना कामोत्तेजक प्राकृतिक सौंदर्य एवं उपादानों से अपने आपको अलग रखना चाहती है।

योग्यता-विस्तार

1. पठित पाठ के आधार पर विद्यापति के काव्य में प्रयुक्त भाषा की पाँच विशेषताएँ उदाहरण सहित लिखिए।

उत्तर विद्यापति की भाषा की पाँच प्रमुख विशेषताएँ इस प्रकार हैं

1. **तत्सम शब्दों का प्रयोग** कुसुमित कानन हेरि............झाँपइ कान।
2. **तद्भव शब्दों का प्रयोग** के पतिआ...............साओन मास।
3. **भावात्मकता** मोर मन हरि हर लए गेल रे अपनो मन गेल।
4. **चित्रात्मकता** धरनी धरि............चाँद समान।
5. **मुहावरों और लोकोक्तियों का प्रयोग** विद्यापति कवि............कातिक मास।

2. विद्यापति के गीतों का ऑडियो रिकॉर्ड बाज़ार में उपलब्ध है, उसको सुनिए।

उत्तर विद्यार्थी स्वयं करें।

3. विद्यापति और जायसी प्रेम के कवि हैं। दोनों की तुलना कीजिए।

उत्तर इन दोनों की तुलना निम्न प्रकार है

विद्यापति और जायसी दोनों ही प्रेम के कवि हैं। दोनों के प्रेम वर्णन में शृंगार का सुंदर वर्णन है। दोनों ने प्रेम के चित्रण में सौंदर्य का मनोरम वर्णन किया है।

विद्यापति	जायसी
सौंदर्य और प्रेम के सिद्ध कवि हैं।	प्रेम की पीर के कवि हैं।
पदावली में राधा-कृष्ण के माध्यम से प्रेम को अभिव्यक्ति प्रदान की है।	पद्मावत में राजा रत्नसेन, रानी नागमती और पद्मावती के माध्यम से एक लौकिक प्रेम कथा को अलौकिक रूप प्रदान करने का प्रयास किया है।
विद्यापति माधव व राधा कहकर अपने प्रेम वर्णन को आध्यात्मिकता का स्वरूप प्रदान करते हैं।	जायसी की प्रेम-पद्धति सूफी विचारधारा से प्रभावित है, जिसमें पद्मावती ईश्वर है और रत्नसेन साधक है।

अभ्यास प्रश्न

काव्यांश पर आधारित बहुविकल्पीय प्रश्न

1. के पतिआ लए जाएत रे मोरा पिअतम पास।
हिए नहि सहए असह दुख रे भेल साओन मास।।
एकसिर भवन पिआ बिनु रे मोहि रहलो न जाए।
सखि अनकर दुख दारुन रे जग के पतिआए।।
मोर मन हरि हर लए गेल रे अपनो मन गेल।
गोकुल तेजि मधुपुर बस रे कन अपजस लेल।।
विद्यापति कवि गाओल रे धनि धरु मन आस।
आओत तोर मन भावन रे एहि कातिक मास।।

(क) राधा किस महीने में कृष्ण के वियोग की पीड़ा को सहने में असमर्थ है?
(i) सावन (ii) ज्येष्ठ
(iii) आषाढ़ (iv) पूस

(ख) नायिका के अनुसार, श्रीकृष्ण ने गोकुल छोड़कर क्या ले लिया है?
(i) यश (ii) अपयश
(iii) धन (iv) सुख

(ग) निम्नलिखित कथनों में से सही कथन पर विचार कीजिए

दक्षता आधारित प्रश्न

1. कवि राधा से कहते हैं कि हृदय में आशा का संचार करो।
2. राधा का अकेले रहना संभव नहीं हो पा रहा है।
3. फाल्गुन मास के आगमन से दु:ख और बढ़ रहा है।

कूट
(i) केवल 1 (ii) 1 और 2
(iii) केवल 3 (iv) 2 और 3

(घ) राधा का मन अपने साथ कौन ले गया है?
(i) गोपियाँ (ii) उद्धव (iii) कृष्ण (iv) कवि

(ङ) 'गोकुल तेजि मधुपुर बस रे' पंक्ति का आशय क्या है?
(i) कृष्ण गोकुल छोड़कर मथुरा बस गए हैं
(ii) कृष्ण गोकुल में अब नहीं आने वाले हैं
(iii) हम भी गोकुल छोड़कर मथुरा जाएँगी
(iv) मथुरा संभवत: गोकुल से भी प्यारी है

उत्तर

(क) (i) सावन (ख) (ii) अपयश
(ग) (ii) 1 और 2 (घ) (iii) कृष्ण
(ङ) (i) कृष्ण गोकुल छोड़कर मथुरा बस गए हैं

2. सखि हे, कि पुछसि अनुभव मोए।
सेह पिरिति अनुराग बखानिअ तिल-तिल नूतन होए।।
जनम अबधि हम रूप निहारल नयन न तिरपित भेल।।
सेहो मधुर बोल स्रवनहि सूनल स्रुति पथ परस न गेल।।
कत मधु-जामिनि रभस गमाओलि न बूझल कइसन केलि।।
लाख-लाख जुग हिअ-हिअ राखल तइओ हिअ जरनि न गेल।।
कत बिदगध जन रस अनुमोदए अनुभव काहु न पेख।।
विद्यापति कह प्रान जुड़ाइते लाखे न मीलल एक।।

(क) कृष्ण के प्रेम की पूर्णता को कौन प्राप्त कर चुका है?
(i) गोपियाँ (ii) राधा
(iii) राधा की सखियाँ (iv) इनमें से कोई नहीं

(ख) काव्यांश के आधार पर बताइए कि प्रेम कैसी वस्तु है?
(i) देखने की (ii) सुनने की
(iii) अनुभव की (iv) स्पर्श की

(ग) नायिका के हृदय से किसके प्रति प्रेम की भावना का शमन नहीं हुआ?
(i) मातृभूमि के प्रति (ii) कृष्ण के प्रति
(iii) स्वयं के प्रति (iv) सखियों के प्रति

(घ) सखियाँ नायिका से किस विषय में पूछ रही हैं?
(i) प्रेम के अनुभव के विषय में
(ii) विरह के क्षणों के विषय में
(iii) वियोग की अवस्था के विषय में
(iv) नायक के विषय में

(ङ) **कथन** (A) नायिका अपने प्रियतम के रूप को देखती रहती है, लेकिन तृप्त नहीं होती।
कारण (R) सच्चे प्रेम में तृप्ति की कोई सीमा नहीं होती, प्रियतम का सौंदर्य हर बार नया लगता है।
(i) कथन (A) और कारण (R) दोनों सही हैं तथा कारण (R), कथन (A) की सही व्याख्या करता है।
(ii) कथन (A) और कारण (R) दोनों सही हैं, परंतु कारण (R), कथन (A) की सही व्याख्या नहीं करता है।
(iii) कथन (A) सही है, किंतु कारण (R) गलत है।
(iv) कथन (A) गलत है, किंतु कारण (R) सही है।

उत्तर

(क) (iv) इनमें से कोई नहीं (ख) (iii) अनुभव की
(ग) (ii) कृष्ण के प्रति (घ) (i) प्रेम के अनुभव के विषय में
(ङ) (i) कथन (A) और कारण (R) दोनों सही हैं तथा कारण (R), कथन (A) की सही व्याख्या करता है।

3. कुसुमित कानन हेरि कमलमुखि,
मूदि रहए दु नयान।
कोकिल-कलरव, मधुकर-धुनि सुनि,
कर देइ झाँपइ कान।।
माधब, सुन-सुन बचन हमारा।
तुअ गुन सुंदरि अति भेल दूबरि-
गुनि-गुनि प्रेम तोहारा।।
धरनी धरि धनि कत बेरि बइसइ,
पुनि तहि उठइ न पारा।

कातर दिठि करि, चौदिस हेरि-हेरि
नयन गरए जल-धारा।।
तोहर बिरह दिन छन-छन तनु छिन-
चौदसि चाँद समान।
भनइ विद्यापति सिबसिंह नर-पति
लखिमादेइ-रमान।।

(क) प्रस्तुत पद में किसका वर्णन किया गया है?
(i) संयोग सुख का (ii) कृष्ण-गोपी प्रेम का
(iii) विरह वेदना का (iv) कृष्ण लीला का

(ख) राधा के मुख की उपमा किससे की गई है?
(i) सरोवर से (ii) चाँद से
(iii) दर्पण से (iv) कमल से

(ग) कथन (A) राधा पुष्पों से लदे बाग को देखकर अपनी आँखें बंद कर लेती है।
कारण (R) बागों को देखकर नायिका अत्यधिक दु:खी हो जाती है।
दक्षता आधारित प्रश्न
(i) कथन (A) और कारण (R) दोनों सही हैं तथा कारण (R), कथन (A) की सही व्याख्या करता है।
(ii) कथन (A) और कारण (R) दोनों सही हैं, परंतु कारण (R), कथन (A) की सही व्याख्या नहीं करता है।
(iii) कथन (A) सही है, किंतु कारण (R) गलत है।
(iv) कथन (A) गलत है, किंतु कारण (R) सही है।

(घ) कोयल व भँवरों की आवाज सुनकर राधा क्या करती है?
(i) कान बंद कर लेती है (ii) मधुर स्वर में गाती है
(iii) रोने लगती है (iv) चुपचाप सुनती है

(ङ) कोयल की मधुर वाणी तथा भँवरों के कलरव को सुनकर राधा को किस भाव की अनुभूति होती है?
(i) दु:ख (ii) सुख (iii) क्रोध (iv) ग्लानि

उत्तर

(क) (iii) विरह वेदना का
(ख) (iv) कमल से
(ग) (i) कथन (A) और कारण (R) दोनों सही हैं तथा कारण (R), कथन (A) की सही व्याख्या करता है।
(घ) (i) कान बंद कर लेती है
(ङ) (i) दु:ख

विषय-वस्तु पर आधारित प्रश्नोत्तर

1. 'भनइ विद्यापति सिबसिंह नर-पति लखिमादेइ-रमान' पंक्ति के द्वारा कवि पाठकों को क्या संकेत देता है?

उत्तर प्रस्तुत पंक्ति में कवि कहते हैं कि लखिमा देवी के पति राजा शिवसिंह विरह के इस रहस्य को जानते हैं, इसलिए वे अपनी पत्नी रानी लखिमा देवी के साथ रमण करते हैं। मिथिला नरेश शिवसिंह कवि के आश्रयदाता थे। विद्यापति राजा के मित्र, सलाहकार एवं राजकवि थे। इन पंक्तियों में कवि ने अपनी कविता में राजा का उल्लेख करके उन्हें प्रसिद्धि दी है एवं उनका मान बढ़ाया है।

2. 'कत बिदगध जन रस अनुमोदए अनुभव काहु न पेख' पंक्ति का आशय स्पष्ट कीजिए।

उत्तर प्रस्तुत पंक्ति का आशय यह है कि कितने ही विदग्ध और अनुभवी रसिकों ने प्रेम के आनंद और भावों का अनुमोदन किया, लेकिन प्रेम के वास्तविक और पूर्ण अनुभव को कोई भी नहीं समझ पाया। यह पंक्ति प्रेम की अलौकिकता और गहनता को प्रकट करती है। प्रेम एक ऐसा अलौकिक भाव है, जो क्षण-क्षण नवीन होता है और जिसकी पूर्णता को पाना असंभव है। यह अनुभूति इतनी गूढ़ और असीमित है कि लाखों प्रयासों के बाद भी इसमें पूर्णता प्राप्त नहीं की जा सकती है। प्रेम तो केवल अनुभूति का विषय है, जिसे महसूस तो किया जा सकता है, लेकिन इसकी गहराई और सार को व्यक्त करना या पूरी तरह समझना किसी के लिए भी संभव नहीं है।

3. 'कुसुमित कानन हेरि कमलमुखि' में कौन-कौन से अलंकार हैं?

उत्तर 'कुसुमित कानन' में अनुप्रास अलंकार एवं 'कमलमुखि' में रूपक अलंकार है।

4. 'तोहर बिरह दिन छन-छन तनु छिन-<u>चौदसि चाँद समान।</u>' रेखांकित अंश में अनुप्रास के अतिरिक्त अलंकार बताते हुए उसकी परिभाषा दीजिए।

उत्तर रेखांकित अंश में अनुप्रास के अतिरिक्त उपमा अलंकार है। उपमा की परिभाषा इस प्रकार है- "उपमेय उपमान भाव से समान गुण-धर्म के कथन करने को उपमा अलंकार कहते हैं।"

5. विद्यापति के पद की पंक्ति 'चौदसि चाँद समान' में कवि ने चतुर्दशी के चाँद का प्रयोग किस संदर्भ में किया है और क्यों? CBSE Term II 2022

अथवा **'चौदसि चाँद समान' कहकर कवि विद्यापति नायिका की किस दशा का चित्रण कर रहे हैं?** CBSE Diksha

उत्तर सखियों से पूछे जाने पर राधा अपने प्रणय अनुभव को बताती है। वे कह रही हैं कि जन्म-जन्मांतर से प्रिय से मिलने के बाद भी उन्हें तृप्ति नहीं मिली, क्योंकि उनके प्रिय के रूप-आकर्षण में नित-नवीनता बनी रहती है। विरह के दु:ख से कातर नायिका प्राकृतिक सौंदर्य या सुंदर दृश्यों और मधुर ध्वनियों को देखना या सुनना नहीं चाहती है। प्रिय के वियोग में वह दिन-प्रतिदिन क्षीण होती हुई कृष्ण पक्ष की चतुर्दशी के चाँद के समान हो गई है। विद्यापति ने इन पदों में वियोग को शृंगारिक रूप में चित्रित किया है।

6. निम्नलिखित पद्यांश का काव्य-सौंदर्य लिखिए

धरनी धरि धनि कत बेरि बइसइ,
पुनि तहि उठइ न पारा।
कातर दिठि करि, चौदिस हेरि-हेरि
नयन गरए जल-धारा।।
तोहर बिरह दिन छन-छन तनु छिन-
चौदसि चाँद समान।
भनइ विद्यापति सिबसिंह नर-पति
लखिमादेइ-रमान।।

उत्तर **भाव पक्ष** इस काव्यांश में विरहिणी नायिका का दु:ख भरा चित्रण है, विप्रलंभ शृंगार का वर्णन है। विरह के कारण वह अति दुर्बल है तथा उठने-बैठने योग्य भी नहीं है। प्रियतम के आने की प्रतीक्षा करती हुई नायिका चारों दिशाओं में निहारते हुए आँसू बहा रही है। उसका शरीर

धीरे-धीरे क्षीण होता हुआ कृष्ण पक्ष की चतुर्दशी के चाँद के समान हो गया है। विरह की तीव्रता का वर्णन है।

कला पक्ष इसमें काव्यांश सबल है, मैथिली भाषा है, छंद पद है एवं सुंदर बिंब विधान का प्रयोग किया गया है। अनुप्रास, पुनरुक्तिप्रकाश एवं उपमा अलंकारों का सुंदर प्रयोग किया गया है।

7. नायिका अपने प्रियतम के पास क्या संदेश भेजना चाहती है और क्यों? **CBSE Diksha**

***अथवा* कवि ने सावन मास में नायिका की किस मनोदशा का वर्णन किया है?** **CBSE Diksha**

***अथवा* पहले पद में कवि ने विरहिणी की क्या दशा बताई है?**

उत्तर कवि ने सावन मास में विरहिणी नायिका की पीड़ा को व्यक्त किया है। नायिका (राधा) अपने प्रियतम (कृष्ण) के पास संदेश भेजना चाहती है कि सावन के महीने में उसका विरह असहनीय हो गया है और प्रिय के बिना उसका घर सूना हो गया है और अकेले रहना उसके लिए असंभव हो गया है। वह मानती है कि उसके इस दुःख की गहराई को संसार में कोई दूसरा नहीं समझ सकता। उसके मन को कृष्ण हरकर ले गए हैं और अब उनका ध्यान राधा की ओर नहीं है, क्योंकि वे गोकुल छोड़कर मथुरा में बस गए हैं। राधा इस दूरी और उपेक्षा से बहुत व्यथित हैं और उन्हें कृष्ण के गोकुल छोड़ने पर अपयश महसूस होता है। राधा यह संदेश इसलिए भेजना चाहती है, क्योंकि वह चाहती है कि कृष्ण उसकी पीड़ा को समझें और वापस लौटें। उसका मन प्रिय के आने की आस में लगा हुआ है और वह यह आशा करती है कि कृष्ण वापस आएँगे और उसका विरह समाप्त करेंगे। इस संदेश में नायिका की गहरी पीड़ा, तड़प और पुनर्मिलन की प्रबल आकांक्षा व्यक्त होती है। विद्यापति कहते हैं कि नायिका अपने मन में आशा रखे, क्योंकि प्रियतम कार्तिक में लौटेंगे।

8. विरह के कारण नायिका की दशा का तीसरे पद के आधार पर वर्णन करें।

उत्तर तीसरे पद में नायिका की सखी बता रही है कि हे कृष्ण! राधा तुम्हारे गुणों तथा प्रेम को याद करके तुम्हारी याद में बहुत कमजोर हो गई है। कमज़ोरी के कारण पृथ्वी को पकड़कर बड़ी कठिनाई से बैठ तो जाती है, परंतु दुर्बलता के कारण चेष्टा करने पर भी फिर उठ नहीं पाती। वह हर समय तुम्हें खोजती रहती है और तुम्हें न पाकर उसकी आँखों से लगातार आँसू बहते रहते हैं। वह कृष्ण पक्ष की चतुर्दशी के चाँद के समान क्षीण हो गई है अर्थात् अत्यधिक दुर्बल हो गई है।

9. पदों के आधार पर सावन और फाल्गुन महीने की विशेषता लिखिए तथा बताइए कि ये महीने नायिका को किस प्रकार प्रभावित करते हैं?

उत्तर सावन महीने में वर्षा की बूँदें तथा प्रकृति की हरियाली काम-भावना को बढ़ाती है। नायिका घर में अकेली है उसके प्रियतम उसे छोड़कर चले गए हैं। उसके कष्टों को समझने वाला कोई नहीं है। उसके मन को उसके प्रिय ने हर लिया है एवं उस पर ध्यान नहीं दे रहे हैं। वह अपने प्रियतम से मिल नहीं पा रही है। फाल्गुन का महीना वसंत ऋतु का स्वागत करता है। इस ऋतु में बाग, उपवन एवं वन में फूल खिलते हैं। वृक्षों पर कोयल कूकती है, फूलों पर भौंरे गुँजार करते हैं। नायिका प्रकृति के इन उपादानों के संपर्क से अपने को बचाना चाहती है। ये उसके मन में काम-भावना उत्पन्न करते हैं।

10. विद्यापति की विरहिणी नायिका की मनोदशा का काव्यांशों के आधार पर अपने शब्दों में चित्रण कीजिए।

***अथवा* विद्यापति के पदों के आधार पर नायिका की विरह वेदना स्पष्ट कीजिए।**

उत्तर विद्यापति की कविताओं में वर्णित नायिका राधा अपने प्रियतम कृष्ण के वियोग में अत्यंत दुःखी है। सावन के महीने में विरह का दुःख सहन करना उसके लिए असंभव हो गया है और वह अपने प्रिय के बिना सूने घर में अकेली नहीं रह पा रही है। उसे ऐसा लगता है कि कोई उसे कष्ट को नहीं समझ सकता। राधा का मन कृष्ण के साथ ही चला गया है और अब कृष्ण गोकुल को छोड़कर मथुरा में बस गए हैं, जिससे उसे अपयश मिल रहा है। उसने जीवनभर कृष्ण के सौंदर्य को निहारा, लेकिन कभी तृप्ति नहीं मिली, क्योंकि सच्चे प्रेम में तृप्ति असंभव है। प्रेम में बिताए सभी क्षण उसके लिए नवीन होते जाते हैं और उसका हृदय कृष्ण के लिए तड़पता रहता है।

उसके लिए प्रियतम की अनुपस्थिति इतनी असहनीय हो गई है कि मिलन के समय जो खिले हुए फूलों का बगीचा, कोयल और भौंरों की मधुर ध्वनियाँ उसे सुख देती थीं, अब उसके लिए दुःखद बन गई हैं। कोयल और भौंरों का कलरव अब प्रियतम की अनुपस्थिति की याद दिलाता है, जिससे नायिका की विरह वेदना बढ़ जाती है। कृष्ण के गुणों तथा प्रेम को याद कर करके वह इतनी दुर्बल हो गई कि पृथ्वी को पकड़कर बड़ी कठिनाई से बैठ पाती है और दुर्बलता के कारण चेष्टा करने पर भी वह वहाँ से उठ नहीं पाती।

प्रत्येक दिशा में कृष्ण को खोजती रहती है, पर जब उन्हें नहीं पाती तो उसकी आँखों से निरंतर आँसू बहते रहते हैं। राधा की यह स्थिति कृष्ण पक्ष के घटते चंद्रमा की तरह है, जो धीरे-धीरे क्षीण होता जाता है। उसकी दुर्बलता और विरह की पीड़ा निरंतर बढ़ती ही जा रही है।

11. विद्यापति की कविताओं में मानवीय प्रेम तथा व्यावहारिक जीवन के रंग देखने को मिलते हैं, कैसे? **CBSE Term II 2022**

उत्तर विद्यापति की कविताओं में मानवीय प्रेम और व्यावहारिक जीवन के रंग विविध रूपों में मिलते हैं। उनके पदों में राधा-कृष्ण के प्रेम का चित्रण अत्यधिक सजीव और भावनात्मक है, जो लौकिक प्रेम के विभिन्न पहलुओं को दर्शाता है; जैसे–मिलन, विरह, समर्पण और उल्लास। यह प्रेम केवल धार्मिक या आध्यात्मिक नहीं, बल्कि मानवीय संवेदनाओं से भरा होता है, जो शुद्ध और स्वाभाविक है।

इसके साथ ही विद्यापति के पदों में लोकजीवन की वास्तविकता और व्यावहारिक अनुभवों की गहरी छाया भी है। मिथिला क्षेत्र की जनसंस्कृति एवं उनके सामाजिक और सांस्कृतिक अनुष्ठानों का प्रभाव उनके काव्य में स्पष्ट रूप से देखा जाता है। उनके पद मानवीय भावनाओं, प्रकृति की सुंदरता और भक्ति के साथ-साथ सामान्य जीवन की कठिनाइयों और संघर्षों को भी चित्रित करते हैं, जिससे उनकी कविताएँ जीवन के विभिन्न रंगों को प्रस्तुत करती हैं।

12. 'जब मन दुःखी होता है, तो सुंदरता भी हमें अपनी ओर आकृष्ट नहीं कर पाती।' विद्यापति रचित 'पद' के आधार पर सिद्ध कीजिए। **CBSE 2025**

उत्तर जब मन दुःखी होता है, तो कोई भी सुंदर वस्तु मन को आनंद नहीं देती, बल्कि दुःख को और बढ़ा देती है। विद्यापति के पद में नायिका विरह से इतनी व्याकुल है कि पुष्पों से भरा उपवन देखकर भी आँखें मूँद लेती है और कोयल-भँवरों की ध्वनि सुनकर कान बंद कर लेती है। इससे सिद्ध होता है कि 'जब मन दुःखी होता है, तो सुंदरता भी हमें अपनी ओर आकृष्ट नहीं कर पाती।'

13. आशय स्पष्ट कीजिए

"जनम अबधि हम रूप निहारल नयन न तिरपित भेल।।
सेहो मधुर बोल स्रवनहि सूनल स्रुति पथ परस न गेल।।"

CBSE SQP Term II 2022

उत्तर प्रस्तुत पंक्ति का आशय यह है कि नायिका अपनी सखियों से कहती है कि मैं अपने प्रियतम के रूप को कई जन्मों से निहारती आ रही हूँ, परंतु मुझे अब तक भी तृप्ति नहीं मिली है। मैं उनकी मधुर बोली को सुनती आ रही हूँ, लेकिन मेरे कान आज भी तृप्त नहीं हुए हैं। यहाँ कवि ने प्रेम की शाश्वतता का परिचय दिया है। कवि के अनुसार, प्रेम का अनुभव इतना गूढ़ और अनंत है कि वह कभी किसी को भी पूरी तरह से तृप्त नहीं कर सकता अर्थात् प्रेम की पूर्णता को नहीं पाया जा सकता, क्योंकि प्रेम शाश्वत है।

14. जायसी की नागमती तथा विद्यापति की नायिका के विरह में समानता का भाव है, कैसे? अपने शब्दों में लिखिए।

उत्तर जायसी की नागमती और विद्यापति की नायिका के विरह में समानता का भाव प्रेम की गहनता और उसकी अनुपस्थिति में उत्पन्न पीड़ा के माध्यम से प्रकट होता है। नागमती रानी रत्नसेन के वियोग में व्याकुल है, जबकि विद्यापति की नायिका राधा अपने प्रिय कृष्ण के बिना असहनीय दुःख भोग रही है।

दोनों ही प्रेमिकाएँ अपने प्रिय की अनुपस्थिति को अत्यंत कठिन मानती हैं, जिससे उनके जीवन में एक गहरी शून्यता आ जाती है। कवियों ने प्रकृति का उपयोग भावनाओं को उजागर करने के लिए किया है। नागमती में शीत ऋतु की ठंड और निराशा का चित्रण है, जबकि विद्यापति की नायिका को कोयल और भौंरों के कलरव से प्रेम की याद आती है। दोनों अपने प्रिय की याद में लगातार आँसू बहा रही हैं, जो उनकी प्रेम की गहराई और विरह की तीव्रता को दर्शाती है। इस प्रकार, दोनों काव्य में प्रेमिका की पीड़ा और भावनाओं का संवेदनशील चित्रण है।

15. सखी विरह में आतुर नायिका को कैसे दिलासा देती है?

CBSE Diksha

उत्तर सखी विरह में आतुर नायिका को दिलासा देते हुए कहती है कि धैर्य बनाए रखो, क्योंकि प्रियतम (कृष्ण) कार्तिक मास में अवश्य लौटेंगे। वह नायिका को यह आश्वासन देती है कि उनके दुःख और पीड़ा का अंत निकट है और कृष्ण फिर से उनसे मिलने आएँगे। सखी का यह संदेश नायिका के मन में आशा और सांत्वना का संचार करता है, जिससे वह अपने विरह को सहने की शक्ति प्राप्त करती है।

सखी उसे आश्वस्त करती है कि यह वियोग स्थायी नहीं है और प्रिय का आना निश्चित है। वह नायिका को समझाती है कि विरह के इस कठिन समय में धैर्य रखना ही सबसे उचित मार्ग है। सखी उसे यह विश्वास दिलाने की कोशिश करती है कि प्रिय के लौटने से यह दुःख समाप्त हो जाएगा, इसलिए उसे अपनी आशा बनाए रखनी चाहिए और जल्द मिलन की प्रतीक्षा करनी चाहिए।

16. विद्यापति के पदों की विशिष्टता पर सारगर्भित टिप्पणी लिखिए।

उत्तर कवि विद्यापति आदिकाल और भक्तिकाल के संधि कवि कहे जा सकते हैं। उनकी पदावली में भक्ति और शृंगार की भावना दृष्टव्य है। उनकी पदावली मैथिली भाषा में लिखी गई है, जो जनसंस्कृति की सजीव अभिव्यक्ति प्रस्तुत करती है। उनके पदों में प्रेम और सौंदर्य की निश्छल और गहन अनुभूति देखने को मिलती है, जो उन्हें अद्वितीय बनाती है। विद्यापति के पदों में राधा-कृष्ण के प्रेम के माध्यम से लौकिक और अलौकिक प्रेम का अनूठा मिश्रण मिलता है, जिससे शृंगार और भक्ति एक-दूसरे में घुल-मिल जाते हैं। उनकी भाषा सरल और मधुर है, जो आम जन-जीवन से गहराई से जुड़ी है। पदों में मिथिला की लोकसंस्कृति, प्रकृति का सौंदर्य, प्रेम की कोमलता और मानवीय भावनाओं की गहराई को प्रभावी ढंग से चित्रित किया गया है। उनके पदों का लालित्य और काव्यात्मक सौंदर्य उनकी अनूठी साहित्यिक प्रतिभा का प्रमाण है।

17. नायिका द्वारा पुष्पों से भरे सुंदर उपवन को देखकर नेत्र मूँद लेना तथा कोयल और भँवरों के मधुर स्वर सुनकर अपने कान झाँपना विरह के किस रूप को दर्शाता है?

CBSE Diksha

उत्तर नायिका द्वारा पुष्पों से भरे सुंदर उपवन को देखकर नेत्र मूँद लेना और कोयल तथा भँवरों के मधुर स्वर सुनकर कान झाँपना विरह की गहन पीड़ा को दर्शाता है। यह दर्शाता है कि नायिका (राधा), प्रियतम (कृष्ण) के वियोग में इतनी डूब गई है कि जो चीजें (प्रकृति का सौंदर्य, कोयल की मधुर आवाज, भँवरों की गुनगुनाहट) पहले उसे आनंद देती थीं, वहीं अब उसके लिए कष्टदायक बन गई हैं।

प्रियतम के बिना वही दृश्य और ध्वनियाँ, जो पहले हर्षित करती थीं, अब विरह की वेदना को और तीव्र कर देती हैं। उसके लिए प्रकृति का सौंदर्य भी विरह की पीड़ा को और बढ़ाने वाला बन गया है। इसलिए वह इनसे बचने के लिए आँखें और कान बंद कर लेती है, क्योंकि वे उसे कृष्ण के साथ बिताए पलों की याद दिलाते हैं और उसकी विरह-वेदना को और बढ़ा देते हैं।

18. विद्यापति रचित 'पद' के आधार पर लिखिए कि श्रीकृष्ण के वियोग में प्राकृतिक उपादानों को देखकर राधा क्या करती है?

CBSE 2023

उत्तर विद्यापति रचित 'पद' में श्रीकृष्ण के विरह में नायिका राधा की दीन-हीन अवस्था का अत्यंत मार्मिक चित्रण किया गया है। वियोग की वेदना से अभिभूत राधा प्राकृतिक उपादानों को देखकर अत्यधिक व्यथित हो उठती है। वह पुष्पों से सुसज्जित वन को देखकर अपनी आँखें बंद कर लेती है। कोयल की मधुर कूक और भँवरों का गुंजन सुनकर वह अपने कान बंद कर लेती है, क्योंकि यह दृश्य उसे प्रिय के साथ व्यतीत मधुर क्षणों की याद दिलाता है और उसकी पीड़ा असहनीय हो जाती है।

विरह की पीड़ा ने उसे इतना दुर्बल कर दिया है कि वह धरती का सहारा लेकर बड़ी कठिनाई से बैठती है और फिर उठने में असमर्थ हो जाती है। वह दीन-दृष्टि से चारों दिशाओं में निहारती रहती है, मानो कृष्ण को ढूँढ रही हो और उसकी आँखों से निरंतर अश्रुधारा बहती रहती है। कवि विद्यापति ने इन करुण स्थितियों के माध्यम से नायिका के हृदय में उठने वाले वियोग के मर्म और उसके प्रेम की गहनता का सजीव और प्रभावशाली वर्णन किया है।

स्व-मूल्यांकन

काव्यांश पर आधारित बहुविकल्पीय प्रश्न

निम्नलिखित काव्यांश को ध्यानपूर्वक पढ़कर पूछे गए बहुविकल्पीय प्रश्नों के लिए सर्वाधिक उपयुक्त विकल्प का चुनाव कीजिए।

1. **माधब, सुन-सुन बचन हमारा।**
तुअ गुन सुंदरि अति भेल दूबरि-
गुनि-गुनि प्रेम तोहारा।।
धरनी धरि धनि कत बेई बइसइ,
पुनि तहि उठइ न पारा।
कातर दिठि करि, चौदिस हेरि-हेरि
नयन गरए जल-धारा।।
तोहर बिरह दिन छन-छन तनु छिन-
चौदसि चाँद समान।
भनइ विद्यापति सिबसिंह नर-पति
लखिमादेइ-रमान।।

(क) राधा किस दृष्टि से कृष्ण को ढूँढ रही है?
(i) हास्य (ii) उपेक्षा
(iii) प्रेम (iv) क्रोध

(ख) कृष्ण के वियोग में राधा की शारीरिक अवस्था कैसी हो गई है?
(i) पूर्णिमा के चाँद के समान
(ii) कृष्ण पक्ष की चतुर्दशी के चाँद के समान
(iii) अमावस्या के चाँद के समान
(iv) चाँद की चाँदनी के समान

(ग) अंतिम पंक्तियों में कवि ने अपने आश्रयदाता शिवसिंह का उल्लेख क्यों किया है?
(i) उनकी प्रसिद्धि के लिए
(ii) राधा के सहायक बनने के लिए
(iii) राधा और शिवसिंह की अवस्था में समानता दर्शाने के लिए
(iv) राधा की स्थिति से अवगत कराने के लिए

(घ) राधा की व्याकुलता और अधिक कब बढ़ जाती है?
(i) कृष्ण का गुणगान करते समय
(ii) कृष्ण के रूप सौंदर्य का स्मरण करते समय
(iii) कृष्ण की सुंदरता का बखान करते समय
(iv) उपर्युक्त सभी

(ङ) निम्नलिखित कथनों में से सही कथन पर विचार कीजिए
1. कृष्ण के विरह के परिणामस्वरूप राधा अत्यंत भयभीत हो गई है।
2. कवि ने राधा की विरहावस्था का वर्णन किया है।
3. नायिका राधा पूर्णिमा के पूर्ण चंद्र से घटते हुए चतुर्दशी का लुप्तप्राय चाँद होती जा रही है।

कूट
(i) केवल 3 (ii) 1 और 3 (iii) 2 और 3 (iv) ये सभी

उत्तर

(क) (iii) प्रेम
(ख) (ii) कृष्ण पक्ष की चतुर्दशी के चाँद के समान
(ग) (i) उनकी प्रसिद्धि के लिए
(घ) (iv) उपर्युक्त सभी
(ङ) (iii) 2 और 3

काव्यांश की व्याख्या

2. **निम्नलिखित में से किसी एक काव्यांश की सप्रसंग व्याख्या कीजिए।**

मोर मन हरि हर लए गेल रे अपनो मन गेल।
गोकुल तेजि मधुपुर बस रे कन अपजस लेल।।
विद्यापति कवि गाओल रे धनि धरु मन आस।
आओत तोर मन भावन रे एहि कातिक मास।।

अथवा

तुअ गुन सुंदरि अति भेल दूबरि-
गुनि-गुनि प्रेम तोहारा।।
धरनी धरि धनि कत बेरि बइसइ,
पुनि तहि उठइ न पारा।
कातर दिठि करि, चौदिस हेरि-हेरि
नयन गरए जल-धारा।।
तोहर बिरह दिन छन-छन तनु छिन-
चौदसि-चाँद-समान।
भनइ विद्यापति सिबसिंह नर-पति
लखिमादेइ-रमान।।

विषय-वस्तु पर आधारित प्रश्न

1. नायिका पुष्पों से लदे बाग को देखकर क्या करती है?
2. कवि विद्यापति ने 'नयन गरए जल-धारा' पंक्ति में विरहजनित वेदना को किस प्रकार प्रस्तुत किया है?
3. 'धरनी धरि धनि कत बेरि बइसइ' में कवि ने नायिका की किस स्थिति का चित्रण किया है?
4. कृष्ण के विरह में नायिका का तन किस प्रकार क्षीण हो रहा है?

09

अध्याय

कवि-परिचय

घनानंद का जन्म 1673 ई. में हुआ था। वे रीतिकाल के एक प्रमुख रीतिमुक्त कवि थे, जो दिल्ली के बादशाह मुहम्मद शाह के मीर मुंशी रहे। उनका जीवन एक स्त्री, सुजान के प्रति अटूट प्रेम और उसकी बेवफाई के कारण उत्पन्न पीड़ा से प्रभावित था। दरबार से निष्कासित होने और सुजान के प्रेम में निराश होकर वे वृंदावन चले गए, जहाँ वे भक्त बने, परंतु सुजान को कभी नहीं भूल पाए। घनानंद का काव्य प्रेम की पीड़ा, विशेषकर वियोग को गंभीरता और व्याकुलता के साथ व्यक्त करता है। उनकी भाषा परिष्कृत ब्रजभाषा है, जो कोमलता और मधुरता से भरपूर है। उनकी प्रमुख रचनाएँ 'सुजान सागर', 'विरह लीला', 'कृपाकांड निबंध' और 'रसकेलि वल्ली' हैं।

▼ अध्ययन के लिए
- कविता की रूपरेखा
- काव्यांशों की व्याख्या

▼ अभ्यास के लिए
- पाठ्यपुस्तक के प्रश्नोत्तर
- काव्यांश पर आधारित बहुविकल्पीय प्रश्न
- विषय-वस्तु पर आधारित प्रश्नोत्तर

कवित्त

(घनानंद)

कविता की रूपरेखा

पाठ्यपुस्तक में कवि घनानंद के दो कवित्त संकलित हैं। प्रथम कवित्त में कवि अपनी प्रेमिका 'सुजान' के दर्शन की अभिलाषा प्रकट करते हुए कह रहे हैं कि उनके प्राण अब तक सुजान के दर्शन की अभिलाषा में ही अटके हुए हैं। सुजान के आने का भरोसा देकर उन्होंने अपने प्राणों को रोककर रखा है, लेकिन उनके इन झूठे आश्वासनों से अब वे रुक नहीं रहे हैं। कवि कहना चाहते हैं कि उनके प्राण उनके जीवन के नष्ट होने का समाचार सुजान को देकर ही विदा होना चाहते हैं।

दूसरे कवित्त में कवि इसलिए दु:खी है कि नायिका उनसे मिलने में आनाकानी कर रही है। वह उनकी बात को सुनकर भी अनसुनी कर रही है। उनमें और नायिका में एक प्रतिद्वंद्विता-सी चल रही है। वे कहते हैं कि वह कब तक उनकी उपेक्षा कर चैन से बैठी रहेगी। एक न एक दिन उसे उनकी बातों को सुनना ही पड़ेगा।

काव्यांशों की व्याख्या

निम्नलिखित काव्यांशों की सप्रसंग व्याख्या कीजिए

काव्यांश 1

बहुत दिनान को अवधि आसपास परे,
खरे अरबरनि भरे हैं उठि जान को।
कहि कहि आवन छबीले मनभावन को,
गहि-गहि राखति ही दै दै सनमान को।।
झूठी बतियानि की पत्यानि तें उदास ह्वै कै,
अब ना घिरत घन आनंद निदान को।
अधर लगे हैं आनि करि कै पयान प्रान,
चाहत चलन ये सँदेसो लै सुजान को।।

All India 2019

शब्दार्थ

दिनान—दिनों की; **अवधि**—समय-सीमा; **खरे**—निश्चित ही; **अरबरनि**—विचलित होकर; **आवन**—आने को; **छबीले**—सुंदर; **गहि गहि**—ग्रहण करना/रख लेना; **सनमान**—सम्मान/आदर; **बतियानि**—बातें; **पत्यानि**—विश्वास करके; **आनंद निदान को**—दु:ख के निराकरण के लिए; **अधर लगे हैं**—होंठों तक आ गए हैं; **पयान**—प्रयाण/गमन; **ये सँदेसो लै**—यह संदेश लेकर; **सुजान**—कवि की प्रेयसी का नाम।

संदर्भ प्रस्तुत काव्यांश पाठ्यपुस्तक 'अंतरा भाग-2' में संकलित एवं कवि घनानंद द्वारा रचित 'कवित्त' से उद्धृत है। घनानंद रीतिकाल के प्रमुख स्वच्छंदतावादी कवि हैं।

प्रसंग प्रस्तुत काव्यांश में घनानंद ने अपनी प्रेमिका 'सुजान' की प्रतीक्षा करते हुए उससे न मिल पाने के कारण उत्पन्न व्यथा को प्रकट किया है। कवि की इच्छा है कि उसके प्राण निकलने से पहले सुजान उसे दर्शन दे दे।

व्याख्या प्रस्तुत काव्यांश में कवि अपनी प्रेमिका 'सुजान' से कहते हैं कि बहुत समय बीत गया है, लेकिन वह अब भी उनसे मिलने नहीं आई है। मेरे प्राण सुजान के आने की प्रतीक्षा में अब तक अटके हुए हैं। अब ये प्राण पूरी तरह से व्याकुल होकर निकलने के लिए तैयार हो रहे हैं। ये प्राण सुजान के दिए गए आश्वासन को असत्य मानकर उन पर अविश्वास करके उनके शरीर से निकल जाना चाहते हैं।

कवि ने अपनी इस विरहाकुल दशा का संदेश अपनी प्रेमिका सुजान के पास भेज दिया है, जिसे उसने सम्मानपूर्वक ग्रहण करके अपने पास रख लिया है, लेकिन अपने आने की बात बार-बार कहकर भी वह अपनी झलक दिखाने के लिए नहीं आती है। कवि कहते हैं कि उसके द्वारा किए गए सभी वादे अभी तक झूठे ही निकले हैं। उसके झूठे वादों पर विश्वास करते हुए कवि का मन उदास हो गया है।

अब कवि के जीवन में उपचार करने वाले न घन (बादल) घिरते हैं न आनंद (जल) प्राप्त होता है अर्थात् जिसे देखकर कवि का उपचार हो सके, वह प्रियतमा सुजान अब आती ही नहीं है। कवि के जीवन का अंतिम समय आ गया है। अब तो उनके प्राण भी शरीर से निकलने के लिए उनके होंठों तक आ गए हैं। कवि अपने प्राण निकलने से पहले सुजान का संदेश लेना चाहते हैं। कवि के कहने का तात्पर्य यह है कि वह अपने प्राण त्यागने से पहले सुजान के दर्शन करना चाहते हैं।

काव्य-शैली

(*i*) प्रस्तुत काव्यांश में अपनी प्रेमिका 'सुजान' के वियोग से व्याकुल एवं दु:खी कवि ने अपनी दशा का मार्मिक चित्रण किया है।

(*ii*) कवि के प्राण सुजान की एक झलक पाने के लिए ही शरीर में अटके हुए हैं।

(*iii*) प्रस्तुत काव्यांश में वियोग श्रृंगार रस का प्रयोग हुआ है।

(*iv*) प्रस्तुत काव्यांश में ब्रजभाषा का सुंदर प्रयोग हुआ है।

(*v*) प्रस्तुत काव्यांश में 'पयान प्रान' एवं 'चाहत-चलन' में अनुप्रास अलंकार, 'सुजान' एवं 'घन आनंद' में श्लेष अलंकार तथा 'कहि कहि', 'गहि-गहि' एवं 'दै दै' में पुनरुक्तिप्रकाश अलंकार है।

(*vi*) काव्यांश कवित्त छंद में रचित है।

काव्यांश 2

आनाकानी आरसी निहारिबो करौगे कौलौं?
कहा मो चकित दसा त्यों न दीठि डोलि है?
मौन हू सौं देखिहौं कितेक पन पालिहौ जू,
कूकभरी मूकता बुलाय आप बोलिहै।
जान घनआनंद यों मोहिं तुम्हैं पैज परी,
जानियैगो टेक टरें कौन धौ मलोलिहै।।
रुई दिए रहौगे कहाँ लौ बहरायबे की?
कबहूँ तौ मेरियै पुकार कान खोलिहै।

शब्दार्थ

आनाकानी—टालमटोल/बहानेबाजी; **आरसी**—शीशा/दर्पण; **निहारिबो**—प्रेमपूर्वक देखना; **कौलौं**—कब तक; **कहा**—क्यों; **त्यों**—वैसी; **दीठि**—देखकर; **डोलि है**—विचलित होती है; **कितेक**—कितने; **पन**—प्रण; **कूकभरी**—पुकारभरी; **मूकता**—चुप्पी; **आप**—खुद; **पैज**—बहस; **टेक**—जिद; **धौ**—ध्यान; **मलोलिहै**—मिटा सकता है; **बहरायबे की**—बहरा होने की; **मेरियै**—मेरी; **कान खोलिहै**—सुनोगी।

संदर्भ पूर्ववत्।

प्रसंग प्रस्तुत काव्यांश में कवि ने प्रेमिका 'सुजान' के प्रति उनके गहरे प्रेम, वियोग और उसकी उदासीनता और चुप्पी से उत्पन्न पीड़ा को व्यक्त किया है।

व्याख्या कवि घनानंद अपनी प्रेमिका से अपनी निष्ठुरता त्यागने तथा मिलने का अनुरोध करते हुए कहते हैं कि हे सुजान! तुम मेरे अनुरोध को न सुनकर टालमटोल करते हुए अपनी अँगूठी में लगे हुए शीशे में स्वयं को कब तक देखती रहोगी। उनकी विरह-व्यथित दशा को देखकर भी वह विचलित नहीं हो रही है। कवि कह रहे हैं कि वह कब तक चुप्पी साधे अपने मौन रहने की प्रतिज्ञा का पालन करेगी। उन्हें यह विश्वास है कि उनकी मौन भरी पुकार अपने हृदय से सुनकर वह अवश्य ही बोलेगी। उन्होंने अपने मन में अपनी प्रेमिका से मिलने का जो ध्यान धरा है उसे कोई मिटा नहीं सकता। कवि कह रहे हैं कि उनकी प्रेमिका अपने कानों में रुई देकर उनकी बातों को न सुनने का बहाना कब तक बनाएगी। कभी तो वह उनकी पुकार सुनकर अपने कान खोलेगी अर्थात् उनकी आवाज़ सुनेगी।

प्रेम की पीर ने कवि घनानंद को अध्यात्म से जोड़ा। अपने आध्यात्मिक भावों की अभिव्यक्ति अपनी कविताओं में करते हुए अपने आराध्य देव के रूप में वे अपनी प्रेमिका सुजान का नाम जोड़ देते हैं।

काव्य-शैली

(*i*) प्रस्तुत काव्यांश में प्रेम के विरह में मिलन हेतु हठ का चित्रण किया गया है, जिसमें कवि अपनी प्रेमिका से अपनी पुकार सुनने का अनुरोध करते हैं।

(*ii*) काव्यांश में गेयता, तुकांतता व मधुरता है तथा ब्रजभाषा का सुंदर प्रयोग है।

(*iii*) प्रस्तुत काव्यांश में श्रृंगार रस के वियोग पक्ष का वर्णन है।

(*iv*) काव्यांश कवित्त छंद में है।

(*v*) 'कान में रुई डालना' तथा 'कान खोलना' जैसे मुहावरों का सुंदर प्रयोग किया गया है।

(*vi*) प्रस्तुत काव्यांश में 'आनाकानी आरसी', 'करौगे कौलौं' इत्यादि में अनुप्रास अलंकार तथा 'कूकभरी मूकता बुलाय आप बोलिहै' में विरोधाभास अलंकार है।

पाठ्यपुस्तक (अंतरा भाग-2) के प्रश्नोत्तर

1. कवि ने 'चाहत चलन ये सँदेसो लै सुजान को' क्यों कहा है?

उत्तर प्रस्तुत पंक्ति में कवि घनानंद अपनी प्रेमिका 'सुजान' के प्रति अपनी गहरी प्रेम भावना और व्याकुलता को व्यक्त कर रहा है। कवि मरणासन्न स्थिति में है और उसे लगता है कि अब उसके प्राण किसी भी क्षण निकल सकते हैं।

ऐसे में उसकी सबसे बड़ी इच्छा है कि उसके प्राण सुजान के दर्शन से ही निकलें। कवि का कहना है कि वह इस अंतिम समय में अपनी प्रेमिका सुजान को यह संदेशा भेजना चाहता है कि उसके दर्शनों की प्रतीक्षा में ही उसके प्राण रुके हुए हैं।

कवि का प्रेम इतना प्रबल और व्याकुल है कि उसे लगता है कि सुजान के दर्शन के बिना उसके प्राण नहीं निकल पाएँगे। इस संदर्भ में कवि ने कहा है 'चाहत चलन ये सँदेसो लै सुजान को' अर्थात् वह चाहता है कि किसी भी प्रकार से सुजान को यह संदेश पहुँचे, ताकि वह आकर उसे अपने दर्शन देकर इस दुखदायी वियोग की स्थिति से मुक्त कर सके। यह पंक्ति कवि की गहन प्रेम पीड़ा, वियोग में व्याकुलता और अंतिम समय में भी प्रिय के दर्शन की लालसा को बहुत मार्मिक ढंग से व्यक्त करती है।

2. कवि मौन होकर प्रेमिका के कौन-से प्रण पालन को देखना चाहता है?

उत्तर नायिका कवि की पुकार को सुनकर भी अनसुनी कर रही है। वह दर्पण में स्वयं को निहारने में व्यस्त है। नायिका कवि से मिलने में आनाकानी करती है। नायिका की उपेक्षा से कवि दुःखी होते हैं। वे 'मौन' की प्रक्रिया में प्रेयसी के आचरण का अवलोकन करते हैं। वे अपने मौन के सहारे नायिका के 'न देखने' तथा 'न बोलने' के प्रण को देखना चाहते हैं। उन्हें लगता है कि एक दिन उनका मौन ही नायिका को बोलने पर विवश कर देगा। नायिका ने न बोलने के प्रण के पालन करने का जो विचार किया है, वह जल्दी ही समाप्त हो जाएगा। नायक की बात न सुनने के लिए नायिका ने अपने कानों में रुई डाल रखी है। उनकी मौत हो जाने के बाद जल्दी ही वह उनकी बातें सुनने को विवश होगी। इसलिए कवि मौन होकर प्रेमिका के उनसे न बोलने के प्रण पालन को देखना चाहता है।

3. कवि ने किस प्रकार की पुकार से 'कान खोलिहै' की बात कही है? **CBSE SQP 2024**

अथवा **घनानंद द्वारा रचित कवित्त में 'कान खोलिहै' कहकर क्या संकेत दिया गया है? स्पष्ट कीजिए।** **CBSE 2023**

उत्तर कवि अपनी प्रेमिका को पुकारता है। प्रेमिका/नायिका उसकी पुकार को अनसुनी कर दर्पण में अपना चेहरा निहारती है। कवि का नायिका के प्रति एकनिष्ठ प्रेम है। वह उसके उपेक्षापूर्ण व्यवहार से दुःखी है। उसे लगता है कि नायिका ने उसे 'न देखने' तथा उससे 'न बोलने' का प्रण कर रखा है, लेकिन कवि को विश्वास है कि वह उसके प्रण को अपनी 'कूकभरी मूकता' अर्थात् 'मौन भरी पुकार' से तोड़ने में सफल होगा।

जब उसका प्रण समाप्त होगा तो उनकी बातों को अनसुनी करने के बदले उसे उनके प्रणय-निवेदन को सुनना ही पड़ेगा। कवि कहता है कि वह कब तक अपने कानों में रुई डालकर बहरे होने का बहाना बनाती रहेगी, कभी तो कवि की पुकार सुनकर वह अपने कानों को खोलेगी अर्थात् एक-न-एक दिन उसे कवि की बातों को सुनना ही पड़ेगा।

4. घनानंद की रचनाओं की भाषिक विशेषताओं को अपने शब्दों में लिखिए।

उत्तर रीतिकाल में घनानंद स्वच्छंदतावादी काव्यधारा के कवि के रूप में प्रसिद्ध हैं। उन्हें 'रससिद्ध' तथा 'रसमूर्ति' भी कहा गया है। घनानंद के काव्य में भाव पक्ष को अधिक महत्त्व मिला है। हृदय के विविध भावों को दर्शाने के लिए कवि ने भाषा की विशेषताओं का सहारा लिया है। शब्द चयन घनानंद की कविता को विशिष्ट बनाते हैं। कवि ने भाषा को पूर्ववर्ती काव्य-रूढ़ियों से बाहर निकालकर नया रूप दिया। भाषा में लाक्षणिकता तथा व्यंजनात्मकता है। लावण्य तथा भाषा की मर्मस्पर्शी चेतना कवि की संवेदना को सार्थकता प्रदान करते हैं।

घनानंद का ब्रजभाषा पर असाधारण अधिकार है। आचार्य रामचंद्र शुक्ल ने लिखा है—"घनानंद साक्षात रसमूर्ति तथा ब्रजभाषा काव्य के प्रधान स्तंभों में हैं। इनकी तरह विशुद्ध, सरस तथा शक्तिशाली ब्रजभाषा लिखने में और कोई कवि समर्थ नहीं हुआ है। विशुद्धता के साथ प्रौढ़ता और माधुर्य भी अपूर्व ही है।" कवि घनानंद ने अपनी भाषा में अलंकारों का सार्थक एवं उपयुक्त प्रयोग किया है। इनके काव्य में उपमा, रूपक, श्लेष तथा विरोधाभास अलंकारों की छटा सर्वत्र दिखाई देती है।

5. निम्नलिखित पंक्तियों में प्रयुक्त अलंकारों की पहचान कीजिए

(क) कहि कहि आवन छबीले मनभावन को, गहि-गहि राखति ही दै दै सनमान को।

(ख) कूकभरी मूकता बुलाय आप बोलिहै।

(ग) अब ना घिरत घन-आनंद निदान को।

उत्तर (क) पुनरुक्तिप्रकाश अलंकार। (ख) विरोधाभास अलंकार।
(ग) अनुप्रास और श्लेष।

6. निम्नलिखित का आशय स्पष्ट कीजिए

(क) बहुत दिनान को अवधि आसपास परे, खरे अरबरनि भरे हैं उठि जान को।

(ख) मौन हू सौं देखिहौं कितेक पन पालिहौ जू, कूकभरी मूकता बुलाय आप बोलिहै।

उत्तर (क) अब मृत्यु का समय निकट आ गया है। यह जानकर मन बहुत व्याकुल और विचलित हो उठता है।

(ख) अब तो चुप रहकर यह देखना है कि मेरे हृदय की पुकार सुनकर भी वह कब तक न बोलने की अपनी प्रतिज्ञा का पालन करती है, क्योंकि प्रेम भरे हृदय की मूक पुकार तो उसे अवश्य ही अपने आप बोलने पर विवश कर देगी।

7. संदर्भ सहित व्याख्या कीजिए

(क) झूठी बतियानि की पत्यानि तें उदास ह्वै के, ... चाहत चलन ये सँदेसो लै सुजान को।

(ख) जान घनआनंद यों मोहिं तुम्हैं पैज परी, ... कबहूँ तौ मेरियै पुकार कान खोलिहै।

उत्तर (क) (ख) दिए गए काव्यांशों की संदर्भ सहित व्याख्या के लिए पृष्ठ संख्या 191 व 192 पर कविता की व्याख्या देखें।

योग्यता विस्तार

1. निम्नलिखित कवियों के तीन-तीन कवित्त एकत्रित कर याद कीजिए
तुलसीदास, रसखान, पद्माकर, सेनापति Delhi 2018

उत्तर छात्र स्वयं करें।

2. पठित अंश में से अनुप्रास अलंकार की पहचान कर एक सूची तैयार कीजिए।

उत्तर अनुप्रास अलंकार में एक ही ध्वनि (मुख्यतः व्यंजन ध्वनि) का बार-बार प्रयोग होता है, जिससे कविता में लय और माधुर्य उत्पन्न होता है। अनुप्रास शब्द अनु + प्रास शब्द से मिलकर बना है। अनु का अर्थ है– बार बार, प्रास शब्द का अर्थ है– वर्ण अर्थात् जिस जगह स्वर की समानता के बिना भी वर्णों की आवृत्ति बार-बार होती है, वहाँ भी अनुप्रास अलंकार होता है।

पठित अंश में से प्रथम कवित्त में 'अवधि आसपास', 'घिरत घन', 'पयान प्रान', 'चाहत चलन' में अनुप्रास अलंकार है तथा द्वितीय कवित्त में 'आनाकानी आरसी', 'करौगे कौलौं', 'पैज परी', 'टेक टरें' में अनुप्रास अलंकार है।

सूची

अवधि आसपास	—	'अ' ध्वनि की पुनरावृत्ति।
घिरत घन	—	'घ' ध्वनि की पुनरावृत्ति।
पयान प्रान	—	'प' ध्वनि की पुनरावृत्ति।
चाहत चलन	—	'च' ध्वनि की पुनरावृत्ति।
आनाकानी आरसी	—	'आ' ध्वनि की पुनरावृत्ति।
करौगे कौलौं	—	'क' ध्वनि की पुनरावृत्ति।
पैज परी	—	'प' ध्वनि की पुनरावृत्ति।
टेक टरें	—	'ट' ध्वनि की पुनरावृत्ति।

अभ्यास प्रश्न

काव्यांश पर आधारित बहुविकल्पीय प्रश्न

1. बहुत दिनान को अवधि आसपास परे,
खरे अरबरनि भरे हैं उठि जान को।
कहि कहि आवन छबीले मनभावन को,
गहि-गहि राखति ही दै दै सनमान को।।
झूठी बतियानि की पत्यानि तें उदास ह्वै कै,
अब ना घिरत घन आनंद निदान को।
अधर लगे हैं आनि करि कै पयान प्रान,
चाहत चलन ये सँदेसो लै सुजान को।।

(क) प्रस्तुत काव्यांश के अनुसार कवि बहुत दिनों से किससे बिछड़े हुए हैं?
(i) अपनी प्रेमिका से (ii) अपने परिवार से
(iii) अपनी पत्नी से (iv) अपनी माता से

(ख) कवि ने अपने प्राणों को क्या दिलासा दिया है?
(i) परमात्मा से मिलने का
(ii) अपनी प्रेमिका सुजान के आने का
(iii) थोड़ी देर प्रतीक्षा करने का
(iv) उपर्युक्त में से कोई नहीं

(ग) कवि की प्रेमिका ने किसे सम्मानपूर्वक ग्रहण करके अपने पास रख लिया है?
(i) कवि के प्रेम-पत्र को
(ii) कवि के द्वारा भेजे गए उपहार को
(iii) कवि के विरह से भरे संदेश को
(iv) कवि से किए गए वादे को

(घ) कथन (A) कवि का मन उदास हो गया है।
कारण (R) कवि अपनी प्रेमिका के झूठे वादों पर विश्वास कर लेते हैं। दक्षता आधारित प्रश्न

कूट
(i) कथन (A) और कारण (R) दोनों सही हैं तथा कारण (R), कथन (A) की सही व्याख्या करता है।
(ii) कथन (A) और कारण (R) दोनों सही हैं, परंतु कारण (R), कथन (A) की सही व्याख्या नहीं करता है।
(iii) कथन (A) सही है, किंतु कारण (R) गलत है।
(iv) कथन (A) गलत है, किंतु कारण (R) सही है।

(ङ) कवि के जीवन में क्या नहीं है?
(i) प्रेमिका से मिलने की आस
(ii) किसी भी तरह की कोई इच्छा
(iii) आनंद की वर्षा
(iv) परिवार से मिलने का सुख

उत्तर

(क) (i) अपनी प्रेमिका से
(ख) (ii) अपनी प्रेमिका 'सुजान' के आने का
(ग) (iii) कवि के विरह से भरे संदेश को
(घ) (i) कथन (A) और कारण (R) दोनों सही हैं तथा कारण (R), कथन (A) की सही व्याख्या करता है।
(ङ) (iii) आनंद की वर्षा

2. आनाकानी आरसी निहारिबो करौगे कौलौं?
कहा मो चकित दसा त्यों न दीठि डोलि है?
मौन हू सौं देखिहौं कितेक पन पालिहौ जू,
कूकभरी मूकता बुलाय आप बोलिहै।
जान घनआनंद यों मोहिं तुम्हैं पैज परी,
जानियैगो टेक टरें कौन धौ मलोलिहै।।
रुई दिए रहौगे कहाँ लौ बहरायबे की?
कबहूँ तौ मेरियै पुकार कान खोलिहै।

(क) कवि के अनुसार, उसकी प्रेमिका स्वयं को कहाँ देख रही है?
(i) कमरे में लगे दर्पण में
(ii) अँगूठी की चमक में
(iii) अँगूठी में लगे शीशे में
(iv) जल के प्रतिबिंब में

(ख) 'कूकभरी मूकता बुलाय आप बोलिहै' पंक्ति का क्या अर्थ है?
(i) कवि की मौन भरी पुकार सुनकर उनकी प्रेमिका उनसे अवश्य बोलेगी
(ii) कवि की पुकार सुनकर उनकी प्रेमिका दौड़ी चली आएगी
(iii) कवि की पुकार को ईश्वर अवश्य सुन लेंगे
(iv) कवि की बात को उनकी प्रेमिका अवश्य मानेगी

(ग) कवि की प्रेमिका उनकी बातों को न सुनने का बहाना कैसे बना रही है?
(i) अपने कानों में उँगली देकर
(ii) अपने कानों में रुई देकर
(iii) उनकी बातों पर ध्यान न देकर
(iv) कवि को न देखकर

(घ) निम्नलिखित कथनों में से सही कथन पर विचार कीजिए
कथन 1 **कवि को विश्वास है कि उनकी मूक पुकार सुजान तक अवश्य पहुँचेगी और वह एक दिन अवश्य उनसे बोलेगी।**
कथन 2 **कवि की व्याकुल अवस्था देखकर सुजान उनसे मिलने के लिए तैयार हो जाती है।**
कथन 3 **कवि को विश्वास है कि सुजान के कानों में भले ही 'रुई' डली हो, लेकिन उनकी पुकार सुनकर एक दिन वह अपने कान जरूर खोलेगी।**
कूट
(i) 1 और 2 (ii) 1 और 3
(iii) केवल 1 (iv) ये सभी

(ङ) 'कान खोलिहै' अर्थात् 'कान खोलना' मुहावरे का क्या अर्थ है?
(i) क्रोध करना (ii) बात करना
(iii) ध्यान देना (iv) चेतावनी देना

उत्तर
(क) (iii) अँगूठी में लगे शीशे में
(ख) (i) कवि की मौन भरी पुकार सुनकर उनकी प्रेमिका उनसे अवश्य बोलेगी
(ग) (ii) अपने कानों में रुई देकर
(घ) (ii) 1 और 3
(ङ) (iii) ध्यान देना

विषय-वस्तु पर आधारित प्रश्नोत्तर

1. कवित्त में नायिका से कवि की क्या होड़ चल रही थी?
अथवा **घनानंद और उसकी नायिका 'सुजान' के बीच क्या होड़ चल रही थी? 'कवित्त' के आधार पर वर्णन कीजिए।** **CBSE 2024**

उत्तर कवि नायिका 'सुजान' से मिलना चाहते हैं। वह मिलने से आनाकानी कर रही है, उनकी बातों को टाल रही है। कवि कह रहे हैं कि उनके और उनकी प्रेमिका के बीच पुकारने एवं न सुनने की होड़-सी चल रही है। उनकी प्रेमिका मानो कानों में रुई डालकर बैठी हुई है, किंतु उन्हें यह पूरा भरोसा है कि इस दौड़ में जीत उनकी होगी एवं उनकी प्रेमिका उनसे मिलने अवश्य आएगी। वह उनकी पुकार सुन लेगी।

2. निम्नलिखित छंद का काव्य-सौंदर्य लिखिए
आनाकानी आरसी निहारिबो करौगे कौलौं?
कहा मो चकित दसा त्यों न दीठि डोलि है?
मौन हू सौं देखिहौं कितेक पन पालिहौ जू,
कूकभरी मूकता बुलाय आप बोलिहै।
जान घनआनंद यों मोहिं तुम्हैं पैज परी,
जानियैगो टेक टरें कौन धौ मलोलिहै।।
रुई दिए रहौगे कहाँ लौ बहरायबे की?
कबहूँ तौ मेरियै पुकार कान खोलिहै।

उत्तर प्रस्तुत पद में नायिका का नायक के प्रति उदासीनता का भाव है। नायक के प्रेम में विरह के भाव पर नायिका ध्यान नहीं दे रही है। नायिका की चुप्पी का वर्णन नायक चुनौती के रूप में स्वीकार करता है। उसके मन में यह विश्वास है कि नायिका अपनी चुप्पी तोड़ेगी और उनकी पुकार सुनेगी। नायिका का नायक के प्रति उपेक्षा का भाव है। वियोग शृंगार का वर्णन है।
काव्य अत्यंत सशक्त है। भाषा सरस एवं मधुर है। ब्रजभाषा का माधुर्य काव्यांश में व्याप्त है। कवित्त छंद है। भाषा में नायक की पीड़ा को व्यक्त करने की सामर्थ्य है, अनुप्रास अलंकार है।

3. कवि घनानंद अपनी बात न सुनने वाली सुजान तक अपने हृदय की पुकार पहुँचाने के लिए क्या कहते हैं? **CBSE Diksha**

उत्तर कवि घनानंद अपनी बात न सुनने वाली सुजान तक अपने हृदय की पुकार पहुँचाने के लिए कहते हैं कि वह कब तक अपनी अँगूठी के दर्पण (आरसी) में स्वयं को देखकर मिलने से टालेगी और उनकी दुःख भरी स्थिति पर ध्यान नहीं देगी। कवि पूछते हैं कि उसकी उदासीनता कब तक बनी रहेगी और वह कब तक उनसे न बोलने के अपने प्रण को निभाएगी। कवि को विश्वास है कि उनकी मौन भरी पुकार, जो हृदय से निकली है, सुजान को एक दिन बोलने पर मजबूर कर देगी। घनानंद कहते हैं कि भले ही वह अभी अपनी चुप्पी का आनंद ले रही है, पर यह मौन अंततः टूटेगा। वह कब तक अपने कानों में 'रुई' डालकर उनकी पुकार को अनसुना करेगी। एक दिन उसकी दर्द भरी पुकार सुजान के कानों तक जरूर पहुँचेगी और वह इस मौन को तोड़कर उन्हें सुनने पर मजबूर होगी।

4. सुजान के आने की आस ने कवि घनानंद पर क्या प्रभाव डाला? **CBSE Diksha**

उत्तर सुजान के आने की आस ने कवि घनानंद पर गहरा भावनात्मक प्रभाव डाला है। लंबे इंतजार और कोई संदेश न मिलने से कवि अत्यंत व्याकुल

हो गए हैं। उन्हें पहले यह विश्वास था कि उनकी बिगड़ती स्थिति का पता लगते ही सुजान उनसे मिलने अवश्य आएगी। यह आस उनके प्राणों को रोके हुए है, लेकिन समय बीतने के साथ उनकी उम्मीदें टूट रही हैं। कवि की पीड़ा इतनी बढ़ गई है कि उन्हें महसूस हो रहा है कि उनके प्राण अब उनके होंठों तक आ गए हैं अर्थात् वे जीवन के अंतिम क्षणों में हैं। फिर भी वे आखिरी समय तक सुजान के आने की प्रतीक्षा कर रहे हैं।

5. कवि घनानंद को क्यों विश्वास है कि उनकी मूक पुकार से सुजान का हृदय पसीजेगा? **CBSE Diksha**

उत्तर कवि घनानंद को विश्वास है कि उनकी मूक पुकार से सुजान का हृदय पसीजेगा, क्योंकि वे जानते हैं कि सच्चे प्रेम की शक्ति से कोई भी हृदय अंततः प्रभावित होता है।

यद्यपि सुजान अभी उनसे मिलने में आनाकानी कर रही है और उनके संदेशों पर ध्यान नहीं दे रही किंतु एक दिन अवश्य ही वह उनके प्रेम को पहचान लेगी और उनके पास लौट आएगी। वे मानते हैं कि उनकी मार्मिक और हृदय पर असर डालने वाली मूक प्रेम-पुकार सुनकर सुजान का मन पसीज जाएगा और एक-न-एक दिन उसकी निष्ठुरता भी प्रेम में बदल ही जाएगी।

6. कवि घनानंद के सुजान के प्रति प्रेम-समर्पण और विरह की भावना पर सारगर्भित टिप्पणी लिखिए। **CBSE Diksha**

उत्तर घनानंद की रचनाओं में कवि की अपनी प्रेमिका से मिलने की व्यग्रता बार-बार दिखाई देती है। वह रह-रहकर अपनी प्रेमिका से मिलने की प्रार्थना करते हैं, परंतु उसकी प्रार्थना तथा संताप का प्रेमिका 'सुजान' पर कोई प्रभाव नहीं पड़ता। वे इस कारण अत्यंत दुःखी हैं। वे बस एक बार उससे मिलना चाहते हैं, उसे अपने हृदय की पुकार सुनाना चाहते हैं। उन्हें प्रतीत हो रहा है कि अब उनका अंत समय आ गया है।

वे कहते हैं कि बहुत लंबे समय से मैं तुम्हारे आने की प्रतीक्षा कर रहा हूँ, परंतु तुम्हारा कुछ पता नहीं है। तुमसे मिलने की आस में मेरे प्राण अटके हुए हैं। यदि एक बार तुम्हारा संदेश आ जाए, तो मैं निश्चय ही प्राण त्याग दूँ, लेकिन सुजान न उनसे मिलने आती है और न ही कोई संदेशा भेजती है। फिर भी वे आखिरी समय तक सुजान के आने की प्रतीक्षा कर रहे हैं।

स्व-मूल्यांकन

काव्यांश पर आधारित बहुविकल्पीय प्रश्न

निम्नलिखित काव्यांश को ध्यानपूर्वक पढ़कर पूछे गए बहुविकल्पीय प्रश्नों के लिए सर्वाधिक उपयुक्त विकल्प का चुनाव कीजिए।

1. बहुत दिनान को अवधि आसपास परे,
खरे अरबरनि भरे हैं उठि जान को।
कहि कहि आवन छबीले मनभावन को,
गहि-गहि राखति ही दै दै सनमान को।।
झूठी बतियानि की पत्यानि तें उदास ह्वै कै,
अब ना घिरत घन आनंद निदान को।
अधर लगे हैं आनि करि कै पयान प्रान,
चाहत चलन ये सँदेसो लै सुजान को।।

(क) कवि के प्राण कहाँ तक पहुँच गए हैं?
(i) आँखों तक (ii) होंठों तक
(iii) हृदय तक (iv) कानों तक

(ख) कवि ने किसे संदेश भेजा है?
(i) अपने गुरु को (ii) सुजान को
(iii) अपने मित्र को (iv) किसी अनजान को

(ग) कवित्त के अनुसार कवि के जीवन में क्या नहीं घिरते?
(i) घन और आनंद (ii) प्रियतमा और मित्र
(iii) बादल और आँधी (iv) चंद्रमा और सूरज

(घ) **कथन** (A) कवि ने सुजान को संदेश भेजा।
कारण (R) सुजान ने कवि का संदेश स्वीकार कर लिया।
कूट
(i) कथन (A) और कारण (R) दोनों सही हैं तथा कारण (R), कथन (A) की सही व्याख्या करता है।
(ii) कथन (A) और कारण (R) दोनों सही हैं, परंतु कारण (R), कथन (A) की सही व्याख्या नहीं करता है।
(iii) कथन (A) सही है, किंतु कारण (R) गलत है।
(iv) कथन (A) गलत है, किंतु कारण (R) सही है।

(ङ) कवि किसके दर्शन करना चाहता है?
(i) किसी देवता के (ii) अपनी प्रेमिका सुजान के
(iii) अपने गुरु के (iv) अपने परिवार के

उत्तर

(क) (ii) होंठों तक
(ख) (ii) सुजान को
(ग) (i) घन और आनंद
(घ) (iv) कथन (A) गलत है, किंतु कारण (R) सही है।
(ङ) (ii) अपनी प्रेमिका 'सुजान' के

काव्यांश की व्याख्या

2. निम्नलिखित में से किसी एक काव्यांश की सप्रसंग व्याख्या कीजिए।

झूठी बतियानि की पत्यानि तें उदास ह्वै कै,
अब ना घिरत घन आनंद निदान को।
अधर लगे हैं आनि करि कै पयान प्रान,
चाहत चलन ये सँदेसो लै सुजान को।।

अथवा

आनाकानी आरसी निहारिबो करौगे कौलौं?
कहा मो चकित दसा त्यों न दीठि डोलि है?
मौन हू सौं देखिहौं कितेक पन पालिहौ जू,
कूकभरी मूकता बुलाय आप बोलिहै।
जान घनआनंद यों मोहिं तुम्हैं पैज परी,
जानियैगो टेक टरें कौन धौ मलोलिहै।।

विषय-वस्तु पर आधारित प्रश्न

1. कवि ने सुजान के वचनों को किस प्रकार निरर्थक बताया है?
2. कवि ने अपने संदेश को सुजान तक कैसे पहुँचाया तथा कवि के संदेश को सुजान ने किस प्रकार ग्रहण किया?
3. कवि ने 'झूठी बतियानि' कहकर किस भावना को व्यक्त किया है? इससे पाठक के मन में क्या संवेदना उत्पन्न होती है?
4. कवि के अनुसार, उनके प्राण किस संदेश को लेकर चलना चाहते हैं?
5. 'छबीले मनभावन' से कवि का क्या अभिप्राय है?

01

अध्याय

प्रेमघन की छाया-स्मृति

(आचार्य रामचंद्र शुक्ल)

लेखक-परिचय

रामचंद्र शुक्ल (1884-1941) हिंदी के प्रमुख आलोचक, साहित्यकार और इतिहासकार थे। उनका जन्म उत्तर प्रदेश के बस्ती जिले के अगोना गाँव में हुआ। उन्होंने मिर्जापुर के मिशन हाईस्कूल में अध्यापन किया और बाद में काशी हिंदू विश्वविद्यालय में हिंदी के प्राध्यापक व विभागाध्यक्ष बने। शुक्लजी ने हिंदी साहित्य का इतिहास व्यवस्थित किया और हिंदी आलोचना का नया स्वरूप विकसित किया। उनकी गद्य शैली तर्कपूर्ण, विचारशील और प्रभावशाली थी, जिसमें व्यंग्य और विनोद का समावेश मिलता है। उनके प्रमुख कार्यों में हिंदी साहित्य का इतिहास, चिंतामणि, गोस्वामी तुलसीदास और रस मीमांसा शामिल हैं।

▼ **अध्ययन के लिए**
- पाठ की रूपरेखा
- पाठ का सार

▼ **अभ्यास के लिए**
- पाठ्यपुस्तक के प्रश्नोत्तर
- गद्यांशों की व्याख्या
- गद्यांश पर आधारित बहुविकल्पीय प्रश्न
- विषय-वस्तु पर आधारित प्रश्नोत्तर

पाठ की रूपरेखा

आचार्य रामचंद्र शुक्ल के संस्मरणात्मक निबंध 'प्रेमघन की छाया-स्मृति' में इन्होंने अपने हिंदी साहित्य और हिंदी भाषा के प्रति प्रारंभिक झुकाव का रोचकपूर्ण ढंग से वर्णन किया है। बाल्यावस्था में ही इन्हें साहित्यिक परिवेश प्राप्त हुआ, जिसने साहित्य के प्रति इनकी रुचि को बढ़ाया। शुक्लजी को बाल्यावस्था में भारतेंदु मंडल के रचनाकारों में मुख्यत: 'बदरीनारायण चौधरी प्रेमघन' का सान्निध्य प्राप्त हुआ। 'प्रेमघन' के व्यक्तित्व ने शुक्लजी और उनकी समवयस्क मंडली को अत्यधिक प्रभावित किया। इस संस्मरणात्मक निबंध में प्रेमघन के व्यक्तित्व और उससे प्रभावित शुक्लजी की समवयस्क मंडली की साहित्यिक प्रक्रिया में अग्रसर होने की प्रवृत्ति का उचित रूप से चित्रण किया गया है।

पाठ का सार

लेखक की पारिवारिक पृष्ठभूमि

लेखक के पिताजी फ़ारसी के अच्छे ज्ञाता तथा पुरानी हिंदी कविता के प्रेमी थे। उन्हें फ़ारसी और हिंदी कवियों की उक्तियों को मिलाने में बड़ा आनंद आता था। वे रात में घर के सदस्यों को एकत्रित करके रामचरितमानस और रामचंद्रिका बड़े आकर्षक ढंग से सुनाते थे। उन्हें भारतेंदु के नाटक बहुत प्रिय थे, इसलिए कभी-कभी भारतेंदु के नाटक भी सुनाते थे। लेखक के पिता का ट्रांसफर (बदली) हमीरपुर की राठ तहसील से मिर्जापुर में हुआ, उस समय लेखक की आयु मात्र आठ वर्ष की थी। लेखक के मन में भारतेंदु के प्रति एक अपूर्व भावना पहले से ही जाग्रत थी। आठ वर्ष के बालक भारतेंदु को 'सत्य हरिश्चंद्र' नाटक के नायक राजा हरिश्चंद्र तथा कवि हरिश्चंद्र में 'हरिश्चंद्र' शब्द होने के कारण दोनों नायकों में भेद नहीं हो पाता था। मिर्जापुर आने

पर लेखक को ज्ञात हुआ कि भारतेंदु हरिश्चंद्र के एक मित्र यहाँ रहते हैं, जो हिंदी के प्रसिद्ध कवि हैं, जिनका नाम 'उपाध्याय बदरीनारायण चौधरी' (प्रेमघन) है।

लेखक का भारतेंदु के मित्र प्रेमघन के प्रति सम्मोहन भाव

भारतेंदु मंडल की सजीव स्मृति से मिलने की लेखक के मन में बहुत उत्कंठा (बेसब्री) थी। एक दिन लेखक ने अपने बाल मित्रों को एकत्र किया, वे चौधरी साहब के घर से परिचित थे तथा लेखक उनके साथ डेढ़ मील का सफर तय करके कवि प्रेमघन के मकान तक पहुँच गया।

जहाँ नीचे का बरामदा खाली था तथा ऊपर का सघन लताओं के जाल से घिरा हुआ था। एक लड़के ने उँगली से ऊपर की तरफ़ इशारा किया, जहाँ लताओं के बीच मूर्ति-सी खड़ी दिखाई दी, जिसके दोनों कंधों पर बाल बिखरे हुए थे तथा उसने एक हाथ खंभे पर रखा हुआ था। देखते-ही-देखते कुछ समय पश्चात् यह मूर्ति दिखाई देनी बंद हो गई। यह प्रेमघन जी की लेखक के लिए पहली झलक थी।

लेखक का साहित्य के प्रति बढ़ता रुझान (झुकाव)

लेखक जैसे-जैसे बड़ा होता गया, वैसे-वैसे हिंदी के नए साहित्य के प्रति उसका झुकाव बढ़ता गया। जब लेखक क्वींस कॉलेज में पढ़ रहा था, तब लेखक के पिताजी 'भारत जीवन' प्रेस की पुस्तकें लेखक से छिपाकर रखते थे, क्योंकि उन्हें भय था कि कहीं बेटे का ध्यान स्कूल की पढ़ाई से न हट जाए। उन्हीं दिनों पं. केदारनाथ पाठक ने हिंदी पुस्तकालय खोला। लेखक वहीं से पुस्तकें लाकर पढ़ने लगा।

एक बार लेखक किसी व्यक्ति के साथ बारात में काशी गया। वहाँ लेखक घूमता हुआ चौखंभा की तरफ़ निकला, वहीं पर एक घर में से पं. केदारनाथ पाठक निकलते दिखाई दिए। कुछ समय बात करने के पश्चात् लेखक को पता चला कि पं. केदारनाथ जी जिस घर से निकले थे, वह घर भारतेंदु जी का था।

लेखक को हिंदी प्रेमियों की मित्र-मंडली मिलना

सोलह वर्ष की अवस्था में लेखक को अपनी समान आयु के हिंदी प्रेमियों की मंडली मिल गई, जिनमें श्रीयुत् काशीप्रसाद जी जायसवाल, बा. भगवान दास जी हालना, पं. बदरीनाथ गौड़, पं. उमाशंकर द्विवेदी मुख्य थे।

ये लोग हिंदी के नए-पुराने कवियों और लेखकों की चर्चा करते थे। इनके बीच लेखक (शुक्लजी) भी स्वयं को लेखक मानने लगे थे। इस मंडली के सदस्यों के बीच लिखने-पढ़ने की बातें हिंदी में होती थीं, जिसमें 'निस्संदेह' आदि शब्द आया करते थे।

जिस कारण मोहल्ले के अधिकतर निवासी वकील, मुख्तार तथा कचहरी में काम करने वाले उर्दू भाषी व्यक्तियों को ये हिंदी भाषा अनोखी लगती थी, जिसके कारण इन सभी लोगों ने हिंदी प्रेमियों का नाम 'निस्संदेह' रख दिया था।

चौधरी प्रेमघन से लेखक का संबंध

एक बार लेखक के मुहल्ले में कोई मुसलमान सब-जज आते हैं। लेखक के पिताजी सब-जज से लेखक का परिचय कराते हुए कहते हैं— "इन्हें हिंदी का बड़ा शौक है।" वे तुरंत उत्तर देते हुए कहते हैं कि इसका अंदाजा उन्हें लेखक का चेहरा देखकर ही हो गया था। चौधरी जी से अच्छी तरह परिचय होने के बाद अब लेखक प्रेमघन जी के घर एक लेखक की हैसियत से जाता था।

चौधरी साहब एक हिंदुस्तानी रईस थे। बसंत पंचमी, होली इत्यादि पर उनके यहाँ खूब नाचरंग तथा उत्सव होते रहते थे। उनकी बातों में विलक्षण वक्रता रहती थी। उनके प्रश्नों के पहले 'क्यों साहब' अकसर लगा रहता था।

प्रेमघन जी द्वारा हास-परिहास (मज़ाक) करना

लेखक बताता है कि प्रेमघन जी का स्वभाव बहुत मज़ाकिया था। एक दिन पुरानी परिपाटी के कवि वामनाचार्यगिरि ने बरामदे में कंधों पर बाल लटकाए प्रेमघन पर व्यंग्य करते हुए एक कवित्त पढ़ा, जिसका अंतिम अंश था— "खंभा टेकि खड़ी जैसे नारि मुगलाने की" अर्थात् जैसे कोई मुगल स्त्री खंभे के सहारे खड़ी हो।

इसी प्रकार, एक दिन मंडली बैठी तो एक पंडित जी आए और चौधरी साहब ने उनसे हाल-चाल पूछा। पंडित जी बोले—"कुछ नहीं, आज एकादशी थी कुछ जल खाया है और चले आ रहे हैं," चौधरी साहब ने पूछा— "जल ही खाया है कि कुछ फलाहार भी पिया है।" एक दिन चौधरी साहब के एक पड़ोसी उनके यहाँ पहुँचे। पड़ोसी को देखते ही सवाल हुआ— "क्यों साहब मैं एक लफ़्ज़ अक्सर सुनता हूँ, लेकिन उसका सही अर्थ समझ न आया। आखिर 'घनचक्कर' शब्द का अर्थ क्या है?" पड़ोसी बोला— "एक दिन रात को सोने से पहले कागज़-कलम लेकर सवेरे से रात तक जो-जो काम किए हों, सब लिख जाइए और पढ़ जाइए। शब्द का अर्थ समझ में आ जाएगा।"

'उर्दू-बेगम' पुस्तक पर चर्चा तथा चौधरी प्रेमघन का नागरी भाषा के संबंध में विचार

एक रात चौधरी साहब की घर की छत पर लेखक और उनकी मित्र मंडली 'उर्दू-बेगम' नाम की पुस्तक पर चर्चा कर रहे थे कि उसी समय लैंप की बत्ती भभकने लगी। चौधरी साहब नौकरों को आवाज़ देते रहे, परंतु अपने हाथ से लैंप बंद नहीं किया। चौधरी साहब कहते जा रहे हैं "अरे जब फूट जाई तबै चलत आवाह।"

अंत में चिमनी चकनाचूर हो गई, लेकिन चौधरी साहब का हाथ लैंप की तरफ़ न बढ़ा। प्रेमघन साहब हिंदी को नागरी भाषा मानते थे। उनके अनुसार नागर अपभ्रंश से जो शिष्ट लोगों की भाषा विकसित हुई, वही नागरी कहलाई। इसलिए, वे मिर्जापुर न लिखकर मीरजापुर लिखा करते थे। वे मीरजापुर का अर्थ लक्ष्मीपुर (मीर = समुद्र + जा = पुत्री + पुर) बताते थे।

शब्दार्थ

उक्तियाँ – कथन/कहावतें; **एकत्र** – इकट्ठा; **चित्ताकर्षक** – मन को लुभाने/आकर्षित करने वाला; **बदली** – ट्रांसफर/स्थानांतरण; **अवस्था** – आयु; **अपूर्व** – अनूठी; **मधुर भावना** – स्नेह भावना; **माधुर्य** – मधुरता; **सजीव स्मृति** – जीवंत यादें; **उत्कंठा** – लालसा/बेसब्री/बेचैनी; **अगुआ हुए** – आगे-आगे चलने लगे; **आवृत** – ढका हुआ/घेरा हुआ; **लता-प्रतान** – लताओं का फैलाव लतातंतु; **ओझल** – गायब/अदृश्य; **नूतन** – नया; **चित्त** – मन/हृदय; **चाह** – इच्छा/कामना; **सहपाठी** – साथ पढ़ने वाला छात्र; **कुतूहल** – आश्चर्य और जिज्ञासा का मिला-जुला भाव; **गहरी मैत्री** – गाढ़ी दोस्ती/मित्रता; **परिणत** – अन्य रूप में बदला हुआ/परिणाम या रूपांतर को प्राप्त; **समवयस्क** – समान आयु के/बराबर उम्र वाले; **मुख़्तार** – अधिकार प्राप्त व्यक्ति/व्यक्ति विशेष के प्रतिनिधि के रूप में कार्य करने का अधिकारी/एजेंट; **अमला** – कर्मचारीगण; **अनोखी** – विचित्र; **वाकिफ़** – जानना; **हैसियत** – सामर्थ्य; **पुरातत्त्व** – प्राचीनतम; **रईस** – संपन्न/धनी; **अदा** – ढंग/क्रियाकलाप; **विलक्षण** – विचित्र/अनुपम/असाधारण; **वक्रता** – टेढ़ापन/कुटिलता; **फ़िक्र** – चिंता; **परिपाटी** – रीति/सिलसिला/परंपरा; **टेकि** – सहारा लेकर; **नारि मुगलाने की** – मुगलों की स्त्रियों जैसी; **लफ़्ज़** – शब्द; **विनोदपूर्ण** – हँसी-मज़ाक युक्त; **उत्पत्ति** – उत्पन्न होना/पैदा होना; **वृत्तांत** – कहानी/गाथा; **आवह** – आना; **अपभ्रंश** – प्राकृत भाषाओं का परवर्ती रूप जिनसे भारत की आधुनिक आर्य भाषाओं की उत्पत्ति मानी जाती है; **शिष्ट** – पढ़े-लिखे/सभ्य।

पाठ्यपुस्तक (अंतरा भाग-2) के प्रश्नोत्तर

1. लेखक ने अपने पिताजी की किन-किन विशेषताओं का उल्लेख किया है?

उत्तर लेखक ने अपने पिताजी की अनेक विशेषताओं का उल्लेख किया है, जो निम्नलिखित हैं

(i) लेखक के पिता फ़ारसी के अच्छे ज्ञाता (जानकार) तथा पुरानी हिंदी कविता के प्रेमी थे।

(ii) वे फ़ारसी कवियों की उक्तियों को हिंदी कवियों की उक्तियों के साथ मिलाते थे ऐसा करने में उन्हें बहुत आनंद आता था।

(iii) आधुनिक हिंदी साहित्य में उन्हें भारतेंदु के नाटक बहुत प्रिय थे, इसलिए वे कभी-कभी लेखक को उनके नाटक सुनाया करते थे।

(iv) वे रात के समय परिवार (घर) के सभी सदस्यों को इकट्ठा करके रामचरितमानस तथा रामचंद्रिका का पाठ बड़े आकर्षक ढंग से सुनाया करते थे।

(v) वे स्वयं तो हिंदी प्रेमी थे, किंतु अपने पुत्र को अंग्रेज़ी पढ़ाना चाहते थे।

2. बचपन में लेखक के मन में भारतेंदु जी के संबंध में कैसी भावना जगी रहती थी?

उत्तर बचपन में लेखक के पिता भारतेंदु जी के नाटक पढ़कर सुनाया करते थे। आठ वर्ष के बालक (लेखक) की बुद्धि 'सत्य हरिश्चंद्र' नाटक के नायक राजा हरिश्चंद्र और कवि भारतेंदु हरिश्चंद्र में हरिश्चंद्र शब्द के कारण कोई भेद नहीं कर पाती थी। वे भारतेंदु जी और राजा हरिश्चंद्र को एक ही व्यक्ति समझते थे और 'हरिश्चंद्र' शब्द से दोनों की एक मिली-जुली भावना लेखक के मन में एक अपूर्व माधुर्य का संचार करती थी। इस प्रकार, बचपन में लेखक के मन में भारतेंदु जी के प्रति श्रद्धा और प्रेमभावना थी, जो उनके साहित्यिक प्रभाव के कारण और गहरी हो गई।

3. उपाध्याय बदरीनारायण चौधरी 'प्रेमघन' की पहली झलक लेखक ने किस प्रकार देखी?

उत्तर लेखक को मिर्ज़ापुर आने के कुछ दिन बाद जब यह ज्ञात हुआ कि भारतेंदु हरिश्चंद्र के मित्र तथा हिंदी के प्रसिद्ध कवि उपाध्याय बदरीनारायण चौधरी यहाँ रहते हैं, तब उनसे मिलने की उत्कंठा इतनी अधिक थी कि तभी लेखक ने मिर्ज़ापुर में बालकों की एक मंडली बनाई, जो प्रेमघन जी का घर जानते थे। डेढ़ मील का रास्ता तय करने के बाद वे सब पत्थर के एक मकान के पास पहुँचे। जहाँ ऊपर का बरामदा घनी लताओं से ढका था, बीच में खंभे और खुली जगह दिखाई पड़ती थी। उन्हीं (बालकों) के बीच में से एक लड़के ने उँगली से ऊपर की ओर इशारा किया। उन्हीं लताओं के बीच में एक मूर्ति खड़ी दिखाई दी। जिसके दोनों कंधों पर बाल बिखरे हुए थे तथा एक हाथ खंभे पर था परंतु कुछ ही क्षणों में वह मूर्ति ओझल हो गई। इसी रूप में लेखक ने प्रेमघन जी की पहली झलक देखी थी।

4. लेखक का हिंदी-साहित्य के प्रति झुकाव किस तरह बढ़ता गया?

अथवा **पं. रामचंद्र शुक्ल का हिंदी साहित्य के प्रति झुकाव किस तरह बढ़ता गया?** **CBSE SQP 2020**

अथवा **लेखक का हिंदी साहित्य के प्रति झुकाव बढ़ने के कारणों की समीक्षा कीजिए।** **CBSE Diksha**

अथवा **रामचंद्र शुक्ल के हिंदी के प्रति रुचि उत्पन्न करने में उनके पिताजी के योगदान को रेखांकित कीजिए।** **CBSE 2023**

उत्तर लेखक के पिताजी का हिंदी साहित्य के प्रति गहरा प्रेम लेखक के मन में हिंदी के प्रति रुचि उत्पन्न करने का प्रमुख कारण बना। लेखक के पिता हिंदी और फ़ारसी के अच्छे ज्ञाता थे और घर पर 'रामचरितमानस' तथा 'रामचंद्रचंद्रिका' को वह चित्ताकर्षक ढंग से सुनाते थे। फ़ारसी कवियों की उक्तियों को हिंदी कवियों की उक्तियों से मिलाने में उन्हें अत्यधिक आनंद आता था। परिवार का यह साहित्यिक माहौल लेखक के बालमन पर प्रभाव डालने वाला सहायक सिद्ध हुआ। इसी कारण लेखक का साहित्य के प्रति झुकाव रहा। जैसे-जैसे वह बड़ा हुआ, उसका झुकाव हिंदी-साहित्य की तरफ़ बढ़ता गया। 'भारत जीवन प्रेस' के मालिक रामकृष्ण वर्मा लेखक के पिताजी के मित्र थे। उनके पिता के पास भारत जीवन प्रेस की पुस्तकें आती थीं, इसके अतिरिक्त वह केदारनाथ जी पाठक के हिंदी पुस्तकालय से पुस्तकें लाकर पढ़ने लगा। किशोरावस्था में उन्हें समान उम्र वाले हिंदी प्रेमी लोगों की मंडली में शामिल होने का मौका मिला। इस मंडली में नए-पुराने लेखकों के विषय में चर्चा होती रहती थी। साथ ही वह लिखने-पढ़ने की हिंदी में बातचीत करने लगा। इस प्रकार धीरे-धीरे लेखक का झुकाव हिंदी-साहित्य के प्रति बढ़ता गया।

5. 'निस्संदेह' शब्द को लेकर लेखक ने किस प्रसंग का ज़िक्र किया है?

उत्तर लेखक और हिंदी प्रेमियों की मंडली के मित्रों के बीच होने वाली बातचीत प्रायः शुद्ध साहित्यिक पढ़ने-लिखने वाली हिंदी भाषा में हुआ करती थी, जिसमें 'निस्संदेह' इत्यादि शब्दों का प्रयोग होता था। हिंदी के नए-पुराने लेखकों की चर्चा भी बराबर मंडली में होती रहती थी। लेखक के निवास स्थान के पास अधिकतर वकील, मुख़्तार, कचहरी के अफसर आदि रहते थे, जो बातचीत और कार्य-व्यवहार में उर्दू का अधिक प्रयोग करते थे। उनके लिए शुद्ध हिंदी अनोखी भाषा थी। इस कारण उन लोगों ने इनका नाम 'निस्संदेह' रखा हुआ था।

6. पाठ में कुछ रोचक घटनाओं का उल्लेख है। ऐसी तीन घटनाएँ चुनकर उन्हें अपने शब्दों में लिखिए।

उत्तर 'प्रेमघन की छाया स्मृति' पाठ में अनेक रोचक घटनाएँ हैं, जिनमें से तीन प्रमुख घटनाएँ इस प्रकार हैं

(i) एक दिन चौधरी साहब के यहाँ मंडली बैठी, तभी वहाँ एक पंडित जी आए, चौधरी साहब ने पूछा "कहिए क्या हाल है?" पंडित जी बोले "कुछ नहीं, आज एकादशी थी कुछ जल खाया है और चले आ रहे हैं।" इस संदर्भ में चौधरी साहब बोले "जल ही खाया है कि कुछ फलाहार भी पिया है?"

(ii) एक दिन चौधरी साहब अपने बरामदे में कंधों पर बाल छिटकाए खंभे के सहारे खड़े थे। मिर्जापुर के बहुत प्रभावशाली कवि 'वामनाचार्यगिरि' ने उनको देखकर एक कवित्त बना दिया, जिसका अंतिम अंश था—"खंभा टेकि खड़ी जैसे नारि मुगलाने की" अर्थात् वह ऐसे खड़े थे जैसे कोई मुगल स्त्री खंभे पर हाथ रखकर खड़ी हो।

(iii) एक दिन चौधरी साहब के एक पड़ोसी उनके यहाँ पहुँचे। चौधरी साहब ने उनसे प्रश्न किया कि 'घनचक्कर' शब्द के क्या मायने हैं? उसके लक्षण क्या हैं? पड़ोसी महाशय बोले "एक दिन सोने से पहले कागज़-कलम लेकर सवेरे से रात तक जो-जो काम किए हों सब लिख जाइएगा और उसे पढ़ जाइएगा। शब्द का अर्थ समझ में आ जाएगा।"

7. "इस पुरातत्त्व की दृष्टि में प्रेम और कुतूहल का अद्भुत मिश्रण रहता था।" यह कथन किसके संदर्भ में कहा गया है और क्यों? स्पष्ट कीजिए।

उत्तर "इस पुरातत्त्व की दृष्टि में प्रेम और कुतूहल का अद्भुत मिश्रण रहता था।" यह कथन बदरीनारायण चौधरी 'प्रेमघन' के संदर्भ में कहा गया है। युवावस्था की ओर बढ़ते लेखक तथा उनकी मंडली को 'भारतेंदु मंडल' के रचनाकार 'प्रेमघन' का सान्निध्य प्राप्त हुआ था। जिस प्रकार पुरानी चीज़ों के प्रति प्रेम और जिज्ञासा का भाव उत्पन्न होता है, उसी प्रकार लेखक और उनके मित्रों में 'प्रेमघन' के प्रति लगाव और सीखने की लालसा का भाव भी था। वस्तुतः 'प्रेमघन' का व्यक्तित्व प्रभावी था। कंधे तक लंबे बाल, बातों में अनोखापन तथा पान खाने की निराली प्रक्रिया उनके रहन-सहन को विशिष्ट बनाती थी। लेखक ने इसी कारण इस कथन का प्रयोग किया है।

8. 'प्रस्तुत संस्मरण' में लेखक ने चौधरी साहब के व्यक्तित्व के किन-किन पहलुओं को उजागर किया है?

अथवा **'प्रेमघन की छाया-स्मृति' संस्मरण में चौधरी साहब के व्यक्तित्व की विशेषताओं का उल्लेख कीजिए।** **CBSE 2023**

अथवा **'प्रेमघन की छाया-स्मृति' पाठ में रामचंद्र शुक्ल ने चौधरी साहब के व्यक्तित्व के किन पहलुओं का वर्णन किया है?** **CBSE 2024**

उत्तर 'प्रस्तुत संस्मरण' में लेखक ने चौधरी साहब के व्यक्तित्व के अनेक पहलुओं को उजागर किया है, जो इस प्रकार हैं

(i) चौधरी साहब का व्यक्तित्व प्रभावशाली था। उनके काले लंबे बाल कंधे तक लटकते रहते थे। वे गंभीर मुद्रा में टहलते रहते थे। जब वे टहला करते तो एक छोटा लड़का पान की तश्तरी लेकर उनके पीछे-पीछे चलता रहता था।

(ii) वे अपने समय के प्रसिद्ध साहित्यकारों में से एक थे, उनके घर में हमेशा साहित्यकारों की भीड़ रहती थी।

(iii) वे रईसों का जीवन जीते थे। वह स्वयं कोई भी कार्य नहीं करते थे। उनके यहाँ उत्सवों और त्यौहारों के मौसम में खूब नाचरंग हुआ करता था।

(iv) उनका बात करने का ढंग निराला था, उनमें विलक्षण वक्रता (टेढ़ापन) रहती थी। उनकी बातचीत का ढंग, उनके लेखों की तरह अनोखापन लिए हुए था। वे प्रश्नों की शुरुआत 'क्यों साहब' से करते थे, यह उनका तकिया कलाम बन गया था।

(v) लोगों (मित्रों) का मज़ाक बनाना तथा उन पर व्यंग्य करना उनका शौक था।

(vi) वे छोटे-से-छोटे काम के लिए नौकरों पर निर्भर रहते थे तथा नौकरों के साथ संवाद करने का उनका लहजा सुनने लायक होता था।

(vii) वे नागरी भाषा को मानते थे तथा नागरी भाषा में लिखते भी थे।

9. समवयस्क हिंदी प्रेमियों की मंडली में कौन-कौन से लेखक मुख्य थे?

उत्तर लेखक की समवयस्क हिंदी प्रेमियों की मंडली में मुख्य लेखकों में श्रीयुत काशीप्रसाद जी जायसवाल, बाबू भगवानदास जी हालना, प. बदरीनाथ गौड़ तथा प. उमाशंकर द्विवेदी आदि प्रमुख थे। इन हिंदी प्रेमियों की इस मंडली में नए-पुराने लेखकों की चर्चा हुआ करती थी।

10. "भारतेंदु जी के मकान के नीचे का यह हृदय-परिचय बहुत शीघ्र गहरी मैत्री में परिणत हो गया।" लेखक के इस कथन का आशय स्पष्ट कीजिए।

उत्तर केदारनाथ पाठक मिर्जापुर में एक पुस्तकालय चलाते थे, जहाँ लेखक की भेंट उनसे होती रहती थी। जब लेखक को पता चला कि पाठक जी भारतेंदु के मकान में रहते हैं, तब लेखक उस मकान को बड़ी चाह और कुतूहल से देर तक देखते हुए भावनाओं में खो गया। केदारनाथ पाठक उनकी भावुकता से प्रसन्न एवं प्रभावित हुए। वह लेखक के साथ दूर तक बातचीत करते हुए गए। इस प्रकार भारतेंदु जी के मकान के नीचे का हृदय-परिचय शीघ्र गहरी मित्रता में परिवर्तित हो गया। लेखक और केदारनाथ पाठक के बीच मैत्रीपूर्ण संबंध यहीं स्थापित हुआ।

भाषा-शिल्प

1. हिंदी-उर्दू के विषय में लेखक के विचारों को देखिए। आप इन दोनों को एक ही भाषा की दो शैलियाँ मानते हैं या भिन्न भाषाएँ?

उत्तर लेखक अपनी मित्र मंडली के साथ प्रायः लिखने-पढ़ने वाली हिंदी भाषा का प्रयोग करता था तथा वह जिस स्थान पर रहता था वह वकील, मुख़्तारों, कचहरी के अफसरों एवं अमलों की बस्ती थी, जो उर्दूभाषी थे।

यद्यपि हिंदी भाषा में अधिकतर उर्दू के शब्दों का मिश्रण रहता है; जैसे—एक छोटा-सा लड़का पान की तश्तरी लिए उनके पीछे-पीछे लगा हुआ था, उनकी हर अदा से रियासत और तबीयतदारी आदि झलकती थी। मेरी दृष्टि में हिंदी और उर्दू एक ही भाषा की दो शैलियाँ हैं। दोनों भाषाओं में केवल लिपि का अंतर है। यदि हम हिंदी और उर्दू को अन्य शब्दों से युक्त करके प्रयुक्त करेंगे तो इससे भाषा क्लिष्ट बन जाएगी। हिंदी-उर्दू शब्दों से युक्त भाषा सफल अभिव्यक्ति के लिए सर्वोत्तम है। इस प्रकार, हिंदी-उर्दू भिन्न भाषाएँ न होकर एक ही भाषा की दो शैलियाँ हैं।

2. चौधरी जी के व्यक्तित्व को बताने के लिए पाठ में कुछ मज़ेदार वाक्य आए हैं उन्हें छाँटकर उनका संदर्भ लिखिए।

उत्तर चौधरी जी के व्यक्तित्व को बताने के लिए पाठ में आए कुछ मज़ेदार वाक्य इस प्रकार हैं

(i) 'लता-प्रतान के बीच एक मूर्ति खड़ी दिखाई पड़ी'—लेखक ने जब पहली बार चौधरी प्रेमघन को देखा, तब वे अपने घर के बरामदे में एक मूर्ति की भाँति खड़े थे, जो लताओं से घिरा हुआ था।

(ii) ''खंभा टेकि खड़ी जैसे नारि मुगलाने की''—यह पंक्ति वामनाचार्यगिरि ने चौधरी साहब के लिए कही थी। चौधरी साहब कंधे पर बाल लटकाए खंभे के सहारे इस प्रकार खड़े थे, जैसे कोई मुगल स्त्री खड़ी हो।

(iii) ''जल ही खाया है कि कुछ फलाहार भी पिया है''—यह पंक्ति चौधरी साहब ने अपने घर आए पंडित जी से कहीं। इस पंक्ति के माध्यम से चौधरी साहब पंडित जी से हास-परिहास करते दिखाई देते हैं।

(iv) ''कारे बचा त नाहीं'' यदि कभी किसी नौकर के हाथ से कभी कोई गिलास आदि गिर गया, तो चौधरी जी के मुख से यही वाक्य निकलता था।

(v) ''अरे, जब फूट जाई तबै चलत आवाह'' एक बार लैंप की बत्ती भभकने लगी। चौधरी साहब ने बत्ती बुझाने के लिए नौकर को आवाज़ दी। नौकर की देरी को देखकर यह वाक्य कहा गया।

3. पाठ की शैली की रोचकता पर टिप्पणी कीजिए।

उत्तर 'प्रेमघन की छाया-स्मृति' पाठ रामचंद्र शुक्ल जी द्वारा रचित संस्मरणात्मक निबंध है। इस निबंध में शुक्लजी ने रोचक शैली का भावपूर्ण प्रयोग किया है। व्यंग्य और विनोद का प्रयोग करते हुए उन्होंने इस पाठ को सजीवता प्रदान की है। उनका शब्द चयन और संयोजन अत्यंत व्यापक है, जिसमें तत्सम शब्दों से लेकर उर्दू शब्दों तक का प्रयोग किया गया है। उन्होंने प्रेमघन जी के चरित्र को प्रकट करने के लिए वर्णनात्मक शैली का प्रयोग किया है। कहीं-कहीं संवाद-शैली का भी प्रयोग हुआ है, जो कि अत्यंत संक्षिप्त और रोचकता लिए हुए है।

योग्यता-विस्तार

1. भारतेंदु मंडल के प्रमुख लेखकों के नाम और उनकी प्रमुख रचनाओं की सूची बनाकर स्पष्ट कीजिए कि आधुनिक हिंदी गद्य के विकास में इन लेखकों का क्या योगदान रहा?

उत्तर भारतेंदु मंडल के प्रमुख लेखकों के नाम हैं—भारतेंदु हरिश्चंद्र, प्रतापनारायण मिश्र, बदरीनारायण चौधरी 'प्रेमघन', पंडित बालकृष्ण भट्ट, ठाकुर जगमोहन सिंह आदि। इनकी प्रमुख रचनाओं की सूची निम्नलिखित है

(i) **भारतेंदु हरिश्चंद्र** भारत दुर्दशा, अंधेर नगरी, नीलदेवी, कानन कुसुम, प्रेम सरोवर आदि।

(ii) **प्रतापनारायण मिश्र** कलि कौतुक रूपक, संगीत शाकुंतल, भारत दुर्दशा, हठी हम्मीर, गो संकट नाटक, कलि प्रभाव नाटक आदि।

(iii) **बदरीनारायण चौधरी 'प्रेमघन'** मयंक महिमा, भारत सौभाग्य, मन की लहर, प्रयाग रामागमन आदि।

(iv) **पंडित बालकृष्ण भट्ट** आत्मगौरव, बाल विवाह नाटक, इंग्लिश पढ़े तो बाबू होय, कलिराज की सभा, रेल का विकट खेल आदि।

(v) **ठाकुर जगमोहन सिंह** श्यामास्वप्न।

आधुनिक हिंदी गद्य के विकास में इन लेखकों ने महत्त्वपूर्ण योगदान दिया। भारतेंदु युगीन लेखकों ने हिंदी को रीतिकालीन परिवेश से निकालकर सामयिक समस्याओं से जोड़ दिया। इन्होंने ब्रजभाषा के साथ-साथ हिंदी खड़ीबोली का प्रयोग भी आरंभ किया।

इन्होंने हिंदी में नई विधाओं का प्रारंभ किया, जिनमें नाटक, निबंध, उपन्यास, व्यंग्य रचनाएँ प्रमुख हैं। इन रचनाकारों ने हिंदी गद्य के विकास को गति प्रदान की तथा उसे विकास की ओर अग्रसर किया।

2. आपको जिस व्यक्ति ने सर्वाधिक प्रभावित किया है, उसके व्यक्तित्व की विशेषताओं को लिखिए।

उत्तर छात्र स्वयं करने का प्रयास करें।

3. यदि आपको किसी साहित्यकार से मिलने का अवसर मिले, तो आप उनसे क्या-क्या पूछना चाहेंगे और क्यों?

उत्तर यदि हमें किसी साहित्यकार से मिलने का सुअवसर प्राप्त होता है, तो हम निम्नलिखित प्रश्न पूछना चाहेंगे

(i) सर्वप्रथम हम उनसे उनका साहित्यिक नाम, उपनाम और उनकी साहित्यिक रचना, निवास स्थान के विषय में पूछेंगे।

(ii) फिर पूछेंगे कि उन्हें लेखन की प्रेरणा कैसे मिली?

(iii) आपके आदर्श कौन हैं?

(iv) आप लेखन कार्य किस समय करते हैं?

(v) आपने कौन-कौन सी कृतियों (रचनाओं) की रचना की है।

(vi) आप स्वयं अपनी कौन-सी रचना से प्रभावित हैं?

(vii) आप कौन-सी भाषा में लिखना पसंद करते हैं तथा आपकी शैली क्या है?

4. संस्मरण साहित्य क्या है? इसके बारे में जानकारी प्राप्त कीजिए।

उत्तर संस्मरण का अर्थ है— 'सम्यक् स्मरण'। किसी व्यक्ति अथवा घटना को याद करके अपने निजी अनुभवों को लिखना संस्मरण कहलाता है। इसमें तटस्थता का भाव नहीं होता। लेखक का उद्देश्य स्मरणीय व्यक्ति का प्रभाव पाठकों तक पहुँचाना होता है। इसमें 'मैं' शैली का प्रयोग होता है। प्रायः संस्मरण प्रेरणा देने वाले होते हैं। उदाहरण के लिए, महादेवी वर्मा का 'पथ के साथी' तथा राहुल सांकृत्यायन का 'शांति निकेतन में' श्रेष्ठ संस्मरण है।

अभ्यास प्रश्न

गद्यांशों की व्याख्या

निम्नलिखित गद्यांशों की सप्रसंग व्याख्या कीजिए

गद्यांश 1

मेरे पिताजी फ़ारसी के अच्छे ज्ञाता और पुरानी हिंदी कविता के बड़े प्रेमी थे। फ़ारसी कवियों की उक्तियों को हिंदी कवियों की उक्तियों के साथ मिलाने में उन्हें बड़ा आनंद आता था। वे रात को प्रायः रामचरितमानस और रामचंद्रिका, घर के सब लोगों को एकत्र करके बड़े चित्ताकर्षक ढंग से पढ़ा करते थे। आधुनिक हिंदी-साहित्य में भारतेंदु जी के नाटक उन्हें बहुत प्रिय थे। उन्हें भी वे कभी-कभी सुनाया करते थे। जब उनकी बदली हमीरपुर ज़िले की राठ तहसील ही से मिर्ज़ापुर हुई, तब मेरी अवस्था आठ वर्ष की थी। उसके पहले ही से भारतेंदु के संबंध में एक अपूर्व मधुर भावना मेरे मन में जगी रहती थी। 'सत्य हरिश्चंद्र' नाटक के नायक राजा हरिश्चंद्र और कवि हरिश्चंद्र में मेरी बाल-बुद्धि कोई भेद नहीं कर पाती थी।

संदर्भ प्रस्तुत गद्यांश पाठ्यपुस्तक 'अंतरा भाग-2' में संकलित आचार्य रामचंद्र शुक्ल के संस्मरणात्मक निबंध 'प्रेमघन की छाया-स्मृति' से उद्धृत है।

प्रसंग प्रस्तुत गद्यांश में आचार्य शुक्ल ने अपने पिता की साहित्यिक रुचियों को तथा आधुनिक साहित्यकार भारतेंदु हरिश्चंद्र के प्रति उनकी आस्था और श्रद्धा भाव को अभिव्यक्त किया है।

व्याख्या प्रस्तुत गद्यांश में लेखक अपने पिता के विषय में बताते हुए कहते हैं कि मेरे पिता जी को फ़ारसी भाषा की अच्छी जानकारी थी। वे पुरानी हिंदी कविता के बड़े प्रेमी थे अर्थात् उन्हें पुरानी हिंदी की कविता बहुत प्रिय थी। वे फ़ारसी कवियों की उक्तियों (कहावतों) को हिंदी कवियों की उक्तियों (कहावतों) के साथ मिलाने का कार्य करते, इस कार्य में उन्हें बहुत आनंद आता था। लेखक के पिता रात के समय परिवार के सभी लोगों को इकट्ठा करके बड़े आकर्षक ढंग से रामचरितमानस और रामचंद्रिका को पढ़कर सुनाया करते थे। उन्हें आधुनिक साहित्य के रचनाकारों में भारतेंदु जी बहुत अच्छे लगते थे, इसलिए वे कभी-कभी उनके नाटक भी सुनाया करते थे। लेखक आगे कहते हैं कि जब उनकी आयु आठ वर्ष की थी, तब उनके पिता का ट्रांसफर (स्थानांतरण) हमीरपुर जिले की राठ तहसील से मिर्जापुर हो गया था। मिर्जापुर आने से पहले ही लेखक के मन में भारतेंदु के प्रति एक अनूठी मधुर (स्नेह) भावना जाग गई थी। लेखक आयु में छोटा था, इसलिए उसकी बालक-बुद्धि सत्य हरिश्चंद्र नाटक के नायक राजा हरिश्चंद्र तथा कवि हरिश्चंद्र में 'हरिश्चंद्र' शब्द होने के कारण उन दोनों में कोई अंतर नहीं कर पाता था। लेखक के लिए वे दोनों एक ही व्यक्ति थे।

विशेष

(*i*) प्रस्तुत गद्यांश में लेखक ने अपने पिताजी की साहित्यिक रुचियों तथा साहित्यकार भारतेंदु के प्रति स्वयं की व अपने पिता की आस्था का वर्णन रोचकपूर्ण ढंग से किया है।

(*ii*) लेखक की बचपन की स्मृतियों तथा बालमन का सुंदर वर्णन गद्यांश में किया गया है।

(*iii*) प्रस्तुत गद्यांश की भाषा सरल, सहज और बोधगम्य है।

(*iv*) प्रस्तुत गद्यांश में साहित्यिक खड़ीबोली का प्रयोग सशक्त अभिव्यक्ति में सहायक सिद्ध हुआ है तथा तत्सम शब्दों का प्रयोग प्रचुर मात्रा में हुआ है।

(*v*) गद्यांश में वर्णनात्मक शैली का प्रयोग किया गया है।

गद्यांश 2

भारतेंदु-मंडल की किसी सजीव स्मृति के प्रति मेरी कितनी उत्कंठा रही होगी, यह अनुमान करने की बात है। मैं नगर से बाहर रहता था। एक दिन बालकों की मंडली जोड़ी गई। जो चौधरी साहब के मकान से परिचित थे, वे अगुआ हुए। डेढ़ मील का सफ़र तय हुआ। पत्थर के एक बड़े मकान के सामने हम लोग जा खड़े हुए। नीचे का बरामदा खाली था।

ऊपर का बरामदा सघन लताओं के जाल से आवृत्त था। बीच-बीच में खंभे और खुली जगह दिखाई पड़ती थी। उसी ओर देखने के लिए मुझसे कहा गया।

कोई दिखाई न पड़ा। सड़क पर कई चक्कर लगे। कुछ देर पीछे एक लड़के ने उँगली से ऊपर की ओर इशारा किया। लता-प्रतान के बीच एक मूर्ति खड़ी दिखाई पड़ी। दोनों कंधों पर बाल बिखरे हुए थे। एक हाथ खंभे पर था। देखते ही देखते यह मूर्ति दृष्टि से ओझल हो गई। बस, यही पहली झाँकी थी।

संदर्भ पूर्ववत्।

प्रसंग प्रस्तुत गद्यांश में आचार्य शुक्ल ने अपनी बाल्यावस्था में भारतेंदु-मंडल के रचनाकार 'प्रेमघन' के प्रति अपने आकर्षण तथा उनके दर्शन प्राप्ति के प्रथम अवसर का उल्लेख किया है।

व्याख्या प्रस्तुत गद्यांश के अनुसार, आचार्य रामचंद्र शुक्ल की अपनी बाल्यावस्था से ही 'भारतेंदु-मंडल' के साहित्यकार से मिलने की उत्कंठा थी। उनके पिता की बदली मिर्जापुर में हो गई थी और वहाँ पहुँचने पर उन्हें पता चला कि 'भारतेंदु-मंडल' के रचनाकार बदरीनारायण चौधरी 'प्रेमघन' यहीं रहते हैं। यहाँ के बच्चों से शुक्लजी की मित्रता हो चुकी थी। बच्चों की मंडली बनाकर शुक्लजी 'प्रेमघन जी' के दर्शन करने के लिए उनके घर की ओर चल दिए। शुक्लजी के हृदय में उनसे मिलने की बहुत प्रबल इच्छा थी। अपने घर से लगभग डेढ़ मील दूर एक पत्थर के बड़े भवन को लड़कों ने प्रेमघन जी का मकान बताया।

इस बड़े मकान का ऊपरी हिस्सा लताओं से ढका हुआ था। सभी लड़के उनके मकान की ओर इधर-उधर देख रहे थे, बीच में खंभा और खुली जगह थी। इतने में एक लड़के ने लताओं के बीच खुले बरामदे की ओर संकेत

किया। घर के बरामदे में पेड़ की लताओं के बीच कंधे तक लंबे बालों में एक व्यक्ति मूर्ति की भाँति वहाँ पर खड़ा दिखाई दिया।

वही 'प्रेमघन' थे, किंतु देखते ही देखते वह मूर्ति उनकी आँखों से ओझल हो गई। लेखक 'भारतेंदु मंडल' के इस रचनाकार को पहली बार देखकर अत्यधिक आनंदित हुआ।

विशेष

(i) उपर्युक्त गद्यांश में लेखक ने 'प्रेमघन' के प्रथम दर्शन का वर्णन चित्रात्मक ढंग से किया है।

(ii) प्रस्तुत गद्यांश में तत्सम तथा तद्भव-युक्त साहित्यिक खड़ीबोली का प्रयोग हुआ है।

(iii) प्रस्तुत गद्यांश में संस्मरण में परिवेश का चित्रात्मक तथा वर्णनात्मक विवरण किया गया है।

(iv) प्रस्तुत गद्यांश की भाषा शब्द चयन आदि की दृष्टि से सरल, सहज तथा बोधगम्य है।

(v) गद्यांश में वर्णनात्मक शैली का प्रयोग किया गया है।

गद्यांश 3

ज्यों-ज्यों मैं सयाना होता गया, त्यों-त्यों हिंदी के नूतन साहित्य की ओर मेरा झुकाव बढ़ता गया। क्वीन्स कॉलेज में पढ़ते समय स्वर्गीय बाबू रामकृष्ण वर्मा मेरे पिताजी के सहपाठियों में से थे। भारत जीवन प्रेस की पुस्तकें प्रायः मेरे यहाँ आया करती थीं, पर अब पिताजी उन पुस्तकों को छिपाकर रखने लगे। उन्हें डर हुआ कि कहीं मेरा चित्त स्कूल की पढ़ाई से हट न जाए, मैं बिगड़ न जाऊँ। उन्हीं दिनों पं. केदारनाथ पाठक ने एक हिंदी पुस्तकालय खोला था। मैं वहाँ से पुस्तकें ला-लाकर पढ़ा करता।

संदर्भ पूर्ववत्।

प्रसंग प्रस्तुत गद्यांश में लेखक ने अपने साहित्य के प्रति बढ़ते आकर्षण तथा उनके पिताजी की पढ़ाई के विषय में चिंता को प्रकट किया है।

व्याख्या प्रस्तुत गद्यांश में लेखक आचार्य शुक्ल बताते हैं कि जैसे-जैसे वे बड़े होते गए हिंदी साहित्य की ओर उनका रुझान बढ़ता जा रहा था, जिसको लेकर उनके पिताजी आशंकित रहा करते थे। लेखक बताते हैं कि क्वीन्स कॉलेज में पढ़ते समय बाबू रामकृष्ण वर्मा उनके पिताजी के सहपाठी थे, जिनकी प्रेस 'भारत जीवन' से उनके घर पर पुस्तकें आया करती थीं। लेखक की बढ़ती साहित्यिक रुचि के कारण उनके पिताजी चिंतित रहा करते थे, इसलिए उनके पिताजी 'भारत जीवन प्रेस' से आई हिंदी की पुस्तकों को छिपा कर रखते थे। उनका मानना था कि इन साहित्यिक पुस्तकों को पढ़ने से शुक्लजी का मन पढ़ाई-लिखाई से हट सकता था तथा उन्हें यह भी डर था कि कहीं वह बिगड़ न जाए।

लेखक बताते हैं कि उसके कुछ दिनों उपरांत ही पंडित केदारनाथ पाठक ने उनके यहाँ एक पुस्तकालय खोला और वे वहीं से पुस्तकें लाकर पढ़ने लगे।

विशेष

(i) प्रस्तुत गद्यांश में लेखक ने हिंदी साहित्य के प्रति बढ़ते आकर्षण का वर्णन किया है।

(ii) प्रस्तुत गद्यांश में साहित्यिक खड़ीबोली में तत्सम शब्दों का प्रयोग मिलता है।

(iii) प्रस्तुत गद्यांश की भाषा सरल, सहज तथा स्वाभाविक है तथा इसमें वर्णनात्मक शैली का प्रयोग हुआ है।

(iv) प्रस्तुत गद्यांश में मुहावरों का प्रयोग हुआ है; जैसे—बिगड़ जाना, चित्त हटना आदि।

गद्यांश 4

बात ही बात में मालूम हुआ कि जिस मकान में से वे निकले थे, वह भारतेंदु जी का घर था। मैं बड़ी चाह और कुतूहल की दृष्टि से कुछ देर तक उस मकान की ओर न जाने किन-किन भावनाओं में लीन होकर देखता रहा। पाठक जी मेरी यह भावुकता देख बड़े प्रसन्न हुए और बहुत दूर तक मेरे साथ बातचीत करते हुए गए। भारतेंदु जी के मकान के नीचे का यह हृदय-परिचय बहुत शीघ्र गहरी मैत्री में परिणत हो गया।

संदर्भ पूर्ववत्।

प्रसंग प्रस्तुत गद्यांश में भारतेंदु जी के मकान को देखकर लेखक की भावपूर्ण दशा का वर्णन किया गया है।

व्याख्या लेखक एक बारात के सिलसिले में काशी गए थे, जहाँ उनकी मुलाकात केदारनाथ पाठक जी से हुई। उनसे लेखक को ज्ञात हुआ कि जिस मकान से वे निकले हैं वह भारतेंदु जी का मकान है। वे बड़ी अभिलाषा और जिज्ञासा भरी नज़रों से कुछ समय तक उस मकान को देखते रहे और भावनाओं में खो गए। वे अपनी भावनाओं को व्यक्त नहीं कर पा रहे थे। बालक की इस भावुकता को देखकर केदारनाथ पाठक जी बहुत प्रसन्न हुए और बहुत दूर तक वे लेखक के साथ बातचीत करते हुए चलते रहे। भारतेंदु के घर के नीचे का लेखक की भावदशा का जो परिचय केदारनाथ जी से हुआ, वह बहुत जल्दी उन दोनों के बीच गहरी मित्रता में बदल गया।

विशेष

(i) प्रस्तुत गद्यांश में साहित्यकार भारतेंदु के प्रति लेखक के लगाव का वर्णन भावपूर्ण शैली में किया गया है।

(ii) प्रस्तुत गद्यांश की भाषा सरल, सहज एवं प्रभावपूर्ण है।

(iii) तत्सम शब्दावली का प्रयोग किया गया है।

(iv) गद्यांश में प्रवाहपूर्ण, खड़ीबोली, बोलचाल की भाषा शैली का प्रयोग हुआ है।

गद्यांश 5

16 वर्ष की अवस्था तक पहुँचते-पहुँचते तो समवयस्क हिंदी प्रेमियों की एक खासी मंडली मुझे मिल गई, जिनमें श्रीयुत् काशीप्रसाद जायसवाल, बाबू भगवानदास हालना, पं. बदरीनाथ गौड़ तथा पं. उमाशंकर द्विवेदी मुख्य थे। हिंदी के नए-पुराने लेखकों की चर्चा बराबर इस मंडली में रहा करती थी। मैं भी अब अपने को एक लेखक मानने लगा था। हम लोगों की बातचीत प्रायः लिखने-पढ़ने की हिंदी में हुआ करती, जिसमें 'निस्संदेह' इत्यादि शब्द आया करते थे। जिस स्थान पर मैं रहता था, वहाँ अधिकतर वकील, मुख़्तारों तथा कचहरी के अफ़सरों और अमलों की बस्ती थी। ऐसे लोगों के उर्दू कानों में हम लोगों की बोली कुछ अनोखी लगती थी। इसी से उन्होंने हम लोगों का नाम 'निस्संदेह' लोग रख छोड़ा था।

संदर्भ पूर्ववत्।

प्रसंग प्रस्तुत गद्यांश में युवावस्था की ओर बढ़ते हुए आचार्य शुक्ल और उनके समवयस्क साहित्य प्रेमियों ने एक मंडली तैयार कर ली। लेखक इस गद्यांश में गंभीर विनोद के साथ उसका स्मरण कर रहे हैं।

व्याख्या प्रस्तुत गद्यांश के अनुसार लेखक ने अपनी किशोरावस्था में साहित्य लेखन में रुचि लेनी शुरू कर दी थी। 16 वर्ष की अवस्था तक उन्होंने अपने हमउम्र (समान आयु वाले) हिंदी प्रेमियों की एक मंडली बना ली थी, जिसमें काशीप्रसाद जायसवाल, भगवानदास हालना, बदरीनाथ गौड़ तथा उमाशंकर द्विवेदी मुख्य थे। इस मंडली के सदस्य हिंदी साहित्य की गतिविधियों में रुचि लिया करते थे। मंडली के सदस्यों की बातचीत का केंद्र नए-पुराने लेखक तथा उनका लेखन हुआ करता था। बातचीत संस्कृतनिष्ठ हिंदी में की जाती थी, जिससे आस-पास निवास करने वाले उर्दू के जानकार सरकारी कर्मचारी अथवा अदालतों में काम करने वाले लोग इन्हें 'निस्संदेह' कहा करते, क्योंकि उन्हें शुद्ध हिंदी का प्रयोग अनोखा लगता था। 'निस्संदेह' कहने का कारण लेखक की मंडली के समवयस्क लोगों द्वारा इस शब्द का बराबर प्रयोग करना था।

विशेष

(*i*) प्रस्तुत गद्यांश में लेखक की साहित्य के प्रति रुचि का वर्णन किया है।
(*ii*) संस्कृतनिष्ठ खड़ीबोली में उर्दू-फ़ारसी के शब्दों को भी स्थान दिया गया है। वकील, मुख्तार, कचहरी तथा अमला ऐसे ही शब्द हैं।
(*iii*) प्रस्तुत गद्यांश में वर्णनात्मक शैली में सफल भावाभिव्यक्ति हुई है।

गद्यांश 6

चौधरी साहब से तो अब अच्छी तरह परिचय हो गया था। अब उनके यहाँ मेरा जाना एक लेखक की हैसियत से होता था। हम लोग उन्हें एक पुरानी चीज़ समझा करते थे। इस पुरातत्त्व की दृष्टि में प्रेम और कुतूहल का एक अद्‌भुत मिश्रण रहता था। यहाँ पर यह कह देना आवश्यक है कि चौधरी साहब एक खास हिंदुस्तानी रईस थे। वसंत पंचमी, होली इत्यादि अवसरों पर उनके यहाँ खूब नाचरंग और उत्सव हुआ करते थे। उनकी हर एक अदा में रियासत और तबीयतदारी टपकती थी। कंधों तक बाल लटक रहे हैं। आप इधर से उधर टहल रहे हैं। एक छोटा-सा लड़का पान की तश्तरी लिए पीछे-पीछे लगा हुआ है। बात की काँट-छाँट का क्या कहना है ! जो बातें उनके मुँह से निकलती थीं, उनमें एक विलक्षण वक्रता रहती थी। उनकी बातचीत का ढंग उनके लेखों के ढंग से एकदम निराला था। **CBSE 2024**

संदर्भ पूर्ववत्।

प्रसंग प्रस्तुत गद्यांश में लेखक 'प्रेमघन' के साथ अपने परिचय तथा उनके प्रभाव का स्मरण कर रहे हैं। यहाँ लेखक ने प्रेमघन के व्यक्तित्व को बहुत आकर्षक ढंग से प्रस्तुत किया है।

व्याख्या प्रस्तुत गद्यांश के अनुसार आचार्य रामचंद्र शुक्ल का परिचय चौधरी साहब 'प्रेमघन' से होने पर उनके बीच मित्रता प्रगाढ़ होती गई। शुक्लजी चौधरी साहब के पास एक लेखक के रूप में जाने लगे थे। लेखक व उसकी मित्र मंडली चौधरी साहब को पुराने कवि मानने के कारण विशेष आदर सम्मान देते थे।

इस प्रकार पुराने व प्रतिष्ठित कवि के संदर्भ में प्रेम व जिज्ञासा का एक अद्‌भुत मिश्रण रहता था। लेखक एक बात विशेष रूप से बताना चाहते हैं कि चौधरी साहब रईस थे। विभिन्न उत्सवों पर उनके यहाँ खूब नाच-गान होता था। उनके जीवनयापन का अंदाज़ निराला था। कंधों तक लटकते बालों के कारण उनके व्यक्तित्व में भव्यता थी। जब वे इधर-उधर टहल रहे होते, तब एक लड़का हमेशा पान की तश्तरी लिए पीछे-पीछे चलता रहता था। उनकी बातों में भी रईसी झलकती तथा उनके शब्दों में विलक्षण वक्रता (टेढ़ापन) होता। उनकी बातचीत और लेखों के ढंग में अंतर होता था अर्थात् उनकी लेखन शैली स्पष्ट एवं गंभीर थी, लेकिन बातें व्यंग्य से भरी हुईं। लेखक ने प्रेमघन के व्यक्तित्व के साथ उनके लेखन की साम्यभावना को उभारने का प्रयास भी किया है।

विशेष

(*i*) प्रस्तुत गद्यांश में 'प्रेमघन' के व्यक्तित्व का चित्रण हुआ है। लेखक 'प्रेमघन' को पुरातत्त्व की दृष्टि में प्रेम और कुतूहल का मिश्रण बताकर उनके व्यक्तित्व की विशिष्टता को उभारता है।
(*ii*) प्रस्तुत गद्यांश में तत्सम शब्दों के अतिरिक्त उर्दू-फ़ारसी के शब्द तथा देशज शब्दों का प्रयोग भी हुआ है।
(*iii*) गद्यांश में चित्रात्मक तथा वर्णनात्मक शैली का प्रयोग किया गया है।
(*iv*) प्रस्तुत गद्यांश में खड़ीबोली की सशक्त अभिव्यक्ति हुई है।

गद्यांश 7

वे लोगों को प्रायः बनाया करते थे, इससे उनसे मिलने वाले लोग भी उन्हें बनाने की फ़िक्र में रहा करते थे। मिर्जापुर में पुरानी परिपाटी के एक बहुत ही प्रतिभाशाली कवि रहते थे, जिनका नाम था-वामनाचार्यगिरि। एक दिन वे सड़क पर चौधरी साहब के ऊपर एक कविता जोड़ते चले जा रहे थे। अंतिम चरण रह गया था कि चौधरी साहब अपने बरामदे में कंधों पर बाल छिटकाए खंभे के सहारे खड़े दिखाई पड़े। चट कवित्त पूरा हो गया और वामनजी ने नीचे से वह कवित्त ललकारा, जिसका अंतिम अंश था-"खंभा टेकि खड़ी जैसे नारि मुगलाने की।" **CBSE 2024**

संदर्भ पूर्ववत्।

प्रसंग प्रस्तुत गद्यांश में लेखक ने प्रेमघन जी के व्यक्तित्व तथा विशेषताओं पर प्रकाश डाला है।

व्याख्या प्रस्तुत गद्यांश में लेखक ने प्रेमघन जी के विषय में बताया है कि वे अकसर लोगों से हास-परिहास (व्यंग्य) किया करते थे, इसलिए उनसे मिलने वाले भी उनका मज़ाक बनाने की फ़िक्र (ताक) में रहते थे। मिर्जापुर में एक पुरानी परिपाटी के प्रतिभाशाली कवि रहते थे, जिनका नाम वामनाचार्यगिरि था। एक दिन वे चौधरी साहब (प्रेमघन) के ऊपर कविता बनाते हुए चले जा रहे थे। कविता का आखिरी चरण बनना रह गया था। तभी उन्हें बरामदे में चौधरी साहब खड़े दिखाई दिए जिनके कंधों पर बाल फैले हुए थे और वह एक हाथ से खंभे का सहारा लिए हुए खड़े थे। उन्हें देखते ही वामनाचार्य ने

झट से पूरी कविता रच दी। कविता की अंतिम पंक्ति पूरी होते ही वामन जी ने नीचे से ही वह कविता ज़ोर से पढ़ी जिसका अंतिम अंश था कि खंभे पर हाथ रखकर वे इस प्रकार खड़े थे जैसे कोई मुगल स्त्री खड़ी हो। इस तरह उन्होंने प्रेमघन पर व्यंग्यपूर्ण कविता रच कर उनका मज़ाक उड़ाया।

विशेष

(i) प्रस्तुत गद्यांश में प्रेमघन जी के व्यक्तित्व पर प्रकाश डाला गया है। लोगों का मज़ाक उड़ाना उनकी आदत थी, जिसे वे हास-परिहास के रूप में अभिव्यक्त करते थे।

(ii) प्रस्तुत गद्यांश में हिंदी, उर्दू, तत्सम आदि शब्दों का प्रयोग किया गया है।

(iii) प्रस्तुत गद्यांश में भाषा सहज तथा प्रवाहपूर्ण है।

(iv) गद्यांश में वर्णनात्मक शैली का प्रयोग किया गया है।

गद्यांश 8

उपाध्याय जी नागरी को भाषा मानते थे बराबर नागरी भाषा लिखा करते थे। उनका कहना था कि "नागर अपभ्रंश से जो शिष्ट लोगों की भाषा विकसित हुई, वही नागरी कहलाई।" इसी प्रकार वे मिर्जापुर न लिखकर मीरजापुर लिखा करते थे, जिसका अर्थ वे करते थे लक्ष्मीपुर–मीर=समुद्र + जा=पुत्री + पुर।

संदर्भ पूर्ववत्

प्रसंग प्रस्तुत गद्यांश में चौधरी प्रेमघन जी की भाषा संबंधी मौलिकता तथा उनके चिंतनशील व्यक्तित्व का वर्णन किया गया है।

व्याख्या उपाध्याय बदरीनारायण चौधरी 'प्रेमघन' हिंदी भाषा को नागरी भाषा कहते थे और वे इसी नागरी भाषा में ही लिखते थे। उनका मानना था कि नागरी भाषा, नागर अपभ्रंश से विकसित हुई है। अतः इस कारण नागरी कहलाती है। चौधरी साहब इसे नागरी भाषा ही लिखते थे। वे इसे शिष्ट लोगों की भाषा मानते थे। उनकी दृष्टि में नागर अपभ्रंश से शिष्ट लोगों की जो भाषा विकसित हुई, उसी का नाम नागरी भाषा है, इसलिए प्रेमघन जी मिर्जापुर को मीरजापुर लिखा करते थे। मीरजापुर का अर्थ वे लक्ष्मीपुर करते थे। उनका मानना था कि 'मीर' शब्द का अर्थ है—'समुद्र' और 'जा' का अर्थ है—'पुत्री' इसलिए मीर = समुद्र + जा = पुत्री + पुर = मीरजापुर। समुद्र की पुत्री है, लक्ष्मी। इसी कारण नगर के नाम का अर्थ हुआ लक्ष्मीपुर।

विशेष

(i) प्रेमघन जी का भाषा संबंधी मौलिक दृष्टिकोण अभिव्यक्त हुआ है।

(ii) प्रस्तुत गद्यांश में संस्कृत के तत्सम शब्दों का बाहुल्य है।

(iii) प्रस्तुत गद्यांश में भाषा सरल व बोधगम्य है।

(iv) गद्यांश में वर्णनात्मक शैली का प्रयोग हुआ है।

गद्यांश पर आधारित बहुविकल्पीय प्रश्न

निम्नलिखित गद्यांशों को ध्यानपूर्वक पढ़कर पूछे गए बहुविकल्पीय प्रश्नों के लिए सर्वाधिक उपयुक्त विकल्प का चुनाव कीजिए

1. **फारसी कवियों की उक्तियों को हिंदी कवियों की उक्तियों के साथ मिलाने में उन्हें बड़ा आनंद आता था। वे रात को प्रायः रामचरितमानस और रामचंद्रिका, घर के सब लोगों को एकत्र करके बड़े चित्ताकर्षक ढंग से पढ़ा करते थे। आधुनिक हिंदी-साहित्य में भारतेंदु जी के नाटक उन्हें बहुत प्रिय थे। उन्हें भी वे कभी-कभी सुनाया करते थे। जब उनकी बदली हमीरपुर ज़िले की राठ तहसील से मिर्जापुर हुई, तब मेरी अवस्था आठ वर्ष की थी। उसके पहले ही से भारतेंदु के संबंध में एक अपूर्व मधुर भावना मेरे मन में जगी रहती थी। 'सत्य हरिश्चंद्र' नाटक के नायक राजा हरिश्चंद्र और कवि हरिश्चंद्र में मेरी बाल-बुद्धि कोई भेद नहीं कर पाती थी।**

(क) गद्यांश में आए शब्द 'चित्ताकर्षक' का अर्थ है

(i) मन को चित्त करने वाली (ii) मन को रुलाने वाली
(iii) मन को दुखाने वाली (iv) मन को मोहने वाली

(ख) गद्यांश में कौन किसके बारे में कह रहा है?

(i) जयशंकर प्रसाद—भारत के बारे में
(ii) बदरीनाथ गौड़—श्रीराम शर्मा के बारे में
(iii) रामचंद्र शुक्ल—अपने पिता के बारे में
(iv) रामवृक्ष बेनीपुरी—महादेवी वर्मा के बारे में

(ग) लेखक के पिता को आनंद आता था

(i) भारतेन्दु हरिश्चन्द्र के नाटकों को देखने में
(ii) फ़ारसी-हिन्दी कवियों की उक्तियों को परस्पर मिलाने में
(iii) धार्मिक कथाओं की रचना करने में
(iv) सत्य हरिश्चन्द्र नाटक का अभिनय करने में

(घ) राजा हरिश्चन्द्र और भारतेंदु हरिश्चंद्र के बारे में लेखक की धारणा थी

(i) दोनों में अन्तर है।
(ii) दोनों एक ही हैं।
(iii) दोनों कवि हैं।
(iv) दोनों गायक हैं।

(ङ) कथन (A) भारतेंदु के सम्बन्ध में एक अपूर्व मधुर भावना मेरे मन में जगी रहती थी।

कारण (R) भारतेंदु जी के नाटकों को पिताजी कभी-कभी सुनाया करते थे।

कूट

(i) कथन (A) और कारण (R) दोनों सही हैं तथा कारण (R), कथन (A) की सही व्याख्या करता है।
(ii) कथन (A) और कारण (R) दोनों सही हैं, परंतु कारण (R), कथन (A) की सही व्याख्या नहीं करता है।
(iii) कथन (A) सही है, किंतु कारण (R) गलत है।
(iv) कथन (A) गलत है, किंतु कारण (R) सही है।

उत्तर

(क) (iv) मन को मोहने वाली
(ख) (iii) रामचंद्र शुक्ल—अपने पिता के बारे में
(ग) (ii) फारसी-हिंदी कवियों की उक्तियों को परस्पर मिलाने में
(घ) (ii) दोनों एक ही हैं।
(ङ) (i) कथन (A) और कारण (R) दोनों सही हैं तथा कारण (R), कथन (A) की सही व्याख्या करता है।

2. ज्यों-ज्यों मैं सयाना होता गया, त्यों-त्यों हिंदी के नूतन साहित्य की ओर मेरा झुकाव बढ़ता गया। क्वीन्स कॉलेज में पढ़ते समय स्वर्गीय बाबू रामकृष्ण वर्मा मेरे पिताजी के सहपाठियों में थे। भारत जीवन प्रेस की पुस्तकें प्रायः मेरे यहाँ आया करती थीं, पर अब पिताजी उन पुस्तकों को छिपाकर रखने लगे। उन्हें डर हुआ कि कहीं मेरा चित्त स्कूल की पढ़ाई से हट न जाए, मैं बिगड़ न जाऊँ। उन्हीं दिनों पं. केदारनाथ पाठक ने एक हिंदी पुस्तकालय खोला था। मैं वहाँ से पुस्तकें ला-लाकर पढ़ा करता।

(क) कथन (A) पिताजी पुस्तकों को छिपा कर रखते थें।
कारण (R) पिताजी लेखक की पढ़ाई की विशेष चिंता करते थे कहीं उनका चित्त पढ़ाई से न हट जाए।

(i) कथन (A) और कारण (R) दोनों सही हैं तथा कारण (R), कथन (A) की सही व्याख्या करता है।
(ii) कथन (A) और कारण (R) दोनों सही हैं, परंतु कारण (R), कथन (A) की सही व्याख्या नहीं करता है।
(iii) कथन (A) सही है, किंतु कारण (R) गलत है।
(iv) कथन (A) गलत है, किंतु कारण (R) सही है।

(ख) निम्नलिखित में से किस प्रेस की पुस्तकें लेखक के घर आती थीं?
(i) भारत जीवन (ii) सरस्वती
(iii) हिंदुस्तान (iv) हंस

(ग) लेखक किसके पुस्तकालय से पुस्तकें लाकर पढ़ते थे?
(i) बद्रीनाथ चौधरी 'प्रेमघन' (ii) रामकृष्ण वर्मा
(iii) भगवान दास (iv) केदारनाथ पाठक

(घ) कॉलेज में पढ़ते समय लेखक के पिताजी के साथ पढ़ने वाले छात्र का क्या नाम था?
(i) आचार्य रामचंद्र शुक्ल (ii) भगवती चरण वर्मा
(iii) बाबू रामकृष्ण वर्मा (iv) भारतेंदु हरिश्चंद्र

(ङ) लेखक की आयु बढ़ने के साथ-साथ उनकी रुचि किसके प्रति बढ़ने लगी?
(i) पढ़ाई के प्रति (ii) हिंदी साहित्य के प्रति
(iii) अंग्रेजी साहित्य के प्रति (iv) भारतीय सिनेमा के प्रति

उत्तर

(क) (i) कथन (A) और कारण (R) दोनों सही हैं तथा कारण (R), कथन (A) की सही व्याख्या करता है।
(ख) (i) भारत जीवन
(ग) (iv) केदारनाथ पाठक
(घ) (iii) बाबू रामकृष्ण वर्मा
(ङ) (ii) हिंदी साहित्य के प्रति

3. 16 वर्ष की अवस्था तक पहुँचते-पहुँचते तो समवयस्क हिंदी प्रेमियों की एक खासी मंडली मुझे मिल गई, जिनमें श्रीयुत् काशीप्रसाद जायसवाल, बाबू भगवानदास हालना, पं. बदरीनाथ गौड़ तथा पं. उमाशंकर द्विवेदी मुख्य थे। हिंदी के नए-पुराने लेखकों की चर्चा बराबर इस मंडली में रहा करती थी। मैं भी अब अपने को एक लेखक मानने लगा था। हम लोगों की बातचीत प्रायः लिखने-पढ़ने की हिंदी में हुआ करती, जिसमें 'निस्संदेह' इत्यादि शब्द आया करते थे। जिस स्थान पर मैं रहता था, वहाँ अधिकतर वकील, मुख़्तारों तथा कचहरी के अफ़सरों और अमलों की बस्ती थी। ऐसे लोगों के उर्दू कानों में हम लोगों की बोली कुछ अनोखी लगती थी। इसी से उन्होंने हम लोगों का नाम 'निस्संदेह' लोग रख छोड़ा था।

(क) लेखक की मंडली में प्रायः किस पर चर्चा हुआ करती थी?
(i) हिंदी की कविताओं पर
(ii) हिंदी के इतिहास पर
(iii) हिंदी के साहित्यिक लेख पर
(iv) हिंदी के नए पुराने लेखकों पर

(ख) लेखक की मित्र मंडली प्रायः बातचीत के लिए किस भाषा का प्रयोग करती थी?
(i) संस्कृतनिष्ठ हिंदी
(ii) क्षेत्रीय बोली
(iii) अंग्रेजी
(iv) उर्दू

(ग) निम्नलिखित में से कौन लेखक की मित्र मंडली का सदस्य नहीं है?
(i) काशी प्रसाद जायसवाल
(ii) बदरीनाथ गौड़
(iii) बदरीनाथ चौधरी
(iv) भगवानदास हालना

(घ) बस्ती के उर्दूभाषी लोगों ने लेखक की मंडली का क्या नाम रखा था?
(i) साहित्यकार मंडली (ii) हिंदी मंडली
(iii) मुख्तार (iv) निस्संदेह

(ङ) जिस स्थान पर लेखक रहता था वह बस्ती थी
1. कचहरी के अफसरों की
2. कचहरी के अमलों की
3. वकीलों की
4. मुख्तारों की

कूट
(i) केवल 1
(ii) केवल 2
(iii) 1, 2 और 3
(iv) 1, 2, 3 और 4

उत्तर

(क) (iv) हिंदी के नए पुराने लेखकों पर
(ख) (i) संस्कृतनिष्ठ हिंदी
(ग) (iii) बदरीनाथ चौधरी
(घ) (iv) निस्संदेह
(ङ) (iv) 1, 2, 3 और 4

4. **चौधरी साहब से तो अब अच्छी तरह परिचय हो गया था। अब उनके यहाँ मेरा जाना एक लेखक की हैसियत से होता था। हम लोग उन्हें एक पुरानी चीज़ समझा करते थे। इस पुरातत्त्व की दृष्टि में प्रेम और कुतूहल का एक अद्‌भुत मिश्रण रहता था। यहाँ पर यह कह देना आवश्यक है कि चौधरी साहब एक खास हिंदुस्तानी रईस थे। वसंत पंचमी, होली इत्यादि अवसरों पर उनके यहाँ खूब नाचरंग और उत्सव हुआ करते थे। उनकी हर एक अदा में रियासत और तबीयतदारी टपकती थी। कंधों तक बाल लटक रहे हैं। आप इधर से उधर टहल रहे हैं। एक छोटा-सा लड़का पान की तश्तरी लिए पीछे-पीछे लगा हुआ है। बात की काँट-छाँट का क्या कहना है! जो बातें उनके मुँह से निकलती थीं, उनमें एक विलक्षण वक्रता रहती थी। उनकी बातचीत का ढंग उनके लेखों के ढंग से एकदम निराला था।**

CBSE SQP Term I 2021 (Modified)

(क) निम्नलिखित कथनों में से सही कथनों पर विचार कीजिए।

1. प्रेम और उत्सुकता का अद्‌भुत मिश्रण लेखक मंडली में दिखाई देता था।
2. लेखक मंडली की आयु उपाध्याय बद्रीनारायण से बहुत अधिक थी।
3. लेखक मंडली चौधरी साहब को पुराने विचारों वाला आदमी समझती थी।

कूट

(i) केवल 1 (ii) 2 और 3
(iii) केवल 3 (iv) 1 और 2

(ख) ''उनकी हर एक अदा से रियासत और तबीयतदारी टपकती थी'' इसका अभिप्राय है कि

(i) पंडित उमाशंकर द्विवेदी एक बहुत बड़ी रियासत के मालिक थे।
(ii) लेखक और उसके साथियों को बड़ी रियासत प्राप्त हुई थी।
(iii) उनके पास बहुत बड़ी रियासत थी और तबीयत ठीक नहीं रहती थी।
(iv) कार्य व्यवहार से रियासत और तबीयतदारी की झलक मिलती थी।

(ग) चौधरी साहब कैसे व्यक्ति थे?

(i) खासे हिंदुस्तानी रईस, कंधों तक बालों वाले
(ii) क्रोधी स्वभाव के, कंधों तक बालों वाले
(iii) कंधों तक बालों वाले, स्वार्थी
(iv) स्वार्थी, खासे हिंदुस्तानी रईस

(घ) ''कारे बचा त नाहीं।'' कहने से चौधरी साहब प्रदर्शित करते हैं कि वे

(i) नौकर से गिलास टूटने पर क्रोधित हो रहे हैं
(ii) नौकरों को बहुत डाँट-डपटकर रखते हैं
(iii) वस्तुओं का नुकसान सहन नहीं करना चाहते हैं
(iv) विलक्षणता और चुटीलापन जैसे विशेष गुणों के स्वामी हैं

(ङ) गद्यांश के अनुसार एक छोटा-सा लड़का पान की तश्तरी लिए चौधरी साहब के पीछे-पीछे लगा हुआ है। अनुमान के आधार पर बताइए कि यह लड़का कौन हो सकता है? वर्तमान संदर्भ में यह किस अवस्था को दर्शाता है?

(i) चौधरी साहब का बेटा, पितृभक्ति
(ii) चौधरी साहब का भाई, भातृप्रेम
(iii) चौधरी साहब का नौकर, बाल मज़दूरी
(iv) चौधरी साहब का प्रशंसक, साहित्य प्रेम

उत्तर

(क) (iii) केवल 3
(ख) (iv) कार्य व्यवहार से रियासत और तबीयतदारी की झलक मिलती थी।
(ग) (i) खासे हिंदुस्तानी रईस, कंधों तक बालों वाले
(घ) (iv) विलक्षणता और चुटीलापन जैसे विशेष गुणों के स्वामी हैं
(ङ) (iii) चौधरी साहब का नौकर, बाल मज़दूरी

5. **वे लोगों को प्रायः बनाया करते थे, इससे उनसे मिलने वाले लोग भी उन्हें बनाने की फ़िक्र में रहा करते थे। मिजापुर में पुरानी परिपाटी के एक बहुत ही प्रतिभाशाली कवि रहते थे, जिनका नाम था वामनाचार्यगिरि। एक दिन वे सड़क पर चौधरी साहब के ऊपर एक कविता जोड़ते चले जा रहे थे। अंतिम चरण रह गया था कि चौधरी साहब अपने बरामदे में कंधों पर बाल छिटकाए खंभे के सहारे खड़े दिखाई पड़े। चट कवित्त पूरा हो गया और वामनजी ने नीचे से वह कवित्त ललकारा, जिसका अंतिम अंश था-''खंभा टेकि खड़ी जैसे नारि मुगलाने की।''**

(क) मिर्जापुर में रहने वाले पुराने परिपाटी के प्रतिभावान कवि कौन थे?

(i) प्रेमघन (ii) भगवानदास
(iii) वामनाचार्यगिरि (iv) स्वयं लेखक

(ख) 'वे लोगों को बनाया करते थे'-कथन का क्या आशय है?

(i) लोगों की शारीरिक मुद्राओं का निर्माण करना
(ii) लोगों से हास-परिहास करना
(iii) लोगों को बेवकूफ बनाना
(iv) उपरोक्त सभी

(ग) 'खंभा टेकि खड़ी जैसे नारि मुगलाने की'-पंक्ति किसके लिए कही गई है?

(i) बदरीनारायण चौधरी
(ii) वामनाचार्यगिरि
(iii) मिर्जापुर की कवयित्री
(iv) मुगल नारी

(घ) प्रेमघन से मिलने वाले लोग प्रायः किस ताक में रहते थे?

(i) साथ मिलकर साहित्यिक कार्य करने की
(ii) प्रेमघन से कवित्त कला सीखने की ताक में
(iii) हिंदी को साहित्यिक भाषा बनाने की फिक्र में
(iv) प्रेमघन का मजाक बनाने की ताक में

(ङ) **कथन** (A) **चौधरी से मिलने वाले लोग उनका मजाक बनाने की फिक्र में रहा करते थे।**

कारण (R) **चौधरी साहब स्वभाव से मजाकिया थे, वे अकसर लोगों का मजाक बनाते थे।**

(i) कथन (A) और कारण (R) दोनों सही हैं तथा कारण (R), कथन (A) की सही व्याख्या करता है।
(ii) कथन (A) और कारण (R) दोनों सही हैं, परंतु कारण (R), कथन (A) की सही व्याख्या नहीं करता है।
(iii) कथन (A) सही है, किंतु कारण (R) गलत है।
(iv) कथन (A) गलत है, किंतु कारण (R) सही है।

उत्तर

(क) (iii) वामनाचार्यगिरि

(ख) (ii) लोगों से हास-परिहास करना

(ग) (i) बदरीनारायण चौधरी

(घ) (iv) प्रेमघन का मजाक बनाने की ताक में

(ङ) (i) कथन (A) और कारण (R) दोनों सही हैं तथा कारण (R) कथन (A) की सही व्याख्या करता है।

विषय-वस्तु पर आधारित प्रश्नोत्तर

1. लेखक ने 'प्रेमघन की छाया-स्मृति' पाठ में अपने विषय में बहुत-सी बातें बताई हैं। उनको क्रमबद्ध तरीके से लिखिए।

उत्तर 'प्रेमघन की छाया-स्मृति' पाठ यद्यपि प्रेमघन पर आधारित संस्मरण है, किंतु इसमें लेखक (शुक्ल) ने अपने विषय में भी बहुत-सी बातें बताई हैं, जो निम्नलिखित हैं

(i) लेखक के पिता फ़ारसी और पुरानी हिंदी के अच्छे जानकार थे, इसलिए लेखक ने बचपन में अपने पिता से हिंदी के महत्त्वपूर्ण ग्रंथों के बारे में सुना और वे उनसे प्रभावित हुए।

(ii) लेखक का बालमन 'सत्य हरिश्चंद्र' नाटक के नायक राजा हरिश्चंद्र और भारतेंदु हरिश्चंद्र में अंतर नहीं कर पाता था, इसलिए उसकी दृष्टि में ये दोनों एक ही व्यक्ति थे।

(iii) आठ वर्ष की आयु में लेखक के पिता का ट्रांसफर (स्थानांतरण) हो जाने के कारण उन्हें मिजापुर आना पड़ा जहाँ उन्हें भारतेंदुयुगीन कवि प्रेमघन का साथ प्राप्त हुआ।

(iv) लेखक को हिंदी का नया साहित्य पढ़ने का शौक था।

(v) लेखक को हिंदी प्रेमियों की मंडली मिली, जिसमें हिंदी के नए-पुराने कवियों और लेखकों के बारे में शुद्ध साहित्यिक हिंदी भाषा में चर्चा होती रहती थी।

2. लेखक के पिता भारत जीवन प्रेस की पुस्तकें छिपाकर क्यों रखते थे तथा लेखक ने पुस्तकें पढ़ने के लिए कौन-सा मार्ग अपनाया?

उत्तर लेखक के पिता साहित्य प्रेमी थे। उन्हें भारतेंदु हरिश्चंद्र बहुत प्रिय थे। उनके संस्कारों का प्रभाव लेखक पर भी पड़ा, जिस कारण उसका हिंदी साहित्य के प्रति झुकाव बढ़ता गया। लेखक के घर भारत जीवन प्रेस से पुस्तकें आती थीं, लेकिन लेखक के पिता उन पुस्तकों को छिपाकर रखने लगे, क्योंकि उन्हें डर था कि कहीं लेखक का ध्यान स्कूल की पढ़ाई से न हट जाए तथा वह बिगड़ न जाए। लेखक ने पुस्तकें पढ़ने के लिए पंडित केदारनाथ जी पाठक द्वारा खोले गए पुस्तकालय में जाकर वहाँ से पुस्तकें लाकर पढ़ने का मार्ग अपनाया।

3. ''चौधरी साहब एक खासे हिंदुस्तानी रईस थे।''—इस कथन की समीक्षा कीजिए।

अथवा **'चौधरी साहब एक अच्छे खासे हिंदुस्तानी रईस थे।' कथन की विवेचना कीजिए।** **CBSE Diksha**

उत्तर ''चौधरी साहब एक खासे हिंदुस्तानी रईस थे।'' यह कथन लेखक ने चौधरी साहब की आर्थिक स्थिति को दर्शाने के लिए कहा था। चौधरी साहब के व्यक्तित्व की चर्चा करते हुए लेखक ने बताया कि वे रईसों का जीवन जीते थे। उनके घर पर हर त्यौहार पर उत्सव होता था तथा उत्सवों को खूब नाचरंग के साथ मनाया जाता था। उनकी हर अदा से रईसी झलकती थी।

जब वे टहलते थे तब एक लड़का पान की तश्तरी (प्लेट) लिए उनके पीछे घूमता रहता था। लैंप की बत्ती को नीचे करने के लिए भी नौकर को बुलाते थे भले ही लैंप की चिमनी फूट जाए, लेकिन वे स्वयं का हाथ लैंप की बत्ती बुझाने के लिए नहीं उठाते थे। ये सभी लक्षण या बातें उनके रईसी स्वभाव की ओर संकेत करते हैं।

4. ''चौधरी साहब के शब्दों में विलक्षण वक्रता थी''—स्पष्ट कीजिए।

उत्तर चौधरी साहब बातचीत करने की कला में कुशल व्यक्ति थे। उनके मुँह से जो बातें निकलती थीं उनमें अजीब-सी वक्रता (टेढ़ापन) रहती थी अर्थात् उनके शब्दों में सदैव एक व्यंग्य छिपा हुआ होता था। जिनका प्रमाण नौकरों के साथ हुए उनके संवादों से स्पष्ट होता है।

यदि किसी नौकर के हाथ से कभी कोई गिलास वगैरह गिरकर टूट जाता तो उनके मुँह से निकलता कि ''कारे बचा त नाही''। वे प्रश्नों के पहले अकसर 'क्यों साहब' लगाते थे, जो उनका तकिया-कलाम वाक्य बन गया था। वे लोगों से प्रायः हास-परिहास किया करते थे, जिसमें व्यंग्य का पुट भी निहित रहता था। चौधरी साहब के बात करने के अनूठे ढंग के कारण ही लेखक का उनके प्रति आकर्षण और अधिक बढ़ गया था।

5. 'प्रेमघन की छाया-स्मृति' निबंध से शुक्ल के भाषा-परिवेश और प्रारंभिक रुझानों पर प्रकाश डालिए।

उत्तर 'प्रेमघन की छाया-स्मृति' निबंध में वर्णित कथ्य के अनुसार शुक्लजी को बचपन से ही अपने पिताजी के कारण शुद्ध-साहित्यिक हिंदी भाषा का परिवेश प्राप्त हुआ था। साथ ही हिंदी-प्रेमी मंडली के मित्रों के साथ लेखकों पर साहित्यिक भाषा में किए जाने वाले विचार-विमर्श ने उनकी भाषा को और अधिक समृद्ध किया था।

अत्यधिक साहित्यिक भाषा में बातें करने के कारण ही उनकी मंडली को उर्दू भाषी 'निस्संदेह' के नाम से पुकारते थे। पिताजी द्वारा रामचरितमानस, रामचंद्रिका व भारतेंदु हरिश्चंद्र के नाटकों के पाठ सुनने के कारण शुक्ल जी में आरंभ से ही साहित्य के प्रति रुचि विकसित होती गई और जिसने भारतेंदु मंडल के कवियों के प्रति उनमें अगाध श्रद्धा भर दी थी।

6. 'प्रेमघन की छाया-स्मृति' पाठ का कथ्य स्पष्ट कीजिए।

उत्तर 'प्रेमघन की छाया-स्मृति' संस्मरणात्मक निबंध में आचार्य शुक्ल ने हिंदी साहित्य के प्रति अपने प्रारंभिक झुकाव (रुझान) का रोचकपूर्ण वर्णन किया है। उनका बचपन साहित्यिक परिवेश से भरपूर था। बाल्यावस्था में किस प्रकार भारतेंदु एवं उनके समकालीन रचनाकारों मुख्यतः 'प्रेमघन' के सान्निध्य में शुक्लजी के भीतर छिपा साहित्यकार आकार ग्रहण करता है, उसकी मनोहर झाँकी इस निबंध में प्रस्तुत की गई है। प्रेमघन के व्यक्तित्व ने शुक्ल और उनकी समवयस्क मंडली को प्रभावित व आकर्षित किया था, उसका चित्रण इस निबंध में किया गया है। निबंध में शुक्लजी ने अपने पिता की विशेषताओं की भी चर्चा की है। साथ ही प्रेमघन के व्यक्तित्व, उनके स्वभाव आदि से संबंधित अनेक पहलुओं को भी उजागर किया है।

7. लेखक हिंदी प्रेमी था, फिर भी उर्दू के शब्दों का खुलकर प्रयोग करता है क्यों? पाठ के आधार पर सिद्ध कीजिए।

उत्तर लेखक को बचपन से ही साहित्यिक परिवेश मिला। उसके पिता पुरानी हिंदी के अच्छे जानकार थे, इसलिए वे लेखक को हिंदी की रचनाओं के विषय में बताते रहते थे। यही कारण है कि लेखक का हिंदी के प्रति प्रेम बढ़ता गया और वह हिंदी भाषा की रचनाओं तथा रचनाकारों के विषय में पढ़ने लगा। इस तरह वह हिंदी प्रेमी हो गया। लेखक को हिंदी प्रेमी मित्रों की एक मंडली मिली।

अपने हिंदी प्रेम के कारण ये मंडली 'निस्संदेह' नाम से पूरे मोहल्ले में जानी जाने लगी, किंतु इसके बाद भी लेखक ने पाठ में खुलकर उर्दू के शब्दों का प्रयोग किया है। इन शब्दों के प्रयोग का मुख्य कारण समय का अंतर है, क्योंकि यह संस्मरण लगभग तीस वर्ष बाद लिखा गया है तब तक लेखक एक प्रतिष्ठित साहित्यकार बन चुका था। लेखक के परिवेश का प्रभाव भी इस रचना पर पड़ा है जिस कारण इसमें पर्याप्त मात्रा में उर्दू के शब्दों का प्रयोग हुआ है। उदाहरण के लिए सफ़र, इशारा, शौक, अदा, वगैरह, बदली, सूरत, फ़िक्र, लफ़्ज, बेगम आदि।

8. आप कैसे कह सकते हैं कि लेखक चौधरी साहब के व्यक्तित्व से प्रभावित थे? **CBSE Diksha**

उत्तर लेखक चौधरी साहब के व्यक्तित्व से अत्यंत प्रभावित थे, क्योंकि उनके व्यवहार, वक्रता और अनोखी शैली ने लेखक पर गहरी छाप छोड़ी। चौधरी साहब का रईसाना अंदाज, कंधों तक लहराते बाल और तबीयतदारी उनके विशिष्ट व्यक्तित्व को दर्शाते थे। उनकी बातचीत में विलक्षण वक्रता होती थी, जो दूसरों को आकर्षित करती थी।

वे हास्य-व्यंग्य में माहिर थे और हर बात में मजाकिया लहजा जोड़ देते थे। उनकी शैली इतनी प्रभावशाली थी कि उनकी छोटी-छोटी बातों में भी गहराई और रोचकता होती थी। उनके व्यक्तित्व का ऐसा प्रभाव था कि लेखक और उनकी मंडली उन्हें 'पुरानी चीज़' मानते हुए उनके प्रति प्रेम और कुतूहल का अद्भुत मिश्रण अनुभव करते थे। उनके व्यक्तित्व पर प्रकाश डालते हुए उन्होंने अपना निबंध 'प्रेमघन की छाया स्मृति' लिखा।

9. 'प्रेमघन की छाया स्मृति' पाठ को संस्मरण कहने के क्या कारण हो सकते हैं? **CBSE Diksha**

उत्तर अपने जीवन की किसी महत्त्वपूर्ण घटनाओं का सरसतापूर्वक भावुकता तथा मार्मिकता के साथ लिखा जाना संस्मरण कहलाता है। 'प्रेमघन की छाया स्मृति' पाठ को संस्मरण कहने का मुख्य कारण यह है कि इसमें लेखक ने अपने जीवन की महत्त्वपूर्ण घटनाओं को भावुकता और आत्मीयता के साथ वर्णित किया है।

लेखक ने बाल्यकाल से लेकर युवावस्था तक के अनुभवों, विशेषकर चौधरी बद्रीनारायण प्रेमघन से मिलने और उनके व्यक्तित्व से प्रभावित होने की घटनाओं को सरस ढंग से प्रस्तुत किया है तथा लेखक ने यहाँ उन सभी लोगों का सरसतापूर्वक याद करते हुए वर्णन किया है, जिनसे वे प्रभावित थे। यही कारण है कि इसे एक सजीव और भावनात्मक संस्मरण माना जा सकता है।

10. 'प्रेमघन की छाया-स्मृति' पाठ के आधार पर रामचंद्र शुक्ल की भाषा-शैली की विशेषताएँ लिखिए।

उत्तर 'प्रेमघन की छाया-स्मृति' पाठ के आधार पर रामचंद्र शुक्ल की भाषा-शैली की विशेषताएँ निम्नलिखित हैं

(i) यह पाठ विवेचनात्मक शैली में लिखा गया है, जिसमें व्यंग्य और विनोद का प्रयोग करते हुए शुक्लजी ने पाठ को जीवंत बना दिया है।

(ii) उनका शब्द चयन और शब्द का क्षेत्र संयोजन व्यापक तथा अत्यंत प्रभावशाली है।

(iii) इसमें तत्सम शब्दों से लेकर उर्दू व अरबी-फ़ारसी भाषा के शब्दों का प्रयोग देखने को मिलता है।

(iv) शुक्लजी ने भाषा की प्रवाहमयता बनाने के लिए देशज और तद्भव शब्दों का प्रयोग भी पूर्ण मात्रा में किया है।

(v) पाठ में प्रेमघन जी के अनेक चित्र प्रस्तुत किए गए हैं, जिसमें उन्होंने वर्णनात्मक और चित्रात्मक शैली का प्रयोग किया है।

(vi) मुहावरों का सार्थक प्रयोग किया है; जैसे—चित्त हटना, बिगड़ जाना आदि।

(vii) सूक्तिपरक वाक्य रचना उनकी गद्य शैली की विशेषता रही है।

(viii) विषयानुकूल भाषा में गांभीर्य भी रहता है।

11. 'प्रेमघन की छाया-स्मृति' पाठ के संदर्भ में लिखिए कि रामचंद्र शुक्ल के मन में चौधरी साहब को देखने की उत्कंठा को अनुमान लगाने की बात क्यों कही गई है? **CBSE 2024**

उत्तर रामचंद्र शुक्ल के मन में चौधरी साहब को देखने की उत्कंठा उनकी साहित्यिक जिज्ञासा और भारतेंदु मण्डल से जुड़ी स्मृतियों के प्रति आकर्षण का परिणाम थी। बाल्यकाल में शुक्ल जी के मन में भारतेन्दु हरिश्चन्द्र के प्रति गहरी श्रद्धा थी।

उनकी बाल-बुद्धि 'सत्य हरिश्चन्द्र' नाटक के नायक और कवि हरिश्चन्द्र में भेद नहीं कर पाती थी, जिससे उनके मन में 'हरिश्चन्द्र' नाम के प्रति एक मधुर भावना उत्पन्न हो गई थी। जब मिर्जापुर में यह सुनने को मिला कि भारतेंदु हरिश्चंद्र के एक मित्र उपाध्याय बद्रीनारायण चौधरी वहीं रहते हैं, तो उनके मन में उनसे मिलने और उन्हें देखने की तीव्र उत्कंठा जाग उठी।

यह साहित्यिक आदर और कुतूहल की भावना थी, जिसके कारण लेखक ने उन्हें पहली बार देखने के प्रयास में बालकों की मंडली बनाकर उनके मकान तक का सफर तय किया। चौधरी साहब की पहली झलक लता-प्रतान के बीच से मिली, जो उनके लिए एक अपूर्व स्मृति बन गई।

12. 'प्रेमघन जी विनोदी स्वभाव के थे।' इस कथन के समर्थन में 'प्रेमघन की छाया स्मृति' पाठ से उदाहरण दीजिए। **CBSE 2025**

उत्तर प्रेमघन जी अपने हास्य और व्यंग्यपूर्ण शैली के लिए प्रसिद्ध थे। एक बार जब नौकर के हाथ से गिलास गिर गया, तो उन्होंने मजाक में कहा—'कारे, बचा त नाहीं!' इसी तरह, जब एक पंडित जी बोले— ' कुछ नहीं, आज एकादशी थी, कुछ जल खाया है और चले आ रहे हैं।' तो उन्होंने चुटकी ली, 'जल ही खाया है कि कुछ फलाहार भी पिया है?' उनके ऐसे व्यंग्यपूर्ण और हँसी-ठिठोली से भरे संवाद उनके विनोदी स्वभाव को दर्शाते हैं।

स्व-मूल्यांकन

गद्यांश पर आधारित बहुविकल्पीय प्रश्न

निम्नलिखित गद्यांश को ध्यानपूर्वक पढ़कर पूछे गए बहुविकल्पीय प्रश्नों के लिए सर्वाधिक उपयुक्त विकल्प का चुनाव कीजिए।

1. भारतेंदु-मंडल की किसी सजीव स्मृति के प्रति मेरी कितनी उत्कंठा रही होगी, यह अनुमान करने की बात है। मैं नगर से बाहर रहता था। एक दिन बालकों की मंडली जोड़ी गई। जो चौधरी साहब के मकान से परिचित थे, वे अगुआ हुए। डेढ़ मील का सफ़र तय हुआ। पत्थर के एक बड़े मकान के सामने हम लोग जा खड़े हुए। नीचे का बरामदा खाली था। ऊपर का बरामदा सघन लताओं के जाल से आवृत्त था। बीच-बीच में खंभे और खुली जगह दिखाई पड़ती थी। उसी ओर देखने के लिए मुझसे कहा गया। कोई दिखाई न पड़ा। सड़क पर कई चक्कर लगे। कुछ देर पीछे एक लड़के ने उँगली से ऊपर की ओर इशारा किया। लता-प्रतान के बीच एक मूर्ति खड़ी दिखाई पड़ी। दोनों कंधों पर बाल बिखरे हुए थे। एक हाथ खंभे पर था। देखते ही देखते यह मूर्ति दृष्टि से ओझल हो गई। बस, यही पहली झाँकी थी।

(क) बालकों की मंडली किसके मकान पर पहुँची?
(i) भारतेंदु हरिश्चंद्र के (ii) चौधरी साहब के
(iii) पंडित केदारनाथ पाठक के (iv) वामनाचार्यगिरि के

(ख) चौधरी साहब के मकान के ऊपर का बरामदा कैसा दिखता था?
(i) ऊपर से खुला हुआ
(ii) सघन लताओं के जाल से आवृत
(iii) खाली और साफ (iv) पर्दों से ढका हुआ

(ग) मकान के बरामदे में लेखक ने किसकी पहली झाँकी देखी?
(i) चौधरी साहब की (ii) भारतेंदु हरिश्चंद्र की
(iii) पण्डित केदारनाथ पाठक की (iv) वामनाचार्यगिरि की

(घ) लेखक ने चौधरी साहब के बारे में क्या विवरण दिया?
(i) चौधरी साहब के दोनों हाथों में दीपक था
(ii) चौधरी साहब के चेहरे पर मुस्कान थी
(iii) चौधरी साहब के दोनों कंधों पर बाल बिखरे हुए थे
(iv) चौधरी साहब के हाथ में एक पुस्तक थी

(ङ) **कथन** (A) लेखक ने बालकों की मण्डली बनाई।
कारण (R) लेखक को चौधरी साहब से मिलने की तीव्र इच्छा थी और वह उन्हें देखने के लिए उत्साहित थे।
(i) कथन (A) और कारण (R) दोनों सही हैं तथा कारण (R), कथन (A) की सही व्याख्या करता है।
(ii) कथन (A) और कारण (R) दोनों सही हैं, परंतु कारण (R), कथन (A) की सही व्याख्या नहीं करता है।
(iii) कथन (A) सही है, किंतु कारण (R) गलत है।
(iv) कथन (A) गलत है, किंतु कारण (R) सही है।

उत्तर

(क) (ii) चौधरी साहब के
(ख) (ii) सघन लताओं के जाल से आवृत
(ग) (i) चौधरी साहब की
(घ) (iii) चौधरी साहब के दोनों कंधों पर बाल बिखरे हुए थे
(ङ) (i) कथन (A) और कारण (R) दोनों सही हैं तथा कारण (R), कथन (A) की सही व्याख्या करता है।

गद्यांश की व्याख्या

2. निम्नलिखित में से किसी एक गद्यांश की सप्रसंग व्याख्या कीजिए।

मेरे सहपाठी पण्डित लक्ष्मीनारायण चौबे, बा. भगवानदास हालना, बा. भगवानदास मास्टर-इन्होंने 'उर्दू बेगम' नाम की एक बड़ी ही विनोदपूर्ण पुस्तक लिखी थी, जिसमें उर्दू की उत्पत्ति, प्रचार आदि का वृत्तांत एक कहानी के ढंग पर दिया गया था-इत्यादि कई आदमी गरमी के दिनों में छत पर बैठे। चौधरी साहब से बातचीत कर रहे थे। चौधरी साहब के पास ही एक लैम्प जल रहा था।

लैम्प की बत्ती एक बार भभकने लगी। चौधरी साहब नौकरों को आवाज़ देने लगे। मैंने चाहा कि बढ़कर बत्ती नीचे गिरा दूँ, पर लक्ष्मीनारायण ने तमाशा देखने के विचार से मुझे धीरे से रोक लिया। चौधरी साहब कहते जा रहे हैं, 'अरे! जब फूट जाई तबै चलत आवह।

अथवा

एक दिन चौधरी साहब के एक पड़ोसी उनके यहाँ पहुँचे। देखते ही सवाल हुआ 'क्यों साहब, एक लफ़्ज़ मैं अकसर सुना करता हूँ, पर उसका ठीक अर्थ समझ में न आया। आखिर घनचक्कर के क्या मानी है। उसके क्या लक्षण हैं?' पड़ोसी महाशय बोले-'वाह! यह क्या मुश्किल बात है। एक दिनरात को सोने के पहले कागज़ कलम लेकर सवेरे से रात तक जो-जो काम किए हों, सब लिख जाइए और पढ़ जाइए।'

विषय-वस्तु पर आधारित प्रश्न

1. लेखक के मन में भारतेन्दु जी के प्रति कैसी भावनाएँ थीं?
2. वामनाचार्यगिरि ने चौधरी साहब के बारे में कविता के अन्तिम चरण में क्या कहा?
3. लेखक के अनुसार, चौधरी साहब का मकान कहाँ स्थित था?
4. 'घनचक्कर' शब्द के अर्थ को समझाने के लिए पड़ोसी ने चौधरी साहब से क्या सुझाव दिया?
5. लैंप के भभकने पर चौधरी साहब की प्रतिक्रिया से उनकी किस प्रवृत्ति का पता चलता है?

02

अध्याय

लेखक-परिचय

पंडित चंद्रधर शर्मा गुलेरी का जन्म 1883 ई. में जयपुर की पुरानी बस्ती में हुआ था। वे बहुभाषाविद् थे और संस्कृत, पाली, प्राकृत, ब्रज, अवधी, मराठी, राजस्थानी, पंजाबी, बांग्ला के साथ अंग्रेजी, लैटिन तथा फ्रेंच आदि सहित कई भाषाओं में निपुण थे। प्राचीन इतिहास, पुरातत्त्व और भाषा विज्ञान में उनकी गहरी रुचि थी। गुलेरी जी ने चार प्रमुख पत्रिकाओं - समालोचक, मर्यादा, प्रतिभा और नागरी-प्रचारिणी में लेखन किया। उनकी तीन प्रसिद्ध कहानियाँ हैं– सुखमय जीवन, बुद्ध का काँटा और उसने कहा था, जिसमें उसने कहा था तो उनकी पहचान बन गई। वर्ष 1904 से 1922 तक उन्होंने विभिन्न संस्थानों में अध्यापन किया और काशी हिंदू विश्वविद्यालय में प्राच्य विभाग के प्राचार्य बने। उनका निधन वर्ष 1922 में हुआ था।

▼ अध्ययन के लिए
- पाठ की रूपरेखा
- पाठ का सार

▼ अभ्यास के लिए
- पाठ्यपुस्तक के प्रश्नोत्तर
- गद्यांशों की व्याख्या
- गद्यांश पर आधारित बहुविकल्पीय प्रश्न
- विषय-वस्तु पर आधारित प्रश्नोत्तर

सुमिरिनी के मनके

(पं. चंद्रधर शर्मा गुलेरी)

पाठ की रूपरेखा

सुमिरिनी के मनके पाठ में तीन लघु निबंध —'बालक बच गया', 'घड़ी के पुर्ज़े' और 'ढेले चुन लो' दिए गए हैं। बालक बच गया निबंध में लेखक ने शिक्षा तथा मनुष्य के संबंध को स्पष्ट किया है। इसका मूल भाव शिक्षा ग्रहण करने की सही उम्र से है। लेखक का मानना है कि हमें मनुष्य के मानसिक विकास को ध्यान में रखते हुए शिक्षा का उपयोग करना चाहिए, शिक्षा के लिए मनुष्य का नहीं।

शिक्षा को अनावश्यक रूप से थोपने पर बच्चे के व्यक्तित्व का पूरा विकास नहीं हो पाता, इसलिए लेखक ने उदाहरण के माध्यम से यह बताने की कोशिश की है कि हमें बच्चों पर शिक्षा का बोझ नहीं लादना चाहिए। घड़ी के पुर्जे में लेखक ने धर्म के रहस्यों को जानने वाले धर्माचार्यों द्वारा लगाए गए प्रतिबंधों को घड़ी के उदाहरण द्वारा रोचकपूर्ण ढंग से प्रस्तुत किया है। ढेले चुन लो निबंध में लेखक ने समाज में व्याप्त रूढ़ियों तथा अंधविश्वासों पर व्यंग्य किया है। अत: ये तीनों निबंध समाज की समस्याओं पर विचार करने वाले हैं।

पाठ का सार

(क) बालक बच गया

बालक की विद्वता का प्रदर्शन

कहानी में पाठशाला के वार्षिकोत्सव में प्रधान अध्यापक का आठ वर्षीय इकलौता पुत्र अपनी विद्वता का प्रदर्शन करता है। उसका चेहरा पीला था, आँखें सफेद थीं और नजरें झुकी हुई थीं, लेकिन वह जटिल सवालों के उत्तर आसानी से दे रहा था। धर्म के दस लक्षण, नौ रसों के उदाहरण, शीतल जल में मछलियों की प्राण रक्षा के उपाय, चंद्रग्रहण का समाधान, इग्लैंड के राजा हेनरी आठवें की स्त्रियों के नाम तथा पेशवाओं का कुर्सीनामा आदि ऐतिहासिक जानकारियों से सभी प्रभावित हो रहे थे। जब उससे पूछा गया कि वह भविष्य में क्या करेगा, तो उसने सीखा-सिखाया उत्तर दिया, ''मैं यावज्जन्म (जीवनभर) लोक सेवा करूँगा।'' सभा इस पर 'वाह-वाह' कर उठी और पिता का हृदय गर्व से भर गया।

इनाम की माँग और बालक का उत्तर

एक वृद्ध व्यक्ति ने बालक को आशीर्वाद दिया और उसे इनाम माँगने को कहा। सभी को उम्मीद थी कि बालक कोई पुस्तक या विद्या से संबंधित इनाम माँगेगा, परंतु बालक के चेहरे के भाव बदलने लगे और कुछ सोचकर उसने धीरे से 'लड्डू' माँगा। इस पर पिता और अध्यापक निराश हो गए।

बालक के बचपन के बचने पर लेखक का सुख की साँस लेना

जहाँ पिता और अध्यापक बालक के उत्तर से निराश हुए, लेखक ने राहत की साँस ली। उनके अनुसार बालक की 'लड्डू' की माँग उसकी स्वाभाविक प्रवृत्तियों का संकेत था। यह उसका सरल प्राकृतिक स्वभाव था, जो कृत्रिमता से बचा हुआ था। 'लड्डू' की माँग जीवंतता और मासूमियत का प्रतीक थी, जो बालक को कृत्रिम और बौद्धिक दबाव से बचाती है।

(ख) घड़ी के पुर्जे

धर्म का रहस्य और धर्माचार्यों की भूमिका

लेखक ने घड़ी के पुर्जों के माध्यम से धर्म-विषयक् बखान या उपदेश करने वालों पर व्यंग्य किया है। धर्म के रहस्यों को जानने पर धर्म उपदेशकों द्वारा लगाए गए प्रतिबंधों को घड़ी के उदाहरण द्वारा स्पष्ट किया गया है। सभी मनुष्यों को भी धर्म के रहस्यों को जानने का अधिकार है। धर्माचार्य अपने पूर्वजों से प्राप्त धर्म संबंधी ज्ञान को अपने तक ही सीमित रखना चाहते हैं तथा लंबे-लंबे उपदेश देकर अपनी विद्वता आम लोगों पर थोपना चाहते हैं। धर्म से जुड़ी बातों में कुछ भी नयापन नहीं लाना चाहते हैं, अपितु अपने प्राचीन ज्ञान से ही जनता पर अपनी प्रतिष्ठा बनाना चाहते हैं।

घड़ी के पुर्जों के माध्यम से धर्म के रहस्य की व्याख्या

लेखक ने घड़ी के पुर्जों की जानकारी को केवल घड़ीसाज तक ही सीमित नहीं रखा है, अपितु वे साधारण व्यक्तियों को भी घड़ी को खोलकर देखने, उसके कल-पुर्जे साफ करके फिर से जोड़ने का अधिकार देना चाहते हैं अर्थात् धर्म के गूढ़ रहस्य धर्मोपदेशकों तक ही सीमित न रहे, जन-सामान्य को भी उसके गहरे अर्थों को समझने का अधिकार देना चाहिए। लेखक ने परदादा की घड़ी का उदाहरण देकर परंपरागत रूढ़ियों को धर्म में शामिल करने वालों पर व्यंग्य किया है। वह ऐसे लोगों को आड़े हाथों लेते हैं, जो सामान्य जनता को धर्म के गूढ़ रहस्यों से पृथक् रखने का प्रयास करते हैं।

(ग) ढेले चुन लो

स्वयंवर की परंपरा और उसके समानांतर

शेक्सपीयर के प्रसिद्ध नाटक 'मर्चेंट ऑफ वेनिस' में पोर्शिया अपने वर को चुनने की एक सुंदर विधि अपनाती है, जिसमें बबुआ हरिश्चंद्र के 'दुर्लभ बंधु' में पुरश्री के सामने तीन पेटियाँ रखी जाती हैं- सोने, चाँदी और लोहे की। जो व्यक्ति सोने को चुनता है। वह लौट जाता है और चाँदी की पेटी के साथ भी यही होता है। सच्चा प्रेमी लोहे की पेटी को चुनता है और पुरस्कार प्राप्त करता है। इसी प्रकार, वैदिक काल में हिंदुओं के लिए विवाह के समय एक अनोखी लॉटरी चलती थी, जिसमें पुरुष को अपनी योग्यता सिद्ध करनी होती थी। वह कन्या के पिता को गौ भेंट करता और कन्या के सामने मिट्टी के ढेले रखता, जिनमें से कन्या को एक चुनना होता था।

ढेलों के माध्यम से भविष्य की पहचान

इन मिट्टी के ढेलों का चयन न केवल एक संयोग था, बल्कि इसमें विभिन्न संभावनाएँ छिपी होती थीं। यदि कन्या वेदी का ढेला उठाती, तो संतान वैदिक पंडित होगा। यदि गोबर का ढेला चुना, तो वह पशुओं का धनी होगा। खेत की मिट्टी छूने पर वह जमींदार का पुत्र होगा, लेकिन मसान की मिट्टी छूना अशुभ माना जाता था। लेखक यह बताते हैं कि कैसे यह लॉटरी विवाह का एक अनोखा तरीका था, जिसमें लड़की को अपने भाग्य का चयन करने का अवसर मिलता था।

तर्क और विश्वास का प्रश्न

लेखक तर्क देते हुए कहते हैं कि अपने जन्मभर के साथी का चुनाव मिट्टी के ढेलों पर छोड़ना क्या बुद्धिमानी है? वह सवाल उठाते हैं कि अपनी आँखों से देखे गए ढेले पर भरोसा करना, दूर बैठे ग्रहों और राशियों के विचार से बेहतर क्यों नहीं है? वह वात्स्यायन और कबीर के उद्धरणों का प्रयोग कर यह समझाते हैं कि आज का जीवन, जो सामने है, उसे ही प्राथमिकता देनी चाहिए। लेखक के अनुसार, वास्तविकता के प्रति विश्वास रखना ज्यादा सार्थक है। लेखक का मानना है कि ढेले के आधार पर जीवनभर के साथी का चुनाव करना हास्यास्पद है।

शब्दार्थ

बालक बच गया

वार्षिकोत्सव–साल में एक बार मनाए जाने वाला उत्सव/सालाना जलसा; **एकमात्र**–इकलौता; **नुमाइश**–दिखावा/प्रदर्शन; **दृष्टि**–नज़र; **कोल्हू**–तेल निकालने वाली मशीन जिसमें बैल बाँधकर तेल निकाला जाता है; **शीतता**–शीतलता; **लक्षण**–गुण/परिभाषा; **कुर्सीनामा**–शासन या राज करने की अवधि; **यावज्जन्म**–जीवनभर; **प्रवृत्तियाँ**–विशेषताएँ; **उल्लास**–हर्ष/खुशी; **पढ़ाई का पुतला**–पढ़ाकू; **विलक्षण**–अद्भुत; **कृत्रिम**–बनावटी; **विस्मित**–चकित/हैरान; **गला घोंटना**–दबाना/रोकना; **मर्मर**–आवाज़; **काठ**–सूखी लकड़ी।

घड़ी के पुर्ज़े

रहस्य–छिपी हुई बातें; **कान ढलकाकर**–कान खोलकर; **दृष्टांत**–उदाहरण; **साफ़**–स्वच्छ; **वेदशास्त्रज्ञ**–वेद/शास्त्र की जानकारी रखने वाला; **उपमा**–समानता; **जिज्ञासा**–जानने की इच्छा; **टंटा**–संकट/झंझट; **अनाड़ी**–अकुशल; **घड़ीसाजी**–घड़ी बनाने की कला/घड़ी की मरम्मत करने का गुण; **इम्तहान**–परीक्षा; **परदादा**–दादा के पिता।

ढेले चुन लो

मर्चेंट ऑफ वेनिस–शेक्सपीयर का प्रसिद्ध नाटक; **पोर्शिया**–शेक्सपीयर के नाटक मर्चेंट ऑफ वेनिस की नायिका; **प्रतिमूर्ति**–प्रतिमा/उसके ही जैसा; **अकड़बाज**–अकड़ने वाला/अपने फैसले को ही सही मानने वाला/अपने आगे किसी की न मानने वाला; **जस**–यश/कीर्ति; **पत्नीवरण**–पत्नी स्वीकार करना; **मट्टी के डगल**–मिट्टी के ढेले; **मसान**–श्मशान/मरघट; **बकौल**–कथन के अनुसार; **पहार**–पहाड़/पर्वत।

पाठ्यपुस्तक (अंतरा भाग-2) के प्रश्नोत्तर

बालक बच गया

1. बालक से उसकी उम्र तथा योग्यता के स्तर से ऊपर के कौन-कौन से प्रश्न पूछे गए?

उत्तर बालक से उसकी उम्र तथा योग्यता के स्तर से ऊपर के निम्नलिखित प्रश्न पूछे गए

(i) धर्म के दस लक्षण कौन-कौन से हैं?
(ii) नौ रसों के उदाहरण बताइए।
(iii) पानी में चार डिग्री के नीचे शीतल जल में मछलियाँ कैसे अपने प्राणों की रक्षा करती हैं?
(iv) चंद्रग्रहण का वैज्ञानिक समाधान क्या है?
(v) अभाव को पदार्थ क्यों नहीं माना जाता?
(vi) इंग्लैंड के शासक हेनरी आठवें की स्त्रियों के नाम बताइए।
(vii) पेशवाओं का कुर्सीनामा (शासनकाल) बताओ।
(viii) बड़े होकर जीवन में क्या करना चाहते हो?

2. बालक ने क्यों कहा कि "मैं यावज्जन्म लोक सेवा करूँगा"?

उत्तर बालक ने "मैं यावज्जन्म लोक सेवा करूँगा", इसलिए कहा, क्योंकि उसे पहले से यही सिखाया गया था कि जब भी यह प्रश्न पूछा जाए, तो उसका यही उत्तर देना है। यह उत्तर उसकी अपनी बुद्धि या स्वाभाविक इच्छाओं पर आधारित नहीं था, बल्कि एक रटा- रटाया जवाब था। बालक ने अपने स्वभाव के विपरीत इस उत्तर को दोहराया, क्योंकि वह समाज और अपने पिता की अपेक्षाओं पर खरा उतरने की कोशिश कर रहा था, लेकिन उसकी वास्तविक इच्छाएँ इससे अलग थीं, जो बाद में लड्डू माँगने पर प्रकट होती हैं।

3. बालक द्वारा इनाम में लड्डू माँगने पर लेखक ने सुख की साँस क्यों भरी?

उत्तर बालक से जो प्रश्न पूछे जा रहे थे, उनमें एक प्रकार का बनावटीपन झलक रहा था। बालक की आयु तथा योग्यता से उच्च स्तर के प्रश्न पूछकर उसकी स्वाभाविकता का गला घोंटा जा रहा था। लेखक को लग रहा था कि विद्यालय के अध्यापकों तथा बालक के पिता ने उस पर शिक्षा का अत्यधिक दबाव देकर उसके बचपन को दबा दिया है। बच्चे का अपनी योग्यता से ऊपर के प्रश्नों का जवाब देना लेखक को असहज लग रहा था। बालक का बचपन दबता जा रहा था। उसी समय एक वृद्ध महाशय ने इनाम स्वरूप बच्चे से कुछ माँगने को कहा। बच्चे ने अपनी संपूर्ण कृत्रिमता को त्यागकर स्वाभाविक बालपन के साथ 'लड्डू' की माँग की। बाल-सुलभ प्रवृत्तियों के साथ बच्चे द्वारा 'लड्डू' माँगने पर लेखक ने सुख की साँस ली, क्योंकि उसे लगा कि बच्चे की स्वाभाविक प्रवृत्तियाँ अभी जिंदा हैं वे समाप्त नहीं हुई हैं।

4. बालक की प्रवृत्तियों का गला घोंटना अनुचित है, पाठ में ऐसा आभास किन स्थलों पर होता है कि उसकी प्रवृत्तियों का गला घोंटा जा रहा है?

उत्तर एक आठ वर्षीय बालक से ऐसे प्रश्न करना, जिसका उत्तर बड़ी आयु के युवक भी सोच-समझकर ही दे सकते हैं, अनुचित है। यह प्रवृत्ति बालक के बचपन की स्वाभाविक चेतना का गला घोंटने के समान ही थी। लोगों द्वारा बच्चे से धर्म के दस लक्षण, नौ रसों के उदाहरण, पानी में चार डिग्री के नीचे शीतलता में मछली के जीवन की रक्षा, चंद्रग्रहण का वैज्ञानिक समाधान, अभाव को पदार्थ मानने न मानने का पक्ष, इंग्लैंड के शासक हेनरी अष्टम की स्त्रियों के नाम तथा पेशवाओं का कुर्सीनामा जैसे कठिन प्रश्न पूछना तथा बालक का उन्हें रटे-रटाए उत्तर देना, साथ ही बच्चे के अध्यापकों द्वारा उससे इनाम में पुस्तक माँगने की इच्छा रखना लेखक को लोगों की यह प्रवृत्ति आपत्तिजनक लगी। यह सब बालक की स्वाभाविक प्रवृत्तियों को दबाना व समाप्त करना है। पाठ में उपर्युक्त वर्णित स्थलों पर लेखक को लगा कि बालक की प्रवृत्तियों का गला घोंटा जा रहा है।

5. "बालक बच गया। उसके बचने की आशा है, क्योंकि वह 'लड्डू' की पुकार जीवित वृक्षों के हरे पत्तों का मधुर मर्मर था, मरे काठ की अलमारी की सिर दुखाने वाली खड़खड़ाहट नहीं" कथन के आधार पर बालक की स्वाभाविक प्रवृत्तियों का उल्लेख कीजिए।

उत्तर प्रस्तुत कथन के आधार पर यह स्पष्ट होता है कि अभी तक बालक कृत्रिमता को अपनाए हुए था, जिससे वह रटे-रटाए प्रश्नों का उत्तर दे रहा था। लड्डू की पुकार बच्चे के बाल-सुलभ अंतर्मन की पुकार थी।

आठ वर्ष के बालक की स्वाभाविक प्रवृत्ति खेलने-कूदने, हँसने, खाने-पीने की होती है, वह सरल हृदयी होता है। इस समय बालक को अपने समवयस्कों के साथ आनंद प्राप्त करना चाहिए। इस प्रकार बालक द्वारा गंभीर विषयों को रटकर उत्तर देना अस्वाभाविक प्रवृत्ति है। प्रस्तुत लघु निबंध के अंत में बालक के बाल-सुलभ भोलेपन के कारण व निडर होकर लड्डू की पुकार करना स्वाभाविक प्रवृत्तियों को दर्शाता है।

घड़ी के पुर्जे

1. लेखक ने धर्म का रहस्य जानने के लिए 'घड़ी के पुर्ज़े ' का दृष्टांत क्यों दिया है?

उत्तर लोगों में 'धर्म के रहस्यों' व 'घड़ी के पुर्ज़ों' के प्रति अभिज्ञता के कारण लेखक ने घड़ी को धर्म के दृष्टांत के रूप में लिया है। जिस प्रकार कुछ धर्माचार्य लोग ही धर्म के रहस्यों पर अपना अधिकार मानते हैं और समाज के अधिकांश लोगों को गूढ़ रहस्य से दूर रखने का प्रयास करते हैं, उसी प्रकार सामान्य मनुष्य घड़ी देखने के बाद उसकी मरम्मत की आवश्यकता को नज़रअंदाज़ करता है, उसे वह 'घड़ीसाज़' का काम मानता है।

लेखक का मानना है कि हमें केवल घड़ी देखना ही नहीं आना चाहिए, बल्कि उसे खोलकर ठीक करने का तरीका भी जानना चाहिए। यदि हम धर्म के बाह्य तत्त्वों तथा धर्माचार्यों के उपदेशों को आँख बंद करके मानते रहे तो हमारा भला नहीं होगा, इसके लिए हमें 'धर्म के रहस्य' अर्थात् 'घड़ी के पुर्ज़ों' की भी जानकारी होनी चाहिए। धर्माचार्यों द्वारा बताए गए धर्म के मार्ग पर आँखें मूँदकर नहीं चलना चाहिए, स्वयं भी उस पर विचार करना चाहिए।

2. "धर्म का रहस्य जानना वेदशास्त्रज्ञ धर्माचार्यों का ही काम है।" आप इस कथन से कहाँ तक सहमत हैं? धर्म संबंधी अपने विचार व्यक्त कीजिए।

उत्तर लेखक का मानना है कि धर्म का रहस्य जानना वेदशास्त्रज्ञ धर्माचार्यों का ही काम नहीं है। इसका संबंध व्यक्ति के भाव, निष्ठा तथा ईश्वरीय चेतना से है। बाह्याचार अथवा आडंबर धर्म या धर्म के रहस्य नहीं हैं। प्रत्येक

व्यक्ति को अपने धर्म को जानने का अधिकार है। प्रत्येक बुद्धिजीवी को जागरूक तथा तत्पर भाव से धर्म के मूल भाव तथा प्रवृत्तियों को जानना चाहिए तथा सामान्य जनता को उन प्रवृत्तियों की जानकारी देनी चाहिए। धर्माचार्य यदि जनता को किसी प्रकार की असहज क्रियाओं से बहकाते हैं, तो उसका जवाब बुद्धिजीवी वर्ग दे सकता है। किसी भी कर्मकांड को अपनाने से पहले उसकी उपयोगिता जान लेनी चाहिए।

3. घड़ी समय का ज्ञान कराती है। क्या धर्म संबंधी मान्यताएँ या विचार अपने समय का बोध नहीं कराते?

उत्तर जिस प्रकार घड़ी समय बताती है, उसी प्रकार धर्म संबंधी मान्यताएँ युगधर्म अर्थात् अपने समय का बोध कराती हैं, क्योंकि समय की आवश्यकतानुसार धर्म का स्वरूप परिवर्तित व निर्मित होता है। उसी के अनुरूप नियम बनाए जाते हैं और उन्हें धार्मिक रूप दिया जाता है, ताकि समाज उसे सरलता से स्वीकार कर सके, लेकिन समय बदलने के साथ ही पुराने नियम अप्रासंगिक हो जाते हैं, उन्हें बदलते रहना उचित है। जैसे किसी समय समुद्र पार जाना अधर्म समझा जाता था, लेकिन आज यह योग्यता का पर्यायवाची बन गया है।

4. धर्म अगर कुछ विशेष लोगों वेदशास्त्रज्ञ धर्माचार्यों, मठाधीशों, पंडे-पुजारियों की मुट्ठी में है, तो आम आदमी और समाज का उससे क्या संबंध होगा? अपनी राय लिखिए।

उत्तर यदि धर्म कुछ विशेष लोगों; जैसे– वेदशास्त्रज्ञ, धर्माचार्यों, मठाधीशों, पंडे-पुजारियों की मुट्ठी में सीमित हो जाता है, तो आम आदमी और समाज का उससे संबंध धीरे-धीरे टूट जाएगा। धर्म का उद्देश्य जीवन को नैतिकता, आध्यात्मिकता और सच्चाई की ओर प्रेरित करना है, लेकिन जब यह कुछ गिने-चुने लोगों के हाथों में केंद्रित हो जाता है, तो वह आम जनता की पहुँच से दूर हो जाता है। ऐसी स्थिति में धर्म के ठेकेदार इसका उपयोग लोगों के शोषण के लिए कर सकते हैं। पाप-पुण्य और डर का भय दिखाकर समाज को नियंत्रित करने की कोशिश करेंगे। इससे समाज में अंधविश्वास और अनुचित कर्म बढ़ेंगे और धर्म अपने मूल उद्देश्य से भटककर एक शोषणकारी तंत्र बन सकता है, जो न समाज के विकास के लिए अच्छा है और न ही धर्म के लिए।

5. "जहाँ धर्म पर कुछ मुट्ठी भर लोगों का एकाधिकार धर्म को संकुचित अर्थ प्रदान करता है, वहीं धर्म का आम आदमी से संबंध उसके विकास एवं विस्तार का द्योतक है।" तर्क सहित व्याख्या कीजिए।

अथवा **"धर्म का रहस्य जानना सिर्फ धर्माचार्यों का काम नहीं। कोई भी व्यक्ति अपने स्तर पर उस रहस्य को जानने का हकदार है, अपनी राय दे सकता है।" टिप्पणी कीजिए।**

उत्तर एकाधिकार नकारात्मक प्रवृत्तियों का द्योतक है। यह किसी भी क्षेत्र में उचित नहीं है। धर्म पर मुट्ठी भर लोगों के एकाधिकार से तात्पर्य धर्माचार्यों की मनमानी प्रवृत्तियों का विस्तार हैं। धर्म मनुष्य की स्वाभाविक प्रवृत्तियों में नवीन चेतना को जगाने का माध्यम है। यह आम आदमी तथा सामाजिक व्यवस्था के संबंध को व्यवस्थित तथा विकसित करता है।

लेखक का मानना कि धर्म पर कुछ लोगों ने अपना एकाधिकार बना लिया है। धर्म को संकुचित अर्थ प्रदान कर वे अपना मतलब साधते हैं। ऐसे लोग सामान्य मनुष्य को धर्म के गूढ़ रहस्यों से परिचित होने देना नहीं चाहते। ऐसे ही स्वार्थी तत्त्वों की वजह से धर्म के नाम पर संघर्ष हुए हैं तथा मानवता पराजित हुई है। धर्म तभी सार्थकता तथा व्यापकता को प्राप्त कर सकता है, जब वह संकुचित स्वार्थ वाले मुट्ठीभर लोगों के एकाधिकार से मुक्ति प्राप्त कर सच्चे अर्थ में अपनी प्रवृत्तियों का विस्तार करें।

6. निम्नलिखित का आशय स्पष्ट कीजिए

(क) "वेदशास्त्रज्ञ धर्माचार्यों का ही काम है कि घड़ी के पुर्ज़े जानें, तुम्हें इससे क्या?"

(ख) "अनाड़ी के हाथ में चाहे घड़ी मत दो पर जो घड़ीसाजी का इम्तहान पास कर आया है, उसे तो देखने दो।"

(ग) "हमें तो धोखा होता है कि परदादा की घड़ी जेब में डाले फिरते हो, वह बंद हो गई, तुम्हें न चाबी देना आता है न पुर्ज़े सुधारना, तो भी दूसरों को हाथ नहीं लगाने देते।"

उत्तर (क) यहाँ पर लेखक व्यंग्य के माध्यम से यह स्पष्ट करना चाहता है कि धर्म के रहस्य को जानने का काम वेदशास्त्रज्ञ धर्माचार्यों का है, सभी का नहीं। तुम धर्म को सुनो और उसका पालन करो। इसके लिए लेखक ने घड़ी का उदाहरण दिया है कि घड़ी के पुर्ज़ों के विषय में जानकारी पाने का काम घड़ीसाज़ का है, समय देखने वालों का नहीं। तुम घड़ी से बस समय देखो, उसके पुर्ज़े मत गिनो। ठीक इसी प्रकार तुम धर्म के विषय में सुनो, उसके अनुसार पालन करो, धर्म के रहस्य को जानने का प्रयास मत करो अर्थात् लेखक कहना चाहते हैं कि धर्म के रहस्य को जानने का अधिकार सभी आम जनता को भी है।

(ख) लेखक का तात्पर्य है कि किसी अनाड़ी को वह काम न सौंपा जाए, जिसे वह जानता ही नहीं है। यहाँ पर लेखक धर्माचार्यों पर व्यंग्य करते हुए कहता है कि हे धर्माचार्यों! चाहे तुम अपनी घड़ी अनाड़ी व्यक्ति के हाथ में मत दो, परंतु जिसे घड़ी के सभी कल-पुर्जों का ज्ञान है और जिसने घड़ी ठीक करने की विद्या सीखी है, उसे तो घड़ी देखने का अवसर प्रदान करो अर्थात् जो व्यक्ति ज्ञानी नहीं है, उन्हें धर्म के रहस्य जानने का कोई अधिकार नहीं, परंतु जो जिज्ञासु हैं, जिन्हें ईश्वरीय तत्त्व का बोध है, उन्हें तो धर्म के गूढ़ रहस्यों से परिचित होने का अवसर प्रदान करो।

(ग) यहाँ पर लेखक अज्ञानी और थोड़े-से ज्ञान पर अभिमान करने वाले (संकीर्ण विचारधारा) व्यक्तियों पर व्यंग्य करते हुए कहता है कि तुम्हें स्वयं तो घड़ी ठीक करनी आती नहीं और तुम अपने परदादा की घड़ी जेब में डालकर घूमते हो, जिसने काम करना भी बंद कर दिया है। तुम स्वयं उसे ठीक करने में समर्थ नहीं हो, फिर दूसरों को ठीक करने का अवसर क्यों नहीं देते? अर्थात् तुम पुरानी गली-सड़ी परंपराओं और रूढ़ियों को अकारण ढो रहे हो, तो तुम स्वयं इन रूढ़ियों को तोड़ने में असमर्थ हो, इसलिए तुम्हें ऐसे व्यक्तियों को अवसर प्रदान करना चाहिए, जो ज्ञानी हैं और अंधविश्वासों और कुप्रथाओं को समाज से दूर कर प्रगति के पथ पर ले जाने में सक्षम हैं।

ढेले चुन लो

1. वैदिक काल में हिंदुओं में कैसी लॉटरी चलती थी, जिसका ज़िक्र लेखक ने किया है?

उत्तर लेखक ने वैदिक काल में हिंदुओं में प्रचलित विवाह प्रणाली का ज़िक्र किया है। वैदिक काल में विवाह के लिए कन्या का चयन करने की एक विचित्र प्रणाली थी। वर स्नातक तक विद्या का अध्ययन कर कन्या के घर कुछ ढेले लेकर आता था। ये ढेले विभिन्न स्थानों की मिट्टियों से

बने होते थे। ढेलों की संख्या सात, इससे अधिक या कम हो सकती थीं। वर द्वारा लाए गए ढेले गौशाला की मिट्टी, वेदी की मिट्टी, खेत की मिट्टी तथा मसान (श्मशान घाट) की मिट्टी इत्यादि से बने होते थे।

वर को प्रत्येक ढेले की मिट्टी के स्थान का पता होता था, किंतु कन्या के लिए यह एक पहेली की तरह होता था। कन्या को इन मिट्टी के ढेलों में से एक ढेले का चयन करना होता था।

मिट्टी के ढेलों के चयन के आधार पर वर, कन्या को अपनी वधू बनाने का निर्णय लेता था। मसान (श्मशान घाट) की मिट्टी से बने ढेले को उठाना 'अशुभ' माना जाता था। वर ऐसी कन्या से विवाह नहीं कर सकता था। इस प्रकार, वैदिक काल में वर-वधू का विवाह होना ढेले चुनने की लॉटरी पर निर्भर करता था।

2. 'दुर्लभ बंधु' की पेटियों की कथा लिखिए।

उत्तर बबुआ भारतेंदु हरिश्चंद्र के अनुवादित नाटक 'दुर्लभ बंधु' में पुरश्री के सामने तीन पेटियाँ रखी हुई थीं, जिसमें एक सोने की, दूसरी चाँदी की तथा तीसरी लोहे की बनी हुई थीं। इन तीनों में से एक पेटी में वधू की प्रतिमूर्ति थी।

स्वयंवर के लिए जो आता उसे इन तीनों में से एक पेटी चुनने को कहा जाता है। अकड़बाज सोने की पेटी चुनता है और वापस लौट जाता है। लोभी चाँदी की पेटी चुनकर उदास हो जाता है, जबकि सच्चा प्रेमी लोहे की पेटी चुनकर घुड़दौड़ का पहला इनाम पाता है।

3. 'जीवन साथी' का चुनाव मिट्टी के ढेलों पर छोड़ने के कौन-कौन से फल प्राप्त होते हैं?

अथवा **'ढेले चुन लो' पाठ के आधार पर लिखिए कि जीवन साथी का चुनाव मिट्टी के ढेलों पर छोड़ने के कौन-कौन से फल प्राप्त होते हैं?** **CBSE 2023**

उत्तर मिट्टी के ढेलों द्वारा वर के चयन में अंधविश्वास की प्रवृत्ति थी। लोग इन ढेलों से प्राप्त फल की विवेचना करते थे। उनके अनुसार जीवन साथी का चुनाव मिट्टी के ढेलों पर छोड़ने से निम्नलिखित फल प्राप्त होते हैं

(i) माना जाता है कि यदि कन्या ने गौशाला की मिट्टी से बने ढेले का चयन किया, तो उसकी संतान 'पशुधन की स्वामी' होगी।

(ii) यदि कन्या वेदी की मिट्टी से बने ढेले का चयन करती तो माना जाता कि संतान 'वैदिक पंडित' होगी।

(iii) खेत की मिट्टी से बने ढेले का चयन करने वाली कन्या की संतान 'ज़मींदार का पुत्र' होगा।

(iv) मसान (श्मशान घाट) की मिट्टी से बने ढेले का चयन 'अशुभ' होता था और ऐसी कन्या से विवाह नहीं होता था।

4. मिट्टी के ढेलों के संदर्भ में कबीर की साखी की व्याख्या कीजिए

पत्थर पूजे हरि मिलें तो मैं पूजूँ पहार।
इससे तो चक्की भली, पीस खाय संसार।।

उत्तर प्रस्तुत लघु निबंध में स्पष्ट किया गया है प्राचीन मान्यताओं के अनुसार वर द्वारा अलग-अलग स्थान से मिट्टी लाई जाती थी और कन्या को किसी एक ढेले का चुनाव करने के लिए कहा जाता था। इस वैदिक प्रथा के संदर्भ में लेखक कबीरदास की साखी वर्णित करता है, जिसमें कबीरदास जी ने धार्मिक आडंबरों और मूर्तिपूजा का विरोध किया है।

कबीरदास जी कहते हैं कि यदि पत्थर की पूजा करने से हरि अर्थात् ईश्वर की प्राप्ति हो जाती है, तो मैं पर्वत की पूजा करूँ, क्योंकि विशाल पर्वत की पूजा करने से ईश्वर जल्दी दर्शन दे देंगे। वास्तव में, सबसे अच्छा तो यह है कि मैं चक्की के पत्थर की पूजा करूँ, क्योंकि उस पर आटा पिसता है और लोगों की भूख भी शांत होती है।

5. जन्मभर के साथी का चुनाव मिट्टी के ढेले पर छोड़ना बुद्धिमानी नहीं है। इसलिए बेटी का शिक्षित होना अनिवार्य है। 'बेटी बचाओ, बेटी पढ़ाओ' के सन्दर्भ में विचार कीजिए।

उत्तर छात्र स्वयं करें।

6. निम्नलिखित का आशय स्पष्ट कीजिए

(क) "अपनी आँखों से जगह देखकर, अपने हाथ से चुने हुए मिट्टी के डगलों पर भरोसा करना क्यों बुरा है और लाखों करोड़ों कोस दूर बैठे बड़े-बड़े मिट्टी और आग के ढेलों-मंगल, शनिश्चर और बृहस्पति की कल्पित चाल के कल्पित हिसाब का भरोसा करना क्यों अच्छा है?"

(ख) "आज का कबूतर अच्छा है कल के मोर से, आज का पैसा अच्छा है कल की मोहर से। आँखों देखा ढेला अच्छा ही होना चाहिए लाखों कोस के तेज पिंड से।"

अथवा **"आँखों देखा ढेला अच्छा ही होना चाहिए, लाखों कोस की तेज पिंड से।" ढेले चुन लो से उद्धृत प्रस्तुत पंक्ति में निहित व्यंग्य स्पष्ट कीजिए।** **CBSE 2023**

उत्तर (क) लेखक व्यंग्यात्मक भाव से कहते हैं कि स्वयं अपनी आँखों से सही जगह देखकर अपने हाथों से मिट्टी के ढेलों को चुनकर उन पर विश्वास करना गलत क्यों समझा जाता है, जबकि इतनी दूर आकाश में विद्यमान विभिन्न ग्रहों और नक्षत्रों की कल्पना करना, उनकी काल गणना का विश्वास करना क्यों अच्छा है अर्थात् जिस प्रकार मिट्टी के ढेलों के द्वारा जीवनसाथी का चुनाव करना गलत है, उसी प्रकार दूर स्थित ग्रह-नक्षत्रों पर विश्वास करना भी गलत है। अतः हमें इन नक्षत्रों, ग्रहों की चालों पर विश्वास नहीं करना चाहिए।

(ख) लेखक के अनुसार, इन पंक्तियों का आशय इस प्रकार है कि कल के मोर से आज का कबूतर अच्छा है। पुराने विद्वानों की कल्पित बातों पर विश्वास करके उनका पालन करने से अच्छा है कि हम वर्तमान युग के कम ज्ञानी व्यक्ति की बातों को अपनाएँ। लेखक कहता है पुराने जमाने की मूल्यवान सोने, चाँदी की मोहरों से आज का कम पैसा अच्छा है, क्योंकि उसे प्रतिदिन चलाया जा सकता है, प्रयोग में लाया जा सकता है। उसी प्रकार, लाखों करोड़ों मील की दूरी पर स्थित चमचमाते हुए पिंड से आँखों देखा मिट्टी का ढेला श्रेष्ठ ही होना चाहिए। अतः हमें भविष्य के स्थान पर वर्तमान पर विश्वास करना चाहिए।

योग्यता-विस्तार

बालक बच गया

1. बालक की स्वाभाविक प्रवृत्तियों के विकास में 'रटना' बाधक है– कक्षा में संवाद कीजिए।

उत्तर छात्र स्वयं चर्चा करें।

2. ज्ञान के क्षेत्र में 'रटने' का निषेध है, किंतु क्या आप रटने में विश्वास करते हैं? अपने विचार प्रकट कीजिए।

उत्तर हम रटने में विश्वास नहीं करते, क्योंकि रटंत विद्या से हमें व्यावहारिक ज्ञान प्राप्त नहीं होता, न ही सूझ-बूझ के आधार पर हमें सही ज्ञान प्राप्त हो पाता है।

हम केवल रटने पर ही ध्यान देते हैं- बौद्धिकता पर नहीं। रटना एक ऐसी हानिकारक प्रक्रिया है, जो हमारे बौद्धिक प्रयोग की क्षमता को शून्य कर देती है और हमारा आत्मविश्वास कम होता जाता है। रटा हुआ ज्ञान कम समय के लिए होता है, उसमें स्थायित्व नहीं होता और न ही इससे मानसिक विकास के अवसर प्राप्त होते हैं। इसके अतिरिक्त रटने से सृजनात्मक और आलोचनात्मक क्षमता का विकास बाधित होता है।

घड़ी के पुर्ज़े

1. धर्म संबंधी अपनी मान्यता पर लेख/निबंध लिखिए।

उत्तर धर्म मेरी दृष्टि से एक ऐसी संस्था है, जो मनुष्य को मानवोचित गुणों का पालन करना सिखाती है। यह एक समाज को सभ्य, सुसंस्कृत, आचार-विचार, जीने का तरीका व अपने लक्ष्य को प्राप्त करने का सलीका सिखाती है।

विवेक-अविवेक, करणीय-अकरणीय, मानवता-दानवता, पाप-पुण्य का अंतर भी धर्म के माध्यम से पता चलता है। यह मनुष्य को मानव धर्म का पालन करना सिखाती है। सहिष्णुता, सेवा, त्याग, परोपकार, सत्य, अहिंसा, उत्साह एवं जीवन मूल्यों का पालन करना धर्म से ही संभव हो सकता है। धर्म वही है, जो लोक कल्याण की भावना से किया जाए। निजी स्वार्थ, लोभ, संकुचित विचारधारा और अहंकार मानव धर्म की सीमा में नहीं आता। इसका विस्तार अनंत है। यह समाज में सद्भावना का प्रसार करता है।

इसमें ईर्ष्या, बैर-भावना, घृणा-वैमनस्य, षड्यंत्र और लोभ का कोई स्थान नहीं होता। धर्म तो मनुष्य को बलिदान, समर्पण और वैराग्य का बोध कराता है। आज भी इस धर्म का रहस्य कोई जान नहीं पाया। धर्म आज भी सबके लिए अबूझ पहेली है। हाँ, इतना ज़रूर कह सकते हैं, जो मनुष्य को मानवता का बोध कराए और उसमें मानवोचित गुणों का विकास करे, वही धर्म है।

2. "धर्म का रहस्य जानना सिर्फ़ धर्माचार्यों का काम नहीं, कोई भी व्यक्ति अपने स्तर पर उस रहस्य को जानने की कोशिश कर सकता है, अपनी राय दे सकता है"–टिप्पणी कीजिए।

उत्तर इस प्रश्न का उत्तर दिया जा चुका है। अतः 'घड़ी के पुर्ज़े' पाठ्यपुस्तक आधारित प्रश्न 5 पृष्ठ संख्या 215 का उत्तर देखें।

ढेले चुन लो

1. समाज में धर्म संबंधी अंधविश्वास पूरी तरह व्याप्त है। वैज्ञानिक प्रगति के संदर्भ में धर्म, विश्वास और आस्था पर निबंध लिखिए।

उत्तर आज का युग वैज्ञानिक चमत्कार और उसके चरमोत्कर्ष का युग है। चमचमाती गाड़ियाँ, लैपटॉप, मोबाइल, इंटरनेट का प्रयोग सब हमारे विकास और वैज्ञानिक प्रगति के परिचायक हैं, परंतु क्या वास्तव में, विकासशीलता के साथ आगे बढ़ते हमारे कदम इस वैज्ञानिक युग में भी अंधविश्वासों, पाखंड और रूढ़ियों की बेड़ियों से स्वयं को स्वतंत्र कर पाए हैं, क्योंकि जितना हम प्रगति के पथ पर आगे बढ़ते गए उतना ही हम धर्म संबंधी अंधविश्वासों की डोर में बँधते गए और स्थिति तो यह है कि हम स्वयं को बंधन मुक्त होने की कल्पना भी नहीं कर सकते, क्योंकि समाज के कुछ ठेकेदारों ने अपने स्वार्थ की रोटियाँ सेंकने के लिए 'धर्म' जैसे पवित्र नाम को अधर्म रूपी ढकोसलों में कैद कर दिया है।

आज धर्म के ठेकेदार अपनी जड़ें इतनी मज़बूती से फैला चुके हैं कि अनेक कुर्बानियों के बाद भी शायद ही ये बुराई समाज से निकाली जा सके। अंधविश्वासों की स्थापना के लिए हाइटेक साधन प्रयोग में लाए जा रहे हैं। किसी महात्मा के हाथों से अचानक भभूत निकलना, मुँह से स्वर्ण मुद्राएँ निकालना, समाधि-स्थल पर अचानक पानी के स्रोत का प्रकट हो जाना, पत्थर की मूर्ति का दूध पीना, मूर्ति की आँख से आँसू बहना, समुद्र का जल मीठा हो जाना, अंगारों पर चलना, मूर्ति पर सिक्के चिपकना जैसे अंधविश्वास आम हो गए हैं। ये सब आज के वैज्ञानिक युग में अंधविश्वास की प्राथमिकता को सिद्ध करने के लिए पर्याप्त हैं।

2. अपने घर में या आस-पास दिखाई देने वाले किसी रिवाज़ या अंधविश्वास पर एक लेख लिखिए।

उत्तर छात्र स्वयं करें।

अभ्यास प्रश्न

गद्यांशों की व्याख्या

निम्नलिखित गद्यांशों की सप्रसंग व्याख्या कीजिए

गद्यांश 1

धर्म के दस लक्षण वह सुना गया, नौ रसों के उदाहरण दे गया। पानी के चार डिग्री के नीचे शीतता में फैल जाने के कारण और उससे मछलियों की प्राण रक्षा को समझा गया, चंद्रग्रहण का वैज्ञानिक समाधान दे गया, अभाव को पदार्थ मानने न मानने का शास्त्रार्थ कह गया और इंग्लैंड के राजा आठवें हेनरी की स्त्रियों के नाम और पेशवाओं का कुर्सीनामा सुना गया। यह पूछा गया कि तू क्या करेगा। बालक ने सीखा, सिखाया उत्तर दिया कि "मैं यावज्जन्म लोक सेवा करूँगा"।

CBSE 2024

संदर्भ प्रस्तुत गद्यांश पाठ्यपुस्तक 'अंतरा' (भाग-2) में संकलित 'सुमिरिनी के मनके' पाठ में शामिल लघु निबंध 'बालक बच गया' से उद्धृत है। यह प्रसिद्ध निबंधकार 'पंडित चंद्रधर शर्मा गुलेरी' की रचना है।

प्रसंग एक विद्यालय के वार्षिकोत्सव में प्रधानाचार्य अपने बालक की योग्यता का प्रदर्शन कर रहे थे। बालक से विभिन्न विषयों के प्रश्न पूछे जा रहे थे, जिनका वह रटा-रटाया उत्तर दे रहा था और लोग 'वाह वाह' कर रहे थे,

परंतु वास्तविकता तो यह थी कि बालक की बाल प्रवृत्तियों का दमन किया जा रहा था।

व्याख्या लेखक एक विद्यालय के वार्षिकोत्सव में अतिथि की हैसियत से शामिल होता है। वहाँ एक बालक से वार्षिकोत्सव में तरह-तरह के प्रश्न पूछे जा रहे थे, जिनके वह रटे-रटाए उत्तर दे रहा था। बालक की इस प्रकार की प्रतिभा का प्रदर्शन कर वास्तव में उसकी स्वाभाविक प्रवृत्तियों को दबाया जा रहा था। बालक से धर्म के दस लक्षण बताने को कहा गया, उसने रटे हुए लक्षण सुना दिए। पूछने पर नौ रसों के नाम उदाहरण सहित बता दिए। विज्ञान और भूगोल से जुड़े प्रश्नों शीतता, चंद्रग्रहण आदि के कारण भी उसने सही-सही बताए। उसने दर्शनशास्त्र के प्रश्नों के सही उत्तर दिए और यह भी बता दिया कि इंग्लैंड के राजा हेनरी आठवें की स्त्रियों के क्या नाम थे और पेशवाओं का कुर्सीनामा भी उसने सुना दिया। उससे यह भी पूछा गया कि क्या बनना चाहता है? बालक ने इसका रटा-रटाया उत्तर दे दिया कि मैं जीवन पर्यंत लोकसेवा करूँगा।

विशेष

(i) प्रस्तुत गद्यांश में कवि ने प्रतिभा प्रदर्शन के नाम पर बालक के वास्तविक प्रवृत्ति के दमन को बताया है।
(ii) प्रस्तुत गद्यांश में कवि ने आधुनिक शिक्षा प्रणाली पर व्यंग्य किया है।
(iii) प्रस्तुत गद्यांश में तत्सम एवं तद्भव शब्द प्रधान खड़ीबोली का प्रयोग हुआ है।
(iv) गद्यांश में व्यंग्यात्मक व वर्णनात्मक शैली का प्रयोग हुआ है।

गद्यांश 2

पिता और अध्यापक इस चिंता में लगे थे कि देखें यह पढ़ाई का पुतला कौन-सी पुस्तक माँगता है। बालक के मुख पर विलक्षण रंगों का परिवर्तन हो रहा था। हृदय में कृत्रिम और स्वाभाविक भावों की लड़ाई की झलक आँखों में दीख रही थी। कुछ खाँसकर, गला साफ़ कर नकली परदे के हट जाने पर स्वयं विस्मित होकर बालक ने धीरे से कहा, 'लड्डू'। पिता और अध्यापक निराश हो गए। इतने समय तक मेरा श्वास घुट रहा था।

अब मैंने सुख से साँस भरी। उन सबने बालक की प्रवृत्तियों का गला घोंटने में कोई कमी नहीं रखी थी, पर बालक बच गया। उसके बचने की आशा है, क्योंकि वह 'लड्डू' की पुकार जीवित वृक्ष के हरे पत्तों का मधुर मर्मर था, मरे काठ की अलमारी की सिर दुखाने वाली खड़खड़ाहट नहीं।

संदर्भ पूर्ववत्।

प्रसंग प्रस्तुत गद्यांश में प्राध्यापक के पुत्र की विद्वता से चकित लोगों के बीच विस्मय की स्थिति तथा बच्चे द्वारा लड्डू की माँग करने का वर्णन किया गया है। साथ ही बच्चे में बाल-सुलभ स्वाभाविकता के बचे रहने पर लेखक ने खुशी प्रकट की है।

व्याख्या प्रस्तुत गद्यांश में लेखक एक विद्यालय के वार्षिकोत्सव में अतिथि की हैसियत से शामिल होता है। वहाँ उसने प्राध्यापक के पुत्र से पूछे जाने वाले प्रश्न तथा बच्चे के उत्तर से विस्मित होते लोग देखे। बच्चे से पूछे जाने वाले प्रश्न उस बच्चे की स्वाभाविकता का गला घोंटने वाली उसकी आयु के स्तर से बहुत ऊँचे प्रतीत हो रहे थे। एक वृद्ध महाशय द्वारा बच्चे के जवाबों से प्रसन्न होकर उसे कुछ माँगने को कहता है, जिससे बच्चे के चेहरे पर कृत्रिमता तथा स्वाभाविकता का प्रवाह होने लगता है—किंतु जल्दी ही उसकी स्वाभाविकता का उदय हुआ और उसने 'लड्डू' की माँग की। उसके इस उत्तर से उसके पिता तथा अध्यापक निराश हो गए, लेकिन लेखक प्रसन्न हुआ।

लेखक मानता है कि शिक्षा मनुष्य तथा मनुष्यता के विकास की प्रक्रिया है। एक छोटे-से बच्चे को बड़ी-बड़ी बातें रटा दी जा सकती हैं, किंतु इससे उसका स्वाभाविक विकास अवरुद्ध ही होगा। लेखक को उस बच्चे की 'लड्डू' की माँग जीवित वृक्ष के हरे पत्तों की मधुर मर्मर प्रतीत हुई। यह जीवित वृक्ष के हरे पत्तों की मधुर आवाज़ है, सूखे काठ की अलमारी की सिर को पीड़ा देने वाली खड़खड़ाहट नहीं है। आशय यह है कि यह बालक की स्वाभाविक प्रवृत्ति है, दिखावे के लिए रटा-रटाया उत्तर नहीं है।

विशेष

(i) प्रस्तुत गद्यांश में बालक की स्वाभाविक प्रवृत्ति का वर्णन किया गया है।
(ii) प्रस्तुत गद्यांश में बालकों की ज़बरदस्ती उत्तर रटाये जाने की प्रवृत्ति तथा आधुनिक शिक्षा प्रणाली पर करारा व्यंग्य किया गया है।
(iii) प्रस्तुत गद्यांश में तत्सम एवं तद्भव शब्द प्रधान खड़ी बोली का सहज प्रयोग हुआ है।
(iv) प्रस्तुत गद्यांश में वर्णनात्मक तथा व्यंग्यात्मक शैली का प्रयोग हुआ है।
(v) प्रस्तुत गद्यांश में मुहावरों का सार्थक प्रयोग किया गया है; जैसे—पढ़ाई का पुतला, सुख भरी साँस लेना, श्वास रुकना आदि।

गद्यांश 3

धर्म के रहस्य जानने की इच्छा प्रत्येक मनुष्य न करे, जो कहा जाए वही कान ढलकाकर सुन ले, इस सत्ययुगी मत के समर्थन में घड़ी का दृष्टांत बहुत तालियाँ पिटवाकर दिया जाता है। घड़ी समय बतलाती है। किसी घड़ी देखना जानने वाले से समय पूछ लो और काम चला लो। यदि अधिक करो तो घड़ी देखना स्वयं सीख लो किंतु तुम चाहते हो कि घड़ी का पीछा खोलकर देखें, पुर्ज़े गिन लें, उन्हें खोलकर फिर जमा दें, साफ़ करके फिर लगा लें–यह तुमसे नहीं होगा। तुम उसके अधिकारी नहीं। यह तो वेदशास्त्रज्ञ धर्माचार्यों का ही काम है कि घड़ी के पुर्ज़े जानें, तुम्हें इससे क्या? **CBSE 2024**

संदर्भ प्रस्तुत गद्यांश पाठ्यपुस्तक 'अंतरा' (भाग-2) में संकलित 'सुमिरिनी के मनके' पाठ में शामिल लघु निबंध 'घड़ी के पुर्ज़े' से उद्धृत है। यह प्रसिद्ध निबंधकार 'पं. चंद्रधर शर्मा गुलेरी' की रचना है।

प्रसंग प्रस्तुत गद्यांश में लेखक ने इस गद्यांश में धर्म की तुलना घड़ी से तथा घड़ी के पुर्जों की तुलना धर्म के गूढ़ रहस्यों से की है।

व्याख्या प्रस्तुत गद्यांश में लेखक बताते हैं कि धर्माचार्य यह उपदेश देते हैं कि धर्म का रहस्य बहुत गूढ़ है। इसलिए प्रत्येक मनुष्य को धर्म के रहस्यों को जानने की इच्छा व्यक्त नहीं करनी चाहिए, अपितु उपदेशक जो बताते हैं, उसे चुपचाप स्वीकार कर लेना चाहिए यह सत्य, सतयुग से ही चला आ रहा है। इसके समर्थन में वह घड़ी का उदाहरण देते हैं।

घड़ी का काम समय बताना है। आपको समय जानना हो, तो जिसे घड़ी देखनी आती हो, उससे मालूम कर लो। आपका काम चल जाएगा। यदि इससे भी संतुष्ट नहीं होते तो, घड़ी देखना सीख लो। काम चलता ही रहेगा,

किंतु ऐसी इच्छा मत करो कि घड़ी को खोलकर देखें, उसके प्रत्येक पुर्जे के बारे में जानकारी लें। उस घड़ी को फिर उसी प्रकार बाँध दें, उसे साफ़ करके फिर बाँध लें या दीवार पर लगा दें, क्योंकि यह काम तुमसे नहीं होगा। यह काम कोई अधिकारी व्यक्ति या घड़ीसाज ही कर सकता है। तुम घड़ीसाज तो हो नहीं। यह बात धर्म के विषय में है। धर्म के तत्त्व को उसके रहस्य को तो वही जान सकता है, जो वेदों व शास्त्रों का धर्मज्ञ हो, धर्मक्षेत्र का आचार्य हो, वे ही धर्म की घड़ी के घड़ीसाज हैं। इस उदाहरण को सुनकर जनता उनकी तर्कसंगति पर ताली पीटने लगती है, किंतु लेखक कहता है कि क्या इस समानता से व्यक्ति की जानने की स्वाभाविक इच्छा समाप्त हो जाएगी।

विशेष

(i) प्रस्तुत गद्यांश में धर्माचार्यों द्वारा सामान्य जन को धर्म के रहस्यों से वंचित रखने की प्रवृत्ति का वर्णन किया गया है।

(ii) प्रस्तुत गद्यांश में तत्सम तथा तद्भव शब्दों के साथ सहज साहित्यिक खड़ीबोली का प्रयोग हुआ है।

(iii) प्रस्तुत गद्यांश में दृष्टांत तथा विचारात्मक शैली में धर्म के मूल भावों तथा प्रवृत्तियों पर विचार प्रकट किए गए हैं तथा लेखक ने घड़ी के दृष्टांत से तथाकथित धर्माचार्यों पर व्यंग्य किया है।

(iv) प्रस्तुत गद्यांश में मुहावरों का सार्थक प्रयोग हुआ है; जैसे—'तालियाँ पिटवाना'।

गद्यांश 4

पुर्ज़े खोलकर फिर ठीक करना उतना कठिन काम नहीं है, लोग सीखते भी हैं, सिखाते भी हैं, अनाड़ी के हाथ में चाहे घड़ी मत दो पर जो घड़ीसाज़ी का इम्तहान पास कर आया है उसे तो देखने दो। साथ ही यह भी समझा दो कि आपको स्वयं घड़ी देखना साफ़ करना और सुधारना आता है कि नहीं। हमें तो धोखा होता है कि परदादा की घड़ी जेब में डाले फिरते हो, वह बंद हो गई है, तुम्हें न चाबी देना आता है न पुर्ज़े सुधारना तो भी दूसरों को हाथ नहीं लगाने देते इत्यादि।

संदर्भ पूर्ववत्

प्रसंग प्रस्तुत गद्यांश में लेखक ने घड़ी तथा घड़ी के कल-पुर्ज़ों के उदाहरण के माध्यम से समाज में व्याप्त धर्म के ठेकेदारों पर करारा व्यंग्य किया है।

व्याख्या प्रस्तुत गद्यांश में लेखक घड़ी का उदाहरण देकर कहता है कि घड़ी में खराबी आ जाने पर हमें भी उसके पुर्ज़े खोलकर देखने का अधिकार है। घड़ी के पुर्ज़े देखना कोई कठिन काम भी नहीं है। लोग घड़ी की मरम्मत करना सीखते और सिखाते हैं। घड़ी खोलकर उसके पुर्ज़ों को उचित प्रकार से व्यवस्थित करने वाले को मूर्ख नहीं बनाया जा सकता।

ठीक उसी प्रकार धर्म का ज्ञान प्राप्त करने वाला व्यक्ति भी मूर्ख नहीं बन सकता। यह बात भी सही है कि घड़ी को अकुशल व्यक्ति के हाथ में मत दो, परंतु जो लोग इस कला में निपुण हैं उसे तो देखने दो अर्थात् पढ़े-लिखे लोगों को धर्म के बारे में जानने-समझने का अवसर देना चाहिए। साथ ही उसे घड़ी देखने, साफ़ करने और सुधारने के बारे में भी बता दो कि आप स्वयं भी इसे ठीक कर सकते हैं।

लेखक धर्माचार्यों को संबोधित करते हुए कहता है कि हमें तो धोखा (संदेह) होता है कि तुम अपने परदादा की पुरानी घड़ी लिए घूमते रहते हो, वह बंद हो चुकी है, जिसके बारे में तुम्हें ज्ञान नहीं है और उसे सही कराने के लिए दूसरों को हाथ भी नहीं लगाने देना चाहते हो अर्थात् पुराने समय से चली आ रही रूढ़ियों का धर्माचार्य निर्वाह करते रहते हैं, जिसका आज के समय में कोई महत्त्व नहीं है। उसे पुनः सुधारने और नए विचारों का वहन करने के लिए ये (धर्माचार्य) लोग दूसरे लोगों को धर्म के रहस्यों को जानने की इज़ाजत नहीं देते हैं तथा पुरानी हो चुकी रूढ़ियों और परंपराओं को ही आगे बढ़ाते रहते हैं।

विशेष

(i) प्रस्तुत गद्यांश में घड़ी के माध्यम से धर्म के ठेकेदारों के धर्म ज्ञान के विषय में लेखक ने संदेह प्रकट किया है।

(ii) प्रस्तुत गद्यांश में व्यंग्य प्रधान शैली है।

(iii) प्रस्तुत गद्यांश में भाषा सरल, सहज एवं प्रवाहमय है।

(iv) प्रस्तुत गद्यांश में भाषा में मिश्रित शब्दावली का प्रयोग हुआ है।

(v) व्यंजना शब्द शक्ति के माध्यम से लेखक ने अपनी बात कही है।

गद्यांश 5

शेक्सपीयर के प्रसिद्ध नाटक 'मर्चेंट ऑफ वेनिस' में पोर्शिया अपने वर को बड़ी सुंदर रीति से चुनती है। बबुआ हरिश्चंद्र के 'दुर्लभ बंधु' में पुरश्री के सामने तीन पेटियाँ हैं–एक सोने की, दूसरी चाँदी की, तीसरी लोहे की। तीनों में से एक में उसकी प्रतिमूर्ति है। स्वयंवर के लिए जो आता है उसे कहा जाता है कि इनमें से एक को चुन ले। अकड़बाज़ सोने को चुनता है और उलटे पैरों लौटता है। लोभी को चाँदी की पिटारी अँगूठा दिखाती है। सच्चा प्रेमी लोहे को छूता है और घुड़दौड़ का पहला इनाम पाता है। ठीक ऐसी ही लाटरी वैदिक काल में हिंदुओं में चलती थी। इसमें नर पूछता था, नारी को बूझना पड़ता था।

संदर्भ प्रस्तुत गद्यांश पाठ्यपुस्तक 'अंतरा' (भाग-2) में संकलित 'सुमिरिनी के मनके' पाठ में शामिल लघु निबंध 'ढेले चुन लो' से उद्धृत है। यह प्रसिद्ध निबंधकार 'पंडित चंद्रधर शर्मा गुलेरी' की रचना है।

प्रसंग प्रस्तुत गद्यांश में लेखक ने समाज में व्याप्त रूढ़ियों तथा अंधविश्वासों पर व्यंग्य किया है। अंधविश्वास तथा रूढ़ियाँ आधुनिक काल की देन नहीं हैं, बल्कि वैदिक काल से ही समाज में ऐसी रूढ़ियाँ व्याप्त हैं, जिनका कोई अर्थ नहीं है।

व्याख्या प्रस्तुत गद्यांश के अनुसार समाज में कई रूढ़ियाँ तथा अंधविश्वास परंपरागत रूप से विद्यमान रहे हैं। विवाह के लिए वर तथा वधू के चयन की प्रक्रिया में भी कई रूढ़ियों को स्थान मिला। शेक्सपीयर के नाटक 'मर्चेंट ऑफ वेनिस' में पोर्शिया ने अपने पति का चुनाव सुंदर रीति से किया। भारतेंदु हरिश्चंद्र की कहानी 'दुर्लभ बंधु' में नायिका पुरश्री के सम्मुख सोने, चाँदी तथा लोहे की पेटियाँ दिखाई गई हैं। एक पेटी में नायिका की प्रतिमूर्ति थी।

स्वयंवर में आए लोगों को एक पेटी का चुनाव करना था। जो व्यक्ति सोने व चाँदी की पेटी चुनता है, वह वापस लौट जाता है। सच्चा प्रेमी लोहे की पेटी को छूता है और उससे नायिका का विवाह होता है। वैदिक काल के स्वयंवर भी इन रूढ़ियों से मुक्त नहीं थे। इनमें कन्या से मिट्टी के ढेले को चुनने को कहा जाता था। यह विधि लॉटरी के समान थी। लेखक स्वयंवर की इन प्रवृत्तियों पर व्यंग्य करता है।

विशेष

(i) प्रस्तुत गद्यांश में समाज में व्याप्त रूढ़ियों और अंधविश्वासों पर व्यंग्य किया गया है।

(ii) सहज साहित्यिक खड़ी बोली में तत्सम, तद्भव शब्दों के साथ अंग्रेजी शब्दों का प्रयोग। देशज शब्द 'पेटी' का भी सार्थक प्रयोग हुआ है।

(iii) प्रस्तुत गद्यांश में 'मर्चेंट ऑफ वेनिस', 'पोर्शिया' तथा 'लॉटरी' जैसे अंग्रेज़ी शब्दों का प्रयोग हुआ है।

(iv) प्रस्तुत गद्यांश में मुहावरों का सार्थक प्रयोग हुआ है; जैसे—अँगूठा दिखाना।

गद्यांश 6

आप कह सकते हैं कि जन्मभर के साथी की चुनावट मिट्टी के ढेलों पर छोड़ना कैसी बुद्धिमानी है! अपनी आँखों से जगह देखकर, अपने हाथ से चुने हुए मिट्टी के डगलों पर भरोसा करना क्यों बुरा है और लाखों-करोड़ों कोस दूर बैठे बड़े-बड़े मिट्टी और आग के ढेलों-मंगल और शनिश्चर और बृहस्पति-की कल्पित चाल के कल्पित हिसाब का भरोसा करना क्यों अच्छा है, यह मैं क्या कह सकता हूँ? बकौल वात्स्यायन के, आज का कबूतर अच्छा है कल के मोर से, आज का पैसा अच्छा है कल की मोहर से। आँखों देखा ढेला अच्छा ही होना चाहिए लाखों कोस दूर के तेज़ पिंड से। CBSE 2024

संदर्भ पूर्ववत्

प्रसंग प्रस्तुत गद्यांश में लेखक ने समाज में व्याप्त अंधविश्वासों पर कठोर प्रहार किया है, साथ ही वर्तमान समय की महत्ता पर प्रकाश डाला है।

व्याख्या प्रस्तुत गद्यांश में लेखक समाज के लोगों से प्रश्न करता है कि जिसके साथ पूरा जीवन बिताना है, उसके चुनाव के लिए मिट्टी के ढेलों पर विश्वास करना किसी भी रूप में बुद्धिमानी की बात नहीं होगी। अतः लेखक इस प्रश्न के माध्यम से लोगों को बताना चाहता है कि ऐसा करना ज़रा भी बुद्धिमानी की बात नहीं है, क्योंकि जीवन साथी का चुनाव करने का यह मूर्खतापूर्ण तरीका है। वह ज्योतिष के आचार्यों के ज्ञान को भी निरर्थक मानता है।

लेखक कहता है कि लोग लाखों-करोड़ों किलोमीटर दूर बैठ मिट्टी और आग के बड़े-बड़े ढेलों अर्थात् मंगल, शनि और बृहस्पति की काल्पनिक चाल के अनुसार काल्पनिक हिसाब पर विश्वास करके विवाह तय करते हैं। इससे अच्छा तो यह है कि अपनी आँखों से देखकर अपने हाथ से चुने मिट्टी के ढेलों पर विश्वास करना, क्योंकि वह कम-से-कम प्रत्यक्ष रूप में तो होता है। लेखक ने वात्स्यायन के विचारों को आधार बनाया है, जिसमें उन्होंने कहा कि आज का कबूतर कल के मोर से अच्छा है तथा आज का पैसा कल के सोने के सिक्कों से अच्छा है। स्वयं देखकर चुना गया मिट्टी का ढेला लाखों किलोमीटर दूर बैठे तेज पिंड से अच्छा ही होना चाहिए। अतः लेखक कहना चाहता है कि हमें यथार्थवादी दृष्टिकोण अपनाना चाहिए न कि काल्पनिक।

विशेष

(i) प्रस्तुत गद्यांश में लेखक ने अंधविश्वासों पर कठोर व्यंग्य किया है तथा यथार्थवादी दृष्टिकोण अपनाने की प्रेरणा दी है।

(ii) प्रस्तुत गद्यांश में मिश्रित शब्दावली है, जिसमें तत्सम, तद्भव, देशज और विदेशी भाषा के शब्दों का प्रयोग हुआ है।

(iii) प्रस्तुत गद्यांश में खड़ीबोली का प्रयोग हुआ है।

(iv) प्रस्तुत गद्यांश में व्यंजना शब्द शक्ति है तथा व्यंग्य शैली का प्रयोग किया गया है।

गद्यांश पर आधारित बहुविकल्पीय प्रश्न

1. बालक के मुख पर विलक्षण रंगों का परिवर्तन हो रहा था। हृदय में कृत्रिम और स्वाभाविक भावों की लड़ाई की झलक आँखों में दीख रही थी। कुछ खाँसकर, गला साफ़ कर नकली परदे के हट जाने पर स्वयं विस्मित होकर बालक ने धीरे से कहा, 'लड्डू'। पिता और अध्यापक निराश हो गए। इतने समय तक मेरा श्वास घुट रहा था। अब मैंने सुख से साँस भरी। उन सबने बालक की प्रवृत्तियों का गला घोंटने में कोई कमी नहीं रखी थी, पर बालक बच गया। उसके बचने की आशा है, क्योंकि वह 'लड्डू' की पुकार जीवित वृक्ष के हरे पत्तों का मधुर मर्मर था, मरे काठ की अलमारी की सिर दुखाने वाली खड़खड़ाहट नहीं। CBSE SQP 2022

(क) 'बच्चे के मुख पर रंग बदल रहे थें।' इस पंक्ति के आधार पर आकलन करने से ज्ञात होता है कि बच्चे में उठ रहे भाव ...... के है।
(i) सहृदयता
(ii) घबराहट
(iii) अंतरद्वंद्व
(iv) रोमांचकता

(ख) गद्यांश के आधार पर कौन-सा वाक्य सही है?
(i) काठ की अलमारी सदैव सिर दुखाती है
(ii) शिक्षा प्रणाली पर व्यंग्य किया गया है
(iii) बच्चों को पढ़ाना अत्यंत सहज कार्य है
(iv) वृक्ष के हरे पत्तों का संगीत मधुर होता है

(ग) बालक द्वारा धीरे से लड्डू कहना दर्शाता है कि
(i) छोटी वस्तु भी पुरस्कार है
(ii) कृत्रिमता का लबादा उतर गया
(iii) कृत्रिमता का स्थायित्व संभव है
(iv) लेखक का उद्देश्य पूरा हो गया

(घ) 'अब मैंने सुख की साँस भरी' के माध्यम से कह सकते हैं कि वह –
(i) अत्यंत जागरूक नागरिक है
(ii) बाल मनोविज्ञान से परिचित है
(iii) स्तरानुसार शिक्षा के पक्षधर है
(iv) अपने सुख की कामना करते हैं

(ङ) **कथन** (A) लड्डू की पुकार जीवित वृक्ष के हरे पत्तों का मधुर मर्मर था। **कारण** (R) बालक द्वारा लड्डू माँगा जाना वृक्ष के हरे पत्तों के समान इंगित करता है।

(i) कथन (A) और कारण (R) दोनों सही हैं तथा कारण (R), कथन (A) की सही व्याख्या करता है।
(ii) कथन (A) और कारण (R) दोनों सही हैं, परंतु कारण (R), कथन (A) की सही व्याख्या नहीं करता है।
(iii) कथन (A) सही है, किंतु कारण (R) गलत है।
(iv) कथन (A) गलत है, किंतु कारण (R) सही है।

उत्तर

(क) (iii) अंतरद्वंद्व
(ख) (ii) शिक्षा प्रणाली पर व्यंग्य किया गया है
(ग) (ii) कृत्रिमता का लबादा उतर गया
(घ) (iii) स्तरानुसार शिक्षा के पक्षधर है
(ङ) (ii) कथन (A) और कारण (R) दोनों सही हैं, परंतु कारण (R), कथन (A) की सही व्याख्या नहीं करता है।

2. **धर्म के रहस्य जानने की इच्छा प्रत्येक मनुष्य न करे, जो कहा जाए वही कान ढलकाकर सुन ले, इस सत्ययुगी मत के समर्थन में घड़ी का दृष्टांत बहुत तालियाँ पिटवाकर दिया जाता है। घड़ी समय बतलाती है। किसी घड़ी देखना जानने वाले से समय पूछ लो और काम चला लो। यदि अधिक करो तो घड़ी देखना स्वयं सीख लो, किंतु तुम चाहते हो कि घड़ी का पीछा खोलकर देखें, पुर्जे गिन लें, उन्हें खोलकर फिर जमा दें, साफ़ करके फिर लगा लें–यह तुमसे नहीं होगा। तुम उसके अधिकारी नहीं। यह तो वेदशास्त्रज्ञ धर्माचार्यों का ही काम है कि घड़ी के पुर्जे जानें, तुम्हें इससे क्या?**

(क) वेदशास्त्रज्ञ धर्माचार्यों का क्या काम है?
(i) घड़ी के पुर्जे ठीक करना
(ii) धर्म का प्रचार करना
(iii) धर्म के आधार पर भेदभाव करना
(iv) धर्म के रहस्यों का जानना

(ख) प्रस्तुत गद्यांश का मूलभाव क्या है?
(i) प्रत्येक जन को धर्म को समझना व जानना आवश्यक है
(ii) प्रत्येक जन को घड़ी का ज्ञान होना आवश्यक है
(iii) धर्माचार्यों की बातों का ही पालन करना चाहिए
(iv) धर्म की व्याख्या धर्माचार्य ही कर सकते हैं

(ग) गद्यांश के अंतिम कथन से क्या आशय है?
(i) सामान्य जन धर्म को जानने का प्रयास न करें।
(ii) धर्म के रहस्य को जानने का काम सिर्फ धर्माचार्यों का है।
(iii) सामान्य जन को धर्म को सुनना और पालन करना चाहिए।
(iv) सभी कथन सत्य हैं।

(घ) मनुष्य किसका अधिकारी नहीं है?
(i) समय जानने का
(ii) धर्म के रहस्य को जानने का
(iii) समय बताने का
(iv) घड़ी के पुर्जे ठीक करने का

(ङ) लेखक के अनुसार धर्म के गूढ़ रहस्यों को समझने का अधिकार और किनके पास होना चाहिए?
(i) धर्मोपदेशकों तक सीमित रहने चाहिए
(ii) तत्त्वशास्त्रियों और मीमांसकों तक सीमित रहने चाहिए
(iii) जन-सामान्य को भी उसके गहरे अर्थों को समझने का अधिकार दिया जाना चाहिए
(iv) उपरोक्त में से कोई नहीं

उत्तर

(क) (iv) धर्म के रहस्यों का जानना
(ख) (i) प्रत्येक जन को धर्म को समझना व जानना आवश्यक है
(ग) (iv)सभी कथन सत्य हैं
(घ) (ii) धर्म के रहस्य को जानने का
(ङ) (iii) जन-सामान्य को भी उसके गहरे अर्थों को समझने का अधिकार दिया जाना चाहिए

3. **पुर्ज़े खोलकर फिर ठीक करना उतना कठिन काम नहीं है, लोग सीखते भी हैं, सिखाते भी हैं, अनाड़ी के हाथ में चाहे घड़ी मत दो पर जो घड़ीसाज़ी का इम्तहान पास कर आया है उसे तो देखने दो। साथ ही यह भी समझा दो कि आपको स्वयं घड़ी देखना साफ़ करना और सुधारना आता है कि नहीं। हमें तो धोखा होता है कि परदादा की घड़ी जेब में डाले फिरते हो, वह बंद हो गई है, तुम्हें न चाबी देना आता है न पुर्ज़े सुधारना तो भी दूसरों को हाथ नहीं लगाने देते इत्यादि।**

(क) प्रस्तुत गद्यांश में लेखक ने किस पर व्यंग्य किया है?
(i) सामान्य जन पर
(ii) घड़ी के कारीगर पर
(iii) 'i' और 'ii' दोनों
(iv) धर्म के ठेकेदारों पर

(ख) 'घड़ी साजी का इम्तहान पास कर आए' व्यक्ति कौन हैं?
(i) धर्माचार्य
(ii) ज्ञानवान व्यक्ति
(iii) घड़ी का अनुभवी कारीगर
(iv) मंदिर का पुजारी

(ग) परदादा की घड़ी जेब में डाले फिरना-किसका प्रतीक है?
(i) प्राचीन रूढ़ी परंपराएँ (ii) आर्थिक विपन्नता
(iii) धार्मिक ग्रंथ लेकर घूमना (iv) पुरानी घड़ी पहनना

(घ) लेखक के अनुसार कौन-सा काम अधिक कठिन नहीं है?
(i) घड़ी के पुर्जे ठीक करना
(ii) धर्म का पालन करना
(iii) धर्माचार्यों की बात मानना
(iv) धर्म के रहस्यों को जानना

(ङ) प्रस्तुत गद्यांश में लेखक किसके प्रति संदेह प्रकट कर रहा है?
(i) सामान्य जन के धर्म विरोध के प्रति
(ii) धर्माचार्यों के धर्म ज्ञान के प्रति
(iii) सामान्य जन के साहस के प्रति
(iv) प्राचीन धार्मिक परंपराओं के प्रति

उत्तर

(क) (iv) धर्म के ठेकेदारों पर

(ख) (ii) ज्ञानवान व्यक्ति

(ग) (i) प्राचीन रूढ़ी परंपराएँ

(घ) (iv) धर्म के रहस्यों को जानना

(ङ) (ii) धर्माचार्यों के धर्म ज्ञान के प्रति

4. **शेक्सपीयर के प्रसिद्ध नाटक 'मर्चेंट ऑफ वेनिस' में पोर्शिया अपने वर को बड़ी सुंदर रीति से चुनती है। बबुआ हरिश्चंद्र के 'दुर्लभ बंधु' में पुरश्री के सामने तीन पेटियाँ हैं–एक सोने की, दूसरी चाँदी की, तीसरी लोहे की।**

तीनों में से एक में उसकी प्रतिमूर्ति है। स्वयंवर के लिए जो आता है उसे कहा जाता है कि इनमें से एक को चुन ले। अकड़बाज़ सोने को चुनता है और उलटे पैरों लौटता है। लोभी को चाँदी की पिटारी अँगूठा दिखाती है। सच्चा प्रेमी लोहे को छूता है और घुड़दौड़ का पहला इनाम पाता है। ठीक ऐसी ही लाटरी वैदिक काल में हिंदुओं में चलती थी। इसमें नर पूछता था, नारी को बूझना पड़ता था।

(क) हिंदुओं में विवाह के लिए लॉटरी जैसी प्रथा किस काल में प्रचलित थी?

(i) लौकिक काल (ii) मध्यकाल

(iii) वैदिक काल (iv) आधुनिक काल

(ख) शेक्सपीयर के प्रसिद्ध नाटक 'मर्चेंट ऑफ वेनिस' की नायिका का नाम क्या था?

(i) पोर्शिया (ii) पुरश्री

(iii) यामिनी (iv) इनमें से कोई नहीं

(ग) 'अकड़बाज' कौन-सी पेटी चुनता है?

(i) लोहे की (ii) चाँदी की

(iii) काँसे की (iv) सोने की

(घ) 'घुड़दौड़ का पहला इनाम पाता है' इस कथन का क्या आशय है?

(i) स्वयंवर में विजयी होता है

(ii) स्वयंवर प्रतियोगिता के लिए चुना जाता है

(iii) घोड़ों की प्रतियोगिता में पुरस्कार पाता है

(iv) विवाह हेतु घोड़ों की प्रतियोगिता में भाग लेता है

(ङ) प्रस्तुत गद्यांश में लेखक ने किन पर व्यंग्य किया है?

(i) पोर्शिया पर

(ii) 'दुर्लभ बंधु' कहानी के नायक पर

(iii) समाज में व्याप्त रूढ़ियों व अंधविश्वासों पर

(iv) वैदिक काल पर

उत्तर

(क) (iii) वैदिक काल

(ख) (ii) पोर्शिया

(ग) (iv) सोने की

(घ) (i) स्वयंवर में विजयी होता है

(ङ) (iii) समाज में व्याप्त रूढ़ियों व अंधविश्वासों पर

5. **वैदिक काल के हिंदु ढेले छुआकर स्वयं पत्नीवरण करते थे। आप कह सकते हैं कि जन्मभर के साथी की चुनावट मिट्टी के ढेलों पर छोड़ना कैसी बुद्धिमानी है! अपनी आँखों से जगह देखकर, अपने हाथ से चुने हुए मिट्टी के डगलों पर भरोसा करना क्यों बुरा है और लाखों-करोड़ों कोस दूर बैठे बड़े-बड़े मिट्टी और आग के ढेलों-मंगल और शनिश्चर और बृहस्पति-की कल्पित चाल के कल्पित हिसाब का भरोसा करना क्यों अच्छा है, यह मैं क्या कह सकता हूँ? बकौल वात्स्यायन के, आज का कबूतर अच्छा है कल के मोर से, आज का पैसा अच्छा है कल की मोहर से। आँखों देखा ढेला अच्छा ही होना चाहिए लाखों कोस दूर के तेज़ पिंड से।**

(क) गद्यांश में बताई गई स्वयंवर प्रथा को माना जा सकता है

(i) लोगों की बुद्धिमानी (ii) अंधविश्वास

(iii) समाज की मान्यता (iv) समाज की रीति

(ख) गद्यांश में आए बुद्धिमानी शब्द का भाव है

(i) चालाकी (ii) अज्ञानता

(iii) बेवकूफी (iv) प्रेरणा

(ग) ढेले छुआकर स्वयं पत्नीवरण करने की प्रथा कब प्रचलित थी?

(i) आदिकाल में (ii) पाषाणयुग में

(iii) त्रेता युग में (iv) वैदिक युग में

(घ) गद्यांश में मंगल, शनि, बृहस्पति आदि ग्रहों का वर्णन क्यों किया गया है?

(i) मानव जीवन पर पड़ने वाले इनके प्रभाव का वर्णन करने के लिए

(ii) मिट्टी के ढेलो के आधार पर की जाने वाली स्वयंवर प्रथा का वर्णन करने के लिए

(iii) लोक-जीवन में व्याप्त अंधविश्वासों और मान्यताओं पर चोट करने के लिए

(iv) अन्तरिक्ष में स्थित खगोलीय पिंडों से परिचित कराने के लिए

(ङ) 'आज का कबूतर अच्छा है कल के मोर से' वाक्य का आशय है

(i) आज कबूतर मिल रहा है, कल मोर मिलेगा

(ii) आज कबूतर सस्ते हैं, कल महँगे हो जाएँगे

(iii) वर्तमान की छोड़ो, भविष्य की चिन्ता करो।

(iv) आज का कम भी कल के अधिक से अच्छा है।

उत्तर

(क) (iii) समाज की मान्यता

(ख) (i) बेवकूफी

(ग) (i) वैदिक युग में

(घ) (iii) लोक-जीवन में व्याप्त अंधविश्वासों और मान्यताओं पर चोट करने के लिए

(ङ) (iv) आज का कम भी कल के अधिक से अच्छा है।

विषय-वस्तु पर आधारित प्रश्नोत्तर

बालक बच गया

1. 'बालक बच गया' कहानी बाल-मनोविज्ञान की कहानी है-सोदाहरण प्रतिपादित कीजिए।

अथवा **बालक बच गया निबंध बाल मनोविज्ञान के किस मुख्य सिद्धांत को प्रतिपादित करता है?** **CBSE Diksha**

उत्तर 'बालक बच गया' कहानी में चंद्रधर शर्मा गुलेरी जी ने बाल-मनोविज्ञान का सुंदर चित्रण किया है। आरंभ से अंत तक बालक की विभिन्न मनःस्थितियों का वर्णन कहानी में हुआ है। आठ वर्ष के बालक द्वारा कठिन प्रश्नों का उत्तर दिया जाना लेखक को असहज लगता है, क्योंकि यह उत्तर उसे रटाये गए थे। इससे उसकी स्वाभाविकता नष्ट हो रही थी, किंतु जब बच्चे से कहा गया कि वह अपनी इच्छा से कुछ माँग ले तब इस विषय पर बालक सोचने लगा।

बच्चे के चेहरे के रंग बदल गए। उसके मन में कृत्रिम (बनावटी) और स्वाभाविक भावों की लड़ाई आरंभ हो गई थी, जो उसकी आँखों से स्पष्ट झलक रही थी। अंत में उसने लड्डू माँगा। यहाँ बालक के स्वाभाविक भावों ने विजय प्राप्त की और कृत्रिम भाव दबकर रह गए। लड्डू की माँग ने स्पष्ट कर दिया कि बालक में बालपन की स्वाभाविकता शेष है। अतः यहाँ बालमन का सटीक चित्रण हुआ है।

2. 'बालक बच गया' शीर्षक लघु निबंध में निहित व्यंग्य को स्पष्ट करते हुए बताइए कि ऐसी शिक्षा पद्धति से कैसे बचा जा सकता है?

अथवा **'बालक बच गया' शीर्षक मनके में निहित व्यंग्य स्पष्ट कीजिए। आपके विचार से परंपरागत शिक्षण पद्धति को कैसे उपयोगी बनाया जा सकता है?**

उत्तर 'बालक बच गया' शीर्षक मनके में लेखक ने अपने समय की शिक्षा प्रणाली पर व्यंग्य करते हुए शिक्षकों की मानसिकता पर करारी चोट की है। निबंध में लेखक ने अपने जीवन के अनुभव को हमारे सामने अत्यंत व्यावहारिक रूप में रखा है। आठ वर्ष के बालक को शिक्षा के नाम पर कठिन प्रश्नों का उत्तर रटवाया जाता है, जिसका शायद वह अर्थ भी नहीं जानता। इस कारण उसकी स्वाभाविक प्रवृत्ति का हनन होता है उसमें कृत्रिमता (बनावटीपन) बढ़ती जाती है। इस वृत्तांत द्वारा लेखक ने यह बताने की कोशिश की है कि हमें शिक्षा को बच्चों पर लादना नहीं चाहिए, बल्कि उसके मस्तिष्क में शिक्षा के प्रति रुचि पैदा करने वाले गुणों का विकास करना चाहिए, जिससे उसमें शिक्षा के प्रति रुचि स्वाभाविक एवं सहज रूप से विकसित हो सके।

हमारे विचार से परंपरागत शिक्षा पद्धति को अधिक उपयोगी बनाया जा सकता है। रटने के स्थान पर विषयों को समझाते हुए आत्मसात् करवाने की पद्धति अपनाकर, बच्चों की मौलिक क्षमता को अधिक महत्त्व देकर तथा कृत्रिमता के स्थान पर व्यावहारिकता पर ज़ोर देकर बच्चों का पूर्ण रूप से मानसिक विकास किया जा सकता है।

3. 'बालक बच गया' पाठ का उद्देश्य अथवा मूल प्रतिपाद्य बताइए।

अथवा **'सुमिरिनी के मनके' पाठ के आधार पर लिखिए कि 'बालक बच गया' ऐसा क्यों कहा गया है?** **CBSE 2023**

उत्तर 'बालक बच गया' लघु निबंध में लेखक ने शिक्षा ग्रहण करने के लिए उचित आयु की महत्ता को प्रतिपादित किया है। लेखक ने निबंध के माध्यम से स्पष्ट किया है कि हमें व्यक्ति के मानसिक विकास के लिए शिक्षा को प्रस्तुत करना चाहिए, न कि शिक्षा के लिए व्यक्ति को। हमारा लक्ष्य या उद्देश्य मनुष्य और मनुष्यता को बचाए रखना है।

मनुष्य बचा रहेगा तो वह समय आने पर शिक्षित किया जा सकता है। लेखक ने अपने समय की शिक्षा प्रणाली और शिक्षकों की मानसिकता को प्रकट करने के लिए अपने जीवन की घटना को हमारे सामने बहुत ही व्यावहारिक रूप में अभिव्यक्त किया है। साथ ही यह संदेश दिया है कि शिक्षा को हमें बच्चों पर लादना नहीं चाहिए, बल्कि उसके मानसिक विकास के लिए मस्तिष्क में शिक्षा की रुचि पैदा करने वाले बीज डालने चाहिए, क्योंकि सही ढंग से शिक्षा प्राप्त करने से बच्चे का पूर्ण रूप से विकास होता है।

4. 'बालक बच गया' कहानी में वर्णित बालक के व्यक्तित्व के विषय में बताइए।

उत्तर 'बालक बच गया' कहानी का बालक विद्यालय के प्रधानाध्यापक का इकलौता पुत्र था। उसकी आयु आठ वर्ष थी। उसे बड़े प्यार से विद्यालय के वार्षिकोत्सव में प्रदर्शन के लिए दिखाया गया। उसका चेहरा पीला था तथा आँखें सफ़ेद थीं। उसकी नज़रें धरती से ऊपर नहीं उठती थीं। बालक से उसकी शारीरिक और मानसिक आयु से अधिक ऊपर के प्रश्न पूछे जा रहे थे, जिनका वह बालक उत्तर दिए जा रहा था। उसके उत्तर रटे-रटाये लग रहे थे, क्योंकि उनमें स्वाभाविकता का अभाव था।

5. बच्चे से उसकी उम्र और योग्यता से अधिक स्तर के प्रश्न क्यों पूछे जा रहे थे ?

उत्तर सभी आमंत्रित अतिथियों के समक्ष नन्हें बालक की योग्यता का प्रदर्शन करने और उसकी विद्वता का प्रभाव डालने के लिए उसकी उम्र और योग्यता से अधिक कठिन प्रश्न पूछे जा रहे थे। बालक ने प्रत्येक प्रश्न का उत्तर देते हुए सभा को प्रभावित किया। एक ओर जहाँ सभी अतिथि उसकी बुद्धिमत्ता देखकर हैरान थे, वहीं दूसरी ओर उसके पिता गर्व का अनुभव कर रहे थे। लेखक ने इस प्रसंग के माध्यम से समाज में शिक्षा प्रणाली की उस प्रवृत्ति पर भी कटाक्ष किया है, जिसमें बच्चों की स्वाभाविक जिज्ञासा और सरलता को अनदेखा कर केवल रटने पर जोर दिया जाता है।

6. 'बालक बच गया' प्रसंग में 'जीवित वृक्ष के हरे पत्तों का मर्मर' किसे कहा गया है? उसे सुनकर लेखक को कैसा लगा? **CBSE 2023**

उत्तर 'बालक बच गया' प्रसंग में 'जीवित वृक्ष के हरे पत्तों का मर्मर' उस स्वाभाविक और प्राकृतिक भाव को कहा गया है, जो बालक के 'लड्डू' माँगने से प्रकट हुआ था। यह बालक की सहजता और उसकी बाल-सुलभ प्रवृत्तियों का प्रतीक है, जो कठोर और कृत्रिम अनुशासन के दबाव में भी जीवित बनी रही।

इसे सुनकर लेखक को संतोष और सुखद आशा का अनुभव हुआ, क्योंकि यह स्वाभाविकता बालक के स्वस्थ मानसिक विकास और उसकी स्वतन्त्र सोच के जीवित रहने का संकेत थी। लेखक को ऐसा लगा मानो बालक अपनी प्राकृतिक इच्छाओं को दबाए जाने के बावजूद अपनी मासूमियत और सहजता को बचाने में सफल रहा।

घड़ी के पुर्ज़े

1. 'समय पूछ लो और काम चला लो' पंक्ति में निहित संदेश को आप समाज के लिए कितना उपयोगी मानते हैं?

उत्तर 'समय पूछ लो और काम चला लो' पंक्ति के माध्यम से धर्माचार्यों ने समाज में यह धारणा फैला रखी है कि आम आदमी को धर्म के रहस्य जानने का अधिकार नहीं है, उन्हें केवल धर्म के लिए बनाए गए नियमों तथा सिद्धांतों का आँख बंद करके पालन करना चाहिए। धर्माचार्यों की यह धारणा समाज के लिए बिलकुल भी उपयोगी नहीं है।

ऐसा कहकर वे धर्म के ठेकेदार बने रहना चाहते हैं, ताकि वे लोगों को मूर्ख बनाकर उन्हें ठगकर अपनी रोज़ी-रोटी चला सकें तथा अपने स्वार्थों की पूर्ति कर सकें। ये धर्माचार्य धर्म के नाम पर भोले-भाले लोगों को डरा-डराकर अपने स्वार्थ की रोटियाँ सेंकते हैं। इससे समाज में गलत संदेश जाता है।

2. आज के समय में घड़ी के दृष्टांत से क्या बताया गया है?

उत्तर लेखक ने घड़ी के दृष्टांत के माध्यम से यह बताने का प्रयास किया है कि जिस प्रकार सामान्य जनता के लिए घड़ी का उपयोग करते समय उसके कल-पुर्ज़ों की जानकारी का होना आवश्यक है।

उसी प्रकार सामान्य जनता को धर्म के रहस्यों की जानकारी होना भी आवश्यक है। धर्म को केवल धर्माचार्यों के द्वारा बताए गए नियमों के अनुसार अपनाने की आवश्यकता नहीं है, अपितु समय सापेक्ष उन नियमों की प्रासंगिकता का आकलन करना भी अनिवार्य है। साथ-ही-साथ धर्म के गलत सिद्धांत और नियमों को बदल भी सकते हैं तथा नए सिद्धांत बना भी सकते हैं।

3. 'घड़ी के पुर्ज़े' निबंध में लेखक धर्म के संबंध में क्या कहना चाहता है? इससे आप कितना सहमत हैं?

उत्तर 'घड़ी के पुर्ज़े' निबंध में लेखक धर्म के संबंध में कहना चाहता है कि व्यक्ति को धर्म का केवल पालन ही नहीं करना चाहिए, उसको समझना तथा जानना भी चाहिए, उन मान्यताओं और सिद्धांतों को आज के जीवन के संदर्भ में भी देखना चाहिए।

धर्म की व्याख्या करना किसी एक समूह या व्यक्ति का अधिकार नहीं है। धर्म के रहस्यों को जानने का अधिकार केवल धर्माचार्यों का ही नहीं है। लेखक के इस विचार से मैं पूरी तरह सहमत हूँ, क्योंकि धर्म पर एकाधिकार होने से एक व्यक्ति या समूह उसका दुरुपयोग करने लगता है, जिससे समाज का एक बड़ा वर्ग प्रभावित होता है। अतः धर्म के रहस्यों को जानने का अधिकार प्रत्येक मनुष्य को है।

4. बिना जाने और समझे घड़ी के पुर्ज़े खोलने से क्या हानि होगी?

उत्तर बिना जाने और समझे घड़ी के पुर्ज़े खोलने से पूरी घड़ी बेकार हो सकती है। घड़ी के पुर्ज़ों की जटिलता को समझने के लिए विशेषज्ञता की आवश्यकता होती है। लेखक का यह भी मानना है कि केवल जानकार और योग्य व्यक्ति ही बंद पड़ी घड़ी का दोष पहचानकर उसकी मरम्मत कर सकता है। यदि कोई व्यक्ति बिना सही जानकारी के पुर्ज़े खोलता है, तो वह न केवल घड़ी को नुकसान पहुँचा सकता है, बल्कि उसे फिर से सही स्थिति में लाना भी कठिन हो जाएगा। इस प्रकार, ज्ञान और समझ का अभाव हमेशा नुकसानदेह होता है।

ढेले चुन लो

1. 'ढेले चुन लो' पाठ के आधार पर लिखिए कि वैदिक काल में वधू द्वारा मिट्टी के ढेले को चुनने की क्या प्रथा थी? आज के समाज में व्याप्त अन्य अंधविश्वास को कैसे दूर किया जा सकता है?

अथवा **'ढेले चुन लो' शीर्षक निबंध मनके में उल्लिखित विवाह प्रथाओं पर अपने विचार व्यक्त कीजिए।**

उत्तर 'ढेले चुन लो' निबंध में लेखक बताता है कि वैदिक काल में, विवाह का इच्छुक युवक कुछ मिट्टी के ढेले लेकर युवती के पास (उसके घर) जाता था और युवती को उनमें से एक ढेला चुनने को कहता था। वधू द्वारा उठाए गए ढेलों के प्रति यह मान्यता थी कि युवती यदि वेदी की मिट्टी उठा ले, तो संतान वैदिक पंडित- गोबर की मिट्टी उठा ले तो 'पशुओं का धनी' खेत की मिट्टी उठा ले तो 'जमींदार पुत्र' होगा और यदि श्मशान की मिट्टी उठा ले तो अशुभ होगा।

इस तरह से, वैदिककाल में विवाह के लिए लॉटरी जैसी प्रथा प्रचलित थी। वर्तमान समय में व्याप्त अन्य अंधविश्वासों को दूर करने के लिए मनुष्य को यथार्थवादी दृष्टिकोण को अपनाना होगा। कल्पना के सहारे जीवन नहीं जिया जा सकता। इसलिए व्यक्ति को अपने भविष्य की चिंता करने के अतिरिक्त वर्तमान को सुधारना होगा। आडंबरों और कल्पनाओं में लिप्त रहने से व्यक्ति अंधविश्वासों तथा रूढ़िवादी मान्यताओं में फँसता चला जाता है। इसलिए आवश्यक है कि व्यक्ति वर्तमान में जिए और सुखी जीवन व्यतीत करे।

2. 'ढेले चुन लो' निबंध का प्रतिपाद्य अपने शब्दों में लिखिए।

उत्तर 'ढेले चुन लो' निबंध में लोक विश्वासों में निहित अंधविश्वासी मान्यताओं पर गहरी चोट की गई है। लेखक ने वैदिक काल में वर-वधू चुनने के लिए अपनाए जाने वाली रूढ़ियों का निबंध में वर्णन किया है। साथ ही यह संदेश भी दिया है कि जीवन से जुड़े बड़े फैसले (विवाह आदि) अंधविश्वासों के वशीभूत होकर नहीं लेने चाहिए, क्योंकि इन अंधविश्वासों और रूढ़ियों के आधार पर लिए गए फैसले हितकारी होंगे, यह ज़रूरी नहीं है। इस तरह के निर्णय अँधेरे में तीर चलाने के समान हैं। अतः मनुष्य को यथार्थवादी होकर अपने फैसले लेने चाहिए और यथार्थ को स्वीकार करना चाहिए।

3. 'ढेले चुन लो' पाठ में विवाह के संबंध में मंगल, शनि व बृहस्पति का उल्लेख क्यों आया?

उत्तर 'ढेले चुन लो' पाठ में लेखक ने वैदिक काल में ढेले चुनकर विवाह करने की प्रथा का खंडन करते हुए मंगल, शनि व बृहस्पति का उल्लेख किया है और उन्हें मिट्टी व आग का ढेला कहा है। विवाह आदि का निर्णय करते हुए आज के समय में भी बहुत बड़ा वर्ग पंचांग का सहारा लेता है। इसमें ज्योतिषी आदि इन ग्रहों (मंगल, शनि, बृहस्पति) की स्थिति व चाल की गणना करते हैं; जैसे—बृहस्पति इस समय अस्त है, अतः विवाह नहीं हो सकता। मंगल ग्रह कुंडली में ऐसे स्थान पर है कि वैवाहिक जीवन में कष्ट उठाना पड़ सकता है।

शनि का प्रकोप है आदि। इन बातों को लेखक ने अंधविश्वास बताया है और साथ ही कहा है कि लाखों-करोड़ों किलोमीटर दूर बैठे मिट्टी और आग के बड़े-बड़े ढेलों मंगल, शनि, बृहस्पति की काल्पनिक चाल के काल्पनिक हिसाब से विवाह करने की तुलना में अपने सामने लिए गए निर्णय अधिक अच्छे हैं। अंधविश्वासों का जीवन से कोई संबंध नहीं है। ये मनुष्य को धोखे में रखते हैं।

4. आपके मतानुसार लेखक चंद्रधर शर्मा गुलेरी ने किस प्रकार 'ढेले चुन लो' निबंध के द्वारा समाज में व्याप्त अंधविश्वासों और कुरीतियों पर कड़ा प्रहार किया है? तर्कसम्मत उत्तर दीजिए।

उत्तर लेखक चंद्रधर शर्मा गुलेरी ने 'ढेले चुन लो' निबंध के द्वारा समाज में फैली कुरीतियों और अंधविश्वासों पर कड़े सवाल उठाए हैं। लेखक यह सोच अपने पाठकों में उत्पन्न करने का प्रयास करते हैं कि आज भी हमारे समाज में लोग ज्योतिष गणना कुण्डली मिलान और परस्पर गुण मिलाए जाने जैसे कर्म काण्डों पर विश्वास रखते हैं और इसी आधार पर विवाह भी तय करते हैं।

लेखक इस निबंध द्वारा यह प्रश्न उठाते हैं कि यदि मिट्टी के ढेलों के चुनाव के आधार पर जीवनसाथी का चयन अनुचित और बेतुका है, तो फिर ज्योतिषीय गणना, कुण्डली मिलान और ग्रह नक्षत्रों की चाल के आधार पर वर-वधु का मिलन तय करना और उनके गुण मिलाना तो और भी गलत है। लेखक प्रगतिवादी सोच के आधार पर इन पुराने और दकियानूसी रीति-रिवाजों से मुक्ति पाने का संकल्प हमें देते हैं।

5. 'ढेले चुन लो' पाठ के आधार पर लिखिए कि आज भी हमारे समाज में अन्धविश्वास पूरी तरह कैसे व्याप्त है? **CBSE 2023**

उत्तर 'ढेले चुन लो' पाठ से यह समझा जा सकता है कि वैदिक काल में जीवन साथी का चयन प्रतीकात्मक ढंग से मिट्टी के ढेलों के आधार पर किया जाता था, जो किसी के भविष्य, गुण और भाग्य को निर्धारित करने का माध्यम माना जाता था।

यह परंपरा प्रतीक है कि लोग तर्क और तथ्य के बजाय अंधविश्वास पर अधिक विश्वास करते थे। आज भी हमारे समाज में ऐसे अन्धविश्वास गहराई तक व्याप्त हैं। लोग ग्रह-नक्षत्रों के आधार पर विवाह तय करते हैं, कुण्डली मिलान को अनिवार्य मानते हैं और शुभ-अशुभ समय देखकर महत्त्वपूर्ण कार्यों का आरम्भ करते हैं।

इसी प्रकार, वैदिक परम्परा की तरह ही लोग आज भी किसी अनदेखी शक्ति के प्रभाव को मानते हुए ताबीज, यज्ञ और टोने-टोटकों का सहारा लेते हैं। यह दर्शाता है कि समाज आज भी तर्क और विज्ञान के बजाय अंधविश्वास को प्राथमिकता देता है।

6. 'ढेले चुन लो' पाठ में जीवन साथी का चुनाव मिट्टी के ढेलों के आधार पर करने की वैदिक कालीन परंपरा का उल्लेख किया गया है। इस विषय में आपकी क्या राय है? स्पष्ट कीजिए। **CBSE 2024**

उत्तर 'ढेले चुन लो' पाठ में वैदिक कालीन परम्परा का उल्लेख जीवन साथी के चुनाव में प्रतीकात्मक महत्त्व को दर्शाता है। मिट्टी के ढेलों के माध्यम से व्यक्तियों के गुण, भविष्य और स्वभाव का अनुमान लगाने का यह तरीका उस समय की सांस्कृतिक और सामाजिक मान्यताओं का परिचायक है। हालाँकि, यह परंपरा उस युग के विश्वास और सामाजिक मान्यताओं पर आधारित थी, जो आज के वैज्ञानिक और तार्किक दृष्टिकोण से उपयुक्त नहीं लगती।

वैदिक काल की इस परंपरा को आज के समाज में अंधविश्वास के उदाहरण के रूप में देखा जा सकता है। मेरी राय में आधुनिक युग में वैदिक कालीन परंपरा का कोई व्यावहारिक महत्त्व नहीं है। आज के समय में जीवन साथी का चुनाव व्यक्तिगत स्वभाव, आपसी समझ और समान मूल्यों के आधार पर किया जाना चाहिए। व्यक्तिगत स्वतंत्रता और समझ के आधार पर चुनाव करना ही अधिक सार्थक है।

स्व-मूल्यांकन

गद्यांश पर आधारित बहुविकल्पीय प्रश्न

निम्नलिखित गद्यांश के आधार पर दिए गए बहुविकल्पीय प्रश्नों के उत्तर के लिए उपयुक्त विकल्प का चयन कीजिए

1. नर जानता था कि ये ढेले कहाँ-कहाँ से लाया हूँ और किस-किस जगह की मिट्‌टी इनमें है। कन्या जानती न थी। यही तो लॉटरी की बुझौवल ठहरी। वेदी की मिट्‌टी, गौशाला की मट्‌टी, खेत की मट्‌टी, चौराहे की मट्‌टी, मसान की धूल-कई चीजें होती थीं। बूझो मेरी मुट्‌ठी में क्या है - चित्त या पट्‌ट? यदि वेदी का ढेला उठा ले तो संतान 'वैदिक पंडित' होगा। गोबर चुना तो 'पशुओं का धनी' होगा, खेत की मिट्‌टी छू ली तो 'ज़मींदार पुत्र' होगा, मसान की मट्‌टी को हाथ लगाना बड़ा अशुभ था। यदि वह नारी ब्याही जाए तो घर मसान हो जाए-जनमभर जलाती रहेगी। यदि एक नर के सामने मसान की मट्‌टी छू ली तो उसका यह अर्थ नहीं है कि उस कन्या का कभी ब्याह न हो।

(क) ढेले चुनने की प्रक्रिया किस पर आधारित थी?
   (i) नारी की बुद्धिमानी पर (ii) भाग्य और अनुमान पर
   (iii) समाज की परंपराओं पर (iv) पुरुष की जानकारी पर

(ख) यदि कन्या 'वेदी की मिट्‌टी' का ढेला उठाती है, तो उसका अर्थ होगा कि सन्तानः
   (i) पशुपालक होगी (ii) वैदिक पंडित बनेगी
   (iii) ज़मींदार बनेगी (iv) अशुभ होगा

(ग) **कथन** (A) विवाह के लिए मसान की मट्‌टी सबसे अशुभ मानी जाती थी।
   कारण (R) मसान की मट्‌टी को छूने से घर में दुःख और अशांति आने की सम्भावना होती थी।
   कूट
   (i) कथन (A) और कारण (R) दोनों सही हैं तथा कारण (R), कथन (A) की सही व्याख्या करता है।
   (ii) कथन (A) और कारण (R) दोनों सही हैं, परंतु कारण (R) कथन (A) की सही व्याख्या नहीं करता है।
   (iii) कथन (A) सही है, किंतु कारण (R) गलत है।
   (iv) कथन (A) गलत है, किंतु कारण (R) सही है।

(घ) 'मसान की मिट्‌टी' छूने पर कन्या का क्या होता था?
   (i) उसका विवाह नहीं होता था।
   (ii) उसे जीवनभर मसान जलाना पड़ता था।
   (iii) वह संपन्न होती थी।
   (iv) उसे विदुषी माना जाता था।

(ङ) गद्यांश में 'ढेले' का क्या प्रतीकात्मक अर्थ है?
   (i) परिश्रम (ii) ज्ञान
   (iii) भाग्य और भविष्य (iv) स्वाभिमान

उत्तर

(क) (ii) भाग्य और अनुमान पर
(ख) (ii) वैदिक पंडित बनेगी
(ग) (i) कथन (A) और कारण (R) दोनों सही हैं तथा कारण (R) कथन (A) की सही व्याख्या करता है।
(घ) (i) उसका विवाह नहीं होता था।
(ङ) (iii) भाग्य और भविष्य

गद्यांश की व्याख्या

2. निम्नलिखित में से किसी एक गद्यांश की सप्रसंग व्याख्या कीजिए।

एक वृद्ध महाशय ने उसके सिर पर हाथ फेरकर आशीर्वाद दिया और कहा कि जो तू इनाम माँगे वही दें। बालक कुछ सोचने लगा। पिता और अध्यापक इस चिंता में लगे कि देखें यह पढ़ाई का पुतला कौन सी पुस्तक माँगता है? बालक के मुख पर विलक्षण रंगों का परिवर्तन हो रहा था, हृदय में कृत्रिम और स्वाभाविक भावों की लड़ाई की झलक आँखों में दीख रही थी। कुछ खाँसकर, गला साफ़ कर नकली परदे के हट जाने पर स्वयं विस्मित होकर बालक ने धीरे से कहा, 'लड्डू'। पिता और अध्यापक निराश हो गए। इतने समय तक मेरा श्वास घुट रहा था। अब मैंने सुख से साँस भरी।

अथवा

आपकी घड़ी में आधी रात है, ज़रा खोलकर देख न लेने दीजिए कि कौन-सा पेच बिगड़ रहा है, यदि पुर्जे ठीक हैं और आधी रात ही है तो हम फिर सो जाएँगे, दूसरी घड़ियों को गलत न मान लेंगे पर ज़रा देख तो लेने दीजिए। पुर्जे खोलकर फिर ठीक करना उतना कठिन काम नहीं है, लोग सीखते भी हैं, सिखाते भी हैं, अनाड़ी के हाथ में चाहे घड़ी मत दो पर जो घड़ीसाज़ी का इम्तहान पास कर आया है उसे तो देखने दो। साथ ही यह भी समझा दो कि आपको स्वयं घड़ी देखना, साफ़ करना और सुधारना आता है कि नहीं। हमें तो धोखा होता है कि परदादा की घड़ी जेब में डाले फिरते हो, वह बंद हो गई है, तुम्हें न चाबी देना आता है न पुर्जे सुधारना तो भी दूसरों को हाथ नहीं लगाने देते इत्यादि।

विषय-वस्तु पर आधारित प्रश्न

1. बालक के उत्तर पर सभा की क्या प्रतिक्रिया थी?

2. वृद्ध महाशय ने बालक को क्या कहा? बालक ने क्या इनाम माँगा और क्यों?

3. 'गिनती और अंक पहचानने' से क्या तात्पर्य है? 'घड़ी के पुर्जे' पाठ के आधार पर बताइए।

4. पाठ में लेखक ने 'परदादा की घड़ी' का उल्लेख किस बात को दर्शाने के लिए किया है?

03

अध्याय

संवदिया

(फणीश्वरनाथ 'रेणु')

लेखक-परिचय

फणीश्वरनाथ रेणु का जन्म वर्ष 1921 में बिहार के पूर्णिया जिले के औराही हिंगना गाँव में हुआ था। उन्होंने वर्ष 1942 के 'भारत छोड़ो' आंदोलन और नेपाल के राणाशाही विरोधी आंदोलन में भाग लिया। वर्ष 1953 में साहित्य-सृजन की शुरुआत कर, कहानी, उपन्यास, निबंध जैसी विधाओं में लेखन किया। रेणु हिंदी के आँचलिक कथाकार थे, जिन्होंने ग्रामीण जीवन और आँचलिक शब्दावली के माध्यम से समाज का यथार्थ चित्रण किया। उनकी रचनाएँ मानवीय संवेदना और अभावग्रस्त जनता की पीड़ा को दर्शाती हैं। मैला आँचल और परती परिकथा उनके प्रसिद्ध उपन्यास हैं और ठुमरी, अगिनखोर, आदिम रात्रि की महक, तीसरी कसम उर्फ मारे गए गुलफाम जैसी कहानियाँ भी चर्चित हैं। वर्ष 1977 में इनका देहांत हो गया।

▼ अध्ययन के लिए
- पाठ की रूपरेखा
- पाठ का सार

▼ अभ्यास के लिए
- पाठ्यपुस्तक के प्रश्नोत्तर
- गद्यांशों की व्याख्या
- गद्यांश पर आधारित बहुविकल्पीय प्रश्न
- विषय-वस्तु पर आधारित प्रश्नोत्तर

पाठ की रूपरेखा

संवदिया कहानी में 'फणीश्वरनाथ रेणु' ने मानवीय संवेदनाओं को सशक्त रूप में अभिव्यक्त किया है। 'रेणु जी' ने बड़ी बहू के माध्यम से असहाय और सहनशील नारी के मन की कोमल भावनाओं, उसके दु:ख, पीड़ा, करुणा आदि को इस प्रकार व्यक्त किया है कि वह पाठक के हृदय को छू जाती है। हरगोबिन संवदिया के द्वारा बड़ी बहू के दु:ख, उसके भीतर की वेदना को लेखक ने अपनी पूरी सहानुभूति के साथ प्रस्तुत किया है। कहानी में लेखक हरगोबिन संवदिया की तरह ही अपने अँचल की दु:खी, बेसहारा बड़ी बहू जैसे पात्रों के संवाद को लेकर पाठक के सामने उपस्थित हुए हैं। यह कहानी लोक भाषा में लिखी गई है, जिसमें उस अँचल विशेष की स्पष्ट छाप दिखाई देती है।

पाठ का सार

संवदिया (संदेशवाहक) को बुलाया जाना

गाँव में हरगोबिन नाम का एक संदेशवाहक है। वह एक-स्थान से दूसरे-स्थान पर संवाद (संदेश) पहुँचाने का काम करता है। जब से गाँव में डाकघर की व्यवस्था हुई है, तब से गाँव में किसी को भी उसकी आवश्यकता नहीं पड़ती। ऐसे में हवेली से हरगोबिन के लिए बुलावा आने पर वह हैरान हो जाता है तथा अनुमान लगाता है कि ज़रूर कोई गुप्त समाचार लेकर जाना होगा। तभी बड़ी बहुरिया ने बुलाया है। जब वह हवेली पहुँचता है, तब बड़ी बहू उसे पीढ़ी देकर उस पर बैठने का संकेत देती है।

बड़ी हवेली के अतीत और वर्तमान की स्थिति

बड़ी हवेली एक समय में बहुत समृद्धशाली थी, जहाँ दिन-रात नौकर-नौकरानियाँ, मज़दूरों आदि की भीड़ लगी रहती थी, किंतु आज स्थिति पूर्णत: विपरीत थी। बड़ी

बहू को स्वयं अनाज फटकना पड़ रहा था। कभी ऐसा भी समय था, जब घर में नौकर-नौकरानी, जन-मज़दूरों की भीड़ लगी रहती थी तथा बड़ी बहू के हाथों में मेहँदी लगाकर गाँव की नाइन अपने परिवार को पालती थी।

बड़े भाई की मृत्यु के बाद तीनों भाइयों ने बँटवारा कर लिया था और बँटवारे में मानवीय संबंधों की मर्यादा का ख्याल भी न रखते हुए उन्होंने बड़ी बहू की बनारसी साड़ी को भी तीन हिस्सों में बाँट लिया था और अब गाँव छोड़कर शहर में जाकर बस गए। उसके बाद बड़ी बहू हवेली में अकेली रह गई।

बड़ी बहू की दयनीय स्थिति

हवेली में कोई कमाने वाला नहीं था, बथुए के साग जैसी सामान्य वस्तु उनके पेट भरने का एकमात्र साधन रह गई थी। इस तरह हवेली की आर्थिक स्थिति इतनी खराब हो गई कि बड़ी बहू को कोई उधार तक नहीं देता था। जिस समय हरगोबिन हवेली पहुँचा उसी समय गाँव की मोदिआइन बुढ़िया अपने उधार के पैसे वसूलने के लिए आई हुई थी तथा वह बड़ी बहू को तरह-तरह की कड़वी बातें सुना रही थी, परंतु बड़ी बहुरिया ने कोई भी उत्तर नहीं दिया। हरगोबिन द्वारा उसे 'काबुली-कायदा' नाम से पुकारने पर वह उस पर चिढ़ जाती है।

पाँच वर्ष पहले गुल मुहम्मद आगा नामक काबुली व्यापारी उधार कपड़ा बेचने गाँव में आता था और मोदिआइन के ओसारे (बरामदा) पर दुकान लगाकर बैठता था। वह कपड़ा देते समय मीठा बोलता और वसूली के समय जोर जबरदस्ती करता था। एक बार गाँव के उधार लेने वालों ने मिलकर काबूली की पिटाई कर दी। उसके बाद वह कभी गाँव नहीं आया। तब से मोदिआइन काबुली क्या, काबुली बादाम के नाम से भी चिढ़ने लगी।

बड़ी बहू द्वारा अपना संदेश हरगोबिन को बताना

बड़ी बहू हरगोबिन से अपना संदेश अपनी माँ के पास पहुँचाने के लिए कहती है। वह हरगोबिन को संदेश देते हुए कहती है कि उनकी माँ से कहना, वह भाई-भाभियों की नौकरी करके पेट पाल लेगी। बच्चों की जूठन खाकर एक कोने में पड़ी रहेगी, लेकिन अब वह यहाँ नहीं रह सकती और यदि वे उसे यहाँ से नहीं ले जाएगी, तो वह किसी दिन गले में घड़ा बाँधकर पोखरे (तालाब) में डूब मरेगी। बथुआ-साग खाकर वह कब तक जिए। देवर-देवरानी भी धान काटने के समय आते और कर्ज़ की ढेरी लगाकर जाते समय दो-दो मन चावल चूड़ा भी ले जाते हैं। उसके बाद आम के मौसम में दोबारा आ जाते हैं और कच्चे पक्के आम तोड़कर बोरियों में बंद करके ले जाते हैं। ऐसा कहते हुए उनकी आँखों में आँसू आ गए, जिसे देखकर हरगोबिन को बहुत दुःख हुआ। बड़ी बहू राह खर्च के लिए उसे आँचल से पाँच रुपये का नोट निकालकर देती है, परंतु हरगोबिन लेने से मना कर के स्वयं इंतज़ाम करने की बात कहकर वहाँ से चला जाता है।

हरगोबिन द्वारा बिंहपुर की यात्रा करना

हरगोबिन अत्यंत दुःखी मन से थाना बिंहपुर के लिए निकल पड़ता है। वह अपने पास रखे पैसों से बिंहपुर के लिए टिकट लेकर रेलगाड़ी में बैठ जाता है। बड़ी बहू के संवादों को ज्यों का त्यों याद करने की कोशिश करते समय उसकी आँखों के सामने बड़ी बहू का करुण चेहरा बार-बार घूमने लगता है। कटिहार जंक्शन पहुँचकर उसने बिंहपुर जाने वाली गाड़ी पकड़ी। इस बार उसे गाड़ी पकड़ने में परेशानी नहीं हुई, क्योंकि स्टेशन पर लगे भोंपू (लाउडस्पीकर) से घोषणा की जा रही थी। पहले तो कई बार गाड़ी का स्थान पता न होने पर ही उसकी गाड़ी छूट जाती थी। वह तीन नंबर प्लेटफॉर्म पर खड़ी गाड़ी में थाना बिंहपुर जाने के लिए बैठ गया।

हरगोबिन को संदेश सुनाने की चिंता सताना

थाना बिंहपुर स्टेशन पर उतरकर वह गाँव की ओर चलना शुरू करता है, किंतु उसके पैर गाँव की ओर बढ़ नहीं रहे थे। वह बार-बार बड़ी बहू के बारे में ही सोचता है कि वह तो गाँव की लक्ष्मी है। उनके गाँव छोड़कर जाने के बाद गाँव में क्या बचेगा? वह कैसे उनकी माँ से कहेगा कि बड़ी बहू बथुए का साग खाकर गुज़ारा कर रही है। अतः उसे यही चिंता सता रही थी कि वह किस मुँह से बड़ी बहू का संदेश उनके मायके में सुनाएगा। उसके गाँव पहुँचते ही चर्चा होने लगी कि जलालगढ़ गाँव का संवदिया आया है, ज़रूर किसी का संदेश लेकर आया है। गाँव पहुँचकर वह बड़ी बहू के भाई से मिलता है वह उससे अपनी दीदी की कुशल-क्षेम पूछता है।

हरगोबिन तथा बड़ी बहू की माँ का वार्तालाप

हरगोबिन को घर के आँगन में भीतर बुलाया जाता है। बड़ी बहू की माँ उससे पूछती हैं कि वह क्या समाचार लेकर आया है? उसका दिल ज़ोर से धड़कने लगता, बड़ी बहू का संवाद और उनके आँसू सब याद आते हैं, लेकिन उसकी संवाद कहने की हिम्मत नहीं होती वह बहाना बना देता है कि वह कल सिरसिया गाँव आया था, तो सोचा आपके दर्शन करता चलूँ। माँ जब अपनी बेटी का हाल-चाल पूछती है, तो हरगोबिन बड़ी बहू के वेदना भरे संदेश व उनकी दयनीय दशा का वर्णन नहीं कर पाता और झूठ बोलता है कि बड़ी बहू ने कहा है वह दशहरे की छुट्टियों में गंगाजी के मेले में आकर आपसे मिलने आएँगी।

बूढ़ी माँ कोई संदेश न पाकर दुःखी होती है और कहती है, अब उसे यहीं आकर रहना चाहिए वहाँ बचा ही क्या है? ज़ायदाद चली गई, देवर शहर चले गए और कोई उसकी खोज-ख़बर भी नहीं लेता। इस पर हरगोबिन पुनः झूठ बोलते हुए सांत्वना देता है कि देवर लोग हर बार आकर उन्हें ले जाने की ज़िद करते हैं। बूढ़ी माँ अपने हाथों से उसे भोजन देती है, लेकिन भोजन करते समय उसकी आँखों के सामने बड़ी बहू का चेहरा घूमने लगता है, जिससे वह भोजन भी नहीं कर पाता और उसे बड़ी बहू के संवाद याद आने लगते हैं।

हरगोबिन के मन में अंतर्द्वंद्व का चलना

हरगोबिन को रात में नींद नहीं आ रही थी। वह सोचने लगता है कि वह क्या करने आया था और क्या कर बैठा। उसने झूठ क्यों बोला? वह फैसला लेता है कि सुबह उठकर वह सही अर्थात् जो बड़ी बहुरिया ने उससे कहा था वही संवाद वह माँ को सुना देगा। रातभर उसे उसके सामने सिसकती हुई और आँसू पोंछती हुई बड़ी बहू खड़ी दिखाई देती रही। वह सुबह उठकर संवाद सुनाने के लिए माँ के पास जाता है, किंतु कुछ कह नहीं पाता। माँ के पूछने पर वह वापस जाने की इच्छा प्रकट करके जाना चाहता है और दशहरे पर बड़ी बहू के साथ आने की बात कहता है। चलते समय बूढ़ी माँ अपनी बेटी के लिए थोड़ा-सा बासमती धान का चूड़ा एक पोटली में बाँधकर उसे देती है। बड़ी बहू के भाई उससे जाते समय राह खर्च की बात पूछते हैं, तो वह आपकी दुआ से किसी बात की कमी नहीं है कहकर वहाँ से चला जाता है।

हरगोबिन की वापसी की पैदल यात्रा

स्टेशन पहुँचकर हरगोबिन ने देखा कि उसके पास जितने पैसे हैं उतने में वह कटिहार तक का ही टिकट खरीद सकता है। अतः वह कटिहार पहुँचकर जलालगढ़ जाने के लिए हनुमान जी (भगवान) का नाम लेकर पैदल ही चलना आरंभ कर देता है। भूख लगने पर वह जगह-जगह रुक कर पानी पीता है।

उसने सूँघकर जान लिया था कि इस पोटली में बड़ी बहुरिया के लिए बासमती धान का चूड़ा है, किंतु बासमती चावल के चूड़े की पोटली में से वह कुछ नहीं खाता, क्योंकि यह एक माँ की उसकी बेटी के लिए सौगात (उपहार) थी। अठारह कोस पैदल चलकर जब वह हवेली के समीप आता है, तो वह अपनी सुधबुध खो बैठता है और उसे अपना गाँव ही अनजान लगने लगता है।

बड़ी बहू से हरगोबिन का वार्तालाप

हरगोबिन थकान के कारण बेहोश हो जाता है। होश आने पर वह स्वयं को बिस्तर पर लेटा हुआ पाता है। होश आते ही वह बड़ी बहू के पाँव पकड़कर उनसे उनका संदेश न दे पाने के लिए क्षमा माँगने लगता है। वह उनसे प्रार्थना करता है कि वह गाँव छोड़कर न जाएँ। वह बड़ी बहू को स्वयं की व गाँव की माँ समान बतलाकर उनकी सेवा करने का निर्णय लेता है। बड़ी बहू गरम दूध में चूड़ा मसलती हुई अपने संवाद भेजने पर स्वयं लज्जित महसूस करते हुए अपनी गलती पर पछता रही थी।

शब्दार्थ

संवदिया–संदेशवाहक/संदेश पहुँचाने वाला; **मारफ़त**–माध्यम/ज़रिया; **संवाद**–संदेश; **बुलाहट**–बुलावा; **परेवा**–कबूतर/तेज़ उड़ने वाला पक्षी; **पाँव लागी**–मुख से बोलकर पैर छूना कहना/एक प्रकार की नमस्कार विधि; **बहुरिया**–पुत्रवधू; **पीढ़ी**–बैठने के लिए छोटा पटरा; **सूपा**–छाज/सूप/अनाज फटकने का माध्यम; **रैयत**–प्रजा; **दखल**–कब्ज़ा लेना/हस्तक्षेप करना; **देह**–शरीर; **टलती**–हटती; **काबुली-कायदा**–अत्याचार पूर्ण व्यवहार करना; **तमककर**–क्रोधित होकर; **ओसारा**–बरामदा; **जोर-जुल्म**–सख्ती/अत्याचार; **निमौछिये**–बिना मूँछ का आदमी; **स्वाँग**–किसी की वेश-भूषा धारणकर नकल उतारना; **अकरोट**–अखरोट; **पोखरा**–छोटा तालाब; **रोम-रोम कलपना**–अत्यंत दुःखी होना; **आँचल**–साड़ी का पल्लू; **खूँट**–छोर/किनारा; **राह देखना**–इंतज़ार करना; **सहज**–आसान; **मर्द**–आदमी; **न आगे नाथ न पीछे पगहा**–ज़िम्मेदारी से मुक्त होना; **काँटे की तरह चुभना**–दुःख पहुँचाना; **हिकरना**–बेचैनी से पुकारना; **कुढ़कर**–गुस्से और ईर्ष्या का मिला हुआ रूप; **भाँप लेना**–अनुमान लगाना; **भोंपा**–ध्वनि विस्तारक यंत्र (लाउडस्पीकर); **सुराज**–स्वराज/स्वतंत्रता/विकास; **आँखें फेर लेना**–कोई संबंध न रखना; **जी भारी होना**–दुःखी होना; **अनिच्छापूर्वक**–बिना इच्छा के; **मैके**–माँ का घर; **पानी-बूँदी**–बरसात; **कलेजा धड़कना**–घबरा जाना; **मायजी**–माता जी; **खोज़ खबर न लेना**–जानकारी प्राप्त न करना/पूछताछ न करना; **जलपान**–भोजन; **ज़िद**–आग्रह; **बबुआ**–बेटा; **जूठन**–बचा-खुचा भोजन; **अफर-कर**–जीभर कर खाना; **चूड़ा**-चिड़वा (भुने हुए चावल) **दिल कड़ा करना**–हिम्मत बाँधना; **दुआ**–कृपा; **चौवन्नी**–चार आने का सिक्का/रुपये का एक बटा चार भाग; **निरगुन**–एक प्रकार के गीत/निराकार ब्रह्म से संबंधित गाए जाने वाले पद; **जी स्थिर होना**–मन का शांत होना; **नैहरा**–मायका; **सपन भयो**–स्वप्न हो जाना/बड़ी कठिनाई से कभी-कभी मिलना; **करम**–कर्म; **गति-रीति**–दशा; **भोर**–प्रातःकाल; **कोस**–दूरी की माप/लगभग ढाई किलोमीटर; **मंजिल**–लक्ष्य/गंतव्य; **बाई**–वायु; **साँझ**–संध्या; **बिछावन**–बिस्तर; **निठल्ला**–कामकाज न करने वाला; **मसकना**–तोड़ना।

पाठ्यपुस्तक (अंतरा भाग-2) के प्रश्नोत्तर

1. संवदिया से क्या तात्पर्य है? उसके प्रति गाँववालों के मन में क्या अवधारणाएँ होती हैं?

***अथवा* संवदिया की क्या विशेषताएँ हैं और गाँववालों के मन में संवदिया की क्या अवधारणा है?**

***अथवा* गाँव की मान्यता के अनुसार संवदिया किसे कहा जाता है? उसके स्वभाव की दो विशेषताएँ लिखिए।** **All India 2019**

उत्तर संवदिया का अर्थ संदेशवाहक होता है, जो संवाद पहुँचाने का कार्य करता है। यह काम सभी लोग नहीं कर सकते, क्योंकि संवदिया को संवाद के प्रत्येक शब्द को सही सुर और स्वर में याद रखना होता है और उसी ढंग से जाकर सुनाना होता है, जो आसान कार्य नहीं है। संवदिया का काम अत्यंत संवेदनशील और जिम्मेदार माना जा सकता है, क्योंकि यह व्यक्ति न केवल संवाद के प्रत्येक शब्द को स्मरण करता है, बल्कि उसे उसी भाव और सुर में पहुँचाने का प्रयास करता है, जैसा कि संवाद हुआ। वह बहुत भावुक, संवेदनशील और समझदार इंसान है। वह ईमानदार और दूसरों का मददगार है। हालाँकि गाँववालों के मन में संवदिया के लिए यह अवधारणा है कि निठल्ला, कामचोर और पेटू आदमी ही संवदिया का कार्य करता है। जिसके आगे-पीछे कोई नहीं होता। बिना मजदूरी के ही जो संवाद पहुँचाता है, वह औरतों का गुलाम होता है।

2. बड़ी हवेली से बुलावा आने पर हरगोबिन के मन में किस प्रकार की आशंका हुई?

उत्तर ऐसे समय में जब गाँव-गाँव में डाकखाने खुल गए हैं। आदमी घर बैठे दूर-दूर की ख़बरें पा सकता है, तब बड़ी हवेली से बुलावा मिलने पर हरगोबिन को हैरानी हुई। हरगोबिन समझ गया कि अवश्य ही कोई ऐसा संवाद होगा, जिसमें किसी को मालूम हुए बिना गुप्त रूप से उस संदेश को गंतव्य तक पहुँचाने वाली बात होगी। ऐसा समाचार जिसका पता चाँद-सूरज को भी नहीं लगे। पक्षियों तक को उस बात की जानकारी न हो। हरगोबिन की आशंका सच निकली। उसे बड़ी बहुरिया की पीड़ा को उसकी माँ तक पहुँचाने की ज़िम्मेदारी दी गई।

3. बड़ी बहुरिया अपने मायके संदेश क्यों भेजना चाहती थी?

उत्तर बड़ी बहुरिया अपने मायके संदेश इसलिए भेजना चाहती थी, क्योंकि उसके पति के मरने के बाद बहुरिया बिलकुल अकेली रह गई थी। उसके तीनों देवर लड़ाई-झगड़ा करके अलग हो गए थे। उन्होंने बँटवारा भी कर लिया था और बहुरिया की कोई खोज़ ख़बर भी नहीं लेते थे। इतनी बड़ी हवेली में एक ही नौकर बचा था और वह भी भाग गया था।

उसे दैनिक जीवन के निर्वाह के लिए भी संघर्ष करना पड़ रहा था। उधार देने वालों ने उधार देना बंद कर दिया था और वह बेचारी केवल बथुए का साग खाकर गुज़ारा कर रही थी। इस अभावपूर्ण स्थिति में उसका जीवित रहना मुश्किल हो गया था, इसलिए वह अपने मायके जाना चाहती थी।

4. 'संवदिया' कहानी में हरगोबिन बड़ी हवेली में पहुँचकर अतीत की किन स्मृतियों में खो जाता है? क्यों? **Delhi 2018**

अथवा **'संवदिया' पाठ में हरगोबिन बड़ी हवेली में पहुँचकर किन स्मृतियों में खो जाता है?** **CBSE 2023**

उत्तर बड़ी हवेली की वर्तमान स्थिति को देखकर हरगोबिन को पुराने दिनों की वैभवपूर्ण स्मृतियों की याद आने लगीं। हरगोबिन बड़ी बहुरिया के बुलावे पर बड़ी हवेली गया। बड़ी हवेली की टूटी ड्योढ़ी पार कर अंदर जाते ही उसने वहाँ का दरिद्रता से भरा वातावरण देखा।

एक समय था, जब हवेली में नौकर-चाकर तथा जन-मज़दूरों की भीड़ लगी रहती थी। बड़ी बहुरिया के हाथों में मेहँदी लगाने वाली नाइन का पूरा परिवार उसी पर पलता था, किंतु बड़े भाई की मृत्यु के बाद तीनों छोटे भाइयों ने लड़ाई-झगड़ा शुरू कर दिया। बड़ी बहुरिया के साथ अशोभनीय व्यवहार किया तथा ज़मीन-ज़ायदाद को बाँटकर सभी शहर में जाकर बस गए। अब वह वैभवपूर्ण हवेली के स्थान पर नाममात्र की हवेली रह गई थी।

5. संवाद कहते वक्त बड़ी बहुरिया की आँखें क्यों छलछला आईं?

उत्तर संवाद कहते समय बड़ी बहुरिया की आँखें इसलिए छलछला आईं, क्योंकि अब उसकी आर्थिक स्थिति अच्छी नहीं थी। उसके साथ रहने वाला कोई नहीं था। पैसों के अभाव में वह केवल बथुए का साग खाकर ही अपना गुज़ारा कर रही थी। पहले जिस हवेली में कर्ज़ लेने वाले लोग आते थे आज वहाँ दिया हुआ कर्ज़ माँगने के लिए लोग आ रहे थे। अब उसके पास देने को कुछ नहीं था। इस प्रकार उसे वहाँ आर्थिक और भावनात्मक सहारा देने वाला कोई नहीं था। जहाँ पहले उसका जीवन वैभवपूर्ण था किसी चीज़ का अभाव नहीं था, परंतु अब इन विषम परिस्थितियों को देखते हुए बड़ी बहुरिया को ऐसा लगता था कि विधाता ने सभी दुःख उसी पर डाल दिए हों। यही स्मृतियाँ उसे व्याकुल कर रही थीं और इसी कारण उसकी आँखें छलछला आईं।

6. गाड़ी पर सवार होने के बाद संवदिया के मन में काँटे की चुभन का अनुभव क्यों हो रहा था? उससे छुटकारा पाने के लिए उसने क्या उपाय सोचा?

अथवा **बड़ी बहुरिया के संवाद का प्रत्येक शब्द हरगोबिन के मन में काँटे की तरह क्यों चुभ रहा था? संवदिया पाठ के आधार पर लिखिए।** **CBSE 2023**

उत्तर गाड़ी पर सवार होने के बाद संवदिया के मन में काँटे की चुभन का अनुभव इसलिए हो रहा था, क्योंकि उसे हवेली के पुराने दिनों और वर्तमान समय में बड़ी बहू के संवादों की याद आने लगी थी। बड़ी बहू का प्रत्येक संवाद संवदिया (हरगोबिन) के मन में काँटे की तरह चुभ रहा था। "किसके भरोसे रहूँगी? एक नौकर था, वह भी कल भाग गया।" ये सारे संवाद उसके कानों में गूँज रहे थे।

उसके इन संवादों में दुःखभरी एवं हृदय को झकझोर देने वाली गूँज थी। उसने इस चुभन से छुटकारा पाने के लिए पास बैठे यात्री से बातचीत करने का उपाय सोचा।

7. बड़ी बहुरिया का संवाद हरगोबिन क्यों नहीं सुना सका?

उत्तर हरगोबिन बड़ी बहुरिया का संदेश सुनाना चाहता था, किंतु चाहकर भी वह सुना नहीं पाया, क्योंकि उसे लग रहा था कि यदि उसने संवाद बड़ी बहुरिया की माँ से कह दिया, तो बड़ी बहुरिया गाँव छोड़कर अपने घर लौट आएँगी। बड़ी बहुरिया का गाँव छोड़ना, उसे गाँव से लक्ष्मी के पलायन जैसा लगा।

साथ ही उसे लगा कि इससे गाँव की इज़्जत चली जाएगी। ऐसे में गाँव के नाम पर लोग थूकेंगे। कैसा गाँव है कि वहाँ लक्ष्मी जैसी बहुरिया दुःख भोग रही है? वह यह सोच रहा था कि वह किस मुँह से कहेगा कि बड़ी बहुरिया बथुए का साग खाकर अपना गुज़ारा कर रही है तथा उसका जीवन दुःख, पीड़ा एवं यातना से भरा हुआ है, इसलिए आप बड़ी बहुरिया को अपने पास बुला लें। इसके अतिरिक्त, हरगोबिन की भावुकता और संवेदनशीलता का चरमोत्कर्ष उस पर हावी था, जिस कारण वह बड़ी बहुरिया का संवाद नहीं सुना सका।

8. "संवदिया डटकर खाता है और अफर कर सोता है" से क्या आशय है?

उत्तर इस पंक्ति का यह आशय है कि संवदिया एक संदेशवाहक मात्र होता है। उसे संदेश के मर्म से कोई सरोकार नहीं होता। वह तो केवल संदेश देने वाले के घर पहुँचता है और संदेश ज्यों का त्यों सुना देता है। उसकी बहुत खातिरदारी होती है, क्योंकि वह लंबी यात्रा करके प्रियजनों का संदेश लाकर सुनाता है इसलिए वह डटकर खूब खाता है और खूब आराम से सोता है, लेकिन कहानी में स्थिति विपरीत है। हरगोबिन बड़ी बहू की चिंता में इतना दुःखी है कि न वह सही ढंग से खाना खा सका और न ही वह सो सका।

9. जलालगढ़ पहुँचने के बाद बड़ी बहुरिया के सामने हरगोबिन ने क्या संकल्प किया और क्यों?

अथवा **जलालगढ़ पहुँचने के बाद बहुरिया के सामने हरगोबिन ने क्या संकल्प किया? उसके संकल्प में उसके चरित्र की कौन-सी विशेषता उद्घाटित होती है?**

उत्तर जलालगढ़ पहुँचकर हरगोबिन ने बड़ी बहुरिया से पैर पकड़कर माफ़ी माँगी तथा यह भी बताया कि वह उनका संवाद उनके प्रियजनों अर्थात् परिवार वालों को नहीं पहुँचा सका। साथ ही संवदिया ने उनके सामने यह संकल्प लिया कि अब वह बहुरिया को मायके नहीं जाने देगा। वह खाली नहीं बैठेगा। पूरी मेहनत और दिल से उनकी सेवा करेगा। वह उन्हें किसी प्रकार का कोई कष्ट नहीं होने देगा और उनकी देखभाल करेगा। हरगोबिन के इस संकल्प से उसके संवेदनशील, भावुक और करुणा से भरे होने का पता चलता है। वह बड़ी बहुरिया को दुःखी नहीं देखना चाहता। कोई बड़ी बहुरिया का अपमान करे यह देख वह व्यथित होता है। हरगोबिन के संकल्प में उसके कर्मठ होने की विशेषता भी निहित है।

10. 'डिजिटल इंडिया' के दौर में संवदिया की क्या कोई भूमिका हो सकती है?

उत्तर छात्र स्वयं करें।

भाषा-शिल्प

1. इन शब्दों का अर्थ समझिए

काबुली-कायदा ....

रोम-रोम कलपने लगा ....

अगहनी धान ....

उत्तर
- अपना सामान बेचने के लिए मीठा बोलना और पैसे की वसूली के समय कड़वा बोलना अर्थात् अत्याचारपूर्ण व्यवहार करना।
- तन मन से अत्यधिक दुःखी होना।
- अगहन महीने में काटा जाने वाला धान।

2. पाठ से प्रश्नवाचक वाक्यों को छाँटिए और संदर्भ के साथ उन पर टिप्पणी लिखिए।

उत्तर **संवदिया के मारफत संवाद क्यों भेजेगा कोई?** संवदिया हरगोबिन को हवेली से बुलावा आने पर, वह आश्चर्य और असमंजस की स्थिति में था कि गाँव में डाक व्यवस्था होने पर भी कोई उसे क्यों बुलवाएगा। आज वर्तमान समय में संदेश भेजने की बहुत-सी सुविधाएँ उपलब्ध हैं; जैसे—टेलीफोन, डाकघर आदि। फिर आजकल एक संदेशवाहक के माध्यम से संदेश भेजना अटपटा-सा लगता है।

बथुए का साग खाकर कब तक जिऊँ? अपने पति की मृत्यु के पश्चात् बहुरिया बड़ी हवेली में अकेली रह गई थीं। उसके पास खाने के लिए पर्याप्त साधन नहीं थे। हवेली में रहने वाली बड़ी बहुरिया की आर्थिक स्थिति इतनी दयनीय हो गई थी कि उन्हें बथुए के साग जैसी सामान्य वस्तु को खाकर अपना जीवनयापन करना पड़ रहा था। अपनी विपन्नता भरी स्थिति को उजागर करते हुए ही उसने हरगोबिन से कहा था कि मैं बथुए का साग खाकर कब तक जिऊँगी?

वहाँ अब क्या रह गया? बड़ी बहुरिया की माँ ने हरगोबिन से ये शब्द कहे थे कि अब जलालगढ़ की हवेली में कोई रहता नहीं, वहाँ की सुख-समृद्धि, संपन्नता व गौरव सब समाप्त हो गए हैं, तो ऐसी स्थिति में उनकी बेटी का वहाँ दुःख झेलना व्यर्थ है और अब उसके लिए वहाँ कुछ नहीं रह गया है।

किसके लिए इतना दुःख सहूँ? बड़ी बहुरिया के पास अब कोई अपना कहने को नहीं रह गया था। इसलिए उसने सोचा अब वह किसके लिए इतना दुःख सहे, क्योंकि पति की मृत्यु होने व देवरों के शहर में जाकर बसने के कारण वह हवेली में अकेली रह गई थीं।

उनकी कोई संतान भी न थी। इसके अतिरिक्त उनकी आर्थिक स्थिति अत्यधिक दयनीय हो गई थी और उनका जीवनयापन करना ही उनके लिए अत्यधिक दुष्कर हो गया था, जिस कारण उन्होंने हरगोबिन को अपनी स्थिति से परिचित करवाते हुए कहा था कि वह किसके लिए इतना दुःख सहे।

3. इन पंक्तियों की व्याख्या कीजिए

(क) बड़ी हवेली अब नाममात्र को ही बड़ी हवेली है।

(ख) हरगोबिन ने देखी अपनी आँखों से द्रौपदी की चीरहरण लीला।

(ग) बथुआ साग खाकर कब तक जीऊँ?

(घ) किस मुँह से वह ऐसा संवाद सुनाएगा?

उत्तर (क) हरगोबिन बड़ी हवेली में पहुँचकर सोचने लगता है कि जब बड़ी बहुरिया इस हवेली में आई थी, तब इस हवेली की शान हुआ करती थी। यहाँ नौकरों और मजदूरों की भीड़ लगी रहती थी। बड़ी बहुरिया के हाथों में मेंहदी लगाकर गाँव की नाइन अपना परिवार पालती थी, लेकिन समय के साथ हवेली का वैभव खो चुका है और यह बस नाममात्र की 'बड़ी हवेली' रह गई है।

(ख) बड़ी बहुरिया के पति के देहावसान के बाद उसके देवरों ने सारी संपत्ति का आपस में बँटवारा कर लिया। यहाँ तक कि द्रौपदी के चीरहरण के समान उसके शरीर से उसके देवरों ने आभूषण भी उतार लिए थे। उसकी बनारसी साड़ी को भी तीन भागों में बाँट लिया गया। यह द्रौपदी के चीरहरण की लीला जैसा दृश्य स्वयं हरगोबिन ने अपनी आँखों से देखा था।

(ग) बड़ी बहुरिया की आर्थिक स्थिति अत्यंत दीन हो गई थी। कर्ज देने वाला कोई नहीं था, हाँ उसके दरवाज़े पर अब कर्ज का तकादा करने वाले आ रहे थे। अतः अब उसके पास खाने के लिए बथुआ ही बचा था। इसलिए उसने अत्यंत दुःखी होकर हरगोबिन से कहा था कि मैं बथुआ साग खाकर कब तक जिऊँ।

(घ) हरगोबिन जब बड़ी बहुरिया का संवाद लेकर उसकी माँ के पास पहुँचा, तो वह उसके मैके की संपन्नता देखकर दुःखी हो गया। इसके साथ-ही-साथ वह यह सोचकर भी दुःखी हो गया कि बड़ी बहुरिया उसका गाँव सदा के लिए छोड़ देगी तथा फिर कभी वापस नहीं आएगी। संवाद को स्मरण करके बार-बार उसके मन में विचार आता था कि किस मुँह से वह बड़ी बहुरिया की माँ को यह दुःखद संवाद सुनाएगा।

योग्यता-विस्तार

1. संवदिया की भूमिका आपको मिले तो आप क्या करेंगे? संवदिया बनने के लिए किन बातों का ध्यान रखना पड़ता है?

अथवा संवदिया की भूमिका यदि आपको कहीं निभानी पड़े तो आप किन बातों का ध्यान रखेंगे? **CBSE 2024**

उत्तर यदि संवदिया की भूमिका हमें अभिनीत करने का सुअवसर मिलता है, तो हम उसे पूरी लगन, ईमानदारी और निष्ठा से करने का प्रयास करेंगे। एक संदेशवाहक की गरिमा और उसके चरित्र को जीवंत स्वरूप प्रदान करने का प्रयास करेंगे। संवदिया बनने के लिए संवाद के प्रत्येक शब्द को याद रखने और जिस सुर व स्वर में संवाद सुनाया गया है उसी सुर व स्वर में सुनाने तथा संवाद की गोपनीयता बनाए रखने इत्यादि बातों का संवदिया बनने के लिए ध्यान रखना पड़ता है।

2. इस कहानी का नाट्य रूपांतरण कर विद्यालय के मंच पर प्रस्तुत कीजिए।

उत्तर विद्यार्थी स्वयं करें।

अभ्यास प्रश्न

गद्यांशों की व्याख्या

निम्नलिखित गद्यांशों की सप्रसंग व्याख्या कीजिए

गद्यांश 1

हरगोबिन को अचरज हुआ–तो आज भी किसी को संवदिया की ज़रूरत पड़ सकती है। इस ज़माने में जबकि गाँव–गाँव में डाकघर खुल गए हैं, संवदिया के मारफ़त संवाद क्यों भेजेगा कोई? आज तो आदमी घर बैठे ही लंका तक ख़बर भेज सकता है और वहाँ का कुशल संवाद मँगा सकता है। फिर उसकी बुलाहट क्यों हुई? हरगोबिन बड़ी हवेली की टूटी ड्योढ़ी पारकर अंदर गया। सदा की भाँति उसने वातावरण को सूँघकर संवाद का अंदाज लगाया।... निश्चय ही कोई गुप्त समाचार ले जाना है। चाँद सूरज को भी नहीं मालूम हो। परेवा-पंछी तक न जाने।

संदर्भ प्रस्तुत गद्यांश पाठ्यपुस्तक अंतरा (भाग-2) में संकलित 'संवदिया' पाठ से उद्धृत है। इसके रचनाकार फणीश्वरनाथ 'रेणु' हैं।

प्रसंग प्रस्तुत गद्यांश में संवदिया हरगोबिन यह सोचकर आश्चर्यचकित हैं कि आधुनिक संचार सुविधाओं के बावजूद आज उसे बुलाया गया है।

व्याख्या प्रस्तुत गद्यांश में लेखक ने स्पष्ट किया है कि हरगोबिन जो एक संदेशवाहक है, वह हवेली से बुलावा आने पर आश्चर्य प्रकट करता है। उसे यह जानकर हैरानी होती है कि आज के समय में भी किसी को संदेशवाहक की आवश्यकता पड़ सकती है, जबकि गाँव में डाकघर खुल गए हैं तथा संचार के अन्य साधन भी उपलब्ध हैं। इसलिए कोई संदेशवाहक के माध्यम से संदेश क्यों भेजेगा? आज व्यक्ति लंका जैसे दूर-दराज के क्षेत्रों में भी संदेश आसानी से भेज सकता है और किसी की कुशलता का समाचार मँगा सकता है। इन सब के होते हुए आज उसे क्यों बुलाया गया है? इसी बात का आश्चर्य उसे हो रहा था।

जब हरगोबिन बड़ी हवेली की टूटी ड्योढ़ी को पार करके घर के अंदर जाता है, तो हमेशा की ही भाँति वह अंदाज़ा लगा लेता है कि अवश्य ही कोई गुप्त समाचार होगा, जिसके लिए उसे बुलाया गया है। घर के वातावरण के आभास से उसे ज्ञात हो जाता है कि ज़रूर कोई ऐसा समाचार होगा जिसके विषय में चाँद-सूरज, कबूतर, पंछी आदि किसी को भी संदेश की भनक तक न हो।

विशेष

(i) प्रस्तुत गद्यांश में प्राचीनकाल की संदेशवाहन प्रथा तथा संदेशवाहक के सूक्ष्म मनोभावों का चित्रण हुआ है।

(ii) प्रस्तुत गद्यांश की भाषा सरल, सहज तथा प्रवाहमयी है

(iii) प्रस्तुत गद्यांश में मुहावरों का प्रभावी ढंग से प्रयोग हुआ है।

(iv) गद्यांश में आँचलिक शब्दों का तथा भावात्मक और प्रवाहपूर्ण शैली का प्रयोग हुआ है।

गद्यांश 2

बड़े भैया के मरने के बाद ही जैसे सब खेल खत्म हो गया। तीनों भाइयों ने आपस में लड़ाई-झगड़ा शुरू किया। रैयतों ने ज़मीन पर दावे करके दखल किया, फिर तीनों भाई गाँव छोड़कर शहर में जा बसे, रह गई बड़ी बहुरिया–कहाँ जाती बेचारी! भगवान भले आदमी को ही कष्ट देते हैं। नहीं तो एक घंटे की बीमारी में बड़े भैया क्यों मरते?......बड़ी बहुरिया की देह से जेवर खींच-छीनकर बँटवारे की लीला हुई थी। हरगोबिन ने देखी है अपनी आँखों से द्रौपदी चीर-हरण लीला! बनारसी साड़ी के तीन टुकड़े करके बँटवारा किया था, निर्दयी भाइयों ने। बेचारी बड़ी बहुरिया!

संदर्भ पूर्ववत्।

प्रसंग प्रस्तुत गद्यांश में लेखक ने बड़े भाई की मृत्यु के बाद परिवार के बँटवारे तथा बड़ी हवेली और बड़ी बहू की दयनीय स्थिति का वर्णन किया है।

व्याख्या प्रस्तुत गद्यांश में लेखक, हरगोबिन के माध्यम से बड़ी हवेली की खराब स्थिति तथा बड़ी बहू की दीन-हीन दशा के कारण के बारे में बताता है कि बड़े भाई के देहांत के बाद बड़ी हवेली का प्रभाव समाप्त हो गया, उसकी स्थिति बहुत खराब हो गई थी। नौकर-चाकर, शान-शौकत आदि सब समाप्त हो गया। तीनों भाइयों में आपस में लड़ाई-झगड़ा होना शुरू हो गया, जिसका परिणाम यह हुआ कि वहाँ के किसानों ने उनकी ज़मीन पर कब्ज़ा कर लिया। इसके बाद तीनों भाई गाँव को छोड़कर शहर में जाकर बस गए। गाँव में बस अकेली बड़ी बहू ही रह गई। बिना आश्रय के कहीं जाना उनके लिए असंभव था।

हरगोबिन कहता है कि भगवान भी भले इंसान को ही कष्ट देता है, बड़ी बहू भली स्त्री थी, किंतु विधाता उसके अनुकूल नहीं था, तभी तो एक घंटे की बीमारी में उनके पति चल बसे अर्थात् उनका देहांत हो गया। उनके पति के मरने के बाद तीनों भाइयों ने बड़ी बहू के शरीर से जेवर भी उतरवाकर आपस में बाँट लिए।

हरगोबिन ने उस अपमान को देखा था। जिस प्रकार चीर-हरण द्वारा द्रौपदी अपमानित हुई थी, उसी प्रकार बड़ी बहू का भी अपमान किया गया था। तीनों देवरों ने बहुत निर्दयता के साथ बड़ी बहू की बनारसी साड़ी को भी तीन टुकड़ों में बाँटकर हिस्सा कर लिया था। बेचारी बड़ी बहू करती भी क्या? इसलिए वह चुपचाप देखती रह गई।

विशेष

(i) प्रस्तुत गद्यांश में बड़ी हवेली में बड़े भाई की मृत्यु के पश्चात् अन्यायपूर्ण बँटवारे तथा भाइयों की क्रूरता का वर्णन किया गया है।

(ii) प्रस्तुत गद्यांश में समाज में घट रही समरसता का यथार्थ चित्रण है।

(iii) प्रस्तुत गद्यांश में भाषा सरल, सहज प्रवाहमयी है, जिसमें आँचलिक शब्दों का प्रयोग हुआ है।

(*iv*) प्रस्तुत गद्यांश में मुहावरे और लोकोक्तियों का प्रभावी ढंग से प्रयोग किया गया है; जैसे—खेल खत्म, बँटवारे की लीला इत्यादि के माध्यम से कथ्य में नाटकीयता पैदा हुई है।

(*v*) गद्यांश में वर्णनात्मक एवं रोचक शैली का प्रयोग हुआ है।

(*vi*) लेखक ने खड़ीबोली में स्थानीय बोली (मैथिली) के शब्दों का सुंदर प्रयोग किया है।

गद्यांश 3

"और कितना कड़ा करूँ दिल?.......माँ से कहना, मैं भाई-भाभियों की नौकरी करके पेट पाल लूँगी। बच्चों की जूठन खाकर एक कोने में पड़ी रहूँगी, लेकिन यहाँ अब नहीं......अब नहीं रह सकूँगी। .....कहना, यदि माँ मुझे यहाँ से नहीं ले जाएगी तो मैं किसी दिन गले में घड़ा बाँधकर पोखरे में डूब मरूँगी। ......बथुआ-साग खाकर कब तक जीऊँ? किसलिए.......किसके लिए?"

हरगोबिन का रोम-रोम कलपने लगा। देवर-देवरानियाँ भी कितने बेदर्द हैं। ठीक अगहनी धान के समय बाल-बच्चों को लेकर शहर से आएँगे। दस-पंद्रह दिनों में कर्ज़-उधार की ढेरी लगाकर, वापस जाते समय दो-दो मन के हिसाब से चावल-चूड़ा ले जाएँगे। फिर आम के मौसम में आकर हाज़िर। कच्चा-पक्का आम तोड़कर बोरियों में बंद करके चले जाएँगे। फिर उलटकर कभी नहीं देखते.......राक्षस हैं सब !

संदर्भ पूर्ववत्।

प्रसंग प्रस्तुत गद्यांश में बड़ी बहू द्वारा अपनी माँ के लिए हरगोबिन को दिए गए संवाद का वर्णन है, जिसे सुनकर हरगोबिन अत्यंत दुःखी हो जाता है और उनके देवर-देवरानियों को कोसने लगता है।

व्याख्या प्रस्तुत गद्यांश में बड़ी बहुरिया अपनी पीड़ा हरगोबिन के सामने व्यक्त करती है। हरगोबिन उसे अपना दिल कड़ा करने को कहता है, किंतु बड़ी बहुरिया की पीड़ा बढ़ती जा रही है। उसे अपने मैके में ज़िंदगी सरल एवं सहज लगती है। वह हरगोबिन से कहती है कि जाकर माँ से कहना कि मैं भाई-भाभियों की सेवा करके अपना पेट पाल लूँगी। अपनी वर्तमान विषम परिस्थितियों से तंग आकर वह भाई-भाभी की नौकरी करने को भी तैयार है। वह कहती है कि यहाँ बथुआ-साग खाकर कब तक जी सकती हूँ। बड़ी बहुरिया की मार्मिक दास्तान सुनकर हरगोबिन का रोम-रोम कलपने लगा अर्थात् वह अत्यंत दुःखी हो गया। हरगोबिन को बड़ी बहुरिया की पीड़ा की स्वानुभूति हुई। उसने मन-ही-मन उसके देवरों को कोसा, जो धान की फसल की कटाई के समय अपने हिस्से का चावल-चूड़ा लेकर तथा आम की फसल के समय कच्चे-पक्के आमों को बाँधकर शहर चले जाते हैं। पीछे बड़ी बहुरिया के लिए कर्ज़ की गठरी छोड़ जाते हैं, किंतु अपनी भाभी के दुःखों की ओर ध्यान नहीं देते। हरगोबिन को बड़ी बहुरिया के देवर राक्षस प्रतीत होते हैं।

विशेष

(*i*) प्रस्तुत गद्यांश में बड़ी बहू की व्यथा की अत्यंत मार्मिक अभिव्यक्ति हुई है।

(*ii*) प्रस्तुत गद्यांश में खड़ीबोली हिंदी में देशज तथा विदेशी शब्दों का प्रयोग मिलता है। 'पेट', 'जूठन', 'बथुआ', 'ढेरी' इत्यादि देशज शब्द हैं। 'मौसम' तथा 'हाज़िर' विदेशी शब्दों (फ़ारसी) का प्रयोग भी हुआ है।

(*iii*) प्रस्तुत गद्यांश में मुहावरों का प्रयोग अभिव्यक्ति में सहायक हुआ है; जैसे—रोम-रोम कल्पना।

(*iv*) गद्यांश में वर्णनात्मक एवं रोचक शैली का प्रयोग हुआ है।

गद्यांश 4

संवदिया !..... अर्थात् संदेशवाहक !

हरगोबिन संवदिया !..... संवाद पहुँचाने का काम सभी नहीं कर सकते। आदमी भगवान के घर से संवदिया बनकर आता है। संवाद के प्रत्येक शब्द को याद रखना, जिस सुर और स्वर में संवाद सुनाया गया है, ठीक उसी ढंग से जाकर सुनाना सहज काम नहीं। गाँव के लोगों की गलत धारणा है कि निठल्ला, कामचोर और पेटू आदमी ही संवदिया का काम करता है। न आगे नाथ, न पीछे पगहा। बिना मज़दूरी लिए ही जो गाँव-गाँव संवाद पहुँचावे, उसको और क्या कहेंगे? ..... औरतों का गुलाम। जरा-सी मीठी बोली सुनकर ही नशे में आ जाए, ऐसे मर्द को भी भला मर्द कहेंगे? किंतु, गाँव में कौन ऐसा है, जिसके घर की माँ-बहू-बेटी का संवाद हरगोबिन ने नहीं पहुँचाया? ..... लेकिन ऐसा संवाद पहली बार ले जा रहा है वह।

संदर्भ पूर्ववत्।

प्रसंग प्रस्तुत गद्यांश में संवदिया अर्थात् संदेशवाहक की प्रवृत्तियों (गुणों) तथा उसके प्रति गाँव के लोगों की अवधारणा का बताया गया है।

व्याख्या प्रस्तुत गद्यांश में हरगोबिन एक 'संवदिया' है। लेखक कहता है कि संवाद पहुँचाने का काम आसान नहीं है। लेखक का मानना है कि संवदिया भगवान के घर से इसी काम के लिए भेजे जाते हैं। संवाद के सुर तथा स्वर का संवदिया को पता होना चाहिए। वह उसी रूप में संवाद को पहुँचाता है जिस रूप में उससे संवाद कहा जाता है। संवाद के स्वरों के उतार-चढ़ाव के साथ संवाद कहने पर सुनने वाले संवाद भेजने वाले की मनोदशा से परिचित हो जाते हैं।

गाँव के लोग यह मानकर चलते हैं कि संवदिया का काम करने वाला निठल्ला, कामचोर तथा पेटू आदमी होता है। आगे-पीछे कोई नहीं रहने के कारण वह भोजन के चक्कर में संवदिया बनकर तर-माल खाता है। जो आदमी बिना कोई मज़दूरी लिए गाँव-गाँव संवादों को पहुँचाता है गाँव के लोग ऐसे लोगों को औरतों का गुलाम कहते हैं तथा उन्हें मर्द नहीं मानते, क्योंकि यदि कोई औरत उससे थोड़ी-सी भी हँसकर एवं मधुर बात कर ले, तो उस मीठी बोली को सुनकर उसे ऐसा नशा चढ़ता है कि वह कहीं भी संवाद लेकर चला जाता है, किंतु लेखक का मानना है कि संवदिया वह नहीं होता जो गाँववाले समझते हैं।

लेखक की दृष्टि में संवदिया माँ-बहू-बेटी की पीड़ा को उनके अपनों तक पहुँचाने का महत्त्वपूर्ण कार्य करते हैं। हरगोबिन ने भी गाँव के हर घर की महिलाओं का संवाद पहुँचाया है।

किसी की माँ ने अपनी ख़बर भेजी है, तो किसी की बहू ने संदेश भिजवाया है, किसी की बेटी ने उसको अपना संदेशवाहक बनाया है, पर बड़ी बहुरिया का ऐसा दुःख भरा संवाद तो उसने भी आज तक नहीं पहुँचाया था।

विशेष

(i) प्रस्तुत गद्यांश में संदेशवाहक की विशेषताओं के साथ-साथ गाँव के लोगों में उसके प्रति फैली गलत धारणाओं का वर्णन किया गया है।

(ii) प्रस्तुत गद्यांश में लोकोक्तियों का प्रभावी ढंग से प्रयोग किया गया है; जैसे—न आगे नाथ, न पीछे पगहा।

(iii) प्रस्तुत गद्यांश में भाषा सरल, सहज तथा प्रवाहमयी है, भावों की अभिव्यक्ति में उतार-चढ़ाव है।

(iv) प्रस्तुत गद्यांश में भावात्मक व प्रवाहपूर्ण शैली का प्रयोग किया गया है।

गद्यांश 5

हरगोबिन का मन कलपने लगा-तब गाँव में क्या रह जाएगा? गाँव की लक्ष्मी ही गाँव छोड़कर जावेगी!... किस मुँह से वह ऐसा संवाद सुनाएगा? कैसे कहेगा कि बड़ी बहुरिया बथुआ-साग खाकर गुज़ारा कर रही है?... सुननेवाले हरगोबिन के गाँव का नाम लेकर थूकेंगे-कैसा गाँव है, जहाँ लक्ष्मी जैसी बहुरिया दुःख भोग रही है।

संदर्भ पूर्ववत्।

प्रसंग प्रस्तुत गद्यांश में लेखक ने हरगोबिन (संदेशवाहक) की बड़ी बहू के संदेश को ले जाते समय की मनःस्थिति का वर्णन किया है।

व्याख्या प्रस्तुत गद्यांश में हरगोबिन बड़ी बहू की दुःख पूर्ण दयनीय स्थिति तथा उसे वापस मायके बुला लेने का संदेश लेकर उनके गाँव जा रहा है। जब वह गाँव के निकट पहुँचा, तब उसका मन वेदना और दुःख से भर गया। उसने सोचा कि यदि बड़ी बहू गाँव से चली गई, तो गाँव में क्या रह जाएगा अर्थात् गाँव की महत्ता समाप्त हो जाएगी। बड़ी बहू गाँव की लक्ष्मी है, उसके चले जाने के बाद गाँव सूना हो जाएगा। उसके दुःख की व्यथा मैं कैसे कह पाऊँगा और यह बात किस प्रकार कहूँगा कि निर्धनता के कारण वह साग-बथुआ खाकर गुज़ारा कर रही है। गाँव के लोग उसकी बातें सुनकर उसके गाँव की निंदा करेंगे तथा भली-बुरी बातें सुनाएँगे कि कैसा नीच गाँव है, जहाँ लक्ष्मी के समान बड़ी बहू कैसे इतने कष्टपूर्ण दिन काटकर दुःख भोग रही है।

विशेष

(i) प्रस्तुत गद्यांश में हरगोबिन की मनःस्थिति तथा उसके भावुक हृदय का सुंदर चित्रण किया गया है।

(ii) प्रस्तुत गद्यांश की भाषा सरल, सहज एवं प्रवाहमयी है।

(iii) प्रस्तुत गद्यांश में मुहावरों का प्रयोग प्रभावी है।

(iv) प्रस्तुत गद्यांश में प्रश्नवाचक वाक्यों के प्रयोग से भावों की अभिव्यक्ति अत्यंत प्रभावशाली हो गई है।

(v) आँचलिक शब्दों का प्रयोग हुआ है— बहुरिया, बथुआ-साग आदि।

गद्यांश 6

संवदिया डटकर खाता है और 'अफर' कर सोता है, किंतु हरगोबिन को नींद नहीं आ रही है।... यह उसने क्या किया? क्या कर दिया? वह किसलिए आया था?

वह झूठ क्यों बोला?... नहीं, नहीं, सुबह उठते ही वह बूढ़ी माता को बड़ी बहुरिया का सही संवाद सुना देगा-अक्षर-अक्षर, 'मायजी, आपकी इकलौती बेटी बहुत कष्ट में है। आज ही किसी को भेजकर बुलवा लीजिए। नहीं तो वह सचमुच कुछ कर बैठेगी। आखिर, किसके लिए वह इतना सहेगी!... बड़ी बहुरिया ने कहा है, भाभी के बच्चों की जूठन खाकर वह एक कोने में पड़ी रहेगी...!'

संदर्भ पूर्ववत्।

प्रसंग प्रस्तुत गद्यांश में लेखक ने बड़ी बहू के गाँव में उसका संदेश माँ तक पहुँचाने हेतु रात के समय हरगोबिन के मन में चल रही अतंर्द्वंद्व की स्थिति तथा मनोदशा का वर्णन किया है।

व्याख्या प्रस्तुत गद्यांश में लेखक संदेशवाहक का वर्णन करते हुए कहता है कि संदेशवाहक जब संदेश लेकर जाता है, तो संदेश सुनाने के बाद उनके घर पेट भरकर खाने के बाद वह गहरी और लंबी नींद सोता है। हरगोबिन भी बड़ी बहू का संदेश लेकर उसके गाँव गया, किंतु उसे रात में नींद नहीं आ रही है। उसे पछतावा होता है कि उसने बड़ी बहू का संवाद उसके घरवालों को नहीं बताकर गलती की है। वह स्वयं से बात करते हुए कहता है कि यह उसने क्या कर दिया, वह यहाँ इसलिए आया था, ताकि बड़ी बहू का दुःख उनके परिवार को बता सके।

उसने यह झूठ क्यों बोला कि वह पास के गाँव में आया था, तो आपके दर्शन पाने हेतु यहाँ भी आ गया। फिर पुनः वह बड़ी बहू की बातों का स्मरण करते हुए यह निर्णय लेता है कि सुबह उठते ही बड़ी बहू की माँ को सब सच बता देगा कि उनकी एकमात्र बेटी बहुत ही दुःखी है। वह बहुत कष्ट में जीवन जी रही है।

आप आज ही किसी को भेजकर उसे अपने पास बुला लीजिए, वरना वह अपने साथ कुछ अनिष्ट कर बैठेगी। वह इतना कष्ट किसके लिए सह रही है। बड़ी बहू ने तो यहाँ तक कहा है कि वह अपनी भाभी के बच्चों की जूठन से अपना पेटभर कर घर के एक कोने में पड़ी रहेगी।

विशेष

(i) प्रस्तुत गद्यांश में हरगोबिन के मानसिक अंतर्द्वंद्व का प्रभावी चित्रण किया गया है।

(ii) प्रस्तुत गद्यांश में भाषा सरल, सुबोध तथा प्रभावी है।

(iii) प्रस्तुत गद्यांश में प्रश्नवाचक शब्दावली का प्रयोग हुआ है।

(iv) प्रस्तुत गद्यांश में आँचलिक शब्दों का प्रयोग भी देखने को मिलता है; जैसे—मायजी, बहुरिया।

(v) प्रस्तुत गद्यांश में भावात्मक-शैली का प्रयोग हुआ।

गद्यांश 7

लेकिन, यह कहाँ चला हरगोबिन? यह कौन गाँव है? पहली साँझ में ही अमावस्या का अंधकार! किस राह से वह किधर जा रहा है?... नदी है! कहाँ से आ गई नदी? नदी नहीं, खेत हैं।... ये झोंपड़े हैं या हाथियों का झुंड? ताड़ का पेड़ किधर गया? वह राह भूलकर न जाने कहाँ भटक गया... इस गाँव में आदमी नहीं रहते क्या? कहीं कोई रोशनी नहीं, किससे पूछे?... कहाँ, वह रोशनी है या आँखें? वह खड़ा है या चल रहा है? वह गाड़ी में है या धरती पर?

संदर्भ पूर्ववत्।

प्रसंग प्रस्तुत गद्यांश में हरगोबिन के वापस अपने गाँव पहुँचने और उसकी अर्द्धचेतनावस्था तथा मनःस्थिति का वर्णन किया गया है।

व्याख्या प्रस्तुत गद्यांश में लेखक कहते हैं कि हरगोबिन बीस कोस पैदल चलकर अपने गाँव जलालगढ़ पहुँचा, तो वह अर्द्धचेतनावस्था (बेहोशी) में था। वह अपने गाँव को भी न पहचान पा रहा था। थकान के कारण उसे इतना भी होश नहीं था कि यह पहचान कर सके कि वह कौन-से गाँव में है, अभी सुबह है या शाम।

उसे अमावस्या का अंधकार दिखाई दे रहा है। उसे यह भी नहीं मालूम कि किस रास्ते से और कहाँ जा रहा है? उसे एक नदी दिखाई दी जो पहले वहाँ पर नहीं थी। फिर उसे वह खेत दिखाई देने लगा। उसे झोंपड़ियाँ, हाथियों के झुंड की तरह दिखाई देने लगीं। वह ताड़ का पेड़ ढूँढने लगा, जो उसे कहीं दिखाई नहीं दिया।

वह रास्ता भूल गया था। उसे लगा कि वह किसी अनजानी जगह पर आ गया है। उसे कोई आदमी दिखाई नहीं दिया इस कारण वह यह सोचने लगा कि शायद इस गाँव में आदमी ही नहीं रहते। कहीं कोई रोशनी उसे नज़र नहीं आई। उसे समझ नहीं आ रहा था कि वह यहाँ किससे रास्ता पूछे।

विशेष

(*i*) प्रस्तुत गद्यांश में हरगोबिन की अर्द्धचेतनावस्था तथा मनःस्थिति का अद्‌भुत चित्रण हुआ है।

(*ii*) प्रस्तुत गद्यांश में भाषा सरल, सहज एवं प्रवाहमयी है।

(*iii*) प्रस्तुत गद्यांश में प्रश्नवाचक वाक्यों के प्रयोग द्वारा भावों की अभिव्यक्ति अत्यंत प्रभावशाली हो गई है।

(*iv*) प्रस्तुत गद्यांश में मुहावरों का प्रभावी प्रयोग हुआ है— 'पहली साँझ में ही अमावस्या का अंधकार', 'भटक जाना'।

गद्यांश 8

बड़ी बहुरिया के संवाद का प्रत्येक शब्द उसके मन में काँटे की तरह चुभ रहा है– किसके भरोसे यहाँ रहूँगी? एक नौकर था, वह भी कल भाग गया। गाय खूँटे से बँधी भूखी-प्यासी हिकर रही है। मैं किसके लिए इतना दुःख झेलूँ?

हरगोबिन ने अपने पास बैठे हुए एक यात्री से पूछा–"क्यों भाई साहेब, थाना बिंहपुर में डाकगाडी रुकती है या नहीं?" यात्री ने मानो कुढ़कर कहा–"थाना बिंहपुर में सभी गाड़ियाँ रुकती हैं।" हरगोबिन ने भाँप लिया, यह आदमी चिड़चिड़े स्वभाव का है, इससे कोई बातचीत नहीं जमेगी। वह फिर बड़ी बहुरिया के संवाद को मन-ही-मन दुहराने लगा..... लेकिन संवाद सुनाते समय वह अपने कलेजे को कैसे सँभाल सकेगा! बड़ी बहुरिया संवाद कहते समय जहाँ-जहाँ रोई हैं, वहाँ वह रोएगा। **CBSE 2025**

संदर्भ पूर्ववत्।

प्रसंग प्रस्तुत गद्यांश में बड़ी बहुरिया की पीड़ा और हरगोबिन की मानसिक स्थिति को अभिव्यक्त किया गया है। हरगोबिन एक संदेशवाहक है, जो बड़ी बहुरिया का संदेश उनके मायके ले जा रहा है।

व्याख्या प्रस्तुत गद्यांश में लेखक कहते हैं कि बड़ी बहू के संवाद हरगोबिन के मन में गहरे उतर गए हैं और उसे अंदर तक विचलित कर रहे हैं। बड़ी बहू की स्थिति अत्यंत दयनीय हो गई है। हवेली की शानो-शौकत समाप्त हो चुकी है और अब वहाँ कोई सहारा नहीं बचा है। यहाँ तक कि उनका एकमात्र नौकर भी साथ छोड़ गया है और गाय भूखी-प्यासी खड़ी है। बड़ी बहुरिया के इन शब्दों से हरगोबिन के मन में पीड़ा और गहरी संवेदना उत्पन्न हो रही है।

इस मानसिक व्याकुलता से बचने के लिए वह सहयात्री से बातचीत करने का प्रयास करता है, लेकिन यात्री के चिड़चिड़े स्वभाव को देखकर उसे समझ में आ जाता है कि यह बातचीत आगे नहीं बढ़ेगी। इसके बाद वह फिर से बड़ी बहुरिया के शब्दों को याद करने लगता है, लेकिन सबसे बड़ी चिंता यह है कि वह यह करुण संदेश बड़ी बहू की माँ को कैसे सुनाएगा। बड़ी बहू ने जहाँ-जहाँ रोकर अपने दुःख को व्यक्त किया था, हरगोबिन को लगता है कि वह भी वही संवाद दोहराते समय रो पड़ेगा। यह अंश हरगोबिन के मानसिक तनाव, बड़ी बहू की असहनीय पीड़ा और मानवीय संवेदनाओं को गहराई से व्यक्त करता है।

विशेष

(*i*) प्रस्तुत गद्यांश में बड़ी बहू की व्यथा और हरगोबिन की मनःस्थिति तथा उसके भावुक हृदय का चित्रण किया गया है।

(*ii*) प्रस्तुत गद्यांश की भाषा सरल, सहज एवं प्रवाहमयी है।

(*iii*) प्रस्तुत गद्यांश में मुहावरों का प्रयोग प्रभावी है।

(*iv*) प्रस्तुत गद्यांश में प्रश्नवाचक वाक्यों के प्रयोग से भावों की अभिव्यक्ति अत्यंत प्रभावशाली हो गई है।

(*v*) गद्यांश में आँचलिक शब्दों का प्रयोग हुआ है।

गद्यांश पर आधारित बहुविकल्पीय प्रश्न

1. हरगोबिन को अचरज हुआ-तो आज भी किसी को संवदिया की जरूरत पड़ सकती है। इस ज़माने में जबकि गाँव-गाँव में डाकघर खुल गए हैं, संवदिया के मारफ़त संवाद क्यों भेजेगा कोई? आज तो आदमी घर बैठे ही लंका तक ख़बर भेज सकता है और वहाँ का कुशल संवाद मँगा सकता है। फिर उसकी बुलाहट क्यों हुई? हरगोबिन बड़ी हवेली की टूटी ड्योढ़ी पारकर अंदर गया। सदा की भाँति उसने वातावरण को सूँघकर संवाद का अंदाज लगाया।... निश्चय ही कोई गुप्त समाचार ले जाना है। चाँद सूरज को भी नहीं मालूम हो। परेवा-पंछी तक न जाने।

(क) हरगोबिन को किस बात पर आश्चर्य होता है?

(i) बड़े भैया की मृत्यु का समाचार सुनकर
(ii) वर्तमान समय में भी संवदिया की जरूरत पड़ने पर
(iii) संवदिया नियुक्त होने पर
(iv) हवेली से बुलावा आने पर

(ख) हरगोबिन ने वातावरण को सूँघकर क्या अंदाजा लगाया?

(i) बड़ी बहू की रईसी का (ii) हवेली में लड़ाई झगड़े का
(iii) हवेली के सुनसान होने का (iv) गुप्त समाचार होने का

(ग) बड़ी हवेली से हरगोबिन को किसने बुलाया था?
(i) बड़े भैया (ii) माली
(iii) बड़ी बहुरिया (iv) प्रधान

(घ) **कथन** (A) डाक व्यवस्था होने पर भी संवदिया को बुलाया गया।
कारण (R) हरगोबिन ने अनुमान लगाया कि गुप्त संदेश भेजा जाना है।
(i) कथन (A) और कारण (R) दोनों सही हैं तथा कारण (R), कथन (A) की सही व्याख्या करता है।
(ii) कथन (A) और कारण (R) दोनों सही हैं, परंतु कारण (R), कथन (A) की सही व्याख्या नहीं करता है।
(iii) कथन (A) सही है, किंतु कारण (R) गलत है।
(iv) कथन (A) गलत है, किंतु कारण (R) सही है।

(ङ) '....... संवदिया के मारफत संवाद क्यों भेजेगा कोई'?-हरगोबिन ने ऐसा क्यों कहा?
(i) डाक व्यवस्था होने के कारण
(ii) निम्नवर्गीय होने के कारण
(iii) बड़ी हवेली से अच्छे संबंध न होने के कारण
(iv) उपरोक्त सभी

उत्तर

(क) (ii) वर्तमान समय में भी संवदिया की जरूरत पड़ने पर
(ख) (iv) गुप्त समाचार होने का
(ग) (iii) बड़ी बहुरिया
(घ) (i) कथन (A) और कारण (R) दोनों सही हैं तथा कारण (R), कथन (A) की सही व्याख्या करता है।
(ङ) (i) डाक व्यवस्था होने के कारण

2. **"और कितना कड़ा करूँ दिल?........माँ से कहना, मैं भाई-भाभियों की नौकरी करके पेट पाल लूँगी। बच्चों की जूठन खाकर एक कोने में पड़ी रहूँगी, लेकिन यहाँ अब नहीं......अब नहीं रह सकूँगी। .....कहना, यदि माँ मुझे यहाँ से नहीं ले जाएगी, तो मैं किसी दिन गले में घड़ा बाँधकर पोखरे में डूब मरूँगी। ......बथुआ-साग खाकर कब तक जीऊँ? किसलिए......किसके लिए?"**
हरगोबिन का रोम-रोम कलपने लगा। देवर-देवरानियाँ भी कितने बेदर्द हैं। ठीक अगहनी धान के समय बाल-बच्चों को लेकर शहर से आएँगे। दस-पंद्रह दिनों में कर्ज़-उधार की ढेरी लगाकर, वापस जाते समय दो-दो मन के हिसाब से चावल-चूड़ा ले जाएँगे। फिर आम के मौसम में आकर हाज़िर। कच्चा-पक्का आम तोड़कर बोरियों में बंद करके चले जाएँगे। फिर उलटकर कभी नहीं देखते.......राक्षस हैं सब !

(क) 'मैं भाई-भाभियों की नौकरी करके पेट पाल लूँगी'-प्रस्तुत कथन किसका है?
(i) मोदिआइन बुढ़िया (ii) छोटी बहू
(iii) बड़ी बहूँ की माँ (iv) बड़ी बहू

(ख) प्रस्तुत गद्यांश में 'राक्षस' शब्द का प्रयोग किसके लिए किया गया है?
(i) संवदिया के लिए
(ii) देवर-देवरानियों के लिए
(iii) जमींदारों के लिए
(iv) गाँववालों के लिए

(ग) गाँव से वापस लौटते समय देवर-देवरानियाँ अपने साथ क्या ले जाते थे?
(i) कर्ज-उधार
(ii) जेवर-आभूषण
(iii) चावल-चूड़ा
(iv) धान की फसल

(घ) 'रोम रोम कलपना' का क्या अभिप्राय है?
(i) अत्यधिक दु:ख होने पर विकल हो जाना
(ii) गुस्से से काँपने लगा
(iii) क्रोध से रोंगटे खड़े हो जाना
(iv) गुस्से से अपशब्द बोलना

(ङ) **कथन** (A) हरगोबिन का रोम-रोम कलपने लगा।
कारण (R) हरगोबिन बड़ी बहुरिया की दयनीय स्थिति और देवर-देवरानियों के बेदर्द व्यवहार को देखकर दुःखी था।
(i) कथन (A) और कारण (R) दोनों सही हैं तथा कारण (R), कथन (A) की सही व्याख्या करता है।
(ii) कथन (A) और कारण (R) दोनों सही हैं, परंतु कारण (R), कथन (A) की सही व्याख्या नहीं करता है।
(iii) कथन (A) सही है, किंतु कारण (R) गलत है।
(iv) कथन (A) गलत है, किंतु कारण (R) सही है।

उत्तर

(क) (iv) बड़ी बहू
(ख) (ii) देवर-देवरानियों के लिए
(ग) (iii) चावल-चूड़ा
(घ) (i) अत्यधिक दु:ख होने पर विकल हो जाना
(ङ) (i) कथन (A) और कारण (R) दोनों सही हैं तथा कारण (R), कथन (A) की सही व्याख्या करता है।

3. **संवदिया !...... अर्थात् संदेशवाहक ! हरगोबिन संवदिया !...... संवाद पहुँचाने का काम सभी नहीं कर सकते। आदमी भगवान के घर से संवदिया बनकर आता है। संवाद के प्रत्येक शब्द को याद रखना, जिस सुर और स्वर में संवाद सुनाया गया है, ठीक उसी ढंग से जाकर सुनाना सहज काम नहीं। गाँव के लोगों की गलत धारणा है कि निठल्ला, कामचोर और पेटू आदमी ही संवदिया का काम करता है। न आगे नाथ, न पीछे पगहा। बिना मज़दूरी लिए ही जो गाँव-गाँव संवाद पहुँचावे, उसको और क्या कहेंगे? ..... औरतों का गुलाम। जरा-सी मीठी बोली सुनकर ही नशे में आ जाए, ऐसे मर्द को भी भला मर्द कहेंगे? किंतु, गाँव में कौन ऐसा है, जिसके घर की माँ-बहू-बेटी का संवाद हरगोबिन ने नहीं पहुँचाया? ..... लेकिन ऐसा संवाद पहली बार ले जा रहा है वह।** **CBSE 2023**

(क) गद्यांश में आई पंक्ति 'आदमी भगवान के घर से संवदिया बनकर आता है'-का आशय है
(i) संवदिया की रचना भगवान स्वयं देवलोक में करते हैं।
(ii) भगवान स्वयं संवदिया को विशिष्ट गुणों से युक्त कर भेजते हैं।
(iii) संवाद पहुँचाने का काम हर व्यक्ति कर सकता है।
(iv) संवाद पहुँचाने वाले को प्रशिक्षण दिया जाता है।

(ख) संवाद पहुँचाने का काम कैसे किया जाता है?
(i) संवाद के प्रत्येक शब्द को याद रख उसी स्वर, लहजे में सुनाकर।
(ii) सुनाये जाने वाले संवाद में कुछ नमक मिर्च लगाकर।
(iii) कहे गए संवाद को संक्षेप में कहकर।
(iv) संवाद भेजने वाले के मनोभावों को व्यक्त कर।

(ग) गाँव के लोगों के विचार से संवदिया का काम कर सकता है
(i) ईमानदार, सहृदय, दयालु व्यक्ति।
(ii) भ्रष्ट, बेईमान, झूठ बोलने वाला व्यक्ति।
(iii) घुमक्कड़, वाचाल और पेटू व्यक्ति।
(iv) निठल्ला, कामचोर, पेटू व्यक्ति।

(घ) गद्यांश में आई लोकोक्ति 'आगे नाथ न पीछे पगहा' का भाव है
(i) किसी पर आश्रित न होना।
(ii) किसी प्रकार की जिम्मेदारी न होना।
(iii) कोई अलंकार धारण नहीं करना।
(iv) नाक और पैर में कोई बंधन न होना।

(ङ) लेखक के अनुसार संवदिया की वास्तविक भूमिका होती है
(i) संवाद की प्रत्येक बात अपने ढंग से सुनाना।
(ii) संवाद के शब्दों को संक्षिप्त कर अपनी भाषा में सुनाना।
(iii) संवाद के प्रत्येक शब्द को मूल रूप में उसी स्वर में सुनाना।
(iv) संवाद की बातें भूलकर स्वयं खा पीकर मस्त रहना।

उत्तर

(क) (ii) भगवान स्वयं संवदिया को विशिष्ट गुणों से युक्त कर भेजते हैं।
(ख) (i) संवाद के प्रत्येक शब्द को याद रख उसी स्वर, लहजे में सुनाकर।
(ग) (iv) निठल्ला, कामचोर, पेटू व्यक्ति।
(घ) (ii) किसी प्रकार की जिम्मेदारी न होना।
(ङ) (iii) संवाद के प्रत्येक शब्द को मूल रूप में उसी स्वर में सुनाना।

4. संवदिया डटकर खाता है और 'अफर' कर सोता है, किंतु हरगोबिन को नींद नहीं आ रही है।... यह उसने क्या किया? क्या कर दिया? वह किसलिए आया था?

वह झूठ क्यों बोला?... नहीं, नहीं, सुबह उठते ही वह बूढ़ी माता को बड़ी बहुरिया का सही संवाद सुना देगा–अक्षर-अक्षर, 'मायजी, आपकी इकलौती बेटी बहुत कष्ट में है। आज ही किसी को भेजकर बुलवा लीजिए। नहीं तो वह सचमुच कुछ कर बैठेगी। आखिर, किसके लिए वह इतना सहेगी!... बड़ी बहुरिया ने कहा है, भाभी के बच्चों की जूठन खाकर वह एक कोने में पड़ी रहेगी...!'

(क) हरगोबिन को नींद क्यों नहीं आ रही थी?
(i) अधिक भोजन कर लेने के कारण
(ii) थकान के कारण
(iii) सही संवाद भूल जाने के कारण
(iv) मन के अंतर्द्वंद्व के कारण

(ख) हरगोबिन ने क्या झूठ बोला था?
(i) वह संवदिया बनकर नहीं आया है
(ii) बड़ी बहुरिया की जिंदगी कष्टमय है
(iii) बड़ी बहुरिया आर्थिक तंगी में जीवन व्यतीत कर रही है
(iv) बड़ी बहुरिया बहुत दुःखी है

(ग) हरगोबिन बड़ी बहुरिया के मायके वालों को उसका सही संदेश क्यों नहीं सुना पाया?
(i) धन के लालच के कारण
(ii) गाँव की इज्जत के विषय में सोचकर
(iii) भुलक्कड़ प्रवृत्ति के कारण
(iv) संवेदनशील होने के कारण

(घ) निम्नलिखित कथनों पर विचार कीजिए
1. संवदिया को संदेश के मर्म से सरोकार होता है।
2. प्रियजनों का संदेश लाने के लिए संवदिया की खुब आवभगत की जाती है।
3. संवदिया भरपेट खाकर बेफिक्र होकर सोता है।

कूट
(i) केवल 1
(ii) केवल 2
(iii) 2 और 3
(iv) 1 और 3

(ङ) मानसिक उलझन के बीच रात के अंधकार में हरगोबिन ने अंततः क्या निर्णय लिया?
(i) सुबह होते ही वह गाँव लौट जाएगा
(ii) बड़ी बहुरिया का सही संवाद उसकी माता को सुना देगा
(iii) बड़ी बहुरिया को उसके मायके छोड़ आएगा
(iv) बूढ़ी माता को हवेली ले जाएगा

उत्तर

(क) (iv) मन के अंतर्द्वंद्व के कारण
(ख) (i) वह संवदिया बनकर नहीं आया है
(ग) (ii) गाँव की इज्जत के विषय में सोचकर
(घ) (iii) 2 और 3
(ङ) (ii) बड़ी बहुरिया का सही संवाद उसकी माता को सुना देगा

5. हरगोबिन होश में आया। ..... बड़ी बहुरिया का पैर पकड़ लिया, "बड़ी बहुरिया! ..... मुझे माफ़ करो। मैं तुम्हारा संवाद नहीं कह सका। ..... तुम गाँव छोड़कर मत जाओ। तुमको कोई कष्ट नहीं होने दूँगा। मैं तुम्हारा बेटा ! बड़ी बहुरिया, तुम मेरी माँ, सारे गाँव की माँ हो! मैं अब निठल्ला बैठा नहीं रहूँगा। तुम्हारा सब काम करूँगा। ..... बोलो, बड़ी माँ, तुम ..... तुम गाँव छोड़कर चली तो नहीं जाओगी ? बोलो ..... !"

बड़ी बहुरिया गरम दूध में एक मुट्ठी बासमती चूड़ा डालकर मसकने लगी। ..... संवाद भेजने के बाद से ही वह अपनी गलती पर पछता रही थी।

(क) हरगोबिन ने चेतनावस्था में आते ही क्या किया?
(i) फूट-फूटकर रोने लगा
(ii) गाँववालों को कोसने लगा
(iii) गरमा गर्म बासमती चूढ़े वाला दूध पीने लगा
(iv) बड़ी बहुरिया का पैर पकड़कर माफी माँगी

(ख) हरगोबिन बड़ी बहुरिया को किसके समान मानता था?
(i) हवेली की रानी के समान(ii) माँ के समान
(iii) नौकरानी के समान
(iv) गाँव की मुखिया के समान

(ग) जलालगढ़ पहुँचने के बाद हरगोबिन बड़ी बहुरिया से क्या आग्रह करता है?
(i) सारे कर्ज चुकाने का
(ii) गाँव छोड़कर न जाने का
(iii) शहर में जाकर बस जाने का
(iv) वापस मायके लौट जाने का

(घ) जलालगढ़ पहुँचने के बाद हरगोबिन बड़ी बहू के सामने क्या निर्णय लेता है?
(i) स्वयं उन्हें उनके मायके छोड़ आने का
(ii) संवदिया पद त्यागने का
(iii) पूरी मेहनत व दिल से उनकी सेवा करने का
(iv) उनके देवरों से बदला लेने का

(ङ) **कथन** (A) बड़ी बहुरिया अपनी गलती पर पछता रही थी।
कारण (R) हरगोबिन ने उसके मैके में संवाद कह दिया था।
(i) कथन (A) और कारण (R) दोनों सही हैं तथा कारण (R), कथन (A) की सही व्याख्या करता है।
(ii) कथन (A) और कारण (R) दोनों सही हैं, परंतु कारण (R), कथन (A) की सही व्याख्या नहीं करता है।
(iii) कथन (A) सही है, किंतु कारण (R) गलत है।
(iv) कथन (A) गलत है, किंतु कारण (R) सही है।

उत्तर

(क) (iv) बड़ी बहुरिया का पैर पकड़कर माफी माँगी
(ख) (ii) माँ के समान
(ग) (ii) गाँव छोड़कर न जाने का
(घ) (iii) पूरी मेहनत व दिल से उनकी सेवा करने का
(ङ) (iii) कथन (A) सही है, किंतु कारण (R) गलत है।

6. **बड़ी हवेली की बड़ी बहुरिया ने हरगोबिन को पीढ़ी दी और आखँ के इशारे से कुछ देर चुपचाप बैठने को कहा। बड़ी हवेली अब नाममात्र की ही बड़ी हवेली है। जहाँ दिन-रात नौकर-नौकरानियों और जन-मजदूरों की भीड़ लगी रहती थी, वहाँ आज हवेली की बड़ी बहुरिया अपने हाथ से सूपा में अनाज लेकर फटक रही है। इन हाथों में सिर्फ मेंहदी लगाकर ही गाँव की नाइन परिवार पालती थी। कहाँ गए वे दिन? हरगोबिन ने लंबी साँस ली।**

CBSE Term I 2021, Modified

(क) हरगोबिन ने लंबी साँस क्यों ली?
(i) अपने को सामान्य करने के लिए
(ii) सोच से बाहर आने के लिए
(iii) अफ़सोस व्यक्त करने के लिए
(iv) यादों की वेदना से निकलने के लिए

(ख) हाथों में मेंहदी लगाकर परिवार पालने से किस प्रकार का अर्थ ध्वनित हो रहा है?
(i) बड़ी बहुरिया के शौक का
(ii) बड़ी बहुरिया की समृद्धि का
(iii) बड़ी हवेली की समृद्धि का
(iv) बड़ी हवेली की कमज़ोरी का

(ग) निम्नलिखित कथनों में से सही कथनों पर विचार कीजिए
कथन 1 बड़ी बहुरिया अपने हाथों से अनाज फटक रही है।
कथन 2 बड़ी हवेली में पहले नौकरों की भीड़ रहती थी।
कथन 3 नाइन बड़ी बहुरिया के कपड़े धोकर अपना परिवार पालती थी।
कूट
(i) 1 और 3 (ii) 1 और 2
(iii) केवल 3 (iv) ये सभी

(घ) 'बड़ी हवेली अब नाममात्र की ही बड़ी हवेली है' का आशय हो सकता है
(i) अब नाम ही रह गया है
(ii) अब बड़ी हवेली नहीं रह गई
(iii) अब वह शान नहीं रही
(iv) अब वह विपन्नता नहीं रही

(ङ) बड़ी बहुरिया ने हरगाबिन को आँखों के इशारे से थोड़ी देर चुप बैठने के लिए क्यों कहा होगा?
(i) महत्त्वपूर्ण बात होने के कारण
(ii) हिम्मत जुटाने के लिए
(iii) संवाद की गंभीरता के कारण
(iv) किसी अन्य के होने के कारण

उत्तर

(क) (iv) यादों की वेदना से निकलने के लिए
(ख) (iii) बड़ी हवेली की समृद्धि का
(ग) (ii) 1 और 2
(घ) (iii) अब वह शान नहीं रही
(ङ) (iii) संवाद की गंभीरता के कारण

विषय-वस्तु पर आधारित प्रश्नोत्तर

1. **संवदिया की क्या विशेषताएँ हैं? वह बड़ी बहुरिया का संवाद क्यों नहीं सुना सका?**

अथवा संवदिया के बारे में कहा जाता है कि वह संवाद को ज्यों-का त्यों सुनाता है, फिर भी हरगोबिन बड़ी बहु गीता का संवाद नहीं सुना पाया। कारण स्पष्ट कीजिए। **Delhi 2019**

उत्तर इसके उत्तर के लिए पाठ्यपुस्तक के प्रश्नोत्तर में प्रश्न संख्या 1 व 7 का उत्तर पढ़ें।

2. **बड़े भैया के बाद बड़ी हवेली नाममात्र की हवेली क्यों रह गई थी?**

उत्तर किसी समय बड़ी हवेली में नौकर-नौकरानियों, मज़दूरों तथा लोगों की भीड़ लगी रहती थी, किंतु आज तो अनाज भी बड़ी बहू को स्वयं अपने हाथों से फटकना पड़ रहा है। कभी वे दिन भी थे कि बड़ी बहू के हाथों में

मेहँदी लगाने से ही नाइन अपने परिवार को पाल लेती थी, लेकिन बड़े भाई के मरने के बाद हवेली की शान-शौकत, समृद्धि आदि सब जाती रही। तीनों भाइयों में लड़ाई-झगड़े शुरू हो गए। उनकी ज़मीन पर रैयतों (प्रजा) ने कब्ज़ा कर लिया और तीनों भाई शहर में जाकर रहने लगे। बड़ी बहू अकेली हवेली में रह गई। उनके देवरों ने उनके जेवर तथा बनारसी साड़ी का भी बँटवारा कर लिया। इसके बाद बड़ी हवेली की स्थिति बिगड़ गई, क्योंकि देवरों ने हवेली तथा अपनी भाभी की खैर-ख़बर तक नहीं ली। इसी कारण बड़ी हवेली नाममात्र की हवेली रह गई थी।

3. गुल मुहम्मद आगा कौन था? उसके व्यवहार का वर्णन कीजिए।

उत्तर गुल मुहम्मद आगा गाँव में उधार कपड़ा बेचने आने वाला व्यक्ति था। वह गाँव की मोदिआइन के ओसारे (बरामदे) में कपड़ों की दुकान लगाकर बैठता था। जब उसे किसी को कपड़ा बेचना होता, तो वह बहुत मीठे शब्दों का प्रयोग करता, ताकि उसका कपड़ा बिक जाए, किंतु पैसे वसूल करते समय बदतमीज़ी करते हुए अपशब्दों का प्रयोग करता था। साथ ही वह दोगुने पैसे वसूलता था।

उसकी इस आदत से परेशान होकर एक बार कई उधार लेने वाले लोगों ने उसकी जमकर पिटाई कर दी। इस घटना के बाद वह कभी गाँव में वापस नहीं आया। मोदिआइन भी उसके नाम से चिढ़ने लगी थी।

4. बड़ी बहू के देवर-देवरानियों के लिए हरगोबिन क्या भावना रखता था?

उत्तर बड़ी बहू के हृदय की व्यथा सुनकर हरगोबिन को बहुत दुःख हुआ। उसने सोचा कि बड़ी बहू के देवर-देवरानियाँ कितने निर्दयी तथा बेदर्द हैं। वे लोग ठीक अगहनी धान के समय अपने बच्चों तथा परिवार के साथ शहर से गाँव आ जाते हैं। यहाँ रहकर दस-पंद्रह दिनों में कर्ज़ और उधार कर देते हैं और जाते समय अपने साथ दो-दो मन चूड़ा-चावल ले जाते हैं। फिर दोबारा आम के मौसम में आ जाते हैं और कच्चे-पक्के आम तोड़कर उन्हें बोरियों में भरकर चले जाते हैं। शहर जाने के बाद एक बार भी पलटकर हवेली की तरफ़ नहीं देखते। न ही बड़ी बहू की खैर-ख़बर लेते हैं। उनके इसी बर्ताव के कारण हरगोबिन उन्हें राक्षस की संज्ञा देता है। वे केवल अपना स्वार्थ सिद्ध करने के लिए गाँव आते हैं, क्योंकि न उन्हें बड़ी बहू की कोई चिंता है, न ही हवेली की।

5. कटिहार जंक्शन पहुँचकर हरगोबिन को यह क्यों महसूस हुआ कि सचमुच सुराज आ गया है?

उत्तर कटिहार जंक्शन पहुँचकर हरगोबिन ने देखा कि पंद्रह-बीस वर्ष में बहुत कुछ बदल गया है। अब स्टेशन पर उतरकर दूसरी गाड़ी लेने के लिए किसी से कुछ पूछने की कोई ज़रूरत नहीं रही, क्योंकि दूसरी गाड़ी के स्टेशन पर आते ही भोंपू (लाउडस्पीकर) से आवाज़ अपने-आप निकलने लगी— "थाना बिंहपुर, खगड़िया और बरौनी जाने वाले यात्री तीन नंबर प्लेटफॉर्म पर चले जाएँ। गाड़ी लगी हुई है।" इससे पहले वह जब कटिहार आया था तो यह पूछताछ करने में कि किस गाड़ी में चढ़ें और किधर जाएँ के चक्कर में ही कितनी बार उसकी गाड़ी छूट गई थी। इस बार स्टेशन पर आकर मिली सुविधा से वह प्रसन्न हुआ और उसे लगा कि सचमुच सुराज (स्वराज) हुआ है।

6. संदेश भेजते समय बड़ी बहुरिया की तथा हरगोबिन की मनः स्थिति पर प्रकाश डालिए।

उत्तर संदेश भेजते समय बड़ी बहुरिया की मानसिक स्थिति अत्यंत शोचनीय थी। वह अपनी हवेली की परिस्थिति से अत्यधिक तंग आकर अपनी माँ के घर जाना चाहती थी। इसके लिए वह भाई-भाभी की सेवा करने के लिए भी तैयार थी। संदेश भेजते समय बहुरिया की आँखें छलछला रहीं थीं।

हरगोबिन की मानसिक दशा भी अच्छी नहीं थी। बड़ी बहुरिया की विपन्न स्थिति से वह अत्यंत दुःखी था। बड़ी बहू के संदेश का प्रत्येक शब्द उसके मन में काँटे की तरह चुभ रहा था। वह असमंजस की स्थिति में था कि वह बड़ी बहुरिया के संवाद को किस प्रकार उनकी माँ को सुना पाएगा।

7. बड़ी बहुरिया ने संदेश में क्या कहा तथा हरगोबिन ने बड़ी बहू की माँ को क्या संदेश दिया?

***अथवा* 'संवदिया' पाठ में बड़ी बहुरिया ने अपने मायके क्या संदेश भेजा?** **CBSE 2024**

उत्तर बड़ी बहुरिया ने संदेश में कहा था कि माँ से कहना, मैं भाई-भाभियों की नौकरी करके पेट पाल लूँगी। उनके बच्चों की जूठन खाकर एक कोने में पड़ी रहूँगी, लेकिन यहाँ अब और नहीं रह सकूँगी और कहना, यदि माँ मुझे यहाँ से नहीं ले जाएगी, तो मैं किसी दिन गले में घड़ा बाँधकर पोखर में डूब मरूँगी। बथुआ-साग खाकर कब तक जीऊँ। हरगोबिन ने बड़ी बहू की माँ को सच न बताकर झूठ बोल दिया और कहा कि दशहरे के समय बड़ी बहू गंगाजी के मेले में आकर आपसे (माँ) मिल जाएगी। वह अभी आ भी नहीं सकती, क्योंकि सारी गृहस्थी का बोझ उन्हीं पर है।

8. बड़ी बहुरिया का संदेश देने में हरगोबिन ने क्या-क्या शारीरिक और मानसिक कष्ट सहे और क्यों? पाठ के आधार पर उत्तर दीजिए।

उत्तर बड़ी बहुरिया का संदेश देने में हरगोबिन ने निम्नलिखित शारीरिक और मानसिक कष्ट सहन किए

(i) स्टेशन पर पहुँचते ही हरगोबिन का मन भारी हो गया था। एक ओर वह बड़ी बहू के दुःख से दुःखी था, वहीं दूसरी ओर उसे अपने गाँव की इज़्ज़त की भी चिंता थी। यदि वह बड़ी बहू के संदेश को उनके परिवार वालों को सुनाता है, तो वह अपने गाँव वापस चली जाएगी और हरगोबिन के गाँव की बदनामी होगी। इस प्रकार वह मानसिक उलझन में फँसा हुआ था।

(ii) कटिहार स्टेशन से जलालगढ़ तक वह बीस कोस पैदल चलकर आया, जिस कारण वह शारीरिक रूप से इतना अधिक थक चुका था कि अर्द्धचेतनावस्था (बेहोशी) में पहुँच गया, उसे कुछ समझ नहीं आ रहा था कि वह किस जगह पहुँच गया है। अतः हरगोबिन को कई तरह के शारीरिक और मानसिक कष्ट सहन करने पड़े। यह सब उसने अपने गाँव की बड़ी बहू के लिए किया, क्योंकि वह उनका बहुत आदर करता था।

9. अपने ही गाँव में पहुँचकर हरगोबिन के दिशा भ्रमित होने का कारण बताइए। **CBSE 2024**

उत्तर हरगोबिन के अपने ही गाँव में पहुँचकर दिशा भ्रमित होने का मुख्य कारण उसकी अत्यधिक शारीरिक थकान और मानसिक तनाव था। बिना कुछ खाएँ पिये पैदल चलते हुए उसने लंबी दूरी तय की, जिससे उसे अत्यधिक थकान हो गई। लगातार चलने और विश्राम न करने के कारण उसकी मानसिक स्थिति भी प्रभावित हुई, जिससे वह सही दिशा का अनुमान नहीं लगा पाया। साथ ही, बड़ी बहुरिया से मिलने की बेचैनी और उसके हालात को लेकर चिंता ने उसकी मानसिक स्थिति को और अस्थिर कर दिया।

इस भावनात्मक तनाव ने उसे कल्पना और वास्तविकता के बीच भ्रमित कर दिया, जिसमें वह गाँव की पहचान नहीं कर सका और उसे खेत, नदी और झोंपड़े जैसी गलत धारणाएँ होने लगीं। थकान, तनाव और चिंता ने उसे पूरी तरह से विचलित कर दिया, जिससे वह अपने ही गाँव में दिशा भटक गया और वास्तविकता से कटकर भ्रम में डूब गया।

10. बड़ी बहुरिया की बूढ़ी माता हरगोबिन की बात सुनकर उदास क्यों हो गई थीं? **CBSE Diksha**

उत्तर बड़ी बहुरिया की बूढ़ी माता को उम्मीद थी कि हरगोबिन उनकी बेटी, बड़ी बहुरिया का कोई संदेश लेकर आया होगा, जिससे उन्हें अपनी बेटी का हाल-चाल पता चलेगा, लेकिन जब हरगोबिन ने बताया कि वह कोई विशेष संदेश लेकर नहीं आया है और सिर्फ पास के गाँव में किसी और का काम था, तो बूढ़ी माता की यह आशा टूट गई इसी कारण वे उदास हो गईं।

11. हरगोबिन को इतने वर्ष के बाद बड़ी हवेली में क्या परिवर्तन दिखाई दिया? **CBSE Diksha**

उत्तर हरगोबिन को इतने वर्षों के बाद बड़ी हवेली में आकर यह महसूस हुआ कि अब वह केवल नाममात्र को ही 'बड़ी हवेली' रह गई थी। जहाँ पहले दिन-रात नौकर-नौकरानियों और जन-मज़दूरों की भीड़ लगी रहती थी, वहाँ अब हवेली की मालकिन बड़ी बहुरिया स्वयं ही सारे कार्य कर रही थी। बड़ी बहुरिया अब अपने हाथों से सूपा में अनाज लेकर फटक रही थी, जबकि पहले उन्हीं हाथों में सिर्फ़ मेहंदी लगती थी, जिससे गाँव की नाइन का परिवार चलता था।

12. फणीश्वरनाथ रेणु की भाषा-शैली पर टिप्पणी लिखिए। **CBSE Diksha**

उत्तर फणीश्वरनाथ रेणु हिंदी के आँचलिक कथाकार हैं। उनकी रचनाओं में आँचलिक शब्दों के प्रयोग से लोकजीवन की मार्मिकता और सजीवता उभरकर आई है। उनकी भाषा संवेदनशील, संप्रेषणीय और भाव प्रधान है। फणीश्वरनाथ रेणु जी की भाषा आम बोल-चाल की खड़ी बोली है। इनकी भाषा में तद्भव शब्दों के साथ बिहार के पूर्णिया, सहरसा, अररिया जिलों के ग्रामीण अँचल में बोले जाने वाले आँचलिक शब्दों की अधिकता है।

उनकी भाषा में लोकोक्तियों एवं मुहावरों का भी प्रचुर प्रयोग मिलता है। उनकी भाषा सरल, सहज तथा मार्मिक है। उनका वाक्य विन्यास सरल, संक्षिप्त और रोचक है। रेणु जी अपने पात्रों के दुःख, पीड़ा, करुणा तथा कोमलता जैसे मानवीय बिंदुओं को अपनी भावात्मक शैली के द्वारा सजीव कर देते हैं। यही कारण है कि उनकी रचनाएँ पाठकों के अंतर्मन को छू लेती हैं और पाठक रेणु जी के पात्रों के साथ एक आत्मीयता की भावना स्थापित करने लगते हैं।

13. आपके मतानुसार बड़ी बहुरिया जैसी महिलाओं की स्थिति में सुधार कैसे संभव हो सकता है? **CBSE Diksha**

उत्तर हमारे मतानुसार महिलाओं की स्थिति में सुधार उनके आत्मनिर्भर होने पर ही आ सकता है, जिसके लिए सबसे सशक्त माध्यम उनका शिक्षित और जागरूक होना है। यदि बड़ी बहुरिया शिक्षित होती, आत्मनिर्भर होती और अपने अधिकारों के प्रति जागरूक होती, तो उसकी ऐसी दयनीय स्थिति हरगिज़ नहीं होती। उसके पति की मृत्यु के उपरांत उसकी निर्भरता अपने देवरों या मायके पर नहीं होती और न ही वह अपने देवरों का पक्षपातपूर्ण, स्वार्थी और कठोर व्यवहार सहती। वह अपने अधिकारों के लिए आवाज उठाती और अपना अधिकार प्राप्त कर एक सम्मानपूर्ण जीवन व्यतीत करती।

14. थाना बिंहपुर स्टेशन पहुँचने के बाद हरगोबिन का मन भारी क्यों हो गया? **CBSE SQP term II 2022**

अथवा **'संवदिया' कहानी के आधार पर लिखिए कि बिंहपुर स्टेशन पहुँचने पर हरगोबिन की मनः स्थिति कैसी थी?** **CBSE 2024**

उत्तर थाना बिंहपुर स्टेशन पहुँचने के बाद हरगोबिन का मन भारी हो गया, क्योंकि वह मानसिक रूप से एक बड़ी उलझन में फँस गया था। एक ओर, उसे अपनी बड़ी बहू के दुःख और कष्ट का एहसास था, जिससे वह बहुत दुःखी था। दूसरी ओर, उसे अपने गाँव की इज्जत की चिंता थी। अगर उसने बड़ी बहू का संदेश उनके परिवार तक पहुँचाया, तो वह अपने गाँव वापस चली जाएगी और फिर कभी नहीं आएगी। लोग गाँव का नाम लेकर थूकेंगे कि कैसा गाँव है, जहाँ लक्ष्मी जैसी बहुरिया दुःख भोग रही है। इस प्रकार वह मानसिक उलझन में फँसा हुआ था।

15. 'अपनी आँखों से देखी है चीर हरण लीला'-'संवदिया' कहानी से उद्धृत इस पंक्ति में किस लीला की बात हो रही है? स्पष्ट कीजिए। **CBSE 2024**

उत्तर 'संवदिया' कहानी से उद्धृत पंक्ति 'अपनी आँखों से देखी है चीर हरण लीला' में चीर-हरण लीला का संदर्भ महाभारत के उस प्रसंग से है, जिसमें कौरव सभा में द्रौपदी का चीर-हरण किया गया था।

इस घटना में द्रौपदी को सार्वजनिक रूप से अपमानित किया गया और उनका वस्त्र हरण करने का प्रयास किया गया, लेकिन भगवान श्रीकृष्ण ने उनकी लाज बचाई थी। यह पंक्ति प्रतीकात्मक है और 'संवदिया' पाठ के संदर्भ में अन्याय, अपमान और समाज में नैतिक पतन की स्थिति की ओर इशारा करती है।

'संवदिया' पाठ में बड़ी बहुरिया के पति के देहांत के बाद उसके तीन देवरों ने लड़ाई-झगड़ा करके सारी संपत्ति का आपस में बँटवारा कर लिया। द्रौपदी के चीर हरण के समान ही उसके देवरों ने उसके शरीर से उसके आभूषण उतार लिए थे तथा उसकी बनारसी साड़ी को भी तीन भागों में बाँट लिया था। द्रौपदी के चीरहरण की लीला जैसे दृश्य को हरगोबिन ने अपनी आँखों से देखा था।

स्व-मूल्यांकन

गद्यांश पर आधारित बहुविकल्पीय प्रश्न

निम्नलिखित गद्यांश के आधार पर दिए गए बहुविकल्पीय प्रश्नों के उत्तर के लिए उपयुक्त विकल्प का चयन कीजिए

1. थाना बिंहपुर स्टेशन पर गाड़ी पहुँची तो हरगोबिन का जी भारी हो गया। इसके पहले भी कई भला-बुरा संवाद लेकर वह इस गाँव में आया है, कभी ऐसा नहीं हुआ। उसके पैर गाँव की ओर बढ़ ही नहीं रहे थे। इसी पगडंडी से बड़ी बहुरिया अपने मैके लौट आवेगी। गाँव छोड़कर चली जावेगी। फिर कभी नहीं आवेगी!

हरगोबिन का मन कलपने लगा-तब गाँव में क्या रह जाएगा? गाँव की लक्ष्मी ही गाँव छोड़कर जावेगी! ... किस मुँह से वह ऐसा संवाद सुनाएगा? कैसे कहेगा कि बड़ी बहुरिया बथुआ-साग खाकर गुज़ारा कर रही है? ... सुनने वाले हरगोबिन के गाँव का नाम लेकर थूकेंगे—कैसा गाँव है, जहाँ लक्ष्मी जैसी बहुरिया दुःख भोग रही है! अनिच्छापूर्वक हरगोबिन ने गाँव में प्रवेश किया।

(क) हरगोबिन ने किसे 'गाँव की लक्ष्मी' कहा है?
(i) गाँव के प्रधान को
(ii) बड़ी बहुरिया को
(iii) गाँव की महिला पंचायत सदस्य को
(iv) गाँव की सबसे बुजुर्ग महिला को

(ख) थाना बिंहपुर स्टेशन पर गाड़ी पहुँचने पर हरगोबिन का मन कैसा हो गया?
(i) असमंजस में पड़ गया।
(ii) आनंदित हो गया।
(iii) बहुत दुःखी हो गया।
(iv) आत्मविश्वास से भर गया।

(ग) हरगोबिन के मन में बड़ी बहुरिया के प्रति क्या भावनाएँ हैं?
(i) ईर्ष्या (ii) सहानुभूति
(iii) क्रोध (iv) उदासीनता

(घ) निम्नलिखित कथनों में से सही कथनों पर विचार कीजिए
1. हरगोबिन को बड़ी बहुरिया के गाँव छोड़ने का डर था।
2. हरगोबिन का मन गाँव में प्रवेश करने से पहले हल्का हो गया था।
3. हरगोबिन की चिंता थी कि यदि बड़ी बहुरिया गाँव छोड़ देती है, तो गाँव की खुशहाली समाप्त हो जाएगी।

कूट
(i) केवल 1
(ii) 1 और 3
(iii) 2 और 3
(iv) 1, 2 और 3

(ङ) हरगोबिन ने गाँव में कैसे प्रवेश किया?
(i) उत्साहपूर्वक (ii) अनिच्छापूर्वक
(iii) डरते हुए (iv) गुस्से से

उत्तर

(क) (ii) बड़ी बहुरिया को
(ख) (iii) बहुत दुःखी हो गया।
(ग) (ii) सहानुभूति
(घ) (ii) 1 और 3
(ङ) (ii) अनिच्छापूर्वक

गद्यांश की व्याख्या

2. निम्नलिखित में से किसी एक गद्यांश की सप्रसंग व्याख्या कीजिए।

बड़ी हवेली की बड़ी बहुरिया ने हरगोबिन को पीढ़ी दी और आँख के इशारे से कुछ देर चुपचाप बैठने को कहा। बड़ी हवेली अब नाममात्र को ही बड़ी हवेली है। जहाँ दिनरात नौकर-नौकरानियों और जन-मज़दूरों की भीड़ लगी रहती थी, वहाँ आज हवेली की बड़ी बहुरिया अपने हाथ से सूपा में अनाज लेकर फटक रही है। इन हाथों में सिर्फ़ मेहँदी लगाकर ही गाँव की नाइन परिवार पालती थी। कहाँ गए वे दिन? हरगोबिन ने लम्बी साँस ली।

अथवा

हरगोबिन बड़ी बहुरिया की छलछलाई आँखों में डूब गया, 'कहिए, क्या संवाद है?' संवाद सुनाते समय बड़ी बहुरिया सिसकने लगी। हरगोबिन की आँखें भी भर आईं... बड़ी हवेली की लक्ष्मी को पहली बार इस तरह सिसकते देखा है हरगोबिन ने। वह बोला, 'बड़ी बहुरिया, दिल को कड़ा कीजिए।'

'और कितना कड़ा करूँ दिल? ... माँ से कहना, मैं भाई- भाभियों की नौकरी करके पेट पालूँगी। बच्चों की जूठन खाकर एक कोने में पड़ी रहूँगी, लेकिन यहाँ अब नहीं ... अब नहीं रह सकूँगी।'

विषय-वस्तु पर आधारित प्रश्न

1. बड़ी हवेली की बहुरिया की स्थिति के बारे में हरगोबिन के मन में क्या विचार आए?
2. बड़ी बहुरिया के संवाद के शब्दों में कौन-सी भावनाएँ छिपी हुई थीं?
3. बूढ़ी माता को हरगोबिन ने क्या संवाद दिया और क्यों?
4. हरगोबिन और बड़ी बहुरिया के संवाद में कौन-सी विडंबना दिखाई देती है?
5. हरगोबिन के यात्रा वर्णन से पता चलता है कि समय के साथ गाँव और शहरों में क्या बदलाव आए हैं?

04

अध्याय

लेखक-परिचय

भीष्म साहनी का जन्म वर्ष 1915 में रावलपिंडी (अब पाकिस्तान) में हुआ था। उन्होंने लाहौर से अंग्रेजी साहित्य में एम.ए. और पंजाब विश्वविद्यालय से पी. एच. डी. की उपाधि प्राप्त की। वह दिल्ली विश्वविद्यालय के जाकिर हुसैन कॉलेज में भी साहित्य के प्रोफेसर रहे और मॉस्को में अनुवादक के रूप में कार्य किया, जहाँ उन्होंने रूसी भाषा का अध्ययन कर लगभग दो दर्जन पुस्तकों का अनुवाद किया। उनकी प्रमुख रचनाएँ भाग्यरेखा, पहला पाठ, भटकती राख, पटरियाँ, वाङ्चू, शोभा-यात्रा, निशाचर, डायन, पाली, मुआवजे, गुलेल का खेल, तमस, झरोखे, कुंतो मय्यादास की माड़ी और नीलू नीलिमा नीलोफर हैं। 'तमस' के लिए उन्हें साहित्य अकादमी पुरस्कार मिला। उनकी भाषा में उर्दू और पंजाबी की महक है और उनकी लेखन शैली छोटे वाक्यों और संवादों के प्रयोग से जीवंत बन जाती है। वर्ष 2003 में उनका देहावसान हो गया।

▼ **अध्ययन के लिए**
- पाठ की रूपरेखा
- पाठ का सार

▼ **अभ्यास के लिए**
- पाठ्यपुस्तक के प्रश्नोत्तर
- गद्यांशों की व्याख्या
- गद्यांश पर आधारित बहुविकल्पीय प्रश्न
- विषय-वस्तु पर आधारित प्रश्नोत्तर

गाँधी, नेहरू और यास्सेर अराफात

(भीष्म साहनी)

पाठ की रूपरेखा

'गाँधी, नेहरू और यास्सेर अराफात' पाठ भीष्म साहनी की आत्मकथा 'आज के अतीत' का एक अंश है, जो संस्मरण के रूप में लिखा गया है। लेखक ने इसमें किशोरावस्था से प्रौढ़ावस्था तक के अपने अनुभवों को स्मरण के आधार पर वर्णित किया है। सेवाग्राम में गाँधीजी, कश्मीर में नेहरू तथा फ़िलिस्तीन में यास्सेर अराफात के साथ व्यतीत किए गए कुछ निजी क्षणों का चित्रण लेखक ने बहुत प्रभावशाली ढंग से किया है। भीष्म साहनी ने अपने रोचक अनुभवों को भी पाठ के बीच में जोड़ा है, जिससे यह संस्मरण अत्यंत रोचक और पठनीय बन गया है। इस पाठ में रचनाकार के व्यक्तित्व तथा तीन महान व्यक्तियों (गाँधी, नेहरू, यास्सेर अराफात) के बारे में जानकारी प्राप्त होती है। साथ ही राष्ट्रीयता, देशप्रेम, अंतर्राष्ट्रीय मैत्री जैसे विषयों पर चर्चा हुई है।

पाठ का सार

गाँधीजी और सेवाग्राम

लेखक (भीष्म साहनी) के भाई बलराज साहनी, गाँधीजी के सेवाग्राम आश्रम में रहते थे। वे वहाँ 'नयी तालीम' पत्रिका के सह-संपादक के रूप में कार्य करते थे। वर्ष 1938 में जिस वर्ष कांग्रेस का हरिपुरा अधिवेशन हुआ था, उसी वर्ष लेखक अपने भाई के पास कुछ दिनों के लिए समय व्यतीत करने सेवाग्राम गया था। रेलगाड़ी वर्धा स्टेशन पर रुकी थी, वहाँ से सेवाग्राम पाँच मील दूर था। लेखक इक्के (ताँगे) में बैठकर देर रात को सेवाग्राम पहुँचा। दोनों भाइयों में देर रात तक बातें होती रहीं। अपने भाई से लेखक को पता चला कि गाँधीजी प्रात: सात बजे उनके क्वार्टर के सामने से घूमने निकलते हैं और जो भी उनके साथ जाना चाहे जा सकता है। लेखक उनसे मिलने की इच्छा व्यक्त करके अपने भाई से साथ चलने का आग्रह करता है।

बलराज के माध्यम से लेखक का गाँधीजी से परिचय

दूसरे दिन जब सुबह गाँधीजी वहाँ से जा रहे थे, तब लेखक ने अपने भाई को जगाकर उनके साथ चलने के लिए तैयार किया। दोनों भाई तेज़ी से कदम बढ़ाते हुए गाँधीजी के पास पहुँच गए। बलराज भाई ने आगे बढ़कर लेखक का परिचय गाँधीजी से कराते हुए कहा कि यह मेरा भाई है और कुछ दिनों के लिए मेरे पास रहने आया है। गाँधीजी ने मुस्कुराते हुए लेखक की ओर देखा और आगे चलने लगे, लेखक भी उनके साथ चलने लगा। उनके साथ डॉ. सुशीला नय्यर तथा गाँधीजी के सचिव महादेव देसाई भी थे।

लेखक गाँधीजी से बात करना चाहता था, किंतु उसे समझ नहीं आ रहा था कि क्या बात करे? फिर अचानक उसने रावलपिंडी का ज़िक्र किया। गाँधीजी रुक गए और उन्होंने लेखक से मिस्टर जॉन के बारे में पूछा। लेखक ने जॉन साहब का नाम सुना हुआ था, वे शहर के जाने-माने बैरिस्टर थे। मिस्टर जॉन का नाम सुनते ही महादेव देसाई, जो लेखक व गाँधीजी से थोड़ा पीछे चल रहे थे उनसे आकर मिल गए और उस दौरे का संपूर्ण वृत्तांत सुनाने लगते हैं। वार्तालाप करते हुए गाँधीजी कभी-कभी बीच में हँसते हुए कुछ कहते थे, वे धीमी आवाज़ में बोलते थे। उन्हें देखकर लेखक को ऐसा लगता था कि वे अपने साथ ही विचार-विनिमय कर रहे हों अर्थात् वे अपने आपसे ही बातें कर रहे हों। वे सभी बातें करते हुए आश्रम के अंदर चले गए। इस तरह गाँधीजी की बातों ने लेखक को बहुत प्रभावित किया।

लेखक का सेवाग्राम में रहना तथा वहाँ आने वाले अन्य देशभक्तों से परिचित होना

लेखक सेवाग्राम में लगभग तीन सप्ताह रहा। वह प्रतिदिन प्रात: काल होने पर गाँधीजी की टोली में शामिल हो जाता तथा शाम के समय प्रार्थना सभा में जाता था। वहीं पर उसने कस्तूरबा गाँधी को देखा था जो उसे बिलकुल अपनी माँ जैसी लगीं। लेखक बताता है कि उन दिनों एक जापानी 'भिक्षु' गाँग बजाता हुआ अपने चीवर वस्त्रों में गाँधीजी के आश्रम की परिक्रमा करता था।

उसकी परिक्रमा प्रार्थना के समय समाप्त हो जाती थी। तब वह बड़े आदर भाव से गाँधीजी को प्रणाम करके एक ओर बैठ जाता था। आश्रम में देशभक्त लोग आते रहते थे। लेखक जब तक वहाँ रहा, तब तक वहाँ आने वाले लोगों में पृथ्वीसिंह आज़ाद जो चलती रेलगाड़ी से हथकड़ी सहित छलाँग लगाकर भागने व फिर गुमनाम रहकर अध्यापन कार्य करने का किस्सा सुनाते रहते थे। इनके अतिरिक्त मीराबेन, खान अब्दुल गफ़्फ़ार खान आए हुए थे। इनके अतिरिक्त राजेंद्र बाबू भी कुछ दिन के लिए आए हुए थे। इन सब व्यक्तियों से लेखक को भी मिलने का अवसर प्राप्त हुआ।

आश्रम के बाहर घटित हुई घटना

एक दिन दोपहर के समय लेखक आश्रम के बाहर टहल रहा था। उसी समय सड़क के किनारे एक पंद्रह वर्ष की आयु का लड़का हाथ-पैर पटकते हुए, गाँधीजी को पुकार रहा था—मैं मर जाऊँगा, बापू को बुलाओ। बापू ज़रूरी मीटिंग में थे, लेकिन बालक की पुकार पर वे मीटिंग से उठकर चले आए, उसके फूले हुए पेट पर हाथ फेरकर बोले ईख पीता रहा है? इतनी ज्यादा पी गया? तू तो पागल है। उन्होंने उसे उल्टी करने को कहा, जिससे बालक का पेट थोड़ी देर में हल्का हो गया। गाँधीजी हँसते हुए 'तू तो पागल है' कहकर वहाँ से चल दिए। उनके मुख पर थोड़ा-सा भी क्षोभ या दु:ख नहीं था। बापू की इस सरलता ने लेखक को आकर्षित किया। जब भी गाँधीजी प्रात:काल घूमने जाते, तो सड़क के किनारे रहने वाले टी.बी. के एक मरीज से गुजराती भाषा में उसका हाल-चाल अवश्य पूछते थे। लेखक को गाँधीजी का यह व्यवहार एक चिकित्सक की भाँति लगता जैसे उनकी देखरेख में उस व्यक्ति का इलाज चल रहा हो। यह गाँधीजी का रोज का नियम था। यह घटना लेखक के लिए अविस्मरणीय बन गई।

नेहरू जी की कश्मीर यात्रा

वर्ष 1938 के आस-पास नेहरू जी कश्मीर की यात्रा पर आए थे। शेख अब्दुल्ला ने उनका भव्य स्वागत किया। इस अवसर पर शेख अब्दुल्ला के नेतृत्व में झेलम नदी पर शहर के एक-सिरे से दूसरे-सिरे तक, सातवें पुल से अमीराकदल तक नावों में उनकी शोभायात्रा दिखाई दी। नेहरू जी को जिस बंगले में ठहराया गया था, वह लेखक के फुफेरे भाई का था। लेखक भी अपने भाई के साथ नेहरू जी की आवभगत (स्वागत-सत्कार) में शामिल हो गया। इस प्रकार लेखक को नेहरू जी को इतने पास से देखने का अवसर मिला। दिनभर बाहर का कार्य निपटाकर जब शाम को बंगले में खाने पर बैठते तो खाने की मेज पर विभिन्न विषयों पर चर्चा होती थी। एक दिन खाने की मेज़ पर शेख अब्दुल्ला, खान अब्दुल गफ़्फ़ार खान, श्रीमती रामेश्वरी नेहरू एवं उनके पति आदि बैठे थे। तब धर्म की चर्चा चली तो रामेश्वरी नेहरू और जवाहरलाल नेहरू के मध्य बहस छिड़ गई। वातावरण में शांति होने पर उन्होंने (नेहरू जी) फ्रांस के लेखक अनातोले फ्रांस द्वारा लिखी एक बाज़ीगर की कहानी सुनाई। जिसे सभी लोग ध्यानपूर्वक सुनने लगे।

नेहरू जी का अनातोले द्वारा लिखी गई कहानी सुनाना

नेहरू जी कहानी सुनाते हैं कि पेरिस शहर में एक गरीब बाज़ीगर (नट) रहता था। उसने अपना संपूर्ण जीवन नट के व्यवसाय पर ही गुज़ार दिया था और अब वह बूढ़ा हो चला था। क्रिसमस के पर्व पर पेरिस निवासी सज-धज कर हाथों में फूल और उपहार लेकर माता मरियम को श्रद्धांजलि देने गिरजाघर जा रहे थे। नट के पास न तो कपड़े थे और न ही उपहार। उसने सोचा इस अवस्था में मुझे कौन गिरजाघर में जाने देगा। इसलिए उसने निश्चय किया कि वह माता के सामने ठहर कर अपने नट की कला का प्रदर्शन दिखाकर प्रार्थना करेगा।

जब सब श्रद्धालु चले गए, तब वह चुपके से अंदर गया और पूरे उत्साह के साथ अपने करतब दिखाने लगा। अँधेरे में सिर के बल खड़े होकर वह करतब दिखा रहा था। उसके हाँफने (जोर-जोर से साँस लेना) की आवाज़ को सुनकर पादरी अंदर आया और उसे बाहर निकालने के लिए जैसे ही आगे बढ़ा, उसी समय उसने देखा कि माता मरियम की मूर्ति मंच से उतर आई तथा नट के पास पहुँचकर अपने आँचल से उसका पसीना पोंछने लगी और उसका सिर सहलाने लगी।

यह कहानी सभी लोगों ने बड़े ध्यान से सुनी। लेखक बताता है कि नेहरू जी का कमरा ऊपर वाली मंजिल पर था तथा वह और उसका फुफेरा भाई उनके बराबर वाले कमरे में रुके हुए थे। नेहरू जी ने उनसे रात में कई चिट्ठियाँ लिखवाईं। अगले दिन सुबह उसने नेहरू जी को फ़र्श पर बैठकर

सूत कातते हुए देखा और चुपचाप वहाँ से चला गया। लेखक उनसे मिलना चाहता था और वह मौके की तलाश में रहता था। इसलिए अख़बार लेकर देर तक पढ़ता रहा। नेहरू जी उसके पास ही खड़े थे, किंतु उसने मन बना लिया था कि जब तक नेहरू जी नहीं माँगेंगे, तब तक वह उन्हें अख़बार नहीं देगा। कुछ देर बाद नेहरू जी धीरे से बोले—आपने देख लिया हो, तो क्या मैं एक नज़र देख सकता हूँ? यह सुनकर लेखक ने लज्जित-सा अनुभव किया और अख़बार नेहरू जी के हाथ में दे दिया।

यास्सेर अराफात का आतिथ्य

एक बार लेखक अफ्रो-एशियाई लेखक संघ के सम्मेलन में भाग लेने के लिए संघ के कार्यकारी महामंत्री के रूप में ट्यूनीसिया की राजधानी ट्यूनिस में लेखक अपनी पत्नी के साथ गया। उसके साथ गए प्रतिनिधि-मंडल में कमलेश्वर, जोगिंदरपाल, बालू राव, अब्दुल बिस्मिल्लाह इत्यादि शामिल थे। उन दिनों ट्यूनिस में अफ्रो-एशियाई लेखक संघ की पत्रिका 'लोटस' का संपादकीय कार्यालय था। ट्यूनिस में ही यास्सेर अराफात के नेतृत्व में फ़िलिस्तीन की अस्थायी सरकार काम कर रही थी। 'अफ्रो-एशियाई लेखक संघ' में फ़िलिस्तीनी लेखकों, बुद्धिजीवियों तथा अस्थायी सरकार का अत्यधिक योगदान था। इस सम्मेलन के दौरान लेखक को उनकी पत्नी सहित अस्थायी सरकार के प्रमुख यास्सेर अराफात ने दोपहर के भोजन पर आमंत्रित किया। लेखक जब फ़िलिस्तीन की अस्थायी सरकार के कार्यालय पहुँचा, तो उसके स्वागत के लिए स्वयं यास्सेर अराफात बाहर आए। अंदर प्रवेश करने पर लेखक ने पाया कि वहाँ खाने की मेज़ पहले से ही सजी हुई थी। लेखक और अराफात के बीच हुई बातचीत में भारत द्वारा फ़िलिस्तीन आंदोलन के प्रति सहानुभूति और समर्थन मुख्य रूप से शामिल था। गाँधीजी का ज़िक्र होने पर अराफात ने गाँधीजी को अपना नेता भी बताया। इस बातचीत के साथ बीच-बीच में आतिथ्य भी चल रहा था। अराफात लेखक तथा अन्य अतिथियों को फल छीलकर खिला रहे थे। वे शहद की चाय भी बना रहे थे। साथ ही उनकी इंजीनियरिंग की शिक्षा, हवाई यात्राओं व शहद की उपयोगिता पर भी वे सहजता से बातें कर रहे थे। लेखक अराफात के आतिथ्य से बहुत प्रभावित हुआ। लेखक को तब और अधिक आश्चर्य और प्रसन्नता हुई, जब वह गुसलखाने से निकला तो सामने यास्सेर अराफात स्वयं तौलिया हाथ में लिए हुए खड़े थे। इस प्रकार लेखक अराफात के व्यक्तित्व और आतिथ्य से अत्यधिक प्रभावित हुआ।

शब्दार्थ

तालीम–शिक्षा/सीख; **फांसला**–दूरी; **घुप्प**–सघन/अधिक/कुछ दिखाई न देने लायक गहरा; **बतियाना**–बातें करना; **आँखें गड़ाना**–बहुत ध्यानपूर्वक देखना/एक जगह नजर टिकाना; **पुलक उठना**–खुश हो जाना; **उतावला**–जल्दबाज़ी करने वाला; **झिंझोड़कर**–पकड़कर ज़ोर से हिलाना; **विचार-विनिमय**–बातचीत/वार्तालाप; **सूझना**–समझ का प्रयास करना; **बैरिस्टर**–वकील; **चीवर**–वस्त्र/बौद्ध भिक्षुओं का ऊपरी पहनावा; **पालथी**–बैठने का एक आसन; **प्रदक्षिणा**–परिक्रमा; **वक्त**–समय; **गुमनाम**–नाम बदलकर रहना; **निरुद्देश्य**–बिना काम का; **कै**–उल्टी/वमन; **हिदायत**–निर्देश; **लेशमात्र**–तनिक-सा/ज़रा-सा; **क्षोभ**-गुस्सा/असंतोष; **रुग्ण**–अस्वस्थ/बीमार; **दिक़**–तपेदिक/टी.बी.; **संभवतः**–शायद; **भव्य**–शानदार; **अदम्य उत्साह**–अत्यधिक जोश; **अद्भुत दृश्य**–विचित्र नज़ारा; **हाथ बँटाना**–सहायता करना; **लब्धप्रतिष्ठित**–प्रसिद्धि प्राप्त/यश अर्जित करना; **गरमजोशी**–उत्साहपूर्वक; **तुनककर**–थोड़ा नाराज़ होकर; **मार्मिक**–हृदय को छू लेने वाली; **करतब**–कला/नट की कलाबाज़ी; **हताश**–निराश; **तोहफ़ा**–उपहार/भेंट; **फटेहाल**–गरीब/निर्धन; **अभ्यर्थना**–विनती/निवेदन; **अंगचालन**–शरीर के भागों को हिलाना-डुलाना; **तन्मयता**–एकाग्रता; **चहेता**–प्रिय; **आगबबूला**–गुस्से में भरकर; **तिलमिला उठना**–कष्ट या पीड़ा से विकल हो जाना; **दत्तचित्त**–जिसका मन किसी कार्य में अच्छी तरह लगा हो/एकाग्र; **नज़रसानी**–दृष्टि डालना/पुनर्विचार करना/पुनर्निरीक्षण करना; **बचकाना**–बच्चों जैसी; **हरकत**–शरारत; **लरज़ना**–काँपना/हिलना-डुलना; **पानी-पानी होना**–बहुत लज्जित होना; **एकाध**–एक-दो; **सदरमुकाम**–मुख्य कार्यालय/राजधानी; **ब्यौरा**–वर्णन; **झेंप**–लज्जा/शर्म; **तपाक से**–एकदम/उत्सुकता से; **वार्तालाप**–बातचीत; **नेतृत्व**–अगुवाई; **बुद्धिजीव**–विद्वान्; **रवैया**–व्यवहार; **भर्त्सना**–निंदा;

पाठ्यपुस्तक (अंतरा भाग-2) के प्रश्नोत्तर

1. लेखक सेवाग्राम कब और क्यों गया था?

उत्तर लेखक भीष्म साहनी वर्ष 1938 में सेवाग्राम गए। सेवाग्राम गाँधीजी का प्रसिद्ध आश्रम था, जो वर्धा से पाँच मील की दूरी पर स्थित था। लेखक के भाई बलराज साहनी 'सेवाग्राम' में रह रहे थे। वे वहाँ 'नयी तालीम' पत्रिका के सह-संपादक के रूप में कार्य कर रहे थे।

लेखक कुछ दिन अपने भाई के साथ समय व्यतीत करने के लिए सेवाग्राम आया था। वहाँ लेखक ने अपने भाई के साथ तीन सप्ताह का समय बिताया। वहाँ लेखक ने गाँधीजी के साथ सुबह की सैर में भाग लिया और सेवग्राम आश्रम के जीवन को करीब से देखा। लेखक ने सेवाग्राम में गाँधीजी के दर्शन के साथ स्वतंत्रता संग्राम के अन्य नेताओं से भी भेंट की।

2. लेखक का गाँधीजी के साथ चलने का पहला अनुभव किस प्रकार का रहा?

उत्तर लेखक ने जब पहली बार गाँधीजी को देखा तो वह उन्हें देखकर अत्यधिक प्रसन्न हुआ। उसने अनुभव किया कि वे बिलकुल वैसे ही लग रहे थे जैसे वे चित्र में दिखाई देते हैं। गाँधीजी समय के पाबंद थे इस कारण लेखक गाँधीजी से अत्यधिक प्रभावित हुआ। गाँधीजी के साथ चलते समय लेखक ने उनसे रावलपिंडी का ज़िक्र किया। इस स्थान का नाम सुनकर गाँधीजी को अपनी रावलपिंडी यात्रा की कई स्मृतियाँ याद आ गईं तथा वे अपने पुराने अनुभव सुनाने लगे। वे बहुत धीरे बोलते थे और हँसते रहते थे। बोलते समय ऐसा लगता था, मानो वे अपने आप से बात कर रहे हों। इस प्रकार लेखक का गाँधीजी के साथ चलने का पहला अनुभव अत्यंत रोमांचित तथा उत्साहित था।

3. लेखक ने सेवाग्राम में किन-किन लोगों के आने का ज़िक्र किया है?

अथवा **लेखक को सेवाग्राम में कौन-कौन से क्रांतिकारियों को देखने का अवसर मिला?** **CBSE Diksha**

उत्तर लेखक ने आश्रम में आने वाले डॉ. सुशीला नय्यर, पृथ्वीसिंह आज़ाद, मीराबेन, खान अब्दुल गफ़्फ़ार खान तथा राजेंद्र प्रसाद का ज़िक्र किया है। ये सभी देशभक्त गाँधीजी के साथ सेवाग्राम आश्रम में विभिन्न गतिविधियों में सम्मिलित थे तथा लेखक को भी उनसे मिलने का अवसर मिला।

4. रोगी बालक के प्रति गाँधीजी का व्यवहार किस प्रकार का था?

उत्तर रोगी बालक के प्रति गाँधीजी का अपनत्व और आत्मीयता से भरा व्यवहार था। गाँधीजी बीमार तथा रुग्ण लोगों के प्रति दया व सहानुभूति का भाव रखते थे। एक दिन पंद्रह वर्ष का एक लड़का हाथ-पैर पटकते हुए गाँधीजी को पुकार रहा था। आश्रमवासियों ने उसे बताया कि बापू एक आवश्यक मीटिंग में हैं, किंतु लड़का बार-बार उन्हें पुकार रहा था। रोगी बालक की पुकार सुनकर गाँधीजी मीटिंग छोड़कर उसके पास आए। उनके मुख पर थोड़ा-सा भी असंतोष का भाव नहीं था। उन्होंने लड़के की पीठ पर हाथ रखकर उसे 'उल्टी' करवाई। 'उल्टी' करते ही लड़का ठीक हो गया। गाँधीजी उस बालक को प्यार से 'तू तो पागल है' कहते हुए आश्रम की ओर चले गए।

5. कश्मीर के लोगों ने नेहरू जी का स्वागत किस प्रकार किया?

उत्तर कश्मीर के लोगों ने शेख अब्दुल्ला के नेतृत्व में नेहरू जी का भव्य स्वागत किया। लेखक के ही शब्दों में, "झेलम नदी पर शहर के एक सिरे से दूसरे-सिरे तक, सातवें पुल से अमीराकदल तक नावों में उनकी शोभा-यात्रा देखने को मिली थी, जब नदी के दोनों ओर हज़ारों-हज़ार कश्मीर निवासी अदम्य उत्साह के साथ उनका स्वागत कर रहे थे।" यह दृश्य अद्भुत था।

6. अख़बार वाली घटना से नेहरू जी के व्यक्तित्व की कौन-सी विशेषता स्पष्ट होती है?

उत्तर अख़बार वाली घटना से नेहरू जी के व्यक्तित्व में निहित दूसरों के प्रति उदारता व विनम्रता के भाव का पता चलता है। वे सहनशील, मृदुभाषी तथा व्यवहारकुशल व्यक्ति थे तथा वे दूसरों के अधिकार क्षेत्र को जानते थे व छोटे लोगों का भी ध्यान रखते थे। इसी कारण उन्होंने लेखक से अख़बार नहीं माँगा, बल्कि उनके पढ़ने का इंतजार किया और फिर अत्यंत विनम्रतापूर्वक अख़बार माँगते हुए कहा "आपने देख लिया हो तो, क्या मैं भी एक नजर देख सकता हूँ?" उन्होंने स्वयं में कभी बड़े होने का अहंकार पैदा नहीं होने दिया। लेखक द्वारा जान-बूझकर लगाई जा रही देरी को भी वे सहते रहे।

7. फ़िलिस्तीन के प्रति भारत का रवैया बहुत सहानुभूतिपूर्ण एवं समर्थन भरा क्यों था?

उत्तर फ़िलिस्तीन के प्रति भारत का रवैया बहुत सहानुभूतिपूर्ण एवं समर्थन भरा इसलिए था, क्योंकि साम्राज्यवादी शक्तियों ने फ़िलिस्तीन के प्रति अन्यायपूर्ण रवैया अपनाया था और हमारा देश एक गुटनिरपेक्ष अहिंसावादी देश है। वे अपनी जन्मभूमि को पाने का प्रयास कर रहे थे। इसलिए हमारे देश के नेताओं ने इस कृत्य की भर्त्सना की और फ़िलिस्तीन का समर्थन किया। फ़िलिस्तीन आंदोलन के प्रति विशाल स्तर पर हमारे देशवासियों द्वारा सहानुभूति और समर्थन दिया गया।

8. भीष्म साहनी के लेख के आधार पर यास्सेर अराफात के आतिथ्य पर प्रकाश डालिए।

अथवा **अराफात के आतिथ्य प्रेम से संबंधित किन्हीं दो घटनाओं का वर्णन कीजिए।**

उत्तर (i) लेखक को भोज के लिए आमंत्रित किया गया था। लेखक और उनकी पत्नी जब वहाँ पहुँचे तो उनका स्वागत यास्सेर अराफात ने किया। वे लेखक और उनकी पत्नी को चाय की मेज़ तक ले गए। लेखक और उनकी पत्नी को अपने हाथ से फल छीलकर खिलाए। शहद की चाय पिलाई और उसकी उपयोगिता के विषय में भी बताया।

(ii) लेखक को गुसलखाना जाने की आवश्यकता महसूस हुई। उन्होंने स्वयं गुसलखाने का अनुमान लगाया और वहाँ चले गए, लेकिन जब लेखक गुसलखाने से बाहर निकले, तब यास्सेर अराफात तौलिया हाथ में लिए लेखक की प्रतीक्षा कर रहे थे।

9. अराफात ने ऐसा क्यों कहा कि "वे आपके ही नहीं हमारे भी नेता हैं। उतने ही आदरणीय जितने आपके लिए।" इस कथन के आधार पर गाँधीजी के व्यक्तित्व पर प्रकाश डालिए।

उत्तर गाँधीजी ने सत्य तथा अहिंसा का सहारा लेकर साम्राज्यवादी शक्तियों को झुका दिया।

बड़ी फौज़ तथा गोली-बंदूक की ताकत अहिंसा की भावना के सामने टूट गई। भारत का स्वतंत्रता संघर्ष गाँधीजी के नेतृत्व में लड़ा गया। गाँधीजी ने जनता में जागृति तथा आत्मशक्ति को नई दिशा दी।

अराफात फ़िलिस्तीनी मुक्ति आंदोलन के सर्वेसर्वा थे। इज़रायल के कब्जे से फ़िलिस्तीन को मुक्त कराने के लिए अराफात ने गाँधीजी के आदर्शों का पालन किया तथा 'अहिंसा' को अपना अस्त्र बनाया।

उन्हीं आदर्शों पर चलने के कारण अराफात को विश्व में मान्यता मिली तथा फ़िलिस्तीन को समर्थन प्राप्त हुआ। अराफात ने इसी कारण कहा कि वे (गाँधीजी) आपके ही नहीं हमारे भी नेता हैं। उतने ही आदरणीय जितने आपके लिए। ऐसा गाँधीजी के सत्य और अहिंसा जैसे आदर्शों के कारण संभव हुआ।

भाषा-विस्तार

1. पाठ से क्रिया-विशेषण छाँटिए और उनका अपने वाक्यों में प्रयोग कीजिए।

उत्तर

क्रिया-विशेषण	वाक्य में प्रयोग
आस-पास	हमारे घर के आस-पास दो अस्पताल हैं।
सामने	विद्यालय के सामने मंदिर है।
दूर	राम के घर से अस्पताल 2 मील दूर है।
कैसे	देखो! वह बच्चा कैसे कूद रहा है।
आगे	श्याम बाधा दौड़ में मोहन से आगे निकल गया।
कल	माता जी, कल गाँव जाएँगी।
सहसा	रात के सन्नाटे में सहसा एक स्त्री के रोने-चिल्लाने की आवाज़ें आने लगीं।

कितना	तुम कितना खाओगे। अब बस करो।
कभी	उसने कभी साइकिल नहीं चलाई।
थोड़ा	मुझे थोड़ा भोजन दो।
पीछे	वह परीक्षा में अधिक नहीं पढ़ सका, इसलिए वह अन्य विद्यार्थियों से पीछे रह गया।
वहाँ	शीला वहाँ खेलती है।
ज़्यादा	मैंने ज़्यादा भोजन किया है।
इधर	तुम इधर रहते हो?
यहाँ	सीता यहाँ आई थी।
धीरे-धीरे	बीमार व्यक्ति धीरे-धीरे चलता है।

2. 'मैं सेवाग्राम में.......माँ जैसी लगती' गद्यांश में क्रिया पर ध्यान दीजिए।

उत्तर छात्र स्वयं करें।

3. नेहरू जी द्वारा सुनाई गई कहानी को अपने शब्दों में लिखिए।

उत्तर छात्र स्वयं करें।

योग्यता-विस्तार

1. भीष्म साहनी की अन्य रचनाएँ 'तमस' तथा 'मेरा भाई बलराज' पढ़िए।

उत्तर विद्यार्थी स्वयं पढ़ें।

2. गाँधीजी तथा नेहरू जी से संबंधित अन्य संस्मरण भी पढ़िए और उन पर टिप्पणी लिखिए।

उत्तर प्रश्न परीक्षोपयोगी नहीं है। अतः विद्यार्थी स्वयं पढ़कर लिखें।

3. यास्सेर अराफात के आतिथ्य से क्या प्रेरणा मिलती है और अपने अतिथि का सत्कार आप किस प्रकार करना चाहेंगे?

उत्तर यास्सेर अराफात के आतिथ्य से हमें यह प्रेरणा मिलती है कि अतिथि अत्यंत सम्मान का अधिकारी होता है। वह छोटा बड़ा नहीं होता, जो भी हमारे पास आए हमें उसका स्वागत सभी भेदभाव को भुलाकर करना चाहिए। हमारी भारतीय संस्कृति में 'अतिथि देवो भवः' कहा गया है। हम अपने अतिथि का स्वागत उत्साह, विनम्रता, सम्मानपूर्वक और सरलता से करेंगे। हम अतिथि को ईश्वर का स्वरूप मानकर उसकी हर संभव सेवा करने का प्रयास करेंगे।

अभ्यास प्रश्न

गद्यांशों की व्याख्या

निम्नलिखित गद्यांशों की सप्रसंग व्याख्या कीजिए

गद्यांश 1

ऐन सात बजे, आश्रम का फाटक लाँघकर गाँधीजी अपने साथियों के साथ सड़क पर आ गए थे। उन पर नज़र पड़ते ही मैं पुलक उठा। गाँधीजी हू-ब-हू वैसे ही लग रहे थे जैसा उन्हें चित्रों में देखा था, यहाँ तक कि कमर के नीचे से लटकती घड़ी भी परिचित-सी लगी। बलराज अभी भी बेसुध सो रहे थे। हम रात देर तक बातें करते रहे थे। मैं उतावला हो रहा था, आखिर मुझसे न रहा गया और मैंने झिंझोड़कर उसे जगाया।

संदर्भ प्रस्तुत गद्यांश पाठ्यपुस्तक 'अंतरा भाग-2' में संकलित पाठ 'गाँधी, नेहरू और यास्सेर अराफात' से उद्धृत है। इसके लेखक 'भीष्म साहनी' हैं।

प्रसंग प्रस्तुत गद्यांश में लेखक ने गाँधीजी को पहली बार देखने के अपने अनुभव का वर्णन किया है।

व्याख्या प्रस्तुत गद्यांश में लेखक ने अपने भाई से इस बात की जानकारी ले ली थी कि गाँधीजी सुबह सात बजे घूमने जाते हैं। लेखक ने देखा कि प्रतिदिन की तरह ठीक सुबह सात बजे आश्रम के फाटक को पार करके गाँधीजी अपने साथियों के साथ सड़क पर घूमने आ गए थे।

उन्हें देखते ही लेखक बहुत प्रसन्न हो गया। उसने देखा कि गाँधीजी बिलकुल वैसे ही दिखाई दे रहे थे जैसा उसने चित्रों में उन्हें देखा था। उनकी कमर के नीचे एक घड़ी लटक रही थी, जो उसे परिचित (जानी-पहचानी) लग रही थी, क्योंकि इसे लेखक ने कई बार देखा था। आपस में देर रात तक बातें करने के कारण लेखक के भाई बलराज अभी तक सो रहे थे वहीं दूसरी ओर गाँधीजी से मिलने की लेखक की उत्सुकता बढ़ती जा रही थी और अंततः वह स्वयं को रोक नहीं पाया और भाई को पकड़कर ज़ोर से हिलाकर उठाया, ताकि वे भी उस दल में सम्मिलित हो सकें, जो दल गाँधीजी के साथ-साथ चल रहा था और गाँधीजी से मिल सकें।

विशेष

(i) प्रस्तुत गद्यांश में लेखक का बाल-सुलभ उत्कंठा, उतावलापन स्पष्ट दिखाई दे रहा है।
(ii) प्रस्तुत गद्यांश में गाँधीजी की समयबद्ध दिनचर्या का वर्णन किया गया है।
(iii) प्रस्तुत गद्यांश में मिश्रित शब्दावली युक्त साहित्यिक खड़ीबोली है।
(iv) प्रस्तुत गद्यांश में मुहावरों के प्रयोग से भाषा की रोचकता में वृद्धि हुई है; जैसे—पुलक उठाना, बेसुध सोना, उतावला होना आदि।
(v) प्रस्तुत गद्यांश में चित्रात्मक तथा वर्णनात्मक शैली का सुंदर प्रयोग किया गया है।
(vi) प्रस्तुत गद्यांश में भाषा प्रवाहमयी एवं भावाभिव्यक्ति में पूर्णतः समर्थ है।

गद्यांश 2

"अरे, मैं उन दिनों कितना काम कर लेता था। कभी थकता ही नहीं था..." हमसे थोड़ा ही पीछे, महादेव देसाई, मोटा-सा लट्ठ उठाए चले आ रहे थे। कोहाट और रावलपिंडी का नाम सुनते ही आगे बढ़ आए और उस दौरे से जुड़ी अपनी यादें सुनाने लगे और एक बार जो सुनाना शुरू किया, तो आश्रम के फाटक तक सुनाते चले गए। किसी-किसी वक्त गाँधीजी, बीच में, हँसते हुए कुछ कहते। वे बहुत धीमी आवाज़ में बोलते थे, लगता अपने आपसे बातें कर रहे हैं, अपने साथ ही विचार-विनिमय कर रहे हैं, उन दिनों को स्वयं भी याद करने लगे हैं।

संदर्भ पूर्ववत्।

प्रसंग प्रस्तुत गद्यांश में लेखक ने किशोरावस्था में गाँधीजी से हुई अपनी पहली मुलाकात के अनुभवों का वर्णन किया है।

व्याख्या प्रस्तुत गद्यांश में लेखक का गाँधीजी से परिचय होने के बाद जब लेखक ने रावलपिंडी का ज़िक्र किया, तो गाँधीजी अपनी रावलपिंडी यात्रा के समय की बातें सुनाने लगे। वे कहने लगे कि वे उस समय बहुत काम कर लेते थे। अधिक काम करने के बाद भी थकते नहीं थे। लेखक के पीछे महादेव देसाई भी चले आ रहे थे।

उनके पास एक मोटा-सा लट्ठ (डंडा) था। जैसे ही उन्होंने कोहाट और रावलपिंडी का नाम सुना, वे आगे बढ़ आए। वे उस समय से जुड़ी हुई अपनी स्मृतियाँ (बातें) सुनाने लगे। उन्होंने एक बार जब वे यादें (बातें) सुनानी शुरू कीं, तो आश्रम के फाटक तक सुनाते चले गए। इस बातचीत से लेखक ने अनुभव किया कि कभी-कभी गाँधीजी बीच-बीच में हँसते हुए धीमे स्वर में कुछ कहते हैं।

उनकी आवाज़ बहुत धीमी थी। इसलिए उनके बोलते समय ऐसा लगता था, मानो वे अपने आप से ही बातें कर रहे हों तथा स्वयं के साथ ही विचारों का आदान-प्रदान कर रहे हों। लेखक को लगा जैसे रावलपिंडी की यात्रा से संबंधित बातों को गाँधीजी स्वयं भी याद कर रहे हैं।

विशेष

(*i*) प्रस्तुत गद्यांश में गाँधीजी के समयबद्ध दैनिक प्रातः भ्रमण का वर्णन किया गया है।

(*ii*) प्रस्तुत गद्यांश लेखक की सूक्ष्म विवेचन शक्ति का उदाहरण है।

(*iii*) प्रस्तुत गद्यांश की भाषा खड़ीबोली युक्त तथा प्रवाहमय है।

(*iv*) प्रस्तुत गद्यांश में वर्णनात्मक शैली का प्रयोग किया गया है।

गद्यांश 3

हर दिन प्रातः जिस कच्ची सड़क पर वे घूमने निकलते उसके एक सिरे पर एक कुटिया थी, जिसमें एक रुग्ण व्यक्ति रहते थे, संभवतः वह दिक् के मरीज़ थे। गाँधीजी हर दिन उसके पास जाते और उसके स्वास्थ्य के बारे में पूछताछ करते। उनका वार्तालाप गुजराती भाषा में हुआ करता। मैं समझता हूँ गाँधीजी की देखरेख में उसका इलाज़ चल रहा था। यह गाँधीजी का रोज़ का नियम था।

संदर्भ पूर्ववत्।

प्रसंग प्रस्तुत गद्यांश में लेखक ने गाँधीजी के चरित्र के मानवीय पक्ष का उद्घाटन किया है, साथ ही साधारण लोगों खासकर बीमार व्यक्ति के प्रति उनके प्रेम को दर्शाया गया है।

व्याख्या प्रस्तुत गद्यांश में लेखक बताते हैं कि गाँधीजी बीमार तथा रुग्ण (अस्वस्थ) लोगों से सहानुभूति रखते थे। सेवाग्राम के आश्रम की ओर से असाध्य रोगों के मरीज़ों की देखभाल तथा इलाज़ की प्रक्रिया चलाई जाती थी, जिसे गाँधीजी स्वयं देखते थे। लेखक बताते हैं कि गाँधीजी जिस कच्ची सड़क पर घूमने जाया करते थे, उस सड़क पर आगे चलकर एक कुटिया थी। उसमें एक अस्वस्थ व्यक्ति रहता था। लेखक का अनुमान है कि वह व्यक्ति तपेदिक (टी.बी.) से पीड़ित था। गाँधीजी प्रतिदिन उस कुटिया में जाकर उस बीमार व्यक्ति के स्वास्थ्य के बारे में पूछताछ करते रहते थे।

गाँधीजी और उस रोगी के मध्य गुजराती भाषा में बातें हुआ करती थीं। लेखक का अनुमान है कि उस व्यक्ति का इलाज़ आश्रम की ओर से अर्थात् गाँधीजी की देखरेख में चल रहा था। उस व्यक्ति के पास जाकर हालचाल पूछना गाँधीजी का प्रतिदिन का नियम था।

विशेष

(*i*) प्रस्तुत गद्यांश में गाँधीजी की चारित्रिक विशेषताओं पर प्रकाश डाला गया है।

(*ii*) प्रस्तुत गद्यांश की भाषा सरल तथा सुबोध है।

(*iii*) प्रस्तुत गद्यांश में खड़ीबोली का प्रयोग किया गया है।

(*iv*) प्रस्तुत गद्यांश में वर्णनात्मक शैली का प्रयोग हुआ है।

गद्यांश 4

जब श्रद्धालु चले जाते हैं और गिरजा खाली हो जाता है, तो बाज़ीगर चुपके से अंदर घुस जाता है, कपड़े उतारकर पूरे उत्साह के साथ अपने करतब दिखाने लगता है। गिरजे में अँधेरा है, श्रद्धालु जा चुके हैं, दरवाज़े बंद हैं।

कभी सिर के बल खड़े होकर, कभी तरह-तरह अंगचालन करते हुए बड़ी तन्मयता के साथ, एक के बाद एक करतब दिखाता है यहाँ तक कि हाँफने लगता है। उसके हाँफने की आवाज़ कहीं बड़े पादरी के कान में पड़ जाती और वह यह समझकर कि कोई जानवर गिरजे के अंदर घुस आया है और गिरजे को दूषित कर रहा है, भागता हुआ गिरजे के अंदर आता है।

संदर्भ पूर्ववत्।

प्रसंग प्रस्तुत गद्यांश में नेहरू द्वारा सुनाई गई कहानी में बाज़ीगर (नट) के प्रार्थना करने के ढंग को वर्णित किया गया है।

व्याख्या प्रस्तुत गद्यांश में नेहरू जी कहानी सुनाते हुए कहते हैं कि एक बाज़ीगर (नट) क्रिसमस के अवसर पर गिरजाघर जाता है, लेकिन माता मरियम को देने के लिए उपहार व स्वयं के पास अच्छे कपड़े न होने के कारण वह अंदर नहीं जाता। सब श्रद्धालुओं के चले जाने के बाद वह चुपचाप गिरजाघर के अंदर घुस जाता है। वहाँ पर अपने कपड़े उतारकर, मरियम की मूर्ति के सामने अपनी कला का प्रदर्शन करने के लिए करतब दिखाने लगता है। इस समय गिरजाघर में अंधकार है, सब श्रद्धालु जा चुके हैं और दरवाज़े अंदर से बंद हैं।

माता मरियम को प्रसन्न करने के लिए वह अपनी पूरी लगन के साथ तरह-तरह के करतब दिखाता है। कभी सिर के बल खड़ा होता है, कभी तरह-तरह से अंग-संचालन करता है। वह बड़ी तन्मयता (एकाग्रता) के साथ एक के बाद एक करतब दिखाता है। इस कार्य से वह ज़ोर-ज़ोर से सांस लेने (हाँफने) लगता है।

उसकी हाँफने की आवाज़ बड़े पादरी के कान में जब पड़ती है, तब वह आवाज़ सुनकर बड़े पादरी को लगता है कि गिरजाघर में कोई जानवर घुस आया है।

जानवर गिरजाघर को दूषित (अपवित्र) न कर दे, यह सोचकर वह जानवर को भगाने के लिए गिरजाघर के अंदर आता है, ताकि गिरजाघर को अपवित्र होने से बचाया जा सके।

विशेष

(i) प्रस्तुत गद्यांश में माता मरियम के प्रति गरीब बाज़ीगर की आस्था एवं श्रद्धा का वर्णन किया गया है।

(ii) प्रस्तुत गद्यांश में भक्त की श्रद्धा व आस्था भाव का वर्णन किया गया है।

(iii) प्रस्तुत गद्यांश में भाषा सरल एवं सहज है, जिसमें मिश्रित खड़ीबोली का प्रयोग हुआ है।

(iv) प्रस्तुत गद्यांश में वर्णनात्मक शैली का प्रयोग हुआ है।

गद्यांश 5

अख़बार मेरे हाथ में था। तभी मुझे एक बचकाना-सी हरकत सूझी। मैंने फ़ैसला किया कि मैं अख़बार पढ़ता रहूँगा और तभी नेहरू जी के हाथ में दूँगा जब वह माँगेंगे। कम-से-कम छोटा-सा वार्तालाप तो इस बहाने हो जाएगा।

नेहरू आए। मेरे हाथ में अख़बार देखकर चुपचाप एक ओर को खड़े रहे। वह शायद इस इंतज़ार में खड़े रहे कि मैं स्वयं अखबार उनके हाथ में दे दूँगा। मैं अख़बार की नज़रसानी क्या करता, मेरी तो टाँगें लरज़ने लगी थीं, डर रहा था कि नेहरू जी बिगड़ न उठें। फिर भी अख़बार को थामे रहा। कुछ देर बाद नेहरू जी धीरे-से बोले, "आपने देख लिया हो, तो क्या मैं एक नज़र देख सकता हूँ?" सुनते ही मैं पानी-पानी हो गया और अख़बार उनके हाथ में दे दिया।

संदर्भ पूर्ववत्।

प्रसंग प्रस्तुत गद्यांश में लेखक ने नेहरू जी के साथ अपनी भेंट का ज़िक्र किया है। अपनी किशोरावस्था में नेहरू जी से बात करने के लिए जिस अवसर को लेखक ने बचपन से ढूँढा था, उसका वर्णन यहाँ किया गया है।

व्याख्या प्रस्तुत गद्यांश में लेखक नेहरू जी से बात करने के लिए इच्छुक था। नेहरू जी अपनी कश्मीर यात्रा के दौरान लेखक के फुफेरे भाई के बंगले में ठहरे थे। लेखक नेहरू जी से बातें करने की तरकीब ढूँढ रहा था। एक दिन सवेरे उसने अखबार पढ़ना शुरू कर दिया। उसने सोचा कि अख़बार नेहरू जी के हाथ में तब दूँगा, जब वे माँगेंगे। इसी बहाने वार्तालाप का मौका भी मिल जाएगा।

नेहरू जी आए, किंतु लेखक के हाथ में अख़बार देखकर कुछ देर तक एक कोने में खड़े होकर अपनी बारी की प्रतीक्षा करते रहे। लेखक अख़बार पर नज़र देने के बदले नेहरू जी के क्रियाकलाप को देख रहा था।

काफ़ी देर इंतजार करने के बाद नेहरू जी ने लेखक से अख़बार की माँग की। उनके माँगने के शालीन तरीके को देखकर लेखक बहुत शर्मिंदा हुआ।

विशेष

(i) प्रस्तुत गद्यांश में नेहरू जी की सहनशीलता, मृदुभाषीय स्वभाव आदि चारित्रिक विशेषताओं का वर्णन हुआ है।

(ii) प्रस्तुत गद्यांश में सहज साहित्यिक भाषा में चित्रात्मकता तथा वर्णनात्मक शैली का प्रयोग हुआ है।

(iii) प्रस्तुत गद्यांश में मुहावरे का प्रभावी प्रयोग हुआ है। जैसे पानी-पानी होना।

(iv) गद्यांश की भाषा सरल, सहज एवं स्वाभाविक है।

गद्यांश 6

धीरे-धीरे बातों का सिलसिला शुरू हुआ। हमारा वार्तालाप ज़्यादा दूर तक तो जा नहीं सकता था। फ़िलिस्तीन के प्रति साम्राज्यवादी शक्तियों के अन्यायपूर्ण रवैये की हमारे देश के नेताओं द्वारा की गई भर्त्सना, फ़िलिस्तीन आंदोलन के प्रति विशाल स्तर पर हमारे देशवासियों की सहानुभूति और समर्थन आदि। दो-एक बार जब मैंने गाँधीजी और हमारे देश के अन्य नेताओं का ज़िक्र किया, तो अराफात बोले— "वे आपके ही नहीं, हमारे भी नेता हैं। उतने ही आदरणीय जितने आपके लिए।"

संदर्भ पूर्ववत्।

प्रसंग प्रस्तुत गद्यांश में लेखक ने यास्सेर अराफात से हुई मुलाकात के अनुभवों को अभिव्यक्त किया है, जिसमें भोजन के समय हुई बातचीत का वर्णन है।

व्याख्या प्रस्तुत गद्यांश में लेखक ने यास्सेर अराफात के साथ मुलाकात का वर्णन करते हुए बताया कि लेखक तथा उसकी पत्नी को भोजन पर यास्सेर अराफात ने अपने यहाँ आमंत्रित किया था। धीरे-धीरे उनके बीच बातें होनी शुरू हो गईं। उनकी बातचीत का विषय अधिक दूर तक नहीं पहुँचा अर्थात् भारत व फ़िलिस्तीन के संबंधों के बीच ही उनकी बातें चलती रहीं उनकी बातचीत का मुख्य विषय था—भारत के नेताओं द्वारा फ़िलिस्तीन के प्रति साम्राज्यवादी शक्तियों के अन्यायपूर्ण व्यवहार की, की गई निंदा तथा भारत की फ़िलिस्तीन आंदोलन के प्रति बड़े स्तर पर सहानुभूति थी। भारतीय उनके संघर्ष का समर्थन करते थे। उनसे बातचीत के दौरान लेखक ने एक-दो बार गाँधीजी तथा देश के अन्य नेताओं का ज़िक्र किया। गाँधीजी के बारे में यास्सेर अराफात ने कहा कि वे केवल आपके ही नहीं, हमारे भी नेता हैं, क्योंकि जितना सम्मान आप उनका करते हैं, उतना ही सम्मान हम भी करते हैं।

विशेष

(i) प्रस्तुत गद्यांश में फ़िलिस्तीन के प्रति भारतीयों की भावना का उल्लेख किया गया है।

(ii) प्रस्तुत गद्यांश में गाँधीजी की विश्व प्रसिद्धि का बोध होता है।

(iii) प्रस्तुत गद्यांश में यास्सेर अराफात की गाँधीजी के प्रति सम्मान की भावनाओं का पता चलता है।

(iv) प्रस्तुत गद्यांश में भाषा खड़ीबोली युक्त तथा प्रवाहमयी है।

(v) प्रस्तुत गद्यांश में वर्णनात्मक शैली का प्रयोग हुआ है।

गद्यांश 7

बीच-बीच में आतिथ्य भी चल रहा था। अराफात हमें फल छील-छीलकर खिला रहे थे। हमारे लिए शहद की चाय बना रहे थे। साथ-ही-साथ इधर-उधर की बातें भी चल रही थीं—अराफात की इंजीनियरिंग की शिक्षा के बारे में, उनकी अनथक हवाई यात्राओं के बारे में, शहद की उपयोगिता के बारे में शीघ्र ही हम बड़े इत्मीनान से उनके साथ बतिया रहे थे। जब भोजन का समय आया तो मैं अपनी जगह से उठा और यह अनुमान लगाकर कि गुसलखाना कमरे के पार गलियारे में होगा, मैं सीधा कमरा लाँघ गया। मेरा अनुमान ठीक निकला। गुसलखाना वहीं पर था। पर मेरी झेंप का अंत नहीं था जब मैं गुसलखाने में से बाहर निकला तो यास्सेर अराफात तौलिया हाथ में लिए बाहर खड़े थे।

संदर्भ पूर्ववत्।

प्रसंग प्रस्तुत गद्यांश में लेखक ने उपर्युक्त गद्यांश में अपने अफ्रो-एशियाई लेखक संघ के महामंत्री के रूप में ट्यूनिस सम्मेलन में भाग लेने के दौरान अराफ़ात के साथ हुई अपनी मुलाकात तथा उनके आतिथ्य की चर्चा की है।

व्याख्या प्रस्तुत गद्यांश में अराफात अतिथियों का स्वागत कर रहे थे। लेखक उनके आतिथ्य से प्रभावित हुआ। यास्सेर अराफात लोगों को अपने हाथों से फल छील-छीलकर खिला रहे थे। लेखक के लिए उन्होंने शहद की चाय बनाई।

बातचीत में अराफात ने अपनी इंजीनियरिंग शिक्षा तथा अनथक हवाई यात्राओं का वर्णन तथा शहद की उपयोगिता आदि के बारे में बताया। लेखक जब भोजन का समय आने पर गुसलखाने का प्रयोग कर बाहर निकले तो अराफात गुसलखाने के बाहर तौलिया लेकर खड़े थे। लेखक को यह देखकर झेंप हुई कि किसी देश का प्रमुख उसके गुसलखाने के सामने तौलिया लेकर खड़ा है। यह घटना उनकी विनम्रता, शालीनता एवं मेहमाननवाज़ी दिखाती थी कि वे अपने अतिथि की छोटी-से-छोटी सुविधा का भी ध्यान रखते थे।

विशेष

(i) प्रस्तुत गद्यांश में यास्सेर अराफात के द्वारा किए गए अतिथि-सत्कार का वर्णन किया गया है।

(ii) प्रस्तुत गद्यांश में खड़ीबोली में देशज तथा विदेशी शब्दों का प्रयोग हुआ है। विदेशी शब्दों में 'इंजीनियरिंग' (अंग्रेज़ी) तथा 'इत्मीनान' (फ़ारसी) का प्रयोग इस गद्यांश में हुआ है।

(iii) प्रस्तुत गद्यांश में वर्णनात्मक तथा चित्रात्मक शैली का प्रयोग किया है।

गद्यांश 8

उन्हीं दिनों सेवाग्राम में अनेक जाने-माने देशभक्त देखने को मिले। पृथ्वीसिंह आजाद आए हुए थे, जिनके मुँह से वह सारा किस्सा सुनने को मिला कि कैसे उन्होंने हथकड़ियों समेत, भागती रेलगाड़ी में से छलाँग लगाई और निकल भागने में सफल हुए और फिर गुमनाम रहकर बरसों तक एक जगह अध्यापन कार्य करते रहें। उन्हीं दिनों वहाँ पर मीरा बेन थी, खान अब्दुल गफ्फार खान आए हुए थे, कुछ दिन के लिए राजेन्द्र बाबू भी आए थे। उनके रहते यह नहीं लगता था कि सेवाग्राम दूर पार का कस्बा हो। **CBSE SQP 2023**

संदर्भ पूर्ववत्।

प्रसंग प्रस्तुत गद्यांश में लेखक का सेवाग्राम में रहना तथा वहाँ आने वाले अन्य देशभक्तों से परिचय का वर्णन है।

व्याख्या प्रस्तुत गद्यांश में लेखक को सेवाग्राम में जाने का अवसर मिला जहाँ वे तीन सप्ताह तक रहे, आश्रम में रहते हुए, उन्होंने गाँधीजी की भावना को जाना। सेवाग्राम में उन्हीं दिनों देशभक्त लोग आते रहते थें। वहाँ आने वाले लोगों में पृथ्वीसिंह आजाद भी थे। जिन्होंने वह किस्सा सुनाया कि किस प्रकार से हथकड़ियों सहित चलती हुई रेलगाड़ी से छलाँग लगाई और वे वहाँ से भागने में सफल हो गए, उसके बाद उन्होंने गुमनाम रहकर अध्यापन का कार्य किया। इनके अतिरिक्त सेवाग्राम में मीराबेन, खान अब्दुल गफ्फार खान आए हुए थे। राजेन्द्र बाबू भी कुछ दिनों के लिए आए हुए थे। इन सब व्यक्तियों से लेखक को मिलने का मौका मिला। उन सब के वहाँ रहने से ऐसा लगता ही नहीं था कि सेवाग्राम कोई दूर पार कर कस्बा है।

विशेष

(i) प्रस्तुत गद्यांश में लेखक ने सेवाग्राम में अनेक देश भक्तों से मिलने का वर्णन किया है।

(ii) प्रस्तुत गद्यांश में सरल व सुबोध भाषा का प्रयोग हुआ है।

(iii) प्रस्तुत गद्यांश में गद्यांश की शैली वर्णात्मक है।

गद्यांश पर आधारित बहुविकल्पीय प्रश्न

1. हर दिन प्रातः जिस कच्ची सड़क पर वे घूमने निकलते उसके एक सिरे पर एक कुटिया थी, जिसमें एक रुग्ण व्यक्ति रहते थे, संभवतः वह दिक् के मरीज़ थे। गाँधीजी हर दिन उसके पास जाते और उसके स्वास्थ्य के बारे में पूछताछ करते। उनका वार्तालाप गुजराती भाषा में हुआ करता। मैं समझता हूँ गाँधीजी की देखरेख में उसका इलाज़ चल रहा था। यह गाँधीजी का रोज़ का नियम था।

(क) कुटिया में कैसा व्यक्ति रहता था?

(i) अस्वस्थ (ii) घमंडी
(iii) बलशाली (iv) स्वस्थ

(ख) गाँधीजी और कुटिया में रहने वाले व्यक्ति के मध्य बातचीत किस भाषा में होती थी?

(i) हिंदी (ii) क्षेत्रीय बोली
(iii) अंग्रेजी (iv) गुजराती

(ग) गाँधीजी का प्रतिदिन क्या नियम था?

(i) कुटिया में रहने वाले व्यक्ति से मिलना
(ii) सायंकाल सैर पर जाना
(iii) दिल के मरीजों की सेवा करना
(iv) उपरोक्त सभी

(घ) कुटिया में रहने वाला व्यक्ति किस बीमारी से पीड़ित था?

(i) कैंसर
(ii) दिल की बीमारी
(iii) सुगर
(iv) टी.बी.

(ङ) कथन (A) **कुटिया में रहने वाले व्यक्ति से गाँधीजी प्रतिदिन मिलने जाते थे।**

कारण (R) **वह व्यक्ति कुष्ठ रोग से ग्रसित था।**

(i) कथन (A) और कारण (R) दोनों सही हैं तथा कारण (R), कथन (A) की सही व्याख्या करता है।
(ii) कथन (A) और कारण (R) दोनों सही हैं, परंतु कारण (R), कथन (A) की सही व्याख्या नहीं करता है।
(iii) कथन (A) सही है, किंतु कारण (R) गलत है।
(iv) कथन (A) गलत है, किंतु कारण (R) सही है।

उत्तर

(क) (i) अस्वस्थ

(ख) (iv) गुजराती

(ग) (i) कुटिया में रहने वाले व्यक्ति से मिलना

(घ) (iv) टी.बी.

(ङ) (i) कथन (A) और कारण (R) दोनों सही हैं तथा कारण (R), कथन (A) की सही व्याख्या करता है।

2. जब श्रद्धालु चले जाते हैं और गिरजा खाली हो जाता है, तो बाज़ीगर चुपके से अंदर घुस जाता है, कपड़े उतारकर पूरे उत्साह के साथ अपने करतब दिखाने लगता है। गिरजे में अँधेरा है, श्रद्धालु जा चुके हैं, दरवाज़े बंद हैं। कभी सिर के बल खड़े होकर, कभी तरह-तरह अंगचालन करते हुए बड़ी तन्मयता के साथ, एक के बाद एक करतब दिखाता है यहाँ तक कि हाँफने लगता है। उसके हाँफने की आवाज़ कहीं बड़े पादरी के कान में पड़ जाती और वह यह समझकर कि कोई जानवर गिरजे के अंदर घुस आया है और गिरजे को दूषित कर रहा है, भागता हुआ गिरजे के अंदर आता है।

(क) गद्यांश के आधार पर निम्नलिखित कथनों में से कौन-सा/से कथन सही है/हैं?

कथन 1 बाजीगर ने गिरजे में जाकर अपना करतब दिखाया।

कथन 2 बड़े पादरी ने बाजीगर का सम्मानपूर्वक बाहर जाने के लिए कहा।

कथन 3 बाजीगर करतब दिखाते हुए हाँफने लगा।

कूट

(i) केवल 1 (ii) 1 और 3

(iii) केवल 2 (iv) 1, 2 और 3

(ख) पादरी को गिरजाघर में किसके घुस आने का अंदेशा होता है?

(i) श्रद्धालुओं की विशाल भीड़

(ii) जानवर का

(iii) बाजीगर का

(iv) अन्य पादरियों के आने का

(ग) बाजीगर के गिरजाघर में चुपके से घुसने का क्या कारण है?

(i) बाजींगर को अछूत माना जाना

(ii) बाजीगर में अहंकार होना

(iii) बाजीगर का चोर होना

(iv) बाजीगर की गरीबी

(घ) बाजीगर अपने करतब किसे दिखाने लगता है?

(i) श्रद्धालुगण (ii) पादरी

(iii) माता मरियम (iv) ये सभी

(ङ) प्रस्तुत गद्यांश में वर्णित प्रसंग को किसने कहा है?

(i) गाँधीजी

(ii) नेहरू

(iii) शास्त्रीजी

(iv) यास्सेर अराफात

उत्तर

(क) (ii) 1 और 3

(ख) (ii) जानवर का

(ग) (iv) बाजीगर की गरीबी

(घ) (iii) माता मरियम

(ङ) (ii) नेहरू

3. अख़बार मेरे हाथ में था। तभी मुझे एक बचकाना-सी हरकत सूझी। मैंने फ़ैसला किया कि मैं अख़बार पढ़ता रहूँगा और तभी नेहरू जी के हाथ में दूँगा, जब वह माँगेंगे। कम-से-कम छोटा-सा वार्तालाप तो इस बहाने हो जाएगा।

नेहरू आए। मेरे हाथ में अख़बार देखकर चुपचाप एक ओर को खड़े रहे। वह शायद इस इंतज़ार में खड़े रहे कि मैं स्वयं अखबार उनके हाथ में दे दूँगा। मैं अख़बार की नज़रसानी क्या करता, मेरी तो टाँगें लरज़ने लगी थीं, डर रहा था कि नेहरू जी बिगड़ न उठें। फिर भी अख़बार को थामे रहा। कुछ देर बाद नेहरू जी धीरे-से बोले, "आपने देख लिया हो, तो क्या मैं एक नज़र देख सकता हूँ ?" सुनते ही मैं पानी-पानी हो गया और अख़बार उनके हाथ में दे दिया।

(क) अखबर किसके हाथ में था?

(i) नेहरू (ii) लेखक

(iii) गाँधीजी (iv) यास्सेर अराफात

(ख) कथन (A) लेखक बिना माँगे नेहरू जी को अखबार नहीं देना चाहता था।

कारण (R) नेहरू जी अखबार माँगेंगे और वार्तालाप प्रारम्भ हो जाएगी।

(i) कथन (A) और कारण (R) दोनों सही हैं तथा कारण (R), कथन (A) की सही व्याख्या करता है।

(ii) कथन (A) और कारण (R) दोनों सही हैं, परंतु कारण (R), कथन (A) की सही व्याख्या नहीं करता है।

(iii) कथन (A) सही है, किंतु कारण (R) गलत है।

(iv) कथन (A) गलत है, किंतु कारण (R) सही है।

(ग) प्रस्तुत गद्यांश के माध्यम से नेहरू जी की किस चारित्रिक विशेषता का पता चलता है?

(i) सहनशीलता (ii) मृदुभाषीय स्वभाव

(iii) शालीनता (iv) ये सभी

(घ) 'टाँगे लरजने' का क्या आशय है?

(i) डर से पैर काँपना (ii) मजाक में टाँग खींचना

(iii) क्रोध से काँपना (iv) पैर सुन्न हो जाना

(ङ) लेखक के 'पानी-पानी' होने का क्या कारण था?

(i) नेहरू जी का गुस्सा

(ii) नेहरू जी का अखबार माँगने का तरीका

(iii) लेखक के ऊपर पानी पड़ना

(iv) नेहरू जी द्वारा लेखक को डाँटना

उत्तर

(क) (ii) लेखक

(ख) (i) कथन (A) और कारण (R) दोनों सही हैं तथा कारण (R), कथन (A) की सही व्याख्या करता है।

(ग) (iv) ये सभी

(घ) (i) डर से पैर काँपना

(ङ) (ii) नेहरू जी का अखबार माँगने का तरीका

4. **धीरे-धीरे बातों का सिलसिला शुरू हुआ। हमारा वार्तालाप ज़्यादा दूर तक तो जा नहीं सकता था। फ़िलिस्तीन के प्रति साम्राज्यवादी शक्तियों के अन्यायपूर्ण रवैये की हमारे देश के नेताओं द्वारा की गई भर्त्सना, फ़िलिस्तीन आंदोलन के प्रति विशाल स्तर पर हमारे देशवासियों की सहानुभूति और समर्थन आदि। दो-एक बार जब मैंने गाँधीजी और हमारे देश के अन्य नेताओं का ज़िक्र किया तो अराफात बोले– "वे आपके ही नहीं, हमारे भी नेता हैं। उतने ही आदरणीय जितने आपके लिए।"**

(क) प्रस्तुत गद्यांश में लेखक ने किसके साथ हुई मुलाकात का वर्णन किया है?

(i) नेहरू जी (ii) बचपन का मित्र

(iii) यास्सेर अराफात (iv) गाँधीजी

(ख) लेखक और अराफात के बीच बातचीत का मुख्य विषय क्या था?

(i) भारत-फिलिस्तीन संबंध (ii) भारत-पाकिस्तान संबंध

(iii) भारत-अमेरिका संबंध (iv) भारत-ऑस्ट्रेलिया संबंध

(ग) 'वे आपके ही नहीं हमारे भी नेता हैं'-कथन किसके लिए कहा गया है?

(i) नेहरू जी (ii) गाँधीजी

(iii) सुभाषचन्द्र बोस (iv) शास्त्री जी

(घ) प्रस्तुत गद्यांश में यास्सेर अराफात के निम्न में से किसके प्रति सम्मान की भावना का पता चलता है?

(i) शास्त्रीजी के प्रति (ii) लेखक के प्रति

(iii) गाँधीजी के प्रति (iv) भारतीय नेताओं के प्रति

(ङ) कथन (A) भारतीय नेताओं ने फिलिस्तीन के प्रति साम्राज्यवादी शक्तियों के रवैये की भर्त्सना की।

कारण (R) भारतीय नेताओं को फिलिस्तीन आंदोलन के प्रति सहानुभूति थी।

(i) कथन (A) और कारण (R) दोनों सही हैं तथा कारण (R), कथन (A) की सही व्याख्या करता है।

(ii) कथन (A) और कारण (R) दोनों सही हैं, परंतु कारण (R), कथन (A) की सही व्याख्या नहीं करता है।

(iii) कथन (A) सही है, किंतु कारण (R) गलत है।

(iv) कथन (A) गलत है, किंतु कारण (R) सही है।

उत्तर

(क) (iii) यास्सेर अराफात

(ख) (i) भारत-फिलिस्तीन संबंध

(ग) (ii) गाँधीजी

(घ) (iii) गाँधीजी के प्रति

(ङ) (i) कथन (A) और कारण (R) दोनों सही हैं तथा कारण (R), कथन (A) की सही व्याख्या करता है।

5. **बीच-बीच में आतिथ्य भी चल रहा था। अराफात हमें फल छील-छीलकर खिला रहे थे। हमारे लिए शहद की चाय बना रहे थे। साथ-ही-साथ इधर-उधर की बातें भी चल रही थीं–अराफात की इंजीनियरिंग की शिक्षा के बारे में, उनकी अनथक हवाई यात्राओं के बारे में, शहद की उपयोगिता के बारे में शीघ्र ही हम बड़े इत्मीनान से उनके साथ बतिया रहे थे। जब भोजन का समय आया तो मैं अपनी जगह से उठा और यह अनुमान लगाकर कि गुसलखाना कमरे के पार गलियारे में होगा, मैं सीधा कमरा लाँघ गया। मेरा अनुमान ठीक निकला। गुसलखाना वहीं पर था। पर मेरी झेंप का अंत नहीं था जब मैं गुसलखाने में से बाहर निकला, तो यास्सेर अराफात तौलिया हाथ में लिए बाहर खड़े थे।**

(क) निम्नलिखित में से क्या चर्चा का विषय नहीं था?

(i) यास्सेर की इंजीनियरिंग शिक्षा

(ii) शहद की उपयोगिता

(iii) नेहरू जी की हवाई यात्रा

(iv) उपरोक्त में से कोई नहीं

(ख) लेखक के लिए लज्जित क्षण कौन-सा था?

(i) अराफात द्वारा शहद की चाय बनाना

(ii) गुसलखाने का अस्वच्छ होना

(iii) अराफात द्वारा लेखक को शहद भेंट देना

(iv) अराफात द्वारा गुसलखाने के बाहर हाथ में तौलिया लेकर खड़े होना

(ग) प्रस्तुत गद्यांश में किसका वर्णन किया गया है?

(i) अराफात के अतिथि सत्कार का

(ii) आतिथ्य संस्कारों का

(iii) शहद की महत्ता का

(iv) उपरोक्त सभी

(घ) अराफात लेखक के लिए क्या बना रहे थे?

(i) फल (ii) खाना

(iii) शहद की चाय (iv) जलेबी

(ङ) निम्नलिखित कथनों पर विचार कीजिए

1. अराफात तौलिया हाथ में लिए बाहर खड़े थे।
2. लेखक अराफात के आतिथ्य से बहुत प्रभावित हुआ।
3. अराफात ने गाँधी जी को अपना नेता बताया।

कूट

(i) केवल 1

(ii) केवल 2

(iii) 1 और 2

(iv) 1, 2 और 3

उत्तर

(क) (iii) नेहरू जी की हवाई यात्रा

(ख) (iv) अराफात द्वारा गुसलखाने के बाहर हाथ में तौलिया लेकर खड़े होना

(ग) (i) अराफात के अतिथि सत्कार का

(घ) (iii) शहद की चाय

(ङ) (iv) 1, 2 और 3

विषय-वस्तु पर आधारित प्रश्नोत्तर

1. सेवाग्राम में लेखक को क्या अनुभव मिले?

उत्तर लेखक सेवाग्राम में तीन सप्ताह तक रहा। वह प्रायः प्रतिदिन सुबह गाँधीजी की टोली के साथ घूमने जाता और शाम को प्रार्थना सभा में भी पहुँचता, जहाँ सभी आश्रमवासी होते थे। वहीं उसने कस्तूरबा गाँधी को भी देखा, जो उसे बिलकुल अपनी माँ जैसी लगती थीं। लेखक को वहाँ जाने-माने देशभक्तों से मिलने का अवसर प्राप्त हुआ जिनमें पृथ्वीसिंह आज़ाद, मीराबेन, खान अब्दुल गफ़्फ़ार खान और राजेंद्र बाबू शामिल थे। इनमें से लेखक ने पृथ्वीसिंह आज़ाद का अनुभव सुना कि किस प्रकार वे हथकड़ियों सहित चलती ट्रेन से कूदकर अंग्रेज़ों की कैद से सुरक्षित भाग निकले और अंग्रेज़ों से बचने के लिए ही गुमनाम रहकर कई वर्षों तक अध्यापन कार्य करते रहे।

2. जापानी 'भिक्षु' आश्रम में आपनी भावनाओं की अभिव्यक्ति किस प्रकार करता था?

अथवा सेवाग्राम में जापानी भिक्षु क्या किया करता था? CBSE Diksha

उत्तर सेवाग्राम आश्रम में जापानी 'भिक्षु' अपनी भावनाओं को अभिव्यक्त करने के लिए अपने चीवर वस्त्रों में गाँधीजी के आश्रम की परिक्रमा करता था। इस क्रिया में वह एक मील के घेरे में, बार-बार अपना 'गाँग' (एक प्रकार का वाद्य यंत्र) बजाता हुआ आगे बढ़ता जाता था। 'गाँग' की आवाज़ सभी को दिन में अनेक बार, अलग-अलग दिशाओं से सुनाई देती थी, क्योंकि वह घेरे के आस-पास घूमते हुए उसे बजाता था। उसकी परिक्रमा प्रार्थना के वक्त समाप्त होती, तब वह प्रार्थना-स्थल पर पहुँचकर बड़े आदरभाव से गाँधीजी को प्रणाम करता और एक ओर बैठ जाता था।

3. खोखे के अंदर चिल्ला रहे लड़के के साथ गाँधीजी के व्यवहार से आज के युवाओं को क्या प्रेरणा लेनी चाहिए?

उत्तर सेवाग्राम आश्रम के पास एक खोखे के अंदर पंद्रह वर्ष की आयु का लड़का पेट-दर्द के कारण चिल्ला रहा था और बार-बार गाँधीजी को पुकारे जा रहा था। उसकी आवाज़ सुनकर गाँधीजी अपनी ज़रूरी मीटिंग छोड़कर वहाँ आए और एक कुशल वैद्य की तरह उसका उपचार किया। उन्होंने लड़के से उल्टी करने को कहा, जिससे थोड़ी-ही देर में उसका पेट हल्का हो गया तथा उसे आराम मिल गया।

गाँधीजी के इस कार्य तथा उनके व्यवहार से आज़ के युवाओं को यह प्रेरणा लेनी चाहिए कि हमें भी गाँधीजी की भाँति सहनशीलता, विनम्रता, प्रेम भाव आदि गुणों को अपनाकर दीन-दुःखियों की सहायता व सेवा करने का हर संभव प्रयास करना चाहिए। जिस प्रकार गाँधीजी ने धर्म, वर्ण आदि के आधार पर भेदभाव न करते हुए एक सच्चे मनुष्य के रूप में उस लड़के का उपचार करके सहायता की, ठीक उसी प्रकार सभी युवाओं को उनसे प्रेरणा लेते हुए दुःखी व संकटग्रस्त मनुष्य की सहायता के लिए सर्वदा तत्पर रहना चाहिए।

4. भीष्म साहनी के संस्मरण में उस प्रसंग का उल्लेख है जब पं. नेहरू ने एक धार्मिक कथा सुनाई थी। कहानी का संक्षिप्त उल्लेख करते हुए कहानी में निहित संदेश को स्पष्ट कीजिए।

अथवा आस्था और श्रद्धा प्रकट करने के लिए धनी होना आवश्यक नहीं है। पाठ में आए 'बाज़ीगर' के प्रसंग के आधार पर स्पष्ट कीजिए।

अथवा भगवान भाव के भूखे हैं न कि भेंट के पादरी और बाजीगर के संदर्भ में कथन की विवेचना कीजिए। CBSE Diksha

अथवा 'गाँधी, नेहरू और यास्सेर अराफात' पाठ के आधार पर स्पष्ट कीजिए कि ईश्वर को प्रसन्न करने के लिए सच्ची आस्था और श्रद्धा की आवश्यकता होती है, बाहरी साधनों की नहीं, क्यों? CBSE 2024

उत्तर बाज़ीगर के प्रसंग में बताया गया है कि पेरिस में क्रिसमस के दिन एक गरीब बाज़ीगर गिरजाघर में जाकर माता मरियम के चरणों में प्रार्थना करना चाहता था, परंतु उसके पास न ही उपहार खरीदने के लिए पैसे थे और न ही गिरजाघर में जाने योग्य कपड़े थे। ऐसी स्थिति में उसने अपने कला-कौशल के आधार पर माता मरियम के सामने अपने करतब दिखाकर प्रार्थना करने का निर्णय लिया और सब लोगों के चले जाने के बाद माता मरियम की मूर्ति के सामने तरह-तरह के करतब दिखाए। करतब करने के कारण वह पसीना-पसीना हो गया। जब पादरी उसे गिरजाघर से बाहर निकालने के लिए आगे बढ़ा, तभी पादरी ने देखा कि माता मरियम की मूर्ति मंच से नीचे उतर आई है और बाज़ीगर (नट) के पास पहुँचकर उसका पसीना पोंछते हुए उसका सिर सहला रही है। यह देखकर पादरी आश्चर्यचकित रह गया।

इस प्रसंग से स्पष्ट हो जाता है कि आस्था और श्रद्धा प्रकट करने के लिए धनी होना आवश्यक नहीं है, लेकिन मन में सच्ची लगन और इच्छा शक्ति होनी चाहिए अर्थात् भगवान को हम जिस भाव से पूजते हैं, उसी भाव को भगवान सुनते हैं। अतः स्पष्ट है कि भगवान भाव के भूखे हैं न कि भेंट के।

5. लेखक द्वारा नेहरू जी से बातचीत करने का जो तरीका अपनाया गया उसे आप कितना उचित मानते हैं? तर्क सहित उत्तर दीजिए।

उत्तर कश्मीर यात्रा के दौरान नेहरू जी जिस बंगले में ठहरे थे, वह लेखक के फुफेरे भाई का था। इसी स्थान पर लेखक को नेहरू जी का सामीप्य पाने का अवसर मिला था। कई दिनों तक साथ रहने पर जब नेहरू जी से वार्तालाप करने का मौका नहीं मिला, तो उसने एक तरीका अपनाया कि वह सुबह तब तक अख़बार पढ़ता रहेगा, जब तक स्वयं नेहरू जी उससे अख़बार नहीं माँगेंगे। उन्हें (नेहरू जी) देखकर भी वह अनजान बना रहा और अख़बार पढ़ने का बहाना करता रहा। नेहरू जी कुछ देर तक तो खड़े रहे फिर अत्यंत विनम्रता से अख़बार माँगा, तो लेखक बहुत लज्जित हुआ।

लेखक ने बातचीत करने का जो तरीका अपनाया उसे मैं उचित नहीं मानता हूँ, क्योंकि इससे लेखक के बचकानेपन का बोध होता है। साथ ही, यह भी ज्ञात होता है कि उसमें विनम्रता तथा शालीनता जैसे गुणों का अभाव है जोकि किसी भी दृष्टि से उचित (सही) नहीं है।

6. ट्यूनीसिया में क्या होने जा रहा था? लेखक वहाँ किस कारण से गया था?

उत्तर ट्यूनीसिया की राजधानी ट्यूनिस में अफ्रो-एशियाई लेखक संघ का सम्मेलन होने जा रहा था। भारत से जाने वाले प्रतिनिधि मंडल में सर्वश्री कमलेश्वर, जोगिंदरपाल, बालू राव, अब्दुल बिस्मिल्लाह आदि शामिल थे।

लेखक अफ्रो-एशियाई लेखक संघ में कार्यकारी महामंत्री था। अतः महामंत्री होने के कारण वह इस लेखक संघ में सम्मिलित होने के लिए अपनी पत्नी के साथ सम्मेलन के कुछ दिन पहले ही ट्यूनीसिया पहुँच गया था। ट्यूनिस में ही उन दिनों लेखक संघ की पत्रिका 'लोटस' का संपादकीय कार्यालय हुआ करता था।

7. ट्यूनिस चर्चा में क्यों था?

उत्तर ट्यूनिस चर्चा में इसलिए था, क्योंकि वहाँ अफ्रो-एशियाई लेखक संघ का सम्मेलन होने जा रहा था। ट्यूनिस में ही फ़िलिस्तीनी अस्थायी सरकार का सदरमुकाम (राजधानी) हुआ करता था।

उस समय तक फ़िलिस्तीन का मामला सुलझा नहीं था तथा ट्यूनिस में ही यास्सेर अराफात के नेतृत्व में यह अस्थायी सरकार काम कर रही थी। लेखक संघ की गतिविधि में भी फ़िलिस्तीनी लेखकों, बुद्धिजीवियों तथा अस्थायी सरकार का बड़ा योगदान था।

8. 'गाँधी, नेहरू और यास्सेर अराफात' पाठ का उद्देश्य बताइए।

उत्तर 'गाँधी, नेहरू और यास्सेर अराफात' पाठ भीष्म साहनी की आत्मकथा 'आज के अतीत' का एक अंश है, जो संस्मरण के रूप में लिखा गया है। इसमें लेखक ने अपने किशोरावस्था से प्रौढ़ावस्था तक के अनुभवों को स्मरण के आधार पर अभिव्यक्त किया है। सेवाग्राम में गाँधीजी, कश्मीर में नेहरू जी और फ़िलिस्तीन में यास्सेर अराफात के साथ तथा उनके साथ व्यतीत किए गए कुछ क्षणों का चित्रण प्रभावशाली ढंग से किया गया है। लेखक ने पाठ के बीच-बीच में अपने रोचक अनुभवों को भी जोड़ा है जिससे यह संस्मरण अत्यंत रोचक और पठनीय बन गया है। इस पाठ में रचनाकार के व्यक्तित्व तथा तीन महान व्यक्तियों के बारे में जानकारी प्राप्त होती है। साथ ही, राष्ट्रीयता, देशप्रेम और अंतर्राष्ट्रीय मैत्री जैसे विषयों पर भी चर्चा की गई हैं।

9. यास्सेर अराफात के व्यक्तित्व पर टिप्पणी कीजिए। **CBSE Diksha**

उत्तर यास्सेर अराफात का व्यक्तित्व एक विनम्र, सहज और प्रभावशाली नेता के रूप में उभरता है। उनके नेतृत्व में फिलिस्तीनी अस्थायी सरकार का संचालन हो रहा था और वे फिलिस्तीनी आंदोलन के प्रतीक माने जाते थे। इस संस्मरण में अराफात का व्यक्तित्व आत्मीयता, सादगी और आतिथ्य से भरा हुआ दिखता है।

वे एक बड़े राजनेता होने के बावजूद आम आदमी की तरह अतिथियों का स्वागत करते हैं, उन्हें फल छीलकर खिलाते हैं और शहद की चाय परोसते हैं। उनकी सरलता से तो लेखक तब झेंप गए, जब उन्हें गुसलखाने के बाहर तौलिया हाथ में लिए खड़ा देखा। उनके भीतर न केवल राजनीतिक दूर दृष्टि और संघर्ष की भावना थी, बल्कि अपने अतिथियों के प्रति गहरी आत्मीयता और सम्मान भी था।

गाँधीजी और भारतीय नेताओं को आदरपूर्वक याद करते हुए वे यह भी व्यक्त करते हैं कि गाँधी केवल भारतीयों के नहीं, बल्कि सम्पूर्ण विश्व के नेताओं के लिए प्रेरणा स्रोत हैं। उनकी सरलता और सहजता से यह स्पष्ट होता है कि अराफात न केवल एक दृढ़ राजनेता थे, बल्कि मानवीय संवेदनाओं से भरे एक विनम्र और आतिथ्यशील व्यक्ति भी थे।

10. 'यास्सेर अराफ़ात' के आतिथ्य से आप अपने अतिथि सत्कार के लिए क्या प्रेरणाएँ लेते हैं? **CBSE 2023**

उत्तर 'यास्सेर अराफ़ात' के आतिथ्य से हमें सादगी, आत्मीयता और संवेदनशीलता का महत्त्वपूर्ण पाठ मिलता है। उन्होंने अपने मेहमानों का स्वागत न केवल गर्मजोशी और सम्मान से किया, बल्कि व्यक्तिगत सेवा के माध्यम से उन्हें विशेष महसूस कराया। फल छीलकर खिलाना, शहद की चाय बनाना और सहज वार्तालाप से उन्होंने यह दर्शाया कि आतिथ्य केवल औपचारिकता नहीं, बल्कि सच्चे आदर और अपनत्व का प्रतीक है। उनका यह कथन, 'गाँधी जी आपके ही नहीं, हमारे भी नेता हैं,' समानता और उदारता की भावना को प्रकट करता है।

गुसलखाने के बाहर तौलिया लेकर खड़े होना उनकी संवेदनशीलता और अतिथि की छोटी-छोटी ज़रूरतों का ध्यान रखने की क्षमता को दर्शाता है। यह सीखने योग्य है कि सच्चा आतिथ्य केवल खानपान तक सीमित नहीं होता, बल्कि उसमें अपनापन और संवेदनशीलता का समावेश होना चाहिए।

11. बीमार व्यक्ति और लड़के के साथ गाँधीजी के किए गए व्यवहार से आपको क्या प्रेरणा मिलती है? स्पष्ट कीजिए। **CBSE 2025**

उत्तर गाँधीजी के व्यवहार से हमें सेवा, करुणा और निःस्वार्थ भाव से सहायता करने की प्रेरणा मिलती है। उन्होंने न केवल बीमार लड़के की सहायता के लिए अपनी महत्त्वपूर्ण बैठक छोड़ी, बल्कि रोज़ एक रुग्ण व्यक्ति की भी देखभाल की। इससे हमें सीख मिलती है कि हमें भी बिना किसी भेदभाव के दीन-दुखियों की सहायता के लिए तत्पर रहना चाहिए।

स्व-मूल्यांकन

गद्यांश पर आधारित बहुविकल्पीय प्रश्न

निम्नलिखित गद्यांश के आधार पर दिए गए बहुविकल्पीय प्रश्नों के उत्तर के लिए उपयुक्त विकल्प का चयन कीजिए

1. उन दिनों मैं अफ्रो-एशियाई लेखक संघ में कार्यकारी महामंत्री के पद पर सक्रिय था। ट्यूनीशिया की राजधानी ट्यूनिस में अफ्रो-एशियाई लेखक संघ का सम्मेलन होने जा रहा था। भारत से जाने वाले प्रतिनिधि मण्डल में सर्वश्री कमलेश्वर, जोगिंदरपाल, बालू राव, अब्दुल बिस्मिल्लाह आदि थे। कार्यकारी महामंत्री के नाते मैं अपनी पत्नी के साथ कुछ दिन पहले पहुँच गया था। ट्यूनिस में ही उन दिनों लेखक संघ की पत्रिका 'लोटस' का संपादकीय कार्यालय हुआ करता था। एकाध वर्ष पहले ही पत्रिका के प्रधान संपादक फैज़ अहमद फैज़ चल बसे थे। ट्यूनिस में ही उन दिनों फ़िलिस्तीनी अस्थायी सरकार का सदरमुकाम हुआ करता था। उस समय तक फ़िलिस्तीन का मसला हल नहीं हुआ था और ट्यूनिस में ही, यास्सेर अराफ़ात के नेतृत्व में यह अस्थायी सरकार काम कर रही थी। लेखक संघ की गतिविधि में भी फ़िलिस्तीनी लेखकों, बुद्धिजीवियों तथा अस्थायी सरकार का बड़ा योगदान था।

(क) ट्यूनिस में कौन-सा सम्मेलन होने जा रहा था?
- (i) संयुक्त राष्ट्र सम्मेलन
- (ii) अफ्रो-एशियाई लेखक संघ का सम्मेलन
- (iii) गुटनिरपेक्ष सम्मेलन
- (iv) साहित्य अकादमी सम्मेलन

(ख) सम्मेलन में प्रतिनिधिमंडल में भारत से सम्मिलित हुए थे
- (i) सर्वश्री कमलेश्वर, जोगिंदरपाल, बालू राव, अब्दुल बिस्मिल्लाह
- (ii) महात्मा गाँधी, नेहरू, सुभाषचंद्र बोस
- (iii) प्रेमचंद, रवींद्रनाथ ठाकुर, जयशंकर प्रसाद
- (iv) हरगोबिंद खुराना, भाभा, रमन

(ग) लेखक संघ की पत्रिका 'लोटस' के प्रधान संपादक कौन थे?
- (i) यास्सेर अराफ़ात
- (ii) फैज़ अहमद फैज़
- (iii) कमलेश्वर
- (iv) अब्दुल बिस्मिल्लाह

(घ) **कथन** (A) 'लोटस' पत्रिका का संपादकीय कार्यालय ट्यूनिस में स्थित था।

कारण (R) ट्यूनिस उस समय अफ्रो-एशियाई लेखक संघ की गतिविधियों का प्रमुख केंद्र था।
- (i) कथन (A) और कारण (R) दोनों सही हैं तथा कारण (R), कथन (A) की सही व्याख्या करता है।
- (ii) कथन (A) और कारण (R) दोनों सही हैं, परंतु कारण (R), कथन (A) की सही व्याख्या नहीं करता है।
- (iii) कथन (A) सही है, किंतु कारण (R) गलत है।
- (iv) कथन (A) गलत है, किंतु कारण (R) सही है।

(ङ) लेखक संघ की गतिविधियों में किनका बड़ा योगदान था?
- (i) भारतीय राजनेताओं का
- (ii) संयुक्त राष्ट्र संघ का
- (iii) अमेरिकी सरकार का
- (iv) फ़िलिस्तीनी लेखकों और बुद्धिजीवियों का

उत्तर

(क) (ii) अफ्रो-एशियाई लेखक संघ का सम्मेलन

(ख) (i) सर्वश्री कमलेश्वर, जोगिंदरपाल, बालू राव, अब्दुल बिस्मिल्लाह

(ग) (ii) फैज़ अहमद फैज़।

(घ) (i) कथन (A)और कारण (R) दोनों सही हैं तथा कारण (R) कथन (A) की सही व्याख्या करता है।

(ङ) (iv) फ़िलिस्तीनी लेखकों और बुद्धिजीवियों का

गद्यांश की व्याख्या

2. निम्नलिखित में से किसी एक गद्यांश की सप्रसंग व्याख्या कीजिए।

एक दिन प्रात: 'लोटस' के तत्कालीन सम्पादक मेरे पास होटल में आए और कहा कि मुझे और मेरी पत्नी को उस दिन सदरमुकाम में आमंत्रित किया गया है। उन्होंने कार्यक्रम का ब्यौरा नहीं दिया, केवल यह कहकर चले गए कि मैं बारह बजे तुम्हें लेने आऊँगा।

वहाँ पहुँचे तो बड़ी झेंप हुई। हमारे पहुँचने पर यास्सेर अराफ़ात अपने दो-एक साथियों के साथ बाहर आए और हमें अंदर लिवा ले गए। संभव है संपादक महोदय ने सुरक्षा की दृष्टि से हमें खोलकर न बताया हो कि वास्तव में हम दोनों को दिन के भोजन पर आमंत्रित किया गया था।

अथवा

मैं साथ चलने लगा। गाँधी जी के साथ चलने वाले लोगों में से मैंने दो-एक को पहचान लिया। डॉ. सुशीला नय्यर थीं और गाँधीजी के निजी सचिव महादेव देसाई थे। मैं कभी आसपास देखता, कभी नज़र नीची किए ज़मीन की ओर, गाँधी जी की धूलभरी चप्पलों की ओर देखने लगता। मैं गाँधी जी से बात करना चाहता था, पर समझ में ही नहीं आ रहा था कि क्या कहूँ? फिर सहसा ही मुझे सूझ गया।

विषय-वस्तु पर आधारित प्रश्न

1. गाँधी जी ने लेखक के शहर रावलपिंडी में कब और किससे मिलने का ज़िक्र किया?

2. फ़िलिस्तीनी अस्थायी सरकार का नेतृत्व कौन कर रहा था?

3. सेवाग्राम तक पहुँचने के लिए वर्धा से यात्रा का माध्यम क्या था?

05

अध्याय

लघु कथाएँ (शेर/पहचान/चार हाथ/साझा)

(असगर वजाहत)

लेखक-परिचय

असगर वजाहत का जन्म वर्ष 1946 में फतेहपुर, उत्तर प्रदेश में हुआ था। उन्होंने प्रारंभिक शिक्षा फतेहपुर से प्राप्त की और उच्च शिक्षा अलीगढ़ मुस्लिम विश्वविद्यालय से प्राप्त की। वर्ष 1955-56 से लेखन की शुरुआत करने वाले वजाहत ने कहानियाँ, उपन्यास, नाटक और पटकथा लेखन में योगदान दिया। उन्होंने फिल्म और धारावाहिकों के लिए भी पटकथाएँ लिखीं। उनकी प्रमुख रचनाओं में 'दिल्ली पहुँचना है', 'स्विमिंग पूल' और 'सब कहाँ कुछ', 'मैं हिंदू हूँ' (कहानी संग्रह), 'फिरंगी लौट आए', 'जिस लाहौर नई देख्या', 'सबसे सस्ता गोश्त' (नुक्कड़ नाटक), 'रात में जागने वाले', 'पहर दोपहर तथा सात आसमान' और 'कैसी आग लगाई' आदि सम्मिलित हैं। उन्होंने वृत्तचित्र 'गजल की कहानी' का निर्देशन और धारावाहिक 'बूँद-बूँद' का लेखन भी किया है।

▼ अध्ययन के लिए
- पाठ की रूपरेखा
- पाठ का सार

▼ अभ्यास के लिए
- पाठ्यपुस्तक के प्रश्नोत्तर
- गद्यांशों की व्याख्या
- गद्यांश पर आधारित बहुविकल्पीय प्रश्न
- विषय-वस्तु पर आधारित प्रश्नोत्तर

पाठ की रूपरेखा

'लघु कथाएँ' पाठ में समकालीन कहानीकार 'असगर वजाहत' की चार लघु कथाएँ 'शेर', 'पहचान', 'चार हाथ' और 'साझा' शीर्षक में दी गई हैं, जिनमें लेखक ने समाज में व्याप्त व्यवस्था, शासन-तंत्र, शोषण, मज़दूरों व किसानों की समस्याओं आदि पर व्यंग्य और प्रतीकों के माध्यम से करारी चोट की है। 'शेर' कहानी में शेर को व्यवस्था का प्रतीक बताकर शोषण की प्रवृत्ति को दर्शाया है। 'पहचान' कहानी में बताया गया है कि राजा को बहरी, गूँगी और अंधी प्रजा पसंद आती है, जो बिना कुछ बोले, बिना कुछ सुने तथा बिना कुछ देखे राजा के आदेश को मानती रहे। 'चार हाथ' कहानी पूँजीपतियों द्वारा मज़दूरों के शोषण करने की प्रवृत्ति को दर्शाती है तथा 'साझा' कहानी में किसानों की दुर्दशा को दर्शाया गया है, जहाँ उद्योगों पर कब्जा जमाने के बाद पूँजीपतियों की नजर किसानों की जमीन और उत्पाद पर जमी है।

पाठ का सार

शेर

जंगल में शेर का सामना

कहानी की शुरुआत में लेखक के सींग निकलने पर वह शहर से या आदमियों से डरकर भागकर जंगल में आता है, जहाँ उसे बरगद के पेड़ के नीचे एक शेर बैठा हुआ दिखाई देता है। शेर का मुँह खुला हुआ देखकर लेखक डर के मारे झाड़ी के पीछे छिप जाता है। कुछ देर बाद, वह देखता है कि छोटे जानवर एक लाइन से आकर शेर के मुँह में घुसते चले जा रहे हैं और शेर उन्हें बिना चबाए गटकता जा रहा है। यह दृश्य देखकर वह बेहोश होते-होते बचता है।

जानवरों की मूर्खता और शेर की लुभावनी बातें

अगले दिन लेखक एक गधे को लँगड़ाते हुए शेर के मुँह की तरफ जाते देखता है। गधे की बेवकूफी पर उसे गुस्सा आता है और वह उसे समझाने के लिए झाड़ी से निकलता है। गधा बताता है कि वहाँ हरी घास का बड़ा मैदान है। फिर लेखक एक लोमड़ी और उल्लू से मिलता है, जो शेर के मुँह में जाने का कारण बताते हैं। लोमड़ी रोजगार के दफ्तर की बात करती है, जबकि उल्लू उसे स्वर्ग का आश्वासन देता है। अगले दिन कुत्तों का बड़ा जुलूस तथा अन्य सभी जानवर भी शेर के मुँह में चले जाते हैं और लेखक यह सोचने लगता है कि शायद शेर के पेट में सच में कुछ है।

विश्वास का मायाजाल और अंतिम परिणाम

कुछ दिनों बाद, लेखक सुनता है कि शेर अहिंसा का बड़ा समर्थक है और जानवरों का शिकार नहीं करता। जब लेखक स्वयं शेर के पास जाकर रोज़गार के दफ्तर के बारे में पूछता है, तो उसे बताया जाता है कि यह सच है, लेकिन जब वह प्रमाण माँगता है तो उसे बताया जाता है कि ''प्रमाण से अधिक महत्त्वपूर्ण है विश्वास।'' लेखक इन बातों को समझते हुए शेर के मुँह में जाने से इनकार कर देता है।

इस पर शेर दहाड़कर खड़ा हो जाता है और उसकी तरफ झपट पड़ता है। इस प्रकार, यह कहानी इस बात पर भी बल देती है कि किस प्रकार जनता तर्क और प्रमाण की बजाय विश्वास को प्राथमिकता देती है। जनता बिना किसी प्रमाण के इस झूठे विश्वास को स्वीकार कर लेती है और सत्ता इसी अंधभक्ति का फायदा उठाकर उसे नियंत्रित करती है। यह जानते हुए भी कि शेर एक मांसाहारी जीव है, जो सभी को खाता है, सभी जानवरों को यह विश्वास दिला दिया जाता है कि अब शेर अहिंसा और सह-अस्तित्ववाद का समर्थक हो गया है और वह जानवरों का शिकार नहीं करेगा। अत: जानवर उनकी बात मानकर शेर के मुँह में स्वयं प्रवेश कर लेते हैं, किंतु लेखक जैसे कुछ लोग हैं, जो प्रमाण को ही अधिक महत्त्वपूर्ण मानते हैं, जिन्हें सत्ता कुचलने का प्रयास करती है।

पहचान

राजा द्वारा दिए गए हुक्म

राजा ने अपने राज्य में उत्पादन बढ़ाने के लिए खैराती, रामू, छिद्दू आदि आम जनता को आदेश दिया कि वे अपनी आँखें बंद करके काम करें। उसने उन्हें यह भी कहा कि वे अपने कानों में पिघला हुआ सीसा डलवा लें और अपने होंठ सिलवा लें, क्योंकि बोलना हमेशा उत्पादन में बाधा डालता है। इसके साथ ही राजा ने उन्हें कई प्रकार की चीजें कटवाने और जोड़ने का भी आदेश दिया। इस प्रकार, राजा के हुक्म के तहत जनता ने आँखें बंद करके काम किया, जिससे राजा रात-दिन आश्चर्यजनक प्रगति करने लगा।

राजा की निरंकुशता का परिणाम

इस कहानी में शासन तंत्र की निरंकुशता और लालच का चित्रण किया गया है। जब जनता राज्य की स्थिति को अनदेखा करती है, तो शासक वर्ग निरंकुश हो जाता है। राजा प्रगति के नाम पर सभी संसाधनों को हड़पकर केवल अपना भला करता है। ऐसे शासक वर्ग को एक बहरी, गूँगी और अंधी जनता पसंद आती है, जो केवल उनकी आज्ञा का पालन करती रहे। खैराती, रामू और छिद्दू इस तरह की जनता का प्रतीक हैं, जो आँखें मूँदकर अपने राजा पर विश्वास करते हैं, लेकिन जब वे अंतत: अपनी आँखें खोलते हैं, तब तक राजा अत्यधिक बलशाली हो चुका होता है और उनका विरोध करने की हिम्मत उनमें नहीं होती।

यह कहानी दर्शाती है कि कैसे राजा की निरंकुशता और जनता का अंधविश्वास उन्हें उनके मूलभूत अधिकारों से वंचित कर देता है।

चार हाथ

'चार हाथ' पूँजीवादी व्यवस्था में मजदूरों के शोषण को उजागर करती है। मिल मालिकों का लालच मजदूरों के शोषण का कारण बनता है। मिल मालिक मजदूरों को मात्र एक कल-पुर्जे के रूप में लेता है, जो उसको लाभ देंगे।

मिल मालिक के अजीब ख्याल

एक मिल मालिक के दिमाग में अजीब खयाल आते थे। उसने सोचा कि यदि मज़दूरों के चार हाथ हों, तो काम तेजी से होगा और मुनाफा भी बढ़ेगा। उसने यह सोचकर वैज्ञानिकों को अधिक तनख्वाह पर रखा, जिससे वे इस काम को पूरा कर सकें, लेकिन कई वर्षों के शोध के बाद वैज्ञानिकों ने बताया कि ऐसा करना असंभव है। मिल मालिक वैज्ञानिकों से नाराज़ हुआ और उन्हें नौकरी से निकाल दिया।

मालिक की समझदारी

मिल मालिक ने स्वयं ही इस कार्य को पूरा करने की कोशिश की। उसने कटे हुए हाथ मँगवाए और उन्हें मजदूरों पर लगाने की कोशिश की, लेकिन सफल नहीं हो सका। फिर उसने लकड़ी और बाद में लोहे के हाथ लगाने की कोशिश की, पर इसके परिणाम भी भयानक रहे, क्योंकि इससे मजदूर मर गए। अंतत: मिल मालिक को समझ में आ गया कि उसके लिए सही उपाय यह था कि वह मजदूरी आधी कर दे और दोगुने मजदूर रख ले। इस प्रकार, उसने अपने लक्ष्य को पाने के लिए एक व्यावहारिक समाधान निकाला।

साझा

डर और साझेदारी का प्रस्ताव

किसान को खेती का ज्ञान था, फिर भी वह डर के मारे अकेले खेती करने का साहस नहीं जुटा पाता था। वह पहले शेर, चीते और मगरमच्छ के साथ साझेदारी कर चुका था। अब हाथी उसे साझे की खेती करने का प्रस्ताव देता है। किसान बताता है कि उसकी साझेदारी में गुज़ारा नहीं होता और वह अकेले खेती नहीं कर सकता। हाथी उसे आश्वासन देता है कि उसके साथ खेती करने से छोटे जानवरों से फसल की रक्षा होगी। अंततः किसान तैयार हो जाता है और हाथी के साथ मिलकर गन्ना बोता है।

फसल का विवाद और हाथी का प्रभुत्व

जब गन्ने की फसल तैयार होती है, तो किसान हाथी को बुलाकर कहता है कि फसल को आधा-आधा बाँटा जाए, लेकिन हाथी नाराज़ होकर कहता है, "हम दोनों ने मिलकर मेहनत की थी, इसलिए हम दोनों उसके स्वामी हैं।" किसान के कुछ कहने से पहले ही हाथी अपनी सूँड से एक गन्ना तोड़ लेता है और कहता है, "आओ खाएँ।" गन्ने का एक छोर हाथी की सूँड में था और दूसरा आदमी के मुँह में। गन्ने के साथ-साथ किसान हाथी के मुँह की तरफ खींचने लगा, तो किसान ने अपनी जान बचाने के लिए गन्ना छोड़ दिया। इस प्रकार हाथी ने (प्रभुत्वशाली वर्ग व पूँजीपति) अपने बल से अन्यायपूर्ण तरीके से किसान की फसल पर अपना अधिकार (कब्जा) कर लिया।

'साझा' कहानी में आजादी के बाद किसानों की बदहाली का वर्णन किया गया है। हाथी समाज के अमीर और प्रभुत्वशाली वर्ग का प्रतीक है, जो किसानों की सारी मेहनत और कमाई धोखे से हड़प लेता है और किसानों को पता भी नहीं चलता।

शब्दार्थ

सींग निकलना–व्यवस्था से अलग रहना/बनी बनाई लीक से अलग चलना। इसका प्रयोग प्रतीक रूप में किया गया है। गधे के सिर पर सींग निकलना इसी कहावत को प्रतीक के रूप में प्रयुक्त किया गया है; **ओट**–आड़ में; **गज़ब**–विचित्र/आश्चर्यजनक; **गटकना**–निगलना/खाना; **सख्त गुस्सा**–अत्यधिक क्रोध; **दरख्वास्त**–प्रार्थना या आवेदन-पत्र; **निर्वाण**–जन्म-मरण के चक्र से मुक्ति या छुटकारा; **एकमात्र**–इकलौता; **दुम दुबाए**–डरे हुए; **सह-अस्तित्ववाद**–मिल-जुलकर एकसाथ रहने की भावना; **समर्थक**–साथ देने वाला/पक्षधर; **प्रमाण**–सबूत; **मिथ्या**–झूठ; **उल्लू बनाना**–मूर्ख बनाना; **हुक्म**–आदेश; **अज़ीब**–विचित्र; **बाधक**–बाधा खड़ी होना; **ख्याल**–विचार; **तनख्वाह**–वेतन; **शोध**–अनुसंधान/खोज करना; **मुनाफ़ा**–लाभ; **मर्ज़**–रोग; **नाराज़**–अप्रसन्न; **बारीकी**–छोटी-छोटी जानकारी; **पट्टी पढ़ाना**–झाँसा देना/मूर्ख बनाकर ठगना; **रखवाली**–देखरेख; **डुग्गी पीटना**–घोषणा करना/प्रचार करना (एक प्रकार का वाद्य यंत्र जिसे बजाकर लोगों को एकत्रित करके ज़रूरी सूचना दी जाती है); **पराए**–दूसरे।

पाठ्यपुस्तक (अंतरा भाग-2) के प्रश्नोत्तर

शेर

1. लोमड़ी स्वेच्छा से शेर के मुँह में क्यों चली जा रही थी?

उत्तर लोमड़ी स्वेच्छा से शेर के मुँह में इसलिए चली जा रही थी, क्योंकि वह बेरोज़गार थी, उसने सुना था कि शेर के मुँह में रोज़गार का दफ़्तर है। उसने सोचा कि वहाँ रोज़गार का आवेदन देने के बाद उसे नौकरी मिल सकती है। वस्तुतः वह शेर के झाँसे में आ गई थी। यहाँ लोमड़ी को निरीह जनता का प्रतीक बताया गया है, जो व्यवस्था के शोषण को न समझकर उसके चंगुल में फँस जाती है। शेर व्यवस्था का प्रतीक है, जो सामान्य जनता को केवल सपने दिखाता है और उनके भोलेपन का फ़ायदा उठाकर अपना उल्लू सीधा करता है।

2. कहानी में लेखक ने शेर को किस बात का प्रतीक बताया है?

***अथवा* शेर के मुँह में जानवरों का घुसना विसंगति को प्रतिपादित करता है। स्पष्ट कीजिए।** **CBSE 2023**

उत्तर 'शेर' कहानी में लेखक ने शेर को व्यवस्था का प्रतीक बताया है। यह व्यवस्था विसंगतियों से भरी है। अपनी शक्ति के बल पर वह शोषण तथा सामान्य-निरीह जनता की मूल भावना को छलने का काम करती है। यह व्यवस्था अपनी शर्तों पर जनता को चलाना चाहती है। वह सपनों का लालच देती है। सपनों के लोभ में जनता उसके पेट में समा जाती है, जिससे सामान्य जनता का अपना अस्तित्व समाप्त हो रहा है, साथ ही जनता में विरोध की क्षमता भी समाप्त होती जा रही है। शेर स्वयं को अहिंसा तथा सह-अस्तित्ववाद का समर्थक कहता है। वह अपनी नृशंसता को सामाजिक गुणों का आवरण देकर सबको छलता है।

3. शेर के मुँह और रोज़गार के दफ़्तर के बीच क्या अंतर है?

***अथवा* शेर के मुँह और रोजगार के दफ्तर के बीच क्या अंतर बताया गया है? इस लघुकथा के माध्यम से लेखक ने हमारे समाज की किस व्यवस्था पर व्यंग्य किया है?**

उत्तर शेर का मुँह उन भ्रामक सत्ता का प्रतीक है, जो लोगों का शोषण करते हैं। यह जंगल के जानवरों को धोखे से आकर्षित करता है, जिसमें गधा, लोमड़ी, उल्लू और कुत्तों की तरह लोग भी फँस जाते हैं। उन्हें शेर के मुँह के भीतर घास, नौकरी, स्वर्ग या अन्य लालच की उम्मीद होती है, लेकिन वास्तव में वे अपनी स्वतंत्रता और जीवन खो देते हैं। लेखक द्वारा "रोज़गार का दफ्तर" का जिक्र वास्तव में एक भ्रम है, जिसे शेर ने जानवरों को अपने जाल में फँसाने के लिए गढ़ा है। वास्तविक रोजगार के दफ्तर में लोग मेहनत और प्रमाणिकता के आधार पर काम पाते हैं, जबकि शेर के मुँह में ऐसा कोई वास्तविक रोजगार नहीं है, यह केवल एक धोखे का हिस्सा है।

इस लघुकथा के माध्यम से लेखक ने वर्तमान शासन व्यवस्था की विडंबना पर व्यंग्य किया है। इसके साथ-ही-साथ उन्होंने समाज के ऐसे व्यक्तियों के व्यक्तित्व को भी प्रकाशित किया है, जो दोहरा जीवन जीते हैं। आज राजनीति, धर्म और शासन केवल अपनी स्वार्थ सिद्धि हेतु हैं। जब तक हम तत्कालीन शासन व्यवस्था और उसके कर्ता-धर्ताओं का समर्थन करते रहे, तब तक सब कुछ अनुकूल रहता है, परंतु जैसे ही हम अपने हितों के लिए आवाज उठाते हैं, तुरंत ही वह अपना मुखौटा उतारकर हिंसक रूप से हमारे सामने आ जाते हैं।

4. ''प्रमाण से अधिक महत्त्वपूर्ण है विश्वास'' कहानी के आधार पर टिप्पणी कीजिए।

***अथवा* असगर वजाहत की 'शेर' लघुकथा के आलोक में प्रतिपादित कीजिए कि ''प्रमाण से अधिक महत्त्वपूर्ण है विश्वास''।**

उत्तर ''प्रमाण से अधिक महत्त्वपूर्ण है विश्वास'' पंक्ति के माध्यम से लेखक ने सत्ता और जनता के बीच के उस संबंध को उजागर किया है, जिसमें जनता अपनी भलाई और अधिकारों के प्रमाण माँगने के बजाय सत्ता पर आँख मूँदकर विश्वास करती है। कहानी 'शेर' में शेर का मुँह हिंसा, धोखे और अनिश्चितता का प्रतीक है, फिर भी जनता को यह विश्वास दिलाया जाता है कि शेर का मुँह ही सब दुःखों का अंत है और वही उसे सुरक्षा, रोजगार व सुख प्रदान करेगा।

यह विश्वास उस स्तर तक धूर्ततापूर्ण होता है कि जानवर अपनी बुद्धि और आत्म-सुरक्षा की भावना को छोड़कर शेर के मुँह में खुशी-खुशी प्रवेश कर जाते हैं।

आज का सत्ताधारी वर्ग भी इस नीति पर कार्य करता है, वह जनता का विश्वास जीतकर उसे आश्वासनों से संतुष्ट करता है और बाद में उसी का शोषण करता है, जिसका पता जनता को नहीं चलता। वह अंत तक यही सोचती है कि सत्ता पक्ष उसके हित के लिए कार्य कर रही है।

पहचान

1. राजा ने जनता को हुक्म क्यों दिया कि सब लोग अपनी आँखें बंद कर लें?

***अथवा* 'पहचान' लघु निबंध के आधार पर लिखिए कि राजा ने अपने राज्य के लोगों को आँख, कान और मुँह बंद करके काम करने का आदेश क्यों दिया होगा?** **CBSE 2023**

उत्तर राजा अपने राज्य का अत्यधिक विकास चाहता था। उत्पादन की तीव्रता के लिए उसे तीव्र गति से कार्य करने वाली और उसकी आज्ञा का बिना विरोध पालन करने वाली जनता पसंद थी। वह ऐसी जनता को पसंद करता था, जो आँखें बंद करके उसका अनुसरण करे।

राजा जनता को अपनी आँखें बंद करने का इसलिए हुक्म देता है, क्योंकि उसे लगता था कि खुली आँखों से यथार्थ को देखकर जनता उसका विरोध कर सकती है। बंद आँखों में उसके पास केवल सपने होंगे, विरोध समाप्त हो जाएगा और उसकी सत्ता निष्कंटक हो जाएगी। राजा ने अविवेकी तथा आज्ञापालक जनता को अपनी आँखें बंद करने का आदेश दिया।

2. आँखें बंद रखने और आँखें खोलकर देखने के क्या परिणाम निकले?

उत्तर राजा के आदेश पर सभी लोगों ने आँखें बंद कर लीं। आँखें बंद करने से सच्चाई का सामना न होने के कारण शांति फैल गई। सभी लोग अपने-अपने काम में लग गए। उत्पादन में अत्यधिक वृद्धि हुई। राजा तथा उसका राज्य लगातार प्रगति कर रहा था। एक दिन जनता ने जब अपनी आँखें खोलीं, तो वे स्वयं की पहचान खो बैठे थे। उनके सामने केवल राजा था। जनता छली गई थी। सत्ता के विकास के लिए जनता ने अपनी अस्मिता और विवेक को तिलांजलि दे दी थी। राजा अपने उद्देश्य में सफल रहा था। उसने जनता की एकजुटता की प्रक्रिया को समाप्त करने में सफलता प्राप्त कर ली थी। जब जनता ने आँखें खोलकर देखीं, तो उन्हें पता चला कि तरक्की केवल राजा की हुई है, जनता की नहीं।

3. राजा ने कौन-कौन से हुक्म निकाले? सूची बनाइए और इनके निहितार्थ लिखिए।

उत्तर राजा ने निम्नलिखित हुक्म निकाले

(i) **सभी लोग अपनी आँखें बंद कर लें** यदि लोग आँखें बंद रखेंगे, तो सुखपूर्वक रहेंगे और जो आँखें खोलकर रखेंगे अर्थात् राज-काज की प्रक्रिया में रुचि रखेंगे, तो वह शांति से नहीं रह सकेंगे। इसलिए जो भी शासन-तंत्र द्वारा किया जा रहा है, उसे अनदेखा करें।

(ii) **अपने कानों में पिघला सीसा डलवा लें** सुनना जीवित रहने के लिए अनिवार्य नहीं है। राजा के अनुसार, जो व्यक्ति राजव्यवस्था की बातों पर ध्यान देगा, उसे जीवित नहीं छोड़ा जाएगा। जो जीवित रहना चाहते हैं, वे इधर-उधर की बातों पर ध्यान न दें।

(iii) **लोग अपने होंठ सिलवा लें** सभी लोग अपने-अपने कार्य में व्यस्त रहें। शासन व्यवस्था की नीतियों व योजनाओं पर बात न करें, क्योंकि बात करने से समय बर्बाद होता है। इसलिए अपने काम से मतलब रखें। शासन व्यवस्था के कार्यों में बाधा उत्पन्न न करें।

उपर्युक्त सभी आदेशों का निहितार्थ यह था कि प्रजा अंधी, बहरी और गूँगी बनी रहे, ताकि राजा निरंकुश होकर अपनी इच्छानुसार काम करता रहे तथा वह राजा के किसी भी अनैतिक कार्य का विरोध न कर सके।

4. जनता राज्य की स्थिति की ओर से आँखें बंद कर ले, तो उसका राज्य पर क्या प्रभाव पड़ेगा? स्पष्ट कीजिए।

***अथवा* 'पहचान' लघुकथा के आधार पर बताइए कि जनता यदि राज्य की स्थिति की ओर से आँख बंद कर ले, तो उसका राज्य पर क्या प्रभाव पड़ेगा?** **CBSE 2023**

उत्तर जनता राज्य की स्थिति की ओर से आँखें बंद कर ले, तो राजा निरंकुश हो जाता है। उसकी मनमानी बढ़ जाएगी। आँखें बंद रहने के कारण जनता राजा के अनैतिक कार्य को देख नहीं सकेगी। ऐसी स्थिति में जनता का शोषण बढ़ेगा। राजा शोषण तथा दमन का सहारा लेकर मूल अधिकारों तथा जनता की मौलिक प्रवृत्तियों को अपने अधिकार में ले लेगा। इससे जनता की स्थिति खराब होगी और उसका अस्तित्व मिट जाएगा।

शोषण तथा दमन के माध्यम से चलने वाली राजसत्ता यही चाहती हैं कि उसकी प्रजा आँखें बंद रखें। वह जनता को छलावे में रखता है। उसे सपनों के साथ जीवित रखकर राजा अपनी शक्ति तथा ऐश्वर्य में लगातार वृद्धि करता है। इस प्रकार अराजकता तथा एकाधिकार का विस्तार होता है। ऐसी व्यवस्था में अंततः जनता ही ठगी जाती है।

5. खैराती, रामू और छिद्दू ने जब आँखें खोलीं, तो उन्हें सामने राजा ही क्यों दिखाई दिया?

उत्तर खैराती, रामू और छिद्दू ने जब आँखें खोलीं तो उन्हें सामने राजा दिखाई दिया, क्योंकि उन्होंने राजा के आदेशानुसार अपनी आँखें बंद कर रखी थीं। राज्य में बहुत उन्नति हुई, परंतु उसका लाभ जनता को न मिलकर राजा को ही हुआ। राजा ने अपनी प्रजा के बारे में नहीं सोचा और उनकी स्थिति जैसी थी वैसी ही बनी रही। आँखें बंद करते समय उनकी आँखों में राजा के प्रति आस्था एवं विश्वास था कि वह उनके हित में नीतियाँ एवं योजनाएँ बनाएगा, किंतु राजा ने उनके साथ छल करके अपने स्वार्थ की सिद्धि की और दिन-प्रतिदिन राज्य के स्थान पर स्वयं का विकास करता चला गया। इसी कारण आज भी उन्होंने अपनी आँखें खोलीं तो उन्हें सामने राजा ही दिखाई दिया।

चार हाथ

1. मज़दूरों को चार हाथ देने के लिए मिल मालिक ने क्या किया और उसका क्या परिणाम निकला? CBSE 2023

अथवा **'चार हाथ' लघुकथा के आधार पर बताइए कि उत्पादन बढ़ाने के लिए मिल मालिक ने क्या उपाय किए? आप उसकी जगह होते तो क्या उपाय करते?**

उत्तर मज़दूरों को चार हाथ देने के लिए मिल मालिक ने कई प्रयोग किए। सर्वप्रथम उसने बड़े वैज्ञानिकों को अच्छी रकम देकर इस कार्य के लिए नियुक्त किया, परंतु अनेक वर्षों तक प्रयोग और शोध के बाद वैज्ञानिकों ने इस कार्य की सफलता में संदेह अभिव्यक्त किया। उसके बाद मिल मालिक स्वयं इस कार्य में लग गया।

उसने कटे हुए हाथ मँगवाए और मज़दूरों को लगवाने लगा, लेकिन वह असफल हुआ। फिर उसने लकड़ी के हाथ लगवाने का प्रयास किया, परंतु सफलता नहीं मिली। अंत में उसने लोहे के हाथ लगवा दिए, जिससे मज़दूरों की मृत्यु हो गई।

इन सबका यह परिणाम निकला कि मिल मालिक को यह बात समझ में आ गई कि मज़दूरों के हाथ नहीं बढ़ाए जा सकते, अपितु मज़दूरी आधी करके दोगुने मज़दूर रखे जा सकते हैं।

2. चार हाथ न लग पाने पर मिल मालिक की समझ में क्या बात आई?

उत्तर एक दिन मिल मालिक के दिमाग में ख्याल आया कि यदि मजदूरों के चार हाथ हों तो काम कितनी तेजी से होगा और लाभ भी ज्यादा होगा, इसलिए मिल मालिक मज़दूरों के चार हाथ बनाने के लिए उनके दो हाथों में दो हाथ और लगवाना चाहता था, परंतु जब हाथ लग न सके, तब उसे समझ आया कि मज़दूरी आधी करके दोगुने मज़दूर काम पर रखे जा सकते हैं। मिल मालिक ने ऐसा ही किया, क्योंकि बेरोज़गारी झेलते लोग किसी भी कीमत पर काम चाहते थे और मिल मालिक ने इसका फ़ायदा उठाया।

साझा

1. साझे की खेती के बारे में हाथी ने किसान को क्या बताया?

अथवा **'साझा' लघुकथा में हाथी गाँव के प्रभुत्वशाली वर्ग का प्रतिनिधित्व करता है, कैसे? स्पष्ट कीजिए।** CBSE 2023

उत्तर अपने स्वार्थ को छुपाकर हाथी ने किसान को अपने साथ रहने के लाभ गिनवाए। साझे की खेती के बारे में उसने किसान को बताया कि उसके साथ साझे की खेती करने से जंगल के छोटे-मोटे जानवर उसकी फसल को नुकसान पहुँचाने से डरेंगे। इससे उसे अधिक उत्पादन प्राप्त होगा। हाथी ने खेत की रखवाली का भरोसा भी दिया। उसने साझे की खेती के लिए अंततः किसान को तैयार कर लिया। वस्तुतः 'हाथी' उस प्रभुत्वशाली वर्ग का प्रतीक है, जो सामान्य जनता को अपने संरक्षण का भरोसा देकर विश्वासघात करता है।

2. हाथी ने खेत की रखवाली के लिए क्या घोषणा की?

उत्तर हाथी ने खेत की रखवाली के लिए यह घोषणा करवाई कि खेती में उसका भी हिस्सा है, इसलिए कोई भी जानवर खेतों को नुकसान पहुँचाने की हिम्मत न करे अन्यथा अच्छा नहीं होगा।

3. आधी-आधी फसल हाथी ने किस तरह बाँटी?

उत्तर गन्ने की फसल तैयार होने के बाद किसान ने हाथी को खेत पर बुलाया। किसान चाहता था कि फसल आधी-आधी बाँटी जाए। जब उसने हाथी से यह बात कही तो वह बिगड़ गया। हाथी ने किसान को सह-अस्तित्व का पाठ पढ़ाया। अपने-पराए के भेद के लिए कोसा। हाथी ने किसान से कहा कि दोनों ने फसल के लिए मेहनत की है, इसलिए हम दोनों ही इसके स्वामी हैं। हमें मिलकर गन्ना खाना चाहिए। हाथी अपनी सूँड़ से गन्ना तोड़कर लाया और एक छोर किसान को पकड़ाते हुए खाने को कहा। किसान ने गन्ने को खाना शुरू किया, तो वह हाथी के मुँह की तरफ़ खिंचने लगा। तभी किसान ने गन्ना छोड़ दिया और वह फसल छोड़कर भाग गया। इस प्रकार हाथी ने अपने बल से अन्यायपूर्ण तरीके से किसाने की फसल पर अपना अधिकार जमा लिया।

योग्यता-विस्तार

शेर

1. इस कहानी में हमारी व्यवस्था पर जो व्यंग्य किया गया है, उसे स्पष्ट कीजिए।

उत्तर 'शेर' लघुकथा के माध्यम से लेखक ने वर्तमान शासन व्यवस्था की विडंबना पर व्यंग्य किया है। इसके साथ–ही–साथ उन्होंने समाज के ऐसे व्यक्तियों के व्यक्तित्व को भी प्रकाशित किया है, जो दोहरा जीवन जीते हैं। समाजसेवी, राजनेताओं, देशभक्त और अहिंसावादियों के पाखंड को उजागर किया। आज राजनीति, धर्म और शासन केवल अपने स्वार्थ सिद्ध करने के लिए हैं। जब तक हम तत्कालीन शासन व्यवस्था और उसके कर्ता-धर्ताओं का समर्थन करते रहें, तब तक सब कुछ अनुकूल रहता है, परंतु जैसे ही हम अपने हितों के लिए आवाज़ उठाते हैं अथवा उनकी कार्यशैली पर प्रश्न करते हैं, तुरंत ही वह अपना मुखौटा उतार कर हिंसक रूप में हमारे सामने आते हैं और विरोधी स्वरों को तब तक कुचलने का प्रयास करते हैं, जब तक उनका मुँह बंद नहीं हो जाता।

2. यदि आपके भी सींग निकल आते तो आप क्या करते?

उत्तर यदि हमारे भी सींग निकल आते तो समाज के अन्य प्राणियों से भिन्न होते और सामान्य समाज से अलग होने के कारण हम सत्ता का विरोध करते। अन्याय, अत्याचार ढोंग और दोहरे व्यक्तित्व का डटकर सामना करते और उसे समूल उखाड़ फेंकने का प्रयास करते।

पहचान

1. गाँधीजी के तीनों बंदर आँख, कान, मुँह बंद रखते थे, किंतु उनका उद्देश्य अलग था कि वे बुरा न देखेंगे, न सुनेंगे, न बोलेंगे। यहाँ राजा ने अपने लाभ के लिए या राज्य की प्रगति के लिए ऐसा किया। दोनों की तुलना कीजिए।

उत्तर राजा ने यह घोषणा करवाई कि लोग अपनी आँखें बंद रखें। अपने कानों में पिघला सीसा डलवा लें और अपने होंठ सिलवा लें। गाँधीजी के तीन बंदर भी अपने कान, मुँह और आँखों पर हाथ रखे हुए हैं, परंतु राजा का उद्देश्य गाँधीजी के बंदरों से बिलकुल अलग था। गाँधीजी के बंदर अपने संकेतों के माध्यम से स्वयं के आचरण को शुद्ध करके सामाजिक, राजनैतिक व धार्मिक विसंगतियों के प्रति अहिंसात्मक दृष्टिकोण अपनाकर उनके विरोध के प्रतीक के रूप में प्रस्तुत हुए हैं।

जबकि राजा के आदेशानुसार आँख, कान, मुँह बंद करना प्रजा को उसकी शासन व्यवस्था में दखल न देने और उसकी अन्यायपूर्ण नीतियों का विरोध न करने का संदेश है। गाँधीजी के तीनों बंदर एक आदर्श हैं, परंतु राजा के आदेश का पालन करना अनिवार्य था। गाँधीजी आदर्श महापुरुष थे, जबकि राजा स्वार्थी और तानाशाह था। गाँधीजी के बंदर स्वेच्छापूर्वक आचरण करने की प्रेरणा देते हैं, जबकि राजा ने प्रजा को अपने आदेशों का पालन करने के लिए बाध्य किया है।

2. भारतेंदु हरिश्चंद्र का 'अंधेर नगरी चौपट राजा' नाटक देखिए उस राजा से 'पहचान' के राजा की तुलना कीजिए।

उत्तर छात्र स्वयं करें।

चार हाथ

1. आप यदि मिल मालिक होते तो उत्पादन दोगुना करने के लिए क्या करते?

उत्तर यदि हम मिल मालिक होते तो उत्पादन दोगुना करने के लिए निम्नलिखित कार्य करते

(i) मज़दूरों को सुविधाएँ प्रदान करते।

(ii) मज़दूरों को मेहनत से कार्य करने के लिए सकारात्मक वातावरण प्रदान करते।

(iii) मज़दूरों को कार्य करने के लिए प्रोत्साहित करते और आवश्यकता पड़ने पर मज़दूरों की संख्या में वृद्धि करते।

साझा

1. पंचतंत्र की कथाएँ भी पढ़िए।

उत्तर छात्र स्वयं करें।

2. 'भेड़ और भेड़िए' हरिशंकर परसाई की रचना पढ़िए।

उत्तर छात्र स्वयं करें।

3. कहानी और लघुकथा में अंतर जानिए।

उत्तर कहानी और लघुकथा में निम्नलिखित अंतर होते हैं

(i) कहानी का आकार लघुकथा की तुलना में बड़ा होता है तथा विषय-क्षेत्र भी विस्तृत होता है।

(ii) कहानी में एक भाव का पूर्ण विवरण होता है, जबकि लघुकथा में मुख्य बात को कहा जाता है।

(iii) कहानी में कथावस्तु के साथ-साथ चरित्र-चित्रण, संवाद और उद्देश्य होता है, लेकिन लघुकथा में इन तत्त्वों की उपस्थिति अनिवार्य नहीं होती, साथ ही यह एक उद्देश्य पर आधारित होती है।

(iv) कहानी प्रकाश फैलाती है, किंतु लघुकथा का प्रकाश क्षणिक होता है।

(v) अनेक कहानियों की कथाओं पर फिल्में बन चुकी हैं, परंतु लघुकथाओं में ऐसा संभव नहीं है।

अभ्यास प्रश्न

गद्यांशों की व्याख्या

निम्नलिखित गद्यांशों की सप्रसंग व्याख्या कीजिए

शेर

गद्यांश 1

मैं तो शहर से या आदमियों से डरकर जंगल इसलिए भागा था कि मेरे सिर पर सींग निकल रहे थे और डर था कि किसी-न-किसी दिन कसाई की नज़र मुझ पर ज़रूर पड़ जाएगी। जंगल में मेरा पहला ही दिन था, जब मैंने बरगद के पेड़ के नीचे एक शेर को बैठे हुए देखा। शेर का मुँह खुला हुआ था। शेर का खुला मुँह देखकर मेरा जो हाल होना था वही हुआ, यानी मैं डर के मारे एक झाड़ी के पीछे छिप गया।

संदर्भ प्रस्तुत गद्यांश पाठ्यपुस्तक 'अंतरा भाग-2' में संकलित लघुकथा 'शेर' से उद्धृत है। इस लघुकथा की रचना 'असगर वजाहत' ने की है।

प्रसंग प्रस्तुत गद्यांश में लेखक ने आम आदमी की स्थिति तथा व्यवस्था एवं सरकारी तंत्र की वास्तविकता का वर्णन किया है।

व्याख्या प्रस्तुत गद्यांश में लेखक कहता है कि वह शहर से डरकर जंगल में इसलिए भागा था, क्योंकि उसे सत्ता की खामियों का पता चल गया था। शहर की व्यवस्था उसे अपने अनुकूल नहीं लग रही थी। वह बनी बनाई लीक से हटकर चलना चाहता था, लेकिन लीक से हटकर चलने वालों के लिए व्यवस्था में कोई स्थान नहीं होता। ऐसे व्यक्ति को जंगल में ही शरण मिल सकती है। उसे डर था कि किसी-न-किसी दिन कसाई अर्थात् सरकारी तंत्र की नज़र उस पर पड़ सकती है और वह उसे नष्ट कर देंगे। जिस प्रकार कसाई से पशु नहीं बच सकता, उसी प्रकार वह भी व्यवस्था में पिस ही जाएगा, इसलिए वह जंगल की तरफ़ भाग लिया। जंगल में उसका पहला दिन था। वहाँ उसने बरगद के पेड़ के नीचे एक शेर को बैठे हुए देखा। शेर का मुँह खुला हुआ था। शेर के खुले हुए मुँह को देखकर वह बहुत घबरा गया और डर के कारण एक झाड़ी के पीछे जाकर छिप गया।

विशेष

(i) प्रस्तुत गद्यांश में शासन व्यवस्था पर व्यंग्य किया गया है।

(ii) प्रस्तुत गद्यांश में प्रतीकों के माध्यम से बात कही गई है। शेर व कसाई व्यवस्था का प्रतीक है।

(iii) प्रस्तुत गद्यांश में मुहावरों का प्रभावशाली प्रयोग हुआ है; जैसे—सींग निकलना, कसाई की नज़र पड़ना।

(iv) प्रस्तुत गद्यांश में मिश्रित शब्दावली युक्त, प्रवाहमयी भाषा का प्रयोग हुआ है।

(v) प्रस्तुत गद्यांश में व्यंजना शब्द-शक्ति का प्रयोग हुआ है।

गद्यांश 2

मैंने देखा कि झाड़ी की ओट भी गज़ब की चीज़ है। अगर झाड़ियाँ न हों तो शेर का मुँह-ही-मुँह हो और फिर उससे बच पाना बहुत कठिन हो जाए। कुछ देर के बाद मैंने देखा कि जंगल के छोटे-मोटे जानवर एक लाइन से चले आ रहे हैं और शेर के मुँह में घुसते चले जा रहे हैं। शेर बिना हिले-डुले, बिना चबाए, जानवरों को गटकता जा रहा है। यह दृश्य देखकर मैं बेहोश होते-होते बचा।

संदर्भ पूर्ववत्।

प्रसंग प्रस्तुत गद्यांश में व्यवस्था के द्वारा सामान्य जनता पर किए जाने वाले अत्याचार, शोषण आदि का वर्णन किया गया है।

व्याख्या लेखक ने जंगल में झाड़ी के आवरण के पीछे से शेर का मुख देखा। शेर का मुख व्यवस्था का प्रतीक है। वह इस प्रकार खुला था कि उससे बच पाना बहुत कठिन काम था। कुछ देर बाद लेखक ने देखा कि जंगल के सभी छोटे-बड़े जानवर एक पंक्ति में आकर शेर के मुख में समाते जा रहे हैं, लेकिन शेर न तो हिल-डुल रहा है, न ही जानवरों को चबा रहा है, बल्कि वह सब जानवरों को निगल रहा है। इस दृश्य की भयावहता को देखकर लेखक बेहोश होते-होते जैसे-तैसे बचा। अभिप्राय यह है कि व्यवस्था का मुख सभी दिशाओं और स्थानों तक फैला हुआ है। व्यक्ति स्वयं ही व्यवस्था के जाल में फँसता चला जाता है। सामान्य व्यक्ति व्यवस्था की सर्वग्राह्य (सब को ग्रहण/खा लेने की प्रवृत्ति) शक्ति को देखकर हैरान है।

विशेष

(i) प्रस्तुत गद्यांश में लेखक बताना चाहता है कि शहर ही नहीं जंगल भी व्यवस्था के शिकंजे में है।

(ii) प्रस्तुत गद्यांश में प्रतीकों के माध्यम से बात कही गई है। शेर व्यवस्था का तथा जंगल के जानवर आम जन का प्रतीक हैं।

(iii) प्रस्तुत गद्यांश की भाषा सरल, सहज एवं प्रवाहमय है।

(iv) प्रस्तुत गद्यांश में व्यंग्यात्मक शैली का प्रयोग हुआ है।

गद्यांश 3

अगले दिन मैंने कुत्तों के एक बड़े जुलूस को देखा जो कभी हँसते-गाते थे और कभी-विरोध में चीखते-चिल्लाते थे। उनकी बड़ी-बड़ी लाल जीभें निकली हुई थीं पर सब दुम दबाए थे। कुत्तों का यह जुलूस शेर के मुँह की तरफ़ बढ़ रहा था, मैंने चीखकर कुत्तों को रोकना चाहा, पर वे नहीं रुके और उन्होंने मेरी बात अनसुनी कर दी। वे सीधे शेर के मुँह में चले गए।

संदर्भ पूर्ववत्।

प्रसंग लेखक ने यहाँ भ्रष्ट व्यवस्था का समर्थन व विरोध करती हुई भ्रष्ट और शोषणकारी व्यवस्था पर व्यंग्य किया है।

व्याख्या लेखक बताता है कि उसने जंगल में अगले दिन कुत्तों के एक बड़े जुलूस को शेर के पास जाते देखा जो कभी हँसते-गाते तथा कभी उसका विरोध करते अर्थात् सामान्य जनता के एक वर्ग जो भ्रष्ट व्यवस्था का समर्थन करते हुए कभी प्रसन्नता व्यक्त करता और कभी उसकी भ्रष्ट नीतियों का विरोध करता। उनकी व्यवस्था के प्रति ललचाई हुई जिह्वा निकली हुई थी और वे सभी स्वेच्छा से भ्रष्ट एवं शोषणकारी व्यवस्था रूपी शेर का ग्रास बनने के लिए बड़ी शीघ्रता से उसकी ओर चले जा रहे थे। लेखक कहता है कि उसने कुत्तों के उस जुलूस को रोकने का अर्थात् दमनकारी शासन व्यवस्था के आचरण से परिचित करवाने के लिए व उसके शोषण का शिकार बनने से उन्हें रोकने व सचेत करने का प्रयास किया, किंतु उन्होंने लेखक की आवाज़ को अनसुना कर दिया और शेर अर्थात् भ्रष्ट व्यवस्था के शिकार बनकर उसके मुँह में चले गए।

विशेष

(i) प्रस्तुत गद्यांश में भ्रष्ट व्यवस्था के प्रति जनता को सचेत करने का प्रयास किया गया है।

(ii) प्रस्तुत गद्यांश में 'कुत्तों' को भ्रष्ट व्यवस्था का कभी समर्थन व कभी विरोध करने वाले वर्ग के रूप प्रस्तुत किया है।

(iii) प्रस्तुत गद्यांश में कथाकार ने भाषा में व्यंजना शब्द-शक्ति का प्रयोग किया है।

(iv) प्रस्तुत गद्यांश में व्यंग्यात्मक व प्रतीकात्मक शैली का प्रयोग हुआ है।

(v) प्रस्तुत गद्यांश में छोटे-छोटे वाक्य सजीवता व रोचकता बनाने में सक्षम हुए हैं।

गद्यांश 4

कुछ दिनों के बाद मैंने सुना कि शेर अहिंसा और सह-अस्तित्ववाद का बड़ा ज़बरदस्त समर्थक है, इसलिए जंगली जानवरों का शिकार नहीं करता। मैं सोचने लगा, शायद शेर के पेट में वे सारी चीज़ें हैं, जिनके लिए लोग वहाँ जाते हैं और मैं भी एक दिन शेर के पास गया। शेर आँखें बंद किए पड़ा था और उसका स्टाफ ऑफिस का काम निपटा रहा था। मैंने वहाँ पूछा, "क्या यह सच है कि शेर साहब के पेट के अंदर, रोज़गार का दफ़्तर है?"
बताया गया कि यह सच है।

संदर्भ पूर्ववत्।

प्रसंग कथाकार 'शेर' के प्रतीक के माध्यम से व्यवस्था की सब कुछ हड़प लेने की प्रवृत्तियों को सामने रखता है। जंगल के सभी जानवर उसके प्रलोभन में फँस जाते हैं, परंतु लेखक इन भुलावों से दूर उसकी असलियत को समझता है।

व्याख्या प्रस्तुत गद्यांश में जंगल के जानवर लगातार प्रसन्नता के साथ शेर के मुँह में समाते जा रहे थे, ठीक उसी प्रकार जैसे सामान्य जनता वर्तमान व्यवस्था के शोषण को आँख मूँदकर स्वीकार कर रही है। लेखक ने बताया है कि कुछ दिनों बाद उसने सुना कि शेर ने हिंसा छोड़ दी। शेर जिस प्रकार अहिंसा और सह-अस्तित्ववाद का समर्थन करता है, उसी प्रकार व्यवस्था अहिंसा और सह-अस्तित्ववाद को मान्यता प्रदान करती है। इस व्यवस्था का मानना है कि मनुष्य समता तथा सामाजिक न्याय के माध्यम से अपने अधिकारों का संचालन करेगा। समतावाद तथा अहिंसा को यह व्यवस्था महत्त्व देती है, लेकिन वास्तव में व्यवस्था निरंकुश है जो केवल दिखावे के लिए उदात्त गुणों का आवरण ओढ़े है। वास्तव में सत्ताधारी शोषक वर्ग के

स्वार्थी लोग हैं, जो जनता को मूर्ख बनाकर अपना स्वार्थ सिद्ध कर रहे हैं। लेखक व्यवस्था की असंगतता को जानने के लिए शेर के निकट जाता है। उसे वहाँ बाहरी तौर पर सब कुछ ठीक से चलता हुआ प्रतीत होता है, लेकिन अंदर जनता शोषित तथा पीड़ित है। लेखक ने जानना चाहा कि रोज़गार का दफ़्तर क्या शेर के पेट में है, तो उसे बताया गया कि रोज़गार का दफ़्तर शेर के पेट में ही है। इससे व्यवस्था के भीतर की विसंगति उभर कर सामने आती है। आज रोज़गार के अवसरों को व्यवस्था के तथाकथित पहरेदारों ने अपने कब्ज़े में कर लिया है। जनता उनके इरादे न समझ पाने के कारण धोखा खाकर उनके चंगुल में फँस जाती है।

विशेष

(i) प्रस्तुत गद्यांश में जनता की हितैषी होने का ढोंग करने वाली सत्ता की प्रवृत्तियों को स्पष्ट रूप में अभिव्यक्त किया है।

(ii) प्रस्तुत गद्यांश में सरल तथा सहज भाषा का प्रयोग हुआ है।

(iii) प्रस्तुत गद्यांश में प्रतीकों के माध्यम से बात कही गई है। 'शेर' निरंकुश तथा शोषण करने वाली व्यवस्था का प्रतीक है।

(iv) प्रस्तुत गद्यांश में व्यंग्यात्मकता तथा प्रतीक शैली का प्रयोग हुआ है।

(v) प्रस्तुत गद्यांश में व्यंजना शब्द-शक्ति का प्रयोग हुआ है।

पहचान

गद्यांश 1

राजा ने हुक्म दिया कि उसके राज में सब लोग अपनी आँखें बंद रखेंगे। उन्हें शांति मिलती रहे। लोगों ने ऐसा ही किया, क्योंकि राजा की आज्ञा मानना जनता के लिए अनिवार्य है। जनता आँखें बंद किए-किए सारा काम करती थी और आश्चर्य की बात यह है कि काम पहले की तुलना में बहुत अधिक और अच्छा हो रहा था। फिर हुक्म निकला कि लोग अपने-अपने कानों में पिघला हुआ सीसा डलवा लें, क्योंकि सुनना जीवित रहने के लिए बिलकुल ज़रूरी नहीं है। लोगों ने ऐसा ही किया और उत्पादन आश्चर्यजनक तरीके से बढ़ गया।

संदर्भ प्रस्तुत गद्यांश पाठ्यपुस्तक 'अंतरा भाग-2' में संकलित लघुकथा 'पहचान' से उद्धृत है। इस लघुकथा की रचना प्रसिद्ध कथाकार 'असगर वजाहत' ने की है।

प्रसंग प्रस्तुत गद्यांश में सत्ता की प्रवृत्तियों को स्पष्ट करने के लिए लेखक ने दिखाया है कि शासक वर्ग को अंधी, गूँगी और बहरी जनता पसंद है। विरोधों को समाप्त करने के लिए वह किस तरह के हथकंडे अपनाते हैं। प्रस्तुत गद्यांश में कथाकार ने इसे स्पष्ट किया है।

व्याख्या प्रस्तुत गद्यांश में लेखक कहता है कि राजा चाहता है कि लोग अपनी आँखें बंद करके कार्य करें। इससे शांति बनाए रखने में मदद मिलेगी। लोगों ने अपनी आँखें बंद कर लीं। निरंकुश सत्ता की आज्ञा का पालन आँखें बंद कर के मानने को जनता विवश थी। आँखें बंद होने के कारण जनता अपने शोषण का अनुभव नहीं कर सकती और शोषण का अनुभव नहीं करने के कारण विरोध का स्वर भी नहीं उठता। शांति के माहौल में उत्पादन अत्यधिक हो रहा था। फिर राजा ने लोगों को अपने-अपने कानों में पिघला सीसा डलवाने का आदेश दिया। वह मानता है कि जीने के लिए सुनना ज़रूरी नहीं है। लोग अंधे तथा बहरे होकर केवल कार्यरत रहें। शोषण का न तो विचार उठा न ही लोग शोषण के बारे में सुन सकते थे। इस प्रकार राजा अपनी शक्ति को बढ़ाने में कामयाब रहा। उसने निरंकुश तरीके से जनता की मूल चेतना का गला घोंट दिया। आज के संदर्भ में यह सही अर्थों में सत्य है।

लेखक ने राजा को ऐसी सत्ता का प्रतीक माना है, जो जनता की संवेदना तथा चेतना को समाप्त कर, विरोध का प्रत्येक कारण ध्वस्त कर अपनी सत्ता को बनाए रखना चाहता है। यह व्यवस्था लोकतांत्रिक व्यवस्था के अनुरूप नहीं है। फिर भी प्रजातांत्रिक देशों में ऐसा देखने को मिल रहा है।

विशेष

(i) प्रस्तुत गद्यांश में लेखक ने राजा तथा प्रजा के संबंधों को दर्शाया है। तथा वर्तमान व्यवस्था पर व्यंग्य करते हुए समाज की अंधी, गूँगी तथा बहरी जनता के क्रिया-कलाप को इस लघुकथा के माध्यम से सामने रखा है।

(ii) प्रस्तुत गद्यांश में वर्णनात्मक शैली तथा व्यंग्यात्मक शैली का प्रयोग किया गया है।

(iii) गद्यांश की भाषा सरल, सहज एवं बोधगम्य है।

चार हाथ

गद्यांश 1

एक मिल मालिक के दिमाग में अज़ीब-अज़ीब ख्याल आया करते थे जैसे सारा संसार मिल हो जाएगा, सारे लोग मज़दूर और वह उनका मालिक या मिल में और चीज़ों की तरह आदमी भी बनने लगेंगे, तब मज़दूरी भी नहीं देनी पड़ेगी, वगैरा-वगैरा। एक दिन उसके दिमाग में ख्याल आया कि अगर मज़दूरों के चार हाथ हों तो काम कितनी तेज़ी से हो और मुनाफ़ा कितना ज़्यादा। लेकिन यह काम करेगा, कौन? उसने सोचा, वैज्ञानिक करेंगे, ये हैं किस मर्ज़ की दवा?

संदर्भ प्रस्तुत गद्यांश पाठ्यपुस्तक 'अंतरा भाग-2' में संकलित लघुकथा 'चार हाथ' से उद्धृत है। इस लघुकथा की रचना 'असगर वजाहत' ने की है।

प्रसंग प्रस्तुत गद्यांश में लेखक ने पूँजीपतियों की दिन-प्रतिदिन बढ़ती लाभ कमाने की प्रवृत्ति का वर्णन किया गया है।

व्याख्या प्रस्तुत गद्यांश में लेखक मिल मालिक के बारे में बताते हुए कहता है कि एक मिल मालिक के दिमाग में कई प्रकार के विचित्र ख्याल आते थे। उसे ख्याल आया कि यदि यह सारा विश्व कारखाना बन जाए, सब लोग मज़दूर बन जाएँ और वह उनका मालिक बन जाए। उसने सोचा कि कारखाने में जैसे अन्य वस्तुएँ बनती हैं, उसी प्रकार मज़दूर भी बनने लगें, तो उसे मज़दूरी आदि भी नहीं देनी पड़ेगी।

आशय यह है कि कारखाने का मालिक शोषण के नए-नए तरीके सोचता है। एक दिन उसे ख्याल आया कि मज़दूरों के अगर चार हाथ हो जाएँ, तो उत्पादन में तेज़ी से बढ़ोतरी होगी। उसको होने वाला लाभ भी ज़्यादा हो जाएगा। फिर उसके मन में प्रश्न उठा कि इस काम को कौन कर सकता है? उसका ध्यान वैज्ञानिकों की तरफ़ गया कि वे ऐसे ही कामों के लिए होते हैं। उनके लिए यह काम आसान है। अतः इस काम को करने के लिए उसने वैज्ञानिकों का चयन किया।

विशेष

(i) प्रस्तुत गद्यांश में मिल मालिकों की शोषणग्रस्त मानसिकता का वर्णन किया है।

(ii) प्रस्तुत गद्यांश में वर्णनात्मक शैली का प्रयोग है, जिसमें काल्पनिकता का भी पुट है।

(iii) प्रस्तुत गद्यांश में मुहावरे का प्रभावशाली प्रयोग हुआ है; जैसे- मर्ज की दवा।

(iv) प्रस्तुत गद्यांश में प्रतीकों के माध्यम से बात कही गई है। मिल मालिक पूँजीपति वर्ग का प्रतीक है।

(v) प्रस्तुत गद्यांश में भाषा में मिश्रित शब्दावली का प्रयोग हुआ है, यहाँ उर्दू के साथ-साथ खड़ीबोली के शब्द भी देखने को मिलते हैं।

साझा

गद्यांश 1

हालाँकि उसे खेती की हर बारीकी के बारे में मालूम था, लेकिन फिर भी डरा दिए जाने के कारण वह अकेला खेती करने का साहस न जुटा पाता था। इससे पहले वह शेर, चीते और मगरमच्छ के साथ साझे की खेती कर चुका था, अब उससे हाथी ने कहा कि अब वह उसके साथ साझे की खेती करे। किसान ने उसको बताया कि साझे में उसका कभी गुज़ारा नहीं होता और अकेले वह खेती कर नहीं सकता। इसलिए वह खेती करेगा ही नहीं। हाथी ने उसे बहुत देर तक पट्टी पढ़ाई और यह भी कहा कि उसके साथ साझे की खेती करने से यह लाभ होगा कि जंगल के छोटे-मोटे जानवर खेतों को नुकसान नहीं पहुँचा सकेंगे और खेती की अच्छी रखवाली हो जाएगी।

संदर्भ प्रस्तुत गद्यांश पाठ्यपुस्तक 'अंतरा भाग-2' में संकलित 'साझा' लघुकथा से उद्धृत है। इस लघुकथा के लेखक 'असगर वजाहत' हैं।

प्रसंग प्रस्तुत गद्यांश में किसानों को डराने-धमकाने वाले साहूकारों और पूँजीपतियों द्वारा किए जा रहे शोषण का वर्णन है।

व्याख्या प्रस्तुत गद्यांश में लेखक कहता है कि किसान को खेती करने के विषय में पूरी जानकारी है, वह खेती के सब तरीके जानता है, लेकिन उसे डरा दिया जाता है कि यदि खेती की तो उसकी फसल नष्ट कर दी जाएगी। इस डर के कारण वह अकेले खेती करने की हिम्मत नहीं जुटा पाता। शेर, चीते और मगरमच्छ इन सब के साथ वह साझे की खेती करके देख चुका है, परंतु उसे हमेशा नुकसान ही हुआ। ये सब शोषक वर्ग के प्रतीक हैं। अतः इन्होंने किसान का शोषण ही किया है। इस बार हाथी ने उसे अपने साथ खेती करने की सलाह दी। किसान ने उसे बताया कि साझे की खेती से उसका निर्वाह नहीं होता और उसमें इतना साहस नहीं कि वह अकेले खेती कर सके। अतः वह खेती करना नहीं चाहता है, उसने खेती करने का विचार तक छोड़ दिया है। हाथी ने उसे काफ़ी देर तक अपने पक्ष में करने का प्रयास किया। अपने साथ खेती करने के लाभ गिनाते हुए उसने कहा कि मेरा नाम सुनकर ही जंगल के जानवर खेती की ओर देखेंगे तक नहीं और खेतों को कोई हानि नहीं पहुँचा सकेंगे। इस प्रकार, खेती की अच्छी तरह से रखवाली (देखभाल) हो जाएगी।

विशेष

(i) प्रस्तुत गद्यांश में पूँजीपति और ज़मीदार वर्ग द्वारा किसानों को लूटने की योजना बनाने का वर्णन किया है, जिसमें शेर, चीता, मगरमच्छ, हाथी ये सब किसान को चूसने वालों का प्रतीक हैं।

(ii) प्रस्तुत गद्यांश में 'हाथी' प्रभुत्वशाली वर्ग और किसान शोषित वर्ग का प्रतीक है। इस प्रकार प्रतीकात्मक शब्दों का सफल प्रयोग है।

(iii) प्रस्तुत गद्यांश में भाषा प्रवाहमयी खड़ीबोली है, जिसमें भावों की सफल अभिव्यक्ति हुई है।

(iv) प्रस्तुत गद्यांश में मुहावरों का सुंदर प्रयोग है; जैसे—बारीकी पता होना, साहस न जुटा पाना, साझे की खेती होना, गुज़ारा न होना, पट्टी पढ़ाना आदि।

(v) प्रस्तुत गद्यांश में व्यंग्यात्मक शैली का प्रयोग किया गया है।

गद्यांश 2

किसान फसल की सेवा करता रहा और समय पर जब गन्ने तैयार हो गए, तो वह हाथी को खेत पर बुला लाया। किसान चाहता था कि फसल आधी-आधी बाँट ली जाए। जब उसने हाथी से यह बात कही तो हाथी काफ़ी बिगड़ा। हाथी ने कहा, "अपने और पराए की बात मत करो। यह छोटी बात है। हम दोनों ने मिलकर मेहनत की थी हम दोनों उसके स्वामी हैं। आओ, हम मिलकर गन्ने खाएँ।"

किसान के कुछ कहने से पहले ही हाथी ने बढ़कर अपनी सूँड़ से एक गन्ना तोड़ लिया और आदमी से कहा, "आओ खाएँ।"

संदर्भ पूर्ववत्।

प्रसंग प्रस्तुत गद्यांश में लेखक औद्योगिक घरानों, पूँजीपतियों तथा दबंग लोगों के द्वारा किसानों का शोषण करके उनका सबकुछ हड़पने की प्रवृत्ति को प्रतीकों के माध्यम से सामने रखता है।

व्याख्या प्रस्तुत गद्यांश में हाथी अर्थात् समाज का प्रभुत्वशाली वर्ग किसानों का किस प्रकार शोषण करता है, का स्पष्ट चित्रण किया गया है। हाथी (प्रभुत्वशाली वर्ग) किसान को साझे पर खेती करने को कहता है। पहले तो किसान तैयार नहीं होता, किंतु हाथी के बहुत समझाने पर वह साझे पर गन्ने की फसल तैयार करता है। गन्ना तैयार हो जाने पर किसान हाथी से अपना हिस्सा ले जाने को कहता है। इस पर हाथी किसान को सह-अस्तित्ववाद का पाठ पढ़ाते हुए किसान को एक सिरा पकड़ाता है तथा दूसरा सिरा स्वयं पकड़कर गन्ना खाने को कहता है। किसान गन्ना नहीं खा पाता और सारा गन्ना हाथी खा लेता है। किसान को खेत छोड़कर भागना पड़ता है। लेखक ने बताया है कि समाज के प्रभुत्वशाली वर्ग सामान्य जनता को सह-अस्तित्ववाद का पाठ पढ़ाकर, फिर डरा धमका कर उनका शोषण करते हैं और उनके परिश्रम से अर्जित संपत्ति पर अधिकार कर लेते हैं। सामान्य जनता ऐसे शोषण से बर्बाद हो जाती है।

विशेष

(i) प्रस्तुत गद्यांश में लेखक ने सामाजिक विसंगतियों को बताते हुए प्रभुत्वशाली वर्ग द्वारा किसानों का शोषण करने का वर्णन किया है।

(ii) प्रस्तुत गद्यांश में 'हाथी' पूँजीपति, औद्योगिक घरानों तथा प्रभुत्वशाली वर्ग का प्रतीक है।

(iii) प्रस्तुत गद्यांश की भाषा सहज तथा सरल है।

(iv) प्रस्तुत गद्यांश में व्यंग्यात्मक शैली का प्रयोग हुआ है।

(v) प्रस्तुत गद्यांश में प्रवाहमयी खड़ीबोली का प्रयोग हुआ है।

गद्यांश पर आधारित बहुविकल्पीय प्रश्न

शेर

1. अगले दिन मैंने कुत्तों के एक बड़े जुलूस को देखा, जो कभी हँसते-गाते थे और कभी-विरोध में चीखते-चिल्लाते थे। उनकी बड़ी-बड़ी लाल जीभें निकली हुई थीं, पर सब दुम दबाए थे। कुत्तों का यह जुलूस शेर के मुँह की तरफ़ बढ़ रहा था, मैंने चीखकर कुत्तों को रोकना चाहा, पर वे नहीं रुके और उन्होंने मेरी बात अनसुनी कर दी। वे सीधे शेर के मुँह में चले गए।

(क) 'शेर' किसका प्रतीक है?
(i) राजा का (ii) हिंसक व्यवहार का
(iii) सामान्य जनता का (iv) व्यवस्था का

(ख) 'शेर के मुँह में चले जाने' का क्या अभिप्राय है?
(i) मृत्यु को प्राप्त हो जाना
(ii) निर्वाण प्राप्त करना
(iii) भ्रष्ट व्यवस्था का शिकार बनना
(iv) शेर को आश्रयदाता मानना

(ग) कुत्तों का जुलूस किसके विरोध में चीख-चिल्ला रहा था?
(i) शेर के विरोध में
(ii) भ्रष्ट नीतियों के विरोध में
(iii) अन्य जानवरों के विरोध में
(iv) आम जनता के विरोध में

(घ) 'बड़ी-बड़ी लाल जीभें निकली हुई थीं'-पंक्ति का क्या आशय है?
(i) व्यवस्था के प्रति ललचाई हुई जीभ
(ii) निर्मम हत्या की ओर संकेत
(iii) हड्डी की खुशबू से ललचाई हुई जीभ
(iv) खून से सनी हुई जीभ

(ङ) कथन (A) लेखक ने चीखकर कुत्तों को रोकने का प्रयास किया।
कारण (R) लेखक कुत्तों को व्यवस्था का शिकार होने से बचाना चाहता था।
(i) कथन (A) और कारण (R) दोनों सही हैं तथा कारण (R), कथन (A) की सही व्याख्या करता है।
(ii) कथन (A) और कारण (R) दोनों सही हैं, परंतु कारण (R), कथन (A) की सही व्याख्या नहीं करता है।
(iii) कथन (A) सही है, किंतु कारण (R) गलत है।
(iv) कथन (A) गलत है, किंतु कारण (R) सही है।

उत्तर

(क) (iv) व्यवस्था का
(ख) (iii) भ्रष्ट व्यवस्था का शिकार बनना
(ग) (ii) भ्रष्ट नीतियों के विरोध में
(घ) (i) व्यवस्था के प्रति ललचाई हुई जीभ
(ङ) (i) कथन (A) और कारण (R) दोनों सही हैं तथा कारण (R), कथन (A) की सही व्याख्या करता है।

2. कुछ दिनों के बाद मैंने सुना कि शेर अहिंसा और सह-अस्तित्ववाद का बड़ा ज़बरदस्त समर्थक है, इसलिए जंगली जानवरों का शिकार नहीं करता। मैं सोचने लगा, शायद शेर के पेट में वे सारी चीज़ें हैं जिनके लिए लोग वहाँ जाते हैं और मैं भी एक दिन शेर के पास गया। शेर आँखें बंद किए पड़ा था और उसका स्टाफ ऑफिस का काम निपटा रहा था। मैंने वहाँ पूछा, "क्या यह सच है कि शेर साहब के पेट के अंदर, रोज़गार का दफ़्तर है?" बताया गया कि यह सच है।

(क) लेखक शेर के पास क्यों गया?
(i) शेर के मुँह में समाने के लिए
(ii) व्यवस्था की असंगतता को जानने के लिए
(iii) शेर के अहिंसावादी स्वरूप को देखने के लिए
(iv) व्यवस्था का शिकार बनने के लिए

(ख) शेर का अहिंसावादी और सह-अस्तित्ववाद का समर्थक बनना किसका प्रतीक है?
(i) व्यवस्था के न्यायप्रिय होने का ढोंग करना
(ii) शेर का हृदय परिवर्तन होना
(iii) व्यवस्था का रूप परिवर्तन होना
(iv) उपरोक्त सभी

(ग) निम्नलिखित कथनों पर विचार कीजिए।
1. शेर निरंकुश तथा शोषण का प्रतीक है।
2. लेखक प्रलोभन के कारण शेर के निकट जाता है।
3. सत्ताधारी लोग जनता को मूर्ख बनाकर अपना स्वार्थ सिद्ध कर रहे हैं।

कूट
(i) केवल 1 (ii) केवल 2
(iii) 1 और 2 (iv) 1 और 3

(घ) 'शेर आँखें बंद किए पड़ा था'-कथन का क्या आशय है?
(i) सक्रिय व्यवस्था का प्रजा के हित में कार्य करना
(ii) व्यवस्था द्वारा नई नीति की योजना बनाना
(iii) सत्ता की अकर्मण्यता
(iv) व्यवस्था की सक्रियता

(ङ) शेर अब किसका शिकार नहीं करता?
(i) पालतू जानवरों का
(ii) जंगली जानवरों का
(iii) जलीय जीवों का
(iv) सामान्य जन का

उत्तर

(क) (ii) व्यवस्था की असंगतता को जानने के लिए
(ख) (ii) शेर का हृदय परिवर्तन होना
(ग) (iv) 1 और 3
(घ) (iii) सत्ता की अकर्मण्यता
(ङ) (ii) जंगली जानवरों का

पहचान

1. राजा ने हुक्म दिया कि उसके राज में सब लोग अपनी आँखें बंद रखेंगे। उन्हें शांति मिलती रहे। लोगों ने ऐसा ही किया, क्योंकि राजा की आज्ञा मानना जनता के लिए अनिवार्य है। जनता आँखें बंद किए-किए सारा काम करती थी और आश्चर्य की बात यह है कि काम पहले की तुलना में बहुत अधिक और अच्छा हो रहा था। फिर हुक्म निकला कि लोग अपने-अपने कानों में पिघला हुआ सीसा डलवा लें, क्योंकि सुनना जीवित रहने के लिए बिलकुल ज़रूरी नहीं है। लोगों ने ऐसा ही किया और उत्पादन आश्चर्यजनक तरीके से बढ़ गया।

(क) प्रस्तुत गद्यांश में 'राजा' किसका प्रतीक है?
(i) प्रजा हितैषी राजा का (ii) न्यायप्रिय राजा का
(iii) निरंकुश सत्ता का (iv) उच्च वर्ग का

(ख) कथन (A) राजा के द्वारा प्रजा को आँखें बंद करने का आदेश दिया।
कारण (R) राजा के अत्याचार व शोषण के प्रति प्रजा उपेक्षित हो जाए।
(i) कथन (A) और कारण (R) दोनों सही हैं तथा कारण (R), कथन (A) की सही व्याख्या करता है।
(ii) कथन (A) और कारण (R) दोनों सही हैं, परंतु कारण (R), कथन (A) की सही व्याख्या नहीं करता है।
(iii) कथन (A) सही है, किंतु कारण (R) गलत है।
(iv) कथन (A) गलत है, किंतु कारण (R) सही है।

(ग) राजा ने प्रजा के कानों में पिघला हुआ सीसा डलवाने के लिए क्या तर्क दिया?
(i) जिंदा रहने के लिए सुनना अनावश्यक है
(ii) इससे श्रवण क्षमता में वृद्धि होती है
(iii) राजा के निर्देश धर्म समान होते हैं
(iv) इससे उत्पादन क्षमता में वृद्धि होगी

(घ) राजा प्रजा के कानों में पिघला हुआ सीसा क्यों डलवाना चाहता था?
(i) ताकि वे राजा विरोधी बातों में न आएँ
(ii) अधिक मात्रा में उत्पादन के लिए
(iii) जनता हित के कार्य करने के लिए
(iv) लंबी जीवन आयु के लिए

(ङ) प्रजा द्वारा आँखें बंद रखने का क्या परिणाम हुआ
(i) वे शोषण का अनुभव न कर सकीं
(ii) विरोधी स्वर मुखरित नहीं हुआ
(iii) शांति का माहौल बना रहा
(iv) उपरोक्त सभी

उत्तर

(क) (iii) निरंकुश सत्ता का
(ख) (i) कथन (A) और कारण (R) दोनों सही हैं तथा कारण (R), कथन (A) की सही व्याख्या करता है।
(ग) (i) जिंदा रहने के लिए सुनना अनावश्यक है
(घ) (i) ताकि वे राजा विरोधी बातों में न आएँ
(ङ) (iv) उपरोक्त सभी

चार हाथ

1. एक मिल मालिक के दिमाग में अज़ीब-अज़ीब ख्याल आया करते थे जैसे सारा संसार मिल हो जाएगा, सारे लोग मज़दूर और वह उनका मालिक या मिल में और चीज़ों की तरह आदमी भी बनने लगेंगे, तब मज़दूरी भी नहीं देनी पड़ेगी, वगैरा-वगैरा। एक दिन उसके दिमाग में ख्याल आया कि अगर मज़दूरों के चार हाथ हों तो काम कितनी तेज़ी से हो और मुनाफ़ा कितना ज़्यादा। लेकिन यह काम करेगा, कौन? उसने सोचा, वैज्ञानिक करेंगे, ये हैं किस मर्ज़ की दवा? उसने यह काम करने के लिए बड़े वैज्ञानिकों को मोटी तनख्वाहों पर नौकर रखा और वे नौकर हो गए। कई साल तक शोध और प्रयोग करने के बाद वैज्ञानिकों ने कहा कि ऐसा असम्भव है कि आदमी के चार हाथ हो जाएँ। मिल मालिक वैज्ञानिकों से नाराज़ हो गया। उसने उन्हें नौकरी से निकाल दिया और अपने-आप इस काम को पूरा करने के लिए जुट गया। **CBSE 2025**

(क) गद्यांश का वर्ण्य विषय है
(i) शोषक वर्ग की मनोवृत्ति को उजागर करना
(ii) मजदूरों पर हो रहे शोषण को उजागर करना
(iii) मिल मालिक की कुशाग्र बुद्धि का परिचय देना
(iv) वैज्ञानिकों की असफलता को स्पष्ट करना

(ख) मिल मालिक के दिमाग में तरह-तरह के खयाल क्यों आया करते थे?
(i) उत्पादन क्षमता बढ़ाने के लिए
(ii) मजदूरों का शोषण करने के लिए
(iii) अर्थव्यवस्था में सहयोग देने के लिए
(iv) अपनी आमदनी बढ़ाने के लिए

(ग) मिल मालिक की मिल में आदमी बनाने की कल्पना का कारण था
(i) रोज-रोज की मजदूरों की झिक-झिक से छुटकारा
(ii) कुशल मजदूरों को ढूँढ़ने की परेशानी से छुटकारा
(iii) मजदूरों को दी जाने वाली मजदूरी से छुटकारा
(iv) तकनीकी सुविधा का लाभ उठाना

(घ) मिल मालिक ने वैज्ञानिकों को नौकरी पर क्यों रखा?
(i) अपने काम की सुविधा के लिए
(ii) मजदूरों के चार हाथ लगाने के लिए
(iii) मशीनी मजदूर बनाने के लिए
(iv) उत्पादन की नई तकनीक खोजने के लिए

(ङ) कथन वैज्ञानिकों ने कई साल तक शोध और प्रयोग करने के बाद आदमी के चार हाथ हो जाने की कल्पना को नकार दिया।
परिणाम वैज्ञानिकों को मिल मालिक ने नौकरी से निकाल दिया और स्वयं कोशिश करने लगा।
(i) कथन गलत है, किंतु परिणाम सही है।
(ii) कथन तथा परिणाम दोनों गलत हैं।
(iii) कथन सही है, किंतु परिणाम गलत है।
(iv) कथन तथा परिणाम दोनों सही हैं।

उत्तर

(क) (i) शोषक वर्ग की मनोवृत्ति को उजागर करना
(ख) (iv) अपनी आमदनी बढ़ाने के लिए
(ग) (iii) मजदूरों को दी जाने वाली मजदूरी से छुटकारा
(घ) (ii) मजदूरों के चार हाथ लगाने के लिए
(ङ) (iv) कथन तथा परिणाम दोनों सही हैं।

साझा

1. **हालाँकि उसे खेती की हर बारीकी के बारे में मालूम था। लेकिन फिर भी डरा दिए जाने के कारण वह अकेला खेती करने का साहस न जुटा पाता था। इससे पहले वह शेर, चीते और मगरमच्छ के साथ साझे की खेती कर चुका था, अब उससे हाथी ने कहा कि अब वह उसके साथ साझे की खेती करे। किसान ने उसको बताया कि साझे में उसका कभी गुज़ारा नहीं होता और अकेले वह खेती कर नहीं सकता। इसलिए वह खेती करेगा ही नहीं। हाथी ने उसे बहुत देर तक पट्टी पढ़ाई और यह भी कहा कि उसके साथ साझे की खेती करने से यह लाभ होगा कि जंगल के छोटे-मोटे जानवर खेतों को नुकसान नहीं पहुँचा सकेंगे और खेती की अच्छी रखवाली हो जाएगी। किसान किसी-न-किसी तरह तैयार हो गया और हाथी से मिलकर गन्ना बोया। हाथी पूरे जंगल में घूमकर डुग्गी पीट आया कि गन्ने में उसका साझा है इसलिए कोई जानवर खेती को नुकसान न पहुँचाए नहीं तो अच्छा न होगा।** **CBSE 2023**

(क) गद्यांश में हाथी किस वर्ग का प्रतिनिधि माना गया है?
(i) मध्यम वर्ग
(ii) धनाढ्य वर्ग
(iii) कृषक वर्ग
(iv) अल्प आय वर्ग

(ख) किसान अकेले खेती क्यों नहीं कर सकता था?
(i) खेती के लिए सामग्री और उपकरण के अभाव के कारण
(ii) धनाढ्य लोगों द्वारा फसल पर कब्जा कर लिए जाने के कारण
(iii) खेती करने का अनुभव नहीं होने के कारण
(iv) खेती करने में अधिक परिश्रम होने के कारण

(ग) साझे की खेती में हाथी ने किसान को क्या लाभ बताया?
(i) लागत और मेहनत की कमी
(ii) जंगली जानवरों से खेती की रखवाली
(iii) हाथी की ताकत का लाभ
(iv) बिना मेहनत किए काफी उपज का लाभ

(घ) खेती को नुकसान से बचाने के लिए हाथी ने क्या उपाय अपनाया?
(i) उपज में रखवालों को भी हिस्सा देने का वायदा किया।
(ii) खेती की उपज की देखभाल के लिए दैनिक मजदूर रखे।
(iii) जानवरों की सभा करके समझौता किया कि उसकी खेती की वे रक्षा करें।
(iv) पूरे जंगल में डुग्गी पीटकर चेतावनी दी कि खेत को कोई नुकसान न पहुँचाए।

(ङ) कथन (A) **किसान अकेला खेती करने का साहस न जुटा पाता था।**

कारण (R) **खेती-बाड़ी संबंधी बारीकियों के ज्ञान का अभाव था।**

कूट
(i) कथन (A) तथा कारण (R) दोनों सही हैं तथा कारण (R) कथन (A) की सही व्याख्या करता है।
(ii) कथन (A) गलत है, लेकिन कारण (R) सही है।
(iii) कथन (A) तथा कारण (R) दोनों गलत हैं।
(iv) कथन (A) सही है, लेकिन कारण (R) उसकी गलत व्याख्या करता है।

उत्तर
(क) (ii) धनाढ्य वर्ग
(ख) (ii) धनाढ्य लोगों द्वारा फसल पर कब्जा कर लिए जाने के कारण
(ग) (ii) जंगली जानवरों से खेती की रखवाली
(घ) (iv) पूरे जंगल में डुग्गी पीटकर चेतावनी दी कि खेत को कोई नुकसान न पहुँचाए।
(ङ) (iv) कथन (A) सही है, लेकिन कारण (R) उसकी गलत व्याख्या करता है।

विषय-वस्तु पर आधारित प्रश्नोत्तर

शेर

1. लेखक शहर छोड़कर कहाँ भागा तथा क्यों?

अथवा **'शेर' कहानी के संदर्भ में 'सींग निकलना' का अर्थ स्पष्ट करते हुए लिखिए कि लेखक शहर से जंगल की ओर क्यों भागा?** **CBSE 2024**

उत्तर लेखक शहर छोड़कर जंगल में भागा, क्योंकि उसे शहर की सत्ता की कमियों का पता चल गया था। शहर की व्यवस्था उसे अपने अनुकूल नहीं लग रही थी। इसलिए वह व्यवस्था का विरोध करने लगा था। लेखक के सींग निकल आए थे अर्थात् वह बनी बनाई लीक से हटकर चलना चाहता था, लेकिन लीक से हटकर चलने वालों के लिए व्यवस्था में कोई स्थान नहीं होता। ऐसे व्यक्ति को जंगल में ही शरण मिल सकती है।

उसे डर था कि किसी-न-किसी दिन कसाईरूपी व्यवस्था अर्थात् सरकारी तंत्र की नज़र उस पर पड़ सकती है और वह उसे नष्ट कर देगी। जिस प्रकार कसाई से पशु नहीं बच सकता, उसी प्रकार वह भी व्यवस्था में पिस ही जाएगा। अतः व्यवस्था के क्रूर रूप से बचने के लिए वह जंगल में भागा, ताकि भयमुक्त होकर जीवन जी सके।

2. जंगल में लेखक को आशा के विपरीत कौन-सा दृश्य नज़र आया?

उत्तर लेखक शहरी व्यवस्था से डरकर जंगल में गया, ताकि वह सुखपूर्वक अपना जीवन व्यतीत कर सके। जंगल में उसने देखा कि बरगद के पेड़ के नीचे एक शेर बैठा था, जिसका मुँह खुला हुआ था। उसके मुँह में जंगल के छोटे-बड़े जानवर पंक्ति में जा रहे थे। शेर बिना हिले-डुले तथा बिना चबाए उन्हें निगले जा रहा था। यह दृश्य उसे इतना भयानक लगा कि वह बेहोश होते-होते बचा, क्योंकि उसने जंगल में ऐसे दृश्य की कल्पना भी नहीं की थी। वह इस आशा में जंगल गया था कि शहरी व्यवस्था के क्रूर रूप से बचकर भयमुक्त जीवन जी सके, लेकिन जंगल का यह दृश्य देखकर उसकी आशा निराशा में बदल गई और वह हैरान होकर व्यवस्था की सर्वग्राह्य शक्ति को देखता रह गया।

3. लेखक शेर के पास क्यों गया और उसने वहाँ क्या देखा?

उत्तर जंगल आने के कुछ दिनों बाद लेखक ने सुना कि शेर ने हिंसा छोड़ दी है। वह अहिंसा और सह-अस्तित्ववाद का बड़ा समर्थक बन गया है, इसलिए अब वह जानवरों का शिकार नहीं करता है। लेखक सोचने लगा कि शायद शेर के पेट में वे सारी चीज़ें हैं, जिनके आकर्षण में आम जनता वहाँ जाती है, इसलिए लेखक ने भी एक दिन शेर के पास जाने की हिम्मत की। उसने वहाँ देखा कि शेर आँखें बंद करके आराम कर रहा था और उसका ऑफिस स्टाफ़ अर्थात् सहायक कर्मचारी कामकाज निपटा रहे थे।

4. 'शेर' कहानी के आधार पर हमारी सामाजिक-राजनीतिक व्यवस्था पर टिप्पणी कीजिए।

अथवा **'शेर' लघुकथा के व्यंग्य को आज के सामाजिक-राजनीतिक संदर्भों में स्पष्ट कीजिए।**

अथवा **'शेर' लघुकथा के माध्यम से लेखक ने हमारी सत्ता और व्यवस्था पर व्यंग्य किया है। इससे आप कितना सहमत हैं? पाठ के आलोक में स्पष्ट कीजिए।**

अथवा **'शेर' कहानी के आधार पर लिखिए कि गौतम बुद्ध की मुद्रा में बैठा शेर अचानक दहाड़ते हुए लेखक की ओर क्यों झपट पड़ा?** **CBSE 2024**

उत्तर 'शेर' लघुकथा में शेर हमारी 'सत्ता और व्यवस्था' का तथा लेखक 'आम आदमी' का प्रतीक है, जो व्यवस्था के छल-कपट और कूटनीति को समझते हुए उसके विरोध में आवाज़ उठाने लगता है। ऐसी स्थिति में गौतम बुद्ध का रूप धारण करके बैठा हुआ शेर अपने वास्तविक रूप में आ जाता है। वह अपनी खामोशी को त्यागकर दहाड़ता हुआ लेखक की ओर झपट पड़ता है और उसे कच्चा ही निगल जाना चाहता है।

लेखक ने बताया है कि बिलकुल यही स्थिति हमारी शासन व्यवस्था की है। यदि हम उसकी सुनते रहें और समर्थन करें तो सब ठीक है अन्यथा विरोध का स्वर उठाते ही कुचल देने के लिए वह साम, दाम, दंड, भेद सभी तरीके अपना लेता है।

आज की हमारी सामाजिक-राजनीतिक व्यवस्था अहिंसावादी और न्यायप्रिय होने का ढोंग कर भोले-भाले लोगों को अपने जाल में फँसा लेती है और ये लोग व्यवस्था का शिकार होकर अपनी पहचान ही खो देते हैं। इसलिए मैं इस कथन से पूर्णतया सहमत हूँ कि यह कहानी हमारी सत्ता और व्यवस्था पर सटीक व्यंग्य है।

5. 'शेर' लघुकथा का प्रतिपाद्य बताइए।

उत्तर 'शेर' लघुकथा प्रतीकात्मक और व्यंग्यात्मक कहानी है। इसमें शेर, व्यवस्था का प्रतीक है, जिसके पेट में जंगल के सभी जानवर किसी-न-किसी लालच के कारण समाते जा रहे हैं। यह शेर ऊपर से देखने में अहिंसावादी, न्यायप्रिय और बुद्ध का अवतार प्रतीत होता है, परंतु जैसे ही लेखक उसके मुँह में प्रवेश करने से मना कर देता है, वह दहाड़ता हुआ उसकी ओर झपटता है।

इस कथा के माध्यम से लेखक बताना चाहता है कि सत्ता और शासन व्यवस्था तब तक ही शांत बनी रहती है, जब तक उसकी आज्ञा का पालन होता रहे, लेकिन जब कोई उसकी आज्ञा मानने से मना कर देता है और विरोध करता है, तो वह खूँखार हो उठती है तथा विरोध में उठने वाले स्वर को कुचलने का प्रयास करती है।

इस कहानी के माध्यम से लेखक ने आज के सुविधाभोगी, अहिंसावाद और सह-अस्तित्ववादियों का ढोंग करने वाले राजनीतिज्ञों और शासन व्यवस्था पर कड़ा प्रहार किया है।

6. गधे, लोमड़ी और उल्लू ने लेखक को क्या जवाब दिया? ये सभी किसका प्रतीक हैं?

उत्तर लेखक ने जानवरों से शेर के मुँह में जाने का कारण पूछा तो सभी ने अलग-अलग जवाब दिया

(i) गधे ने कहा कि वहाँ हरी घास का मैदान है, वह वहाँ पर हरी घास खाकर आराम से अपना जीवन व्यतीत करेगा।

(ii) लोमड़ी ने कहा कि वहाँ रोज़गार का दफ़्तर है वह नौकरी पाने के लिए वहाँ अपना आवेदन करेगी।

(iii) उल्लू ने बताया कि शेर के मुँह में स्वर्ग है, वहाँ जाकर वह निर्वाण (मोक्ष) प्राप्त करेगा।

गधा, लोमड़ी और उल्लू ये सभी आम जनता का प्रतीक हैं, जो सत्ता के जाल में फँसते जा रहे हैं तथा लोभ से ग्रस्त होकर अपना अस्तित्व खोते जाते हैं।

7. 'शेर' लघुकथा में लेखक ने शेर को किसका प्रतीक बताया है? शेर के मुँह और रोज़गार के दफ़्तर के बीच क्या अंतर है? स्पष्ट कीजिए।

अथवा **शेर लघुकथा में शेर किसका प्रतीक है? लेखक ने इस कहानी के माध्यम से किस पर क्या व्यंग्य किया है?** **CBSE Term II 2022**

अथवा **'शेर' कहानी के आधार पर बताइए कि शेर के मुँह और रोज़गार के दफ़्तर के बीच क्या साम्य और अंतर है। इस कहानी के द्वारा हमारी व्यवस्था पर क्या व्यंग्य किया गया है?**

अथवा **'शेर' कहानी में लेखक ने शेर को व्यवस्था का प्रतीक मानते हुए व्यवस्था की खामियों पर कड़ी चोट की है। इस कहानी में और किस-किस पर व्यंग्य साधा गया है? स्पष्ट कीजिए।** **CBSE Diksha**

उत्तर इस प्रश्न के उत्तर के लिए पाठ्यपुस्तक पर आधारित प्रश्नोत्तर में प्रश्न संख्या 3 व 4 का उत्तर देखें।

8. कुत्तों के जुलूस में क्या विशेष बात थी? वे किस चीज़ के परिचायक हैं?

उत्तर लेखक ने जंगल में कुत्तों का एक बड़ा जुलूस देखा। वे कभी हँसते-गाते थे, तो कभी विरोध में चीखते-चिल्लाते थे। इस तरह से वे सत्ता के पक्षधर और विरोधी होने के दोनों रूप प्रकट कर रहे थे। चीखने के कारण उनकी लाल जीभ बाहर निकली हुई थी तथा डर के कारण पूँछ टाँगों के मध्य छिपी थी। यह जुलूस शेर के मुँह की ओर बढ़ रहा था।

लेखक ने उन्हें रोकना चाहा, परंतु लोभ के कारण वे नहीं रुके। यहाँ 'कुत्ते' विपक्षी दलों से संबंधित प्रतीत होते हैं। कभी ये सभी सत्ता में भागीदारी चाहते हैं, परंतु न मिलने पर हर संभव विरोध करते हैं। आज के सत्ता पक्ष के सामने ये आत्म-समर्पण करने की मुद्रा में चलते जा रहे हैं।

पहचान

9. 'पहचान' लघुकथा के माध्यम से लेखक ने क्या संदेश दिया है?

अथवा **'पहचान' लघुकथा के आधार पर लिखिए कि राजा को कैसी प्रजा पसंद आती है और क्यों?** **CBSE Term II 2022**

उत्तर 'पहचान' लघुकथा के माध्यम से लेखक ने यह संदेश दिया है कि राजा को बहरी, गूँगी और अंधी प्रजा पसंद है, जो बिना कुछ सुने, बिना कुछ बोले और बिना कुछ देखे उसकी आज्ञा का पालन करती रहे। लेखक ने इसी यथार्थ की पहचान कराई है। यह वर्तमान दौर की पहचान भी है। आज के भूमंडलीकरण और उदारीकरण के दौर में प्रगति के लिए केवल उत्पादन को महत्त्व दिया जा रहा है।

प्रगति और विकास के नाम पर राजा उत्पादन के सभी साधनों पर अपना प्रभुत्व बना लेता है। वह लोगों को सपना दिखाकर, जीवन को स्वर्णिम बनाने का झाँसा देकर जनता को एकजुट होने से रोकता है और अपना जीवन स्वर्गमय बनाना चाहता है।

10. **राजा ने लोगों के कानों में पिघला सीसा डलवाने और होंठ सिलवा देने का आदेश क्यों दिया? इससे उन्हें क्या परेशानी आई?**

अथवा **'पहचान' लघुकथा में राजा के आदेश को अनिवार्य मानकर काम करने का परिणाम क्या हुआ?** **CBSE Term II 2022**

उत्तर राजा ने लोगों के कानों में पिघला सीसा डलवाने का आदेश इसलिए दिया, क्योंकि इसके पीछे उसका तर्क था कि जीवित रहने के लिए सुनना ज़रूरी नहीं है, जबकि वास्तविकता यह है कि वह लोगों के साथ अन्यायपूर्ण व्यवहार करना चाहता था जिसकी आवाज़, गूँज और आलोचना लोगों को सुनाई न दे और वह अपने अनुचित कार्य करता रहे।

होंठ सिलवा देने के आदेश के पीछे राजा का तर्क था कि बोलने से उत्पादन में बाधा उत्पन्न होती है। लोगों ने जब होंठ सिलवाए तो उन्हें पता चला कि अब वे खा भी नहीं सकते। इसके बावजूद उन्होंने राजा की आज्ञा का पालन किया। अब वे राजा के अत्याचार तथा शोषणपूर्ण व्यवहार को सहकर भी कुछ नहीं बोल सकते थे।

11. **सब लोगों ने राजा के कहने से अपनी आँखें क्यों बंद कर लीं? आपके अनुसार यह स्थिति लोकतंत्र के लिए कैसे घातक है?** **CBSE Diksha**

उत्तर सब लोगों ने राजा के कहने पर अपनी आँखें बंद कर लीं, क्योंकि जैसा कि 'पहचान' कहानी में बताया गया है, राजा की आज्ञा का पालन करना उनके लिए अनिवार्य था। जनता राजा की सत्ता के प्रति पूर्णतः समर्पित थी और इसीलिए बिना कोई सवाल किए सभी ने अपनी-अपनी आँखें मूँद लीं।

यह स्थिति लोकतंत्र के लिए घातक है, क्योंकि लोकतंत्र का मूल उद्देश्य जनता की भलाई और अधिकारों की रक्षा करना है। लोकतंत्र में जनता को स्वतंत्र रूप से अपनी राय रखने और सत्ता के निर्णयों पर सवाल उठाने का अधिकार होता है। यदि लोग बिना विचार किए शासक की हर आज्ञा मानते हैं, तो लोकतंत्र समाप्त होकर तानाशाही में बदल सकता है, जहाँ नागरिकों का कोई स्वतंत्र मत या अधिकार नहीं रह जाएगा। ऐसी स्थिति में जनता की स्वतंत्रता, राज्य का विकास और लोगों के अधिकारों का हनन होने की संभावना बढ़ जाती है, जिससे लोकतंत्र की बुनियाद कमजोर हो जाती है और समाज में प्रगति रुक जाती है। अतः इसका जनता के अस्तित्व तथा राज्य की प्रगति और विकास पर बहुत बुरा प्रभाव पड़ेगा।

चार हाथ

12. **'चार हाथ' लघुकथा किस व्यवस्था को प्रकट करती है?**

अथवा **असगर वजाहत की 'चार हाथ' लघुकथा "पूँजीवादी व्यवस्था में मज़दूरों के शोषण को उजागर करती है" इस कथन का विवेचन कीजिए।**

उत्तर 'चार हाथ' लघुकथा पूँजीवादी व्यवस्था में मज़दूरों के शोषण को उजागर करती है। पूँजीपति वर्ग तरह-तरह के उपाय करके मज़दूरों का शोषण करने का प्रयास करते हैं। वे मज़दूरों का शोषण करने के नए-नए तरीके ढूँढते रहते हैं और अंततः अधिकतर उनका शोषण करने में सक्षम भी होते हैं। मज़दूर विरोध करने की स्थिति में नहीं हैं, वे कारखाने के कल-पुर्जे बन गए हैं और लाचारी में आधी मज़दूरी पर भी काम करने के लिए तैयार हैं। मज़दूरों की यह लाचारी शोषण पर आधारित व्यवस्था का पर्दाफ़ाश करती है।

13. **मिल मालिक ने वैज्ञानिकों को नौकरी से क्यों निकाल दिया?** **CBSE Diksha**

उत्तर मिल मालिक ने वैज्ञानिकों को इसलिए नौकरी से निकाल दिया, क्योंकि वे उसकी अपेक्षाओं पर खरे नहीं उतरे। मिल मालिक चाहता था कि वैज्ञानिक किसी तरह से मजदूरों के चार हाथ बना दें, ताकि उत्पादन तेजी से बढ़े और मुनाफा अधिक हो सके, लेकिन कई वर्षों की मेहनत और शोध के बाद वैज्ञानिकों ने यह कह दिया कि यह असंभव है। जब वैज्ञानिक मालिक की इस असंभव माँग को पूरा नहीं कर सके, तो मिल मालिक ने उन्हें नौकरी से निकाल दिया।

साझा

14. **किसान ने अपने हिस्से का गन्ना क्यों छोड़ दिया?** **CBSE Diksha**

उत्तर किसान ने अपने हिस्से का गन्ना इसलिए छोड़ दिया, क्योंकि हाथी ने साझेदारी के नियमों का उल्लंघन कर अपनी ताकत का प्रयोग किया। जब गन्ना फसल तैयार हुई, तो किसान ने उम्मीद की थी कि फसल का हिस्सा बराबर-बराबर बाँटा जाएगा, परंतु हाथी ने अपनी शक्ति और छल का सहारा लेते हुए गन्ने को मिलकर खाने का दबाव बनाया।

हाथी ने गन्ने के साथ-साथ किसान को भी अपनी सूँड से खींचना शुरू किया, जिससे किसान को अपनी जान बचाने के लिए मजबूरी में गन्ना छोड़ना पड़ा। कहानी में हाथी, अमीर और प्रभुत्वशाली वर्ग का प्रतीक है, जो बल और छल से किसानों की मेहनत और फसल को धीरे-धीरे हड़प लेता है।

15. **'साझा' कहानी में 'हाथी' किसका प्रतीक है? इस चरित्र के माध्यम से लेखक ने किस सत्य को उजागर किया है?** **CBSE 2025**

उत्तर 'साझा' कहानी में 'हाथी' प्रभुत्वशाली वर्ग और पूँजीपतियों का प्रतीक है, जो छल से किसानों का शोषण करते हैं। लेखक ने यह सत्य उजागर किया है कि किस प्रकार शक्तिशाली वर्ग कमजोर वर्ग को लालच और भय दिखाकर अपने स्वार्थ की पूर्ति करता है। लेखक ने किसान और हाथी के माध्यम से समाज में व्याप्त आर्थिक असमानता और अन्याय को दर्शाया है।

16. **'साझा' लघुकथा के आधार पर बताइए कि साझा खेती में धोखा खाने के बाद भी किसान हाथी के साथ खेती करने के लिए क्यों तैयार हो गया? और इसका क्या परिणाम निकला?** **CBSE Term II 2022**

उत्तर एक किसान को खेती करने की पूरी जानकारी थी, लेकिन डरा दिए जाने के कारण वह अकेले खेती करने की हिम्मत नहीं जुटा पा रहा था। किसान पहले ही शेर, चीता और मगरमच्छ के साथ खेती करके देख चुका था। इस बार हाथी उससे साझे में (मिलकर) खेती करने की बात कहता है, परंतु किसान मना करते हुए कहता है कि साझे की खेती में उसका गुज़ारा नहीं होता।

तब हाथी उसे प्रलोभन देते हुए कहता है कि उसके साथ साझे में खेती करने से जंगल के जानवर उसे नुकसान नहीं पहुँचा सकेंगे और खेती सुरक्षित रहेगी। किसान के किसी तरह हाँ करते ही हाथी किसान के साथ अपनी साझीदारी की घोषणा पूरे जंगल में कर देता है और नुकसान न पहुँचाने की चेतावनी भी दे देता है।

स्व-मूल्यांकन

गद्यांश पर आधारित बहुविकल्पीय प्रश्न

निम्नलिखित गद्यांश के आधार पर दिए गए बहुविकल्पीय प्रश्नों के उत्तर के लिए उपयुक्त विकल्प का चयन कीजिए

1. कई साल तक शोध और प्रयोग करने के बाद वैज्ञानिकों ने कहा कि ऐसा असंभव है कि आदमी के चार हाथ हो जाएँ। मिल मालिक वैज्ञानिकों से नाराज़ हो गया। उसने उन्हें नौकरी से निकाल दिया और अपने-आप इस काम को पूरा करने के लिए जुट गया।

उसने कटे हुए हाथ मँगवाए और अपने मज़दूरों के फिट करवाने चाहे, पर ऐसा नहीं हो सका। फिर उसने मज़दूरों के लकड़ी के हाथ लगवाने चाहे, पर उनसे काम नहीं हो सका। फिर उसने लोहे के हाथ फिट करवा दिए, पर मज़दूर मर गए। आखिर एक दिन बात उसकी समझ में आ गई। उसने मज़दूरी आधी कर दी और दुगुने मज़दूर नौकर रख लिए।

(क) वैज्ञानिकों ने मिल मालिक को क्या बताया?
- (i) आदमी के चार हाथ बनाना संभव है।
- (ii) आदमी के चार हाथ बनाना असंभव है।
- (iii) आदमी के चार हाथ बनाने के लिए अधिक समय लगेगा।
- (iv) चार हाथों की आवश्यकता नहीं है।

(ख) वैज्ञानिकों के असफल होने पर मिल मालिक ने क्या किया?
- (i) वैज्ञानिकों का वेतन बढ़ा दिया।
- (ii) वैज्ञानिकों को नौकरी से निकाल दिया।
- (iii) दूसरे वैज्ञानिकों को नौकरी पर रखा।
- (iv) खुद काम छोड़ दिया।

(ग) लोहे के हाथ फिट करवाने का क्या परिणाम हुआ?
- (i) मजदूरों ने बेहतर काम किया।
- (ii) मजदूरों को परेशानी हुई।
- (iii) मजदूर मर गए।
- (iv) उत्पादन बढ़ गया।

(घ) **कथन** (A) मिल मालिक ने वैज्ञानिकों से शोध करवाने का निर्णय लिया।
कारण (R) मजदूर अधिक मेहनत करें और मुनाफा बढ़े।
कूट
- (i) कथन (A) और कारण (R) दोनों सही हैं तथा कारण (R) कथन (A) की सही व्याख्या करता है।
- (ii) कथन (A) और कारण (R) दोनों सही हैं तथा कारण (R) कथन (A) की सही व्याख्या नहीं करता है।
- (iii) कथन (A) सही है, किंतु कारण (R) गलत है।
- (iv) कथन (A) गलत है, किंतु कारण (R) सही है।

(ङ) आखिरकार मिल मालिक ने समस्या का क्या समाधान निकाला?
- (i) मजदूरों के लिए नई मशीनें लगवाईं।
- (ii) वैज्ञानिकों को फिर से बुला लिया।
- (iii) काम बंद कर दिया।
- (iv) मजदूरी आधी कर दी और दुगुने मजदूर रख लिए।

उत्तर

(क) (ii) आदमी के चार हाथ बनाना असंभव है।
(ख) (ii) वैज्ञानिकों को नौकरी से निकाल दिया।
(ग) (iii) मजदूर मर गए।
(घ) (i) कथन (A) और कारण (R) दोनों सही हैं तथा कारण (R) कथन (A) की सही व्याख्या करता है।
(ङ) (iv) मजदूरी आधी कर दी और दुगुने मजदूर रख लिए।

गद्यांश की व्याख्या

2. निम्नलिखित में से किसी एक गद्यांश की सप्रसंग व्याख्या कीजिए।

अगले दिन मैंने एक गधा देखा, जो लँगड़ाता हुआ शेर के मुँह की तरफ चला जा रहा था। मुझे उसकी बेवकूफी पर सख्त गुस्सा आया और मैं उसे समझाने के लिए झाड़ी से निकलकर उसके सामने आया। मैंने उससे पूछा, ''तुम शेर के मुँह में अपनी इच्छा से क्यों जा रहे हो?'' उसने कहा, ''वहाँ हरी घास का एक बहुत बड़ा मैदान है। मैं वहाँ बहुत आराम से रहूँगा और खाने के लिए खूब घास मिलेगी।''

अथवा

फिर हुक्म ये निकला कि लोग अपने-अपने होंठ सिलवा लें, क्योंकि बोलना उत्पादन में सदा से बाधक रहा है। लोगों ने काफी सस्ती दरों पर होंठ सिलवा लिए और फिर उन्हें पता लगा कि अब वे खा भी नहीं सकते हैं। लेकिन खाना भी काम करने के लिए बहुत आवश्यक नहीं माना गया। फिर उन्हें कई तरह की चीज़ें कटवाने और जुड़वाने के हुक्म मिलते रहे और वे वैसा ही करवाते रहे। राजा रातदिन प्रगति करता रहा।

विषय-वस्तु पर आधारित प्रश्न

1. लोमड़ी ने लेखक को शेर के मुँह में जाने का क्या कारण बताया?
2. शेर के व्यवहार और स्टाफ की कार्यप्रणाली का लेखक पर क्या प्रभाव पड़ा?
3. खैराती, रामू और छिद्दू ने आँखें खोलने का निर्णय क्यों लिया तथा आँखें खोलने के बाद उन्हें क्या दिखाई दिया?
4. 'चार हाथ' कहानी के माध्यम से श्रमिक और पूँजीपति के बीच किस प्रकार का सम्बन्ध दिखाया गया है?
5. किसान ने अकेले खेती करने का साहस क्यों नहीं किया?

06
अध्याय

लेखक-परिचय

निर्मल वर्मा का जन्म वर्ष 1929 में शिमला, हिमाचल प्रदेश में हुआ था और उन्होंने दिल्ली विश्वविद्यालय से इतिहास में एम.ए. किया। वर्ष 1959 में वे चेकोस्लोवाकिया के प्राच्यविद्या संस्थान, प्राग के निमंत्रण पर गए, जहाँ उन्होंने चेक उपन्यासों तथा कहानियों का हिंदी अनुवाद किया। वर्ष 1970 में भारत लौटने के बाद, वे स्वतंत्र लेखन में सक्रिय हो गए। उनके प्रमुख कहानी संग्रहों में परिंदे, जलती झाड़ी, तीन एकांत, कव्वे और काला पानी, पिछली गरमियों में और सूखा तथा अन्य कहानियाँ आदि शामिल हैं, जबकि प्रमुख उपन्यासों में लाल टीन की छत और एक चिथड़ा सुख प्रमुख हैं। हर बारिश में और चीड़ों पर चाँदनी में उनके यात्रा-संस्मरण संकलित हैं। शब्द और स्मृति, कला का जोखिम और ढलान से उतरते हुए उनके निबंध संग्रह हैं। वर्ष 1985 में उन्हें कव्वे और काला पानी के लिए साहित्य अकादमी पुरस्कार से सम्मानित किया गया।

▼ अध्ययन के लिए
- पाठ की रूपरेखा
- पाठ का सार

▼ अभ्यास के लिए
- पाठ्यपुस्तक के प्रश्नोत्तर
- गद्यांशों की व्याख्या
- गद्यांश पर आधारित बहुविकल्पीय प्रश्न
- विषय-वस्तु पर आधारित प्रश्नोत्तर

जहाँ कोई वापसी नहीं
(निर्मल वर्मा)

पाठ की रूपरेखा

'जहाँ कोई वापसी नहीं' निर्मल वर्मा का यात्रा-वृत्तांत है, जो उनके संग्रह 'धुंध से उठती धुन' से लिया गया है। इस पाठ में उन्होंने औद्योगीकरण तथा विकास के नाम पर पर्यावरण विनाश से उत्पन्न हुई विस्थापन से संबंधित मनुष्य की समस्याओं के प्रति चिंता प्रकट की है। औद्योगिक विकास के दौर में आज प्राकृतिक सौंदर्य किस प्रकार नष्ट होता जा रहा है, इसका मार्मिक चित्रण इस अध्याय में किया गया है। लेखक ने स्पष्ट किया है कि औद्योगिक विकास की अंधी दौड़ में केवल मनुष्य ही नहीं उखड़ता, बल्कि उसका परिवेश, संस्कृति और आवास-स्थल भी हमेशा के लिए नष्ट हो जाते हैं, इससे हमारा वर्तमान ही नहीं भविष्य भी दाँव पर लग जाता है।

पाठ का सार

लेखक की सिंगरौली यात्रा

वर्ष 1983 में लेखक, दिल्ली में स्थित 'लोकायन' संस्था की ओर से सिंगरौली के विकास और विनाश की जानकारी प्राप्त करने गया। वह बताता है कि उस समय जुलाई महीने का अंत चल रहा था, खेतों में पानी जमा था और धान की रोपाई चल रही थी। वहाँ से वह सिंगरौली क्षेत्र के नवागाँव में गया, जहाँ पचास हज़ार से ऊपर की आबादी थी तथा वहाँ अठारह छोटे-छोटे गाँव थे। इनमें से एक गाँव का नाम अमझर था। वहाँ के निवासियों से पूछने पर लेखक को पता चला कि यहाँ चारों ओर आम के पेड़ लगे थे और उनमें आम झरते रहते थे, इसलिए इस गाँव का नाम अमझर पड़ा, लेकिन सरकार द्वारा अमरौली प्रोजेक्ट की घोषणा (जिसमें इस क्षेत्र के गाँवों को उजाड़ने की बात कही गई थी) के बाद यहाँ के पेड़ सूखने लगे। लेखक को लगता है कि यह शायद प्रकृति का मौन विरोध है कि मनुष्य के उजड़ जाने के बाद पेड़ जीवित रहकर क्या करेंगे, इसी कारण वे सूख गए हैं। वह कहता है उसने टिहरी गढ़वाल में पेड़ों को

बचाने के लिए मनुष्य के संघर्ष की कहानी सुनी थी, परंतु मनुष्य के विस्थापन को रोकने के लिए पेड़ों का यह विरोध लेखक के लिए विचित्र अनुभव था।

विस्थापन से पूर्व ग्रामीणों की स्थिति तथा सिंगरौली के लोगों का जीवन

लेखक गाँव के दृश्य को स्वयं के लिए विचित्र अनुभव मानते हुए बताते हैं कि विस्थापन का दंश झेलकर शहरों में बसे ग्रामीण गंदी व दम घोंटती बस्तियों में लाचारगी भरा जीवन जीने के लिए मजबूर हैं। वे इससे पूर्व कितना सुखद जीवन जीते थे, इसका अनुभव उन्हें अमझर गाँव में आकर ही पता चला था।

यहाँ हवा-पानी मिट्टी सब स्वच्छ है। चारों ओर पानी है, पशु बँधे हुए हैं तथा धान की रोपाई हो रही है। धान के खेत पानी से भरे हुए हैं। अगर चलती बस से यह दृश्य देखो तो ऐसा लगता है जैसे समूची धरती एक झील, एक अंतहीन सरोवर हो जिसमें पेड़, झोपड़ी, आदमी सब पानी में तैरते हुए दिखाई देते हैं।

गाँव में प्रवेश करने पर लेखक को यहाँ खेतों में काम करती औरतें दिखाई दीं जो स्वच्छ, सुंदर और सुडौल हैं और सिर पर चटाई की किश्तीनुमा टोपी लगाकर धान की रोपाई कर रही हैं। लेखक के वहाँ पहुँचने पर वह उसे चौंकते हुए देखती हैं, तो उसे उन्हें देखकर ऐसा लगता है कि वे कान्हा अभयारण्य की युवा हिरणियाँ हों, किंतु वे हिरणियों के समान न डरती हैं और न भागती हैं, अपितु लेखक को एक बार देखने के बाद दोबारा अपने काम में लग जाती हैं।

विस्थापन के बाद विस्थापितों के प्रति लेखक की दृष्टि

लेखक को अमझर गाँव का सारा दृश्य स्वच्छ और पवित्र लगता है। वह विश्वास नहीं कर पाता कि आने वाले कुछ समय में वहाँ की सुंदरता नष्ट कर दी जाएगी। विस्थापित होने के बाद खेत-खलिहान, वृक्ष, पशु, हरियाली, आम के पेड़ सब एक गंदी आधुनिक औद्योगिक कॉलोनी की ईंटों के नीचे दब जाएगा। लेखक ने हिंदुस्तान के शहरों के बीच बसी मज़दूरों की गंदी बस्तियाँ, दम घोंटने वाला भयानक वातावरण अनेक बार देखा है। वह सोचता है कि हँसती-मुसकुराती औरतें विस्थापन के बाद भोपाल, जबलपुर या बैढ़न इत्यादि नगरों की सड़कों पर पत्थर तोड़ती दिखाई देंगी। कुछ समय तक इनको अपने घर-गाँव की याद आती रहेगी, लेकिन धूप में खेलते इनके बच्चों को तो कभी पता (मालूम) भी नहीं चलेगा कि बहुत समय पहले उनके पुरखों के गाँव अमझर में पेड़ों से आम झरा करते थे।

विस्थापितों को आधुनिक भारत के शरणार्थियों की संज्ञा देना

लेखक विस्थापित लोगों को आधुनिक भारत के शरणार्थियों की संज्ञा देते हुए कहते हैं कि औद्योगिक विकास के नाम पर ग्रामीणों को उनके घर-ज़मीन से उखाड़कर हमेशा के लिए निर्वासित कर दिया गया है। उसे यह प्रकोप प्राकृतिक दुर्घटना से भी अधिक भयावह लगता है, क्योंकि प्राकृतिक विपदा आने पर तो लोग कुछ समय के लिए विस्थापित होते हैं, लेकिन आधुनिक विकास का झंझावात (चक्रवात) उन्हें सदा के लिए विस्थापित बना रहा है। विकास और प्रगति के नाम पर आधुनिक औद्योगीकरण की आँधी केवल मनुष्य को ही नहीं, बल्कि उसके संपूर्ण परिवेश और आवास-स्थल को हमेशा के लिए नष्ट कर देती है।

सिंगरौली के साथ हुए अन्याय के प्रति लेखक का दु:ख प्रकट करना

लेखक कहता है कि समृद्धशाली सिंगरौली को अत्यधिक क्रूरता के साथ उजाड़ दिया गया। यदि यह क्षेत्र रेगिस्तान होता, तो उसे इतना दु:ख नहीं होता, किंतु यहाँ की भूमि इतनी उपजाऊ और जंगल इतने समृद्ध हैं कि उनके सहारे हज़ारों वनवासी, किसान अपना भरण-पोषण किया करते थे। वर्ष 1926 से पूर्व यहाँ खैरवार जाति के आदिवासी राजा का शासन था, किंतु बाद में इसे रीवाँ राज्य में शामिल कर लिया गया।

लेखक सिंगरौली नाम के पीछे की दंतकथा का उल्लेख करते हुए बताता है कि यह पूर्व-पश्चिम में फैली 'सृंगावली' पर्वतमाला के नाम से बना है। एक समय में सिंगरौली अपने सौंदर्य के कारण 'बैकुंठ' और पहुँच की कठिनाई के कारण 'कालापानी' कहलाता था। ऐसे समृद्धशाली क्षेत्र के उजड़ने के कारण लेखक को बहुत दु:ख हुआ। सिंगरौली के कारण यह ज्ञान होता है कि किसी समृद्ध अँचल को किस प्रकार उजाड़ा जा सकता है।

सिंगरौली की संपदा का अभिशाप बनना

लेखक बताते हैं कि सिंगरौली की संपदा ही उसके विनाश का कारण बनी। दिल्ली के सत्ताधारियों और उद्योगपतियों ने सिंगरौली की अपार खनिज संपदा को देखते हुए, यहाँ रिहंद बाँध बनाया और हज़ारों गाँव उजाड़ दिए। इस योजना के अंतर्गत सेंट्रल कोल फ़ील्ड तथा नेशनल सुपर थर्मल पावर कॉरपोरेशन का निर्माण हुआ। सिंगरौली भी प्रगति के मानचित्र पर राष्ट्रीय गौरव के रूप में उभरा।

वहाँ कई ताप विद्युत गृहों का निर्माण हुआ। जिस गाँव में अभी तक कोई व्यक्ति प्रवेश न करता था वहाँ अब राजनेता, सरकारी अफसर गिद्ध व चीलों की तरह सिंगरौली की प्राकृतिक संपदा पर मँडराने लगे और उन्होंने अपनी स्वार्थ लोलुपता (लालच) के कारण उसका संपूर्ण सौंदर्य नष्ट कर दिया।

लेखक का मत

लेखक स्वयं के 'लोकायन' संस्था की ओर से सिंगरौली जाने के विषय में बताते हुए कहते हैं कि स्वतंत्रता के बाद विकास के लिए जिस औद्योगीकरण का प्रयोग किया गया उसके लिए यदि स्वतंत्रता के बाद हम प्रगति का कोई दूसरा विकल्प चुनते, तो वह अधिक सुखद स्थिति रहती। अंग्रेजों ने भारत को अपनी सांस्कृतिक कॉलोनी बनाना चाहा था जिसमें वे असफल रहे, लेकिन हमारे लिए अनुकूल माहौल था कि हम भारत को भारतीय संस्कृति के अनुरूप ढाल लेते। लेखक ने स्पष्ट किया है कि भारत की सांस्कृतिक विरासत यूरोप से भिन्न थी।

पश्चिमी सभ्यता की नकल का दुष्परिणाम

पश्चिम सभ्यता की नकल करते हुए हमने पर्यावरण असंतुलन के साथ मनुष्य और उसकी संस्कृति के बीच असंतुलन पैदा कर दिया, जिसका गंभीर परिणाम आज सिंगरौली जैसे क्षेत्र भोग रहे हैं। पश्चिम की नकल करके योजनाएँ बनाते समय प्रकृति, मनुष्य और संस्कृति के बीच का नाज़ुक संतुलन किस तरह नष्ट होने से बचाया जा सकता है, इस बात की ओर पश्चिम से शिक्षित होकर आए हमारे सत्ताधारियों का ध्यान कभी नहीं गया। लेखक कहता है कि पश्चिम को आदर्श बनाकर भारतीय राजनेताओं ने जो नीतियाँ बनाईं उनके स्थान पर उन्हें भारतीय संस्कृति के आधार पर बनाया जाता, तो अधिक बेहतर होता, किंतु उन्होंने इस ओर ध्यान ही नहीं दिया।

शब्दार्थ

रोपाई–बीज या पौधे को एक-जगह से दूसरी जगह पर लगाने (रोपने) की क्रिया धान की पौध लगाना; **दुपहर**–दोपहर का समय; **झरते हैं**;–गिरते हैं, **विस्थापन**–एक-जगह से दूसरी जगह जाकर बसना; **मूक सत्याग्रह**–मौन विरोध; **उन्मूलित**–अपने मूल से कटना; **परिवेश**–आस-पास का वातावरण; **समूची**–समस्त/सारी, **अंतहीन**–जिसका अंत न हो, **ढोर-डाँगर**–पशु/जानवर, **तिरते**–अलग-थलग पड़ना/किनारे या हाशिए पर रहना; **पाँत**–पंक्ति; **किश्तीनुमा**–नाव के आकार के; **निगाह**–दृष्टि/नज़र, **मटियामेट**–नष्ट होना; **स्मृति**–याद; **शाश्वत**–कभी न मिटने वाला निरंतर; **झंझावात**–मुसीबत/परेशानी भँवर; **निर्वासित**–अन्यत्र कहीं भेज देना, **अरसा**–समय; **आफत**–मुसीबत; **ज्वलंत**–स्पष्ट रूप से दिखाई न देने वाला; **उर्वरा**–उपजाऊ; **लोलुप**–लोभी/लालची; **अलगाव**–पार्थक्य; **व्यापक**–विस्तृत; **कारिंदे**–कर्मचारी गण, **जायजा**–सरसरी तौर से देखना; **भौतिक लिप्सा**–सांसारिक अभिलाषाएँ; **विरासत**–उत्तराधिकार, **स्वातंत्र्योत्तर**–आज़ादी के बाद; **ट्रेजडी**–दुखांत।

पाठ्यपुस्तक (अंतरा भाग-2) के प्रश्नोत्तर

1. अमझर से आप क्या समझते हैं? अमझर गाँव में सूनापन क्यों है?

उत्तर अमझर का अर्थ है—वह क्षेत्र जहाँ आम झरते हैं। सिंगरौली के पास एक छोटा-सा गाँव है, जो आम के पेड़ों से घिरा है। आम के पेड़ों से गिरते आम के फलों के कारण ही इस गाँव का नाम 'अमझर' पड़ा, किंतु कई वर्षों से वहाँ सूनापन है। आम के पेड़ों पर अब फल (आम) नहीं लगते और न ही फल झरते हैं। पेड़ भी सूखने लगे हैं, क्योंकि 'अमरौली प्रोजेक्ट' के अंतर्गत इस गाँव को उजाड़ने की सरकारी घोषणा के बाद से यह सूनापन व्याप्त हुआ है। लेखक मानता है कि आदमी उजड़ेगा तो पेड़ जीवित रहकर क्या करेंगे?

2. आधुनिक भारत के 'नए शरणार्थी' किन्हें कहा गया है?

अथवा **निर्मल वर्मा ने आधुनिक भारत के 'नए शरणार्थी' किन्हें कहा है और क्यों? स्पष्ट कीजिए।** **All India 2019**

अथवा **'जहाँ कोई वापसी नहीं' लेख में लेखक ने आधुनिक भारत के नए शरणार्थी किन्हें कहा है और क्यों?** **All India 2019**

उत्तर लेखक औद्योगिक विकास के नाम पर विस्थापित की जाती जनसंख्या को आधुनिक भारत के 'नए शरणार्थी' मानता है। इसमें वे लोग शामिल हैं, जो विशेष प्रोजेक्टों के तहत अपने मूल या पैतृक निवास-स्थानों से उजाड़ दिए गए हैं। विभिन्न ग्रामांचलों की संस्कृति तथा परिवेश को औद्योगीकरण के झंझावातों ने नष्ट कर दिया है तथा जनसंख्या का एक बड़ा भाग विस्थापन का दंश झेलने को मज़बूर हो गया। लेखक मानता है कि आधुनिक औद्योगीकरण की आँधी में मनुष्य के साथ उसका परिवेश, वनस्पति, प्राकृतिक उपादान तथा आवास-स्थल हमेशा के लिए नष्ट हो जाते हैं और उस स्थान के लोग शरणार्थी की तरह किसी बड़े नगर में अपनी जड़ों से दूर बसने को मज़बूर हो जाते हैं।

3. प्रकृति के कारण विस्थापन और औद्योगीकरण के कारण विस्थापन में क्या अंतर है?

अथवा **'जहाँ कोई वापसी नहीं' पाठ में प्रकृति के कारण विस्थापन और औद्योगीकरण के कारण विस्थापन में क्या अंतर बताया गया है? स्पष्ट कीजिए।** **CBSE 2023**

उत्तर प्रकृति के कारण विस्थापन क्षणिक होता है। बाढ़ या भूकंप के कारण लोग कुछ समय के लिए अपने घरों से अलग हो जाते हैं तथा सुरक्षित तथा ऊँची जगहों पर शरण लेते हैं, किंतु आपदा के नियंत्रण में आते ही वे अपने मूल स्थान पर पुनः लौट आते हैं। उनका परिवेश, उनकी संस्कृति यथावत् बनी रहती है। इसके विपरीत औद्योगीकरण के कारण लोगों को अपना घर, अपना परिवेश, अपने खेत-खलिहान तथा अपनी संस्कृति को सदा के लिए छोड़ देना पड़ता है, वे विस्थापित कर दिए जाते हैं तथा फिर कभी भी अपने मूल स्थान पर आकर बसना उनके लिए संभव नहीं होता। वे पूर्णकालिक शरणार्थी बन जाते हैं तथा अपनी जड़ों से कटकर जीने के लिए अभिशप्त हो जाते हैं।

4. यूरोप और भारत की पर्यावरण संबंधी चिंताएँ किस प्रकार भिन्न हैं?

उत्तर पर्यावरण की दृष्टि से यूरोप व भारत की चिंताएँ कई मायनों में भिन्न हैं। यूरोप में केवल मनुष्य तथा भूगोल के बीच संतुलन बनाए रखने को पर्यावरण संरक्षण माना जाता है, वहाँ मनुष्यों का पर्यावरण से केवल भौतिक एवं बाह्य संबंध है। इसके विपरीत भारत में यह प्रश्न मनुष्य तथा उसकी संस्कृति के बीच संबंध बनाए रखने का होता है। यहाँ के जंगल, नदियाँ, धरती मिलकर संस्कृति का आकार गढ़ते हैं और ये रिश्ते आदमी को उसके परिवेश से जोड़ते हैं। यहाँ पर्यावरण के उपादान उनकी आस्था व विश्वास के साथ जुड़े हैं, उनका संबंध बाह्य न होकर आत्मिक है, जो

पर्यावरण के साथ उनके संबंध को आध्यात्मिक स्वरूप प्रदान करता है। स्पष्टतः जहाँ यूरोप, मनुष्य और भूगोल के बीच संतुलन पर बल देता है वहीं भारत मनुष्य और संस्कृति के बीच संतुलन पर बल देता है। इस प्रकार यूरोप व भारत की पर्यावरण संबंधी चिंताएँ कई प्रकार से भिन्न हैं।

5. लेखक के अनुसार स्वातंत्र्योत्तर भारत की सबसे बड़ी 'ट्रेजडी' क्या है?

अथवा **निर्मल वर्मा ने 'स्वातंत्र्योत्तर भारत की सबसे बड़ी ट्रेजडी' किसे माना है और क्यों?**

अथवा **'जहाँ कोई वापसी नहीं' पाठ के लेखक ने स्वातंत्र्योत्तर भारत की सबसे बड़ी ट्रेजेडी किसे माना है और क्यों?** **CBSE 2023**

उत्तर लेखक के अनुसार स्वातंत्र्योत्तर भारत की सबसे बड़ी ट्रेजडी शासक वर्ग द्वारा विकास के लिए पश्चिमी देशों की देखादेखी व नकल करके बनाई गई योजनाओं से है, जो भारतीय संस्कृति एवं परिवेश से पूर्णतः भिन्न है। देश की आज़ादी के बाद हमारे अधिकतर प्रारंभिक नेता पश्चिमी देशों से शिक्षित थे। उन्होंने वहाँ की औद्योगिक प्रगति देखी थी, किंतु वे यूरोप तथा भारत की सांस्कृतिक भिन्नता के कारण दोनों की सामाजिक प्रवृत्तियों का अंतर नहीं समझ सके। पश्चिम की नकल करते हुए औद्योगिक विकास की ओर अग्रसर हो गए। हम पश्चिम को मॉडल न बना कर अपनी शर्तों और मर्यादाओं के आधार पर भारतीय स्वरूप में औद्योगिक विकास कर सकते थे, जिसकी ओर नीति निर्धारकों ने ध्यान ही नहीं दिया।

6. औद्योगीकरण ने पर्यावरण का संकट पैदा कर दिया है, क्यों और कैसे?

अथवा **'जहाँ कोई वापसी नहीं' पाठ के आधार पर लिखिए कि औद्योगिक विकास के कारण प्राकृतिक सौंदर्य किस तरह नष्ट होता जा रहा है?** **CBSE Term II 2022**

अथवा **औद्योगीकरण ने पर्यावरण को कैसे प्रभावित किया है? 'जहाँ कोई वापसी नहीं' पाठ के आधार पर उत्तर दीजिए।**

उत्तर औद्योगीकरण ने पर्यावरण का संकट पैदा कर दिया है, क्योंकि औद्योगिक विकास के नाम पर लोगों की ज़मीनें ले ली गईं तथा उन्हें विस्थापित कर दिया गया। औद्योगीकरण में लोगों को अपनी ज़मीन से हमेशा के लिए निर्वासित करते हैं। बाढ़ या भूकंप के कारण लोग अपना घर-बार छोड़कर कुछ अरसे के लिए ज़रूर बाहर चले जाते हैं, किंतु आफत टलते ही वे दुबारा अपने जाने-पहचाने परिवेश में लौट भी आते हैं। औद्योगीकरण की आँधी से मनुष्य व उसका आवास-स्थल भी हमेशा के लिए नष्ट हो जाता है। पेड़ों के कटने तथा उद्योगों की चिमनियों से निकलते धुएँ ने वातावरण को प्रदूषित किया। हवा, पानी, धरती सब प्रदूषित होती चली गई तथा मनुष्य का जीवन संकटपूर्ण हो गया। औद्योगीकरण के विस्तार ने पर्यावरण के संकट को बढ़ाया है, पेड़ों की अँधाधुँध कटाई होने तथा प्रदूषण फैलने से प्रकृति में असंतुलन हो गया है, जो यदि इसी प्रकार बढ़ता गया तो यह भविष्य में बहुत भयावह हो जाएगा।

7. क्या स्वच्छता अभियान की जरूरत गाँव से ज्यादा शहरों में है? (विस्थापित लोगों, मजदूर बस्तियों, स्लमस क्षेत्रों, शहरों में बसी झुग्गी बस्तियों के संदर्भ में लिखिए।)

उत्तर छात्र स्वयं करें।

8. निम्नलिखित पंक्तियों का आशय स्पष्ट कीजिए

(क) आदमी उजड़ेंगे तो पेड़ जीवित रहकर क्या करेंगे? **CBSE SQP 2020**

(ख) प्रकृति और इतिहास के बीच यह गहरा अंतर है?

उत्तर (क) लेखक के अनुसार अमरौली प्रोजेक्ट की सरकारी घोषणा के अंतर्गत अनेक गाँव उजाड़ दिए गए, इस घोषणा के बाद वहाँ के पेड़ सूखने लगे क्योंकि प्रकृति और मनुष्य में स्थायी संबंध है, क्योंकि यदि मनुष्यों का विस्थापन हो जाएगा तो पेड़ बिना मनुष्य की देखरेख में सूख जाएँगे। मनुष्य के सुख-दुःख से प्रकृति भी प्रभावित होती है। मनुष्य के जीवन का संरक्षण भी प्रकृति में संभव है और यदि मनुष्य ही पृथ्वी पर न रहेंगे तो मनुष्य के अस्तित्व के बिना प्रकृति का जीवन कैसे सार्थक होगा।

(ख) प्रकृति और इतिहास में गहरा अंतर है। प्रकृति का उद्भव प्राकृतिक रूप से हुआ, जबकि इतिहास का निर्माण मनुष्य करता है। मनुष्य स्वयं प्रकृति की संतान है। प्रकृति मनुष्य की रचनाकार और जन्मदात्री है। प्राकृतिक आपदाओं से व्यक्ति अस्थायी रूप से विस्थापित होता है, परंतु औद्योगीकरण से मानवीय विस्थापन स्थायी रूप से हो जाता है और व्यक्ति अपने मूल से कटकर इधर-उधर भटकने के लिए बाध्य हो जाता है।

9. निम्नलिखित पर टिप्पणी लिखिए

(क) आधुनिक शरणार्थी

(ख) औद्योगीकरण की अनिवार्यता

(ग) प्रकृति, मनुष्य और संस्कृति के बीच आपसी संबंध

उत्तर (क) लोगों को विस्थापन के बाद अनेक समस्याओं का सामना करना पड़ता है उनके घर तथा ज़मीन छीन लिए जाते हैं और नई जगह में उनकी स्थिति शरणार्थियों जैसी होती है। विस्थापन के कारण अपने ही देश में शरणार्थियों के समान लाचारगी से जीवन जीने के लिए शहरों में बाध्य ग्रामीण लोगों को लेखक ने 'आधुनिक शरणार्थी' कहा है जैसे कि सिंगरौली के नवागाँव के कुछ लोगों को विस्थापित किया गया है। इस प्रकार सिंगरौली के लोग 'आधुनिक शरणार्थी' हैं।

(ख) आज जिस तरह से निरंतर जनसंख्या में वृद्धि हो रही है, उसको देखते हुए औद्योगीकरण आज अनिवार्य हो गया, परंतु इस औद्योगीकरण से लाभ कम, हानियाँ अधिक हैं। इसलिए औद्योगीकरण की प्रक्रिया पर ध्यान देने की आवश्यकता है। हमें विकास करने के लिए उद्योगों का जाल इस प्रकार बिछाना होगा जिससे उद्योग से मनुष्य व प्रकृति प्रभावित न हो। उद्योगों के लिए उपजाऊ भूमि को नष्ट नहीं करना चाहिए। औद्योगीकरण के लिए बंजर व अनुपजाऊ भूमि को प्रयोग में लाना चाहिए।

(ग) प्रकृति, मनुष्य और संस्कृति तीनों के मध्य एक घनिष्ठ संबंध है कह सकते हैं तीनों एक -दूसरे पर आधारित और एक -दूसरे के पूरक हैं। प्रकृति और उसके उपादान मनुष्य के जीवन का आधार है और संस्कृति मानव सभ्यता की एक लंबी विकास परंपरा की

देन। किसी व्यक्ति, समाज व देश की पहचान का आधार उसकी संस्कृति ही बनती है। मनुष्य की गतिविधियाँ प्रकृति और संस्कृति दोनों को एक समान रूप से ही प्रभावित करती हैं। प्रकृति, मनुष्य व संस्कृति क्रमानुसार विकास की परंपरा का उपस्थित रूप है जब तक तीनों में संतुलन है तीनों जीवित है और इनके मध्य बढ़ता असंतुलन इनके विनाश का आधार बन सकता है।

10. निम्नलिखित पंक्तियों का भाव-सौंदर्य लिखिए

(क) कभी-कभी किसी इलाके की संपदा ही उसका अभिशाप बन जाती है।

(ख) अतीत का समूचा मिथक संसार पोथियों में नहीं, इन रिश्तों की अदृश्य लिपि में मौजूद रहता था।

उत्तर (क) प्रस्तुत पंक्ति में लेखक ने यह कथन सिंगरौली के संदर्भ में कही है। लेखक ने किसी समृद्ध क्षेत्र की संपदा को ही उसके विनाश का कारण माना है, क्योंकि जो क्षेत्र धन, संपदा और प्रकृति वैभव से परिपूर्ण होते हैं, समय आने पर यही संपन्नता उनके विनाश का कारण बन जाती है। यह कहा भी गया है कि 'अति सर्वत्र वर्जयेत्'। सिंगरौली में भी यही हुआ, यहाँ कि खनिज संपदा ही उसके अभिशाप का कारण बन गई, जिससे सिंगरौली के लोगों को भारी नुकसान हुआ।

(ख) लेखक के अनुसार, भूतकाल का समस्त सत्य और कल्पना का मिश्रण ग्रंथों में नहीं मिल सकता है। वह कहता है ज़रूरी नहीं कि भारतवर्ष के स्वर्णिम और गौरवशाली अतीत के प्रत्येक पक्ष का चित्रण धर्मग्रंथों में हुआ हो। यह तो केवल मनुष्य के संबंधों की अदृश्य लिपि में ही मिल सकता है। लोगों के आपसी संबंध, उनका व्यवहार ही हमें संस्कृति के प्राचीन रूप को दिखा सकता है। इस प्रकार लेखक ने यहाँ संस्कृति के महत्त्व को प्रतिपादित किया है।

भाषा-शिल्प

1. पाठ के संदर्भ में निम्नलिखित अभिव्यक्तियों का अर्थ स्पष्ट कीजिए मूक सत्याग्रह, पवित्र खुलापन, स्वच्छ मांसलता, औद्योगीकरण का चक्का, नाज़ुक संतुलन।

उत्तर **मूक सत्याग्रह** मौन रहकर सत्य के प्रति आग्रह करना या आंदोलन करना।

पवित्र खुलापन ऐसा दिखावा, जिसमें पवित्रता या निश्छलता दिखाई देती हो।

स्वच्छ मांसलता सुंदर शारीरिक सौष्ठव।

औद्योगीकरण का चक्का उद्योगों की प्रगति का चक्र।

नाज़ुक संतुलन वह संतुलन जिसमें स्थायित्व न हो।

2. इन मुहावरों पर ध्यान दीजिए–
मटियामेट होना, आफत टलना, न फटकना

उत्तर **मटियामेट हो जाना** *(तहस-नहस हो जाना)*
वैज्ञानिक प्रगति ने मानवीय संवेदनाओं को मटियामेट कर दिया है।

आफत टलना *(मुसीबत समाप्त हो जाना)*
परीक्षा का समय समाप्त हो गया है, आफत टल गई।

न फटकना *(आस-पास न आना)*
एक व्यक्ति के सड़क पर घायल पड़े होने पर भी कोई व्यक्ति उसके पास न फटका।

3. 'किंतु यह भ्रम है .... डूब जाती है।' इस गद्यांश को भूतकाल की क्रिया के साथ अपने शब्दों में लिखिए।

उत्तर किंतु हमें यह भ्रम हो रहा था कि बाढ़ आ गई थी। यदि हम थोड़ी-सी हिम्मत जुटा लेते तब हमें पानी से लबालब भरे हुए खेतों में वे स्त्रियाँ दिखाई देतीं जो एक पंक्ति में झुकी हुईं धान के पौधों को पानी में रोप रही थीं।

स्त्रियाँ अपने सिर पर चटाई के किश्तीनुमा हैट (टोपी) लगाकर रखती थीं। धूप में उनकी सुडौल काली टाँगें चमचमाया करती थीं जो फोटो या फिल्मों में देखी हुई वियतनामी या चीनी औरतों की याद दिलाया करती थी।

जरा-सी आहट पाते ही वे युवा हिरणियों के समान देखने लगीं थीं। जिनका दर्शन लेखक ने कान्हा के वन्यस्थल में किया था। किंतु ये स्त्रियाँ अनजान और अपरिचितों के आगे डरकर भागती नहीं थीं, बल्कि एक बार आश्चर्य से मुस्कुराकर अपने कार्य में तल्लीन हो जाती थीं।

योग्यता-विस्तार

1. विस्थापन की समस्या से आप कहाँ तक परिचित हैं? किसी विस्थापन संबंधी परियोजना पर रिपोर्ट लिखिए।

उत्तर विस्थापन की समस्या ऐसी दुःखद और करुणा से परिपूर्ण परिस्थिति है, जो इसे भोगता है वही इसकी पीड़ा समझ सकता है। भारत-पाक विभाजन, बांग्लादेशियों का विस्थापन, कश्मीरी विस्थापितों की पीड़ा से हम सभी परिचित हैं। अपना सारा घर-बार, व्यवसाय, चल-अचल संपत्ति को छोड़कर दूसरी जगह शरणार्थी के रूप में रहना केवल शारीरिक रूप से ही कष्टप्रद नहीं, बल्कि मानसिक पीड़ा भी बढ़ाता है।

कई कश्मीरियों को वहाँ पनप रहे आतंकवाद के कारण अपनी जन्मभूमि को छोड़ने पर विवश होना पड़ता है। अपना घर-बार, चल-अचल संपत्ति, अपना समाज और रोज़गार छोड़कर वे अपनी जान बचाकर दिल्ली में आकर रह रहे हैं। वहाँ उनके लिए शरणार्थी शिविर लगाए गए हैं। इन शिविरों में खाने-पीने की सुविधाएँ न के बराबर हैं। लोगों के पास रोज़गार नहीं है और थोड़ा बहुत जो धन उनके पास था वो भी धीरे-धीरे समाप्त हो रहा है। ऐसे में ये शरणार्थी नरक के समान जीवन जीने के लिए विवश हैं। भारत सरकार को सोचना चाहिए कि वह इन विस्थापित लोगों को जीवन-यापन के लिए रोज़गार उपलब्ध कराए। स्वास्थ्य, सफ़ाई व सुरक्षा के पूरे इंतजाम किए जाएँ। जिससे ये भारतवर्ष का नागरिक होने पर गर्व कर सकें।

2. लेखक ने दुर्घटनाग्रस्त मज़दूरों को अस्पताल पहुँचाने में मदद की है। आपकी दृष्टि में दुर्घटना-राहत और बचाव कार्य के लिए क्या-क्या करना चाहिए?

उत्तर आज की भाग-दौड़ की ज़िंदगी में दुर्घटनाएँ आम हो गई हैं। दुर्घटनाग्रस्त व्यक्तियों के प्रति लोगों की संवेदना तो रहती है पर वे व्यावहारिक रूप से सहायता करने को तैयार नहीं रहते, क्योंकि इन्हें कानूनी पेचीदगियों (कार्यवाही) में उलझने का डर सताता है। प्रत्येक व्यक्ति घायलों की सहायता कर सके और घायल व्यक्तियों के प्राणों की रक्षा की जा सके।

इसके लिए हमें निम्नलिखित कार्य करने चाहिए

(i) कानूनी पेचीदगियों (कार्यवाही) को दूर करना चाहिए।
(ii) सबसे पहले अगर खून बह रहा हो तो उसे रोकने का प्रयास करना चाहिए।
(iii) प्राथमिक उपचार देना चाहिए।
(iv) जल्द-से-जल्द एंबुलेंस बुलवाकर या किसी अन्य गाड़ी से नज़दीक के अस्पताल में ले जाने का प्रयास करना चाहिए।
(v) भीड़ नहीं लगने देनी चाहिए।
(vi) पुलिस को तुरंत सूचित करना चाहिए।
(vii) घायल व्यक्ति के घरवालों को सूचित करना चाहिए।
(viii) उपचार में देर नहीं करनी चाहिए।

3. अपने क्षेत्र की पर्यावरण संबंधी समस्याओं और उनके समाधान हेतु संभावित उपायों पर एक रिपोर्ट तैयार कीजिए।

उत्तर **समस्याएँ**

(i) दिन-रात धुआँ उगलती कारखानों की चिमनियों और वृक्षों के कटाव से वातावरण प्रदूषित हो गया है।
(ii) मिलों का कचरा और रासायनिक मलबा नदियों में बहाया जा रहा है।
(iii) ध्वनि प्रदूषण भी पर्यावरण को प्रदूषित कर रहा है।
(iv) खाने-पीने की वस्तुएँ उचित साफ़-सफ़ाई न होने के कारण दूषित हैं।

समाधान

(i) प्राकृतिक रूप से वृक्षों के लगने और उगने पर बल देना चाहिए।
(ii) नदियों में बहाने वाले कचरे के बहाव पर प्रतिबंध लगाया जाना चाहिए।
(iii) धीमी आवाज़ के हॉर्न, धीमे स्वर पर गाने और धीमी गति से गाड़ियाँ चलानी चाहिए।
(iv) स्वच्छता और सफ़ाई पर ध्यान देना चाहिए।

अभ्यास प्रश्न

गद्यांशों की व्याख्या

निम्नलिखित गद्यांशों की सप्रसंग व्याख्या कीजिए

गद्यांश 1

इन्हीं गाँवों में से एक का नाम है-अमझर-आम के पेड़ों से घिरा गाँव-जहाँ आम झरते हैं। किंतु पिछले दो-तीन वर्षों से पेड़ों पर सूनापन है, न कोई फल पकता है, न कुछ नीचे झरता है। कारण पूछने पर पता चला कि जब से सरकारी घोषणा हुई है कि अमरौली प्रोजेक्ट के अंतर्गत नवागाँव के अनेक गाँव उजाड़ दिए जाएँगे, तब से न जाने कैसे, आम के पेड़ सूखने लगे। आदमी उजड़ेगा, तो पेड़ जीवित रहकर क्या करेंगे? **CBSE 2024**

संदर्भ प्रस्तुत गद्यांश पाठ्यपुस्तक 'अंतरा भाग-2' में संकलित यात्रा-वृत्तांत 'जहाँ कोई वापसी नहीं' से लिया गया है। इसके लेखक निर्मल वर्मा हैं।

प्रसंग प्रस्तुत गद्यांश में लेखक ने अमरौली प्रोजेक्ट की सरकारी घोषणा के बाद प्रकृति के मूक सत्याग्रह (मौन विरोध) का वर्णन किया है।

व्याख्या प्रस्तुत गद्यांश में लेखक अमझर गाँव की स्थिति के बारे में बताते हुए कहता है कि इस गाँव के चारों ओर आम के पेड़ हैं। यहाँ आम पककर पेड़ों से गिरते रहते हैं, लेकिन पिछले दो-तीन वर्षों से पेड़ों पर कुछ नहीं लगा इस कारण उनमें एक अजीब-सा सूनापन आ गया है।

अब इस गाँव में पेड़ों पर न कोई फल लगता है और न ही आम पककर नीचे गिरते हैं। लेखक ने जब इस स्थिति का कारण पूछा, तो लोगों ने बताया कि अमरौली प्रोजेक्ट की सरकारी घोषणा के अनुसार, नवागाँव के अनेक गाँव उजाड़ दिए जाएँगे। इस घोषणा के बाद आम के पेड़ सूखने लगे। एक प्रकार से यह प्रकृति की प्रतिक्रिया थी कि जब मनुष्य का आश्रय ही समाप्त हो जाएगा तो पेड़ जीवित रहकर क्या करेंगे? इसी कारण अब पेड़ों पर फल नहीं लग रहे थे।

विशेष

(i) प्रस्तुत गद्यांश में लेखक द्वारा प्रकृति की संवेदना को वाणी प्रदान की गई है।
(ii) प्रस्तुत गद्यांश में लेखक ने औद्योगिक विकास के नाम पर होने वाले विनाश तथा प्रकृति के मौन विरोध को दर्शाया है।
(iii) प्रस्तुत गद्यांश की भाषा मिश्रित शब्दावली युक्त तथा प्रवाहमयी है।
(iv) हरे-भरे वृक्षों के माध्यम से ग्रामीण परिवेश का बिंब साकार हो उठा है।
(v) प्रस्तुत गद्यांश में वर्णनात्मक शैली का प्रयोग हुआ है।

गद्यांश 2

मेरे लिए एक दूसरी दृष्टि से भी यह अनूठा अनुभव था। लोग अपने गाँवों से विस्थापित होकर कैसी अनाथ, उन्मूलित ज़िंदगी बिताते हैं, यह मैंने हिंदुस्तानी शहरों के बीच बसी मज़दूरों की गंदी, दम घुटती, भयावह बस्तियों और स्लम्स में कई बार देखा था, किंतु विस्थापन से पूर्व वे कैसे परिवेश में रहते होंगे, किस तरह की ज़िंदगी बिताते होंगे, इसका दृश्य अपने स्वच्छ, पवित्र खुलेपन में पहली बार अमझर गाँव में देखने को मिला। पेड़ों के घने झुरमुट, साफ़-सुथरे खप्पर लगे मिट्टी के झोंपड़े और पानी। चारों तरफ़ पानी। अगर मोटर-रोड की भागती बस की खिड़की से देखो, तो लगेगा जैसे समूची ज़मीन एक झील है, एक अंतहीन सरोवर, जिसमें पेड़, झोंपड़े, आदमी, ढोर-डाँगर आधे पानी में आधे ऊपर तिरते दिखाई देते हैं मानो किसी बाढ़ में सब कुछ डूब गया हो, पानी में धँस गया हो।

संदर्भ पूर्ववत्।

प्रसंग प्रस्तुत गद्यांश में लेखक ने ग्रामीणों की विस्थापन से पूर्व तथा विस्थापन के बाद की दोनों स्थितियों का वर्णन किया है।

व्याख्या प्रस्तुत गद्यांश में लेखक बताते हैं कि सिंगरौली क्षेत्र के गाँवों का दौरा उसके लिए एक अन्य दृष्टि से भी विचित्र अनुभव देने वाला था। उसने विस्थापित ग्रामीणों को पहले देखा हुआ था कि वे लोग अपने मूल निवास स्थान से उजड़कर कैसी दयनीय स्थिति में रहते हैं। उसने भारत के कई शहरों के बीच मज़दूरों की बस्तियों, उनकी झुग्गी-झोंपड़ियों को देखा है, जिन्हें स्लम्स कहा जाता है। इन बस्तियों में भयंकर गंदगी रहती है तथा दम घोंटने वाला वातावरण होता है, वहाँ की स्थिति बहुत डरावनी होती है। लेखक को विस्थापित होने से पूर्व की ज़िंदगी के विषय में अमझर आकर ही पता चलता है कि विस्थापित होने से पहले वे किस प्रकार के वातावरण में रहते थे तथा किस तरह की ज़िंदगी जीते थे।

यहाँ के वातावरण में उसे स्वच्छता, पवित्रता व खुलापन दिखाई दिया। यहाँ पेड़ों के झुंड-के-झुंड हैं, जिनके बीच में किसानों की बस्ती है। बस्ती में साफ़-सुथरे और खप्पर लगे मिट्टी के झोंपड़े हैं। चारों ओर पानी-ही-पानी है। लेखक कहता है कि यदि सड़क पर चलती हुई बस में बैठकर इस दृश्य को देखो तो ऐसा लगता है मानो यहाँ की सारी धरती एक झील है, एक ऐसा सरोवर है जिसका कहीं कोई अंत नहीं है। जहाँ तक दृष्टि जाती है जल-ही-जल दिखाई देता है। इस जल के बीच में ही पेड़-पौधे, झोंपड़े, आदमी, पशु दिखाई देते हैं, जो ऐसे प्रतीत हो रहे हैं मानो आधे पानी में हैं और आधे ऊपर तैर रहे हैं। ऐसा लगता है जैसे किसी बाढ़ के पानी में सब कुछ डूब गया हो या पानी में धँस गया हो। यह बस में बैठे व्यक्ति का भ्रम है।

विशेष

(i) प्रस्तुत गद्यांश में लेखक ने विस्थापन से पहले व विस्थापन के बाद की स्थिति का वर्णन किया है, जिससे विस्थापन की पीड़ा का अनुमान लगाया जा सकता है।
(ii) प्रस्तुत गद्यांश में लेखक ने स्लम्स (झुग्गी-झोंपड़ियों) और गाँवों के भेद को उजागर किया है तथा गाँव का सुंदर वर्णन किया गया है, जिसमें चित्रात्मकता है।
(iii) प्रस्तुत गद्यांश में मिश्रित शब्दावली युक्त भाषा का प्रयोग हुआ है।
(iv) प्रस्तुत गद्यांश में मुहावरों का प्रभावशाली प्रयोग हुआ है।
(v) प्रस्तुत गद्यांश की भाषा सरल वह सहज है।

गद्यांश 3

यह समूचा दृश्य इतना साफ़ और सजीव है–अपनी स्वच्छ मांसलता में इतना संपूर्ण और शाश्वत–कि एक क्षण के लिए विश्वास नहीं होता कि आने वाले वर्षों में सब कुछ मटियामेट हो जाएगा–झोंपड़ी, खेत, ढोर, आम के पेड़–सब एक गंदी, 'आधुनिक औद्योगिक कॉलोनी' की ईंटों के नीचे दब जाएगा–और ये हँसती–मुसकुराती औरतें, भोपाल, जबलपुर या बैढ़न की सड़कों पर पत्थर कूटती दिखाई देंगी। शायद कुछ वर्षों तक उनकी स्मृति में अपने गाँव की तसवीर एक स्वप्न की तरह धुँधलाती रहेगी, किंतु धूल में लोटते उनके बच्चों को तो कभी मालूम भी नहीं होगा कि बहुत पहले उनके पुरखों का गाँव था–जहाँ आम झरा करते थे।

संदर्भ पूर्ववत्।

प्रसंग प्रस्तुत गद्यांश में लेखक सिंगरौली की यात्रा पर जाते हुए धान के खेतों में फसल रोपती महिलाओं को देखकर विस्थापन के पूर्व व बाद में हुए परिवर्तनों को सोचकर भावुक हो जाता है।

व्याख्या प्रस्तुत गद्यांश में लेखक कहते हैं कि अमझर गाँव का यह संपूर्ण दृश्य अत्यधिक साफ़, स्वच्छ और जीवंत है। अपनी स्वच्छता एवं पुष्टता में इतनी पूर्णता को प्राप्त है कि ऐसा लगता है कि यह निरंतर ऐसे ही बना रहेगा यह कभी समाप्त नहीं होगा।

लेखक जब सिंगरौली के निकट नवागाँव जाता है, तो खेतों में धान रोपती महिलाओं को देखकर उसका मर्म झंकृत हो उठता है। वह अत्यंत भावुक हो जाता है। उसे लगता है कि इस सजीव धरती को आने वाले वर्षों में मटियामेट कर दिया जाएगा तथा झोंपड़ों, खेतों, खलिहानों की जगह औद्योगिक कॉलोनियाँ बन जाएँगी। आज की हँसती-मुसकुराती औरतें बड़े नगरों-महानगरों में सड़क के किनारे मशीनी रूप से पत्थर तोड़ती दृष्टिगत होंगी। उनकी आँखों में गाँव की स्मृति भी एक स्वप्न की भाँति धुँधली होती चली जाएगी और उनके बच्चों को तो अपने पूर्वजों का गाँव याद भी नहीं रहेगा। उनके गाँवों का नाम औद्योगिक संयंत्रों के शोर तले दब जाएगा। आम कहाँ लगा करते थे या यहाँ आम के पेड़ भी थे यह जानने वाले भी थोड़े बहुत बुज़ुर्ग ही रह जाएँगे। नई पीढ़ी पूरी तरह उद्योगों की सभ्यता अपना लेगी।

विशेष

(i) प्रस्तुत गद्यांश में प्रगति के नाम पर जीवन तथा संस्कृति का विनाश किया जा रहा है। लेखक ने इस तथ्य को उजागर करने की कोशिश की गई है।
(ii) प्रस्तुत गद्यांश में तत्सम, तद्भव शब्दों के साथ-साथ देशज शब्दों (ढोर, धूल) से युक्त साहित्यिक खड़ीबोली का प्रयोग हुआ है।
(iii) गद्यांश में लेखक ने मार्मिक 'शब्द चित्र' के माध्यम से विस्थापन की समस्या को स्पष्ट करने का प्रयास किया है।
(iv) प्रस्तुत गद्यांश की भाषा सरल एवं प्रवाहमयी है।
(v) प्रस्तुत गद्यांश में यथार्थपरक व चित्रात्मक शैली का प्रयोग हुआ है।

गद्यांश 4

ये लोग आधुनिक भारत के नए 'शरणार्थी' हैं, जिन्हें औद्योगीकरण के झँझावात ने अपने घर–ज़मीन से उखाड़कर हमेशा के लिए निर्वासित कर दिया है। प्रकृति और इतिहास के बीच यह गहरा अंतर है। बाढ़ या भूकंप के कारण लोग अपना घर–बार छोड़कर कुछ अरसे के लिए ज़रूर बाहर चले जाते हैं, किंतु आफत टलते ही वे दोबारा अपने जाने–पहचाने परिवेश में लौट भी आते हैं, किंतु विकास और प्रगति के नाम पर जब इतिहास लोगों को उन्मूलित करता है, तो वे फिर कभी अपने घर वापस नहीं लौट सकते। आधुनिक औद्योगीकरण की आँधी में सिर्फ़ मनुष्य ही नहीं उखड़ता, बल्कि उसका परिवेश और आवास–स्थल भी हमेशा के लिए नष्ट हो जाते हैं।

संदर्भ पूर्ववत्।

प्रसंग प्रस्तुत गद्यांश में लेखक औद्योगीकरण के कारण होने वाले विस्थापन को निर्वासन की संज्ञा देता है। वह औद्योगिक विकास के कारण उजड़ते लोगों की दशा देखकर चिंतित है।

व्याख्या प्रस्तुत गद्यांश में लेखक कहते हैं कि औद्योगीकरण के कारण व अँधाधुँध विकास ने नवीन प्रकार के शरणार्थियों की फौज़ खड़ी कर दी है। औद्योगीकरण के फलस्वरूप विस्थापित हुए लोगों को लेखक ने नए शरणार्थी कहा है। औद्योगीकरण व अँधाधुँध विकास की योजनाओं ने इन लोगों को अपने ही घर-ज़मीन से अलग कर दिया अर्थात् उद्योगों की स्थापना के बाद लोगों को अपने घरों को त्यागना पड़ा है। विकास तथा प्रगति के नाम पर लोगों को अपने इतिहास तथा विरासत से अलग कर दिया जाता है।

प्रकृति भी मनुष्य को विस्थापित करती है। बाढ़, भूकंप तथा भूस्खलन से भी लोग विस्थापित होते हैं, किंतु यह विस्थापन कुछ दिनों का होता है और ज़ल्दी ही स्थिति सामान्य होने पर लोग अपने परिवेश में लौट आते हैं, किंतु औद्योगीकरण के कारण केवल मनुष्य ही विस्थापित नहीं होता तथा उसके आवास-स्थल ही नष्ट नहीं होते, बल्कि सारा परिवेश तथा संस्कृति छिन्न-भिन्न हो जाती है।

लोग अपने घर-गाँव शहर से धीरे-धीरे अपरिचित होते जाते हैं, क्योंकि उनके नैसर्गिक वातावरण में उद्योग-धंधों के साथ आई सभ्यता और संस्कृति पनपने लगती है।

विशेष

(i) प्रस्तुत गद्यांश में लेखक ने औद्योगीकरण से प्रकृति तथा मनुष्य की कार्यशैली में आए परिवर्तन को व्यक्त किया है।

(ii) प्रस्तुत गद्यांश में लेखक ने 'शरणार्थी' की व्यंजनात्मकता को प्रभावी ढंग से स्पष्ट किया है।

(iii) प्रस्तुत गद्यांश में मुहावरों का सुंदर ढंग से प्रयोग किया गया है; जैसे—निर्वासित करना, आफत टलना आदि।

(iv) गद्यांश की भाषा मिश्रित शब्दावली युक्त तथा प्रवाहमयी है।

(v) गद्यांश में विचारात्मक एवं चिंतन प्रधान शैली है।

गद्यांश 5

एक भरे-पूरे ग्रामीण अँचल को कितनी नासमझी और निर्ममता से उजाड़ा जा सकता है, सिंगरौली इसका ज्वलंत उदाहरण है। अगर यह इलाका उजाड़ रेगिस्तान होता तो शायद इतना क्षोभ नहीं होता; किंतु सिंगरौली की भूमि इतनी उर्वरा और जंगल इतने समृद्ध हैं कि उनके सहारे शताब्दियों से हज़ारों वनवासी और किसान अपना भरण-पोषण करते आए हैं। वर्ष 1926 से पूर्व यहाँ खैरवार जाति के आदिवासी राजा शासन किया करते थे, किंतु बाद में सिंगरौली का आधा हिस्सा, जिसमें उत्तर प्रदेश तथा मध्य प्रदेश के खंड शामिल थे, रीवाँ राज्य के भीतर शामिल कर लिया गया। बीस वर्ष पहले तक समूचा क्षेत्र विंध्याचल और कैमूर के पहाड़ों और जंगलों से घिरा हुआ था, जहाँ अधिकांशतः कत्था, महुआ, बाँस और शीशम के पेड़ उगते थे।

संदर्भ पूर्ववत्।

प्रसंग प्रस्तुत गद्यांश में लेखक सिंगरौली की उपजाऊ ज़मीन को रौंद देने की नीति से संचालित संस्कृति की नासमझी को देखते हुए मर्मस्पर्शी शब्दों में अपनी पीड़ा को अभिव्यक्त करता है।

व्याख्या प्रस्तुत गद्यांश में लेखक मानते हैं कि औद्योगिक विकास के नाम पर नासमझी तथा निर्ममता के साथ ग्रामीण जीवन को बर्बाद कर दिया गया है। सिंगरौली इसका स्पष्ट उदाहरण है।

हरी-भरी धरती तथा समृद्ध जंगलों पर जीने वाले किसानों को औद्योगिक प्रगति के नाम पर उजाड़ दिया गया। लेखक कहते हैं कि यदि यह क्षेत्र सूखा रेगिस्तान होता तो इसके उजाड़ने पर इतना दुःख नहीं होता, लेकिन सिंगरौली गाँव की ज़मीन इतनी उपजाऊ और इसके जंगल इतने अधिक समृद्ध हैं कि इन जंगलों में कई शताब्दियों से हज़ारों वनवासी और किसान अपने जीवन का निर्वाह कर रहे थे।

वर्ष 1926 से पहले सिंगरौली में खैरवार जाति के आदिवासी राजा शासन करते थे, लेकिन बाद में सिंगरौली का आधा भाग जो उत्तर प्रदेश, मध्य प्रदेश राज्यों की सीमा पर स्थित क्षेत्र है, को रीवाँ राज्य के अंदर शामिल कर लिया गया। बीस साल पहले विंध्याचल तथा कैमूर की पहाड़ी से घिरे इस क्षेत्र में बहुत अधिक मात्रा में कत्था, महुआ, बाँस और शीशम के पेड़ उगते थे, किंतु आज यह औद्योगिक संस्कृति के कारण पहचाना जाता है। वनवासियों और किसानों का भरण-पोषण करने वाला यह क्षेत्र उपजाऊ भूमि और समृद्ध वनों की भूमि थी। वह हरी-भरी भूमि आज विकास की बलि चढ़ गई है।

विशेष

(i) प्रस्तुत गद्यांश में सिंगरौली के माध्यम से उद्योगों द्वारा किए गए विनाश को दर्शाया गया है।

(ii) प्रस्तुत गद्यांश में वर्णनात्मक शैली द्वारा स्थानीय जीवन का सुंदर चित्रण किया गया है।

(iii) प्रस्तुत गद्यांश में तत्सम, तद्भव शब्दों के माध्यम से लेखक सिंगरौली के अतीत का वर्णन करता है।

(iv) प्रस्तुत गद्यांश में खड़ीबोली तथा विषयानुकूल भाषा का प्रयोग हुआ है।

(v) प्रस्तुत गद्यांश की भाषा सरल, सहज एवं प्रवाहमयी है।

गद्यांश 6

जहाँ बाहर का आदमी फटकता न था, वहाँ केंद्रीय और राज्य सरकारों के अफ़सरों, इंजीनियरों और विशेषज्ञों की कतार लग गई। जिस तरह ज़मीन पर पड़े शिकार को देखकर आकाश में गिद्धों और चीलों का झुंड मंडराने लगता है, वैसे ही सिंगरौली की घाटी और जंगलों पर ठेकेदारों, वन-अधिकारियों और सरकारी कारिंदों का आक्रमण शुरू हुआ।

संदर्भ पूर्ववत्।

प्रसंग प्रस्तुत गद्यांश में लेखक ने सिंगरौली की खनिज संपदा के कारण उस क्षेत्र में हुए परिवर्तन का वर्णन किया है।

व्याख्या प्रस्तुत गद्यांश में लेखक कहते हैं कि सिंगरौली प्राकृतिक सौंदर्य और खनिज संपदा की दृष्टि से अत्यंत समृद्ध क्षेत्र था। यहाँ स्थानीय लोग ही रहते थे। यहाँ शहरी व्यक्ति कभी नहीं आते थे, परंतु जैसे ही प्रशासन की दृष्टि यहाँ की खनिज संपदा पर पड़ी वैसे ही यहाँ केंद्रीय और राज्य सरकार के अधिकारियों की लाइन लग गई, कितने ही इंजीनियर और विशेषज्ञ यहाँ आने लगे।

जिस प्रकार शव को देखकर आकाश में चीलें और गिद्ध मंडराने लगते हैं, उसी प्रकार सिंगरौली की घाटी में वन अधिकारियों और सरकारी कर्मचारियों का आक्रमण शुरू हो गया। इस क्षेत्र की खनिज संपदा के दोहन के लिए प्रशासन ने पूरी शक्ति लगा दी तथा यहाँ के पर्यावरण को नष्ट कर दिया।

विशेष

(*i*) प्रस्तुत गद्यांश में लेखक ने सत्ताधारियों की स्वार्थ लोलुपता का चित्रण किया है।

(*ii*) प्रस्तुत गद्यांश की भाषा सरल, सहज व प्रवाहयुक्त है।

(*iii*) प्रस्तुत गद्यांश में दृष्टांत का प्रयोग करने से कथ्य सशक्त व रोचक बन गया है।

(*iv*) प्रस्तुत गद्यांश में वर्णनात्मक व विचारात्मक शैली का प्रयोग हुआ है।

गद्यांश 7

भारत की सांस्कृतिक विरासत यूरोप की तरह म्यूज़ियम्स और संग्रहालयों में जमा नहीं थी–वह उन रिश्तों से जीवित थी, जो आदमी को उसकी धरती, उसके जंगलों, नदियों–एक शब्द में कहें–उसके समूचे परिवेश के साथ जोड़ते थे। अतीत का समूचा मिथक संसार पोथियों में नहीं, इन रिश्तों की अदृश्य लिपि में मौजूद रहता था। यूरोप में पर्यावरण का प्रश्न मनुष्य और भूगोल के बीच संतुलन बनाए रखने का है। भारत में यही प्रश्न मनुष्य और उसकी संस्कृति के बीच पारंपरिक संबंध बनाए रखने का हो जाता है।

संदर्भ पूर्ववत्।

प्रसंग प्रस्तुत गद्यांश में लेखक ने यूरोप तथा भारत की सांस्कृतिक विरासत की तुलना करते हुए, इनके औद्योगीकरण की प्रक्रिया को दर्शाया है।

व्याख्या प्रस्तुत गद्यांश में लेखक मानते हैं कि पश्चिम की औद्योगिक संस्कृति से हमने कई चीज़ें सीखीं। उनके औद्योगीकरण के साथ प्रतिस्पर्द्धा प्रारंभ की लेकिन भारत और यूरोप की संस्कृति में अंतर है, दोनों की संस्कृति अलग है। यूरोप की संस्कृति संग्रहालयों एवं अजायबघर तक सीमित है, जबकि भारत में ऐसी परंपरा नहीं है। यहाँ की संस्कृति गाँव और उसके परिवेश में निहित है। यहाँ के जंगल, धरती, नदियाँ मिलकर संस्कृति का आकार गढ़ते हैं। भारतीय संस्कृति अजायबघर ग्रंथों में नहीं आपसी रिश्तों में निबद्ध अथवा जीवित है। ये रिश्ते आदमी को उसके परिवेश से जोड़ते हैं। यहाँ मनुष्य और उसकी संस्कृति के बीच पारस्परिक संबंध का निर्माण हुआ है। मनुष्य धरती, जंगल, नदी आदि सबके साथ अपने को जुड़ा महसूस करता है।

अतीत की कथाएँ किताबों में नहीं पाई जातीं, वे मानवीय रिश्तों की अदृश्य लिपि में मौजूद रहती थीं। पर्यावरण की दृष्टि से भी भारत और यूरोप में अंतर है। यूरोप में मनुष्य तथा भूगोल के बीच संतुलन बनाने को पर्यावरण संरक्षण माना जाता है। भारत में यह प्रश्न मनुष्य तथा उसकी संस्कृति के बीच पुराने संबंध बनाए रखने का होता है। यहाँ आध्यात्मिक रिश्तों पर ज़ोर दिया जाता है।

विशेष

(*i*) प्रस्तुत गद्यांश में भारतीयों के प्रकृति के साथ जुड़ाव को सांस्कृतिक एवं आध्यात्मिक जुड़ाव के समान मानने का भाव प्रकट हुआ है।

(*ii*) प्रस्तुत गद्यांश में लेखक ने यूरोप तथा भारतीय संस्कृति में तुलना तथा औद्योगीकरण द्वारा हुई हानि को स्पष्ट किया है।

(*iii*) प्रस्तुत गद्यांश में भाषा प्रवाहमयी है, जिसमें मिश्रित शब्दावली का प्रयोग किया गया है।

(*iv*) प्रस्तुत गद्यांश में तत्सम, तद्भव तथा विदेशी शब्दों (ट्रेजडी, म्यूज़ियम्स) से युक्त साहित्यिक खड़ीबोली का प्रयोग हुआ है।

गद्यांश 8

स्वातंत्र्योत्तर भारत की सबसे बड़ी ट्रेजडी यह नहीं है कि शासक वर्ग ने औद्योगीकरण का मार्ग चुना, ट्रेजडी यह रही है कि पश्चिम की देखादेखी और नकल में योजनाएँ बनाते समय–प्रकृति, मनुष्य और संस्कृति के बीच का नाज़ुक संतुलन किस तरह नष्ट होने से बचाया जा सकता है–इस ओर हमारे पश्चिम-शिक्षित सत्ताधारियों का ध्यान कभी नहीं गया। हम बिना पश्चिम को मॉडल बनाए, अपनी शर्तों और मर्यादाओं के आधार पर, औद्योगिक विकास का भारतीय स्वरूप निर्धारित कर सकते हैं, कभी इसका खयाल भी हमारे शासकों को आया हो, ऐसा नहीं जान पड़ता। CBSE 2024

संदर्भ पूर्ववत्।

प्रसंग प्रस्तुत गद्यांश में स्वतंत्र भारत के विकास के नाम पर प्रकृति के साथ हुई छेड़छाड़ का वर्णन किया गया है।

व्याख्या प्रस्तुत गद्यांश में लेखक कहते हैं कि आज़ादी के बाद भारत की सबसे बड़ी त्रासदी (दुःखद स्थिति) औद्योगीकरण का मार्ग चुनने की नहीं है, बल्कि शासक वर्ग द्वारा पश्चिम की नकल करना है। उन्होंने योजनाएँ बनाते समय यहाँ (भारत) की संस्कृति की अनदेखी की जिससे प्रकृति, मनुष्य और संस्कृति का महत्त्वपूर्ण संबंध धीरे-धीरे नष्ट होता चला गया। विदेशों में पले-बढ़े सत्ताधारियों ने योजनाओं के द्वारा मनुष्य, प्रकृति और संस्कृति के बीच संतुलन को बनाए रखने का प्रयास नहीं किया। उन्हें भारत के सांस्कृतिक विस्तार का शायद पता नहीं था। उन्हें भारतीय संस्कृति के निर्धारक तत्त्वों का ज्ञान नहीं था। इस कारण प्रकृति तथा मानव के संबंध को औद्योगीकरण के लिए ध्वस्त करने में उन्हें देर नहीं लगी।

लेखक कहते हैं कि भारत को पश्चिम के मॉडलों के अंधानुकरण की ज़रूरत नहीं थी। हम अपनी परंपराओं और मर्यादाओं के आधार पर औद्योगिक विकास का स्वरूप बना सकते हैं, परंतु इस प्रकार का ध्यान हमारे शासकों को कभी नहीं आया, क्योंकि वे स्वयं भारतीय संस्कृति से कटे हुए थे।

विशेष

(i) प्रस्तुत गद्यांश में लेखक ने पश्चिम से शिक्षा प्राप्त कर के आए भारतीय सत्ताधारियों की सोच पर करारा व्यंग्य किया है तथा विकास के नाम पर भारतीय संस्कृति की अवहेलना करने की आलोचना की गई है।

(ii) प्रस्तुत गद्यांश में प्रकृति, मनुष्य और संस्कृति में संतुलन बनाए रखने का संदेश निहित है।

(iii) प्रस्तुत गद्यांश की भाषा मिश्रित शब्दावली युक्त तथा प्रवाहमयी है।

(iv) प्रस्तुत गद्यांश में विश्लेषणात्मक शैली का प्रयोग हुआ है।

गद्यांश 9

विकास का यह 'उजला' पहलू अपने पीछे कितने व्यापक पैमाने पर विनाश का अंधेरा लेकर आया था। हम उसका छोटा-सा जायजा लेने दिल्ली में स्थित 'लोकायन' संस्था की ओर से सिंगरौली गए थे। सिंगरौली जाने से पहले मेरे मन में इस तरह का कोई सुखद भ्रम नहीं था कि औद्योगीकरण का चक्का, जो स्वतंत्रता के बाद चलाया गया, उसे रोका जा सकता है। शायद पैंतीस वर्ष पहले हम कोई दूसरा विकल्प चुन सकते थें, जिसमें मानव सुख की कसौटी भौतिक लिप्सा न होकर जीवन की जरूरतों द्वारा निर्धारित होती। पश्चिम जिस विकल्प को खो चुका था भारत में उसकी संभावनाएँ खुली थीं, क्योंकि अपनी समस्त कोशिशों के बावजूद अंग्रेजी राज हिंदुस्तान को संपूर्ण रूप से अपनी 'सांस्कृतिक कॉलोनी' बनाने में असफल रहा था।

CBSE 2024, CBSE SQP 2022

संदर्भ पूर्ववत्।

प्रसंग प्रस्तुत गद्यांश में स्वतंत्रता के पश्चात् भारत में औद्योगीकरण के दुष्प्रभावों का वर्णन है, जिसमें लेखक ने सिंगरौली यात्रा के माध्यम से इस विकास की वास्तविकता को समझने का प्रयास किया है।

व्याख्या प्रस्तुत गद्यांश के अनुसार लेखक जब 'लोकायन' संस्था की ओर से सिंगरौली गए, तब उससे पहले उन्हें यह मालूम था कि विकास अपने पीछे विनाश का एक व्यापक रूप लेकर आता है। आजादी के बाद विकास के लिए चलाया गया औद्योगीकरण का प्रयोग जिसे रोका जा सकता था। यदि हम पैंतीस वर्ष पहले कोई अन्य रास्ता चुन लेते, जिसमें मनुष्य की सुख की कसौटी भौतिकता में न होकर जीवन की आवश्यकता द्वारा तय होती तो यह अधिक सुख की स्थिति रहती।

पश्चिम जिस मार्ग को खो चुका था, हमारे देश में वे सभी विकल्प खुले थे, क्योंकि अनेक प्रयासों के बाद भी अंग्रेजी राज हिन्दुस्तान को पूर्णतः सांस्कृतिक कॉलोनी बनाने में सफल नहीं हो सकें। हमारे लिए अनुकूल माहौल था कि हम भारत को भारतीय संस्कृति के अनुरूप ढाल लेते। भारत की सांस्कृतिक विरासत यूरोप के संग्रहालयों आदि में कैद नहीं थी बल्कि वह रिश्तों में जीवित थी, जो उसे समूचे परिवेश के साथ जोड़ती थी।

विशेष

(i) प्रस्तुत गद्यांश में लेखक ने औद्योगीकरण तथा विकास के नाम पर पर्यावरण विनाश संबंधी चिंता प्रकट की गई है तथा लेखक के अनुसार औद्योगीकरण विकास का मॉडल आयातित नहीं, बल्कि अपनी देश की जरूरत के अनुसार होना चाहिए।

(ii) प्रस्तुत गद्यांश की भाषा सरल, सहज व प्रवाहयुक्त है।

(iii) प्रस्तुत गद्यांश में तत्सम, तद्भव शब्दावली की अधिकता है।

(iv) प्रस्तुत गद्यांश में विचारात्मक व चिंतन प्रधान शैली का प्रयोग हुआ है।

गद्यांश पर आधारित बहुविकल्पीय प्रश्न

1. मेरे लिए एक दूसरी दृष्टि से भी यह अनूठा अनुभव था। लोग अपने गाँवों से विस्थापित होकर कैसी अनाथ, उन्मूलित ज़िंदगी बिताते हैं, यह मैंने हिंदुस्तानी शहरों के बीच बसी मज़दूरों की गंदी, दम घुटती, भयावह बस्तियों और स्लम्स में कई बार देखा था, किंतु विस्थापन से पूर्व वे कैसे परिवेश में रहते होंगे, किस तरह की ज़िंदगी बिताते होंगे, इसका दृश्य अपने स्वच्छ, पवित्र खुलेपन में पहली बार अमझर गाँव में देखने को मिला। पेड़ों के घने झुरमुट, साफ़-सुथरे खप्पर लगे मिट्टी के झोंपड़े और पानी।

चारों तरफ़ पानी। अगर मोटर-रोड की भागती बस की खिड़की से देखो, तो लगेगा जैसे समूची ज़मीन एक झील है, एक अंतहीन सरोवर, जिसमें पेड़, झोंपड़े, आदमी, ढोर-डाँगर आधे पानी में आधे ऊपर तिरते दिखाई देते हैं मानो किसी बाढ़ में सब कुछ डूब गया हो, पानी में धँस गया हो।

(क) प्रस्तुत गद्यांश में लेखक ने किस स्थिति का वर्णन किया है?

(i) विस्थापन से पूर्व की स्थिति
(ii) विस्थापन के बाद की स्थिति
(iii) 'i' और 'ii' दोनों
(iv) संक्रमण की स्थिति

(ख) लेखक के लिए क्या विचित्र अनुभव देने वाला था?

(i) सिंगरौली क्षेत्र के गाँवों का दौरा
(ii) सिंगरौली क्षेत्र के लोगों से मिलना
(iii) सिंगरौली के आदिवासी समूह
(iv) सिंगरौली से दूर के क्षेत्र

(ग) लेखक को विस्थापित होने से पूर्व की जिंदगी के विषय में कैसे पता चला?

(i) शहरी जीवन जीकर (ii) अमझर गाँव आकर
(iii) गन्दी बस्तियों में आकर (iv) सिंगरौली से दूर आकर

(घ) कथन (A) लेखक ने अमझर गाँव को स्वच्छ और पवित्र कहा।
कारण (R) अमझर गाँव के मिट्टी के झोंपड़े, पेडों के झुरमुट और पानी से घिरे खेत स्वच्छ और प्राकृतिक रूप से समृद्ध थे, जो शहर के दमघोंटू बस्तियों से बिलकुल भिन्न थे।

(i) कथन (A) और कारण (R) दोनों सही हैं तथा कारण (R), कथन (A) की सही व्याख्या करता है।
(ii) कथन (A) और कारण (R) दोनों सही हैं, परंतु कारण (R), कथन (A) की सही व्याख्या नहीं करता है।
(iii) कथन (A) सही है, किंतु कारण (R) गलत है।
(iv) कथन (A) गलत है, किंतु कारण (R) सही है।

(ङ) लेखक को चारों ओर पानी देखकर कैसा प्रतीत होता है?
(i) किसी बाढ़ के पानी में सब कुछ डूब गया हो
(ii) किसी ने धरती को जल से भरना बन्द कर दिया हो
(iii) ईश्वर ने अत्यधिक तीव्र वर्षा कर दी हो
(iv) कहीं से पानी निकालने का मार्ग न रहा हो

उत्तर

(क) (iii) 'i' और 'ii' दोनों
(ख) (i) सिंगरौली क्षेत्र के गाँवों का दौरा
(ग) (ii) अमझर गाँव आकर
(घ) (i) कथन (A) और कारण (R) दोनों सही हैं तथा कारण (R), कथन (A) की सही व्याख्या करता है।
(ङ) (i) किसी बाढ़ के पानी में सब कुछ डूब गया हो

2. .....यह समूचा दृश्य इतना साफ़ और सजीव है–अपनी स्वच्छ मांसलता में इतना संपूर्ण और शाश्वत–कि एक क्षण के लिए विश्वास नहीं होता कि आने वाले वर्षों में सब कुछ मटियामेट हो जाएगा–झोंपड़ी, खेत, ढोर, आम के पेड़–सब एक गंदी, 'आधुनिक औद्योगिक कॉलोनी' की ईंटों के नीचे दब जाएगा–और ये हँसती-मुसकुराती औरतें, भोपाल, जबलपुर या बैढ़न की सड़कों पर पत्थर कूटती दिखाई देंगी। शायद कुछ वर्षों तक उनकी स्मृति में अपने गाँव की तसवीर एक स्वप्न की तरह धुंधलाती रहेगी, किंतु धूल में लोटते उनके बच्चों को तो कभी मालूम भी नहीं होगा कि बहुत पहले उनके पुरखों का गाँव था–जहाँ आम झरा करते थे।

(क) 'यह समूचा दृश्य इतना साफ और सजीव है' पंक्ति में लेखक ने किस दृश्य की बात की है?
(i) प्रात:कालीन दृश्य (ii) अमझर गाँव का दृश्य
(iii) सायंकालीन दृश्य (iv) रात्रिकालीन दृश्य

(ख) धान की रोपाई करती महिलाओं को देखकर लेखक की क्या प्रतिक्रिया होती है?
(i) लेखक उन्हें देखकर अत्यंत भावुक हो जाता है
(ii) लेखक उनसे बातचीत करने लगता है
(iii) लेखक उन्हें विस्थापन से परिचित कराता है
(iv) लेखक कोई प्रतिक्रिया व्यक्त नहीं करता

(ग) गद्यांश के अनुसार औद्योगिक कॉलोनियों में कौन परिवर्तित हो जाएगा?
(i) झोंपड़ियाँ (ii) खेत-खलिहान
(iii) आम के पेड़ (iv) ये सभी

(घ) हँसती-मुसकुराती हुई औरतें सड़कों पर पत्थर कूटती हुई क्यों दिखाई देंगी?
(i) गरीबी के कारण (ii) भ्रष्टाचार के कारण
(iii) बेरोजगारी के कारण (iv) विस्थापन के कारण

(ङ) प्रस्तुत गद्यांश के माध्यम से लेखक ने किस सत्य को उजागर करने की कोशिश की है?
(i) औद्योगिक कॉलोनियाँ विकास के लिए आवश्यक हैं।
(ii) प्रगति के नाम पर संस्कृति का विनाश किया जा रहा है।
(iii) नई पीढ़ी अपने भविष्य को लेकर सतर्क है।
(iv) गाँव में प्रगति संभव नहीं है।

उत्तर

(क) (ii) अमझर गाँव का दृश्य
(ख) (i) लेखक उन्हें देखकर अत्यंत भावुक हो जाता है
(ग) (iv) ये सभी
(घ) (iv) विस्थापन के कारण
(ङ) (ii) प्रगति के नाम पर संस्कृति का विनाश किया जा रहा है

3. ये लोग आधुनिक भारत के 'नए शरणार्थी' हैं, जिन्हें औद्योगीकरण के झंझावात ने अपने घर-ज़मीन से उखाड़कर हमेशा के लिए निर्वासित कर दिया है। प्रकृति और इतिहास के बीच यह गहरा अंतर है। बाढ़ या भूकंप के कारण लोग अपना घर-बार छोड़कर कुछ अरसे के लिए ज़रूर बाहर चले जाते हैं, किंतु आफत टलते ही वे दोबारा अपने जाने-पहचाने परिवेश में लौट भी आते हैं, किंतु विकास और प्रगति के नाम पर जब इतिहास लोगों को उन्मूलित करता है, तो वे फिर कभी अपने घर वापस नहीं लौट सकते। आधुनिक औद्योगीकरण की आँधी में सिर्फ़ मनुष्य ही नहीं उखड़ता, बल्कि उसका परिवेश और आवास-स्थल भी हमेशा के लिए नष्ट हो जाते हैं।

(क) गद्यांश में आधुनिक भारत के नए शरणार्थी किन्हें कहा गया है?
(i) नई पीढ़ी के लोगों को
(ii) औद्योगीकरण के कारण विस्थापित हुए लोगों को
(iii) पुरानी पीढ़ी के लोगों को
(iv) आधुनिक सोच रखने वाले लोगों को

(ख) औद्योगीकरण के कारण होने वाले विस्थापन को लेखक क्या संज्ञा देता है?
(i) निर्वासन की (ii) पुनर्वासन की
(iii) विकास की (iv) ये सभी

(ग) प्रकृति मनुष्य को किस प्रकार विस्थापित करती है?
(i) बाढ़ के रूप में (ii) भूकंप के रूप में
(iii) भूस्खलन के रूप में (iv) ये सभी

(घ) विकास और प्रगति के नाम पर लोगों को विस्थापित करने का क्या परिणाम होता है?
(i) कुछ समय बाद लोग अपने घर वापस लौट आते हैं
(ii) लोग अपने घर वापस नहीं लौट पाते
(iii) लोग स्थिति से सामंजस्य बैठा लेते हैं
(iv) कुछ समय के लिए लोग खुश होते हैं

(ङ) औद्योगीकरण का समाज पर प्रभाव पड़ता है

1. मनुष्य विस्थापित हो जाते हैं।
2. आवास स्थल नष्ट हो जाते हैं।
3. संस्कृति छिन्न-भिन्न हो जाती है। **CBSE Term II 2022**

कूट

(i) केवल 1 (ii) 1 और 2
(iii) केवल 2 (iv) 1, 2 और 3

उत्तर

(क) (ii) औद्योगीकरण के कारण विस्थापित हुए लोगों को
(ख) (i) निर्वासन की
(ग) (iv) ये सभी
(घ) (ii) लोग अपने घर वापस नहीं लौट पाते
(ङ) (iv) 1, 2 और 3

4. **भारत की सांस्कृतिक विरासत यूरोप की तरह म्यूज़ियम्स और संग्रहालयों में जमा नहीं थी–वह उन रिश्तों से जीवित थी, जो आदमी को उसकी धरती, उसके जंगलों, नदियों–एक शब्द में कहें–उसके समूचे परिवेश के साथ जोड़ते थे। अतीत का समूचा मिथक संसार पोथियों में नहीं, इन रिश्तों की अदृश्य लिपि में मौजूद रहता था। यूरोप में पर्यावरण का प्रश्न मनुष्य और भूगोल के बीच संतुलन बनाए रखने का है। भारत में यही प्रश्न मनुष्य और उसकी संस्कृति के बीच पारंपरिक संबंध बनाए रखने का हो जाता है।**

CBSE SQP 2020

(क) भारत की सांस्कृतिक विरासत किसमें निहित है?
(i) संग्रहालयों में (ii) परिवेश में
(iii) जंगलों में (iv) रिश्तों में

(ख) गद्यांश में किसके मिथक संसार की बात हो रही है?
(i) यूरोप की (ii) भारत की
(iii) अतीत के रिश्तों की (iv) मनुष्य की

(ग) रिश्तों की अदृश्य लिपि–से आप क्या समझते हैं?
(i) मनुष्य के आपसी सम्बन्ध
(ii) भारत की सांस्कृतिक पहचान
(iii) प्रकृति से रिश्ते
(iv) मनुष्य और प्रकृति का सम्बन्ध

(घ) 'मनुष्य और भूगोल के बीच सन्तुलन' से क्या अभिप्राय है?
(i) मनुष्य और धरती का सम्बन्ध
(ii) अपने परिवेश से सम्बन्ध
(iii) पर्यावरण और मनुष्य का सम्बन्ध
(iv) पर्यावरण को बचाना

(ङ) कथन (A) भारत की सांस्कृतिक विरासत म्यूजियम और संग्रहालयों में जमा नहीं थी।
कारण (R) भारत की विरासत उन रिश्तों से जीवित थी, जो आदमी को उसके परिवेश के साथ जोड़ते थे।
(i) कथन (A) और कारण (R) दोनों सही हैं तथा कारण (R), कथन (A) की सही व्याख्या करता है।
(ii) कथन (A) और कारण (R) दोनों सही हैं, परंतु कारण (R), कथन (A) की सही व्याख्या नहीं करता है।
(iii) कथन (A) सही है, किंतु कारण (R) गलत है।
(iv) कथन (A) गलत है, किंतु कारण (R) सही है।

उत्तर

(क) (iv) रिश्तों में
(ख) (ii) भारत की
(ग) (iv) मनुष्य और प्रकृति का संबंध
(घ) (iii) पर्यावरण और मनुष्य का संबंध
(ङ) (i) कथन (A) और कारण (R) दोनों सही हैं तथा कारण (R), कथन (A) की सही व्याख्या करता है।

5. **स्वातंत्र्योत्तर भारत की सबसे बड़ी ट्रेजडी यह नहीं है कि शासक वर्ग ने औद्योगीकरण का मार्ग चुना, ट्रेजडी यह रही है कि पश्चिम की देखादेखी और नकल में योजनाएँ बनाते समय–प्रकृति, मनुष्य और संस्कृति के बीच का नाज़ुक संतुलन किस तरह नष्ट होने से बचाया जा सकता है–इस ओर हमारे पश्चिम–शिक्षित सत्ताधारियों का ध्यान कभी नहीं गया। हम बिना पश्चिम को मॉडल बनाए, अपनी शर्तों और मर्यादाओं के आधार पर, औद्योगिक विकास का भारतीय स्वरूप निर्धारित कर सकते हैं, कभी इसका खयाल भी हमारे शासकों को आया हो, ऐसा नहीं जान पड़ता।**

(क) लेखक के अनुसार स्वतंत्र भारत की सबसे बड़ी ट्रेजडी क्या है?
(i) औद्योगीकरण का मार्ग चुनना
(ii) विकास के लिए योजनाएँ बनाना
(iii) पश्चिम की नकल करके बनाई गई योजनाएँ
(iv) पश्चिम से सलाह न लेना

(ख) विकास के लिए योजनाएँ बनाते समय किसकी अनदेखी की गई?
(i) संस्कृति की
(ii) धन की
(iii) मनुष्य की
(iv) ये सभी

(ग) प्रस्तुत गद्यांश के माध्यम से लेखक क्या संदेश देना चाहता है?
(i) प्रकृति, मनुष्य और संस्कृति के संतुलन को बनाए रखने का
(ii) पश्चिम की संस्कृति से बहुत कुछ सीखने का
(iii) विकास के लिए हर संभव प्रयास करने का
(iv) शर्तों के अनुसार जीवन जीने का

(घ) प्रस्तुत गद्यांश में लेखक ने किस पर करारा व्यंग्य किया है?
(i) पश्चिम की शिक्षा प्रणाली पर
(ii) भारत के बुद्धिजीवी वर्ग पर
(iii) पश्चिम से शिक्षा प्राप्त करके आए भारतीय सत्ताधारियों की सोच पर
(iv) भारत की संस्कृति एवं सभ्यता पर

(ङ) औद्योगिक विकास का स्वरूप बनाया जा सकता है।
1. अपनी परंपराओं के द्वारा
2. अपनी मान्यताओं के माध्यम से
3. पाश्चात्य संस्कृति से
4. आधुनिकता से

कूट

(i) केवल 1 (ii) 1 और 2
(iii) केवल 3 (vi) केवल 4

उत्तर

(क) (iii) पश्चिम की नकल करके बनाई गई योजनाएँ

(ख) (i) संस्कृति की

(ग) (i) प्रकृति, मनुष्य और संस्कृति के संतुलन को बनाए रखने का

(घ) (iii) पश्चिम से शिक्षा प्राप्त करके आए भारतीय सत्ताधारियों की सोच पर

(ङ) (ii) 1 और 2

विषय-वस्तु पर आधारित प्रश्नोत्तर

1. सिंगरौली में लेखक को क्या अनूठा अनुभव हुआ?

अथवा लेखक को सिंगरौली में किस प्रकार का विचित्र अनुभव हुआ था? **CBSE Diksha**

उत्तर लेखक वर्ष 1983 में सिंगरौली गया था। यहाँ पर उसने सुना कि 'अमरौली प्रोजेक्ट' की सरकारी घोषणा के बाद आम के पेड़ सूखने लगे। वह मानता है कि शायद यह प्रकृति का मौन विरोध है कि मनुष्य के उजड़ जाने के बाद वे जीवित रहकर क्या करेंगे, इसी कारण पेड़ सूख गए। लेखक ने टिहरी गढ़वाल में पेड़ों को बचाने के लिए मनुष्य के संघर्ष की कहानियाँ सुनी थीं, लेकिन मनुष्य के विस्थापन के विरोध में पेड़ों के मूक सत्याग्रह का अनूठा अनुभव उसे सिंगरौली में हुआ।

साथ ही, लेखक ने एक दूसरी दृष्टि से भी इसे अनूठा अनुभव बताया है, क्योंकि सिंगरौली आकर ही उसे ज्ञात हुआ कि विस्थापित होने से पूर्व ये लोग किस प्रकार का स्वच्छ और पवित्र जीवन व्यतीत करते है और अब विस्थापन के पश्चात् लोग किस प्रकार का जीवन जीने को विवश हो गए हैं।

2. विस्थापन से पूर्व अमझर गाँव का जीवन किस प्रकार का था?

उत्तर विस्थापन से पूर्व अमझर गाँव में प्राकृतिक वातावरण बहुत मनोरम था। वहाँ बहुत अधिक संख्या में पेड़ थे। खप्पर लगे हुए मिट्टी के साफ़-सुथरे झोंपड़े थे। यहाँ हवा-पानी-मिट्टी आदि सभी स्वच्छ थे। चारों ओर पानी था। पशु बँधे हुए थे, धान के खेत पानी से भरे हुए थे, जिन्हें दूर से देखकर लगता था मानो पूरी धरती जल युक्त झील हो, एक ऐसा सरोवर हो जिसका कोई अंत नहीं है।

इसमें पेड़, झोंपड़े, आदमी, पशु आदि तैरते नज़र आते थे ऐसा प्रतीत होता था मानो बाढ़ आ गई हो, परंतु यह बाढ़ नहीं थी, बल्कि पानी में डूबे धान के खेत थे। यहाँ की औरतें स्वच्छ, सुंदर और सुडौल थीं जो हँसती-मुसकुराती हुई खेतों में काम करती थीं। इस प्रकार विस्थापन से पूर्व गाँव का जीवन सुख, शांति और समृद्धि से भरा हुआ था।

3. सिंगरौली के उजड़ने पर लेखक को इतना क्षोभ क्यों हो रहा है?

अथवा 'जहाँ कोई वापसी नहीं' पाठ के आधार पर लिखिए कि सिंगरौली के उजड़ने पर लेखक को दुःख क्यों था? **CBSE Term II 2022**

उत्तर सिंगरौली का प्राकृतिक सौंदर्य अत्यंत मनोहारी है। इस क्षेत्र की भूमि बहुत उपजाऊ है। यहाँ के जंगल समृद्ध हैं। इन जंगलों के सहारे हज़ारों वनवासी और किसान अपना भरण-पोषण करते आए हैं। यहाँ कत्था, महुआ, बाँस व शीशम के पेड़ों की बहुत अधिक संख्या है।

लेखक कहते हैं कि यदि सिंगरौली की भूमि बंजर होती और लोगों को वहाँ से अन्य स्थान पर विस्थापित किया होता, तो इतना दुःख नहीं होता, किंतु समृद्धशाली सिंगरौली की हरी-भरी उपजाऊ भूमि और बसे बसाए गाँव को उजड़ता देख लेखक को अधिक क्षोभ (दुःख) हो रहा है।

4. सिंगरौली की ऐतिहासिकता के बारे में आप क्या जानते हैं?

उत्तर सिंगरौली में वर्ष 1926 से पहले खैरवार जाति के आदिवासी राजा शासन किया करते थे, लेकिन बाद में इस क्षेत्र का आधा हिस्सा जिसमें उत्तर प्रदेश तथा मध्य प्रदेश के खंड शामिल थे, रीवाँ राज्य के भीतर शामिल कर लिया गया। बीस वर्ष पहले तक यह सारा क्षेत्र विंध्याचल और कैमूर के पहाड़ों और जंगलों से घिरा हुआ था, जहाँ पर अधिकांश रूप से कत्था, महुआ, बाँस और शीशम के पेड़ उगते थे। एक पुरानी दंतकथा के अनुसार, सिंगरौली का नाम सृंगावली पर्वत माला से निकला है, जो पूर्व-पश्चिम में फैली है।

5. सिंगरौली को 'काला पानी' क्यों कहा जाता था?

उत्तर सिंगरौली प्राकृतिक संपदा (खनिज) से भरपूर एक पहाड़ी क्षेत्र है, जो चारों ओर से घने जंगलों से घिरा हुआ है। इन जंगलों के कारण यहाँ यातायात के साधन विकसित नहीं थे। यातायात के अभाव (कमी) तथा घने जंगल के खतरों के कारण यहाँ लोग न अंदर जाते थे और न बाहर जाने का जोखिम उठाते थे। इन परिस्थितियों के चलते सिंगरौली देश के अन्य भागों से कटकर अकेलेपन का शिकार हो रहा था। इसी कारण सिंगरौली को 'काला पानी' कहा जाता था।

6. औद्योगीकरण के बाद आई नई योजनाओं के कारण सिंगरौली में क्या परिवर्तन हुए?

उत्तर औद्योगीकरण के बाद आई नई योजनाओं के कारण सिंगरौली में निम्नलिखित परिवर्तन हुए

1. सिंगरौली में आई नई योजनाओं के अंतर्गत सेंट्रल कोल फील्ड और नेशनल सुपर थर्मल पॉवर कॉरपोरेशन का निर्माण हुआ।
2. चारों तरफ़ पक्की सड़कें और पुल बनाए गए।
3. सिंगरौली अब प्रगति के मानचित्र पर राष्ट्रीय गौरव के साथ प्रतिष्ठित हुआ।
4. जहाँ बाहर का आदमी फटकता भी नहीं था, वहाँ केंद्रीय और राज्य सरकारों के अफसरों, इंजीनियरों और विशेषज्ञों की आवाजाही होने लगी।
5. ठेकेदारों, वन-अधिकारियों और सरकारी कार्यकर्ताओं की भीड़ सिंगरौली आने लगी।

7. औद्योगीकरण के विषय में लेखक का क्या विचार है?

उत्तर औद्योगीकरण के विषय में लेखक का विचार है कि आज़ादी के बाद औद्योगीकरण का जो चक्र भारत में चलाया गया उसे रोका जा सकता था। भारत के विकास का वह विकल्प चुना जा सकता था, जिसमें मानव सुख की कसौटी उसकी ज़रूरतों के अनुरूप होती। हमें पश्चिम के विकल्प को अपनाने की आवश्यकता नहीं थी, क्योंकि हमारे देश की सभ्यता और पश्चिम की सभ्यता में अंतर है। हम अपनी परंपराओं और मर्यादाओं के आधार पर औद्योगिक विकास का स्वरूप बना सकते थे। इसके अतिरिक्त अँधाधुँध विकास और पर्यावरण सुरक्षा के बीच ऐसा संतुलन बनाना चाहिए जिससे प्राकृतिक संतुलन बना रहे, नहीं तो अनेक पर्यावरणीय समस्याएँ पैदा होंगी जो मनुष्य के लिए हितकर नहीं होंगी। आधुनिक औद्योगीकरण की आँधी में केवल मनुष्य ही नहीं उखड़ता बल्कि उसका परिवेश, संस्कृति और आवास-स्थल भी हमेशा के लिए नष्ट हो जाते हैं।

8. 'जहाँ कोई वापसी नहीं' पाठ में लेखक ने सरकारी व्यवस्था से जुड़े लोगों की अदूरदर्शिता पर किस प्रकार व्यंग्य किया है?

उत्तर 'जहाँ कोई वापसी नहीं' पाठ में 'एक भरे-पूरे ग्रामीण अँचल को कितनी नासमझी और निर्ममता से उजाड़ा जाता है'— पंक्ति के माध्यम से लेखक ने सरकारी व्यवस्था से जुड़े लोगों की अदूरदर्शिता पर करारा व्यंग्य किया है।

वे लोग पश्चिमी देशों के विकास के मॉडल को भारतीय परिस्थितियों में ज़बरदस्ती थोपते हैं, जबकि दोनों देशों की सभ्यता में पर्याप्त अंतर है। वे सत्तापक्ष और कुछ पूँजीपतियों के स्वार्थों की पूर्ति के लिए हरे-भरे वनों, समृद्धशाली गाँवों तथा उनमें रहने वालों को उजाड़ देते हैं, जिससे ग्रामीण व्यक्तियों को शरणार्थियों जैसा जीवन जीने पर विवश होना पड़ता है। सरकारी व्यवस्था से जुड़े लोग अपनी समृद्धशाली सांस्कृतिक विरासत को कुछ नहीं समझते और ग्रामीण संस्कृति और प्राकृतिक संपदा को नष्ट-भ्रष्ट कर देते हैं। अतः इनकी इसी मानसिकता पर लेखक ने व्यंग्य किया है।

9. 'जहाँ कोई वापसी नहीं' पाठ का कथ्य बताइए।

उत्तर 'जहाँ कोई वापसी नहीं' निर्मल वर्मा का यात्रा-वृत्तांत है। इस पाठ में लेखक ने औद्योगीकरण तथा विकास के नाम पर पर्यावरण-विनाश संबंधी चिंता प्रकट की है। औद्योगिक विकास के दौर में आज प्राकृतिक सौंदर्य किस तरह से नष्ट होता जा रहा है, इसका मार्मिक चित्रण भी लेखक ने किया है। साथ ही आदिवासियों के विस्थापन से उपजी अनेक समस्याओं की अभिव्यक्ति भी हुई है।

यदि विकास और पर्यावरण के मध्य संतुलन न रखा जाए, तो हमेशा विस्थापन और पर्यावरण संबंधी समस्या सामने आती रहेगी, जिससे केवल मनुष्य ही अपनी जमीन और घर से अलग नहीं होता, बल्कि उसका परिवेश और संस्कृति भी हमेशा के लिए नष्ट हो जाते हैं।

10. 'जहाँ कोई वापसी नहीं' पाठ का उद्देश्य स्पष्ट कीजिए।

उत्तर 'जहाँ कोई वापसी नहीं' पाठ का उद्देश्य विकास के नाम पर प्राकृतिक संपदा एवं सौंदर्य को नष्ट न करने के प्रति जागरूकता उत्पन्न करना है। साथ ही, औद्योगीकरण की आड़ में प्राकृतिक सौंदर्य को जो क्षति पहुँचाई जा रही है, उसके घातक परिणामों की ओर ध्यान आकर्षित करना है।

इसके अतिरिक्त स्पष्ट किया गया है कि औद्योगीकरण और विकास का मॉडल आयातित नहीं, बल्कि अपने देश की ज़रूरत के अनुसार होना चाहिए। स्थानीय परिस्थितियों की अनदेखी न करना, हज़ारों गाँवों के उजड़ने से विस्थापितों की पीड़ा, उनके परिवेश, संस्कृति और आवास-स्थल नष्ट होने की पीड़ा के प्रति मानवीय संवेदना पैदा करना भी पाठ के उद्देश्य में निहित है।

11. 'जहाँ कोई वापसी नहीं' पाठ के लिए कोई दूसरा शीर्षक लिखिए तथा इसे चुनने के लिए अपने तर्क दीजिए। CBSE SQP Term II 2022

उत्तर "'जहाँ कोई वापसी नहीं' निर्मल वर्मा का यात्रा-वृत्तांत है। इसमें लेखक ने 'अमझर' गाँव के विनाश का चित्रण किया है। यहाँ लेखक ने पर्यावरण संबंधी सरोकारों के साथ-साथ विकास के नाम पर पर्यावरण-विनाश से उपजी विस्थापन की समस्या को भी चित्रित किया है।

प्रस्तुत पाठ के लिए अन्य शीर्षक 'अब पुराने दिन नहीं आएँगे' हो सकता है, क्योंकि लेखक ने पाठ में स्पष्ट किया है कि आधुनिक औद्योगीकरण की अंधी दौड़ में केवल मनुष्य ही नहीं उजड़ता, बल्कि प्राकृतिक परिवेश, संस्कृति व आवास स्थल भी हमेशा के लिए नष्ट हो जाते हैं। प्राकृतिक आपदा के कारण विस्थापित लोग अपने गाँव तथा घर मे वापस आ जाते हैं परंतु औद्योगिक विकास के नाम पर विस्थापित हुए लोग कभी वापस नहीं आते अर्थात् जहाँ वे रहते थे, अब कभी नहीं रह पाएँगे। अतः 'अब पुराने दिन नहीं आएँगे' शीर्षक भी 'जहाँ कोई वापसी नहीं' के स्थान पर सार्थक सिद्ध हो सकता है।

12. औद्योगीकरण ने प्रकृति, मनुष्य और संस्कृति के बीच आपसी संबंधों को कैसे प्रभावित किया है? 'जहाँ कोई वापसी नहीं' पाठ के आधार पर उत्तर दीजिए। CBSE 2023, Delhi 2018

उत्तर 'जहाँ कोई वापसी नही' पाठ के अनुसार, औद्योगीकरण ने प्रकृति, मनुष्य और संस्कृति के बीच के घनिष्ठ और संतुलित संबंध को गहरा आघात पहुँचाया है। औद्योगीकरण के नाम पर विकास की इस प्रक्रिया ने लोगों की जमीनें लेकर उन्हें हमेशा के लिए विस्थापित कर दिया। औद्योगीकरण की इस आँधी से न केवल लोगों का आवास-स्थल समाप्त हो गया, बल्कि उनके सांस्कृतिक और प्राकृतिक परिवेश का भी विनाश हुआ। पेड़ों की अँधाधुंध कटाई और उद्योगों से उत्पन्न प्रदूषण ने पर्यावरण असंतुलन और संकट को बढ़ाया है, जिससे मनुष्य का जीवन कठिन होता जा रहा है। इस प्रकार, औद्योगीकरण ने प्रकृति, मनुष्य और संस्कृति के बीच के पारंपरिक संतुलन को बिगाड़ दिया है, जिसका दूरगामी प्रभाव भयावह हो सकता है।

13. 'जहाँ कोई वापसी नहीं' पाठ के आधार पर लिखिए कि खेतों में काम करती औरतों को देखकर लेखक का मन विचलित क्यों हो उठा ? CBSE 2024

उत्तर लेखक को खेतों में काम करती हुई वे औरतें दिखाई दी, जो एक पाँत में झुकी हुई धान के पौधे छप-छप पानी में रोप रही थीं। सुंदर, सुडौल, धूप में चमचमाती काली टाँगें और सिरों पर चटाई के किश्तीनुमा हैट, जो फोटो या फिल्मों में देखे हुए वियतनामी या चीनी औरतों की याद दिलाते थे।

जरा-सी आहट पाते ही वे एकसाथ सिर उठाकर चौंकी हुई निगाहों से उन्हें देखा-बिलकुल उन युवा हिरणियों की तरह, जिन्हें लेखक ने एक बार कान्हा के वन्यस्थल में देखा था, किंतु वे डरती नहीं, भागतीं नहीं, सिर्फ विस्मय से मुस्कुराती हैं और फिर सिर झुकाकर अपने काम में लग जाती हैं। उनको देखकर लेखक का मन विचलित हो उठा।

14. लेखक ने कान्हा के वन्यस्थल के युवा हिरणियों से किसकी तुलना की है और क्यों?

उत्तर लेखक ने अमझर गाँव की महिलाओं की तुलना कान्हा के वन्यस्थल की युवा हिरणियों से की है। ये महिलाएँ अपने खेतों में एक पाँत में झुकी हुई धान के पौधे छप-छप पानी में रोप रही थीं। जैसे ही कोई आहट होती, वे एकसाथ सिर उठाकर अपने चारों ओर चौंकी हुई नजरों से देखती। वे न डरती थीं, न भागती थीं, बल्कि विस्मय भरी मुस्कान के साथ अपने काम में लौट जाती थीं।

लेखक ने इस तुलना के माध्यम से उन महिलाओं की सहजता, सौंदर्य और स्वाभाविकता को व्यक्त किया है, जो हिरणियों के मासूम स्वभाव और नैसर्गिक सुंदरता से मेल खाती है।

15. **विस्थापन मनुष्य के लिए वरदान नहीं अभिशाप है, कैसे?** **CBSE Diksha**

अथवा 'कभी-कभी किसी इलाके की संपदा ही उसका अभिशाप बन जाती है।' स्पष्ट कीजिए। **SQP 2024**

उत्तर विस्थापन मनुष्य के लिए वास्तव में अभिशाप है, क्योंकि इसके कारण उसे अपनी जन्मभूमि, संस्कृति और प्राकृतिक परिवेश से हमेशा के लिए अलग होना पड़ता है। विकास के नाम पर उसे अपना घर छोड़ना पड़ता है, जिससे वह एक अनजान जगह पर असुरक्षित और अनाथ-सा महसूस करता है। विस्थापित लोग शहरों की गंदी, भीड़भाड़ वाली बस्तियों में रहने को विवश होते हैं, जहाँ उनकी पारंपरिक जीवन-शैली और ग्रामीण स्वतंत्रता समाप्त हो जाती है।

गाँव के स्वच्छ, सुंदर परिवेश में जीवन जीने वाले लोग शहरों में जाकर मजबूरन पत्थर तोड़ने या मजदूरी करने पर मजबूर होते हैं। इस प्रक्रिया में उनका जीवन प्रकृति से दूर, प्रदूषण और भीड़-भाड़ की कठोर सच्चाई से घिर जाता है, जो उनके मानसिक और शारीरिक संतुलन पर गहरा आघात करता है तथा इससे उनके जीवन में अस्थिरता और अनिश्चितता आ जाती है।

16. **सिंगरौली को एकसाथ 'बैकुंठ' और 'काला पानी' कहने के कारणों की समीक्षा कीजिए।**

उत्तर सिंगरौली एक पहाड़ी क्षेत्र है, जो चारों ओर से घने जंगलों से घिरा हुआ है। सिंगरौली को एकसाथ 'बैकुंठ' और 'काला पानी' कहे जाने के पीछे इसके विशिष्ट प्राकृतिक और भौगोलिक कारण हैं। एक ओर इसकी भूमि अत्यंत उपजाऊ थी और यह क्षेत्र प्राकृतिक संसाधनों; जैसे- कत्था, महुआ, बाँस और शीशम के पेड़ों से घिरा था। यहाँ के जंगल और पर्वत लंबे समय से वनवासियों और किसानों का भरण-पोषण करते आए थे, जिससे सिंगरौली 'बैकुंठ' के समान माना गया। वहीं दूसरी पहाड़ी क्षेत्र और जंगलों के कारण यहाँ यातायात के साधन विकसित नहीं थे। यातायात के अभाव (कमी) तथा घने जंगल के खतरों के कारण यहाँ लोग न अंदर जाते थे और न बाहर आने का जोखिम उठाते थे। इन परिस्थितियों के चलते सिंगरौली देश के अन्य भागों से कटकर अकेलेपन का शिकार हो रहा था। इसी कारण सिंगरौली को 'काला पानी' कहा गया।

स्व-मूल्यांकन

गद्यांश पर आधारित बहुविकल्पीय प्रश्न

निम्नलिखित गद्यांश को ध्यानपूर्वक पढ़कर उस पर आधारित दिए गए प्रश्नों के सर्वाधिक उपयुक्त उत्तर वाले विकल्प चुनकर लिखिए

1. वर्ष 1926 से पूर्व यहाँ खैरवार जाति के आदिवासी राजा शासन किया करते थे, किंतु बाद में सिंगरौली का आधा हिस्सा, जिसमें उत्तर प्रदेश तथा मध्य प्रदेश के खंड शामिल थे, रीवाँ राज्य के भीतर शामिल कर लिया गया। बीस वर्ष पहले तक समूचा क्षेत्र विंध्याचल और कैमूर के पहाड़ों और जंगलों से घिरा हुआ था, जहाँ अधिकांशतः कत्था, महुआ, बाँस और शीशम के पेड़ उगते थे। एक पुरानी दंतकथा के अनुसार, सिंगरौली का नाम ही 'सृंगावली' पर्वतमाला से निकला है, जो पूर्व-पश्चिम में फैली है। चारों ओर फैले घने जंगलों के कारण यातायात के साधन इतने सीमित थे कि एक ज़माने में सिंगरौली अपने अतुल प्राकृतिक सौंदर्य के बावजूद 'काला पानी' माना जाता था, जहाँ न लोग भीतर आते थे, न बाहर जाने का जोखिम उठाते थे।

(क) बीस वर्ष पहले तक समूचा क्षेत्र किससे घिरा हुआ था?
(i) अरावली पहाड़ों से (ii) सतपुड़ा पहाड़ों से
(iii) नीलगिरी पहाड़ों से
(iv) विंध्याचल और कैमूर के पहाड़ों से

(ख) सिंगरौली में वर्ष 1926 से पहले कौन शासन करता था?
(i) मुग़ल राजा (ii) खैरवार जाति के आदिवासी राजा
(iii) ब्रिटिश अधिकारी
(iv) रीवाँ राज्य के राजा

(ग) सिंगरौली का नाम किससे लिया गया है?
(i) रीवाँ राज्य (ii) खैरवार राजा
(iii) 'सृंगावली' पर्वतमाला (iv) विंध्याचल के जंगल

(घ) **कथन** (A) सिंगरौली को 'काला पानी' माना जाता था।
कारण (R) यातायात के साधन सीमित होने और घने जंगलों के कारण लोग वहाँ आने-जाने से बचते थे।
कूट
(i) कथन (A) और कारण (R) दोनों सही हैं तथा कारण (R) कथन (A) की सही व्याख्या करता है।
(ii) कथन (A) और कारण (R) दोनों सही हैं तथा कारण (R) कथन (A) की सही व्याख्या नहीं करता है।
(iii) कथन (A) सही है, किंतु कारण (R) गलत है।
(iv) कथन (A) गलत है, किंतु कारण (R) सही है।

(ङ) सिंगरौली के जंगलों में कौन-कौन से पेड़ प्रमुखता से पाए जाते थे?
(i) चंदन, शीशम, महुआ
(ii) कत्था, महुआ, बाँस, शीशम
(iii) बाँस, सागौन, चंदन
(iv) शीशम, सागौन, चंदन

उत्तर

(क) (iv) विंध्याचल और कैमूर के पहाड़ों से।
(ख) (ii) खैरवार जाति के आदिवासी राजा
(ग) (iii) 'सृंगावली' पर्वतमाला।
(घ) (i) कथन (A) और कारण (R) दोनों सही हैं तथा कारण (R) कथन (A) की सही व्याख्या करता है।
(ङ) (ii) कत्था, महुआ, बाँस, शीशम

गद्यांश की व्याख्या

2. निम्नलिखित में से किसी एक गद्यांश की सप्रसंग व्याख्या कीजिए।

किंतु कोई भी प्रदेश आज के लोलुप युग में अपने अलगाव में सुरक्षित नहीं रह सकता। कभी-कभी किसी इलाके की संपदा ही उसका अभिशाप बन जाती है। दिल्ली के सत्ताधारियों और उद्योगपतियों की आँखों से सिंगरौली की अपार खनिज संपदा छिपी नहीं रही। विस्थापन की एक लहर रिहन्द बाँध बनने से आई थी, जिसके कारण हजारों गाँव उजाड़ दिए गए थे। इन्हीं नई योजनाओं के अंतर्गत सेंट्रल कोल फील्ड और नेशनल सुपर थर्मल पॉवर कॉरपोरेशन का निर्माण हुआ। चारों तरफ पक्की सड़कें और पुल बनाए गए।

अथवा

भारत की सांस्कृतिक विरासत यूरोप की तरह म्यूज़ियम्स और संग्रहालयों में जमा नहीं थी। वह उन रिश्तों से जीवित थी, जो आदमी को उसकी धरती, उसके जंगलों, नदियों-एक शब्द में कहें-उसके समूचे परिवेश के साथ जोड़ते थे। अतीत का समूचा मिथक संसार पोथियों में नहीं, इन रिश्तों की अदृश्य लिपि में मौजूद रहता था। यूरोप में पर्यावरण का प्रश्न मनुष्य और भूगोल के बीच संतुलन बनाए रखने का है-भारत में यही प्रश्न मनुष्य और उसकी संस्कृति के बीच पारंपरिक संबंध बनाए रखने का हो जाता है।

विषय-वस्तु पर आधारित प्रश्नोत्तर

1. अमझर गाँव के ग्रामीणों और पर्यावरण पर 'अमरौली प्रोजेक्ट' का क्या प्रभाव पड़ा?

2. लेखक के अनुसार सिंगरौली की उर्वरा भूमि उसके लिए 'अभिशाप' क्यों बन गई?

3. "औद्योगीकरण ने मनुष्य, प्रकृति और संस्कृति के संतुलन को नष्ट कर दिया" कथन का आपके विचार में क्या अभिप्राय है?

4. 'अमझर' शब्द का प्रतीकात्मक महत्त्व क्या है?

07

अध्याय

दूसरा देवदास

(ममता कालिया)

लेखक-परिचय

ममता कालिया का जन्म वर्ष 1940 में मथुरा, उत्तर प्रदेश में हुआ था। उन्होंने दिल्ली विश्वविद्यालय से अंग्रेजी में एम.ए. किया। वे विभिन्न संस्थानों में अध्यापन करते हुए महिला सेवा सदन डिग्री कॉलेज, इलाहाबाद की प्रधानाचार्य रहीं और भारतीय भाषा परिषद्, कलकत्ता की निदेशक भी रहीं। वर्तमान में नई दिल्ली में रहकर स्वतंत्र लेखन कर रही हैं। उनकी प्रमुख रचनाओं में बेघर, नरक-दर-नरक, एक पत्नी के नोट्स, प्रेम कहानियाँ, लड़कियाँ, दौड़ जैसे उपन्यास और पच्चीस साल की लड़की, थियेटर रोड के कौवे जैसे कहानी-संग्रह शामिल हैं। साहित्य में उनके योगदान के लिए उन्हें साहित्य भूषण, कहानी सम्मान और रचना पुरस्कार सहित कई सम्मान मिले। उनकी लेखनी में शब्दों का अद्भुत प्रयोग, व्यंग्य की सजीवता और सहज अभिव्यक्ति विशेष हैं, जो उनकी रचनाओं को मर्मस्पर्शी बनाती हैं।

▼ अध्ययन के लिए

- पाठ की रूपरेखा
- पाठ का सार

▼ अभ्यास के लिए

- पाठ्यपुस्तक के प्रश्नोत्तर
- गद्यांशों की व्याख्या
- गद्यांश पर आधारित बहुविकल्पीय प्रश्न
- विषय-वस्तु पर आधारित प्रश्नोत्तर

पाठ की रूपरेखा

'दूसरा देवदास' कहानी हरिद्वार की पृष्ठभूमि में युवा मन की भावुकता, संवेदना तथा वैचारिक चेतना को अभिव्यक्त करती है। इस कहानी में आकस्मिक मुलाकात के बाद युवा हृदय में कल्पना तथा रूमानियत के जो भाव उमड़ते हैं, उसका बखूबी चित्रण किया गया है। लेखिका ने दिखाया है कि प्रेम के लिए किसी निश्चित व्यक्ति, समय और स्थिति का होना आवश्यक नहीं है। वह किसी भी समय, स्थान और स्थिति में हो सकता है। यह कहानी प्रेम के सच्चे स्वरूप को रेखांकित करती है।

पाठ का सार

हर की पौड़ी की शाम का वर्णन

लेखिका कहती है कि हर की पौड़ी पर संध्या के समय गंगा मैया की आरती करने व अपनी मनोकामनाओं की पूर्ति के लिए अनेक श्रद्धालु आए हुए होते हैं। हरिद्वार में हर की पौड़ी का विशेष महत्त्व है। पूजा का समय नज़दीक आते ही एक रुपये में बिकने वाले फूल के दोने दुगुने मूल्य दो रुपये में बिक रहे हैं, किंतु श्रद्धालु बिना किसी शिकायत के मनोकामना की पूर्ति हेतु उन्हें खरीदते हैं। श्रद्धालुओं ने अपनी इच्छानुसार स्पेशल आरती बोली हुई थी और वहाँ के प्रत्येक मंदिर पर 'गंगा जी का प्राचीन मंदिर' लिखा हुआ था।

पीतल की नीलांजलि में हज़ारों बातियाँ घी में भिगोकर रखी हुई थीं। इसके अतिरिक्त वहाँ गंगा मैया की मूर्ति के साथ-साथ अन्य आराध्यों (देवी-देवताओं) की मूर्तियाँ भी सजी हुई थीं और भक्त अपने ईश्वर के अनुसार उसकी मूर्ति खरीद सकते थे। आरती से पहले स्नान करने गए भक्तजनों के सामान के पास पुजारी बैठे हुए थे और उनके आते ही पुरुषों के माथे पर चंदन तथा औरतों के माथे पर सिंदूर का टीका लगा देते।

आरती का आरंभ तथा मनमोहक वातावरण का वर्णन

सहसा एकसाथ हज़ारों दीप जल उठते हैं। पंडित आरती गाना शुरू कर देते हैं। जैसे ही घड़ियाल वादन और आरती का स्वर सुनाई देता है, सभी श्रद्धालु अपनी मनोकामना की पूर्ति के लिए दोनों में चढ़ावा भरकर गंगा में चढ़ाने लगते हैं। लेखिका बताती है एक महिला द्वारा चढ़ाए गए दोनों में से पैसे उठाते समय उसके लंगोट में आग लग जाती है, किंतु वह निराश नहीं होता, क्योंकि गंगा मैया का चढ़ावा ही इनकी जीविका का साधन है। जब पुजारियों का स्वर थकने लगता है, तब लाउडस्पीकर में लता मंगेशकर की आवाज़ में 'ओ३म् जय जगदीश हरे' की ध्वनि गूँजने लगती है। वह कहती है महिलाएँ गीले वस्त्रों में ही आरती में शामिल होती हैं और पुजारी द्वारा गंगाजल को स्पर्श करने का ढंग उसे बहुत अनोखा प्रतीत होता है।

कथानायक संभव और नायिका का प्रथम मिलन तथा आकर्षण

कथानायक संभव काफ़ी देर तक नहाने के बाद मंगल पंडा के पास घाट पर आता है तथा वह उससे देरी से आने का कारण पूछते हुए उसे तिलक लगाता है। उसी समय पौड़ी पर बने एक छोटे से मंदिर का पुजारी संभव को दर्शन के लिए बुलाता है। यद्यपि संभव की इन सभी चीज़ों में आस्था नहीं है, परंतु फिर भी नानी के कहने पर उसे सवा रुपये मंदिर में चढ़ाना था। संभव जब कलावा बँधवा रहा होता है उसी समय अभी-अभी स्नान किए हुए गीली अवस्था में एक युवती (नायिका) की ओर संभव की दृष्टि जाती है। संभव के बराबर में खड़ी वह युवती आँखें बंदकर अर्चना करने लगती है। उसके गीली साड़ी के आँचल से संभव का कुर्ता गीला हो जाता है। युवती की सौम्यता उसे कांस्य प्रतिमा के समान लगती है।

लड़की और पुजारी का वार्तालाप

युवती स्वयं के आरती के बाद पहुँचने पर निराशा प्रकट करने पर पंडित उससे कहता है कि संकल्प, कल्याण मंत्र, आरती जो चाहो वह अभी करा देंगे, लेकिन लड़की मना करके अगले दिन आने के लिए कहती है, उसके द्वारा दो बार 'हम' सुनकर पंडित उन्हें पति-पत्नी समझ लेता है। पुजारी के मुँह से आशीष निकलती है 'सुखी रहो, फूलो-फलो, जब भी आओ साथ ही आना गंगा मैया मनोरथ पूरे करें' का आशीर्वाद दे देता है।

पंडित के वचन सुनकर लड़का-लड़की दोनों ही हैरान हो जाते हैं। लड़की वहाँ से हटकर कुछ दूर खड़ी हो जाती है व नायक भी वहाँ से जाने के लिए व्याकुल हो उठता है। जब दोनों टोकन देकर अपनी चप्पल ले रहे थे, तब फिर उन दोनों की नज़रें आपस में टकराती हैं, वे दोनों कुछ कहना चाह रहे थे, परंतु संकोचवश कुछ कह नहीं पाते।

संभव का निराश होकर नानी के घर जाना

हरिद्वार में संभव अपनी नानी के घर आया हुआ था। घाट से आने के बाद वह घर नहीं लौटता, बल्कि उस युवती को ढूँढने के लिए गलियों के चक्कर लगाने लगता है। बहुत खोजने पर भी जब उसे वह लड़की नहीं मिलती, तब लाचार होकर वह घर लौटता है, जिस पर उसकी नानी उसके देर से आने पर चिंता प्रकट करती है। नानी द्वारा भोजन करने के लिए कहने पर वह शाम का भोजन न कर, भूख न होने का बहाना बना करके सो जाता है। स्वप्न में उसे उस युवती का 'हम कल आएँगे' का कथन सुनाई देता है और वह आशा और उत्साह से उठकर खाना खाने लगता है। खाना खाते समय उसे घाट का दृश्य याद आता है।

संभव की मन: स्थिति

संभव घाट के अंतिम क्षणों को याद करके दु:खी होता है और भोजन छोड़ देता है। वह सोचने लगता है कि एम. ए. करने के बाद सिविल सर्विसेज़ प्रतियोगिताओं में बैठने से पहले माता-पिता के कहने पर गंगा माता का आशीर्वाद लेने आया हुआ था। उसके जीवन में अभी तक कोई लड़की नहीं आई थी और जो आई भी वे या तो कक्षा की बाँयीं ओर बैठने वाली छात्राएँ थीं या उसकी बहनें। वह सोचता है, जिसने अभी तक किसी लड़की की निकटता न पाई हो उसके निकट कोई युवती आ जाए तो यह अनुभव संभव के लिए अनोखा था। उसने तय किया कि वह कल शाम को पाँच बजे घाट पर जाकर ऐसी जगह बैठ जाएगा, जहाँ से पुजारी के मंदिर पर ही नज़र रहे।

नानी के द्वारा संभव को उठाना तथा उसका बहाना बना देना

नानी जब बैसाखी स्नान के लिए संभव को जगाकर गंगातट पर स्नान के लिए साथ चलने को कहती हैं, लेकिन वह सोने का बहाना बनाकर आने से मना कर देता है और आज शाम को लड़की से होने वाली बातचीत की कल्पना करने लगता है कि वह अपनी गलती के लिए उस लड़की से क्षमा माँगेगा, उसका नाम, पता आदि पूछेगा। इतने में उसकी नानी आकर उसे फटकार लगाती हैं और वह तैयार होकर गंगाघाट पर चला जाता है। वह निर्णय करता है कि वह नहाएगा नहीं केवल वहाँ बैठकर गंगा नदी को देखता रहेगा और मथुरा जी की प्राचीन दुकान से जलेबी खरीद कर वापस आ जाएगा।

हर की पौड़ी की भीड़ का चित्रण

हर की पौड़ी पर अद्भुत भीड़ थी। संभव ने दिल्ली में रोज़ाना भीड़ को देखा था, किंतु यह भीड़ उससे अलग थी। सब लोग यहाँ पुण्य प्राप्ति के लिए आए थे। छोटे-बड़े का कोई भेद नहीं है। सभी लोग स्नान से ज़्यादा समय ध्यान को दे रहे थे। इस भीड़ में एकसूत्रता थी, जिसमें सभी लोगों का एक ही उद्देश्य था— जीवन के प्रति कल्याण की कामना। संभव बड़ी एकाग्रता से इस दृश्य को निहार रहा था, तभी एक बालक (लड़के) ने उसका ध्यान तोड़ते हुए पूछा भैया आप नहीं नहाएँगे। बच्चे से बातचीत करते हुए उसे पता चला कि वह अपनी बुआ के साथ यहाँ आया है और अभी मंसा देवी जाएगा। संभव भी मंसा देवी जाने का निर्णय लेता है।

संभव की मंसा देवी यात्रा

संभव रस्सी वाले रास्ते पर देर से पहुँचा। वहाँ 'उषा ब्रेको सर्विस' की खिड़की के आगे लंबी लाइन लगी थी। वहाँ पर कई बच्चे माता की चुनरी व प्रसाद बेच रहे थे, अचानक उसे वह बिंदियाँ अत्यंत आकर्षक प्रतीत हुईं, जिन्हें देखकर संभव ने मन-ही-मन उसमें से एक बिंदी उस युवती के माथे पर लगा दी थी।

वह ज़ल्दी से दूसरे परिसर में पहुँच जाता है। संभव एक गुलाबी केबिल कार में बैठ जाता है। कल वाली घटना के बाद उसे गुलाबी रंग के अतिरिक्त कोई अन्य रंग अच्छा नहीं लग रहा था। उसने देखा कि सामने की सीट पर नवदंपति तथा साथ में वृद्ध हैं, जिनके हाथ में चढ़ावे की थाली है। उसे चढ़ावा न खरीदकर लाने का अफ़सोस (दु:ख) होता। मंसा देवी पहुँचकर उसने चढ़ावा खरीदा, दर्शन किए, श्रद्धा के साथ मनोकामना की गाँठ लगाई और नैवेद्य चढ़ाकर बाहर आ गया।

वापसी की यात्रा तथा लड़की से पुनर्मिलन

वापस आते समय संभव के केबिल कार में तीन समान आयु के व्यक्ति बैठे थे, तभी संभव को हर की पौड़ी पर मिला बच्चा, दूर की पीली केबिल कार में नज़र आता है। उसी बच्चे के साथ एक सलोनी आकृति की लड़की बैठी थी, जो हर की पौड़ी पर उससे टकराई थी। केबिल कार से उतरकर संभव ने जल्दी से भागकर आगे चले जा रहे बच्चे के कंधे पर हाथ रखकर कहा, 'कहो दोस्त'। दोनों में बातचीत आरंभ हो जाती है। तभी एक पतली-सी आवाज़ में लड़की ने कहा– 'मन्नू घर नहीं चलना है'। बालक ने कहा, अभी आया बुआ। यह सुनकर संभव बालक से कहता है कि हमें नहीं मिलवाओगे अपनी बुआ से, हम तो तुम्हारे दोस्त हैं। वह संभव का हाथ पकड़कर चल दिया और अपनी बुआ से कहता है ये हमारे नए दोस्त हैं। बच्चे को संभव का नाम नहीं पता था। यह सुनकर बुआ उससे कहती है ये कैसे दोस्त हैं तुम्हारे, तुम्हें इनका नाम भी पता नहीं। संभव रोमांचित हो जाता है वह सोचता है ईश्वर ने उसकी मनोकामना शीघ्र सुन ली। लड़की भी मंसा देवी पर एक और चुनरी चढ़ाने का संकल्प लेते हुए सोचती है कि मनोकामना की गाँठ भी अद्‌भुत अनूठी है, इधर बाँधी उधर लग जाती है। बच्चे ने बुआ का आँचल खींचते हुए कहा पारो बुआ, पारो बुआ इनका नाम है..... इतने में संभव हँसते हुए अपना नाम देवदास बताता है। इस प्रकार उसे भी मनोकामना के धागे और उसमें पड़ी गाँठ पर विश्वास हो गया था।

शब्दार्थ

बेला–समय; **दोने**–हरे पत्तों से बने पात्र; **मुस्तैदी**–सतर्कता/सजगता से; **इंतजाम**–व्यवस्था/प्रबंध; **सहस्र**–हज़ारों; **आराध्य**–जिसकी आराधना की जाती है; **निष्पाप**–पापरहित; **गोधूलि बेला**–संध्या का समय; **यकायक**–सहसा/एकदम; **नीलांजलि**–विशेष प्रकार का दीपक, जिसे प्रज्वलित कर आरती के समय देवमूर्ति के सामने घुमाया जाता है; **समवेत**–सामूहिक; **मनौतियों**–इच्छापूर्ति के लिए कहे जाने वाले वचन; **किश्तियाँ**–छोटी नावें; **हतप्रभ**–भय से चकित; **जीविका**–रोज़ी-रोटी का साधन; **स्निग्ध**–प्रेममय; **प्रतिच्छवियाँ**–परछाइयाँ; **दिव्य**–अलौकिक; **कबूलवाते**–स्वीकार करवाते; **हुज्जत**–बहस/तर्क-वितर्क; **जी खोलकर**–उदारतापूर्वक; **मलाल**–पछतावा/शिकायत; **एकसार**–व्यवस्थित; **फब उठना**–सुशोभित होना/सुंदर लगना; **आस्था**–विश्वास/निष्ठा/मान्यता; **चवन्नी**–पच्चीस पैसे का सिक्का; **खखोरा**–खोजा/तलाशा/टटोला; **रेज़गारी**–खरीज/सिक्के; **ताड़ लेना**–अनुमान कर लेना; **छटा**–सौंदर्य; **निहारना**–ध्यानपूर्वक देखना; **नाज़ुक**–कमज़ोर; **नीम उजाले**–हल्के से प्रकाश; **संधि-बेला**–मिलन का समय/सायंकाल; **सौम्य**–सुंदर/कोमल; **हिंया**–यहाँ; **युगल**–जोड़ा; **अनायास**–स्वयं/स्वतः/अपने आप; **आशीष**–आशीर्वाद; **फूलो-फलो**–उन्नति करो; **मनोरथ**–मन की इच्छा; **अकबकाना**–हिचकिचाना/चकित होना; **छिटककर**–हटकर; **मनः स्थिति**–मनोदशा; **नज़रें**–दृष्टि; **ओझल होना**–गायब होना; **पस्त**–थके हुए; **जी**–मन/हृदय; **ब्यालू**–शाम का भोजन; **नॉय**–नहीं; **सींक**–पतली तीली; **देही**–शरीर; **काया**–शरीर; **अर्चना**–आराधना/पूजा करना; **धेवते**–बेटी का पुत्र; **मगन होकर**–खुश होकर; **उद्‌गार**–वचन/बोल; **मँडराती**–घूमती; **खयाल**–ध्यान; **बेखटके**–बिना संदेह के; **टोटका**–जादू-टोना; **सद्य-स्नाता**–जिसने अभी-अभी स्नान किया है; **निराली अनुभूति**–अनोखा अनुभव; **देवालय**–मंदिर; **उढ़काकर**–हल्के से बंद करना/ढंग से बंद न करना; **निर्द्वंद्व**–बिना व्यवधान या रुकावट के; **पते की बात**–बहुत ज़रूरी बात; **तंद्रा**–हल्की नींद; **उवाच**–कही बातें; **नौ दो ग्यारह होना**–भाग जाना/गायब हो जाना; **मानव-रेला**–मनुष्यों की भीड़; **घनघोर**–भयंकर/अत्यधिक; **एकसूत्रता**–एक प्रकार की समानता; **अतिक्रमण**–मर्यादा का उल्लंघन; **उन्मुख**–की ओर; **विभोर**–लीन; **विनीत**–विनम्र; **चेतनस्वरूप**–ईश्वरमय; **आत्माराम**–परमात्मा में लीन/अपने में समा लेना; **निर्मलानंद**–पवित्र आनंद; **इंगित**–इशारा; **महातम**–महत्ता; **ऐतराज**–आपत्ति/विरोध; **धर्माडंबर**–धार्मिक ढकोसला; **क्यू**–पंक्ति/कतार; **अज्ञातयौवना**–वह किशोरी जो यौवन के आगमन से बेखबर हो; **वादियाँ**–घाटियाँ; **परिसर**–प्रांगण; **अफसोस**–पछतावा/मलाल; **विहंगम**–विस्तृत; **धवल**–श्वेत; **वर्चस्व**–तेज़/प्रधानता/महत्ता; **प्रकोष्ठ**–कमरा; **नैवेद्य**–भोग; **समवयस्क**–एक समान उम्र वाले; **झुटपुटे**–हल्के अँधेरे में; **चीह्नने**–पहचानने; **अस्फुट स्वर**–अस्पष्ट आवाज़; **साश्चर्य**–आश्चर्य सहित; **पुलक**–प्रसन्नता; **शुभ**–कल्याणकारी।

पाठ्यपुस्तक (अंतरा भाग-2) के प्रश्नोत्तर

1. पाठ के आधार पर 'हर की पौड़ी' पर होने वाली गंगा जी की आरती का भावपूर्ण वर्णन अपने शब्दों में कीजिए।

उत्तर संध्या के समय 'हर की पौड़ी' पर होने वाली गंगा जी की आरती का दृश्य अत्यधिक रोचक तथा मनमोहक होता है। आरती देखने वालों तथा मनौतियों के दीपक (दीये) गंगा में प्रवाहित करने वालों की भीड़ गंगातट पर होती है।

गंगा स्नान के बाद आरती का दौर चलता है। पंचमंजिली पीतल की नीलांजलि में हज़ारों बत्तियाँ एकसाथ जल उठती हैं। पुरोहित ऊँचे आरती-पात्र में अग्नि प्रज्वलित कर तेज़ ध्वनि में मंत्रों के उच्चारण के साथ वातावरण में आध्यात्मिक चेतना भर देते हैं। घंटे-घड़ियाल की आवाज़ मनुष्य का ध्यान सांसारिकता से हटाकर आरती की ओर कर देती है। जलते दीपों से धरती और आकाश जगमगा उठते हैं। सारा तट 'गंगा मैया की जय' ध्वनि से गूँज उठता है। श्रद्धालु दोनों में फूल, चढ़ावा और पैसे रखकर गंगा में प्रवाहित करते हैं। गोताखोर दोने पकड़कर उसमें रखा चढ़ावे का पैसा उठाकर मुँह में दबा लेता है। इस प्रकार आरती का दृश्य भव्य होता है।

2. 'गंगापुत्र के लिए गंगा मैया ही जीविका और जीवन है'–इस कथन के आधार पर गंगापुत्रों के जीवन-परिवेश की चर्चा कीजिए। **Delhi 2018**

अथवा **'व्यापार यहाँ भी था'–'दूसरा देवदास' पाठ के आधार पर इस कथन का आशय स्पष्ट कीजिए।**

अथवा **गंगापुत्र के लिए गंगा मैया ही जीविका और जीवन है। कैसे?** **CBSE SQP 2020**

उत्तर भक्तों द्वारा मनौतियों के दीपक (दीये) गंगा की धारा में प्रवाहित किए जाते हैं। इन दियों में फूलों तथा पैसों को रखकर बहाया जाता है। स्थानीय तैराक, जिसे लेखिका ने 'गंगापुत्र' कहा है, उन दोने में से पैसे निकालकर अपनी जीविका चलाते हैं। दोने में पैसे निकालते समय कभी-कभी उन 'गंगापुत्रों' के लंगोट में आग भी लग जाती है, किंतु वह निर्भीक होकर उसी कार्य में लगे रहते हैं, क्योंकि इन्हीं पैसों से उसका परिवार पलता है। लेखिका ने 'गंगापुत्र' के लिए गंगा मैया को ही जीविका तथा जीवन का सहारा माना है। वे दोने में डाली गई रेज़गारी इकट्ठा करते हैं तथा उनकी पत्नियाँ कुशाघाट पर खुले पैसों से बँधे रुपये बनाती हैं, यही उनकी आजीविका का माध्यम है। इस प्रकार, गंगापुत्रों का जीवन बड़ा ही कष्टपूर्ण एवं जोखिम से भरा होता है।

3. पुजारी ने लड़की के 'हम' को युगल अर्थ में लेकर क्या आशीर्वाद दिया और पुजारी द्वारा आशीर्वाद देने के बाद लड़के और लड़की के व्यवहार में अटपटापन क्यों आया?

उत्तर पुजारी ने लड़की के 'हम' को युगल अर्थ में लेकर 'सुखी रहो, फूलो-फलो, जब भी आओ साथ ही आना, गंगा मैया सारे मनोरथ पूरे करें' का आशीर्वाद दिया। पुजारी द्वारा आशीर्वाद देने के बाद लड़के और लड़की के व्यवहार में अटपटापन इसलिए आ गया, क्योंकि वे दोनों अविवाहित थे तथा एक-दूसरे को नहीं जानते थे। पुजारी ने उन्हें गलती से पति-पत्नी समझकर हम का गलत अर्थ निकालकर ऐसा आशीर्वाद दिया था।

4. उस छोटी-सी मुलाकात ने संभव के मन में क्या हलचल उत्पन्न कर दी, इसका सूक्ष्म विवेचन कीजिए।

अथवा **'दूसरा देवदास' कहानी के आधार पर बताइए कि पारो के साथ हुई छोटी-सी मुलाकात ने संभव के मन में क्या हलचल उत्पन्न कर दी और क्यों?** **CBSE 2023**

अथवा **'दूसरा देवदास' पाठ में पारो के साथ हुई उस छोटी-सी मुलाकात से संभव के मन में क्या हलचल उत्पन्न हो गई? अपने शब्दों में लिखिए।** **CBSE 2023**

उत्तर एक छोटी-सी मुलाकात के बाद संभव उस युवती के प्रति आकर्षित हो गया था। उसके जाने के पश्चात् संभव आगे बढ़कर उसे देखना चाहता था कि वह युवती किस ओर गई। वह घाट की भीड़ से निकलकर बाज़ार तक पहुँचा। कई घुमावदार गलियों से गुज़रते हुए वह युवती को खोजता रहा, किंतु वह आँखों से ओझल हो चुकी थी। नानी का घर करीब आने पर भी संभव वापस नहीं आया। उसने चूड़ी की दुकानों पर नज़र दौड़ाई। प्रत्येक दुकान पर भीड़ थी, किंतु उसे वह आकृति नहीं दिखी।

नानी के घर आने पर न उसे भूख लगी, न ही प्यास। उसकी आँखों के सामने भीगे बालों की लट, गुलाबी आँचल तथा 'हम कल आएँगे' की ध्वनि गूँज रही थी। इस प्रकार संभव एक अपरिचित युवती के प्रति आकर्षित हो चुका था।

5. मंसा देवी जाने के लिए केबिल कार में बैठे हुए संभव के मन में जो कल्पनाएँ उठ रही थीं, उनका वर्णन कीजिए।

अथवा **'दूसरा देवदास' कहानी के आधार पर मंसा देवी जाने के लिए केबिल कार में बैठे हुए संभव के मन में क्या कल्पनाएँ उठ रही थीं? अपने शब्दों में वर्णन कीजिए।** **CBSE 2023**

उत्तर संभव एक गुलाबी केबिल कार में बैठ गया। युवती से संक्षिप्त मुलाकात के बाद उसे गुलाबी रंग के सिवा और कोई रंग अच्छा ही नहीं लग रहा था। उसके सामने की सीट पर एक नवविवाहित दंपति और एक वृद्ध चढ़ावे की छोटी थाली लिए हुए बैठे थे। उसे अफसोस हुआ कि वह चढ़ावा नहीं लाया। रस्सी पर केबिल कार में यात्रा करते समय उसे ऐसा लग रहा था जैसे रंग-बिरंगी वादियों से कोई हिंडोला उड़ा जा रहा हो। वहाँ से नीचे का दृश्य बहुत सुंदर दिखाई दे रहा था। पूरा हरिद्वार सामने खुला था। जगह-जगह मंदिर की चोटी, गंगा मैया की श्वेत धारा और सड़कों का घुमाव बहुत खूबसूरत लग रहा था, सड़क से नीचे रास्ते में चढ़ते-हाँफ़ते हुए लोग, लिम्का की दुकानें और अनाम पेड़ दिखाई दे रहे थे।

6. "पारो बुआ, पारो बुआ इनका नाम है ...... उसे भी मनोकामना का पीला-लाल धागा और उसमें पड़ी गिठान का मधुर स्मरण हो आया।" कथन के आधार पर कहानी के संकेतपूर्ण आशय पर टिप्पणी लिखिए।

उत्तर प्रस्तुत कहानी का संकेतपूर्ण आशय यह है कि जब देवदास की नायिका पारो तथा नायक देवदास मिलते हैं, तो पारो के मिलते ही देवदास के मन में प्रथम मिलन की घड़ियाँ गूँजने लगती हैं। उसी प्रकार संभव के मन में भी बच्चे की पारो बुआ से मिलन की याद और मिलन की कामना करते हुए बाँधे गए धागों की गाँठ ताज़ा हो आती है। मनोकामना की पूर्ति के लिए बाँधे धागों से मनोकामना इतनी ज़ल्दी पूरी हो जाएगी यह उसने सोचा भी नहीं था। इसलिए वह उन्हीं की स्मृतियों में खो जाता है।

7. मनोकामना की गाँठ को 'अद्भुत अनोखा' क्यों कहा गया है? 'दूसरा देवदास' कहानी के आधार पर प्रकरण सहित टिप्पणी कीजिए।

अथवा **"मनोकामना की गाँठ भी अद्भुत अनोखी है।" कैसे? 'दूसरा देवदास' के आधार पर स्पष्ट कीजिए।** **All India 2019**

अथवा **'मनोकामना की गाँठ भी अद्भुत, अनूठी है, इधर बाँधों उधर लग जाती है।' इस कथन के आधार पर पारो की मनोदशा का वर्णन कीजिए।**

उत्तर युवती 'पारो' भी संभव के प्रति आसक्त हो चुकी थी। वह भी अपनी बेचैन आँखों से संभव को देखना चाहती थी। उसे इस बात की उम्मीद कतई नहीं थी कि इस भीड़ के बीच संभव उसे पहचान सकेगा। मंसा देवी के दर्शन को जाते समय पारो के मन में देवी-दर्शन के साथ ही संभव के दर्शन की आकांक्षा व्याप्त थी। लौटते समय संभव ने उसके भतीजे को टोका तो वह आतुर-भाव के कारण ही भतीजे 'मन्नू' को शीघ्र घर चलने को कह रही थी।

मन्नू जब संभव को खींचता हुआ पारो के निकट ले गया तो वह (पारो) प्रश्नवाचक नज़रों से संभव को देख रही थी। युवती ने गुलाबी परिधान नहीं पहना था, लेकिन संभव से मिलने पर शर्म व खुशी से उसका चेहरा गुलाबी हो गया था और उसकी माँगी हुई इच्छाएँ भी पूरी हो गई थीं, तब उसने मन-ही-मन सोचा "मनोकामना की गाँठ भी अद्भुत, अनूठी होती है, इधर बाँधों उधर लग जाती है।" उसने मंसा देवी मंदिर के बाहर लाल-पीले धागे की गाँठ लगाई थी। संभव को देखा तो उसे लगा गाँठ लगाते ही उसकी मनोकामना पूरी हो गई।

8. निम्नलिखित वाक्यों का आशय स्पष्ट कीजिए

(क) 'तुझे तो तैरना भी न आवे। कहीं पैर फ़िसल जाता तो मैं तेरी माँ को कौन मुँह दिखाती।'

(ख) 'उसके चेहरे पर इतना विभोर विनीत भाव था मानो उसने अपना सारा अहम त्याग दिया है, उसके अंदर स्व से जनित कोई कुंठा शेष नहीं है, वह शुद्ध रूप से चेतनस्वरूप आत्माराम और निर्मलानंद है।'

(ग) 'एकदम अंदर के प्रकोष्ठ में चामुंडा रूप धारिणी मंसा देवी स्थापित थी। व्यापार यहाँ भी था।'

उत्तर (क) प्रस्तुत कथन में संभव की नानी की चिंता को व्यक्त किया गया है। संभव के देरी से घर आने पर नानी उसे समझाती है कि उसे तो तैरना भी नहीं आता। यदि कहीं उसका पैर फ़िसल जाता और उसे कुछ हो जाता, तो वह उसकी माँ को क्या जवाब देती, क्योंकि उसकी माँ ने बड़े विश्वास के साथ उसे वहाँ भेजा था। इसलिए अच्छा ही हुआ जो वह घर वापस आ गया।

(ख) संभव ने देखा कि हर की पौड़ी की भीड़ से दूर कोई व्यक्ति सूर्य की ओर प्रणाम की मुद्रा में खड़ा था। ऐसा लगता था मानो उसने अहंकार भाव त्याग दिया हो। उसमें निहित दुर्भावनाएँ, कुंठाएँ सब गंगा के जल में बह गई हों। अब वह बिलकुल शुद्ध रूप से चेतन-स्वस्थ, आत्माराम और निर्मलानंद से परिपूर्ण था। वह ईश्वर भक्ति में लीन था।

(ग) इस पंक्ति से आशय यह है कि मंसा देवी मंदिर के अंदर के कमरे में चामुंडा रूप धारिणी मंसा देवी की प्रतिमा स्थापित थी। मंसा देवी मंदिर में भी मनोकामना को पूरा करने के लिए लाल-पीले धागे सवा रुपये में बिक रहे थे अर्थात् वहाँ भी वस्तुओं को खरीदने-बेचने का व्यापार जारी था।

9. 'दूसरा देवदास' कहानी के शीर्षक की सार्थकता स्पष्ट कीजिए। **Delhi 2013**

उत्तर बांग्ला (बंगाल) के प्रसिद्ध उपन्यासकार शरतचंद्र चट्टोपाध्याय ने 'देवदास' नामक उपन्यास की रचना की है। यह उपन्यास भारतीय साहित्य में अद्वितीय है। इस उपन्यास के आधार पर कई फिल्में बन चुकी हैं। यह एक अद्भुत प्रेम-कहानी है, जिसमें देवदास, 'पारो' के प्रति आसक्त है। लेखिका ममता कालिया ने हरिद्वार की पृष्ठभूमि में एक ऐसी ही प्रेम-कहानी को आकृति दी है। एक अज्ञात यौवना के प्रति नायक संभव का आकर्षण ऐसा था कि उसने घाट की सीढ़ियों, गलियों तक की खाक छानी। संभव को उस अज्ञात यौवना की अनुपस्थिति में भी उसके साथ होने का अनुभव होता है। लेखिका ने नायिका का नाम 'पारो' तथा नायक का नाम 'संभव देवदास' रखा है। प्रेम की व्यापकता तथा संवेदना के विस्तार के स्तर पर ममता कालिया की कहानी 'देवदास' से कम घनीभूत नहीं है, अतः 'दूसरा देवदास' शीर्षक सार्थक तथा उचित प्रतीत होता है।

10. 'हे ईश्वर! उसने कब सोचा था कि मनोकामना का मौन उद्‌गार इतनी शीघ्र शुभ परिणाम दिखाएगा'। आशय स्पष्ट कीजिए।

उत्तर प्रस्तुत पंक्ति में संभव ईश्वर को धन्यवाद देते हुए वह कहता है कि उसे यह मालूम नहीं था कि मौन रूप से ईश्वर के सामने हृदय की भावनाओं की अभिव्यक्ति इतनी जल्दी पूरी हो जाएगी। उसने मंसा देवी में धागा बाँधकर लड़की से मिलने की मनोकामना माँगी थी। वह हैरान था कि उसकी इच्छा इतनी ज़ल्दी पूरी हो गई। उसकी मनौती का फल उसे इतना शीघ्र प्राप्त हो जाएगा, उसने ऐसी कल्पना भी नहीं की थी।

भाषा-शिल्प

1. इस पाठ का शिल्प आख्याता (नैरेटर-लेखक) की ओर से लिखते हुए बना है। पाठ से कुछ उदाहरण देकर सिद्ध कीजिए।

उत्तर
- यकायक सहस्र दीप जल उठते हैं।
- पंडित अपने आसन से उठ खड़े होते हैं।
- पहले दोने के दीपक से उसके लंगोट में आग की लपट लग जाती है। पास खड़े लोग हँसने लगते हैं पर गंगापुत्र हतप्रभ नहीं होता।
- दूर जलधारा के बीच एक आदमी सूर्य की ओर उन्मुख हाथ जोड़े खड़ा था। उसके चेहरे पर इतना विभोर, विनीत भाव था मानो उसने अपना सारा अहम त्याग दिया है। उसके अंदर 'स्व' से जनित कोई कुंठा शेष नहीं है। वह शुद्ध स्पर्श चेतन स्वस्थ, आत्माराम और निर्मलानंद है।

2. पाठ में आए पूजा-अर्चना के शब्दों तथा इनसे संबंधित वाक्यों को छाँटकर लिखिए।

उत्तर
- आरती से पहले स्नान।
- पंडित जी आरती के इंतजाम में व्यस्त हैं।
- संभव ने चुपचाप तिलक लगवा लिया।
- समवेत स्वर उठता है—जय गंगे माता, जो कोई तुझको ध्यावत, सारे सुख पाता।
- यकायक सहस्र दीप जल उठते हैं। पंडित आसन छोड़ खड़े होते हैं।
- शांत होकर बैठिए। आरती शुरू होने वाली है।

योग्यता-विस्तार

1. चंद्रधर शर्मा गुलेरी की 'उसने कहा था' कहानी पढ़िए और उस पर बनी फिल्म देखिए।

उत्तर छात्र स्वयं करें।

2. हरिद्वार और उसके आसपास के स्थानों की जानकारी प्राप्त कीजिए।

उत्तर हरिद्वार और उसके आस-पास के स्थानों में—ऋषिकेश, लक्ष्मण झूला, शांतिकुंज आश्रम, मनसा देवी, चंडी देवी, सहस्रधारा, गंगोत्री, यमुनोत्री, बद्रीनाथ, देहरादून, मंसूरी इत्यादि शामिल हैं।

3. गंगा नदी पर एक निबंध लिखिए।

उत्तर गंगा नदी को भारतवासी गंगा माता कहकर इसके प्रति श्रद्धा भाव अभिव्यक्त करते हैं। गंगा माता का वात्सल्य तथा उसका आशीर्वाद पाकर भारतवासियों का हृदय हिलोरें लेने लगता है। इसके विविध नाम भी इसकी गरिमा के सूचक हैं। हिमालय की उन्नत चोटियों के मध्य स्थित गंगोत्री नामक स्थान से गंगा का जन्म हुआ है। पर्वतीय चट्टानों से खेलती हुई गंगा की जलधारा हरिद्वार के निकट समतल क्षेत्र में प्रवेश करती है। गंगा की यात्रा हरिद्वार से प्रारंभ होती है। हरिद्वार से मैदानी यात्रा करते हुए गंगा इलाहाबाद (प्रयाग) पहुँचती है। यहाँ गंगा नदी का संगम यमुना नदी से होता है तत्पश्चात् काशी (वाराणसी) में गंगा एक वक्र (घुमाव) लेती है। इसके पश्चात् गंगा मीर्जापुर, पटना, भागलपुर होते हुए पाकुर पहुँचती है। इस बीच गंगा में सहायक नदियाँ सोन, गंडक, कोसी मिल जाती हैं। धर्मप्रिय भारतवासी गंगा को बड़ा महत्त्व देते हैं। यह जीवनदायिनी है। इसके प्रति भारतवासियों का अटल विश्वास है। भारतीय संस्कृति के निर्माण में इस देवनदी ने महत्त्वपूर्ण भूमिका निभाई है। प्राचीनकाल के ऋषियों-मुनियों ने इसके तट पर तपस्या करके अनेक साधना स्थल निर्मित किए हैं।

प्राचीनकाल में जिस प्रकार गंगा ने आध्यात्मिक शांति के विकास में योगदान दिया। आधुनिक काल में वैज्ञानिक शक्ति के विकास के रूप में यह योगदान दे रही है। गंगा की महिमा अपार है। इसमें स्नान कर लें तो मन का मैल धुल जाता है। इसके दर्शन कर लें तो पाप नष्ट हो जाते हैं। इसकी कथा सुन लें तो मोक्ष के द्वार खुल जाते हैं। इसी प्रकार की अन्य कई आस्थाएँ एवं विश्वास भारतीयों के गंगा नदी के प्रति हैं। इस आस्था का प्रमाण कुंभ व अर्द्धकुंभ के मेलों में उमड़ने वाली असंख्य लोगों की भीड़ से स्पष्टतः मिलता है। इस प्रकार गंगा भारतवर्ष की सभ्यता और संस्कृति का प्रतीक है।

4. अपने नगर/गाँव में नदी-तालाब-मंदिर के आस-पास जो कर्मकांड होते हैं, उनका रेखाचित्र के रूप में लेखन कीजिए।

उत्तर छात्र स्वयं करें।

अभ्यास प्रश्न

गद्यांशों की व्याख्या

निम्नलिखित गद्यांशों की सप्रसंग व्याख्या कीजिए

गद्यांश 1

आरती से पहले स्नान! हर-हर बहता गंगाजल, निर्मल, नीला, निष्पाप। औरतें डुबकी लगा रही हैं। बस उन्होंने तट पर लगे कुंडों से बँधी जंजीरें पकड़ रखी हैं। पास ही कोई-न-कोई पंडा जजमानों के कपड़ों-लत्तों की सुरक्षा कर रहा है। हर एक के पास चंदन और सिंदूर की कटोरी है।

मर्दों के माथे पर चंदन तिलक और औरतों के माथे पर सिंदूर का टीका लगा देते हैं पंडे। कहीं कोई दादी-बाबा पहला पोता होने की खुशी में आरती करवा रहे हैं, कहीं कोई नई बहू आने की खुशी में। अभी पूरा अँधेरा नहीं घिरा है। गोधूलि बेला है। CBSE 2024

संदर्भ प्रस्तुत गद्यांश पाठ्यपुस्तक 'अंतरा भाग-2' में संकलित पाठ 'दूसरा देवदास' से अवतरित है। यह कहानी सुप्रसिद्ध लेखिका 'ममता कालिया' द्वारा रचित है।

प्रसंग प्रस्तुत गद्यांश में हरिद्वार में 'हर की पौड़ी' पर गंगा-आरती तथा गंगा स्नान से जुड़ी आध्यात्मिकता तथा रूढ़ि को लेखिका एकसाथ स्पष्ट करती हैं।

व्याख्या प्रस्तुत गद्यांश में लेखिका कहती हैं कि संध्या के समय आरती में भाग लेने के लिए श्रद्धालु हरिद्वार के गंगा तट पर आकर आरती से पहले स्वच्छ, निर्मल, पाप रहित होते हैं। औरतें गंगा स्नान के द्वारा अपने तन तथा मन को पवित्र करने के लिए श्रद्धा एवं भक्ति से उसमें डुबकी लगा रही हैं। जल का प्रवाह तीव्र था, अतः स्नान करने वाले जंजीरों का सहारा लेते हैं। स्नानार्थियों के कपड़े आदि सामान की रक्षा उनके पुरोहित करते हैं। उनके पास चंदन और सिंदूर की कटोरियाँ हैं, जिनमें से वे स्नान के उपरांत पुरुषों के माथे पर चंदन व स्त्रियों के माथे पर सिंदूर लगाते हैं तथा पूजा-अर्चना करवाने के लिए मंत्रों का पाठ करते हैं।

श्रद्धालुओं के पूजा करवाने के अलग-अलग कारण हैं कहीं दादा-दादी अपने पोते होने की खुशी में आरती करवाते हैं, तो कोई नई बहू के परिवार में आगमन पर। यह सब गोधूलि बेला (सायंकाल के सुहावने समय) में चलता रहता है। थोड़ा-थोड़ा उजाला है। अतः अंधकार पूरी तरह से नहीं फैला है। लेखिका मानती है कि अभी पूरा अँधेरा नहीं घिरा है अर्थात् लोगों के मन में तीर्थों के प्रति पूर्ण रूप से अलगाव वृत्ति नहीं आई है। वे आज भी अपनी आस्था के साथ ऐसी जगहों में आते हैं। आरती के माध्यम से वे ईश्वर को धन्यवाद देते हैं।

विशेष

(i) प्रस्तुत गद्यांश में लेखिका ने गंगा के घाट पर श्रद्धालुओं के स्नान और आरती करने का सुंदर ढंग से वर्णन किया गया है।

(ii) प्रस्तुत गद्यांश में तत्सम, तद्भव शब्दों के साथ सामान्य बोलचाल की भाषा का प्रयोग हुआ है।

(iii) प्रस्तुत गद्यांश में चित्रात्मक तथा भावात्मक शैली में गंगा तट की प्रक्रियाओं को सामने रखा गया है।

(iv) प्रस्तुत गद्यांश में खड़ीबोली में प्रभावी अभिव्यक्ति हुई है।

गद्यांश 2

यकायक सहस्र दीप जल उठते हैं। पंडित अपने आसन से उठ खड़े होते हैं। हाथ में अँगोछा लपेट कर पंचमंजिली नीलांजलि पकड़ते हैं और शुरू हो जाती है आरती। पहले पुजारियों के भर्राए गले से समवेत स्वर उठता है–जय गंगे माता, जो कोई तुझको ध्याता, सारे सुख पाता, जय गंगे माता। घंटे-घड़ियाल बजते हैं। मनौतियों के दिये लिए हुए फूलों की छोटी-छोटी किश्तियाँ गंगा की लहरों पर इठलाती हुई आगे बढ़ती हैं। गोताखोर दोने पकड़, उनमें रखा चढ़ावे का पैसा उठाकर मुँह में दबा लेते हैं। एक औरत ने इक्कीस दोने तैराएँ हैं। गंगापुत्र जैसे ही एक दोने से पैसा उठाता है, औरत अगला दोना सरका देती है। गंगापुत्र उस पर लपकता है कि पहले दोने के दीपक से उसके लँगोट में आग की लपट लग जाती है। पास खड़े लोग हँसने लगते हैं, पर गंगापुत्र हतप्रभ नहीं होता। वह झट गंगाजी में बैठ जाता है। गंगा मैया ही उसकी जीविका और जीवन है। CBSE 2023

संदर्भ पूर्ववत्।

प्रसंग प्रस्तुत गद्यांश में गंगा-आरती व श्रद्धालुओं द्वारा गंगा में जलते दीपों को प्रवाहित करने एवं इन दीपों में रखी धनराशि को स्थानीय तैराकों द्वारा निकालने का वर्णन किया गया है।

व्याख्या प्रस्तुत गद्यांश में लेखिका कहती है कि गंगा-आरती का दृश्य श्रद्धा और उल्लास से भरा होता है। हज़ारों दीपों के बीच मंत्रोच्चार का जो दौर प्रारंभ होता है, वह देखते ही बनता है। आरती का पात्र पकड़े पुजारी ज़ोर-ज़ोर से मंत्र पढ़ता है। घंटे-घड़ियाल की आवाज़ से संपूर्ण वातावरण ईश्वरमय तथा उत्सवी हो जाता है। लोग मनौतियों के दिये फूलों की छोटी-छोटी किश्तियों में रखकर गंगा में प्रवाहित करने लगते हैं। मनौतियों के दिये में रखे हुए पैसों को, जिन्हें स्थानीय लड़के गंगा में तैरकर निकालने का प्रयास करते हैं। लेखिका कहती है कि एक महिला ने इक्कीस दोने तैराएँ हैं और गंगापुत्र जैसे ही एक दोने में से पैसे उठाकर दूसरे दोने से उठाने का प्रयास करता है तभी उसके लंगोट में आग लग जाती है जिस पर तट पर खड़े लोग हँस पड़ते हैं, किंतु 'गंगापुत्र' (गोताखोर) निराश नहीं होते, क्योंकि उनकी जीविका इन्हीं पैसों पर आधारित है, जो मनौती के दीपों से प्राप्त होते हैं। लेखिका ने स्थानीय गोताखोर लड़कों को 'गंगापुत्र' कहा है, क्योंकि गंगा नदी के तट ही इनकी आजीविका के साधन हैं।

विशेष

(i) प्रस्तुत गद्यांश में लेखिका ने गंगा-आरती के दृश्य का सजीव चित्रण किया गया है तथा 'गंगापुत्र' कहकर स्थानीय लड़कों की जीविका का स्रोत 'गंगा' को बताया है।

(ii) तत्सम, तद्भव शब्दों के माध्यम से 'गंगा-आरती' के दृश्य को जीवंत बनाने के लिए लेखिका ने अपनी भाषा को नया रूप दिया है।

(iii) प्रस्तुत गद्यांश में खड़ीबोली में प्रभावी अभिव्यक्ति हुई है।

(iv) प्रस्तुत गद्यांश की भाषा में सरलता, सहजता तथा बोधगम्यता है।

गद्यांश 3

पानी पर सहस्र बाती वाले दीपकों की प्रतिच्छवियाँ झिलमिला रही हैं। पूरे वातावरण में अगरु-चंदन की दिव्य सुगंध है। आरती के बाद बारी है संकल्प और मंत्रोच्चार की। भक्त आरती लेते हैं, चढ़ावा चढ़ाते हैं। स्पेशल भक्तों से पुजारी ब्राह्मण-भोज, दान, मिष्टान्न की धनराशि कबूलवाते हैं। आरती के क्षण इतने भव्य और दिव्य रहे हैं कि भक्त हुज्जत नहीं करते। खुशी-खुशी दक्षिणा देते हैं।

संदर्भ पूर्ववत्।

प्रसंग प्रस्तुत गद्यांश में लेखिका ने गंगा-आरती के समय के मनमोहक वातावरण का वर्णन किया है।

व्याख्या प्रस्तुत गद्यांश में लेखिका कहती है कि गंगा-आरती के समय गंगा मैया के पावन जल में हज़ारों बातियों वाले दीपों की परछाईं जगमगा रही है, जो उसके सौंदर्य को और अधिक बढ़ा रही है। आरती के समय को अगरबत्ती और चंदन की अलौकिक महक सुगंधमय बना रही है।

हर की पौड़ी पर उपस्थित जन-समूह इस सुगंध की अनुभूति करता है। आरती के समाप्त होते ही संकल्प (प्रण) लेने और मंत्रों के उच्चारण करने का क्रम शुरू हो जाता है। भक्तजन आरती लेते हैं और थाली में रुपये का चढ़ावा चढ़ाते हैं।

जिन भक्तों ने स्पेशल (विशेष) आरती कराई थी, उनसे पुजारी ब्राह्मणों के लिए भोजन की व्यवस्था के साथ दान के लिए धन देने की बात करते हैं, मिठाई की माँग की जाती है। आरती के अलौकिक परिवेश और वातावरण की भव्यता से प्रभावित भक्तजन पुजारी के निर्देशानुसार दान-दक्षिणा देते हैं, दक्षिणा देते समय श्रद्धालुओं की ओर से कोई विरोध नहीं किया जाता। वे बड़ी प्रसन्नता से दक्षिणा देते हैं।

विशेष

(i) प्रस्तुत गद्यांश में लेखिका ने पावन गंगा के प्रति भक्तों एवं श्रद्धालुओं की आस्था का वर्णन किया है तथा आरती के समय के वातावरण का मनमोहक चित्रण हुआ है।

(ii) गद्यांश की भाषा सरल तथा सहज है।

(iii) प्रस्तुत गद्यांश में तत्सम व तद्भव भाषा का प्रयोग हुआ है।

(iv) प्रस्तुत गद्यांश में चित्रात्मक शैली का प्रयोग हुआ है।

गद्यांश 4

लड़की अब बिलकुल बराबर में खड़ी, आँख मूँदकर अर्चना कर रही थी। संभव ने यकायक मुड़कर उसकी ओर गौर किया। उसके कपड़े एकदम भीगे हुए थे, यहाँ तक कि उसके गुलाबी आँचल से संभव के कुर्ते का एक कोना भी गीला हो रहा था। लड़की के लंबे गीले बाल पीठ पर काले चमकीले शॉल की तरह लग रहे थे। दीपकों के नीम उजाले में आकाश और जल की साँवली संधि-बेला, लड़की बेहद सौम्य, लगभग काँस्य प्रतिमा लग रही थी।

संदर्भ पूर्ववत्।

प्रसंग प्रस्तुत गद्यांश में लेखिका ने कहानी की नायिका अर्थात् लड़की के स्वरूप का वर्णन किया है।

व्याख्या प्रस्तुत गद्यांश गंगा के घाट पर संभव को पंडित कलावा बाँध ही रहा था कि इतने में एक लड़की ने सवा पाँच रुपये का चढ़ावा चढ़ाकर कलावा बँधवाने के लिए अपनी कलाई आगे कर दी। गंगा की लहरों से ध्यान हटाकर संभव ने लड़की की ओर देखा। वह उसके बराबर में सटकर खड़ी थी और आँखें बंद कर के ईश्वर की अर्चना में लीन थी। संभव ने अचानक मुड़कर उसकी ओर ध्यान से देखा। लड़की का गुलाबी आँचल उसके कुर्ते को गीला कर रहा था। लड़की के बाल गीले थे उसके लंबे और गीले बाल पीठ पर पड़े हुए ऐसे लग रहे थे मानो काले रंग का चमकीला शॉल हो। उस समय दीपकों का हल्का-सा प्रकाश हो रहा था। आकाश और जल के मिलन से हल्का-सा साँवलापन वातावरण में छा गया था। ऐसे अवसर पर लड़की की अनुपम सौम्य छवि अपने वर्ण (रंग) की तीव्रता से काँस्य प्रतिमा जैसी लग रही थी।

विशेष

(i) प्रस्तुत गद्यांश में लड़की के सौंदर्य का चित्रण किया गया है तथा लड़की की तुलना काँस्य प्रतिमा से की गई है।

(ii) प्रस्तुत गद्यांश की भाषा सरल तथा सुबोध है।

(iii) प्रस्तुत गद्यांश में वर्णनात्मकता तथा चित्रात्मकता शैली का प्रयोग किया है।

(iv) गद्यांश में तद्भव व तत्सम शब्दों की प्रधानता है।

गद्यांश 5

अभी तक उसके जीवन में कोई लड़की किसी अहम भूमिका में नहीं आई थी। लड़कियाँ या तो क्लास में बाँयीं तरफ़ की बेंचों पर बैठने वाली एक कतारें थी या फिर ताई चाची की लड़कियाँ जिनके साथ खेलते खाते वह बड़ा हुआ था। इस तरह बिलकुल अकेली, अनजान जगह पर, एक अनाम लड़की का सद्य-स्नात दशा में सामने आना पुजारी का गलत समझना, आशीर्वाद देना, लड़की का घबराना और चल देना सब मिलाकर एक नई निराली अनुभूति थी। जिसमें उसे कुछ सुख और ज़्यादा बेचैनी लग रही थी।

संदर्भ पूर्ववत्।

प्रसंग प्रस्तुत गद्यांश में लेखिका ने संभव के विगत जीवन को बताते हुए उसकी मनःस्थिति का वर्णन किया है।

व्याख्या प्रस्तुत गद्यांश में लेखिका बताती है कि संभव के अभी तक के जीवन में किसी लड़की ने प्रवेश नहीं किया था। इसलिए उसका लड़कियों से निकटता का संबंध नहीं हुआ था। अभी तक उसके जीवन में लड़कियाँ केवल दो ही रूपों में आईं थीं एक जो पढ़ते समय कक्षा में बाँयीं ओर की बेंचों पर बैठती थी या फिर ताई-चाची की लड़कियाँ थीं, जिनके साथ खेलकर वह बड़ा हुआ था, किंतु अब वह बड़ा (युवक) हो गया था।

यह पहला अवसर था, जब एक अनजान जगह पर एक अनजान लड़की सद्य-स्नात (जो अभी-अभी स्नान करके आई थी) स्थिति में सामने आई थी और जिसे निकट देखकर पुजारी ने अनुचित अनुमान लगाया और दोनों को 'हम' शब्द का गलत अर्थ समझकर उन्हें साथ रहने का आशीर्वाद दे दिया। इस स्थिति में लड़की का घबराहट के कारण बिना कुछ बोले वहाँ से चले जाना आदि सभी घटनाएँ मिलकर संभव को एक अनूठा अनुभव करा रहीं थीं। इस अनुभूति में अनूठापन यह था कि जहाँ उसे कुछ सुख का अहसास हो रहा था, वहीं व्याकुलता कुछ अधिक हो रही थी।

विशेष

(i) प्रस्तुत गद्यांश में संभव की मनोदशा का स्वाभाविक वर्णन किया गया है।
(ii) प्रस्तुत गद्यांश की भाषा सरल एवं व्यावहारिक है।
(iii) प्रस्तुत गद्यांश में वर्णनात्मक शैली का प्रयोग हुआ है।
(iv) प्रस्तुत गद्यांश में तत्सम प्रधान खड़ीबोली भाषा का प्रयोग किया गया है।

गद्यांश 6

भीड़ लड़के ने दिल्ली में भी देखी थी, बल्कि रोज़ देखता था। दफ़्तर जाती भीड़, खरीद-फरोख्त करती भीड़, तमाशा देखती भीड़, सड़क क्रॉस करती भीड़। लेकिन इस भीड़ का अंदाज़ निराला था। इस भीड़ में एकसूत्रता थी। न यहाँ जाति का महत्त्व था, न भाषा का, महत्त्व उद्देश्य का था और वह सबका समान था, जीवन के प्रति कल्याण की भावना। इस भीड़ में दौड़ नहीं थी, अतिक्रमण नहीं था और भी अनोखी बात यह थी कि कोई भी स्नानार्थी किसी सैलानी आनंद में डुबकी नहीं लगा रहा था।

संदर्भ पूर्ववत्।

प्रसंग प्रस्तुत गद्यांश में बैसाखी के दिन हर की पौड़ी पर एकत्रित हुए श्रद्धालुओं की भीड़ व उनमें व्याप्त धर्म के प्रति आस्था का वर्णन इस गद्यांश में किया गया है।

व्याख्या प्रस्तुत गद्यांश में लेखिका कहती है कि बैसाखी के दिन हर की पौड़ी पर एकत्रित हुई श्रद्धालुओं की भीड़ को देखकर अचंभित संभव कहता है कि ऐसा नहीं है कि उसने ऐसी भीड़ पहले कभी न देखी हो, बल्कि वह रोज़ाना ही दिल्ली में ऐसी ही भीड़ देखता है। जो दफ़्तर जाती है, वस्तुओं को खरीदती-बेचती है, किसी घटना पर तमाशबीन बनकर उसे देखती रहती है या फिर सड़क पार करती है ऐसी अनेक भीड़ उसने देखी हैं, लेकिन हर की पौड़ी की भीड़ उन सब भीड़ों से अलग थी, दिल्ली में देखी गई भीड़ में बिखराव था, लेकिन इस भीड़ में एकसूत्रता की भावना थी। इसमें न जाति, न भाषा किसी आधार पर कोई भेदभाव नहीं था, बल्कि सभी का एक उद्देश्य, एक लक्ष्य था मनुष्य का कल्याण व उसकी भलाई। लेखिका संभव के माध्यम से कहती है कि इस भीड़ में किसी को पछाड़कर आगे बढ़ने की प्रवृत्ति न थी। उससे भी महत्त्वपूर्ण बात इस भीड़ की यह थी कि गंगा के पवित्र जल में जब श्रद्धालु स्नान करते तो वह केवल सैलानियों के समान पानी में उतरना व उभरना न होता था, बल्कि वह स्नान से अधिक स्वयं से आत्मसात् होने की प्रक्रिया थी। जिसमें श्रद्धालु जितना अधिक ध्यान लगाते उतना ही अधिक स्वयं को अहम् मुक्त, कुंठारहित अनुभव करते हैं।

विशेष

(i) प्रस्तुत गद्यांश में लेखिका ने भारतीय संस्कृति की आध्यात्मिक विशेषताओं को उजागर करते हुए गंगा के पावन स्नान के प्रति श्रद्धालुओं की आस्था का वर्णन किया है तथा शहरों में लोगों के जीवन की व्यस्तता को प्रदर्शित करने का प्रयास किया है।
(ii) प्रस्तुत गद्यांश की भाषा सहजता, सरलता एवं प्रभावपूर्णता से युक्त है।
(iii) प्रस्तुत गद्यांश में छोटे-छोटे वाक्यों के माध्यम से विचारों की अभिव्यक्ति की है।
(iv) प्रस्तुत गद्यांश में तत्सम प्रधान खड़ीबोली का प्रयोग हुआ है।

गद्यांश 7

इस भीड़ में दौड़ नहीं थी, अतिक्रमण नहीं था और भी अनोखी बात यह थी कि कोई भी स्नानार्थी किसी सैलानी आनंद में डुबकी नहीं लगा रहा था, बल्कि स्नान से ज़्यादा समय ध्यान में लगा रहा था। दूर जलधारा के बीच एक आदमी सूर्य की ओर उन्मुख हाथ जोड़े खड़ा था। उसके चेहरे पर इतना विभोर विनीत भाव था मानो उसने अपना सारा अहम् त्याग दिया है, उसके अंदर 'स्व' से जनित कोई कुंठा शेष नहीं है, वह शुद्ध रूप से चेतनस्वरूप, आत्माराम और निर्मलानंद है।

संदर्भ पूर्ववत्।

प्रसंग प्रस्तुत गद्यांश में हर की पौड़ी पर स्नानार्थियों की भीड़, उसके मर्यादित व्यवहार तथा लोगों की आस्था का वर्णन किया गया है।

व्याख्या प्रस्तुत गद्यांश में लेखिका कहती है कि गंगा में स्नान की भीड़ में किसी प्रकार की प्रतिस्पर्द्धा नहीं होती और न ही लोग एक-दूसरे से आगे निकलने की चेष्टा करते हैं, अपितु स्नानार्थी श्रद्धा के साथ स्नान की प्रक्रिया को पूरा करते हैं। वहाँ स्नान से अधिक ध्यान की एकाग्रता को महत्त्व दिया जाता है। हरिद्वार में गंगा स्नान भी शांति तथा श्रद्धा एवं आध्यात्मिक भावना से किया जाता है। जलधारा के बीच स्नान के बाद सूर्य की ओर उन्मुख व्यक्ति का चेहरा आध्यात्मिक शांति में विभोर, ईश्वर के प्रति विनीत तथा हाथ जोड़े सारे अहम् का त्याग करता हुआ प्रतीत होता है। यहाँ स्नान करने वाले व्यक्ति के अंदर 'स्व' से जनित प्रवृत्ति शेष नहीं रह जाती। वह चेतना में शुद्ध एवं आत्मा तथा हृदय से निर्मल हो जाता है। मन का कलुष त्यागकर श्रद्धालु आस्था और श्रद्धा से अभिभूत हो जाते हैं।

विशेष

(i) प्रस्तुत गद्यांश में गंगा के तट पर श्रद्धालुओं की भीड़ का स्वाभाविक वर्णन किया गया है।

(ii) प्रस्तुत गद्यांश में तत्सम तथा तद्भव शब्दों के प्रयोग द्वारा लोगों की मनोवृत्ति को स्पष्ट किया गया है।

(iii) प्रस्तुत गद्यांश की भाषा सरल, सहज, बोधगम्य तथा प्रवाहमयी है।

(iv) प्रस्तुत गद्यांश में चित्रात्मक शैली का प्रयोग हुआ है।

गद्यांश 8

उससे पहले संभव ने कभी बिंदी जैसे शृंगार प्रसाधन पर ध्यान नहीं दिया था। अब यकायक उसे ये बिंदियाँ बहुत आकर्षक लगीं। मन-ही-मन उसने एक बिंदी उस अज्ञात यौवना के माथे पर सजा दी। माँग में तारे भर देने जैसे कई गाने उसे आधे-अधूरे याद आकर रह गए।

संदर्भ पूर्ववत्।

प्रसंग प्रस्तुत गद्यांश में मंसा देवी जाते समय बिंदी को देखकर संभव के मन में अज्ञात युवती के प्रति उत्पन्न अनुराग का वर्णन किया गया है।

व्याख्या प्रस्तुत गद्यांश में लेखिका बताती हैं कि संभव जब रोपवे से मंसा देवी मंदिर आता है, तो वहाँ उसे कुछ बच्चे तीन-तीन रुपये में बिंदी पाउडर बेचते दिखाई देते हैं। संभव उन बिंदियों को अत्यधिक ध्यान से देखता है, इससे पूर्व वह कभी ऐसी शृंगारिक वस्तुओं के प्रति आकर्षित नहीं हुआ था न ही इस ओर उसका कभी ध्यान गया था, परंतु अब वह हर की पौड़ी पर मिली अज्ञात युवती के विषय में सोचकर अत्यधिक प्रसन्नता का अनुभव कर रहा था और सहसा उसने मन-ही-मन में उस युवती के माथे पर बिंदियाँ लगा दी थी। आज उसे माँग में तारे भर देने जैसे वाले गीत आधे-अधूरे बार-बार याद आने लगे।

विशेष

(i) प्रस्तुत गद्यांश में लेखिका ने प्रेम से उत्पन्न संभव की व्याकुलता का सजीव व अत्यंत सूक्ष्म चित्रण किया है।

(ii) प्रस्तुत गद्यांश की भाषा सहज, सरल व रोचकता लिए हुए हैं।

(iii) प्रस्तुत गद्यांश में तत्सम प्रधान खड़ीबोली का प्रयोग हुआ है।

(iv) प्रस्तुत गद्यांश में चित्रात्मक शैली का गुण है।

गद्यांश 9

लड़की ने आज गुलाबी परिधान नहीं पहना था पर सफ़ेद साड़ी में लाज से गुलाबी होते हुए उसने मंसा देवी पर एक और चुनरी चढ़ाने का संकल्प लेते हुए सोचा, "मनोकामना की गाँठ भी अद्भुत, अनूठी है, इधर बाँधों उधर लग जाती है...."

संदर्भ पूर्ववत्।

प्रसंग प्रस्तुत गद्यांश में लेखिका ने संभव की मनोकामना पूरी होने का तथा लड़की द्वारा मंसा देवी से मनोकामना माँगने का वर्णन किया है।

व्याख्या प्रस्तुत गद्यांश में लेखिका बताती है कि संभव को मंसा देवी की यात्रा के समय वह लड़की दोबारा मिली जिसे वह अचानक प्रेम करने लगा था। उस लड़की ने आज गुलाबी रंग की जगह सफ़ेद रंग साड़ी पहनी हुई थी, किंतु लज्जा (शर्म) के कारण उसके चेहरे का रंग खिलकर गुलाबी हो गया था। संभव से मिलने के बाद लड़की ने मंसा देवी पर एक और चुनरी चढ़ाने का संकल्प लिया। वह सोच रही थी कि "मनोकामना के लिए चुनरी की गाँठ बाँधना भी अद्भुत है। इधर मनोकामना के लिए गाँठ बाधों, उधर लग जाती है।" कहने का अभिप्राय यह है कि मनोकामना जल्दी पूरी हो जाती है। वह कुछ समय पहले ही मनोकामना पूरी होने के लिए मंसा देवी पर चुनरी की गाँठ बाँधकर आई थी और संभव से मिलकर इतनी ज़ल्दी उसकी इच्छा पूरी हो गई।

विशेष

(i) प्रस्तुत गद्यांश में मंसा देवी की महत्ता को प्रतिपादित किया गया है, जहाँ मनोकामनाएँ अतिशीघ्र पूरी हो जाती है।

(ii) प्रस्तुत गद्यांश में लेखिका ने लड़की की भावनाओं को सुंदर अभिव्यक्ति प्रदान की है।

(iii) प्रस्तुत गद्यांश की भाषा सरल, सहज तथा मिश्रित शब्दावली युक्त है।

(iv) प्रस्तुत गद्यांश में चित्रात्मक शैली का गुण है।

गद्यांश पर आधारित बहुविकल्पीय प्रश्न

1. यकायक सहस्र दीप जल उठते हैं। पंडित अपने आसन से उठ खड़े होते हैं। हाथ में अँगोछा लपेट कर पंचमंजिली नीलांजलि पकड़ते हैं और शुरू हो जाती है आरती। पहले पुजारियों के भर्राए गले से समवेत स्वर उठता है–जय गंगे माता, जो कोई तुझको ध्याता, सारे सुख पाता, जय गंगे माता। घंटे-घड़ियाल बजते हैं। मनौतियों के दिये लिए हुए फूलों की छोटी-छोटी किश्तियाँ गंगा की लहरों पर इठलाती हुई आगे बढ़ती हैं।

गोताखोर दोने पकड़, उनमें रखा चढ़ावे का पैसा उठाकर मुँह में दबा लेते हैं। एक औरत ने इक्कीस दोने तैराएँ हैं। गंगापुत्र जैसे ही एक दोने से पैसा उठाता है, औरत अगला दोना सरका देती है। गंगापुत्र उस पर लपकता है कि पहले दोने के दीपक से उसके लँगोट में आग की लपट लग जाती है। पास खड़े लोग हँसने लगते हैं, पर गंगापुत्र हतप्रभ नहीं होता।

(क) गंगा आरती का दृश्य कैसा होता है?

(i) श्रद्धा और उल्लास से भरा
(ii) आडंबर पूर्ण और दिखावा करने वाला
(iii) भयंकर और भयभीत करने वाला
(iv) निराशा और अशांतिपूर्ण

(ख) घंटे और घड़ियाली की आवाज से संपूर्ण वातावरण पर क्या प्रभाव पड़ता है?

(i) वातावरण में अशांति हो जाती है
(ii) वातावरण अशुद्ध हो जाता है
(iii) वातावरण ईश्वरमय और आनंदमय हो जाता है
(iv) उपरोक्त सभी

(ग) मनौतियों के दिए में रखे हुए पैसों को कौन निकालने का प्रयास करता है?
(i) स्थानीय लड़के
(ii) पंडित
(iii) पुजारी
(iv) स्थानीय महिलाएँ

(घ) लेखिका ने गंगापुत्र किन्हें कहा है?
(i) गंगा के किनारे रहने वाले लोगों को
(ii) गंगा की आरती करने वालों को
(iii) गंगा के तट पर पुजारियों को
(iv) स्थानीय गोताखोर लड़कों को

(ङ) **कथन** (A) स्थानीय गोताखोर लड़कों को गंगापुत्र कहा जाता है।
कारण (R) गंगा नदी के तट आजीविका के साधन है।
(i) कथन (A) और कारण (R) दोनों सही हैं तथा कारण (R), कथन (A) की सही व्याख्या करता है।
(ii) कथन (A) और कारण (R) दोनों सही हैं, परंतु कारण (R), कथन (A) की सही व्याख्या नहीं करता है।
(iii) कथन (A) सही है, किंतु कारण (R) गलत है।
(iv) कथन (A) गलत है, किंतु कारण (R) सही है।

उत्तर

(क) (i) श्रद्धा और उल्लास से भरा
(ख) (iii) वातावरण ईश्वरमय और आनंदमय हो जाता है
(ग) (i) स्थानीय लड़के
(घ) (iv) स्थानीय गोताखोर लड़कों को
(ङ) (i) कथन (A) और कारण (R) दोनों सही हैं तथा कारण (R), कथन (A) की सही व्याख्या करता है।

2. **पानी पर सहस्र बाती वाले दीपकों की प्रतिच्छवियाँ झिलमिला रही हैं। पूरे वातावरण में अगरु-चंदन की दिव्य सुगंध है। आरती के बाद बारी है संकल्प और मंत्रोच्चार की। भक्त आरती लेते हैं, चढ़ावा चढ़ाते हैं। स्पेशल भक्तों से पुजारी ब्राह्मण-भोज, दान, मिष्टान्न की धनराशि कबूलवाते हैं। आरती के क्षण इतने भव्य और दिव्य रहे हैं कि भक्त हुज्जत नहीं करते। खुशी-खुशी दक्षिणा देते हैं।**

(क) पानी पर किसकी परछाई जगमगा रही थी?
(i) नायिका की
(ii) गायक की
(iii) हजारों बत्तियों वाले दीपों की
(iv) उपरोक्त सभी

(ख) हर की पौड़ी पर उपस्थित लोग किसकी सुगंध की अनुभूति करते हैं?
(i) ईश्वर की
(ii) प्रेम की
(iii) अगरबत्ती-चंदन की
(iv) सांप्रदायिक सद्भाव की

(ग) भक्त जन आरती लेकर क्या करते हैं?
(i) प्रसाद ग्रहण करते हैं
(ii) रुपये का चढ़ावा चढ़ाते हैं
(iii) मनौतियाँ माँगते हैं
(iv) इनमें से कोई नहीं

(घ) पुजारी द्वारा स्पेशल भक्तों से क्या करने की माँग की जाती है?
(i) ब्राह्मण-भोज की व्यवस्था की बात
(ii) दान के लिए धन देने की बात
(iii) मिठाई के लिए धनराशि देने की बात
(iv) उपरोक्त सभी

(ङ) निम्नलिखित कथनों में से सही कथनों पर विचार कीजिए
1. अगरु चंदन की दिव्य सुगंध पूरे वातावरण को महका रही थी।
2. सुगंध के कारण भक्तों की संख्या में वृद्धि हो रही थी।
3. पानी पर दीपकों की प्रतिच्छवियाँ वातावरण को दिव्य बनाती हैं।

कूट
(i) 1 और 2
(ii) केवल 2
(iii) 1, 2 और 3
(iv) 1 और 3

उत्तर

(क) (iii) हजारों बत्तियों वाले दीपों की
(ख) (iii) अगरबत्ती-चंदन की
(ग) (ii) रुपये का चढ़ावा चढ़ाते हैं
(घ) (iv) उपरोक्त सभी
(ङ) (iv) 1 और 3

3. **अभी तक उसके जीवन में कोई लड़की किसी अहम भूमिका में नहीं आई थी। लड़कियाँ या तो क्लास में बाँयीं तरफ़ की बेंचों पर बैठने वाली एक कतारें थी या फिर ताई चाची की लड़कियाँ जिनके साथ खेलते खाते वह बड़ा हुआ था। इस तरह बिलकुल अकेली, अनजान जगह पर, एक अनाम लड़की का सद्य-स्नात दशा में सामने आना पुजारी का गलत समझना, आशीर्वाद देना, लड़की का घबराना और चल देना सब मिलाकर एक नई निराली अनुभूति थी। जिसमें उसे कुछ सुख और ज़्यादा बेचैनी लग रही थी।**

(क) एक अनजान लड़की संभव के सामने किस स्थिति में सामने आई?
(i) जो बेबाकी से बोलती हुई हो
(ii) जो अभी-अभी स्नान करके आई हो
(iii) जो अपने विषय में न बोलती हो
(iv) जो अभी-अभी पूजा करके आई हो

(ख) पुजारी द्वारा संभव तथा अनजान लड़की को क्या आशीर्वाद दिया गया?
(i) धन संपत्ति प्राप्त करने का आशीर्वाद
(ii) साथ रहने का आशीर्वाद
(iii) संतान होने का आशीर्वाद
(iv) नौकरी लग जाने का आशीर्वाद

(ग) पुजारी के आशीर्वाद देने पर लड़की की प्रतिक्रिया क्या थी?
(i) मुस्कुराकर चले जाना
(ii) घबराना और बिना बोले वहाँ से चले जाना
(iii) संभव को आँख दिखाना
(iv) पुजारी को स्पष्टीकरण देना

(घ) **कथन** (A) संभव को कुछ सुख और ज्यादा बेचैनी का अनुभव हो रहा था।
कारण (R) संभव के जीवन में यह पहली बार हुआ था, जब वह किसी अनजान लड़की के प्रति आकर्षित हुआ था।
(i) कथन (A) और कारण (R) दोनों सही हैं तथा कारण (R), कथन (A) की सही व्याख्या करता है।
(ii) कथन (A) और कारण (R) दोनों सही हैं, परंतु कारण (R), कथन (A) की सही व्याख्या नहीं करता है।
(iii) कथन (A) सही है, किंतु कारण (R) गलत है।
(iv) कथन (A) गलत है, किंतु कारण (R) सही है।

(ङ) **संभव को एक अनूठा अनुभव कौन-सी घटना करा रही थी?**
(i) पुजारी का गलत समझना
(ii) पुजारी का आशीर्वाद देना
(iii) लड़की का घबराकर चले जाना
(iv) उपरोक्त सभी

उत्तर

(क) (ii) जो अभी-अभी स्नान करके आई हो
(ख) (ii) साथ रहने का आशीर्वाद
(ग) (ii) घबराना और बिना बोले वहाँ से चले जाना
(घ) (i) कथन (A) और कारण (R) दोनों सही हैं तथा कारण (R), कथन (A) की सही व्याख्या करता है।
(ङ) (iv) उपरोक्त सभी

4. **भीड़ लड़के ने दिल्ली में भी देखी थी, बल्कि रोज़ देखता था। दफ़्तर जाती भीड़, खरीद-फरोख्त करती भीड़, तमाशा देखती भीड़, सड़क क्रॉस करती भीड़। लेकिन इस भीड़ का अंदाज़ निराला था। इस भीड़ में एकसूत्रता थी। न यहाँ जाति का महत्त्व था, न भाषा का, महत्त्व उद्देश्य का था और वह सबका समान था, जीवन के प्रति कल्याण की भावना। इस भीड़ में दौड़ नहीं थी, अतिक्रमण नहीं था और भी अनोखी बात यह थी कि कोई भी स्नानार्थी किसी सैलानी आनंद में डुबकी नहीं लगा रहा था।**

(क) **'भीड़ लड़के ने दिल्ली में भी देखी थी' पंक्ति में 'लड़के' शब्द किसके लिए प्रयुक्त हुआ है?**
(i) गोताखोर
(ii) पारो के भतीजे
(iii) संभव
(iv) संभव के भाई

(ख) **गद्यांश के अनुसार दिल्ली की भीड़ में कैसे लोग होते हैं?**
(i) दफ्तर जाने वाले (ii) सामान खरीदने वाले
(iii) तमाशा देखने वाले (iv) ये सभी

(ग) **दिल्ली की भीड़ और हर की पौड़ी की भीड़ में क्या अंतर था?**
(i) समानता और असमानता का
(ii) बिखराव और एकसूत्रता का
(iii) सामाजिक और विद्रोही का
(iv) उपरोक्त सभी

(घ) निम्नलिखित कथनों में से सही कथनों पर विचार कीजिए।
1. हर की पौड़ी की भीड़ का उद्देश्य दूसरे से आगे बढ़ना था।
2. भीड़ का उद्देश्य मनुष्य कल्याण और उसकी भलाई था।
3. भीड़ का उद्देश्य मनुष्य का बाह्य आडंबरों का आकर्षण था।

कूट
(i) केवल 1 (ii) 1 और 3
(iii) केवल 2 (iv) 1 और 2

(ङ) **'कोई भी स्नानार्थी किसी सैलानी आनंद में डुबकी नहीं लगा रहा था' पंक्ति से क्या आशय है?**
(i) वे स्नान से अधिक स्वयं से आत्मसात् हो रहे थे
(ii) वे खुश होकर डुबकी नहीं लगा रहे थे
(iii) वे जल्दी से स्नान का कार्य समाप्त कर रहे थे
(iv) उपरोक्त सभी

उत्तर

(क) (iii) संभव
(ख) (iv) ये सभी
(ग) (ii) बिखराव और एकसूत्रता का
(घ) (iii) केवल 2
(ङ) (i) वे स्नान से अधिक स्वयं से आत्मसात् हो रहे थे

5. **कई बच्चे बिंदी पाउडर और उसके साँचे बेच रहे थे, तीन-तीन रुपये। उन्होंने अपनी हथेली पर कलात्मक बिंदियाँ बना रखी थीं, नमूने की खातिर। उससे पहले संभव ने कभी बिंदी जैसे शृंगार प्रसाधन पर ध्यान नहीं दिया था। अब यकायक उसे ये बिंदियाँ बहुत आकर्षक लगीं। मन-ही-मन उसने एक बिंदी उस अज्ञात यौवना के माथे पर सजा दी। माँग में तारे भर देने जैसे कई गाने उसे आधे-अधूरे याद आकर रह गए। उसका नंबर बहुत जल्द आ गया। अब वह दूसरी कतार में था, जहाँ से केबिल कार में बैठना था। सभी काम बड़ी तत्परता से हो रहे थे।**

(क) **संभव मंसा देवी के मंदिर कैसे जाता है?**
(i) बस से (ii) रेल से
(iii) रोपवे से (iv) पैदल

(ख) **अचानक संभव किसके प्रति आकर्षित हुआ?**
(i) शृंगारिक वस्तुओं के प्रति (ii) पारो के प्रति
(iii) बच्चों के प्रति (iv) भक्ति-भाव के प्रति

(ग) **संभव ने बिंदी को किसके माथे पर लगा दिया?**
(i) मूर्ति के माथे पर (ii) बच्चों के माथे पर
(iii) अज्ञात लड़की के माथे पर (iv) उपरोक्त सभी

(घ) **गद्यांश में संभव की किस स्थिति का वर्णन किया गया है?**
(i) सहजतापूर्ण (ii) वात्सल्यपूर्ण
(iii) व्याकुलतापूर्ण (iv) आवेगपूर्ण

(ङ) **गद्यांश में प्रयुक्त 'अज्ञात यौवना' शब्द किसके लिए प्रयुक्त हुआ है?**
(i) संभव की नानी
(ii) इक्कीस दोने तैराने वाली महिला
(iii) नायिका पारो
(iv) घाट पर घूमने वाली किशोरी

उत्तर

(क) (iii) रोपवे से

(ख) (i) शृंगारिक वस्तुओं के प्रति

(ग) (iii) अज्ञात लड़की के माथे पर

(घ) (iii) व्याकुलतापूर्ण

(ङ) (iii) नायिका पारो

विषय-वस्तु पर आधारित प्रश्नोत्तर

1. 'दूसरा देवदास' पाठ के अनुसार गंगा आरती के समय आरती के दोने का भाव अधिक क्यों हो जाता था?

उत्तर गंगा आरती के समय आरती के दोने का भाव अधिक हो जाने का प्रमुख कारण भक्तों की गहरी आस्था और भावनात्मक जुड़ाव है। आरती के समय दीया-बाती, मंत्रोच्चार और घंटा-घड़ियाल की गूँज के साथ एक दिव्य और भक्तिमय वातावरण का सृजन हो जाता है। भक्त इस बेला में अपनी मनोकामनाओं की पूर्ति की कामना से बिना मूल्य की परवाह किए दोने खरीदने को तैयार रहते हैं। इस समय वे छोटे-मोटे आर्थिक मूल्य पर ध्यान नहीं देते, क्योंकि उनके लिए अपनी श्रद्धा और आस्था व्यक्त करना अधिक महत्त्वपूर्ण होता है। इसके अतिरिक्त, आरती के समय दोने की माँग अत्यधिक बढ़ जाती है, जिससे यह स्वाभाविक है कि दोने बेचने वाले व्यापारी इस अवसर का व्यावसायिक लाभ उठाकर उनके दाम बढ़ा देते हैं। इस स्थिति में भक्तगण भी बढ़े हुए मूल्य को सहजता से स्वीकार कर लेते हैं, क्योंकि उनके मन में विश्वास होता है कि इस अर्पण से उनकी मनोकामनाएँ पूरी होंगी।

2. भक्तों को दोने के दुगुने भाव पर मिलने पर कोई आपत्ति क्यों नहीं थी?

***अथवा* 'दूसरा देवदास' कहानी के संदर्भ में लिखिए कि 'हर की पौड़ी' पर, मंदिर में होने वाले खर्च पर भक्तों के चेहरे पर कोई मलाल क्यों नहीं था?** **CBSE 2024**

उत्तर हर की पौड़ी पर शाम को गंगा-आरती के समय फूलों के दोने एक-एक रुपये की बजाय दो-दो रुपये में मिल रहे थे, परंतु भक्तों को इससे कोई शिकायत नहीं और न ही वे नाराज़ थे। वे गंगा को पावन तथा मोक्षदायिनी मानते हुए उसके प्रति विशेष लगाव व आस्था का भाव रखते थे। इसके साथ ही वे गंगा जी से बड़ी-बड़ी मनोकामनाएँ माँगने आए थे। अपनी मनोकामनाओं की पूर्ति के लिए उन्हें एक रुपये की जगह दो रुपये में दोने खरीदने में कोई आपत्ति नहीं लगी। इसलिए भक्तजन बिना शिकायत के दोने को दुगुने भाव पर भी खरीदने को तैयार थे।

3. आरती के बाद के दृश्य का वर्णन कीजिए।

उत्तर आरती के बाद संकल्प (प्रण) लेने और मंत्रों के उच्चारण का क्रम शुरू हो जाता है। भक्तजन आरती लेकर थाली में रुपये चढ़ाते हैं। जिन भक्तों ने विशेष आरती कराई थी उनसे पुजारी ब्राह्मण के लिए भोजन की व्यवस्था, दान के लिए धन और मिठाई की माँग करते हैं। आरती के समय के अलौकिक परिवेश और वातावरण की भव्यता से प्रभावित होकर भक्तजन पुजारी के निर्देशानुसार दान-दक्षिणा देते हैं। दक्षिणा देते समय भक्तों, श्रद्धालुओं की ओर से कोई विरोध नहीं होता। वे खुशी एवं प्रसन्नता से दक्षिणा देते हैं। पंडित जी भी प्रसन्न होकर भगवान के गले की माला भक्तों के गले में डालकर उन्हें बहुत सारा प्रसाद देते हैं।

4. पुजारी के आशीर्वाद के बाद लड़की तथा लड़के की मनः स्थिति का वर्णन कीजिए।

उत्तर पुजारी के आशीर्वाद के बाद लड़का तथा लड़की दोनों हैरान थे उसके पश्चात् लड़की तुरंत वहाँ से चली गई थी, क्योंकि उसे महसूस हुआ कि गलती उसी की है, वही बाद में आई और उस लड़के के इतने पास खड़ी हो गई है, इसका उसे ज़रा भी ध्यान नहीं था। पुजारी के आशीर्वाद को सुनने के बाद दोनों आपस में बातचीत करने की मनःस्थिति में नहीं थे, क्योंकि दोनों एक-दूसरे से बिलकुल अपरिचित थे। दोनों ने जल्दबाजी में चप्पल पहनी, परंतु लड़की घबराहट के कारण ठीक से चप्पल भी नहीं पहन पाई और वह जैसे-तैसे अँगूठे में चप्पल अटकाकर आगे बढ़कर वहाँ से चली गई। लड़के (संभव) की मनोदशा इसके ठीक विपरीत थी। वह उस लड़की को देखना चाहता था कि वह कहाँ जा रही है? बहुत खोजने पर भी जब वह नहीं मिली, तो वह उदास हो गया।

5. संभव ने दिल्ली की भीड़ और हरिद्वार की भीड़ में क्या अंतर देखा?

***अथवा* संभव को दिल्ली की भीड़ से हर की पौड़ी की भीड़ में किस तरह का अंतर दिखाई पड़ता है? 'दूसरा देवदास' पाठ के आधार पर स्पष्ट कीजिए।** **CBSE Term II 2022**

***अथवा* संभव को दिल्ली की भीड़ से हर की पौड़ी की भीड़ अलग क्यों लग रही थी?** **CBSE Diksha**

***अथवा* 'हर की पौड़ी' की भीड़ और शहर की भीड़ के अंतर को 'दूसरा देवदास' कहानी के आधार पर लिखिए।** **CBSE 2024**

***अथवा* "भीड़ लड़के ने दिल्ली में भी देखी थी, बल्कि रोज देखता था, लेकिन इस भीड़ का अंदाज निराला था।" पंक्ति के माध्यम से भीड़ की तुलनात्मक विवेचना कीजिए।** **CBSE 2023**

उत्तर संभव ने दिल्ली की भीड़ और हरिद्वार की भीड़ में कई अंतर देखें। दिल्ली की भीड़ में भागदौड़ की भीड़ थी, वहाँ सबके उद्देश्य अलग-अलग थे, कोई दफ़्तर जा रहा होता था, कोई सामान खरीद-बेच रहा होता था, कोई तमाशा देख रहा होता था, तो कोई सड़क पार कर रहा होता था। इसी कारण दिल्ली में प्रत्येक जगह भीड़ रहती थी। हरिद्वार की भीड़ में भागदौड़ नहीं थी। यहाँ की भीड़ में जाति व भाषा का भेदभाव नहीं था। सबका लक्ष्य एक ही था, जीवन के प्रति कल्याण की भावना। इस भीड़ में गंगा मैया के प्रति आस्था व समर्पण का भाव था। इस भीड़ में कोई उग्रता नहीं थी। उनमें एक-दूसरे से आगे निकलने या प्रतिद्वंद्विता वाली दुर्भावना नहीं थी। इसके अतिरिक्त इस भीड़ में अनोखी बात यह थी कि कोई स्नान करने वाला सैर-सपाटे की भावना से डुबकी नहीं लगा रहा था, बल्कि वे मोक्ष की भावना से डुबकी लगा रहे थे।

6. 'दूसरा देवदास' कहानी की मूल संवेदना पर प्रकाश डालिए।
***अथवा* 'दूसरा देवदास' कहानी का प्रतिपाद्य लिखिए।**

उत्तर 'दूसरा देवदास' कहानी में लेखिका 'ममता कालिया' ने हर की पौड़ी हरिद्वार की पृष्ठभूमि में युवा-मन की भावुकता, संवेदना तथा वैचारिक चेतना को अभिव्यक्त किया है। इस कहानी में अचानक हुई मुलाकात के बाद युवा हृदय में कल्पना तथा रूमानियत के जो भाव उठते हैं, उन्हें बखूबी ढंग से प्रस्तुत किया है। लेखिका ने घटनाओं का संयोजन रोचकपूर्ण तरीके से किया है, जिसमें प्रथम आकर्षण और परिस्थिति के कारण संभव और पारो के प्रेम को आधार और मज़बूती मिलती है। लेखिका ने सिद्ध किया है कि प्रेम के लिए किसी निश्चित व्यक्ति, समय, स्थान का होना आवश्यक नहीं है। वह कभी भी, कहीं भी, किसी भी समय और स्थिति में हो सकता है। कहानी के द्वारा लेखिका ने प्रेम को बंबइया (बंबई) फिल्मों की लीक से अलग हटाकर, प्रेम के सच्चे स्वरूप को रेखांकित किया है।

7. पारो और संभव में से आप किसके प्रति अधिक सहानुभूति रखते हैं और क्यों? 'दूसरा देवदास' पाठ के आधार पर उस पात्र की मनःस्थिति का वर्णन कीजिए। **CBSE SQP Term II 2022**

उत्तर पारो और संभव में से हम 'संभव' के साथ सहानुभूति रखते हैं। पुजारी जी की एक गलती के कारण संभव पारो की ओर आकर्षित हो गया था फिर उसने पारो की तलाश में पूरे गंगा घाट के साथ-साथ सारा बाजार छान मारा। उसने बाजार की कई घुमावदार गलियों से गुजरते हुए पारो की तलाश की पर वह उसे नहीं मिली। वह संभवतः पहली नजर में ही उससे प्रेम कर बैठा था।

इसी व्यग्रता में उसकी भूख-प्यास भी मिट गई थी। बस हर समय उसकी आँखों के सामने पारो का गुलाबी चेहरा ही छाया रहता था। लड़की ने पुजारी से कल आने के लिए कहा था। इसलिए वह उससे मिलने अगले दिन भी आया, लेकिन वह उसे नहीं मिली। अपनी इसी मनोकामना हेतु न चाहते हुए भी संभव मंसा देवी तक गया।

अंततः वहाँ उसकी पारो से मुलाकात हो ही जाती है। इस सबसे यही स्पष्ट होता है कि अपने प्रथम प्रेम की तृप्ति हेतु संभव ने हर वह कार्य किया, जो वह करना नहीं चाहता था अर्थात् जिसमें उसकी रुचि नहीं थी। प्रेम के प्रति उसकी इसी व्याकुलता व बेचैनी के कारण हम उससे सहानुभूति रखते हैं।

8. 'संभव ने भी पूरी श्रद्धा के साथ मनोकामना की गाँठ लगाई, सिर झुकाया, नैवेद्य चढ़ाया और वहाँ से बाहर आ गया' कथन का भाव 'दूसरा देवदास' पाठ के संदर्भ में स्पष्ट कीजिए। **CBSE TERM II 2022**

उत्तर 'दूसरा देवदास' पाठ के संदर्भ में, "संभव ने भी पूरी श्रद्धा के साथ मनोकामना की गाँठ लगाई, सिर झुकाया, नैवेद्य चढ़ाया और वहाँ से बाहर आ गया" कथन का भाव यह है कि संभव उस अनजान युवती (पारो) के प्रति आकृष्ट हो गया था, जो उसकी आँखों से ओझल हो गई थी। जिसे वह दूसरे दिन गंगा घाट में ढूँढने भी आया और उसी से मिलने की आशा से संभव जब मंसा देवी के मंदिर में मनोकामना की गाँठ बाँधता है, तो उसके हृदय में एक इस परंपरा के प्रति श्रद्धा उत्पन्न होती है तथा उसे यह लगता है कि शायद मंसा देवी के आशीर्वाद से उसे उसका प्रेम मिल जाए। वास्तव में, पारो के प्रति उसकी अप्रकट भावनाएँ उसकी मनोकामना का हिस्सा बन गई थीं। इसके बाद जब संभव मंदिर से बाहर आता है और संयोग से उसकी मुलाकात पारो से होती है, तो उसे यह विश्वास हो जाता है कि उसकी मनोकामना की गाँठ सचमुच प्रभावी रही। इस प्रकार, इस कथन में निहित भाव यह दर्शाता है कि संभव अपनी आंतरिक भावनाओं को श्रद्धापूर्वक देवी को समर्पित कर उनकी कृपा पाने की आकांक्षा रखता है, जो अंततः पारो से मिलने पर पूर्ण होती प्रतीत होती है।

9. 'दूसरा देवदास' पाठ के आधार पर लिखिए कि मंसा देवी के मंदिर में लगाई मनोकामना की गाँठ पर संभव और पारो को विश्वास क्यों हो गया था? **CBSE TERM II 2022**

उत्तर 'दूसरा देवदास' पाठ के अनुसार, मंसा देवी के मंदिर में लगाई मनोकामना की गाँठ पर संभव और पारो का विश्वास इस कारण दृढ़ हो गया था कि उनकी आकांक्षाएँ आश्चर्यजनक रूप से पूर्ण होती प्रतीत हुईं। संभव ने अत्यंत श्रद्धाभाव से मंसा देवी के समक्ष अपनी मनोकामना की गाँठ बाँधी थी और शीघ्र ही उसकी निहित आकांक्षा साकार होती दिखी। जिस अज्ञात युवती के प्रति उसके हृदय में विशेष आकर्षण और अनुराग उत्पन्न हुआ था, जिसे वह गंगा घाट ढूँढने आया था, वह मनोकामना की गाँठ बाँधने के बाद अनायास ही उसके सामने आ जाती है। यही घटना संभव के लिए देवी की महिमा और 'मनोकामना की गाँठ' की सिद्धि का प्रमाण बन गई। वहीं दूसरी ओर, पारो भी देवी दर्शन के साथ ही संभव से मिलने की लालसा लिए मंदिर आती है। जब मंदिर से लौटते समय संभव से उसकी भेंट होती है, तो पारो को यह अनुभव होता है कि जैसे देवी मंसा ने उसकी इच्छा सुन ली हो। इस प्रकार मंदिर के पवित्र परिवेश, भक्तों की आस्था और संयोगवश इच्छा पूर्ति के साक्षात्कार ने संभव और पारो दोनों के हृदय में मनोकामना की गाँठ की अद्वितीय शक्ति के प्रति श्रद्धा को और भी प्रगाढ़ कर दिया।

10. गंगा तट पर उपस्थित स्वयं सेवकों का कार्य व्यवहार आज के युवा वर्ग को किस प्रकार प्रेरित करता है? **CBSE SQP 2024**

उत्तर गंगा तट पर उपस्थित स्वयं सेवकों का कार्य व्यवहार आज के युवा वर्ग के लिए अनुकरणीय है। वे अपनी खाकी वर्दी में अनुशासन और निष्ठा का परिचय देते हुए मुस्तैदी से अपनी सेवाएँ दे रहे हैं। आरती के समय भीड़ को व्यवस्थित रखना, भक्तों को शांति और अनुशासन से बैठने के लिए प्रेरित करना, उनके प्रति उनके सम्मान और समर्पण को दर्शाता है। स्वयंसेवकों का यह सेवा भाव, उनकी समाज के प्रति जिम्मेदारी और निःस्वार्थ भाव से लोगों की सहायता करने का दृष्टिकोण आज के युवाओं को प्रेरित करता है कि वे भी समाज के प्रति अपने कर्त्तव्यों को समझें और उसकी सेवा में योगदान दें।

इस प्रकार ये स्वयं सेवक अपने अनुशासित, समर्पित और विनम्र व्यवहार से युवाओं में देश और समाज के प्रति निष्ठा और सेवा भावना जागृत करते हैं।

11. संभव हरिद्वार क्यों आया था? **CBSE Diksha**

उत्तर संभव हरिद्वार अपने माता-पिता की इच्छा से आया था। संभव ने एम.ए. पास किया था। वह सिविल सर्विसेज की परीक्षा में बैठने वाला था। उसके माता-पिता चाहते थे कि वह हरिद्वार जाकर गंगा जी के दर्शन कर ले। गंगा मैया के आशीर्वाद से वह एक ही बार में परीक्षा में चुन लिया जाएगा। उसकी नानी हरिद्वार में ही रहती थी। हालाँकि, संभव स्वयं इन टोटकों में विश्वास नहीं करता था, लेकिन उसे हरिद्वार घूमना और अपनी नानी से मिलना अच्छा लगता था, इसलिए वह हरिद्वार आया था।

12. 'दूसरा देवदास' कहानी बंबइया फिल्म की कहानी से किस प्रकार अलग है? **CBSE Diksha**

उत्तर कहानी 'दूसरा देवदास' पारंपरिक बंबइया फिल्मों से बिलकुल अलग है। 'दूसरा देवदास' कहानी संभव और पारो के बीच पनपते प्रेम पर आधारित कहानी है। संभव और पारो का प्रेम पवित्र एवं स्थायी है। दोनों के बीच आकर्षण हृदय की गहराइयों से उत्पन्न अनुभूतियों से है। बंबइया फिल्म की तरह संभव अपने प्रेम का प्रदर्शन नहीं करता। वह किसी भी मर्यादा का उल्लंघन नहीं करता। इस कहानी में किसी प्रकार का नाटकीय संघर्ष, तीव्र संवाद या उग्र प्रेम प्रसंग नहीं है।

फिल्मी कहानियों में जहाँ आमतौर पर नायक-नायिका के बीच गहरा संघर्ष, बलिदान और नाटकीयता होती है, वहीं 'दूसरा देवदास' में प्रेम की भावना को सरलता और गहराई से प्रस्तुत किया गया है। जीवन मूल्यों के साथ प्रेम में आगे बढ़ना ही इस कहानी को बंबइया फिल्मों से अलग कर देता है। इस कहानी में प्रेम को आत्मिक स्तर पर दिखाया गया है, जोकि बंबइया फिल्मों के मुकाबले कहीं अधिक यथार्थ और शांतिपूर्ण प्रतीत होता है।

13. "सब मिलाकर एक नई निराली अनुभूति थी, जिसमें उसे कुछ सुख और ज्यादा बेचैनी लग रही थी।" 'दूसरा देवदास' कहानी के संदर्भ में कथन की विवेचना कीजिए। **CBSE Diksha**

उत्तर संभव अपने माता-पिता के साथ दिल्ली में रहता था। वह अपनी नानी से मिलने तथा घूमने हरिद्वार आया था। एक दिन संभव गंगा स्नान करके अपनी नानी के घर लौट रहा था कि अचानक एक मंदिर में दर्शन करते समय अपने बगल में खड़ी एक लड़की पर उसकी नजर पड़ी और संभव के मन में उसके प्रति कोमल भावनाएँ उत्पन्न हुईं, जिससे संभव को वह बार-बार याद आती रहती थी।

संभव के जीवन में कोई लड़की किसी अहम भूमिका में नहीं आई थी। वह अपनी क्लास की लड़कियों को या फिर अपने चाचा, ताऊ की लड़कियों को जानता था,जिसके साथ वह खेलते-खाते बड़ा हुआ था। जिस तरह पारो उसके सामने आई थी, उन घटनाओं से कुल मिलाकर उसे एक नई अनुभूति हो रही थी, जिसमें उसे कुछ सुख और ज्यादा बेचैनी लग रही थी। संभव के जीवन में इस भावनात्मक उलझन ने पहली बार प्रेम के प्रति एक निराली अनुभूति उत्पन्न की, जो सुखद भी थी और बेचैन करने वाली भी।

14. संभव अधिक शारीरिक परिश्रम में विश्वास क्यों नहीं करता था? 'दूसरा देवदास' पाठ के आधार पर लिखिए। **CBSE 2023**

उत्तर 'दूसरा देवदास' पाठ के अनुसार, संभव अधिक शारीरिक परिश्रम में विश्वास नहीं करता था, क्योंकि बरसों से वह केवल कुर्सी पर बैठकर पढ़ाई करता आया था। उसकी सक्रियता का अर्थ हमेशा किसी मानसिक क्रिया या दिमागी हरकत से जुड़ा होता था।

लगातार शारीरिक मेहनत से उसका कोई सीधा सम्बन्ध नहीं था और उसकी रुचि भी ऐसे कार्यों में कम ही थी। यहाँ नानी के घर पर उसे सुबह-सुबह नानी का झाड़ू लगाना, चक्की चलाना, पानी भरना, रात के माँजे बरतन फिर से धो-धोकर लगाना, सब कष्ट दे रहा था। वह इन कार्यों में एतराज़ नहीं कर रहा था, क्योंकि उसे लगा कि महज़ चार दिनों के लिए वह नानी की दिनचर्या में हस्तक्षेप करने का अधिकारी नहीं है।

15. 'दूसरा देवदास' कहानी में सिविल परीक्षा में सफलता प्राप्ति के लिए संभव के माता-पिता उसे गंगा दर्शन के लिए हरिद्वार भेजते हैं। क्या आप भी अपने कार्य की सफलता के लिए इस प्रकार के कार्य करते हैं? पक्ष या विपक्ष में तर्कपूर्ण उत्तर दीजिए। **CBSE 2024**

उत्तर 'दूसरा देवदास' कहानी में संभव के माता-पिता उसे सिविल सेवा परीक्षा में सफलता के लिए गंगा दर्शन के लिए हरिद्वार भेजते हैं। ऐसे धार्मिक कार्यों पर मेरी राय व्यक्तिगत आस्था और परिस्थितियों पर आधारित है। यदि पक्ष में तर्क करें, तो धार्मिक स्थल की यात्रा से मानसिक शांति और आत्मविश्वास मिलता है।

यह यात्रा हमारे भीतर सकारात्मक ऊर्जा का संचार कर सकती है, जिससे कठिन कार्यों के प्रति मनोबल बढ़ता है। यह हमारी सांस्कृतिक परंपराओं का भी हिस्सा है, जो कई बार आंतरिक प्रेरणा का स्रोत बनती हैं। हालाँकि मैं इसे पूर्णतः समर्थन नहीं देता, क्योंकि किसी भी कार्य की सफलता मेहनत, अनुशासन और सटीक रणनीति पर निर्भर करती है। धार्मिक क्रियाएँ मेहनत का स्थान नहीं ले सकतीं।

सफलता के लिए समय का सही उपयोग और उचित योजना आवश्यक है। मेरी दृष्टि में ऐसे कार्य यदि मानसिक संतुलन बनाए रखने के लिए किए जाएँ, तो ठीक है, लेकिन सफलता केवल प्रयास और समर्पण से ही सुनिश्चित होती है। अतः मैं इन परंपराओं को सम्मान देता हूँ, पर अपनी प्राथमिकता कड़ी मेहनत को मानता हूँ।

स्व-मूल्यांकन

गद्यांश पर आधारित बहुविकल्पीय प्रश्न

निम्नलिखित गद्यांश को ध्यानपूर्वक पढ़कर उस पर आधारित दिए गए प्रश्नों के सर्वाधिक उपयुक्त उत्तर वाले विकल्प चुनकर लिखिए

1. 'ले तू अभी तक सुपने ले रहा है, वहाँ लाखन लाख लोग नहान कर लिए। अरे कभी तो बड़ों का कहा कर लो।' लड़के की तंद्रा नष्ट हो गई। नानी उवाच के बीच सपने नौ दो ग्यारह हो गए। लड़के ने उठते-उठते तय किया कि इस वक्त वह घाट तक चला तो जाएगा, पर नहाएगा नहीं। हाथ-मुँह धोकर प्रार्थना कर लेगा। कुछ देर पौड़ी पर बैठ गंगा की जलराशि निहारेगा। लौटते हुए मथुरा जी की प्राचीन दुकान से गरम जलेबी खरीदेगा और वापस आ जाएगा। उसने कुरते की जेब में बीस का नोट डाला और चल दिया।

वास्तव में पौड़ी पर आज अद्भुत भीड़ थी। गंगा के घाट से भी चौड़ा मानव-रेला दिखाई दे रहा था। भोर की आरती हो चुकी थी। लेकिन भजन जोर-शोर से चले जा रहे थे। नारियल, फूल और प्रसाद की घनघोर बिक्री थी।

(क) लड़के की तंद्रा कैसे भंग होती है?
- (i) भजन से
- (ii) नानी की बातों से
- (iii) आरती के शोर से
- (iv) पुजारी की आवाज़ से

(ख) लड़के ने लौटते समय मथुरा जी की दुकान से क्या खरीदने का सोचा?
- (i) नारियल
- (ii) जलेबी
- (iii) लड्डू
- (iv) प्रसाद

(ग) घाट पर किस चीज़ की बिक्री हो रही थी?
- (i) नारियल, फूल और प्रसाद
- (ii) मिठाई और फल
- (iii) किताबें और कागज
- (iv) कपड़े और गहने

(घ) निम्नलिखित कथनों में से सही कथनों पर विचार कीजिए।
1. लड़के ने नानी के कहने पर घाट जाने का निर्णय लिया।
2. लड़के ने घाट पर जाकर स्नान करने का विचार किया।
3. लड़के ने प्रार्थना करने के बाद जलेबी खरीदने का फैसला किया।

कूट
- (i) 1 और 2
- (ii) केवल 3
- (iii) 2 और 3
- (iv) 1 और 3

(ङ) भोर की आरती के बाद घाट पर क्या हो रहा था?
- (i) गंगा स्नान
- (ii) भजन-कीर्तन
- (iii) नारियल और फूलों की बिक्री
- (iv) उपर्युक्त सभी

उत्तर

(क) (ii) नानी की बातों से

(ख) (ii) जलेबी

(ग) (i) नारियल, फूल और प्रसाद

(घ) (iv) 1 और 3

(ङ) (iv) उपर्युक्त सभी

गद्यांश की व्याख्या

2. निम्नलिखित में से किसी एक गद्यांश की सप्रसंग व्याख्या कीजिए।

सारी रात संभव की आँखों में शाम मंडराती रही। उसकी ज्यादा उम्र नहीं थी। इसी साल एम. ए. पूरा किया था। अब वह सिविल सर्विसेज़ प्रतियोगिताओं में बैठने वाला था। माता-पिता का खयाल था वह हरिद्वार जाकर गंगा जी के दर्शन कर ले तो बेखटके सिविल सेवा में चुन लिया जाएगा। लड़का इन टोटकों को नहीं मानता था पर घूमना और नानी से मिलना उसे पसंद था।

अथवा

उसने तो लड़की का नाम भी नहीं पूछा। वैसे वह हरिद्वार की नहीं लगती थी। कैसी लगती थी, संभव ने याद करने की कोशिश की। उसे सिर्फ उसकी दुबली-पतली काया, गुलाबी साड़ी और भीगी-भीगी श्याम सलोनी आँखें दिखीं। उसे अफ़सोस था वह उसे ठीक से देख भी नहीं पाया पर यह तय था कि वह उसे हज़ारों की भीड़ में भी पहचान लेगा।

विषय-वस्तु पर आधारित प्रश्न

1. 'स्पेशल आरती' का क्या अर्थ है और इसके लिए भक्त क्या करते हैं?

2. गंगाजी के तट पर मंदिरों पर किस प्रकार की सूचनाएँ लिखी हैं?

3. गंगापुत्रों की आजीविका गंगा पर कैसे निर्भर है? स्पष्ट कीजिए।

4. आरती के बाद भक्त पुजारियों को क्या चढ़ावा देते हैं?

5. पुजारी ने लड़की के 'हम' का क्या अर्थ निकाला और क्यों?

6. संभव ने चंदन तिलक लगाने से मना क्यों किया तथा पुजारी को एक रुपये के बजाय दो रुपये का नोट क्यों दिया?

08
अध्याय

लेखक-परिचय

हजारी प्रसाद द्विवेदी जी का जन्म वर्ष 1907 में उत्तर प्रदेश के बलिया जिले में हुआ था। उन्होंने काशी से ज्योतिषाचार्य की उपाधि प्राप्त की और शांति निकेतन में हिंदी भवन के निदेशक रहे, जहाँ उन्हें रवींद्रनाथ टैगोर और आचार्य क्षितिमोहन सेन का सान्निध्य मिला। उन्होंने काशी हिंदू विश्वविद्यालय में हिंदी विभागाध्यक्ष और पंजाब विश्वविद्यालय में भी हिंदी विभाग का नेतृत्व किया। उन्हें साहित्य अकादमी पुरस्कार, डी.लिट् की मानद उपाधि और पद्मभूषण से सम्मानित किया गया। द्विवेदी जी की प्रमुख रचनाएँ हैं– अशोक के फूल, विचार और वितर्क, कल्पलता, कुटज, आलोक पर्व, चारूचंद्रलेख, बाणभट्ट की आत्मकथा, पुनर्नवा, अनामदास का पोथा, सूर-साहित्य, कबीर, हिंदी साहित्य की भूमिका, कालिदास की लालित्य-योजना आदि हैं। वर्ष 1979 को उनका देहावसान हो गया।

▼ अध्ययन के लिए
- पाठ की रूपरेखा
- पाठ का सार

▼ अभ्यास के लिए
- पाठ्यपुस्तक के प्रश्नोत्तर
- गद्यांशों की व्याख्या
- गद्यांश पर आधारित बहुविकल्पीय प्रश्न
- विषय-वस्तु पर आधारित प्रश्नोत्तर

कुटज
(हजारी प्रसाद द्विवेदी)

पाठ की रूपरेखा

'कुटज' हजारी प्रसाद द्विवेदी का ललित निबंध है। इस निबंध में लेखक ने कुटज जो हिमालय पर्वत की ऊँचाई पर सूखी शिलाओं के बीच में उगने वाला एक जंगली पौधा है, उसकी प्रकृति को आधार बनाकर उसका वर्णन किया है। कुटज के फूल में विशेष सौंदर्य तथा सुगंध दोनों नहीं होती, परंतु फिर भी लेखक ने बताया है कि कुटज में हार न मानने वाली जीवन-शक्ति, स्वावलंबन तथा आत्मविश्वास है, वह विपरीत परिस्थितियों में भी शान के साथ जीने की क्षमता रखता है। इसके माध्यम से लेखक जीवन जीने की कला का उपदेश देता है। इस निबंध का उद्देश्य यह बताना भी है कि सामान्य-से-सामान्य वस्तु में भी विशेष गुण हो सकते हैं।

पाठ का सार

लेखक द्वारा हिमालय के प्राकृतिक सौंदर्य का वर्णन

लेखक हिमालय के प्राकृतिक सौंदर्य का वर्णन करते हुए कहते हैं कि हिमालय की वृहद् लंबाई देखकर ऐसा लगता है जैसे वह भारत के पूर्व तथा पश्चिम के समुद्र को अपनी भुजाओं से थाहता (अनुमान लगाता) है। इसीलिए कालिदास ने हिमालय को 'पृथ्वी का मानदंड' कहा था। वह कहता है इसके दक्षिण तथा समानांतर स्थित पर्वत श्रृंखला 'शिवालिक' कहलाती है। शिवालिक का अर्थ जानने के लिए वह अनुमान लगाता है कि शिव की फैली हुई जटाएँ (केश-राशि) ही तो शिवालिक की पहाड़ी नहीं बन गई हैं। लेखक बताते हैं कि हिमालय से अलकनंदा का स्रोत बहुत दूर है, लेकिन शिव की सर्व विद्यमान्यता और हिमालय के रूप में उनकी समाधिस्थ भाव की कल्पना से ऐसा लगता है जैसे यह शिवालिक श्रृंखला उनके समाधिस्थ स्वरूप का प्रतिनिधित्व कर रही हो। शिवालिक की शुष्क और नीरस पर्वत श्रृंखलाओं पर उस (लेखक) को उनके वृक्ष मुसकराते हुए दिखाई देते हैं, जो गर्मी की भयंकर मार सहकर भी मस्ती से झूम रहे होते हैं, परंतु वह इन वृक्षों के नाम नहीं जानता।

वृक्ष का नाम याद करने का प्रयास करते हुए सामाजिक महत्त्व बताना

लेखक को उन वृक्षों में एक छोटा-सा, बड़े और चौड़े पत्तों वाला, फूलों से लदा हुआ वृक्ष दिखाई देता है। वह कहता है कि वह उस वृक्ष को भली-भाँति पहचान रहा है, किंतु सदैव की भाँति उसे उसका नाम याद नहीं है। नाम याद करते समय उसके सामने एक प्रश्न उठता है कि नाम बड़ा है या रूप। वह सोचता है कि नाम की आवश्यकता क्यों है? नाम किसी को कितने ही दिए जा सकते हैं? नाम के महत्त्व के बारे में बताता है कि नाम उस पद को कहते हैं जिस पर समाज की मोहर लगी होती है, जबकि रूप व्यक्तिगत पहचान है।

कुटज तथा उसका साहित्य में प्रयोग

लेखक इस वृक्ष को गिरिकूट बिहारी कहकर इसके नाम के बारे में पुनर्विचार करता है। अचानक लेखक को याद आता है कि यह तो कुटज है, जिसे संस्कृत के कवियों द्वारा कभी पर्याप्त महत्त्व प्राप्त नहीं हुआ। लेखक कहता है कि कालिदास ने 'मेघदूत' में यक्ष द्वारा रामगिरि पर मेघों की पूजा-अर्चना के लिए कुटज के फूलों का प्रयोग करवाया है उसे देखकर ऐसा लगता है जैसे उन्होंने स्वयं रामगिरि पहुँचकर कभी मेघों की पूजा-अर्चना के लिए शिवालिक की भाँति अन्य फूल न मिलने पर अर्घ्य चढ़ाया हो। इसलिए कुटज अति महत्त्वपूर्ण है।

कुटज के सम्मान का प्रश्न

लेखक कहता है कि कालिदास ने जिस पुष्प का वर्णन किया, उसे सम्मान मिलना चाहिए, परंतु कुटज को उतना सम्मान नहीं मिला। रहीम का उल्लेख करते हुए लेखक कहते हैं कि रहीम नेकदिल व्यक्ति थे, लेकिन इस मतलबी समाज में उन्हें भी वह सम्मान प्राप्त नहीं हुआ, जिसके वे हकदार थे। इससे उनके गुणों में कोई कमी न आई, किंतु अपनी दुःखी मनःस्थिति में उन्होंने झुंझलाकर कुटज के विषय में कहा था

"वे रहीम अब बिरछ कहँ, जिनकर छाँह गंभीर
बागन बिच-बिच देखियत, सेंहुड़, कुटज, करीर"

कुटज शब्द की उत्पत्ति तथा कुटज का अर्थ

लेखक कुटज का अर्थ स्पष्ट करते हुए बताते हैं कि जो कुट से पैदा हुआ वह कुटज है। कुट का अर्थ घड़ा और घर दोनों हैं। संस्कृत में कुटिहारिका शब्द का अर्थ घर में कामकाज करने वाली दासी होता है। व्यभिचार करने वाली दासी को 'कुटनी' कहते हैं, जिसे संस्कृत में कुट्टनी कहा गया है। अगस्त्य मुनि को घड़े से उत्पन्न होने के कारण 'कुटज' कहा जाता है, परंतु घड़े से उत्पन्न होने की बात लेखक को उचित नहीं लगती। लेखक विचार करता है कि कुटज शब्द कहाँ से आया।

संस्कृत में 'कुटज', 'कुटच' तथा 'कूटज' आदि अनेक शब्द मिलते हैं। लेखक सिलवाँ लेवी द्वारा फूलों, वृक्षों व खेत-बागवानी के अधिकांश शब्दों का आग्नेय भाषा परिवार से होने के कथन का उल्लेख करते हुए कहते हैं कि एशिया और ऑस्ट्रेलिया की जनजातियों की भाषा में समानता को देखकर भाषा वैज्ञानिक भी हतप्रभ थे, जिसे उन्होंने आरंभ में ऑस्ट्रो-एशियाटिक और बाद में आग्नेय भाषा-परिवार कहा। इसे वर्ग विशेष व साहित्य के कारण कोल-परिवार कहने लगे। लेखक संस्कृत को सर्वग्राही भाषा कहता है, क्योंकि संस्कृत दूसरी भाषाओं के शब्दों को पचाने की शक्ति रखती है। साथ ही वह बताता है कि संस्कृत में न जाने कितनी जातियों के शब्दों ने स्थान पा लिया है। संभवतः कुटज भी ऐसा ही शब्द हो।

कुटज के स्वरूप तथा विशेषताओं का वर्णन

लेखक को अपने सामने लहराता हुआ पौधा (कुटज) दिखाई देता है, जो अपने नाम और रूप से अपनी अपराजेय जीवन-शक्ति की घोषणा कर रहा होता है। यही कुटज है, जो हज़ारों वर्षों से कालिदास से लेकर आज तक ज़मा हुआ है। चारों ओर धधकती धूप और लू में भी यह हरा-भरा बना हुआ है। लेखक कल्पना करता है कि बर्फ़ीली चोटियों पर समाधि में बैठे महादेव को इस दुर्गम स्थल पर जीवन की जिजीविषा के लिए कुटज के वृक्ष हिलकर अपने फूलों को उन पर चढ़ा देते हैं।

लेखक का बौद्धिक चिंतन

लेखक सोचता है कि जीवन जीना एक कला है, तपस्या है। व्यक्ति को अपने क्रियाकलापों से जीवन को प्रतिदिन बेहतर बनाने का प्रयास करना चाहिए, केवल जीवन व्यतीत करना जीवन नहीं है। लेखक याज्ञवल्क्य ऋषि का उदाहरण देते हुए कहता है कि उन्होंने अपनी पत्नी को समझाने की कोशिश की कि संसार में जहाँ कहीं प्रेम है, सब मतलब के लिए है। पश्चिमी विचारक तो दुनिया में केवल प्रचंड स्वार्थ को देखते हैं, त्याग, प्रेम और परार्थ को नहीं। बड़े-बड़े प्रवचन, भाषण, देशोद्धार, साहित्य, कला सब में स्वार्थ निहित रहता है, परंतु लेखक इस मत से सहमत नहीं है। वह मानता है कि स्वार्थ से भी बड़ी कोई-न-कोई बात अवश्य है। वह मानता है कि व्यक्ति पूर्ण सुख का आनंद तभी ले सकता है, जब उसमें समष्टि बुद्धि आ जाए।

कुटज के स्वाभिमानी चरित्र का वर्णन

लेखक स्पष्ट करता है कि कुटज, मनुष्य की भाँति किसी दूसरे के द्वार पर भीख नहीं माँगने जाता और न किसी से डरता है। वह नीति और धर्म का उपदेशक भी नहीं है। किसी की झूठी प्रशंसा नहीं करता, अपनी उन्नति के लिए अफ़सरों के जूते नहीं चाटता, अँगूठी पहनने जैसे अंधविश्वास उसमें नहीं हैं। वह शान से जीता है। लेखक ने महाभारत के शांति पर्व का उदाहरण देकर बताया है कि चाहे सुख हो या दुःख, प्रिय हो या अप्रिय, जो मिल जाए उसे शान के साथ हृदय से बिलकुल अपराजित होकर, उल्लास सहित ग्रहण करो। वह कुटज को देखकर रोमांचित हो जाता है कि ऐसी स्वार्थ रहित अपराजित भाव की जीवन दृष्टि उसे (कुटज) कहाँ से मिली।

सुख-दुःख के विषय में लेखक का चिंतन

लेखक कहते हैं कि जो लोग दूसरों पर उपकार करने या दूसरों के उपकार को अपकार समझने का भाव रखते हैं, वे मूर्ख हैं। मनुष्य तो केवल जी रहा है और वह भी इतिहास विधाता की इच्छा पर। अगर उससे किसी को सुख-दुःख मिलता है, तो उसका अभिमान व्यर्थ है। सुख-दुःख तो मन की सोच पर निर्भर करते हैं। जिसका मन वश में है वही सुखी है और जिसका मन दूसरे के वश में है वहीं दुःखी है। दूसरों के वश में रहने वाला दूसरों की खुशामद करता है, गिड़गिड़ाता है, जी हुजूरी करता है, परंतु कुटज इन मिथ्याचारों से मुक्त है। वह राजा जनक की भाँति संसार में रहकर संपूर्ण भोगों को भोग कर भी उनसे मुक्त है। 'कुटज' अपने मन पर सवारी करता है, परंतु मन को अपने पर सवार नहीं होने देता। लेखक कुटज को मनस्वी मित्र बताते हुए उसे धन्य मानता है।

शब्दार्थ

शोभा निकेतन–सौंदर्य के स्थान; **अपर**–दूसरा/दूरवर्ती; **महोदधि**–महासागर; **पाद-देश**–नीचे का भाग/इसके चरणों में पड़े देश; **लटियायी**–उलझी-फैली हुई लटाओं वाला; **स्रोत**–निकलने का स्थान; **अलक**–बाल; **समाधिस्थ**–समाधि में लीन; **गिरि शृंखला**–पर्वतमाला; **अज्ञात नाम गोत्र**–अपरिचित; **अंतर्निरुद्ध**–भीतरी रुकावट; **इज़हार**–अभिव्यक्ति/प्रकट करना; **रक्ताभ**–लाल आभा वाली/रक्त की चमक वाली; **दरख्त**–वृक्ष; **निरंतर**–लगातार; **पैठी रहना**–प्रवेश करना; **अंतर गह्वर**–बहुत अधिक गहरा गड्ढा; **द्वंद्वातीत**–द्वंद्व से परे/निश्चिंत; **अलमस्त**–मौज़ी; **अदा**–छटा/सुंदरता; **सुदूर अतीत**–अति प्राचीनकाल; **सुस्मिता**–मोहक मुस्कान वाली/गौरवशाली; **गिरिकांता**–पर्वत की किरण; **शुभ्रकिरीटिना**–सफ़ेद मुकुटों वाली; **मदोद्धता**–नशे या गर्व में चूर; **विजितातपा**–धूप को दूर करने वाला; **अकुतोभय**–जिसे कहीं किसी से भय न हो/नितांत भयशून्य/निडर; **अपराजित**–जो पराजित न हो; **पहाड़फोड़**–पहाड़ को भेदने वाला; **समष्टि**–संपूर्ण/समूचा; **चित्त गंगा**–हृदय रूपी गंगा; **स्नात**–नहाया हुआ; **विरुद्ध**–कीर्ति गाथा/प्रशंसासूचक पदवी; **गिरिकूट**–पर्वत; **स्तबकों**–गुच्छों/फूलों के गुच्छे; **उल्लास-लोल**–खुशी से चंचल; **चारुस्मित**–सुंदर मुसकान वाला; **आषाढ़स्य प्रथम दिवसे**–आषाढ़ महीने के पहले दिन; **अभ्यर्थना**–निवेदन/सम्मान/पूजा/प्रार्थना; **नियोजित**–नियुक्त; **चंपक**–चंपा की कली; **बकुल**–मौलसिरी; **नीलोत्पल**–नीलकमल; **फकत**–केवल/अकेला/एकमात्र; **अनत्युच्च**–जो बहुत ऊँचा न हो; **संतृप्त**–दुःखी; **बड़भागी**–बड़े भाग्य वाले; **गाढ़े का साथी**–संकट का मित्र; **वितृष्णा**–घृणा/उपेक्षा; **बेकद्रदानी**–महत्ता न समझना; **बिरछ**–वृक्ष/पेड़; **छाँह**–छाया; **सेहुँड़**–नागफनी/काँटेदार पौधा; **करीर**–बाँस का नया पेड़; **अदना-सा**–तुच्छ/छोटा; **कुटिहारिका**–सेविका/दासी; **मुखर बनाना**–वाक्पटु बनाना; **कुट्टनी**–बुरी आदत वाली सेविका; **कुलीनता**–उत्तम कुल में उत्पन्न होने का गुण; **अविच्छेद्य**–जिसका विच्छेदन न हो/जिसे काटा न जा सके; **तांबूल**–पान; **नस्ल**–जाति; **सर्वग्रासी**–सब कुछ खा लेने वाली; **स्फीयमान**–फैला हुआ/विस्तृत; **कुपित**–क्रोधित/नाराज़; **यमराज**–मृत्यु के देवता; **दारुण**–भयंकर; **लू**-गर्म हवा; **दुर्जन**–दुष्ट; **पाषाण**–पत्थर; **कारा**–जेल; **रुद्ध**–रुका हुआ; **बरबस**–बलपूर्वक/जबरदस्ती; **गिरि कंतार**–पर्वत प्रदेश; **हिमाच्छादित**–बर्फ़ से ढकी हुई; **पर्वतनंदिनी सरिताएँ**–पर्वत से निकलने वाली नदियाँ; **चिरपरिचित**–जाना-पहचाना; **मूर्धा**–मस्तक/सिर; **प्राप्य**–हक; **दुरंत**–कठिन; **ब्रह्मवादी**–ब्रह्म में विश्वास रखने वाला; **ऋषि**-विद्वान्; **परार्थ**–परोपकार; **प्रचंड**-भयंकर; **जिजीविषा**–जीने की अभिलाषा; **शत्रुमर्दन**–शुत्र को पराजित करने वाला/कुचलने वाला; **अभिनय**–नाटक करना/स्वाँग भरना; **देशोद्धार**–देश की उन्नति/विकास; **अंतरतर**–हृदय के भीतर; **धक्कामार ढंग**–बलपूर्वक/जबरदस्ती; **दलित-द्राक्षा**–निचोड़ा हुआ अँगूर; **मोह**–अज्ञान; **तृष्णा**–लालसा; **दयनीय**–दीन-हीन; **कृपण**–कंजूस; **कार्पण्य**–कृपणता/कंजूसी; **उपहत**–चोट खाया हुआ/घायल/प्रभावित; **म्लान**–मलिन/फीकी/कमज़ोर; **अवमानित**– अपमानित/उपेक्षित/तिरस्कृत; **आत्मोन्नति**–अपनी उन्नति; **दाँत निपोरना**–खुशामद करना; **बगले झाँकना**–सामना करने से बचना; **अवधूत**–विरक्त/संन्यासी; **अपकार**–बुराई/अहित; **नितरां**–अत्यधिक; **चाटुकारिता**–चापलूसी करना; **छंदावर्तन**–आरोपण करना; **आडंबर**–ढकोसला; **मिथ्याचार**–बुरा आचरण; **वशी**–मन को वश में रखने वाला; **वैरागी**–सांसारिकता से मुक्त रहने वाला/अनासक्त/संसार से लगाव न रखने वाला; **मुक्त**–बंधन रहित; **मनस्वी**–ज्ञानी/चिंतक।

पाठ्यपुस्तक (अंतरा भाग-2) के प्रश्नोत्तर

1. कुटज को 'गाढ़े का साथी' क्यों कहा गया है?

उत्तर कालिदास ने 'आषाढ़स्य प्रथम दिवसे' रामगिरि पर यक्ष को जब मेघ अभ्यर्थना के लिए नियोजित किया तो आस-पास केवल कुटज के पुष्प ही मिले, जिनके अर्घ्य से उसे संतोष करना पड़ा था। लेखक मानता है कि यक्ष तो एक बहाना मात्र है, कालिदास स्वयं ही रामगिरि पहुँचे थे तथा अपने ही हाथों कुटज पुष्प का अर्घ्य देकर उन्होंने मेघ की अभ्यर्थना की थी। शिवालिक के शिखरों पर उन्हें कोई अन्य फूल नहीं मिला। ऐसे समय में कुटज ने उनके चित्त को सहारा दिया। कुटज ऐसा साथी है, जो मुसीबत में काम आया इसी कारण लेखक ने कुटज को 'गाढ़े का साथी' कहकर संबोधित किया। कुटज के फूल कालिदास के काम आए, इसी कारण उन्होंने उसे सम्मान दिया।

2. 'नाम' क्यों बड़ा है? लेखक के विचार अपने शब्दों में लिखिए।

अथवा **'कुटज' पाठ के आधार पर लिखिए कि लेखक ने रूप की तुलना में नाम को अधिक महत्त्वपूर्ण क्यों माना है?** **CBSE 2023**

उत्तर नाम वास्तव में, रूप का परिचायक होता है, जिसे सामाजिक मान्यता प्राप्त होती है। किसी का भी स्मरण करने के लिए पहले नाम का आना आवश्यक है। कोई भी रूप नाम के बिना अधूरा होता है, क्योंकि बिना नाम के उसकी सामाजिक स्थिति निर्मित नहीं होती। नाम में इतनी शक्ति होती है कि वह रूप के समाप्त हो जाने के बाद भी अपना अस्तित्व बनाए रखता है। इसी कारण लेखक ने रूप की तुलना में नाम को अधिक महत्त्वपूर्ण और बड़ा माना है।

3. 'कुट', 'कुटज' तथा 'कुटनी' शब्दों का विश्लेषण कर उनमें आपसी संबंध स्थापित कीजिए।

उत्तर 'कुट' घड़े को कहते हैं। 'कुट' का अर्थ घर भी होता है। घड़े से उत्पन्न होने वाला 'कुटज' कहलाता है। घड़े से उत्पन्न होने के कारण अगस्त्य मुनि को भी 'कुटज' कहा गया।

दासी के पुत्र को भी कुटज कहा जाता है। संस्कृत में 'कुटहारिका' तथा 'कुटकारिका' का अर्थ दासी होता है। 'कुटिया' या 'कुटीर' शब्द का अर्थ घर होता है।

घर में काम करने वाली दासी कभी-कभी 'कुटनी' भी कही जाती है। इस प्रकार 'कुट', 'कुटज' तथा 'कुटनी' शब्दों में आपसी संबंध हैं। ये तीनों शब्द एक ही मूल के शब्द 'कुट' से उत्पन्न हुए हैं।

4. कुटज किस प्रकार अपनी अपराजेय जीवनी-शक्ति की घोषणा करता है?

उत्तर 'कुटज' अपने 'रूप' और 'नाम' दोनों के कारण अपराजेय जीवनी-शक्ति की घोषणा करता है। वह आकर्षक है। हिमालय पर यमराज के दारुण-निःश्वास के समान धधकते पहाड़ों में हरा-भरा तथा पुष्पित कुटज अपनी मस्ती तथा मादक शोभा में जीता है। भाग्य से भी अधिक कठोर चट्टानों पर अज्ञात जलस्रोत से जीवन ग्रहण कर कुटज अपनी जीवनी-शक्ति को दिशा देता है। उसकी अपराजेय जीवनी-शक्ति ही वातावरण को अपूर्व उल्लास से भर देती है।'कुटज' जीवन को कठिन परिस्थितियों में भी जीने की प्रेरणा से संचालित करने का उपदेश देता है। विरोधी और विपरीत परिस्थितियों का डटकर सामना करना सिखाता है। इस प्रकार कुटज अपनी अपराजेय जीवनी-शक्ति की घोषणा करता है।

5. 'कुटज' हम सभी को क्या उपदेश देता है? टिप्पणी कीजिए।

उत्तर कुटज हम सभी को उपदेश देते हुए कहता है कि "यदि जीना चाहते हो, तो कठोर पाषाण को भेदकर, पाताल की छाती चीरकर अपना भोग्य संग्रह करो; वायुमंडल को चूसकर, झंझा-तूफान को रगड़कर, अपना प्राप्त वसूल लो; आकाश चूमकर अवकाश की लहरी में झूमकर उल्लास खींच लो।"अर्थात् हम सभी को कुटज संघर्ष करने की प्रेरणा देता है। अपने इच्छित उद्देश्य को प्राप्त करने के लिए, अपनी योग्यता एवं क्षमता के अनुसार परिणाम प्राप्त करने के लिए हमें स्वयं ही संघर्ष करना पड़ेगा, तभी हम सफल हो सकते हैं और दुनिया ऐसे ही कर्मठ लोगों को पूजती है। वास्तव में, वीर ही वसुंधरा का भोग करते हैं।

6. "कुटज में न विशेष सौंदर्य है, न सुगंध, फिर भी लेखक ने उसमें मानव के लिए एक संदेशा पाया है।"–इस कथन की पुष्टि करते हुए बताइए कि वह संदेश क्या है?

अथवा **कुटज के जीवन से हमें क्या सीख मिलती है?**

अथवा **'कुटज' के जीवन से मिलने वाली शिक्षाओं का उल्लेख कीजिए।** **CBSE 2024**

उत्तर कठोर जीवन पद्धति के बीच फूलों से लदा 'कुटज' हमें विषम परिस्थितियों में जीना सिखाता है। वह किसी दरवाज़े पर कुछ माँगने नहीं जाता, भय से आकुल नहीं हो जाता, अपनी उन्नति के लिए खुशामद नहीं करता, रूढ़ियों और अंध-आस्थाओं की प्रवृत्ति नहीं पालता। इस प्रकार, कुटज के जीवन से हमें यह सीख मिलती है कि विपरीत परिस्थितियों में संघर्ष करते हुए सदा मस्त रहना चाहिए। दूसरों के सामने हाथ नहीं फैलाने चाहिए। किसी से भयभीत नहीं होना चाहिए, न किसी की झूठी प्रशंसा करनी चाहिए, अंधविश्वासी नहीं बनना चाहिए। अपने मन को अपने वश में करके जीना चाहिए तथा सदैव सफलता पाने का प्रयास करना चाहिए। अतः कुटज मनुष्य को स्वाभिमान के साथ जीवन जीने व आत्मविश्वास से पूर्ण तथा निःस्वार्थ होने की शिक्षा देता है।

7. कुटज क्या केवल जी रहा है–लेखक ने यह प्रश्न उठाकर किन मानवीय कमज़ोरियों पर टिप्पणी की है?

उत्तर लेखक प्रश्न करता है—'कुटज क्या केवल जी रहा है?' इस पंक्ति से यह प्रतिध्वनित होता है कि कुटज केवल जी नहीं रहा। वह विवश या असहाय नहीं है। वह अपनी अपराजेय जीवनी-शक्ति के बल पर आत्मविश्वास के साथ आनंदित होकर जीवन जी रहा है। कुटज के माध्यम से लेखक मानवीय कमज़ोरियों (मनुष्य की दुर्बलताओं) पर टिप्पणी करता है। स्वार्थ के वश में वह अपनी उन्नति के लिए अधिकारियों की खुशामद करता है, उनकी चाटुकारिता में संलग्न रहता है। दूसरों के दुःख में सुख पाता है। आत्मोन्नति के लिए रूढ़ियों तथा अंधविश्वासों जैसे उन्नति के लिए नीलम, इत्यादि रत्नों को अँगुठियों की लड़ी पहनना आदि का सहारा लेता है। 'कुटज' मनुष्य को स्वार्थ की सीमा से बाहर आने का मार्ग दिखलाता है। सूखी चट्टानों के बीच पुष्पित कुटज निःस्वार्थ नीरस वातावरण को आनंदित करता है। मनुष्यों की भाँति दुर्बलताओं की जकड़ में नहीं रहता।

8. लेखक क्यों मानता है कि स्वार्थ से भी बढ़कर जिजीविषा से भी प्रचंड कोई-न-कोई शक्ति अवश्य है? उदाहरण सहित उत्तर दीजिए।

उत्तर संसार में 'स्वार्थ' एवं 'जिजीविषा' से भी बढ़कर एक प्रचंड शक्ति है। लेखक मानता है कि वह 'आत्मा' है। 'आत्मा' ईश्वर का एक अंश है। आत्मा शरीर तक ही सीमित नहीं होती। आत्मा का स्वरूप सबके लिए न्योछावर करने में पहचाना जाता है।

स्वयं में सब और सब में स्वयं के समाहित करने से जहाँ समष्टि-बुद्धि को स्वरूप मिलता है, वहीं पूर्ण सुख के आनंद का अनुभव होता है। मनुष्य को मनुष्य बनाने वाली शक्ति परमार्थ है। यह हमें स्वार्थ से दूर करती है। यह मनुष्य को दयनीयता, कृपणता और वितृष्णा से दूर करती है।

यही वह शक्ति है, जिससे मानवता संचालित है। यह मनुष्य को अकुतोभयावृत्ति, अपराजित प्रवृत्ति तथा अविचल जीवन-दृष्टि से आवृत्त करती है। कुटज इसी शक्ति का मूर्तिमान स्वरूप है।

9. 'कुटज' पाठ के आधार पर सिद्ध कीजिए कि–'दुःख और सुख तो मन के विकल्प हैं।'

उत्तर 'कुटज' वृक्ष के माध्यम से लेखक यह सिद्ध करता है कि दुःख और सुख मानव मन के विकल्प हैं। मनुष्य का मन जब उसके वश में होता है, तो वह सुखी होता है। मन की परवशता उसके दुःख का कारण है। 'कुटज' विषम परिस्थितियों में भी पुष्पित है अर्थात् उसका मन उसके वश में है। वह अपनी शर्तों पर जीवित है। उसका मन दूसरे के वश में नहीं है। उसके पास आत्मविश्वास और अपराजेय जीवन-शक्ति है, जिसके कारण वह सुखी है। मनुष्य भी इन्हीं गुणों को आत्मसात् कर सुखी हो सकता है। यह विकल्प मनुष्य को चुनना है कि वह सुख देने वाले गुणों को आत्मसात् करता है या फिर उन दुर्बलताओं के साथ जीता है, जो दुःख के कारण हैं।

10. निम्नलिखित गद्यांशों की सप्रसंग व्याख्या कीजिए।

(क) **'कभी-कभी जो लोग ऊपर से बेहया दिखते हैं, उनकी जड़ें काफ़ी गहरी पैठी रहती हैं। ये भी पाषाण की छाती फाड़कर न जाने किस अतल गह्वर से अपना भोग्य खींच लाते हैं।'**

(ख) **'रूप व्यक्ति-सत्य है, नाम समाज-सत्य। नाम उस पद को कहते हैं जिस पर समाज की मुहर लगी होती है। आधुनिक शिक्षित लोग जिसे 'सोशल सेक्शन' कहा करते हैं। मेरा मन नाम के लिए व्याकुल है, समाज द्वारा स्वीकृत, इतिहास द्वारा प्रमाणित, समष्टि-मानव की चित्त-गंगा में स्नात।'**

(ग) **'रूप की तो बात ही क्या है। बलिहारी है इस मादक शोभा की। चारों ओर कुपित यमराज के दारुण निःश्वास के समान धधकती लू में यह हरा भी है और भरा भी है, दुर्जन के चित्त से भी अधिक कठोर पाषाण की कारा में रुद्ध अज्ञात जल स्रोत से बरबस रस खींचकर सरस बना हुआ है।'**

(घ) **'हृदयेनापराजितः! कितना विशाल वह हृदय होगा जो सुख से, दुख से, प्रिय से, अप्रिय से विचलित न होता होगा! कुटज को देखकर रोमांच हो आता है। कहाँ से मिली है यह अकुतोभया वृत्ति, अपराजित स्वभाव, अविचल जीवन दृष्टि।'**

उत्तर (क) **प्रसंग** प्रस्तुत पंक्तियाँ पाठ्यपुस्तक 'अंतरा भाग-2' में 'कुटज' नामक निबंध से अवतरित हैं। इसके लेखक 'हजारी प्रसाद द्विवेदी' हैं। इन पंक्तियों के माध्यम से लेखक ऐसे व्यक्तियों पर टिप्पणी करता है जो ऊपरी तौर पर बेशर्म दिखाई देते हैं, किंतु उनकी जिजीविषा अत्यंत गहरी होती है।

व्याख्या प्रस्तुत गद्यांश में लेखक के अनुसार, मनुष्य के जीवन में कभी-कभी ऐसे लोग दिखाई देते हैं, जो ऊपर से बेशर्म अर्थात् किसी भी परिस्थिति से अप्रभावित दिखाई देते हैं अर्थात् मान-अपमान, बेइज्जती होने पर भी उन्हें शर्म नहीं आती। परंतु, उनमें जीवन जीने की बहुत बड़ी शक्ति निहित होती है, वे आंतरिक रूप से दृढ़ होते हैं। वे लोग भी कुटज की तरह पत्थरों की छाती को चीरकर न जाने किस असीम गड्ढे से अपने भोगने योग्य आवश्यक वस्तुएँ उपलब्ध कर लेते हैं अर्थात् वे विषम परिस्थितियों से संघर्ष करते हुए अपना लक्ष्य प्राप्त कर लेते हैं और अपनी आंतरिक शक्ति के बल पर असंभव को भी संभव कर दिखाते हैं। इस प्रकार, उनमें उत्कृष्ट जिजीविषा होती है तथा वे मस्ती से जीवन जीते हैं।

विशेष

(i) प्रस्तुत गद्यांश में कुटज और उत्कृष्ट जिजीविषा रखने वाले व्यक्तियों की जीवन शैली में समानता दिखाई गई है।

(ii) प्रस्तुत गद्यांश में कुटज के माध्यम से मनुष्य को उपदेश दिया गया है।

(iii) प्रस्तुत गद्यांश में भाषा तत्सम् शब्दावली युक्त तथा प्रभावमयी है।

(iv) प्रस्तुत गद्यांश में संस्कृनिष्ठ खड़ीबोली का प्रयोग हुआ है।

(ख) **प्रसंग** प्रस्तुत पंक्तियाँ हमारी पाठ्यपुस्तक 'अंतरा भाग-2' में संकलित 'कुटज' नामक निबंध से अवतरित हैं। इसके लेखक 'हजारी प्रसाद द्विवेदी जी' हैं। इन पंक्तियों में लेखक ने नाम और रूप की महत्ता पर प्रकाश डाला है।

व्याख्या प्रस्तुत पंक्तियों से लेखक का आशय है कि मनुष्य का रूप-सौंदर्य उसकी आकृति और आकार-प्रकार उसके अस्तित्व की पुष्टि करते हैं और व्यक्ति का नाम उसकी सामाजिक पहचान का प्रतीक होता है। इसके साथ ही, नाम उस पद की भी अभिव्यक्ति कराता है, जिसकी प्रतिष्ठा को समाज स्वीकार करता है, जिसे समाज सत्यापित करता है। आधुनिक युग में शिक्षित लोग इसे 'सोशल सेक्शन' कहते हैं। लेखक भी उस वृक्ष के नाम को याद करने के लिए व्याकुल है, जिसका नाम उसे विस्मृत हो गया है। लेखक उस नाम को याद रखना चाहता है, जो समाज की स्वीकृति, इतिहास का प्रभाव तथा समष्टि की मानसिकता का हिस्सा है।

विशेष

(i) प्रस्तुत गद्यांश में रूप तथा नाम की महत्ता का प्रतिपादन किया गया है।

(ii) प्रस्तुत गद्यांश की भाषा तत्सम् शब्दावली युक्त तथा प्रवाहमयी है।

(iii) प्रस्तुत गद्यांश में अंग्रेज़ी भाषा के शब्दों का प्रयोग हुआ है; जैसे—'सोशल सेक्शन'।

(iv) प्रस्तुत गद्यांश में विवेचनात्मक शैली का प्रयोग हुआ है।

(ग) **प्रसंग** प्रस्तुत पंक्तियाँ हमारी पाठ्यपुस्तक 'अंतरा भाग-2' में संकलित 'कुटज' नामक निबंध से अवतरित हैं। इसके लेखक 'आचार्य हजारी प्रसाद द्विवेदी जी' हैं। इनमें द्विवेदी जी ने कुटज की अपराजेय जीवनी-शक्ति पर प्रकाश डाला है।

व्याख्या प्रस्तुत गद्यांश में लेखक के अनुसार, कुटज के सुंदर रूप का ही वर्णन क्यों किया जाए? उसका स्वरूप ही आकर्षक है। ज्येष्ठ मास की भीषण गर्मी में जहाँ यमराज की साँस के समान तप्त हवाएँ चल रही हैं। यह वृक्ष अप्रभावित रूप से स्थिर खड़ा है और हरा-भरा दिखाई दे रहा है। ऐसा प्रतीत होता है कि शिवालिक की इन सूखी चोटियों पर स्थित यह कुटज वातावरण की गर्मी से तनिक भी प्रभावित नहीं होता। किसी दुष्ट व्यक्ति के हृदय से भी ज़्यादा कठोर चट्टानों के गर्भ रूपी पत्थरों के बंधन से रुके हुए अज्ञात जल स्रोतों से रस प्राप्त कर यह रस और आनंद से परिपूर्ण है।

विशेष

(i) प्रस्तुत गद्यांश में कुटज के रूप-सौंदर्य का मनोहारी वर्णन हुआ है।

(ii) प्रस्तुत गद्यांश की भाषा तत्सम शब्दावली युक्त तथा प्रवाहमयी है।

(iii) प्रस्तुत गद्यांश में वर्णनात्मक व विवेचनात्मक शैली का प्रयोग हुआ है।

(घ) **प्रसंग** प्रस्तुत पंक्तियाँ हमारी पाठ्यपुस्तक 'अंतरा भाग-2' में संकलित 'कुटज' नामक निबंध से अवतरित हैं। इसके लेखक 'आचार्य हजारी प्रसाद द्विवेदी जी' हैं। प्रस्तुत पंक्तियों में लेखक ने कुटज की दृढ़ता और अपराजेय वृत्ति का चित्रण किया है।

व्याख्या लेखक के अनुसार, कुटज स्वयं को कभी हारा या पराजित नहीं समझता है। उसकी प्रवृत्ति प्रतिकूल परिस्थितियों में भी सरस बने रहने की है। वह वातावरण की प्रतिकूलता में भी हृदय से मज़बूत बना रहता है। यह कुटज इतना विशाल हृदय का स्वामी है जो सुख-दुःख, प्रिय-अप्रिय परिस्थितियों से प्रभावित नहीं होता। कुटज की दृढ़ता और निर्भीकता को देखकर रोमांच हो आता है। वह आश्चर्य अभिव्यक्त करते हुए कहता है कि न जाने कहाँ से कुटज को इतनी निडरता, किसी भी परिस्थिति में हार न मानने वाला स्वभाव और अविचल जीवनदृष्टि प्राप्त हुई है अर्थात् कुटज में निडरता, अपराजित स्वभाव और अविचलित जीवनदृष्टि विद्यमान है।

विशेष

(*i*) प्रस्तुत गद्यांश में कुटज की निडर प्रवृत्ति तथा हार न मानने के स्वभाव का वर्णन किया गया है।

(*ii*) प्रस्तुत गद्यांश की भाषा सहज, सरल तथा संस्कृतनिष्ठ है।

(*iii*) प्रस्तुत गद्यांश में तत्सम शब्दों का अधिक प्रयोग हुआ है।

योग्यता-विस्तार

1. कुटज की तर्ज़ पर किसी जंगली फूल पर लेख अथवा कविता लिखने का प्रयास कीजिए।

उत्तर विद्यार्थी स्वयं करें।

2. लेखक ने 'कुटज' को ही क्यों चुना? उसको अपनी रचना के लिए जंगल में पेड़-पौधे तथा फूलों-वनस्पतियों की कोई कमी नहीं थी।

उत्तर जंगल में पेड़-पौधे तथा फूलों, वनस्पतियों की कोई कमी नहीं थी, परंतु लेखक ने कुटज का चयन इसलिए किया, क्योंकि कुटज ही एकमात्र ऐसा वृक्ष है, जो शिवालिक की सूखी चट्टानों पर धरती के कठोर हृदय से जीवनी-शक्ति प्राप्त करता हुआ निडरतापूर्वक हरा-भरा और जीवंत बना रहता है।

यह मनुष्यों को प्रतिकूल परिस्थितियों में भी हार न मानकर दृढ़तापूर्वक आचरण करने की प्रेरणा देता है। वह सुख-दुःख, प्रिय-अप्रिय आदि से अप्रभावित रहता है। वह निडर अपराजित, स्वाभिमान वाला और अविचल जीवनदृष्टि से युक्त है।

3. कुटज के बारे में उसकी विशेषताओं को बताने वाले दस वाक्य पाठ से छाँटिए और उनकी मानवीय संदर्भ में विवेचना कीजिए।

उत्तर
- कुटज छोटा-सा पौधा होकर भी फूलों से हरा-भरा है।
- वह अत्यंत सुंदर एवं अनोखी सुगंध बिखेरता हुआ मुसकुराता है।
- वह भयंकर गर्मी में भी सरस बना हुआ है।
- वह पहाड़ों की कठोर भुजाओं में रहकर भी आनंदित दिखाई देता है।
- वह दूसरे के द्वार पर भीख माँगने नहीं जाता और दुःख में कभी भयभीत नहीं होता।
- किसी को नीति-धर्म का उपदेश देता नहीं फिरता।
- वह शान से निडर होकर जीता है।

उपर्युक्त पंक्तियों की मानवीय संदर्भ में व्याख्या

- मनुष्य जरा-सी शारीरिक कुरूपता से कुंठित हो जाता है और कुटज के समान हरा-भरा अर्थात् आनंदित जीवन नहीं जीता।
- कुटज का जीवन अनोखा वैविध्यपूर्ण है, परंतु मनुष्य के जीवन में उत्साह के दर्शन नहीं होते।
- कुटज भीषण गर्मी अर्थात् दुःख को सहन करता है, परंतु मनुष्य विपदा आते ही उसका सामना करने के बजाय उनसे पीछे हटने लगता है।
- कुटज स्वाभिमानी है, परंतु मनुष्य आवश्यकता पड़ने पर दूसरे से सहायता लेने में संकोच नहीं करता।
- मनुष्य ज़रा-सा दुःख पड़ने पर बेबस हो जाता है। भविष्य की आशंकाओं से डरने लगता है।
- मनुष्य दूसरों को नीति और धर्म का उपदेश देने में कुशल होता है।
- मनुष्य विपदा आने पर भयभीत हो जाता है और जीवन पथ की कठिनाइयाँ उसे जीवन लक्ष्य से भटका देती हैं।

4. 'जीना भी एक कला है'—कुटज निबंध के आधार पर सिद्ध कीजिए।

उत्तर वास्तव में, 'जीना भी एक कला है' जो व्यक्ति जीवन जीने की इस कला को सीख जाते हैं, वह कभी असफल नहीं होते। केवल श्वास लेते रहना जीवन जीने का प्रमाण नहीं है। असल जीवन तो वह है, जिसमें निर्भीकता हो, साहस हो, संघर्ष करने की भावना हो, स्वावलंबन की भावना हो और वह स्वाभिमान से भरपूर हो।

जिन्हें जीने की कला आती है वह जीवन पथ की धूप से विचलित नहीं होते। न ही लू के थपेड़े उन्हें अपने कर्त्तव्य पथ से विचलित कर सकते हैं। ऐसे व्यक्ति तो सदा अपनी धुन के पक्के हर परिस्थिति में हँसते-मुसकुराते आनंदपूर्ण जीवन जीते हैं।

5. राष्ट्रीय शैक्षिक अनुसंधान और प्रशिक्षण परिषद् द्वारा पं. हजारी प्रसाद द्विवेदी पर बनाई फिल्म देखिए।

उत्तर छात्र स्वयं करें।

अभ्यास प्रश्न

गद्यांशों की व्याख्या

निम्नलिखित गद्यांशों की सप्रसंग व्याख्या कीजिए

गद्यांश 1

कहते हैं, पर्वत शोभा-निकेतन होते हैं। फिर हिमालय का तो कहना ही क्या! पूर्व और अपर समुद्र-महोदधि और रत्नाकार-दोनों को दोनों भुजाओं से थाहता हुआ हिमालय 'पृथ्वी का मानदंड' कहा जाए तो गलत क्या है? कालिदास ने ऐसा ही कहा था। इसी के पाद-देश में यह श्रृंखला दूर तक लोटी हुई है, लोग इसे शिवालिक श्रृंखला कहते हैं। 'शिवालिक' का क्या अर्थ है? 'शिवालिक' या शिव के जटाजूट का निचला हिस्सा तो नहीं है। लगता तो ऐसा ही है। शिव की लटियायी जटा ही इतनी सूखी, नीरस और कठोर हो सकती हैं।

संदर्भ प्रस्तुत गद्यांश पाठ्यपुस्तक 'अंतरा भाग-2' में संकलित निबंध 'कुटज' से लिया गया है। जिसकी रचना 'आचार्य हजारी प्रसाद द्विवेदी' ने की है।

प्रसंग प्रस्तुत गद्यांश में लेखक ने हिमालय तथा शिवालिक के सौंदर्य का वर्णन किया है।

व्याख्या प्रस्तुत गद्यांश में लेखक कहते हैं कि पर्वत का सौंदर्य मनुष्य को आकर्षित करता है। हिमालय की वृहद् लंबाई से लगता है जैसे वह पूर्व तथा पश्चिम में फैले समुद्रों को अपनी भुजाओं से थाहता है। इसका विस्तार ऐसा

है, मानो यह पृथ्वी का मानदंड हो। कालिदास ने हिमालय के सौंदर्य का सुंदर वर्णन किया है। हिमालय के नीचे, उसके समानांतर जो श्रृंखला है, उसे 'शिवालिक' कहा जाता है। शिवालिक का अर्थ है—शिव की जटा; शिवालिक की पहाड़ियों में अधिक रस नहीं है। यह हिमालय की अपेक्षा शुष्क, नीरस तथा कठोर है। द्विवेदी जी कल्पना करते हैं कि जिस प्रकार शिव की रुक्ष जटाओं के निचले भाग में चिकनापन नहीं है वैसे ही इस पर्वत श्रृंखला पर भी वनस्पति नहीं के बराबर है।

विशेष

(*i*) प्रस्तुत गद्यांश में हिमालय के प्राकृतिक सौंदर्य का वर्णन किया गया है।

(*ii*) प्रस्तुत गद्यांश में तत्सम प्रधान शब्दावली का प्रयोग हुआ है।

(*iii*) प्रस्तुत गद्यांश की भाषा में व्यंजना तथा प्रवाह के साथ एक तेजोमयता भी है।

(*iv*) प्रस्तुत गद्यांश में संस्कृनिष्ठ खड़ीबोली का प्रयोग किया गया है।

गद्यांश 2

शिवालिक की सूखी नीरस पहाड़ियों पर मुस्कुराते हुए ये वृक्ष द्वंद्वातीत हैं, अलमस्त हैं। किसी का नाम नहीं जानता, कुल नहीं जानता, शील नहीं जानता पर लगता है, ये जैसे मुझे अनादि काल से जानते हैं। इन्हीं में एक छोटा-सा, बहुत ही ठिगना पेड़ है, पत्ते चौड़े भी हैं, बड़े भी हैं। फूलों से तो ऐसा लदा है कि कुछ पूछिए नहीं। अज़ीब-सी अदा है, मुसकुराता जान पड़ता है। लगता है, पूछ रहा है कि क्या तुम मुझे भी नहीं पहचानते? पहचानता तो हूँ, अवश्य पहचानता हूँ। लगता है बहुत बार देख चुका हूँ। पहचानता हूँ उजाड़ के साथी, तुम्हें अच्छी तरह पहचानता हूँ। नाम भूल रहा हूँ। प्रायः भूल जाता हूँ। रूप देखकर प्रायः पहचान जाता हूँ, नाम नहीं याद आता। पर नाम ऐसा है कि जब तक रूप के पहले ही हाज़िर न हो जाए तब तक रूप की पहचान अधूरी रह जाती है। **CBSE 2023**

संदर्भ पूर्ववत्।

प्रसंग प्रस्तुत गद्यांश में लेखक वृक्ष के गुणों का बखान कर रहे हैं, लेकिन उसे वृक्ष का नाम याद नहीं आ रहा है।

व्याख्या प्रस्तुत गद्यांश में लेखक शिवालिक की सूखी और नीरस पहाड़ियों में मुस्कुराते हुए द्वंद्व रहित मनमौजी वृक्षों को देखकर बहुत प्रभावित होता हे। वे कहते हैं कि उन्हें इन वृक्षों का नाम, कुल या शील नहीं मालूम, परंतु ऐसा लगता है जैसे ये वृक्ष उन्हें अनादि काल से जानते हों। इन्हीं वृक्षों में उसे एक छोटा-सा वृक्ष दिखाई देता है, जिसके पत्ते बड़े और चौड़े हैं। उस पर बहुत सारे फूल लगे हुए हैं। फूलों से लदे हुए वृक्ष की विचित्र-सी भाव-भंगिमा है। ऐसा लगता है जैसे यह मुसकुरा रहा हो। लेखक जब इस वृक्ष को देखता है तो उसे लगता है कि यह वृक्ष उससे अपनी पहचान पूछ रहा है। उसे पहचानता तो है, परंतु उसका नाम उसे याद नहीं आ रहा। लेखक उसे उजाड़ का साथी कहकर संबोधित करता है और अच्छी तरह पहचानता है, परंतु नाम भूल गया है। उसे रूप की तो पहचान है, लेकिन नाम याद नहीं है। वह कहता है कि नाम का महत्त्व इतना अधिक है कि उसे रूप से भी पहले उपस्थित होना पड़ता है। यदि नाम याद नहीं आता, तो पहचान अधूरी रह जाती है। लेखक के मन में यह भावना जागृत होती है कि उसे नाम क्यों नहीं याद आ रहा। वह रूप के परिचय के साथ नाम का परिचय भी आवश्यक समझता है।

विशेष

(*i*) प्रस्तुत गद्यांश में कवि ने नाम के महत्त्व का वर्णन किया है। कवि की मान्यता है कि रूप परिचय के साथ नाम परिचय भी आवश्यक है।

(*ii*) प्रस्तुत गद्यांश में संस्कृत शब्दों की प्रधानता है।

(*iii*) प्रस्तुत गद्यांश में चित्रात्मकता का गुण विद्यमान है, जिससे पुष्पों से लदा वृक्ष आँखों के सामने साकार हो उठता है।

(*iv*) भाषा में सरलता, सहजता के साथ संस्कृतनिष्ठ खड़ीबोली का प्रयोग हुआ है।

गद्यांश 3

नाम इसलिए बड़ा नहीं है कि वह नाम है। वह इसलिए बड़ा होता है कि उसे सामाजिक स्वीकृति मिली होती है। रूप व्यक्ति-सत्य है, नाम समाज-सत्य। नाम उस पद को कहते हैं जिस पर समाज की मुहर लगी होती है। आधुनिक शिक्षित लोग जिसे 'सोशल सेक्शन' कहा करते हैं। मेरा मन नाम के लिए व्याकुल है, समाज द्वारा स्वीकृत, इतिहास द्वारा प्रमाणित, समष्टि-मानव की चित्त-गंगा में स्नात।

संदर्भ पूर्ववत्।

प्रसंग प्रस्तुत गद्यांश में लेखक ने नाम की सामाजिक महत्ता का वर्णन किया है।

व्याख्या प्रस्तुत गद्यांश के अनुसार लेखक नाम को अधिक महत्त्वपूर्ण नहीं मानता। नाम तो सैकड़ों दिए जा सकते हैं। नाम इसलिए महत्त्व नहीं रखता कि वह केवल एक नाम है। नाम को सामाजिक स्वीकृति मिलती है, इसी कारण वह मान्य है। रूप व्यक्ति का सत्य है, नाम समाज में मान्यता प्राप्त करने का साधन मात्र है। नाम वस्तुतः वह संज्ञा है, जिस पर समाज की मुहर लगी होती है।

लेखक मानता है कि आधुनिक शिक्षित लोग नाम को महत्त्व देते हैं। लेखक भी नाम के लिए व्याकुल है, लेकिन उस वृक्ष के नाम के लिए जिसका नाम वह भूल गया है। लेखक उस नाम को याद करना चाहता है, जिसे समाज की स्वीकृति, इतिहास का प्रमाण तथा समष्टि की मानसिकता का हिस्सा प्राप्त है।

अपनी कल्पना से लेखक उसके परिवेश के आधार पर उसे कुछ नाम देता है। फिर इन विपरीत परिस्थितियों में भी अपने अस्तित्व को बनाए रखने के कारण कुछ पौरुष व्यंजक नाम भी देता है। पर वह उस नाम को याद करना चाहता है, जिससे संसार इसे जानता है।

विशेष

(*i*) प्रस्तुत गद्यांश में लेखक ने 'नाम' के महत्त्व का वर्णन किया है तथा नाम के विविध पक्षों की विवेचना भी की है।

(*ii*) प्रस्तुत गद्यांश में तत्सम्, तद्भव तथा देशज शब्दों का प्रयोग हुआ है।

(*iii*) प्रस्तुत गद्यांश में विवरणात्मक शैली का प्रयोग किया गया है।

(*iv*) प्रस्तुत गद्यांश में संस्कृतनिष्ठ खड़ीबोली का प्रयोग हुआ है।

गद्यांश 4

इस गिरिकूट-बिहारी का नाम क्या है? मन दूर-दूर तक उड़ रहा है—देश में और काल में-मनोरथानामगतिर्नविद्यते! अचानक याद आया—अरे, यह तो कुटज है! संस्कृत साहित्य का बहुत परिचित किंतु कवियों द्वारा अवमानित, यह छोटा-सा शानदार वृक्ष 'कुटज' है। 'कूटज' कहा गया होता तो कदाचित् ज़्यादा अच्छा होता। पर नाम इसका चाहे कुटज ही हो, विरुद तो निस्संदेह 'कूटज' होगा। गिरिकूट पर उत्पन्न होने वाले इस वृक्ष को 'कूटज' कहने में विशेष आनंद मिलता है। बहरहाल, यह कूटज-कुटज है, मनोहर कुसुम-स्तबकों से झबराया, उल्लास-लोल चारुस्मित कुटज! जी भर आया।

संदर्भ पूर्ववत्।

प्रसंग प्रस्तुत गद्यांश में लेखक (कूटज) वृक्ष के नाम का स्मरण करते हुए उसे पहचान कर उसके गुणों का वर्णन कर रहा है।

व्याख्या प्रस्तुत गद्यांश में लेखक स्मरण (याद) करने का प्रयास करता है कि पर्वत शिखर पर रमण करने वाले वृक्ष का क्या नाम है? उसका मन देश और काल में दूर-दूर तक उड़ रहा है, लेकिन कहीं पर भी नाम संकेत नहीं मिल पा रहा है। तभी अचानक उसे याद आ जाता है कि अरे! यह तो 'कुटज' है। संस्कृत साहित्य में यह बहुत प्रयोग हुआ है, लेकिन कवियों ने इसकी उपेक्षा कर दी है। यह वही शान और यश वाला कुटज है।

लेखक कहता है कि इसका नाम चाहे कुटज हो, परंतु यदि इसे कूटज (पर्वत शिखर पर उत्पन्न होने वाला) कहना अधिक अच्छा लगता है, क्योंकि यह आनंद देता है। लेकिन यह कूट पर जन्म लेने वाला कुटज है। इसमें मनोहर फूल खिले हैं। यह सुंदर मुसकुराहट वाला, उल्लसित सौंदर्य वाला कुटज देखकर मन खिल उठा है। लेखक नीरस शिवालिका पर कुटज की सौंदर्य आभा से प्रसन्न होकर अपने उल्लास को अभिव्यक्त कर रहा है।

विशेष

(i) प्रस्तुत गद्यांश में कुटज के गुणों का वर्णन किया गया है।
(ii) संस्कृत की सूक्तियों का प्रयोग है;
जैसे—मनोरथानामगतिर्नविद्यते!
(iii) प्रस्तुत गद्यांश में तत्सम शब्दों की बहुलता है।
(iv) प्रस्तुत गद्यांश में लालित्य पूर्ण खड़ीबोली का प्रयोग है।
(v) प्रस्तुत गद्यांश में विवेचनात्मक शैली है।
(vi) प्रस्तुत गद्यांश में चित्रात्मकता का गुण विद्यमान है, जिससे कुटज पेड़ का दृश्य साकार हो उठा है।

गद्यांश 5

कुटज के ये सुंदर फूल बुरे तो नहीं हैं। जो कालिदास के काम आया हो उसे ज़्यादा इज्जत मिलनी चाहिए। मिली कम है। पर इज़्ज़त तो नसीब की बात है। रहीम को मैं बड़े आदर के साथ स्मरण करता हूँ। दरियादिल आदमी थे, पाया सो लुटाया। लेकिन दुनिया है कि मतलब से मतलब है, रस चूस लेती है, छिलका और गुठली फेंक देती है। सुना है, रस चूस लेने के बाद रहीम को भी फेंक दिया गया था। एक बादशाह ने आदर के साथ बुलाया, दूसरे ने फेंक दिया! हुआ ही करता है। इससे रहीम का मोल घट नहीं जाता। उनकी फक्कड़ाना मस्ती कहीं गई नहीं। अच्छे-भले कद्रदान थे। लेकिन बड़े लोगों पर भी कभी-कभी ऐसी वितृष्णा सवार होती है कि गलती कर बैठते हैं।

संदर्भ पूर्ववत्।

प्रसंग प्रस्तुत गद्यांश में लेखक बताता है कि 'कुटज' को सम्मान तो मिला किंतु अपेक्षा से कम। लेखक मानता है कि संसार की यही रीति है, यहाँ लोग सम्मान भी स्वार्थ के कारण ही देते हैं।

व्याख्या प्रस्तुत गद्यांश में लेखक बताता है कि 'कुटज' के सुंदर फूल बहुत बुरे नहीं थे। कालिदास की रचना में जिसने स्थान पाया हो, उसे अधिक सम्मान तो मिलना ही चाहिए। लेखक मानता है कि सबको सम्मान नहीं मिलता। जिसे जितना मिलना चाहिए उतना भी नहीं मिलता। 'कुटज' के फूल तथा वृक्ष को जो सम्मान मिलना चाहिए था, वह उन्हें नहीं मिला या मिला तो वह भी कम। लेखक यह भी स्पष्ट करता है कि इज़्ज़त या सम्मान मिलना तो नसीब (भाग्य) की बात है। लेखक मानता है कि संसार की यही रीति है। मनुष्य का स्वार्थ, उसकी चेतना पर हावी होता है। लेखक रहीम को बहुत ही आदर के साथ याद करता है, जो अत्यंत दरियादिल व्यक्ति थे। जितना उन्होंने प्राप्त किया वह सभी कुछ उन्होंने लुटा दिया, लेकिन दुनिया काम समाप्त होने पर अर्थात् स्वार्थ सिद्ध होने पर उसका साथ छोड़ देती है। रहीम के साथ भी ऐसे ही हुआ स्वार्थ सिद्ध होने पर बादशाह ने रहीम को छोड़ दिया। रहीम कवि को एक बादशाह ने सम्मान दिया। उस बादशाह के दरबार की शोभा बढ़ गई। दूसरे बादशाह को उनकी आवश्यकता नहीं थी। उसने उन्हें बाहर कर दिया। इससे रहीम की हस्ती कम नहीं हुई। उनका सम्मान नहीं गया, बल्कि मनुष्य का स्वार्थ तथा उसकी वितृष्णा सामने आ गई। समाज में जब तक कोई उपयोगी लगता है, तभी तक उसे आदर सम्मान दिया जाता है। जब आवश्यकता समाप्त हो जाती है, तो उसकी उपेक्षा की जाती है। कुटज के साथ भी यही हुआ।

विशेष

(i) प्रस्तुत गद्यांश में लेखक ने मानवीय प्रवृत्तियों को स्पष्ट किया है। उदाहरण के द्वारा लेखक ने अपनी बात को सिद्ध किया है।
(ii) प्रस्तुत गद्यांश में तत्सम, तद्भव उर्दु के शब्दों का प्रयोग हुआ है।
(iii) प्रस्तुत गद्यांश में व्यंग्यात्मकता के साथ लेखक ने अपने मनोभावों को व्यक्त किया है।
(iv) गद्यांश की भाषा सहज तथा सरल है।

गद्यांश 6

यह जो मेरे सामने कुटज का लहराता पौधा खड़ा है वह नाम और रूप दोनों में अपनी अपराजेय जीवनी-शक्ति की घोषणा कर रहा है। इसीलिए यह इतना आकर्षक है। नाम है कि हज़ारों वर्ष से जीता चला आ रहा है। कितने नाम आए और गए। दुनिया उनको भूल गई, वे दुनिया को भूल गए। मगर कुटज है कि संस्कृत की निरंतर स्फीयमान शब्दराशि में जो जमके बैठा, सो बैठा ही है और रूप की तो बात ही क्या है? बलिहारी है इस मादक शोभा की। चारों ओर

कुपित यमराज के दारुण निःश्वास के समान धधकती लू में यह हरा भी है और भरा भी है, दुर्जन के चित्त से भी अधिक कठोर पाषाण की कारा में रुद्ध अज्ञात जल स्रोत से बरबस रस खींचकर सरस बना हुआ है और मूर्ख के मस्तिष्क से भी अधिक सूने गिरि कांतार में भी ऐसा मस्त बना है कि ईर्ष्या होती है। कितनी कठिन जीवनी-शक्ति है! प्राण ही प्राण को पुलकित करता है, जीवनी-शक्ति ही जीवनी-शक्ति को प्रेरणा देती है।

संदर्भ पूर्ववत्।

प्रसंग प्रस्तुत गद्यांश में लेखक ने कुटज की विशेषताओं का वर्णन किया है।

व्याख्या प्रस्तुत गद्यांश में लेखक कहता है कि मेरे सामने लहराता हुआ कुटज का पौधा अपने नाम और रूप दोनों ही क्षेत्रों में किसी भी परिस्थिति में पराजित न होने का संकेत देता हुआ अपनी विजयी जीवन-शक्ति सिद्ध कर रहा है। यह अपराजेय है कठिन परिस्थितियों में भी जीवन-शक्ति को बनाए रखता है।

इसलिए यह इतना आकर्षक लगता है। इसका नाम हज़ारों सालों से चला आ रहा है। कालिदास के साहित्य में भी इसका उल्लेख है। संसार में कितने नाम आए, मिट गए या भुला दिए गए। आज संसार में उन्हें कोई नहीं जानता, लेकिन कुटज कि विशेषता देखिए कि संस्कृत भाषा की निरंतर फैलती हुई शब्दावली में यह आज भी विराजमान है। कुटज का रूप तो अकथनीय है।

इसका सौंदर्य मादक है, उस पर न्योछावर हो सकते हैं। लेखक बताता है कि चारों ओर भयंकर लू ऐसे चल रही है कि मानो क्रोधित हुए यमराज की भयावह निःश्वास चल रही हो; किंतु ऐसी स्थिति में भी कुटज पूरी तरह से हर-भरा है।

वह पत्थर की कठोर कारा में रुके हुए अनजाने स्रोत से अपने लिए बलपूर्वक जीवन रस खींच लाता है, यह पत्थर दुष्टों के हृदय से भी अधिक कठोर है। मूर्खों के मस्तिष्क से भी अधिक रिक्त, जन शून्य गिरि प्रदेश में भी कुटज ऐसी मस्ती से खड़ा है कि उसे देखकर ईर्ष्या (जलन) होती है। इसकी जीवन-शक्ति कितनी कठिन है कि गिरि-प्रांतर की शून्यता अर्थात् पत्थर की कठोरता से भी प्रभावित नहीं होती है। इसके प्राण की शक्ति से अन्य प्राणियों को रोमांच होता है, वे इससे प्रभावित होते हैं। किसी भी जीवन-शक्ति को देखकर दूसरे जनों में जीवनी-शक्ति का संचार होता है।

विशेष

(*i*) प्रस्तुत गद्यांश में लेखक ने कुटज की विशेषता तथा महत्त्व का वर्णन किया है।

(*ii*) प्रस्तुत गद्यांश में तत्सम शब्दावली की अधिकता है।

(*iii*) प्रस्तुत गद्यांश में अंतिम वाक्य 'जीवन-शक्ति ही जीवनी-शक्ति को प्रेरणा देती है' सूक्ति कथन बन गया है।

(*iv*) 'धधकती लू', 'कठोर पाषाण', 'सूने गिरि-प्रांतर' को क्रमशः कुपित यमराज के दारुण-निःश्वास, दुर्जन के चित्त, मूर्ख के मस्तिष्क उपमान देकर लेखक ने मौलिकता का परिचय दिया है।

(*v*) प्रस्तुत गद्यांश में वर्णनात्मक व विवेचनात्मक शैली का प्रयोग हुआ है।

गद्यांश 7

दुनिया में त्याग नहीं है, प्रेम नहीं है, परार्थ नहीं है, परमार्थ नहीं है—है केवल प्रचंड स्वार्थ। भीतर की जिजीविषा—जीते रहने की प्रचंड इच्छा ही—अगर बड़ी बात हो तो फिर यह सारी बड़ी-बड़ी बोलियाँ, जिनके बल पर दल बनाए जाते हैं, शत्रुमर्दन का अभिनय किया जाता है, देशोद्धार का नारा लगाया जाता है। साहित्य और कला की महिमा गाई जाती है, झूठ है। इसके द्वारा कोई-न-कोई अपना बड़ा स्वार्थ सिद्ध करता है, लेकिन अंतरतर से कोई कह रहा है, ऐसा सोचना गलत ढंग से सोचना है। स्वार्थ से भी बड़ी कोई-न-कोई बात अवश्य है, जिजीविषा से भी प्रचंड कोई-न-कोई शक्ति अवश्य है। क्या है?

संदर्भ पूर्ववत्।

प्रसंग प्रस्तुत गद्यांश में लेखक ने पाश्चात्य विचारकों के मत का उल्लेख करते हुए, उनके प्रति अपनी असहमति को प्रकट किया है।

व्याख्या प्रस्तुत गद्यांश में लेखक कहता है कि पाश्चात्य विचारक संसार में त्याग, प्रेम, परहित, परोपकार जैसे भावों को नकारते हैं और कहते हैं कि इस संसार में केवल स्वार्थ ही है। इन भावों के भीतर भी व्यक्ति का स्वार्थ छिपा रहता है। लेखक प्रश्न करता है कि यदि आदमी के अंदर केवल जीने की प्रबल इच्छा ही सब कुछ है, तो सिद्धांत, आदर्श, धर्मग्रंथों के कथन क्या सब यों ही हैं? यह जिजीविषा (जीने की इच्छा) ही सत्य है।

व्यक्ति अपने व्यवहार में बड़े-बड़े प्रवचन देकर दलों और पार्टियों का गठन करता है, शत्रु के साथ युद्ध करता है, समाज-हित या देशहित के नाम पर तरह-तरह के संगठन बनाता है, साहित्य तथा कला की महत्ता का वर्णन करता है, पाश्चात्य विचारक यह मानकर चलते हैं कि इनसे जुड़े व्यक्ति इन सब संस्थाओं के द्वारा कोई-न-कोई स्वार्थ सिद्ध करते हैं, लेकिन लेखक उनके मत से सहमत नहीं है। उसके हृदय के भीतर बैठा कोई कह रहा है कि सोचने का यह ढंग (तरीका) ठीक नहीं है। स्वार्थ से बड़ी भी कोई बात ज़रूर है, जीने की प्रबल इच्छा से बड़ी शक्ति कोई और है। वह क्या है? यह बात विचारणीय है।

विशेष

(*i*) प्रस्तुत गद्यांश में लेखक ने पाश्चात्य विचारकों के मत का उल्लेख करते हुए उससे असहमति व्यक्त की है।

(*ii*) प्रस्तुत गद्यांश में तत्सम शब्दों की अधिकता है।

(*iii*) प्रस्तुत गद्यांश में विवेचनात्मक शैली का प्रयोग हुआ है।

(*iv*) प्रस्तुत गद्यांश में खड़ीबोली है, जिसमें विचारों की सफल अभिव्यक्ति हुई है।

गद्यांश 8

कुटज क्या केवल जी रहा है। वह दूसरे के द्वार पर भीख माँगने नहीं जाता, कोई निकट आ गया तो भय के मारे अधमरा नहीं हो जाता, नीति और धर्म का उपदेश नहीं देता फिरता, अपनी उन्नति के लिए अफ़सरों का जूता नहीं चाटता फिरता, दूसरों को अवमानित करने के

लिए ग्रहों की खुशामद नहीं करता। आत्मोन्नति हेतु नीलम नहीं धारण करता, अँगुठियों की लड़ी नहीं पहनता, दाँत नहीं निपोरता, बगलें नहीं झाँकता। जीता है और शान से जीता है–काहे वास्ते, किस उद्देश्य से? कोई नहीं जानता।

संदर्भ पूर्ववत्।

प्रसंग प्रस्तुत गद्यांश में लेखक ने कुटज के बहाने समाज के बहुत बड़े वर्ग पर कटु प्रहार किया है।

व्याख्या प्रस्तुत गद्यांश में लेखक कहता है कि कुटज केवल जीवन नहीं जी रहा, बल्कि वह शान से जीवन जी रहा है। वह क्यों जी रहा है, उसका उद्देश्य क्या है, यह कोई नहीं जानता है? कुटज किसी दूसरे के सामने हाथ नहीं फैलाता, किसी से भीख नहीं माँगने जाता। किसी के निकट आने पर भयभीत होकर अधमरा नहीं हो जाता। अतः वह निर्भय होकर जीता है।

यह प्रवचनकर्ताओं के समान धर्म और नीति-विषयक बातें नहीं करता, किसी को उपदेश देता नहीं घूमता। वह अपनी उन्नति के लिए बड़े अफसरों, अधिकारियों के सामने गिड़गिड़ाता नहीं है। वह दूसरों का अपमान करने के लिए ज्योतिषियों के बताए ग्रह-नक्षत्रों पर विश्वास नहीं करता।

इस प्रकार, वह किसी का बुरा नहीं सोचता। वह स्वार्थ, अंधविश्वास और भविष्य से डर कर, न तो नीलम धारण करता है और न सभी उँगलियों को अँगूठियों से ढकता फिरता है। किसी की खुशामद नहीं करता और न किसी के सामने हतोत्साहित होकर आँखें चुराता है। वह ठाठ से अपना जीवन जीता है। उसके जीवन के उद्देश्य के बारे में भी किसी को कुछ नहीं पता है।

विशेष

(i) प्रस्तुत गद्यांश में कुटज के स्वाभिमानी चरित्र का वर्णन किया है तथा समाज के बहुत बड़े वर्ग पर करारी चोट की है।

(ii) प्रस्तुत गद्यांश में अंधविश्वासी और स्वार्थी तत्त्वों की आँखें खोलने का प्रयास किया है।

(iii) प्रस्तुत गद्यांश में संस्कृतनिष्ठ खड़ीबोली का प्रयोग हुआ है।

(iv) प्रस्तुत गद्यांश की भाषा सरल तथा सहज है।

(v) प्रस्तुत गद्यांश में विवेचनात्मक शैली का प्रयोग हुआ है।

गद्यांश 9

जो समझता है कि वह दूसरों का उपकार कर रहा है वह अबोध है, जो समझता है कि दूसरे का अपकार कर रहे हैं वह भी बुद्धिहीन है। कौन किसका उपकार करता है, कौन किसका अपकार कर रहा है? मनुष्य जी रहा है, केवल जी रहा है अपनी इच्छा से नहीं, इतिहास-विधाता की योजना के अनुसार। किसी को उससे सुख मिल जाए, बहुत अच्छी बात है, नहीं मिल सका, कोई बात नहीं, परन्तु उसे अभिमान नहीं होना चाहिए। सुख पहुँचाने का अभिमान यदि गलत है तो दुःख पहुँचाने का अभिमान तो नितरां गलत है। दुःख और सुख तो मन के विकल्प हैं। सुखी वह है जिसका मन वश में है, दुःखी वह है जिसका मन परवश है। परवश होने का अर्थ है–खुशामद करना, दाँत निपोरना, चाटुकारिता, हाँ-हजूरी CBSE 2023

संदर्भ पूर्ववत्।

प्रसंग प्रस्तुत गद्यांश में लेखक मन को नियन्त्रित करके सुख-दुःख में समान रहने की बात कह रहे हैं।

व्याख्या प्रस्तुत गद्यांश में लेखक का कहना है कि मनुष्य को अपने कर्मों का अभिमान नहीं करना चाहिए, चाहे वह उपकार हो या अपकार। जो व्यक्ति यह सोचता है कि वह दूसरों का उपकार कर रहा है, वह नासमझ है और जो यह मानता है कि दूसरा उसका अपकार कर रहा है, वह भी मूर्ख है। मनुष्य जो ज़िन्दगी जी रहा है, वह केवल जी रहा है, किन्तु अपनी इच्छा से नहीं जी रहा, बल्कि इतिहास विधाता की निर्धारित योजना के अनुसार जी रहा है। ईश्वर जो चाहता है, उसी प्रकार जीवन चलता रहता है। उसकी योजना के चलते किसी को सुख मिल गया, तो बहुत अच्छी बात समझो और यदि नहीं मिला तो दुःखी या परेशान मत हो। इसलिए किसी भी चीज़ का अभिमान नहीं करना चाहिए। किसी का उपकार करने या सुख पहुँचाने का भाव मन में लाना गलत है, तो सुख पहुँचाने का अभिमान करना उससे भी ज्यादा गलत है। सुख और दुःख व्यक्ति के मन की स्थिति पर निर्भर हैं। मन यदि वश में है, तो व्यक्ति सुखी है परन्तु यदि मन परवश है, तो व्यक्ति दुःखी है। परवशता का अर्थ है– दूसरों की खुशामद करना, उनकी कृपा पर निर्भर होना और अपनी आत्मसम्मान की भावना को खो देना। लेखक का तात्पर्य है कि मनुष्य को अपने मन को नियंत्रण में रखना चाहिए और हर स्थिति में समभाव बनाए रखना चाहिए।

विशेष

(i) प्रस्तुत गद्यांश में लेखक ने मनुष्य के लिए जीवनोपयोगी सन्देश दिया है कि अभिमान शून्यता से जीवन में सरसता आती है।

(ii) प्रस्तुत गद्यांश में सुख-दुःख में समान भाव रखने का भाव प्रकट हुआ है।

(iii) प्रस्तुत गद्यांश की भाषा सरल तथा प्रभावमयी है।

(iv) प्रस्तुत गद्यांश में विवेचनात्मक शैली का प्रयोग हुआ है।

गद्यांश 10

दुःख और सुख तो मन के विकल्प हैं। सुखी वह है, जिसका मन वश में है, दुःखी वह है जिसका मन परवश है। परवश होने का अर्थ है खुशामद करना, दाँत निपोरना, चाटुकारिता, हाँ-हजूरी। जिसका मन अपने वश में नहीं है वही दूसरे के मन का छंदावर्तन करता है, अपने को छिपाने के लिए मिथ्या आडंबर रचता है, दूसरों को फँसाने के लिए जाल बिछाता है। कुटज इन सब मिथ्याचारों से मुक्त है। वह वशी है। वह वैरागी है। राजा जनक की तरह संसार में रहकर, संपूर्ण भोगों को भोगकर भी उनसे मुक्त है। Delhi 2019

संदर्भ पूर्ववत्।

प्रसंग प्रस्तुत गद्यांश में लेखक ने 'कुटज' के माध्यम से मनुष्य की अंतर्वृत्तियों पर प्रकाश डाला है।

व्याख्या प्रस्तुत गद्यांश में लेखक मानता है कि संसार में सुख-दुःख मानव मन की वैकल्पिक भावनाएँ हैं। संसार में जिसका मन वश में है, वह सुखी है तथा जिसका मन परवश है, वह दुःखी है। लेखक परवशता को घृणित

मानता है, क्योंकि यह दीनता है, असहाय चेतना है। लेखक का मानना है कि परवश होने का अर्थ है किसी व्यक्ति की चापलूसी करना, छल-कपट करना, चाटुकारिता करना, उसकी हाँ-में-हाँ मिलाना। दूसरों के अधीन रहने के कारण दुःख का सृजन होता है।

जिस मनुष्य का मन उसके वश में नहीं है, वह दूसरे के मन को परिवर्तित करने की कोशिश में रहता है। अपने को छिपाने के लिए ऐसा मनुष्य बाहरी आडंबरों को ओढ़ लेता है। ऐसे लोग दूसरों को फँसाने के लिए जाल बिछाते हैं।

लेखक मानता है कि कुटज सब प्रकार के मिथ्याचारों से मुक्त है। उसका अपने मन पर अधिकार है। वह राजा जनक की तरह 'विदेह' है अर्थात् सांसारिकता के बीच सांसारिकता से कोसों दूर है। शिवालिक की सूखी पर्वतमाला पर एकाकी होकर भी वह मस्तमौला खड़ा है। उसे किसी की बुराई-भलाई से कोई मतलब नहीं। वह स्वयं में प्रसन्न है।

विशेष

(*i*) प्रस्तुत गद्यांश में लेखक सुख-दुःख के कारणों का विश्लेषण विवेचन तथा उदाहरण के साथ करता है तथा कुटज वृक्ष की तुलना राजा जनक से की गई है।

(*ii*) प्रस्तुत गद्यांश में तत्सम् तद्भव शब्दों के माध्यम से शुद्ध साहित्यिक भाषा का प्रयोग हुआ है।

(*iii*) प्रस्तुत गद्यांश में मुहावरों का सार्थक प्रयोग है, जिससे भाषा सजीव और रोचक हो उठी है।

गद्यांश पर आधारित बहुविकल्पीय प्रश्न

1. कहते हैं, पर्वत शोभा निकेतन होते हैं। फिर हिमालय का तो कहना ही क्या! पूर्व और अपर समुद्र-महोदधि और रत्नाकार-दोनों को दोनों भुजाओं से थाहता हुआ हिमालय 'पृथ्वी का मानदंड' कहा जाए तो ग़लत क्या है? कालिदास ने ऐसा ही कहा था। इसी के पाद-देश में यह जो शृंखला दूर तक लोटी हुई लोग इसे शिवालिक शृंखला कहते हैं। 'शिवालिक' का क्या अर्थ है? 'शिवालिक' या शिव के जटाजूट का निचला हिस्सा तो नहीं है। लगता तो ऐसा ही है। शिव की लटियायी जटा ही इतनी सूखी, नीरस और कठोर हो सकती है। वैसे, अलकनन्दा का स्रोत यहाँ से काफी दूरी पर है, लेकिन शिव का अलक तो दूर-दूर तक छितराया ही रहता होगा। संपूर्ण हिमालय को देखकर ही किसी के मन में समाधिस्थ महादेव की मूर्ति स्पष्ट हुई होगी।

(क) प्रस्तुत गद्यांश में लेखक ने वर्णन किया है
(i) हिमालय पर पाई जाने वाली वनस्पति का
(ii) शिव के अलक जाल के निचले हिस्से का
(iii) हिमालय पर्वत की कठोर चट्टानों का
(iv) हिमालय पर्वत के प्राकृतिक सौंदर्य का

(ख) हिमालय अपनी दोनों भुजाओं में कौन-से दो समुद्रों को थामे हुए है?
(i) अरब सागर और बंगाल की खाड़ी
(ii) हिंद महासागर और बंगाल की खाड़ी
(iii) अरब सागर और हिंद महासागर
(iv) बंगाल की खाड़ी और प्रशान्त महासागर

(ग) लेखक को 'शिवालिक की पहाड़ियों' में क्या दिखाई देता है?
(i) शिव की जटाएँ
(ii) शानदार ठिगने वृक्ष
(iii) अलकनंदा का स्रोत
(iv) सूखी हुई दूब

(घ) 'शिवालिक' नामकरण का आधार है
(i) सूखी नीरस वनस्पति का होना
(ii) शिव का समाधिस्थल होना
(iii) शिव के समान रूपाकार होना
(iv) अलकनंदा का उद्गम स्थल होना

(ङ) कथन (A) हिमालय को देखकर समाधिस्थ महादेव की मूर्ति स्पष्ट होती है।
कारण (R) हिमालय पृथ्वी का मानदंड है।
कूट
(i) कथन (A) और कारण (R) दोनों सही हैं तथा कारण (R), कथन (A) की सही व्याख्या करता है।
(ii) कथन (A) और कारण (R) दोनों सही हैं, परंतु कारण (R), कथन (A) की सही व्याख्या नहीं करता है।
(iii) कथन (A) सही है, किंतु कारण (R) गलत है।
(iv) कथन (A) गलत है, किंतु कारण (R) सही है।

उत्तर

(क) (iv) हिमालय पर्वत के प्राकृतिक सौंदर्य का
(ख) (i) अरब सागर और बंगाल की खाड़ी
(ग) (i) शिव की जटाएँ
(घ) (iii) शिव के समान रूपाकार होना
(ङ) (i) कथन (A) और कारण (R) दोनों सही हैं तथा कारण (R) कथन (A) की सही व्याख्या करता है।

2. इस गिरिकूट-बिहारी का नाम क्या है? मन दूर-दूर तक उड़ रहा है-देश में और काल में-मनोरथानामगतिर्नविद्यते! अचानक याद आया-अरे, यह तो कुटज है! संस्कृत साहित्य का बहुत परिचित किंतु कवियों द्वारा अवमानित, यह छोटा-सा शानदार वृक्ष 'कुटज' है। 'कूटज' कहा गया होता तो कदाचित् ज़्यादा अच्छा होता। पर नाम इसका चाहे कुटज ही हो, विरुद तो निस्संदेह 'कूटज' होगा। गिरिकूट पर उत्पन्न होने वाले इस वृक्ष को 'कूटज' कहने में विशेष आनंद मिलता है। बहरहाल, यह कूटज-कुटज है, मनोहर कुसुम-स्तबकों से झबराया, उल्लास-लोल चारुस्मित कुटज! जी भर आया।

(क) लेखक वृक्ष का नाम याद करते हुए कहाँ तक चला जाता है?
(i) वनों और जंगलों में दूर-दूर तक
(ii) इतिहास और इतिहासकारों तक
(iii) देश और काल में दूर-दूर तक
(iv) अतीत और वर्तमान तक

(ख) किस वृक्ष की कवियों द्वारा उपेक्षा की गई?
(i) अशोक (ii) तुलसी
(iii) शिरीष (iv) कुटज

(ग) **कथन** (A) कुटज को कूटज कहा जाता है।
कारण (R) गिरिकूट पर उत्पन्न होने वाला वृक्ष बहुत विशाल होता है।
(i) कथन (A) और कारण (R) दोनों सही हैं तथा कारण (R), कथन (A) की सही व्याख्या करता है।
(ii) कथन (A) और कारण (R) दोनों सही हैं, परंतु कारण (R), कथन (A) की सही व्याख्या नहीं करता है।
(iii) कथन (A) सही है, किंतु कारण (R) गलत है।
(iv) कथन (A) गलत है, किंतु कारण (R) सही है।

(घ) निम्नलिखित कथनों में से कुटज की विशेषता है
कथन 1 इसमें मनोहर फूल लगते हैं।
कथन 2 कुटिया पर जन्म लेने वाला है।
कथन 3 यह उल्लासित सौंदर्य वाला है।
कूट
(i) केवल 1 (ii) 1 और 2
(iii) केवल 2 (iv) 1 और 3

(ङ) अचानक लेखक को क्या याद आया?
(i) कालिदास के श्लोक
(ii) शानदार वृक्ष कूटज का नाम
(iii) गिरिकूट पर्वत का नाम
(iv) उपरोक्त सभी

उत्तर

(क) (iii) देश और काल में दूर-दूर तक
(ख) (iv) कुटज
(ग) (iii) कथन (A) सही है, किंतु कारण (R) गलत है।
(घ) (iv) 1 और 3
(ङ) (ii) शानदार वृक्ष कूटज का नाम

3. **यह जो मेरे सामने कुटज का लहराता पौधा खड़ा है वह नाम और रूप दोनों में अपनी अपराजेय जीवनी-शक्ति की घोषणा कर रहा है। इसीलिए यह इतना आकर्षक है। नाम है कि हज़ारों वर्ष से जीता चला आ रहा है। कितने नाम आए और गए। दुनिया उनको भूल गई, वे दुनिया को भूल गए। मगर कुटज है कि संस्कृत की निरंतर स्फीयमान शब्दराशि में जो जमके बैठा, सो बैठा ही है और रूप की तो बात ही क्या है! बलिहारी है इस मादक शोभा की। चारों ओर कुपित यमराज के दारुण नि:श्वास के समान धधकती लू में यह हरा भी है और भरा भी है, दुर्जन के चित्त से भी अधिक कठोर पाषाण की कारा में रुद्ध अज्ञात जलस्त्रोत से बरबस रस खींचकर सरस बना हुआ है। और मूर्ख के मस्तिष्क से भी अधिक सूने गिरि कांतार में भी ऐसा मस्त बना है कि ईर्ष्या होती है। कितनी कठिन जीवनी-शक्ति है! प्राण ही प्राण को पुलकित करता है, जीवनी-शक्ति ही जीवनी-शक्ति को प्रेरणा देती है।**
CBSE SQP 2024

(क) कुटज द्वारा की गई घोषणा उसकी ………… दर्शाती है।
(i) जिज्ञासा (ii) जिजीविषा
(iii) मुमूर्षा (iv) शुश्रूषा

(ख) निम्नलिखित में से लेखक के अनुसार सबसे सही वाक्य चुनिए
(i) कठिन परिस्थितियों में भी जीना सीखें
(ii) रेगिस्तान में कुटज बहुतायत में पाया जाता है
(iii) केवल नाम के कारण ही जीवन में प्रसिद्धि प्राप्त होती है
(iv) निर्झर का बहता जल कुटज को भली-भाँति सींचता है

(ग) **कथन** (A) कुपित यमराज के दारुण नि:श्वास के समान धधकती लू में यह हरा भी है और भरा भी है।
कारण (R) यमराज के क्रोध के कारण कुटज की जीवनी शक्ति कम हो जाती है, जिसके कारण वह सूख जाता है।
कूट
(i) कथन (A) और कारण (R) दोनों सही हैं तथा कारण (R), कथन (A) की सही व्याख्या करता है।
(ii) कथन (A) और कारण (R) दोनों सही हैं, परंतु कारण (R), कथन (A) की सही व्याख्या नहीं करता है।
(iii) कथन (A) सही है, किंतु कारण (R) गलत है।
(iv) कथन (A) गलत है, किंतु कारण (R) सही है।

(घ) गद्यांश में लेखक ने कुटज का ……… दर्शाया है।
(i) स्वार्थ (ii) स्वाभिमान
(iii) लालच (iv) कर्त्तव्य

(ङ) "मगर कुटज है कि संस्कृति की निरंतर स्फीयमान शब्दराशि में जो जमके बैठा, सो बैठा ही है।" पंक्ति के माध्यम से लेखक संस्कृति के किस महत्त्व को उजागर करता है कि संस्कृति है?
(i) अनवरत (ii) असहमत (iii) अप्राप्य (iv) अबोध

उत्तर

(क) (ii) जिजीविषा
(ख) (i) कठिन परिस्थितियों में भी जीना सीखें।
(ग) (iii) कथन (A) सही है, किंतु कारण (R) गलत है।
(घ) (ii) स्वाभिमान
(ङ) (i) अनवरत

4. **कुटज क्या केवल जी रहा है। वह दूसरे के द्वार पर भीख माँगने नहीं जाता, कोई निकट आ गया तो भय के मारे अधमरा नहीं हो जाता, नीति और धर्म का उपदेश नहीं देता फिरता, अपनी उन्नति के लिए अफ़सरों का जूता नहीं चाटता फिरता, दूसरों को अवमानित करने के लिए ग्रहों की खुशामद नहीं करता। आत्मोन्नति हेतु नीलम नहीं धारण करता, अँगुठियों की लड़ी नहीं पहनता, दाँत नहीं निपोरता, बगलें नहीं झाँकता। जीता है और शान से जीता है—काहे वास्ते, किस उद्देश्य से? कोई नहीं जानता। मगर कुछ बड़ी बात है। स्वार्थ के दायरे से बाहर की बात है। भीष्म पितामह की भाँति अवधूत की भाषा में कह**

रहा है 'चाहे सुख हो या दु:ख, प्रिय हो या अप्रिय, जो मिल जाए उसे शनि के साथ हृदय से बिलकुल अपराजित होकर, सोल्लास ग्रहण करो। हार न मानो। **CBSE 2024**

(क) गद्यांश में लेखक ने उजागर किया है
(i) कुटज की भिक्षावृत्ति को
(ii) कुटज के स्वाभिमान को
(iii) कुटज के स्वार्थ को
(iv) कुटज की चाटुकारिता को

(ख) 'अवधूत' शब्द का अर्थ है
(i) धूनी रमाने वाला (ii) धुआँ पीने वाला
(iii) विरक्त संन्यासी (iv) सिद्ध महात्मा

(ग) 'दाँत निपोरना' मुहावरे का क्या अर्थ है?
(i) दाँत चमकाना
(ii) खुशामद करना
(iii) दाँत गड़ाना
(iv) दाँत दिखाना

(घ) गद्यांश में भीष्म पितामह की तुलना किससे की गई है?
(i) शांतिदूत से (ii) देवदूत से
(iii) अवधूत से (iv) मेघदूत से

(ङ) 'कुटज क्या केवल जी रहा है' का आशय क्या है?
(i) कुटज जैसे-तैसे अपना जीवनयापन कर रहा है।
(ii) कुटज इच्छा नहीं होते हुए भी विवश होकर जी रहा है।
(iii) कुटज दु:खी और हारे मन से जी रहा है।
(iv) कुटज शान से स्वाभिमानपूर्वक जी रहा है।

उत्तर

(क) (ii) कुटज के स्वाभिमान को
(ख) (iii) विरक्त संन्यासी
(ग) (ii) खुशामद करना
(घ) (iii) अवधूत से
(ङ) (iv) कुटज शान से स्वाभिमानपूर्वक जी रहा है।

5. दु:ख और सुख तो मन के विकल्प हैं। सुखी वह है जिसका मन वश में है, दु:खी वह है जिसका मन परवश है। परवश होने का अर्थ है खुशामद करना, दाँत निपोरना, चाटुकारिता, हाँ-हजूरी। जिसका मन अपने वश में नहीं है वही दूसरे के मन का छंदावर्तन करता है, अपने को छिपाने के लिए मिथ्या आडंबर रचता है, दूसरों को फँसाने के लिए जाल बिछाता है। कुटज इन सब मिथ्याचारों से मुक्त है। वह वशी है। वह वैरागी है। राजा जनक की तरह संसार में रहकर, संपूर्ण भोगों को भोगकर भी उनसे मुक्त है।

(क) प्रस्तुत गद्यांश के माध्यम से लेखक ने किस पर प्रकाश डाला है?
(i) स्वार्थी प्रवृत्ति पर
(ii) मनुष्य की अंतर्वृत्तियों पर
(iii) समाज के उच्च वर्ग पर
(iv) लेखन की बारीकियों पर

(ख) लेखक के अनुसार परवश होने का क्या तात्पर्य है?
(i) किसी व्यक्ति की चापलूसी करना
(ii) छल-कपट करना
(iii) चाटुकारिता करना
(iv) उपरोक्त सभी

(ग) निम्नलिखित कथनों में से सही कथनों पर विचार कीजिए
1. जिस मनुष्य का मन वश में नहीं रहता वह दूसरे के मन को परिवर्तित करने की कोशिश में रहता है।
2. ऐसे मनुष्य स्वयं के विषय में ही सोचते हैं।
3. जिनका मन वश में नहीं रहता वे बाह्य आडम्बरों से दूर रहते हैं।

कूट
(i) केवल 1 (ii) 1 और 2 (iii) केवल 2 (iv) 1 और 3

(घ) 'कुटज सब मिथ्याचारों से दूर है' का क्या आशय है?
(i) वह परम ज्ञानी है
(ii) उसका अपने मन पर अधिकार है
(iii) उसका व्यक्तित्व महान है
(iv) उसके ज्ञान में खुशियाँ ही खुशियाँ हैं

(ङ) 'छंदावर्तन' में संधि-विच्छेद कीजिए।
(i) छंदा + वर्तन (ii) छंद + आवर्तन
(iii) छंद + वर्तन (iv) छंद + अर्तन

उत्तर

(क) (ii) मनुष्य की अंतर्वृत्तियों पर
(ख) (iv) उपरोक्त सभी
(ग) (ii) 1 और 2
(घ) (ii) उसका अपने मन पर अधिकार है
(ङ) (ii) छंद + आवर्तन

विषय-वस्तु पर आधारित प्रश्नोत्तर

1. शिवालिक के बारे में लेखक ने क्या बताया है तथा वहाँ पर पाए जाने वाले पेड़ों को बेहया क्यों कहा है?

उत्तर शिवालिक के बारे में लेखक ने बताया है कि हिमालय के नीचे की शैलमालाओं को शिवालिक की पहाड़ी कहा जाता है। लोगों का मानना है कि यह शिव के जटाजूट (जटाओं) का निचला भाग है। इसकी नीरसता, कठोरता और सूनापन देखकर यह बात सही प्रतीत होती है। इन शैलमालाओं में वृक्षों का अभाव है, परंतु लेखक को वहाँ पर कुछ छोटे-से वृक्ष दिखाई देते हैं। शिवालिक शृंखलाओं पर हरियाली नहीं है, क्योंकि यहाँ भयंकर गर्मी है तथा पानी का अभाव है। इन विकट परिस्थितियों में भी कुछ पौधे हरे-भरे तथा मस्त दिखाई देते हैं। लेखक ने शिवालिक पर पाए जाने वाले पेड़ों को इसी कारण बेहया कहा है कि क्योंकि विकट परिस्थितियों में भी ये बेशर्मों की तरह वहाँ टिके रहते हैं।

2. कालिदास ने हिमालय को पृथ्वी का मानदंड क्यों कहा है तथा कालिदास ने 'आषाढ़स्य प्रथम दिवसे' किस संदर्भ में लिखा है?

उत्तर हिमालय की श्रेणियाँ पूर्व में बंगाल की खाड़ी तथा पश्चिम में पश्चिमी समुद्र अरब सागर में प्रवेश करती हैं। ये तराजू के दो पलड़ों की तरह बँटी

हुई प्रतीत होती है। पश्चिम से पूर्व तक फैले हिमालय पर्वत से ऐसा लगता है, मानो इसने पृथ्वी को दो भागों में बाँट दिया है।

इसी कारण कालिदास ने उसे पृथ्वी का मानदंड कहा है। कालिदास के मेघदूत ग्रंथ का यक्ष अपना एक वर्ष का निर्वासनकाल रामगिरि पर बिता रहा था। आठ मास उसने जैसे-तैसे पत्नी वियोग में बिता लिए थे, किंतु जब वर्षा ऋतु के प्रथम महीने आषाढ़ के दिन आकाश में बादल देखे तो वह वियोग से भर उठा। उस समय मेघ की दशा का वर्णन करते हुए कालिदास ने पहले श्लोक का प्रारंभ 'आषाढ़स्य प्रथम दिवसे' से किया है।

3. रहीम ने कुटज को क्या चपत लगाई थी और क्यों?

उत्तर रहीम एक महान कवि तथा दरियादिल आदमी थे, लेकिन यह दुनिया स्वार्थी है जब उसका मतलब निकल जाता है, तो उसे बहिष्कृत कर देते हैं। रहीम के साथ भी यही हुआ। एक राजा ने उनका आदर-सम्मान किया तथा दूसरे ने उन्हें बाहर निकाल दिया। इस पर रहीम को गुस्सा आया। अतः खराब मानसिक स्थिति में उन्होंने कुटज को चपत लगा दी—

'वे रहीम अब बिरछ कहँ, जिनकर छाँह गंभीर'
बागन बिच-बिच देखियत, सेंहुड़ कुटज करीर'

लेखक रहीम की चपत को दो कारणों से सही नहीं मानता

1. फूलों से लदे कुटज की तुलना सेहुँड़ व करीर से करना उचित नहीं है।
2. दूसरे गिरिकूट बिहारी कुटज बागों में होता ही नहीं है। अतः कवि ने कुटज के संबंध में गलत बयानी की है।

4. लेखक ने कुटज के लिए जिन पौरुष व्यंजक नामों का उल्लेख किया है, उनका कुटज से संबंध बताइए।

उत्तर लेखक ने कुटज के लिए अकुतोभय, गिरिगौरव, कुटोल्लास, अपराजित, धरती धकेल, पातालभेद आदि पौरुष व्यंजकों का उल्लेख किया है। ये सब नाम कुटज के गुणों से मेल खाते हुए उसमें संबंध रखते हैं

अकुतोभय—कुटज भी किसी से भी नहीं डरता।

गिरिगौरव—वह पर्वत पर पुष्पों से लदा है, इसलिए पर्वत का गौरव कहना उचित है।

कुटोल्लास—वह गिरिकूट पर उल्लसित रहता है।

अपराजित—कुटज पराजय नहीं मानता।

धरती धकेल—धरती को धक्का देकर उसकी जड़ें नीचे तक जाती हैं।

पहाड़ फोड़—पहाड़ के सीने को फोड़कर शान से खड़ा होता है।

पातालभेद—पहाड़ के सीने को फोड़कर भोजन अर्थात् जीवन के लिए कुटज पाताल तक जाता है।

अतः उपर्युक्त सभी नाम कुटज के लिए सार्थक तथा उचित हैं।

5. कुटज वृक्ष की किन्हीं सात विशेषताओं का वर्णन कीजिए।

उत्तर कुटज निबंध में हजारी प्रसाद द्विवेदी ने कुटज वृक्ष की विशेषताओं का वर्णन किया है, जो निम्नलिखित हैं

1. कुटज अपराजेय जीवन-शक्ति से युक्त है, वह अत्यंत प्रतिकूल परिस्थितियों में भी हार नहीं मानता।
2. वह उजाड़ का साथी है। शिवालिक पर्वत की श्रृंखलाओं जैसे उजाड़ में भी वह पुष्पों से सुशोभित रहता है।
3. कुटज स्वाभिमानी प्रकृति का वृक्ष है वह किसी से भीख नहीं माँगता तथा शान से जीता है।
4. वह निर्भीक भाव से जीवन जीता है तथा किसी से नहीं डरता।
5. कुटज की परोपकारी प्रकृति है वह अपनी जड़ों को पर्वतों में दबाकर नदियों को बता देता है कि इसका स्रोत यही है।
6. कुटज विषम परिस्थितियों में भी प्रसन्न रहता है।
7. वह सुख-दुःख, प्रिय-अप्रिय में समान भाव रखता है।

6. कुटज पाठ का प्रतिपाद्य बताते हुए उसका उद्देश्य स्पष्ट कीजिए।

***अथवा* कुटज पाठ के माध्यम से लेखक हजारी प्रसाद द्विवेदी किस अवधारणा की स्थापना करते हैं?** **CBSE Diksha**

उत्तर कुटज 'हजारी प्रसाद द्विवेदी' का ललित निबंध है। इस निबंध में कुटज फूल की प्रकृति का वर्णन किया गया है, जो हिमालय पर्वत की ऊँचाई पर सूखी शिलाओं के बीच उगने वाला एक जंगली फूल है। इस कुटज के फूल में न विशेष सौंदर्य है, न ही सुगंध, परंतु फिर भी लेखक ने उसमें मानव के लिए एक संदेश पाया है। कुटज में अपराजेय जीवन-शक्ति, स्वावलंबन, आत्मविश्वास तथा विषम परिस्थितियों में भी शान के साथ जीने की क्षमता है। वह समान भाव से सभी परिस्थितियों; जैसे—सुख-दुःख, प्रिय-अप्रिय आदि को स्वीकारता है। सामान्य-से-सामान्य वस्तु में भी विशेष गुण हो सकते हैं यह बताना इस निबंध का उद्देश्य है।

7. 'कुटज' निबंध के आधार पर आचार्य हजारी प्रसाद द्विवेदी की भाषा-शैली पर प्रकाश डालिए।

उत्तर 'कुटज' निबंध के आधार पर आचार्य हजारी प्रसाद द्विवेदी की भाषा-शैली की निम्नलिखित विशेषताएँ हैं

1. भाषा में शुद्धता व प्रवाह के साथ भाव-व्यंजना की अपूर्व क्षमता है।
2. मार्मिकता के कारण गंभीर विषयों को भी सरल बनाने की क्षमता है।
3. विषय के अनुसार भाषा का स्वरूप बदलता रहता है।
4. प्रायः संस्कृतनिष्ठ शब्दावली की अधिकता रहती है।
5. शब्दचयन एवं वाक्य विन्यास भावानुकूल है।
6. व्यंजकता तथा आत्मपरकता उनकी शैली में पाई जाती है।
7. व्यंग्य और हास्य के द्वारा गंभीर विषय बोझिल नहीं होते।
8. संस्कृत साहित्य के उद्धरण तथा कालिदास का उल्लेख प्रायः देखने को मिलता है।

8. कुटज क्या है? उसके जीवन की उन विशेषताओं का उल्लेख कीजिए जो मनुष्य के लिए प्रेरणादायी हैं।

उत्तर 'कुटज' हिमालय पर्वत की ऊँचाई पर सूखी शिलाओं के बीच उगने वाला एक जंगली फूल है। इसके फूलों में विशेष सौंदर्य और सुगंध नहीं होती, परंतु इसमें मनुष्य को प्रेरणा देने वाली अनेक विशेषताएँ निहित हैं, जो इस प्रकार हैं

1. यह वृक्ष व्यक्ति को विपरीत परिस्थितियों में भी आनंदित रहने की प्रेरणा देता है।
2. यह स्वावलंबी बनने की प्रेरणा देता है कि दूसरों के द्वार पर भीख माँगने मत जाओ, परंतु अपने प्राप्य हर हाल में वसूल करो।
3. व्यक्ति को आत्मसम्मान, शान के साथ जीने तथा सदैव सफलता पाने का प्रयास करने की प्रेरणा देता है।
4. सुख-दुःख, हार-जीत, प्रिय-अप्रिय आदि में समान भाव अपनाने की प्रेरणा देता है।

9. कुटज के जीवन से हमें क्या शिक्षा मिलती है? उसे 'गाढ़े का साथी' क्यों कहा गया है?

उत्तर इस प्रश्न के उत्तर के लिए पाठ्यपुस्तक पर आधारित प्रश्नोत्तर में प्रश्न संख्या 1 व 6 देखें।

10. 'कुटज अपने मन पर सवारी करता है, मन को अपने पर सवार नहीं होने देता' कहकर लेखक हमें क्या संदेश देते हैं? CBSE Diksha

उत्तर लेखक द्वारा यह संदेश दिया गया है कि मनुष्य का सबसे बड़ा गुण अपने मन पर नियंत्रण करना है। जिस व्यक्ति का मन उसके अधीन होता है, वह न तो व्यर्थ आडंबर करता है और न ही किसी की चापलूसी में लिप्त होता है।

कुटज के उदाहरण से लेखक हमें यह शिक्षा देते हैं कि मनुष्य को भी कुटज के समान दृढ़ और आत्म-नियंत्रित होना चाहिए। अपने मन को आडंबरों और मिथ्याचारों से मुक्त कर, स्वाभिमानपूर्वक जीवन जीने का आदर्श प्रस्तुत करना चाहिए। कुटज की तरह, मन पर सवारी करने का अर्थ है कि हमें अपने विचारों और भावनाओं को संयमित रखना चाहिए।

11. हजारी प्रसाद द्विवेदी जीवन जीने को केवल एक कला ही नहीं, बल्कि एक तपस्या क्यों मानते हैं? तर्कसम्मत उत्तर दीजिए। CBSE Diksha

उत्तर हजारी प्रसाद द्विवेदी जीवन जीने को केवल एक कला ही नहीं, बल्कि एक तपस्या मानते हैं, क्योंकि उनका मानना है कि जीवन में सुख और दुःख, जय और पराजय, अश्रु और मुस्कान की स्थितियाँ तो आती ही रहती हैं। पर इन परिस्थितियों से हारे बिना अपनी अजेय क्षमताओं से जिसने जीवन जीना सीख लिया, उसी का जीना सार्थक है।

वे कहते हैं कि हमें कभी हिम्मत नहीं हारनी चाहिए, उसी तरह जैसे कुटज अपने जीवन के लिए विकट परिस्थितियों से लड़ता भी है और सिर उठाकर खड़ा भी रहता है।

कुटज ने यह सिद्ध कर दिया है कि जो विकट और असामान्य परिस्थितियों में भी स्वयं को जीवित रखे हुए है, उसी का जीवन श्रेष्ठ और अनुकरणीय है। सुख में तो सभी हँसते हैं, जो दुःख में रहकर भी हँसे सही मायने में उसने जीना सीख लिया है। इस कला को हर कोई नहीं जानता। इस कला में पारंगत होना ही वास्तविक तपस्या है, जो जीवन को श्रेष्ठतम बनाती है।

12. लेखक ने कुटज को 'गिरिकूट- बिहारी कुटज' क्यों कहा है? CBSE Diksha

उत्तर कुटज जंगलों में और पहाड़ियों पर खिलता है। वह केवल जीता ही नहीं बल्कि यह सिद्ध कर देता है कि मनुष्य में यदि जीने की ललक है, तो वह किसी भी प्रकार की परिस्थितियों का सरलतापूर्वक सामना कर सकता है। वह सुख-दुःख, प्रिय-अप्रिय भावों की स्थिति में भी समभाव से रहता है अर्थात् उस पर इन स्थितियों का कोई प्रभाव नहीं पड़ता है। वह विकट परिस्थितियों में भी सिर उठाकर खड़ा रहता है। उसकी विशाल जीवन दृष्टि उसे कभी हारने नहीं देती। कुटज की इस स्थितप्रज्ञता और अपराजेय जीवनी-शक्ति के कारण ही लेखक ने उसे 'गिरिकूट-बिहारी कुटज' कहा है।

स्व-मूल्यांकन

गद्यांश पर आधारित बहुविकल्पीय प्रश्न

निम्नलिखित गद्यांश को ध्यानपूर्वक पढ़कर पूछे गए बहुविकल्पीय प्रश्नों के लिए सर्वाधिक उपयुक्त विकल्प का चुनाव कीजिए।

1. इन्हीं में एक छोटा-सा, बहुत ही ठिगना पेड़ है, पत्ते चौड़े भी हैं, बड़े भी हैं। फूलों से तो ऐसा लदा है कि कुछ पूछिए नहीं। अज़ीब-सी अदा है, मुसकुराता जान पड़ता है। लगता है, पूछ रहा है कि क्या तुम मुझे भी नहीं पहचानते? पहचानता तो हूँ, अवश्य पहचानता हूँ। लगता है बहुत बार देख चुका हूँ। पहचानता हूँ उजाड़ के साथी, तुम्हें अच्छी तरह पहचानता हूँ। नाम भूल रहा हूँ। प्रायः भूल जाता हूँ। रूप देखकर प्रायः पहचान जाता हूँ, नाम नहीं याद आता। पर नाम ऐसा है कि जब तक रूप के पहले ही हाज़िर न हो जाए तब तक रूप की पहचान अधूरी रह जाती है।

(क) लेखक अनगिनत वृक्षों को कहाँ देखता है?
(i) गिरिवन मे
(ii) शिवालिक पर्वत पर
(iii) सबसे बड़े पार्क में
(iv) नीलगिरि पर्वत पर

(ख) लेखक को दिखाई देने वाले छोटे पेड़ की विशेषता क्या है?
(i) फूल विहीन पेड़
(ii) चौड़े एवं बड़े पत्ते
(iii) पतला एवं कमजोर तना
(iv) कठोर एवं निर्जीव

(ग) निम्नलिखित कथनों में से सही कथनों पर विचार कीजिए
कथन 1 पेड़ का रूप अद्वितीय है, इसलिए लेखक इसे नहीं पहचानता है।
कथन 2 लेखक पेड़ का रूप देखकर पहचान जाता है, परंतु उसे पेड़ का नाम याद नहीं आता।
कथन 3 लेखक ने छोटे और ठिगने से पेड़ को उजाड़ का साथी कहा है।
कूट
(i) केवल 1 (ii) केवल 2
(iii) 1 और 2 (iv) 2 और 3

(घ) लेखक ने वृक्ष को क्या कहकर संबोधित किया?
(i) सुकोमल शरीर वाला (ii) फूलों का राजा
(iii) उजाड़ का साथी (iv) कठिनाई का साथी

(ङ) लेखक ने रूप के परिचय के साथ और किसका परिचय आवश्यक माना है?
(i) कर्म का परिचय (ii) नाम का परिचय
(iii) बुद्धि का परिचय (iv) सहृदयता का परिचय

उत्तर

(क) (ii) शिवालिक पर्वत पर (ख) (ii) चौड़े एवं बड़े पत्ते
(ग) (iv) 2 और 3 (घ) (iii) उजाड़ का साथी
(ङ) (ii) नाम का परिचय

गद्यांश की व्याख्या

2. निम्नलिखित में से किसी एक गद्यांश की सप्रसंग व्याख्या कीजिए।

कहीं-कहीं अज्ञात नाम-गोत्र झाड़-झंखाड़ और बेहया-से पेड़ खड़े अवश्य दिख जाते है पर और कोई हरियाली नहीं। दूब तक सूख गई है। काली काली चट्टानें और बीच-बीच में शुष्कता की अन्तर्निरुद्ध सत्ता का इज़हार करने वाली रक्ताभ रेती! रस कहाँ है? ये जो ठिंगने से लेकिन शानदार दरख्त गरमी की भयंकर मार खा-खाकर और भूख-प्यास की निरन्तर चोट सह-सहकर भी जी रहे हैं, इन्हें क्या कहूँ? सिर्फ़ जी ही नहीं रहे हैं, हँस भी रहे हैं। बेहया हैं क्या? या मस्तमौला हैं? कभी-कभी जो लोग ऊपर से बेहया दिखते हैं, उनकी जड़ें काफ़ी गहरी पैठी रहती हैं।

अथवा

गोया कुटज अदना-सा 'बिरछ' हो। 'छाँह' ही क्या बड़ी बात है, फूल क्या कुछ भी नहीं? छाया के लिए न सही, फूल के लिए तो कुछ सम्मान होना चाहिए। मगर कभी-कभी कवियों का भी 'मूड' खराब हो जाया करता है। वे भी गलत बयानी के शिकार हो जाया करते हैं। फिर बागों से गिरिकूट-बिहारी कुटज का क्या तुक है? कुटज अर्थात् जो कुट से पैदा हुआ हो। 'कुट' घड़े को भी कहते हैं, घर को भी कहते हैं। कुट अर्थात् घड़े से उत्पन्न होने के कारण प्रतापी अगस्त्य मुनि भी 'कुटज' कहे जाते हैं। घड़े से तो क्या उत्पन्न हुए होंगे। कोई और बात होगी। संस्कृत में 'कुटिहारिका' और 'कुटकारिका' दासी को कहते हैं।

विषय-वस्तु पर आधारित प्रश्न

1. लेखक को कुटज वृक्ष के फूल किस प्रकार आकर्षित करते हैं?
2. लेखक को कुटज वृक्ष का नाम क्यों याद नहीं आ रहा था?
3. लेखक ने 'कुटहारिका' और 'कुटकारिका' शब्दों के संदर्भ में क्या व्याख्या की है?
4. लेखक ने कुटज के फूलों की तुलना अन्य किन फूलों से की है?
5. लेखक ने कुटज वृक्ष को कवियों द्वारा 'अवमानित' क्यों कहा है?
6. 'कूटज' और 'कुटज' शब्दों के संदर्भ में लेखक ने क्या भिन्नता बताई है?

01 अध्याय

अंतराल भाग-2 : पूरक पाठ्यपुस्तक

लेखक-परिचय

'कलम के सिपाही' और 'कथा सम्राट' के नाम से प्रसिद्ध प्रेमचंद (वास्तविक नाम धनपतराय) का जन्म 1880 ई. में वाराणसी के लमही गाँव में हुआ था। ये प्रारंभ में नवाबराय के नाम से उर्दू में लिखते थे। बाद में उन्होंने प्रेमचंद के नाम से हिंदी साहित्य को समृद्ध किया। महात्मा गाँधी के विचारों से प्रभावित होकर उन्होंने असहयोग आंदोलन के दौरान अपनी सरकारी नौकरी छोड़ दी और स्वयं को पूरी तरह से लेखन के लिए समर्पित कर दिया। उन्होंने किसानों, मजदूरों, दलितों, नारियों, जाति-प्रथा और सामाजिक समस्याओं पर अपनी लेखनी के माध्यम से समाज सुधार में योगदान दिया। इनके लेखन में हिंदी और उर्दू शब्दों का सुंदर समन्वय हुआ है। उनके प्रसिद्ध उपन्यासों में गोदान, गबन, सेवासदन, कायाकल्प, निर्मला आदि प्रमुख हैं। वर्ष 1936 में इनका देहावसान हो गया।

▼ अध्ययन के लिए
- पाठ की रूपरेखा
- पाठ का सार

▼ अभ्यास के लिए
- पाठ्यपुस्तक के प्रश्नोत्तर
- पाठ पर आधारित बहुविकल्पीय प्रश्न
- विषय-वस्तु पर आधारित प्रश्नोत्तर

सूरदास की झोंपड़ी

(प्रेमचंद)

पाठ की रूपरेखा

प्रस्तुत पाठ 'सूरदास की झोंपड़ी' महान साहित्यकार 'प्रेमचंद' के प्रसिद्ध उपन्यास 'रंगभूमि' का एक भाग है, जिसका मुख्य पात्र सूरदास नामक एक अंधा भिखारी है। ईर्ष्या, द्वेष और बदले की भावना से दूर रहकर वह प्रत्येक स्थिति में अपने चरित्र और व्यक्तित्व को बचाए रखता है। पाठ में भैरो को खलनायक के रूप में चित्रित किया गया है। जब उसकी पत्नी सुभागी और सूरदास के संबंधों की चर्चा आम होने लगती है, तब सूरदास से बदला लेने की इच्छा से वह उसकी झोंपड़ी जला देता है और उसके द्वारा जमा किए गए रुपयों की पोटली भी चुरा लेता है। इस कथा में निराशा को आशा से, घृणा को प्रेम से जीतने की सीख दी गई है।

पाठ का सार

सूरदास की झोंपड़ी का जलना

सूरदास की झोंपड़ी रात के दो बजे अचानक धू-धूकर जलने लगती है। देखते-देखते मुहल्ले के लोग वहाँ जमा हो जाते हैं। कुछ लोग आग बुझाने की कोशिश करते हैं, तो कुछ सिर्फ़ तमाशबीन बने रहते हैं। सूरदास झोंपड़ी में जाना चाहता था, पर लोग उसे ऐसा करने से रोकते हैं। बजरंगी और जगधर सूरदास से पूछते हैं कि कहीं उसने चूल्हे को जलता हुआ तो नहीं छोड़ दिया था, जिसके कारण यह आग लग गई। जगधर के पूछने पर नायकराम जवाब देता है कि यदि चूल्हे को ठंडा किया होता, तो दुश्मनों का कलेजा कैसे ठंडा होता? उसकी इस बात को सुनकर जगधर स्वयं पर संशय किए जाने का अनुभव करता है, साथ ही उसके द्वारा इस घृणित कार्य का प्रतिशोध लेने के लिए कहने पर ठाकुरदीन नायकराम को समझाते हुए कहता है कि भगवान स्वयं ही दोषी को दंडित कर देंगे।

रुपयों की पोटली की चिंता

आग बुझने पर सभी के चले जाने के बाद भी सूरदास वहीं बैठा रहा। उसे झोंपड़ी और बर्तन के जल जाने का दु:ख नहीं, बल्कि पोटली का दु:ख था, जो उसकी उम्रभर की

कमाई थी। उसका मानना था कि उसी पोटली से उसका, उसके पितरों का और उसके नामलेवा का उद्धार हो सकेगा। उस पोटली में उसने चाँदी के पाँच सौ से अधिक रुपये रखे थे। उसने इन्हीं रुपयों के सहारे गया जाकर पितरों को पिंडदान देने की योजना बनाई थीं। वह अपने पुत्र मिठुआ का भी विवाह करना चाहता था, ताकि घर में बहू भी आ जाए और उसे भोजन पकाने से भी छुटकारा मिल जाए। वह सोच रहा था कि रुपये तो आग में पिघल गए होंगे पर चाँदी तो अवश्य बची होगी। इसी विश्वास से गरम राख को उलट-पुलट कर सूरदास चाँदी खोजने लगता है, पर निराशा ही हाथ लगती है और वह वहीं राख पर बैठकर रोने लगता है।

भैरो के षड्यंत्र का खुलासा

सुबह के समय सूरदास राख बटोर रहा था, तभी जगधर आकर उससे पूछता है कि कहीं वह उस पर शक तो नहीं कर रहा? सूरदास के इनकार करने पर जगधर उसकी ओर से निश्चिंत होकर सीधे भैरो के पास जाता है, क्योंकि उसी ने सूरदास को रुलाने की बात कही थी। जगधर के पूछने पर भैरो उसे बता देता है कि आग उसी ने लगाई थी। भैरो रुपयों से भरी पोटली दिखाते हुए यह भी कहता है कि यह मेरी पत्नी को बहकाकर ले जाने का जुर्माना है। जगधर द्वारा पोटली के विषय में पूछने पर वह बताता है कि उसे यह पोटली उसकी झोंपड़ी में मिली है, जिसमें पाँच सौ से अधिक रुपये हैं, जिन्हें उसने राहगीरों से ठगकर जमा किया है। वह कहता है, शायद उसे इन्हीं रुपयों पर अभिमान था, लेकिन अब वह इन रुपयों से अपनी जाति को भोज करवाएगा।

जगधर का ईर्ष्या की आग में जलना

जगधर को भैरो के पास रुपयों की पोटली देखकर उससे ईर्ष्या होने लगती है। वह भैरो को सूरदास के रुपये वापस करने की सलाह देता है, पर भैरो ऐसा नहीं करता। भैरो उसे पोटली का आधा हिस्सा दे देता, तो वह चुप रह जाता, पर ऐसा न हो सका। वह सूरदास को भैरो की इच्छा बताना चाहता था। जगधर सोचता है कि तेल की मिठाई को घी की कहकर बेचकर ईमान तो वह भी गँवाता है, पर उसे आज तक कुछ भी हासिल न हुआ और भैरो पल भर में अमीर बन गया, अब उसे दो-तीन और दुकानों का ठेका मिल जाएगा।

भैरो की शरारत से सूरदास को अवगत कराना

सूरदास के पास पहुँचकर जगधर उसके रुपयों की पोटली भैरो के पास होने की बात कहता है, किंतु सूरदास अपनी हैरानी को छिपाते हुए कहता है कि वे रुपये मेरे नहीं किसी और के होंगे। मुझ भिखारी को भला साढ़े पाँच सौ रुपये कहाँ से मिलेंगे! दरअसल सूरदास को दरिद्रता प्रिय नहीं थी, पर एक भिखारी के धन-संग्रह करने का किस्सा जगजाहिर हो, वह इसे अच्छा नहीं मानता था, इसी कारण वह रुपयों पर दावा नहीं करता।

सुभागी का फिर से भैरो के साथ रहने का निर्णय

सुभागी रातभर मंदिर के पास छिपी थी, उसे घटना की सच्चाई मालूम थी। वह यह सोचकर दु:खी थी कि उसके कारण उसके पति ने सूरदास की झोंपड़ी में आग लगा दी। सूरदास को दिलासा देने के लिए वह उसके पास पहुँचती है। वह भैरो के नीरस स्वभाव के कारण अकेले रहकर जीवनयापन करने का निर्णय कर चुकी होती है, लेकिन जगधर के यह कहने पर कि भैरो सूरदास की झोंपड़ी में आग लगाकर उसके रुपयों की पोटली भी अपने साथ ले गया, जिसे वह अपनी आँखों से देख आया है।

सुभागी सूरदास से पोटली के विषय में पूछती है, जिस पर वह इनकार करता है, लेकिन वह उसके चेहरे से उसकी वेदना को पहचान लेती है। सुभागी अपना प्रण तोड़कर फिर से भैरो के घर में रहने का मन बना लेती है।

घीसू की बात से प्रेरित होना

सूरदास का मन घोर निराशा में डूबा था। एक ओर वह भैरो द्वारा रुपये चुराने की बात को अपने पूर्वजन्म के कर्मों से जोड़ रहा था, तो दूसरी ओर वह सुभागी के भविष्य को लेकर भी चिंतित था कि अब वह कहाँ रहेगी, कैसे रहेगी? इसी बीच मिठुआ रोता-रोता चला आता है। उसका मित्र घीसू अपने घर से उसे चिढ़ा रहा था कि वह खेल में रो रहा है। घीसू की इस बात को सुनकर सूरदास सोच रहा था कि जब बच्चे भी खेल में रोना अच्छा नहीं मानते, फिर वह बड़ा होकर यह भूल क्यों कर रहा है?

झोंपड़ी के पुनर्निर्माण का प्रण

अगले ही क्षण सूरदास का मन आशाओं से भर गया। वह विजयश्री की खुशी के आवेग में आकर दोनों हाथों से राख को उड़ाने लगता है। देखते-देखते मुहल्ले के बच्चे वहाँ जमा हो जाते हैं और वे भी इस खेल का मज़ा लेने लगते हैं। कुछ ही समय के बाद वह भूमि बिलकुल साफ़ हो जाती है। मिठुआ के पूछने पर कि अब वह कहाँ रहेगा, सूरदास कहता है कि वह नई झोंपड़ी तैयार करेगा। लोगों द्वारा बार-बार जलाए जाने के पश्चात् भी झोंपड़ी निर्माण का कार्य करता रहेगा।

शब्दार्थ

उपचेतना–नींद में जगे होने की अनुभूति; **दम-के-दम में**–कुछ ही देर में; **नैराश्यपूर्ण**–निराशा से परिपूर्ण; **अग्निदाह**–आग की लपटें; **चिताग्नि**–चिता की आग; **कलेजा ठंडा होना**–चैन मिल जाना; **नाहक**–अकारण/बेकार में; **सुभा**–शक; **स्वाहा होना**–सब कुछ खत्म हो जाना; **खुटाई**–खोट; **धरन**–कड़ी; **पितर**–स्वर्गवासी पूर्वज; **बटोरना**–जमा करना; **तस्कीन**–तसल्ली/दिलासा; **पिंड देना**–पितरों को श्राद्ध अर्पित करने की एक रस्म; **गला छूटना**–मुक्ति पाना; **जुग**–युग; **अटकल**–अंदाजा; **भूबल**–राख के नीचे की आग; **बेबसी**–लाचारी; **तड़का**–सवेरा; **दीर्घजीवी**–लंबी अवधि तक जीवित रहने वाला; **अदावत**–शत्रुता; **परवा**–परवाह/चिंता; **जरीबाना**–जुर्माना; **जतन**–यत्न/उपाय; **पाजी**–बदमाश/दुष्ट; **रुपयों की गरमी**–धन का घमंड; **बखत**–वक्त/समय; **बल्लमटेर**–लुटेरा/गुंडा/बदमाश; **बिकरी**–बिक्री/खरीदारी; **मसक्कत**–मेहनत; **हजम**–पचना; **नेकनीयती**–भले मन; **हसद**–ईर्ष्या/डाह; **डोरे डालना**–बहलाना/फुसलाना; **आबरू**–इज़्ज़त; **खोंचा**–छोटा-सा बक्सा, जिसमें रखकर चीज़ें बेची जाती हैं; **छाती पर साँप लोटना**–ईर्ष्या से जलना; **दमड़ी**–पैसे का आठवाँ भाग; **छदाम**–पैसे का चौथाई भाग; **कौड़ी**–धन; **टेनी मारना**–कम तौलना; **ईमान गँवाना**–बेइमानी करना; **बेलज्जत**–बिना स्वाद के; **झिझकी**–संकोच किया; **धेला**–पैसे का आधा भाग; **खसम**–पति; **झाँसा देना**–छल करना/भ्रमित करना; **पेट की थाह लेना**–मन का भेद जानना; **मार लाना**–चुरा लेना/झपट लेना; **चैन की बंशी बजाना**–मजे में रहना; **हाथ पसारना**–माँगना; **अन्वेषण**–खोज; **बिपत**–विपदा/मुसीबत; **खरी-खोटी सुनाना**–कटु बात कहना; **मर्माहत**–मन से व्यथित/हृदय पर चोट खाया हुआ; **क्षोभ**–क्रोध।

पाठ्यपुस्तक (अंतराल भाग-2) के प्रश्नोत्तर

1. "चूल्हा ठंडा किया होता, तो दुश्मनों का कलेजा कैसे ठंडा होता?" नायकराम के इस कथन में निहित भाव को स्पष्ट कीजिए।

अथवा **"चूल्हा ठंडा किया होता, तो दुश्मनों का कलेजा ठंडा कैसे होता?" इस कथन के आधार पर सूरदास की मन:स्थिति का वर्णन कीजिए।**

All India 2020

उत्तर सूरदास दृष्टिहीन व्यक्ति है। भैरो तथा जगधर जैसे उसके पड़ोसी उससे ईर्ष्या करते हैं। ईर्ष्या का कारण सूरदास का सुख के साथ जीवन व्यतीत करना है। उसके पड़ोसी मानवीय दुर्बलताओं के शिकार हैं तथा दुःखी हैं। दरिद्र सूरदास अपने व्यक्तित्व के कारण अपने पड़ोसियों से अलग है। भैरो सूरदास को तड़पते और रोते देखना चाहता है। जगधर की कामना है कि वह सुख से न रह पाए।

भैरो ने एक रात सूरदास की झोंपड़ी में आग लगा दी। झोंपड़ी में लगी आग को देखने पूरा गाँव जमा हो जाता है। जगधर भी इस भीड़ में शामिल है। वह सूरदास से पूछता है कि क्या आज चूल्हा ठंडा नहीं किया था? नायकराम जवाब देता है—"चूल्हा ठंडा किया होता, तो दुश्मनों का कलेजा कैसे ठंडा होता?" नायकराम के इस कथन में निहित भाव यह है कि सूरदास के घर को जलता देख शत्रुओं को प्रसन्नता हो रही होगी। नायकराम यह जानता था कि आग लगने का कारण चूल्हा नहीं है, बल्कि सूरदास के किसी शत्रु ने ईर्ष्यापूर्वक वह आग लगाई है। समाज में सुख तथा शांति से जीने वाले लोग ईर्ष्यालु लोगों की निगाहों में आ जाते हैं। ईर्ष्यालु प्रवृत्ति के लोग मौके की तलाश में रहते हैं तथा मौका मिलते ही दूसरों को हानि पहुँचाकर अपना कलेजा ठंडा कर लेते हैं।

2. भैरो ने सूरदास की झोंपड़ी क्यों जलाई?

उत्तर भैरो तथा सुभागी पति-पत्नी थे। वे सूरदास के पड़ोसी भी थे। एक दिन भैरो तथा सुभागी में तकरार हुई। सुभागी मार खाने के डर से भागकर सूरदास की झोंपड़ी में छिप गई। भैरो वहाँ पहुँचा और उसने सुभागी की पिटाई करनी चाही, किंतु सूरदास के बीच-बचाव के कारण वह अपने उद्देश्य में सफल नहीं हो सका। भैरो ने सूरदास के चरित्र पर प्रश्न उठाया, जिससे गाँवभर में सूरदास और सुभागी के संबंध की चर्चा होने लगी। इस घटना के बाद भैरो स्वयं को अपमानित महसूस करने लगा और वह सूरदास को सबक सिखाना चाहता था।

वह उसे तड़पता तथा रोता हुआ देखना चाहता था। दूसरी ओर जगधर सूरदास से ईर्ष्या करता था, उसे सूरदास का सुखपूर्वक रहना काँटे की तरह चुभता था। इसलिए उसने भैरो को उकसाया तथा भैरो ने सूरदास को परेशान करने के लिए उसकी झोंपड़ी में आग लगा दी।

3. 'यह फूस की राख न थी, उसकी अभिलाषाओं की राख थी।' संदर्भ सहित विवेचन कीजिए।

अथवा **'यह फूस की राख न थी, उसकी अभिलाषाओं की राख थी।' किसके बारे में कहा गया है और क्यों? सूरदार के संदर्भ में आशय स्पष्ट कीजिए।**

Delhi 2019

उत्तर सूरदास की झोंपड़ी में आग लगा दी गई थी। सूरदास अपनी जलती झोंपड़ी में प्रवेश करना चाहता था, किंतु गाँव के लोगों ने उसे रोक रखा था। आग बुझने के बाद जब लोग अपने घर को लौट गए, तब भी सूरदास वहीं रुका रहा। उसे झोंपड़ी के जलने का दुःख नहीं था, न ही बर्तन इत्यादि के जलने का दुःख था। दुःख था पोटली में जमा किए गए चाँदी के रुपयों के जल जाने का, क्योंकि वह पोटली उसकी जीवनभर की कमाई थी। वही पोटली उसके जीवन की संपूर्ण अभिलाषाओं का आधार थी। वह उसकी यातनाओं और रचनाओं का निष्कर्ष थी। उसने उस पोटली में अपने पितरों का उद्धार संचित किया था।

सूरदास ने सोचा था कि इन पैसों के कुछ हिस्से को वह गया में पिंडदान के समय खर्च करेगा। इन्हीं पैसों से मिठुआ का विवाह करने का विचार सूरदास के मन में था। घर में बहू आ जाने के बाद भोजन बनाने की चिंता से मुक्त होने की अभिलाषा उसके मन में थी।

इन्हीं पैसों से वह लोक-कल्याण हेतु कुआँ भी खुदवाना चाहता था, किंतु शुरू से अंत तक राख को टटोलने के बाद भी उसे न तो वे रुपये मिले और न उनकी जगह पिघली हुई चाँदी ही प्राप्त हुई। इस प्रकार झोंपड़ी में लगी आग ने उसकी सारी उम्मीदों पर पानी फेर दिया। इसी संदर्भ में लेखक ने कहा है—'यह फूस की राख न थी, उसकी अभिलाषाओं की राख थी।'

4. जगधर के मन में किस तरह का ईर्ष्या-भाव जगा और क्यों?

उत्तर भैरो ने सूरदास की झोंपड़ी में आग लगा दी थी। झोंपड़ी के जलने के बाद जगधर भैरो के पास गया। जगधर के पूछने पर भैरो ने बताया कि उसी ने सूरदास की झोंपड़ी को स्वाहा करने के लिए चुपके से एक दियासलाई लगा दी। उसने रुपयों से भरी एक थैली दिखाई, जो उसने झोंपड़े की धरन से उतारी थी। इस थैली में सूरदास के जीवनभर की संचित पूँजी थी। उस थैली में पाँच सौ से अधिक रुपये थे।

जगधर को लगा की भैरो के हाथ बैठे-बिठाए इतनी संपत्ति आ गई है और उसकी तकदीर खुल गई है। उसे ईर्ष्या होने लगी कि भैरो एक क्षण में इतना धनवान हो गया, अब वह इन्हीं पैसों से मौज-मस्ती करेगा और अब उसे दो-तीन दुकानों के ठेके और मिल जाएँगे। भैरो की तरह बेईमान तो वह भी है, पर उसकी तरह भाग्यशाली नहीं। दरअसल जगधर भैरो के हाथ लगी आधी संपत्ति प्राप्त करना चाहता था, पर भैरो के आगे उसकी एक न चली। ईर्ष्या की इसी अग्नि में जलते हुए जगधर ने भैरो की शरारत से सूरदास और सुभागी को भी अवगत कराया।

5. सूरदास जगधर से अपनी आर्थिक हानि को गुप्त क्यों रखना चाहता था?

अथवा **झोपड़ी जलने के कारण सूरदास अपनी आर्थिक हानि को गुप्त क्यों रखना चाहता था?**

CBSE 2024

उत्तर सूरदास जगधर से अपनी आर्थिक हानि को गुप्त रखना चाहता था, क्योंकि उसका ऐसा मानना था कि एक अंधे भिखारी के लिए दरिद्रता इतनी लज्जा की बात नहीं है, जितना धन। वह किसी पर भी यह प्रकट न होने देना चाहता था कि अंधे और भिखारी धन संचय कर सकते हैं। वह अपने द्वारा एकत्र किए गए धन से गया जाकर पितरों को पिंडदान करना चाहता था, मिठुआ का विवाह करना चाहता था, कुआँ बनवाना चाहता था, किंतु इस ढंग से कि लोगों को यह आश्चर्य न हो कि इसके पास इतने रुपये कहाँ से आए, उन्हें लगे कि भगवान दीन-दुखियों की सहायता करते हैं। सूरदास के अनुसार, भिखारियों के लिए धन संचय पाप संचय से कम अपमान की बात नहीं थी। इसलिए जगधर के साथ-साथ वह गाँव के अन्य व्यक्तियों से भी अपनी आर्थिक हानि को गुप्त रखना चाहता था। तभी वह बार-बार कह रहा था कि भैरो के पास पड़े पाँच सौ से अधिक रुपये उसके नहीं, किसी और के हैं।

6. "सूरदास उठ खड़ा हुआ और विजय-गर्व की तरंग में राख के ढेर को दोनों हाथों से उड़ाने लगा।" इस कथन के संदर्भ में सूरदास की मनोदशा का वर्णन कीजिए।

उत्तर सूरदास झोंपड़ी जलने से दुःखी था, किंतु इससे भी अधिक दुःखी वह संचित धन-राशि वाली पोटली के विनष्ट होने की आशंका से था। उसने पोटली के साथ कई मंसूबे बाँध रखे थे।

पितरों को पिंडदान, मिठुआ का विवाह तथा कुआँ खुदवाने की अभिलाषा उसके हृदय में थी। जगधर से सूरदास को जब पता चला कि घर में आग लगाने तथा पोटली गायब करने वाला भैरो है, तो वह अत्यंत दुःखी हुआ, किंतु उसने अपनी आर्थिक हानि को किसी के सामने प्रकट न होने दिया।

दुःखद विचारों से मर्माहत सूरदास जले झोंपड़े की राख के सामने रो रहा था कि सहसा उसके कानों में आवाज़ आई—'तुम खेल में रोते हो।' सूरदास जहाँ नैराश्य, ग्लानि और क्षोभ के अपार जल में गोते खा रहा था, वहीं वह घीसू के द्वारा मिठुआ को कहे गए इन शब्दों को सुनकर सचेत हो गया। वह सोचने लगा कि बच्चे भी खेल में रोना बुरा मानते हैं। उसे लगा कि यह जीवन भी तो खेल ही है। आत्मविश्वास से भरे खिलाड़ी कभी दुःखी नहीं होते।

यही तो खेल-भावना है। जीवन रोने के लिए नहीं है, हँसने के लिए है। सूरदास जीवन का मर्म समझ गया था। अब उसे झोंपड़ी जलने तथा धन के गायब होने का दर्द नहीं रह गया। वह उठ खड़ा हुआ और विजय-गर्व की तरंग में राख के ढेर को दोनों हाथों से उड़ाने लगा। वस्तुतः सूरदास की जिजीविषा, उसके नैराश्य तथा क्षोभ से आगे निकल गई थी। उसकी मनुष्यता एवं संघर्षशीलता जीत गई थी।

7. 'तो हम सौ लाख बार बनाएँगे' इस कथन के संदर्भ में सूरदास के चरित्र का विवेचन कीजिए।

अथवा **'तो हम सौ लाख बार बनाएँगे' इस कथन संदर्भ में सूरदास के चरित्र की चारित्रिक विशेषता लिखिए।** **CBSE 2023**

उत्तर सूरदास का कथन 'तो हम सौ लाख बार बनाएँगे' उसके दृढ़ और सशक्त चरित्र को उजागर करता है। इस वाक्य से सूरदास की अनेक विशेषताएँ उभरती हैं

1. **हार न मानने की प्रवृत्ति** सूरदास विपरीत और कठिन परिस्थितियों में भी हार नहीं मानता। झोंपड़ी जलने के बाद भी वह पुनः प्रयास करने के लिए तैयार है।
2. **कर्मशीलता और मेहनती स्वभाव** सूरदास एक मेहनती व्यक्ति है। दृष्टिहीन होने के बावजूद उसने अपने प्रयासों से पैसे जमा किए और आगे भी मेहनत करने में नहीं झिझकता।
3. **प्रतिशोध की भावना से मुक्त** भैरो के कारण उसकी झोंपड़ी जलने पर भी सूरदास प्रतिशोध नहीं लेता। वह शांतचित्त और क्षमाशील है।
4. **निर्णय लेने की क्षमता** सूरदास विपरीत परिस्थितियों में भी त्वरित और सकारात्मक निर्णय लेता है। झोंपड़ी के जलने पर भी उसने पुनर्निर्माण का संकल्प लिया।
5. **सहृदय और परोपकारी** सूरदास का कोमल हृदय उसे दूसरों की सहायता के लिए प्रेरित करता है, जैसा कि उसने सुभागी को शरण देकर किया।
6. **आशावादी दृष्टिकोण** मिठुआ की बात सुनकर उसके भीतर नई आशा जागृत होती है, जिससे वह भविष्य को सुधारने का निश्चय करता है।

इस प्रकार, सूरदास का चरित्र साहस, आत्मविश्वास और सहनशीलता का प्रतीक है।

योग्यता-विस्तार

1. इस पाठ का नाट्य रूपांतर कर उसकी प्रस्तुति कीजिए।

उत्तर छात्र स्वयं करें।

2. प्रेमचंद के उपन्यास 'रंगभूमि' का संक्षिप्त संस्करण पढ़िए।

उत्तर छात्र स्वयं करें।

अभ्यास प्रश्न

पाठ पर आधारित बहुविकल्पीय प्रश्न

1. सूरदास की झोंपड़ी में आग किसने लगाई?

(i) जगधर ने (ii) भैरो ने
(iii) मिठुआ ने (iv) स्वयं सूरदास ने

उत्तर (ii) भैरो ने

2. "चूल्हा ठंडा किया होता, तो दुश्मनों का कलेजा कैसे ठंडा होता" के माध्यम से नायकराम संकेतात्मक रूप से किसे चिह्नित कर रहा है? **CBSE SQP Term I 2021**

(i) गाँव के लोगों को
(ii) जगधर को
(iii) भैरों को
(iv) मिठुआ को

उत्तर (ii) जगधर को

3. झोंपड़ी जल जाने पर सूरदास को किस बात का अधिक दुःख था?

(i) कपड़े जल जाने का
(ii) रुपयों की पोटली जल जाने का
(iii) झोंपड़ी जल जाने का
(iii) बर्तन-बासन जल जाने का

उत्तर (ii) रुपयों की पोटली जल जाने का

4. झोंपड़ी में आग लगने पर सूरदास झोंपड़ी के अंदर क्यों जाना चाहता था?

(i) अपने जोड़े गए पैसों की पोटली बचाने के लिए
(ii) अपनी लाठी को बचाने के लिए
(iii) अपने पुत्र को बचाने के लिए
(iv) अपना आवश्यक सामान बचाने के लिए

उत्तर (i) अपने जोड़े गए पैसों की पोटली बचाने के लिए

5. जगधर को स्वयं पर सूरदास की झोंपड़ी जलाने का संशय कब होता है?

(i) जब वह नायकराम की बात सुनता है
(ii) जब वह सूरदास से बात करता है
(iii) जब वह भैरो के पास जाता है
(iv) उपरोक्त सभी

उत्तर (i) जब वह नायकराम की बात सुनता है

6. 'सूरदास की झोंपड़ी' पाठ से उद्धृत पंक्ति 'दमड़ी छदाम-कौड़ियों के लिए टेनी मारता हूँ।' में 'दमड़ी-छदाम-कौड़ियों का सांकेतिक अर्थ है

(i) तोल के बाट (वज़न) (ii) प्राचीन भारतीय मुद्रा
(iii) मिठाइयों के प्रकार (iv) छोटा-मोटा मुनाफा

उत्तर (ii) (ब) प्राचीन भारतीय मुद्रा

7. सूरदास जगधर द्वारा बताने के बाद पोटली के रुपयों पर अपना दावा क्यों नहीं करता है?

(i) वह नहीं चाहता कि एक भिखारी के धन संचय का किस्सा जगजाहिर हो
(ii) वह भैरो से किसी प्रकार का कोई विवाद नहीं करना चाहता
(iii) वह दरिद्र ही बने रहना चाहता है
(iv) वह नहीं चाहता कि उसके बेटे को पता चले कि उसने पैसे जोड़ रखे हैं

उत्तर (i) वह नहीं चाहता कि एक भिखारी के धन संचय का किस्सा जगजाहिर हो

8. सुभागी अकेले रहकर जीवनयापन करने का निर्णय किस कारण कर चुकी है?

(i) अपने पति का दूसरी स्त्री से संबंध होने के कारण
(ii) अपनी संतान उत्पन्न न होने के कारण
(iii) भैरो के नीरस स्वभाव के कारण
(iv) सूरदास के समझाने के कारण

उत्तर (iii) भैरो के नीरस स्वभाव के कारण

9. 'सूरदास की झोंपड़ी' प्रेमचंद की किस पुस्तक का अंश है? **CBSE 2021**

(i) सेवासदन (ii) रंगभूमि (iii) कायाकल्प (iv) गोदान

उत्तर (ii) रंगभूमि

10. 'चूल्हा ठण्डा किया होता, तो दुश्मनों का कलेजा कैसे ठण्डा होता' पंक्ति में 'चूल्हा ठण्डा करने का क्या अर्थ है **CBSE SQP 2020**

(i) चूल्हा बुझा देना (ii) चूल्हे की आग बुझा देना
(iii) पानी से आग बुझा देना (iv) चूल्हे में पानी डाल देना

उत्तर (ii) चूल्हे की आग बुझा देना

11. भिखारियों के लिए धन संचय पाप संचय से कम अपमान की बात नहीं है। अनुमान के आधार पर बताइए सूरदास ने ऐसा क्यों कहा होगा? **CBSE SQP Term I 2021**

(i) ग्रंथों में धन संचय को पाप संचय माना जाने के कारण
(ii) ग्रामीण सामाजिक दृष्टिकोण के कारण
(iii) पूँजीपति व्यवस्था के प्रति अनादर के कारण
(iv) उसकी चेतना जागृत हो जाने के कारण

उत्तर (ii) ग्रामीण सामाजिक दृष्टिकोण के कारण

12. सूरदास के चरित्र से हमें क्या सीखने का अवसर मिलता है? **CBSE Term II 2022**

(i) धन-संग्रह (ii) सहयोग
(iii) चुप रहना (iv) दृढ़ता

उत्तर (iv) दृढ़ता

13. अभिलाषाओं की राख से तात्पर्य है **CBSE Term II 2022**

(i) जमा पूँजी का जल जाना
(ii) इच्छा की पूर्ति होना
(iii) आकांक्षा का अधूरा रह जाना
(iv) चरित्र पर कलंक लगना

उत्तर (iii) आकांक्षा का अधूरा रह जाना

14. सूरदास ने पोटली में रखे रुपयों से योजनाएँ बनाई

1. पितरों का पिंडदान करने की
2. अपने पुत्र मिठुआ का विवाह करने की
3. मिठाई की दुकान खोलने की

कूट

(i) केवल 1 (ii) केवल 2
(iii) 1 और 2 (iv) 2 और 3

उत्तर (iii) 1 और 2

15. 'सूरदास की झोंपड़ी' पाठ के संदर्भ में निम्नलिखित कथनों पर विचार कीजिए। **CBSE Term II 2022**

1. सूरदास प्रतिशोध में विश्वास नहीं रखता था
2. सूरदास पुनर्निर्माण में विश्वास रखता था
3. सूरदास ने जगधर की पत्नी की सहायता की थी
4. सूरदास की भैरो से दुश्मनी थी

कूट

(i) केवल 1 (ii) 1 और 2
(iii) 3 और 4 (iv) केवल 4

उत्तर (ii) 1 और 2

विषय-वस्तु पर आधारित प्रश्नोत्तर

1. सूरदास की झोंपड़ी में आग किसने लगाई, यह जानने के लिए जगधर क्यों बेचैन था? झोंपड़ी जल जाने पर भी सूरदास का किसी से प्रतिशोध न लेना क्या इंगित करता है? पाठ के आधार पर समझाइए।

उत्तर सूरदास की जलती झोंपड़ी को देखने वाली भीड़ में जगधर भी शामिल था। उसके द्वारा सूरदास से यह पूछने पर कि क्या आज चूल्हा ठंडा नहीं किया था, नायकराम जवाब देता है कि चूल्हा ठंडा किया होता, तो दुश्मनों का कलेजा कैसे ठंडा होता?

नायकराम के यह कहने और लोगों की प्रतिक्रिया जानने के बाद जगधर को ऐसा आभास हुआ कि लोग उसे ही इस घृणित कार्य के लिए ज़िम्मेदार समझ रहे हैं। वह स्वयं को निर्दोष साबित करना चाहता था, लेकिन यह तभी संभव था। जब वह यह पता लगा लेता कि वास्तव में, झोंपड़ी किसने जलायी है? अतः वह झोंपड़ी में आग लगाने वाले के बारे में जानने के लिए बेचैन था। सूरदास आशावादी व्यक्ति है। झोंपड़ी के जल जाने के बाद भी वह उसके पुनर्निर्माण की बात सोचता है, खोए हुए रुपये फिर से कमा लेने की बात सोचता है। पुनर्जन्म की बातों पर विश्वास करता हुआ

वह यह भी सोचता है कि शायद पूर्वजन्म में उसने भैरो के रुपये चुराए होंगे, जिसका दंड उसे इस जन्म में मिल रहा है।

इस प्रकार, सूरदास लाभ-हानि, सुख-दुःख सब कुछ ईश्वर पर छोड़ केवल कर्म करने में विश्वास रखता है। इसी कारण मिठुआ के पूछने पर वह जवाब देता है कि यदि कोई सौ लाख बार उसकी झोंपड़ी जला दे तो वह सौ लाख बार उसका निर्माण करेगा।

2. 'सूरदास की झोंपड़ी' उपन्यास अंश में ईर्ष्या, चोरी, ग्लानि, बदला जैसे नकारात्मक मानवीय पहलुओं पर अकेले सूरदास का व्यक्तित्व भारी पड़ता है। जीवन-मूल्यों की दृष्टि से इस कथन पर विचार कीजिए। **CBSE SQP 2022**

उत्तर 'सूरदास की झोंपड़ी' उपन्यास अंश में एक ओर भैरो तथा जगधर नकारात्मक छवि वाले पात्र हैं, जिनमें ईर्ष्या-द्वेष, छल-प्रपंच, बदले की भावना जैसे दुर्गुण भरे हुए हैं, वहीं दूसरी ओर सत्य, अहिंसा के मार्ग पर चलने वाला मानवोचित गुणों से परिपूर्ण मुख्य पात्र सूरदास है, जो नेत्रहीन होते हुए भी अपने व्यक्तित्व पर नकारात्मक पहलुओं को कभी हावी नहीं होने देता। सूरदास सुभागी को उसके पति भैरो के आतंक से बचाने के लिए अपने घर में शरण देता है। उसकी सहृदयता का गलत मतलब निकालकर भैरो उसकी झोंपड़ी में आग लगा देता है और उसके द्वारा जमा किए गए रुपयों की पोटली भी चुरा लेता है। इसके बाद सूरदास प्रतिशोध की अग्नि में न जलकर फिर से झोंपड़ी बनाने की बात सोचता है।

मिठुआ को समझाता कि किसी के द्वारा सौ लाख बार झोंपड़ी जलाए जाने के बाद भी वह झोंपड़ी बनाने से पीछे नहीं हटेगा। इस प्रकार, अपना सब कुछ उजड़ जाने पर भी सूरदास धैर्यवान और आशावान बना रहता है और उसका व्यक्तित्व ईर्ष्या, चोरी, ग्लानि, बदला जैसे नकारात्मक मानवीय पहलुओं पर भारी पड़ता है।

3. झोंपड़ी जला दिए जाने के बाद भी सूरदास का किसी से प्रतिशोध न लेना, उसके स्वभाव की किस विशेषता को दर्शाता है? सूरदास जैसे चरित्र की वर्तमान समय में क्या प्रासंगिकता है? स्पष्ट कीजिए। **CBSE 2025**

उत्तर झोंपड़ी जलाए जाने के बाद भी सूरदास का किसी से प्रतिशोध न लेना उसके सहनशील, क्षमाशील और उदार स्वभाव को दर्शाता है। वह बदले की भावना से मुक्त एक आध्यात्मिक एवं करुणामयी व्यक्ति है, जो घृणा के अतिरिक्त प्रेम और सहानुभूति में विश्वास रखता है। यह गुण उसे एक सच्चा संत और मानवता का प्रतीक बनाते हैं। वर्तमान समय में सूरदास जैसे चरित्र की प्रासंगिकता और भी अधिक बढ़ जाती है। आज के समाज में जहाँ द्वेष, हिंसा और बदले की भावना बढ़ रही है, वहाँ सूरदास जैसे सहनशील और क्षमाशील व्यक्तित्व प्रेरणादायक हो सकते हैं।

उनका धैर्य और करुणा हमें यह सिखाते हैं कि क्रोध और प्रतिशोध से समाज में अशांति फैलती है, जबकि क्षमा और प्रेम से सौहार्द एवं शांति बनी रहती है।

4. सूरदास की झोंपड़ी में आग किसने और क्यों लगाई ? झोंपड़ी जलने के बाद सूरदास की मनोदशा पर टिप्पणी कीजिए।

उत्तर सूरदास की झोंपड़ी में आग भैरो ने लगाई थी, क्योंकि वह सूरदास को सबक सिखाना चाहता है। भैरो तथा उसकी पत्नी सुभागी में झगड़ा होने पर सुभागी सूरदास की झोंपड़ी में छिप गई। भैरो ने वहाँ पहुँचकर उसकी पिटाई करनी चाही, तो सूरदास के बीच-बचाव करने के कारण वह अपने उद्देश्य में सफल नहीं हो सका। इस बात पर भैरो ने सूरदास के चरित्र पर प्रश्न उठाया और सारे गाँव में सुभागी और सूरदास के बीच संबंध की चर्चा होने लगी। इस घटना के बाद भैरो स्वयं को अपमानित महसूस करने लगा। वह सूरदास से बदला लेने के लिए उसे तड़पता और रोता हुआ देखना चाहता है। अतः उसने सूरदास को परेशान करने के लिए उसकी झोंपड़ी में आग लगा दी।

झोंपड़ी जलने के बाद सूरदास की मनोदशा

झोंपड़ी जलने के बाद सूरदास उसमें रखे अपने पैसों की पोटली ढूँढता है, परन्तु उसे राख में कहीं कुछ नहीं मिलता, तब वह निराश होकर वहीं राख पर बैठकर रोने लगता है। तभी उसे घीसू की यह आवाज़ सुनाई देती है कि 'खेल में रोते हो'। घीसू की इस बात से सूरदास को जीवन का मर्म समझ में आ जाता है कि जीवन एक खेल ही तो है और जो सच्चे खिलाड़ी होते हैं वे हार-जीत की परवाह न कर खेल के अंत तक मैदान में डटे रहते हैं, हिम्मत नहीं हारते। फिर खेल में रोना कैसा? खेल तो हँसने और दिल बहलाने के लिए है रोने के लिए नहीं। घीसू के कथन को सुनकर सूरदास की मनोदशा अचानक बदल जाती है। अब वह आशा और विश्वास से भरकर झोंपड़ी के पुनर्निर्माण की बात सोचता है और विजय भाव के साथ दोनों हाथों से राख के ढेर को उड़ाने लगता है।

5. सूरदास की झोंपड़ी जलने पर सुभागी के मन में कौन-कौन से विचार उठ रहे थे?

उत्तर सुभागी जानती थी कि सूरदास की झोंपड़ी उसी के पति भैरो ने जलाई है। फिर भी वह सूरदास को सांत्वना देने के लिए सवेरे उसके पास जाती है। उसे इसकी चिंता न थी कि भैरो ने उस पर चरित्रहीनता का आरोप लगाया है, क्योंकि उसे मालूम था कि लोग उसकी इस बात पर कभी विश्वास नहीं करेंगे, परंतु वह यह सोचकर चिंतित थी कि सूरदास पर आई विपदा के लिए वह और केवल वही उत्तरदायी है। वह जगधर को वहाँ खड़ा देख भयभीत थी कि कहीं वह उसे पकड़ न ले।

सुभागी ने भैरो के घर कभी न जाने का निश्चय कर लिया था। अब वह अकेले रहकर मज़दूरी करके जीवन गुज़ारना चाहती थी। वह न तो भैरो के लिए खाना बनाने के लिए तैयार थी और न अपनी बूढ़ी सास की सेवा करके उन्हें प्रसन्न रखने की ज़िम्मेदारी ही निभाना चाहती थी।

वह सोचती है कि जब उसके पति ने आज तक उसे खुश होकर धेले का सिंदूर तक नहीं दिया तो भला वह उसकी चिंता क्यों करे, उसके लिए क्यों मरे? इस प्रकार सुभागी, भैरो और उसके घर को मन-ही-मन त्याग चुकी थी।

6. 'यह कलंक भी मेरे सिर लगना है' सूरदास ऐसा किस कारण से सोचता है? स्पष्ट कीजिए।

उत्तर सूरदास ने सुभागी को अपने घर में शरण दी थी, जिसके कारण उसके पति भैरो ने सुभागी पर चरित्रहीनता का आरोप लगाया। उस रात सुभागी अपने घर नहीं गई और उसने मंदिर के पीछे रात काट ली। उसने प्रण कर लिया था कि अब वह भैरो के घर नहीं जाएगी, किंतु जगधर ने जब यह बताया कि सूरदास के रुपयों की पोटली भैरो के पास है, तब उसने अपना प्रण तोड़कर फिर से भैरो के घर में रहने का निश्चय कर लिया।

सूरदास को सुभागी की चिंता हो रही थी। उसे लग रहा था कि उसका पति अब उसे अपने घर में नहीं रहने देगा और तब सुभागी का क्या होगा, वह कहाँ रहेगी, किस हाल में रहेगी, उसे गली-गली की खाक तो नहीं छाननी पड़ेगी? यही सब सोचकर सूरदास परेशान हो रहा था।

वह सुभागी के दुःख का कारण स्वयं को मानता था, क्योंकि उसे घर में रखने के पश्चात् ही उस पर ये सारी विपदाएँ टूटी थीं। इसी कारण वह सोचता है कि सुभागी को घर से बाहर निकालने का कलंक उसी के सिर लगेगा।

7. 'सूरदास की झोंपड़ी' के आधार पर भैरो का चरित्र-चित्रण कीजिए।

अथवा **'जब तक उसे रोते न देखूँगा, यह काँटा न निकेलगा'-इस कथन के संदर्भ में भैरों का चरित्र-चित्रण 'सूरदास की झोंपड़ी' पाठ के आधार पर कीजिए।** **CBSE 2023**

अथवा **'सूरदास की झोंपड़ी' पाठ से ली गई पंक्ति "मुझे अच्छी तरह से हजम हो जाएँगे, हाथ हुए रुपयों को नहीं लौटा सकता" के संदर्भ में भैरो के चरित्र की उभरती प्रवृत्ति को स्पष्ट कीजिए।** **CBSE 2023**

उत्तर 'सूरदास की झोंपड़ी' पाठ में भैरो को खलनायक के रूप में प्रस्तुत किया गया है। उसमें प्रेम, करुणा, उदारता, धैर्य, संतोष, ईमानदारी, सच्चाई जैसे सद्गुणों का अभाव है। वह अपनी पत्नी सुभागी पर अत्याचार करता है और सूरदास से ईर्ष्या भाव रखकर उसकी झोंपड़ी जला देता है। भैरो की चारित्रिक कमियों को निम्न रूपों में देखा जा सकता है

(i) **क्रूरता एवं संवेदनशून्यता** भैरो क्रूर, संवेदनशून्य एवं निर्लज्ज व्यक्ति है। वह अपनी पत्नी को दासी समझकर पीटता है। पड़ोसी के घर जाकर पत्नी पर हाथ उठाने में भी उसे तनिक शर्म नहीं आती।

(ii) **अविश्वास एवं संदेह करना** भैरो शक्की किस्म का इंसान है। सुभागी के सूरदास के घर चले जाने और सूरदास के द्वारा उसे बचाने की बात का गलत अर्थ लगाकर वह उन दोनों के चरित्र पर संदेह करने लगता है और उन्हें बदनाम भी करता है।

(iii) **बदले की भावना** भैरो बदले की भावना से ग्रसित व्यक्ति है। जब मुहल्ले वाले उसकी पत्नी सुभागी और सूरदास के बारे में उल्टी-सीधी बातें करते हैं, जिससे उसकी भी बदनामी होती है तो वह सूरदास को सबक सिखाने के लिए उसकी झोंपड़ी में आग लगा देता है। इससे उसकी बदले की आग ठंडी हो जाती है, जिसका उल्लेख वह जगधर से भी करता है।

(iv) **चोरी करना** भैरो उम्दा दर्जे का चोर भी है। पाठ में इसका प्रमाण तब मिलता है, जब वह सूरदास की झोंपड़ी में आग लगाने के बाद धरन के ऊपर रखी रुपयों की पोटली चुरा कर चुपचाप अपने घर ले आता है और जगधर के पहुँचने पर उसे वह पोटली दिखाता भी है।

(v) **ईर्ष्यालु** भैरो में ईर्ष्या की भावना कूट-कूट कर भरी थी। सूरदास के रुपये चुरा लाने के बाद वह जगधर के सामने अपने मन के भाव उजागर करता हुआ उसके बारे में कहता है कि उसे इन्हीं पैसों की गर्मी थी जो अब निकल जाएगी। अब मैं देखता हूँ कि किसके बल पर उछलता है। उसका यह कथन उसके चरित्र की ईर्ष्यालु प्रवृत्ति को उजागर करता है।

8. 'अंधापन ही क्या थोड़ी विपत थी कि नित ही एक-न-एक चपत पड़ती रहती है।' इस कथन के आलोक में सूरदास पर पड़ने वाली विपत्तियों का उल्लेख 'सूरदास की झोंपड़ी' पाठ के आधार पर कीजिए।

उत्तर नेत्रहीन होने के कारण सूरदास को अनेक प्रकार की मुसीबतों का सामना करना पड़ता था, लोगों के ताने सुनने पड़ते थे, बावजूद इसके वह अपनी ज़िम्मेदारियों के प्रति तनिक भी उदासीन न था। वह भीख माँग-माँग कर जमा किए गए साढ़े पाँच सौ रुपयों से पितरों का पिंडदान, मिठुआ का विवाह और जनकल्याणार्थ कुआँ बनवाना चाहता था, किंतु झोंपड़ी के जल जाने और उसकी जीवनभर की जमा पूँजी के लुट जाने पर उसके अरमानों पर पानी फिर गया। ऊपर से सुभागी के कारण मिली बदनामी ने रही-सही कसर भी उतार दी।

अब तो जिसे मन होता वह उसे दो-चार खरी-खोटी सुना देता। इस प्रकार, गरीबी में जीने वाला सूरदास अब और गरीब हो गया, साथ-ही-साथ उसकी प्रतिष्ठा भी धूमिल हो गई। सूरदास को सुभागी की चिंता भी थी कि यदि उसका पति भैरो उसे घर में न रखे तो वह कहाँ मारी-मारी फिरेगी।

9. "खेल में रोना कैसा? खेल हँसने के लिए, दिल बहलाने के लिए है, रोने के लिए नहीं।" इस कथन के आलोक में सूरदास का चरित्र-चित्रण कीजिए।

उत्तर झोंपड़ी की आग बुझ जाने और सबके वहाँ से चले जाने के बाद जब एक-एक मुट्ठी राख टटोलने के पश्चात् भी सूरदास को रुपयों वाली थैली न मिली, तो वह वहीं राख पर बैठ कर रोने लगा। इसी बीच उसने आवाज़ सुनी—'खेल में रोते हो!' यह कहकर घीसू मिठुआ को चिढ़ा रहा था। घीसू की इस बात से सूरदास को जीवन का सूत्र मिल गया, जैसे गहरे विषाद के सागर में से निकालकर अचानक किसी ने उसे किनारे पर लाकर खड़ा कर दिया हो। सूरदास जीवन का मर्म समझ गया। वह सोचने लगा कि यह जीवन भी तो एक खेल ही है और जो सच्चे खिलाड़ी होते हैं वे हार-जीत की परवाह न कर खेल के अंत तक मैदान में डटे रहते हैं, हिम्मत नहीं हारते। फिर खेल में रोना कैसा? खेल तो हँसने और दिन बहलाने के लिए है, रोने के लिए नहीं।

इस प्रकार, घीसू के कथन को सुनकर सूरदास की मनोदशा अचानक बदल जाती है। अब वह आशा और आत्मविश्वास से भरकर झोंपड़ी के पुनर्निर्माण की बात सोचता है और विजय भाव के साथ दोनों हाथों से राख के ढेर को उड़ाने लगता है।

10. सूरदास के व्यक्तित्व की किन्हीं तीन विशेषताओं पर सोदाहरण प्रकाश डालिए। **All India 2019**

अथवा **'सूरदास की झोंपड़ी' के नायक की विशेषताओं का उल्लेख करते हुए लिखिए कि उसके व्यक्तित्व से आपको क्या प्रेरणा मिलती है?** **CBSE SQP 2024**

अथवा **झोंपड़ी जला दिए जाने पर भी सूरदास किसी से प्रतिशोध लेना नहीं चाहता था। इस कथन के संदर्भ में उसके चरित्र की विशेषताएँ लिखिए।** **CBSE 2024**

उत्तर सूरदास के व्यक्तित्व की तीन प्रमुख विशेषताएँ निम्नलिखित हैं

(i) **सहृदयता** नेत्रहीन होने के बावजूद सूरदास का हृदय बहुत बड़ा है। उससे किसी का दुःख देखा नहीं जाता। वह सुभागी को अपने घर में शरण देकर उसके पति भैरो से उसकी रक्षा करता है, जबकि

भैरो उसकी सहृदयता का गलत मतलब निकालकर उसे चरित्रहीन साबित कर उसकी झोंपड़ी में आग लगा देता है।

(ii) **धैर्य और सहनशीलता** सूरदास में सहनशीलता का गुण भी स्पष्ट दृष्टिगोचर होता है। भैरो के द्वारा झोंपड़ी जलाने और उम्रभर की कमाई के रूप में जमा की गई रुपयों की पोटली चुरा लेने के बावजूद वह सब कुछ शांत रहकर सह लेता है।

(iii) **आत्मविश्वास** सूरदास में आत्मविश्वास कूट-कूट कर भरा है। झोंपड़ी के राख हो जाने के बाद भी वह विजय-पर्व मनाते हुए झोंपड़ी के पुनर्निर्माण की बात सोचता है। मिठुआ के पूछने पर कि अब हम कहाँ रहेंगे, झट से जवाब देता है—दूसरा घर बनाएँगे। यहाँ तक कि जब मिठुआ पूछता है कि जो कोई सौ लाख बार झोंपड़ी जला दे तो?, वह सरलता से उत्तर देता है—तो हम सौ लाख बार बनाएँगे।

सूरदास के इन गुणों से हमें प्रेरणा मिलती है कि हमें जीवन में आने वाली कठिनाइयों का सामना साहस और आत्मविश्वास के साथ करना चाहिए। हमें धैर्य और सहनशीलता अपनानी चाहिए तथा सकारात्मक सोच के साथ नित्य कर्मशील रहना चाहिए।

11. सूरदास के जीवन की सारी आशाओं का आधार रुपयों की पोटली थी, कैसे? 'सूरदास की झोंपड़ी' पाठ के आधार पर स्पष्ट कीजिए। **CBSE 2023**

उत्तर पोटली में उसके जीवनभर की संचित पूँजी थी। उसमें चाँदी के पाँच सौ से अधिक रुपये रखे थे। उसने इन्हीं रुपयों के सहारे गया जाकर पितरों को पिंडदान देने की योजना बनाई थी। वह अपने पुत्र मिठुआ का विवाह भी करना चाहता था, ताकि घर में बहु भी आ जाए और उसे भोजन पकाने से भी छुटकारा मिल जाए, किंतु रुपये तो झोंपड़ी के साथ ही जल गए और उसकी सारी इच्छाएँ धरी की धरी रह गईं।

उसका मानना था कि उसी पोटली से उसका, उसके पितरों का और उसके नामलेवा का उद्धार हो सकेगा। वहीं पोटली उसके जीवन भर की संपूर्ण अभिलाषाओं का आधार थी।

12. 'सूरदास की झोंपड़ी' कहानी आपको क्यों प्रिय है? किन्हीं तीन कारणों पर प्रकाश डालिए।

उत्तर 'सूरदास की झोंपड़ी' कहानी विश्व प्रसिद्ध कथाकार प्रेमचंद के कालजयी उपन्यास 'रंगभूमि' का अंश है। इस कहानी में पात्रों का ऐसा सजीव चित्रण किया गया है जैसे वे असली जीवन के किरदार हों। इस कहानी के माध्यम से हमें निम्नलिखित संदेश मिलते हैं, जिस कारण यह कहानी मुझे विशेष रूप से प्रिय है

(i) **कर्म पथ पर डटे रहना** कहानी में सूरदास विषम परिस्थितियों में भी जीने की राह ढूँढ लेता है और समस्याओं का डटकर मुकाबला करता है। इस प्रकार, कहानी के माध्यम से हमें विषम परिस्थितियों में भी हिम्मत न हारकर कर्म पथ पर डटे रहने की प्रेरणा मिलती है।

(ii) **आत्मविश्वासी बनना** सूरदास की झोंपड़ी जला दी जाती है, उसकी जीवनभर की कमाई लूट ली जाती है फिर भी वह सोचता है कि वह पैसा फिर से कमाएगा और वह झोंपड़ी के पुनर्निर्माण में जुट जाता है। इस प्रकार, कहानी हमें आत्मविश्वासी बनने की सीख देती है। मिठुआ के प्रश्न का उत्तर देते हुए सूरदास का यह कहना कि कोई सौ लाख बार उसकी झोंपड़ी जला दे तो वह सौ लाख बार उसे बनाएगा उसके आत्मविश्वास की पराकाष्ठा है।

(iii) **आशावादी बनना** सूरदास झोंपड़ी के जलने और रुपयों के खोने के गम में उदास होकर रोने लगता है, पर घीसू के द्वारा मिठुआ को कही गई बात 'तुम खेल में रोते हो' को सुनकर वह फिर से उत्साहित हो जाता है और उसे जीवन खेल की तरह लगने लगता है, जिसके खिलाड़ी हार-जीत से परे होकर अंत समय तक मैदान में डटे रहते हैं। घीसू के इसी कथन के प्रभाव से वह झोंपड़ी के पुनर्निर्माण में जुट जाता है। इस प्रकार, कहानी आशावान बनने की प्रेरणा देती है।

13. 'सूरदास की झोंपड़ी' पाठ में सूरदास की लाचारी और संघर्ष के साथ उसकी जिजीविषा का भी चित्रण हुआ है, कैसे? अपने शब्दों में लिखिए। **CBSE 2023**

उत्तर 'सूरदास की झोंपड़ी' पाठ में सूरदास की लाचारी, संघर्ष और उसकी जिजीविषा का सजीव चित्रण किया गया है। सूरदास नेत्रहीन भिखारी है, परन्तु उसमें सहनशीलता और आत्मविश्वास की अद्भुत शक्ति है। उसकी झोंपड़ी, जो उसके जीवन की एकमात्र आश्रयस्थली थी, दुश्मनी के कारण जला दी जाती है। झोंपड़ी के साथ-साथ उसकी वर्षों की मेहनत से संचित पूँजी भी भैरो चुरा लेता है।

इन विपरीत परिस्थितियों में भी सूरदास की जिजीविषा (जीने की इच्छा और दृढ़ता) स्पष्ट रूप से उभरकर सामने आती है। वह अपने दुर्भाग्य को स्वीकार करते हुए बदले की भावना से दूर रहता है। जब मिठुआ और घीसू के साथ बातचीत होती है, तो उसे एहसास होता है कि रोने और निराश होने से समस्याओं का समाधान नहीं होगा।

वह नई झोंपड़ी बनाने का दृढ़ निश्चय करता है और राख की सफाई में जुट जाता है। सूरदास की यह सकारात्मकता और पुनः खड़े होने का संकल्प उसकी जिजीविषा को दर्शाता है। इस तरह, पाठ में सूरदास का चरित्र हमें संघर्षों का सामना करने और हर परिस्थिति में आगे बढ़ने की प्रेरणा देता है।

14. 'सूरदास की झोंपड़ी' पाठ से ली गई पंक्ति–'खेल में रोना कैसा?' में किस खेल की बात हो रही है? जीवन में मिलने वाली असफलताओं के संदर्भ में इससे क्या प्रेरणा मिलती है? **CBSE 2024**

उत्तर 'सूरदास की झोंपड़ी' पाठ में मिठुआ, सूरदास के पास रोता हुआ आता है, क्योंकि उसका मित्र घीसू उसे चिढ़ाते हुए कहता है, 'खेल में रोते हो!' इस खेल का संदर्भ बच्चों के खेल से है, जिसमें हार-जीत को सहज रूप से लिया जाता है। यह पंक्ति जीवन के संघर्षों और असफलताओं के प्रति हमारे दृष्टिकोण को बदलने की प्रेरणा देती है। सूरदास, जो अपने जीवन की बड़ी क्षति के कारण निराश था, इस बात को सुनकर अपनी उदासी त्याग देता है। उसे यह एहसास होता है कि यदि बच्चे खेल में रोने को गलत मानते हैं, तो बड़े होकर जीवन की कठिनाइयों में रोना अनुचित है।

यह पंक्ति हमें सिखाती है कि जीवन में असफलताएँ और विपत्तियाँ खेल की तरह हैं। हमें हार मानने की बजाय हर बार नई शुरुआत करनी चाहिए। कठिनाइयों का सामना धैर्य और आत्मविश्वास से करना ही सच्चा संघर्ष है।

15. 'सूरदास की झोंपड़ी' पाठ के आधार पर तत्कालीन समाज में नारी की स्थिति का वर्णन कीजिए। आज उनकी स्थिति में क्या कोई परिवर्तन आया है? स्पष्ट कीजिए। CBSE 2024

उत्तर 'सूरदास की झोंपड़ी' पाठ के आधार पर तत्कालीन समाज में नारी की स्थिति दयनीय और असुरक्षित थी। महिलाएँ पुरुषसत्ता के अधीन थीं और अक्सर घरेलू हिंसा का शिकार होती थीं। सुभागी का चरित्र यह स्पष्ट करता है कि उस समय नारी को सम्मान और अधिकारों से वंचित रखा जाता था।

भैरो अपनी पत्नी को अक्सर पीटता है और जब वह अपने बचाव के लिए सूरदास की शरण लेती है, तो उसे बदनाम करने की कोशिश करता है। यह दिखाता है कि नारी की स्वतन्त्रता और उसके निर्णयों को समाज में मान्यता नहीं थी।

आज महिलाओं की स्थिति में उल्लेखनीय सुधार हुआ है। उन्हें शिक्षा, रोजगार और कानूनी अधिकारों का लाभ मिला है। महिलाएँ आत्मनिर्भर और सशक्त बनकर समाज में महत्त्वपूर्ण भूमिका निभा रही हैं। घरेलू हिंसा और लैंगिक भेदभाव के विरुद्ध सख्त कानून बने हैं। हालाँकि, अब भी कई स्थानों पर महिलाएँ असमानता और शोषण का सामना करती हैं। समाज में महिलाओं की स्थिति को पूरी तरह सशक्त और सुरक्षित बनाने के लिए सतत प्रयासों की आवश्यकता है। जागरूकता और समानता सुनिश्चित करने से ही महिलाओं को उनका पूरा अधिकार और सम्मान मिल सकेगा।

स्व-मूल्यांकन

पाठ पर आधारित बहुविकल्पीय प्रश्न

निम्नलिखित बहुविकल्पीय प्रश्नों के उत्तर दीजिए

1. भैरो और सुभागी का सूरदास से क्या संबंध था?
(i) भाई-बहन का (ii) पुत्र-पुत्रवधु का
(iii) पड़ोसी का (iv) माता-पिता का

उत्तर (iii) पड़ोसी का

2. जगधर भैरो को क्या सलाह देता है?
(i) सूरदास पर आरोप न लगाने की
(ii) सूरदास के रुपये लौटा देने की
(iii) सुभागी को घर ले आने की
(iv) मिठाई की दुकान खोलने की

उत्तर (ii) सूरदास के रुपये लौटा देने की

3. सूरदास की सारी इच्छाएँ धरी की धरी क्यों रह गई?
(i) भैरो के द्वारा आरोप लगाने पर
(ii) झोंपड़ी जल जाने पर
(iii) पुत्र के गंभीर रूप से घायल होने पर
(iv) झोंपड़ी के साथ रुपयों की पोटली भी जल जाने पर

उत्तर (iv) झोंपड़ी के साथ रुपयों की पोटली भी जल जाने पर

4. 'तो हम सौ लाख बार बनाएँगे' कथन से सूरदास के चरित्र की कौन-सी विशेषता उभरकर सामने आती है?
(i) आशावादी दृष्टिकोण (ii) जीवित रहने की जिजीविषा
(iii) आत्मविश्वास (iv) ये सभी

उत्तर (iv) ये सभी

5. सूरदास में आशा का संचार होने पर वह अपनी प्रतिक्रिया कैसे अभिव्यक्त करता है?
(i) दोनों हाथों से राख को उड़ाकर
(ii) अपने बेटे को गले लगाकर
(iii) खुशी से घूमकर
(iv) मौन रहकर

उत्तर (i) दोनों हाथों से राख को उड़ाकर

विषय-वस्तु पर आधारित प्रश्न

निम्नलिखित प्रश्नों के उत्तर दीजिए

1. सूरदास ने भैरो द्वारा चुराई गई पोटली को अपना क्यों नहीं माना? इसके पीछे उसका क्या तर्क था?

2. घीसू की बात ने सूरदास को क्या प्रेरणा दी? उसकी चिंता और उदासी कैसे दूर हुई?

3. सूरदास के प्रति सुभागी की क्या भावना थी? वह अपने पति भैरो के साथ फिर से रहने का निर्णय क्यों लेती है?

4. सूरदास के जीवन में संघर्ष के बावजूद आशावादिता और कर्म पर विश्वास कैसे दिखाई देता है?

5. पाठ के आधार पर तत्कालीन समाज में गरीबों और लाचारों के प्रति समाज का दृष्टिकोण कैसा था?

6. सूरदास ने नई झोंपड़ी बनाने का निर्णय क्यों लिया और इसमें बच्चों की क्या भूमिका रही?

7. 'सूरदास की झोंपड़ी' पाठ के अनुसार भैरो का नारी के प्रति दृष्टिकोण कैसा था?

02
अध्याय

लेखक-परिचय

डॉ. विश्वनाथ त्रिपाठी हिंदी साहित्य के मूर्धन्य साहित्यकारों में से एक हैं, जिनका जन्म वर्ष 1931 को उत्तर प्रदेश के बस्ती ज़िले के बिस्कोहर गाँव में हुआ था। इन्होंने दिल्ली विश्वविद्यालय में अध्यापन कार्य किया और आचार्य हजारी प्रसाद द्विवेदी जैसे विद्वान का सान्निध्य पाया। आलोचना के क्षेत्र में उनकी कई महत्त्वपूर्ण रचनाएँ हैं; जैसे– लोकवादी तुलसीदास, मीरा का काव्य, नंगातलाई का गाँव और व्योमकेश दरवेश। उन्हें मूर्तिदेवी पुरस्कार, व्यास सम्मान, सोवियत लैंड नेहरू पुरस्कार सहित कई प्रतिष्ठित सम्मानों से नवाजा गया। उनकी रचनाएँ समसामयिक परिवेश और जनजीवन की गहराई को प्रतिबिंबित करती हैं और हिंदी साहित्य में उनका योगदान अत्यंत महत्त्वपूर्ण है।

▼ अध्ययन के लिए

- पाठ की रूपरेखा
- पाठ का सार

▼ अभ्यास के लिए

- पाठ्यपुस्तक के प्रश्नोत्तर
- पाठ पर आधारित बहुविकल्पीय प्रश्न
- विषय-वस्तु पर आधारित प्रश्नोत्तर

बिस्कोहर की माटी

(विश्वनाथ त्रिपाठी)

पाठ की रूपरेखा

'बिस्कोहर की माटी' हिंदी के जाने-माने रचनाकार डॉ. विश्वनाथ त्रिपाठी की आत्मकथा 'नंगातलाई का गाँव' का हिस्सा है। इसमें लेखक ने अपने बचपन तथा किशोरावस्था की यादों के साथ अपने गाँव बिस्कोहर के खेत-खलिहान, तालाब, घर-गृहस्थी आदि का रोचक और चित्रात्मक वर्णन किया है। इसमें एक ओर बाढ़, अकाल जैसी प्राकृतिक आपदाओं का वर्णन कर गाँव के संघर्षपूर्ण जीवन को पाठकों के समक्ष रखने की कोशिश की गई है, तो दूसरी ओर कमल, कुमुद, हरसिंगार के साथ-साथ विभिन्न प्रकार की सब्ज़ियों तथा दलहन-तिलहन के फूलों का उल्लेख संबद्ध ऋतुओं के साथ जोड़कर गाँव की प्राकृतिक रमणीक छटा को साकार किया गया है।

पाठ का सार

गाँव के फूल

बिस्कोहर गाँव के पूर्वी टोले में कमल पुष्पों से भरा एक पोखर (छोटा तालाब) और वहीं आस-पास लेंवडी ताल नामक एक बड़ा-सा कमल तालाब है। गाँव के भोज के लिए इन्हीं तालाबों से कमल-पत्र तथा अकाल में कमल के नाल (कमल-ककड़ी) लाए जाते हैं। शरद ऋतु में गाँव के गड्ढों का पानी समस्त उत्तर भारत में पाए जाने वाले सुगंधित पुष्प कुमुद से भर जाता है। इसी ऋतु में तालाबों में सिंघाड़े भी आते हैं, जिनके सफ़ेद पुष्पों से गंध आती है। साथ ही तालाब से हल्की-सी ध्वनि भी सुनाई देती है। हरसिंगार के खिलने का भी यही मौसम होता है, जिसे पितृपक्ष के दिन मालिन दाई उनके दरवाज़े पर रख जाती, जिसे गाँव की भाषा में 'कुरइ जात रहीं' कहा जाता है। प्राकृतिक उपादानों से भरपूर गाँव का विशद वातावरण था, जिससे गाँव के बच्चे अछूते थे।

माँ के पेट से चिपट कर दूध पीना/माँ का आँचल/माँ की ममता

बिसनाथ (लेखक) को चंदा मामा में एक बुढ़िया नज़र आती है, जो उसे बच्चों की दादी की मित्र लगती है। माँ अपने आँचल में छिपाकर बच्चे को दूध पिलाती है। चाँदनी रात में खटिया पर लेटी माँ के पेट से लिपटा हुआ बच्चा माँ के दूध के साथ-साथ चाँदनी भी पीता है। दाँत निकलने के दौरान बिसनाथ ने दूध पीते हुए एक बार माँ को ज़ोर से काट लिया था, तब माँ ने उसे थप्पड़ मारा था। अपने बच्चे के प्रति माँ के ममत्व को वह कई वर्षों बाद समझ पाया था।

बिसनाथ ने दिलशाद गार्डन, दिल्ली के डियर पार्क में बत्तखों को अंडे सेते हुए देखा था। एक बत्तख कौए से रक्षा करने के लिए अपने पंख फुलाकर अंडों को से रही है। कौए की प्रतीक्षा में आँखें जमाए बत्तख कभी-कभी अंडों को उलट-पुलट भी लेती है। इस प्रकार माँ में ममता प्रकृतिजन्य है। इसके साथ ही वह यह भी समझ गया था कि यह कार्य प्रयोजन रहित नहीं है।

बिसनाथ का दूध कटहा होना/माँ के दूध पर अनुज का अधिकार

छोटे भाई के होने के बाद बिसनाथ को माँ का दूध छोड़ना पड़ा। माँ के दूध पर छोटे भाई का अधिकार हो गया। तीन वर्ष के बिसनाथ को गाय का दूध स्वादहीन लगने लगा था। अब वह कसेरिन दाई के साथ सुजनी (बिछाने की चादर) पर लेटा-लेटा चाँद को निहारता रहता। उसे चाँद का बादल में छिपना और फिर उससे बाहर आना अच्छा लगता था।

असली फूलों का संसार

कमल, कुमुद, हरसिंगार के फूल तो बिसनाथ को पसंद हैं, इनके अतिरिक्त उसे तोरी, लौकी, भिंडी, बैंगन, कोंहड़ा (काशीफल), इमली, बेल, कटहल, शरीफ़ा, अमरूद, चना, मसूर, मटर, उड़द, अरहर तथा सेमल के फूल भी आकर्षित करते थे।

उसे फूलों से लदे कदम (कदंब) के पेड़ और सरसों के पीले फूलों से लहलहाते खेत अपनी ओर आकर्षित करते हैं। बालक बिसनाथ को लगता है कि दुनिया में केवल एक ही कदम का पेड़ है और वह है उसके गाँव के पश्चिमी टोले के ताल के पास। उसे भरभंडे के सुंदर पीले फूल भी याद हैं, जिसका दूध आँखें आने पर माँ आँखों में लगाती थीं। बिसनाथ को दूब के रंग-बिरंगे फूल तथा धान, गेहूँ, जौ, भुट्टे के फूल भी बहुत अच्छे लगते हैं।

बच्चों के कौतूहल का विषय साँप

बिस्कोहर में खेत-खलिहानों, तालाबों आदि स्थानों पर अकसर साँपों के दर्शन हो जाते हैं। बच्चे इनसे डरते भी हैं और इनकी प्रतीक्षा भी करते हैं। डोंड़हा, मजगिदवा और धामिन विषहीन, जबकि गोहुअन (नाग) और घोर कड़ाइच (करैत) विषधर साँप हैं। डोंड़हा को साँपों में ब्राह्मण जाति का मानने के कारण उसे मारा नहीं जाता था। एक दो मुँह वाला साँप भी है, जिसे भटिहा कहते हैं। बिस्कोहर में बिच्छू भी बहुतायत में हैं। साँप की तरह बिच्छू के काटने से जान तो नहीं जाती, लेकिन दर्द बहुत सहना पड़ता है। लोग फूलों की गंधों से साँप, महामारी, देवी इत्यादि का संबंध जोड़ते हैं।

गरमी की बहार

गरमी में दोपहर में सबके सो जाने के बाद बिसनाथ चुपके से घर से बाहर चला जाता था। माँ लू से बचने के लिए उसके वस्त्र में प्याज बाँध देती थीं। लू लगने पर कच्चे आम के पन्ने को भूनकर चीनी या गुड़ में शरबत आदि बनाकर दिया जाता है। कच्चे आमों के अत्यधिक पेड़ देखते, पकने से पूर्व ही जामुन तोड़कर खाया करते और इसी तरह गर्मियों का जीवन व्यतीत करते थे। कटहल इसी मौसम का फल और सब्जी भी है।

वर्षा ऋतु

वर्षा ऋतु आने पर काले-काले बादल उमड़-घुमड़ कर गरज़ते हुए आकाश में आते हैं और वर्षा करते हैं। तबला, मृदंग, सितार आदि वाद्य यंत्रों की मधुर ध्वनियाँ इस मौसम को संगीतमय बना देती हैं। इस ऋतु में आँधी, वर्षा और बाढ़ के कारण छप्पर, दीवार और घर तक नष्ट हो जाते हैं, किंतु गरमी से राहत पाकर पशु-पक्षी बहुत खुश रहते हैं। पहली वर्षा का पानी दाद-खाज, फोड़ा-फुंसी ठीक कर देता है। वर्षा ऋतु में खेत-खलिहानों में पानी भर जाने के कारण शौच करने की समस्या उत्पन्न हो जाती है। भीगी लकड़ी और भीगे उपले से चूल्हा जलाना कठिन हो जाता है।

शरद का आगमन

वर्षा ऋतु के बाद शरद ऋतु का आगमन होता है। धान की फ़सल से धरती पर जाती है। इसी मौसम में भुट्टे, सनई, चरी, तोरई, भिंडी, खीरे, करेले इत्यादि होते हैं। बिसनाथ को तालाब के नीले शीतल जल में स्नान करके आत्मिक सुख मिलता है। किसान छोटी-छोटी नालियाँ बनाकर खेतों में सिंचाई करते, जिसे बरहा कहते हैं। उनसे बहता संगीतमयी व चाँदी की आभा लिए पानी अत्यधिक आकर्षक लगता है। शरद के जाने के बाद सर्दी के मौसम में उसकी धूप बेहद सुखद लगती है।

नारी के सौंदर्य की अनुभूति

जब बिसनाथ दस वर्ष का था, तब उसने बढ़नी में अपने रिश्तेदार के यहाँ स्वयं से दस वर्ष बड़ी एक औरत को देखा था। वह औरत उसे जूही की लता बनी चाँदनी-सी नज़र आ रही थी। संयोगवश उस औरत की शादी बिस्कोहर में ही होती है। बिसनाथ एक दिन उससे कहता है कि तुम्हें पाने वाला पागल हो जाएगा। इस पर वह औरत अपने पति के बारे में कहती है कि उनसे तो आज तक मेरी ठीक से भेंट भी नहीं हुई है।

सबसे अच्छा गाँव बिस्कोहर

बिसनाथ को अपना गाँव सबसे अच्छा लगता था। उसके बचपन की सारी मधुर स्मृतियाँ बिस्कोहर से ही जुड़ी हुई थीं। उसे अपनी माँ के पेट का रंग हल्दी मिलाकर बनाई गई पूड़ी के रंग-सा और गंध दूध-सी महसूस होती है। वह अपने पिता के कुर्ते में पसीने की दुर्गंध को सूँघकर सुख का अनुभव करता था। बिसनाथ को नारी शरीर से गाँव की मिट्टी, तरह-तरह की फ़सलों, फूलों और फलों के गंध की सूक्ष्म अनुभूति होती थी।

उसे बड़े गुलाम अली खाँ साहब की ठुमरी 'अब तो आओ साजन' को सुनकर बिस्कोहर की वही औरत याद आ जाती है, जो उससे दस वर्ष बड़ी थी। वह घने काले केश सँवारकर नम आँखों से केवल प्रतीक्षा किए जा रही है। उसकी स्मृति के साथ उसे मृत्युबोध का एक अज़ीब अनुभव जुड़ा हुआ महसूस होता था।

शब्दार्थ

टोला–मोहल्ला; **पोखर**–छोटा तालाब; **नाल**–पौधे का डंठल; **भसीन**–कमल का तना; **खाँचा**–टोकरा; **कोइयाँ**–कुमुद/कोकाबेली; **सर्वत्र**–सभी जगह; **दर्शनार्थ**–दर्शन के लिए; **अनवरत**–लगातार; **सिंघाड़ा**–जल में होने वाला एक फल; **बतिया**–फल का अविकसित रूप; **पितर-पक्ख**–आश्विन मास का कृष्णपक्ष, जिसमें पितरों को श्राद्ध अर्पित किया जाता है; **अनायास**–अचानक; **विविध**–विभिन्न। **बतियाना**–बोलना; **सुबुकना**–धीमी आवाज़ में रोना; **नाउन**–नाई की स्त्री; **अंक**–गोद; **अंडज**–पक्षी; **बाड़ा**–घेरा; **ताक**–अवसर की प्रतीक्षा/घात; **खोल**–कवच; **बयान**–अभिव्यक्त/उल्लेख; **सतर्कता**– सावधानी; **प्रयोजन**–उद्देश्य; **फतह करना**–जीत लेना; **दूध कटहा**–जिस बच्चे ने माँ का दूध पीना छोड़ दिया हो; **हुमकना**–उछलना/ज़ोर लगाना; **कथरी**–फटे-पुराने वस्त्रों से तैयार किया गया बिछौना; **साफ़-सफ़्फ़ाक**–साफ़ और स्वच्छ; **छतनार**–छायादार; **अंतराल**–बीच; **पच्छूँ**–पश्चिमी; **पावन**–पवित्र; **इफ़रात**–.ज़्यादा; **भीट**–टीला/ढूह; **अवचेतन**–मस्तिष्क की वह दशा जिसमें भाव सुप्त हों; **मादक**–मस्ती से परिपूर्ण; **तरकारी**–सब्जी; **घन**–बादल; **जंगम**–सजीव; **नीड़**–घोंसला; **बिहंगम**–पक्षी; **बड़की**–बड़ी; **बढ़िया**–बाढ़; **पुलकित**–प्रसन्न; **बिरह**–जुदाई; **मीन**–मछली; **संकुल**–बहुतायत; **आभा**– सुंदरता; **पातन**–पत्ते; **दिसा-मैदान**–शौच-क्रिया; **जलावन**–ईंधन; **कंडा**–उपला; **अगाध**–अथाह; **बरहा**–छोटी नाली; **शाही शान**–राजसी ठाट; **ताज़्जुब**– आश्चर्य; **तदाकार**–तल्लीन; **परिणति**–परिवर्तन स्वरूप बना नया रूप; **बौराना**–पागल होना; **जाइ देव**–जाने दें; **कब्बों**–कभी; **भेंटौ**–भेंट/मुलाकात; **उत्कट**–तीव्र; **सेतु**–पुल; **ठुमरी**–उपशास्त्रीय गायन की एक विधा; **आर्द्र**–नम; **स्थापत्य**–भवन निर्माण कला; **आस्वाद**–स्वाद।

पाठ्यपुस्तक (अंतराल भाग-2) के प्रश्नोत्तर

1. कोइयाँ किसे कहते हैं? उसकी विशेषताएँ बताइए।

उत्तर कुमुद के फूल को कोइयाँ कहा जाता है, जो पानी में उगता है। इसे कोका-बेली भी कहते हैं। गाँवों के तालाबों में यह कमल की अपेक्षा बहुतायत में उगा हुआ था। कोइयाँ अर्थात् कुमुद का फूल उत्तर भारत में सर्वत्र पाया जाता है। इसे उगने के लिए किसी स्थान विशेष की आवश्यकता नहीं होती, अपितु जहाँ कहीं गड्ढों में पानी भरा हो वहाँ शरद ऋतु में यह स्वतः ही उग जाते हैं। शरद की चाँदनी रातों में सरोवरों में कुमुद की खुली हुई पत्तियाँ व चाँद की रोशनी की सुंदरता एक समान प्रतीत होती हैं। इसकी गंध में मादकता होती है, जो सभी को आकर्षित करती है।

2. 'बच्चे का माँ का दूध पीना केवल दूध पीना नहीं, माँ से बच्चे के सारे संबंधों का जीवन-चरित होता है'–टिप्पणी कीजिए।

अथवा **''बच्चे द्वारा माँ का दूध पीना सिर्फ दूध पीना नहीं, माँ से बच्चे के सारे संबंधों का जीवन चरित होता है''– निहित जीवन मूल्यों की दृष्टि से प्रस्तुत कथन की समीक्षा कीजिए।**

अथवा **''बच्चे का अपनी माँ का दूध पीना सिर्फ दूध पीना नहीं, माँ से बच्चे के सारे संबंधों का जीवन-चरित होता है'' कथन का आशय स्पष्ट करते हुए इसके आलोक में माँ और बच्चे के संबंधों पर टिप्पणी कीजिए।** **All India 2019**

अथवा **'बिस्कोहर की माटी' पाठ के संदर्भ में लिखिए कि माँ के साथ बच्चे का कैसा संबंध होता है और क्यों?** **CBSE 2024**

उत्तर माँ बच्चे का रिश्ता अनूठा होता है, जिसकी तुलना अन्य किसी भी रिश्ते से नहीं की जा सकती। एक माँ नौ महीने तक अपने बच्चे को अपने गर्भ में रखती है। इस दौरान उसे तरह-तरह की समस्याओं का सामना भी करना पड़ता है, किंतु वह पेट में पल रहे बच्चे पर उनका प्रभाव नहीं पड़ने देती और उसकी रक्षा हेतु हर संभव सावधानी बरतती है।

प्रसव पीड़ा सहकर बच्चे को जन्म देने के बाद वह अपनी छाती से लगाकर उसे अमृत तुल्य दूध का पान कराती है। उसे कलेजे का टुकड़ा बनाकर पालती-पोसती है और बड़ा करती है। बच्चे के प्रति माँ में यह ममता प्रकृतिजन्य होती है। मनुष्य की तरह सभी स्तनधारी माताओं में भी यह ममत्व नैसर्गिक रूप से विद्यमान रहता है। पशु जगत् में सभी स्तनधारी माताएँ चाहे वे छोटी हों या बड़ी, अपनी संतानों को जन्म देकर उन्हें स्तनपान कराती हैं, शेर, बाघ जैसी हिंसक प्रजातियों में भी यह विशेषता पाई जाती है।

पक्षी जगत् में भी माँ-बच्चे का संबंध आत्मीयता से जुड़ा होता है। मादा पक्षी अंडे देने के बाद उन्हें बड़ी सावधानी और स्नेह के साथ सेती है। अंडों में से बच्चों के निकलने के बाद उसके लिए दाना चुग-चुग कर लाती है। अपनी जान का जोखिम उठाकर उन्हें प्रत्येक खतरे से बचाती है। उन्हें चलना और उड़ना सिखाती है।

माँ के प्रेम और ममता का ही प्रभाव होता है कि इंसान, पशु-पक्षी सबकी संतानें सबसे ज्यादा माँ से जुड़ी रहती हैं, उन्हें चाहती हैं। अतः दोनों एक-दूसरे के बिना अधूरे हैं।

तभी तो लेखक ने कहा है—''बच्चे का माँ का दूध पीना सिर्फ़ दूध पीना नहीं, माँ से बच्चे के सारे संबंधों का जीवन-चरित होता है।'' यह कथन हमें प्रेम, करुणा, ममता, सेवा, समर्पण, उदारता, परोपकार जैसे गुणों को ग्रहण करने की सीख देता है।

3. बिसनाथ पर क्या अत्याचार हो गया?

अथवा **'बिस्कोहर की माटी' पाठ के कथन 'बिसनाथ दूध कटहा हो गए' का अर्थ स्पष्ट करते हुए बिसनाथ के दूध कटहा होने का कारण लिखिए।** **CBSE 2023**

उत्तर बिसनाथ छोटा था और माता का दूध पीता था। उन्हीं दिनों बिसनाथ के छोटे भाई का जन्म हुआ, जिससे बिसनाथ का दूध छूट गया। वह दूध कटहा हो गया और माँ के दूध पर छोटे भाई का कब्ज़ा हो गया तथा बिसनाथ के लिए गाय का दूध स्वादहीन रह गया था, यही बिसनाथ पर होने वाला अत्याचार था। तब पड़ोस में रहने वाली कसेरिन दाई जिसने उसे पाला था, उसे अपने साथ लिटाए रहती और वह चाँद को देख-देख कर खुश होता था।

4. **गरमी और लू से बचने के उपायों का विवरण दीजिए। क्या आप भी उन उपायों से परिचित हैं?**

अथवा **'गरमी में कभी-कभी लू लगने की घटनाएँ सुनाई पड़ती।' माँ लू से बचने के लिए धोती या कमीज से गाँठ लगाकर प्याज बाँध देती। लू लगने की दवा थी कच्चे आम का पन्ना भूनकर गुड़ या चीनी में उसका शरबत पीना, देह में लेपना, नहाना। कच्चे आम को भून या उबालकर उससे सिर धोते थे।**

'बिस्कोहर की माटी' पाठ में ग्रामीण जीवन में प्रकृति से प्राप्त उपादानों से बीमारियों के रोकथाम की बात कही गई है। आप भी यदा-कदा इन नुस्खों का प्रयोग अवश्य करते होंगे इस संबंध में अपने अनुभवों का उल्लेख कीजिए। **CBSE 2023**

उत्तर 'गरमी' तथा 'लू' से बचने के कई उपाय गाँवों में प्रचलित हैं। गरमी की दोपहर में 'लू' से बचने के लिए प्याज का सेवन किया जाता है। 'लू' से बचाने में प्याज प्रायः सहायक होती है। इसलिए धोती या कमीज़ में बच्चों को लू से बचाने के लिए प्याज की गाँठ बाँध दी जाती है। वस्तुतः यह अंधविश्वास के रूप में अपनी पकड़ बना चुका है। लू लगने पर कच्चे आम को पका या भूनकर और उसमें गुड़ या चीनी डालकर शरबत बनाकर पीना आयुर्वेदिक उपचार के रूप में प्रसिद्ध है। कच्चे आम को भून या उबालकर उससे सिर धोना भी एक कारगर इलाज है। इन प्राकृतिक इलाजों का गाँव-देहातों में अत्यधिक महत्त्व है। इन प्रक्रियाओं से पुरानी पीढ़ी परिचित है। बड़े-बुज़ुर्ग अवश्य इन उपचारों को अपनाने की सलाह देते हैं, किंतु चिकित्सा-विज्ञान के विस्तार के कारण नई पीढ़ी ऐसे प्राकृतिक उपचारों को नहीं अपनाती है। 'गरमी' या 'लू' लगने पर अब लोग चिकित्सकों के पास जाने में अधिक विश्वास रखते हैं।

5. **लेखक बिसनाथ ने किन आधारों पर अपनी माँ की तुलना बत्तख से की है?**

अथवा **'बिस्कोहर की माटी' में लेखक ने किन कारणों से अपनी माँ की तुलना बत्तख से की है? उन पर प्रकाश डालिए।**

अथवा **'बिस्कोहर की माटी' पाठ में लेखक ने किन आधारों पर अपनी माँ की तुलना बत्तख से की है? लगभग 100 शब्दों में स्पष्ट कीजिए।** **Delhi 2018**

अथवा **'बिस्कोहर की माटी' पाठ के आधार पर बिसनाथ अपनी माँ की तुलना बत्तख से ही क्यों करते हैं? किसी और से क्यों नहीं? कारण स्पष्ट कीजिए।** **CBSE Term II 2022**

उत्तर बिसनाथ ने दिल्ली के दिलशाद गार्डन के डियर पार्क में एक बत्तख को अपने अंडे सेते हुए देखा है। उस बत्तख ने अपने सभी अंडों को अपने पंखों को फैलाकर उसके नीचे छिपा रखा था, जिससे कौए, चील, बाज़ आदि से उनकी रक्षा की जा सके। अंडों के इधर-उधर छिटक जाने पर बत्तख अपनी चोंच से बड़ी सावधानीपूर्वक उन्हें फिर से पंखों के अंदर कर लेती है। पास में बैठे कौए की नजर से बचाकर कभी-कभी वह पूरी सावधानी से उन्हें उलट-पुलट भी लेती थी। अंडों को सेते समय वह कौए पर दृष्टि लगाए रहती थी।

बालक बिसनाथ को भी उसकी माँ अपने आँचल में छिपाए रखती है। उसके सुबकने, रोने, मारने, टीसने के बावजूद उसे दूध पिलाना नहीं छोड़ती। उसे अपने पेट से चिपकाए रखती है। इस प्रकार, बत्तख और लेखक की माँ में बच्चों के प्रति एक ही ममता है। दोनों ही माताएँ सभी प्रकार के कष्टों से बच्चे की रक्षा करती हैं। लेखक ने महसूस किया कि माँ में बच्चों के प्रति ममता प्रकृतिजन्य होती है, जिसके सहारे वह जड़ को चेतन रूप में परिवर्तित करती है। इन्हीं आधारों पर बिसनाथ ने अपनी माँ की तुलना बत्तख से की है।

6. **बिस्कोहर में हुई बरसात का जो वर्णन बिसनाथ ने किया है, उसे अपने शब्दों में लिखिए।**

अथवा **'बिस्कोहर की माटी' पाठ के आधार पर गाँव में हुई बरसात का वर्णन अपने शब्दों में कीजिए।** **CBSE 2023**

अथवा **बिस्कोहर की माटी' शीर्षक पाठ में लेखक के द्वारा बरसात के वर्णन को अपने शब्दों में लिखिए।** **CBSE 2023**

उत्तर बिस्कोहर में बरसात का वर्णन बिसनाथ ने पूरी एकाग्रता से किया है, यहाँ वर्षा एकाएक नहीं आती। पहले आकाश बादलों से घिर जाता है। दिन में अँधेरा छा जाता है। तेज़ वर्षा प्रारंभ हो जाती है। वर्षा होने पर ऐसा प्रतीत होता है, जैसे पानी सितार बजा रहा हो। ढोलक, मृदंग व सितार की ध्वनियों से वातावरण संगीतमय हो जाता है। भीषण गर्मी से निजात मिल जाती है। कुत्ते, बकरी, मुर्गी खुश होकर उछलने लगते हैं। दूब एवं अन्य वनस्पतियों की हरियाली देखने को मिलती है। लेकिन बरसात अपने साथ गंदगी, कीचड़, बदबू तथा बाढ़ लाती है। खेत-खलिहान में पानी भर जाता है। शौच से लेकर भोजन तैयार करने तक में कठिनाई पैदा हो जाती है। बरसात के बाद बिस्कोहर की धरती और तालाब सहित बूढ़ी राप्ती नदी निखर उठती है। धान के पौधे लहलहाने लगते हैं। सब्जी तथा फूलों की लताओं में नया जीवन आ जाता है। खेतों में पानी देने के लिए छोटी-छोटी नालियाँ बनाई जाती हैं। इनमें बहता जल सुरीली ध्वनि करता हुआ आगे बढ़ता है। वास्तव में, बिस्कोहर की बरसात धरती को सौंदर्य से भर देती है।

7. **'फूल केवल गंध ही नहीं देते दवा भी देते हैं,' कैसे?**

अथवा **'बिस्कोहर की माटी' पाठ के आधार पर लिखिए कि क्या फूल केवल प्राकृतिक सौंदर्य की सामग्री ही हैं या उनकी कोई अन्य उपयोगिता भी है?** **CBSE 2024**

उत्तर फूल केवल गंध ही नहीं देते भोजन और दवा भी देते हैं। तोरई, लौकी, भिंडी, भटकटैया, इमली, अमरूद, कदंब, बैंगन, कोंहड़ा, शरीफा, कटहल, अरहर, उड़द, चना, मसूर, मटर के फूल, सेमल के फूल सब फूल ही हैं। सरसों के फूल का पीला सागर लहराता है। बिसनाथ के गाँव में फूलों की कमी नहीं है। फूल केवल सौंदर्य के लिए नहीं हैं, बल्कि उनसे दवाएँ भी बनती हैं। भरभंडा के फूल का दूध आँख आने पर लगाया जाता है। नीम के फूल और पत्ते चेचक के रोगी के पास रखे जाते हैं। बेर के फूल सूँघकर बर्रे ततैया का डंक झड़ जाता है।

इस प्रकार, अनेक छोटे-छोटे फूल दवाओं का काम करते हैं। उन्हें चखकर, सूँघकर अथवा कानों में डालकर बीमारियों का इलाज किया जाता है।

8. **'प्रकृति सजीव नारी बन गई'–इस कथन के संदर्भ में लेखक की प्रकृति, नारी तथा सौंदर्य संबंधी मान्यताएँ स्पष्ट कीजिए।**

उत्तर लेखक कहता है कि जैसे जाड़े की धूप और चैत्र मास की चाँदनी में अधिक अंतर नहीं होता। बरसात की शीतल चाँदनी में मधुरता और सौंदर्य अधिक होता है। वैसी ही मधुरता, जैसी बिस्कोहर की उस औरत में है, जिसे उसने पहली बार अपने रिश्तेदार के यहाँ देखा था। उस नारी को

देखकर लेखक को लगा था जैसे कि बरसात की चाँदनी रात में जूही की प्रेरक गंध आ रही हो। चाँदनी और जूही के फूल में अत्यधिक समानता है। चाँदनी में भी प्रकृति, फूल में भी प्रकृति और उस गंध में भी प्रकृति। वह नारी जूही की लता बन गई। इसी रूप में प्रकृति सजीव नारी बन गई थी और बिसनाथ उसमें आकाश, चाँदनी तथा गंध को देखता रहा। सौंदर्य क्या है?बिसनाथ ने इसे समझा। लेखक मानता है कि प्रकृति के सौंदर्य की पूर्ण परिणति में ही जीवन की सार्थकता है और यही वास्तविक सौंदर्य है।

9. ऐसी कौन-सी स्मृति है, जिसके साथ लेखक को मृत्यु का बोध अजीब तौर से जुड़ा मिलता है?

उत्तर लेखक ने दस वर्ष की आयु में बिस्कोहर में एक रिश्तेदार के यहाँ एक सुंदर औरत को देखा था। वह उस औरत के सौंदर्य के प्रति पूरी तरह से आसक्त हो गया था। उनकी आयु में दस वर्ष का अंतराल था। लेखक को वह औरत ही नहीं, बल्कि जूही की लता और चाँदनी का रूप भी लगी थी, उसके बाद उनके लिए (लेखक) प्रकृति भी सजीव नारी बन गई थी। उसे वह औरत जूही की ऐसी लता लगी, जिसमें फूलों की खुशबू आ रही हो। सौंदर्य क्या होता है? उसकी परिणति क्या होती है? जीवन की सार्थकता क्या होती है? यह सब उसी के संदर्भ में सुना, समझा व सीखा था। कई बार मिलने के बाद बहुत हिम्मत बाँधकर लेखक ने उस औरत से कहा था— "जो तुम्हें पा जाएगा वह ज़रूर ही पागल हो जाएगा" वह उसे प्राप्त करके भी प्राप्त नहीं कर सका। उसके पास केवल उसकी स्मृतियाँ हैं। उसे ऐसा लगता है कि उस औरत ने सफ़ेद साड़ी पहनी है। घने काले केश सँवारे हैं, परंतु उसके नेत्रों में न जाने कैसी आर्द्र व्यथा है। वह केवल इंतज़ार करती है। लेखक के लिए आज भी वह हर सुख-दुःख से जुड़ने में सेतु की तरह काम करती है। उस औरत का यही आकर्षक सौंदर्य और उसकी स्मृतियाँ लेखक को अजीब मृत्यु का बोध कराती हैं।

योग्यता-विस्तार

1. पाठ में दिए गए फूलों और साँपों के नाम छाँटिए और उनके रूप, रंग, विशेषताओं के बारे में लिखिए।

उत्तर प्रस्तुत पाठ में विभिन्न प्रकार के रंग-बिरंगे फूलों और कई किस्म के साँपों का वर्णन किया गया है

पाठ में आए फूलों के नाम कमल, कुमुद, हरसिंगार, नीम, आम, इमली, कदंब, शरीफ़ा, बेल, बेर, अमरूद, सेमल, करेला, खीरा, तोरई, लौकी, भिंडी, भटकटैया, गेहूँ, धान, जौ, भुट्टे, सरसों, चना, अरहर, उड़द, मसूर, मटर, दूब आदि के फूल।

फूलों की विशेषताएँ कमल और कुमुद जल में खिलते हैं। शरद ऋतु में गड्ढों के पानी में सफ़ेद सुगंधित कुमुद संपूर्ण उत्तर भारत में देखने को मिल जाते हैं। तालाबों में होने वाले सिंघाड़े के सफ़ेद पुष्प के कारण तालाब से गंधमिश्रित मीठी ध्वनि निकलती है। हरसिंगार के पेड़ से फूल अनायास गिर पड़ते हैं। सरसों के पीले फूलों के खेत देख ऐसा प्रतीत होता है, जैसे पीला सागर लहरा रहा हो। भरभंडा के फूल पीली तितली जैसे दिखते हैं, आँखें आने पर इसका दूध आँखों में लगाया जाता है। गुड़हल के लाल पुष्प देवी को प्रिय हैं। नीम के सफ़ेद पुष्प चेचक को रोकने में कारगर हैं और बेर के फूल बर्रे ततैया का डंक झाड़ने के काम आते हैं।

साँपों के नाम डोंड़हा, मजगिदवा, धामिन, गोंहुअन, घोर कड़ाइच, भटिहा आदि।

साँपों की विशेषताएँ डोंड़हा को मारा नहीं जाता, इसे साँपों में बामन जाति का माना जाता है। धामिन लंबी व विषहीन होती है, किंतु यह यदि मुँह से कुश पकड़कर पूँछ से मार दे तो अंग सड़ जाता है। गोंहुअन बहुत खतरनाक होता है। घोर कड़ाइच के काट लेने पर आदमी घोड़े की तरह हिनहिनाकर मरता है। भटिहा के दो मुँह होते हैं। आम, पीपल व केवड़े की झाड़ी में रहने वाले साँप बहुत खतरनाक होते हैं।

2. इस पाठ से गाँव के बारे में आपको क्या-क्या जानकारियाँ मिलीं?

उत्तर लेखक ने इस पाठ के माध्यम से हमें गाँव के बारे में अनेक जानकारियाँ दी हैं। गाँव की प्रकृति सौंदर्य की अनुपम भंडार होती है। यहाँ अनेक प्रकार की वनस्पतियाँ, फल, फूल और पेड़ उगते हैं। अनेक प्रकार की औषधियाँ भी यहाँ प्राकृतिक रूप से उगती हैं। ग्रामीण वातावरण में अनेक विषैले सर्पों का खतरा निरंतर बना रहता है। ग्रामीण माताएँ अपनी संतानों से बहुत अधिक प्रेम करती हैं।

बच्चों के जन्म में कम अंतराल होने के कारण बड़े बच्चों को अपनी माँ का दूध छोड़ना पड़ता है। ग्रीष्म ऋतु में अनेक लोगों को लू लग जाती है और वर्षा ऋतु में अनेक बीमारियाँ जन्म ले लेती हैं। चिकित्सा के अभाव में ये बीमारियाँ जानलेवा साबित होती हैं।

वर्षा ऋतु में शौच कर्म के स्थान की कमी हो जाती है और जलावन की भी समस्या का सामना करना पड़ता है प्राकृतिक सौंदर्य का वास्तविक अनुभव ग्रामीण परिवेश में ही संभव है।

3. वर्तमान समय-समाज में माताएँ नवजात शिशु को दूध नहीं पिलाना चाहतीं। आपके विचार से माँ और बच्चे पर इसका क्या प्रभाव पड़ रहा है?

उत्तर वर्तमान समय आधुनिकता का है। आज फ़ैशनपरस्त आधुनिक माताएँ अपने बच्चों को स्तनपान कराने से परहेज करती हैं। नौकरी पेशा महिलाएँ अपने काम की विवशता के कारण बच्चों को स्तनपान नहीं करातीं और पश्चिमी विचारधारा के प्रभाव में आकर सोचती हैं कि स्तनपान कराने से उनका शारीरिक सौंदर्य नष्ट हो जाएगा। इस सोच के कारण माँ अपने बच्चों के साथ आत्मीयतापूर्ण लगाव नहीं रख पातीं।

पाउडर का दूध, गाय, भैंस का दूध पीने से बच्चों में अनेक बीमारियाँ हो जाती हैं। ऊपर का दूध उन्हें पचता नहीं है। फलस्वरूप बच्चे कुपोषण के शिकार हो जाते हैं और उनकी रोग-प्रतिरोधक क्षमता कम हो जाती है। इसलिए हमारी राय में माताओं को अपने बच्चों को निश्चित समय तक स्तनपान अवश्य कराना चाहिए, जिससे उनके अंदर रोग-प्रतिरोधक क्षमता का उचित विकास हो। वह असमय कुपोषण का शिकार होकर अनेक रोगों का शिकार न बनें। बच्चों के उचित शारीरिक और मानसिक विकास हेतु माँ का दूध ज़रूरी है।

अभ्यास प्रश्न

पाठ पर आधारित बहुविकल्पीय प्रश्न

1. अपने बच्चे के प्रति माँ के ममत्व को लेखक कब समझ पाया?

(i) अपने छोटे भाई के जन्म के बाद
(ii) बत्तखों को अपने अंडे सेते हुए देखकर
(iii) पिता द्वारा समझाए जाने पर
(iv) माँ से दूर जाने पर

उत्तर (ii) बत्तखों को अपने अंडे सेते हुए देखकर

2. बिस्कोहर में लेखक को खेतों-खलिहानों तथा तालाब आदि स्थानों पर किसके दर्शन हो जाते थे?

(i) प्राकृतिक दृश्यों के (ii) छोटे बच्चों के
(iii) साँप के (iv) वहाँ काम करते लोगों के

उत्तर (iii) साँप के

3. बिस्कोहर में लोग फूलों की गंध से किसका संबंध जोड़ते हैं?

(i) साँप का (ii) महामारी का
(iii) देवी का (iv) ये सभी

उत्तर (iv) ये सभी

4. लेखक की माँ लू से उसे बचाने के लिए क्या करती थी?

(i) घर में बंद कर देती थी
(ii) पानी साथ में ले जाने को कहती थी
(iii) उसके कपड़ों में प्याज बाँध देती थी
(iv) उपरोक्त में से कोई नहीं

उत्तर (iii) उसके कपड़ों में प्याज बाँध देती थी

5. 'बिस्कोहर की माटी' पाठ के आधार पर कोइयाँ के फूल की क्या विशेषता बताई गई है?

(i) कोइयाँ का फूल उत्तर भारत में सर्वत्र पाया जाता है
(ii) इसे उगने के लिए किसी स्थान विशेष की आवश्यकता नहीं होती है
(iii) शरद ऋतु में यह स्वत: ही उग जाते हैं
(iv) उपरोक्त सभी

उत्तर (iv) उपरोक्त सभी

6. बिसनाथ को अपनी माँ का दूध पीना क्यों छोड़ना पड़ा?

(i) माँ के बीमार होने के कारण
(ii) छोटे भाई के जन्म होने के कारण
(iii) पिता द्वारा डाँटने के कारण
(iv) आर्थिक विपन्नता के कारण

उत्तर (ii) छोटे भाई के जन्म होने के कारण

7. लेखक ने अपनी माँ की तुलना किससे की है? **CBSE SQP 2020**

(i) चाँदनी से (ii) नदी से
(iii) पर्वत से (iv) बत्तख से

उत्तर (iv) बत्तख से

8. वर्षा होने के बाद वातावरण में क्या परिवर्तन आता है?

(i) पशु-पक्षी झूमने लगते हैं
(ii) दूब और अन्य वनस्पतियों को नवजीवन मिल जाता है
(ii) पेड़-पौधों की सुन्दरता देखते ही बनती है
(iv) उपरोक्त सभी

उत्तर (iv) उपरोक्त सभी

9. 'बिस्कोहर की माटी' लेखक के मन में क्यों बस गई?

(i) क्योकि उसके बचपन की सारी मधुर स्मृतियाँ यहीं से जुड़ी हुई हैं।
(ii) क्योकि शैशव काल में माँ के साथ सुखद स्मृतियाँ यहीं से जुड़ी हैं।
(iii) क्योकि अपने से दस वर्षीय बड़ी औरत के प्रेम में खो जाने की स्मृति यहीं से जुड़ी है।
(iv) उपरोक्त सभी

उत्तर (iv) उपरोक्त सभी

10. लेखक ने अपने से दस वर्ष बड़ी औरत की सुंदरता की तुलना के लिए किसका चयन किया है?

(i) कुमुदनी और कोइयाँ का (ii) जूही और चाँदनी का
(iii) देवी और देवता का (iv) चाँद और कमल का

उत्तर (ii) जूही और चाँदनी का

11. लेखक ने माँ की तुलना बत्तख से क्यों की है? **CBSE SQP 2020**

(i) अपनी नजरों के सामने रखने से
(ii) उसके खाने-पीने का ध्यान रखने के कारण
(iii) उसकी देखभाल करने से
(iv) बच्चों के प्रति सतर्क रहने से

उत्तर (iv) बच्चों के प्रति सतर्क रहने से

12. 'बिस्कोहर की माटी' पाठ किस शैली में लिखा गया है? **CBSE 2023**

(i) आत्मकथात्मक शैली (ii) वर्णनात्मक शैली
(iii) कथात्मक शैली (iv) विवरणात्मक शैली

उत्तर (i) आत्मकथात्मक शैली

13. 'देवी का फूल' किस फूल को माना जाता था? **CBSE 2023**

(i) नीम के (ii) गुड़हल के
(iii) बेर के (iv) सिंघाड़े के

उत्तर (ii) गुड़हल के

14. बिस्कोहर की माटी पाठ के अनुसार निम्नलिखित कथनों पर विचार कीजिए। **CBSE SQP 2022**

1. पाठ में मनुष्य के संबंधों की मार्मिक पड़ताल निहित है।
2. जीवन की स्थितियाँ ऋतुओं के साथ बदलती हैं।
3. प्रकृति के प्रकोप को ग्रामीण जीवन झेलता है।
4. ग्रामीण जीवन में प्रकृति के प्रति अलगाव है।

कूट

(i) केवल 1 (ii) 2 और 3

(iii) केवल 4 (iv) 1, 2 और 3

उत्तर (iv) 2 और 3

15. निम्नलिखित युग्मों पर विचार कीजिए। **CBSE SQP 2022**

1. भरभंडा : फूल
2. डोंडहा : साँप
3. कोइयाँ : जलपुष्प
4. धामिन : अनाज

कूट

(i) केवल 1 (ii) 2 और 3

(iii) केवल 4 (iv) 1, 2 और 3

उत्तर (ii) 2 और 3

विषय-वस्तु पर आधारित प्रश्नोत्तर

1. 'बिस्कोहर की माटी' से उकेरे गए ग्रामीण जीवन की उन बातों की चर्चा कीजिए जो आज के जीवन में प्रेरक और शिक्षाप्रद हो सकती हैं।

उत्तर 'बिस्कोहर की माटी' पाठ में ग्रामीण जीवन की महत्त्वपूर्ण बातों की चर्चा की गई है, जो आज के जीवन में प्रेरक और शिक्षाप्रद हो सकती हैं। इन बातों का वर्णन निम्नलिखित है

(i) **पर्यावरण संरक्षण** प्रस्तुत पाठ में गाँवों के खेत-खलिहानों, तालाबों, पशु-पक्षियों, फूल-फल, फ़सलों आदि को विशेष रूप से चित्रित किया गया है। गाँव के खेतों में गेहूँ, धान, जौ, दलहन, तिलहन आदि की खेती करने की बात कही गई है। गाँव का पानी, हवा और मिट्टी प्रदूषण रहित हैं। अतः पाठ के द्वारा वृक्षारोपण आदि को बढ़ावा देकर पर्यावरण को स्वच्छ रखने की प्रेरणा दी गई है।

(ii) **बुज़ुर्गों की देखभाल करना एवं उन्हें सम्मान देना** प्रस्तुत पाठ में लेखक ने माँ द्वारा बच्चे को दूध पिलाए जाने का वर्णन करके यह बताने का प्रयास किया है कि माँ अपने बच्चे को बहुत प्यार-दुलार और परिश्रम के साथ पालती है, बड़ा करती है। ऐसे में बच्चों का भी कर्त्तव्य हो जाता है कि वे बड़े होकर अपने माता-पिता की सेवा करें, उन्हें सम्मान दें।

(iii) **माताओं द्वारा बच्चों को अपना दूध पिलाना** आधुनिक समय में पाश्चात्य संस्कृति से प्रभावित होकर फ़ैशन की दुनिया में खोई महिलाएँ अपने बच्चों को दूध पिलाना नहीं चाहतीं, जबकि पाठ में माँ के दूध की महत्ता को उजागर किया गया है और बताया गया है कि माँ द्वारा बच्चों को दूध पिलाए जाने से माँ-बच्चे के बीच आत्मीय संबंध बनता है।

2. शरद में ही हरसिंगार फूलता है। पितर-पक्ख (पितृपक्ष) में मालिन दाई घर के दरवाजे पर हरसिंगार की राशि रख जाती थीं, तो खड़ी बोली हुई। गाँव की बोली में 'कुरइ जात रहीं।' बहुत ढेर सारे फूल मानो इकट्ठे ही अनायास उनसे गिर पड़ते थे। 'कुरइ देन' है तो सकर्मक लेकिन सहजता अकर्मक की है।

उपर्युक्त पंक्तियाँ किसकी आत्मकथा का वर्णन कर रही हैं और इस कथा के केंद्र में क्या है? **CBSE SQP Term II 2022**

उत्तर उपर्युक्त पंक्तियाँ लेखक 'विश्वनाथ त्रिपाठी' की आत्मकथा का वर्णन कर रही हैं। यह उनकी आत्मकथा 'नंगातलाई का गाँव' का एक अंश है। इस कथा के केंद्र में लेखक का गाँव 'बिस्कोहर' है, जिसमें लेखक ने स्वयं को 'बिसनाथ' के रूप में प्रस्तुत किया है। गर्मी, वर्षा और शरद ऋतु में गाँव में होने वाली समस्याओं का भी लेखक के मन पर प्रभाव पड़ा है।

दस वर्ष की उम्र में लेखक अपने से दस वर्ष बड़ी युवती के प्रति आकर्षित हो गया था, उसका वर्णन भी लेखक ने अपने मन में उस समय उठे भावों, संवेगों की मार्मिक प्रस्तुति के साथ किया है। पूरी रचना में लेखक ने अपने यथार्थ अनुभवों को आँचलिक रूप से अपनी आत्मकथा में 'प्रस्तुत' किया है।

3. 'माँ का दूध बच्चे के लिए श्रेष्ठ आहार है'–टिप्पणी कीजिए।

उत्तर 'बिस्कोहर की माटी' पाठ में बालक बिसनाथ माँ के पेट से चिपक कर स्तनपान करता है। इस दौरान वह सुबकता है, रोता है, माँ को टीसता है, मारता है, पर माँ इन सब से बेख़बर रहकर उसे दूध पिलाती रहती है। छोटे भाई के जन्म के बाद बिसनाथ को जब माँ का दूध छोड़ना पड़ता है तब उसे गाय के दूध में कोई स्वाद नहीं लगता।

वास्तव में माँ का दूध अमृत तुल्य होता है। इसमें शिशु के पालन-पोषण के सभी आवश्यक तत्त्व विद्यमान रहते हैं। इसलिए जन्म लेने के बाद 'महीनों तक बच्चा केवल माँ के दूध पर ही निर्भर रहता है। माँ का दूध न होने अथवा कम होने की स्थिति में ही उसे बाहरी दूध का सेवन करना पड़ता है। माँ के दूध की महत्ता को दर्शाने के लिए ही शिशुओं के सभी वैकल्पिक आहारों के पैकेटों पर 'माँ का दूध सर्वोत्तम होता है' जैसे वाक्य लिखे जाते हैं।

वर्तमान समय में पश्चिमी संस्कृति के प्रभाव में आकर माताएँ अपने शिशुओं को अपना दूध पिलाना अच्छा नहीं मानतीं। उन्हें ऐसा लगता है कि बच्चे को दूध पिलाने से उनके सौंदर्य पर प्रतिकूल प्रभाव पड़ेगा, किंतु ऐसी धारणा सर्वथा भ्रामक और गलत है, सच तो यह है कि माँ के दूध से वंचित बच्चे में रोग प्रतिरोधक क्षमता कम हो जाती है। माता द्वारा दूध पिलाने के दौरान मिलने वाले आत्मीय सुखों के अभाव में वे चिड़चिड़ापन और नकारात्मक सोच से ग्रसित होने लगते हैं। जिसका प्रभाव उनके भविष्य पर भी पड़ता है। वस्तुतः माँ के अमृत तुल्य दूध पर बच्चे का जन्म सिद्ध अधिकार है। अतः माँ को अपनी संतान को इस अधिकार से कदापि वंचित नहीं करना चाहिए।

4. 'बिस्कोहर की माटी' पाठ के आधार पर बरसात में और बरसात के बाद की प्रकृति और ग्रामीण जीवन की विशेषताओं का वर्णन कीजिए।

उत्तर वर्षा ऋतु में बादल के घिरने, गरजने और फिर बरसने का दृश्य अनुपम होता है। पहले काले-काले बादल समूचे आकाश में छा जाते हैं। ऐसा लगता है, मानो दिन में ही रात हो गई हो। फिर गड़गड़ाहट के साथ बिजली चमकती है और वर्षा होती है। मूसलाधार बारिश के दौरान लेखक को ऐसा आभास होता है कि जैसे घोड़ों की कतार दूर से दौड़ी चली आ रही हो।

वर्षा होने से खुश होकर पशु-पक्षी झूमने लगते हैं। मच्छर, डाँसा, जोंक, केंचुआ, जुगनू, गोंजर आदि कीड़ों-मकोड़ों की संख्या अत्यधिक बढ़ जाती है। दूब और अन्य वनस्पतियों को नवजीवन मिल जाता है। बारिश में पेड़-पौधे खिल जाते हैं, जिससे वे अत्यधिक सुंदर लगते हैं।

ग्रामीणों के संगीत से वातावरण गूँज उठता है, किंतु वर्षा के दिनों में बाढ़ आने पर खेत-खलिहानों में पानी भर जाता है, जिससे ग्रामीणों को शौच

कर्म आदि में परेशानी होती है। जलावन की लकड़ियाँ गीली होने से भोजन पकाने की समस्या आ खड़ी होती है। बरसात के पश्चात् लेखक के गाँव बिस्कोहर की प्रकृति मनोहर हो उठती है। धरती, आकाश, तालाब, नदी के सौंदर्य में चार चाँद लग जाते हैं। धान, भुट्टे, चरी, सनई के पौधों और करेले, खीरे, तोरई आदि की लताओं से खेत पट जाते हैं। आकाश का प्रतिबिंब पड़ने से तालाबों का नीला जल अथाह लगता है। लेखक को तालाब के जल में स्नान कर आत्मिक सुख की प्राप्ति होती है। ऐसी अनुभूति होती है जैसे अभी-अभी नीले जल से कोई देवी-देवता प्रकट होंगे। खेतों में पानी पहुँचाने के लिए बनाई गई नालियों से बहते पानी की ध्वनि कानों को प्रिय लगती है व सूर्य की किरणें पड़ने से उसका रंग सुनहरा प्रतीत होता है। उसे देख ऐसा लगता है, जैसे चाँदी की धार राजसी ठाट-बाट से बह रही हो।

5. 'बिस्कोहर की माटी' लेखक के मन में क्यों बस गई? किन्हीं दो कारणों का उल्लेख कीजिए।

अथवा **'बिस्कोहर की माटी' के लेखक की अपने गाँव और गाँव की नारियों के बारे में क्या मान्यता है और क्यों? समझाइए।** **All India 2019**

उत्तर बिसनाथ अर्थात् लेखक को अपना गाँव बिस्कोहर सबसे प्रिय लगता है, क्योंकि उसके बचपन की सारी मधुर स्मृतियाँ बिस्कोहर की माटी से जुड़ी हुई हैं। यूँ तो बिस्कोहर की माटी के लेखक के मन में बस जाने के कई कारण हैं, किंतु यहाँ उनमें से दो प्रमुख कारणों का ही उल्लेख किया जा रहा है, जो निम्नलिखित हैं

(i) **शैशवावस्था में माँ के साथ गुज़ारे गए सुखद क्षणों की स्मृति** बालक बिसनाथ माँ के पेट से चिपट कर दूध पीने के दौरान सुबकता था, रोता था, माँ को टीसता था, मारता था, कभी-कभी तंग आकर माँ भी उसे मार बैठती थी। इसके बावजूद भी वह उसे दूध पिलाना नहीं छोड़ती थी। खटिया पर लेटी-लेटी माँ जब उसे दूध पिलाती थी, तब वह दूध के साथ-साथ चाँदनी भी पीता रहता था। छोटे भाई के जन्म के बाद माँ के दूध पर उसका कब्ज़ा हो जाता है और तब बिसनाथ के हिस्से में गाय का स्वादहीन दूध आता है। बिस्कोहर की मिट्टी में बिताए गए इन सुखद् क्षणों की स्मृतियाँ लेखक के मस्तिष्क में आज भी विद्यमान हैं। इस कारण बिस्कोहर की माटी लेखक के मन में बसी हुई है।

(ii) **अपने से दस वर्षीय बड़ी औरत के प्रेम में खो जाने की स्मृति** बालक बिसनाथ जब दस वर्ष का था, तब वह अपने एक रिश्तेदार के यहाँ स्वयं से दस वर्ष बड़ी युवती को पहली बार देखने पर ही उसके सौंदर्य पर मोहित हो गया था। तब उसे देख बिसनाथ को ऐसा महसूस हुआ था, जैसे वह औरत न होकर जूही की लता बनी चाँदनी हो, जो अपनी खुशबू चारों ओर बिखेर रही है। दूर स्थित मूर्त वस्तु को इस प्रकार अपने पास सजीव रूप में पाने को लेखक ने तदाकार परिणति माना है। संयोगवश जब वह युवती विवाह के पश्चात् बिस्कोहर में लाई जाती है, तब बिसनाथ कई बार उससे मिलता है और अंततः हिम्मत जुटा कर अपने मन की बात उससे कह ही देता है—"जो तुम्हें पा जाएगा वह ज़रूर पागल हो जाएगा।" प्रेम और भावुक संवेदना से परिपूर्ण बचपन की इन मधुर यादों को लेखक बड़े होने पर भी नहीं भुला पाता, क्योंकि उन सुखद् क्षणों की स्मृतियाँ उसके मन में हमेशा के लिए जगह बना लेती हैं।

6. 'बिस्कोहर की माटी' के आधार पर सिद्ध कीजिए कि यह पाठ ग्रामीण जीवन के रूप-रस-गंध को उकेरने वाला मार्मिक लेख है।

उत्तर 'बिस्कोहर की माटी' पाठ में गाँव की प्राकृतिक छटा का सुंदर और सजीव चित्रण किया गया है। गाँव के तालाबों में से कमल-पत्र लाकर भोज में उनका प्रयोग किए जाने, शरद ऋतु में गाँव के गड्ढों में पानी भरने पर उनमें कुमुद के खिलने, सिंघाड़े के सफेद पुष्पों से भरे तालाबों में से गंधमिश्रित धीमी ध्वनियों के निकलने, विभिन्न प्रकार की सब्ज़ियों, जैसे—लौकी, तोरई, बैंगन, भिंडी आदि के फूलों; विभिन्न प्रकार के फलों, जैसे—आम, कदंब, अमरूद, शरीफ़ा आदि के फूलों का उल्लेख करने से ग्रामीण परिवेश को समझना आसान हो गया है। पाठ में फूलों का संदर्भ ऋतुओं से जोड़कर विचारों को क्रमिक रूप में आगे बढ़ाया गया है।

पाठ में वर्षा ऋतु के आगमन पर कुत्ते, बकरी, मुर्गी-मुर्गे के खुश होकर उछलने और जोंक, केंचुआ, जुगनू, करकच्ची, गोंजर, मच्छर, डाँसा जैसे कीड़े-मकोड़ों के बढ़ने का भी उल्लेख है।

लेखक द्वारा शरद ऋतु में तालाब के नीले प्रसन्न जल को देखकर उसमें देवी-देवता के प्रकट होने की बात सोचने तथा खटिया पर लेटी माँ के पेट से चिपट कर दूध के साथ-साथ चाँदनी के पीने का उल्लेख किया गया है। अपने से दस वर्ष बड़ी औरत की सुंदरता की तुलना हेतु लेखक द्वारा जूही और चाँदनी का चयन किए जाने तथा रोगों के उपचारों में ग्रामीणों द्वारा स्थानीय पेड़-पौधों व फूल-फलों का प्रयोग किए जाने से भी ग्रामीण जीवन शैली और वहाँ की संस्कृति का स्वतः आभास होने लगता है। अतः यह कहना सत्य ही होगा कि प्रस्तुत पाठ ग्रामीण जीवन के रूप-रस-गंध को उकेरने वाला मार्मिक लेख है।

7. 'बिस्कोहर की माटी' पाठ का मूल कथ्य स्पष्ट कीजिए। **CBSE SQP 2024**

उत्तर 'बिस्कोहर की माटी' पाठ प्रसिद्ध लेखक डॉ. विश्वनाथ त्रिपाठी की आत्मकथा का एक अंश है। 'बिस्कोहर की माटी' पाठ का मूल कथ्य गाँव की मिट्टी, प्रकृति और जीवन के प्रति लेखक की गहरी आत्मीयता और जुड़ाव को अभिव्यक्त करता है।

यह पाठ गाँव की वनस्पतियों, फूलों, पशु-पक्षियों, ऋतुओं और परंपराओं को स्मृति में जीवित रखने का प्रयास है। लेखक बचपन की अनुभूतियों के माध्यम से गाँव की सौंधी मिट्टी, तालाब, खेत, फूल, गंध और गाँव के विभिन्न चरित्रों के रूप में अपनी भावनाओं को प्रकट करता है।

इसके साथ ही मातृत्व और प्रकृति के बीच एक अनोखा संबंध दर्शाया गया है, जो जीवन में प्रेम और ममता की निरंतरता का प्रतीक है। लेखक के लिए गाँव मात्र एक भौगोलिक स्थान नहीं, बल्कि उनके समस्त जीवन-चेतना का स्रोत है।

पाठ में, डॉ. त्रिपाठी गाँव में उपयोग की जाने वाली पारंपरिक दवाओं के बारे में भी बताते हैं। वह बताते हैं कि कैसे उनके छोटे भाई के जन्म के बाद गाँव की दाई ने उनकी देखभाल की। यह अध्याय ग्रामीण जीवन की सादगी और सुंदरता पर प्रकाश डालता है। पाठ में निहित प्रकृति और ग्रामीण जीवन की स्मृतियाँ मानवीय संवेदनाओं का पर्याय बनकर उभरती हैं, जिससे पाठक को गाँव की सरल, सजीव और पवित्र दुनिया का अनुभव होता है।

8. बिसनाथ आदि गाँव के बच्चों को आकाश भी अपने गाँव का ही एक टोला क्यों लगता था? 'बिस्कोहर की माटी' पाठ के आधार पर लिखिए। **CBSE 2023**

उत्तर बिसनाथ आदि गाँव के बच्चों को आकाश अपने गाँव का ही एक टोला इसलिए लगता था, क्योंकि उनका बचपन गाँव के उस समग्र वातावरण में गुजरा था, जहाँ प्रकृति के हर तत्त्व में एक जीवन्तता थी। उनके लिए मिट्टी, पानी, पौधे, फूल, तालाब और आकाश सबके बीच एक गहरा रिश्ता था। ये तत्त्व न केवल सजीव प्रतीत होते थे, बल्कि बच्चों के साथ संवाद भी करते थे। गाँव में बच्चे चाँद को 'चंदा मामा' और उसमें दिखने वाली आकृतियों को अपनी दादी की सहेली जैसा मानते थे। चाँदनी रात में बच्चों को ऐसा लगता जैसे ये सब उनके अपने परिवार का ही हिस्सा हो। गाँव का वातावरण, जिसमें ज्ञात-अज्ञात वनस्पतियाँ, साँप, फूल और गंध सब शामिल थे, बिसनाथ आदि बच्चों के लिए बेहद परिचित और आत्मीय था। उनके लिए आकाश भी उसी आत्मीयता का हिस्सा था, जो उन्हें अपने गाँव के किसी टोले जैसा ही प्रतीत होता था।

9. 'बिस्कोहर की माटी' पाठ के आधार पर गाँव वालों का प्रकृति के साथ संबंध स्पष्ट कीजिए। **CBSE 2024**

उत्तर 'बिस्कोहर की माटी' पाठ के अनुसार, गाँववालों का प्रकृति से गहरा और आत्मीय सम्बन्ध था। तालाब, पोखर और जलस्रोत उनके भोजन और जीवन का आधार थे। अकाल में तालाबों से कमल ककड़ी (भसीण) निकालकर खाते, जबकि सिंघाड़ा और कमल गट्टा उनके भोजन का हिस्सा थे। फूलों और पेड़ों का धार्मिक व सांस्कृतिक महत्त्व था। हरसिंगार और गुड़हल जैसे फूल देवी-देवताओं से जुड़े थे और नीम का उपयोग बीमारियों में होता था। हर मौसम में उनका प्रकृति से विशेष संबंध था—शरद में कोइयाँ और सिंघाड़ा खिलते, गर्मी में कच्चे आम और कटहल उनकी दिनचर्या का हिस्सा बनते। वर्षा के आगमन का इंतजार बादलों की गर्जना के साथ होता। प्रकृति उनके स्वास्थ्य और उपचार का माध्यम भी थी। लू लगने पर कच्चे आम का पन्ना और प्याज से उपचार करते थे।

गाँववाले प्रकृति के हर पहलू को सजीव मानते थे। आकाश, चन्दा मामा और बुढ़िया बच्चों के लिए कल्पना और कहानियों का हिस्सा थे। फूलों की महक, चाँदनी रातें और प्राकृतिक दृश्यों का आनंद उनके जीवन की सुंदरता थी। यह संबंध केवल भौतिक नहीं था, बल्कि उनके जीवन, संस्कृति और सपनों का हिस्सा था, जो उन्हें प्रकृति का उपासक और संरक्षक बनाता था।

10. 'बिस्कोहर की माटी' पाठ से साँपों के विषय में क्या जानकारी मिलती है? इस जानकारी में किन अंधविश्वासों का उल्लेख है? स्पष्ट कीजिए। **CBSE 2024**

उत्तर पाठ में साँपों की कई प्रजातियों का वर्णन है, जैसे डोंड़हा, मजगिदवा, धामिन, गोंहुअन (फेंटारा) और भटिहा। डोंड़हा और मजगिदवा विषहीन थे, पर डोंड़हा को साँपों में ब्राह्मण जाति का मानने के कारण उसे मारा नहीं जाता था। धामिन के बारे में विश्वास था कि यदि यह मुँह में कुश लेकर पूँछ से मार दे तो अंग सड़ जाएगा।

गोंहुअन और घोर कड़ाइच को खतरनाक मानते थे और कहा जाता था कि घोर कड़ाइच के काटने से आदमी घोड़े की तरह हिनहिनाकर मर जाता है। भटिहा साँप के दो मुँह होने की बात कही गई, जो इसके विषैले और खतरनाक होने के अंधविश्वास को बढ़ाती है।

इसके अलावा आम, पीपल और केवड़े की झाड़ियों में साँपों के छिपने की बात की गई है, जिससे उनके खतरनाक होने का डर और जुड़ा रहता है। साँपों से भय के बावजूद उनकी प्रतीक्षा करना, उन्हें देखना और उनके बारे में कहानियाँ सुनाना गाँव की संस्कृति का हिस्सा था।

11. ''इसे 'सेस', 'सारद' भी नहीं बयान कर सकते'' 'बिस्कोहर की माटी' पाठ में यह कथन किस संदर्भ में कहा गया? इसका क्या आशय है? इस संदर्भ में अपने विचार स्पष्ट कीजिए। **CBSE 2025**

उत्तर ''इसे 'सेस', 'सारद' भी नहीं बयान कर सकते'' यह कथन 'बिस्कोहर की माटी' पाठ में मातृत्व की गहन अनुभूति को व्यक्त करने के संदर्भ में कहा गया है। इस कथन का आशय यह है कि माँ की ममता और वात्सल्य को किसी भी शब्दों में पूरी तरह व्यक्त नहीं किया जा सकता।

बिसनाथ जब दिल्ली के दिलशाद गार्डन स्थित डियर पार्क में बत्तख को अपने अंडों की रक्षा करते हुए देखते हैं, तो उन्हें अपनी माँ की ममता का स्मरण हो आता है। बत्तख अपनी चोंच से अंडों को बड़े प्रेम से समेटती और कौवे से उनकी रक्षा करती थी, ठीक वैसे ही जैसे माँ अपने बच्चों को स्नेह और सुरक्षा प्रदान करती है।

यह दृश्य लेखक को इस गूढ़ सत्य का एहसास कराता है कि मातृत्व का भाव प्रकृति के कण-कण में समाया हुआ है। माँ की ममता किसी विशेष प्रयोजन से नहीं होती, बल्कि यह प्रकृति की सहज देन है। इस गहरे भाव को किसी भी भाषा में पूरी तरह व्यक्त करना असंभव है, इसलिए कहा गया है कि 'इसे 'सेस', 'सारद' भी नहीं बयान कर सकते।'

स्व-मूल्यांकन

पाठ पर आधारित बहुविकल्पीय प्रश्न

निम्नलिखित बहुविकल्पीय प्रश्नों के उत्तर दीजिए

1. वर्षा ऋतु में आई आँधी, वर्षा और बाढ़ का क्या प्रभाव पड़ता था?
(i) छप्पर, दीवार तथा घर नष्ट हो जाते थे
(ii) शौच जाने की समस्या खड़ी हो जाती थी
(iii) भीगी लकड़ी से चूल्हा जलाना कठिन हो जाता था
(iv) उपरोक्त सभी

उत्तर (iv) उपरोक्त सभी

2. धान की फसल से धरती किस ऋतु में पट जाती थी?
(i) ग्रीष्म ऋतु में (ii) वर्षा ऋतु में
(iii) शरद ऋतु में (iv) वसंत ऋतु में

उत्तर (iii) शरद ऋतु में

3. ग्रामीण जीवन की कौन-सी बातें आज के जीवन में प्रेरक और शिक्षाप्रद हो सकती हैं?
(i) पर्यावरण को संरक्षित रखना
(ii) बुजुर्गों की देखभाल करना तथा उन्हें सम्मान देना
(iii) माताओं द्वारा बच्चों को अपना दूध पिलाना
(iv) उपरोक्त सभी

उत्तर (iv) उपरोक्त सभी

4. लेखक को आत्मिक सुख की प्राप्ति कैसे होती है?
(i) तालाब के जल में स्नान करके
(ii) अपने से बड़े उम्र की स्त्री को देखकर
(iii) साँप को देखकर
(iv) गाँव से बाहर जाकर

उत्तर (i) तालाब के जल में स्नान करके

5. गाँव में लू से बचने के लिए उपाय किए जाते हैं
1. कच्चे आम को पकाकर आम रस बनाकर पिया जाता है।
2. कपड़ों में प्याज की गाँठ बाँधकर रखी जाती है।
3. अपने साथ हमेशा ठण्डा पानी रखा जाता है।

कूट
(i) केवल 1 (ii) 1 और 2
(iii) केवल 3 (iv) 1 और 3

उत्तर (ii) 1 और 2

विषय-वस्तु पर आधारित प्रश्न

निम्नलिखित प्रश्नों के उत्तर दीजिए

1. गाँव के लोग कमल के किन-किन भागों का उपयोग करते थे?

2. हरसिंगार के फूल का पितृपक्ष में क्या महत्त्व था?

3. 'घोर कड़ाइच' साँप के बारे में गाँव के लोगों का क्या विश्वास था?

4. बिसनाथ को फूलों, तालाबों और मिट्टी से कैसा जुड़ाव महसूस होता था?

5. पाठ में गाँव की प्राकृतिक विविधता और जीवन के साथ उसके तालमेल का क्या महत्त्व है?

6. पाठ में फूलों और उनकी गंध से जुड़े अंधविश्वासों का क्या वर्णन है?

7. गाँव में भोज परोसने के लिए किसका उपयोग किया जाता था और इसे क्या कहते थे?

8. बिसनाथ और अन्य बच्चे गाँव की प्रकृति से किस प्रकार जुड़े हुए थे? 'बिस्कोहर की माटी' पाठ के आधार पर बताइए।

03

अध्याय

लेखक-परिचय

प्रभाष जोशी का जन्म वर्ष 1937 में मध्य प्रदेश के इंदौर में हुआ। वे गाँधी, विनोबा एवं जयप्रकाश के विचारों से प्रभावित थे। पत्रकारिता में उनके कदम 'नई दुनिया' से जुड़े, जहाँ उन्होंने राजेंद्र माथुर के मार्गदर्शन में कार्य किया। इंडियन एक्सप्रेस के विभिन्न संस्करणों का संपादन करते हुए उन्होंने वर्ष 1983 में हिंदी दैनिक 'जनसत्ता' की स्थापना की। जोशी जी ने देशज शब्दों और बोलचाल की भाषा का प्रयोग कर पत्रकारिता को नए मुहावरे और अर्थ दिए। उनकी प्रमुख कृतियाँ चंबल की बंदूकें, गाँधी के चरणों में, कागदकारे, मसिकागद और हिंदू होने का धर्म हैं। वर्ष 2007-08 में उन्हें हिंदी भाषा और साहित्य के लिए शलाका पुरस्कार मिला। वर्ष 2009 में उनका देहावसान हो गया।

अपना मालवा : खाऊ-उजाड़ू सभ्यता में

(प्रभाष जोशी)

पाठ की रूपरेखा

जनसत्ता समाचार-पत्र शुरू करने के बाद प्रभाष जोशी उसके लिए नियमित रूप से साप्ताहिक स्तंभ लिखा करते थे। प्रस्तुत पाठ 'अपना मालवा : खाऊ-उजाड़ू सभ्यता में' उन्हीं स्तंभों में से उद्धृत है। इस पाठ के माध्यम से लेखक ने अपने प्रदेश मालवा के प्राकृतिक सौंदर्य के साथ-साथ वहाँ के रीति-रिवाज़ों, त्योहारों एवं संस्कृति को पाठक वर्ग के समक्ष रखा है। पाठ में मालवा के समृद्धशाली अतीत से उसकी वर्तमान दशा की तुलना की गई है। इस पाठ के माध्यम से लेखक ने पर्यावरणीय सरोकारों को आम जनता से जोड़ दिया है तथा पर्यावरण के प्रति लोगों को संचेत किया है।

पाठ का सार

मालवा में दशहरे की धूम

लेखक राजस्थान से मालवा आते हैं। आकाश में चारों ओर काले-काले बादलों को देख उन्हें चौमासा के न खत्म होने का आभास होने लगता है। मटमैले बरसाती पानी से नदी-नाले भरे हुए थे। नवरात्रि की पहली सुबह होने से मालवावासी घट-स्थापना की तैयारी में जुटे होंगे। बहू-बेटियाँ त्योहार मनाने के लिए सज-धज रही होंगी। यही सब सोचकर लेखक नागदा स्टेशन की ओर बढ़े जा रहे थे। लेखक यह सोचकर प्रसन्न हो रहे थे कि गाँव पहुँचकर उन्हें ज्वार, बाजरे व सोयाबीन की लहलहाती फसलें और पीले फूलों वाली पसरी बेलें और दमकते घर आँगन देखने को मिलेंगे।

नागदा स्टेशन पर मीणा जी से भेंट/कालिदास की शिप्रा

नागदा स्टेशन पहुँचने पर मीणा जी चाय और भजिया से लेखक का स्वागत करते हैं और उन्हें अत्यधिक वर्षा के कारण सोयाबीन की फसलों के नष्ट होने की जानकारी देते हैं। लेखक अपनी पत्नी सहित उज्जैन पहुँचते हैं। वह टी.वी. के माध्यम से यह

पहले ही जान चुके थे कि शिप्रा का पानी उज्जैन के घरों में घुस गया है। मालवा में अब पहले जैसी बरसात नहीं होती थी। इस बार भी मात्र चालीस इंच ही पानी गिरा था। मालवा उज्जैन से देवास होकर इंदौर जाने के रास्ते में पड़ता है। चारों ओर कुएँ, तालाबों, नदी-नालों को पानी से भरा देखकर लेखक प्रसन्न हो रहे थे।

मानसून के जाने का महीना होने पर भी इस बार आश्विन मास में खूब वर्षा हो रही थी। लेखक इंदौर उतरते ही दव्वा के समक्ष ताल-तलैया, नदी और पहाड़ देखने की इच्छा जाहिर करते हैं। तब उन्हें कुछ क्षणों के लिए यह भी ध्यान नहीं रहता कि वह 70 वर्ष के हो चुके हैं और अब उनसे पहाड़ नहीं चढ़े जाएँगे, नदी-नाले पार नहीं किए जाएँगे।

नर्मदा तट पर रात्रि विश्राम

लेखक ने दो जगहों से नर्मदा के दर्शन किए। ओंकारेश्वर के सामने नर्मदा पर विशाल बाँध बनाया जा रहा था। ज्योतिर्लिंग में भी बाँध निर्माण कार्य चल रहा था। इसके बाद भी नर्मदा में खूब पानी था। नेमावर से लगे बजवाड़ा में शांत नर्मदा पर चौथ के चाँद का दृश्य देखकर लेखक आश्चर्यचकित हो रहे थे। उस रात लेखक ने नर्मदा तट पर रात बिताई।

ओंकारेश्वर तथा नेमावर जाने के दौरान लेखक दोनों बार विंध्य के घाट उतरते हैं। सिमरोल और बिजवाड़ दोनों घाट सागौन के जंगल से भरे थे। बिजवाड़ भी जल से परिपूर्ण था। केवड़ेश्वर से निकलकर बहने वाली कालिदास की शिप्रा की महत्ता उज्जैन में महाकाल के चरण स्पर्श करने से अत्यधिक बढ़ जाती है।

चंबल के दर्शन

लेखक घाटा बिलोद पहुँचकर गंगा के बाद सबसे बड़ी नदी चंबल के दर्शन करते हैं। इस बार अत्यधिक पानी आने से गाँधी सागर के सभी फाटक खोलने पड़े। गंभीर द्वारा यशवंत सागर को अत्यधिक भर दिए जाने के कारण पच्चीसों साइफ़न चलाने पड़े। ऐसा सड़सठ वर्ष में तीसरी बार हुआ था। पुल पर पानी बहने के कारण पार्वती और कालीसिंध को पार करने के मार्ग भी दो दिनों तक बंद रखे गए। इस प्रकार, मालवा पठार की सभी नदियाँ जल से परिपूर्ण होकर 'मालव धरती गहन गंभीर, डग-डग रोटी, पग-पग नीर' वाली पुरानी कहावत को चरितार्थ कर रही थीं।

पश्चिम के पुनर्जागरण का प्रभाव/भारत के प्राचीन राजाओं की सूझबूझ

वर्तमान समय में तालाब भरे जा रहे हैं और इंजीनियरिंग के सहारे पाताल से पानी निकाला जा रहा है, जबकि पश्चिम के पुनर्जागरण के बहुत पहले मालवा में हुए विक्रमादित्य, भोज और मुंज रिनेसा जैसे दूरदर्शी राजाओं ने तालाब, बावड़ी आदि के निर्माण को खूब बढ़ावा दिया था, ताकि भूमिगत जल को संचित रखा जा सके।

निश्चय ही नदी-नालों के सूखने के लिए मानवीय क्रियाकलाप ही उत्तरदायी हैं, किंतु इस वर्ष मालवा पर इंद्र देवता ने कृपा बरसाई है। इसके पश्चात् लेखक इंदौर की खान और सरस्वती में नहाने और सैर करने के पुराने दिनों को याद करके सोचने लगते हैं कि आज इतनी वर्षा होने पर भी इन नदियों में पहले जितना पानी नहीं है।

नदियों की दुर्दशा

लेखक इंदौर के बीच से निकलने वाली हाथीपाला और चंद्रभागा समेत शिप्रा, चंबल, गंभीर, चोरल, कालीसिंध, पार्वती जैसी सदानीरा नदियों की दुर्दशा को देख चिंतित हो उठते हैं। आज ये नदियाँ बस चौमासे में बहती हैं। सभ्यताओं को जन्म देने वाली ये नदियाँ नाले में बदल जाती हैं।

उजाड़ की अपसभ्यता

लेखक अपने पहले समाचार-पत्र 'नई दुनिया' की लाइब्रेरी में 1878 ई. से तैयार किए गए 128 वर्षों तक के पानी के रिकॉर्ड के आधार पर कहते हैं कि इस दौरान मात्र 1899 ई. (विक्रम संवत् 1956) ही ऐसा वर्ष रहा, जब मालवा में मात्र 15.75 इंच पानी गिरा था, तब भी यहाँ खाने-पीने की कमी नहीं थी।

वर्ष 1973 में 77 इंच पानी गिरने के बाद भी यशवंत सागर, बिलावली, सिरपुर और पीपल्या पाला टूटकर नहीं बहे थे। अतः हमें दुष्काल हेतु नदी-नालों, तालाब-पोखरों को सँभालकर रखना पड़ेगा। लेखक की दृष्टि में विकास की औद्योगिक सभ्यता 'उजाड़ की अपसभ्यता' है।

दायित्व बोध

लेखक ने समुद्र जल के गर्म होने, धरती के ध्रुवों पर जमी बर्फ़ के पिघलने, ऋतु चक्र के बदलने, धरती के तापमान के बढ़ने पर गहरी चिंता जताई है, जिनके लिए हम मानव स्वयं ज़िम्मेदार हैं।

उनके अनुसार, आज जब सर्वाधिक कार्बन डाइ-ऑक्साइड उत्सर्जन करने वाले अमेरिका और यूरोप के विकसित देश खाऊ-उजाड़ू जीवन पद्धति को त्यागने के लिए तैयार नहीं हैं, ऐसे में हमें अपनी जीवन पद्धति को सुधारने की और ज़्यादा आवश्यकता है, तभी मालवा सहित संपूर्ण भारतवर्ष अपने प्राचीन स्वरूप को पुनः प्राप्त कर सकेगा।

शब्दार्थ

निथरी–फैली/चमकीली; **चौमासा**–वर्षा ऋतु के चार महीने; **मटमैला**–मिट्टी के रंग का; **घट-स्थापना**–नवरात्रि के प्रथम दिन कलश स्थापित करना; **ओटले**–मुख्य द्वार; **घऊँ-घऊँ**–बादलों के गरजने की ध्वनि; **लहलहाना**–हरा-भरा होना; **क्वार**–विक्रम संवत् का एक मास; **धौंस देना**–डर पैदा करना/धाक जमाना; **भोत**–बहुत; **पण**–परंतु; **सार**–संक्षेप; **उनने**–उन्होंने; **अत्ति**–अति/अत्यधिक; **गदराई**–निखरी हुई; **तबीयत झक होना**–मन प्रसन्न होना; **विपुलता**–संपन्नता/पूर्णता; **आश्वस्ति**–भरोसा/आश्वासन; **दसेरा**–दशहरा; **पाक्यो है**–समृद्ध है; **पेले माता बिठायंगा**–पहले माता बिठाऊँगा; **रड़का**–लुढ़का; **उमर**–आयु; **त्रासदायी**–दुःखदायी; **प्रतीति**–आभास; **छिछली**–उथली; **अथाह**–जिसका अंदाजा न लगाया जा सके; **पूर**–बाढ़; **गमक**–महक; **चवथ**–चौथ/चतुर्थी; **कगार**–टीला; **सागौन**–सागवान; **खाँखरे**–जिसमें बहुत से छिद्र हों; **रपट**–ढलान; **पितृपक्ष**–क्वार मास का कृष्णपक्ष जिसमें पिंडदान किया जाता है; **कलमल**–सँकरे मार्ग से पानी बहने की ध्वनि; **स्रोत**–उद्‌गम; **महाकाल**–शंकर; **जमना**–यमुना; **इत्ता**–इतना; **साइफ़न**–पानी निकालने की पाइप; **गहन गंभीर**–अति समृद्ध; **डग**–कदम; **नीर**–पानी; **सदानीरा**–सतत जलयुक्त; **रिनेसां**–पुनर्जागरण; **गाद**–मिट्टी/कूड़ा-कचरा; **गुलज़ार**–फला-फूला; **चैतन्य**–सचेतन; **लोक**–संसार; **छप्पन का काल**–वर्ष 1956 का समय; **ठेठ**–खाड़ी/शुद्ध; **अतिवृष्टि**–अत्यधिक वर्षा; **दुष्काल**–बुरा समय; **अपसभ्यता**–सभ्यता का बुरा रूप।

पाठ्यपुस्तक (अंतराल भाग-2) के प्रश्नोत्तर

1. मालवा में जब सब जगह बरसात की झड़ी लगी रहती है, तब मालवा के जनजीवन पर इसका क्या असर पड़ता है?

उत्तर मालवा में बहुत वर्षा होती है। चौमासा अर्थात् वर्षा के चार महीनों में आकाश काले-भूरे बादलों से आच्छादित रहता है। नदी-नाले, तालाब सब में पानी लबालब भरा होता है। छोटे नदी-नालों में पानी का प्रवाह तीव्र हो जाता है। धरती में और अधिक पानी सोखने की क्षमता नहीं रह जाती, किंतु बादल ऐसे मँडराते रहते हैं कि कभी भी बरस जाएँ। मालवा में बरसात का स्वागत होता है। अधिक वर्षा के कारण सोयाबीन की फ़सलें गल जाती हैं, पर गेहूँ तथा चने की फ़सल अच्छी होने की आशा में लोग प्रसन्न हो जाते हैं। नदियों में उमड़ा पानी और लहराती फ़सलों को देखकर संपन्नता का आश्वासन मिलता है। इसी आशा के कारण दशहरा जैसे त्योहार में मालवा के लोग अत्यधिक उत्साहित हैं। इससे हज़ारों वर्षों पहले की कहावत 'मालव धरती गहन गंभीर, डग-डग रोटी पग-पग नीर' चरितार्थ होती नज़र आती है।

2. अब मालवा में वैसा पानी नहीं गिरता जैसा गिरा करता था। उसके क्या कारण हैं?

अथवा ''पग-पग नीर वाला मालवा सूखा हो गया"-कैसे? 'अपना मालवा : खाऊ-उजाड़ू सभ्यता में' पाठ के आधार पर उत्तर दीजिए।

अथवा 'पग-पग नीर वाला मालवा सूखा हो गया।' कथन के आलोक में मालवा के सूखा होने के कारणों का उल्लेख कीजिए। **CBSE TERM II 2022**

अथवा 'अब मालवा में वैसा पानी नही गिरता जैसा गिरा करता था।' कथन के संदर्भ में लिखिए कि देश के अन्य भागों में बारिश की क्या स्थिति है और इसके क्या कारण है स्पष्ट कीजिए। **CBSE 2024**

उत्तर मालवा में अब अधिक वर्षा नहीं होती। पहले का औसत पानी भी गिरे तो लोग समझ लेते हैं कि अत्यधिक वर्षा हुई है। टी.वी. की समझ के कारण ही लोग अतिशयोक्ति में बातें करते हैं।

मालवा में पहले जैसी वर्षा नहीं होने का मुख्य कारण प्रदूषण है। औद्योगिक उन्नति तथा वैज्ञानिक प्रक्रियाओं के कारण पर्यावरण प्रदूषित हुआ है। पश्चिम की खाऊ-उजाड़ू नीति से प्रेरित होकर हमारे देश में भी उद्योगों से बेतहाशा अपशिष्ट निकल रहे हैं, जो पर्यावरण के साथ मौसम को भी दुष्प्रभावित कर रहे हैं। प्राकृतिक संसाधनों के दोहन स्वरूप वनों की तेज़ी से कटाई की जा रही है, जबकि पेड़-पौधे कार्बन डाइ-ऑक्साइड को अवशोषित कर ऋतु चक्र को संतुलित रखने में सहायक होते हैं। इन सबका प्रभाव मालवा की धरती पर भी पड़ा है। धरती के गर्म होने तथा वायुमंडल में कार्बन डाइ-ऑक्साइड गैस की मात्रा में लगातार वृद्धि से मौसम में परिवर्तन आया है। ऋतुओं में आए परिवर्तन की वजह से ही मालवा में अब वैसा पानी नहीं गिरता, जैसा पहले गिरा करता था।

3. हमारे आज के इंजीनियर ऐसा क्यों समझते हैं कि वे पानी का प्रबंधन जानते हैं और पहले ज़माने के लोग कुछ नहीं जानते थे?

उत्तर हमारे इंजीनियरों का मानना है कि 15वीं शताब्दी में यूरोप में आए पुनर्जागरण के पश्चात् ही ज्ञान एवं विकास की धारा संपूर्ण विश्वभर में फैली, जबकि इससे पूर्व ज्ञान केवल पश्चिमी देशों तक ही सीमित था। इसके साथ ही पुनर्जागरण से पूर्व भारत में पैदा हुए विक्रमादित्य, भोज और मुंज विकास के लिए आवश्यक ज्ञान एवं कौशल से परिचित नहीं थे, क्योंकि ज्ञान तो पुनर्जागरण के बाद ही विश्वभर में फैला था, इसलिए आज के इंजीनियर ऐसा समझते हैं कि वे ही पानी का प्रबंधन जानते हैं और पहले जमाने के लोग कुछ नहीं जानते थे, जबकि स्थिति इसके विपरीत थी। भारतीय शासकों द्वारा जल प्रबंधन के उपायों से जनता कभी पानी के लिए त्रस्त नहीं रही, लेकिन आज के इंजीनियरों के उपाय धरती के जलस्रोत को समाप्त करने और धरती को बंजर बनाने की प्रक्रिया के समान हैं।

4. 'मालवा में विक्रमादित्य, भोज और मुंज रिनेसां से बहुत पहले हो गए।' पानी के रखरखाव के लिए उन्होंने क्या प्रबंध किए?

अथवा 'अपना मालवा : खाऊ-उजाड़ू सभ्यता में' पाठ के आधार पर बताइए कि विक्रमादित्य, भोज और मुंज पानी के रखरखाव के लिए ऐसा क्या करते थे, जो आज के इंजीनियर नहीं करते?

उत्तर पश्चिम के लोग यह मानते हैं कि रिनेसां से ही आधुनिक विश्व को दिशा मिली है। जल प्रबंधन की तकनीक का श्रेय भी बौद्धिक काल को दिया जाता है। आज के इंजीनियर यह मानकर चलते हैं कि पानी का प्रबंधन वही जानते हैं, पिछले ज़माने के लोग इसे नहीं जानते थे; किंतु ऐसी बात नहीं है।

लेखक मानता है कि मालवा में विक्रमादित्य, भोज तथा मुंज जैसे शासक रिनेसां से बहुत पहले हुए थे। वे जानते थे कि इस पठारी प्रदेश में पानी को रोककर रखना कितना आवश्यक है। इसके लिए उन्होंने तालाब बनवाए, बड़ी-बड़ी बावड़ियाँ बनवाईं, जिससे वर्षा के पानी को रोका जा सकता था तथा धरती के गर्भ के पानी को बनाए रखा जा सकता था। आज के इंजीनियरों ने तालाबों को गाद से भर जाने दिया तथा ज़मीन के पानी का लगातार दोहन करते रहे। नदी-नालों को सूख जाने दिया। फलस्वरूप नीर वाला मालवा सूखा हो गया है। अतः आज के पढ़े-लिखे इंजीनियरों को मालवा की जल संचय प्रणाली से सीख लेने की आवश्यकता है।

5. 'हमारी आज की सभ्यता इन नदियों को अपने गंदे पानी के नाले बना रही है।' क्यों और कैसे? **Delhi 2019**

अथवा 'अपना मालवा' पाठ के आधार पर लिखिए कि आज की सभ्यता नदियों को पानी के गंदे नाले कैसे बना रही है? नदियों के जल को स्वच्छ रखने के लिए आपका क्या योगदान हो सकता है?

अथवा औद्योगिक विकास के युग में आज हमारी नदियाँ गंदे नाले के रूप में क्यों और कैसे बदलती जा रही हैं? 'अपना मालवा-खाऊ-उजाड़ू सभ्यता में' पाठ के संदर्भ में लिखिए। **CBSE 2023**

उत्तर आज की भौतिकतावादी संस्कृति तथा खाऊ-उजाड़ू सभ्यता में भविष्य की कोई दृष्टि नहीं है। यहाँ वर्तमान के सुख को महत्त्वपूर्ण माना जाता है। यह सभ्यता अपसभ्यता है। अपने स्वार्थों की पूर्ति हेतु प्राकृतिक संसाधनों का तीव्र गति से दोहन किए जाने से पर्यावरण प्रदूषण बढ़ता जा रहा है। खुली हवा में साँस लेना कठिन हो गया है।

जिन नदियों के किनारे हमारी सभ्यता जन्मी, पली-बढ़ी, आज हम उनका सर्वनाश कर रहे हैं। नदियों में कलमल करती जलधारा के बदले औद्योगिक अपशिष्ट पदार्थों को प्रवाहित किया जा रहा है। नगरों-महानगरों के मल जल नालों के जरिए नदियों में बहाए जाते हैं, फलस्वरूप नदियाँ, गंदे नालों में परिवर्तित हो गई हैं।

भरतवंशियों को अमृत तुल्य जल का पान कराने वाली नदियाँ आज गंदे नालों में बदलती जा रही हैं। इन नदियों का जल पूरी तरह से प्रदूषित हो चला है। एक जागरूक नवयुवक होने के नाते मैं अपने स्तर पर इन्हें प्रदूषण से बचाने हेतु निम्नलिखित कदम उठाना चाहूँगा

(i) नदियों में पॉलीथीन अथवा प्लास्टिक की बनी वस्तुएँ नहीं डालूँगा।

(ii) पूजा करने के दौरान या उसके पश्चात् नदियों में पूजन-सामग्रियों को नहीं डालूँगा।

(iii) नदियों में मूर्ति-विसर्जन नहीं करूँगा।

(iv) अपने क्षेत्र में स्थापित कारखानों के मालिकों अथवा वरिष्ठ अधिकारियों से मिलकर उन्हें सुझाव दूँगा कि वे कारखानों से निकले अपशिष्ट पदार्थों को नदियों में न गिराएँ।

(v) संपादकीय पत्र या लेख के द्वारा लोगों को नदियों को साफ़ रखने के लिए जागरूक करूँगा।

(vi) अपने क्षेत्र में सभा, नुक्कड़ नाटक आदि आयोजित कर लोगों को नदियों को स्वच्छ रखने के लिए प्रेरित करूँगा।

(vii) नदियों को प्रदूषित किए जाने वाले कारखानों को बंद किया जाए, इसके लिए राज्य सरकार के समक्ष प्रदर्शन करूँगा, रैली निकालूँगा।

(viii) नदियों की महत्ता और उन्हें स्वच्छ रखने संबंधित स्लोगन आदि लिखकर सार्वजनिक स्थानों पर लगाऊँगा।

(x) नदियों पर नए-नए बाँध न बनाए जाएँ, इसकी माँग करते हुए सरकार के विरुद्ध आंदोलन छेड़ूँगा।

6. लेखक को क्यों लगता है कि 'हम जिसे विकास की औद्योगिक सभ्यता कहते हैं वह उजाड़ की अपसभ्यता है'? आप क्या मानते हैं?

अथवा **'अपना मालवा' पाठ में लेखक को क्यों लगता है कि आज की विकासशील और औद्योगिक सभ्यता उजाड़ की अपसभ्यता है? लगभग 150 शब्दों में लिखिए।** **Delhi 2018; All India 2019**

अथवा **"अपना मालवा: खाऊ उजाड़ू सभ्यता में" पाठ के लेखक को क्यों लगता है कि आज हम जिसे विकास की औद्योगिक सभ्यता कहते हैं वह उजाड़ की अपसभ्यता है? तर्कयुक्त उत्तर दीजिए।**

उत्तर विकास तथा औद्योगिक उन्नति के नाम पर वनों को उजाड़ा गया है, धरती के जल का अत्यधिक दोहन हो रहा है। नदियों, तालाबों तथा बावड़ियों में उद्योगों के अपशिष्ट पदार्थों को लगातार प्रवाहित किया जा रहा है। इससे मिट्टी, हवा और जल प्रदूषित हो गए हैं।

मालवा की धरती पर कभी अत्यधिक वर्षा होती थी। नदी, तालाब व बावड़ियों में पानी लबालब भरा रहता था। फसलें लहलहाती रहती थीं, अकाल के समय भी मालवा की धरती हरी-भरी रहा करती थी, किंतु विकास की अंधी दौड़ ने इस प्रदेश को भी नहीं छोड़ा है। मालवा में अब पहले की तरह खूब वर्षा नहीं होती, कभी अकाल तो कभी बाढ़ जैसी समस्या आ खड़ी होती है। पहले अकाल जैसी समस्या से निपटने हेतु ताल-तलैया को साफ़-सुथरा रखा जाता था, पर अब तो इंजीनियर पाताल से पानी खींच लाते हैं, जिससे भूमि के अंदर का संचित जल कम हो जाता है और जल-संकट उत्पन्न होने लगता है। सभी नदियों पर बाँध बनाकर उन्हें नालियों में परिवर्तित कर दिया गया है।

अतः मैं लेखक की इस बात से पूर्णतः सहमत हूँ कि विकास की औद्योगिक सभ्यता 'खाऊ उजाड़ू नीति' पर आधारित होने के कारण एक ऐसी अपसभ्यता है, जो धीरे-धीरे हमें उजाड़ की ओर ले जा रही है। इस प्रवृत्ति ने वातावरण को अत्यधिक गर्म कर दिया है और मौसम में असहज परिवर्तन देखने को मिल रहे हैं। धरती का तापमान तेज़ी से बढ़ता जा रहा है। समुद्र के जल स्तर में वृद्धि हो रही है, जिससे कितने गाँवों और शहरों के समुद्र में डूब जाने का खतरा है। असाध्य रोगों का प्रकोप बढ़ने लगा है। इस विनाशकारी औद्योगिक सभ्यता के कारण हमारे सामने पर्यावरण की गंभीर समस्याएँ उत्पन्न हो रही हैं।

7. धरती का वातावरण गरम क्यों हो रहा है? इसमें यूरोप और अमेरिका की क्या भूमिका है? टिप्पणी कीजिए।

अथवा **धरती का वातावरण गरम हो रहा है। कारण बताते हुए निवारण के उपाय भी बताइए।** **CBSE SQP 2022-23**

अथवा **'अपना मालवा : खाऊ उजाड़ू सभ्यता' में पाठ के आधार पर औद्योगिक विकास से उत्पन्न होने वाली समस्याओं का उल्लेख कीजिए।**

उत्तर आज दुनिया के सामने औद्योगिक उन्नति का दुष्परिणाम स्पष्ट दिख रहा है। पर्यावरण प्रदूषण के कारण मिट्टी, वायु और जल प्रदूषित हो गए हैं। कार्बन डाइ-ऑक्साइड जैसी गैसों के कारण धरती का वातावरण गर्म हुआ है। समुद्रों का पानी गर्म हो रहा है। धरती के ध्रुवों पर जमी बर्फ़ पिघल रही है। मौसमों का चक्र बदल रहा है। पहाड़ों पर बर्फ़ की बजाय पानी बरस रहा है। रेगिस्तान के गाँव डूब रहे हैं।

औद्योगीकरण के कारण बदलते तापमान तथा मौसम संबंधी चिंताओं पर विश्व स्तर पर बहस चल रही है। इन वातावरणीय परिवर्तनों में विकसित देशों का दोष अधिक है। वातावरण को गर्म करने वाली गैसों का उत्सर्जन उनकी धरती से अधिक होता है। इन देशों के द्वारा कल-कारखानों एवं अन्य साधनों से बड़ी मात्रा में कार्बन डाइ-ऑक्साइड, मीथेन आदि गैसें उत्सर्जित की जाती हैं, जिससे धरती का तापमान सामान्य स्तर से तीन डिग्री सेल्सियस तक बढ़ गया है, लेकिन यूरोप और अमेरिका अपनी ज़िम्मेदारी स्वीकार करने से इनकार कर रहे हैं। अमेरिका इन्हें रोकने को तैयार नहीं है।

वह नहीं मानता कि धरती के वातावरण को गर्म करने से पर्यावरण में सभी प्रकार की गड़बड़ी हो रही है। वह कोई समझौता करने को तैयार नहीं है। यूरोपीय देश भी ऐसा ही कर रहे हैं। औद्योगिक विकास से उत्पन्न समस्याओं के निवारण के लिए हमें सतत् विकास के मार्ग को अपनाना चाहिए तथा नवीकरणीय ऊर्जा स्रोतों का उपयोग जल संरक्षण, वृक्षारोपण और जैविक खेती को बढ़ावा देना चाहिए। इसके अतिरिक्त, कचरे के पुनर्चक्रण, प्रदूषण नियंत्रण और पर्यावरणीय नियमों का पालन करना चाहिए।

योग्यता-विस्तार

1. क्या आपको भी पर्यावरण की चिंता है? अगर है तो किस प्रकार? अपने शब्दों में लिखिए।

उत्तर जी हाँ मुझे भी पर्यावरण की चिंता है, क्योंकि आज पर्यावरण हमारे जीवन की प्राथमिकता बन गया है। प्रगति की दौड़ और विज्ञान की होड़ में मनुष्य ने पर्यावरण को पूरी तरह से अनदेखा कर दिया है और इसका दुःखद परिणाम हम सबके सामने है, न साँस लेने को शुद्ध वायु है और न ही पीने को शुद्ध जल है। फल, सब्ज़ी और अनाज, सब संक्रमण और प्रदूषण के शिकार हैं। वायुमंडल में निरंतर गर्मी बढ़ रही है, मानसिक बीमारियाँ फैल रही हैं और छोटे-छोटे बच्चे भी अवसाद से ग्रस्त हैं। इसके

निराकरण के लिए हमें अवश्य कुछ ठोस कदम उठाने चाहिए, नहीं तो मानव जाति का अस्तित्व ही समाप्त हो जाएगा। सबसे पहले हमें पॉलीथीन की थैलियों के प्रयोग पर अंकुश लगाना चाहिए। सामान खरीदने के लिए कागज़ के थैलों का प्रयोग कर सकते हैं। बढ़ती जनसंख्या को नियंत्रित कर, मोटर वाहनों के प्रयोग को कम कर, कारखानों से निकलने वाले धुएँ व रासायनिक विषैले पदार्थों का उपचार कर, शहरों की गंदगी को नदियों में जाने से रोककर, वृक्षारोपण को बढ़ावा देकर, जैविक खेती अपनाकर, ऊर्जा के गैर-परंपरागत स्रोतों का प्रयोग कर पर्यावरण को संरक्षित रखा जा सकता है। जगह-जगह पर्यावरण के प्रति जागरूकता कार्यक्रम और सामूहिक प्रयास से ऐसा करना संभव है।

2. विकास की औद्योगिक सभ्यता उजाड़ की अपसभ्यता है। खाऊ-उजाड़ू सभ्यता के संदर्भ में हो रहे पर्यावरण के विनाश पर प्रकाश डालिए।

उत्तर विकास की औद्योगिक सभ्यता वास्तव में, उजाड़ की अपसभ्यता है। यह आज का कटु सत्य है। औद्योगिकीकरण के जन्मदाता हैं—यूरोपीय देश और अमेरिका। इन यूरोपीय देशों ने ही अपने विकास और प्रगति का आधार वैज्ञानिक उन्नति और उद्योग-धंधों को बनाया। जिनका आँख मूँद कर अन्य देशों द्वारा अनुसरण किया गया। जगह-जगह ज़हर उगलती चिमनियाँ, दिन-रात स्वच्छ नदियों और समुद्र में बहाए जाने वाले रासायनिक मलवे ने संपूर्ण विश्व को एक खतरनाक और ज़हरीले वातावरण के हवाले कर दिया है। खेतों में रासायनिक खादों व कीटनाशकों के अत्यधिक प्रयोग ने मिट्टी की उर्वरा शक्ति छीन ली है, फलस्वरूप अन्न संकट गहराता जा रहा है। इस प्रकार हवा, जल, मिट्टी सब कुछ प्रदूषित हो चुका है। आज पर्यावरण प्रदूषण वैश्विक समस्या बन गई है। संपूर्ण मानव सभ्यता अपने अस्तित्व के संकट से भयभीत है, परंतु विश्व की कुछ महाशक्तियाँ अपनी उजाड़ू सभ्यता के कारण इस समस्या का समाधान खोजने को तैयार नहीं हैं। सब दूसरों पर तो अंकुश लगाना चाहते हैं, परंतु स्वयं पहल करना नहीं चाहते। वास्तव में, यह सभ्यता नहीं है, बल्कि एक अपसभ्यता है, जो पर्यावरण का विनाश कर रही है।

3. पर्यावरण को विनाश से बचाने के लिए आप क्या कर सकते हैं? उसे कैसे बचाया जा सकता है?

उत्तर धरती के सभी जीव-जंतुओं एवं वनस्पतियों को जीवित रखने के लिए पर्यावरण का संरक्षण आवश्यक है। हम निम्नलिखित उपायों को व्यवहार में लाकर पर्यावरण को विनाश से बचा सकते हैं

(i) पानी के दुरुपयोग को रोककर, वर्षा के जल को संचित कर एवं जल स्रोतों को प्रदूषण मुक्त रख कर।

(ii) बिजली के दुरुपयोग को रोककर एवं सौर ऊर्जा को बढ़ावा देकर।

(iii) निजी मोटर वाहनों का प्रयोग कम करके व सार्वजनिक वाहनों का अधिकाधिक प्रयोग करके।

(iv) परंपरागत ऊर्जा स्रोतों के स्थान पर गैर-परंपरागत ऊर्जा स्रोतों का अधिकाधिक प्रयोग करना।

(v) पेड़ों की कटाई को रोककर एवं वृक्षारोपण को अपनाकर।

(vi) कल-कारखानों से निकलने वाले अपशिष्टों को निर्धारित मापदंडों के आधार पर निस्तारित करना।

(vii) रासायनिक खेती की जगह जैविक खेती को अपनाकर।

(viii) सतत् विकास की अवधारणा को आचरण (अमल) में लाकर।

(ix) पर्यावरण संरक्षण के प्रति लोगों को जागरूक कर।

अभ्यास प्रश्न

पाठ पर आधारित बहुविकल्पीय प्रश्न

1. मालवा जाते समय लेखक क्या सोचकर प्रसन्न हो रहे थे?

(i) गाँव पहुँचकर वे अपने माता-पिता से मिलेंगे

(ii) गाँव पहुँचकर ज्वार, बाजरे और सोयाबीन की लहलहाती फसलें देखने को मिलेंगी

(iii) गाँव पहुँचकर वे अपने बचपन के साथियों से मिलेंगे

(iv) उपरोक्त सभी

उत्तर (ii) गाँव पहुँचकर ज्वार, बाजरे और सोयाबीन की लहलहाती फसलें देखने को मिलेंगी

2. लेखक अब पहाड़ क्यों नहीं चढ़ पाएँगे?

(i) शहरी जीवन के कारण

(ii) अधिक आयु होने के कारण

(iii) पत्नी के साथ होने के कारण

(iv) अभ्यास न होने के कारण

उत्तर (ii) अधिक आयु होने के कारण

3. लेखक दो बार विंध्य के घाट पर क्यों उतरते हैं?

(i) ओंकारेश्वर तथा नेमावर जाने के लिए

(ii) पत्नी को साथ ले चलने के लिए

(iii) अपना सामान वापस लेने के लिए

(iv) वर्षा का आनंद लेने के लिए

उत्तर (i) ओंकारेश्वर तथा नेमावर जाने के लिए

4. मालवा पर अनावृष्टि और अतिवृष्टि दोनों का ही ज्यादा प्रतिकूल प्रभाव क्यों नहीं पड़ता था?

(i) मालवा पर प्रकृति की विशेष कृपा होने के कारण

(ii) मालवावासियों द्वारा ताल-तलैया और नालों के निर्माण एवं रखरखाव पर ध्यान देने के कारण

(iii) मालवा पर कम लोगों के निवास करने के कारण

(iv) उपरोक्त सभी

उत्तर (ii) मालवावासियों द्वारा ताल-तलैया और नालों के निर्माण एवं रखरखाव पर ध्यान देने के कारण

5. **लेखक मालवा की नदियों की दुर्दशा के लिए किसे जिम्मेदार मानता है?**

(i) स्वयं को
(ii) ग्रामीण जन को
(iii) पश्चिमी देशों की सभ्यता को
(iv) ईश्वर को

उत्तर (iii) पश्चिमी देशों की सभ्यता को

6. **विक्रमादित्य, भोज और मुंज ने तालाब तथा बावड़ियाँ किस लिए बनवाई थी?**

(i) ताकि धरती के गर्भ में पानी को संचित रख सकें
(ii) ताकि अपना प्रचार-प्रसार बढ़ा सकें
(iii) ताकि पानी की बर्बादी कर सकें
(iv) ताकि समाज सेवा का कार्य कर सकें

उत्तर (i) ताकि धरती के गर्भ में पानी को संचित रख सकें

7. **'अपना मालवा खाऊँ-उजाड़ू सभ्यता में' पाठ में 'खाऊँ-उजाड़ू' से लेखक का क्या तात्पर्य है?**

(i) ऐसी सभ्यता जो उजाड़ की ओर ले जा रही है
(ii) ऐसी सभ्यता जो विकास की ओर ले जा रही है
(iii) ऐसी सभ्यता जो स्वावलंबी बना रही है
(iv) ऐसी सभ्यता जो आत्मविश्वासी बना रही है

उत्तर (i) ऐसी सभ्यता जो उजाड़ की ओर ले जा रही है

8. **नीर वाला मालवा सूखा हो जाने का क्या कारण है?**

(i) पानी का लगातार दोहन करना (ii) वर्षा का बिलकुल न होना
(iii) लोगों का पलायन होना (iv) जंगलों का काटा जाना

उत्तर (i) पानी का लगातार दोहन करना

9. **औद्योगीकरण के विकास का प्रभाव हमारी नदियों पर किस प्रकार पड़ रहा है?** **CBSE SQP 2020**

(i) नदियाँ विकसित हो रही हैं (ii) नदियाँ दूषित हो रही हैं
(iii) नदियाँ सूख रही हैं (iv) नदियों में बाढ़ आ रही है

उत्तर (ii) नदियाँ दूषित हो रही हैं

10. **'अपना मालवा खाऊ-उजाड़ू सभ्यता में' पाठ में 'उजाड़ की अपसभ्यता' किसे कहा गया है?** **CBSE 2023**

(i) आधुनिक सभ्यता को (ii) वैज्ञानिक दृष्टिकोण को
(iii) पारंपरिक दृष्टिकोण को (iv) औद्योगिक सभ्यता को

उत्तर (iv) औद्योगिक सभ्यता को

11. **विकास की औद्योगिक सभ्यता उजाड़ की अपसभ्यता बन गई है। इसका कारण है** **CBSE SQP 2022**

(i) संपन्नता (ii) प्रदूषण (iii) नदियाँ (iv) पठार

उत्तर (ii) प्रदूषण

12. **'कोई भी तालाब अकेला नहीं है।' यह कथन दर्शाता है** **CBSE SQP 2022**

(i) राजा बहुत-से तालाब बनवाते हैं
(ii) तालाब के पास गाँव बस जाते हैं
(iii) इसमें कूड़ा-कचरा डाल दिया जाता है
(iv) अनेक स्रोतों का जल मिला होता है

उत्तर (iv) अनेक स्रोतों का जल मिला होता है

13. **कथन** (A) **मालवा में अब पहले जैसी बरसात नहीं होती।**
कारण (R) **वायुमंडल में कार्बन डाइ-ऑक्साइड की मात्रा में लगातार वृद्धि हो रही है।** **CBSE 2023**

(i) कथन (A) और कारण (R) दोनों सही हैं तथा कारण (R), कथन (A) की सही व्याख्या करता है।
(ii) कथन (A) और कारण (R) दोनों सही हैं, किंतु कारण (R), कथन A की सही व्याख्या नहीं करता है।
(iii) कथन (A) सही है, किंतु कारण (R) गलत है।
(iv) कथन (A) गलत है, लेकिन कारण (R) सही है।

उत्तर (i) कथन (A) और कारण (R) दोनों सही हैं तथा कारण (R), कथन (A) की सही व्याख्या करता है।

14. **निम्नलिखित कथनों में से सही कथनों पर विचार कीजिए।**

1. मालवा में अत्यधिक वर्षा के कारण सोयाबीन की फसल नष्ट हो गई।
2. गाँव में इस वर्ष वर्षा कम हुई है।
3. गाँव उजड़ जाने की सूचना मीणा ने लेखक को दी। **CBSE 2023**

कूट

(i) केवल 1
(ii) 1 और 2
(iii) केवल 2
(iv) 2 और 3

उत्तर (i) केवल 1

विषय-वस्तु पर आधारित प्रश्नोत्तर

1. **नदियों पर सीमेंट कंक्रीट के विशाल बाँध आदि के अँधाधुँध निर्माण को हम विकास का नाम देते हैं। ऐसा सोचना पर्यावरण के हित में नहीं है। अपने उत्तर के पक्ष में तर्क दीजिए।**

उत्तर पश्चिमी देशों की देखादेखी आज भारत की नदियों पर भी सीमेंट कंक्रीट के बड़े-बड़े बाँध तैयार किए जा रहे हैं, किंतु इन बाँधों के कारण सदानीरा नदियाँ नालों में परिवर्तित की जा रही हैं और उनके अस्तित्व पर भी प्रश्न उठने लगे हैं। निश्चय ही इन निर्माणों को पर्यावरण के अनुकूल नहीं कहा जा सकता। इसके समर्थन में हम निम्नलिखित तर्क प्रस्तुत कर रहे हैं

(i) बाँधों के निर्माण से नदियों का पानी घट जाता है और वे नालों में रूपांतरित हो जाती हैं।
(ii) नदियों पर बाँध बनाने से उनका जल स्तर कम हो जाता है, जिससे नदियों पर निर्भर रहने वाले लोगों का जीवन अस्त-व्यस्त हो जाता है और वे वहाँ से पलायन करने लगते हैं।
(iii) बाँधों के निर्माण के फलस्वरूप जल के कम हो जाने से नदियों में रहने वाले जीव-जंतुओं को अपना जीवन खोना पड़ता है, जिससे प्राकृतिक विविधता और पर्यावरण संतुलन पर प्रतिकूल प्रभाव होता है।
(iv) बाँधों के निर्माण से नदियों का पानी घट जाता है, जिससे पेयजल की समस्या भी आ खड़ी होती है।
(v) बाँधों के बनने के फलस्वरूप उपजी स्थिति के कारण जलवायु चक्र पर प्रतिकूल प्रभाव पड़ता है और ऋतुओं का कार्यकाल भी बिगड़ जाता है।

(vi) बाँधों के निर्माण के दौरान संबद्ध बस्तियों को हटाया जाता है, जिससे वहाँ रहने वाले लोगों का जीवन बुरी तरह प्रभावित होता है। आवास के साथ-साथ उनकी रोज़ी-रोटी भी छिन जाती है।

(vii) नदियाँ हमारी धरोहर हैं। इन पर बाँधों का निर्माण कर हम इन्हें नालों में बदल देते हैं, जिससे इनकी प्राचीन पहचान ही खो जाती है।

2. "विक्रमादित्य, भोज और मुंज ने तालाब बनवाए, बड़ी-बड़ी बावड़ियाँ बनवाई ताकि बरसात का पानी रुका रहे और धरती के गर्भ के पानी को जीवंत रख सकें।" पाठ के आधार पर जीवन-मूल्यों के आलोक में लेखक की निर्माण-संबंधी मान्यताओं को स्पष्ट कीजिए।

उत्तर 'अपना मालवा : खाऊ-उजाड़ू सभ्यता में' पाठ में मालवा के समृद्धशाली अतीत की वर्तमान दशा से तुलना की गई है। मालवा की मिट्टी में पले-बढ़े लेखक से यहाँ की सदानीरा नदियों की दुर्दशा देखी नहीं जा रही, जिसके लिए वह पश्चिमी देशों की खाऊ-उजाड़ू सभ्यता को ज़िम्मेदार मानते हैं। वर्षों तक जल से परिपूर्ण रहने वाली विस्तृत क्षेत्र में फैली नदियों को नालों में बदलते देख उनका हृदय रो पड़ता है। लेखक आधुनिक समय के इंजीनियरों की उस धारणा का भी खंडन करते हैं कि 'पुराने ज़माने के लोग कुछ नहीं जानते थे, क्योंकि ज्ञान तो पश्चिम के रिनेसां (पुनर्जागरण) के बाद ही आया है।' लेखक का कहना है कि विक्रमादित्य, भोज और मुंज पुनर्जागरण से बहुत पहले हुए थे, जिन्होंने मालवा में बहुत सारे तालाबों और बावड़ियों का निर्माण करवाया, ताकि दुर्दिन के लिए वर्षा जल को संचित कर रखा जा सके और भू-जल का संरक्षण भी हो पाए।

लेखक नियोजकों तथा अभियंताओं द्वारा तालाबों की सफ़ाई न करवाकर सीधे पाताल से पानी निकालने को भी अच्छा नहीं मानते, क्योंकि इससे संरक्षित भू-जल की मात्रा कम हो जाती है और जिसके परिणामस्वरूप नदी-नाले सूखने लगते हैं। इस प्रकार, स्पष्ट होता है कि लेखक केवल प्राणी जगत् और प्रकृति के हित को आधार बनाकर किए जा रहे निर्माणों के ही पक्षधर हैं, उन्हें प्रकृति अथवा पर्यावरण के विरुद्ध किया गया कोई भी कार्य स्वीकार्य नहीं।

3. एक जागरूक नवयुवक होने के नाते आप अपने स्तर पर नदियों को प्रदूषण से बचाने के लिए क्या-क्या कदम उठाना चाहेंगे?

उत्तर भारतवासियों को अमृत तुल्य जल का पान कराने वाली नदियाँ, जिन्हें हम माता कहकर बुलाते हैं, आज गंदे नालों में बदलती जा रही हैं। इन नदियों का जल पूरी तरह से प्रदूषित हो चला है। एक जागरूक नवयुवक होने के नाते मैं अपने स्तर पर इन्हें प्रदूषण से बचाने हेतु निम्नलिखित कदम उठाना चाहूँगा

(i) नदियों में पॉलीथीन अथवा प्लास्टिक की बनी वस्तुएँ नहीं डालूँगा।

(ii) पूजा करने के दौरान या उसके पश्चात् नदियों में पूजन-सामग्रियों को नहीं डालूँगा।

(iii) नदियों में मूर्ति विसर्जन नहीं करूँगा।

(iv) अपने क्षेत्र में स्थापित कारखानों के मालिकों अथवा वरिष्ठ अधिकारियों से मिलकर उन्हें सुझाव दूँगा कि वे कारखाने से निकले अपशिष्ट पदार्थों को नदियों में न गिराएँ।

(v) समाचार-पत्रों का सहारा लेकर अथवा व्यक्तिगत रूप से राज्य के संबद्ध मंत्रियों से मिलकर उन्हें क्षेत्र में मौजूद उन नालों की जानकारी देंगे, जिनके माध्यम से क्षेत्र के मल-जल और अन्य गंदी चीज़ें नदियों में डाली जा रही हैं।

(vi) संपादकीय पत्र या लेख के द्वारा लोगों को नदियों को साफ़ रखने के लिए जागरूक करूँगा।

(vii) अपने क्षेत्र में सभा, नुक्कड़ नाटक आदि आयोजित कर लोगों को नदियों को स्वच्छ रखने के लिए प्रेरित करूँगा।

(viii) नदियों को प्रदूषित किए जाने वाले कारखानों को बंद किया जाए, इसके लिए राज्य सरकार के समक्ष प्रदर्शन करूँगा, रैली निकालूँगा।

(ix) नदियों की महत्ता और उन्हें स्वच्छ रखने संबंधित स्लोगन आदि लिखकर सार्वजनिक स्थानों पर लगाऊँगा।

(x) नदियों पर नए-नए बाँध न बनाए जाएँ, इसकी माँग करते हुए सरकार के विरुद्ध आंदोलन छेड़ूँगा।

4. नदी-नाले-तालाब को सँभालकर रखने से लेखक का क्या आशय है? यह काम पर्यावरण रक्षण से कैसे जोड़ता है?

उत्तर लेखक ने 1899 ई. में देश में पड़े भीषण अकाल की चर्चा की है, जब मालवा में मात्र 15.75 इंच वर्षा हुई थी। किंतु तब अन्य स्थानों की तरह मालवा में अन्न-जल का संकट न था, तब राजस्थान के मारवाड़ मालवा आकर रहने लगे थे। वर्ष 1973 में अतिवृष्टि के दौरान मालवा में 77 इंच पानी गिरने के बाद भी यशवंत सागर, बिलावली, सिरपुर तथा पीपल्या पाला टूटकर नहीं बहे। इस प्रकार, तब मालवा पर अनावृष्टि और अतिवृष्टि दोनों का ही ज़्यादा प्रतिकूल प्रभाव नहीं पड़ा था। इसका सबसे बड़ा कारण था मालवावासियों द्वारा ताल-तलैया और नालों के निर्माण एवं रखरखाव पर ध्यान देना। मालवा में बड़ी संख्या में तालाबों- पोखरों का निर्माण किया गया था और समय-समय पर उनकी सफ़ाई भी की जाती रही थी। 1899 ई. में अकाल पड़ने पर इन्हीं ताल-पोखरों में जमा किए गए पानी के कारण वहाँ जल-संकट की समस्या उत्पन्न नहीं हुई थी, क्योंकि अकाल के पहले के तथा बाद के वर्षों में वहाँ अच्छी बारिश हुई थी।

लेखक मालवा के नदी-नालों की वर्तमान दशा को लेकर चिंतित भी हैं, क्योंकि आज न तो तालाबों की सफ़ाई की जाती है और न ही नदियों को प्राकृतिक रूप से बहने दिया जाता है।

आज मालवा की नदियों पर जहाँ-तहाँ बड़े-बड़े बाँध बना दिए गए हैं, जिसके फलस्वरूप सदानीरा नदियाँ चौमासे भर तो नदियों-सा दिखती हैं पर अन्य दिनों नाले-सी प्रतीत होती हैं। नदी-नालों की इस दुर्दशा के लिए निश्चय ही हम (मानव) ज़िम्मेदार हैं। तभी तो लेखक ने इन्हें सँभाल कर रखने अर्थात् इन्हें संरक्षण देने की सलाह दी है। नदी-नाले-तालाब को सँभाल कर रखने से भू-जल संरक्षित रहेगा। जिससे जल-संकट की स्थिति नहीं आएगी, बाढ़ आने की संभावना कम होगी। अकाल आदि विपरीत समय में भी लोग भूखे-प्यासे नहीं मरेंगे। इस प्रकार पर्यावरण की रक्षा भी हो सकेगी।

5. 'अपना मालवा : खाऊ-उजाड़ू सभ्यता में' पाठ में लेखक का 'खाऊ-उजाड़ू' सभ्यता से क्या तात्पर्य है? यूरोप और अमेरिका की इस सभ्यता के विकास में क्या भूमिका है?

उत्तर 'अपना मालवा : खाऊ-उजाड़ू सभ्यता में' लेखक का 'खाऊ-उजाड़ू' सभ्यता से तात्पर्य ऐसी सभ्यता से है, जो वास्तव में, हमें विकास की ओर नहीं, बल्कि उजाड़ की ओर ले जा रही है। लेखक ने इसे 'अपसभ्यता' कहा है। आज यूरोप के देशों और अमेरिका जैसे विकसित देशों के द्वारा इसी खाऊ-उजाड़ू सभ्यता को आश्रय दिया जा रहा है।

इस विध्वंसकारी सभ्यता को अपनाकर ये देश मानव जगत् के साथ-साथ प्रकृति को भी विनष्ट करने पर लगे हुए हैं। इन देशों द्वारा प्राकृतिक संसाधनों को 'यूज एंड थ्रो' की नीति अपनाकर प्रयोग में लाया जा रहा है,

जो आने वाली पीढ़ियों के लिए निश्चय ही घातक एवं अशुभ है। इन देशों के द्वारा काफ़ी बड़ी मात्रा में कार्बन डाइ-ऑक्साइड गैस (CO_2) के उत्सर्जन के कारण धरती के तापमान में तीन डिग्री सेल्सियस की वृद्धि हो गई है। ये देश इस बात को मानने से भी इनकार करते हैं कि पर्यावरण संबंधित इस समस्या का संबंध गर्म वातावरण से है। अमेरिका कार्बन डाइ-ऑक्साइड गैस के उत्सर्जन को कम करने पर भी सहमत नहीं है। वह प्रकृति व प्राणी जगत् के अस्तित्व की रक्षा के लिए भी अपनी सुविधाभोगी जीवन-शैली को त्यागने के लिए तैयार नहीं है। इस प्रकार, अमेरिका सहित यूरोप के विकसित देश खाऊ-उजाड़ू सभ्यता का समर्थन कर उसे पाल-पोस रहे हैं।

6. तकनीकी और प्रौद्योगिकी विकास से ग्रामीण जीवन की संस्कृति कैसे नष्ट हो सकती है? 'अपना मालवा : खाऊ-उजाड़ू सभ्यता में' पाठ के आधार पर अपने शब्दों में लिखिए। **CBSE 2024, 23**

उत्तर 'अपना मालवा : खाऊ-उजाड़ू सभ्यता में' पाठ के आधार पर तकनीकी और प्रौद्योगिकी विकास से ग्रामीण जीवन की संस्कृति पर गहरा प्रभाव पड़ा है। पारंपरिक ग्रामीण समाज में तालाब, नदियाँ और जल-स्रोत मुख्य जीवनधारा थे, जिन्हें स्थानीय राजा और समाज मिलकर संरक्षित रखते थे। इन जल-स्रोतों की देखरेख के लिए बने तालाब, बावड़ियाँ और कुएँ ग्रामीण संस्कृति का अहम हिस्सा थे, जो स्थानीय पर्यावरण और जल संरक्षण की समझ को दर्शाते थे, लेकिन औद्योगिकीकरण और आधुनिक तकनीकी विकास ने इन परंपरागत जल-स्रोतों की अनदेखी की, उन्हें गाद से भर जाने दिया और नए बाँध और जलाशयों का निर्माण किया। इससे नदियों का प्राकृतिक प्रवाह बाधित हुआ और पारंपरिक जल संरचना धीरे-धीरे समाप्त होने लगी। इसके परिणामस्वरूप सूखा, जल संकट और मिट्टी का कटाव जैसे गंभीर समस्याएँ उत्पन्न हुईं।

इस तरह की खाऊ-उजाड़ू सभ्यता ने जहाँ एक ओर आधुनिक विकास की छवि प्रस्तुत की, वहीं दूसरी ओर स्थानीय संसाधनों और संस्कृति को नष्ट कर दिया। तकनीकी विकास के चलते गाँव की स्वायत्तता समाप्त होती जा रही है और ग्रामीण जीवन की जड़ें भी हिल गई हैं।

7. 'अपना मालवा : खाऊ-उजाड़ू सभ्यता में' पाठ के आधार पर लिखिए कि आप पर्यावरण प्रदूषित होने से बचाने के लिए क्या-क्या उपाय करना चाहते हैं? **CBSE 2023**

उत्तर 'अपना मालवा : खाऊ-उजाड़ू सभ्यता में' पाठ के आधार पर पर्यावरण को प्रदूषित होने से बचाने के लिए हमें गंभीर और व्यापक उपाय करने होंगे, जो निम्न प्रकार हैं

- जल संसाधनों को संरक्षित करना सबसे आवश्यक है। हमें तालाब, बावड़ियों और नदियों की सफाई करनी चाहिए और उनके जलस्तर को बनाए रखने के लिए पारंपरिक जल संरक्षण तकनीकों को अपनाना चाहिए। वर्षा जल संचयन को बढ़ावा देकर जल संकट को कम किया जा सकता है।
- वनों की कटाई को रोकने और हरियाली बढ़ाने के लिए वृक्षारोपण को बढ़ावा दिया जाना चाहिए।
- औद्योगिक कचरे के निपटान के लिए सख्त नियम लागू किए जाने चाहिए और प्रदूषण फैलाने वाले उद्योगों पर कड़ी निगरानी रखी जानी चाहिए।
- सौर, पवन और जल विद्युत जैसे स्वच्छ और नवीकरणीय ऊर्जा स्रोतों का उपयोग करके जीवाश्म ईंधन पर निर्भरता कम करें।
- स्थायी जीवन शैली अपनाने के लिए जन जागरूकता अभियान चलाएँ।
- कार्बन उत्सर्जन को नियंत्रित करने के लिए सार्वजनिक परिवहन का अधिक से अधिक उपयोग करें।

उपर्युक्त उपायों से हम अपनी प्राकृतिक विरासत को बचा सकते हैं और भावी पीढ़ियों को एक स्वस्थ वातावरण प्रदान कर सकते हैं।

8. "ये सदानीरा नदियाँ अब मालवा के गालों के आँसू भी नहीं बहा सकतीं।" इस कथन के आधार पर लिखिए कि वर्तमान समय में देश के अन्य भागों में नदियों की क्या स्थिति है? **CBSE 2024**

उत्तर "ये सदानीरा नदियाँ अब मालवा के गालों के आँसू भी नहीं बहा सकतीं" इस कथन से यह स्पष्ट होता है कि नदियाँ अब अपनी पारंपरिक स्थिति में नहीं हैं और उनके जल स्तर में कमी आई है। वर्तमान समय में देश के अन्य भागों में भी नदियों की स्थिति चिंताजनक है। अधिकांश नदियाँ अत्यधिक प्रदूषण, जलवायु परिवर्तन और जल का अत्यधिक दोहन झेल रही हैं। कई नदियाँ गंदे नालों में बदल गई हैं; जैसे– यमुना, गंगा और अन्य प्रमुख नदियाँ, जिनका जल स्तर घटता जा रहा है और जल प्रदूषण भी बढ़ रहा है।

औद्योगिकीकरण, शहरीकरण और कृषि के कारण इन नदियों में गंदगी और रासायनिक पदार्थों का मिश्रण हो गया है, जिससे जल जीवन के लिए हानिकारक हो गया है। कई नदियाँ सूखने के कगार पर हैं और जल संकट बढ़ता जा रहा है। नदियों के अस्तित्व पर संकट मँडरा रहा है, जिससे न केवल पर्यावरणीय संकट बढ़ रहा है, बल्कि सामाजिक और आर्थिक जीवन भी प्रभावित हो रहा है।

9. धरती के तापमान में वृद्धि के लिए 'अपना मालवा खाऊ-उजाड़ू सभ्यता में.....' पाठ में किसे जिम्मेदार ठहराया गया है? क्या इस तापमान वृद्धि में हमारी भी कोई भूमिका है? हम धरती के तापमान को नियंत्रित कैसे रख सकते हैं? **CBSE 2025**

उत्तर 'अपना मालवा खाऊ-उजाड़ू सभ्यता में...' पाठ में धरती के तापमान में वृद्धि के लिए औद्योगिक सभ्यता को जिम्मेदार ठहराया गया है। विशेष रूप से अमेरिका और यूरोप के विकसित देशों को दोषी बताया गया है, क्योंकि वे सबसे अधिक कार्बन-डाइ-ऑक्साइड गैसों का उत्सर्जन करते हैं और अपनी उपभोक्तावादी जीवनशैली को बदलने के लिए तैयार नहीं हैं।

इस तापमान वृद्धि में हमारी भी भूमिका है। हम भी प्राकृतिक संसाधनों का अत्यधिक दोहन कर रहे हैं, जलस्रोतों को नष्ट कर रहे हैं, जंगलों की कटाई कर रहे हैं और पारंपरिक जलसंरक्षण प्रणालियों को नष्ट कर रहे हैं। धरती के तापमान को नियंत्रित रखने के लिए हमें वनों का संरक्षण करना होगा, जलस्रोतों की रक्षा करनी होगी, प्रदूषण कम करना होगा और अधिक टिकाऊ व पर्यावरण अनुकूल जीवनशैली अपनानी होगी।

स्व-मूल्यांकन

पाठ पर आधारित बहुविकल्पीय प्रश्न

निम्नलिखित बहुविकल्पीय प्रश्नों के उत्तर दीजिए

1. मालवा में होने वाली बरसात का जनजीवन पर क्या प्रभाव पड़ता है?
(i) गेहूँ और चने की फसल अच्छी होने की आशा में लोग प्रसन्न हो जाते हैं
(ii) नदियों में उमड़ता पानी और लहलहाती फसलों को देखकर सम्पन्नता का आश्वासन मिलता है
(iii) सोयाबीन की फसल नष्ट हो जाती है
(iv) उपरोक्त सभी

उत्तर (iv) उपरोक्त सभी

2. आज की विकासशील और औद्योगिक सभ्यता को लेखक ने क्या माना है?
(i) उजाड़ की अपसभ्यता
(ii) प्रगति की सभ्यता
(iii) उन्नति और विकास की सभ्यता
(iv) समानता की सभ्यता

उत्तर (i) उजाड़ की अपसभ्यता

3. आज की सभ्यता नदियों के पानी को कैसा बना रही है?
(i) शुद्ध एवं पवित्र
(ii) अदूषित
(iii) गंदे नाले के समान
(iv) सतत् एवं प्रवाहमयी

उत्तर (iii) गंदे नाले के समान

4. आधुनिक इंजीनियरों के अनुसार पुराने जमाने के लोग कुछ नहीं जानते थे। इसके पीछे वे तर्क देते हैं
(i) उस समय आधुनिक उपकरण नहीं थे
(ii) ज्ञान तो पश्चिम के रिनेसां (पुनर्जागरण) के बाद ही आया है
(iii) पुराने जमाने के लोग पढ़े-लिखे नहीं थे
(iv) पुराने समय में प्रयोग कम हुआ करते थे

उत्तर (ii) ज्ञान तो पश्चिम के रिनेसां (पुनर्जागरण) के बाद ही आया है

5. लेखक की प्रकृति के संदर्भ में क्या धारणा उभर कर आती है?
(i) प्रकृति मनुष्य के अनुसार चलती है।
(ii) प्रकृति के विरुद्ध किया गया कोई भी कार्य लेखक को स्वीकार नहीं।
(iii) प्रकृति स्वार्थपूर्ण नीति अपनाती है।
(iv) प्रकृति केवल मनुष्य के लिए ही बनी है।

उत्तर (ii) प्रकृति के विरुद्ध किया गया कोई भी कार्य लेखक को स्वीकार नहीं

विषय-वस्तु पर आधारित प्रश्न

निम्नलिखित प्रश्नों के उत्तर दीजिए

1. 'मालवा की गालों के आँसू' से क्या तात्पर्य है?

2. लेखक ने 'अपना मालवा : खाऊ-उजाड़ू सभ्यता में' वर्तमान समय में नदियों की स्थिति और उनकी भूमिका पर क्या विचार प्रस्तुत किया है?

3. 'मालवा की गहन गंभीर धरती' से आपका क्या आशय है और यह कथन कैसे प्राकृतिक संसाधनों के संरक्षण को व्यक्त करता है?

4. लेखक ने मालवा क्षेत्र में तालाबों और जलाशयों के महत्त्व को किस प्रकार बताया है?

5. शिप्रा नदी के बारे में क्या उल्लेख किया गया है और वह किस प्रकार से बदल रही है?

6. 'अपना मालवा : खाऊ-उजाड़ू सभ्यता में' पाठ में 'खाऊ-उजाड़ू सभ्यता' से क्या तात्पर्य है और यह किस प्रकार से प्राकृतिक संसाधनों के दोहन को दर्शाती है?

7. 'अपना मालवा : खाऊ-उजाड़ू सभ्यता में' पाठ में बाँधों का निर्माण और नर्मदा की स्थिति के बारे में लेखक ने क्या कहा?

8. 'नदी-नाले सूख गए' इस कथन से पर्यावरणीय संकट का कौन-सा पहलू सामने आता है? 'अपना मालवा : खाऊ-उजाड़ू सभ्यता में' पाठ के आधार पर अपने शब्दों में लिखिए।

9. विकास की औद्योगिक सभ्यता के कारण जलवायु परिवर्तन और पर्यावरणीय असंतुलन के बारे में पाठ में क्या विचार व्यक्त किए गए हैं?

श्रवण व वाचन का मूल्यांकन तथा परियोजना कार्य

श्रवण (सुनना)

वर्णित या पठित सामग्री को सुनकर अर्थग्रहण करना, वार्तालाप करना, वाद-विवाद, भाषण, कविता पाठ आदि को सुनकर समझना, मूल्यांकन करना और अभिव्यक्ति के ढंग को समझना श्रवण कहलाता है।

वाचन (बोलना)

भाषण, सस्वर कविता-पाठ, वार्तालाप और उसकी औपचारिकता, कार्यक्रम- प्रस्तुति, कथा-कहानी अथवा घटना सुनाना, परिचय देना, भावानुकूल संवाद-वाचन, वाचन कहलाता है।

श्रवण (सुनना) एवं वचान (बोलना) कौशल का मूल्यांकन

- परीक्षक किसी प्रासंगिक विषय पर एक अनुच्छेद का स्पष्ट वाचन करेगा। अनुच्छेद तथ्यात्मक या सुझावात्मक हो सकता है। अनुच्छेद लगभग 250 शब्दों का होना चाहिए।

या

परीक्षक 2-3 मिनट का श्रव्य अंश (ऑडियो क्लिप) सुनवाएगा। अंश रोचक होना चाहिए। कथ्य/घटना पूर्ण एवं स्पष्ट होनी चाहिए। वाचक का उच्चारण शुद्ध, स्पष्ट एवं विराम चिह्नों के उचित प्रयोग सहित होना चाहिए।

- परीक्षार्थी ध्यानपूर्वक परीक्षक/ऑडियो क्लिप को सुनने के पश्चात् परीक्षक द्वारा पूछे गए प्रश्नों का अपनी समझ से मौखिक उत्तर देंगे। ये अभ्यास प्रश्न विभिन्न प्रकार के हो सकते हैं; जैसे–
  - रिक्त स्थान भरना।
  - सही विकल्प चुनना (बहुविकल्पीय प्रश्न)।
  - सही या गलत, सत्य या असत्य का चुनाव करना।
  - अतिलघूत्तरात्मक प्रश्न
- किसी निर्धारित विषय पर बोलना जिससे विद्यार्थी अपने व्यक्तिगत अनुभवों का प्रत्यास्मरण कर सकें।
- कोई कहानी सुनाना या किसी घटना का वर्णन करना।
- परिचय देना (स्व/परिवार/वातावरण/वस्तु/व्यक्ति/पर्यावरण/कवि/लेखक आदि)।

परीक्षकों के लिए अनुदेश

- परीक्षण से पूर्व परीक्षार्थी को तैयारी के लिए कुछ समय दिया जाए।
- विवरणात्मक भाषा में विषय के अनुकूल तीनों कालों का प्रयोग अपेक्षित है।
- निर्धारित विषय परीक्षार्थी के अनुभव-जगत के हों।
- शिक्षार्थी को विषय केन्द्रित स्वतंत्र अभिव्यक्ति का अवसर प्रदान करें।

अंक योजना वार्तालाप की दक्षताओं का मूल्यांकन निरन्तरता के आधार पर परीक्षा के समय ही होगा। निर्धारित 10 अंकों में से 5 श्रवण (सुनना) कौशल के मूल्यांकन के लिए और 5 वाचन (बोलना) कौशल के मूल्यांकन के लिए होंगे।

कौशलों के अन्तरण का मूल्यांकन

(इस बात का निश्चय करना कि क्या विद्यार्थी में श्रवण और वाचन की निम्नलिखित योग्यताएँ हैं)

	श्रवण (सुनना)	वाचन (बोलना)
1.	परिचित संदर्भों में प्रयुक्त शब्दों और पदों को समझने की सामान्य योग्यता है।	केवल अलग-अलग शब्दों और पदों के प्रयोग की योग्यता प्रदर्शित करता है।
2.	छोटे सुसम्बद्ध कथनों को परिचित सन्दर्भों में समझने की योग्यता है।	परिचित सन्दर्भों में केवल छोटे सुसम्बद्ध कथनों का सीमित शुद्धता से प्रयोग करता है।
3.	परिचित या अपरिचित दोनों सन्दर्भों में कथित सूचना को स्पष्ट समझने की योग्यता है।	अपेक्षाकृत दीर्घ भाषण में अधिक जटिल कथनों के प्रयोग की योग्यता प्रदर्शित करता है।

श्रवण (सुनना)	वाचन (बोलना)
4. दीर्घ कथनों की श्रृंखला को पर्याप्त शुद्धता से समझने के ढंग और निष्कर्ष निकाल सकने की योग्यता है।	अपरिचित स्थितियों में विचारों को तार्किक ढंग से संगठित कर धारा प्रवाह रूप में प्रस्तुत करता है।
5. जटिल कथनों के विचार बिन्दुओं को समझने की योग्यता प्रदर्शित करने की क्षमता है। वे उद्देश्य के अनुकूल सुनने की कुशलता प्रदर्शित करते हैं।	उद्देश्य और श्रोता के लिए उपयुक्त शैली को अपना सकता है, ऐसा करते समय वह केवल मामूली गलतियाँ करता है।

श्रवण (सुनना) तथा वाचन (बोलना) दोनों ही मौखिक अभिव्यक्ति के विभिन्न स्वरूप हैं। अतः दोनों ही मौखिक मूल्यांकन के अन्तर्गत आते हैं।

मौखिक अभिव्यक्ति कौशल

भाषा, भावनाओं और विचारों की अभिव्यक्ति का एक सशक्त माध्यम है। एक व्यक्ति जितनी सरल और शुद्ध भाषा का प्रयोग करेगा, वह उतनी ही प्रभावी रूप से भावनाओं और विचारों को व्यक्त कर सकेगा। मौखिक अभिव्यक्ति कौशल किसी भी व्यक्ति की सफलता में महत्त्वपूर्ण भूमिका निभाता है। इसके द्वारा व्यक्ति दूसरों को प्रभावित कर सकता है। यदि कोई व्यक्ति बहुत ज्ञान रखता है, परन्तु वह अपनी बात सही ढंग से अभिव्यक्त नहीं कर पाता, तो वह दूसरों को प्रभावित नहीं कर सकता है। मौखिक अभिव्यक्ति आसान नहीं होती है। लिखित अभिव्यक्ति की तुलना में इसे अधिक कठिन कहा जा सकता है, क्योंकि लिखित भाषा में गलतियों को सुधारने का समय और अवसर मिलता है, जबकि मौखिक अभिव्यक्ति में ऐसा नहीं होता है। मौखिक अभिव्यक्ति में व्यक्ति को सीधे लोगों के सामने अपनी बात रखनी होती है। मौखिक अभिव्यक्ति सफलता की पहली सीढ़ी होती है। इसलिए छात्रों को मौखिक अभिव्यक्ति दक्षता को बेहतर बनाने के लिए निम्नलिखित प्रयास करने चाहिए

- अपनी भावनाओं और विचारों को छोटे-छोटे वाक्यों में बाँधें, जिससे अभिव्यक्ति आसान हो जाएगी।
- प्रयास यह होना चाहिए कि एक ही भाषा का प्रयोग किया जाए, एक ही वाक्य में विभिन्न भाषाओं के शब्दों के प्रयोग से बचें।
- शुद्ध एवं सरल भाषा का प्रयोग करने का अभ्यास करना चाहिए।

मौखिक अभिव्यक्ति का उद्देश्य

- विचारों को बेहतर ढंग से व्यक्त करने के लिए सरल और आसान भाषा का प्रयोग करना।
- किसी भी विषय पर तार्किक, सन्तुलित और भावनात्मक रूप से विचार प्रस्तुत करना।
- सही उच्चारण, आरोह-अवरोह (आवाज का उतार-चढ़ाव) और बलाघात (शब्दों पर जोर) का सही तरीके से उपयोग करना।
- शब्दों के सही अर्थ समझकर उनका उचित प्रयोग करना।
- रोचक और प्रभावशाली भाषा का प्रयोग करना, ताकि श्रोता ध्यान से सुनें और रुचि बनी रहे।
- भाषा सरल और बोधगम्य हो, लेकिन अवसर और भावना के अनुसार उसका उपयोग करना चाहिए।

मौखिक अभिव्यक्ति की विशेषताएँ

- प्रभावी अभिव्यक्ति के लिए शुद्ध उच्चारण जरूरी होता है।
- अच्छी मौखिक अभिव्यक्ति में शुद्ध और सही भाषा का प्रयोग किया जाना चाहिए।
- वाक्यों में शब्दों का सही क्रम होना आवश्यक है और शिष्टाचारपूर्ण भाषा से अभिव्यक्ति अधिक प्रभावी बनती है।
- भाषा को अवसर और परिस्थिति के अनुसार प्रयोग करना चाहिए।
- बोलने में उचित ठहराव (यति), गति (गति) और शब्दों पर सही बल (बलाघात) देना चाहिए।
- बिना झिझक और आत्मविश्वास से बात करनी चाहिए, ताकि विचार स्पष्ट और प्रभावशाली ढंग से व्यक्त किए जा सकें।

श्रवण कौशल का मूल्यांकन

श्रवण कौशल, भाषा अधिगम का एक महत्त्वपूर्ण घटक है, जो केवल ध्वनियों को ग्रहण करने तक सीमित नहीं है, बल्कि उसमें समझ, विश्लेषण, चिन्तन और सही प्रतिक्रिया देने की क्षमता भी शामिल होती है। प्रभावी श्रवण कौशल से संचार क्षमता, एकाग्रता और तार्किक सोच विकसित होती है।

मनुष्य जो कुछ सुनता है, उसी के अनुसार प्रतिक्रिया देता है। इसी तरह, छात्र भी शिक्षक की बातें ध्यान से सुनता है और पूछे गए प्रश्नों का उत्तर देने की कोशिश करता है। पठन-पाठन की कुशलता इसी कौशल पर निर्भर करती है। इसके लिए शिक्षक किसी कविता या गद्य अनुच्छेद पर प्रश्न पूछ सकते हैं अथवा कविता या गद्य पाठ के मूल भाव से सम्बन्धित प्रश्न पूछ सकते हैं।

यहाँ यह ध्यान रखना जरूरी है कि विद्यार्थियों को सुनाए जा रहे अंश उनके अपने स्तर के अनुसार ही होने चाहिए तथा उनकी विषय-वस्तु विद्यार्थियों के जीवन से सम्बन्धित होनी चाहिए।

वर्णित या पठित सामग्री को सुनकर अर्थग्रहण करना

गद्यांश को ध्यानपूर्वक सुनकर पूछे गए प्रश्नों के उत्तर एक-दो शब्दों या वाक्यों में देना होता है।

गद्यांश

शिक्षा हर मनुष्य का जन्मसिद्ध अधिकार है, चाहे वह पुरुष हो या नारी। शिक्षित व्यक्ति अच्छे-बुरे का निर्णय ले सकता है, जबकि अशिक्षित केवल जीवन-यापन तक सीमित रहता है। नारी-शिक्षा समाज की उन्नति के लिए आवश्यक है, क्योंकि एक शिक्षित नारी परिवार और समाज दोनों को समृद्ध बना सकती है।

प्राचीन काल में नारियों को शिक्षा का अधिकार था, लेकिन समय के साथ उन्हें इससे वंचित कर दिया गया। विशेष रूप से ग्रामीण क्षेत्रों में लड़कियों की शिक्षा की अनदेखी की गई, जिससे वे पिछड़ गईं। परन्तु आज नारी शिक्षा को बढ़ावा देने के लिए सरकार अनेक योजनाएँ चला रही है और गाँवों तक स्कूल और कॉलेज स्थापित कर रही है।

आज शिक्षित महिलाएँ हर क्षेत्र में सफलता प्राप्त कर रही हैं और घर-परिवार की जिम्मेदारियाँ भी कुशलता से निभा रही हैं। नारी शिक्षा के कारण दहेज प्रथा, बाल विवाह और पर्दा प्रथा जैसी कुप्रथाओं में कमी आई है। एक शिक्षित नारी अपने बच्चों को संस्कारित और जागरूक बना सकती है, जिससे आने वाली पीढ़ी भी शिक्षित और विकसित होगी।

निष्कर्षत:, नारी शिक्षा समाज और देश की प्रगति के लिए अनिवार्य है। जब तक महिलाओं को समान रूप से शिक्षित नहीं किया जाएगा, तब तक देश का सम्पूर्ण विकास सम्भव नहीं। इसलिए नगरों के साथ-साथ ग्रामीण क्षेत्रों में भी नारी शिक्षा पर विशेष ध्यान देना आवश्यक है; जैसे—

परीक्षण प्रश्न

(क) रिक्त स्थान भरें

1. शिक्षा हर मनुष्य का ······अधिकार है। (जन्मसिद्ध/ सामाजिक)
2. एक शिक्षित नारी ······ दोनों को समृद्ध बना सकती है। (परिवार और समाज/देश और विदेश)

(ख) सही या गलत का चयन करें

1. शिक्षा केवल पुरुषों का अधिकार है।
2. नारी शिक्षा समाज की उन्नति के लिए आवश्यक है।
3. अशिक्षित व्यक्ति अच्छे-बुरे का निर्णय ले सकता है।
4. शिक्षित महिलाएँ हर क्षेत्र में सफलता प्राप्त कर रही हैं।

(ग) अतिलघूत्तरात्मक प्रश्न

1. नारी शिक्षा के क्या लाभ हैं?

2. शिक्षा किसका जन्मसिद्ध अधिकार है?

3. शिक्षित व्यक्ति क्या कर सकता है?

4. देश का सम्पूर्ण विकास कब सम्भव होगा?

वार्तालाप करना

जब दो या दो से अधिक व्यक्ति किसी विषय पर बात करते हैं, तो उसे **वार्तालाप**, **बातचीत** या **संवाद** कहा जाता है। यह एक बहुआयामी एवं स्वाभाविक माध्यम है, जिसके द्वारा मनुष्य समाज में परस्पर सम्पर्क स्थापित करता है। इसके द्वारा मनुष्य अपने विचारों का आदान-प्रदान करते हैं।

वार्तालाप की विशेषताएँ

- वार्तालाप में वक्ता और श्रोता दोनों की भूमिका होती है।
- वार्तालाप में भाषा सरल, सटीक और समझने योग्य होनी चाहिए।
- वार्तालाप में विचार, भावनाएँ और जानकारी का आदान-प्रदान होता है।
- वार्तालाप औपचारिक और अनौपचारिक दोनों तरह का हो सकता है।
- वार्तालाप में केवल बात करना ही नहीं, बल्कि दूसरों की बातों को ध्यान से सुनना और समझना भी जरूरी होता है।
- वार्तालाप में शालीन एवं मर्यादित भाषा का प्रयोग किया जाना चाहिए।
- वार्तालाप में गतिशीलता और स्वाभाविकता होनी चाहिए।

वार्तालाप का उदाहरण

(कॉलेज की लाइब्रेरी में राधा और सीमा की बातचीत)

राधा – अरे सीमा! आजकल तुम्हें लाइब्रेरी में कम ही देखती हूँ। क्या बात है? पहले तो तुम किताबें पढ़ने की बहुत शौकीन थीं।

सीमा – हाँ राधा, पहले तो मैं रोज़ लाइब्रेरी आती थी, लेकिन अब इण्टरनेट और मोबाइल ने सब आसान कर दिया है। किसी भी जानकारी के लिए बस गूगल करना पड़ता है और तुरन्त उत्तर मिल जाता है। ऐसे में किताबें पढ़ने का समय ही नहीं मिलता।

राधा – यह तो सही है कि इण्टरनेट से जानकारी जल्दी मिल जाती है, लेकिन क्या तुम्हें नहीं लगता कि किताबों से जो गहराई और वास्तविक ज्ञान मिलता है, वह इण्टरनेट से नहीं मिल पाता?

सीमा – हाँ, लेकिन ई-बुक्स और ऑडियो बुक्स ने अब पढ़ाई को और भी आसान बना दिया है। अब तो लोग कागज़ की किताबें पढ़ने के बजाय स्क्रीन पर पढ़ना पसंद करने लगे हैं।

राधा – यह सच है कि तकनीक ने पढ़ाई को सुविधाजनक बना दिया है, लेकिन असली आनन्द और एकाग्रता छपी हुई किताबों में ही होती है। डिजिटल माध्यम में बहुत ज्यादा सूचनाएँ होने के कारण हमारा ध्यान बार-बार भटकता रहता है।

सीमा – तुम सही कह रही हो। जब हम मोबाइल पर कुछ पढ़ते हैं, तो अक्सर नोटिफिकेशन आ जाते हैं, जिससे ध्यान भंग हो जाता है, लेकिन किताब पढ़ते समय ऐसा नहीं होता।

राधा – बिल्कुल! और एक और महत्त्वपूर्ण बात यह है कि जब हम किताबें पढ़ते हैं, तो हमारी कल्पनाशक्ति और सोचने की क्षमता बढ़ती है। इससे हमें विषयों को गहराई से समझने का मौका मिलता है।

सीमा – अब मुझे समझ आ रहा है कि किताबों का महत्त्व कितना अधिक है। केवल इण्टरनेट पर निर्भर रहना सही नहीं है। हमें किताबों से भी जुड़ा रहना चाहिए।

राधा – हाँ! तो फिर क्यों न आज से ही शुरुआत करें? चलो, आज कोई अच्छी किताब निकालते हैं और उसे पढ़ते हैं।

सीमा – हाँ, यह बहुत अच्छा रहेगा। मैं अब से रोज़ लाइब्रेरी आऊँगी और किताबें पढ़ने की अपनी पुरानी आदत को फिर से अपनाऊँगी।

राधा – बहुत अच्छा निर्णय लिया! चलो, आज कोई अच्छी किताब लेते हैं।

परीक्षण प्रश्न

(क) रिक्त स्थान भरें

1. सीमा पहले रोज़ ......आती थी। (लाइब्रेरी/ खेल के मैदान)

2. सीमा ने बताया कि ई-बुक्स और ...... ने पढ़ाई को और भी आसान बना दिया है। (ऑडियो बुक्स/ट्यूशन)

(ख) सही या गलत का चयन करें

1. सीमा को पहले किताबें पढ़ने का शौक था।

2. राधा ने किताबों की तुलना में इण्टरनेट को अधिक उपयोगी बताया।

3. किताबें पढ़ने से कल्पनाशक्ति और सोचने की क्षमता बढ़ती है।

4. सीमा ने फैसला किया कि वह अब किताबें नहीं पढ़ेगी।

(ग) अति लघुत्तरात्मक प्रश्न

1. यह वार्तालाप किस-किसके मध्य हो रहा है?

2. सीमा को पहले क्या पढ़ने का शौक था?

3. सीमा को लाइब्रेरी आने की आदत क्यों छूट गई थी?

4. राधा और सीमा की बातचीत कहाँ हो रही थी?

वाद-विवाद

वाद-विवाद किसी विषय के पक्ष या विपक्ष में अपने विचारों की तर्कपूर्ण अभिव्यक्ति है। जन-जागरूकता फैलाने और लोगों का ध्यान आकर्षित करने के उद्देश्य से कई संगठनों द्वारा वाद-विवाद का आयोजन किया जाता है। वाद-विवाद में दो पक्ष होते हैं—1. समर्थक अर्थात् समर्थन करने वाला (पक्ष) 2. विरोधी अर्थात् विरोध में बोलने वाला (विपक्ष)।

वाद-विवाद की विशेषताएँ

- वाद-विवाद में दो विपरीत विचारों के समर्थक अपना-अपना तर्क रखते हैं।
- वाद-विवाद में तथ्यात्मक सटीकता और तार्किक सुसंगति होनी चाहिए।
- वाद-विवाद में आलोचनात्मक सोचने और वर्तमान जानकारी के साथ बातचीत करने की क्षमता का विकास होता है।
- वाद-विवाद में सार्वजनिक रूप से बोलने और अपने विचारों को वाक्पटुता से व्यक्त करने का आत्मविश्वास मिलता है।
- वक्ता को यह स्पष्ट करना चाहिए कि वह पक्ष में बोल रहा है या विपक्ष में।
- वाद-विवाद में शालीन एवं गरिमापूर्ण भाषा का प्रयोग किया जाना चाहिए।
- अपने भाषण के विशिष्ट तथ्य अध्यक्ष को सम्बोधित करके बताने चाहिए।
- समय-समय पर आवश्यकतानुसार विरोधी वक्ता के कथनों को उद्धृत किया जाना चाहिए।

वाद-विवाद का उदाहरण

"क्या जल संरक्षण के लिए कठोर कानून लागू किए जाने चाहिए?"

पक्ष में

परमादरणीय अध्यक्ष महोदय! आज की वाद-विवाद प्रतियोगिता का विषय है-**"क्या जल संरक्षण के लिए कठोर कानून लागू किए जाने चाहिए?"** मैं इसके पक्ष में अपने विचार व्यक्त करना चाहूँगा। मुझे आशा है कि आप लोग मेरे विचारों को ध्यान से सुनेंगे और उचित विचारों की सराहना करेंगे।

मैं इस पक्ष में अपने विचार प्रस्तुत करना चाहता हूँ कि जल संरक्षण के लिए कठोर कानून लागू किए जाने चाहिए। जल जीवन का मूल स्रोत है। बिना जल के जीवन की कल्पना असम्भव है। लेकिन दुर्भाग्यवश, आज जल का अत्यधिक दुरुपयोग हो रहा है। हमारे देश में नदियाँ, झीलें और भूजल स्रोत तेजी से सूख रहे हैं। यदि जल संकट को गम्भीरता से नहीं लिया गया, तो आने वाली पीढ़ियों को भारी मुश्किलों का सामना करना पड़ेगा।

आज भी कई राज्यों में जल संकट चरम पर है। राजस्थान, महाराष्ट्र, तमिलनाडु और मध्य प्रदेश के कई क्षेत्रों में लोगों को पीने के पानी के लिए लम्बी दूरी तय करनी पड़ती है। शहरी क्षेत्रों में भी भूजल स्तर तेजी से गिर रहा है। ऐसे में, यदि कठोर कानून नहीं बनाए गए, तो स्थिति और भी भयावह हो सकती है।

अगर लोग अपनी इच्छानुसार पानी बर्बाद करते रहेंगे, तो समस्या कभी हल नहीं होगी। इसलिए, सरकार को पानी की बर्बादी पर सख्त प्रतिबन्ध लगाने चाहिए और कठोर दण्ड का प्रावधान करना चाहिए। उदाहरण के लिए, यदि कोई अनावश्यक रूप से पानी की बर्बादी करता है, तो उस पर भारी जुर्माना लगाया जाए। इसी तरह, वर्षा जल संचयन को सभी घरों और भवनों में अनिवार्य किया जाए।

इसके अतिरिक्त, कारखानों और उद्योगों द्वारा जल प्रदूषण पर सख्त नियन्त्रण होना चाहिए। बड़े उद्योगों को अपशिष्ट जल को बिना शोधित किए नदियों में बहाने पर दण्डित किया जाना चाहिए। अगर जल संकट से बचना है, तो अब समय आ गया है कि सरकार कठोर कानून बनाए और उनका सख्ती से पालन कराए।

विपक्ष में

आदरणीय अध्यक्ष महोदय, निर्णायक मण्डल के सदस्यगण, प्रधानाचार्य जी एवं उपस्थित छात्र बंधुओं! अभी मेरे साथी मित्र ने ''**क्या जल संरक्षण के लिए कठोर कानून लागू किए जाने चाहिए?**'' के पक्ष में अपने विचार आप सभी के सामने रखे। अब मैं इस विषय पर अपने विचार अत्यन्त विनम्र शब्दों में आपके समक्ष रखना चाहता हूँ। मैं अपने विरोधी वक्ता के विचारों से असहमत हूँ। जल संरक्षण एक महत्त्वपूर्ण विषय है, लेकिन इसके लिए कठोर कानून लागू करना ही एकमात्र समाधान नहीं है।

सबसे पहले, जबरदस्ती लागू किए गए कानून कभी भी दीर्घकालिक समाधान नहीं होते। यदि लोगों को जल संरक्षण की महत्ता नहीं समझाई जाएगी और केवल कानून के डर से वे इसका पालन करेंगे, तो यह अधिक प्रभावी नहीं होगा। हमें जल संरक्षण के लिए जन-जागरूकता फैलानी होगी।

इसके अलावा, जल संरक्षण के उपायों को नैतिक और सामाजिक जिम्मेदारी के रूप में देखा जाना चाहिए, न कि एक कानूनी बाध्यता के रूप में। स्कूलों, कॉलेजों और सामाजिक संगठनों को जल संरक्षण के प्रति लोगों को जागरूक करना चाहिए। यदि हम बचपन से ही बच्चों को पानी बचाने की शिक्षा देंगे, तो भविष्य में वे स्वयं जल संरक्षण की दिशा में कार्य करेंगे।

इसके अतिरिक्त, सरकार को कानून बनाने के बजाय, लोगों को जल संरक्षण के लिए प्रेरित करना चाहिए। जैसे, ऐसे लोगों को प्रोत्साहित किया जाए, जो वर्षा जल संचयन, ड्रिप इरिगेशन और पानी के दोबारा उपयोग जैसी तकनीकों को अपनाते हैं। यदि सरकार जल संरक्षण के अच्छे प्रयासों को पुरस्कृत करेगी, तो लोग स्वयं इसकी ओर आकर्षित होंगे।

अन्त में, मैं यही कहना चाहूँगा कि कानून से अधिक प्रभावी तरीका है—शिक्षा और जागरूकता। जब तक लोग स्वयं पानी बचाने के लिए प्रेरित नहीं होंगे, तब तक कोई भी कानून पूरी तरह सफल नहीं हो सकता।

परीक्षण प्रश्न

1. वाद-विवाद का विषय क्या है?
2. जल को किस रूप में वर्णित किया गया है?
3. किन राज्यों में जल संकट अधिक देखा जा रहा है?
4. शहरी क्षेत्रों में किस समस्या का सामना किया जा रहा है?
5. जल संरक्षण के लिए सरकार को क्या कदम उठाने चाहिए?
6. कारखानों और उद्योगों पर कौन-सा नियन्त्रण आवश्यक बताया गया है?
7. विपक्ष के अनुसार जल संरक्षण के लिए सबसे प्रभावी तरीका क्या है?
8. स्कूलों और कॉलेजों को जल संरक्षण के लिए क्या करना चाहिए?
9. विपक्ष के अनुसार जबरदस्ती लागू किए गए कानून क्यों प्रभावी नहीं होते?
10. बच्चों को जल संरक्षण की शिक्षा देने से क्या लाभ होगा?

कविता

कविता के इस अंश को ध्यानपूर्वक सुनकर पूछे गए प्रश्नों के उत्तर एक-दो शब्दों या वाक्यों में देना होता है

कुछ भी बन, बस कायर मत बन!
ठोकर मार! पटक मत माथा!—
तेरी राह रोकते पाहन!
कुछ भी बन, बस कायर मत बन!
ले-दे कर जीना, क्या जीना?
कब तक ग़म के आँसू पीना?
मानवता ने सींचा तुझको
बहा युगों तक खून-पसीना!
कुछ न करेगा? किया करेगा—
रे मनुष्य—बस कातर क्रंदन?
कुछ भी बन, बस कायर मत बन!
युद्धम्देहि कहे जब पामर,
दे न दुहाई पीठ फेर कर!
या तो जीत प्रीति के बल पर,
या तेरा पथ चूमे तस्कर!
प्रतिहिंसा भी दुर्बलता है,
पर कायरता अधिक अपावन!
कुछ भी बन, बस कायर मत बन!
तेरी रक्षा का न मोल है,
पर तेरा मानव अमोल है!
यह मिटता है, वह बनता है;
यही सत्य की सही तोल है!
अर्पण कर सर्वस्व मनुज को,
कर न दुष्ट को आत्म-समर्पण!
कुछ भी बन बस कायर मत बन!

परीक्षण प्रश्न

(क) रिक्त स्थान भरें

1. कुछ भी बन, बस ...... मत बन!(कायर/निडर)
2. प्रतिहिंसा भी ...... है, पर कायरता अधिक अपावन। (दुर्बलता/सबल)

(ख) सही या गलत (सत्य/असत्य) का चुनाव करें

1. कायरता सबसे बड़ा पाप है।
2. प्रतिहिंसा को कवि ने महानता बताया है।
3. मनुष्य को कठिनाइयों से डरकर पीछे हट जाना चाहिए।
4. मानव अमोल है, इसलिए उसे कायर नहीं बनना चाहिए।

(ग) अति लघुत्तरात्मक प्रश्न

1. कवि ने मनुष्य को क्या बनने से मना किया है?
2. मानवता ने मनुष्य को कैसे सींचा है?
3. मनुष्य को क्या अर्पण करने की सलाह दी गई है?
4. कविता का मुख्य सन्देश क्या है?

वाचन कौशल का मूल्यांकन

अपने भावों और विचारों को मौखिक भाषा के द्वारा बोलकर अभिव्यक्त करना ही वाचन कौशल कहलाता है। वाचन कौशल एक व्यक्ति की भाषा दक्षता को दर्शाता है। यदि कोई व्यक्ति प्रभावी ढंग से वाचन करता है, तो वह न केवल खुद अच्छी तरह समझ सकता है, बल्कि दूसरों को भी अपने विचार प्रभावी ढंग से प्रस्तुत कर सकता है। इस कौशल का विकास शिक्षण और संचार दोनों के लिए आवश्यक है।

भाषण

भाषण मौखिक अभिव्यक्ति के वाचन पक्ष का उत्कृष्ट रूप है। भाषण एक मौखिक अभिव्यक्ति है, जिसमें वक्ता अपने विचारों, भावनाओं और सन्देशों को प्रभावशाली तरीके से श्रोताओं के सामने प्रस्तुत करता है। यह एक संगठित, सुव्यवस्थित और प्रभावी सम्प्रेषण की कला है, जिसका उद्देश्य किसी विषय पर जानकारी देना, प्रेरित करना या लोगों को किसी विचारधारा की ओर आकर्षित करना होता है।

भाषण की विशेषताएँ

- भाषा सरल और समझने योग्य होनी चाहिए।
- शब्दों, आवाज़, हाव-भाव और शैली से भाषण को रोचक बनाना चाहिए।
- श्रोताओं से जुड़ाव और बातचीत की भावना होनी चाहिए।
- न अधिक तेज़ और न अधिक धीमा, बल्कि सहज प्रवाह में बोलना चाहिए।
- भाषण में जोश, आत्मविश्वास और भावनाओं की झलक होनी चाहिए।
- विषय को लम्बा खींचने की बजाय संक्षिप्त और सारगर्भित रूप में प्रस्तुत करना चाहिए।
- विषय की गहरी समझ होनी चाहिए।
- आत्मविश्वास और जोश के साथ बोलना चाहिए।
- भाषा सरल, रोचक और प्रभावशाली होनी चाहिए।
- श्रोताओं की रुचि को बनाए रखना ज़रूरी है।
- हाथों और चेहरे के हाव-भाव का सही उपयोग करें।

भाषण का उदाहरण

नमस्कार!

आदरणीय प्रधानाचार्य जी, सम्मानित शिक्षकगण और मेरे प्रिय साथियों! मैं आपके सम्मुख ''डिजिटल इण्डिया – प्रगति की ओर एक कदम'' विषय पर अपने विचार प्रस्तुत करना चाहता हूँ। आशा है आप लोग इसे ध्यान से सुनेंगे।

भारत तेजी से डिजिटल क्रान्ति की ओर बढ़ रहा है। वर्ष 2015 में माननीय प्रधानमन्त्री श्री नरेन्द्र मोदी जी द्वारा 'डिजिटल इण्डिया' अभियान की शुरुआत की गई थी, जिसका उद्देश्य देश को डिजिटल रूप से सक्षम और आत्मनिर्भर बनाना है।

डिजिटल इण्डिया ने हमारे जीवन को बहुत आसान बना दिया है। आज हम घर बैठे ऑनलाइन शिक्षा प्राप्त कर सकते हैं, मोबाइल बैंकिंग कर सकते हैं और सरकारी सेवाओं का लाभ उठा सकते हैं। डिजिटल लेनदेन को बढ़ावा देने के लिए यूपीआई, भीम ऐप और ऑनलाइन बैंकिंग जैसी सुविधाएँ दी गई हैं, जिससे लेनदेन तेज़, सुरक्षित और पारदर्शी हुआ है।

डिजिटल भारत के लाभ

- ऑनलाइन शिक्षा से विद्यार्थियों को घर बैठे पढ़ाई का अवसर मिला है।
- ऑनलाइन बैंकिंग और डिजिटल पेमेण्ट से भ्रष्टाचार में कमी आई है।
- सरकारी योजनाओं की सीधी जानकारी नागरिकों तक पहुँच रही है।
- ग्रामीण क्षेत्रों में भी इण्टरनेट के माध्यम से रोजगार के अवसर बढ़े हैं।
- कागज रहित कार्यप्रणाली से पर्यावरण की रक्षा हो रही है।

हालाँकि, डिजिटल क्रान्ति के साथ कुछ चुनौतियाँ भी हैं, जैसे साइबर अपराध, डेटा सुरक्षा और इण्टरनेट सुविधा की कमी। लेकिन यदि हम सावधानी से डिजिटल साधनों का उपयोग करें, तो यह देश को विकास की नई ऊँचाइयों पर ले जा सकता है।

आइए, हम सभी डिजिटल इण्डिया अभियान को अपनाएँ और एक सशक्त, आत्मनिर्भर और डिजिटल भारत का निर्माण करें।

''डिजिटल इण्डिया, सशक्त भारत!''

धन्यवाद!

सस्वर वाचन अथवा कविता पाठ

सस्वर वाचन अथवा कविता वाचन एक कला है, जिसे निरन्तर अभ्यास से और बेहतर बनाया जा सकता है। जब हम कविता पढ़ते हैं, तो हमें कुछ खास बातों का ध्यान रखना चाहिए

- कविता अच्छी तरह से कंठस्थ होनी चाहिए, ताकि आपको बीच में रुकना न पड़े या कविता की प्रति खोजने की आवश्यकता न पड़े।
- कविता पढ़ते समय **शब्दों का स्पष्ट और सही उच्चारण** बहुत जरूरी है, ताकि श्रोता उसे आसानी से समझ सकें और कविता का पूरा आनन्द ले सकें।
- कविता की भाषा का स्तर श्रोताओं के ज्ञान और रुचि के अनुरूप होना चाहिए।
- कविता वाचन में भावों के अनुसार स्वर में उतार-चढ़ाव, गति-लय, बलाघात आदि का सही प्रयोग करना चाहिए।
- कविता पढ़ते समय जहाँ ज़रूरत हो, वहाँ थोड़ा रुककर पढ़ना चाहिए, ताकि उसके भाव स्पष्ट हो सकें।
- कविता की मुख्य बातें या सन्देश देने वाली पंक्तियाँ दोहराने से वे श्रोताओं पर गहरा प्रभाव डालती हैं।
- कविता को सिर्फ पढ़ें नहीं, बल्कि महसूस भी करें ताकि श्रोता भी उससे जुड़ सकें।
- अगर श्रोता तालियाँ बजा रहे हों, तो कुछ देर रुक जाएँ और फिर वाचन शुरू करें, ताकि कविता का प्रवाह न टूटे।

कविता पाठ का उदाहरण

मेरे नगपति! मेरे विशाल!
पौरुष के पूँजीभूत ज्वाल!
मेरे भारत के दिव्य भाल!
युग-युग अजेय, निर्बंध, मुक्त,
निस्सीम व्योम में तान रहा
कैसी अखण्ड यह चिर-समाधि?
तू महाशून्य में खोज रहा
उलझन का कैसा विषम जाल?
ओ, मौन, तपस्या-लीन यती!
रे ज्वालाओं से दग्ध, विकल
सुखसिन्धु, पंचनद, ब्रह्मपुत्र,
जिस पुण्यभूमि की ओर बही
जिसके द्वारों पर खड़ा क्रान्त
'पद-दलित इसे करना पीछे
उस पुण्य भूमि पर आज तपी!
व्याकुल तेरे सुत तड़प रहे
मेरे नगपति! मेरे विशाल!
कितना मेरा वैभव अशेष!
वीरान हुआ प्यारा स्वदेश।
किन-किन कलियों का अन्त हुआ?
कितने दिन ज्वाल-वसन्त हुआ?
तेरा वह राजस्थान कहाँ?
फिरनेवाला बलवान कहाँ?
वृन्दा! बोलो, घनश्याम कहाँ?
वह चन्द्रगुप्त बलधाम कहाँ?

साकार, दिव्य, गौरव विराट्,
मेरी जननी के हिम-किरीट!
मेरे नगपति! मेरे विशाल!
युग-युग गर्वोन्नत, नित महान्,
युग से किस महिमा का वितान?
यतिवर! कैसा यह अमर ध्यान?
किस जटिल समस्या का निदान?
मेरे नगपति! मेरे विशाल!
पल भर को तो कर दृगुन्मेष!
है तड़प रहा पद पर स्वदेश।
गंगा, यमुना की अमिय-धार
तेरी विगलित करुणा उदार,
सीमापति! तूने की पुकार,
पहले ले मेरा सिर उतार।'
रे, आन पड़ा संकट कराल,
डँस रहे चतुर्दिक विविध व्याल।
कितनी मणियाँ लुट गईं? मिटा
तू ध्यान-मग्न ही रहा; इधर
किन द्रौपदियों के बाल खुले?
कह हृदय खोल चित्तौर! यहाँ
पूछे सिकता-कण से हिमपति!
वन-वन स्वतन्त्रता-दीप लिए
तू पूछ, अवध से, राम कहाँ?
ओ मगध! कहाँ मेरे अशोक?

समाचार वाचन

आज के युग में जनसंचार माध्यमों ने हमारे जीवन में क्रान्तिकारी बदलाव लाया है। इनमें समाचार-पत्र, टेलीविजन, रेडियो और पत्र-पत्रिकाएँ मुख्य रूप से शामिल हैं। समाचार-पत्र शिक्षित व्यक्ति की दैनिक आवश्यकता बन गए हैं। खासतौर पर विद्यार्थियों के लिए समाचार पढ़ने की आदत ज्ञान और जागरूकता बढ़ाने में सहायक होती है।

विद्यालयों में विद्यार्थियों को समाचार-पत्र पढ़ने की आदत डालने के लिए प्रार्थना स्थल पर इसकी शुरुआत की जा सकती है। प्रत्येक विद्यार्थी समाचार-पत्र से कुछ पंक्तियाँ पढ़कर आए और क्रमानुसार समाचार प्रस्तुत करे। इससे न केवल उनकी वाचन कला का विकास होगा, बल्कि अन्य छात्रों का भी ज्ञानवर्धन होगा। समाचारों को केवल समाचार-पत्र से ही नहीं, बल्कि टेलीविजन और रेडियो जैसे अन्य स्रोतों से भी संकलित किया जा सकता है।

समाचार वाचन करते समय ध्यान देने योग्य बातें

- समाचार वाचन करते समय शुद्ध और स्पष्ट उच्चारण करें, ताकि समाचार आसानी से समझे जा सकें।
- संक्षेप में समाचार प्रस्तुत करें, ताकि श्रोता ध्यानपूर्वक सुन सकें।
- समाचार वाचन करते समय एक ही समाचार को बार-बार न दोहराएँ, ताकि वाचन रुचिकर बना रहे।
- समाचार वाचन करते समय भाषा सरल और वाक्य छोटे-छोटे हों, ताकि सन्देश स्पष्ट हो।
- समाचार वाचन करते समय समाचार वाचन की गति सन्तुलित रखें, न बहुत तेज़ और न बहुत धीमी।

समाचार वाचन का उदाहरण

दिल्ली में हल्की बारिश की सम्भावना, सर्दी बढ़ने के आसार

नई दिल्ली राजधानी दिल्ली और उसके आसपास के क्षेत्रों में अगले 24 घण्टों के भीतर हल्की बारिश होने की सम्भावना है। मौसम विभाग के अनुसार, पश्चिमी विक्षोभ के प्रभाव के कारण बादल छाए रहेंगे और हल्की बौछारें पड़ सकती हैं। इस बदलाव से तापमान में गिरावट आने की सम्भावना है, जिससे ठण्ड और बढ़ सकती है।

मौसम वैज्ञानिकों का कहना है कि इस हल्की बारिश से वायु गुणवत्ता में सुधार होने की उम्मीद है। दिल्ली-एनसीआर में पिछले कुछ दिनों से वायु प्रदूषण का स्तर बढ़ा हुआ था, लेकिन बारिश के बाद हवा साफ हो सकती है। हालाँकि इससे ठण्ड भी बढ़ेगी, जिससे लोगों को गर्म कपड़ों का अधिक ध्यान रखना पड़ेगा।

बारिश का असर किसानों पर भी पड़ सकता है। यदि बारिश अधिक देर तक होती है, तो यह खड़ी फसलों के लिए नुकसानदेह हो सकती है। वहीं, गेहूँ और सरसों जैसी रबी फसलों के लिए यह हल्की बारिश फायदेमन्द हो सकती है। बारिश के कारण दिल्ली की सड़कों पर जलभराव की समस्या हो सकती है, जिससे यातायात प्रभावित हो सकता है। मौसम विभाग ने लोगों को सतर्क रहने और आवश्यक होने पर ही घर से बाहर निकलने की सलाह दी है।

मौसम विशेषज्ञों के अनुसार, दिल्ली-एनसीआर में अगले कुछ दिनों तक बादल छाए रहेंगे, लेकिन भारी बारिश की सम्भावना नहीं है। न्यूनतम तापमान 10-12° सेल्सियस के आसपास रहने का अनुमान है।

कार्यक्रम प्रस्तुति

किसी भी कार्यक्रम को प्रस्तुत करना एक विशेष कला है, जिसमें योग्यता, आत्मविश्वास और अभ्यास की आवश्यकता होती है। एक सफल कार्यक्रम प्रस्तुति के लिए स्पष्ट वाणी, प्रभावी भाषा और उचित हाव-भाव का होना बहुत जरूरी है।

कार्यक्रम प्रस्तुति करने वाले को प्रस्तोता, मंच संचालक, उद्घोषक या एंकर कहा जाता है। किसी भी कार्यक्रम की सफलता में मंच संचालक की अहम भूमिका होती है। एक अच्छा मंच संचालक कार्यक्रम को रोचक, प्रभावशाली और अनुशासित तरीके से प्रस्तुत करता है, जिससे श्रोता पूरे कार्यक्रम में रुचि बनाए रखते हैं।

विद्यालयों में होने वाले कार्यक्रम; जैसे–

- बाल सभा
- सदन की बैठक
- वार्षिक उत्सव
- पुरस्कार वितरण समारोह
- सांस्कृतिक कार्यक्रम

मंच संचालन करते समय विद्यार्थी को कुछ महत्त्वपूर्ण बातों का ध्यान रखना चाहिए

- मंच संचालन में सरल और स्पष्ट भाषा का उपयोग करें, जिससे सभी श्रोता आपकी बात को आसानी से समझ सकें।
- मंच संचालन से पहले सभी कार्यक्रमों की सूची तैयार कर अपने पास रखें, ताकि कुछ भी भूलने की सम्भावना न हो।

- दर्शकों को कार्यक्रम से जोड़े रखने के लिए मजेदार चुटकुले, कहावतें, प्रेरणादायक बातें और ज्ञानवर्धक बातें शामिल करनी चाहिए।
- मंच संचालन के दौरान बहुत ज्यादा चमक-धमक या फैशनेबल कपड़ों से बचें। शालीन और सरल वेशभूषा ही बेहतर मानी जाती है।
- एक अच्छे उद्घोषक को साहसी और संयमी रहना चाहिए, ताकि कार्यक्रम को सही तरीके से प्रस्तुत किया जा सके।

कार्यक्रम प्रस्तुति का उदाहरण

सूर्योदय विद्या मन्दिर — वार्षिकोत्सव कार्यक्रम सूची

- मुख्य अतिथि का आगमन— प्रात: 9 बजे
  मुख्य अतिथि — स्थानीय विधायक श्री ······ का आगमन
  विद्यालय प्रबन्धन समिति के सदस्यों द्वारा स्वागत
- मुख्य अतिथि का स्वागत — प्रधानाचार्य महोदय द्वारा फूलों की माला पहनाकर स्वागत,
  कक्षा सात की छात्राएँ (साक्षी और रिद्धि) तिलक एवं आरती द्वारा पारम्परिक स्वागत
- मुख्य अतिथि का परिचय — विद्यालय प्रबन्ध समिति के सचिव द्वारा मुख्य अतिथि का संक्षिप्त परिचय
- कार्यक्रम का आरम्भ — मुख्य अतिथि द्वारा माँ सरस्वती की प्रतिमा के समक्ष दीप प्रज्वलन,
  प्रधानाचार्य, स्टाफ सचिव और अन्य शिक्षकों का सहयोग
- सांस्कृतिक कार्यक्रमों का शुभारम्भ — सरस्वती वन्दना — अनामिका, प्रिया, सृष्टि, वन्दना एवं कृतिका द्वारा (गीत: 'वीणावादिनी! वर दे')
- देशभक्ति गीत — कक्षा दसवीं के छात्रों द्वारा प्रस्तुति
  गीत: 'मेरा रंग दे बसन्ती चोला'
- लोकनृत्य प्रस्तुति — कक्षा सातवीं की छात्राओं द्वारा राजस्थानी लोकगीत 'गोरबन्ध' पर नृत्य प्रस्तुति
- विद्यालय की वार्षिक प्रगति रिपोर्ट — प्रधानाचार्य महोदय द्वारा वार्षिक रिपोर्ट वाचन
- पुरस्कार वितरण — मुख्य अतिथि द्वारा विभिन्न क्षेत्रों में उत्कृष्ट प्रदर्शन करने वाले विद्यार्थियों को पुरस्कार प्रदान
- मुख्य अतिथि का सम्बोधन — मुख्य अतिथि महोदय द्वारा प्रेरणादायक भाषण
- हास्य प्रहसन — कक्षा आठवीं के छात्रों द्वारा नाटक 'बच्चे और मोबाइल' की प्रस्तुति
- धन्यवाद ज्ञापन एवं समापन — विद्यालय प्रबन्धन, शिक्षकों, अभिभावकों एवं विद्यार्थियों का धन्यवाद

मुख्य अतिथि महोदय का विशेष आभार

कार्यक्रम के समापन की औपचारिक घोषणा

वार्षिक उत्सव कार्यक्रम की प्रस्तुति

उपर्युक्त सूची के आधार पर कार्यक्रम की प्रस्तुति निम्न प्रकार की जा सकती है

(कार्यक्रम के लिए सुसज्जित पंडाल, मंच, सामने पंक्तिबद्ध बैठे विद्यार्थी एवं अतिथि, पृष्ठभूमि में मधुर संगीत बज रहा है।)

मंच संचालक सभी सम्मानित अतिथियों, शिक्षकों, अभिभावकों एवं विद्यार्थियों को मेरा सादर प्रणाम!

आज का दिन हमारे सूर्योदय विद्या मन्दिर के लिए एक विशेष दिन है, क्योंकि हम सभी यहाँ वार्षिक उत्सव का आनन्द उठाने के लिए एकत्रित हुए हैं। इस शुभ अवसर पर आप सभी का हार्दिक स्वागत एवं अभिनन्दन करता/करती हूँ।

अब वह घड़ी आ गई है, जिसका हम सभी को बेसब्री से इंतजार था। हमारे मुख्य अतिथि महोदय पण्डाल में पधार चुके हैं। मैं सभी से निवेदन करता/करती हूँ कि उनका गर्मजोशी से स्वागत करें और करतल ध्वनि से उन्हें सम्मान दें।

अब मैं विद्यालय के प्रबन्धक महोदय से विनम्र अनुरोध करता/करती हूँ कि वे मुख्य अतिथि महोदय को मंच पर आमन्त्रित करें एवं उनके साथ मंच पर उचित स्थान ग्रहण करें।

अब मैं विद्यालय के प्रधानाचार्य श्रीमान् ········ से निवेदन करता/करती हूँ कि वे मुख्य अतिथि महोदय का फूलों की माला पहनाकर स्वागत करें।

इसके बाद विद्यालय की दो छात्राएँ साक्षी और रिद्धि भारतीय परम्परा के अनुसार तिलक और आरती द्वारा मुख्य अतिथि का स्वागत करेंगी।

अब मैं विद्यालय प्रबन्ध समिति के सचिव श्री ········ से अनुरोध करता/करती हूँ कि वे मुख्य अतिथि महोदय का संक्षिप्त परिचय आप सभी को दें।

अब कार्यक्रम के विधिवत शुभारम्भ हेतु मैं मुख्य अतिथि महोदय से निवेदन करता/करती हूँ कि वे माँ सरस्वती की प्रतिमा के समक्ष दीप प्रज्वलित करें। इस शुभ अवसर पर प्रधानाचार्य महोदया, स्टाफ सचिव एवं अन्य शिक्षकगण उनका सहयोग करेंगे।

सांस्कृतिक कार्यक्रमों का आरम्भ

अब हमारे सांस्कृतिक कार्यक्रम का आरम्भ होने जा रहा है। सबसे पहले हम ज्ञान की देवी माँ सरस्वती की वन्दना प्रस्तुत करेंगे। विद्यालय की छात्राएँ—अनामिका, प्रिया, सृष्टि, वन्दना एवं कृतिका अपनी मधुर वाणी में सरस्वती वन्दना प्रस्तुत करेंगी।

वाह! कितनी सुन्दर प्रस्तुति थी! इन छात्राओं ने अपने भावों से इस वन्दना को और अधिक जीवन्त बना दिया। आपकी तालियाँ इस बात का प्रमाण हैं कि यह प्रस्तुति कितनी मनमोहक रही।

देशभक्ति गीत

अब बारी है देशप्रेम के रंग में रंग जाने की! कक्षा दसवीं के छात्र 'मेरा रंग दे बसन्ती चोला' गीत के माध्यम से अपनी देशभक्ति की भावना व्यक्त करेंगे।

वाह! यह गीत हमारी रगों में देशभक्ति का संचार कर गया। धन्यवाद!

लोकनृत्य प्रस्तुति

अब हम गाँव की उस मिट्टी की सुगन्ध महसूस करने जा रहे हैं, जो हमारे दिल के करीब है। कक्षा सातवीं की छात्राएँ राजस्थानी लोकगीत 'गोरबंध' पर सुन्दर नृत्य प्रस्तुत करेंगी।

अत्यन्त सुन्दर नृत्य! इन छात्राओं ने पूरे माहौल को उत्साह से भर दिया।

नाट्य प्रस्तुति

अब मंच पर कक्षा नौ के छात्र एक प्रेरणादायक नाटक 'शिक्षा का महत्त्व' प्रस्तुत कर रहे हैं, जिसमें एक गरीब बच्चे की संघर्ष गाथा दिखाई जाएगी।

यह नाटक वास्तव में हमें शिक्षा का महत्त्व समझाने में सफल रहा। धन्यवाद!

विद्यालय की प्रगति रिपोर्ट

अब मैं विद्यालय की प्रधानाचार्य महोदय से अनुरोध करता/करती हूँ कि वे विद्यालय की वार्षिक प्रगति रिपोर्ट प्रस्तुत करें।

(प्रधानाचार्य महोदय द्वारा रिपोर्ट वाचन)

पुरस्कार वितरण

अब बारी है उन विद्यार्थियों के सम्मान की, जिन्होंने शैक्षणिक, खेल और अन्य गतिविधियों में उत्कृष्ट प्रदर्शन किया।

मैं मुख्य अतिथि महोदय से अनुरोध करता/करती हूँ कि वे मंच पर आकर विद्यार्थियों को पुरस्कार प्रदान करें।

इस कार्य में खेल शिक्षिका एवं दो अध्यापकगण उनका सहयोग करेंगे।

मुख्य अतिथि का सम्बोधन

अब मैं मुख्य अतिथि महोदय से अनुरोध करता/करती हूँ कि वे मंच पर आकर विद्यार्थियों और विद्यालय परिवार को प्रेरणादायक सम्बोधन दें।

(मुख्य अतिथि महोदय द्वारा सम्बोधन करना)

आपके इन प्रेरणादायक शब्दों के लिए धन्यवाद!

हास्य प्रहसन

अब हम इस कार्यक्रम को और मनोरंजक बनाने के लिए कक्षा आठवीं के छात्रों द्वारा प्रस्तुत हास्य नाटक 'बच्चे और मोबाइल' का आनन्द लेंगे।

आपकी हँसी ही इस प्रहसन की सफलता का प्रमाण है। धन्यवाद!

समापन एवं धन्यवाद ज्ञापन

अब हमारे वार्षिक उत्सव का यह रंगारंग कार्यक्रम अपने अन्तिम पड़ाव पर है।

मैं विद्यालय प्रबन्धन, शिक्षकों, अभिभावकों और विद्यार्थियों का धन्यवाद करता/करती हूँ, जिन्होंने इसे सफल बनाने में योगदान दिया।

विशेष रूप से मुख्य अतिथि महोदय का आभार प्रकट करता/करती हूँ, जिन्होंने अपने बहुमूल्य समय में से समय निकालकर हमें अनमोल मार्गदर्शन दिया।

आप सभी का पुन: धन्यवाद! अब कार्यक्रम का विधिवत समापन किया जाता है। जय हिन्द!

कथा-कहानी सुनाना

कथा और कहानी दोनों ही गद्य साहित्य की वर्णनात्मक विधाएँ हैं, जिनमें किसी घटना, पात्र या विचार को रोचक और प्रभावी ढंग से प्रस्तुत किया जाता है। कथा प्राय: धार्मिक, ऐतिहासिक या नैतिक सन्देश देने के उद्देश्य से सुनाई या लिखी जाती है, जबकि कहानी संक्षिप्त होती है और कल्पना तथा यथार्थ के मिश्रण से मनोरंजन के साथ-साथ शिक्षाप्रद भी हो सकती है।

कहानी सुनाना न केवल मनोरंजन का एक प्रभावी माध्यम है, बल्कि यह नैतिक शिक्षा देने और जीवन मूल्यों को सरलता से समझाने का भी एक सशक्त तरीका है। एक अच्छी कहानी को प्रभावी ढंग से सुनाने के लिए निम्नलिखित बातों का ध्यान रखना आवश्यक है

- कहानी रोचक, ज्ञानवर्धक और संक्षिप्त होनी चाहिए।
- कहानी सुनाते समय स्वर में उतार-चढ़ाव (आरोह-अवरोह) बनाए रखना चाहिए।
- संवादों और पात्रों के अनुसार आवाज में विविधता होनी चाहिए, ताकि श्रोता की रुचि बनी रहे।
- कहानी पूरी तरह याद होनी चाहिए, ताकि सुनाने में कोई रुकावट न आए। बार-बार रुकने या झिझकने से प्रभाव कम हो जाता है।
- कहानी की भाषा सहज और स्पष्ट होनी चाहिए।
- कठिन शब्दों या जटिल वाक्यों से बचना चाहिए।
- चेहरे के भाव, हाथों की मुद्राएँ और शरीर की हलचल कहानी के प्रभाव को बढ़ाते हैं।
- कहानी सुनाते समय आँखों का सम्पर्क बनाए रखना चाहिए।
- प्रत्येक कहानी के अन्त में उसमें निहित शिक्षा को स्पष्ट रूप से बताना चाहिए।
- इससे श्रोता कहानी से जुड़ाव महसूस करते हैं और उसे अपने जीवन में अपनाने का प्रयास करते हैं।

कथा-कहानी का उदाहरण

प्रिय प्रधानाचार्य, शिक्षकगण और मेरे सहपाठियों! आज मैं आपको एक कहानी सुनाने जा रहा हूँ, जिसका शीर्षक है— सच्चाई का ईनाम।

एक गाँव में रमेश नाम का एक ईमानदार लड़का रहता था। वह गरीब था, लेकिन उसकी सबसे बड़ी पूँजी उसका सत्यनिष्ठ स्वभाव था। उसके माता-पिता ने उसे सिखाया था कि चाहे कितनी भी विपरीत परिस्थिति क्यों न आ जाए, कभी झूठ नहीं बोलना चाहिए।

एक दिन रमेश स्कूल से घर लौट रहा था, तभी रास्ते में उसे एक चमचमाता हुआ पर्स मिला। उसने पर्स उठाया और देखा कि उसमें काफी पैसे और कुछ जरूरी कागजात थे। कुछ ही देर में गाँव में खबर फैल गई कि गाँव के बड़े व्यापारी गुप्ता जी का पर्स कहीं गिर गया है।

रमेश के दोस्तों ने उससे कहा, "रमेश, इतने पैसे देखकर इसे अपने पास रख लो। तुम्हारे घर की हालत अच्छी नहीं है, यह पैसे तुम्हारे बहुत काम आएँगे!", लेकिन रमेश अपने माता-पिता की सिखाई हुई ईमानदारी की शिक्षा नहीं भूल सकता था। उसने तय किया कि वह यह पर्स उसके असली मालिक को लौटाएगा।

वह तुरन्त गुप्ता जी के घर गया और उनका पर्स लौटाया। गुप्ता जी यह देखकर बहुत खुश हुए और बोले, "बेटा, आज के समय में ऐसे ईमानदार लोग बहुत कम होते हैं। मैं तुम्हारी सच्चाई और ईमानदारी से बहुत प्रभावित हूँ।"

गुप्ता जी ने खुशी-खुशी रमेश को इनाम के रूप में कुछ पैसे देने चाहे, लेकिन रमेश ने मुस्कुराकर कहा, "मुझे पैसे की जरूरत है, लेकिन मैं अपनी ईमानदारी को बेच नहीं सकता।" यह सुनकर गुप्ता जी बहुत प्रभावित हुए और उन्होंने रमेश की पढ़ाई का खर्च उठाने का वचन दिया।

शिक्षा विपरीत परिस्थितियों में भी हमें झूठ नहीं बोलना चाहिए, क्योंकि सच्चाई और ईमानदारी ही हमें वास्तविक सफलता दिलाती है।

घटना सुनाना/किसी घटना का वर्णन करना

किसी ऐसी घटना या प्रसंग का विस्तारपूर्वक वर्णन करना, जिसे हमने स्वयं देखा हो या जिसमें हम स्वयं सम्मिलित रहे हों, घटना सुनाना/वर्णन कहलाता है। इसमें घटनाओं का क्रमबद्ध और सजीव चित्रण किया जाता है, ताकि पाठक या श्रोता उसे अपनी आँखों के सामने घटित होता हुआ महसूस कर सके।

उदाहरण के लिए—किसी मेले का आँखों देखा हाल, विद्यालय के वार्षिकोत्सव का वर्णन, किसी खेल प्रतियोगिता का विवरण, सड़क पर हुई दुर्घटना या किसी शादी समारोह की घटना आदि का वर्णन किया जा सकता है।

घटना का वर्णन करते समय ध्यान देने योग्य बातें

- घटना का वर्णन स्पष्ट और क्रमबद्ध तरीके से होना चाहिए, ताकि पाठक या श्रोता उसे आसानी से समझ सके।
- वर्णन को वास्तविकता के करीब रखना चाहिए और अनावश्यक अतिश्योक्ति से बचना चाहिए।
- घटना का वर्णन न अधिक लम्बा हो और न ही बहुत छोटा। उसमें आवश्यक जानकारी सम्मिलित होनी चाहिए।
- भाषा और शैली ऐसी हो कि पाठक की रुचि बनी रहे। अनावश्यक विवरण से बचना चाहिए।
- यदि घटना दु:खद, रोमांचक या हास्यप्रद है, तो उसमें आवश्यकतानुसार भाव होना चाहिए, लेकिन अधिक नाटकीयता से बचना चाहिए।
- यदि आप घटना के साक्षी रहे हैं, तो अपने अनुभव को प्रभावी ढंग से व्यक्त करें, जिससे वर्णन अधिक सजीव लगे।
- जहाँ आवश्यक हो, वहाँ संवादों का प्रयोग करने से घटना का वर्णन अधिक प्रभावशाली बनता है।
- घटना किस समय, कहाँ और किन परिस्थितियों में घटी, इसका उल्लेख अवश्य करें, ताकि विवरण सुस्पष्ट हो।
- यदि घटना से कोई शिक्षा मिलती हो, तो उसका उल्लेख अन्त में किया जा सकता है।
- वर्तनी और व्याकरण की अशुद्धियों से बचना चाहिए, ताकि वर्णन प्रभावी और आकर्षक लगे।

घटना सुनाना/वर्णन का उदाहरण

मेले का वर्णन

पिछले रविवार मैं अपने परिवार के साथ शहर के प्रसिद्ध गंगा मेले में गया। यह मेला हर साल बड़े धूमधाम से लगता है और इसमें हज़ारों लोग उमड़ते हैं। मेले में प्रवेश करते ही चारों ओर चहल-पहल और रंग-बिरंगी रौशनी से सजा माहौल देखने को मिला। हर तरफ दुकानों की लम्बी कतारें लगी हुई थीं, जिनमें तरह-तरह की वस्तुएँ बिक रही थीं।

मेले में सबसे अधिक आकर्षण का केन्द्र झूले और खेल-कूद थे। हमने जाइण्ट व्हील, मौत का कुआँ और ड्रैगन राइडर का भरपूर आनन्द लिया। विशेष रूप से मौत के कुएँ में मोटरसाइकिल सवारों के खतरनाक करतब देखकर हम रोमांचित हो उठे।

इसके बाद हमने मिठाइयों और स्थानीय व्यंजनों का स्वाद चखा। गोलगप्पे, चाट, जलेबी और गन्ने के रस का आनन्द लेकर हमारी खुशी दोगुनी हो गई। बच्चों के लिए तरह-तरह के खिलौने, गुब्बारे और किताबों की दुकानें लगी हुई थीं। मैंने अपने लिए एक सुन्दर पतंग और कुछ किताबें खरीदीं।

मेले में कई सांस्कृतिक कार्यक्रम भी हो रहे थे। कहीं नाटक का मंचन हो रहा था, तो कहीं लोकगीत और नृत्य की प्रस्तुतियाँ दी जा रही थीं। पारम्परिक कठपुतली शो और मदारी का खेल भी काफी मनोरंजक था।

मेले में सुरक्षा के पुख्ता इंतजाम थे, लेकिन भीड़ इतनी अधिक थी कि कभी-कभी आगे बढ़ना मुश्किल हो जाता था। शाम होते-होते मेले की रौनक और भी बढ़ गई। रंग-बिरंगी लाइटों की जगमगाहट ने माहौल को और खूबसूरत बना दिया।

रात को हम थककर घर लौटे, लेकिन मेला हमारे मन में एक अविस्मरणीय याद छोड़ गया। वास्तव में, मेले का अनुभव आनन्दमय और मनोरंजक होता है, जहाँ हर कोई अपनी व्यस्त ज़िंदगी से कुछ पल निकालकर खुशियों में डूब जाता है।

परियोजना कार्य

'परियोजना' शब्द योजना में 'परि' उपसर्ग लगने से बना है। 'परि' का अर्थ है 'पूर्णता' अर्थात् ऐसी योजना जो अपने आप में पूर्ण हो, परियोजना कहलाती है। किसी विशेष लक्ष्य की प्राप्ति हेतु जो योजना बनाई और कार्यान्वित की जाती है, उसे परियोजना कहते हैं। यह किसी समस्या के निदान या किसी विषय के तथ्यों को प्रकाशित करने के लिए तैयार की गई एक पूर्ण विचार योजना होता है।

राष्ट्रीय पाठ्यचर्चा की रूपरेखा, नई शिक्षा नीति-2020 तथा केन्द्रीय माध्यमिक शिक्षा बोर्ड द्वारा समय-समय पर अनुभवात्मक अधिगम, आनन्दपूर्ण अधिगम की बात कही गई है। उच्चतर माध्यमिक स्तर पर विद्यार्थियों के लिए हिन्दी का अध्ययन एक सृजनात्मक, साहित्यिक, सांस्कृतिक और विभिन्न प्रयुक्तियों की भाषा के रूप में करने और करवाने के लिए परियोजना कार्य अत्यन्त महत्त्वपूर्ण व लाभदायक सिद्ध होता है।

परियोजना कार्य का महत्त्व

- व्यक्तिगत स्तर पर खोज कार्रवाई और ग्यारहवीं-बारहवीं कक्षा के दौरान अर्जित ज्ञान और कौशल, विचारों आदि पर चिन्तन का उपयोग।
- सैद्धान्तिक निर्माणों और तर्कों का उपयोग करके वास्तविक दुनिया के परिदृश्यों का विश्लेषण और मूल्यांकन
- एक स्वतन्त्र और विस्तारित कार्य का निर्माण करने के लिए महत्त्वपूर्ण और रचनात्मक सोच कौशल और क्षमताओं के अनुप्रयोग का प्रदर्शन।
- उन विषयों पर कार्य करने का अवसर जिनमें शिक्षार्थियों की रुचि है।
- नए ज्ञान की ओर अग्रसर
- खोजी प्रवृत्ति में वृद्धि
- भाषा ज्ञान समृद्ध एवं व्यावहारिक
- समस्या समाधान की क्षमता का विकास

परियोजना कार्य निर्धारित करते समय ध्यान देने योग्य बातें

- परियोजना कार्य शिक्षार्थियों में योग्यता आधारित क्षमता को ध्यान में रखकर दिए जाएँ, जिससे वे विषय के साथ जुड़ते हुए उसके व्यावहारिक पक्ष को समझ सकें। वर्तमान समय में उसकी प्रासंगिकता पर भी ध्यान दिया जाए।
- सत्र के प्रारम्भ में ही विद्यार्थियों को विषय चुनने का अवसर मिले, ताकि उसे शोध, तैयारी और लेखन के लिए पर्याप्त समय मिल सके।
- अध्यापिका/अध्यापक द्वारा कक्षा में परियोजना कार्य को लेकर विस्तारपूर्वक चर्चा की जाए, जिससे विद्यार्थी उसके अर्थ, महत्त्व व प्रक्रिया को भली-भाँति समझने में सक्षम हो सकें।
- हिन्दी भाषा और साहित्य से जुड़े विविध विषयों/ विधाओं/ साहित्यकारों/समकालीन लेखन/भाषा के तकनीकी पक्ष/प्रभाव/अनुप्रयोग/साहित्य के सामाजिक सन्दर्भों एवं जीवन-मूल्य सम्बन्धी प्रभावों आदि पर परियोजना कार्य दिए जाने चाहिए।
- शिक्षार्थी को उसकी रुचि के अनुसार विषय का चयन करने की छूट दी जानी चाहिए तथा अध्यापक/ अध्यापिका को मार्गदर्शक के रूप में उसकी सहायता करनी चाहिए।
- परियोजना कार्य करते समय निम्नलिखित बिन्दुओं को अपनाया जा सकता है

1. प्रमाण-पत्र	2. आभार ज्ञापन
3. विषय-सूची	4. उद्देश्य
5. परियोजना समस्या	6. परिकल्पना
7. प्रक्रिया (साक्ष्य संग्रह, साक्ष्य का विश्लेषण)	8. प्रस्तुतीकरण (विषय का विस्तार)
9. अध्ययन का परिणाम	10. अध्ययन की सीमाएँ
11. स्रोत	12. अध्यापक टिप्पणी

- परियोजना कार्य में शोध के दौरान सम्मिलित किए गए चित्रों और सन्दर्भों के विषय में उचित जानकारी दी जानी चाहिए। उनके स्रोत को अवश्य अंकित करना चाहिए।
- चित्र, रेखाचित्र, विज्ञापन, ग्राफ, विषय से सम्बन्धित आँकड़े, विषय से सम्बन्धित समाचार की कतरनें एकत्रित की जानी चाहिए।

- प्रमाणस्वरूप सम्मिलित किए गए आँकड़े, चित्र, विज्ञापन आदि के स्रोत अंकित करने के साथ-साथ समाचार-पत्र, पत्रिकाओं के नाम तथा दिनांक भी लिखनी चाहिए।
- साहित्यकोश, सन्दर्भ-ग्रन्थ, शब्दकोश की मदद लेनी चाहिए।
- परियोजना कार्य में शिक्षार्थियों के लिए अनेक सम्भावनाएँ हैं। उनके व्यक्तिगत विचार तथा उनकी कल्पना के विस्तृत संसार को अवश्य सम्मिलित किया जाए।

परियोजना कार्य	—	**कुल अंक 10**
विषय वस्तु	—	5 अंक
भाषा एवं प्रस्तुति	—	3 अंक
शोध एवं मौलिकता	—	2 अंक

- हिंदी भाषा और साहित्य से जुड़े विविध विषयों/विधाओं/साहित्यकारों/समकालीन लेखन/साहित्यिक वादों/भाषा के तकनीकी पक्ष/प्रभाव/अनुप्रयोग/साहित्य के सामाजिक सन्दर्भों एवं जीवन-मूल्य सम्बन्धी प्रभावों आदि पर परियोजना कार्य दिए जाने चाहिए।
- सत्र के प्रारम्भ में ही शिक्षार्थी को विषय चुनने का अवसर मिले ताकि उसे शोध, तैयारी और लेखन के लिए पर्याप्त समय मिल सके।

हिंदी साहित्य के दो कहानीकारों का जीवन-परिचय देते हुए उनकी कहानियों से जुड़ी परियोजना कार्य

1. आचार्य रामचंद्र शुक्ल 2. जयशंकर प्रसाद

- **छात्र का नाम** ....
- **कक्षा** ....
- **अनुक्रमांक** ....
- **विद्यालय का नाम** ....
- **विद्यालय कोड संख्या नाम** ....
- **विषयाध्यापक का नाम** ....

प्राप्तांक ....

परीक्षक के हस्ताक्षर ....

नाम ....

आचार्य रामचंद्र शुक्ल

जीवन परिचय

हिन्दी के महान आलोचक, युग-प्रवर्तक तथा लोकप्रिय साहित्यकार आचार्य रामचन्द्र शुक्ल का जन्म 1884 ई. में बस्ती जिले के अगोना नामक ग्राम में हुआ था। इनके पिता का नाम चन्द्रबली शुक्ल था। इनकी प्रारम्भिक शिक्षा-दीक्षा इनके पिता के पास राठ तहसील में हुई थी। एफ. ए. (इण्टरमीडिएट) में आने पर इनकी शिक्षा में बाधा उत्पन्न हुई तथा गणित में कमजोर होने के कारण ये आगे नहीं पढ़ सके। उसके बाद इन्होंने सरकारी नौकरी की, किन्तु स्वाभिमान के कारण इन्होंने सरकारी नौकरी छोड़कर कुछ समय के लिए मिर्जापुर के ही मिशन स्कूल में चित्रकला के अध्यापक के रूप में कार्य किया।

मिर्जापुर के पण्डित केदारनाथ पाठक एवं चौधरी बदरीनारायण 'प्रेमघन' के सम्पर्क में आकर इन्होंने हिन्दी, उर्दू, बांग्ला, संस्कृत, अंग्रेजी आदि कई भाषाओं का ज्ञान अर्जित किया। 'आनन्द कादम्बिनी' नामक पत्रिका में इनकी रचनाएँ प्रकाशित होने लगीं। इन्होंने 19 वर्ष तक नागरी प्रचारिणी सभा में हिन्दी शब्द सागर के सहायक सम्पादक का पदभार ग्रहण किया। ये काशी हिन्दू विश्वविद्यालय में हिन्दी के प्राध्यापक भी रहे। वहाँ ये बाबू श्यामसुन्दर दास के अवकाश ग्रहण करने के बाद हिन्दी विभाग के अध्यक्ष हो गए तथा इनकी गिनती उच्चकोटि के विद्वानों में होने लगी।

हिन्दी साहित्य में शुक्लजी का प्रवेश निबन्धकार तथा कवि के रूप में हुआ। नाटक रचना में भी इनकी विशेष रुचि रही। तत्पश्चात् आलोचना इनकी विशेष एवं प्रिय विधा बन गई। इन्होंने लेखन क्षेत्र में अपना विशिष्ट स्थान प्राप्त किया। ये अपने जीवन के अन्तिम क्षणों तक साहित्य लेखन में निरन्तर लगे रहे। अनवरत लेखन कार्य करते हुए इस महापुरुष का वर्ष 1941 में स्वर्गवास हो गया।

साहित्यिक परिचय

शुक्लजी ने अपने सम्पूर्ण जीवन को साहित्य के प्रति समर्पित किया। हिन्दी साहित्य को विश्व स्तरीय पहचान दिलवाने में आचार्य शुक्ल की साहित्यिक सेवाओं का योगदान अविस्मरणीय है। इनके नाम पर ही हिन्दी साहित्य के 'शुक्ल युग' का प्रवर्तन हुआ। इन्होंने अपना साहित्यिक जीवन काव्य रचना से प्रारम्भ किया। उसके पश्चात् इन्होंने गद्य विधा के क्षेत्र में अधिक कार्य कर अपनी पहचान निबन्धकार, अनुवादक, सम्पादक एवं आलोचक के रूप में बनाई तथा गद्य क्षेत्र में अपूर्व ख्याति प्राप्त की। ये हिन्दी के युग-प्रवर्तक आलोचक हैं। इन्होंने सैद्धान्तिक तथा व्यावहारिक दोनों प्रकार की आलोचनाओं की रचना की।

इन्होंने 'हिन्दी साहित्य का इतिहास' रचकर इतिहास लेखन में सर्वश्रेष्ठ भूमिका प्राप्त की। इन्होंने 'हिन्दी शब्द सागर' का सम्पादन कार्य पूर्ण किया तथा 'नागरी प्रचारिणी पत्रिका' जैसी पत्रिका का प्रभावपूर्ण सम्पादन किया।

कृतियाँ

शैक्षिक, ऐतिहासिक, सांस्कृतिक, धार्मिक, दार्शनिक एवं साहित्यिक विषयों पर इनकी कृतियाँ निम्न प्रकार हैं

1. **निबन्ध** 'चिन्तामणि' तथा 'विचारवीथी' (भावप्रधान तथा समीक्षात्मक)।
2. **आलोचना** 'रसमीमांसा', 'त्रिवेणी' (सूर, तुलसी और जायसी पर आलोचना)।
3. **कहानी** ग्यारह वर्ष का समय।
4. **इतिहास** हिन्दी साहित्य का इतिहास।
5. **सम्पादन** 'तुलसी ग्रन्थावली', 'जायसी ग्रन्थावली', 'हिन्दी शब्द सागर', 'नागरी प्रचारिणी पत्रिका', आनन्द कादम्बिनी, 'भ्रमरगीत सार'।
6. **काव्य रचना** 'अभिमन्यु वध'।
7. **अनुवाद** 'मेगस्थनीज का भारतवर्षीय विवरण', 'आदर्श जीवन', 'कल्याण का आनन्द', 'विश्व प्रपंच', 'बुद्धचरित' (काव्य) आदि।

भाषा

शुक्लजी का भाषा पर पूर्ण अधिकार था। इन्होंने एक ओर अपनी रचनाओं में शुद्ध साहित्यिक खड़ीबोली का प्रयोग किया तथा संस्कृत की तत्सम शब्दावली को प्रधानता दी, तो दूसरी ओर सरल और व्यावहारिक भाषा का भी प्रयोग किया, जिसमें संस्कृतनिष्ठ भाषा के स्थान पर हिन्दी की प्रचलित शब्दावली का प्रयोग है। इसके अतिरिक्त इनकी रचनाओं में उर्दू, फारसी और अंग्रेजी के शब्दों का प्रयोग भी मिलता है।

शैली

शुक्लजी की शैली विवेचनात्मक और संयत है। इनकी शैली निगमन शैली भी कहलाती है। इन्होंने सामासिक शैली का प्रयोग किया। शुक्लजी की सबसे प्रमुख विशेषता यह थी कि वे कम-से-कम शब्दों में अधिक-से-अधिक बात कहने में सक्षम थे। इनकी रचनाओं में प्रायः वर्णनात्मक शैली, विवेचनात्मक शैली, व्याख्यात्मक शैली, आलोचनात्मक शैली, भावात्मक शैली तथा हास्य व्यंग्यात्मक शैली आदि सभी शैलियों के दर्शन होते हैं।

हिन्दी साहित्य में स्थान

शुक्लजी मस्तिष्क से आलोचक एवं अध्यापक तथा हृदय से कवि थे। आलोचना के क्षेत्र में भी इनका विशिष्ट स्थान है। हिन्दी साहित्य जगत में इन्हें 'आलोचना का सम्राट' कहा जाता है। हिन्दी समालोचना के क्षेत्र में इन्होंने अपनी साहित्यिक प्रतिभा से क्रान्ति उत्पन्न कर दी। अपने युग में शुक्लजी उत्तम तथा विशिष्ट निबन्धकार सिद्ध हुए। इनकी विशिष्ट दीप्तिमयता के कारण इनके समकालीन हिन्दी गद्य के युग को 'शुक्ल युग' के नाम से जाना जाता है।

आचार्य रामचंद्र शुक्ल द्वारा लिखित निबंध

मित्रता

जब कोई युवा पुरुष अपने घर से बाहर निकलकर बाहरी संसार में अपनी स्थिति जमाता है, तब पहली कठिनता उसे मित्र चुनने में पड़ती है। यदि उसकी स्थिति बिल्कुल एकान्त और निराली नहीं रहती, तो उसकी जान-पहचान के लोग **धड़ाधड़** बढ़ते जाते हैं और थोड़े ही दिनों में कुछ लोगों से उसका हेल-मेल हो जाता है। यही हेल-मेल बढ़ते-बढ़ते मित्रता के रूप में **परिणत** हो जाता है। मित्रों के चुनाव की उपयुक्तता पर उसके जीवन की सफलता निर्भर हो जाती है, क्योंकि संगति का गुप्त प्रभाव हमारे आचरण पर बड़ा भारी पड़ता है।

हम लोग ऐसे समय में समाज में प्रवेश करके अपना कार्य आरम्भ करते हैं, जबकि हमारा **चित्त** कोमल और हर तरह का संस्कार ग्रहण करने योग्य रहता है। हमारे भाव **अपरिमार्जित** और हमारी **प्रवृत्ति** अपरिपक्व रहती है। अपने मनोवेगों की शक्ति और अपनी प्रकृति की कोमलता का पता हमी को नहीं रहता। हम लोग कच्ची मिट्टी की मूर्ति के समान रहते हैं, जिसे जो जिस रूप का चाहे, उस रूप में ढाले—चाहे राक्षस बनाएँ, चाहे देवता। ऐसे लोगों का साथ करना हमारे लिए बुरा है, जो हमसे अधिक **दृढ़ संकल्प** के हैं, क्योंकि हमें उनकी प्रत्येक बात बिना विरोध के मान लेनी पड़ती है। पर ऐसे लोगों का साथ करना और बुरा है, जो हमारी ही बात को ऊपर रखते हैं, क्योंकि ऐसी दशा में न तो हमारे ऊपर कोई दबाव रहता है और न हमारे लिए कोई सहारा। दोनों अवस्थाओं में जिस बात का भय रहता है, उसका पता युवा पुरुषों को प्राय: बहुत कम रहता है। यदि **विवेक-बुद्धि** से काम लिया जाए, तो यह भय नहीं रहता, पर युवा पुरुष प्राय: विवेक से कम काम लेते हैं। कैसे आश्चर्य की बात है कि लोग एक घोड़ा लेते हैं, तो उसके गुण-दोष कितना परखकर लेते हैं, पर किसी को मित्र बनाने में उसके पूर्व आचरण और स्वभाव आदि का कुछ भी विचार और अनुसन्धान नहीं करते। वे उसमें सभी बातें अच्छी-ही-अच्छी मानकर अपना पूरा विश्वास जमा देते हैं। हँसमुख चेहरा, बातचीत का ढंग, थोड़ी चतुराई या साहस— ये ही दो-चार बातें किसी में देखकर लोग चटपट उसे अपना बना लेते हैं। हम लोग यह नहीं सोचते कि मैत्री का उद्‌देश्य क्या है? क्या जीवन के व्यवहार में उसका कुछ मूल्य भी है। यह बात हमें नहीं सूझती कि यह एक ऐसा साधन है, जिससे आत्मशिक्षा का कार्य बहुत सुगम हो जाता है।

एक प्राचीन विद्वान का वचन है-''विश्वासपात्र मित्र से बड़ी भारी रक्षा रहती है। जिसे ऐसा मित्र मिल जाए, उसे समझना चाहिए कि खजाना मिल गया।'' विश्वासपात्र मित्र जीवन की एक औषधि है। हमें अपने मित्रों से यह आशा रखनी चाहिए कि वे उत्तम संकल्पों से हमें दृढ़ करेंगे, दोषों और त्रुटियों से हमें बचाएँगे, हमारे सत्य, पवित्रता और मर्यादा के प्रेम को पुष्ट करेंगे, जब हम कुमार्ग पर पैर रखेंगे, तब वे हमें सचेत करेंगे, जब हम **हतोत्साहित** होंगे, तब वे हमें उत्साहित करेंगे। सारांश यह है कि वे हमें उत्तमतापूर्वक जीवन-निर्वाह करने में हर तरह से हमारी सहायता करेंगे। सच्ची मित्रता में उत्तम-से-उत्तम वैद्य की-सी निपुणता और परख होती है, अच्छी-से-अच्छी माता का-सा धैर्य और कोमलता होती है। ऐसी ही मित्रता करने का प्रयत्न प्रत्येक व्यक्ति को करना चाहिए।

छात्रावस्था में तो मित्रता की धुन सवार रहती है। मित्रता हृदय से उमड़ी पड़ती है। पीछे के जो स्नेह-बन्धन होते हैं, उसमें न तो उतनी उमंग रहती है, न उतनी **खिन्नता**। बाल-मैत्री में जो मग्न करने वाला आनन्द होता है, जो हृदय को बेधने वाली ईर्ष्या और खिन्नता होती है, वह और कहाँ? कैसी मधुरता और कैसी **अनुरक्ति** होती है, कैसा अपार विश्वास होता है! हृदय के कैसे-कैसे उद्‌गार निकलते हैं! वर्तमान कैसा आनन्दमय दिखाई पड़ता है और भविष्य के सम्बन्ध में कैसी लुभाने वाली कल्पनाएँ मन में रहती हैं। कितनी जल्दी बातें लगती हैं और कितनी जल्दी मानना-मनाना होता है! 'सहपाठी की मित्रता' इस उक्ति में हृदय के कितने भारी उथल-पुथल का भाव भरा हुआ है, किन्तु जिस प्रकार युवा पुरुष की मित्रता स्कूल के बालक की मित्रता से दृढ़, शान्त और गम्भीर होती है, उसी प्रकार हमारी युवावस्था के मित्र बाल्यावस्था के मित्रों से कई बातों में भिन्न होते हैं। मैं समझता हूँ कि मित्र चाहते हुए बहुत-से लोग मित्र के आदर्श की कल्पना मन में करते होंगे, पर इस कल्पित आदर्श से तो हमारा काम जीवन की झंझटों में चलता नहीं। सुन्दर **प्रतिमा**, मनभावनी चाल और स्वच्छन्द प्रकृति, ये ही दो-चार बातें देखकर मित्रता की जाती है, पर जीवन-संग्राम में साथ देने वाले मित्रों में इनमें से कुछ अधिक बातें चाहिए। मित्र केवल उसे नहीं कहते, जिसके गुणों की तो हम प्रशंसा करें, पर जिसे हम स्नेह न कर सकें। मित्र जिससे अपने छोटे-छोटे काम तो हम निकालते जाएँ, पर भीतर-ही-भीतर घृणा करते रहें। मित्र सच्चे पथ-प्रदर्शक के समान होना चाहिए, जिस पर हम पूरा विश्वास कर सकें। मित्र भाई के समान होना चाहिए, जिसे हम अपना प्रीति-पात्र बना सकें। हमारे और हमारे मित्र के बीच सच्ची सहानुभूति होनी चाहिए—ऐसी सहानुभूति, जिससे एक के हानि-लाभ को दूसरा अपना हानि-लाभ समझे। मित्रता के लिए यह आवश्यक नहीं है कि दो मित्र एक ही प्रकार का कार्य करते हों या एक ही रुचि के हों। इसी प्रकार प्रकृति और आचरण की समानता भी आवश्यक या **वांछनीय** नहीं है। दो भिन्न प्रकृति के मनुष्यों में बराबर प्रीति और मित्रता रही है। राम धीर और शान्त प्रकृति के थे, लक्ष्मण उग्र और उद्धत स्वभाव के थे, पर दोनों भाइयों में अत्यन्त प्रगाढ़ स्नेह था। उदार तथा उच्चाशय कर्ण और लोभी दुर्योधन के स्वभावों में कुछ विशेष समानता न थी, पर उन दोनों की मित्रता खूब निभी। यह कोई बात नहीं है कि एक ही स्वभाव और रुचि के लोगों में ही मित्रता हो सकती है। समाज में विभिन्नता देखकर लोग एक-दूसरे की ओर आकर्षित होते हैं। जो गुण हममें नहीं

हैं, हम चाहते हैं कि कोई ऐसा मित्र मिले, जिसमें वे गुण हों। चिन्ताशील मनुष्य प्रफुल्लित चित्त का साथ ढूँढता है, निर्बल बली का, धीर उत्साही का। उच्च आकांक्षा वाला चन्द्रगुप्त युक्ति और उपाय के लिए चाणक्य का मुँह ताकता था। नीति-विशारद अकबर मन बहलाने के लिए बीरबल की ओर देखता था।

मित्र का कर्त्तव्य इस प्रकार बताया गया है— "उच्च और महान कार्यों में इस प्रकार सहायता देना, मन बढ़ाना और साहस दिलाना कि तुम अपनी निज की सामर्थ्य से बाहर काम कर जाओ।" यह कर्त्तव्य उसी से पूरा होगा, जो दृढ़-चित्त और सत्य-संकल्प का हो। इससे हमें ऐसे ही मित्रों की खोज में रहना चाहिए, जिनमें हमसे अधिक आत्मबल हो। हमें उनका पल्ला उसी तरह पकड़ना चाहिए, जिस तरह सुग्रीव ने राम का पल्ला पकड़ा था।

मित्र हों तो प्रतिष्ठित और शुद्ध हृदय के हों, मृदुल और पुरुषार्थी हों, शिष्ट और सत्यनिष्ठ हों, जिससे हम अपने को उनके भरोसे पर छोड़ सकें और यह विश्वास कर सकें कि उनसे किसी प्रकार का धोखा न होगा।

जो बात ऊपर मित्रों के सम्बन्ध में कही गई है, वही जान-पहचान वालों के सम्बन्ध में भी ठीक है। जान-पहचान के लोग ऐसे हों, जिनसे हम कुछ लाभ उठा सकते हों, जो हमारे जीवन को उत्तम और आनन्दमय करने में कुछ सहायता दे सकते हों, यद्यपि उतनी नहीं, जितनी गहरे मित्र दे सकते हैं। मनुष्य का जीवन थोड़ा है, उसमें खोने के लिए समय नहीं। यदि क, ख और ग हमारे लिए कुछ नहीं कर सकते हैं, न कोई बुद्धिमानी या विनोद की बातचीत कर सकते हैं, न कोई अच्छी बात बता सकते हैं, न सहानुभूति द्वारा हमें ढाँढ़स बँधा सकते हैं, न हमारे आनन्द में सम्मिलित हो सकते हैं, न हमें कर्त्तव्य का ध्यान दिला सकते हैं, तो ईश्वर हमें उनसे दूर ही रखे। हमें अपने चारों ओर जड़ मूर्तियाँ सजाना नहीं है।

आजकल जान-पहचान बढ़ाना कोई बड़ी बात नहीं है। कोई भी युवा पुरुष ऐसे अनेक युवा पुरुषों को पा सकता है, जो उसके साथ थियेटर देखने जाएँगे, नाच-रंग में जाएँगे, सैर-सपाटे में जाएँगे, भोजन का निमन्त्रण स्वीकार करेंगे। यदि ऐसे जान-पहचान के लोगों से कुछ हानि न होगी, तो लाभ भी न होगा। पर यदि हानि होगी, तो बड़ी भारी होगी। सोचो तो तुम्हारा जीवन कितना नष्ट होगा। यदि ये जान-पहचान के लोग उन मनचले युवकों में से निकले, जिनकी संख्या दुर्भाग्यवश आजकल बहुत बढ़ रही है, यदि उन शोहदों में से निकले, जो अमीरों की बुराइयों और मूर्खताओं की नकल किया करते हैं, दिन-रात बनाव-सिंगार में रहा करते हैं, महफिलों में 'ओ-हो-हो', 'वाह-वाह' किया करते हैं, गलियों में ठट्ठा मारते हैं और सिगरेट का धुआँ उड़ाते चलते हैं। ऐसे नवयुवकों से बढ़कर शून्य, निःसार तथा शोचनीय जीवन और किसका है? वे अच्छी बातों के सच्चे आनन्द से कोसों दूर हैं। उनके लिए न तो संसार में सुन्दर और मनोहर उक्ति वाले कवि हुए हैं और न संसार में सुन्दर आचरण वाले महात्मा हुए हैं। उनके लिए न तो बड़े-बड़े वीर अद्भुत कर्म कर गए हैं और न बड़े-बड़े ग्रन्थकार ऐसे विचार छोड़ गए हैं, जिनसे मनुष्य जाति के हृदय में सात्विकता की उमंगें उठती हैं।

उनके लिए फूल-पत्तियों में कोई सौन्दर्य नहीं, झरनों के कल-कल में मधुर संगीत नहीं, अनन्त सागर-तरंगों पर गम्भीर रहस्यों का आभास नहीं, उनके भाग्य में सच्चे प्रयत्न और पुरुषार्थ का आनन्द नहीं, उनके भाग्य में सच्ची प्रीति का सुख और कोमल हृदय की शान्ति नहीं। जिनकी आत्मा अपने इन्द्रिय विषयों में ही लिप्त है, जिनका हृदय नीचाशयों और कुत्सित विचारों से कलुषित है, ऐसे नाशोन्मुख प्राणियों को दिन-दिन अन्धकार में पतित होते देख कौन ऐसा होगा, जो तरस न खाएगा? उसे ऐसे प्राणियों का साथ नहीं करना चाहिए।

मकदूनिया का बादशाह डेमेट्रियस कभी-कभी राज्य का सब काम छोड़ अपने ही मेल के दस-पाँच साथियों को लेकर विषय-वासना में लिप्त रहा करता था। एक बार बीमारी का बहाना करके इसी प्रकार वह अपने दिन काट रहा था। इसी बीच उसका पिता उससे मिलने के लिए गया और उसने एक हँसमुख जवान को कोठरी से बाहर निकलते देखा। जब पिता कोठरी के भीतर पहुँचा, तब डेमेट्रियस ने कहा—'ज्वर ने मुझे अभी छोड़ा है।' पिता ने कहा—'हाँ! ठीक है, वह दरवाजे पर मुझे मिला था।'

कुसंग का ज्वर सबसे भयानक होता है। यह केवल नीति और सद्वृत्ति का ही नाश नहीं करता, बल्कि बुद्धि का भी क्षय करता है। किसी युवा पुरुष की संगति यदि बुरी होगी, तो वह उसके पैरों में बँधी चक्की के समान होगी, जो उसे दिन-दिन अवनति के गड्ढे में गिराती जाएगी और यदि अच्छी होगी, तो सहारा देने वाली बाहु के समान होगी, जो उसे निरन्तर उन्नति की ओर उठाती जाएगी।

इंग्लैण्ड के एक विद्वान को युवावस्था में राज-दरबार में जगह नहीं मिली। इस पर जिन्दगीभर वह अपने भाग्य को सराहता रहा। बहुत-से लोग इसे अपना बड़ा दुर्भाग्य समझते, पर वह अच्छी तरह जानता था कि वहाँ वह बुरे लोगों की संगति में पड़ता, जो उसकी आध्यात्मिक उन्नति में बाधक होते। बहुत-से लोग ऐसे होते हैं, जिनके घड़ीभर के साथ से भी बुद्धि भ्रष्ट हो जाती है, क्योंकि उनके ही बीच में ऐसी-ऐसी बातें कही जाती हैं, जो कानों में नहीं पड़नी चाहिए। चित्त पर ऐसे प्रभाव पड़ते हैं, जिनसे उसकी पवित्रता का नाश होता है। बुराई अटल भाव धारण करके बैठती है। बुरी बातें हमारी धारणा में बहुत दिनों तक टिकती हैं। इस बात को प्रायः सभी लोग जानते हैं कि भद्दे व फूहड़ गीत जितनी जल्दी ध्यान पर चढ़ते हैं, उतनी जल्दी कोई गम्भीर या अच्छी बात नहीं।

एक बार एक मित्र ने मुझसे कहा कि उसने लड़कपन में कहीं से एक बुरी कहावत सुन पायी थी, जिसका ध्यान वह लाख चेष्टा करता है कि न आए, पर बार-बार आता है। जिन भावनाओं को हम दूर रखना चाहते हैं, जिन बातों को हम याद करना नहीं चाहते, वे बार-बार हृदय में उठती हैं और बेधती हैं। अतः तुम पूरी चौकसी रखो, ऐसे लोगों को कभी साथी न बनाओ, जो अश्लील, अपवित्र और फूहड़ बातों से तुम्हें हँसाना चाहें। सावधान रहो। ऐसा न हो कि पहले-पहल तुम इसे एक बहुत सामान्य बात समझो और सोचो कि एक बार ऐसा हुआ, फिर ऐसा न होगा अथवा तुम्हारे चरित्र-बल का ऐसा प्रभाव पड़ेगा कि ऐसी बातें बकने वाले आगे चलकर आप सुधर जाएँगे। नहीं, ऐसा नहीं होगा। जब एक बार मनुष्य अपना पैर कीचड़ में डाल देता है, तो फिर यह नहीं देखता कि वह कहाँ और कैसी जगह पैर रखता है। धीरे-धीरे उन बुरी बातों में अभ्यस्त होते-होते तुम्हारी घृणा कम हो जाएगी। फिर तुम्हें उनसे चिढ़ न मालूम होगी, क्योंकि तुम यह सोचने लगोगे कि चिढ़ने की बात ही क्या है। तुम्हारा विवेक कुण्ठित हो जाएगा और तुम्हें भले-बुरे की पहचान न रह जाएगी। अन्त में होते-होते तुम भी बुराई के भक्त बन जाओगे। अतः हृदय को उज्ज्वल और निष्कलंक रखने का सबसे अच्छा उपाय यही है कि बुरी संगत की छूत से बचो। यह पुरानी कहावत है कि

"काजल की कोठरी में कैसो हू सयानो जाय,
एक लीक काजल की लागि है पै लागि है।"

जयशंकर प्रसाद

जीवन परिचय

जयशंकर प्रसाद का जन्म काशी में 'सुँघनी साहू' नाम से प्रचलित वैश्य परिवार में 1889 ई. में हुआ था। इनके पिता का नाम देवी प्रसाद था। देवी प्रसाद स्वयं भी साहित्य-प्रेमी थे। इनके परिवार का मुख्य व्यापार तम्बाकू का था। प्रसाद जी का बाल्यकाल सुख से बीता, परन्तु युवावस्था में इनके पिता का स्वर्गवास हो गया और उनके चार वर्ष बाद ही इनकी माता का भी देहावसान हो गया, इसलिए इनकी शिक्षा तथा पालन-पोषण का भार इनके बड़े भाई शम्भूरत्न के ऊपर आ गया। इन्होंने फारसी, संस्कृत, हिन्दी, उर्दू तथा अंग्रेजी शिक्षा का ज्ञान घर पर ही प्राप्त किया तथा वेद, पुराण, साहित्य, दर्शन के स्वाध्याय से ही पूर्ण ज्ञान प्राप्त कर लिया। प्रसाद जी में काव्य-सृजन के गुण बाल्यावस्था से ही निहित थे। बड़े भाई की मृत्यु के कारण इनका व्यापार ठप्प हो गया तथा इनका परिवार ऋणग्रस्त हो गया। ऋण चुकाने के लिए इन्होंने पूरी पैतृक सम्पत्ति बेच दी। इन्होंने तीन शादियाँ की, किन्तु तीनों ही पत्नियों की असमय मृत्यु हो गई।

प्रसाद जी को अपने जीवन में अनेकानेक विपरीत परिस्थितियों का सामना करना पड़ा। इनका पूरा जीवन संघर्षों में ही बीता, किन्तु ये कभी निराश नहीं हुए। प्रसाद जी क्षय रोग के शिकार होने के कारण बहुत दुर्बल हो गए थे। अन्ततः काशी में वर्ष 1937 में इनका स्वर्गवास हो गया।

साहित्यिक परिचय

प्रसाद जी में साहित्य सृजन की प्रतिभा जन्मजात से ही विद्यमान थी। अपने अल्प जीवनकाल में इन्होंने जो कुछ भी लिखा, वह हिन्दी साहित्य की अमूल्य निधि बन गया। इन्होंने भारत के उज्ज्वल अतीत को अपनी रचनाओं में चित्रित किया है। प्रसाद जी ने नाटक, कहानी, उपन्यास, निबन्ध और काव्य के क्षेत्र में अपनी विलक्षण साहित्यिक प्रतिभा का परिचय दिया। इन्होंने काव्य, साहित्य, कला आदि विषयों पर अनेक महत्त्वपूर्ण निबन्ध लिखे। कहानी व उपन्यास के क्षेत्र में भी इन्होंने कई अद्वितीय रचनाएँ लिखीं। 'कामायनी' जैसे विश्वप्रसिद्ध महाकाव्य की रचना करके प्रसाद जी ने हिन्दी साहित्य को अमर कर दिया। नाटक के क्षेत्र में इनके योगदान को देखते हुए उस काल को 'प्रसाद युग' का नाम दिया गया। शिल्प की दृष्टि से इन्होंने नाटकों को नवीन दिशा प्रदान की। भारतीय संस्कृति व राष्ट्रीय भावना से ओत-प्रोत नाटक रचकर इनका नाम विश्वस्तर के लेखकों में प्रसिद्ध हो गया। काव्य के क्षेत्र में प्रसाद जी छायावादी काव्यधारा के प्रवर्तक थे। हिन्दी साहित्य में उत्कृष्ट कार्य हेतु इन्हें 'काशी नागरी प्रचारिणी' और 'हिन्दुस्तान अकेडमी' द्वारा पुरस्कृत किया गया। इनका सम्पूर्ण जीवन माँ भारती की आराधना में ही गुजरा।

कृतियाँ

प्रसाद जी की प्रमुख कृतियाँ निम्नलिखित हैं

1. **नाटक** 'चन्द्रगुप्त', 'स्कन्दगुप्त', 'अजातशत्रु', 'सज्जन', 'कल्याणी-परिणय', 'प्रायश्चित', 'जनमेजय का नागयज्ञ', 'विशाख', 'ध्रुवस्वामिनी', 'राज्यश्री', 'कामना', 'एक घूँट', 'आकाशदीप', 'करुणालय' आदि।

2. **कहानी** 'आँधी', 'इन्द्रजाल', 'छाया', 'प्रतिध्वनि' आदि।

3. **उपन्यास** 'इरावती' (अपूर्ण), 'तितली', 'कंकाल'।

4. **निबन्ध** काव्य और कला एवं अन्य निबन्ध।

5. **काव्य** 'आँसू', 'कामायनी', 'लहर', 'झरना', 'चित्राधार'।

भाषा

प्रसाद जी के साहित्य के समान ही इनकी भाषा के भी कई स्वरूप देखने को मिलते हैं। प्रसाद जी की भाषा में संस्कृत के तत्सम शब्दों की बहुलता है। भावमयता इनकी भाषा की प्रमुख विशेषता है। इनके अधिकांश साहित्य में भावों व विचारों के अनुरूप ही शब्दों का प्रयोग हुआ है। इनकी भाषा में मुहावरों तथा लोकोक्तियों का प्रयोग न के बराबर है तथा विदेशी शब्द भी अल्प मात्रा में दिखाई पड़ते हैं। इनकी शब्दावली विस्तृत, संस्कृतनिष्ठ तथा सहज है।

शैली

प्रसाद जी की शैली मुख्यत: अलंकृत व चित्रात्मक है, परन्तु इनकी रचनाओं में भावात्मक, अनुसन्धानात्मक, इतिवृत्तात्मक तथा विचारात्मक शैलियों का पुट भी देखने को मिलता है। इसके अतिरिक्त इन्होंने सूक्ति शैली, संवाद शैली का भी प्रयोग किया है।

हिन्दी साहित्य में स्थान

प्रसाद जी का व्यक्तित्व बहुमुखी प्रतिभा वाला है। ये कहानीकार, नाटककार, उपन्यासकार होने के साथ-साथ कवित्व गुणों के धनी भी थे। युग प्रवर्तक साहित्यकार जयशंकर प्रसाद ने गद्य एवं काव्य दोनों ही विधाओं में रचना करके हिन्दी साहित्य को सशक्त तथा प्रभावशाली पथ प्रदान किया। महाकाव्य 'कामायनी' की रचना करके प्रसाद जी ने आधुनिक काल में अपना अग्रिम स्थान ग्रहण किया है। हिन्दी साहित्य में जयशंकर प्रसाद का नाम सर्वोपरि है।

जयशंकर प्रसाद द्वारा लिखित कहानी

ममता

रोहतास-दुर्ग के प्रकोष्ठ में बैठी हुई युवती ममता, शोण के तीक्ष्ण गम्भीर प्रवाह को देख रही है। ममता विधवा थी। उसका यौवन शोण के समान ही उमड़ रहा था। मन में वेदना, मस्तक में आँधी, आँखों में पानी की बरसात लिए, वह सुख के कण्टक-शयन में विकल थी। वह रोहतास दुर्गपति के मन्त्री चूड़ामणि की अकेली दुहिता थी, फिर उसके लिए कुछ अभाव होना असम्भव था, परन्तु वह विधवा थी। हिन्दू-विधवा संसार में सबसे निराश्रय प्राणी है, तब उसकी विडम्बना का कहाँ अन्त था?

चूड़ामणि ने चुपचाप उसके प्रकोष्ठ में प्रवेश किया। शोण के प्रवाह में, उसके कल-नाद में, अपना जीवन मिलाने में वह बेसुध थी। पिता का आना न जान सकी। चूड़ामणि व्यथित हो उठे। स्नेह-पालिता पुत्री के लिए क्या करें, यह स्थिर न कर सकते थे। लौटकर बाहर चले गए। ऐसा प्राय: होता, पर आज मन्त्री के मन में बड़ी दुश्चिन्ता थी। पैर सीधे न पड़ते थे।

एक पहर बीत जाने पर वे फिर ममता के पास आए। उस समय उनके पीछे दस सेवक चाँदी के बड़े थालों में कुछ लिए खड़े थे। कितने ही मनुष्यों के पद-शब्द सुन ममता ने घूमकर देखा। मन्त्री ने सब थालों को रखने का संकेत किया। अनुचर थाल रखकर चले गए।

ममता ने पूछा-''यह क्या है पिताजी?''

''तेरे लिए बेटी! उपहार है।''—कहकर चूड़ामणि ने उसका आवरण उलट दिया। स्वर्ण का पीलापन उस सुनहली संध्या में विकीर्ण होने लगा। ममता चौंक उठी

''इतना स्वर्ण! यह कहाँ से आया?''

''चुप रहो ममता, यह तुम्हारे लिए है!''

''तो क्या आपने म्लेच्छ का उत्कोच स्वीकार कर लिया? पिताजी, यह अनर्थ है, अर्थ नहीं। लौटा दीजिए। पिताजी! हम लोग ब्राह्मण हैं, इतना सोना लेकर क्या करेंगे?''

''इस पतनोन्मुख प्राचीन सामन्त-वंश का अन्त समीप है, बेटी! किसी भी दिन शेरशाह रोहिताश्व पर अधिकार कर सकता है। उस दिन मन्त्रित्व न रहेगा, तब के लिए बेटी।''

"हे भगवान! तब के लिए! विपद के लिए! इतना आयोजन! परमपिता की इच्छा के विरुद्ध इतना साहस ! पिताजी, क्या भीख न मिलेगी? क्या कोई हिन्दू भू-पृष्ठ पर न बचा रह जाएगा, जो ब्राह्मण को दो मुट्ठी अन्न दे सके? यह असम्भव है। फेर दीजिए पिताजी, मैं काँप रही हूँ—इसकी चमक आँखों को अन्धा बना रही है।"

'मूर्ख है'—कहकर चूड़ामणि चले गए।

दूसरे दिन जब डोलियों का ताँता भीतर आ रहा था, ब्राह्मण मन्त्री चूड़ामणि का हृदय धक्-धक् करने लगा। वह अपने को रोक न सका। उसने जाकर रोहतास दुर्ग के तोरण पर डोलियों का आवरण खुलवाना चाहा। पठानों ने कहा

"यह महिलाओं का अपमान करना है।"

बात बढ़ गई। तलवारें खिंचीं, ब्राह्मण वहीं मारा गया और राजा-रानी और कोष सब छली शेरशाह के हाथ पड़े; निकल गई ममता। डोली में भरे हुए पठान सैनिक दुर्ग भर में फैल गए, पर ममता न मिली।

काशी के उत्तर में धर्मचक्र विहार, मौर्य और गुप्त सम्राटों की कीर्ति का खण्डहर था। भग्न चूड़ा, तृण-गुल्मों से ढके हुए प्राचीर, ईंटों के ढेर में बिखरी हुई भारतीय शिल्प की विभूति, ग्रीष्म की चन्द्रिका में अपने को शीतल कर रही थी।

जहाँ पंचवर्गीय भिक्षु गौतम का उपदेश ग्रहण करने के लिए पहले मिले थे, उसी स्तूप के भग्नावशेष की मलिन छाया में एक झोंपड़ी के दीपालोक में एक स्त्री पाठ कर रही थी

"अनन्याश्चिन्तयन्तो मां ये जनाः पर्युपासते"

पाठ रुक गया। एक भीषण और हताश आकृति दीप के मन्द प्रकाश में सामने खड़ी थी। स्त्री उठी, उसने कपाट बन्द करना चाहा, परन्तु उस व्यक्ति ने कहा—"माता! मुझे आश्रय चाहिए।"

"तुम कौन हो?"—स्त्री ने पूछा।

"मैं मुगल हूँ। चौसा-युद्ध में शेरशाह से विपन्न होकर रक्षा चाहता हूँ। इस रात अब आगे चलने में असमर्थ हूँ।"

"क्या शेरशाह से!" स्त्री ने अपने ओंठ काट लिए।

"हाँ, माता!"

"परन्तु तुम भी वैसे ही क्रूर हो, वही भीषण रक्त की प्यास, वही निष्ठुर प्रतिबिम्ब, तुम्हारे मुख पर भी है। सैनिक! मेरी कुटी में स्थान नहीं, जाओ कहीं दूसरा आश्रय खोज लो!"

"गला सूख रहा है, साथी छूट गए हैं, अश्व गिर पड़ा है—इतना थका हुआ हूँ, इतना!"—कहते-कहते वह व्यक्ति धम से बैठ गया और उसके सामने ब्रह्माण्ड घूमने लगा। स्त्री ने सोचा, यह विपत्ति कहाँ से आई। उसने जल दिया, मुगल के प्राणों की रक्षा हुई। वह सोचने लगी—"सब विधर्मी दया के पात्र नहीं—मेरे पिता का वध करने वाले आततायी!" घृणा से उसका मन विरक्त हो गया।

स्वस्थ होकर मुगल ने कहा—"माता! तो फिर मैं चला जाऊँ?" स्त्री विचार कर रही थी—"मैं ब्राह्मणी हूँ, मुझे तो अपने धर्म अतिथि-देव की उपासना का पालन करना चाहिए, परन्तु यहाँ... नहीं-नहीं, सब विधर्मी दया के पात्र नहीं, परन्तु यह दया तो नहीं... कर्त्तव्य करना है। तब?"

मुगल अपनी तलवार टेककर उठ खड़ा हुआ। ममता ने कहा—"क्या आश्चर्य है कि तुम भी छल करो, ठहरो।" "छल! नहीं, तब नहीं स्त्री! जाता हूँ, तैमूर का वंशधर स्त्री से छल करेगा? जाता हूँ। भाग्य का खेल है।"

ममता ने मन में कहा—"यहाँ कौन दुर्ग है! यही झोंपड़ी न, जो चाहे ले ले, मुझे तो अपना कर्त्तव्य करना पड़ेगा।" वह बाहर चली आई और मुगल से बोली—"जाओ भीतर, थके हुए भयभीत पथिक! तुम चाहे कोई हो, मैं तुम्हें आश्रय देती हूँ। मैं ब्राह्मण-कुमारी हूँ, सब अपना धर्म छोड़ दें, तो मैं भी क्यों छोड़ दूँ?" मुगल ने चन्द्रमा के मन्द प्रकाश में वह महिमामय मुखमण्डल देखा, उसने मन-ही-मन नमस्कार किया। ममता पास की टूटी हुई दीवार में चली गई। भीतर, थके पथिक ने झोंपड़ी में विश्राम किया।

प्रभात में खण्डहर की सन्धि से ममता ने देखा, सैकड़ों अश्वारोही उस प्रान्त में घूम रहे हैं। वह अपनी मूर्खता पर अपने को कोसने लगी।

अब उस झोंपड़ी से निकलकर उस पथिक ने कहा—"मिरजा। मैं यहाँ हूँ।"

शब्द सुनते ही प्रसन्नता की चीत्कार-ध्वनि से वह प्रान्त गूँज उठा। ममता अधिक भयभीत हुई। पथिक ने कहा—"वह स्त्री कहाँ है? उसे खोज निकालो।" ममता छिपने के लिए अधिक सचेष्ट हुई। वह मृग-दाव में चली गई। दिनभर उसमें से न निकली। सन्ध्या में जब उन लोगों के जाने का उपक्रम हुआ, तो ममता ने सुना, पथिक घोड़े पर सवार होते हुए कह रहा है—'मिरजा! उस स्त्री को मैं कुछ दे न सका। उसका घर बनवा देना, क्योंकि मैंने विपत्ति में यहाँ विश्राम पाया था। यह स्थान भूलना मत।" इसके बाद वे चले गए।

चौसा के मुगल-पठान-युद्ध को बहुत दिन बीत गए। ममता अब सत्तर वर्ष की वृद्धा है। वह अपनी झोंपड़ी में एक दिन पड़ी थी। शीतकाल का प्रभात था। उसका जीर्ण कंकाल खाँसी से गूँज रहा था। ममता की सेवा के लिए गाँव की दो-तीन स्त्रियाँ उसे घेरकर बैठी थीं, क्योंकि वह आजीवन सबके दु:ख-सुख की सहभागिनी रही।

ममता ने जल पीना चाहा, एक स्त्री ने सीपी से जल पिलाया। सहसा एक अश्वारोही उसी झोंपड़ी के द्वार पर दिखाई पड़ा। वह अपनी धुन में कहने लगा—''मिरजा ने जो चित्र बनाकर दिया है, वह तो इसी जगह का होना चाहिए। वह बुढ़िया मर गई होगी, अब किससे पूछूँ कि एक दिन शहंशाह हुमायूँ किस छप्पर के नीचे बैठे थे? यह घटना भी तो सैंतालीस वर्ष से ऊपर की हुई!''

ममता ने अपने विकल कानों से सुना। उसने पास की स्त्री से कहा—''उसे बुलाओ।''

अश्वारोही पास आया। ममता ने रुक-रुककर कहा—''मैं नहीं जानती कि वह शहंशाह था या साधारण मुगल, पर एक दिन इसी झोंपड़ी के नीचे वह रहा। मैंने सुना था कि वह मेरा घर बनवाने की आज्ञा दे चुका था। मैं आजीवन अपनी झोंपड़ी के खोदे जाने के डर से भयभीत रही। भगवान ने सुन लिया, मैं आज इसे छोड़े जाती हूँ। तुम इसका मकान बनाओ या महल, मैं अपने चिर-विश्राम-गृह में जाती हूँ!''

वह अश्वारोही अवाक् खड़ा था। बुढ़िया के प्राण-पक्षी अनन्त में उड़ गए।

वहाँ एक अष्टकोण मन्दिर बना और उस पर शिलालेख लगाया गया

''सातों देश के नरेश हुमायूँ ने एक दिन यहाँ विश्राम किया था। उनके पुत्र अकबर ने उनकी स्मृति में यह गगनचुम्बी मन्दिर बनवाया।'' पर उसमें ममता का कहीं नाम नहीं।

प्रतिदर्श प्रश्न-पत्र 1

CBSE कक्षा 12वीं की परीक्षा के लिए नमूना प्रश्न–पत्र

हिंदी ऐच्छिक

निर्देश 1. प्रश्न-पत्र में तीन खंड हैं—क, ख और ग।
2. खंड-क में अपठित बोध पर आधारित प्रश्न पूछे गए हैं। सभी प्रश्नों के उत्तर देने होंगे।
3. खंड-ख में अभिव्यक्ति और माध्यम पुस्तक के आधार पर प्रश्न पूछे गए हैं। प्रश्नों में आंतरिक विकल्प दिए गए हैं।
4. खंड-ग में अंतरा भाग-2 एवं अंतराल भाग-2 पाठ्यपुस्तक के आधार पर प्रश्न पूछे गए हैं। प्रश्नों में आंतरिक विकल्प दिए गए हैं।

समय : **3 घंटे** पूर्णांक : **80**

खंड 'क' : अपठित बोध

1. *निम्नलिखित गद्यांश को ध्यानपूर्वक पढ़िए और दिए गए प्रश्नों के उत्तर निर्देशानुसार दीजिए।* (10)

आधुनिक समाज में मनुष्य की सोच सिर्फ़ स्वयं तक ही सीमित हो गई है। नैतिकता सिर्फ़ दूसरों को उपदेश देने की वस्तु बनकर रह गई है। आज मनुष्य स्वयं को लाभ पहुँचाने के लिए सभी प्रकार के छल-प्रपंचों का सहारा लेता है। दैनिक जीवन में मानवीय व्यवहार के अंतर्गत एक अत्यधिक महत्त्वपूर्ण गुण सत्य बोलने संबंधी है, जिससे सामाजिक व्यवस्था एवं मानवीय संबंध निर्बाध रूप से निरंतर प्रगतिशील रह सकें, लेकिन एक समय अपनी सत्यवादिता को निभाने वाले राजा हरिश्चंद्र के अतुलनीय त्याग की कल्पना करना भी अब दुर्लभ है, वैसा वास्तविक व्यवहार तो असंभव है। हमारे समाज के निर्माताओं ने सामाजिक मूल्यों में सत्य बोलने को इतना महत्त्व इसलिए प्रदान किया, ताकि मनुष्य अंत:क्रिया करने वाले दूसरे मनुष्यों के साथ छल-कपट न कर सके, समाज के अन्य सदस्य यथार्थ से वंचित एवं भ्रम के शिकार न रहें। यह सामाजिक व्यवस्था को न केवल सुचारु ढंग से परिचालित करने में सहायक है, बल्कि इन सामाजिक मूल्यों के माध्यम से समाज अपने सदस्यों को त्याग करने एवं परहित को ध्यान में रखने की भी सीख देता है। यह सामाजिक मूल्यों को और उच्च स्तरीय बनाने एवं गरिमा प्रदान करने का भी कार्य करता है। कहा जा सकता है कि सत्य बोलना एक कुंजी अर्थात् आधारभूत सामाजिक मूल्य है, जिससे अन्य सामाजिक मूल्य अंतर्संबंधित हैं।

इसके ठीक विपरीत झूठ बोलना सबसे बड़ा व्यक्तिगत एवं सामाजिक दुर्गुण है। झूठ बोलना एक प्रकार की चोरी है, जिसमें किसी की दृष्टि से तथ्यों को छिपाया जाता है। यह लोगों को न केवल वास्तविकता से दूर रखता है, बल्कि भावी परिणाम के प्रति भी सतर्क होने से वंचित करता है, जिसके परिणामस्वरूप व्यापक स्तर पर समाज एवं दूसरे सदस्यों को क्षति होती है। यह व्यक्ति एवं सामाजिक दोनों स्तरों पर अत्यधिक नुकसानदायक एवं कष्टदायी होता है। यह सामाजिक स्तर पर किया जाने वाला सर्वाधिक नकारात्मक व्यवहार है, क्योंकि इसका प्रभाव वर्तमान के साथ-साथ भविष्य पर भी अत्यंत गंभीर रूप से पड़ता है। झूठ बोलने के कारण व्यक्ति कभी भी वास्तविकता से परिचित नहीं हो पाता, परिणामस्वरूप वह न तो उसे परिवर्तित करने के लिए कोई प्रयास कर पाता है और न ही संभावित दुष्परिणामों के प्रति सतर्क हो पाता है।

इसलिए कहा गया है कि झूठ बोलने से बड़ा कोई पाप नहीं है। 'पाप' इस अर्थ में कि यह हमें दिग्भ्रमित करके वांछित कर्त्तव्यों से वंचित रखता है। झूठ या असत्य कथन ही बुराइयों की जड़ है। दुनिया में आने वाले किसी बच्चे द्वारा सबसे पहला गलत कार्य झूठ बोलना ही है और यहीं से उसमें भावी अनैतिकताओं एवं अपराधों की नींव पड़ती है, इसलिए कहा जाता है कि झूठ बोलना सभी पापों का मूल है।

बहुविकल्पीय प्रश्न

निम्नलिखित में से निर्देशानुसार विकल्पों का चयन कीजिए

(क) निम्नलिखित में से कौन-सा कथन 'झूठ' के संदर्भ में असत्य है? (1)

(*i*) यह व्यक्तिगत तथा सामाजिक दुर्गुण है।
(*ii*) इसमें तथ्यों को स्पष्ट किया जाता है।
(*iii*) यह लोगों को वास्तविकता से दूर रखता है।
(*iv*) यह व्यक्ति और सामाजिक दोनों स्तरों पर नुकसानदायी है।

(ख) निम्नलिखित कथनों पर विचार कीजिए। (1)

1. आजकल लोग दूसरों को ही नैतिकता का उपदेश देना जानते हैं।
2. दैनिक जीवन में कभी-कभी असत्य बोलना भी पाप नहीं है।
3. झूठ बोलना चोरी नहीं, बल्कि एक प्रकार की कला है।
4. लगातार सत्य बोलने से सामाजिक स्तर गिरने लगता है।

गद्यांश के अनुसार कौन-सा/से कथन सही है/हैं?

(*i*) केवल 1
(*ii*) केवल 2
(*iii*) 2 और 3
(*iv*) 1 और 4

(ग) **कथन** (A) झूठ व्यक्ति अपने हित के लिए बोलता है।

कारण (R) झूठ हमें दिग्भ्रमित करके वांछित कर्त्तव्यों से वंचित रखता है। (1)

कूट

(*i*) कथन (A) और कारण (R) दोनों सही हैं तथा कारण (R) कथन (A) की सही व्याख्या करता है।
(*ii*) कथन (A) और कारण (R) दोनों सही हैं, परंतु कारण (R) कथन (A) की सही व्याख्या नहीं करता है।
(*iii*) कथन (A) सही है, किंतु कारण (R) गलत है।
(*iv*) कथन (A) गलत है, किंतु कारण (R) सही है

अतिलघु उत्तरीय प्रश्न

(घ) मानवीय व्यवहार का अत्यंत महत्त्वपूर्ण गुण किसे माना गया है? (1)

लघु उत्तरीय प्रश्न

(ङ) हमारे समाज के निर्माताओं ने सामाजिक मूल्यों में सत्य वाचन को अत्यधिक महत्त्व क्यों दिया है? (2)

(च) झूठ को सभी पापों का मूल क्यों कहा गया है? (2)

(छ) आधुनिक समाज में नैतिकता कहाँ तक सीमित हो गई है और क्यो? (2)

उत्तर

(क) (*ii*) इसमें तथ्यों को स्पष्ट किया जाता है

(ख) (*i*) केवल 1

(ग) (*iv*) कथन (A) गलत है, किंतु कारण (R) सही है

(घ) मानवीय व्यवहार का अत्यंत महत्त्वपूर्ण गुण उसके सत्य वाचन को कहा गया है।

(ङ) हमारे समाज के निर्माताओं ने सामाजिक मूल्यों में सत्य वाचन को अत्यधिक महत्त्व इसलिए दिया है, जिससे मनुष्य अंत:क्रिया करने वाले दूसरे मनुष्यों के साथ छल-कपट न कर सके, समाज के सदस्य यथार्थ से वंचित एवं भ्रम के शिकार न हों। समाज के निर्माताओं द्वारा किया गया यह कार्य सामाजिक मूल्यों को उच्च स्तरीय बनाने एवं गरिमा प्रदान के लिए किया गया है।

(च) प्रस्तुत गद्यांश में स्पष्ट किया गया है कि दुनिया में कदम रखने वाले किसी भी बच्चे द्वारा सबसे पहला गलत कार्य उसके झूठ बोलने से ही प्रारंभ होता है। झूठ बोलना प्रारंभ करके ही वह गलत मार्ग की ओर अग्रसर होता है और यहीं से उसकी भावी अनैतिक गतिविधियों तथा अपराध करने की शुरुआत होती है। इस कारण झूठ को सभी पापों का मूल कहा गया है।

(छ) आधुनिक समाज में नैतिकता मात्र दूसरों को उपदेश देने तक सीमित हो गई है, क्योंकि मनुष्य केवल अपने लाभ के बारे मे सोचता है, चाहे उसके लिए उसे छल-प्रपंच का ही सहारा क्यों न लेना पड़े। आज मनुष्य अपने स्वार्थ की सिद्धि के लिए दूसरों का अहित करने से भी पीछे नहीं हटता।

2. *निम्नलिखित पद्यांश को ध्यानपूर्वक पढ़िए और दिए गए प्रश्नों के उत्तर निर्देशानुसार दीजिए।* (8)

अब मैं सूरज को नहीं डूबने दूँगा।
देखो मैंने कंधे चौड़े कर लिए हैं।
मुट्ठियाँ मजबूत कर ली हैं
और ढलान पर एड़ियाँ जमाकर
खड़ा होना मैंने सीख लिया है।
घबराओ मत
मैं क्षितिज पर जा रहा हूँ।
सूरज ठीक जब पहाड़ी से लुढ़कने लगेगा
मैं कंधे अड़ा दूँगा
देखना वह वहीं ठहरा होगा।
अब मैं सूरज को नहीं डूबने दूँगा।
मैंने सुना है उसके रथ में तुम हो
तुम्हें मैं उतार लाना चाहता हूँ
तुम जो स्वाधीनता की प्रतिमा हो
तुम जो साहस की मूर्ति हो
तुम जो धरती का सुख हो
तुम जो कालातीत प्यार हो
तुम जो मेरी धमनी का प्रवाह हो
तुम जो मेरी चेतना का विस्तार हो
तुम्हें मैं उस रथ से उतार लाना
चाहता हूँ
रथ के घोड़े
आग उगलते रहें
अब पहिए टस से मस नहीं होंगे
मैंने अपने कंधे चौड़े कर लिए हैं।
सूरज जाएगा भी तो कहाँ
उसे यहीं रहना होगा
यहीं हमारी साँसों में
हमारी रगों में
हमारे संकल्पों में
हमारे रतजगों में
तुम उदास मत होओ
अब मैं किसी भी सूरज को
नहीं डूबने दूँगा।

बहुविकल्पीय प्रश्न

निम्नलिखित में से निर्देशानुसार विकल्पों का चयन कीजिए

(क) इन पंक्तियों में कवि का निश्चय प्रकट होता है कि वह (1)

(*i*) पहाड़ी क्षेत्र में जाकर रहेगा
(*ii*) अपने लक्ष्य को पाकर रहेगा
(*iii*) प्रकृति के उपादानों से प्रेरित है
(*iv*) जीवन की उहापोह में उलझा है

(ख) सूरज द्वारा लोगों के जीवन में सुख, समृद्धि एवं प्रकाश का आगमन होता है। यह कथन दर्शाता है कि सूरज है- (1)

(*i*) चित्रात्मक
(*ii*) प्रतीकात्मक
(*iii*) प्रयोगात्मक
(*iv*) वर्णनात्मक

(ग) **कथन** (A) तुम जो साहस की मूर्ति हो, तुम जो धरती का सुख हो।
कारण (R) कवि स्वयं को साहस की मूर्ति मानता है, जो धरती के जीवों के लिए सुखद परिस्थितियाँ उत्पन्न कर सकता है। (1)

(*i*) कथन (A) तथा कारण (R) दोनों सही हैं तथा कारण (R), कथन (A) की सही व्याख्या करता है।
(*ii*) कथन (A) तथा कारण (R) दोनों सही हैं, किंतु कारण (R), कथन (A) की सही व्याख्या नहीं करता है।
(*iii*) कथन (A) सही है, किंतु कारण (R) गलत है।
(*iv*) कथन (A) गलत है, किंतु कारण (R) सही है।

अतिलघु उत्तरीय प्रश्न

(घ) कविता का मुख्य संदेश क्या है? (1)

लघु उत्तरीय प्रश्न

(ङ) कविता में सूरज के डूबने से क्या आशय है? स्पष्ट कीजिए। (2)

(च) 'घबराओ मत, मैं क्षितिज पर जा रहा हूँ।' पंक्ति का क्या भाव है? (2)

उत्तर

(क) (ii) अपने लक्ष्य को पाकर रहेगा।

(ख) (ii) प्रतीकात्मक

(ग) (i) कथन (A) तथा कारण (R) दोनों सही हैं तथा कारण (R), कथन (A) की सही व्याख्या करता है।

(घ) कविता का मुख्य संदेश उद्देश्य प्राप्ति के लिए दृढ़ संकल्पित रहना है।

(ङ) कविता में सूरज का डूबना हार, असफलता या जीवन की कठिनाइयों का प्रतीक है। कवि यह संकल्प लेते हैं कि वह सूरज को नहीं डूबने देंगे अर्थात् वह अपने जीवन में किसी भी परिस्थिति से हार नहीं मानेंगे और अपने लक्ष्य को प्राप्त करने के लिए निरंतर संघर्ष करते रहेंगे।

(च) 'घबराओ मत, मैं क्षितिज पर जा रहा हूँ।' पंक्ति का भाव है कि कवि अपने लक्ष्य को प्राप्त करने के लिए पूरी तरह से सचेत और सावधान है। यहाँ कवि ने यह संदेश दिया है कि वह किसी भी प्रकार की कठिनाई या विघ्न से घबराने वाला नहीं है। वह अपने उद्देश्य की ओर बढ़ते हुए प्रत्येक चुनौती का सामना करने के लिए तैयार है।

खंड 'ख' : अभिव्यक्ति और माध्यम पुस्तक

3. *निम्नलिखित प्रश्नों के उत्तर लगभग 30-40 शब्दों में दीजिए।* (5)

(क) जनसंचार का कौन-सा आधुनिक माध्यम सबसे पुराना है? इसकी शुरुआत कैसे हुई? (1)

(ख) पत्रकारीय लेखन का सबसे जाना-पहचाना रूप समाचार लेखन है। समाचार को कैसे लिखा जाता है? (2)

(ग) विशेष लेखन क्यों किया जाता है? आज विशेष लेखन के कौन-कौन से क्षेत्र महत्त्वपूर्ण हैं? (2)

उत्तर

(क) जनसंचार के आधुनिक माध्यमों में सबसे पुराना माध्यम प्रिंट अर्थात् मुद्रण माध्यम है। इसकी शुरुआत चीन से हुई थी, परंतु आधुनिक छापेखाने का आविष्कार जर्मनी के गुटेनबर्ग ने किया था। यूरोप में पुनर्जागरण 'रेनेसाँ' की शुरुआत में छापेखाने की एक महत्त्वपूर्ण भूमिका थी। भारत में पहला छापा खाना 1556 ई. में गोवा में खुला। इसे मिशनरियों ने धर्म प्रचार की पुस्तकें छापने के लिए खोला था।

(ख) पत्रकारीय लेखन का सबसे जाना-पहचाना रूप समाचार लेखन है। सामान्यतः पूर्णकालिक और अंशकालिक पत्रकार, जिन्हें संवाददाता या रिपोर्टर भी कहा जाता है, समाचार लिखते हैं। ये समाचार दूरदर्शन, अखबार आदि में प्रकाशित होते हैं। अखबारों में प्रकाशित अधिकांश समाचार एक विशिष्ट शैली में लिखे जाते हैं। इस शैली को समाचार लेखन की उल्टा पिरामिड शैली कहा जाता है। इसमें किसी भी घटना, समस्या या विचार के सबसे महत्त्वपूर्ण तथ्य, सूचना या जानकारी को सबसे पहले पैराग्राफ में लिखा जाता है। उसके बाद कम महत्त्वपूर्ण सूचना या तथ्य की जानकारी दी जाती है।

(ग) विशेष लेखन इसलिए किया जाता है, क्योंकि

(i) इससे समाचार-पत्रों में विविधता आती है और उनका कलेवर बढ़ता है।

(ii) पाठकों की व्यापक रुचियों को ध्यान में रखते हुए उनकी जिज्ञासा शांत करते हुए मनोरंजन करने हेतु विशेष लेखन किया जाता है।

विशेष लेखन के कुछ महत्त्वपूर्ण क्षेत्र खेल, विज्ञान-प्रौद्योगिकी, कृषि, विदेश, रक्षा, पर्यावरण, शिक्षा, स्वास्थ्य, फिल्म-मनोरंजन, अपराध, सामाजिक मुद्दे, कानून आदि हैं।

4. *निम्नलिखित प्रश्नों में से किन्हीं दो प्रश्नों के उत्तर लगभग 60 शब्दों में दीजिए।* (2 × 3 = 6)

(क) विचारपरक लेखन कैसे होता है? किसी एक विचारपरक लेखन के बारे में बताइए। (3)

(ख) समाचार लेखन का आशय स्पष्ट करते हुए बताइए कि पाठक वर्ग समाचार-पत्र को किस प्रकार प्रभावित करता है? (3)

(ग) "नाटक अपनी निजी विशिष्टताओं के कारण अन्य विधाओं से बिल्कुल अलग हो जाता है" कथन का आशय स्पष्ट कीजिए। (3)

उत्तर

(क) अखबारों में समाचार और फीचर के अलावा विचारपरक सामग्री का भी प्रकाशन होता है। कई अखबारों की पहचान उनके वैचारिक रुझान से होती है। एक तरह से अखबारों में प्रकाशित होने वाले विचारपूर्ण लेखन से उस अखबार की छवि बनती है। अखबारों में संपादकीय पृष्ठ पर प्रकाशित होने वाले संपादकीय अग्रलेख, लेख और टिप्पणियाँ इसी विचारपरक पत्रकारीय लेखन की श्रेणी में आते हैं।
संपादकीय लेखन संपादक द्वारा किसी प्रमुख घटना या समस्या पर लिखे गए विचारात्मक लेख को, जिसे संबंधित समाचार-पत्र की राय भी कहा जाता है, संपादकीय कहते हैं। संपादकीय किसी एक व्यक्ति का विचार या राय न होकर समग्र पत्र-समूह की राय होता है, इसलिए संपादकीय में संपादक अथवा लेखक का नाम नहीं लिखा जाता।

(ख) 'समाचार लेखन' समाचारों को लिखकर प्रस्तुत करने का ढंग है। यह एक विशिष्ट कला है। समाचार सूचनात्मक तथा तथ्यात्मक होते हैं। चूँकि इसका सीधा संबंध जनमत से है, इसलिए इनकी प्रस्तुति का ढंग अत्यंत महत्त्वपूर्ण है। प्रत्येक समाचार-पत्र का अपना एक विशिष्ट पाठक-वर्ग होता है। उस समाचार-पत्र में उसी पाठक वर्ग की रूचि के ही समाचार छापे जाते है। समाचार-पत्र पढ़ने वालों में मध्यम वर्ग के लोग अधिक होते हैं, इसलिए अधिकांश समाचार उन्हीं से संबंधित होते हैं।

(ग) नाटक अपने स्वरूप और प्रस्तुति के कारण अन्य साहित्यिक विधाओं से अलग है। कहानी या उपन्यास केवल पढ़ने या सुनने तक सीमित होते हैं, जबकि नाटक को देखा, सुना और अनुभव किया जा सकता है। साहित्य की अन्य विधाएँ अपने लिखित रूप में ही निश्चित और अंतिम रूप को प्राप्त कर लेती है, किंतु नाटक लिखित रूप में एक आयामी होता है। नाटक में संवादों, चरित्रों और रंगमंचीयता का संयोजन होता है, जो उसे जीवंत बनाता है। नाटक का संपूर्ण अनुभव तभी आता है, जब उसका मंचन किया जाता है। इस दृश्य-श्रव्य विशेषता के कारण नाटक साहित्य की अन्य विधाओं से भिन्न और विशिष्ट हो जाता है।

5. *निम्नलिखित दिए गए अप्रत्याशित विषयों में से किसी एक पर लगभग 100 शब्दों में रचनात्मक लेख लिखिए* (5)

(क) परोपकार : मनुष्य का धर्म

(ख) छात्र को आत्मनिर्भर बनाने में आवासीय विद्यालय की भूमिका

(ग) पृथ्वी की रक्षा हेतु पर्यावरण की सुरक्षा

उत्तर

(क) **परोपकार : मनुष्य का धर्म**

परोपकार से तात्पर्य दूसरों की सहायता करने से है। जब हम अपने स्वार्थ से प्रेरित होकर दूसरों की सहायता करते हैं, तो वह परोपकार नहीं होता है। परोपकार स्वार्थपूर्ण मन से नहीं हो सकता है, उसके लिए हृदय की पवित्रता और शुद्धता आवश्यक है। परोपकार क्षमा, दया, बलिदान, प्रेम, ममता आदि गुणों का ही रूप है।
परोपकार मनुष्य का धर्म होता है। भूखे को अन्न, प्यासे को जल, वस्त्रहीन को वस्त्र, बूढ़े-बुजुर्गों की सेवा ही मानव का परम धर्म है। संसार में ऐसे ही व्यक्तियों का नाम अमर होता है, जो अपना जीवन दूसरों के हित के लिए जीते हैं। परोपकार को इतना महत्त्व इसलिए दिया जाता है, क्योंकि इससे मनुष्य की पहचान होती है। इस प्रकार सच्चा मनुष्य वही है, जो दूसरों के लिए अपना सर्वस्व न्योछावर करने को तत्पर रहता है।
परोपकार की भावना लोक कल्याण से ही पूर्ण होती है। परोपकार मानव समाज का आधार है। समाज में व्यक्ति एक-दूसरे की सहायता और सहयोग हेतु सदा लालायित रहता है। परोपकार सामाजिक जीवन की धुरी है, उसके बिना सामाजिक जीवन गति प्राप्त नहीं कर सकता है। परोपकार मानव का सच्चा आभूषण है, इसीलिए कहा गया है कि ''परोपकाराय संतां विभूतयः'' अर्थात् सत्पुरुषों का अलंकार तो परोपकार ही है। हमारा कर्त्तव्य है कि हम परोपकारी महात्माओं से प्रेरित होकर अपने जीवन-पथ को प्रशस्त करें और 'वही मनुष्य है कि जो मनुष्य के लिए मरे', के लोक कल्याणकारी संदेश को चारों ओर प्रसारित करें।

(ख) **छात्र को आत्मनिर्भर बनाने में आवासीय विद्यालय की भूमिका**

मानव जीवन में के लिए शिक्षा का अहम योगदान होता है। यद्यपि शिक्षा का आरंभ एक व्यक्ति अपने घर-परिवार से ही कर देता है, परंतु औपचारिक शिक्षा ग्रहण करने हेतु उसे विद्यालय में प्रवेश लेना पड़ता है। हमारे देश में विद्यालयों के कई रूप देखने को मिलते हैं; जैसे–निजी विद्यालय, सरकारी विद्यालय, अर्द्धसरकारी विद्यालय, ट्रस्टी विद्यालय, आवासीय विद्यालय (निजी/सरकारी) आदि। इन सभी विद्यालयों के नाम भिन्न तो ज़रूर हैं, परंतु इनका उद्‌देश्य एक है-बच्चों का सर्वांगीण विकास करना।

आवासीय विद्यालय एक ऐसा विद्यालय होता है, जहाँ छात्रों का विद्यालयी परिसर में ही रहना अनिवार्य होता है। छात्रों के जीवन पर आवासीय विद्यालय के सकारात्मक एवं नकारात्मक दोनों प्रभाव पड़ते हैं। यदि सकारात्मक पर चर्चा की जाए, तो देखा जा सकता है कि आवासीय विद्यालय में कड़ा अनुशासन होता है। इसका प्रभाव विद्यार्थी के भविष्य पर पड़ता है। आवासीय विद्यालय में छात्र अपने परिवार से दूर रहते हैं। इस परिस्थिति में उन्हें बहुत-सी समस्याओं का सामना करना पड़ता है, जिनका समाधान भी छात्रों को स्वयं ही करना पड़ता है और इस प्रकार वे आत्मनिर्भरता के गुण को अर्जित कर लेते हैं। इसी आत्मनिर्भरता के कारण वे अपने भविष्य का निर्धारण करने में भी सक्षम हो जाते हैं।

आवासीय विद्यालयों के वातावरण में छात्र के अंदर सामाजिक गुणों का विकास होता है। आवासीय विद्यालय में परिवार से अलग रहने के कारण एक बच्चे में अन्य बच्चों के साथ परिवार की तरह सामंजस्य स्थापित करने का गुण आ जाता है। आवासीय विद्यालय में विद्यार्थी किसी भी प्रतिकूल परिस्थिति से बाहर निकल पाने में सक्षम हो जाते हैं। इस कारण वह आत्मनिर्भर जीवन व्यतीत करना सीख जाते हैं।

(ग) **पृथ्वी की रक्षा हेतु पर्यावरण की सुरक्षा**

पर्यावरण और मनुष्य का गहरा संबंध है। ये दोनों एक-दूसरे के पूरक हैं। मनुष्य हो या अन्य जीव-जंतु, सभी पर्यावरण की उपज हैं। मनुष्य अथवा जीव-जंतु सभी की उत्पत्ति, विकास, वर्तमान स्वरूप एवं भावी अस्तित्व सभी पर्यावरण पर ही निर्भर हैं। प्रकृति मनुष्य के जीवन हेतु कितने ही साधन जुटाती है, मनुष्य के पालन-पोषण हेतु स्वच्छ पानी, हवा, वनस्पति, खनिज उपलब्ध कराती है। आधुनिक युग में मानव द्वारा अपने स्वार्थ सिद्धि हेतु प्रकृति का निरंतर दोहन किया जा रहा है, जिससे हमारा पर्यावरण इतना दूषित हो गया है कि यह पूरे विश्व के लिए एक गंभीर समस्या बन गया है। स्वच्छ पर्यावरण, स्वस्थ जीवन जीने के लिए अति आवश्यक है। तकनीक की इस दुनिया में मानव तकनीक को विकसित करने के लिए पर्यावरण का सहारा ले रहा है, जिसके कारण हमारा पर्यावरण बिगड़ रहा है। प्रकृति में संतुलन बनाए रखने के लिए मानव और पर्यावरण के बीच एक मजबूत संतुलन बनाए रखना जरूरी है। पर्यावरण को सुरक्षित रखने के लिए हमें विशेष प्रयास करने होंगे। पर्यावरण प्रदूषण जहाँ एक ओर हमारे वातावरण को प्रदूषित कर रहा है, वहीं दूसरी ओर इसके कारण अनेक जटिल समस्याएँ भी उत्पन्न हो रही हैं, जो हमारी पृथ्वी के लिए हानिकारक हैं।

पृथ्वी की रक्षा व पर्यावरण को सुरक्षित करने के लिए वृक्षारोपण का सहारा लिया जा रहा है। अधिक-से-अधिक वृक्षारोपण तथा वृक्षों को और सुरक्षा प्रदान करके ओज़ोन परत के संरक्षण में सहयोग देकर पृथ्वी की रक्षा का प्रयास किया जा रहा है। पेट्रोल व डीजल के स्थान पर सी. एन. जी. का प्रयोग किया जा रहा है तथा लोगों को पर्यावरण के विषय में जागरूक किया जा रहा है।

पर्यावरण की सुरक्षा प्रत्येक नागरिक की सामाजिक जिम्मेदारी है। मनुष्य को अपने स्वार्थ के कारण प्रकृति की अमूल्य भेंट को नुकसान पहुँचाना बंद करना होगा तथा पर्यावरण की सुरक्षा के साथ सामंजस्य रखते हुए संतुलित विकास की ओर अग्रसर होना होगा।

6. *निम्नलिखित प्रश्नों में से किन्हीं दो प्रश्नों के उत्तर लगभग 60 शब्दों में लिखिए।* (2 × 3 = 6)

(क) 'कथावस्तु की जीवंतता' कहानी की महत्त्वपूर्ण और बुनियादी शर्त है। स्पष्ट कीजिए। (3)

(ख) ''नाटक लेखन में कथानक तथा चरित्र का विशेष योगदान होता है।'' इस कथन के संदर्भ में इनके महत्त्व पर प्रकाश डालिए। (3)

(ग) फीचर लेखन की प्रचलित शैली कौन-सी है? फीचर की विशेषताओं का उल्लेख कीजिए। (3)

उत्तर

(क) कथा का सार रूप 'कथावस्तु' कहलाता है। कथावस्तु कहानी का केंद्रीय बिंदु होता है। कहानीकार किसी घटना, स्वानुभव अथवा परानुभव से प्रेरणा लेकर किसी कहानी की रचना करता है। कल्पना के सहारे भी कहानीकार कहानी की रचना कर सकता है। कथावस्तु के लिए अनिवार्य शर्त है कि वह कोरी कल्पना न होकर सजीव व प्रासंगिक हो। अतः कहानीकार के लिए आवश्यक है कि वह ऐसी सजीव कथावस्तु का निर्माण करे, जो उसके उद्‌देश्य को पूर्ण करने में सहयोगी हो।

कहानी में कथावस्तु की जीवंतता बनाए रखना, कहानीकार के लिए महत्त्वपूर्ण चुनौती होती है। इसके लिए आवश्यक है कि कहानी का शीर्षक उपयुक्त तथा आकर्षक हो। कहानी की कथावस्तु सजीव एवं रोचक होनी चाहिए और उसमें किसी भी घटना या प्रसंग का अनावश्यक विस्तार न किया जाए। कहानीकार के लिए आवश्यक है कि वह ऐसी विषय-वस्तु का चयन करे, जो रोचक होने के साथ-साथ प्रासंगिक हो। उसका कर्त्तव्य है कि कथानक के उचित विकास हेतु विभिन्न घटनाओं व परिस्थितियों के चित्रण में परस्पर संबंध एवं क्रमबद्धता बनाए रखे।

***(ख)* कथ्य या कथानक** नाटक के लिए उसका कथ्य जरूरी होता है। नाटक में किसी कहानी के रूप को किसी शिल्प या संरचना के अंदर पिरोना होता है। इसके लिए नाटककार को शिल्प या संरचना की पूरी समझ, जानकारी व अनुभव होना चाहिए। इसके लिए पहले घटनाओं, स्थितियों या दृश्यों का चुनाव कर उन्हें क्रम में रखें ताकि कथा का विकास शून्य से शिखर की ओर हो।

चरित्र नाटक को सशक्त बनाने में चरित्र का विशेष योगदान होता है। अतः नाटक लिखते समय यह अत्यंत आवश्यक है कि नाटक के पात्र व उसके चरित्र सपाट और सतही न होकर क्रियाओं-प्रतिक्रियाओं को व्यक्त करने वाले हों।

(ग) फीचर लेखन का कोई एक तय ढाँचा या फार्मूला नहीं होता है। फीचर लेखन की शैली काफी हद तक कथात्मक शैली की तरह है। यह किसी कहानी की तरह विस्तार और रोचकता के साथ लिखा जाता है। यह कहानी की तरह घटनाओं या विषय का वर्णन करता है। शैली रोचक, सरल और प्रभावी होनी चाहिए ताकि पाठकों का ध्यान खींचा जा सके।

फीचर की विशेषताएँ निम्नलिखित हैं

1. फीचर समाचार की तरह पाठकों को तात्कालिक घटनाक्रम से अवगत नहीं कराता।
2. फीचर में लेखक के पास अपनी राय या दृष्टिकोण और भावनाएँ जाहिर करने का अवसर होता है।
3. फीचर लेखन कथात्मक शैली में किया जाता है।
4. फीचर को सजीव बनाने के लिए उसमें विषय से जुड़े लोगों की उपस्थिति अनिवार्य है।
5. फीचर कोई शोध रिपोर्ट नहीं है। अतः यह सूचनात्मक के साथ मनोरंजक भी होता है।

खंड 'ग' : पाठ्यपुस्तक अंतरा भाग-2 व अंतराल भाग-2

7. *निम्नलिखित काव्यांश को ध्यानपूर्वक पढ़कर पूछे गए प्रश्नों के सही उत्तर वाले विकल्प चुनिए* (5 × 1 = 5)

आह! वेदना मिली विदाई!
मैंने भ्रमवश जीवन संचित
मधुकरियों की भीख लुटाई।
छलछल थे संध्या के श्रमकण
आँसू-से गिरते थे प्रतिक्षण।
मेरी यात्रा पर लेती थी
नीरवता अनंत अँगड़ाई।

(क) प्रस्तुत काव्यांश में किसकी वेदना को अभिव्यक्त किया गया है? (1)

(*i*) स्कंदगुप्त की (*ii*) कवि की
(*iii*) देवसेना की (*iv*) कुमारगुप्त की

(ख) देवसेना के जीवनरूपी यात्रा के अंतिम समय में उसके साथ था (1)

1. स्कन्दगुप्त 2. बधुवर्मा 3. नीरवता 4. प्रणय

कूट

(i) केवल 1 (ii) केवल 3
(iii) 1 व 2 (iv) 2 व 4

(ग) जीवन-संध्या में देवसेना की आँखों में कौन-से भाव दिखाई पड़ते हैं? (1)

(*i*) पीड़ा (*ii*) संतुष्टि
(*iii*) प्रेम (*iv*) भ्रम

(घ) देवसेना ने जीवन की संचित पूँजी को किसके समान गँवा दिया? (1)

(*i*) मधुकरियों के (*ii*) धन के (*iii*) दान के (*iv*) भँवरों के

(ङ) देवसेना ने स्कंदगुप्त के प्रणय निवेदन को किस कारण ठुकरा दिया? (1)

(*i*) भ्रम के कारण (*ii*) स्वार्थ के कारण
(*iii*) धन के कारण (*iv*) राजनीति के कारण

उत्तर

(क) (*iii*) देवसेना की *(ख)* (*ii*) केवल 3
(ग) (*i*) पीड़ा *(घ)* (*i*) मधुकरियों के
(ङ) (*i*) भ्रम के कारण

8. *निम्नलिखित तीन प्रश्नों में से किन्हीं दो प्रश्नों के उत्तर लगभग 40 शब्दों में दीजिए* (2 × 2 = 4)

(क) सरोज के नव-वधू रूप का वर्णन अपने शब्दों में कीजिए। (2)

(ख) 'बंसत आया' शीर्षक कविता के आधार पर प्रतिपादित कीजिए कि कवि ने मनुष्य की आधुनिक जीवन शैली पर व्यंग्य किया है। (2)

(ग) कवि 'नयन न तिरपित भेल' के माध्यम से विरहिणी नायिका की किस मनोदशा को व्यक्त करना चाहता है? विद्यापति के पदों के आधार पर बताइए। (2)

उत्तर

(क) सरोज का विवाह पूर्णतया नए विधि-विधान से संपन्न किया गया। सर्वप्रथम मंगल कलश के पावन-जल से उसका अभिषेक किया गया। उस समय वह अपने पिता को मंद-मंद मुसकान के साथ देख रही थी। उसके होंठों पर बिजली जैसी स्पंदन के समान हँसी की लहर फैल गई थी। उसकी हँसी ऐसी लग रही थी मानो बादलों के बीच बिजली चमक रही हो। उसके हृदय में अपने प्रिय की सुंदर छवि प्रतिबिंबित हो रही थी। उसके चेहरे पर भावी दांपत्य को लेकर सुख का भाव मुखरित हो रहा था। लज्जावश उसकी आँखें झुकी हुई थीं तथा उसके होंठों पर कंपन हो रहा था। नव-वधू के रूप में सरोज रति के समान सुंदर लग रही थी। कवि को उसमें अपनी दिवंगत पत्नी का रूप दिखलाई पड़ रहा था।

(ख) 'वसंत आया' शीर्षक कविता में कवि ने मनुष्य की आधुनिक जीवन शैली पर व्यंग्य किया है। सभ्यता एवं संस्कृति के विकास के साथ-साथ मनुष्य का प्रकृति से संबंध टूटता गया।

शहरीकरण की प्रक्रिया, जनसंख्या के बढ़ते दबाव के कारण वनों का क्षय, आधुनिक भौतिकवादी विचारधारा, वैज्ञानिक यंत्रों से प्रदत्त कृत्रिम दैनिकचर्या चार दीवारियों में सिमटती हुई मानवीय ज़िंदगी ने उसकी प्रकृति एवं प्राकृतिक परिवर्तनों से वसंत की सूचना पाने की संवेदना को खत्म कर दिया है।

कैलेंडर की तारीख से एवं कार्यालयों में वसंत के आगमन के कारण हुए अवकाश से लोगों को पता चलता है कि वसंत आ गया। यह सच ही एक विडंबना है और यही आधुनिक जीवन शैली पर एक व्यंग्य है।

(ग) नायिका विरह की अवस्था में है। वह विरहिणी है। उसकी सखियाँ उससे प्रणय-अनुभव के बारे में पूछती हैं। नायिका सखियों से कहती है कि तुम मेरे प्रणय अनुभव के बारे में क्या पूछती हो! मेरा प्रेम तो नित्य-प्रति नूतन रूप ग्रहण करता है। मैं अपने प्रिय के रूप को कई जन्मों से देख रही हूँ पर आज तक आँखें तृप्त नहीं हुई हैं अर्थात् इन आँखों में प्रिय के रूप को बार-बार निहारने की इच्छा बनी ही रहती है।

कवि नायिका के प्रेम को विस्तार देता है। संयोग तथा वियोग की दशाओं में नायिका अपने प्रिय की निकटता की अनुभूति हर समय महसूस करती रहती है। वह मानती है कि उसके प्रिय कृष्ण का रूप क्षण-क्षण परिवर्तित होता रहता है। परिवर्तित होते ये रूप इतने मोहक हैं कि नायिका राधा हर रूप को अपने हृदय में बसाना चाहती है, किंतु वह इससे भी तृप्त नहीं हो पाती। नायिका को लगता है कि उसकी आँखें आज भी अपने प्रिय के उस निरंतर नवीनता धारण करने वाले रूप का दर्शन करना चाहती हैं। कवि विद्यापति ने 'नयन न तिरपित भेल' के माध्यम से विरह शृंगार के विराट् रूप को व्यक्त करने में सफलता पाई है।

9. ***निम्नलिखित में से किसी एक काव्यांश की सप्रसंग व्याख्या कीजिए।*** **(6)**

अगहन देवस घटा निसि बाढ़ी। दूभर दुख सो जाइ किमि काढ़ी।।
अब धनि देवस बिरह भा राती। जरै बिरह ज्यों दीपक बाती।।
काँपा हिया जनावा सीऊ। तौ पै जाइ होइ सँग पीऊ।।
घर घर चीर रचा सब काहूँ। मोर रूप रँग लै गा नाहू।।
पलटि न बहुरा गा जो बिछोई। अबहूँ फिरै फिरै रँग सोई।।
सियरि अगिनि बिरहिनि हिय जारा। सुलगि सुलगि दगधै भै छारा।।
यह दुख दगध न जानै कंतू। जोबन जरम करै भसमंतू।।
पिय सौं कहेहु सँदेसरा ऐ भँवरा ऐ काग।
सो धनि बिरहें जरि गई तेहिक धुआँ हम लाग।।

अथवा

सखि हे, कि पुछसि अनुभव मोए।
सेह पिरिति अनुराग बखानिअ तिल-तिल नूतन होए।।
जनम अबधि हम रूप निहारल नयन न तिरपित भेल।।
सेहो मधुर बोल स्रवनहि सूनल स्रुति पथ परस न गेल।।
कत मधु-जामिनि रभस गमाओलि न बूझल कइसन केलि।।
लाख लाख जुग हिअ हिअ राखल तइओ हिअ जरनि न गेल।।
कत बिदगध जन रस अनुमोदए अनुभव काहु न पेख।।
विद्यापति कह प्रान जुड़ाइते लाखे न मीलल एक।।

उत्तर

संदर्भ प्रस्तुत काव्यांश पाठ्यपुस्तक 'अंतरा भाग-2' में संकलित 'बारहमासा' शीर्षक कविता से उद्धृत है। यह काव्यांश प्रसिद्ध कवि मलिक मुहम्मद जायसी के महाकाव्य 'पद्मावत' का एक अंश है।

प्रसंग चित्तौड़ के राजा रत्नसेन के सिंहलद्वीप प्रवास के दौरान रानी नागमती के विरह को विविध ऋतुओं के माध्यम से कवि ने अपनी कविता में व्यक्त किया है। प्रस्तुत काव्यांश में नायिका (नागमती) भौंरे एवं कौवे के द्वारा अपने प्रियतम को संदेश भेज रही है।

व्याख्या रानी नागमती अगहन महीने के माध्यम से अपनी विरह का वर्णन करती हुई कहती है कि इस महीने दिन छोटा हो गया तथा रातें बड़ी हो गई हैं। यह बड़ी रातें विरह का प्रसार ही करती हैं। वह विरह में उसी प्रकार जल रही है, जिस प्रकार दीपक के साथ बत्ती जलती है। उसका हृदय शीत ऋतु के प्रकोप से काँप रहा है पर नागमती का यह प्रकोप तो प्रिय के साथ रहने पर ही कम होगा। नगर की स्त्रियों ने नवीन वस्त्र धारण कर शृंगार किया, किंतु नागमती का रंग-रूप तो उसके प्रिय के साथ ही चला गया। राजा रत्नसेन के लौट आने पर ही वह रूप पुनः प्राप्त किया जा सकता है। ठंडक को आग जलाकर भगाया जा सकता है पर यह ठंडक ही हृदय की आग बन जल रही है और हृदय धीरे-धीरे राख हो रहा है। प्रिय मेरे इस दुःख को नहीं समझ रहे कि उनके विरह में मेरा यौवन ही नहीं, बल्कि जीवन भी नष्ट होता जा

व्याख्या सहित

रहा है। नागमती भँवरे तथा काग के माध्यम से संदेश भेजती है कि जाकर मेरे स्वामी से कहना कि एक विरहिणी के जलने से उठे धुएँ ने हमें काला कर दिया है अर्थात् हमारा कालापन नायिका की चिता से उठे धुएँ की कालिख का परिणाम है।

अथवा

संदर्भ 'मैथिल कोकिल' कवि विद्यापति की 'पदावली' से उद्धृत प्रस्तुत काव्यांश पाठ्यपुस्तक 'अंतरा भाग-2' में 'पद' शीर्षक कविता के रूप में संकलित है।

प्रसंग प्रस्तुत काव्यांश में नायिका अपनी सखियों को कृष्ण के प्रति अपने प्रेम के अनुभव को बता रही है।

व्याख्या नायिका अपनी सखियों से कहती है कि हे सखी ! मेरे प्रणय-अनुभव के बारे में तुम क्या पूछती हो? मैं उस प्रेम का क्या वर्णन करूँ जो प्रतिक्षण नया सा लगता है। कई जन्मों से मैं उनके रूप को निहारती आ रही हूँ, किंतु मैं अब तक तृप्त नहीं हो पाई हूँ। मेरे नेत्र उनका रूप देखकर अघाते नहीं। मैं अपने प्रियतम भगवान श्रीकृष्ण की मधुर बोली को सुनती आ रही हूँ, किंतु मेरे कान आज भी तृप्त नहीं हुए हैं। मैंने अपने प्रिय के साथ वसंत की कई रातें प्रणय-लीला में व्यतीत की हैं, किंतु अब भी मिलन के आनंद की उत्कंठा बनी हुई है। यह आनंद अवर्णनीय है। लाखों वर्षों तक अपने हृदय में प्रिय को रखने के बाद भी हृदय की भावनाओं का शमन नहीं हुआ है। मुझसे प्रणय-अनुभव क्या पूछती हो कृष्ण के प्रेम रस का पान कितनों ही ने किया है, किंतु कोई प्रेम की पूर्णता को प्राप्त नहीं कर सका है।

विद्यापति कहते हैं कि लाखों में कोई एक भी नहीं मिला जो कृष्ण-प्रेम की पूर्णता को प्राप्त कर चुका हो। वस्तुतः यह प्रेम शाश्वत है।

10. *निम्नलिखित गद्यांश को पढ़कर दिए गए प्रश्नों के सही उत्तर वाले विकल्प चुनिए।* ($5 \times 1 = 5$)

मेरे पिताजी फ़ारसी के अच्छे ज्ञाता और पुरानी हिंदी कविता के बड़े प्रेमी थे। फ़ारसी कवियों की उक्तियों को हिंदी कवियों की उक्तियों के साथ मिलाने में उन्हें बड़ा आनंद आता था। वे रात को प्राय: रामचरितमानस और रामचंद्रिका, घर के सब लोगों को एकत्र करके बड़े चित्ताकर्षक ढंग से पढ़ा करते थे। आधुनिक हिंदी-साहित्य में भारतेंदु जी के नाटक उन्हें बहुत प्रिय थे। उन्हें भी वे कभी-कभी सुनाया करते थे। जब उनकी बदली हमीरपुर ज़िले की राठ तहसील से मिर्जापुर हुई, तब मेरी अवस्था आठ वर्ष की थी। उसके पहले ही से भारतेंदु के संबंध में एक अपूर्व मधुर भावना मेरे मन में जगी रहती थी। 'सत्य हरिश्चंद्र' नाटक के नायक राजा हरिश्चंद्र और कवि हरिश्चंद्र में मेरी बाल-बुद्धि कोई भेद नहीं कर पाती थी।

(क) शुक्ल जी के पिताजी का स्थानान्तरण कहाँ हो गया था? (1)

(*i*) मीरपुर में (*ii*) रायपुर में
(*iii*) जयपुर में (*iv*) मिर्जापुर में

(ख) निम्नलिखित में से कौन-सी पुस्तक लेखक के पिताजी रात के समय रोचक ढंग से पढ़ते थे? (1)

(*i*) भगवद्गीता (*ii*) रामचरितमानस और रामचन्द्रिका
(*iii*) कोई भी प्रसिद्ध उपन्यास (*iv*) ये सभी

(ग) **कथन** (A) आधुनिक हिंदी साहित्य में भारतेन्दु जी के नाटक पिताजी को बहुत प्रिय थे।

कारण (R) फारसी कवियों की उक्तियों को हिंदी कवियों की उक्तियों के साथ मिलाने में उन्हें बहुत आनंद आता था। (1)

कूट

(*i*) कथन (A) और कारण (R) दोनों सही हैं तथा कारण (R) कथन (A) की सही व्याख्या करता है।
(*ii*) कथन (A) और कारण (R) दोनों सही हैं, परंतु कारण (R) कथन (A) की सही व्याख्या नहीं करता है।
(*iii*) कथन (A) सही है, किंतु कारण (R) गलत है।
(*iv*) कथन (A) गलत है, किंतु कारण (R) सही है

(घ) मिर्जापुर आने से पहले ही लेखक के मन में किसके प्रति विशेष स्नेह भावना थी? (1)

(*i*) हिन्दी साहित्य प्रेमियों के प्रति (*ii*) भारतेन्दु हरिश्चन्द्र के प्रति
(*iii*) राजा हरिश्चन्द्र के प्रति (*iv*) बाल मंडली के प्रति

(ङ) लेखक के पिताजी को किस कार्य को करने में विशेष आनंद की अनुभूति होती थी? (1)

(*i*) फारसी उपन्यास पढ़ने से (*ii*) फारसी और हिंदी कवियों की उक्तियों के मिलान से
(*iii*) हिंदी भाषा में वार्तालाप करने से (*iv*) नवीन हिंदी कविता पढ़ने से

उत्तर

(क) (iv) मिर्जापुर में

(ख) (ii) रामचरितमानस और रामचन्द्रिका

(ग) (ii) कथन (A) और कारण (R) दोनों सही हैं, परंतु कारण (R) कथन (A) की सही व्याख्या नहीं करता है।

(घ) (ii) भारतेन्दु हरिश्चन्द्र के प्रति

(ङ) (ii) फारसी और हिंदी कवियों की उक्तियों के मिलान से

11. *निम्नलिखित तीन प्रश्नों में से किन्हीं दो प्रश्नों के उत्तर लगभग 40 शब्दों में दीजिए।* (2 × 2 = 4)

(क) लेखक के पिता भारत जीवन प्रेस की पुस्तकें छिपाकर क्यों रखते थे तथा लेखक ने पुस्तकें पढ़ने के लिए कौन-सा मार्ग अपनाया? (2)

(ख) 'सुमिरिनी के मनके' पाठ के अनुसार लेखक की धर्म संबंधी अपनी मान्यता पर लेख/निबंध संक्षेप में लिखिए। (2)

(ग) यास्सेर अराफात के आतिथ्य से क्या प्रेरणा मिलती है और अपने अतिथि का सत्कार आप किस प्रकार करना चाहेंगे? (2)

उत्तर

(क) लेखक के पिता साहित्य प्रेमी थे। उन्हें भारतेंदु हरिश्चंद्र बहुत प्रिय थे। उनके संस्कारों का प्रभाव लेखक पर भी पड़ा, जिस कारण उसका हिंदी साहित्य के प्रति झुकाव बढ़ता गया। लेखक के घर भारत जीवन प्रेस से पुस्तकें आती थीं, लेकिन लेखक के पिता उन पुस्तकों को छिपाकर रखने लगे, क्योंकि उन्हें डर था कि कहीं लेखक का ध्यान स्कूल की पढ़ाई से न हट जाए तथा वह बिगड़ न जाए। लेखक ने पुस्तकें पढ़ने के लिए पंडित केदारनाथ जी पाठक द्वारा खोले गए पुस्तकालय में जाकर वहाँ से पुस्तकें लाकर पढ़ने का मार्ग अपनाया।

(ख) धर्म मेरी दृष्टि से एक ऐसी संस्था है जो मनुष्य को मानवोचित गुणों का पालन करना सिखाती है। यह एक समाज को सभ्य, सुसंस्कृत, आचार-विचार, जीने का तरीका व अपने लक्ष्य को प्राप्त करने का सलीका सिखाती है। विवेक-अविवेक, करणीय-अकरणीय, मानवता-दानवता, पाप-पुण्य का अंतर भी धर्म के माध्यम से पता चलता है। यह मनुष्य को मानव धर्म का पालन करना सिखाती है। सहिष्णुता, सेवा, त्याग, परोपकार, सत्य, अहिंसा, उत्साह एवं जीवन मूल्यों का पालन करना धर्म से ही संभव हो सकता है। धर्म वही है जो लोक कल्याण की भावना से किया जाए। निजी स्वार्थ, लोभ, संकुचित विचारधारा और अहंकार मानव धर्म की सीमा में नहीं आता। इसका विस्तार अनंत है। यह समाज में सद्भावना का प्रसार करता है।

(ग) यास्सेर अराफात के आतिथ्य से हमें यह प्रेरणा मिलती है कि अतिथि अत्यंत सम्मान का अधिकारी होता है। वह छोटा बड़ा नहीं होता, जो भी हमारे पास आए हमें उसका स्वागत सभी भेदभाव को भुलाकर करना चाहिए। हमारी भारतीय संस्कृति में 'अतिथि देवो भवः' कहा गया है। हम अपने अतिथि का स्वागत उत्साह, विनम्रता, सम्मानपूर्वक और सरलता से करेंगे। हम अतिथि को ईश्वर का स्वरूप मानकर उसकी हर संभव सेवा करने का प्रयास करेंगे।

12. *निम्नलिखित गद्यांशों में से किसी एक की सप्रसंग व्याख्या कीजिए।* (6)

शेक्सपीयर के प्रसिद्ध नाटक 'मर्चेंट ऑफ वेनिस' में पोशिया अपने वर को बड़ी सुंदर रीति से चुनती है। बबुआ हरिश्चंद्र के 'दुर्लभ बंधु' में पुरश्री के सामने तीन पेटियाँ हैं—एक सोने की, दूसरी चाँदी की, तीसरी लोहे की। तीनों में से एक में उसकी प्रतिमूर्ति है। स्वयंवर के लिए जो आता है उसे कहा जाता है कि इनमें से एक को चुन ले। अकड़बाज़ सोने को चुनता है और उलटे पैरों लौटता है। लोभी को चाँदी की पिटारी अँगूठा दिखाती है। सच्चा प्रेमी लोहे को छूता है और घुड़दौड़ का पहला इनाम पाता है। ठीक ऐसी ही लाटरी वैदिक काल में हिंदुओं में चलती थी। इसमें नर पूछता था, नारी को बूझना पड़ता था।

अथवा

बात ही बात में मालूम हुआ कि जिस मकान में से वे निकले थे, वह भारतेंदु जी का घर था। मैं बड़ी चाह और कुतूहल की दृष्टि से कुछ देर तक उस मकान की ओर न जाने किन-किन भावनाओं में लीन होकर देखता रहा। पाठक जी मेरी यह भावुकता देख बड़े प्रसन्न हुए और बहुत दूर तक मेरे साथ बातचीत करते हुए गए। भारतेंदु जी के मकान के नीचे का यह हृदय-परिचय बहुत शीघ्र गहरी मैत्री में परिणत हो गया।

उत्तर

संदर्भ प्रस्तुत गद्यांश पाठ्यपुस्तक 'अंतरा भाग-2' में संकलित 'सुमिरिनी के मनके' पाठ में शामिल लघु निबंध 'बालक बच गया' से उद्धृत है। यह प्रसिद्ध निबंधकार 'पंडित चंद्रधर शर्मा गुलेरी' की रचना है।

प्रसंग लेखक ने समाज में व्याप्त रूढ़ियों तथा अंधविश्वासों पर व्यंग्य किया है। अंधविश्वास तथा रूढ़ियाँ आधुनिक काल की देन नहीं हैं, बल्कि वैदिक काल से ही समाज में ऐसी रूढ़ियाँ व्याप्त हैं, जिनका कोई अर्थ नहीं है।

व्याख्या समाज में कई रूढ़ियाँ तथा अंधविश्वास परंपरागत रूप से विद्यमान रहे हैं। विवाह के लिए वर तथा वधू के चयन की प्रक्रिया में भी कई रूढ़ियों को स्थान मिला। शेक्सपियर के नाटक 'मर्चेंट ऑफ वेनिस' में पोर्शिया ने अपने पति का चुनाव सुंदर रीति से किया। भारतेंदु हरिश्चंद्र की कहानी 'दुर्लभ बंधु' में नायिका पुरश्री के सम्मुख सोने, चाँदी तथा लोहे की पेटियाँ दिखाई गई हैं। एक पेटी में नायिका की प्रतिमूर्ति थी। स्वयंवर में आए लोगों को एक पेटी का चुनाव करना था। सच्चा प्रेमी लोहे की पेटी को छूता है और उससे नायिका का विवाह होता है। वैदिक काल के स्वयंवर भी इन रूढ़ियों से मुक्त नहीं थे। इनमें कन्या से मिट्टी के ढेले को चुनने को कहा जाता था। यह विधि लाटरी के समान थी। लेखक स्वयंवर की इन प्रवृत्तियों पर व्यंग्य करता है।

अथवा

संदर्भ प्रस्तुत गद्यांश पाठ्यपुस्तक 'अंतरा भाग-2' में संकलित आचार्य रामचंद्र शुक्ल संस्मरणात्मक निबंध 'प्रेमघन की छाया-स्मृति' से उद्धृत है।

प्रसंग इस गद्यांश में भारतेंदु जी के मकान को देखकर लेखक की भावपूर्ण दशा का वर्णन किया गया है।

व्याख्या लेखक एक बारात के सिलसिले में काशी गए थे, जहाँ उनकी मुलाकात केदारनाथ पाठक जी से हुई। उनसे लेखक को ज्ञात हुआ कि जिस मकान से वे निकले हैं वह भारतेंदु जी का मकान है। वह बड़ी अभिलाषा और जिज्ञासा भरी नज़रों से कुछ समय तक उस मकान को देखते रहे और भावनाओं में खो गए। वह अपनी भावनाओं को व्यक्त नहीं कर पा रहे थे। बालक की इस भावुकता को देखकर केदारनाथ पाठक जी बहुत प्रसन्न हुए और बहुत दूर तक वे लेखक के साथ बातचीत करते हुए चलते रहे। भारतेंदु के घर के नीचे का लेखक की भावदशा का जो परिचय केदारनाथ जी से हुआ, वह बहुत जल्दी उन दोनों के बीच गहरी मित्रता में बदल गया।

13. *निम्नलिखित प्रश्नों में से किन्हीं दो प्रश्नों के उत्तर लगभग 100 शब्दों में दीजिए।* (2 × 5 = 10)

(क) भैरो ने सूरदास की झोंपड़ी क्यों जलाई? संक्षेप में बताइए। (5)

(ख) गरमी और लू से बचने के उपायों का विवरण दीजिए। क्या आप भी उन उपायों से परिचित हैं? 'बिस्कोहर की माटी' पाठ के आधार पर स्पष्ट कीजिए। (5)

(ग) एक जागरूक नवयुवक होने के नाते आप अपने स्तर पर नदियों को प्रदूषण से बचाने के लिए क्या-क्या कदम उठाना चाहेंगे? (5)

उत्तर

(क) भैरो तथा सुभागी पति-पत्नी थे। वे सूरदास के पड़ोसी भी थे। एक दिन भैरो तथा सुभागी में तकरार हुई। सुभागी मार खाने के डर से भागकर सूरदास की झोंपड़ी में छिप गई। भैरो वहाँ पहुँचा और उसने सुभागी की पिटाई करनी चाही, किंतु सूरदास के बीच-बचाव के कारण वह अपने उद्देश्य में सफल नहीं हो सका। भैरो ने सूरदास के चरित्र पर प्रश्न उठाया। जिससे गाँवभर में सूरदास और सुभागी के संबंध की चर्चा होने लगी। इस घटना के बाद भैरो खुद को अपमानित महसूस करने लगा और वह सूरदास को सबक सिखाना चाहता था। वह उसे तड़पता तथा रोता हुआ देखना चाहता था। दूसरी ओर जगधर सूरदास से ईर्ष्या करता था, उसे सूरदास का सुखपूर्वक रहना काँटे की तरह चुभता था। इसलिए उसने भैरो को उकसाया तथा उसने सूरदास को परेशान करने के लिए उसकी झोंपड़ी में आग लगा दी।

(ख) 'गरमी' तथा 'लू' से बचने के कई उपाय गाँवों में प्रचलित हैं। गरमी की दोपहर में 'लू' से बचने के लिए प्याज का सेवन किया जाता है। 'लू' से बचाने में प्याज प्रायः सहायक होती है। इसलिए धोती या कमीज़ में बच्चों को लू से बचाने के लिए प्याज की गाँठ बाँध दी जाती है। वस्तुतः यह अंधविश्वास के रूप में अपनी पकड़ बना चुका है। लू लगने पर कच्चे आम को पका या भूनकर और उसमें गुड़ या चीनी डालकर शरबत बनाकर पीना आयुर्वेदिक उपचार के रूप में प्रसिद्ध है। कच्चे आम को भून या उबालकर उससे सिर धोना भी एक कारगर इलाज है। इन प्राकृतिक इलाजों का गाँव-देहातों में अत्यधिक महत्त्व है। इन प्रक्रियाओं से पुरानी पीढ़ी परिचित है। बड़े-बुज़ुर्ग अवश्य इन उपचारों को अपनाने की सलाह देते हैं, किंतु चिकित्सा-विज्ञान के विस्तार के कारण नई पीढ़ी ऐसे प्राकृतिक उपचारों को नहीं अपनाती है। 'गरमी' या 'लू' लगने पर अब लोग चिकित्सकों के पास जाने में अधिक विश्वास रखते हैं।

(ग) भरतवंशियों को अमृत तुल्य जल का पान कराने वाली नदियाँ, जिन्हें हम माता कहकर बुलाते हैं। आज गंदे नालों में बदलती जा रही हैं। इन नदियों का जल पूरी तरह से प्रदूषित हो चला है। एक जागरूक नवयुवक होने के नाते मैं अपने स्तर पर इन्हें प्रदूषण से बचाने हेतु निम्नलिखित कदम उठाना चाहूँगा

(i) नदियों में पॉलीथीन अथवा प्लास्टिक की बनी वस्तुएँ नहीं छोड़ूँगा।

(ii) पूजा करने के दौरान या उसके पश्चात् नदियों में पूजन-सामग्रियों को नहीं डालूँगा।

(iii) नदियों में मूर्ति विसर्जन नहीं करूँगा।

(iv) अपने क्षेत्र में स्थापित कारखानों के मालिकों अथवा वरिष्ठ अधिकारियों से मिलकर उन्हें सुझाव दूँगा कि वे कारखाने से निकले अपशिष्ट पदार्थों को नदियों में न गिराएँ।

(v) समाचार-पत्रों का सहारा लेकर अथवा व्यक्तिगत रूप से राज्य के संबद्ध मंत्रियों से मिलकर उन्हें क्षेत्र में मौजूद उन नालों की जानकारी देंगे, जिनके माध्यम से क्षेत्र के मल-जल और अन्य गंदी चीज़ें नदियों में डाली जा रही हैं।

(vi) संपादकीय पत्र या लेख के द्वारा लोगों को नदियों को साफ़ रखने के लिए जागरूक करूँगा।

(vii) अपने क्षेत्र में सभा, नुक्कड़ नाटक आदि आयोजित कर लोगों को नदियों को स्वच्छ रखने के लिए प्रेरित करूँगा।

प्रतिदर्श प्रश्न-पत्र 2

CBSE कक्षा 12वीं की परीक्षा के लिए नमूना प्रश्न–पत्र

हिंदी ऐच्छिक

निर्देश 1. प्रश्न-पत्र में तीन खंड हैं—क, ख और ग।
2. खंड-क में अपठित बोध पर आधारित प्रश्न पूछे गए हैं। सभी प्रश्नों के उत्तर देने होंगे।
3. खंड-ख में अभिव्यक्ति और माध्यम पुस्तक के आधार पर प्रश्न पूछे गए हैं। प्रश्नों में आंतरिक विकल्प दिए गए हैं।
4. खंड-ग में अंतरा भाग-2 एवं अंतराल भाग-2 पाठ्यपुस्तक के आधार पर प्रश्न पूछे गए हैं। प्रश्नों में आंतरिक विकल्प दिए गए हैं।

समय : **3 घंटे** पूर्णांक : **80**

खंड 'क' : अपठित बोध

1. *निम्नलिखित गद्यांश को ध्यानपूर्वक पढ़िए और दिए गए प्रश्नों के उत्तर निर्देशानुसार दीजिए।* (10)

भारत एक विशाल देश है, जिसमें भिन्न-भिन्न प्रकार की समस्याएँ व्याप्त हैं, जिनमें से एक है—जनसंख्या वृद्धि। जनसंख्या वृद्धि देश के विकास में बाधा का कार्य करती है, इसलिए हमारी सर्वोच्च प्राथमिकता जनसंख्या वृद्धि को रोकना है। इस क्षेत्र में हमारे सभी प्रयत्न निष्फल रहे हैं। ऐसा क्यों है? यह इसलिए भी हो सकता है, क्योंकि समस्या को देखने का हर एक का अलग दृष्टिकोण है। जनसंख्याशास्त्रियों के लिए यह आँकड़ों का अंबार है। अफसरशाही के लिए यह टारगेट तय करने की कार्यविधि है। राजनीतिज्ञ इसे वोट बैंक की दृष्टि से देखता है। ये सब अपने-अपने ढंग से समस्या को सुलझाने में लगे हैं।

अतः पृथक्-पृथक् किसी के हाथ सफलता नहीं लगी। परंतु यह स्पष्ट है कि परिवार के आकार पर आर्थिक विकास और शिक्षा का बहुत प्रभाव पड़ता है। यहाँ आर्थिक विकास का तात्पर्य पाश्चात्य मतानुसार भौतिकवाद नहीं जहाँ बच्चों को बोझ माना जाता है। हमारे लिए तो यह सम्मानपूर्वक जीने के स्तर से संबंधित है। यह मौजूदा संपत्ति के समतामूलक विवरण पर ही निर्भर नहीं है वरन् ऐसी शैली अपनाने से संबंधित है, जिसमें अस्सी करोड़ लोगों की ऊर्जा का बेहतर उपयोग हो सके। इसी प्रकार स्त्री-शिक्षा भी है। यह समाज में एक नए प्रकार का चिंतन पैदा करेगी, जिससे सामाजिक और आर्थिक विकास के नए आयाम खुलेंगे और साथ ही बच्चों के विकास का नया रास्ता भी खुलेगा। अतः जनसंख्या की समस्या सामाजिक है। इसे सरकार अकेले नहीं सुलझा सकती। केंद्रीकरण से हटकर इसे ग्राम-ग्राम, व्यक्ति-व्यक्ति तक पहुँचाना होगा। जब तक यह जन-आंदोलन नहीं बन जाता, तब तक सफलता मिलना संदिग्ध है।

बहुविकल्पीय प्रश्न

निम्नलिखित में से निर्देशानुसार विकल्पों का चयन कीजिए।

(क) प्रस्तुत गद्यांश किस विषयवस्तु पर आधारित है? (1)

(i) जनसंख्या वृद्धि : समस्या और समाधान पर
(ii) आर्थिक विकास में जनसंख्या की भूमिका पर
(iii) विकास के नए आयाम पर
(iv) शिक्षा के योगदान पर

(ख) निम्नलिखित कथनों पर विचार कीजिए। (1)

1. भारत में समस्याओं की कमी नहीं है।
2. भारत के विकास में कोई भी समस्या बाधक नहीं है।
3. आर्थिक विकास से तात्पर्य 'भौतिकवाद' से है।
4. जनसंख्या वृद्धि के नियंत्रण में 'स्त्री-शिक्षा' का स्थान महत्त्वपूर्ण है।

गद्यांश के अनुसार कौन-सा/से कथन सही है/हैं?

(i) केवल 1 *(ii)* केवल 2 *(iii)* 2 और 3 *(iv)* 1 और 4

(ग) **कथन** (A) जनसंख्या की समस्या का समाधान सरकार अकेले कर सकती है।
कारण (R) जनसंख्या की समस्या सामाजिक है। जनांदोलन के बिना इस समस्या से निजात नहीं पाया जा सकता है। (1)

कूट

(i) कथन (A) और कारण (R) दोनों सही हैं तथा कारण (R) कथन (A) की सही व्याख्या करता है।
(ii) कथन (A) और कारण (R) दोनों सही हैं, परंतु कारण (R) कथन (A) की सही व्याख्या नहीं करता है।
(iii) कथन (A) सही है, किंतु कारण (R) गलत है।
(iv) कथन (A) गलत है, किंतु कारण (R) सही है

अतिलघु उत्तरीय प्रश्न

(घ) जनसंख्या वृद्धि को रोकना हमारी सर्वोच्च प्राथमिकता क्यों है? (1)

लघु उत्तरीय प्रश्न

(ङ) जनसंख्या वृद्धि को रोकने के लिए किस प्रकार का दृष्टिकोण अपनाना चाहिए? (2)
(च) सामाजिक विकास को किस प्रकार बढ़ाया जा सकता है? (2)
(छ) जनसंख्या नियन्त्रण के लिए समाज में किस-प्रकार का दृष्टिकोण अपनाया जाता है? (2)

2. *निम्नलिखित पद्यांश को ध्यानपूर्वक पढ़िए और दिए गए प्रश्नों के उत्तर निर्देशानुसार दीजिए।* (8)

मानो, जनता है फूल जिसे अहसास नहीं,
जब चाहो तभी उतार सजा लो दोनों में;
अथवा कोई दुधमुँही जिसे बहलाने के
जंतर-मंतर सीमित हों चार खिलौनों में।
लेकिन होता भूडोल, बवंडर उठते हैं,
जनता जब कोपाकुल हो भृकुटि चढ़ाती है;
दो राह समय के रथ का घर्घर-नाद सुनो,
सिंहासन खाली करो कि जनता आती है।

हुँकारों से महलों की नींव उखड़ जाती,
साँसों के बल से ताज हवा में उड़ता है,
जनता की रोके राह, समय में ताव कहाँ?
वह जिधर चाहती, काल उधर ही मुड़ता है।
अब्दों, शताब्दियों, सहस्राब्द का अंधकार
बीता; गवाक्ष अंबर के दहके जाते हैं;
यह और नहीं कोई, जनता के स्वप्न अजय
चीरते तिमिर का वक्ष उमड़ते जाते हैं।

बहुविकल्पीय प्रश्न

निम्नलिखित में से निर्देशानुसार विकल्पों का चयन कीजिए।

(क) जनता के हुंकारों से महलों की नींव उखड़ने का क्या अभिप्राय है?

(i) अत्याचार सहन करना (ii) शोषकों के घर तोड़ना
(iii) अशांति फैलाना (iv) सत्ता छिनना

(ख) **कथन** (A) शताब्दियों से फैला अंधकार दूर हो रहा है।
कारण (R) जनता द्वारा अपना अधिकार प्रयोग किया जा रहा है।

कूट

(i) कथन (A) तथा कारण (R) दोनों सही हैं तथा कारण (R), कथन (A) की सही व्याख्या करता है।
(ii) कथन (A) तथा कारण (R) दोनों सही हैं, किंतु कारण (R), कथन (A) की सही व्याख्या नहीं करता है।
(iii) कथन (A) सही है, किंतु कारण (R) गलत है।
(iv) कथन (A) गलत है, किंतु कारण (R) सही है।

(ग) 'जंतर-मंतर सीमित हो चार खिलौनों में'-पंक्ति में निहित मूलभाव क्या है? (1)

(i) वायदे मात्र करके जनता को बहलाना
(ii) बच्चों को खिलौने बाँटना
(iii) भारतीय जनता बच्चों के समान कमज़ोर है
(iv) खिलौने रूपी सुंदर बातों द्वारा शासक वर्ग को आकर्षित करना

अतिलघु उत्तरीय प्रश्न

(घ) जनता का मार्ग रोकने की हिम्मत किसमें नहीं है? (1)

लघु उत्तरीय प्रश्न

(ङ) जनता की तुलना फूलों से क्यों की गई है? (2)

(च) जनता के क्रोध का क्या परिणाम होता है? (2)

खंड 'ख' : अभिव्यक्ति और माध्यम पुस्तक

3. *निम्नलिखित प्रश्नों के उत्तर लगभग 30-40 शब्दों में दीजिए।* (5)

(क) रेडियो समाचार की संरचना कैसी होती है? (1)

(ख) संपादकीय लेखन के बारे में बताइए। (2)

(ग) बीट रिपोर्टिंग और विशेषीकृत रिपोर्टिंग में क्या अंतर है। (2)

4. *निम्नलिखित प्रश्नों में से किन्हीं दो प्रश्नों के उत्तर लगभग 60 शब्दों में दीजिए।* (2 × 3 = 6)

(क) 'भारत में इण्टरनेट पत्रकारित' विषय पर टिप्पणी लिखित। (3)

(ख) समाचार लेखन में 'नीतिगत ढाँचे' का महत्त्व स्पष्ट कीजिए। (3)

(ग) विशेष लेखन क्या है? यह कितने प्रकार का होता है?

5. *निम्नलिखित दिए गए अप्रत्याशित विषयों में से किसी एक पर लगभग 100 शब्दों में रचनात्मक लेख लिखिए।* (5)

(क) अपने जीवन की मधुर स्मृतियों का वर्णन

(ख) मेरी प्रिय ऋतु

(ग) विद्यालय से लौटते समय जाम में फँस जाना

6. *निम्नलिखित प्रश्नों में से किन्हीं दो प्रश्नों के उत्तर लगभग 60 शब्दों में लिखिए* (2 × 3 = 6)

(क) कहानी को रोचक और प्रमाणिक बनाने में देशकाल और वातावरण का चित्रण अपनी महत्त्वपूर्ण भूमिका निभाता है। कैसे? स्पष्ट कीजिए। (3)

(ख) कविता लेखन के महत्त्वपूर्ण उपकरणों का वर्णन कीजिए। (3)

(ग) अभिनेयता का अर्थ स्पष्ट करते हुए बताइए कि अभिनेयता न होने से नाटकों में क्या दोष आता है? (3)

खंड 'ग' : पाठ्यपुस्तक अंतरा भाग-2 व अंतराल भाग-2

7. *निम्नलिखित काव्यांश को ध्यानपूर्वक पढ़कर पूछे गए प्रश्नों के सही उत्तर वाले विकल्प चुनिए* (5 × 1 = 5)

पुलकि सरीर सभाँ भए ठाढ़े। नीरज नयन नेह जल बाढ़े।।
कहब मोर मुनिनाथ निबाहा। एहि तें अधिक कहौं मैं काहा।।
मैं जानउँ निज नाथ सुभाऊ। अपराधिहु पर कोह न काऊ।।
मो पर कृपा सनेहु बिसेखी। खेलत खुनिस न कबहूँ देखी।।
सिसुपन तें परिहरेउँ न संगू। कबहुँ न कीन्ह मोर मन भंगू।।
मैं प्रभु कृपा रीति जियँ जोही। हारेहुँ खेल जितावहिं मोंही।।
महूँ सनेह सकोच बस सनमुख कही न बैन।
दरसन तृपित न आजु लगि पेम पिआसे नैन।।

(क) किसके नेत्रों से स्नेहमयी अश्रु बह रहे हैं? (1)

(*i*) सभाजन (*ii*) राम (*iii*) भरत (*iv*) कैकेयी

(ख) प्रस्तुत काव्यांश में भरत ने राम के स्वभाव की क्या विशेषता बताई है? (1)

(*i*) बचपन के खेलों में भरत को हराना
(*ii*) निर्दोष व्यक्ति पर क्रोध न करना
(*iii*) भरत को अपने साथ न खिलाना
(*iv*) अपराधी व्यक्ति पर भी क्रोध न करना

(ग) भरत ने श्रीराम के सम्मुख अपने किस भाव को कभी प्रदर्शित नहीं किया? (1)

(*i*) स्नेह (*ii*) भय (*iii*) लालसा (*iv*) क्रोध

(घ) भरत के अनुसार, राम की कृपा व स्नेह विशेष किस पर रहा है? (1)

(*i*) लक्ष्मण पर
(*ii*) कौशल्या माँ पर
(*iii*) स्वयं भरत पर
(*iv*) बचपन के खेलों पर

(ङ) प्रस्तुत पद में किसका वर्णन किया गया है? (1)

(*i*) राम-सीता विवाह का
(*ii*) वनवास की घटनाओं का
(*iii*) राम के स्वभाव का
(*iv*) भरत-राम के प्रेम का

8. ***निम्नलिखित तीन प्रश्नों में से किन्हीं दो प्रश्नों के उत्तर लगभग 40 शब्दों में दीजिए*** (2 × 2 = 4)

(क) 'देवसेना का गीत' कविता के आधार पर देवसेना की वेदना पर प्रकाश डालिए। (2)

(ख) 'वसंत आया' कविता की सार्थकता सिद्ध कीजिए। (2)

(ग) बारहमासा से क्या आशय है? (2)

9. ***निम्नलिखित में से किसी एक काव्यांश की सप्रसंग व्याख्या कीजिए।*** (6)

अरुण यह मधुमय देश हमारा!
जहाँ पहुँच अनजान क्षितिज को मिलता एक सहारा।
सरस तामरस गर्भ विभा पर-नाच रही तरुशिखा मनोहर।
छिटका जीवन हरियाली पर-मंगल कुंकुम सारा!
लघु सुरधनु से पंख पसारे-शीतल मलय समीर सहारे।
उड़ते खग जिस ओर मुँह किए-समझ नीड़ निज प्यारा।

अथवा

हिमालय किधर है?
मैंने उस बच्चे से पूछा जो स्कूल के बाहर
पतंग उड़ा रहा था
उधर-उधर-उसने कहा
जिधर उसकी पतंग भागी जा रही थी
मैं स्वीकार करूँ
मैंने पहली बार जाना
हिमालय किधर है!

10. ***निम्नलिखित गद्यांश को पढ़कर दिए गए प्रश्नों के सही उत्तर वाले विकल्प चुनिए।*** (5 × 1 = 5)

.....यह समूचा दृश्य इतना साफ़ और सजीव है—अपनी स्वच्छ मांसलता में इतना संपूर्ण और शाश्वत कि एक क्षण के लिए विश्वास नहीं होता कि आने वाले वर्षों में सब कुछ मटियामेट हो जाएगा-झोंपड़ी, खेत, ढोर, आम के पेड़-सब एक गंदी, 'आधुनिक औद्योगिक कॉलोनी' की ईंटों के नीचे दब जाएगा और ये हँसती-मुसकुराती औरतें, भोपाल, जबलपुर या बैढ़न की सड़कों पर पत्थर कूटती दिखाई देंगी। शायद कुछ वर्षों तक उनकी स्मृति में अपने गाँव की तसवीर एक स्वप्न की तरह धुंधलाती रहेगी, किंतु धूल में लोटते उनके बच्चों को तो कभी मालूम भी नहीं होगा कि बहुत पहले उनके पुरखों का गाँव था—जहाँ आम झरा करते थे।

(क) निम्नलिखित कथन कारण को ध्यानपूर्वक पढ़िए उसके बाद दिए गए विकल्पों में से कोई एक सही विकल्प चुनकर लिखिए। (1)

कथन (A) आगामी वर्षों में औद्योगिक विकास के कारण सब कुछ नष्ट हो जाएगा।

कारण (R) औद्योगिक विकास के नाम पर ग्रामीणों को उनके घरों से निष्कासित कर दिया गया है।

कूट

(*i*) कथन (A) और कारण (R) दोनों सही हैं तथा कारण (R) कथन (A) की सही व्याख्या करता है।

(*ii*) कथन (A) और कारण (R) दोनों सही हैं, परंतु कारण (R) कथन (A) की सही व्याख्या नहीं करता है।

(*iii*) कथन (A) सही है, किंतु कारण (R) गलत है।

(*iv*) कथन (A) गलत है, किंतु कारण (R) सही है

(ख) धान की रोपाई करती महिलाओं को देखकर लेखक की क्या प्रतिक्रिया होती है? (1)

(*i*) लेखक उन्हें देखकर अत्यंत भावुक हो जाता है (*ii*) लेखक उनसे बातचीत करने लगता है

(*iii*) लेखक उन्हें विस्थापन से परिचित कराता है (*iv*) लेखक कोई प्रतिक्रिया व्यक्त नहीं करता

(ग) गद्यांश के अनुसार औद्योगिक कॉलोनियों में कौन परिवर्तित हो जाएगा? (1)

(*i*) झोंपड़ियाँ (*ii*) खेल-खलिहान

(*iii*) आम के पेड़ (*iv*) ये सभी

(घ) हँसती-मुसकुराती हुई औरतें सड़कों पर पत्थर कूटती हुई क्यों दिखाई देंगी? (1)

(*i*) गरीबी के कारण (*ii*) भ्रष्टाचार के कारण

(*iii*) बेरोजगारी के कारण (*iv*) विस्थापन के कारण

(ङ) प्रस्तुत गद्यांश के माध्यम से लेखक ने किस सत्य को उजागर करने की कोशिश की है? (1)

(*i*) औद्योगिक कॉलोनियाँ विकास के लिए आवश्यक हैं (*ii*) प्रगति के नाम पर संस्कृति का विनाश किया जा रहा है

(*iii*) नई पीढ़ी अपने भविष्य को लेकर सतर्क है (*iv*) गाँव में प्रगति संभव नहीं है

11. *निम्नलिखित तीन प्रश्नों में से किन्हीं दो प्रश्नों के उत्तर लगभग 40 शब्दों में दीजिए।* (2 × 2 = 4)

(क) सेवाग्राम में लेखक को क्या अनुभव मिले? स्पष्ट कीजिए। (2)

(ख) प्रकृति के कारण विस्थापन और औद्योगिकीकरण के कारण विस्थापन में क्या अन्तर है? (2)

(ग) दूसरा देवदास कहानी का प्रतिपाद्य लिखिए। (2)

12. *निम्नलिखित गद्यांशों में से किसी एक की सप्रसंग व्याख्या कीजिए।* (6)

धर्म के रहस्य जानने की इच्छा प्रत्येक मनुष्य न करे, जो कहा जाए वही कान ढलकाकर सुन ले, इस सत्ययुगी मत के समर्थन में घड़ी का दृष्टांत बहुत तालियाँ पिटवाकर दिया जाता है। घड़ी समय बतलाती है। किसी घड़ी देखना जानने वाले से समय पूछ लो और काम चला लो। यदि अधिक करो तो घड़ी देखना स्वयं सीख लो किंतु तुम चाहते हो कि घड़ी का पीछा खोलकर देखें, पुर्ज़े गिन लें, उन्हें खोलकर फिर जमा दें, साफ़ करके फिर लगा लें—यह तुमसे नहीं होगा। तुम उसके अधिकारी नहीं। यह तो वेदशास्त्रज्ञ धर्माचार्यों का ही काम है कि घड़ी के पुर्ज़े जानें, तुम्हें इससे क्या?

अथवा

लेकिन, यह कहाँ चला हरगोबिन? यह कौन गाँव है? पहली साँझ में ही अमावस्या का अंधकार! किस राह से वह किधर जा रहा है?... नदी है! कहाँ से आ गई नदी? नदी नहीं, खेत हैं।... ये झोंपड़े हैं या हाथियों का झुंड? ताड़ का पेड़ किधर गया? वह राह भूलकर न जाने कहाँ भटक गया... इस गाँव में आदमी नहीं रहते क्या? कहीं कोई रोशनी नहीं, किससे पूछे?... कहाँ, वह रोशनी है या आँखें? वह खड़ा है या चल रहा है? वह गाड़ी में है या धरती पर?

13. *निम्नलिखित प्रश्नों में से किन्हीं दो प्रश्नों के उत्तर लगभग 100 शब्दों में दीजिए।* (2 × 5 = 10)

(क) सूरदास जगधर से अपनी आर्थिक हानि को गुप्त क्यों रखना चाहता था? (5)

(ख) 'अपना मालवा : खाऊ-उजाड़ू सभ्यता में' पाठ में लेखक का 'खाऊ-उजाड़ू' सभ्यता से क्या तात्पर्य है? यूरोप और अमेरिका की इस सभ्यता के विकास में क्या भूमिका है? (5)

(ग) लेखक बिसनाथ ने किन आधारों पर अपनी माँ की तुलना बत्तख से की है? (5)

उत्तर

1. *(क) (i)* जनसंख्या वृद्धि : समस्या और समाधान पर *(ख)* *(iv) 1 और 4*
(ग) (iv) कथन (A) गलत है, किंतु कारण (R) सही है

2. *(क) (iv)* सत्ता छिनना
(ख) (i) कथन (A) तथा कारण (R) दोनों सही हैं तथा कारण (R), कथन (A) की सही व्याख्या करता है।
(ग) (i) वायदे मात्र करके जनता को बहलाना

7. *(क) (iii)* भरत *(ख)* *(iv)* अपराधी व्यक्ति पर भी क्रोध न करना
(ग) (i) स्नेह *(घ)* *(iii)* स्वयं भरत पर
(ङ) (iv) भरत-राम के प्रेम का

10. *(क)* *(i)* कथन (A) और कारण (R) दोनों सही हैं तथा कारण (R) कथन (A) की सही व्याख्या करता है।
(ख) (i) लेखक उन्हें देखकर अत्यंत भावुक हो जाता है
(ग) (iv) ये सभी
(घ) (iv) विस्थापन के कारण
(ङ) (ii) प्रगति के नाम पर संस्कृति का विनाश किया जा रहा है

प्रतिदर्श प्रश्न-पत्र 3

CBSE कक्षा 12वीं की परीक्षा के लिए नमूना प्रश्न–पत्र

हिंदी ऐच्छिक

निर्देश 1. प्रश्न-पत्र में तीन खंड हैं–क, ख और ग।
2. खंड-क में अपठित बोध पर आधारित प्रश्न पूछे गए हैं। सभी प्रश्नों के उत्तर देने होंगे।
3. खंड-ख में अभिव्यक्ति और माध्यम पुस्तक के आधार पर प्रश्न पूछे गए हैं। प्रश्नों में आंतरिक विकल्प दिए गए हैं।
4. खंड-ग में अंतरा भाग-2 एवं अंतराल भाग-2 पाठ्यपुस्तक के आधार पर प्रश्न पूछे गए हैं। प्रश्नों में आंतरिक विकल्प दिए गए हैं।

समय : **3 घंटे** | पूर्णांक : **80**

खंड 'क' : अपठित बोध

1. निम्नलिखित गद्यांश को ध्यानपूर्वक पढ़िए और दिए गए प्रश्नों के उत्तर निर्देशानुसार दीजिए। (10)

आज किसी भी व्यक्ति का सबसे अलग एक टापू की तरह जीना संभव नहीं रह गया है। मानव समाज में विभिन्न पंथों और विविध मत-मतांतरों के लोग साथ-साथ रह रहे हैं। ऐसे में यह अधिक आवश्यक हो गया है कि लोग एक-दूसरे को जानें; उनकी आवश्यकताओं को, उनकी इच्छाओं-आकांक्षाओं को समझें; उन्हें वरीयता दें और उनके धार्मिक विश्वासों, पद्धतियों, अनुष्ठानों को सम्मान दें। भारत जैसे देश में यह और भी अधिक आवश्यक है, क्योंकि यह देश किसी एक धर्म, मत या विचारधारा का नहीं है। स्वामी विवेकानंद इस बात को समझते थे और अपने आचार-विचार में वे अपने समय से बहुत आगे थे। उन्होंने धर्म को मनुष्य की सेवा के केंद्र में रखकर ही आध्यात्मिक चिंतन किया था। उन्होंने यह विद्रोही बयान दिया कि इस देश के तैंतीस करोड़ भूखे, दरिद्र और कुपोषण के शिकार लोगों को देवी-देवताओं की तरह मंदिरों में स्थापित कर दिया जाए और मंदिरों से देवी-देवताओं की मूर्तियों को हटा दिया जाए। उनका दृढ़ मत था कि विभिन्न धर्मों-संप्रदायों के बीच संवाद होना ही चाहिए। वे विभिन्न संप्रदायों की अनेकरूपता को उचित और स्वाभाविक मानते थे। स्वामी जी विभिन्न धार्मिक आस्थाओं के बीच सामंजस्य स्थापित करने के पक्षधर थे और सभी को एक ही धर्म का अनुयायी बनाने के विरुद्ध थे। वे कहा करते थे—"यदि सभी मानव एक ही धर्म को मानने लगें, एक ही पूजा-पद्धति को अपना लें और एक-सी नैतिकता का अनुपालन करने लगें, तो यह सबसे दुर्भाग्यपूर्ण बात होगी, क्योंकि यह सब हमारे धार्मिक और आध्यात्मिक विकास के लिए प्राणघातक होगा तथा हमें हमारी सांस्कृतिक जड़ों से काट देगा।"

बहुविकल्पीय प्रश्न

निम्नलिखित में से निर्देशानुसार विकल्पों का चयन कीजिए।

(क) 'टापू की तरह' जीने से लेखक का क्या अभिप्राय है? (1)

(i) घमंड में रहना
(ii) समाज से अलग रहना
(iii) समाज से जुड़कर रहना
(iv) विनम्र बनकर रहना

(ख) निम्नलिखित कथनों पर विचार कीजिए (1)

1. लोगों को समाज में एक-दूसरे को जानने की आवश्यकता नहीं है।
2. हमारे देश में किसी एक ही धर्म या संप्रदाय के लोग नहीं रहते।

3. विवेकानंद जी के अनुसार, सभी को अलग-अलग धर्म का अनुयायी होना चाहिए।
4. मनुष्य का प्रमुख धर्म प्राणिमात्र की सेवा करना ही नहीं होना चाहिए।
गद्यांश के अनुसार कौन-सा/से कथन सही है/हैं?

(i) केवल 1 (ii) केवल 2 (iii) 2 और 3 (iv) 1 और 4

(ग) **कथन** (A) विवेकानंद जी ने मंदिरों में दरिद्र व कुपोषण के शिकार लोगों को स्थापित करने का मत दिया। (1)
कारण (R) उन्होंने धर्म को मनुष्य की सेवा के केंद्र में रखकर आध्यात्मिक चिंतन किया था।
कूट
(i) कथन (A) और कारण (R) दोनों सही हैं तथा कारण (R) कथन (A) की सही व्याख्या करता है।
(ii) कथन (A) और कारण (R) दोनों सही हैं, परंतु कारण (R) कथन (A) की सही व्याख्या नहीं करता है।
(iii) कथन (A) सही है, किंतु कारण (R) गलत है।
(iv) कथन (A) गलत है, किंतु कारण (R) सही है

अतिलघु उत्तरीय प्रश्न

(घ) विवेकानंद जी ने किसको मनुष्य की सेवा के केंद्र में रखकर आध्यात्मिक चिंतन किया? (1)

लघु उत्तरीय प्रश्न

(ङ) स्वामी विवेकानंद को अपने समय से बहुत आगें क्यों कहा गया है? (2)
(च) स्वामी जी के मत में सबसे दुर्भाग्य पूर्ण स्थिति क्या होगी और क्यों? (2)
(छ) भारत देश में क्या जरूरी है और क्यों? (2)

2. *निम्नलिखित पद्यांश को ध्यानपूर्वक पढ़िए और दिए गए प्रश्नों के उत्तर निर्देशानुसार दीजिए।*

मनमोहनी प्रकृति की जो गोद में बसा है।
सुख स्वर्ग-सा जहाँ है, वह देश कौन-सा है?
जिसके चरण निरंतर रत्नेश धो रहा है।
जिसका मुकुट हिमालय, वह देश कौन-सा है?
नदियाँ जहाँ सुधा की धारा बहा रही हैं।
सीचा हुआ सलोना, वह देश कौन-सा है?
जिसके बड़े रसीले, फल कंद, नाज, मेवे।
सब अंग में सजे हैं, वह देश कौन-सा है?
जिसके सुगंध वाले, सुंदर प्रसून प्यारे।
दिन-रात हँस रहे हैं, वह देश कौन-सा है?
मैदान, गिरि, वनों में, हरियालियाँ महकतीं।
आनंदमय जहाँ है, वह देश कौन-सा है?
जिसकी अनंत वन से धरती भरी पड़ी है।
संसार का शिरोमणि, वह देश कौन-सा है?
सबसे प्रथम जगत में जो सभ्य था यशस्वी।
जगदीश का दुलारा, वह देश कौन-सा है?

बहुविकल्पीय प्रश्न

निम्नलिखित में से निर्देशानुसार विकल्पों का चयन कीजिए।

(क) कवि ने देश का मुकुट हिमालय को क्यों कहा है? (1)
(i) पर्वतों में सबसे कम महत्त्वपूर्ण होने के कारण
(ii) सर्वाधिक ऊँचा होकर मस्तक स्वरूप दिखाई देने के कारण
(iii) धरती से समानता न होने के कारण
(iv) प्राकृतिक सौंदर्य से विरक्त होने के कारण

(ख) दी गई सूची-I का सूची-II से सुमेलन कीजिए (1)

सूची I	सूची II
A. मनमोहनी	1. मन को भाने वाली
B. रत्नेश	2. सागर, समुद्र
C. जगदीश का दुलारा	3. ईश्वर को प्रिय

कूट

	A	B	C
(i)	3	1	2
(ii)	1	3	2
(iii)	1	2	3
(iv)	2	1	3

(ग) 'सुख स्वर्ग-सा जहाँ है, वह देश कौन सा है' पंक्ति में कौन सा अलंकार है? (1)

(i) उपमा *(ii)* रूपक

(iii) विभावना *(iv)* श्लेष

अतिलघु उत्तरीय प्रश्न

(घ) नदियों के जल को किसके समान बताया गया है? (1)

लघु उत्तरीय प्रश्न

(ङ) भारत के प्राकृतिक सौंदर्य को कवि ने स्वर्ग के सदृश्य क्यों कहा है? (2)

(च) "जिसका चरण निरंतर रत्नेश धो रहा है" पंक्ति से कवि का क्या आशय है? (2)

खंड 'ख' : अभिव्यक्ति और माध्यम पुस्तक

3. *निम्नलिखित प्रश्नों के उत्तर लगभग 30-40 शब्दों में दीजिए।* (5)

(क) मुद्रित माध्यमों के महत्त्व पर प्रकाश डालिए। (1)

(ख) पत्रकारीय लेखन से आप क्या समझते हैं? पत्रकार कितने प्रकार के होते हैं? (2)

(ग) विशेष लेखन क्या है? इसकी भाषा-शैली कैसी होती है? (2)

4. *निम्नलिखित प्रश्नों में से किन्हीं दो प्रश्नों के उत्तर लगभग 60 शब्दों में दीजिए।* (2 × 3 = 6)

(क) विशेष लेखन क्या है? इसमें डेस्क की क्या भूमिका है? (3)

(ख) समाचार लेखन में किन-किन की भूमिका मुख्य होती है? स्पष्ट कीजिए। (3)

(ग) जनसंचार माध्यम के परंपरागत माध्यमों का वर्णन कीजिए। (3)

5. *निम्नलिखित दिए गए अप्रत्याशित विषयों में से किसी एक पर लगभग 100 शब्दों में रचनात्मक लेख लिखिए* (5)

(क) बेटियों की आवश्यक होती शिक्षा

(ख) "वृक्ष मनुष्य के सच्चे हितैषी हैं"

(ग) फैशन का बढ़ता चलन

6. *निम्नलिखित प्रश्नों में से किन्हीं दो प्रश्नों के उत्तर लगभग 60 शब्दों में लिखिए।* (2 × 3 = 6)

(क) कविता लेखन में प्रस्तुतीकरण की कला के महत्त्व पर प्रकाश डालिए। (3)

(ख) "नाटक की कहानी भले ही भूतकाल या भविष्यकाल से संबंधित हो, परंतु उसे वर्तमान में घटित होना पड़ता है" स्पष्ट कीजिए। (3)

(ग) कहानी और कविता में अंतर स्पष्ट कीजिए। (3)

खंड 'ग' : पाठ्यपुस्तक अंतरा भाग–2 व अंतराल भाग–2

7. *निम्नलिखित काव्यांश को ध्यानपूर्वक पढ़कर पूछे गए प्रश्नों के सही उत्तर वाले विकल्प चुनिए।* (5 × 1 = 5)

श्रमित स्वप्न की मधुमाया में,
गहन-विपिन की तरु-छाया में,
पथिक उनींदी श्रुति में किसने–
यह विहाग की तान उठाई।
लगी सतृष्ण दीठ थी सबकी,
रही बचाए फिरती कबकी।
मेरी आशा आह! बावली,
तूने खो दी सकल कमाई।

(क) प्रस्तुत काव्यांश में 'बावली' किसे कहा गया है? (1)
(i) देवसेना को (ii) प्रणय भावना को
(iii) विजय को (iv) आशा को

(ख) निम्नलिखित में से किसने देवसेना के जीवन में विहाग की तान उठाई थी? (1)
(i) पक्षियों ने (ii) कोयल विशेष ने
(iii) स्कंदगुप्त ने (iv) यौवनावस्था ने

(ग) देवसेना ने यहाँ स्वयं को किस रूप में अभिव्यक्त किया है? (1)
(i) पथिक के रूप में (ii) संघर्षवादी नारी के रूप में
(iii) प्रेमिका के रूप में (iv) सभी कथन सत्य हैं

(घ) 'श्रमित स्वप्न की मधुमाया में'-इस पंक्ति में स्वप्न से क्या अभिप्राय है? (1)
(i) थकान के कारण आने वाली गहन निद्रा (ii) स्कंदगुप्त की मधुर स्मृतियाँ
(iii) देवसेना की निराशा (iv) कठिन श्रम की मधुरता

(ङ) देवसेना किस धरोहर को लौटाने की बात कहती है (1)
1. राष्ट्र के प्रति सेवा भाव को
2. स्कन्दगुप्त के प्रेम को
2. जीवन रूपी रथ को
4. योवनावस्था को

कूट
(i) केवल कथन 1 (ii) कथन 1 और 2
(iii) केवल कथन 2 (iv) कथन 1 और 4

8. *निम्नलिखित तीन प्रश्नों में से किन्हीं दो प्रश्नों के उत्तर लगभग 40 शब्दों में दीजिए।* (2 × 2 = 4)

(क) 'देवसेना का गीत' कविता का प्रतिपाद्य लिखिए। (2)

(ख) युधिष्ठिर के अपने को कुंतीनंदन क्यों कहा? पांडुपुत्र क्यों नहीं कहा? (2)

(ग) बसन्त के आगमन की सूचना कवि को कैसे मिली? (2)

9. *निम्नलिखित में से किसी एक काव्यांश की सप्रसंग व्याख्या कीजिए।* (6)

तोड़ो तोड़ो तोड़ो
ये पत्थर ये चट्टानें
ये झूठे बंधन टूटें
तो धरती को हम जानें
सुनते हैं मिट्टी में रस है जिससे उगती दूब है
अपने मन के मैदानों पर व्यापी कैसी ऊब है
आधे आधे गाने

अथवा

जननी निरखति बान धनुहियाँ
बार-बार उर नैननि लावति प्रभुजू की ललित पनहियाँ।।
कबहूँ प्रथम ज्यों जाइ जगावति कहि प्रिय बचन सवारे।
"उठहु तात! बलि मातु बदन पर, अनुज सखा सब द्वारे"।।
कबहुँ कहति यों" बड़ी बार भइ जाहु भूप पहँ, भैया।
बंधु बोलि जेंइय जो भावै गई निछावरि मैया"।।
कबहुँ समुझि वनगमन राम को रहि चकि चित्रलिखी-सी।
तुलसीदास वह समय कहे तें लागति प्रीति सिखी-सी।।

व्याख्या रहित

10. *निम्नलिखित गद्यांश को पढ़कर दिए गए प्रश्नों के सही उत्तर वाले विकल्प चुनिए।* (5 × 1 = 5)

भारत की सांस्कृतिक विरासत यूरोप की तरह म्यूज़ियम्स और संग्रहालयों में जमा नहीं थी–वह उन रिश्तों से जीवित थी, जो आदमी को उसकी धरती, उसके जंगलों, नदियों-एक शब्द में कहें-उसके समूचे परिवेश के साथ जोड़ते थे। अतीत का समूचा मिथक संसार पोथियों में नहीं, इन रिश्तों की अदृश्य लिपि में मौजूद रहता था। यूरोप में पर्यावरण का प्रश्न मनुष्य और भूगोल के बीच संतुलन बनाए रखने का है। भारत में यही प्रश्न मनुष्य और उसकी संस्कृति के बीच पारंपरिक संबंध बनाए रखने का हो जाता है।

(क) गद्यांश में लेखक ने किनकी तुलना की है? (1)

(i) गाँव और शहर की
(ii) मनुष्य और समाज की
(iii) भारत और यूरोप की
(iv) उच्च वर्ग और निम्न वर्ग की

(ख) **कथन** (A) भारत की संस्कृति रिश्तों में जीवित थी।
कारण (R) सांस्कृतिक विरासत यूरोप की तरह म्यूज़ियम्स में जमा नहीं थी। (1)

कूट

(i) कथन (A) और कारण (R) दोनों सही हैं तथा कारण (R) कथन (A) की सही व्याख्या करता है।
(ii) कथन (A) और कारण (R) दोनों सही हैं, परंतु कारण (R) कथन (A) की सही व्याख्या नहीं करता है।
(iii) कथन (A) सही है, किंतु कारण (R) गलत है।
(iv) कथन (A) गलत है, किंतु कारण (R) सही है

(ग) गद्यांश के अनुसार अतीत की कथाएँ कहाँ मौजूद रहती हैं? (1)

(i) किताबों में
(ii) धर्म ग्रन्थों में
(iii) मानवीय रिश्तों की अदृश्य लिपि में
(iv) संग्रहालयों में

(घ) यूरोप में पर्यावरण संरक्षण किसे माना जाता है? (1)

(i) मनुष्य और भूगोल के बीच सन्तुलन बनाने को
(ii) प्रकृति की रक्षा के लिए प्रयास करने को
(iii) मनुष्य के प्रति सद्भावना को बढ़ाने को
(iv) प्रगति के लिए पर्यावरण को नष्ट करने को

(ङ) भारतीयों के प्रकृति के साथ जुड़ाव को किसके समान मानने का भाव प्रकट हुआ है? (1)

(i) सामाजिक जुड़ाव
(ii) सांस्कृतिक जुड़ाव
(iii) 'i' और 'ii' दोनों
(iv) आर्थिक जुड़ाव

11. *निम्नलिखित तीन प्रश्नों में से किन्हीं दो प्रश्नों के उत्तर लगभग 40 शब्दों में दीजिए।* (2 × 2 = 4)

(क) 'दूसरा देवदास' कहानी के शीर्षक की सार्थकता स्पष्ट कीजिए। (2)

(ख) संवाद करते वक्त बड़ी बहुरिया की आँखे क्यों छलछला आईं? (2)

(ग) कुटज हम सभी को क्या उपदेश देता है? टिप्पणी कीजिए। (2)

12. *निम्नलिखित गद्यांशों में से किसी एक की सप्रसंग व्याख्या कीजिए।* (6)

''और कितना कड़ा करूँ दिल?.......माँ से कहना, मैं भाई-भाभियों की नौकरी करके पेट पाल लूँगी। बच्चों की जूठन खाकर एक कोने में पड़ी रहूँगी, लेकिन यहाँ अब नहीं......अब नहीं रह सकूँगी। .....कहना, यदि माँ मुझे यहाँ से नहीं ले जाएगी तो मैं किसी दिन गले में घड़ा बाँधकर पोखरे में डूब मरूँगी। ......बथुआ-साग खाकर कब तक जीऊँ? किसलिए.......किसके लिए?''

हरगोबिन का रोम-रोम कलपने लगा। देवर-देवरानियाँ भी कितने बेदर्द हैं। ठीक अगहनी धान के समय बाल-बच्चों को लेकर शहर से आएँगे। दस-पंद्रह दिनों में कर्ज़-उधार की ढेरी लगाकर, वापस जाते समय दो-दो मन के हिसाब से चावल-चूड़ा ले जाएँगे। फिर आम के मौसम में आकर हाज़िर। कच्चा-पक्का आम तोड़कर बोरियों में बंद करके चले जाएँगे। फिर उलटकर कभी नहीं देखते.......राक्षस हैं सब !

अथवा

उसके थोड़े ही दिन बाद गाँववालों को पता चल गया कि चतुर्मुख शिव वहाँ से अंतर्ध्यान हो गए। जिस प्रकार भरतपुर राज्य की सीमा पर डकैती होने से पुलिस का ध्यान मानसिंह अथवा उसके सुपुत्र तहसीलदार पर सहसा जाता है, कुछ उसी प्रकार कौशांबी मंडल से कोई मूर्ति स्थानांतरित होने पर गाँववालों का संदेह मुझ पर होता था। और कैसे न हो? 'अपना सोना खोटा तो परखवैया का कौन दोष?' मैं इस संबंध में इतना प्रख्यात हो चुका था कि संदेह होना स्वाभाविक ही था, क्योंकि 95% उनका संदेह सही निकलता था।

13. *निम्नलिखित प्रश्नों में से किन्हीं दो प्रश्नों के उत्तर लगभग 100 शब्दों में दीजिए।* (2 × 5 = 10)

(क) बिस्कोहर में हुई बरसात का जो वर्णन बिसनाथ ने किया है, उसे अपने शब्दों में लिखिए। (5)

(ख) अब मालवा में वैसा पानी नहीं गिरता जैसा गिरा करता था। उसके क्या कारण हैं? (5)

(ग) नदी-नाले-तालाब को सँभाल कर रखने से लेखक का क्या आशय है? यह काम पर्यावरण रक्षण से कैसे जोड़ता है? (5)

उत्तर

1. *(क)* *(ii)* समाज से अलग रहना

(ख) *(iii)* 2 और 3

(ग) *(ii)* कथन (A) और कारण (R) दोनों सही हैं, परंतु कारण (R) कथन (A) की सही व्याख्या नहीं करता है।

2. *(क)* *(ii)* सर्वाधिक ऊँचा होकर मस्तक स्वरूप दिखाई देने के कारण

(ख) *(iii)* 1 2 3

(ग) *(i)* उपमा

7. *(क)* *(iv)* आशा को

(ख) *(iii)* स्कंदगुप्त ने

(ग) *(i)* पथिक के रूप में

(घ) *(ii)* स्कंदगुप्त की मधुर स्मृतियाँ

(ङ) *(ii)* कथन 1 और 2

10. *(क)* *(iii)* भारत और यूरोप की

(ख) *(i)* कथन (A) और कारण (R) दोनों सही हैं तथा कारण (R) कथन (A) की सही व्याख्या करता है।

(ग) *(iii)* मानवीय रिश्तों की अदृश्य लिपि में

(घ) *(i)* मनुष्य और भूगोल के बीच सन्तुलन बनाने को

(ङ) *(ii)* सांस्कृतिक जुड़ाव

बोर्ड प्रश्न-पत्र 2025

CBSE कक्षा 12वीं की परीक्षा

हिंदी ऐच्छिक

निर्देश 1. प्रश्न-पत्र में तीन खंड हैं—क, ख और ग।
2. खंड-क में अपठित बोध पर आधारित प्रश्न पूछे गए हैं। सभी प्रश्नों के उत्तर देने अनिवार्य हैं।
3. खंड-ख में अभिव्यक्ति और माध्यम पाठ्यपुस्तक के आधार पर प्रश्न पूछे गए हैं। प्रश्नों में आंतरिक विकल्प दिए गए हैं।
4. खंड-ग में पाठ्यपुस्तक अंतरा भाग-2 एवं अंतराल भाग-2 से प्रश्न पूछे गए हैं। प्रश्नों में आंतरिक विकल्प दिए गए हैं।

समय : 3 घंटे **पूर्णांक : 80**

खंड 'क' : अपठित बोध

1. निम्नलिखित गद्यांश को ध्यानपूर्वक पढ़कर दिए गए प्रश्नों के उत्तर दीजिए (10)

जंगल मूल रूप से पेड़-पौधों की विभिन्न प्रजातियों से आच्छादित भूमि का एक टुकड़ा है। प्रकृति की ये खूबसूरत रचनाएँ विभिन्न प्रजाति के जीव-जंतुओं के लिए घर का काम करती हैं। वन पारिस्थितिक तंत्र का एक महत्त्वपूर्ण हिस्सा हैं। दुर्भाग्य से शीतलता और हरियाली के प्रतीक माने जाने वाले ये जंगल पूरे विश्व में इन दिनों धधक रहे हैं। ऐसा नहीं है कि दावानल की घटनाएँ पहले नहीं होती थीं, लेकिन वर्तमान में ये समस्या विकराल रूप में सामने आने लगी है। इसकी कुछ खास वजह हैं।

पहली वजह, जलवायु परिवर्तन के कारण 'ड्राई पीरियड' अर्थात् सूखे की अवधि बढ़ गई है। तापमान बढ़ रहा है, जिसके कारण नमी कम हो रही है। नतीजतन जंगलों में सूखी पत्तियाँ या टहनियाँ आसानी से दहक उठती हैं। दूसरी वजह है कि 1000 मीटर की ऊँचाई से ऊपर हरे पेड़ों की व्यावसायिक रूप से कटाई प्रतिबंधित कर दी गई। इसका नुकसान यह हुआ कि चीड़ के पेड़ों की संख्या असीमित हो गई। चीड़ वास्तव में ऐसा पेड़ है, जो आग बढ़ाने में सहायक माना जाता है। मार्च-अप्रैल से चीड़ की पत्तियाँ सूखकर नीचे गिरने लगती हैं और तापमान में वृद्धि होने पर आग के फैलाव का एक बड़ा कारण बनती हैं।

तीसरी वजह है, जंगलों से लोगों का रिश्ता खत्म हो रहा है। पहले लोगों का अपने आस-पास के जंगलों से करीबी रिश्ता होता था। वे वनोपज से अपना गुजारा करते थे, इसके बदले में जंगलों का प्रबंधन किया करते थे, लेकिन अब लोगों ने स्वयं को इससे अलग कर लिया। इसके कारण वन बढ़ते हुए गाँवों तक पहुँच गए, जो दावानल की चौथी वजह है। अब अव्वल तो पहाड़ी गाँवों में लोग रहते नहीं और जो रहते हैं, उनके घरों में ईंधन संबंधी, ऊर्जा संबंधी सुविधाएँ बढ़ने से जंगलों पर उनकी निर्भरता कम होने लगी है। नतीजतन वे वनों को नियंत्रित करने में खास रुचि नहीं रखते।

इस समस्या के समाधान के लिए मजबूत इच्छाशक्ति के साथ सामूहिक रूप से सही दिशा में कदम उठाना होगा।

(i) जंगलों को शीतलता और हरियाली का प्रतीक क्यों माना जाता है? (1)

(a) पेड़-पौधों की हरियाली मन को शांति पहुँचाती है
(b) पेड़-पौधे धरती के तापमान को नियंत्रित रखते हैं
(c) पेड़-पौधों की हरियाली तन-मन को ठंडक पहुँचाती है
(d) पेड़-पौधों की हरियाली वातावरण को सुंदरता प्रदान करती है

(ii) सूखे की अवधि बढ़ने से क्या अभिप्राय है? इस प्रश्न के उत्तर में दिए गए कथनों में से कौन-सा/से कथन सत्य हैं? (1)

1. लंबे समय तक वर्षा का न होना
2. पेड़-पौधों पर फल-फूलों का न होना
3. लंबी अवधि तक तापमान का गरम बने रहना।
4. हवा में नमी की मात्रा का कम होना।

कूट

(a) केवल 1
(b) केवल 3
(c) 1 और 4 दोनों
(d) 2 और 3 दोनों

(iii) निम्नलिखित कथन तथा परिणाम को ध्यानपूर्वक पढ़िए। उसके बाद दिए गए विकल्प में से कोई एक सही विकल्प चुनकर लिखिए। (1)

कथन जलवायु परिवर्तन के कारण धरती का तापमान बढ़ रहा है।

परिणाम वातावरण में नमी कम हो रही है और दावानल की घटनाएँ बढ़ रही हैं।

(a) कथन सही है, किंतु परिणाम गलत है।
(b) कथन तथा परिणाम दोनों गलत हैं।
(c) परिणाम सही है, किंतु कथन गलत है।
(d) कथन तथा परिणाम दोनों सही हैं।

(iv) 'वनोपज' से क्या अभिप्राय है? उदाहरण सहित लिखिए। (1)

(v) जंगल की आग अब रिहायशी इलाकों तक क्यों पहुँचने लगी है? (2)

(vi) मनुष्य का जंगलों से रिश्ता खत्म होने के क्या दुष्परिणाम सामने आ रहे हैं? (2)

(vii) बढ़ते तापमान का जंगलों की आग से क्या संबंध है? (2)

2. निम्नलिखित काव्यांश को पढ़कर पूछे गए प्रश्नों के उत्तर दीजिए (8)

कल थे कुछ हम बन गए आज अनजाने हैं,
सब द्वार बंद, टूटे संबंध पुराने हैं
हम सोच रहे यह कैसा नया समाज बना
जब अपने ही घर में हुए हम बिराने हैं।
है आधी रात अर्ध जग पड़ा अँधेरे में,
सुख की दुनिया सोती, रंगों के घेरे में,
पर दुःख का इन्सानी दीपक जलकर कहता
अब ज्यादा देर नहीं है, नए सवेरे में।
हम जीवन की मिट्टी में मिले सितारे हैं
हम राख नहीं हैं राख ढके अंगारे हैं
जो अग्नि छिपा रखी है हमने यत्नों से
हर बार धरा पर उसने प्रलय उतारे हैं।

(i) 'है आधी रात अर्ध जग पड़ा अँधेरे में' पंक्ति के संदर्भ में लिखिए कि अँधेरे में जगने वाला 'आधा जग' कौन है? (1)

(a) स्त्री वर्ग
(b) युवा वर्ग
(c) शोषित वर्ग
(d) कृषक वर्ग

(ii) 'मिट्टी में मिले सितारे' से क्या अभिप्राय है? (1)

(a) सितारों का मिट्टी में मिल जाना
(b) धूल-मिट्टी में लिपटे अनमोल हीरे
(c) गरीबी में पले-बढ़े क्रांतिवीर
(d) मिट्टी में पलने-बढ़ने वाले बच्चे

(iii) निम्नलिखित कथन तथा कारण को ध्यानपूर्वक पढ़िए। उसके बाद दिए गए विकल्प में से कोई एक सही विकल्प चुनकर लिखिए। (1)

कथन सुविधाभोगी संपन्न वर्ग अपने महलों में सुखी जीवन व्यतीत कर रहा है।

कारण आधा संसार अर्ध रात्रि में भी जागकर उनकी रक्षा कर रहा है।

(a) कथन गलत है, किंतु कारण सही है।
(b) कथन तथा कारण दोनों गलत हैं।
(c) कथन सही है, किंतु कारण, कथन की सही व्याख्या नहीं है।
(d) कथन सही है और कारण, कथन की सही व्याख्या करता है।

(iv) 'हम सोच रहे .... हम बिराने हैं, पंक्ति क्या संकेत करती है? (1)

(v) 'हम राख नहीं हैं राख ढके अंगारे हैं'-पंक्ति का क्या आशय है? (2)

(vi) 'हर बार धरा पर हमने प्रलय उतारे हैं'-पंक्ति के संदर्भ में शोषित वर्ग के सामर्थ्य का उल्लेख कीजिए। (2)

खंड 'ख' : अभिव्यक्ति और माध्यम पुस्तक पर आधारित प्रश्न

3. निम्नलिखित प्रश्नों के उत्तर दीजिए (5)

(क) पत्रकारिता की भाषा में 'डेड लाइन' से आप क्या समझते हैं? (शब्द सीमा - लगभग 20 शब्द) (1)

(ख) आर्थिक मामलों के पत्रकार के सामने सबसे बड़ी चुनौती किसे माना जाता है? (2)
(शब्द सीमा लगभग 40 शब्द)

(ग) संचार का सबसे पुराना और लोकप्रिय माध्यम होने पर भी समाचार-पत्रों की तुलना में टी.वी की लोकप्रियता का कारण लिखिए।
(शब्द सीमा लगभग 40 शब्द) (2)

4. निम्नलिखित प्रश्नों में से किन्हीं दो प्रश्नों के उत्तर लगभग 60 शब्दों में दीजिए (2 × 3 = 6)

(क) फीचर लेखन का निश्चित ढाँचा या फॉर्मूला नहीं होता, फिर भी एक सजीव, रोचक फीचर कैसे लिखा जा सकता है?

(ख) क्या पत्रकारीय लेखन को जल्दी में लिखा गया साहित्य माना जा सकता है? स्पष्ट कीजिए।

(ग) विशेष लेखन की भाषा-शैली सामान्य लेखन से अलग कैसे है? उदाहरण सहित स्पष्ट कीजिए।

5. निम्नलिखित तीन विषयों में से किसी एक विषय पर लगभग 100 शब्दों में रचनात्मक लेख लिखिए (5)

(क) ओलंपिक खेलों में भारत का प्रदर्शन

(ख) साप्ताहिक बाजार में जब मैंने एक बच्चे को रोते देखा

(ग) मुझे कक्षा का मॉनिटर बनना क्यों पसंद है!

6. निम्नलिखित प्रश्नों में से किन्हीं दो प्रश्नों के उत्तर लगभग 60 शब्दों में लिखिए (2 × 3 = 6)

(क) कविता लेखन के संदर्भ में छंद से क्या अभिप्राय है? कविता रचना में इसका महत्त्व स्पष्ट कीजिए।

(ख) "स्थिति तथा परिवेश की माँग के अनुसार क्लिष्ट भाषा में भी लिखे गए संवाद दर्शकों तक आसानी से संप्रेषित हो जाते हैं।" उदाहरण सहित इसकी पुष्टि कीजिए।

(ग) कहानी का हमारे जीवन से क्या संबंध है? वर्णन कीजिए।

खंड 'ग' : पाठ्यपुस्तक अंतरा तथा अंतराल पर आधारित प्रश्न

7. निम्नलिखित पठित काव्यांश को पढ़कर प्रश्नों के सर्वाधिक उपयुक्त उत्तर वाले विकल्प चुनकर लिखिए (5 × 1 = 5)

बिधि न सकेउ सहि मोर दुलारा। नीच बीचु जननी मिस पारा।।
यहउ कहत मोहि आजु न सोभा। अपनी समुझि साधु सुचि को भा।।
मातु मंदि मैं साधु सुचाली। उर अस आनत कोटि कुचाली।।
फरइ कि कोदव बालि सुसाली। मुकता प्रसव कि संबुक काली।।
सपनेहुँ दोसक लेसु न काहू। मोर अभाग उदधि अवगाहू।।
बिनु समुझें निज अघ परिपाकू। जारिउँ जायँ जतनि कहि काकू।।
हृदयँ हेरि हारेउँ सब ओरा। एकहि भाँति भलेहि भल मोरा।।
गुरु गोसाईं साहिब सिय रामू। लागत मोहि नीक परिनामू।।

(i) भरत अपने और राम के बिछोह का कारण किसे मानते हैं?
(a) कैकेयी को
(b) दशरथ को
(c) भाग्य को
(d) राजगद्दी को

(ii) काव्यांश में 'करोड़ों दुराचारों' जैसा किसे कहा गया है?
(a) कैकेयी द्वारा राम को वनवास के लिए भेजना
(b) माँ को दोषी कहना और स्वयं को सदाचारी कहना
(c) गुरुजनों के बीच सभा में बोलना
(d) राम के स्थान पर गद्दी पर बैठना

(iii) 'कोदो के पौधे से शालिधान की बाली कैसे आएँगी' इस भाव से मिलती-जुलती कहावत है
(a) कोयले की दलाली में मुँह काला
(b) दूध का दूध पानी का पानी
(c) जैसी करनी वैसी भरनी
(d) बोए पेड़ बबूल के तो आम कहाँ से होय

(iv) राम के लिए वनवास की इच्छा का दोषी काव्यांश में बताया गया है
(a) भरत के दुर्भाग्य की लहर
(b) कैकेयी का भरत के प्रति प्रेम
(c) कैकेयी का भरत और राम के प्रेम को न समझना
(d) राजा दशरथ द्वारा कैकेयी को दिए वरदान

(v) इस काव्यांश के मूल भाव को दर्शाने वाला कथन है
(a) राम के स्वभाव की विशेषता व भाई के प्रति प्रेम
(b) भरत का आत्मपरिताप और राम के प्रति प्रेम
(c) माता कैकेयी द्वारा किए अपराध के लिए क्षमा याचना
(d) माता कैकेयी को क्षमा कर अयोध्या लौटने की प्रार्थना

8. **काव्यखंड पर आधारित निम्नलिखित तीन प्रश्नों में से किन्हीं दो प्रश्नों के उत्तर लगभग 40 शब्दों में लिखिए।** (2 × 2 =4)

(क) "सरोज-स्मृति कविता एक भाग्यहीन पिता के पुत्री के प्रति कुछ न कर पाने की व्यथा है।" इस कथन की पुष्टि कीजिए।

(ख) वसंत ऋतु के आगमन का कैलेंडर से पता लगना, वर्तमान युग की किस विडंबना की ओर संकेत कर रहा है? 'वसंत आया' कविता के संदर्भ में लिखिए।

(ग) 'जब मन दुःखी होता है, तो सुंदरता भी हमें अपनी ओर आकृष्ट नहीं कर पाती।' विद्यापति रचित 'पद' के आधार पर सिद्ध कीजिए।

9. **निम्नलिखित काव्यांशों में से किसी एक की सप्रसंग व्याख्या कीजिए** (6)

(क) घर घर चीर रचा सब काहूँ। मोर रूप रंग लै गा नाहू।
पलटि न बहुरा गा जो बिछोई/अबहूँ फिरै फिरै रंग सोई।।
सियरि अगिनि बिरहनि हिय जारा। सुलगि सुलगि दगधै भै छारा।।
यह दुख दगध न जानै कंतू। जोबन जनम करै भसमंतू।।

अथवा

(ख) इस शहर में धूल
धीरे-धीरे उड़ती है
धीरे-धीरे चलते हैं लोग
धीरे-धीरे बजते हैं घंटे
शाम धीरे-धीरे होती है
यह धीरे-धीरे होना
धीरे-धीरे होने की सामूहिक लय
दृढ़ता से बाँधे है समूचे शहर को
इस तरह कि कुछ भी गिरता नहीं है
कि हिलता नहीं है कुछ भी
कि जो चीज़ जहाँ थी
वहीं पर रखी है
कि गंगा वहीं है
कि वहीं पर बँधी है नाव
कि वहीं पर रखी है तुलसीदास की खड़ाऊँ
सैकड़ों बरस से

10. निम्नलिखित गद्यांश के आधार पर दिए गए बहुविकल्पीय प्रश्नों के लिए सर्वाधिक उपयुक्त विकल्प का चयन कर लिखिए (5 × 1 = 5)

एक मिल मालिक के दिमाग में अजीब-अजीब खयाल आया करते थे, जैसे सारा संसार मिल हो जाएगा, सारे लोग मजदूर और वह उनका मालिक या मिल में और चीजों की तरह आदमी भी बनने लगेंगे, तब मजदूरी भी नहीं देनी पड़ेगी, वगैरा-वगैरा। एक दिन उसके दिमाग में खयाल आया कि अगर मजदूरों के चार हाथ हों, तो काम कितना तेजी से हो और मुनाफ़ा कितना ज्यादा, लेकिन यह काम करेगा कौन? उसने सोचा, वैज्ञानिक करेंगे, ये किस मर्ज की दवा ? उसने यह काम करने के लिए बड़े वैज्ञानिकों को मोटी तनख्वाहों पर नौकर रखा और वे नौकर हो गए। कई साल तक शोध और प्रयोग करने के बाद वैज्ञानिकों ने कहा कि ऐसा असंभव है कि आदमी के चार हाथ हो जाएँ। मिल मालिक वैज्ञानिकों से नाराज़ हो गया। उसने उन्हें नौकरी से निकाल दिया और अपने-आप इस काम को पूरा करने के लिए जुट गया।

(i) गद्यांश का वर्ण्य विषय है
(a) शोषक वर्ग की मनोवृत्ति को उजागर करना
(b) मजदूरों पर हो रहे शोषण को उजागर करना
(c) मिल मालिक की कुशाग्र बुद्धि का परिचय देना
(d) वैज्ञानिकों की असफलता को स्पष्ट करना

(ii) मिल मालिक के दिमाग में तरह-तरह के खयाल क्यों आया करते थे?
(a) उत्पादन क्षमता बढ़ाने के लिए
(b) मजदूरों का शोषण करने के लिए
(c) अर्थव्यवस्था में सहयोग देने के लिए
(d) अपनी आमदनी बढ़ाने के लिए

(iii) मिल मालिक की मिल में आदमी बनाने की कल्पना का कारण था
(a) रोज-रोज की मजदूरों की झिक-झिक से छुटकारा
(b) कुशल मजदूरों को ढूँढ़ने की परेशानी से छुटकारा
(c) मजदूरों को दी जाने वाली मजदूरी से छुटकारा
(d) तकनीकी सुविधा का लाभ उठाना

(iv) मिल मालिक ने वैज्ञानिकों को नौकरी पर क्यों रखा?
(a) अपने काम की सुविधा के लिए
(b) मजदूरों के चार हाथ लगाने के लिए
(c) मशीनी मजदूर बनाने के लिए
(d) उत्पादन की नई तकनीक खोजने के लिए

(v) निम्नलिखित कथन तथा परिणाम को ध्यानपूर्वक पढ़िए तथा उत्तर के लिए सही विकल्प का चयन कीजिए
कथन वैज्ञानिकों ने कई साल तक शोध और प्रयोग करने के बाद आदमी के चार हाथ हो जाने की कल्पना को नकार दिया।
परिणाम वैज्ञानिकों को मिल मालिक ने नौकरी से निकाल दिया और स्वयं कोशिश करने लगा।
(a) कथन गलत है, किंतु परिणाम सही है।
(b) कथन तथा परिणाम दोनों गलत हैं।
(c) कथन सही है, किंतु परिणाम गलत है।
(d) कथन तथा परिणाम दोनों सही हैं।

11. गद्य खंड पर आधारित निम्नलिखित तीन प्रश्नों में से किन्हीं दो प्रश्नों के उत्तर लगभग 40 शब्दों में दीजिए (2 × 2 = 4)

(क) 'प्रेमघन जी विनोदी स्वभाव के थे।' इस कथन के समर्थन में 'प्रेमघन की छाया स्मृति' पाठ से उदाहरण दीजिए।

(ख) बीमार व्यक्ति और लड़के के साथ गाँधीजी के किए गए व्यवहार से आपको क्या प्रेरणा मिलती है? स्पष्ट कीजिए।

(ग) 'साझा' कहानी में 'हाथी' किसका प्रतीक है? इस चरित्र के माध्यम से लेखक ने किस सत्य को उजागर किया है?

12. निम्नलिखित गद्यांशों में से किसी एक की सप्रसंग व्याख्या कीजिए (6)

(क) बड़ी बहुरिया के संवाद का प्रत्येक शब्द उसके मन में काँटे की तरह चुभ रहा है– किसके भरोसे यहाँ रहूँगी? एक नौकर था, वह भी कल भाग गया। गाय खूँटे से बँधी भूखी-प्यासी हिकर रही है। मैं किसके लिए इतना दुःख झेलूँ?
हरगोबिन ने अपने पास बैठे हुए एक यात्री से पूछा–"क्यों भाई साहेब, थाना बिंहपुर में डाकगाड़ी रुकती है या नहीं?" यात्री ने मानो कुढ़कर कहा–"थाना बिंहपुर में सभी गाड़ियाँ रुकती हैं।" हरगोबिन ने भाँप लिया, यह आदमी चिड़चिड़े स्वभाव का है, इससे कोई बातचीत नहीं जमेगी। वह फिर बड़ी बहुरिया के संवाद को मन-ही-मन दुहराने लगा..... लेकिन संवाद सुनाते समय वह अपने कलेजे को कैसे सँभाल सकेगा! बड़ी बहुरिया संवाद कहते समय जहाँ-जहाँ रोई हैं, वहाँ वह रोएगा।

अथवा

(ख) नाम बड़ा है या रूप? पद पहले है या पदार्थ? पदार्थ सामने है, पद नहीं सूझ रहा है। मन व्याकुल हो गया। स्मृतियों के पंख फैलाकर सुदूर अतीत के कोनों में झाँकता रहा। सोचता हूँ इसमें व्याकुल होने की क्या बात है? नाम में क्या रखा है- ह्वाट्स देअर इन द नेम! नाम की जरूरत ही हो, तो सौ दिए जा सकते हैं। सुस्मिता, गिरिकांता........ धरतीधकेल, पहाड़फोड़, पातालभेद! पर मन नहीं मानता। नाम इसलिए बड़ा नहीं है कि वह नाम है। वह इसलिए बड़ा होता है कि उसे सामाजिक स्वीकृति मिली होती है। रूप व्यक्ति सत्य है, नाम समाज सत्य। नाम उस पद को कहते हैं, जिस पर समाज की मुहर लगी होती है। आधुनिक शिक्षित लोग जिसे 'सोशल सेक्शन' कहते हैं।

13. निम्नलिखित प्रश्नों में से किन्हीं दो प्रश्नों के उत्तर लगभग 100 शब्दों में दीजिए (2 × 5 = 10)

(क) झोंपड़ी जला दिए जाने के बाद भी सूरदास का किसी से प्रतिशोध न लेना, उसके स्वभाव की किस विशेषता को दर्शाता है? सूरदास जैसे चरित्र की वर्तमान समय में क्या प्रासंगिकता है? स्पष्ट कीजिए।

(ख) 'इसे 'सेस', 'सारद' भी नहीं बयान कर सकते' 'बिस्कोहर की माटी' पाठ में यह कथन किस संदर्भ में कहा गया? इसका क्या आशय है? इस संदर्भ में अपने विचार स्पष्ट कीजिए।

(ग) धरती के तापमान में वृद्धि के लिए 'अपना मालवा खाऊ-उजाड़ू सभ्यता में.....' पाठ में किसे जिम्मेदार ठहराया गया है? क्या इस तापमान वृद्धि में हमारी भी कोई भूमिका है? हम धरती के तापमान को नियंत्रित कैसे रख सकते हैं?

उत्तर

1. (i) (b) पेड़-पौधे धरती के तापमान को नियंत्रित रखते हैं
(ii) (c) 1 और 4 दोनों
(iii) (d) कथन तथा परिणाम दोनों सही हैं।
(iv) 'वनोपज' दो शब्दों से मिलकर बना है– वन+उपज। यहाँ 'वनोपज' से अभिप्राय उन उत्पादों से है, जो जंगलों से प्राप्त होते हैं और मनुष्यों के लिए उपयोगी होते हैं; जैसे–लकड़ी, गोंद, शहद, जड़ी-बूटियाँ, बाँस, फल आदि।
(v) जंगल की आग अब रिहायशी इलाकों तक इसलिए पहुँचने लगी है, क्योंकि पहाड़ी गाँवों में जनसंख्या घटने से जंगलों का विस्तार गाँवों तक हो गया है। लोग जंगलों से कट गए हैं और उनका प्रबंधन नहीं कर रहे। पहले वनोपज पर निर्भरता के कारण वे जंगलों की देखभाल करते थे, लेकिन अब लोगों ने खुद को इससे अलग कर लिया।
(vi) मनुष्य का जंगलों से रिश्ता खत्म होने के कई दुष्परिणाम सामने आ रहे हैं। जंगलों का प्रबंधन कमजोर होने से दावानल की घटनाएँ बढ़ रही हैं। पहले लोग वनोपज पर निर्भर थे और जंगलों की देखभाल करते थे, लेकिन अब जंगल अनियंत्रित रूप से फैल रहे हैं।
(vii) बढ़ते तापमान और जंगलों की आग का अत्यधिक गहरा संबंध है। तापमान बढ़ने से हवा में नमी कम हो जाती है, जिससे सूखी पत्तियाँ और टहनियाँ आसानी से आग पकड़ लेती हैं। लंबे सूखे की अवधि के कारण जंगल अधिक शुष्क हो जाते हैं, जिससे दावानल तेजी से फैलती है और उसे नियंत्रित करना मुश्किल हो जाता है।

2. (i) (c) शोषित वर्ग
(ii) (c) गरीबी में पले-बढ़े क्रांतिवीर
(iii) (c) कथन सही है, किंतु कारण, कथन की सही व्याख्या नहीं है।
(iv) 'हम सोच रहे.........हम बिराने हैं' पंक्ति इस बात का संकेत करती है कि समाज में आत्मीयता और आपसी मेलजोल समाप्त हो गया है। पहले जो लोग एक-दूसरे से जुड़े थे, वे अब अनजान बन गए हैं। यह पंक्ति सामाजिक विघटन, रिश्तों की दूरियों और परायापन की भावना को दर्शाती है।
(v) 'हम राख नहीं हैं राख ढके अंगारे हैं' पंक्ति का आशय यह है कि शोषित वर्ग भले ही दबा हुआ प्रतीत हो, लेकिन उसमें विद्रोह और क्रांति की अग्नि छिपी हुई है। वे किसी भी समय अन्याय के विरुद्ध खड़े हो सकते हैं और शोषण की व्यवस्था को समाप्त कर सकते हैं।
(vi) इस पंक्ति में शोषित वर्ग की असीम शक्ति को दर्शाया गया है। शोषित वर्ग में इतनी शक्ति है कि जब भी उन पर अत्यधिक अत्याचार बढ़ा, उन्होंने विद्रोह किया और पुरानी शोषणकारी व्यवस्था को उखाड़ फेंका। इतिहास इस बात का साक्षी है कि जब-जब अन्याय बढ़ा है, तब-तब जनता ने क्रांति कर नई व्यवस्था स्थापित की है।

3. (क) कोई भी समाचार-पत्र जिस अवधि के बाद छपता है, वह अवधि ही किसी समाचार के लिए डेड लाइन होती है। प्रायः समाचार-पत्र 24 घंटे बाद छपते हैं। अतः पिछले 24 घंटों की ख़बरे ही छपने योग्य होती हैं। उससे पूर्व की सूचनाएँ बेकार हो जाती हैं। अतः समाचार-पत्रों के लिए 24 घंटे की अवधि डेड लाइन होती है।
(ख) आर्थिक मामलों के पत्रकार के सामने सबसे बड़ी चुनौती सामान्य लोगों के लिए जटिल आर्थिक शब्दावली और अवधारणाओं को सरल और समझने योग्य बनाना होता है। इसके साथ ही उन्हें उन पाठकों की जरूरतों को भी ध्यान में रखना पड़ता है, जो अर्थव्यवस्था और व्यापार से जुड़े विशेषज्ञ होते हैं। इसलिए पत्रकार को संतुलित लेखन करना पड़ता है, ताकि वह दोनों वर्गों की अपेक्षाओं को पूरा कर सके।
(ग) टीवी की लोकप्रियता समाचार-पत्रों की तुलना में अधिक होने का कारण इसकी दृश्य-श्रव्य प्रस्तुति है। टीवी पर खबरें तुरंत और रोचक तरीके से प्रस्तुत की जाती हैं, जिससे लोग उन्हें आसानी से समझ पाते हैं। साथ ही अनपढ़ लोग भी टीवी के माध्यम से समाचार देख और सुन सकते हैं, जबकि समाचार-पत्र पढ़ने के लिए साक्षरता आवश्यक होती है।

4. (क) फीचर लेखन का कोई निश्चित ढाँचा या फॉर्मूला नहीं होता, फिर भी उसे रोचक और सजीव बनाने के लिए प्रारंभ, मध्य और अंत को सहज रूप से जोड़ना आवश्यक है। प्रारंभ आकर्षक और उत्सुकता उत्पन्न करने वाला होना चाहिए। विषय से जुड़े पात्रों के अनुभवों, संवादों और रोचक घटनाओं को इस प्रकार प्रस्तुत करना चाहिए कि पाठक स्वयं को उस माहौल में महसूस करे। प्रवाह बनाए रखने के लिए पैराग्राफ छोटे होने चाहिए और एक पैराग्राफ में एक ही पहलू पर ध्यान देना चाहिए। इस प्रकार, रोचक शैली और कथात्मक प्रस्तुति से प्रभावी फीचर लिखा जा सकता है।
(ख) पत्रकारीय लेखन को जल्दी में लिखा गया साहित्य कहा जा सकता है, लेकिन यह साहित्यिक लेखन से भिन्न होता है। इसका आधार कल्पना नहीं, बल्कि तथ्य होते हैं। इसमें तात्कालिक घटनाओं, समाज की ज़रूरतों और पाठकों की रुचियों का ध्यान रखा जाता है, जबकि साहित्यिक लेखन में लेखक को कल्पना की स्वतंत्रता होती है। अतः पत्रकारीय लेखन साहित्य का एक रूप होते हुए भी उसका उद्‌देश्य सूचना देना, जागरूकता फैलाना होता है न कि कल्पनात्मक सृजन करना।
(ग) विशेष लेखन की भाषा और शैली कई मामलों में सामान्य लेखन से अलग होती है। प्रत्येक क्षेत्र की अपनी विशेष तकनीकी शब्दावली होती है, जिसका प्रयोग विशेष लेखन में किया जाता है। इसके अतिरिक्त इसमें

जटिल विषयों को सरल भाषा में प्रस्तुत करने पर ज़ोर दिया जाता है, ताकि सामान्य पाठकों को समझने में कठिनाई न हो। विशेष लेखन की कोई निश्चित शैली नहीं होती। यह विषयानुसार बदलती है; जैसे–समाचार रिपोर्टिंग में उल्टा पिरामिड शैली, फीचर में कथात्मक शैली और विश्लेषणात्मक लेखन में विस्तृत व्याख्या शैली होती है।

5. (क) **ओलंपिक खेलों में भारत का प्रदर्शन**

ओलंपिक खेल विश्व स्तर पर आयोजित सबसे प्रतिष्ठित खेल प्रतियोगिता है, जिसमें विभिन्न देशों के खिलाड़ी भाग लेते हैं। भारत ने वर्ष 1920 में पहली बार ओलंपिक में आधिकारिक रूप से भाग लिया। जहाँ प्रारंभ में भारतीय हॉकी टीम का दबदबा रहा और भारत ने 8 स्वर्ण पदक जीतकर इस खेल में अपना वर्चस्व स्थापित किया, वहाँ अब अन्य खेलों में भी भारतीय खिलाड़ी अपनी छाप छोड़ रहे हैं।

हालाँकि अन्य खेलों में भारत का प्रदर्शन संतोषजनक नहीं रहा, लेकिन हाल के वर्षों में सुधार हुआ है। वर्ष 2008 में अभिनव बिंद्रा ने स्वर्ण पदक जीतकर इतिहास रचा। नीरज चोपड़ा, पी.वी. सिंधु, मीराबाई चानू और अन्य खिलाड़ियों ने भी पदक जीतकर भारत का मान बढ़ाया। सरकार द्वारा खेलों को बढ़ावा देने और खिलाड़ियों को सुविधाएँ उपलब्ध कराने से भारत का ओलंपिक प्रदर्शन लगातार बेहतर हो रहा है।

(ख) **साप्ताहिक बाज़ार में जब मैंने एक बच्चे को रोते देखा**

साप्ताहिक बाज़ार की चहल-पहल में हर तरफ भीड़ और शोरगुल था। दुकानदार ऊँची आवाज में ग्राहकों को बुला रहे थे, खरीदार सामान की कीमत पर मोलभाव कर रहे थे। मैं भी फल और सब्जियाँ खरीदने में व्यस्त था कि अचानक एक बच्चे के रोने की आवाज़ सुनाई दी।

मैंने देखा कि एक छोटा बच्चा अपनी जगह पर खड़ा जोर-जोर से रो रहा था। उसकी आँखों में डर और घबराहट थी। शायद वह अपने माता-पिता से बिछड़ गया था। मैं तुरंत उसके पास गया और उसे सांत्वना दी। आस-पास के लोगों से पूछने पर पता चला कि कोई भी उसे नहीं पहचानता। मैंने पास खड़े एक दुकानदार से माइक पर घोषणा करने को कहा। कुछ ही मिनटों में एक घबराई हुई महिला दौड़ती हुई आई और बच्चे को गले से लगा लिया। यह देखकर मेरे मन को असीम संतोष मिला। इस घटना ने मुझे सिखाया कि भीड़-भाड़ वाली जगहों पर बच्चों का विशेष ध्यान रखना चाहिए।

(ग) **मुझे कक्षा का मॉनिटर बनना क्यों पसंद है!**

मुझे कक्षा का मॉनिटर बनना बहुत पसंद है, क्योंकि यह एक जिम्मेदारी भरा और सम्मानजनक कार्य है। मॉनिटर बनने से मुझे नेतृत्व करने और अपनी कक्षा के अनुशासन को बनाए रखने का अवसर मिलता है। मॉनिटर होने के नाते मैं शिक्षकों की सहायता करने के साथ ही कक्षा में शांति बनाए रखने में भी सहायता कर सकता हूँ। यह भूमिका न केवल मेरी नेतृत्व क्षमता को विकसित करती है, बल्कि मुझे आत्मनिर्भर और ज़िम्मेदार बनाती है। जब शिक्षक मुझे किसी कार्य की जिम्मेदारी सौंपते हैं, तो मुझे गर्व महसूस होता है कि वे मुझ पर भरोसा करते हैं।

इसके अतिरिक्त मॉनिटर बनने से मुझे अपने सहपाठियों की सहायता करने और कक्षा में एक अच्छा वातावरण बनाए रखने का अवसर मिलता है। हालाँकि यह काम चुनौतीपूर्ण भी होता है, क्योंकि सभी को साथ लेकर चलना आसान नहीं होता। फिर भी मुझे यह भूमिका पसंद है, क्योंकि इससे मुझे नई चीजें सीखने और अपने व्यक्तित्व को निखारने का अवसर मिलता है।

6. (क) कविता लेखन में छंद से अभिप्राय कविता की आंतरिक लय से है, जो शब्दों, मात्राओं और तुकबंदियों के माध्यम से प्रवाह उत्पन्न करता है। यह कविता को गद्य से अलग कर उसे काव्यात्मक सौंदर्य प्रदान करता है। छंद कविता में संगीतात्मकता लाकर उसे सहज और प्रभावी बनाता है। इससे कविता स्मरणीय और भावपूर्ण होती है, जिससे पाठक उसे अधिक गहराई से ग्रहण कर पाता है। छंद कविता की अभिव्यक्ति को प्रभावशाली बनाकर उसके भावों को सरलता से संप्रेषित करने में सहायक होता है।

(ख) यदि संवाद स्थिति और परिवेश के अनुरूप हों, तो क्लिष्ट भाषा होने पर भी दर्शकों तक प्रभावी रूप से संप्रेषित हो जाते हैं। उदाहरणस्वरूप, जयशंकर प्रसाद के नाटक 'स्कन्दगुप्त' में 'अधिकार सुख कितना मादक और सारहीन है' जैसे गूढ़ संवाद पात्र की मनोदशा को स्पष्ट रूप से दर्शाते हैं। इसी प्रकार 'अंधायुग' में धर्मवीर भारती के संवाद प्रतीकात्मक और गूढ़ होते हुए भी प्रभावी बन पड़े हैं। उचित मंचन, भाव-भंगिमा और संदर्भ के कारण कठिन भाषा भी दर्शकों के लिए सहज ग्रहणीय हो जाती है।

(ग) कहानी हमारे जीवन का अविभाज्य हिस्सा है। हम रोजमर्रा की ज़िंदगी में किसी-न-किसी रूप में कहानी सुनते और सुनाते हैं। हमारे अनुभव बाँटने की स्वाभाविक इच्छा हमें दूसरों की कहानियाँ सुनने और अपनी कहानियाँ कहने के लिए प्रेरित करती है। कहानी सिर्फ़ मनोरंजन का माध्यम नहीं, बल्कि शिक्षा, प्रेरणा और विचारों के आदान-प्रदान का भी साधन है। पुराने समय से ही धर्म, नैतिकता और समाज की शिक्षाएँ कहानियों के माध्यम से दी जाती रही हैं, जिससे इसका महत्त्व और बढ़ जाता है।

7. (i) (c) भाग्य को

(ii) (b) माँ को दोषी कहना और स्वयं को सदाचारी कहना

(iii) (d) बोए पेड़ बबूल के तो आम कहाँ से होय

(iv) (a) भरत के दुर्भाग्य की लहर

(v) (b) भरत का आत्मपरिताप और राम के प्रति प्रेम

8. (क) 'सरोज-स्मृति' कविता में कवि निराला अपनी पुत्री सरोज की असामयिक मृत्यु पर गहरी वेदना व्यक्त करते हैं। वे उसे जीवन का संबल मानते थे, परंतु उसके लिए कुछ न कर पाने की व्यथा उन्हें भीतर तक तोड़ देती है। वे इसे अपने कर्मों का फल मानते हुए धर्म के प्रति नतमस्तक रहते हैं।

(ख) 'वसंत आया' कविता में वसंत ऋतु के आगमन का कैलेंडर से पता लगना आधुनिक युग की विडंबना को दर्शाता है, जहाँ मनुष्य प्रकृति से कट चुका है। भागदौड़ भरी जिंदगी में लोग ऋतु परिवर्तन को अपने अनुभव से नहीं, बल्कि कैलेंडर और दफ्तर की छुट्टियों से जानने लगे हैं। यह दर्शाता है कि आधुनिक जीवनशैली ने हमें संवेदनहीन बना दिया है।

(ग) जब मन दुःखी होता है, तो कोई भी सुंदर वस्तु मन को आनंद नहीं देती, बल्कि दुःख को और बढ़ा देती है। विद्यापति के पद में नायिका विरह से इतनी व्याकुल है कि पुष्पों से भरा उपवन देखकर भी आँखें मूँद लेती है और कोयल-भँवरों की ध्वनि सुनकर कान बंद कर लेती है। इससे सिद्ध होता है कि 'जब मन दुःखी होता है, तो सुंदरता भी हमें अपनी ओर आकृष्ट नहीं कर पाती।'

9. (क) **संदर्भ** प्रस्तुत काव्यांश पाठ्यपुस्तक 'अंतरा भाग-2' में संकलित 'बारहमासा' शीर्षक कविता से उद्धृत है। यह काव्यांश प्रसिद्ध कवि मलिक मुहम्मद जायसी के महाकाव्य 'पद्मावत' का एक अंश है।

प्रसंग प्रस्तुत काव्यांश में कवि ने अगहन मास में रानी नागमती के विरह का वर्णन किया है, जिसमें नायिका (नागमती) भौंरे एवं कौवे के द्वारा अपने प्रियतम को संदेश भेज रही है।

व्याख्या प्रस्तुत काव्यांश के अनुसार घर-घर में स्त्रियाँ नए वस्त्र धारण करके स्वयं को सुसज्जित कर रही हैं, किंतु मेरा रंग-रूप तो मेरे प्रिय के साथ ही चला गया। नागमती आगे कहती है कि मेरे पति मुझे ऐसे छोड़कर गए कि वापस नहीं आए, यदि वह लौटकर वापस आ जाएँ, तो मेरा पहले जैसा रूप, सौंदर्य मुझे वापस मिल जाएगा। सर्दी से बचने के लिए अग्नि जलाई जाती है, लेकिन मेरा हृदय तो विरह की अग्नि में जल रहा है और सुलग-सुलग कर राख हो रहा है।

अथवा

(ख) **संदर्भ** प्रस्तुत काव्यांश पाठ्यपुस्तक 'अंतरा भाग-2' में संकलित 'बनारस' शीर्षक कविता से उद्धृत है। यह कविता समकालीन कविता के प्रसिद्ध कवि केदारनाथ सिंह द्वारा रचित है।

प्रसंग प्रस्तुत काव्यांश में कवि ने बनारस शहर में वसंत के आगमन तथा बनारस के सामाजिक और सांस्कृतिक परिवेश का सजीव चित्रण किया है।

व्याख्या प्रस्तुत काव्यांश में कवि कहता है कि बनारस शहर मंद-मंद गतिशील है। धूल का उड़ना, लोगों का चलना, घंटों का बजना तथा शाम का होना सब धीरे-धीरे होता है। बनारस की यह गति उस शहर की संवेदना के साथ कदम-से-कदम मिलाने की प्रक्रिया का एक अंग है।

बनारस में जो कुछ भी होता है, वह धीरे-धीरे अनवरत रूप से चलता हुआ सा प्रतीत होता है अर्थात् इस शहर में कहीं भी उतावलेपन की प्रवृत्ति नहीं है। धीरे-धीरे घटित होती हुई विभिन्न गतिविधियाँ सामूहिक लय से समूचे शहर को दृढ़ता से बाँधे रखती हैं। बनारस की इस सामूहिक एकरसता के कारण ही संपूर्ण शहर सुव्यवस्थित रहता है। सभी वस्तुएँ अपनी स्वाभाविक पूर्व स्थिति में ही रहती हैं। अनवरत रूप से गतिशील नगर (बनारस) में गंगा वहीं है, नाव जो गंगा में लंगर डाले थी वहीं है एवं प्रसिद्ध कवि तुलसीदास की खड़ाऊँ भी यथास्थान विद्यमान हैं। यह शहर गतिशीलता के बीच भी स्थिरता से अपने अस्तित्व को बनाए हुआ है। आधुनिकता को अपनाने के बाद भी इस शहर ने अपनी प्राचीन सभ्यता एवं संस्कृति को छोड़ा नहीं है।

10. (i) (a) शोषक वर्ग की मनोवृत्ति को उजागर करना
(ii) (d) अपनी आमदनी बढ़ाने के लिए
(iii) (c) मजदूरों को दी जाने वाली मजदूरी से छुटकारा
(iv) (b) मजदूरों के चार हाथ लगाने के लिए
(v) (d) कथन तथा परिणाम दोनों सही हैं।

11. (क) प्रेमघन जी अपने हास्य और व्यंग्यपूर्ण शैली के लिए प्रसिद्ध थे। एक बार जब नौकर के हाथ से गिलास गिर गया, तो उन्होंने मजाक में कहा-'कारे, बचा त नाहीं!' इसी तरह, जब एक पंडित जी बोले- ' कुछ नहीं, आज एकादशी थी, कुछ जल खाया है और चले आ रहे हैं।' तो उन्होंने चुटकी ली, 'जल ही खाया है कि कुछ फलाहार भी पिया है?' उनके ऐसे व्यंग्यपूर्ण और हँसी-ठिठोली से भरे संवाद उनके विनोदी स्वभाव को दर्शाते हैं।

(ख) गाँधीजी के व्यवहार से हमें सेवा, करुणा और निःस्वार्थ भाव से सहायता करने की प्रेरणा मिलती है। उन्होंने न केवल बीमार लड़के की सहायता के लिए अपनी महत्त्वपूर्ण बैठक छोड़ी, बल्कि रोज़ एक रुग्ण व्यक्ति की भी देखभाल की। इससे हमें सीख मिलती है कि हमें भी बिना किसी भेदभाव के दीन-दुखियों की सहायता के लिए तत्पर रहना चाहिए।

(ग) 'साझा' कहानी में 'हाथी' प्रभुत्वशाली वर्ग और पूँजीपतियों का प्रतीक है, जो छल से किसानों का शोषण करते हैं। लेखक ने यह सत्य उजागर किया है कि किस प्रकार शक्तिशाली वर्ग कमजोर वर्ग को लालच और भय दिखाकर अपने स्वार्थ की पूर्ति करता है। लेखक ने किसान और हाथी के माध्यम से समाज में व्याप्त आर्थिक असमानता और अन्याय को दर्शाया है।

12. (क) **संदर्भ** प्रस्तुत गद्यांश 'संवदिया' से उद्धृत है। इसके रचनाकार फणीश्वरनाथ 'रेणु' हैं।

प्रसंग प्रस्तुत गद्यांश में बड़ी बहुरिया की पीड़ा और हरगोबिन की मानसिक स्थिति को अभिव्यक्त किया गया है। हरगोबिन एक संदेशवाहक है, जो बड़ी बहुरिया का संदेश उनके मायके ले जा रहा है।

व्याख्या प्रस्तुत गद्यांश में लेखक कहते हैं कि बड़ी बहू के संवाद हरगोबिन के मन में गहरे उतर गए हैं और उसे अंदर तक विचलित कर रहे हैं। बड़ी बहू की स्थिति अत्यंत दयनीय हो गई है। हवेली की शानो-शौकत समाप्त हो चुकी है और अब वहाँ कोई सहारा नहीं बचा है। यहाँ तक कि उनका एकमात्र नौकर भी साथ छोड़ गया है और गाय भूखी-प्यासी खड़ी है। बड़ी बहुरिया के इन शब्दों से हरगोबिन के मन में पीड़ा और गहरी संवेदना उत्पन्न हो रही है। इस मानसिक व्याकुलता से बचने के लिए वह सहयात्री से बातचीत करने का प्रयास करता है, लेकिन यात्री के चिड़चिड़े स्वभाव को देखकर उसे समझ में आ जाता है कि यह बातचीत आगे नहीं बढ़ेगी। इसके बाद वह फिर से बड़ी बहुरिया के शब्दों को याद करने लगता है, लेकिन सबसे बड़ी चिंता यह है कि वह यह करुण संदेश बड़ी बहू की माँ को कैसे सुनाएगा। बड़ी बहू ने जहाँ-जहाँ रोकर अपने दुःख को व्यक्त किया था, हरगोबिन को लगता है कि वह भी वही संवाद दोहराते समय रो पड़ेगा। यह अंश हरगोबिन के मानसिक तनाव, बड़ी बहू की असहनीय पीड़ा और मानवीय संवेदनाओं को गहराई से व्यक्त करता है।

विशेष

(i) प्रस्तुत गद्यांश में बड़ी बहू की व्यथा और हरगोबिन की मनःस्थिति तथा उसके भावुक हृदय का चित्रण किया गया है।
(ii) प्रस्तुत गद्यांश की भाषा सरल, सहज एवं प्रवाहमयी है।
(iii) प्रस्तुत गद्यांश में मुहावरों का प्रयोग प्रभावी है।
(iv) प्रस्तुत गद्यांश में प्रश्नवाचक वाक्यों के प्रयोग से भावों की अभिव्यक्ति अत्यंत प्रभावशाली हो गई है।
(v) गद्यांश में आँचलिक शब्दों का प्रयोग हुआ है।

अथवा

(ख) **संदर्भ** प्रस्तुत गद्यांश पाठ्यपुस्तक 'अंतरा भाग-2' में संकलित निबंध 'कुटज' से लिया गया है, जिसकी रचना आचार्य हजारी प्रसाद द्विवेदी ने की है।

प्रसंग प्रस्तुत गद्यांश में लेखक ने नाम की सामाजिक महत्ता का वर्णन किया है।

व्याख्या प्रस्तुत गद्यांश में लेखक शिवालिक की पहाड़ियों पर खिले हुए कुटज वृक्ष को देखकर उसके नाम को स्मरण करने का प्रयास करता है। वह उसकी पहचान रूप से तो कर लेता है, लेकिन उसका नाम भूल जाता है।

लेखक नाम को अधिक महत्त्वपूर्ण नहीं मानता। नाम तो सैकड़ों दिए जा सकते हैं। नाम इसलिए महत्त्व नहीं रखता कि वह केवल एक नाम है। नाम को सामाजिक स्वीकृति मिलती है, इसी कारण वह मान्य है। रूप व्यक्ति का सत्य है, नाम समाज में मान्यता प्राप्त करने का साधन मात्र है। नाम वस्तुतः वह संज्ञा है, जिस पर समाज की मुहर लगी होती है। लेखक भी नाम के लिए व्याकुल है, लेकिन उस वृक्ष के नाम के लिए, जिसका नाम उसे विस्मृत हो गया है।

लेखक उस नाम को याद करना चाहता है, जिसे समाज की स्वीकृति, इतिहास का प्रमाण तथा समष्टि की मानसिकता का हिस्सा प्राप्त है। लेखक कहता है कि अगर नाम ही महत्त्वपूर्ण होता, तो कोई भी कई नाम दे सकता है; जैसे–'सुस्मिता', 'गिरिकांता', 'धरतीधकेल', 'पहाड़फोड़' आदि, लेकिन मन तब तक संतुष्ट नहीं होता, जब तक वह नाम समाज द्वारा मान्यता प्राप्त न हो। आधुनिक शिक्षित लोग इसे 'सोशल सेक्शन' कहते हैं अर्थात् समाज द्वारा दी गई स्वीकृति ही किसी भी नाम को अर्थपूर्ण बनाती है।

विशेष

(i) लेखक ने 'नाम' के महत्त्व का वर्णन किया है। उसने नाम के विविध पक्षों की विवेचना भी की है।
(ii) तत्सम, तद्भव तथा देशज शब्दों का प्रयोग हुआ है।
(iii) विवरणात्मक शैली में है।
(iv) संस्कृतनिष्ठ शब्दावली है।

13. (क) झोंपड़ी जलाए जाने के बाद भी सूरदास का किसी से प्रतिशोध न लेना उसके सहनशील, क्षमाशील और उदार स्वभाव को दर्शाता है। वह बदले की भावना से मुक्त एक आध्यात्मिक एवं करुणामयी व्यक्ति है, जो घृणा के अतिरिक्त प्रेम और सहानुभूति में विश्वास रखता है। यह गुण उसे एक सच्चा संत और मानवता का प्रतीक बनाते हैं।

वर्तमान समय में सूरदास जैसे चरित्र की प्रासंगिकता और भी अधिक बढ़ जाती है। आज के समाज में जहाँ द्वेष, हिंसा और बदले की भावना बढ़ रही है, वहाँ सूरदास जैसे सहनशील और क्षमाशील व्यक्तित्व प्रेरणादायक हो सकते हैं।

उनका धैर्य और करुणा हमें यह सिखाते हैं कि क्रोध और प्रतिशोध से समाज में अशांति फैलती है, जबकि क्षमा और प्रेम से सौहार्द एवं शांति बनी रहती है।

(ख) 'इसे 'सेस', 'सारद' भी नहीं बयान कर सकते' यह कथन 'बिस्कोहर की माटी' पाठ में मातृत्व की गहन अनुभूति को व्यक्त करने के संदर्भ में कहा गया है। इस कथन का आशय यह है कि माँ की ममता और वात्सल्य को किसी भी शब्दों में पूरी तरह व्यक्त नहीं किया जा सकता। बिसनाथ जब दिल्ली के दिलशाद गार्डन स्थित डियर पार्क में बत्तख को अपने अंडों की रक्षा करते हुए देखते हैं, तो उन्हें अपनी माँ की ममता का स्मरण हो आता है। बत्तख अपनी चोंच से अंडों को बड़े प्रेम से समेटती और कौवे से उनकी रक्षा करती थी, ठीक वैसे ही जैसे माँ अपने बच्चों को स्नेह और सुरक्षा प्रदान करती है।

यह दृश्य लेखक को इस गूढ़ सत्य का एहसास कराता है कि मातृत्व का भाव प्रकृति के कण-कण में समाया हुआ है। माँ की ममता किसी विशेष प्रयोजन से नहीं होती, बल्कि यह प्रकृति की सहज देन है। इस गहरे भाव को किसी भी भाषा में पूरी तरह व्यक्त करना असंभव है, इसलिए कहा गया है कि 'इसे 'सेस', 'सारद' भी नहीं बयान कर सकते।'

(ग) 'अपना मालवा खाऊ-उजाड़ू सभ्यता में...' पाठ में धरती के तापमान में वृद्धि के लिए औद्योगिक सभ्यता को जिम्मेदार ठहराया गया है। विशेष रूप से अमेरिका और यूरोप के विकसित देशों को दोषी बताया गया है, क्योंकि वे सबसे अधिक कार्बन-डाइ-ऑक्साइड गैसों का उत्सर्जन करते हैं और अपनी उपभोक्तावादी जीवनशैली को बदलने के लिए तैयार नहीं हैं।

इस तापमान वृद्धि में हमारी भी भूमिका है। हम भी प्राकृतिक संसाधनों का अत्यधिक दोहन कर रहे हैं, जलस्रोतों को नष्ट कर रहे हैं, जंगलों की कटाई कर रहे हैं और पारंपरिक जलसंरक्षण प्रणालियों को नष्ट कर रहे हैं। धरती के तापमान को नियंत्रित रखने के लिए हमें वनों का संरक्षण करना होगा, जलस्रोतों की रक्षा करनी होगी, प्रदूषण कम करना होगा और अधिक टिकाऊ व पर्यावरण अनुकूल जीवनशैली अपनानी होगी।